营销学精选教材译丛

CONSUMER BEHAVIOR

消费者行为学

[第5版]

〔美〕韦恩·D.霍伊尔（Wayne D. Hoyer）
　　黛博拉·J. 麦金尼斯（Deborah J. MacInnis） 著

崔楠　徐岚　译

北京大学出版社
PEKING UNIVERSITY PRESS

北京市版权局著作权登记号　图字:01-2009-7099

图书在版编目(CIP)数据

消费者行为学(第 5 版)/(美)霍伊尔(Hoyer, W. D.),(美)麦金尼斯(MacInnis, D. J.)著;崔楠,徐岚译.—北京:北京大学出版社,2011.9
(营销学精选教材译丛)
ISBN 978-7-301-19303-7

Ⅰ.①消…　Ⅱ.①霍…②麦…③崔…④徐…　Ⅲ.①消费者行为论-高等学校-教材　Ⅳ.①F713.55

中国版本图书馆 CIP 数据核字(2011)第 154962 号

Wayne D. Hoyer, Deborah J. MacInnis
Consumer Behavior, 5th edition
ISBN 978-0-324-83427-7
Copyright © 2010 by South-Western, a part of Cengage Learning.
Original edition published by Cengage Learning. All Rights Reserved.
本书原版由圣智学习出版公司出版。版权所有,盗印必究。
Peking University Press is authorized by Cengage Learning to publish and distribute exclusively this simplified Chinese edition. This edition is authorized for sale in the People's Republic of China only (excluding Hong Kong, Macao SARs and Taiwan). Unauthorized export of this edition is a violation of the Copyright Act. No part of this publication may be reproduced or distributed by any means, or stored in a database or retrieval system, without the prior written permission of the publisher.
本书中文简体字翻译版由圣智学习出版公司授权北京大学出版社独家出版发行。此版本仅限在中华人民共和国境内(不包括中国香港、澳门特别行政区及中国台湾地区)销售。未经授权的本书出口将被视为违反版权法的行为。未经出版者预先书面许可,不得以任何方式复制或发行本书的任何部分。

本书封面贴有 Cengage Learning 防伪标签,无标签者不得销售。
(Thomson Learning 现更名为 Cengage Learning)

书　　　名:	消费者行为学(第 5 版)
著作责任者:	〔美〕韦恩·D.霍伊尔　黛博拉·J.麦金尼斯　著　崔楠　徐岚　译
责 任 编 辑:	何耀琴　张于思
标 准 书 号:	ISBN 978-7-301-19303-7/F·2834
出 版 发 行:	北京大学出版社
地　　　址:	北京市海淀区成府路 205 号　100871
网　　　址:	http://www.pup.cn　电子邮箱:em@pup.cn
电　　　话:	邮购部 62752015　发行部 62750672　编辑部 62752926　出版部 62754962
印 刷 者:	北京大学印刷厂
经 销 者:	新华书店
	850 毫米×1168 毫米　16 开本　40 印张　924 千字
	2011 年 9 月第 1 版　2011 年 9 月第 1 次印刷
印　　　数:	0001—4000 册
定　　　价:	79.00 元

未经许可,不得以任何方式复制或抄袭本书之部分或全部内容。
版权所有,侵权必究
举报电话:010-62752024　电子邮箱:fd@pup.pku.edu.cn

前　言

生活中的每分每秒，我们都在从事某种形式的消费者行为。我们看电视上的广告、跟朋友谈论我们刚看过的电影、刷牙、看球赛、买张新CD，甚至扔掉一双旧鞋子等行为都属于消费者行为。事实上，消费者这一身份涉及我们生活的方方面面。

由于消费者行为无所不在，因此研究消费者行为对营销、公共政策和伦理等具有重要意义。它还可以帮助我们了解我们自己——为什么我们会买某件东西，为什么我们会以某种方式使用它，以及我们如何处理它。

在本书中，我们将探索奇妙的消费者行为世界，考察许多有趣和令人兴奋的话题。有些话题与我们对消费者行为的通常印象相一致，而有些话题会令人感到吃惊。我们希望你能明白为什么当我们作为学生第一次接触消费者行为课程的时候就感到兴奋，并被其深深地吸引。我们希望你也能理解我们为什么选择终身致力于这一领域，理解我们为什么会不断保持着撰写本书的热情。

为什么对本书进行修订？

市面上有许多关于消费者行为的书籍。一个重要的问题是本书的内容是什么，它与其他教材有何区别。作为消费者行为领域积极的研究人员，我们最主要的目标是提供该领域最新和最前沿的概况。在过去20年间，有关各种消费者行为话题的研究迅速增加。我们的主要目标是为营销学的学生提供对这些研究材料的有用总结。但是，在引用这些前沿研究时，我们希望能尽量不过于"学术化"。相反，我们的目标是以学生容易接受和理解的方式展现这些前沿话题。

本书第5版的主要变动和改进如下：
- 缩短了篇幅，文字也更流畅，因而更便于学生理解教材的内容。
- 涵盖了消费者行为学术领域中的最新研究成果。
- 采用了新的每章结束案例，使学生有机会讨论现实世界中的消费者话题，并运用每章所讨论的概念。
- 涵盖了与情绪、购后后悔、决策框架、隐私和肥胖症等话题相关的研究概念和行为概念。
- 增加了许多新广告，为实践中的消费者行为概念提供了具体的示例。
- 增加了许多新例子，强调了各类组织在营销活动中如何利用消费者行为。
- 设计了新的数据库分析练习，为学生提供了根据消费者人口统计特征和行为风格来制定营销决策的机会。

本教材的特色

作为获奖教师,我们尽力将我们的教学能力和经验注入此书。下列特色是这些经验的自然结果。

概念模型　第一,我们相信,当学生能了解全景时——当他们理解概念的含义、这些概念如何应用于商业实践中、概念与概念之间有何关系时——他们的学习会效果最好。在我们看来,人们经常用相互之间很少或根本没有关系的一组独立话题来介绍消费者行为。因此,我们设计了一个总体概念模型,该模型能帮助学生了解消费者的"全景"以及每个章节和话题之间的相互联系。每章都有一个特定模型与其他章节联系在一起,而这些具体模型又包含在一个更大的模型之中。此外,该总体模型也统领本书的内容。这种组织方式使得本书要比市面上的多数教材更具章节整体性。

实践导向、强调全球化和电子商务　人们对消费者行为教材的另外一种常见抱怨是它们只反映了一半的心理学或社会学原理和理论,但是很少说明这些原理和理论与商业实践之间的关系。由于我们认为学生喜欢了解消费者行为的这些概念如何运用于商业实践,因此,本书的第二个目标就是要做积极的实践导向。我们采用了大量当代现实世界中的例子来阐释重要的话题。我们还力图通过提供一些国际化的例子来扩大学生的视野。考虑到在线消费者行为的重要性,我们也提供了电子商务情境中一些消费者行为的例子。

当前性和前沿性　第三,我们尽可能地在本书中涵盖当前和最新的消费者研究领域(包括许多最近的研究进展)。其中包括一些在其他教材中不常见的新鲜章节:"象征性消费者行为"、"知识和理解"、"低努力态度改变"、"低努力决策制定"和"伦理、社会责任与消费者行为和营销的阴暗面"。这些话题是消费者行为研究中的前沿课题,学生们会对此相当感兴趣。

平衡微观和宏观话题材料　第四,本书力图采用平衡的视角来对待消费者研究领域。具体而言,我们既包含了心理学方面的(微观)消费者行为话题(例如态度、决策制定),也包括了社会学方面(宏观)的消费者行为话题(例如亚文化、性别、社会阶层影响)。同样,尽管通常我们是以较为微观的话题展开消费者行为的教学,然后再转向较为宏观的话题,我们意识到一些教师喜欢以相反的顺序展开教学。因此,本书的《教师手册》中给出了调整后的目录和模型,那些喜欢先讲授宏观再讲授微观的教师,该目录和模型能告诉他们如何来安排本书的教学。

更广泛的主题概念　第五,我们采用了消费者行为话题的更广泛的概念。尽管许多教材都关注消费者买什么产品或服务,但消费者行为学者已经认识到,实际上消费者行为的话题要更为广泛。具体而言,我们不是研究购买本身,而是认为消费者行为包括有关获取(包括购买,但又不仅限于购买)、使用和处置决策的一组决策(什么、是否、何时、何地、为什么、如何、频率、数量、时长)。我们的关注超出了消费者购买什么产品或服务,从而为我们理解消费者行为和营销实践提供了丰富的理论和时间启示。

最后,我们考虑到了消费者行为与许多人或组织都有关,而不仅仅是与营销人员有关。

第1章表明,消费者行为对于营销人员、公共政策制定者、伦理主义者、消费者倡导团体以及消费者自身(包括我们学生自己的生活)都很重要。本书有些章节专门讨论了消费者行为对公共政策制定者、伦理学家、消费者倡导团体的启示。其他章节尽管讨论得较为简略,但也考虑了这些议题。

本书的内容和组织

当前消费者行为研究有两种主要方法:"微观"导向方法强调消费者用于制定获取、消费和处置决策的个体心理过程,"宏观"导向方法强调群体行为和消费者行为的象征性特性。后一种方法主要来源于社会学和人类学领域。根据我们讲授这门课程的方式和我们从评审人那里获得的反馈,本书的内容和总体模型是按照"从微观到宏观"的结构进行组织的(正如前面所提到的,对那些喜欢"从宏观到微观"结构的教师,我们在《教师手册》中提供了另外一种形式的目录,该目录能体现出如何方便地按该视角来调整本书的内容)。

第1章是消费者行为导论,这一章向学生介绍了消费者行为的范围以及它对于营销人员、倡导团体、公共政策制定者和消费者自身的重要性。这一章也给出了本书内容组织安排的总体模型。第1章后的增补章节介绍了进行消费者研究的群体。这一章还介绍了开展消费者研究的方法。

第1部分"心理核心"关注的是影响消费者行为的内部心理过程。我们将了解到,消费者在行为和决策制定中投入的努力程度对消费者的获取、使用和处置行为与决策有很大的影响。第2章介绍了影响努力的3种重要因素:(1)动机或渴望,(2)能力(知识和信息),(3)从事行为和决策制定的机会。我们接着在第3章考察了消费者内部如何对消费者环境中的信息(广告、价格、产品特性、口碑沟通等)进行加工——他们如何接触这些刺激(展露)、注意刺激(注意)和感知刺激。接着,第4章探讨了我们如何比较新刺激与我们已知的刺激,这一过程被称为"分类",以及我们如何尝试更深层次地理解刺激。在第5章和第6章,我们将看到,在消费者形成态度时投入高努力或低努力的情况下基于认知的态度和基于情感的态度是如何形成和改变的。最后,由于消费者在制定决策时经常需要回想他们先前存储的信息,因此第7章将考察消费者记忆这一重要话题。

第1部分考察了影响消费者决策的一些重要内部因素,而消费者行为的另一个重要领域涉及理解消费者如何制定获取、消费和处置决策。因此,在第2部分,我们考察了消费者决策制定过程的各个步骤。在第8章,我们考察了这一过程的第一步——问题识别和信息搜索。与前面所讨论的态度改变过程相类似,我们接着考察了在高努力(第9章)和低努力(第10章)情况下消费者决策制定的过程。此外,在这两章中,我们还从认知和情感视角考察了这些重要过程。最后,在做出决策后,这一过程并没有结束。在第11章,我们考察了消费者如何确定他们对决策是满意还是不满意,以及他们如何在对产品和服务的选择和消费中进行学习。

第3部分体现了消费者行为的"宏观"视角,考察了文化的各个方面如何影响消费者行为。首先,我们考察了消费者多样性(在年龄、性别、性取向、地区、种族和宗教方面)如何影响消费者行为(第12章)。接着,第13章考察了如何对社会阶层和家庭进行分类以及这些因素如何影响获取、使用和处置行为。之后,第14章考察了外部影响因素如何影响我们的人格、生活方式和价值观以及消费者行为。第15章考察了我们所属的特定参照群体(朋友、工作群体、俱乐部)如何、何时和为什么会影响获取、使用、处置决策和行为。

第4部分"消费者行为的结果"考察了前面3部分所讨论的各种影响因素和决策过程的影响后果。第16章的主题是内部决策制定和群体行为,考察了消费者如何采用新提供物、他们的采用决策如何影响提供物在市场中的传播或扩散。由于产品和服务通常反映着深层的感受并具有重要的意义(例如我们喜欢的歌曲或餐厅),因此第17章关注了象征性消费者行为这一有趣话题。

第5部分"消费者福利"涵盖了近些年来引起消费者研究人员极大兴趣的两大话题。第18章考察了伦理、社会责任以及消费者行为的"阴暗面",关注了消费者相关行为的负面结果(强迫性购买和赌博、卖淫等)以及近些年来成为社会评论焦点的一些营销实践。最后,在网上还有本书的另外一章。那一章讨论了与消费者行为有关的消费者主义和公共政策问题。

教学上的优势

由于我们拥有大量的教学经验,我们在本书中采用了能帮助学生了解消费者行为的一些特色。

每章开篇案例 每章都以某一实际公司或情景的案例场景作为开篇,从而展示该章要讨论的重要概念及其对营销人员的重要性。这将有助于学生掌握"全景"并使他们在每章开篇就能了解话题之间的关联性。

每章开篇模型 每章还以一个连续的概念模型作为开篇,该模型能表明该章的结构组织、将要探讨的话题、各个话题之间及与其他各章之间的关系。每个模型都是本书总体概念模型(见第1章)中的一个或多个要素的一张扩展图。

营销启示章节 有许多营销启示章节贯穿于每一章。这些章节展示了各种消费者行为概念如何运用于营销实践,包括基本的营销功能,如市场细分、目标市场选择、定位、市场研究、促销、定价、产品和分销决策。(来自美国和其他国家的)大量营销示例体现了这些概念在营销实践中的具体应用和实施。

旁注术语表 每章都包含了重要术语,这些术语不仅在文中以粗体字显示,而且也在旁注中进行了定义。这些术语及定义能帮助学生识别和记住每章的中心概念。

每章结尾总结 每章结尾均为学生提供了相关话题的简要总结。这些总结是很好的复习工具,将它们与概念模型一起使用能有助于学生掌握"全景"。

每章结尾问题 每章均包括一些复习和讨论问题,它们能帮助学生回忆和更深刻地理解每章所学的概念。

每章结尾案例 每章均以一则简短案例作为结束,该案例描述的是与文中所讨论的话题有关的问题。通过将章节内容应用于实际的案例,学生将有机会更具体地了解我们所讨论的概念。多数案例均与消费者所熟悉的品牌有关,从而增加了学生对材料的理解程度。

完整的教学软件包

本书还设计有各种辅助材料来帮助教师的教学。所有的材料均根据本教材精心安排,为教师提供了完整的教学材料。教师手册、测试题库和幻灯片可以从 www.cengage.com/international 这一网站上下载。

教师手册 教师手册是由卡罗尔·布吕诺教授编写,该手册经过全面修订和更新,它不仅提供了本书内容的全面回顾,而且还提供能用于扩展本书内容和提高课堂演示效果的辅助材料。该手册还为"从宏观到微观"的讲授方法提供了一种备用的目录、消费者行为模型和教学大纲。在每一章中都包括本章总结、学习目标、全面的本章大纲、复习和讨论问题的答案、每章结尾案例问题的答案、每章结尾联系的建议和指南以及一些建议性课堂活动。这些课堂活动包括每章中供小组讨论的问题、有关在课堂上展示更多示例(视频、读物等)的建议以及由谢瑞·布里奇斯教授所创造的特殊体验活动,并附有详细的指导说明。

在线测试题库 由卡罗尔·布鲁诺教授所制作的庞大测试题库可以辅助教师来评估学生的学习绩效。该题库经过扩充和修改,能体现出新一版的内容,每一章的问题都既包括概念问题,也包括应用问题。每个问题都提供了一页文字参考,并符合国际高等商学院协会的要求。

在线测试题库,学位格式 它是电子版本的测试题库,从而使教师能够十分方便地在电脑上生成测验或修改测验题目。该程序能够根据你所设计的测验生成一份相应的答案,你也可以定制测验的印刷样式。

PowerPoint 演示软件包 以本书作为教材的采用者可以使用由专业人员开发的 PowerPoint 幻灯片软件包。我们提供了两种版本的幻灯片,从而给予教师最大的灵活性。讲课幻灯片中列出了本书的内容,包括重要的图形和表格;而特别附加的优质幻灯片中包含没有出现在本书中的额外印刷广告和其他辅助内容。教师可以根据他们课堂的情况对幻灯片进行修改。

视频 我们还提供了全新的视频软件包来辅助课堂讲授和讨论,活跃课堂气氛。这些视频包括许多真实世界中的场景,能够演示特定章节中的某些概念。这些视频片段十分有趣,能将概念与学生的实际生活联系起来,还能够鼓励学生投入和参与。我们还为教师提供了一份视频指南,以帮助他们将这些视频融入到各章之中。

WebCT 对于讲授在线课程的教师,我们还提供了 WebCT 网上课程平台。它能为学生提供独特的练习机会,让学生亲身深体验使用 PRIZM®$_{NE}$ 数据资源。学生可以使用这种创新的方法,亲身实践制定可靠的、符合成本效益的营销决策,如市场规模、选址、直邮和其他目标沟通策略。

目录

第1部分 消费者行为导论 / 1

第1章 理解消费者行为 / 3
  导言:趋势发源之地 / 3
  消费者行为的定义 / 4
  什么会影响消费者行为? / 10
  谁会从学习消费者行为中受益? / 16
  消费者行为的营销启示 / 18
  总结 / 24
  复习和讨论问题 / 24

增补章节 开发消费者行为的信息 / 27
  导言:理解中国的"技术部落" / 27
  消费者行为研究的方法 / 28
  消费者研究人员的类型 / 35
  消费者研究中的伦理问题 / 38
  总结 / 40
  复习和讨论问题 / 40

第2部分 心理核心 / 43

第2章 动机、能力和机会 / 45
  导言:丰田普锐斯迅速进入快车道 / 45
  消费者动机及其影响效果 / 47
  哪些因素影响动机 / 50
  消费者的能力:行动的资源 / 63
  消费者的机会 / 66
  总结 / 67
  复习和讨论问题 / 68

第3章 展露、注意和知觉 / 70
　　导言:啤酒广告之战 / 70
　　展露 / 71
　　注意 / 75
　　总结 / 92
　　复习和讨论问题 / 93

第4章 知识和理解 / 95
　　导言:引人注目的订婚戒指市场 / 95
　　知识和理解概述 / 96
　　知识内容 / 97
　　知识结构 / 103
　　利用知识来理解 / 112
　　总结 / 122
　　复习和讨论问题 / 123

第5章 基于高努力的态度 / 125
　　导言:让所有人激动的世界杯 / 125
　　态度是什么? / 126
　　态度的形成和改变 / 127
　　态度的认知基础 / 128
　　如何影响基于认知的态度 / 135
　　态度的情感(情绪)基础 / 142
　　如何影响基于情感的态度 / 144
　　对广告的态度 / 148
　　总结 / 151
　　复习和讨论问题 / 151

第6章 基于低努力的态度 / 154
　　导言:那些有趣、古怪、性感的啤酒广告 / 154
　　说服的高努力路径和低努力路径 / 155
　　低消费者努力下态度的无意识影响 / 155
　　低消费者努力下态度的认知基础 / 157
　　如何影响认知性态度 / 159
　　低消费者努力下态度的情感基础 / 163
　　如何影响情感性态度 / 169
　　总结 / 176
　　复习和讨论问题 / 176

第7章 记忆和提取 / 178
　　导言:往事重现:怀旧营销 / 178
　　什么是记忆? / 179

记忆的类型有哪些？／ 179
　　　如何强化记忆／ 185
　　　什么是提取／ 189
　　　提取的类型／ 193
　　　如何强化提取／ 195
　　　总结／ 201
　　　复习和讨论问题／ 201

第 3 部分　决策制定过程／ 205

第 8 章　问题识别和信息搜索／ 207
　　　导言：产品好不好？看看评论就知道／ 207
　　　问题识别／ 209
　　　内部搜索：从记忆中搜索信息／ 211
　　　总结／ 231
　　　复习和讨论问题／ 231

第 9 章　基于高努力的判断和决策制定／ 234
　　　导言：为汽车在泰国的高销量而竞争／ 234
　　　高努力的判断过程／ 235
　　　高努力决策和高努力决策制定过程／ 239
　　　决定选择什么品牌：基于思考的决策／ 244
　　　决定选择什么品牌：基于感受的高努力决策／ 251
　　　其他的高努力决策／ 254
　　　什么会影响高努力决策？／ 256
　　　总结／ 260
　　　复习和讨论问题／ 261

第 10 章　基于低努力的判断和决策制定／ 263
　　　导言：琼斯汽水的品牌忠诚／ 263
　　　低努力的判断过程／ 264
　　　低努力的决策制定过程／ 267
　　　对选择策略的学习／ 270
　　　低努力情况下基于思考的决策制定／ 271
　　　低努力情况下基于感受的决策制定／ 283
　　　总结／ 288
　　　复习和讨论问题／ 288

第 11 章　决策后过程／ 291
　　　导言：好市多里的"淘金热"／ 291
　　　决策后的失调与后悔／ 293
　　　从消费者体验中学习／ 294
　　　消费者如何做出满意或不满意的判断／ 300

对不满意的反应 / 308

消费者满意就足够了么？ / 310

处置 / 312

总结 / 317

复习和讨论问题 / 317

第4部分　消费者的文化 / 321

第12章　消费者多样性 / 323

导言：通过"成人礼"来把握消费者 / 323

年龄如何影响消费者行为 / 325

性别和性取向如何影响消费者行为 / 333

区域因素如何影响消费者行为 / 336

种族如何影响消费者行为 / 340

宗教的影响 / 348

总结 / 349

复习和讨论问题 / 350

第13章　社会阶层和家庭的影响 / 352

导言：向印度日益增长的中层阶层进行营销 / 352

社会阶层 / 354

社会阶层如何随时间变化 / 358

社会阶层如何影响消费？ / 361

特定社会阶层的消费模式 / 365

家庭怎样影响消费者行为 / 371

家庭成员扮演的角色 / 376

总结 / 380

复习和讨论问题 / 380

第14章　心理统计特征：价值观、人格和生活方式 / 382

导言：奢华的诱惑与返璞归真 / 382

价值观 / 383

心理统计特征：价值观、人格和生活方式的综合 / 408

总结 / 411

复习和讨论问题 / 412

第15章　消费者行为的社会影响因素 / 414

导言：通过口碑扩大销售 / 414

影响来源 / 416

作为影响来源的参照群体 / 421

规范性影响 / 428

信息性影响 / 434

信息的描述性维度 / 436

　　　　总结 / 438
　　　　复习和讨论问题 / 439

第5部分　消费者行为的结果和相关问题 / 441

第16章　创新的采用、抵制和扩散 / 443
　　　　导言:创新的口味 / 443
　　　　创新 / 445
　　　　采用或抵制 / 447
　　　　扩散 / 454
　　　　采用、抵制和扩散的影响因素 / 458
　　　　创新的后果 / 467
　　　　总结 / 468
　　　　复习和讨论问题 / 468

第17章　象征性消费者行为 / 471
　　　　导言:溺爱宠物＝大生意 / 471
　　　　象征性意义的来源和功能 / 473
　　　　特殊所有物和品牌 / 484
　　　　神圣意义 / 491
　　　　通过赠送礼物的象征性意义传递 / 492
　　　　总结 / 497
　　　　复习和讨论问题 / 498

第18章　伦理、社会责任与消费者行为和营销的阴暗面 / 500
　　　　导言:儿童食品广告在缩减 / 500
　　　　异常的消费者行为 / 502
　　　　营销中的伦理问题 / 514
　　　　营销中的社会责任问题 / 521
　　　　总结 / 523
　　　　复习和讨论问题 / 524

注　释 / 526

第 1 部分

消费者行为导论

第 1 章　理解消费者行为
增补章节　开发消费者行为的信息

在第 1 部分,你将了解到消费者行为涉及的不仅仅是购买产品。除此以外,你将发现,营销人员不断地研究消费者行为,以便了解是谁在购买、使用和处置什么产品,以及他们何时、何地和为什么会这么做。

第 1 章对消费者行为进行了界定,并考察了消费者行为对营销人员、倡导团体、公共政策制定者和消费者自身的重要性。这一章还介绍了本书组织架构的总体模型,正如该模型所示,消费者行为包括四个基本方面:(1) 心理核心,(2) 决策制定过程,(3) 消费者的文化,(4) 消费者行为的结果和相关问题。此外,你将了解到消费者行为对营销决策和活动的意义。

增补章节关注的是消费者行为研究及其对营销人员的特殊意义。你将了解到各种研究方法、数据类型以及与消费者研究相关的伦理问题。有了这些背景知识,你将能够理解消费者研究是如何帮助营销人员制定更为有效的战略和策略来接触顾客和令顾客满意的。

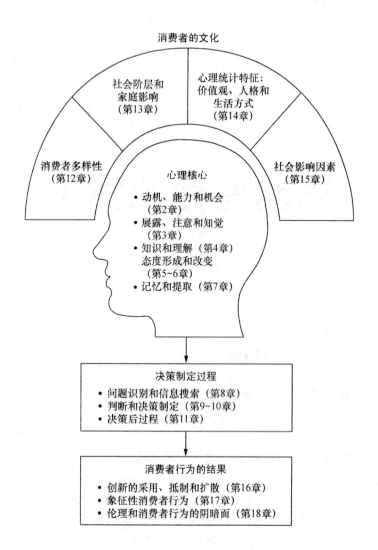

第 1 章

理解消费者行为

学习目标

学完本章后,你将能够:
1. 定义消费者行为,并解释该定义的组成部分。
2. 识别图表 1.6 中所示的影响获取、使用和处置决策的消费者行为的四个方面。
3. 讨论学习消费者行为的好处。
4. 解释公司在制定营销决策时如何应用消费者行为的概念。

导言:趋势发源之地

当谷歌(Google)想要了解手机用户如何在互联网上搜索时,它将目光投向了日本,在那里有 1 亿的顾客使用手机上网搜索列车时刻表、明星视频等信息。谷歌的营销人员观察和倾听手机用户如何进行搜索、缩小搜索结果范围以及对网站布局做出反应。当顾客抱怨地图加载缓慢且难以导航后,谷歌加快了地图的加载速度,并增加了箭头指示以加快导航速度。"与其他地方的人相比,在这里人们的期望非常高,"一位经理解释说,"这也是为什么我们要获得良好的反馈。"有了良好的反馈,谷歌能够做出改变以满足顾客的期望,并保持它在全球搜索引擎市场中的地位。

日本是流行时尚和高科技服务的趋势发源地。瑞典零售连锁商 H&M 在东京开设了店面,以密切关注当地高中女生的服装,像阿贝克隆比 & 费奇(Abercrombie & Fitch)以及其他服装零售商同样是这么做的。力士保(LeSportsac)的设计师通过观察东京青少年这些潮流制定者的偏好来寻找设计新款手提包的灵感。"我能看到某些事情在东京发生,然后像波纹那样从太平洋传到纽约,接着再回到洛杉矶。"一位定期访问日本以寻找新产品创意的力士保执行人员这样说。[1]

谷歌、力士保、H&M 以及其他公司都知道,它们的成功取决于理解消费者的行为和趋势,从而创造出消费者愿意购买的、会喜欢的、会使用的和会向他人推荐的产品和服务。本章对下列问题进行了总体概述:(1) 消费者行为是什么,(2) 有哪些因素影响消费者行为,(3) 谁会因研究消费者行为而获益,(4) 营销人员如何运用消费者行为的概念。由于你自己就是一位消费者,因此你可能对上述问题已经有些见解。但是,你也许会惊讶于消费者行为的领域是如此之广,解释消费者行为的因素是如此之多,该领域对营销人员、伦理主义者和消费者保护主义者、公共政策制定者和管理者以及像你自己这样的消费者是如此重要。你也将会简要地看一下消费者行为的营销启示,以及预览一下在全书中我们将如何把消费者行为的概念与实践应用联系起来。

消费者行为的定义

如果有人要你对**消费者行为**(consumer behavior)下个定义,你可能会说它是指研究人们如何购买产品。但是这只是消费者行为定义的一部分。实际上,消费者行为包含的范围非常之广,就像下面这一完整定义所表明的那样:

> **消费者行为**:由(人类)决策制定单位[随时间]制定的关于获取、消费和处置商品、服务、活动、体验、人员和观点的全部消费者决策。

消费者行为反映了由(人类)决策制定单位(随时间)制定的关于获取、消费和处置商品、服务、活动、体验、人员和观点的全部消费者决策。[2]

图表1.1总结了该定义中十分重要的几个要素。接下来我们来详细考察每个要素。

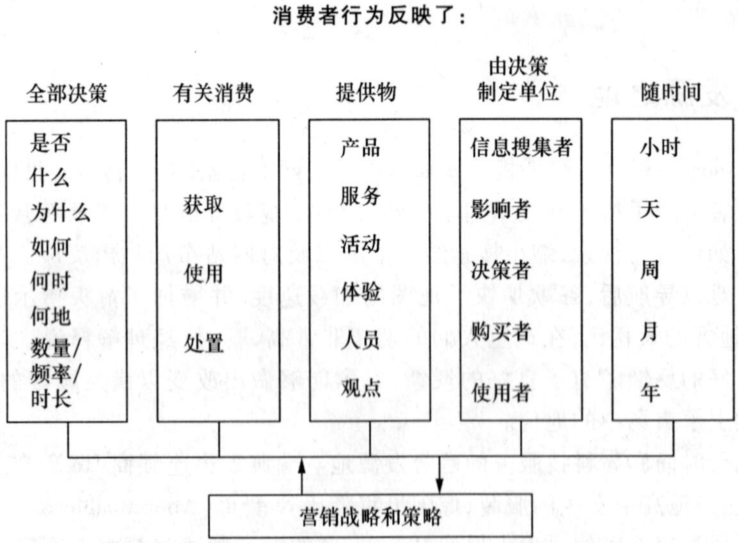

消费者行为反映了:

全部决策	有关消费	提供物	由决策制定单位	随时间
是否 什么 为什么 如何 何时 何地 数量/ 频率/ 时长	获取 使用 处置	产品 服务 活动 体验 人员 观点	信息搜集者 影响者 决策者 购买者 使用者	小时 天 周 月 年

↓ ↓
营销战略和策略

图表1.1 什么是消费者行为

消费者行为不仅仅是指某一个人在任一时点上获得某种产品的方式。本图表展示的是关于一些营销战略和策略的思考,用于影响某个或某些维度的消费者行为。

消费者行为涉及商品、服务、活动、体验、人员和观点

消费者行为不仅仅是指人们购买沐浴露或汽车之类的有形产品的方式。它还包括消费者使用服务、活动、体验和观点,例如看医生、参观音乐节、参加瑜伽训练班、旅行、向联合

国儿童基金会(UNICEF)捐赠以及过马路时要左右看(纽约市的"汽车杀手、保持警惕"活动所提倡的观点)。[3]除此以外,消费者还会做出有关人的决策,例如投票选举政治家、阅读特定作者的书、观看特定明星出演的电影以及参加所喜爱乐队演出的音乐会。

消费者行为的另一个例子与消费时间的选择有关,例如是否要观看某一电视节目(以及观看多长时间),以及能表明我们是谁和能将我们与他人区别开来的使用时间的方式。[4]例如,许多消费者喜欢在观看现场直播的电视体育赛事时所获得的激动感,而不愿意之后观看该赛事的重播。[5]由于消费者行为包括了许多事物的消费,我们用**提供物**(offering)这一统一术语来代表所有这些事物。

> **提供物**:营销组织向消费者提供的产品、服务、活动或观点。

消费者行为不仅仅包括购买

消费者购买的方式对营销人员极其重要。但是,营销人员同样非常关心与使用和处置提供物有关的下列消费者行为:

- **获取**。购买代表着一种**获取**(acquisition)行为。正如本章之后的内容所示,获取还包括其他获得商品和服务的方式,例如租借、对换和分享。它还包括有关时间和金钱的决策。[6]

> **获取**:消费者拥有某一提供物的过程。

- **使用**。当消费者获取某一提供物后,他们会使用它,这也是为什么**使用**(usage)处于消费者行为的最核心部分。[7]我们是否使用和为什么使用特定产品可以体现出我们是谁、我们的价值标准是什么以及我们相信什么等事情。我们在感恩节使用的产品(例如南瓜饼,无论是自己做的还是从商店购买的)象征着该事件的重要性和我们对宾客的感受。我们聆听的音乐(夏奇拉或安德烈·波伽利的)和我们佩戴的珠宝同样象征着我们是谁和我们的感受。此外,营销人员应对下列问题十分敏锐:消费者在什么时候可能使用产品,[8]他们是否觉得产品有效[9]以及他们在使用产品后会做出什么样的反应——例如,他们是否会传播关于某部新电影的正面或负面口碑评论?[10]

> **使用**:消费者使用某一提供物的过程。

- **处置**。**处置**(disposition)指消费者如何处理他们先前所获取的某一提供物,它对营销人员具有重要的意义。[11]有环保意识的消费者通常会挑选由再生材料制作的可降解产品,或选择处置后不会带来污染的产品。地方政府也十分关心如何鼓励有利于环保的处置方式。[12]营销人员能从这些处置问题中发现盈利机会。例如,翻修厨房的消费者可以采用由再生材料制作的新餐桌,例如由再生纸制作的 ShetkaStone 牌餐桌。[13]

> **处置**:消费者放弃某一提供物的过程。

消费者行为是一个动态的过程

获取、消费和处置这一顺序会随时间——就像图表 1.1 所示的那样,按小时、日、周、月、年——发生动态变化。为了解释这一点,让我们假设某一家庭已经获取并正在使用一辆新汽车。这个家庭通过使用汽车能够获取一些信息——该车驾驶性能是否良好、是否可靠以及对环境危害的大小,这些信息会影响家庭成员何时、是否、如何和为什么将通过卖掉、对换或扔掉的方式来处置这辆车。由于该家庭总是会有交通需要,这种处置可能会影响家庭成员将来在何时、是否、如何和为什么要获取另一辆汽车的决策。

消费者行为可能涉及许多人

消费者行为反映的并不一定是单个个体的行动。一群好朋友、一群同事或是整个家庭可能会安排一场生日宴会或决定到哪里吃午餐。此外,从事消费者行为的个体可以承担一个或多个角色。例如在购买汽车的例子中,一个或多个家庭成员会担当起信息收集者的角色,去考察不同的汽车型号。其他人可能会承担影响者的角色,并试图影响决策的结果。一个或多个家庭成员可能会承担购买者的角色,他们是实际支付汽车货款的那个人,使用者可能是某个或者所有的家庭成员。最后,一些家庭成员会介入到这辆汽车的处置过程中。

消费者行为涉及许多决策

消费者行为涉及理解消费者是否、为什么、何时、何地、如何购买、使用或处置某一提供物,以及购买、使用或处置的数量、频率、时长(参见图表1.1)。

是否要获取/使用/处置某一提供物

消费者必须决定是否要获取、使用或处置某一提供物。当他们有了钱,他们可能需要决定是要花钱还是要存钱。[14]他们要花多少可能会受到他们回忆过去花费多少的感知的影响。[15]他们可能需要决定是要订购一份比萨、打扫房间还是去看电影。有些关于获取、使用和处置提供物的决策与消费者的个人目标、安全或希望降低经济、社会或心理风险有关。

获取/使用/处置什么提供物

消费者每天都要做出买什么东西的决策;事实上,每个美国家庭每天在商品和服务上的平均支出为127美元。[16]在一些情况下,我们会在产品或服务类别之间做出选择,例如购买食物还是下载新音乐。在其他情况下,我们会在品牌间进行选择,例如是去买一部iPhone手机还是三星手机。随着营销人员不断推出新产品、新规格和新包装,我们的选择也与日俱增。图表1.2中展示的是不同年龄群组中的消费者的一些支出模式。

图表1.2　消费者支出(按年龄段)

消费者出生的年份	家庭年平均支出(美元)	在住宅、食物和交通方面的年平均支出(美元)	在娱乐、阅读和酒商的年平均支出(美元)
1982年及之后	28 181	18 941	1 867
1972—1981年	47 582	32 290	2 976
1962—1971年	57 476	37 611	3 574
1952—1961年	57 563	35 816	3 515
1942—1951年	50 789	31 337	3 290
1941年及以前	35 058	21 764	1 983

出生在不同年份的消费者在必需品和非必需品的需求和开支数量上不同。

资料来源:Adapted from "Age of Reference Person: Average Annual Expenditures and Characteristics," *Consumer Expenditure Survey Anthology 2006*, U.S. Department of Labor, U.S. Bureau of Labor Statistics, Table 3, www.bls.gov。

为什么要去获取/使用/处置提供物

消费行为的发生有很多原因。正如你在后面将要看到的那样,其中最重要的原因是提供物能满足某人需要、实现价值观或目标。一些消费者在身体上穿孔,以此作为自我表达的一种形式,而其他人这么做是为了融入某一群体。还有一些人会认为人体穿孔是美的一种形式或能增强性快感。[17]

有时,我们使用某个提供物的原因充满矛盾,这会导致某些消费决策的困难。青少年可能会吸烟,因为他们认为吸烟能帮助他们获得认同,即使他们也知道吸烟有害。一些消费者可能会不停地获取、使用或处置产品。他们可能在生理上对像香烟或酒精饮料之类的产品成瘾,或者他们在饮食、赌博或购买方面有强迫性的冲动。

为什么不去获取/使用/处置提供物

营销人员同样希望理解消费者为什么不去获得、使用或处置某一提供物。例如,消费者可能会推迟购买个人录像机,因为他们怀疑他们是否能应付得了这一技术,或者他们怀疑这种产品没有什么特别之处。他们可能认为,技术变化是如此之快,这种产品很快就会过时。他们甚至可能认为一些企业将会破产,从而导致他们无法获得售后支持或服务。有时,想要购买或消费某一提供物的消费者无法这样做的原因是因为他们想要的东西买不到。伦理也会有影响作用。一些消费者不想购买存在劳工问题的工厂所生产的产品,或不想看未经授权而下载、复制和分享的电影。[18]

如何获取/使用/处置提供物

通过理解消费者如何获取、消费和处置提供物,营销人员可以获得许多深刻见解。

获取提供物的方式 消费者如何决定是在商店或商场、网上还是通过拍卖来获取提供物?[19]他们如何决定是用现金、支票、借记卡、信用卡支付,还是用像 PayPal(在线购物者每年用 PayPal 购买的商品和服务达 470 亿美元)这样的电子系统来支付?[20]这些例子与消费者的购买决策有关,但图表 1.3 中展示的是消费者能够获取提供物的其他方式。

图表 1.3 获取提供物的八种方式

获取方式	描述
购买	购买是用于许多提供物的一种常见的获取方式。
对换	消费者可能会收到作为对换的一部分的产品或服务。例如:以旧 DVD 作为对换新 DVD 的部分货款。
租用或租约	消费者租用或租借汽车、晚礼服、家具、度假屋等,而不是购买这些东西。
赠与	赠与在全世界都很普遍。每个社会中都有很多送礼的机会,非正式或正式的规则也会规定如何送礼、什么是合适的礼物以及什么是对礼物合适的反应。
发现	消费者有时会发现他人丢失的商品(留在公共汽车上的帽子、留在课堂上的雨伞)或遗弃的商品。
偷窃	由于通过偷窃可以获得各种提供物,营销人员已经开发出阻止这种获取方式的商品和服务,例如阻止偷盗汽车的警报器。
分享	另一种获取方式是通过分享或借用。某些形式的"分享"是不合法的且近乎偷窃,例如消费者复制和分享电影。

消费者可以以多种方式获取提供物。

使用提供物的方式　除了要理解消费者如何获取提供物,营销人员还想了解消费者如何使用提供物。[21]很显然的原因是,营销人员希望确保消费者正确使用他们的提供物。例如,照相手机的制造商需要培训消费者如何打印照片,而不仅仅是通过电子邮件发送照片。[22]不恰当地使用像止咳药或酒之类的提供物会导致健康和安全方面的问题。[23]由于消费者可能会忽视有危险性的产品的标签警告和说明,为了使得这种警告更为有效,营销人员就必须理解消费者是如何处理标签信息的。一些消费者喜欢收藏,这就创造了巨大的收藏品买卖、运输、存储和保险的市场。[24]

处置提供物的方式　最后,消费者可以通过下列几种方式对提供物进行处置:[25]

- 寻找新用途。使用旧牙刷来清除工具上的铁锈,或者将旧牛仔裤改为短裤,这些例子都表明消费者是如何继续使用某一产品而不是丢弃掉该产品。
- 暂时不用。出租或出借就是一种暂时不用的处置形式。
- 永久不用。扔掉就是永久不用,尽管消费者可能还可以选择对换、放弃或出售。

但是,有些消费者不会扔掉他们所认为的特殊提供物,即使这些东西已不再具备功能意义。

何时获取/使用/处置提供物

消费者行为的时间选择取决于诸多因素,包括我们对时间本身的知觉和态度。消费者会基于"该我出手的时候"还是"该别人出手的时候"以及获取或使用某一提供物是有计划的还是冲动的方式来思考这一问题。[26]天冷的时候,我们租借DVD、叫拖车或买衣服的倾向会极大地提高,但我们不大可能吃冰淇淋、买汽车或看新房。一天之中的时间影响着许多消费决策,这也是为什么麦当劳的许多外卖店营业到很晚的时间,从而迎合饥饿的夜猫子、下晚班或赶早班的工人。[27]

我们对于多样化的需要会影响我们何时去获取、使用或处置提供物。如果我们已经在这一周的其他天都吃过酸奶酪,我们可能会决定今天午餐不吃酸奶酪。像毕业、出生、退休和死亡之类的变迁同样会影响我们获取、使用和处置提供物的时机。例如,我们只在准备结婚的时候才会购买结婚戒指、婚庆礼服和婚庆蛋糕。我们的消费时机会受到家庭、文化和居住地的传统的影响。

有关何时获取或使用提供物的决策同样受到人们对他人何时可能购买或使用的了解的影响。因此,在了解到他人不去的时候,我们可能会选择去看电影或体育馆。此外,我们会一直等到我们知道了某个东西已经开始出售后才会去购买;即使我们不得不排长队去购买热销产品,如果我们看到更多的人不断排在我们身后,我们就可能会继续排队。[28]有时,我们为了日后的消费而获取某个产品。事实上,等待消费像糖果这样令人愉悦的产品会增加我们对消费该产品本身的愉悦感,即便有时我们会因为等待消费该产品而感到灰心丧气。[29]

另一个决策是我们何时去获取已拥有产品的新款或改进款产品。当这一款产品仍能使用或具有情感价值时,做出这种决策会十分困难。但是,通过提供经济刺激,营销人员能够影响消费者是否要和何时去更新换代。[30]

何地获取/使用/处置提供物

在何地去获取、使用和处置提供物方面,消费者有比以前任何时候都要多的选择,包括在商店购买,通过邮寄、电话和互联网购买。随着更多的消费者在像沃尔玛这样的多产品线超级商店中购买食品、服装和其他产品,人们的购物习惯正在发生改变。[31]互联网改变了我们获取、使用和处置商品的地点。购物者每年在网上的开支为1 750亿美元——这一数字正以每年20%或更高的速度增长。[32]许多消费者出于便利性或价格原因而在网上购买。[33]Circuit City 以及其他零售商甚至允许顾客到当地的商店去提取或退掉顾客在网上购买的商品。[34]正如 eBay 的成功所表明的那样,对于处置商品让他人获取,互联网提供了一种便利的且往往是有利可图的方式。

除了获取决策外,消费者还会做出在哪里消费各种产品的决策。例如,由于隐私的需要,消费者会在家中使用测试她们是否排卵或怀孕的产品。另一方面,无线连接使得消费者能在公共场所打电话、查电子邮件、读头条新闻、玩电脑游戏以及从世界上任何地方下载照片或音乐。消费者甚至可以通过手机进行慈善捐款。[35]

最后,消费者会做出处置商品的地点决策。他们应当将一本旧杂志扔进垃圾箱还是回收箱中呢?他们应当将老相册存放在阁楼上还是送给亲戚?尤其对于老年消费者来说,他们担心死后他们的一些特殊财物会遭受什么样的命运,考虑如何分割遗产又不会引起家庭矛盾。这些消费者希望这些纪念物能作为其留给后代的遗产。[36]越来越多的消费者正从回收机构或非营利组织处理掉不需要的商品,或通过像 Freecycle.org 之类的网站直接将这些东西送给其他消费者。[37]

获取/使用/处置提供物的数量、频率和时长

消费者必须做出他们对某一商品或服务需要数量、频率的决策;他们将会在获取、使用和处置方面花多长时间,[38]不同的人以及不同的文化在使用决策上的差异很大。例如,印度的消费者每年平均只喝5瓶9盎司的软饮料,而中国的消费者是17瓶,美国的消费者是280瓶。[39]

当消费者:(1) 使用更多数量的产品,(2) 更频繁地使用产品,(3) 更长时间地使用产品时,产品的销量将会提升。像图表1.4这样的奖励包装能鼓励消费者更多地购买某一产品,但是这种存货行为会导致更高的消费量吗?对食品而言,当贮存产品很容易时,消费者更可能提高他们的消费量。[40]当消费者签约了无限制电话服务消费或以固定费用价格获得其他提供物时,消费者的使用量同样会提高。但是,由于许多选择固定费用计划的消费者高估了他们可能的消费量,他们通常会比按照每次使用定价的方式支付更多的费用。[41]

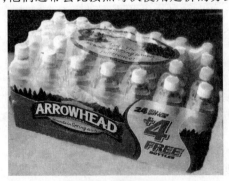

图表1.4 奖励包装

像奖励包装之类的促销会促使消费者比他们正常情况下更多地购买,也许还会更多地使用某一提供物。

一些消费者会碰到麻烦,因为他们做出了超出他们合理范围的获取、使用或处置行为。例如,他们可能会有多买、多吃、过多吸烟和赌博的冲动。我们当中有许多人会做出"新年决心",决定停止消费那些我们认为不应当消费的东西,或开始消费我们认为应当消费的东西。因此,研究人员最近开始关注去理解哪些因素会影响消费者控制消费诱惑的能力,并关注当消费者失去自我控制时会出现什么情况。[42]

消费者行为涉及情感和应对

消费者研究人员研究了情绪在消费者行为中的重要作用。[43]积极和消极情绪以及像希望、[44]恐惧、[45]后悔、[46]内疚、[47]尴尬[48]和总体心境[49]等特定情绪,会影响消费者思考的方式,影响他们做出的决策,影响他们做出决策后的感受,影响他们能记住什么,以及影响他们对某一体验的享受程度。像爱之类的情绪,有时可以表示我们对特定品牌或所有物的感觉。[50]消费者经常使用产品来调节他们的情绪状态——正如一勺冰淇淋就好像是某次测验失败的良好中和剂那样。[51]研究人员还研究了服务员工的情绪如何能潜意识地影响消费者的情绪。[52]在低努力的情境中,低水平的情绪会十分重要(例如我们从看幽默广告中所获得的低水平情绪)。

由于与消费者行为相关的问题会涉及压力,消费者通常需要以某种方式应对这种压力。[53]研究人员已经考察了消费者如何应对从一大堆商品中进行挑选的困难选择;[54]消费者如何利用商品和服务来应对像罹患癌症之类的压力事件;[55]他们如何应对由于离婚、自然灾害、搬到长期护理机构和其他偶发事件所导致的财产丧失。[56]研究人员甚至还考察了特定细分市场中的应对行为,例如低文化水平的消费者,由于不识字,他们通常会觉得了解市场对他们而言是个挑战。[57]

什么会影响消费者行为?

影响获取、使用和处置决策的诸多因素可以分为如图表1.5中模型所示的四大方面:(1)心理核心,(2)决策制定过程,(3)消费者文化,(4)消费者行为的结果。尽管这四个方面在本书中是分章节探讨的,但是每一方面都与其他方面相互联系。例如,为了做出影响结果的决策(如购买新产品),消费者首先必须进行在心理核心中所描述的过程。他们需要有动机、有能力和有机会接触、感知和注意到信息。他们需要对信息进行思考,形成态度和记忆。

文化因素同样会影响消费者动机、他们如何加工信息以及他们做出决策的类型。年龄、性别、社会阶层、种族、家庭、朋友和其他因素会影响消费者的价值观和生活方式,进而影响消费者制定的决策以及他们如何和为什么要制定这样的决策。在下面的概述中,我们以度假决策为例来说明这几个方面的相互关系。

心理核心:内部消费者过程

在消费者做决策之前,他们必须具有做决策所需的知识或信息来源。这种来源——心理核心——包括动机、能力和机会;展露、注意和知觉;信息的分类和理解;对提供物的

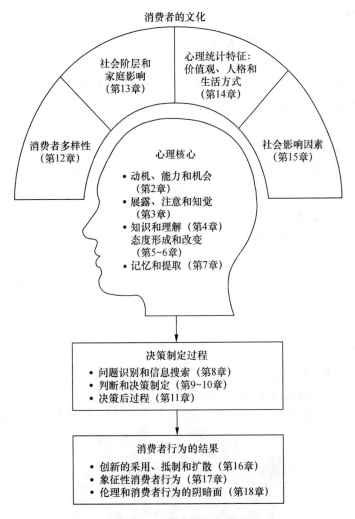

图表 1.5　消费者行为模型

消费者行为包括四个方面:(1) 消费者的文化,(2) 心理核心,(3) 决策制定过程,(4) 消费者行为的后果和问题。本书的第 2~18 章与该总体模型的这四个方面有关。

态度。

具有动机、能力和机会

让我们来看一下一位名叫杰西卡的消费者决定进行滑雪度假这一例子。在杰西卡的心中,度假决策是有风险的,因为这将耗费许多金钱和时间,她不想做出一个糟糕的选择。因此,杰西卡有动机去尽可能多地了解各种度假方式,仔细思考,并想象各种度假方式会是什么样子。她将其他活动放在一边,而给予自己思考这次度假的机会。由于杰西卡已经知道如何滑雪,因而她有能力确定哪种类型的滑雪度假能令她感到愉快。她究竟是关注于具体的事情(这次旅行的费用是多少)还是抽象的事情(她将获得多少乐趣)取决于她计划最快什么时候去旅行以及她打算旅行的地方与她的自我概念在多大程度上相匹配。[58]

展露、注意和知觉

由于杰西卡具有强烈动机做出到哪里去度假的决策,她也有做出这样决定的能力和机会,因此她将会确保她能够接触到、感觉到和注意到她认为与她的决策相关的任何信息。她可能会查看旅游广告和网站,阅读旅游类的文章以及与朋友和旅行社交谈。杰西卡可能不会注意到所有的旅行信息;但是她可能会接触到那些她从不会有意识地感觉到或注意到的信息。

对信息进行归类和理解

杰西卡会试图对她注意到的信息进行归类和理解。她可能会推测认为奥地利的基茨比厄尔是一个价位合理的旅游地,因为某个网站所显示的信息与她的这一解释相一致。

形成和改变态度

杰西卡可能会形成对她已经归类和理解过的度假的态度。她可能会对基茨比厄尔形成正面态度,因为某个网站将基茨比厄尔描述为经济的、有教育意义的和有趣的旅游胜地。但是当她遇到新信息时,她的态度有可能会发生改变。态度并不总是能够预示出我们的行为。例如,尽管我们当中有许多人对锻炼身体持有正面态度,但是我们的这种态度和良好意向并不总会导致我们去体育馆锻炼。因此,态度和选择被认为是独立的话题。

形成和提取记忆

我们的态度不能预示我们的行为的一个原因就在于,在我们做决定时,我们可能会记住也可能记不住先前我们用于形成态度的信息。因此,杰西卡也许会基于某些信息形成记忆,但是她的选择却只基于她从记忆中提取的信息,就像图表1.6所表明的那样。

图表1.6 形成和提取记忆

广告可以影响我们的选择,但是我们下一次的选择可能取决于我们对自己体验的记忆。

决策制定过程

作为心理核心一部分的过程与图表1.5中的第二个方面,即决策制定过程,有着密切的联系。消费决策制定过程包括四个阶段:问题识别、信息搜索、决策制定以及购后评估。

问题识别和信息搜索

当我们意识到我们有未满足的需要时,就会出现问题识别。例如,杰西卡意识到她需要一次度假。接着,通过搜索信息,她了解到她应当去哪里、度假的花费有多少以及什么时候动身旅行。她还会了解一下自己的财务状况。在问题识别和搜索信息时,心理核心的各个要素被激活,因为一旦杰西卡意识到她需要度假并开始搜索信息,她就会接受信息展露,注意并感觉信息,对信息进行分类和理解,并形成态度和记忆。

做出判断和决策

杰西卡的决策是一种高努力决策,这意味着在制定该决策时,她愿意投入大量的时间以及心理和情感精力。她会识别出对她做出选择十分重要的几个准则:这次旅行应当是有趣的和令人兴奋的、安全的、有教育意义的以及可负担得起的。并不是所有的决策都需要大量投入,杰西卡同样也会面临一些低努力决策,例如在旅行时应当带上哪种品牌的牙刷。

在制定决策时,心理核心再一次被激活。对于高努力决策,杰西卡有很强的动机去接触大量的信息,仔细思考和分析这些信息,并形成相关的态度。由于她在此方面做了大量的思考,她可能会形成对这些信息的持久记忆。消费者并不是总能够意识到他们在想什么以及他们是如何做出选择的,因此杰西卡可能无法解释是什么影响了她的选择(甚至旅行社的背景音乐都可能是一种影响)。[59]但是她认为她从不同的选择中所体验到的情绪(激动、轻松)会对她的最终选择产生很大的影响。[60]对于低努力决策,例如应当买什么品牌的牙刷,她可能只进行较少的信息搜索和信息加工,这会导致态度和记忆的持久性较差。

做出决策后评估

这一步能让消费者在事后判断这次决策是否正确以及是否应当再次购买该提供物。当杰西卡从度假地返回后,她可能会对她此次决策的结果进行评估。如果此次度假正如她所想、达到了她的期望,她将感到满意。如果此次度假超出了她的期望,她将感到高兴。如果没有达到期望,她将会不满。在制定决策后评估时,心理核心的各个方面又一次被激活。杰西卡可能会让自己接触到能验证她此次旅行体验的信息,她可能会更新她的态度,她可能会选择性地记住此次旅行中非常好或非常坏的方面。

消费者的文化:外部过程

杰西卡为什么在刚开始要做出滑雪旅行的决策?我们的消费决策和我们如何加工信息部分地受到我们的文化的影响。**文化**(culture)是指能表明某一群人特征的典型的或期望的行为、规范和观念。它对人类行为的各个方面都有着强有力的影响。杰西卡有特定的情感、知觉和态度,这是因为她属于某一独特的人群,这群人对她的价值观、人格和生活方式有着重要影响。

> **文化**:表明某一群人特征的典型的或期望的行为、规范和观念。

多样性影响

杰西卡是多个地方、种族和宗教群体的成员,这些群体直接或间接地影响着她的决策。例如,尽管对于一名来自北美的工作女性来说,杰西卡所做出的远离居住地的滑雪旅行决策是非常普遍的,但是一名来自发展中国家的消费者或一名来自不同文化的单身女性却不一定会做出相同的选择。同样,除了杰西卡对欧洲滑雪的兴趣之外,她的年龄、性别和教育背景也会影响她对于什么是一次美好旅行的看法。让我们看一下图表1.7中所展示的各种度假选择,并试着想象一下哪些背景因素会导致消费者偏向各种度假选择。

图表1.7 度假

关于度假,你喜欢……

骑着摩托车环游世界?骑行在公路、山口和乡村小道上,从摩托车车把后游览欧洲或亚洲。你需要花3 000美元,至少7天的时间,以及相当大的毅力长时间骑着600磅重的摩托车——但是景色却是十分壮观的。

出身大汗,接着放纵一下?在高活性的温泉浴场,你可以在白天学习冲浪、练习瑜伽、穿行砂岩峡谷或练习泰拳。而晚上则是放纵的时间:在吃完一顿健康美食后,你可以歇歇脚、上上课或只是舒服地躺在羽绒床上。价格,包括三餐在内:每日200~540美元。

当回牛仔?餐馆在怀俄明州和蒙大拿州的100多家农场中的某一家,你可以选择住在每日150美元的乡间小屋或每日275美元的豪华房间,包括餐饮。你可以放牧、修篱笆、野外骑马旅行,或只是欣赏一下西部的美景。

与企鹅玩耍?成为每年光临南极洲的15 000名游客中的一员。从乘坐长途飞机到南非开始,接着乘坐游轮穿过德雷克海峡的冰水。了解那里的动植物群;接着到海岸边看企鹅和海豹玩耍。价格12天巡游5 000美元起。

"度假"一词对不同的人意味着不同的事情。你认为的"放松一下"可能与其他人有很大的不同。你能看出像社会阶层、种族、经济条件、归属的群体和性别等因素是如何影响我们可能认为是有吸引力的度假类型的吗?这些例子表明一些营销人员获得了成功是因为他们理解了他们的顾客认为什么有价值。

资料来源:Rosalind S. Helderman, "Lessons from the Bottom of the World," *Washington Post*, December 23, 2004, p. T3; Perri Cappell, "Going Mobile: Can't Shake the 'Easy Rider' Fantasy?" *Wall Street Journal*, December 20, 2004, p. R7; Marcy Barack, "Destination: Wyoming; Ranch Life Can Spoil a Manicure," *Los Angeles Times*, July 11, 2004, p. L13.

社会阶层和家庭影响

由于杰西卡属于社会中上阶层的成员,并且与父母生活,这些社会因素和家庭因素影响她做出与朋友一起到欧洲豪华滑雪胜地度假的决策,而不是与家人在离家不远的乡村滑雪地去滑雪。

价值观、人格和生活方式

杰西卡所做的选择部分是根据她的信念、她的人格和她从事的活动、兴趣和意见而做出的。由于她期望一次令人兴奋的和不同寻常的度假,因此她会被欧洲滑雪旅行所吸引。她也预期,这次旅行将能检验一下她的自我管理能力,并能给她带来一种成就感。

参照群体和其他社会影响

当杰西卡认为她所感知到的他人与她自己相似时,她会把他人看作**参照群体**(reference groups),她有着与该群体共享的价值观,她也很看重该群体的意见(参见图表1.8)。她可能也

> **参照群体**:我们将自己与之进行比较的一群人,以此来获得有关行为、态度或价值观的信息。

会效仿她所崇拜的人的行为,并听从这些人通过口碑所提供的建议。因此,有时候运动员、音乐家、电影明星会作为参照群体,影响我们如何评估信息和做出选择。参照群体还能够使我们觉得仿佛我们应当按某种特定方式行事。杰西卡可能觉得去基茨比厄尔会有些压力,因为她的朋友认为这样做非常酷。此外,杰西卡的人格会影响她的决策。由于她是性格外向的适度冒险者,因此她期望一次令人兴奋的和能让她结识新朋友的度假。

图表 1.8　参照群体的影响

参照群体是指我们与之有着共享的价值观及我们认可其意见的人。

消费者行为的结果和问题

正如图表 1.5 所示,心理核心、决策制定过程和消费者的文化会影响消费者行为的后果,例如产品的象征性用途和市场中观点、产品或服务的扩散。它们还会影响伦理和社会责任以及营销和消费者行为的阴暗面等问题。

消费者行为象征着我们是谁

我们所属的群体和我们的自我感觉,会有意识或无意识地影响着我们用以表达身份的**象征**(symbols)或外部标志。例如,在滑雪时,杰西卡会穿着乐斯菲斯(North Face)风雪大衣,带着博亮(Bollé)护目镜,以表明她是一个老练的滑雪者。她还会往家里带回一些象征着她此次度假的东西,例如明信片或 T 恤。

> **象征**:用于表达我们身份的外在符号。

消费者行为会在市场中扩散

在杰西卡做出度假决策后,她可以告诉其他人她未来的旅行,进而影响他人的度假选择。按照这种方式,到基茨比厄尔度假的观点会扩散或传播给他人。如果杰西卡反对去基茨比厄尔(也许因为她认为到那里度假太贵或太远),她传播的信息会使得他人更不可能去那里度假。因此,对营销人员来说,信息的扩散既有积极的效果,也有消极的效果。

营销和消费者行为的阴暗面、伦理和社会责任

特定的消费者行为和特定的营销实践对消费者和/或社会可能是有问题的。例如,冲动型购买会对消费者及其家庭造成严重的财务后果。如果对此类行为缺少自我控制,还会导致消费者对自己感觉很糟糕。[61]其他重要的行为包括偷窃、通过黑市买卖、未成年人饮酒和吸烟等。营销也有阴暗面。一些重要的伦理问题包括公司是否应当向儿童做广告、营销投入是否促进了肥胖症、广告是否影响了自我形象、营销是否侵犯了消费者的隐私等等。此外,产品和营销的环境后果正引起全世界的消费者、管理者和公司的重视。例如,在处置行为上的消费者研究对保护自然资源的节目有着潜在的影响。图表1.9展示的是一则旨在宣传有关回收好处的广告。

图表1.9 倡导回收的广告

公司、消费者和环境能因回收而获益。

谁会从学习消费者行为中受益?

人们为什么要学习消费者行为?下列四类人使用消费者研究的理由各不相同,分别是:营销管理人员、伦理主义者和倡导团体、公共政策制定者和管理者以及消费者。

营销管理人员

学习消费者行为能为营销管理人员制定营销战略和策略提供重要信息。美国营销协会对**市场营销**(marketing)的定义就表明了为什么营销管理人员需要了解消费者行为:

> **市场营销**:个体和群体通过与他人创造和交换产品和价值,从而获得他们所需和所欲之物的社会和管理过程。

> 市场营销是创造、沟通、传递和交换对顾客、客户、伙伴和整个社会有价值的提供物的活动、制度和过程。

正如该定义所指明的那样,营销人员需要消费者行为学的深刻见解,以便理解消费者和客户认为什么是有价值的;只有做到这一点,他们才能够设计、沟通和传递恰当的商品和服务。要想更多地了解有关营销研究的内容,请参见增补章节。

伦理主义者和倡导团体

有时,营销人员的行动会引起重要的伦理问题。忧心忡忡的消费者有时会成立游说团体,来唤起人们对不合理做法的公共意识。通过向媒体声明和联合抵制等策略,他们还能影响其他的消费者和所针对的公司。例如在美国的"母亲们反对暴力"(Mothers Against Violence)团体就是反对充斥着身体暴力的视频游戏的团体之一。视频游戏产业的娱乐软件评定委员会在游戏上注明了游戏分级,例如M(成年人,17岁以上)。尽管有此注明,倡导团体仍担心青少年能够轻易获得并玩成年人的游戏。[62]我们将在全书中探讨各类伦理问题,并在第18章中进行更详细的考察。

公共政策制定者和管理者

对于制定政策和法规来保护消费者免受不公平、不安全或不合理的营销做法危害的立法者、管理者和政府机构来说,学习消费者行为将会十分有用。反之,营销人员的决策也受到这些公共政策的影响。让我们来看一下对烟草营销的管制,这些管制是用于防止未成年人吸烟和告知消费者吸烟对健康的危害。美国、欧盟和其他一些地方禁止在电视、广播及某些其他媒体上做香烟广告;这些地区还要求在每包香烟上印上警示标签。[63]

了解消费者如何理解和对信息分类,对于识别和防止误导性广告而言十分重要。例如,研究人员希望了解广告创造了什么样的印象以及这些印象是否真实。研究人员同样希望了解营销如何影响遵循产品使用说明的消费者决策,例如按处方用药。[64]消费者行为研究有助于政府官员理解消费者福利并设法对其加以提高。[65]

学术界

由于以下两个原因,消费者行为学在学术界中非常重要。首先,当学者讲授该主题的课程时,他们能传播有关消费者行为的知识。其次,在学者展开有关消费者在获取、使用和处置提供物时是如何行动、思考和感觉的研究时,他们生成了有关消费者行为的知识。因此,这种学术研究对营销管理人员、倡导团体、管理者和其他需要理解消费者行为的人都十分有用。

消费者和社会

理解消费者行为有助于为消费者创建一个更美好的环境。例如,研究表明,当我们能看到对比各品牌和它们属性的图形、矩阵和表格时,我们能更好地理解品牌之间的差异。[66]因此,像在《消费者报告》中所展示的矩阵能够帮助许多消费者做出更好的决策。

那些保护特定消费者细分市场的产品、服务和沟通的发展同样源自于对消费者行为方式的理解。许多人希望能保护儿童免受不恰当广告的危害或保护他们自己的隐私。一些公司已经自愿地改变了它们的营销方式,但是其他公司会一直观望到立法者、管理者或倡导团体迫使它们改变营销方式之时。最后,对处置行为的研究有助于回收计划和其他与环保相关的活动,我们将在第 18 章中探讨。

消费者行为的营销启示

随着你对消费者行为的逐步了解,你可能会想了解营销人员是如何利用不同的消费者行为概念和发现的。从第 2 章开始,你将看到许多名为"营销启示"的章节,这些章节列举了在真实世界中,营销人员是如何应用消费者行为学概念的。一般而言,消费者研究有助于营销人员为特定产品制订计划,也同样有助于制定更广泛的市场细分、目标市场选择和战略定位以及制定营销组合中各方面的决策。

制定和实施顾客导向战略

市场营销旨在向顾客提供价值。因此,营销人员必须进行研究来理解市场中不同群体的消费者,从而制定出能提供价值的战略和具体的提供物。当营销人员制定和实施了合适的战略后,他们需要进行研究以确定该战略的运作情况以及该战略是否达到了预期的结果(例如提高了市场份额或增加了利润)。

市场如何细分

一个消费者对某一产品的价值认知可能不会与另一个消费者相同。让我们以插入式电池充电器为例。劲量(Energizer)公司进行了一项消费者研究,并"发现人们使用充电器的方式有很大的不同",一位营销管理人员这样说。女性说她们想要一个能让她们"一看就懂的"方便使用的充电器,但是男性却不喜欢过于简化的充电器。劲量公司于是为男性开发了 Dock & Go 充电器,用灯光表明什么时候充电正在进行以及什么时候充电完成,为女性开发了 Easy Charger 充电器,用指示灯显示充电所处的阶段。[67]消费者研究有助于营销人员理解组成某一市场的不同群体,并有助于他们了解是否可以以一种提供物吸引该市场中的一个或多个群体。

每个细分市场是否有利可图?

消费者研究能帮助营销人员识别那些需要未被满足的消费者,并能表明每个细分市场的规模和盈利能力。当百思买(Best Buy)对其顾客群进行研究时,该零售商识别出了一些细分市场并创建了一些角色,即用一些名字和描述对每个细分市场的特征进行人格化。该零售商将其中一个有利可图的细分市场命名为"翁鸣一族"(喜欢新技术和愿意购买新型小电器的年轻男性),将其中一个无利可图的细分市场命名为"恶魔一族"(购买减价商品并在网上转售的消费者)。之后,该公司对其商店进行了改建,并对销售人员进行培训,让他们关注那些符合"翁鸣一族"角色的消费者。[68]

每个细分市场中的消费者的特征是什么?

当确定了如何细分市场和细分市场是否有利可图后,营销人员需要了解每个细分市场中的消费者的特征,例如他们的年龄、教育水平、生活方式等。这类信息能帮助营销人员了解该细分市场是会不断成长还是衰退,这一因素会影响未来的营销决策。例如,由于步入老龄的婴儿潮一代努力想要保持健康,可以预计健身商品和服务的销售会上升。

顾客对现有提供物满意吗?

营销人员经常进行大量的研究以了解当前消费者是否对公司的提供物感到满意。哈雷·戴维森的主管人员定期与哈雷车主会的成员一起驾驶摩托,以发现令摩托车购买者满意的一手信息,并了解车主还需要什么。这类信息以及从其他研究中获得的数据帮助该公司产生新产品创意,并向现有和潜在顾客推出新型摩托。[69]

选择目标市场

理解消费者行为有助于营销人员确定哪个消费者群体是营销策略合适的目标市场,有助于了解某一产品的重度使用者与轻度使用者有何不同。[70]营销人员还需要识别出谁可能涉及采购、使用和处置决策。尽管维珍移动(Virgin Mobile)主要针对使用手机的十几岁的青少年和青年,该公司的研究表明,这些人的父母通常才是决策制定者。其研究还表明,家庭方案要比父母所想象得更昂贵。"我们想要传达的信息是:当父母使用家庭方案时,他们就好比交给(青少年)一张带天线的信用卡。"一位公司官员这样说。[71]

定 位

另一个战略选择是决定某一提供物应当如何在消费者心目中定位。理想的形象应当能反映该产品是什么以及它与竞争产品有何不同。例如,纽曼的口号"为行公益,可以不顾体面地牟利",就反映了该公司把自己定位成将所有利润捐给慈善事业的暴发户品牌。

竞争性提供物是如何定位的?

有时,营销人员进行研究是想了解,与他们自己的品牌相比消费者是如何看待其他品牌的,之后将这些结果绘制在一张被称为知觉图的图形上。在该图上,处于同一象限中的品牌被感知为向消费者提供了相似的利益。两个公司靠得越近,它们就被感知为越相似,因此它们就越可能成为竞争对手。

应当如何对我们的提供物进行定位?

公司使用消费者研究以了解在消费者眼中新产品应当具有什么样的形象,什么样的信息能有效支持这一形象。[72]定位应当表明该产品在被目标市场认为有价值的一个或多个属性上具有优越性。[73]例如,丰田赛恩(Scion)汽车的目标市场是那些处于20多岁和30多岁的汽车购买者。通过研究,丰田了解到这些人希望他们通过消费能获得良好的价值,如与众不同的款式,并希望能定制他们自己的汽车。赛恩的定位涉及所有这些要素,尤其是在已成为一种重要差异化方式的自我表达方面。[74]

我们的提供物应当再定位吗?

消费者研究能帮助营销人员对现有产品实施再定位(也就是改变它们的形象)。来看一下世界黄金协会(一家贸易集团)决定对黄金珠宝进行重新定位。通过研究,该协会确定了女性喜欢佩戴纯金珠宝,但是她们并不认为现有产品能令人感到激动或时尚。因此,该协会建议珠宝商设计出最新款式的作品,并通过强调女性对佩戴金饰的正面情感的广告来对黄金珠宝进行重新定位。[75]

开发产品和服务

开发能满足消费者欲望和需要的产品和服务是一项重要的营销活动,营销人员在制定有关产品的一些决策时会运用消费者研究。

消费者对新产品有什么样的看法?

首先,营销人员需要设计出与消费者欲望相匹配的提供物。在某些情况下,顾客会合作开发新提供物。让我们看一下当哈根达斯邀请消费者品尝新口味冰淇淋时发生了什么。该公司从成百个提交的创意中,选择了太妃糖布丁——这种口味被证明是如此受欢迎,以至于它成为一种常规冰淇淋,而非仅限时提供的冰淇淋。[76]

现有提供物中可以增加或改变什么属性?

营销人员经常利用研究来确定何时和如何对产品进行修改或调整,以满足新顾客群体或现有顾客群体的需要。例如,维珍移动向 2 000 名青少年顾客询问了他们对手机颜色的偏好。起初,该公司计划做一款全白的手机——基于原先白色苹果 iPod 音乐播放器的流行——但是青少年拒绝了这一创意,认为它是"冒牌货",他们希望一个银色内饰的蓝色手机,维珍将这种手机投入了生产。[77]

我们的提供物应当叫什么名字?

消费者研究在产品和品牌命名方面起着至关重要的作用。例如,汉堡王(Burger King)推出的 BK Stacker 汉堡包(一种有多层汉堡肉和奶酪的三明治),就是根据一项研究所表明的汉堡包爱好者想要一种"非常多的肉和奶酪制成的汉堡包"。汉堡王的一位主管这样说。[78]该提供物的名字也与研究所表明的相一致,即品牌应当容易被理解和记住,并能反映出重要的利益(例如多层汉堡肉和奶酪)。

我们的包装和商标应当是什么样?

许多营销人员利用消费者研究来测试备选的包装和商标。例如,研究表明,消费者可能会认为如果食物使用绿色包装,则这种食物(包括饼干在内)就对他们有好处。[79]该信息对于采用"健康"定位的产品包装设计十分有价值。在做出改变包装和商标的决策时,研究也同样重要。例如,WD-40 对其 X-14 系列的家用清洁产品进行重新包装,从而更好地传播其"浴室清洁专家"的品牌定位。[80]

制定促销和营销沟通决策

研究可以帮助公司制定促销/营销沟通工具的决策,包括广告、销售促进(赠品、竞赛、抽奖、免费样品、优惠券和折让)、人员销售和公共关系。

我们的广告目标是什么

消费者研究对于确定广告目标十分有用。例如,它可以揭示出很少有人听说过新品牌,这表示广告目标应为提升品牌名称的知名度。如果研究表明消费者听说过该品牌,但却不了解它,那么广告的目标就应为提高品牌了解度。如果消费者知道品牌但是不知道其令人向往的品牌特征,那么广告应当针对提高品牌了解度和鼓励对品牌的正面态度。如果消费者既不知道品牌名称也不知道产品利益,那么广告应当向目标市场传达这两方面的内容。

我们的广告应当像什么样?

研究可以帮助营销人员确定广告中什么样的语言和画面最有效和最让人印象深刻。当品牌置于一则有趣的、不寻常的和相关的画面中时,消费者能更好地记住品牌名。如果画面有趣,但是与产品无关,消费者可能记住了画面但却忘记了产品名称。此外,营销人员可以研究不同的群体对不同的措辞会做出何种反应。例如,在西班牙说某产品物有所值不能说"value for the money",营销人员以"price for product"取而代之。[81]研究表明,想要利用电子邮件提升网站流量的营销人员应当根据他们对目标市场中不同消费者的了解,设计邮件内容。[82]

我们的广告应当投放到哪里?

在营销人员选择投放广告的特定媒体渠道时,他们会发现人口统计、生活方式和媒体使用数据十分有用处。正如先前所提到的,研究表明,越来越多的人把时间花在各类媒体上,许多人使用录制技术以回避商业广告。了解到这一点后,营销人员正选择那些针对性更强或能在消费者头脑中有更多展露机会的媒体。越来越多的企业正在利用公益活动(例如"雅芳抗击乳腺癌之旅"活动)来接触目标受众。[83]

我们应当何时做广告?

研究可以揭示出与天气相关的需要而导致购买的季节性变化、消费者可自由支配资金的变化(例如在圣诞节前后的变化)、节假日购买模式等等。康尼格拉(ConAgra Foods)食品公司在秋冬两季为其速冻食品Banquet Crock-Pot Classics做广告,因为消费者在这两个季节会更多地使用慢炖锅。[84]

我们的广告有效吗?

最后,广告主可以在广告开发过程的各个时点研究广告的效果。有时,营销人员或广告公司会进行软文测试或预测试,在广告面向大众投放之前测试其效果。如果广告目标是创建品牌知名度,而被测试的广告并不能做到这一点,那么公司会以新广告替代它。广告在媒体投放后也可以进行广告效果研究,例如开展跟踪研究,来看看在一定时期内广告是否达到了特定目标。

促销的目标和策略是什么?

营销人员可以通过研究来识别促销目标和策略。例如,当办公麦克斯(OfficeMax)公司认为大型办公用品零售商之间有太多的差异时,该公司希望在年末的节假日购物时期使办公麦克斯能脱颖而出。该公司上线了一个共消费者娱乐的名为"Elf Yourself"(让你自己成为小精灵)的著名互动网站,该网站广为流传,并在两个节假日期间吸引了2亿访问者。跟踪研究表明,在这些访问者中,有超过三分之一的人受到了影响而到办公麦克斯那里购买商品。[85]研究也能防止销售促进出现一些缺陷,例如将优惠券发放给那些由于担心自己看起来很小气而根本不可能会使用优惠券的消费者。[86]

何时应当进行促销?

公司还可以使用消费者研究来确定促销的时间。帝门公司(Del Monte)是World Fruits

果汁的制造商,它开展了研究来更多地了解英国这一目标市场。该公司发现那些老客户,年龄在25岁到44岁的男性和女性,通常每年会度假两次,且多喜欢到国外度假。为了提高品牌知名度和销量,World Fruits在冬季开展了一项名为"赢得异国冒险之旅"的促销活动,该季节正是这一目标市场的顾客考虑度假的时期。[87]

我们的促销是否有效?

消费者研究可以回答这一问题。办公麦克斯统计了访问Elf Yourself网站的人数,并研究了访问者的购买意向。例如,帝门公司可以比较World Fruits促销活动前和促销活动后品牌知名度的变化,并测量促销前后的市场份额。研究也能回答免费样品的效果是否好于价格促销、免费礼物是否能够提高价值感知和购买意向、当促销结束后消费者的反应如何等问题。[88]

需要多少销售人员来为顾客服务

通过记录一天中不同时间或一周中不同日子的商店惠顾情况,零售商能够确定出为顾客提供有效服务所需要的合适的商店员工数目。

销售人员如何才能最好地为顾客服务?

最后,研究可以帮助经理制定选拔销售人员的决策,并评估销售人员为顾客服务的绩效。例如,消费者和销售人员或服务提供商之间的相似性会影响顾客是否会听从这些营销代表。[89]其他研究表明销售人员展示产品的方式将会影响顾客对销售人员的态度和消费者对产品的了解程度。[90]

制定价格决策

产品或服务的价格对消费者的获取、使用和处置决策有重要影响。因此,理解消费者如何对价格做出反应并利用这一信息进行定价决策,对营销人员来说十分重要。

应当收取什么价格?

为什么价格通常以99结尾?消费者研究表明,人们认为9.99美元或99.99美元要比10.00美元和100.00美元便宜。也许这是为什么许多价格以9结尾的原因之一。[91]尽管经济学理论认为,价格下降会增加购买的可能性,但是价格过低会让消费者质疑产品的质量。[92]通常,消费者对比原价降价百分比(例如,原价降价25%)形式框定的折扣的反应,要好于比原价降低多少钱(原价25美元,现价只卖15美元)形式框定的折扣。[93]研究表明,消费者对定价的反应十分复杂。例如,如果邮寄目录的顾客能在运费上省下8美元,他们平均会在购买上多花费15美元——这一发现导致一些目录营销人员采用免运费的定价方式。[94]

同样,在购买时,消费者会考虑与其他相关品牌价格或他们先前购买该产品的价格相比,他们此次购买需要支付多少钱,因此,营销人员必须注意到这些参考价格。[95]当消费者以捆绑价格购买多次服务时(例如多日滑雪通票),如果他们只使用了几次服务,他们可能不会感到损失巨大,因为他们很难将成本分配到每次服务中。此外,当消费者以捆绑价格购买多件产品时(例如一箱红酒),他们可能会增加消费量,因为看起来每件产品的单价降低了。[96]根据研究,消费者为某件产品愿意付多少钱甚至会受到他们先前看到的不相关产品的影响。因此,你愿意为一件T恤支付的价格,会取决于你刚才在隔壁商店中看到的鞋子价格的高低。[97]最后,研究表明,消费者对一件产品价值的感知,会取决于他们是买还是卖这件产品。因此,销售者应当避免这种禀赋效应;也就是说,他们不应当将价格定得超过购买者愿意支付的水平。[98]

消费者对价格和价格变动有多敏感?

研究还表明,消费者对价格重要性的看法不同。一些消费者对价格非常敏感,也就是说价格很小的变动都会对消费者购买产品的意愿产生很大影响。例如,游轮公司(Cruise lines)发现降低价格有助于增加乘客数量。[99]其他消费者对价格不敏感,因此可能会不考虑产品价格而购买。尽管价格上升,但酿制咖啡的需求通常会十分稳定,这种情况说明,当星巴克提高其咖啡价格时,它不会损失许多顾客。[100]营销研究人员可以利用研究来确定哪个顾客可能对价格敏感以及何时对价格敏感。对于时尚商品和声望商品,高价格象征着地位。因此,寻求地位的消费者对产品价格更不敏感,他们愿意为每件知名品牌的T恤多支付50美元。

何时应当用特定的价格策略?

研究也揭示出消费者在何时最可能对各种定价策略做出响应。例如,消费者通常在一月份对床单的降价反应强烈。这种"白色织品大降价"之所以有效,是因为消费者预先考虑到了要买这些物品,而且在圣诞节后由于没有降价刺激,他们不大可能买这些物品。

制定分销决策

另一种重要的营销决策涉及如何向消费者分销产品和在零售店销售产品。同样,营销人员可以利用消费者研究。

目标消费者喜欢到哪里购买?

那些理解消费者看重时间和便利性的营销人员,开发出了能让消费者在任何时间和地点最方便地获取或使用商品和服务的分销渠道。例如,24小时营业的杂货店、健身俱乐部、目录订购和在线订购系统给消费者提供获取、使用和处置决策的时间灵活性。另一个例子是,如今消费者能从互联网、汽车经纪商、仓储俱乐部、大型汽车商场、旧车超市以及传统的汽车经销商等地方购买汽车。

商店应当如何设计?

超市的设计通常是将相似或互补的商品摆放在一起,因为研究表明消费者是根据产品的相似性特征或用途,以类别的方式来看待商品的。因此,商店将花生和果冻放在一起,是因为这些产品通常一起食用。消费者研究同样能帮助营销人员设计其他方面的零售环境。研究表明明亮的色彩和快节奏的音乐会使消费者在商店中走动很快;柔和的色彩和缓慢的音乐则有相反的效果。[101]商店设计同样还取决于消费者是以购物为乐还是为了迅速完成某一任务,例如购买某个商品。[102]当了解到有些消费者仅仅是喜欢购物后,零售商正不断创造出更有趣的和更令人赏心悦目的商店环境。[103]

商店和网站的设计业可以传达某种十分具体的形象。苹果公司的商店非常开放和时髦,有许多小玩意供购买者试用。由技术专家作为职员的"天才吧"位于商店后面,当顾客需要咨询时,他们就会途经那些迷人的陈列柜台走到到这里来。"我们希望营造一种吸引人的——而非令人生畏的——有远见的、热情的、互动的气氛",苹果零售运营的经理解释说。[104]

总　结

　　消费者行为涉及理解消费者的某一个体或群体在一定时期做出的有关获取、试用或处置商品、服务、观点或活动的一组决策(什么、是否、为什么、何时、如何、在哪里、多少、多久、多长)。心理核心对消费者行为有非常大的影响。消费者的动机、能力和机会会影响他或她的决策,也会影响消费者接触到什么、注意到什么和感觉到什么。这些因素还会影响消费者如何对信息归类和解释、如何形成和改变态度以及如何形成和提取记忆。心理核心的每个方面都对消费者决策制定过程有影响,包括:(1)问题识别,(2)信息搜索,(3)判断和决策制定,(4)评估决策的满意程度。

　　消费者行为还受到消费者的文化以及某一特定群体典型的或期望的行为、规范和观念的影响。消费者属于一些群体,他们与群体成员有共享的文化价值观和信念,并使用符号与群体成员沟通。消费者行为可以是象征性的行为和表达个体身份的行为。此外,消费者行为能表明某个提供物能多么强有力或多么迅速地在市场上传播。

　　营销人员学习消费者行为学可以增长见识,从而制定更有效的营销战略和策略。伦理主义者和倡导团体也热衷于消费者行为学,那些希望保护消费者免受不安全或不恰当提供物危害的公共政策制定者和管理者同样如此。随着营销人员学会生产出更好的产品和关注环境,消费者和整个社会都会从中获益。最后,学习消费者行为学能帮助营销人员了解如何细分市场和如何选择目标市场、如何对提供物定位以及什么样的营销组合策略最为有效。

复习和讨论问题

1. 消费者行为学的定义是什么?
2. 在消费者行为学中,营销人员和研究人员研究的三大类消费者活动是什么?
3. 在心理内核中有哪些因素会影响消费者决策和行为?
4. 影响消费者决策和行为的外部过程有哪些?
5. 市场营销的定义是什么?
6. 公共政策决策制定者、倡导团体和营销人员如何利用消费者研究?
7. 营销人员利用消费者行为研究可以回答哪些类型的问题?

消费者行为案例　斯沃琪的奢华手表

　　从塑料手表到白金手表——这家因有趣时尚饰品而闻名的手表公司正在关注手表的地位象征。当瑞士斯沃琪集团在1983年成立时，由日本企业生产的大众定价石英手表已经抢占了传统瑞士手表品牌相当大的市场份额。斯沃琪赢回市场份额的大胆想法是，用彩色的表壳、表带、表盘制造出各种色彩缤纷的手表，这些手表既具有多功能，又很时尚，而且价钱也不贵。于是，公司开始推出一系列千变万化的新手表款式，这样做使得消费者开始认为手表既时髦又有收藏价值。斯沃琪还将某些手表款式限定在特定地区销售。这种做法刺激了消费者在外出旅行时对新款斯沃琪手表的关注，他们会抢购不在其本地商店出售的斯沃琪手表款式。

　　这种推出一系列手表的做法很快就流行开来。消费者——尤其是女性消费者——迅速习惯于像购买其他时尚饰品那样去购买斯沃琪手表，他们或者出于冲动而购买，或者出于搭配某件外套而购买。向别人炫耀新款或不常见款式的斯沃琪手表——尤其是在当地买不到的款式——成为人们另一种表达个性和地位的方式。很快，斯沃琪的成功引起了竞争对手的注意，它们纷纷向市场推出各种日常佩戴的手表，价格也很便宜。

　　为了避免这种竞争加剧而导致的利润下滑，斯沃琪又做出了另一个大胆决策。斯沃琪不仅没有放弃其每块35美元的斯沃琪基本款式，该公司还开始收购具有高质量声誉的品牌，如欧米茄和汉米尔顿。它还购买了一些超豪华品牌，如宝玑（Breguet），提供价值高达500 000美元的手工制作、限量版手表。这些品牌的一流形象给斯沃琪带来了新的企业声誉，斯沃琪也获得了向更多细分市场营销更多手表的机会。

　　如今，该公司能够满足那些为自己或作为特殊礼物而购买昂贵珠宝的购买者的需要——这些购买者并不太在意价格。斯沃琪的高端品牌同样能满足富裕消费者的需要，这些消费者在旅行中十分乐意购买，会在高档精品店或机场免税店购买精美的手表。当了解到男性买奢侈手表要多于女性后，斯沃琪便与蒂凡尼（Tiffany）珠宝零售连锁店一起合作，设计和销售作为时尚饰品的高质量男性手表。

　　为了加强与顾客的联系和强化品牌忠诚，斯沃琪也采用了各种营销沟通策略。它的豪华品牌广告刊登在高收入消费者常看的杂志上。它还出版了《声音》杂志，该杂志是有关生活方式的一本杂志，每年发行两期，杂志内容包括告知消费者时尚潮流、特殊的斯沃琪活动、新产品和新闻等。斯沃琪的在线时事通讯能告诉消费者最新的时尚和趋势。在斯沃琪的网站上，斯沃琪的爱好者可以点击加入斯沃琪俱乐部，并能获得会员专属产品，参加竞赛，购买收藏版手表，发布博客、照片和视频。此外，斯沃琪还为世界各地的顾客推出了许多特殊活动，例如在奥地利的海滩主题派对和在土耳其的周末海盗主题巡游活动。

　　由于拥有了一打以上的品牌组合，并在全球有600家连锁店，斯沃琪已经成为世界上手表营销的领导者。尽管全球经济状况不太好，但斯沃琪的年销售额仍上升到了50亿美元。事实上，奢华手表贡献了斯沃琪一半以上的利润，该公司正在追求其地位——象征品牌麾下的更高档珠宝饰品。然而，来自一些高端品牌的竞争逐渐加剧，如百达翡丽（Pateck Philippe）、伯爵（Piaget）、卡地亚（Cartier）和宝格丽（Bulgari）。在这种高度竞争的环境下，斯沃琪仍能延续其辉煌吗？只有时间才能告诉我们答案。[105]

案例问题

1. 消费者的文化在斯沃琪的营销策略中有什么作用？
2. 用内部消费者过程的术语解释为什么斯沃琪如此强调营销沟通？
3. 在什么情况下购买斯沃琪手表的决策会是高努力决策？什么情况下会是低努力决策？

增补章节

开发消费者行为的信息

学习目标

学完本章后,你将能够:
1. 概述用于理解消费者行为的一些研究方法。
2. 识别哪些类型的组织会开展消费者研究。
3. 讨论消费者研究所引起的一些伦理问题。

导言:理解中国的"技术部落"

在中国每年销售的 4 000 多万台 PC 中,有 1 000 万台是联想品牌的。但是中国这一增长迅速的市场正吸引着像惠普和戴尔这样的全球竞争者。联想在 2005 年收购了 IBM 的 PC 事业部,该公司正通过更深刻地理解中国 PC 用户的需要、期望和渴望开发新产品,并通过销售这些新产品来保护其市场。

联想雇用了研究和设计公司奇巴(Ziba)公司来调查中国消费者对 PC 的购买、使用、考虑和感受的情况。奇巴的研究人员观察了中国的消费者是如何打发他们的时间、如何做出重大购买决策以及如何使用科技产品。他们请消费者拍下他们在某一工作日和某一休息日的活动,特别是要留意有关科技产品的使用。这些研究人员考察了时尚趋势和其他影响产品风格的因素,并对消费者进行访谈,询问他们从科技产品中所追求的利益。[1]

在分析完所有的数据后,奇巴的研究人员识别出了五个细分市场或"技术部落",这五个部落有着不同的需要、态度和行为:热衷交际者、关系稳固者、追求实用者、深度自闭者、另类收集者。除了另类收集者之外,联想选择了所有其他的细分市场作为其目标市场,向这些市场提供新产品,例如(为深度自闭者提供)组装、多媒体台式 PC 以及(为关系稳固者提供)微型笔记本电脑。基于在中国消费者市场上的成功,联想已经将其目标顾客扩张到亚洲的其他地区以及已有众多 Thinkpad 笔记本电脑用户的欧洲和美国地区。

消费者行为研究可以帮助联想这样的企业了解消费者的需要、行为和感受。同样重要的是,消费者行为研究可以指导营销人员确定如何通过细分、目标市场选择、定位和营销组合等决策来营利性地满足消费者需要。本章从介绍营销人员用于收集消费者信息的工具开始。接着,你将了解到使用消费者研究的各种组织。最后,本章将介绍一些有关消费者研究的伦理问题,这一问题在第18章"伦理、社会责任与消费者行为和营销的阴暗面"中将会更详细地讨论。

消费者行为研究的方法

出于营销目的,研究人员会收集和分析两种类型的数据:原始数据和二手数据。出于自身目的而收集的数据被称为**原始数据**(primary data)。营销人员为了支持他们的营销决策,采用调查、焦点小组、实验等方法所收集的数据就属于原始数据。由某一组织出于某一目的而收集、随后被另一组织用于其他目的的数据被称为**二手数据**(secondary data)。例如,在政府出于税收目的收集了人口普查数据后,营销人员就可以将普查结果作为二手数据,来估计他们自己行业的市场规模大小。

> **原始数据:** 由某一研究人员发起的,为了提供与某一特定研究项目相关的信息而进行收集的数据。
>
> **二手数据:** 出于其他目的收集,之后被用于某一研究项目的数据。

在消费者研究人员的"工具箱"中,有许多工具可以用于收集一手数据,其中一些是根据消费者说什么,一些是根据消费者做什么。研究人员可以从相对较少的人那里收集数据,也可以从庞大的消费者样本中汇编数据。每种工具都能提供独特的见解,如果综合使用这些工具,就能够从不同视角揭示消费者行为这一复杂的世界。这就是研究的目的:指导公司做出更有见识的决策并达成营销结果。[2]

调 查

调查(survey)是最常见的一种研究工具,它是请消费者回答预定的一系列研究问题的一种书面工具。问题可以是让消费者填空的开放式问题,也可以是请消费者评分或打钩的封闭式问题。调查可以采用人员、邮件、电话或互联网等方式进行。例如,宝洁公司每年开展约1 500次在线消费者调查,这种方法要比传统调查方法获得结果的速度快75%——而且还能节约一半的成本。[3]

> **调查:** 请消费者回答预定的一系列研究问题的一种书面工具。

尽管为了更好地理解特定顾客细分,公司常常会进行专项的调查,但是有些组织会进行广泛的调查,因此营销人员也可以利用这些调查。美国人口普查局就是营销人员常用的一个人口统计信息来源。该局每10年进行一次人口和住房普查,询问美国消费者有关年龄、婚姻状况、性别、住宅大小、教育、收入和房屋所有权等问题。人们可通过互联网(www.census.gov)、图书馆或CD光盘来使用该数据库,它能帮助营销人员了解可能影响他们的提供物或他们行业的人口变化。

调查数据还能告诉营销人员有关媒体使用和产品购买的一些情况。米迪马克研究公司(Mediamark Research Incorporated)每年会(用英语和西班牙语)调查26 000多名消费者,以获得他们的媒体习惯、人口统计信息和产品购买情况。[4]研究人员甚至在研究如何提高调查的响应率。在一项研究中,当调查包上贴有邀请消费者参与的随意贴时,有更多的消费

者完成了调查。⁵

焦点小组

调查是从数百人那里分别收集他们对相同问卷的回答。而与调查不同的是,**焦点小组**(focus group)邀请8—12个消费者组成一个小组,就某一问题或某一提供物进行讨论(参见图表EN.1)。这种小组由一名接受过培训的主持人领导,参与者就某一特定产品或主题来表达他们的看法,这种方式尤其适用于识别和测试新产品创意。焦点小组能提供有关消费者态度的定性见解,而不是像调查那样获得定量的数据。安海斯–布什(Anheuser-Busch)在超级碗杯开赛前的几个月内进行了数十次焦点小组访谈,从而对其百威淡啤(Bud Light)的电视商业广告进行了精心调整。⁶

> **焦点小组**:8—12个人参与的一种访谈;由主持人领导小组,并请参与者讨论某一产品、概念或其他营销激励。

图表 EN.1 焦点小组
焦点小组通常能提供有关消费者偏好的定性见解。

与上述方法相关的一种技术是基于计算机的焦点小组,消费者到计算机实验室中,他们个人的意见能匿名显示在大屏幕上,而小组中所有人都能看得到。这种方法可以帮助研究人员收集一些敏感话题的数据。除了面对面的方式外,焦点小组还可以通过电话或互联网来进行讨论。但是,这种匿名性会阻碍研究人员收集其他一些相关数据,例如在传统的焦点小组中由面部表情和肢体语言所传达的非语言反应。

一些公司成立了顾客顾问委员会,该委员会由一些小型顾客小组组成,每一年或两年(以面对面、在线或电话的方式)与营销和服务主管会谈,讨论有关提供物、竞争者产品、未来需要、获取和使用等问题以及其他一些相关问题。委员会会议不仅仅是为了进行研究,而且还是一种加强顾客关系的工具。⁷例如,佛罗里达州的塔拉哈西第一银行(Premier Bank of Tallahassee)向它的两个顾客委员会询问有关分支机构服务、新产品创意和社区参与活动的建议。⁸

访　谈

就像焦点小组一样，访谈也涉及直接与顾客接触。当话题敏感、令人尴尬、需要保密或会引起情绪反应时，访谈通常要比焦点小组的形式更为正式。如果研究人员想要对消费者有更多的了解，访谈能比调查提供更深度的数据。例如，当沃尔沃希望与汽车买主建立更紧密的联系时，其广告公司为了全方位地了解沃尔沃的车主，对世界上各个地方的泊车服务人员进行了访谈。该广告公司了解到沃尔沃的顾客是"行动者"——与他们拥有什么相比，他们更关心他们做什么——并具有团结和共享的价值观。这一研究帮助该广告公司制作了主题为"人生成就，贵在分享"（life is better lived together）的新沃尔沃广告活动。[9]

在一些访谈中，研究人员会询问顾客制定购买决策的流程。有一家研究公司派出专业的访谈员录下消费者购买食品杂货时的想法。这种研究有助于营销人员理解购物环境中的因素如何影响消费者的购买活动。例如，公司可能会了解到消费者不购买某一麦片是因为它摆放的位置太靠近洗衣粉了。[10]

传统的访谈要求受过培训的访员来进行，该访员应能与顾客建立良好的关系。访员还能够注意到非语言行为，例如烦躁、语调的变化以及四肢的动作，用这些线索来判断受访者是否愿意接受讨论或某个问题对消费者是否十分敏感。研究人员通常会对访谈录音，用于事后抄录，从而能够用定性和定量的分析来检查访谈的结果。一些研究人员还会录像，从而能记录下那些不能被录音所记录下的非语言反应，之后再对访谈分析加上识别模式或主题。

讲故事

进行消费者研究的另一种工具是**讲故事**（story telling），即消费者告诉研究人员有关他们对某一产品体验的故事。巴塔哥尼亚（Patagonia）公司的研究人员收集了有关徒步旅行和其他户外体验的消费者故事，并用于开发该公司的目录列表。讲故事不仅仅为营销产品提供了相关信息，而且也表明巴塔哥尼亚公司与顾客保持密切联系，并重视顾客的想法。[11]

> **讲故事**：邀请消费者讲述有关产品获取、使用或处置的故事的一种研究方法。这些故事能帮助营销人员深入了解消费者的需要，并识别出能满足这些需要的产品属性。

尽管讲的故事可以是真实消费者的真实故事，但有时，营销人员还会请消费者讲述或撰写关于某个假想情景的故事，该情景由营销人员用图片或场景来描述。[12]这样做的原因是，消费者对图片或场景所描绘情景的解释可以揭示出他或她的需要、情感和感觉。例如，研究人员出示了一幅图片，图片中有一位女性站在 Hot Topic 商店的门口，在她头上冒出了一个思想泡泡，然后请消费者写出他们想象这位女性正在思考什么。像这样的故事能够揭示出消费者对某一商店和购买情景的看法。

照片和图片

有些研究人员采用这样一种技术，即向消费者展示有关他们经历的图片，从而帮助消费者更全面地回忆和报告其经历。[13]研究人员还可以让消费者绘制或收集能表达他们对当前话题的想法和情感的图片(这也是联想公司所采用的方法,即让消费者将他们每日使用科技产品的情况用相机照下来)。还有另一种做法是让消费者组装拼贴画来反映他们的生活方式。接着,研究人员询问关于图片及其背后含义的问题,或让消费者写一篇短文,这些方式能有助于对这些图片所体现的形象或想法进行整合。[14]

例如,箭牌糖果(Wrigley)公司的营销人员让青少年挑选图片,并撰写一篇有关黄箭口香糖的故事。该公司了解到,当青少年想要吃糖时,他们就会咀嚼口香糖。了解到这一点后,箭牌的广告公司发动了名为"Gotta Have Sweet"的广告活动——黄箭的销量也节节上升。[15]

日 记

让消费者记日记能够获得有关其行为的重要信息,包括产品购买和媒体使用信息。日记通常能够揭示出消费者的朋友和家人如何影响他们购买服装、音乐、快餐、影视、音乐会等活动的决策。当联合利华准备推出一款新型止汗露时,它邀请一组女性写"腋下日记",记录下她们多长时间会修一次腋毛,她们的内衣是什么样的,以及她们多久会使用一次止汗露。当联合利华发现女性关心她们腋下皮肤的状况时,该公司开发了一种润肤止汗露产品,并宣传产品的皮肤护理效果。[16]

研究公司NPD集团请全世界300多万名消费者在网络上写日记,记录他们在各种产品类别中的购买情况。其他公司可以购买NPD的日记数据,来了解消费者是品牌忠诚者还是品牌转换者,他们是产品的重度使用者还是轻度使用者。通过将这类数据与人口统计数据相联系,营销人员能对消费者有更多的了解。例如,汉堡王可以利用NPD的系统,按年龄、地点甚至一天的时段来考察汉堡包的消费,这种信息有助于汉堡王更好地制订和调整促销、计划新产品以及制定其他决策。[17]

实 验

消费者研究人员可以进行实验来确定特定营销现象是否会影响消费者行为。例如,他们可以设计一个实验,从而了解与产品特征、包装、颜色、商标、室内温度或消费者情绪之类的因素相比,品牌名称是否会影响消费者对品牌的态度。通过测量参与者的情绪唤起程度、唾液分泌程度以及眼球的运动,营销人员能够确定哪个广告最令人兴奋和最引人注目,或哪个产品最受欢迎。福特公司就采用脑部扫描技术来测量欧洲消费者对一款正在开发的新车的反应。[18]

在实验中,研究人员随机将消费者分配到不同的"处理"中,接着再观察这些处理的效应。例如,消费者会被分配到显示不同品牌名称的群组中。研究人员收集有关参与者对品牌名称的态度的数据,并对比不同群组的态度。在口味测实验中,研究人员会将消费者随机分配到不同的群组中,之后请每组分别品尝不同的产品。将不同组的消费者对产品的评估进行对比就能表明哪种产品最受欢迎。

这类实验的重点在于,除了处理因素,即所谓的**自变量**(independent variable)外,每组在其他方面应当完全相同。因此,在口味测试实验

> **自变量:** 在某一研究项目中的"处理",或研究人员操纵其变化的事物。

中,应当只有食物或饮料的口味是变化的,其他方面对每一组都应相同,如消费者应吃或喝同样数量的产品,在同样的气温下,从同样的包装中,在同样的房间里,有同样的实验人员在场等等。当消费者品尝完产品并对产品进行了评价后,研究人员可以对每组的反应进行对比,从而了解哪种口味最好。由于每组在其他方面均相同,因此研究人员可以得知,两组之间的任何差异都是由处理(食物的味道)所引起的。

现场实验

尽管实验通常是在有控制的实验室中进行的,但有时,营销人员也会在真实世界中进行实验,即"现场实验"。**市场测试**(market test)就是一种现场实验,它能揭示出某一提供物是否有可能在某一市场销售,哪些营销组合要素能最有效地提高销售量。假设现在营销人员想要确定对某一新产品要投入多少广告支持,他们可以选择两个在规模和人口构成上都很相似的测试市场,并在每个市场中投入不同数量的广告费用。通过在设定的期限内观察这两个市场上的产品销售情况,营销人员将能够确定哪种广告费用水平能带来更高的销售量。

> **市场测试:** 通过评估产品在某一实际市场(例如某个城市)的销售,来考察营销组合的一个或多个要素的有效性的一种研究。

所有的营销组合要素都可以在市场上进行测试。老张中餐馆(P. F. Chang's China Bistro)是一家连锁餐馆,最近它在达拉斯的餐馆测试了一份新正餐菜单。测试结果十分成功,于是该公司将这一菜单用到了它的 45 家其他的餐馆。[19]

联合分析

许多营销人员使用**联合分析**(conjoint analysis)这一复杂的研究技术来确定某一提供物的不同属性水平的相对重要性和吸引力。首先,研究人员识别出提供物的属性,例如包装大小、具体的产品特征和价格水平。接着,他们确定出每个属性要测试的水平(例如大还是小)。之后,将这些属性按不同方式进行组合,形成一系列的产品概念,询问消费者对这些产品概念的反应。

> **联合分析:** 确定某一提供物的不同属性水平的相对重要性和吸引力的一种研究技术。

例如,研究人员会询问消费者购买如下产品的可能性:汰渍洗衣粉、大包装、添加有去污粉、价格 4.75 美元;研究人员还会询问消费者购买如下产品的可能性:汰渍洗衣粉、小包装、没有添加去污粉、价格 2.50 美元。通过分析消费者对不同组合的反应,研究人员就可以知道每个属性(例如大小、价格)的重要性以及消费者偏好某个属性的哪一水平。学术研究人员也使用了这种研究方法去了解在购买木制家具时消费者给予环境因素和价格因素以及其他因素的权重。[20]

观察

有时,研究人员通过观察消费者来获得制定有效产品、促销、价格和分销决策的有用信息(参见图表 EN.2)。好奇(Huggies)纸尿裤的生产商金佰利克拉克(Kimberly-Clark)让消费者在看起来类似某个连锁店的定制化虚拟商店环境中"购物",采用观察研究来了解在该环境中消费者对新包装和新货架位置的反应。该研究的结果不仅有助于金佰利克拉克的营销人员制定产品和促销决策,而且还有助于沃尔玛、塔吉特(Target)以及其他零售商制定购买和陈列金佰利克拉克产品的决策。[21]

图表 EN.2　观察研究

在费雪(Fisher-Price)的游戏实验室(Playlab),研究人员通过观察儿童的反应来确定他们是否喜欢费雪的玩具。

一些营销人员利用跟踪软件来观察消费者访问哪个网站、浏览哪个网页、他们在每个站点停留多久以及其他一些相关数据。通过分析消费者的浏览模式,研究人员能够了解如何使网站更具用户友好性、如何更好地设定在线广告目标以及如何制定其他有关在线营销活动的决策。[22]但是,隐私保护人士担心跟踪软件的使用——尤其是在消费者不知情或未经消费者同意的情况下使用——会侵扰消费者。作为回应,公司公布了隐私保护政策,允许消费者查看或修改所收集的数据,甚至可以"选择脱离"跟踪系统。[23]

一些公司进行**民族志研究**(ethnographic research),即研究人员访谈、观察(也许会录像下来)消费者在真实的环境中的行为表现。当科尔曼(Coleman)公司想从露营炉市场扩张到燃气烤肉架市场时,该公司的研究人员到消费者家里访问,观察男性(通常会作为户外厨师)在使用烤炉时与朋友和家人的交谈情况。该研究表明,烧烤的行为勾起了消费者对野营体验的怀念。因此,科尔曼不再考虑像 BTUs 之类的技术细节,而将其烧烤架宣传为放在后院的"放松仪式"的摆饰。[24]

> **民族志研究:**(通常在重复的情景中)采用观察和访谈真实环境中的消费者的一种深度定性研究,通常用于研究对某一产品或消费现象的含义归因。

购买小组

有时,营销人员试图通过跟踪消费者在不同购买时机所购买的产品来了解消费者行为。由 IRI 和其他公司所进行的这类研究只记录某种行为是否发生;例如,金宝汤(Campbell Soup)利用 IRI 在美国的商店跟踪汤料的购买情况。[25]此类行为数据可以从特定的小组成员、从能代表总体的样本或从营销人员的目标市场那里收集。每当小组成员购物时,收银机就会记录下他们的购买情况。通过将购买数据与人口统计数据结合,营销人员可以知道谁在购买什么产品,这些消费者是否也在购买竞争者的产品,购买时是否使用了优惠券或其他促销优惠。举例来说,营销人员可以利用这些数据来确定究竟是分配给产品的货架空间还是在测试市场增加的广告影响了小组成员的购买。

越来越多的企业，包括德尔蒙食品、宝洁和可口可乐公司在内还会通过专门的在线购买小组进行研究。例如，德尔蒙食品的研究公司建立了有密码保护的"我爱狗狗"的网站，并邀请400名狗主人参与回答有关狗食产品的问题。从这些参与者处获得的反馈帮助德尔蒙为其斯诺赛吉早餐（Snausages Breakfast Bites）狗零食挑选口味。[26]

数据库营销

如果营销人员能将不同形式的消费者研究综合到一个共同的数据库中，那么他们将能更深入地挖掘消费者行为。该数据库可以包括有关目标消费者的人口统计和生活方式的信息，以及他们在某段时间内在不同产品品类中的购买情况、媒体习惯、使用优惠券和其他促销优惠的情况。通过采用**数据挖掘**（data mining），公司就可以搜索数据库中潜藏着的能提供顾客需要、偏好和行为线索的模式。[27]

> **数据挖掘**：搜索数据库中潜藏着的能提供顾客需要、偏好和行为线索的模式。

沃尔玛是数据挖掘运动的先锋。通过使用无线射频识别标签，它能够跟踪每件商品从仓库到摆上货架的情况。每件经过付款台卖出的商品都有记录，包括商品的价格、销售时间和商店地点。这些数据可以每小时和每天按产品、品类、商店、供应商等分类报告给沃尔玛。沃尔玛还可以按每个商店或每个地区来分析购物车中还应当有些什么，以便获得为不同品类中的产品进行定价的线索。最后，数据挖掘能帮助公司识别有前景的新商店地址并描绘每个商店的购物者，从而使得沃尔玛能以合适的数量储存恰当的商品种类。[28]

越来越多的营销人员正从网上收集消费者数据用于促销，例如设计电子邮件消息或提高网站流量。尽管电子邮件非常快，而且比其他沟通方式更便宜，消费者却被淹没在各种电子消息中。因此，为了引起反应，电子邮件活动必须基于消费者的需要——例如，它必须提供消费者需要的信息——并应当根据每个个体调整邮件内容和发送时机。[29]例如，若消费者同意接收来自Frederick's of Hollywood（一家销售女性内衣的公司）的电子邮件，该公司会根据每位顾客浏览的网页和产品来定制邮件内容。这种定制化帮助该公司保留顾客并扩大销售。[30]

研究人员甚至有可能使用来自网站的点击流数据来分析消费者行为。有一项研究考察了消费者如何利用网站购买汽车，发现最能预测购买行为的并不是使用复杂的决策制定辅助或消费者重复访问网站的次数，而是消费者在网站浏览的时间长度。[31]然而，数据库营销和数据挖掘引起了人们对侵犯消费者隐私的关注，详细内容请参见第18章。

神经科学

神经科学家试图通过使用功能核磁共振成像（fMRI）考察脑波活动来了解消费者行为。他们考察当消费者从事一些活动，例如做决定、看广告或选择投资时会激活大脑的哪个区域。[32]例如，克里斯汀·迪奥（Christian Dior）在制定其十分成功的真我（J'Adore）香水的推广活动时，使用了fMRI研究来测试消费者对音乐、色彩和广告位置的反应。尽管神经科学研究引起了有关操纵问题的关注，但正如一名广告主管所说的："观察大脑的活动并建立起行为模型并不等同于强迫大脑做出消费决策。"[33]

消费者研究人员的类型

有许多机构出于不同原因采用市场研究来考察消费者行为,如图表 EN.3 所示。消费者商品和服务公司、广告公司和营销研究公司之类的组织进行消费者研究,用来制定某一特定产品或服务营销决策。政府组织搜集消费者信息,以便制定法律来保护消费者。学者进行研究来保护消费者,或仅仅是为了理解消费者如何行为和为什么会这么做。

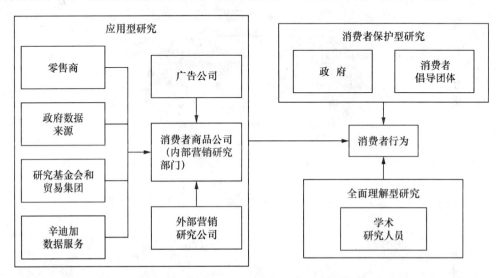

图表 EN.3　谁进行消费者研究
许多不同的组织都进行消费者研究,尽管它们的目标各不相同。一些进行研究是为了应用,一些是为了保护消费者,一些是为了获得关于消费者的一般性知识。

内部营销研究部门

进行"内部"研究(由公司进行的为本公司的研究)的好处在于搜集的信息可以仅在公司内部传播,因此信息泄露给竞争对手的机会很小。但是,有时人们认为内部部门没有外部研究公司客观,因为内部部门可能对研究结果有既定的兴趣。例如,员工可能会有动机去表明公司做的决策是好的,而这种情况会不知不觉地使他们研究的性质或他们汇报的结果存在偏差。因此,一些公司使用外部研究公司来开展消费者研究。

外部营销研究公司

外部研究公司通常会在某一研究项目开始之前帮助设计该项目。他们开发测量消费者反应的测量工具,收集顾客数据,分析数据以及为他们的客户撰写报告。就像你在本章开篇例子中所看到的那样,联想雇用了奇巴来研究中国的 PC 用户,以此作为为中国这一快速增长的市场设计新产品的第一步。

一些营销研究公司属于"全服务"组织,它们执行各种营销研究服务;其他一些公司专门进行某一特定类型的研究。例如,捷孚凯北美专项研究公司(Gfk Custom Research North

America)进行媒体研究、品牌知名度研究和其他消费者行为研究。在该公司的"斯塔奇广告读者"(Starch Ad Readership)研究中,某一杂志的多个读者与一位受过培训的访员一起看最近一期的杂志。访员向消费者询问他们是否在这期杂志中看到了广告,并询问他们在每个广告中是否看到了图片,看到了标题、内容和广告语。该公司编制了报告,报告中汇报了观看每个广告的各个部分的受访者比例,并将结果卖给那些希望了解其广告注意率和阅读率是否高于该期杂志中或该类产品中其他广告的广告主。图表 EN.4 中是一则有 STARCH 评分表格的广告。

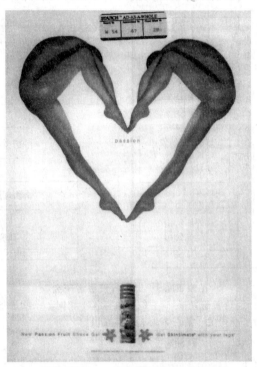

图表 EN.4 一则"斯塔奇化"的广告

像斯塔奇这样的公司收集消费者从广告中记住了什么(如果能记住什么的话)的数据。在广告上方的图文标签上的数字表明了抽样受访者回忆起自己曾看过或阅读过这则广告各个部分的人数比例。

广告公司

一些广告公司拥有广告概念测试部门,以此作为它们向客户提供的部分服务。作为零售商百思买的广告公司,La Comunidad 公司采用民族志研究的方式,考察西班牙裔父母和精通技术的青少年如何做出购买电器的决定。研究结果帮助了该广告公司制作西班牙语电视商业广告。他们承认新技术可能令人生畏,并展现了百思买在帮助消费者为全家挑选合适电器产品上的专业能力。[34]

广告公司还可以采用广告的设计图或完成的广告进行广告预测,从而在广告投放于媒体之前,确保广告能实现其目标。此外,广告公司还经常进行跟踪研究,监视一定时期的广告效果。跟踪研究能确定广告的目标市场消费者比例是否会随广告的投放量、持续市场和投放时机的变化而变化。

辛迪加数据服务

辛迪加数据服务公司是那些收集信息且随后出售这些信息的公司,这种公司通常将信息出售给那些向消费者销售产品和服务的公司。例如,扬科洛维奇公司(Yankelovich Monitor)的研究在大约2 500名成年人家庭进行90分钟的访谈,收集了有关消费者生活形态和社会趋势的数据。其年报中描述了当前和未来的生活方式趋势,能帮助广告公司和公司营销人员设计促销信息的内容、选择媒体、识别新产品创意、设计定位战略以及制定其他营销决策。

尼尔森是一家辛迪加数据服务公司,它使用三种技术跟踪数千家美国家庭的电视收视习惯:(1)日记,(2)能够记录哪个家庭成员什么时候观看的电视机顶收视记录器,(3)记录电视是开还是关以及所观看频道的调台记录设备。[35] 根据这些数据,尼尔森进行了等级评定,该等级能表明所有家庭观看某一电视节目和商业广告的数目和比例以及这些观众的人口统计分析。因此广告主能了解有多少人收看了超级碗杯。[36]

通过综合人口统计和电视收视行为,尼尔森还可以了解谁在看哪个节目。网络电视、有线台和独立频道使用这种信息来确定是否应当续订某个电视节目,以及确定它们应当在某一特定节目的广告时间收取多少费用。通常,广告主愿意在收视率高的节目(那些尼尔森评定等级高的节目)中为广告多支付费用。那些购买了尼尔森数据的广告主可以基于受众的人口特征与目标市场的匹配程度,评估它们应当在什么电视节目中做广告。尼尔森也对消费者使用互联网、视频游戏、移动服务以及其他能做广告的媒体进行研究。[37]

零售商

大型零售连锁公司通常会进行消费者研究,它们通过电子扫描仪来跟踪某一品牌或产品品类的销售,从而可以确定销售最好和最差的产品,并了解消费者对优惠券、折扣和其他促销的反应。由于销售人员经常直接与顾客互动,有时零售商会使用研究来测量消费者满意度,并确定如何才能提高服务质量。观察新兴趋势能帮助零售商提前计划新产品。例如塔吉特有雇员专门在世界各地旅行,从而发现在服装、家庭装饰等方面的新消费者趋势。[38]

研究基金会和贸易集团

许多研究基金会和贸易集团会征集消费者研究。**研究基金会**(research foundation)是一种非营利性组织,它赞助与该基金会目标相关的研究主题。例如,非营利性广告研究基金会开展改进广告、营销和媒体研究的活动。它赞助并出版与这些领域相关的研究报告。[39]营销科学协会是另一家非营利性组织,它赞助对公司有用信息的研究。

> **研究基金会**:赞助与该基金会目标相关的研究主题的一种非营利性组织。

专业化的贸易集团也会征集消费者研究,以便更好地理解其所在行业中的消费者需要。**贸易集团**(trade group)是由在同一行业中工作的人所形成的组织,例如美国唱片行业协会,该集团的成员涉及音乐录制行业中从事录制、分销

> **贸易集团**(trade group):由同一行业中的营销人员所形成的专业组织。

或零售等各个领域。该组织已经赞助了许多的研究项目,包括赞助了理解美国音乐品味如何随时间变化的研究。

政　府

尽管政府机构不借助研究来帮助销售提供物,但是商人经常将政府研究用于营销目的,比如他们会考察人口普查数据来估计各种人口统计市场规模的大小。由一些机构(例如消费者产品安全委员会、交通部和食品和药物管理局)所进行的政府研究则专门用于保护消费者。例如,联邦贸易委员会(FTC)对有关潜在欺骗性、误导性或欺诈性广告进行了研究。FTC曾经进行过一项研究,该研究是为了确定消费者是否会被一则声称一块卡夫奶酪由五盎司牛奶制成的广告所误导。FTC担心消费者会认为这种奶酪的含钙量与五盎司牛奶一样多(实际上没有那么多),或者推断卡夫奶酪在钙含量上要优于竞争者(实际上并非如此)。[40]研究也能帮助解决涉及营销问题的诉讼案件,例如消费者是否会混淆某新产品的商标与某现有产品的商标,这种情况会伤害现有品牌。[41]

消费者组织

独立消费者组织也会进行消费者研究,通常是出于保护或告知消费者的目的。消费者联合会是一家服务于消费者的独立的、非营利性评测和信息组织。该组织出版著名的《消费者报告》杂志。《消费者报告》中的许多产品都在消费者联合会的独立产品测试实验室中进行测试,其结果公布于该组织的网站(www.consumerunion.org)。

学者和学术研究中心

尽管涉及消费者的学术研究可以用于营销,也可能对公共政策有重要启示,但这些研究通常只是用于提高我们对消费者行为的全面理解。本书中所描述的多数都是最新的学术研究。一些学术研究中心关注消费者行为的某些特定方面。例如,为了更好地了解消费者的媒体消费,来自波尔州立大学媒体设计中心的研究人员对101名消费者从醒来到睡觉的整个时间段进行了观察。他们发现,消费者在电视、广播、报纸和在线媒体上花费的时间实际上要多于传统媒体研究所表明的。[42]另一个例子是未来餐厅(Restaurant of the Future),它位于荷兰的瓦赫宁恩大学,那里的研究人员对灯光、餐具、食物摆放以及其他细节进行实验,以考察这些因素对学生和教员食量的影响。[43]

消费者研究中的伦理问题

尽管营销人员要开发成功的商品和产品,在很大程度上需要依靠消费者研究,但是进行这种研究会引起重要的伦理问题。如下面章节中所表明的,消费者研究既有积极的方面,也有消极的方面。

消费者研究的积极方面

消费者和营销人员都能从消费者研究中获益。消费者通常能获得更好的消费体验,营销人员通过关注消费者研究可以学会建立更牢固的客户关系。

更好的消费体验

由于消费者研究有助于营销人员更加以顾客为中心,因此消费者可以获得更好的产品、更好的顾客服务、更清楚的使用说明、更多的信息来帮助他们做出更好的决策,获得更满意的购物体验。(由政府和消费者组织)所开展的消费者研究对保护消费者免受无良营销人员的危害也起着重要的作用。

建立顾客关系的潜力

通过更好地理解消费者的需要、态度和行为,消费者研究还能帮助营销人员识别建立和提升顾客关系的方式。有趣的是,如今美国消费者对营销人员的看法要好于20世纪80年代和90年代的时候,尤其是对零售商和分销商的看法。[44] 了解消费者观念中的这种大趋势是推动建立良好关系的基础。

消费者研究的消极方面

消费者研究是一个有很多负面影响的复杂过程。这些方面包括在国外进行研究的困难、开展研究的高成本、侵犯隐私问题和欺骗性做法的使用。

在不同国家追踪消费者行为

那些想要在其他国家研究消费者行为的营销人员会面临特殊的挑战。例如,焦点小组并不是在所有国家或情景中都适用。美国的营销人员通常会请丈夫和妻子一起参加焦点小组,来考察他们对像家具之类产品的态度。但是,这种方法在沙特阿拉伯就行不通了,那里的女性不大可能开诚布公地交谈,而且在此类情况下,她们不大可能反对丈夫的意见。在日本开展焦点小组也会有所不同,在那里,与群体意见不一致的人会感受到来自文化上的压力。

尽管电话访谈在美国很常见,但在第三世界国家却远没有那么盛行。在设计调查研究时,研究人员还需要考虑一国的识字率。至少,研究人员应当认真仔细地编制问题,先将问题翻译成另一种语言,然后再倒翻回英文,以此来确保准确表达了每个问题的意思。

企业可能无法将从另一个国家收集的二手数据与在美国收集的数据直接进行比较,其中部分原因在于收集的程序和时机不同。不同国家还可能使用不同的分类方案来描述人口统计变量,例如社会阶层和教育水平。此外,在其他国家,辛迪加数据来源可能会更少或不大相同,这种情况也限制了营销人员进行研究。

潜在的高营销成本

一些消费者担忧,研究消费者行为的过程会导致高营销成本,这反过来又会导致高产品价格。但是,一些营销人员反驳说,如果他们了解顾客,他们就能够更有效率地向他们的顾客销售。例如,如果营销人员能准确得知消费者想要什么产品以及如何获得这些产品,那么产品开发、广告、促销成本和分销成本将会更低。

对消费者隐私的侵犯

一个更严重的并且受广泛关注的潜在问题是,在开展和使用研究的过程中——尤其是数据库营销——营销人员会侵犯消费者的隐私。消费者担忧营销人员对他们了解过多,他们的个人数据、财务数据和行为数据可能会在他们不知情或未经他们许可的情况下卖给其他公司,或被不恰当地利用。有关这一重要问题的更详细讨论,请参见第18章及有关公共政策的额外在线章节。

欺骗性研究做法

最后,一些不道德的研究人员会进行欺骗。其中一种做法是隐瞒研究的发起者(例如,声称某项研究是一家非营利性的组织开展的,而实际上该研究是由一家营利性的公司开展的)。另一种欺骗性做法是,允诺会对受访者的回答保密,而实际上,公司将识别出的信息添加到数据库中,以便能在日后向这些消费者销售产品。不道德的研究人员可能还会承诺给受访者报酬,而实际上却未能履行承诺。[45]

总　结

消费者研究是一个颇有价值的工具,它能帮助营销人员设计更好地营销方案、辅助有关产品安全的法律和公共政策决策的制定,推动我们对消费者如何行动和行动原因的总体理解。研究人员可以使用各种技术,包括收集消费者说什么和做什么的数据。这些工具可以是从少数几个人或许多人那里收集数据,也可以是在单一时点或在一段时间跟踪、研究消费者。

一些公司有内部营销研究部门来收集数据;其他公司使用外部研究公司来开展研究。广告公司和辛迪加数据服务是执行消费者研究的两类外部机构。大型零售连锁公司通常使用电子扫描仪器来跟踪某个品牌或产品类别的销售。研究基金会、贸易集团、政府、消费者组织、学者和学术研究中心同样会收集消费者信息。研究表明,以顾客为导向的营销方式有助于公司提高消费者体验并强化与客户的关系。但是,批评者认为,研究会侵犯消费者的隐私,并导致更高的营销成本;此外,不道德的营销人员会滥用消费者信息。

1. 研究人员如何利用调查、焦点小组、访谈、讲故事和神经科学来了解消费者行为?
2. 实验与现场实验有何区别?
3. 研究人员为什么要使用观察和购物小组来研究消费者行为?
4. 原始数据和二手数据有何不同?
5. 消费者研究的积极和消极方面有哪些?

消费者行为案例　办公麦克斯公司了解购买者如何购物

一个零售商如何能在面对两大竞争对手的情况下吸引更多的购买者,刺激他们浏览和购买更多的产品,并获得购买者的长期忠诚?面对史泰博公司(Staples)和欧迪办公公司(Office Depot)的竞争,办公麦克斯公司(OfficeMax)就处于这样一种情形中。尽管办公用品零售商有许多购买者,它在消费者中也很受欢迎,消费者需要纸张和信封、钢笔和铅笔、文件存储用品、复印和打印以及家庭办公必需品,例如打印机、扫描仪、电脑、软件、桌椅等。

购物者无论何时在任何一家办公麦克斯商店购买了任何产品,该公司的信息系统都能获得所有的详细信息——销售的数量、购买的产品及件数、商店地址、购买的日期等——并将这些信息存储于该公司庞大的数据库中。例如,通过分析销售数据,该公司的营销人员就可以确定哪些产品通常会被一起购买,哪些产品何时在何地卖得最好。

但是,数据库不能说明的是,办公麦克斯购物者如何浏览商店、有哪些因素会影响购物者在商店的浏览路线。办公麦克斯的营销人员需要更多地了解顾客如何购买,从而使得他们能够实现重新设计商店以提高顾客满意度和增加销售的目标。该公司的首席销售官说:"办公麦克斯通过科学理解顾客如何与其商店互动而创造的体验对公司有很大的影响。"

办公麦克斯公司聘请了市场研究公司来研究购物者行为,观察顾客从刚一进入商店开始直到离开为止的所有行为。他们进门后是左转还是右转?他们浏览了哪些商品部,是以什么顺序浏览的?他们细看了哪些商品,看了多久?

在几家办公麦克斯商店观察了购物者的行为后,研究人员告诉该公司,许多购物者对商店布局感到困惑,部分是因为,他们无法看到用于储存和陈列产品的高高的货架之后有什么。此外,商店的走道是网格型的,这使得一些购物者想要迅速知道到哪里找特定类别产品变得困难。根据这些发现,研究人员建议办公麦克斯将其笔直型的通道更换为"跑道"环型通道来引导购物者在商店中浏览。他们还建议在该环型通道的中央装上一些高价格的设备,例如计算机和数码相机。

办公麦克斯公司接受了建议并调整了其商店布局。它取消了网格型通道,并在商店中央引人注目之处增加了计算机和其他电器。此外,该公司沿跑道环线设立了其他一些区域,每个区域陈列一种类别的产品。为了考察这种调整的结果,研究人员观察了调整后商店中的购物者。如今,由于从环形跑道上可以看到更多的产品,一半以上的购物者走到了商店后部,而在最初的研究中,只有三分之一的购物者会这么做。

办公麦克斯还利用研究来开发新的商店品牌产品和调整促销。办公麦克斯首次推出节假日网站"让你成为自己的小精灵"(在该网站上,访问者可以用他们自己的照片定制动画小精灵)时,观察人员记录了到访网站的人数、停留的时长和创建精灵的数量。第二年,当办公麦克斯增加了诸如个性化的语音消息之类的新特征后,研究显示,该站点吸引的到访人数是去年的两倍——总计6 000万人。通过店内沟通和在线广告的强化,该活动达到了其设定的提高品牌刺激和商店访问量的目的。

案例问题

　　1．请指出办公麦克斯及其聘用的研究公司所采用的消费者研究类型。这些研究为什么适用于该公司以及适用于当时的情境？

　　2．哪种类型的研究能帮助办公麦克斯评估当前顾客及非顾客对其品牌的态度和情感？

　　3．假设办公麦克斯正考虑使用购物小组或日记的方法来更好地了解其顾客的购买行为，如果要你选择一种的话，你会推荐采用哪种方法，为什么？

第2部分

心理核心

第2章　动机、能力和机会
第3章　展露、注意和知觉
第4章　知识和理解
第5章　基于高努力的态度
第6章　基于低努力的态度
第7章　记忆和提取

　　消费者对消费行为和决策所付出努力的大小对消费者行为有很大的影响。第2章探讨了影响消费者付出努力的三种重要因素：消费者从事行为和制定决策的动机、能力、机会。第3章讨论了消费者如何接触营销刺激(展露)、注意营销刺激(注意)和感觉营销刺激。

　　第4章继续讨论消费者如何将新刺激与他们现有的知识进行比较，并尝试更深入地了解和理解他们所接受的信息。第5章讨论的内容是消费者付出大量努力而形成和改变态度。第6章讨论的是当消费者付出的努力较少时，态度如何会受到影响。最后，由于消费者并不总能在他们需要的时候接触到营销信息，因此第7章关注的是记忆以及消费者如何提取信息。

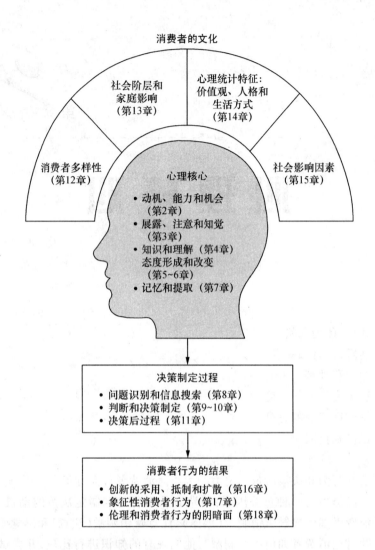

第2章 动机、能力和机会

学习目标

学完本章后，你将能够：

1. 解释为什么消费者加工信息、制定决策和从事行为的动机、能力和机会对营销人员十分重要。

2. 识别消费者加工信息、制定决策和从事行为的动机、能力和机会的影响因素和影响结果。

导言：丰田普锐斯迅速进入快车道

当丰田在美国首次推出普锐斯（Prius）汽车时，福特的探路者（Explorer）汽车正处于鼎盛时期。2000年，福特卖出了创纪录的445 000台探路者汽车。在山地SUV和皮卡汽车占统治地位的市场中，很少有消费者了解普锐斯轿车采用了创新性的油电混合动力。但是，有些人以前听说过，如果不续充电量的话，电动汽车不会跑得很远或很快，而且许多人仍用马力来评价汽车。因此，丰田公司宣传活动的重点在于告诉购买者普锐斯拥有环境友好型的引擎技术，这也是该车价格要高于其他轿车的一个理由。

在接下来的几年中，丰田的广告仍继续向消费者宣传其混合动力，但是同时还强调了低排放、高里程以及可以"永不需充电"这一事实。随着汽油价格节节攀升以及公众对全球变暖问题的日益关注，普锐斯的销售量扶摇直上，一段时间内供不应求。普锐斯在波特兰和俄勒冈等地成为当地销量最好的汽车，那里的消费者非常喜欢环境友好型产品。当丰田抓住了这种需求后，其新广告的口号变为"你的普锐斯已经准备好了"，宣传称该车是"美国油耗最低的汽车"。到2007年，普锐斯在美国市场的销量超过了福特的探路者，普锐斯的产品营销经理说："它已成为一种象征，而不仅仅是台汽车。"[1]

丰田公司了解消费者的动机、能力和机会对消费者的获取、使用和处置决策有强大的影响力。本章我们将详细考察动机、能力和机会。图表2.1是本章的概览，表明有动机的个体为达到目标会进行很多的思考和活动。

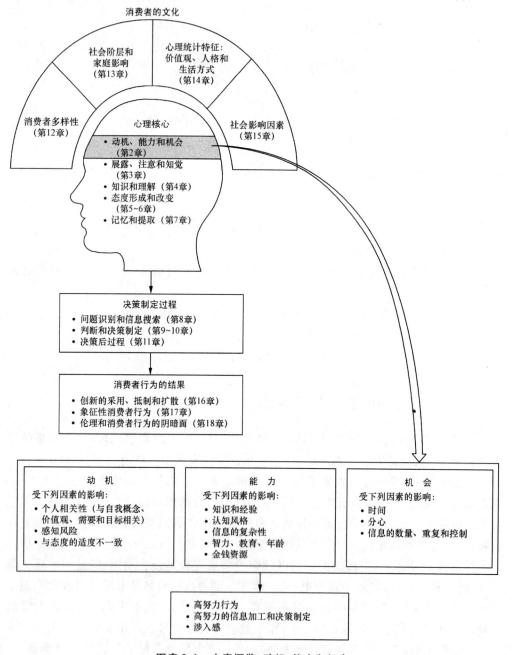

图表2.1 本章概览:动机、能力和机会

从事各种消费者行为的动机、能力和机会(MAO)受到许多因素的影响。高 MAO 的后果包括:(1) 与目标相关的行为,(2) 高努力的信息加工和决策制定,(3) 涉入。

当消费者认为某件事情:(1) 与个人相关,(2) 与他们的价值观、需要、目标和情绪一致;(3) 有风险,(4) 与他们先前的态度有中等程度的不一致时,消费者加工信息、制定决策或从事某种行为的动机会提高。因此,丰田公司将普锐斯宣传成与购买者拯救地球的价值观、省钱的目标和成为与众不同的人的自我概念相一致。而另一方面,消费者也不得不在该车高昂的售价与从长期来看他们所节约的油费之间进行权衡。

有动机的消费者是否真正达成了某一目标取决于他们是否有能力来达成该目标，这取决于：(1) 他们的知识和经验；(2) 认知风格；(3) 信息的复杂性；(4) 智力、教育和年龄以及有购买动机时；(5) 金钱。例如，丰田尽量提供信息来说明普锐斯不同于电动汽车和普通汽车。达成诸如加工信息之类的目标还取决于消费者是否有机会去实现目标。如果消费者的目标是加工信息，则其机会取决于：(1) 时间，(2) 分心，(3) 消费者所接触到的信息的数量、重复和控制。因此，当意识到普锐斯与其他汽车的不同后，丰田公司采用了多种营销沟通方式，并重复其信息，从而给予消费者了解该车新颖之处的机会。

消费者动机及其影响效果

动机(motivation)可以定义为"内部的唤起状态"，它能唤起人们的精力来实现目标。[2] 有动机

> **动机**：提供实现目标所需能量的内部唤起状态。

的消费者通常充满活力、准备好并愿意从事与目标相关的活动。例如，如果你得知你十分期待的某个视频游戏在下周二将会上市，你会有动机在那天早上到商店去。消费者会有动机去从事某些行为、制定决策或加工信息，这一动机可以出现在获取、使用或处置某一提供物的情境中。让我们首先来看一下动机的影响作用，如图表2.1所示。

高努力行为

动机的结果之一就是行为，该行为需要人们投入相当多的努力程度。例如，如果你有动机购买一辆好车，你将会在网上了解汽车、访问汽车销售商、试驾等等。类似地，如果你有动机去瘦身，你将会购买低脂食品、减少食量并加强锻炼。动机不仅驱动与目标一致的行为，而且还能导致你愿意花费时间和精力来从事这些行为。因此，有动机去买新视频游戏的人会为此去赚更多的钱，冒着暴风雪驱车来到商店，并排队数小时来购买这款游戏。

高努力的信息加工和决策制定

动机还会影响我们如何加工信息和制定决策。[3] 当消费者有实现某一目标的高度动机时，他们更可能留意和思考该目标，试图了解和理解与目标相关的信息、仔细评估该信息，并试图记住该信息以备日后使用。做到所有上述的事情需要付出很多的努力。例如，如果你有动机购买一款新视频游戏，你可能会浏览报纸广告查找该游戏的销售信息。如果有人提到某商店可以提前预订游戏，你可能会积极地获取该商店的名字和电话号码。

但是，当消费者动机不高时，他们很少付出努力去加工信息和制定决策。例如，你若没有购买市场上最好的便条纸的动机，你就不会投入太多注意力去了解便条纸的特征，你也不会去思考不同类型的便条纸分别会有什么用。如果你进入商店，你不大可能花太多时间去比较不同品牌的便条纸。你可能会使用决策制定的捷径，例如买最便宜的品牌，或买你上次买过的品牌。[4] 多数常见食品杂货产品的购买就属于此类。

许多有关消费者行为的研究都十分关注消费者精确加工信息的动机,就像我们刚才所描述的那样。但是,最近的研究关注了信息加工中的另一类动机,即**动机性推理**(motivated reasoning)。当消费者进行动机性推理时,他们对信息的加工会产生偏差,从而获得他们想要得到的结论。[5]

> **动机性推理**:按能使消费者获得他们想要的结论的方式来加工信息。

例如,如果你的目标是瘦身,你看到了一则瘦身产品的广告,你可能会以一种有偏差的方式对这则广告进行加工,从而使自己确信该产品确实会有效。假设我们相信自己不太容易因为吸烟受到危害,如果我们了解到市场上有"特效"的戒烟产品,那么我们很可能会去吸烟。因为有特效药能帮助我们戒烟,我们会利用动机性推理使自己信服吸烟也不一定那么有危害。[6]

再举个例子,由于我们爱往好处想而不是往坏处想,我们可能会低估出现问题的可能性,如生病,而且不会采取预防性措施来避免问题的发生。[7]当我们处于自我危机中,或者当我们孤注一掷地想要实现某个目标(例如瘦身)或避免负面结果(如生病)时,我们尤其容易进行动机性推理。[8]鉴于动机性推理是一个十分新的概念,因此下面的讨论重点关注的是精确加工信息的动机。

涉入感

动机带来的最后一个结果是它会引起所谓的"涉入"这种消费者心理状态。

研究人员用**涉入感**(felt involvement)这一术语来指有动机的消费者的心理体验。[9]

> **涉入**:自我报告的对某一提供物、活动或决策的唤起或兴趣。

涉入的类型

涉入可以是持久性的、情境性的、认知性的或情感性的。[10]

当我们在较长一段时期内对某一提供物或活动表现出兴趣时,就属于**持续性涉入**(enduring involvement)。[11]汽车车迷对汽车有内在兴趣,并对汽车表现出持续性涉入。车迷会从事能表明这种兴趣的活动(例如,观看车展、读汽车杂志、拜访汽车经销商)。在多数情况下,消费者会体验到对某个提供物或活动的**情境性涉入**(situational involvement)(**临时性涉入**,temporary involvement)。例如,对汽车无持续性涉入的消费者在他们到市场购买一辆新车时,也会涉入到汽车购买过程中。当他们买了汽车后,他们对新车的涉入会急剧下降。

> **持续性涉入**:对某一提供物、活动或决策的长期兴趣。
> **情境性涉入**:对某一提供物、活动或决策的临时兴趣,通常是由环境引起的。

研究人员还区分了认知性涉入和情感性涉入。[12] **认知性涉入**(cognitive involvement)是指消费者热衷于思考目标或加工与目标相关的信息。这种目标就包括了解提供物在内。一位热衷于尽可能多地了解头号投手佩德罗·马丁内斯的体育迷就属于认知性涉入。

> **认知性涉入**:热衷于思考某一提供物、活动或决策和了解与之相关的信息。
> **情感性涉入**:对某一提供物、活动或决策乐于投入情感精力或对此有深厚感情。

情感性涉入（affective involvement）是指消费者对某一提供物或活动愿意投入情感精力或对此有浓厚的感情。听音乐体验激烈情绪的消费者就属于情感性涉入。

涉入的对象

如本章中许多例子所展示的那样，消费者会表现出对某一对象的认知性和/或情感性涉入。这些对象可以是一个产品或零售类别，例如汽车或化妆品商店，也可以是一种体验，如激流泛舟。[13]你可能会对服装的涉入很高，因为你享受购买此类产品，并认为它们对你的自我表达十分重要（参见图表2.2）。[14]

图表2.2 你是否涉入其中？

1. 购买衣服能给我带来乐趣。
2. 我能想起来我的衣着方式对我产生影响的例子。
3. 由于我个人的价值观，我认为衣服对我很重要。
4. 我很享受为自己买衣服。
5. 我认为我的衣着品味对我十分重要。
6. 衣服有助于我的自我表达。
7. 我很看重人们的穿着方式。
8. 我对衣服非常感兴趣。
9. *我买的衣服类型并不能反映出我是哪类人。*
10. 我买衣服是因为它们能给我带来快乐，而非出于其他原因。
11. *衣服并不是我所关心的话题。*
12. *衣服并不是我形象的一部分。*
13. 与其他产品相比，衣服对我来说最重要。
14. 买件衣服就像送我自己一件礼物。
15. *我对衣服完全不感兴趣。*

你对衣服是否涉入度很高？你对以正常字体显示的语句赞同程度越高、对斜体字体显示的语句不赞同程度越高，你对衣服的涉入度就越高。

资料来源：From Nina Michaelidou and Sally Dibb, "Product Involvement: An Application in Clothing," *Journal of Consumer Behavior*, no. 5, 2006, pp. 442—453。

如果消费者在情感上依附于某一品牌（例如某个乐队或iPod播放器），那么消费者就会表现出对该品牌的认知或情感性涉入。当一个人情感上依附于和涉入某个品牌中时，他/她会视该品牌为其自我的延伸，并对该品牌有很高的激情。[15]消费者还可以涉入他们感兴趣的或与他们相关的广告中。[16]在日本，强调人际关系、社会环境和非语言表达的广告能比雄辩的言辞广告信息产生更多的消费者涉入。[17]消费者也可以涉入广告所投放的媒体（例如电视、报纸或互联网）或某一文章或节目中。《美国偶像》每季有6亿观众投票，该节目产生了大量的涉入，超级碗杯也是如此。[18]人们可能会高度涉入与某个公司网站的交互（interact）之中，以至于他或她会视这种交互为"游戏"。[19]

消费者涉入某种决策和行为就会体验到**响应性涉入**（response involvement）。[20]例如，消费者

> **响应性涉入**：对某种决策和行为的兴趣。

可能会高度涉入在两个品牌之间做出决策的过程中。由于消费者可以涉入许多对象中，因此，在使用涉入一词时，指出涉入的对象就变得十分重要了。例如，由于对品牌的依附而产生品牌涉入的消费者不可能涉入品牌选择的决策中，因为他们早已知道他们的品牌是最好的。或者说，消费者可能会深深涉入某一广告中，因为这则广告非常有趣，但是他们可能不会涉入做广告的品牌中，因为他们已忠诚于另一品牌。

对于与我们相关的东西,我们有动机去做出行动、加工信息或投入精力来制定决策。当我们购买、使用和处置这些东西时,我们会体验到相当多的涉入。想象一下你在决定选择上哪所大学时所做的一切行为——获得申请表和信息表、在网上搜索信息、参观校园、对每个学校进行评价、决定到哪里上大学。你也许会发现这种决策是个体高度涉入的、有趣的、有积极性的,也许还会是焦虑的和不可抵抗的。最后,当我们必须证明或解释我们决策的合理性时,我们同样有动机去仔细思考与该决策相关的问题。[21]

哪些因素影响动机

由于动机会影响营销人员所感兴趣的结果(像与目标相关的行为,如购买、投入精力的信息加工和涉入;参见图表2.1),因此理解哪些因素影响动机对营销人员十分重要。如果营销人员知道什么能创造动机,他们就可以制定营销策略来影响消费者思考、涉入和加工有关其品牌或广告信息的动机。图表2.1表明,个人相关性是影响动机的一个重要因素。而个人相关性受到品牌或广告与消费者自我概念、价值观、需要和目标的相关程度的影响。

个人相关性

影响动机的一个重要因素就是事物与**个人相关**(personally relevant)的程度,也就是说,对你的生活有直接影响或有重要意义的程度。[22]例如,

> **个人相关性**:对自我有直接影响以及对我们生活有潜在重要后果或意义的事物。

如果你得知你的笔记本电脑电池被召回,因为该电池可能会过因热而引起火灾,你会认为这一问题与你个人相关。求职、求学、浪漫关系、汽车、公寓或房子、衣服和爱好都可能是与个人相关的,因为它们的后果对你而言很重要。研究表明,对获得定制(因而是更加与个人相关的)产品的预期能令消费者透露隐私信息,尽管他们不大可能透露会引起尴尬的细节。[23]当事物与人们的价值观、需要、目标和情绪一致时,人们会认为该事物与个人相关。这种相关性会形成他们加工信息、制定决策和采取行动的动机。

与自我概念的一致性

某些事物可能会与个人相关程度非常高,甚至会影响你的**自我概念**(self-concept),或者说影

> **自我概念**:我们对于我们是谁的内心看法。

响到你对你自己的看法和你认为他人如何看待你的方式。自我概念帮助我们界定我们是谁,它通常会指引我们的行为。[24]要注意的是,在不同的时间可能会凸显出自我概念的不同方面。[25]当我们购买衣服时,我们经常是在表明我们自我的某一方面,如一位专业人士、一名学生或一名体育爱好者。例如,一些消费者发现像哈雷-戴维森之类的品牌与他们的自我概念相关,《Red》是一本英国女性杂志,其读者具有繁忙、高效但却又有小小放纵权力的自我概念,该杂志通过迎合读者的自我概念而使其获得相关性。[26]类似的,当观众认同了纪实电视节目中的人们生活方式时,它就获得了相关性。[27]

价值观

当消费者发现事物与他们的**价值观**(val-

> **价值观**:关于什么是对的、重要的、好的信念。

ues)——指导人们认为什么是重要的或好的信念——相关时,他们更有动机留意和加工信息。因此,如果你认为教育很重要,那么你可能有动机会从事与该价值观相一致的行为,例如获得学位(你将会在第14章了解有关价值观的更多内容)。

需 要

当事物影响消费者已被激发的需要时,消费者也会觉得该事物与其个人相关。**需要**(need)是理想状态和渴望状态之间的不均衡所引起的一种内部紧张状态。

> **需要**:理想和渴望的生理和心理状态之间的不均衡所引起的一种内部紧张状态。

例如,一天之中的某些时候,你的胃会开始感觉不舒服。你意识到该吃点东西了,因此你有动机引导你的行为以达成特定结果(例如打开冰箱)。饮食满足了你的需要并消除了紧张感——在此例中,即饥饿感。你一旦有动机去满足某一需要,与这种需要无关的事物就没太大吸引力了。因此,如果你因为过了糟糕的一天而有了想理发的动机,那么像发胶之类的产品要比爆米花或其他零食更有吸引力也更重要。[28] 需要也会导致我们远离某种产品或服务:你可能会远离牙医,因为你不想痛苦。

消费者会体验到哪些需要?心理学家亚伯拉罕·马斯洛的理论将需要分为如图表2.3所示的5个类别:(1) 生理需要(对事物、水和睡眠的需要);(2) 安全需要(寻求庇护、保护和保障的需要);(3) 社会需要(对爱、友谊和认可的需要);(4) 自我中心需要(对声望、成功、成就和自尊的需要);(5) 自我实现需要(自我成就和丰富体验的需要)。[29] 在这种层次理论中,高层次的需要一般必须在低层次的需要被满足后才会被激发。因此,在我们要为声望操心之前,我们必须要先满足低层次的需要,如食物、水等。

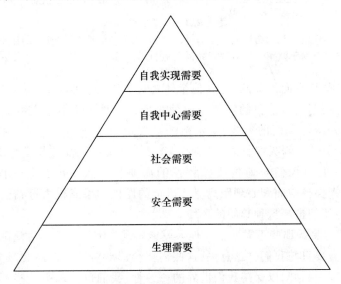

图表2.3 马斯洛的需要层次

马斯洛认为,需要可以归类到一个基本等级中。在满足较高等级的需要之前,人们要先满足较低等级的需要(例如,对食物、水和睡眠的生理需要)。

尽管马斯洛的需要层次理论对需要这一复杂的问题提供了有用的分类,一些批评者认为该理论过于简化。首先,需要并不总是完全按照这种层次来排列。一些消费者会认为买彩票要比获取像衣食之类的必需品更重要。其次,这种层次忽视了需要的强度及其对动机的影响后果。最后,需要的这种层级排列在不同的文化中可能会有所不同。例如在一些社会中,社会需要和归属需要可能要比自我中心需要的层次更高。

需要的类型

还有一种方法将需要分成社会性和非社会性需要或功能性、象征性和享乐性需要[30](参见图表2.4)。

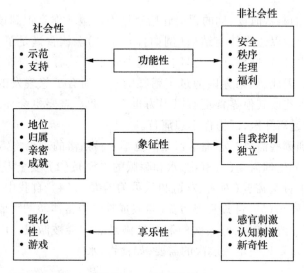

图表2.4 需要的分类

需要可以根据其性质上是社会性的还是非社会性的,以及功能性的、象征性的还是享乐性的来进行分类。这种分类方法有助于营销人员对消费者需要进行思考。

- 社会性需要是指向外部的、与其他个体相关的需要。因此,满足这些需要必须有他人的在场或行动。例如,对地位的需要会驱使我们渴望他人十分器重我们;对支持的需要会驱使我们让他人减轻我们的负担;对示范的需要反映了我们希望他人指导我们如何去做。[31]我们可能有动机去购买像贺曼(Hallmark)贺卡之类的产品或接受像 MySpace.com 之类的服务,因为它们与我们对地位或独特性的需要相一致。我们也会有非社交性的需要——需要与他人保持空间和心理距离。飞机上的座位如果靠得太近,就会违背我们对空间的需要,并促使我们逃离这种禁闭的环境。

- 非社会性需要是那些不需要依靠他人就能实现的需要。我们对睡眠、新奇性、控制、独特性和理解的需要只与我们自己有关,这些需要会影响对特定产品和服务的使用。我们可能会重复购买同一品牌,以保持我们世界的一致性;我们也会购买一些不同的东西,以满足多样化的需要。

- 功能性需要可以是社会性需要,也可以是非社会性需要(参见图表2.4)。**功能性需**

> **功能性需要**:激发对能解决消费问题的产品搜寻的需要。

要(functional needs)会导致人们去搜寻能解决消费问题的产品。例如,你可能会考虑买一辆有安全气囊的汽车,因为这能满足你的安全需要(一种功能性的、非社会性的需要)。对于妈妈们来说,雇一位保姆将能解决其支持的需要(一种功能性的、社会性的需要)。

- **象征性需要**影响我们对自己和他人对我们的感知。成就、独立和自我控制都是**象征性需要**(symbolic needs),因为它们与我们的自我感觉有关。类似的,我们对独特性的需要也是一种象征性需要,因为它会驱使我们做出如何表达我们身份的消费决策。[32] 避免异议的需要以及成就、地位、归属和亲密关系的需要都是象征性需要,因为这些需要反映了我们的社会地位或角色。例如,一些消费者穿吉米·丘(Jimmy Choo)鞋来表明他们的社会身份。

> **象征性需要**:与我们对自己的感知、他人对我们的感知、我们与他人的联系和爱人给予我们的尊重等有关的需要。

- **享乐性需要**包括对感官刺激、认知刺激和新奇性(非社会性享乐需要)的需要以及强化、性和游戏的需要(社会性享乐需要)。这些**享乐性需要**(hedonic needs)反映了我们对感官愉悦的内在渴望。如果某种渴望足够强烈,它将会激起我们对特定商品的幻想,让我们既感到愉悦又感到不舒服。[33] 消费者买香水是为了获得它所能带来的感官愉悦,或到拉斯维加斯的 Shoppes at Palazzo 购物中心之类的奢侈购物场所,以感受令人眼花缭乱的氛围。[34] 出于同样的原因,含人造脂肪的产品之所以失败,是因为它们没能满足消费者的享乐性需要——它们的味道太差。

> **享乐性需要**:与感官愉悦有关的需要。

- **认知和刺激的需要**同样会影响动机和行为。认知需要(一种心理刺激的需要)高[35] 的消费者通常会喜欢从事像阅读这样需要投入大量心理精力的活动,他们在制定决策时也会更仔细地加工信息。而认知需要低的人喜欢不需太多思考的活动,如看电视,他们也不大可能在制定决策时积极地加工信息。除此以外,消费者通常还需要其他类型的刺激。最优刺激水平较高的人喜欢大量的感官刺激,并往往会对购物和寻找品牌信息有很高的涉入。[36] 他们对广告的涉入也很高。有寻求刺激倾向的消费者喜欢像特技跳伞和漂流之类的活动。相反,那些感到刺激过度的消费者希望能远离他人、噪音和强求——就像修道院和寺院度假的流行所体现出来的人们的这种渴望那样。

需要的特征

上述的每种需要都具有一些共同的特征:

- **需要具有动态性**。需要永远不会被完全满足;满足只是临时性的。就像吃一次饭不能永久性地满足我们对食物的需要。同样,只要满足了一种需要,新的需要就会出现。当我们吃完一顿饭后,接下来,我们可能会想要与他人在一起(归属的需要)。因此,需要是动态的,因为日常生活就是各种需要不断被满足的一种常态过程。

- **需要按等级出现**。尽管有一些需要能在任何时间被激发,但是有些需要比其他需要更重要。你可能会在一场考试中想要吃东西,但是你的成就需要会被认为是更重要的,因此你会继续完成考试。尽管有等级之分,许多需要还是可以被同时激发并影响你的获取、使用和处置行为的。比如,你做出与朋友出去吃饭的决定可能是受到了如刺激、食物和陪伴需求的综合影响。

- **需要可以是由内部或外部唤起**。尽管许多需要是由内部激发的,有些需要可受外界影响。例如,如果你闻到你的邻居家里比萨的味道,这将可能引起你对食物的需要。

- **需要之间会有冲突。** 如果特定的行为或结果满足了某些需要却没有满足另外一些需要,那么这种行为或结果既可以看作是好的也可以看做是坏的。其结果称为**趋避冲突**(approach-avoidance conflict),因为你既想从事这种行为也想避免这种行为。青少年在决定是否抽烟时就会出现趋避冲突。尽管他们认为如果抽烟,别人会认为他们很酷(与归属需要相一致),但是他们同样也了解抽烟对他们有害(与安全需要不一致)。

- 当某人必须在能满足不同需要的、有同等吸引力的两个或多个选择物间做出选择时,就会出现**双趋冲突**(approach-approach conflict)。当一位消费者受邀参加求职经验交流会(与成就需要相一致),而同一天晚上又受朋友邀请去观看篮球赛(与归属需要相一致)时,就会感受到双趋冲突。如果他认为这两种选择有同等吸引力的话,他将会感到冲突。

> **趋避冲突**:获取或消费某提供物满足了某一种需要却没有满足另一种需要的冲突感。
> **双趋冲突**:在两个或多个能满足不同需要但又有同等吸引力的选择物间做出选择时的冲突感。
> **双避冲突**:在两个都不受欢迎的选项间进行选择时的冲突感。

- 当消费者必须在两个都不受欢迎的选项间进行选择时,就会出现**双避冲突**(avoidance-avoidance conflict),例如在一次结束很晚的会议后独自回家(无法满足安全的需要)或者再等一个小时后让另一位朋友送她回去(无法满足便利性的需要)。这两种选择都不受欢迎,从而导致冲突。

识别需要

由于需要会影响动机及其效果,因此营销人员对识别和测量需要十分感兴趣。但是,消费者通常不知道他们的需要,而且把他们的需要向研究人员解释也会碰到麻烦。仅根据他们的行为来推断需要同样困难,因为某一特定需要并不一定与某一特定行为相联系。换句话说,相同的需要(例如,归属的需要)会表现为各种各样的行为(拜访朋友、去健身房),而相同的行为(去健身房)可能体现了各种需要(归属、成就)。让我们来看一下购物这种活动。一项研究发现,当女性在药店购物时,她们实际上寻求的是能使她们获得内心平静(满足安全和福利的需要)的产品信息。当她们在像好市多(Costco)或 Price Chopper 超市之类的会员店购物时,她们寻求的是冒险和娱乐(满足对刺激的需要)。[37]

在跨文化环境中对需要进行推断尤其困难。例如,一些研究表明,美国消费者使用牙膏主要是为了防止龋齿(功能性需要)。与之相比,在英国和加拿大说法语的一些地方,消费者用牙膏主要是为了使口气清新(享乐性需要)。法国女性喝矿泉水希望是她们气色更好(象征性需要),而德国消费者喝矿泉水是为了获得健康活力(功能性需要)。[38]

由于存在上述这些难处,有时营销人员使用间接技术来揭示消费者的需要。[39]其中一种技术是请消费者揭示一组相对模糊的刺激,例如卡通图、词语联想、不完整的句子和故事。在图表2.5中,一位消费者可能会透露出尊重的需要,因为他认为卡通图中的人在想"如果我开这辆车,我的朋友一定会认为我很酷!"另一位消费者可能会透露出归属的需要,因为他对这幅卡通图的想法是"我能开车带上我所有的朋友。"

A. 卡通图:你认为这幅卡通图中的两个人在想什么?

B. 语句填充;
用你首先想到的词完成下面的句子
1. 最好的礼物_____
2. 我仍珍视的礼物_____
3. 如果我送自己一件礼物_____

C. 讲故事:讲一个有关本图中正被打开的礼物的故事。

图表 2.5 解释消费者的需要

有时,营销人员会采用卡通图、句子完成和讲故事任务之类的模棱两可的刺激来揭示消费者的需要。其观点是消费者会把自己的需要、愿望和幻想投射到这些模棱两可的刺激上。

有一个研究问抽烟者为什么要抽烟,许多人说他们喜欢抽烟,并认为适度抽烟是有好处的。但是当他们在完成"从不抽烟的人是_____"这个语句时,受访者填写的词语却是诸如幸福的和明智的之类的词语。当让他们完成"抽烟的青少年是_____"这个语句时,受访者回答是疯狂的和愚蠢的之类的词。这些抽烟者内心深处的认识显然要比他们直接回答所表现出的要清醒得多。[40]

目　标

目标对个人相关性和动机同样有着重要影响(参见图表 2.1)。[41]**目标**(goal)是人们想要达到的某种特定的终极状态或结果。你可能会有存钱、加入某个课程、邀请某一特殊朋友共进晚餐的目标。

> **目标**:人们想要达成的结果。

目标设定和追求

目标设定能帮助消费者思考为了实现目标他们要做些什么。[42]正如图表 2.6 所示,达到目标的过程会依照一定的顺序。在我们设定某一目标后(例如本月瘦身 4 英磅),我们就有动机去形成目标意向、制订采取行动的计划(吃低脂食品和参加健身),实施并控制行动(通过节食和锻炼),并评估目标是否达到了(在月末称体重)。我们用目标达到或未达到的信息作为反馈,用于设定未来的目标。因此,设定和追求目标有助于驱动行为。

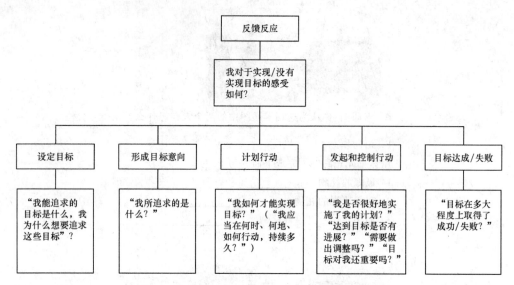

图表 2.6　消费者行为中的目标设定和追求

设定和追求目标是一个循环的过程：人们对于实现/没有实现目标的感受会影响新目标的设定以及为什么会设定这样的目标。这一过程会影响个体发起或持续与已设定目标相关行为的动机。

目标和努力

不同的消费者为实现目标所付出的努力程度不同。你可能想要瘦身，但又不愿意为此付出太多努力。此外，如果你感到你未能实现目标（例如存一定数目的钱），你的动机可能会减弱。结果是，你在与该目标相关的行为上表现得更差。[43]一些研究表明，人们为了实现目标所付出的努力程度不仅取决于目标对他们而言的重要性，而且也取决于他们的所做所为能实现其他潜在无关目标的程度。例如，如果你正为了在一门课程上获得好分数而努力，你也许还会去追求另一个不同的目标，例如开始练习一套新的锻炼动作。[44]人们为实现目标所付出的努力还取决于他们是否获得了能表明他们在实现目标方面取得了进展的反馈。例如，如果你注意到你的力量和耐力正不断提高，你将更可能坚持做某一套动作。[45]

目标的类型

目标在具体或抽象程度上会有所不同。有些目标比较具体。这些目标特定于某一行为或行动，并由当前环境所决定。如果你累了，你晚上的目标可能会是早点上床休息。如果你上课经常迟到，你的目标可能会是按时上课。其他一些目标可能更为抽象并持续较长时间，例如成为一名好学生或变漂亮。[46]消费者还可能会有进取聚焦型目标和防守聚焦型目标。具有进取聚焦型目标的消费者的动机是为了获得正面结果而行动的；也就是，他们关注的是希望、欲望和成就。具有防守聚焦型目标的消费者的动机是为了避免负面结果而行动；他们关注的是责任、安全和避免风险。为了更好地说明，现在我们假设你打算买一辆新车，你关注的是你驾驶它能给你带来多大的乐趣（进取聚焦型目标）？还是你将要为此付出多少保险费（防守聚焦型目标）？或者说，如果你正在瘦身，当面对一块蛋糕时，你更可能关注的是如果你不吃它感觉会有多好？还是你吃了它感觉会有多糟糕？[47]

此外，消费者通常还有调节自身感觉的目标。如果你感到沮丧，你会有让自己感觉变好的目标,也许是吃个冰淇淋,或者是看场电影。这些目标解释了为什么感到难过的消费者会认为"购物治疗"能使他们振奋起来。[48]此外,消费者还会考虑如何安排其消费活动的顺序,从而能获得最大的愉悦来调节他们的感觉。例如,你在度假时可能会制订一个计划,计划好首先要做什么、接着做什么,从而能使你一整天能得到最大的愉悦感。[49]

消费者还有调节自身行为的目标(而不仅仅是自身感觉)。例如,如果你参加的聚会活动略多,你会努力通过少参加聚会和更努力读书来调节你的行为。为了控制你的行为,你希望能实现对你非常重要的目标(例如获得高分)。[50]

目标和情绪

目标之所以重要,是因为我们的目标实现或受挫的程度影响着我们的感觉:我们对某件事物的感觉是好是坏取决于这件事是否与我们的目标相一致。根据**评估理论**(appraisal theory)的观

> **评估理论**:一种情绪理论,认为情绪是由个体对某一情境或结果的看法或"评估"而决定的。

点,我们的情绪是由我们对某一情境或结果的看法或"评估"而决定的。如图表2.7所示,评估理论认为,当结果与我们的目标一致时,我们会得到积极情绪,如愉悦和骄傲。

由……造成		对我来说是好的 (与我的目标一致)		对我来说是不好的 (与我的目标不一致)		
		确 定	不确定	确 定	不确定	
自 己		骄傲	希望 兴奋	内疚 羞愧	恐惧 焦虑	与我应当做或 本应当做的有关
		高兴	希望 兴奋	悲痛	恐惧 焦虑	与我应当做或 本应当做的无关
他 人		钦佩 爱慕	希望 兴奋	轻蔑 厌恶 嫉妒	恐惧 焦虑	与我应当做或 本应当做的有关
		感激 爱慕	希望 兴奋	生气 发怒 怨恨	恐惧 焦虑	与我应当做或 本应当做的无关
环 境		满意 放心 高兴	希望 兴奋 兴趣 挑战	失望 受威胁 沮丧 后悔	恐惧 焦虑	与我应当做或 本应当做的有关
		满足 高兴 放心	希望 兴奋	悲惨 厌烦	恐惧 焦虑	与我应当做或 本应当做的无关
不确定		乐意 高兴	希望 兴奋	遗憾	恐惧 焦虑	与我应当做或 本应当做的有关
		幸福 喜悦	希望 兴奋	悲伤 悲惨	恐惧 焦虑	与我应当做或 本应当做的无关

图表2.7 评估理论

资料来源:Adapted from Allison Johnson and David Stewart, "A Re-Appraisal of the Role of Emotion in Consumer Behavior: Traditional and Contemporary Approaches," *Review of Marketing Research* 1 (New York: M. E. Sharpe, 2005), pp.3—34。

评估理论还提出,其他的评估维度也影响着我们的感觉——如规范/道德相容性(结果与对我们的期望或我们应当做的相一致吗?)、确定性(结果肯定会发生吗?)、代理(是我导致结果发生吗? 有没有其他人或情景导致结果发生,抑或结果是偶然发生的?)。举例来说明图表 2.7,当发生好的结果、该结果是我们所导致、该结果与我们应当做的相一致时,我们会感到骄傲。相反,当结果与我们的目标不一致、我们认为该结果是由于情境或坏运气造成的,我们会感到悲伤。[51]在运用评估理论时,营销人员应当意识到,有时行动和后果会导致具体的情绪,而非总体的好或坏的感觉。如果一件产品坏了,消费者可能会感到内疚、生气、悲哀或沮丧,这取决于是谁弄坏了产品。由于情绪对态度、选择和满意的影响非常大,在后面的章节中,我们将会继续对评估理论进行讨论。[52]

营销启示

营销人员可以设法尽可能提高促销信息的个人相关性,迎合消费者的自我概念、价值观、需要或目标,从而提高消费者加工促销材料的动机。销售人员可以探索消费者做出购买决定的潜在原因,并根据这些原因调整销售策略。研究表明,对获得定制(因而是更加与个人相关的)产品的预期会激发消费者透露隐私信息。[53]奉行进取和成就价值观的消费者会认为那些迎合这些价值观的广告与他们的个人相关性更高。美国红十字会和其他团体将 17 岁到 24 岁的成年人作为目标,鼓励他们对献血活动产生情感性涉入——这并不是件容易的事情,因为献血"并不在他们的关注范围内,他们没有理由去关注这一问题",献血中心的一位发言人说。为了鼓励情感性涉入,该组织的广告活动采用了一句时髦语:"拯救整个世界并不容易,但拯救一个人的生命却很容易。只需一品脱血液就能救活三条生命。"[54]迎合拯救生命的价值观应当特别能激发消费者。

在广告中,广告信息可以使用叙事结构来激发叙事式加工,帮助消费者将广告中的品牌与他们的自我概念联系起来。[55]消费者通常会对符合他们自我概念的广告有更多的思考。[56]因此,如果你认为你是个外向的人,那么对于一则将某品牌描述成适合于外向人的广告而言,你将会被激发去加工这则广告。

消费者的需要和目标与营销人员尤其相关。

- **根据需要和目标进行细分。**营销人员可以使用需要或目标来细分市场,例如对健康食品的需要。凯洛格(Kellogg)公司及其他食品制造商推出了全麦早餐麦片,以此来响应联邦饮食鼓励消费者多吃全麦食品的建议。[57]
- **创造需要或目标。**营销人员可以试着创造新需要或目标。例如,意大利汽车制造商法拉利推出了 F-1 赛车计划来创造消费者对新赛车体验的需要。如果顾客愿意出 100 万美元(或更多)购买一辆退役的法拉利赛车,那么他们就可以在国际汽车大奖赛赛道上驾驶这辆汽车,并且由赛车冠军做指导,由专业维修团队做支持。根据法拉利的说法,F-1 赛车计划能让顾客获得"到别处无法获得的体验"。[58]
- **开发能满足需要和目标的提供物。**营销人员还可以识别出当前未被满足的需要或目标,或者可以开发出能更好地满足需要和达到目标的替代物。例如,奎克厂(Quacker

Factory)识别出中年女性需要一种愉悦的、舒适的、价格合理的衣服,这种衣服应当迷人但又不裸露或紧身。除了满足这种自我表达的需要之外——许多顾客购买了两打奎克厂的产品——该公司还满足了另外一种需要:归属的需要。每当身穿该公司独特衣服的女性碰面时,她们都会用"奎克、奎克、奎克"相互问候。[59]第16章将更详细地介绍新产品的研究和开发。

- **管理相互冲突的需要或目标。** 公司可以通过开发新产品或通过沟通来解决需要之间的冲突。例如,保法止(Propecia)是一家生产治疗男性脱发处方药的公司,该公司的营销人员必须在宣传其药品功效的同时,驳斥人们对服用该药品会降低性欲的说法。[60]

- **迎合多个目标和需要。** 营销人员可以创造出捆绑提供物,从而使得消费者能在一次消费经历中同时实现多个目标或满足多种需要。[61]赛百味(Subway)三明治连锁店推出了"Fresh Resolutions"计划,不仅能实现消费者的瘦身目标,而且还能同时满足消费者的享乐性和多样化的需要。[62]

- **提高沟通效果。** 通过表明提供物能满足某一需要或实现某一目标,营销人员可以提高消费者加工这种信息并从事所期望行为的可能性。例如海飞丝洗发水的制造商意识到消费者有得到他人接纳的强烈需要。通过宣传有头皮屑会遭到他人排斥,该公司有效地迎合了消费者的这种需要。因此,强调需要是对产品和服务定位的一种有效方式。[63]

- **迎合目标。** 推出新产品的营销人员希望以进取聚焦型消费者为目标。为什么?购买新产品会带来许多新的好处,但是同样也有做出改变的成本——时间、转换成本、学习成本、对选择是否正确的不确定性。防守聚焦型消费者更可能保持现状,使用他们了解的产品,因此他们不大可能购买新产品。[64]此外,如果了解到消费者有使其自己感觉更好的目标,那么营销人员就可以向消费者表明他们的产品如何能改善目标消费者的心情——这种诉求在温泉或其他休闲产品的广告中十分常见。营销人员还能帮助消费者实现他们的自我控制目标,就像慧俪轻体(Weight Watchers)和其他瘦身公司提供在饮食时保持自我控制的秘诀和方法,而且还提供对目标达成的进展反馈(参见图表2.8)。

- **控制消费者的情绪。** 最后,动机和目标有助于营销人员了解他们如何来控制消费者的情绪。对消费者而言,飞机不能按时起飞绝对与他们的目标不一致。但是,通过告知消费者由于安全问题或恶劣天气(由于环境造成的),而非航空公司没有做好本职工作(由于航空公司造成的),航空公司可以影响消费者对此是感到愤怒还是失望。营销人员还可以通过宣称其产品是一种心情调剂品来控制消费者的情绪,就像巧克力公司宣称其产品是快乐的源泉,或邮轮宣称其巡游能让消费者感到快乐。

图表 2.8 消费者目标

当品牌声称与消费者的目标(例如瘦身)相关时,消费者更可能对广告有高度涉入。

感知风险

图表 2.1 表明,**感知风险**(perceived risk)是消费者加工有关某产品或品牌信息的另外一种动机因素,它是指消费者对购买、使用或处置某一提供物的个人后果的不确定程度。[65]

> **感知风险**:消费者对某种行动(例如购买、使用或处置某一提供物)后果的不确定程度。

如果出现负面结果的可能性很大,或不大可能出现正面结果,那么感知风险会较高。当感知风险较高时,消费者更可能注意并仔细加工营销沟通信息。随着感知风险的提高,消费者往往会收集更多的信息并仔细地对其进行评估。

感知风险与任何产品或服务都有关,但是:(1)当有关提供物的信息很少时;(2)当提供物很新颖时;(3)当提供物价格很高时;(4)当提供物在技术方面很复杂时;(5)当品牌之间在质量上有相当大的差异并会导致消费者做出不好的决策时;(6)当消费者在评估提供物时信心不足或缺乏经验时;(7)当他人的意见非常重要,人们会根据消费者的获取、使用或处置决策形成对消费者的判断时,感知风险往往会更高。[66]

不同的文化群体对风险的感知也不同。特别是在欠发达国家中,高风险水平的产品要多得多,也许是因为这些国家的产品通常质量很低。[67]同样,当游客在外国买东西时,感知风险通常也很高。[68]此外,一种文化内部的风险感知程度也会有所不同。[69]例如,西方的男性在股票市场上投资要比女性更冒险,年轻的消费者比年长的消费者更冒险。显然在这些例子中,女性和年长的消费者对各种决策的感知风险更高。

感知风险的类型

研究人员识别出了六种风险:[70]

- **绩效风险**(performance risk)是指对产品或服务是否能像预期的那样运作的不确定性。通用汽车以广告宣传其认证程序能甄别出严重受损或经过大修的汽车,从而打消了汽车购买者关于这方面风险的顾虑。[71]

> **绩效风险**:对提供物是否能像预期的那样运作的不确定性。

- 如果某一提供物很贵,那么它的**财务风险**(financial risk)会很高,例如买房子的成本就很高。研究表明,当消费者由于高价格而感知到高产品类别风险时,如果他们使用像 Epinions.com 之类的网站了解有关提供物的信息,他们的购买决策会得到改进。[72]

> **财务风险**:感知到购买、使用或处置某一提供物所带来的财务危害的程度。

- **生理(或安全)风险**(physical or safety risk)是指某一产品或服务对某人安全的潜在危害。许多消费者决策都是由避免生理风险的动机所驱动(参见图表2.9)。例如消费者通常不会购买过了保质期的食品,因为他们担心吃了变质的东西会生病。[73]

> **生理或安全风险**:感知到购买、使用或处置某一提供物会带来潜在生理危害或危及个人安全的程度。

图表 2.9 感知风险

消费品和服务通常将宣称它们可以避免有风险的结果。

- **社会风险**(social risk)是指由于购买、使用或处置某一提供物而引起的对某人社会地位的潜在危害。研究表明,对于劝阻青少年不吸烟,宣传吸烟会引发严重的社会不赞同风险的戒烟广告要比强调吸烟能引起疾病等健康后果的广告效果更佳。[74]

> **社会风险**:感知到购买、使用或处置某一提供物而引起的对个人社会地位的潜在危害。

• **心理风险**(psychological risk)是指消费者对产品或服务与他们对自己感知的匹配程度的关心。例如,如果你认为自己是个环保主义者,购买一次性纸尿片可能会引起心理风险。

• **时间风险**(time risk)是指对购买、使用或处置产品或服务所必须投入的时间长度的不确定性。如果提供物涉及大量的时间投入,如学习使用该提供物需要漫长的过程,或者需要长期承诺(例如加入某个健身俱乐部需要签订一份三年的合同),时间风险会很高。

> **心理风险**:感知到购买、使用或处置某一提供物会带来潜在负面情绪或伤害个体自我感的程度。

> **时间风险**:对购买、使用或处置产品或服务所必须投入时间长度的不确定性。

风险和涉入

如前所述,产品可以分为高涉入或低涉入产品。一些研究人员根据产品施加于消费者的风险大小来区分高和低涉入产品。在购买像住宅和计算机之类的产品时,消费者的涉入度要高于购买相框或咖啡之类的产品,因为前者的绩效、财务、安全、社会、心理或时间风险都更高,会引起更大的个人后果。

高风险通常会造成消费者的不舒适感。结果,消费者通常有动机从事各种行为和信息加工活动,以减少或消除风险。为了降低风险的不确定性,消费者可以通过进行在线研究、阅读新闻文章、进行比较式购买、与朋友或销售人员交谈以及咨询专家来收集更多的信息。消费者还可以通过品牌忠诚(购买他们上次购买的品牌)来减少不确定性,确保至少与他们上次购买的满意程度相当。

此外,消费者还会通过各种策略来减少感知风险的后果。一些消费者会使用更安全的简单决策规则。例如,某人可能会买最贵的提供物或购买做广告最多的品牌,并相信该品牌质量要比其他品牌好。当决策风险较高时,消费者会愿意考虑不太寻常的替代物,尤其是当他们不信任传统的产品或做法时。例如,认为传统医疗手段太过技术化或不人性化的消费者会愿意尝试其他治疗方法。[75]

营销启示

当感知风险较高时,营销人员可以减少不确定性,或者减少对失败的感知后果。阿斯利康(AstraZeneca)为了打消消费者对使用其降低胆固醇药物"Crestor"的顾虑,在广告的标题栏中以"动脉的福音、血栓的噩耗"来宣传其功效。这则印刷广告的剩余部分则用大量信息告诉消费者"Crestor"如何减缓血栓的形成,从而降低了消费者对产品和产品功效的不确定性。

当风险较低时,消费者很少会有动机认真考虑品牌或产品及其潜在的后果。有时,营销人员需要通过提高风险感知程度来让消费者注意到信息。例如,苏格兰政府每年冬季都会开展全国性的广告活动,提醒消费者流感可以致命,督促他们注射疫苗来降低风险。[76]有趣的是,消费者并不总将某种特定行动看作是有风险的,即使这么做的确会有风险。例如,许多人都没有意识到无防卫性行为的风险,这种情况可以说明为什么安全套的销量不太高。营销人员还可以让消费者认识到无防卫性行为所带来的有风险的负面结果。当消费者认真考虑了他们自己的行为会导致感染艾滋病的风险后,他们便可能会遵循减少这种风险的广告所提的建议。[77]

与态度的不一致性

如图表 2.1 所示,影响动机的最后一个因素是新信息与先前的知识和态度的一致程度。我们往往有动机去加工与我们的知识或态度适度不一致的信息,因为这些信息只会带来适度的威胁和不悦。因此,我们会试图消除或者至少是了解这种不一致。[78]例如,如果消费者看到一则汽车广告提到了她当前拥有品牌的轻微负面信息——例如该品牌的油耗高于某一竞争者——她会希望加工这一信息,从而缓解这种不舒适的感觉。

另一方面,消费者很少有动机去加工与其先前态度高度不一致的信息。因此,如果某人忠于亨氏(Heinz)品牌,她就没有动机去加工某对比式广告所声称的亨氏不好或其他品牌更好的信息。消费者仅会拒绝那个品牌,不将其作为备选。

消费者的能力:行动的资源

除非消费者有能力加工信息、制定决策或从事行为,否则,动机就不会转化为行动。**能力**(ability)是指消费者拥有能使结果发生所必需的资源的程度。[79]如果我们加工信息的能力很高,我们会积极地从事决策制定活动。如图表 2.1 所示,知识、经验、认知风格、信息的复杂性、智力、教育、年龄和金钱是影响消费者加工品牌信息以及制定和进行购买、使用和处置决策的能力的因素。

> **能力**:消费者拥有能使结果发生所必需资源的程度。

产品知识和经验

不同消费者拥有的有关提供物的知识有很大差异。[80]消费者能从产品或服务体验中获取知识,如广告展露、与销售人员的互动、来自朋友和媒体的信息、先前的决策制定或产品试用或记忆。一些研究比较了专家或拥有丰富产品知识的消费者与没有丰富知识消费者在信息加工方面的活动。[81]一个重要发现就是,与动机水平相同但知识不丰富的消费者或"新手"相比,知识丰富的消费者或"专家"能更深入地思考信息。这种知识上的差异显然会影响消费者的决策制定。例如,想要出租汽车的消费者很难理解资本化成本(用于确定租赁费用的数字)的概念,如何确定这些成本,或如何通过谈判降低这些成本。如果消费者不能理解这些成本,那么这将会导致消费者的非最优化决策。[82]

研究表明,新手和专家加工信息的方式不同。[83]专家可以加工用属性表述的信息(产品有什么样的属性,例如 200G 的硬盘),而当用利益方式表述信息时(产品可以用做什么,例如存储大量数据),新手能更好地对信息加工。当营销人员能提供有用的类比(例如能存储相当于一个图书馆的数据)时,新手才可以较好地加工信息。[84]特别是,当消费者能够将他们对某一产品属性的知识转移到另一种不熟悉的产品上,并能够有效分配加工这种映射所需的资源时,类比的方式会更具有说服力。[85]

同样,当消费者缺乏产品知识或经验(或仅仅是因为服务结果难以评估,例如医生是否给出了最好的建议)时,消费者很难对服务提供商进行评估。在这些情况下消费者可以利用推断,即简单的线索或一般法则,来评价服务提供商,例如医务人员是否友好,或者诊室是否干净整齐。[86]

认知风格

消费者在认知风格上会有所不同,即他们对信息呈现方式的偏好会有所不同。一些消费者擅长加工视觉信息,而其他人喜欢加工文字信息。例如,在计划到访某地时,一些消费者喜欢查地图,而另一些人喜欢阅读指南。

信息的复杂性

消费者所接触信息的复杂程度同样会影响他们加工信息的能力。如果信息过于技术化或复杂化,个体消费者将会感到困惑;信息越复杂,消费者加工信息的能力也越低。什么会使信息变得复杂?研究表明,消费者感到技术性或定量化的信息要比非技术型的定性数据更难以理解,[87]这种情况阻碍了对信息的加工。许多技术产品和药品的信息都非常复杂。此外,研究表明,有图片而无文字的信息往往含糊不清,因而难以加工。[88]但是,营销人员可以用视觉化工具来传播复杂信息,从而使消费者能更轻易地对信息加工。例如,SmartMoney.com的MarketMap按行业对股票分类,并用不同颜色表示每个股票的业绩(亮绿色表示股价大涨;亮红色表示股票大跌),从而帮助消费者快速了解股票市场趋势(也可参见图表2.10)。[89]

图表 2.10 信息加工能力
简单广告增强了消费者理解基本品牌事实的能力。

如果个体消费者必须从大量信息中进行甄别,那么这种信息也会十分复杂。越来越多的消费者在网上查找有关健康和医疗的复杂信息,因为网络搜索功能提高了他们的搜索效率。了解到这一点,患者倡导团体"公民知情权"(Citizens for the Right to Know)建立了一个英语网站(rtk. org)和一个西班牙语网站(espanol. rkt. rog)来帮助消费者查找有关健康计划覆盖范围的复杂信息。[90]

智力、教育和年龄

智力、教育和年龄同样与加工信息的能力及决策制定有关。具体而言,智力越高、受教育程度越高的消费者能更好地加工更复杂的信息并做出更好的决策。年龄同样可以解释加工能力上的差异。年龄大一点的儿童更可能了解到有时搜索信息的好处超过了搜索信息所花费的成本,但是年龄小一点的儿童似乎没有这种能力。[91]老年人在某些认知能力上会下降,从而降低了他们加工信息的能力。在一项研究中,老年消费者需要花更多的时间来理解信息,他们决策的准确度也低于年轻的消费者。[92]

金　钱

很显然,缺乏金钱也会制约消费者从事获取行为的动机。尽管缺少金钱但有动机的消费者仍可以加工信息并做出购买决策,但他们当时的购买能力肯定会受到限制。

营销启示

影响能力的因素对营销人员有几种启示。首先,营销人员应当确保其目标消费者有加工营销沟通信息的足够知识。如果没有的话,营销人员可能首先需要开发教育信息。营销人员还要敏锐把握目标消费者在加工风格、教育水平和年龄上的差异。例如,如果书面说明书过于复杂,那些高动机程度且以视觉为导向的父母可能无法为他们的孩子组装玩具,因为这与他们的加工风格不一致。宜家(IKEA)家具组装说明书就适合于广泛的人群,因为其说明书中没有文字,只有图例和数字。

信息的提供能提高消费者加工信息、制定决策和执行决策的能力。TheKnot.com之所以流行,是因为它提供了能帮助已订婚的夫妇准备婚礼的所有商品、服务和建议的全面信息,包括从购买请柬、选择礼服到订婚宴蛋糕和安排蜜月。[93]

了解到缺乏金钱会限制购买行为后,营销人员可以通过提供资金援助来促进首次购买和重复购买。汽车制造商通过提供零首付或低首付、低贷款利率和折扣来提高消费者的购买能力和提高销售额。营销人员还可以(通过广告、网站、售点陈列和其他沟通方式)提供教育和信息,从而帮助消费者更好地加工信息,做出更明智的决策,以及从事消费行为。

消费者的机会

影响动机能否导致行为的最后一个因素是消费者从事某种行为的机会。例如,一名消费者可能有高度动机且有足够的金钱加入健身俱乐部(有能力);但是,由于他太忙了以至于很少有机会真正到那里去。因此,即使动机和能力都很高,由于缺乏时间、分心和其他影响行动能力的因素,一些人不会采取行动或做出决策。

时　间

时间会影响消费者加工信息、制定决策和执行某些行为的机会。一些研究表明,有时间压力的消费者更可能在圣诞节期间为自己买东西,因为这是他们一次少有的必须买东西的机会。[94] 时间也会影响休闲时光的消费者行为。当了解到想要成为园艺人的消费者没有种植、除草和浇水的时间(或耐心)时,公司成功地销售了嵌入种子的垫子、低维护类植物和快速成熟的树。[95]

在时间压力下做出决策的消费者会进行有限信息加工。例如,一名在15分钟内从杂货店中购买了30件产品的消费者将没有时间加工有关每件产品的大量信息。有时间压力的消费者不仅加工的信息更少,而且更看重负面信息,并会因品牌的负面特征而更迅速地拒绝该品牌。[96] 当加工信息的动机较低时,感到有中等程度时间压力的消费者将倾向于系统性地加工信息。但是,如果时间压力非常高或非常低,消费者不可能系统性地加工详细信息。[97] 消费者对某一消费问题思考的时间越多,他们越容易想到更有创造性的解决方案。[98] 在广告情境中,当一则广告信息在短时间内播出,消费者不能控制广告信息呈现的速度时,就像电视和广播广告那样,或者当消费者跳过商业广告时,他们加工信息的机就会十分有限。[99]

分　心

分心是指环境中能分散消费者注意力的任何方面。例如,一场重要的考试会分散消费者对她非常想参加的瑜伽课程的注意力。如果消费者在看广告或做决策时有人在旁边说话,这种分心会阻碍消费者加工信息的能力。广告中的某些背景因素,如音乐或迷人的模特,同样会分散消费者对广告信息的注意力。[100] 如果电视商业广告所出现的节目非常吸引人,同样也会分散消费者对商业广告的注意力。[101] 分心似乎会影响消费者对他们选择的思考效果,而不会影响他们对选择的情绪效果。[102]

信息的数量、重复和控制

呈现信息的数量同样会影响消费者加工信息的能力。此外,尽管消费者加工信息的能力受到时间、分心以及信息质量和复杂性的限制,有一种因素——重复——实际上却会提高这种能力。[103] 如果消费者重复接触信息,他们就能轻易对其加工,因为他们有更多的机会去思考、细察和记住信息。特别是,利用电视和广播的广告主应当使目标受众不止一次地获得其广告信息,从而增加他们加工广告信息的机会。但是,研究表明当消费者对某一品牌不熟悉时,他们对重复的广告会有负面反应,从而降低了沟通的效果。相反,消费者对知名、熟悉品牌的重复广告更有耐心。[104]

当消费者能决定看什么信息、看多长时间和以何种顺序看,从而能控制信息的流向时,他们能更好地记忆和学习。例如,对印刷广告而言,消费者能很好地控制他们看什么广告、每条广告看多长时间以及看广告的顺序。他们有更多的机会去选择符合他们需要和目标的信息,去加工信息并将这些信息用于消费决策。相反,接触广播或电视广告的消费者没有这种控制能力,因此,他们加工和运用这些信息的机会更少。[105]消费者在控制信息流上越老练,他们越能投入更多的精力对内容进行加工,而不是将精力放在控制任务上。[106]

营销启示

通常,在提高消费者加工信息,制定谨慎决策或从事购买、使用和处置行为的机会方面,营销人员能做的事情很少。例如,广告主做不到在播放电视广告时减少消费者卧室中的分心事物,或给予消费者更多的购物时间。但是,公司可以在提高消费者机会方面有所作为。

- **重复营销沟通(到一定程度)**会增加消费者注意并最终对其进行加工的可能性。营销人员还可以在一天之中消费者最不可能分心或没有时间压力的时候播出广告信息,从而增加消费者加工信息的可能性。应当以慢速和用简单的词语传达信息,从而使消费者能够理解。提醒一点:尽管重复增加了消费者加工的机会,但是它也降低了消费者加工信息的动机!

- **减少时间压力**可以减少消费者的分心。例如,商店可以延长其营业时间,从而使消费者能在最不可能分心或没有时间压力的时候购买商品。许多目录公司和所有在线购物网站每天 24 小时接受订单。营销人员还可以提供辅助服务,例如延长购物和服务时间,从而消除时间限制。

- **减少购买、使用和了解产品或服务所需的时间**能使消费者有更多机会加工信息并执行决策。例如嘉信(Charles Schwab)允许消费者用简明英语输入问题,从而减少了消费者在其网站上的学习时间。[107]在商店中,清晰的标志和指示能帮助消费者更快速地找到商品,并提高了他们实际购买商品的可能性。

总　结

动机反映了唤起的内部状态,它会引导消费者从事与目标相关的行为、付出努力的信息加工和详细的决策制定。我们有动机注意、接触和思考对我们重要的和与我们个人相关的事物。有动机的消费者通常会体验到情感性或认知性涉入。在一些情况下,这种涉入会持续很久;在其他一些情况下,这种涉入可能是由环境形成的,只会持续到实现目标之时。消费者还会涉入产品类别、品牌、广告、媒体和消费者行为中。当消费者认为某一目标或事物具有个人相关性,即与他们的自我概念、价值观、需要和目标相关时,当有相当大的风险时,当与他们先前的态度有中等程度的不一致时,消费者会体验到更强的动机。

即使消费者的动机很高,如果他们没有能力或机会去做,他们也无法实现目标。如果消费者缺少从事某一行为、加工信息——尤其是复杂信息——或制定决策的知识、经验、智力、教育或金钱,他们将不能实现目标。此外,如果他们所看到的信息与他们的认知风格不一致,他们也不能实现目标。有高度动机的消费者如果缺少时间、分心、信息不足或缺乏对信息流的控制,会限制他们的机会,同样也无法实现目标。

复习和讨论问题

1. 动机的定义是什么?它如何影响涉入感?
2. 消费者涉入的对象有哪些?
3. 是什么决定了马斯洛需要层次中的顺序?
4. 消费者拥有的目标类型有哪些?
5. 根据评估理论,请说明情绪对目标的作用是什么?
6. 感知风险影响个人相关性、感知风险的六种类型分别是什么?
7. 能力以哪些方式影响消费者行为?
8. 请指出有助于消费者信息加工和决策制定机会的一些要素。

消费者行为案例　乌姆普夸银行里有什么

> 乌姆普夸银行(Umpqua Bank)想要的不仅仅是成为为消费者提供 ATM、存款或贷款服务的可信赖的和专业的银行。该银行成立于 1953 年。在 1994 年雷·戴维斯出任 CEO 并提出要使乌姆普夸成为"世界上最大的银行"的愿景之时,该银行只有 5 家分支机构和 1.4 亿美元的存款。从那时开始,通过区域扩张和收购其他银行,如今乌姆普夸已成为拥有 70 多亿美元存款,并在俄勒冈、华盛顿和加利福尼亚经营着 147 家"店面"的银行。
>
> 乌姆普夸的每家银行店面都是一家"社区中心",在那里人们可以花上几分钟喝杯乌姆普夸牌咖啡,听听乌姆普夸所精选的本地音乐,或使用乌姆普夸的免费 Wi-Fi 互联网接入服务上网冲浪。乌姆普夸银行有明亮的灯光、舒适的坐椅、咖啡馆、电视屏幕以及像豪华酒店前台一样的出纳区域,它一点都不像老式银行那样正式、呆板。
>
> 老式银行从不会在夏季开班教授儿童如何经营柠檬汽水摊,向他们提供 10 美元的启动资金,给予他们广告和定价上的建议,并借给这些年轻的企业家们适合儿童使用的折叠式柠檬汽水摊。把眼光放长远一点,今天的柠檬汽水大亨们也许就是明天满意的顾客。就像乌姆普夸的一位管理人员所说的那样:"孩子们都回到商店中想要偿还贷款,但是我们鼓励他们用这些钱在这里开立存款账户。"

一流的服务是乌姆普夸的另一个特征和有竞争力之处。除了培训员工有关金融产品的收支知识之外,该银行还让员工参加由丽思卡尔顿酒店——该酒店因其无与伦比的服务而闻名于世——所提供的顾客服务课程。对服务的强调帮助该银行与顾客建立起长期的关系。

　　位于俄勒冈波特兰的创新实验室(Innovation Lab)是乌姆普夸的最新创新。通过与像英特尔、微软和思科等公司这样的技术领导者合作,乌姆普夸已将这家尖端商店变成了新创意的试验田。"当谈到技术时,人们通常会认为它能使事情运转得更快,"CEO雷·戴维斯这样评论。戴维斯说他们会问自己:"我们如何利用技术来提高顾客体验?在银行业中,这种挑战在于如何保持传递系统的相关性。"

　　这间创新实验室不仅具有人员友好性,而且还十分高效。它装有超大多媒体触摸屏等离子墙,顾客可以在那里获得详细产品信息,并收听关于各种服务的广播。另一面交互式墙壁提供即时更新的社区活动信息和志愿者计划。在电脑咖啡馆,即该商店的另一个区域中,顾客可以使用最新的笔记本电脑。这家银行甚至建立了一个网站,当地的企业主可以通过这个网站相互联系。乌姆普夸正在研究顾客对这些创新以及其他创新的反应,以希望在其他店面中推广最成功的创意。

　　乌姆普夸开办银行的这种不同寻常的方式吸引了成千上万的新顾客、数以亿计的新增存款以及美国和其他地区金融机构的关注。随着乌姆普夸向着要成为世界上最大银行的目标不断前进,该银行将会致力于向顾客提供完美的银行体验。"我们提供了与传统银行完全不同的体验,"戴维斯说,"这种体验十分有趣、令人愉悦和激动。就像我们去迪士尼世界那样。"

案例问题

　　1. 乌姆普夸如何提高它与顾客的个人相关性,从而提高顾客的动机?

　　2. 用消费者行为的术语解释创新实验室是如何提高顾客加工有关银行产品和服务信息的能力?

　　3. 为了提高消费者加工金融服务信息的机会,乌姆普夸都做了哪些事情?

第 3 章

展露、注意和知觉

学习目标

学完本章后,你将能够:

1. 论述为什么营销人员关心营销刺激对消费者的展露,有哪些传统与非传统策略可以提高展露。
2. 解释注意的特征,营销人员如何能吸引和保持消费者对产品和广告信息的注意。
3. 描述知觉的主要感觉部分,概述为什么营销人员要关注消费者的感官知觉。

导言:啤酒广告之战

啤酒的全球营销人员利用广告来赢得和保持其全球顾客。安海斯-布什(Anheuser-Busch)[如今与比利时的英博(InBev)合并]通过强调其美国产地在全球销售百威啤酒。在英国,百威广告表现的是美国酒吧里人们聊天的情景。在巴西,加拿大啤酒制造商莫尔森(Molson)邀请身着比基尼泳装的前模特丹妮拉·奇卡雷利出演 MTV 广告主角,利用性诉求来提升该公司凯撒啤酒的销量。这则广告帮助莫尔森占领了 15% 的巴西市场,但是新规则禁止使用年龄未满 25 岁的演员,因此这种做法可能会违法。

当日本的朝日(Asahi)啤酒进入英国时,该公司在一些破烂的地方张贴三流名人代言的海报和广告牌,其中还伴有日本字符和夸张的英文翻译的文字。这种海报的想法是略显滑稽地模仿日本的广告。但是对许多英国消费者而言,这些广告看起来就像直接照搬东京的廉价广告。然而,朝日的广告这种做法却令朝日啤酒在英国的销量翻番。[1]

用消费者行为学的术语来说,广告就是展露、注意和知觉。如果消费者在接受某一媒体中的某一广告展露后能记住什么信息的话,他们必须要能感觉和注意到这则广告。他们是否能做到这些将取决于本章中所讨论的许多因素。就像图表 3.1 中所表明的那样,这些问题之所以重要,是因为它们影响着消费者在展露和注意广告后如何去理解、有什么样的态度和记住了什么。它们还会影响消费者做出什么样的决策以及之后会采取什么样的行动。

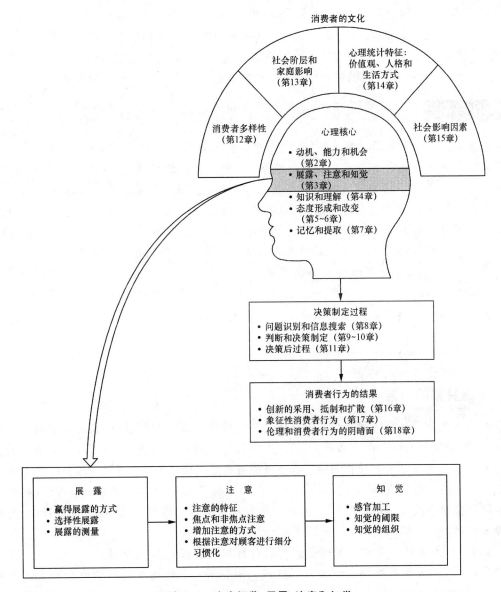

图表3.1 本章概览：展露、注意和知觉

一旦消费者接受到某一刺激（例如某一广告、品牌）的展露，他们就会进行一定程度的加工，注意它并感知其特征。一旦感觉到刺激，消费者会更深入地考察该刺激。

展　露

在任何类型的营销刺激能影响消费者之前，消费者必须能接受到该刺激的展露。**展露**（exposure）是指消费者与某种刺激产生实体接触的过程（参见图表3.1）。**营销刺激**（marketing stimu-

> **展露**：指消费者与某种刺激产生身体接触的过程。
>
> **营销刺激**：由营销人员（通过广告、销售人员、品牌符号、包装、标志、价格等）或由非营销渠道（例如媒体、口碑）传播的有关提供物的信息。

li)是由营销人员(通过广告、销售人员、品牌符号、包装、标志、价格等)或由非营销渠道(例如媒体、口碑)传播的有关产品或品牌以及其他提供物的消息和信息。消费者可以在消费的购买、使用和处置阶段接触营销刺激的展露。由于展露对消费者的想法和感觉有着重要影响,营销人员必须要确保消费者所接触的刺激展露对其提供物有正面的描绘。

营销启示

营销人员通过选择媒体(例如广播、产品植入以及互联网等)和开发接触目标消费者的沟通信息来开始展露的过程。例如,美国维萨通过广播、印刷和在线媒体的广告信息以及奥林匹克赞助活动和产品植入来接触旅行者、体育爱好者、老练的购物者以及其他群体。该公司在其网站上、印刷媒体上以及广播媒体中使用西班牙语信息以接触西班牙裔消费者。对于富裕的消费者,该公司并没有采用电视媒体来接触,因为这一群体往往会录下电视节目供日后收看,他们可能会跳过商业广告。取而代之的是,该公司在 *Condé Nast* 之类的高端杂志以及像《经济学家》之类的商业杂志中投放 Visa Sigature 卡的广告。维萨还选择性地与一些零售商(如 Banana Republic)一起投放联合品牌的印刷广告和在线广告。在最新一版的游戏人生中,维萨卡甚至取代了纸币的地位。[2]

影响展露的因素

广告在某一媒体中的位置会影响展露。当广告位于杂志的封底时,其展露给消费者的程度最大,因为只要这本杂志面朝下放置,人们就能看到封底上的广告。同样,那些与消费者感兴趣的文章或电视节目相邻的广告更可能展露给消费者。[3]在电视节目插播广告时段的开头或结尾的商业广告展露程度最大,因为此时消费者要么仍沉浸于电视节目中,要么正等着电视节目继续上演。一些广告主会赞助无商业广告的电视节目,在这些节目中,公司会植入产品,或在节目开始前或结束后播出单个广告。

此外,产品分销和货架位置也会影响消费者对品牌或包装的展露。某一品牌分销范围越广(可以购买到该产品的商店数量越多),消费者碰到该品牌的可能性也越大。类似的,产品的位置或分配给产品的货架空间大小能提高对该产品的展露。位于走道末端或占据大量货架空间的产品更可能展露给消费者。摆放在齐腰到齐眼高位置的产品比那些放于更高或更低位置的产品能获得更多的展露。在商店中,在消费者必定经过的或必定会多花时间浏览的地方放置产品也会增加展露的机会。例如一些产品的销量提升是因为在超市、汽车商店和餐馆收银台附近陈列,这些产品有着更高的展露程度。[4]

营销启示

除了接触消费者的传统方式之外,例如电视商业广告的策略性植入或者有效的产品陈列和货架摆放,营销人员还正在检验其他获得营销刺激展露的方式。沃尔玛电视网络在3 100家沃尔玛商店中有125 000个屏幕,能够接触到1.3亿购物者。[5]凯洛格公司发现,当它在沃尔玛电视网络上促销其麦片和零食后,其销量得到了提升。在航空公司的航班娱乐节目、购物车、热气球以及运动场所的十字转门之类的媒体上做广告是提高展露的另一类方式。

一些资金紧张的市政府会允许公司在公共汽车上、垃圾车上、出租车上甚至是地铁隧道中投放广告。在中国,北京的公交车站和地铁站上贴有互联网网站及其他提供物的广告。[6]在英国,松下公司通过销售其运货车上的广告空间来偿付其运输成本。[7]"手持指示牌"(human directionals)——一群穿着古怪的人站在街头挥动双手并高喊——是零售商和房产开发商影响消费者对商店或房地产开发展露的反应的一种方式。电子邮件是另一种增加展露的方式。尽管互联网用户憎恨来自公司的未经同意就发送的消息,但如果他们能控制接收的时机,许多人会愿意接收电子邮件或即时消息。[8]

选择性展露

尽管营销人员非常希望能影响消费者对某些产品或品牌的展露反应,但营销刺激的展露最终还是由消费者而非营销人员控制的。换句话说,消费者可以积极地寻找某种刺激并回避其他刺激。《时尚》杂志的读者更可能选择性地接触流行导向的广告展露,而《名车志》的读者会选择看不同类型的广告。有些消费者试图完全忽略广告。在网上,越来越多的互联网用户用软件屏蔽在网页加载时会打开的弹出式广告。[9]消费者想要回避广告的一个原因在于他们接触的广告是展露如此之多,以至于他们根本不可能对所有的广告进行加工。消费者会回避他们不使用的产品类别的广告(这种行为表明这些广告与他们无关);他们还往往会回避先前看过的广告,因为他们已经了解了这些广告的内容。

消费者回避营销刺激对营销人员来说是个大问题。[10]一项调查表明,54%的美国消费者和68%的德国消费者会回避广告。[11]在一则电视广告播出时,消费者可以离开房间做其他事情——例如,许多人会边看电视边上网冲浪[12]——或通过略过或跳过的方式回避广告。**略过**(zipping)是指消费者录下电视节目并在日后观看节目时采用快进方式回避商业广告(参见图表3.2)。消费者会略过录制节目中多达75%的广告——但他们仍能认出他们所略过的许多广告中出现的品牌或产品。[13]尽管如今数字录像机能使消费者轻易地略过广告,用户还是会选择观看相关的或有趣的特定广告,尤其是即将上演的吸引人的电影广告。[14]

> **略过**:采用快进方式回避用VCR或DVR录下的商业广告。

图表 3.2　略过广告行为一览

拥有数字录像机（DVR）的美国家庭比例	20%
拥有 DVR 的家庭中观看了录制节目的比例	80%
在观看录制节目时快进所有广告的观众数量	70%
在所有美国家庭中快进所有广告的观众数量	11%
浪费的广告支出	55 亿美元

这些数字表明了为什么广告主要关注像 DVR 这样能轻易略过广告（快进电视商业广告）的产品。

资料来源：Susan Thea Posnock, "It Can Control Madison Avenue," *American Demographics*, February 2004, p. 31。

跳过（zapping），是指消费者在商业广告期间通过换台方式回避广告。大约 20% 的消费者在任何时候都会跳过广告；拥有有线电视的家庭中，有 2/3 以上的家庭经常会跳过广告。男性跳过广告的行为要明显多于女性。与在节目播放时段跳过广告相比，人们更可能在整点或半点的时候跳过广告。[15] 了解到这一点，电视网络试图通过采用一些技术来留住观众，例如在商业广告播出时段播出 30 秒或 60 秒的微型电影。[16]

> **跳过**：在商业广告期间通过换台方式回避广告。

许多父母都会限制儿童接触到的广告展露，因为儿童很难在广告信息和其他类型的媒体内容之间进行区别。例如，随着人们对儿童肥胖症的日益关注，通过广告宣传糖类或脂肪类食品的营销人员在许多国家备受批评。[17] 对这些批评采取行动来做出回应的一家公司就是卡夫食品，该公司已经停止在针对 21 岁以下儿童的电视节目中为奥利奥及类似零食做广告。[18] 但是，限制不适于儿童的产品——例如 R 级电影——的广告展露并不容易，因为在电视、广告牌以及其他媒体上会同时出现大量的多媒体广告活动。

如今，未经请求广告展露的上升势头引起了消费者的强烈不满，这导致联邦政府也开始采取相应的行动。数以百万计的消费者将其电话号码加入了联邦不准打电话登记簿中，以此来避免他们不想要的电话营销。如今消费者可以在像 www.catalogchoice.org 之类的网站上注册，从而选择不接受未经请求的目录广告。[19] 许多州有反垃圾邮件法令，联邦法律也禁止营销人员通过电子邮件、无线电话和传呼机发送未经请求的商业广告信息。但是，专家称垃圾邮件仍在不断充斥着消费者电子邮件的收件箱。[20] 这种情况也为公司开辟了销售能够在使用互联网时隔离垃圾邮件信息和拦截广告的提供物的新机会。

营销启示

营销人员希望让其广告信息或产品获得注意而又不会使消费者厌烦，在当今消费者饱受营销刺激狂轰滥炸的时代，要想做到这一点的确是个挑战。因此，大大小小的公司正在测试那些尚未充满广告的媒体。例如，戴尔和赛百味正尝试过通过手机开展促销，手机有时也被称为"第三屏幕"（电视和电脑监视器是另外两个屏幕）。[21] Moosejaw Mountaineering 是密歇根的一家运动品零售商，它邀请顾客登记以通过手机短信来获取销售和竞赛信息。[22]

展露的测量

广告主为什么愿意支付近 300 万美元来获得在超级碗杯中 30 秒的插播？它们这么做，部分是因为有关展露的测量表明，全球有亿万消费者观看这一比赛。营销人员非常关心用哪一种媒体来产生对其营销刺激的展露，以及是否真正达到了所期望的展露率。

正如在第 1 章之后的在线增补章节所探讨的那样，许多营销人员利用来自专业研究公司的数据来跟踪消费者接受到的电视、广播、广告牌、网站和其他媒体的展露。营销人员还要求更全面和更精确的测量。例如尽管交通流量监控设备可以跟踪每天有多少量汽车驶过广告牌，但是却不能计算出每辆汽车中有多少人，也不能跟踪行为或人们是否真正看了广告牌。如今研究人员正在测试一种设备，这种设备能够算出有多少人经过广告牌或广告，并能了解人们的特征和行为。[23]对于在电视上做广告的广告主，TiVo 正开展研究了解观众略过或跳过广告的频率以及当时正在看的是什么广告。[24]

如何测量网站和在线广告的展露是个大问题。目前，尽管广告主可以跟踪某一广告的点击人数，但它们无法精确地了解有多少人看了互联网广告。对在线受众的早先测量方式，例如访问页次——人们浏览网页的数量——并不适用于新技术，例如让用户在多站点（例如 YouTube）观看某个公司的介绍。因此，营销人员正在推动互联网展露水平测量方式的标准化，从而使他们能调整目标市场，并更好地测量营销活动的结果。[25]

注　意

展露反映的是消费者是否遇到了某一刺激，而**注意**（attention）反映的是他们对刺激投入的心理活动程度（参见图表 3.1）。信息要让人们感知到——要能激活人们的感觉——需要达到一定程度的注意。此外，当消费者感知到信息后，他们会更加关注该信息，并会继续进行更高级别的加工活动，这一点我们将在后面几章讨论。注意和知觉之间的这种关系能够解释为什么营销人员要了解注意的特征并寻找提高消费者对营销刺激注意的方法。

> **注意**：个体将他或她的部分心理活动分配给某一刺激的过程。

注意的特征

注意有三个重要特征：(1) 选择性，(2) 可分配性，(3) 有限性。

选择性

选择性意味着在任何时候我们都能决定要关注什么。在任何时间，我们都可能会接收过多的刺激展露。例如，当我们走进一家商店，我们会同时接受各种产品、品牌、广告、陈列、标志和价格的展露。由于我们不可能同时考察所有的这些营销刺激，因此，我们必须决定要关注哪些刺激。研究表明人们很少会关注他们先前已经见过多次的事物。[26]注意也会受到目标的影响：如果看某产品包装的目的是想要了解如何使用该产品，那么我们就更可能去看包装上的使用说明而不是看其成分。[27]由于注意具有选择性，在网上搜索信息的消费者能决定他们要关注什么——这也正是为什么美国航空公司以及其他企业要购买搜索引擎结果旁边的赞助商链接。[28]

可分配性

注意的另外一个重要特征是可分配性。因此,我们能将注意力资源分成多个单位,并将一些资源单位分配给某一任务,将另外一些分配给其他的任务。例如,我们能够在开车的同时聊天。我们能够灵活分配注意力来满足我们对周边环境中的事物的需求,但是当我们对某一刺激的注意被另外一个刺激所吸引时,我们也可能会分心。如果我们分心,我们对该产品或广告的注意力会急剧下降。[29]当了解到观众会分配他们的注意力之后,电视网络公司便在其他节目中强化它们的品牌并播放节目的预告。"观众要比以前对电视上要播出什么节目以及什么时候播出更感到困惑",CBS的一位主管说:"我们有责任帮助他们了解我们的节目安排。"[30]

有限性

注意的第三个重要特征是有限性。尽管我们能分配我们的注意力,但我们只有在对多个事物的加工自动化程度相对较高、较为老练、较不费力的时候,我们才能注意多个事物。[31]想象一下你正在看电视,同时也在听你的朋友谈话。如果是严肃的谈话,你将需要调低电视的音量,从而使你将注意力投入你朋友的谈话中。注意力的有限性这一事实能够解释为什么当消费者在不熟悉的商店中浏览时,要比他们在熟悉的商店中浏览时更不可能注意到新产品。当消费者试图注意许许多多不熟悉的产品时,他们将不可避免地遗漏掉某些产品。

焦点和非焦点注意

注意的这三个特征引发了这样的问题,即在我们关注某一事物的时候,我们是否还能够注意到在我们边缘视野中的其他事物?例如,当我们在阅读杂志文章的时候,我们还能否对与之相邻的广告进行加工,即使是当我们的双眼聚焦在杂志文章上而且我们并没有意识到有广告存在的时候?当我们在公路上驾驶时,如果我们只关心前方的道路,我们是否还能够加工来自路旁广告牌上的信息?

前注意加工

即使在我们没有意识到的情况下,如果我们仍能对来自我们的边缘视野中的信息进行加工,我们就是在进行**前注意加工**(preattentive processing)。在前注意加工中,我们的多数注意力资源都分配给某一事物,只留下了很少的注意力资源给其他事物。我们对处于边缘视野中的事物只留足够的注意力来对该事物进行一点加工。但是由于注意力是有限的,我们并没有意识到我们正在获取和加工关于该事物的信息。

> **前注意加工**:对处于边缘视野中的刺激的无意识加工。

脑功能侧化

我们进行前注意式加工信息的能力取决于处于边缘视野中的刺激是图片还是文字以及该刺激是出于右视觉区域还是左视觉区域(处于我们视线聚焦点的右侧还是左侧)。这些因素之所以会有影响是与我们大脑的两部分——两个大脑半球——如何加工信息有关

(参见图表3.3)。右大脑半球擅长加工音乐、理解视觉和空间信息、进行推断并得出结论。左大脑半球擅长加工可以被合并的单位、执行计算之类的任务、加工不熟悉的单词并组成句子。[32]

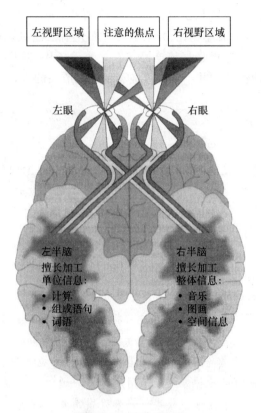

图表3.3 脑功能侧化

我们大脑的两个半球分别负责加工不同类型的信息。当某一刺激处于中心视野时,两个大脑半球均对其进行加工。当它位于边缘视野时(也就是它不处于中心),它是由与其所处位置相反的大脑半球进行加工。因此,呈现在左视野区域的信息由大脑右半球加工。

有趣的是,处于右视野区域的刺激(位于当前阅读文章右侧的广告,或位于公路右侧的广告牌)往往是由左大脑半球加工的;处于左视野区域的刺激往往是由右大脑半球加工的。处于焦点处的刺激由两个半球加工。这些发现表明,如果像广告中的图片之类的刺激位于左视野区域,人们更有可能对其进行前注意加工,因为该加工发生在右大脑半球——右大脑半球擅长加工视觉刺激。同样的,像品牌名称或广告口号之类的刺激如果位于右视野区域,则最可能得到前注意加工,因为这些刺激是在左大脑半球进行加工的。研究也证实了消费者对广告中的图片、品牌名称或口号前注意加工的能力取决于该广告是位于右视野区域还是左视野区域。[33]

前注意加工、对品牌名的喜爱及选择

尽管我们能注意到位于边缘视野中的刺激并能对其进行最小程度的加工,一个重要的问题是,对刺激的这种前注意加工是否会影响我们对广告或品牌的喜爱,或影响我们购买

和使用某一品牌的决策。事实上，一些研究表明，与消费者完全没有接受某品牌的展露相比，如果消费者对该品牌进行过前注意加工，他们对该品牌的喜爱程度要更高。[34]前注意加工会使人们熟悉某一品牌名，而我们又往往会喜欢熟悉的事物。[35]

其他证据表明，经过前注意加工的刺激会影响消费者选择。一项研究表明，与消费者从未接受过某一产品广告的展露相比，如果消费者在先前已经对该产品广告展露进行了前注意式加工，他们会更可能考虑选择该产品。在这个例子中，对广告的前注意加工影响了消费者对产品的考虑，即使他们并不记得曾经看到过该产品的广告。[36]

营销启示

尽管消费者能对信息进行前注意加工，但是当消费者对其投入全部注意力时，信息的影响力会更大。不幸的是，一种营销刺激要与许多其他类型的刺激（包括其他营销刺激）争夺消费者的注意力。此外，消费者首先注意到营销刺激的动机和机会可能非常有限。结果，营销人员经常需要采取一些措施来吸引消费者的注意，包括使营销刺激：(1) 与个人相关，(2) 令人感到愉悦 (3) 令人感到惊奇，(4) 易于加工。

1. **使刺激与个人相关**。要使刺激被消费者认为与其个人相关，最有力的一种方式就是迎合消费者的需要、价值观、情绪或目标。[37]如果你饿了，你更可能注意到食品广告和包装。加入 SkiSpace.com 社会网络站点的滑雪爱好者更可能认为旅游和装备广告与其相关，因为这些广告迎合了滑雪者的需要和目标。[38]另一种使刺激与个人相关的方式是展示与目标受众的相似之处，因为你更可能注意到跟你自己相似的人。[39]许多广告中都使用"普通消费者"，以希望消费者会认为这些人与自己有关系，从而会对广告留意。

使刺激与个人相关的第三种方式是采用剧情——通过一则或多则广告描述某个人的体验或将其体验编成叙事的微型故事——来吸引消费者注意。引起消费者对广告注意的第四种方式是采用夸张的问题——这些问题只是为了制造效果。[40]没有人会想知道"如果你赢得了100万美元你将会怎样？"之类夸张问题的答案，因为答案是显然的。这些问题通过使用"你"和请消费者（如果只是为了引起效果）考虑回答问题来吸引消费者。

2. **使刺激令人感到愉悦**。由于人们往往愿意亲近令人愉悦的事物，因此营销人员可以通过下列方式来增加消费者对营销刺激的注意：

• 利用迷人的模特。使用迷人模特的广告更有可能获得人们的注意，因为模特能唤起正面的情感或基本的性吸引力。[41]为了获得关注，新加坡航空公司的广告和网站上都采用穿着布裙制服的空乘人员。[42]显然个体差异会影响人们对什么是迷人的看法。例如，尽管一些人喜欢在广告中看到裸体，但另外一些观众却会认为这是一种冒犯。跨文化差异同样可以解释人们对迷人的不同看法。消瘦的模特反映了西方美的标准；而在世界上的其他地方，这样的模特会被认为是贫穷、营养不良和没有魅力的。

• 利用音乐。熟悉的歌曲和受欢迎的演员能以令人愉悦的方式对我们产生相当大的吸引力。[43]例如，通用汽车就采用了雷德·泽培林、Hum 以及其他乐队的音乐来吸引潜在的卡迪拉克购买者。通用汽车的一家广告公司的总裁说,音乐"通常是产生立即识别和引发强烈情绪和情感的最佳方式"。[44]

- 利用幽默。幽默是一种获得注意的有效方式。[45]例如,Puccino咖啡馆为了吸引经过其咖啡厅的英国消费者的注意,采用了嘲弄式的警告牌,上面写着"服务员的微笑可能是假笑"。[46]要注意的是,尽管几乎每五条电视广告中就有一条采用幽默方式,有些广告要比其他广告更能令人捧腹大笑(并注意整条广告信息)。[47]

3. **使刺激令人感到惊奇。** 消费者很可能会加工令人感到惊奇的刺激,这种惊奇来自于刺激的新奇性、意外性或迷惑性。

- 利用新奇性。我们更可能注意到任何新的或独特的营销刺激(产品、包装或品牌名称),因为这种刺激与我们周围的其他刺激相比显得与众不同。例如在中国,直邮广告和电子邮件广告相对较为新颖,因此消费者不仅会注意这类广告,而且打开看这些广告的频率要远高于英国和美国的消费者。[48]公司可以通过采用新奇的广告形式来引起注意,例如看上去画面会动的杂志广告或中间数字信息不变而周围信息持续变动的广告。[49]尽管新奇的刺激会引起人们的注意,我们却并不总会更喜欢它们。例如,我们可能不喜欢与我们平时所吃食物味道不一样的食物。因此,能令刺激变得新奇的因素不一定是能让我们喜欢它的因素。

- 利用意外性。我们意料之外的刺激并不一定非得是新的刺激,但是它们的位置或内容会与我们以往看到的不同,从而激发我们的好奇心,并导致我们对它们进行分析,以了解其中的意义(参见图表3.4)。[50]事实上,意外性能够影响消费者所认为的广告的幽默程度。[51]例如,滑稽喜剧跟银行毫不相干,因此,消费者更容易记住远见银行(Provident Bank)的那则电视广告,一个猴子扔了一个香蕉皮之后被一位银行经理踩到。[52]同样,研究也表明,利用适度色情文艺来引起人们对社会事业(如与艾滋病斗争)关注的信息,尤其容易引起女性的响应。[53]

- 利用难题。视觉韵(visual rhymes)、对照、隐喻、双关都是能引起注意的难题(puzzle),因为他们都需要分析。消费者往往会对含有这些元素的广告进行更多的思考。但是,尽管美国消费者可以轻易地理解在美国广告中所出现的一些双关和隐喻,来自其他文化背景的消费者在理解时却会遇到困难。[54]尽管使用难题的广告能获得关注,但是如果消费者不能解开这一疑团,它们就不一定能有效达成其他目标(如说服)。

4. **使刺激易于加工。** 除了个人相关性、愉悦性、惊奇性可以提高消费者注意外,营销人员还可以通过提高消费者加工刺激的能力而增加注意。能令刺激易于加工的四个特征分别是:(1)该刺激的突出性,(2)该刺激的具体性,(3)该刺激与其周围事物形成对比的程度,(4)该刺激与其他信息相互竞争的程度。

- **突出的刺激**:突出的刺激因其强度而显得比其所处的环境更引人注目。刺激的大小和长度可以影响其**突出性**(prominence)。

> **突出性**:因强度而导致的刺激相对于其所处环境的突出。

图表 3.4 获得注意
消费者更可能注意到含有意料之外元素的广告。

例如,与小而短的广告相比,消费者更可能注意到大而长的广告。[55] 这也正是为什么在黄页目录中,面积大的广告要比面积小的广告能导致更多的人打电话给企业。[56] 无论广告中的图片有多大,它都能引起注意;增加文字广告的空间能提高观众对整条广告信息的注意。[57] 此外,响亮的声音可以提高突出性。电视台和广播台有时会在播放广告时加大音量,从而使广告相对于电视节目而言显得更突出;广告播出时所伴随的响亮的音乐声也起着同样的作用。

突出性同样被营销人员用于大型或多种店内展示中。当都乐(Dole)在超市中安装了更多的制冷装置来陈列水果后,这些超市的销售量增长了 25% 以上。加利福尼亚州木本果委员会(California Tree Fruit Commission)发现,食品陈列的面积每增加 1%,销售量就会增加约 19%。[58] 同样,运动也会使广告更突出,这就是为什么当广告使用了动态、快速动作时人们对电视广告的注意往往会提高的原因。[59]

- **具体的刺激。**具体的刺激要比抽象的刺激更易于加工。[60] **具体性**(concreteness)是指

> **具体性**:我们可以想象出某种刺激的程度。

我们可以想象出某种刺激的程度。在图表3.5中，你将会注意到与那些抽象的词汇相比，你能轻易地想象出那些具体样子的词汇。具体性也适用于品牌名称。在众多知名的洗洁精品牌中，Sunlight这一品牌名要比Dawn、Joy或Palmolive（帕尔莫利）等品牌名更具体。这种具体性可以赋予Sunlight比其他品牌更高的引起人们注意的能力。

图表3.5 具体性和抽象性

具体的词汇	抽象的词汇
苹果	才能
碗	背叛
猫	机会
小屋	原则
钻石	民主
引擎	本质
花	幻想
花园	荣誉
锤子	憎恨
婴儿	无知
柠檬	忠诚
草地	人次
山脉	必然
海洋	服从

与那些抽象的和难以视觉再现的事物相比，我们更会注意具体的和能形成图像的事物。
资料来源：Allan Paivio et al., *Journal of Experimental Psychology*, Monograph Supplement, Juanuary 1968, pp.1—25. Copyright © 1968 by the American Psychological Association. Adapted with permission。

- 使刺激形成对比。能令刺激易于加工的第三个因素是对比（参见图表3.6）。就

图表3.6 对比和注意
只有当帕尔莫利瓶子的颜色与它周围瓶子的颜色形成对比（不同）时，它才会显得突出并引人注意。这种对比对销售商有什么样的启示呢？

像黑白电视广告在彩色电视节目中播出会显得更为突出那样,彩色报纸广告也更有可能引起人们的注意,因为它们处于周围都是黑白颜色的环境中。为了形成对比,一些红酒厂商在其标签上印上一些不常见的动物,以使它们的酒瓶在货架上显得更突出。[61] 尽管研究表明,消费者更可能认为在黄页广告中使用的色彩只是为了吸引人们的注意,但是如果这些色彩能以适当的方式提高产品的吸引力,消费者更可能会给企业打电话。[62]

- 竞争信息的数量。最后,当刺激周围很少有其他事情来抢夺你的注意力时,该刺激会更易于加工。[63] 你在荒无人烟的乡村公路上驾驶时注意到广告牌的可能性要大于当你在熙熙攘攘、标牌林立的城市驾驶之时,正如你在一个画面简单的广告中注意到某个品牌名称的可能性要大于你在一个画面混乱的广告中注意到该品牌的可能性一样。

根据注意对顾客进行细分

一些研究人员提出了下列问题:如果我们的确会注意与我们相关的、令我们感到愉悦、感到惊奇以及易于加工的事物,我们是否可以根据消费者受这些因素影响的程度而对消费者进行分组或细分呢?对这一问题的答案似乎是肯定的。研究人员发现,有一组消费者对广告投入最少的注意,因为广告中的要素跟他们无关。第二组消费者主要关注的是广告中能带来视觉享受的部分,例如画面。最后一组消费者看广告花费的时间最长,而且观看画面、包装、标题和文字内容所花费的时间相等。他们关注广告的一个原因可能在于他们认为该产品与其个人相关,而且购买该产品有潜在的风险。因此,为了正确评估广告的信息,消费者需要持续地对广告保持注意。[64]

习惯化

当人们熟悉了某一刺激后,该刺激就失去了引起人们注意的能力,结果会导致所谓的**习惯化**(habituation)。想一想上一次你给你的公寓或房间所买的新东西(例如一盆植物或一幅画)。在头几天中,每当你进入房间时,你可能都会注意到这个新东西。但是,随着时间的推移,你可能会渐渐地不再注意它,到如今,你可能根本不会再看它。你对它已经习惯了。

习惯化:由于人们对刺激的熟悉而导致刺激丧失引起人们注意的能力的过程。

营销启示

习惯化给营销人员提出了一个问题,因为消费者很容易习惯广告、包装以及其他营销刺激。一种较好的解决办法是经常改变该刺激,这也正是为什么许多广告主开发出多个主题相同但沟通方式又各不相同的广告。丰田、本田以及其他汽车公司要在视频游戏的广告中、在汽车购买和视频分享网站上以及通过移动设备发送传统的大众媒体广告信息。[65] 习惯化还能解释为什么营销人员有时要更换产品包装以再次吸引消费者的注意。

知 觉

当我们接受到某一刺激的展露并至少对其投入了一些注意力之后,我们就会感知到它。当刺激进入我们的五种感官(视觉、听觉、味觉、嗅觉和触觉)之一时,就会产生**知觉**(perception)。

> **知觉**:刺激激活我们的感官感受器(眼睛、耳朵、味蕾、皮肤等)的过程。

通过视觉感知

有哪些因素会引起我们的视觉?

- **大小和形状**。大小能引起注意。当在两个类似产品之间进行选择时,消费者往往会购买包装看起来更高一点的产品;即使是长方形产品或包装的长宽高之比也会微妙地影响消费者的偏好。[66]此外,消费者会感觉到那些形状显眼的包装内含更多的产品。[67]

- **字体**。产品上或广告中的字体大小和风格能引起注意并能建立品牌识别和品牌形象。[68]例如,独特的温迪(Wendy)字体非常引人注目,并能让人们迅速认出该汉堡连锁店的名字。

- **色彩**。色彩是一种十分重要的视觉因素。事实上,研究表明色彩能决定我们是否看到了刺激。[69]我们可以用色调、饱和度和亮度来描述特定的颜色。色调是指该颜色中所包含的色素。颜色可以分为两大类或两种色调:暖色调,如红色、橘色和黄色;以及冷色调,如绿色、蓝色、紫色。饱和度(也称作色度)是指颜色的浓度,因此我们可以区分出浅粉红色和深粉红色。亮度是指某种颜色色调的深度。饱和的粉红色可以很亮(荧光粉红色)或者很暗(紫红色)。

- **色彩对心理反应和心情的影响**。色彩还会影响我们的心理反应和心情。色彩心理学家已经发现暖色通常会激发活动和兴奋,而冷色通常会更舒缓和放松。因此,冷色更适合用于水疗地或诊所,因为这些地方是让消费者放松或花时间做决策的地方。[70]暖色更适合用于像健身俱乐部和快餐店之类的环境中,因为这些地方的活动强度很高。[71]一项研究发现,深浓色(饱和度更高)和暗色比浅色和亮色更能引起兴奋。[72]

- **色彩和喜爱**。色彩对消费者对产品的喜爱程度有非常大的影响。Dirt Devil 真空吸尘器如今使用了时髦的色彩,如海港晴空色(蓝色)和李子色;Hamilton Beach 搅拌器有摩洛哥红、海风(蓝)和苹果(绿)等颜色。[73]

营销启示

由于色彩对注意和对产品的喜爱程度有强烈的影响,当营销人员在确定产品和包装上用什么色彩时,他们通常会寻求"色彩预测者"的意见。[74]例如,美国色彩协会和色彩营销集团能告诉制造商和设计者消费者在未来两三年内会喜欢什么颜色。这些预测非常重要:恰当的色彩会让消费者相信他们买到了当季的产品。研究人员还发现了不同社会阶层中存在的色彩偏好差异。热门色彩、亮色历来对低端市场有吸引力,而深浓色历来对高端市场有吸引力。[75]

通过听觉感知

声音是另一种感觉输入。决定声音能否被感知的一个主要原则是其听觉强度。[76]消费者更可能会注意到响亮的音乐或声音以及纯粹的噪音。当广播或电视广告的播报员语速很快时,这种快节奏会阻碍消费者对信息的加工,但是,低沉的、比平常语速更快的声音实际上会导致更积极的广告和品牌效应。[77]当公司在其多则广告中使用同一个人念旁白,或者在多则电视广告中使用同一个广告歌时,消费者就会将这些声音与产品或品牌联系起来。麦当劳以及其他企业有意识地寻求建立特定的声音形象——采用像音乐或特殊的噪音来建立品牌形象。[78]而且,消费者会利用他们从品牌的声音、音节和词汇中所搜集的点滴信息来推断产品属性并形成评估,这一过程被称为语音象征。[79]

营销启示

快节奏的音乐,如在健身班上播放的音乐,往往是充满活力的;相反,慢节奏的音乐往往是舒缓的。在零售店播放的音乐类型对购物行为有着十分有趣的影响。[80]具体来说,快节奏的音乐会导致更快的客流量,但是慢节奏的音乐能增加高达38%的销售量,因为这种慢节奏音乐能使人们悠闲地购物(尽管消费者往往不会意识到这种音乐对他们行为的影响)。[81]但是,快节奏音乐更适合用于餐馆,因为这样的话,消费者会吃得更快一些,从而提高了周转率,带来了更高的销售额。[82]音乐还会影响心情。[83]人们喜欢和熟悉的音乐能引发好的心情,而人们不喜欢的、嘈杂的声音和音乐会引发坏心情。正如你将在后面章节中看到的那样,这种效应之所以值得注意是因为坏心情会影响人们对产品和消费体验的感受。[84]

通过味觉感知

食品和饮料的营销人员必须注重其营销刺激的味觉。例如,低热量、低脂肪产品的营销人员所面临的一项重大挑战就是要提供更健康的而且味道仍旧好的食品。但是,人们的口味各不相同,不同文化背景下的消费者也会有不同的口味偏好。有趣的是,产品品尝和试样是对消费者购买影响最大的营销策略,即使特定品牌的独立店内陈列——通过视觉感知——是消费者所最多注意到的营销策略。[85]图表3.7显示的是通过视觉、听觉、触觉和味觉而感知到的各种店内营销手段的影响力大小。

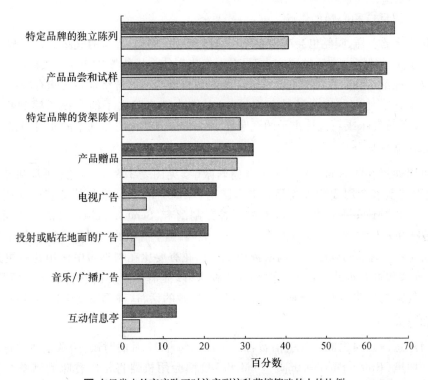

图表 3.7　店内营销技术

尽管独立陈列和产品试样通常都是消费者最多注意到的营销手段,试样通常对购买的影响最大。

营销启示

营销人员试图通过口味测试了解消费者的口味。许多食品和饮料产品在上市前会经过全面的口味测试。有时,广告或是食品包装者会邀请消费者比较该产品与其竞争产品的味道。为了鼓励英国市场的消费者试用产品,凯洛格的 Nutri-Grain 零食棒最近发起了一场有退款担保的营销挑战。[86] 但是,消费者并不是总能很好地区别味道,因此,在营销宣传食品、餐馆等时,营销人员应当考虑增加描述性文字和图片。[87] 为了鼓励消费者,有时营销人员会以一种令人意外的方式提到味道。例如,巴克利(Buckley)止咳糖浆的广告口号是"味道很糟糕,但是很管用。"[88]

通过嗅觉感知

如果你被蒙上眼睛并请你闻某个东西,你可能很难辨别出这个东西是什么;许多消费者也都做不到。[89] 但是消费者在辨别气味的能力上也有差异。与年轻的消费者相比,年老的消费者辨别气味的能力要更差,[90] 男性通常要比女性更差。[91] 营销人员非常关心嗅觉对消费者的反应、产品试用、喜爱程度和购买的影响。

嗅觉对心理反应和心情的影响

就像其他感觉一样,嗅觉也会产生心理和情绪反应。例如,薄荷的气味令人清醒,山谷中百合的气味令人感到轻松。[92]一些研究表明,有无气味和什么样的气味会导致人们感到紧张或是放松。[93]这一理论是香薰疗法的重要基础。我们某些最基本的情绪也与气味有联系。例如,孩子们通常不喜欢他们的安全毯被清洗,部分是因为洗涤除去了能令孩子感到舒适的气味。此外,海洋的气味或新鲜烤饼干的气味能引发非常情绪化的和基本的儿时回忆。[94]

嗅觉和产品试用

公司可以通过嗅觉而向消费者展示营销刺激(参见图表3.8)。嗅觉(通常和其他感觉一起)会吸引消费者食用或购买食品。卡卡圈坊(Krispy Kreme)将其外卖店设计成能让消费者闻到——和看到——甜甜圈新鲜出炉。[95]香味刮刮卡(Scratch-and-sniff)的广告通常向消费者展露香味和其他涉及使用嗅觉的产品。研究表明,当空气中的气味与所售产品有关时,这种气味会成为一种有效的刺激。在内衣商店中使用花香要比在咖啡店中使用花香更适合。[96]同样,一些香水和古龙水的广告主会撒上这些香水,以提消费者的高感官加工。但是,如果消费者对有气味的广告感到不舒服或对这些气味过敏的话,这种手段就会适得其反。

嗅觉和喜爱

零售商还意识到嗅觉能够吸引消费者。例如在每年12月的时候,密歇根法兰肯木斯的布朗纳圣诞仙境(Bronner's Christmas Wonderland)都会用机器将松木香味洒满整个树木营业部,从而营造出消费者节假日购物的氛围。[97]类似地,食品零售商店通常位于烤面包店旁边,从而使得消费者一进门就闻到新鲜面包的香味。

嗅觉和购买

研究发现,令人感到愉悦的气味环境对购买行为有积极的影响,因为这会促使消费者更多地注意与该气味相关的刺激,并促使消费者逗留得更久。[98]在一项研究中,在一间充满花香的房间中的消费者要比在一间没有气味的房间中的消费者对耐克鞋的评价更好。[99]乐购(Tesco)是英国的一家食品连锁店,它在其咖啡包装上安装能飘出香味的特殊阀门,希望以此来刺激消费者购买咖啡。[100]

营销启示

很显然,我们会因气味而喜欢一些产品,如香水和香味蜡烛。但是,我们也会喜欢另外一些产品,例如漱口水和止汗露,因为这些产品能够掩盖气味。宝洁公司的纺必适(Febreze)开始是做除气味产品的,而如今提供家庭和衣物洗涤增香产品。[101]但是,气味并不总能给营销人员带来好处:一些消费者可能会不喜欢其所处零售环境的气味或对气味过敏。此外,有些消费者更喜欢一些没有气味的产品,例如无味的止汗露、地毯清洁剂和洗衣粉。最后,消费者对气味的偏好会因文化而不同。某种文化中消费者所常用的香料却会使另一种文化中的消费者感到恶心。只有一种气味(可乐)是所有人都认为能令人感到愉悦的,对于像可口可乐和百事可乐这样正在全球扩张的企业,这一发现是个好消息。[102]

图表 3.8 通过嗅觉感知
人们会因为一些产品产生（或掩盖）的气味而认可其价值。

通过触觉感知

尽管人们对触觉的个体偏好会不同，但触觉（无论是我们用手指触摸还是用皮肤感觉）仍是许多产品和服务的一个重要方面。[103]我们可能会感到刺激或放松，这取决于我们是如何接触的。研究表明，如果销售人员触碰过消费者，则消费者更可能对商店和该销售人员产生正面的感觉，而且也更可能积极地评价该商店和销售人员。此外，被销售人员触碰过的顾客也更可能依从销售人员的请求。[104]但是，触碰在销售情境中的作用会因文化的不同而不同。与美国消费者相比，拉丁美洲的消费者更能够接受触碰和拥抱。但是在亚洲，陌生人之间的接触被看作是不合适的。[105]

消费者会因产品的触感而喜欢某些产品（参见图表 3.9）。一些消费者购买护肤霜和儿童产品，因为它们能舒缓皮肤，或者通过按摩来体验触感和放松。事实上，研究表明，对触觉需求高的消费者往往会喜欢能提供接触机会的产品。[106]在购买像衣服和地毯之类的布料产品时，消费者更喜欢那些在商店中他们能触摸和打量得到的商品，而不是只能在网上或通过目录看到或阅读的产品。[107]显然，试穿衣服的感觉是消费者购买此类产品的一个重要影响因素。了解到在购买之前消费者喜欢试用一下产品，REI 运动品连锁店便邀请消费者试用从运动鞋到自行车等任何在其商店中陈列的产品。[108]

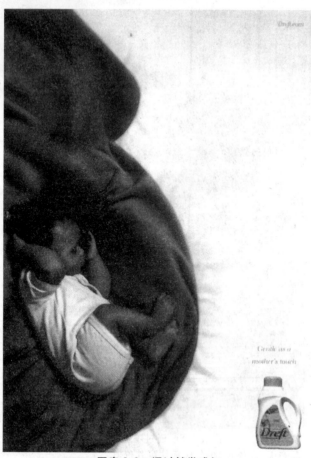

图表3.9 通过触觉感知

产品的触感会影响消费者的选择。

我们何时会感知到刺激?

我们的感官每时每刻会接触到无数的输入,要感知到每个输入是极其困难的。幸运的是,由于许多刺激并不会进入我们的意识知觉,因此我们的感官加工得以简化。如果我们要能感知到某个刺激,该刺激就必须达到一定的强度。刺激强度可以按单元来测量。气味的刺激强度可以用在某一物质或空气中的浓度来测量。声音的刺激强度可以用分贝和频率来测量,颜色的刺激强度可以用亮度、饱和度和色调等属性来测量。对于触觉,其刺激强度可以用压力的磅数或盎司数来测量。

绝对阈限

绝对阈限(absolute threshold)是某种刺激被感知所需的最小刺激强度水平。换句话说,绝对阈限是人们察觉到有和无之间差异所需的最小刺激强度。假设你正在公路上开车,远处有个广告牌。绝对阈限就是你刚能看到广告牌的那一时刻。在这一时刻之前,该广告牌处于绝对阈限之下,因此没有足够的刺激强度能让

> **绝对阈限**:察觉某一刺激所需的最小刺激强度水平。

你看到。

差别阈限

尽管绝对阈限与是否能感知到某一刺激有关，**差别阈限**（differential threshold）是指人们刚好能区分出两个刺激之间有所不同所需的刺激强度差异。因此，差别阈限是一个相对的概念；通常也称为**最小可觉差**（just noticeable difference，j. n. d.）。例如，当你在检查视力时，眼科医生通常会让你透过不同的透镜组来看一行字母。如果你能在两个透镜之间察觉到差异，那么新透镜与旧透镜的不同就足以超过差别阈限。

> **差别阈限/最小可觉差（j. n. d.）**：刚好能区分出两个刺激之间有所不同所需的刺激强度差异。

心理学家厄恩斯特·韦伯在19世纪首次总结出差别阈限的基本属性。**韦伯定律**（Weber's law）指出，初始刺激的强度越大，就需要更大的额外刺激强度改变才能让人察觉到刺激的变化。这种关系可以概括为如下的公式：

> **韦伯定律**：初始刺激的强度越大，就需要更大的额外刺激强度改变才能让人察觉到刺激的变化。

$$\frac{\Delta s}{S} = K$$

其中 S 是初始刺激值，Δs 是最小可察觉刺激变化量，K 是比例常数。

举例来说，假如经过消费者测试发现，10盎司重的包装需要再增加1盎司的重量才能使消费者察觉两个包装在重量上有所不同。假设我们有一个50盎司重的包装，现在我们想知道我们需要增加多少重量才能让消费者感到重量上的差异。根据韦伯定律，$K = 1/10$ 或 0.10。为了确定需要增加多少重量，我们需要按下列方式求解 Δs：

$$\frac{\Delta s}{50} = 0.10$$

答案是包装重量的10%或5盎司。

营销启示

绝对阈限

很显然的一个启示就是，只有当营销刺激的强度高于绝对阈限值时，消费者才会有意识地感知到该营销刺激。因此，如果商业广告的图像或文字太小或音量过低，消费者的感官感受器将不会被激活，因而消费者就不会有意识地感知到该营销刺激。

差别阈限

差别阈限有两方面的重要营销启示。

1. 有时营销人员不希望消费者注意到两个刺激之间的差异。例如，无酒精啤酒的营销人员就希望消费者区分不出来真正的啤酒和无酒精啤酒在口味上的差异。[109] 有些营销人员不希望消费者发现他们缩小了产品大小或提高了价格，这种情况会引发伦理问题。例如，当消费者发现 Nips 将其超值包中糖果的数量从5.5盎司减到了4盎司的时候，消费者感到很不愉快。[110]

2. 在其他情况下，营销人员希望消费者能感知到两个刺激之间的差异。例如，麦当劳曾经在不提价的情况下将普通汉堡包的大小增加了25%，希望消费者能注意到这种变化。[111]许多营销人员希望消费者能够区分出新产品和改进产品之间的差异。但是，有时消费者并不能很好地进行区分，这是因为不同感觉的差别阈限也不同。例如，由于我们的嗅觉并不发达，因此我们通常很难区分出同一事物的两种不同形式在气味上的差异。

阈下知觉

知觉阈限的概念对另一类现象——阈下知觉——也十分重要。假设你坐在电影院并接收到像"吃爆米花"和"喝可乐"之类信息的展露，但每条信息仅在荧幕上出现非常短的时间，短到你都没有意识到它的存在。像这种类型的刺激，其呈现低于知觉的阈限水平，被称作阈下信息，我们对这类信息的知觉称为**阈下知觉**（subliminal perception）。

> **阈下知觉：**由知觉阈限之下的刺激导致的感官感受器的激活。

阈下知觉不同于前注意加工。对前注意加工而言，我们的注意力放在某些事物而非该刺激上——例如，放在杂志文章上而不是放在处于边缘视野中的广告上。而对阈下刺激而言，我们的注意力直接放在呈现的阈下刺激本身上。同样，对前注意加工而言，刺激是完全呈现的——如果你转移注意力直接看广告或广告牌，你很容易就能看到它。而与之相比，阈下刺激呈现得如此之快或如此微弱，以至于要想真正感知到它们是很困难的。

营销启示

阈下刺激呈现究竟会不会影响消费者的反应这一问题在营销界引起了很大的争议。广告业众所周知的一项虚假研究声称一家电影院的消费者接受了显示于荧屏上的阈下信息的展露，上面写着"吃爆米花"和"喝可乐"。据说，这些阈下信息的展露影响了观众购买可乐和爆米花。[112]尽管广告公司否认会使用这种刺激，而且先前的这个爆米花—可乐研究也被发现是不可信的，但仍有一些人认为营销人员试图对消费者洗脑并操纵消费者。这些人还相信含有此类刺激的广告会影响消费者。[113]

阈下知觉影响消费者行为吗？

研究表明阈下知觉对消费者的影响有限。[114]人们从未发现这样的刺激会引发像饥饿这样的反应。呈现的阈下性刺激也不会影响消费者的态度或偏好。研究也没有发现阈下刺激会影响消费者对广告或品牌的外显记忆。因此，广告界往往不会考虑阈下知觉的研究。

但有趣的是，有一些证据表明有意识知觉之下呈现的阈限刺激可以进入我们的感觉感受器中。研究人员发现，如果消费者以阈下方式接受了某个单词（例如"剃刀"）的展露，他们认出该单词的速度要快于那些没有被阈下展露的单词。[115]此外，一些初步证据表明阈下感知的刺激会影响消费者的感觉。一项研究发现消费者对有性阈下植入广告的反应要强于对没有阈下植入广告的反应。[116]因此，人们多多少少会分析阈下刺激的含义，阈下刺激能引起简单的感觉反应。但是，这些效应似乎还没有强大到能改变消费者的偏好或使他们更好地记住广告或品牌。向消费者展露知觉阈限之上的信息至少会产生与阈下刺激相同的影响，这使得人们没有必要去使用阈下刺激。[117]如今，研究人员正采用神经科学方法继续研究阈下广告是否会起作用。[118]

消费者如何感知刺激？

一些研究考察了个体如何组织和组合他们所感知的视觉信息。消费者并不是孤立地感知某个刺激，他们是在刺激周围的其他事物的情境下对刺激进行组织和整合。同样，许多刺激实际上是许多简单刺激的复杂组合体，因此，消费者必须使用**知觉组织**（perceptual organization）将这些刺激组织成为统一的整体（参见图表 3.10）。这一过程代表着更高和更有意义的加工水平，而不是仅仅把刺激录进我们的感觉感受器。知觉组织有四条基本原则，分别是图底原则、闭合性原则、类聚原则和整体偏差原则。

> **知觉组织**：刺激被组织成有意义单位的过程。

图表 3.10　知觉的组织
我们的眼睛会很自然地关注广告中的前景而非背景。

图底（figure and ground）原则是指消费者根据所接收刺激与背景的对比而对刺激进行解释。图是指在前景界定清楚的部分——处于注意的焦点位置——而底则是不确定的、模糊的、位于背景的部分。人们往往会按图底关系对知觉进行组织，这种加工发生的方式将会决定人们如何对刺激进行解释。因此，广告主应当将重要的品牌信息作为图，而不是作为背景，而且要避免背景对图的干扰。在广告中使用性感或迷人的模特时，广告主通常会违背这一原则，使模特成为图和焦点，而产品或品牌却不为人关注。

> **图底原则**：根据该原则，人们会在背景参照下对刺激进行解释。

闭合性（closure）原则是指个体有将知觉组成有意义整体的需要。即使某一刺激并不完整，我们对闭合性的需要会导致我们将其看作是完整的。因此，我们试图对该刺激完整化。那么，利用这种闭合性需要的关键就在于提供给消费者一个不完整的刺激。例如，在广播中播出知名的电视广告就是能让消费者思考这一广告的有效方法。这则电台版本的电视广告就是一个不完整的刺激，消费者的闭合性需求会使他们去想象这则广告的视觉部分。类似的，尽管广告中出现被裁剪过的事物看似会导致模糊性，但这样做可能是让消费者思考这个东西是什么并满足闭合性需要的一种方式。[119]

> **闭合性原则**：根据该原则，个体有将知觉组成有意义整体的需要。

类聚（grouping）原则是指我们经常会将刺激聚集成一幅统一的图画或印象，从而更便于对它们进行加工。我们将相似或相邻的物体看作一个整体。通过将产品或服务与其他刺激聚在一起，营销人员经常能影响该产品或服务的形象或知觉。例如人们会认为黄色瓶子与绿色瓶子不同。在广告中，公司有时会在广告信息中使用一个以上的品牌或产品，从而通过类聚而产生展露。在零售中，影响人员通常通过将相关产品成群陈列，以创造一个统一的印象。当餐巾、餐巾架、红酒杯、盘子和碗整体地成组摆放时，消费者会感觉到餐桌摆放得很优雅。

> **类聚原则**：将刺激聚集成一幅统一的图画或印象的倾向。

整体偏差（bias for the whole）原则是指认为整体的价值要高于组成该整体的两个或多个部分价值的总和。因此，如果你有两个 5 块和 1 个 10 块，你更可能花这 20 块钱；如果你只有 1 张 20 块，你可能不会花这 20 块钱。换句话说，你的整体偏差（单张 20 块钱）导致你更不愿意花它。[120] 国泰（Cathay Pacific）航空公司的空乘人员会询问旅客是否愿意将他们剩下的外国硬币捐给 UNICEF。自 1991 年以来，仅仅是通过募捐零钱，该航空公司就为 UNICEF 募捐了 100 万美元。[121]

> **整体偏差原则**：认为整体的价值要高于组成该整体的部分的价值总和的倾向。

总 结

营销刺激要想产生影响，消费者必须接受到该刺激的展露，分配一些注意力给该刺激并感知到它。在消费者利用更多的心理资源对刺激进行更高水平的加工（我们将在后面章节讨论这一点）之前，消费者需要投入最基本的注意力以感知到该刺激。展露发生于向消费者呈现营销刺激之时。由于消费者对营销刺激的展露具有选择性，因此营销人员使用各种策略来提高刺激的展露。

当消费者为刺激分配加工能力时就会产生注意。注意具有选择性、可分配性和有限性。采用产品植入之类的策略并不能保证消费者会直接注意到营销刺激，尽管消费者可能会前注意式地注意到刺激。使营销刺激与个人、令人感到愉悦、惊奇或易于加工能提高刺激获得注意的能力。消费者通过五种感觉来感知刺激：视觉（通过刺激的大小和颜色）、听觉（通过音强、音高、音度以及其他特征）、味觉（尤其对食品和饮料而言）、嗅觉（影响消费者的反应、心情、试用、喜欢程度和购买）以及触觉（影响消费者的反应、心情和喜欢程度）。

知觉阈限决定了刺激能被感知的那一点。绝对阈限是个体能获得感觉的最低点。差别阈限是指察觉两个刺激之间不同所需的最小刺激强度差异。无论营销人员不希望消费者察觉到两个刺激间的差异（如文中包装减小的例子）还是希望消费者察觉到差异（如文中产品改进的例子），差别阈限都很重要。消费者有时能够感知到超出意识知觉水平之外的事物，这种现象被称为阈下知觉，但阈下知觉似乎对消费者的动机或行为的影响非常有限。最后，当消费者将一组刺激组织成一个协调的整体时，就产生了知觉组织，它受图底原则、闭合性原则、类聚原则和整体偏差原则的影响。

复习和讨论问题

1. 略过和跳过如何影响消费者对产品和广告之类刺激的展露？
2. 什么是注意？它的三个特征分别是什么？
3. 突出性和习惯化能以哪些方式影响消费者的注意？
4. 什么是知觉？我们采用什么方法来感知刺激？
5. 请区别绝对阈限和差别阈限，并解释这些概念与韦伯定律的关系。
6. 指出知觉组织的四种原则，并解释为什么营销人员需要了解这些原则。

消费者行为案例　亨氏赢得消费者的注意

无论是上下颠倒的瓶子和花里胡哨颜色的调味番茄酱，还是不同寻常的商店陈列和由顾客创作的电视商业广告，H. J. 亨氏所做的这一切无疑是为了寻求注意。尽管亨氏每年销售6.5亿瓶番茄酱，该公司却绝不满足于保持公众对其品牌和产品的关注。该公司采用的一种办法就是特殊的店内陈列。为了吸引山姆会员店和其他仓储商店中尾随他人浏览购物的消费者，该公司发明了像皮卡车尾部样子的纸板陈列架，上面摆满了能够拿起就走的亨氏番茄酱、芥末和调味品。

当亨氏推出新产品和包装时，该公司会使用更多的货架空间，吸引人们的注意，并突出每个产品对人们感官的吸引。该公司的E-Z-Squirt番茄酱采用鲜艳的、儿童喜欢的颜色（如绿色、紫色和蓝色），使其在商店货架上十分显眼。该公司的有机调味番茄酱装在一个上下颠倒的挤压式瓶子中,瓶子上有绿色的盖子,这样做不仅能让该产品与自然和有机食品建立联系,而且还使其显得与众不同。亨氏还在开发不同甜度的番茄以用于未来的调味番茄酱产品。

但是,不同国家的消费者的口味可能并不一样。"消费者的口味具有很强的本土化特色,"亨氏的一位主管人士这样说,"(这也是为什么)我们仍旧有针对当地配方的原因,即使是调味番茄酱也是如此。"在宾夕法尼亚匹兹堡的亨氏全球创新和质量中心,有很多的厨师、科学家、设计人员、工程师和营销人员一起工作来开发并测试新型调味番茄酱以及其他食品。这样的做法带来了迎合特定市场的非传统式的新口味,例如最近在英国商店中上市的辣椒番茄酱和甜洋葱番茄酱。该中心还开办了一家"超市",在那里,营销人员可以观察在摆满亨氏和其竞争产品的超市走道中的消费者行为。

由于在广告媒体和超市货架中有如此多的食品都在争夺消费者的注意,要想让消费者注意到番茄酱的广告——更别提看广告后去购买——是另一项重要挑战。亨氏在印刷和广播媒体以及在线媒体上通过许许多多的广告信息来进行沟通;它还使用商店内和餐馆内的沟通来强化品牌形象和忠诚。亨氏还赞助了"Top This"电视竞赛,邀请消费者提交自制的30秒长的亨氏番茄酱电视商业广告,随后将这些广告发布在YouTube上供其他人观看和投票。最高奖项为57 000美元并在全国性电视台上播放获胜的商业广告。

为了鼓励参与和宣传品牌,亨氏在番茄酱的标签上、电视上、印刷和在线媒体上都对该竞赛进行了宣传。成百上千个消费者参加了前两轮的竞赛,他们的许多商业广告,包括那些进入决赛的选手所制作的商业广告,如今仍能够在YouTube和亨氏的 topthistv.com 网站上找得到。媒体的覆盖和口碑迅速将竞赛的信息传播开来,甚至是当投票结束、宣布获胜者后,人们仍在不断讨论该竞赛。

亨氏还举办了一项竞赛来赢得社区的注意,并让美国学生和教师都参与到该品牌的沟通活动中。该公司的番茄酱创意竞赛邀请了1—12年级的学生提交亨氏单份产品包装袋的艺术作品。评判专家从15 000个作品中挑选出了12名获胜者,并在数百万的亨氏包装袋上采用这些作品。每位获胜者能获得750美元的奖学金;每位获胜者所在的学校能获得价值750美元的亨氏番茄酱和价值750元的艺术用品。学生创作的艺术作品使得获胜的番茄酱包装袋显得与众不同,增加了番茄酱这种很少能成为货架上焦点的产品的视觉吸引力。

案例问题

1. 利用本章所讨论的概念,解释亨氏如何成功地进行展露和引起注意。你还能为亨氏提高展露、注意和知觉提供其他好的建议吗?
2. 亨氏的"Top This"电视竞赛在展露、注意和知觉方面有何缺点?
3. 你认为亨氏能从举办这种重点为设计单份番茄酱包装袋的视觉诉求的学生竞赛中获得长期好处吗?请对你的回答做出解释。

第4章

知识和理解

学习目标

学完本章后,你将能够:

1. 描述消费者知识和消费者理解之间的联系,解释有哪些因素影响这些过程,为什么营销人员要考虑这两个方面。
2. 探讨图式、联想、形象、类别和原型之类的概念如何和为什么会与营销人员有关。
3. 区别范畴化和理解,并描述产品特征、价格和其他营销要素如何引发消费者对产品的推断。

导言:引人注目的订婚戒指市场

钻戒一直以来都是美国的一种婚约传统,也是蒂凡尼公司的主要产品。蒂凡尼是一家珠宝商店,因其蓝色礼品盒而闻名。但在欧洲,未婚夫妇直到现在仍偏好于有颜色的宝石戒指。如今,在欧洲和英国,越来越多的未婚夫妇选择了钻石饰品,在日本和中国也是如此。"订婚戒指现象已经蔓延到世界各地。"钻石的全球市场领导者戴比尔斯(De Beers)公司的CEO这样说。

许多公司都希望各地的订婚夫妇在准备结婚时能考虑购买钻戒。Bulgari为日本消费者推出了一条独特的订婚戒指产品线。卡地亚(Cartier)在中国的14家商店中都设有特别的"婚礼酒吧",在那里,未婚夫妇可以边品尝香槟,边挑选令人眼花缭乱的钻石。LVMH是法国的一家奢侈品公司,该公司与戴比尔斯一起合作,在全球许多大城市开办了戴比尔斯钻石珠宝商(De Beers Diamond Jewellers)商店。戴比尔斯创作了著名的广告口号"钻石恒久远,一颗永流传",并通过杂志广告和其自己的 *forevermark.com* 网站促销它自己的钻石品牌"永恒印记"(Forevermark)。[1]

在上一章中,你了解了消费者如何注意和感知事物。这一章将进一步考察消费者如何理解他们所处的世界。为了回答这一问题,我们需要了解消费者如何将他们所注意到的与他们已经了解的——先存知识——联系起来。看到钻戒的消费者会将钻戒与爱和昂贵的珠宝之类的事物联系起来。此外,像蓝色盒子和"永恒印记"品牌之类的线索会增加每个珠宝店或品牌的个性,并有助于消费者对它们进行区别。基于先存知识,消费者能对品牌和产品进行分类。因此,一些消费者将蒂凡尼订婚戒指看作是钻石珠宝(其本身就是珠宝大类中的一个子类别)的原型。最后,消费者的知识有助于他们解释和理解珠宝广告和网站——所有这些话题都将在本章中进行讨论。

知识和理解概述

如图表4.1所示,先存知识包括两个方面:知识内容(存储的信息)和知识结构。接着,先存知识可以用于理解(归类和理解)新信息。

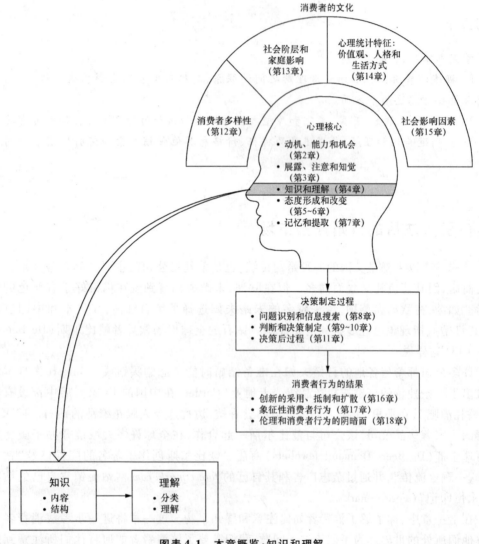

图表4.1 本章概览:知识和理解

通过将我们感知到的信息与我们已经了解的信息进行对比,我们可以对信息进行分类。先存知识包括两个基本方面:内容和结构。一旦我们对事物进行了归类,我们就会使用先存知识更深入地理解它。

知识内容（knowledge content）是指消费者已经了解到的关于品牌、公司、产品类别、商店、广告、人、如何购买、如何使用之类的信息。公司有时会使用营销来开发、增加或改变消费者的知识内容；渐渐地，公司尝试将它们的产品与消费者已有的其他知识联系起来，如图表4.1所示。[2] 知识结构（knowledge structure）是指消费者如何对知识进行组织。消费者经常将知识组织成不同的范畴，将相似的事物存在同一范畴中。例如，某些牙膏品牌名，如林布兰特（Rembrandt）会存储于名为增白牙膏的范畴中。此外，该品牌和其他一些品牌，如佳洁士和高露洁，会存储于名为"牙膏"的更大范畴中。所有牙膏品牌与牙线以及其他相关产品可能会存储于名为"牙齿保健产品"这一更广泛的范畴中。

> 知识内容：我们记忆中已有的信息。
> 知识结构：对知识进行组织的方式。

先存知识是消费者理解的两个方面——分类和理解——的必要条件（参见图表4.1）。分类（categorization）是根据我们在外部环境感知的事物与我们已知事物的相似性，对该事物进行归类和识别的过程。因此，我们可能会将 Trident 口香糖归为牙齿保健产品而不是糖果产品，并将它

> 分类：根据我们在外部环境感知的事物与我们已知事物的关系，对该事物进行描述和识别的过程。
> 理解：加深了解的过程。涉及利用先存知识来更多地了解我们已归类的事物。

与我们拥有的其他牙齿保健产品知识联系起来。理解（comprehension）是指利用先存知识更多地了解已归类的事物。例如，我们可能会将 Trident 广告中或网站上的图片、标语以及广告文案联系起来，并能理解"Trident 口香糖有益于牙齿健康，它能起到与刷牙相同的一些效果。"

当我们之前遇到过某个事物，并且对该事物是什么和像什么有一定了解时，我们会说我们"了解"这个事物。因此，了解是与我们的先存知识有关——不仅与我们遇到过的（知识内容）有关，而且与对这一知识进行组织的方式（知识结构）有关。此外，我们往往会全面利用这些先存知识来指挥我们的消费行为和搜索行为。[3]

知识内容

我们的知识内容反映了我们在过去所了解到的事情，它由许多事实组成。例如，我们知道

> 图式：与某一概念有联系的一组联想。

一根香蕉约含100卡路里的能量，犹他州也被称为蜂窝州，我们每行驶5000英里就需要更换一次汽车润滑油。这些信息并不是杂乱无章地存储于大脑中；相反，它们都与某一概念有联系或关联。与某一概念有联系的一组联想被称为**图式**（schema）。[4] 香蕉这一概念的图式包括许多的联想——它包含100卡的热量，它是黄色的，容易被碰伤，踩到香蕉皮上容易滑倒。当我们有许多与该概念有关的联想时，图式会变得复杂。

图式、联想和品牌资产

我们可以从多个维度对图式中的联想进行描述。[5]

- **联想的类型**。消费者有许多类型的联想。香蕉的图式可能会包括下列类型的联想：(1) 香蕉的属性（黄色、长长的、柔软的、富含钾元素），(2) 香蕉的好处（有营养、低脂），(3) 吃香蕉的人（因流汗而导致大量钾元素流失的运动员），(4) 吃香蕉的时机（作为零食），(5) 吃香蕉的地点（在家里、在学校），(6) 吃香蕉的方式（剥掉皮吃、切片吃），(7) 买

香蕉的地点(在食品店),(8)香蕉生长的地方(在南美洲)。
- **喜好度**。我们也可以根据喜好度来对联想进行描述。香蕉含有 100 卡热量可能会被人们认为是好的,但是吃太多香蕉会导致便秘会被人们认为是不好的。
- **独特性**。各种联想所具有的独特性——也就是它们与其他概念相关的程度——也各不相同。"油腻"并不是麦当劳所独有的,但是金色拱门和麦当劳叔叔却是麦当劳所独有的。
- **显著性**。联想在显著性上或者说在便于想起的程度上也会各不相同。例如,每当消费者听到麦当劳这个名字时总会回想起金色拱门。而一些不太显著的联想可能只会在特定的情境中才会被回想起。因此,麦当劳提供打包三明治这一联想并没有其他联想那么显著,消费者可能只有在说起三明治的时候才会想到这一点。[6]
- **抽象程度**。图式中联想的抽象程度或具体程度也各不相同。

图式的类型

我们有关于很多事物的图式。香蕉的例子就是一种产品类别图式;但是,我们同样拥有品牌图式(参见图表 4.2)。例如,消费者关于玮伦鞋业(Payless ShoeSource)零售连锁店的图式包括低价格、有限的选择范围,尽管该公司也正在利用广告希望把"时尚"加入到消费者对玮伦的图式中。[7]消费者经常利用品牌联想以及其他产品特征来预测产品能提供什么样的效用。[8]我们有关于人的图式(母亲、亚历克斯·罗德里奎兹、工人阶级的人)以及商店的图式,尽管对玮伦的联想与对诺德斯特姆(Nordstrom)的联想有很大不同。我们有关于销售人员的图式(化妆品销售人员、汽车销售人员)、广告的图式(可口可乐的广告、盖可车险的广告)、公司的图式(星巴克、IBM)、地点的图式(迪士尼世界、韦尔城)、国家的图式(南非、德国)以及动物的图式(美洲豹、麋鹿)。我们甚至还有关于我们自己的图式,即自我图式,有时我们会考虑某个品牌的图式是否与我们的自我图式相匹配。[9]

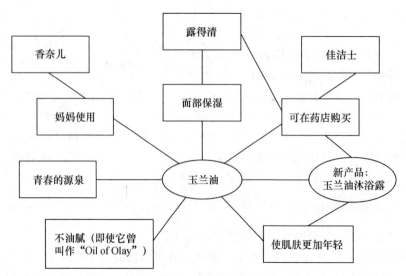

图表 4.2 营销人员利用广告、包装和产品属性来增加消费者关于某个提供物的知识

营销人员往往希望消费者更多地了解他们的产品(例如,玉兰油现在有一款新的沐浴产品)。广告、包装和产品属性是传播这种知识的有效方式。

形　象

形象是联想的子集,它反映了某一事物象征着什么以及人们对该事物的赞许程度有多高。[10] 例如,我们可能认为麦当劳有令人赞许的**品牌形象**(brand image),其形象包括像家庭一样的友善之地(family-friendly place)和快餐之类的联想。某一形象并不会反映所有与某一图式相关的联想——它只反映那些最显著的联想,以及那些令品牌与其所在产品类别中的其他品牌区别开来的联想。因此,尽管我们知道麦当劳也提供某些低脂食物,但这一知识并不会用来形成我们的品牌形象。我们还会有其他营销实体的形象,例如商店、公司、地点和国家形象。[11] 图表4.3中显示的是世界上具有知名形象的品牌。

> **品牌形象**:存储于品牌图式中的显著且与情感有关的联想所组成的一个子集。

图表4.3　世界上最有价值的品牌

排　名	品　牌	知名的产品
1	可口可乐	软饮料
2	微软	软件
3	IBM 国际商用机器	计算机服务
4	通用电气	各种电气产品
5	诺基亚	消费电器
6	丰田	汽车
7	英特尔	计算机技术
8	麦当劳	快餐店
9	迪士尼	媒体
10	梅赛德斯	汽车

可口可乐、迪士尼和其他品牌因其遍布全球和巨大的销售额而成为世界上最有价值的品牌。
资料来源:The *BusinessWeek*/Interbrand Annual Ranking of the Best Global Brands 2007。

图式包括了能反映**品牌个性**(brand personality)——消费者将品牌比作人进行描述的方式——的联想。[12] 一项研究中的消费者将惠而浦(Whirlpool)描绘成文雅的、敏感的、安静的、好脾气的、灵活的、时髦的、快乐的和有创造力的。研究人员发现,这些联想表明的是一位家庭导向和行动导向的、与邻居和睦相处的、有魅力的、成功的家庭女性的形象。惠而浦的个性与厨宝(KitchenAid)的个性有很大不同,厨宝的名字就像一位精明的、有进取心的、有魅力的、富有的、优雅的和时尚的职业女性。[13] 当惠而浦在欧洲扩张时,它使用广告来建立起无所不能女神的品牌个性。随后惠而浦将这一成功的广告活动在美国市场进行了调整,它在美国目标市场是有工作的妈妈们。[14]

> **品牌个性**:能反映品牌人格化的一组联想。

正如你所预料的那样,名人代言人的个性可以强化消费者对代言品牌个性的联想。[15] 品牌个性还能体现于品牌人物之中,如查理金枪鱼(Charlie the Tuna)和盖可壁虎(Geico Gecko)。一项研究发现,我们可以按照品牌在图表4.4所示的维度中的位置来描述品牌的个性。由于品牌个性具有文化意义,并能反映文化价值观,因此在不同的文化中消费者对某一全球品牌的感知会略有不同。[16] 最后,品牌个性可以因向消费者展露新信息而得以更新。[17]

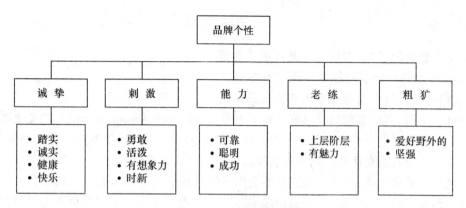

图表 4.4　品牌个性的框架

一名研究人员发现,我们可以根据图中五种个性中的一种或多种特性来对许多品牌进行描述。哪些维度最能体现百事的品牌个性?哪些能描述戴尔的个性?大众呢?谷歌呢?斯马克呢?

营销启示

图式、形象和个性显然对消费者知识非常重要。这些联想对营销人员同样重要,因为具有强势和令人满意形象的品牌对公司更有价值。也就是说,这些联想能增加品牌资产或提高品牌的价值。[18] 由于消费者喜爱品牌的形象能够转化成品牌忠诚,因此营销人员需要识别并理解消费者对品牌的各种联想。[19] 要注意的是,消费者在中学年龄阶段就开始将品牌形象与他们自己的形象进行关联。[20] 了解那些被消费者看作是他们自己一部分的或希望看作是自己一部分的联想有助于营销人员对品牌形象进行开发、改变和保护。

创建新图式、形象和个性

对于新提供物而言,营销人员必须为其创建图式、形象或个性,从而帮助消费者了解该新提供物是什么,能为消费者做什么,以及与竞争者的提供物有什么区别。创建图式对新产品而言尤其重要,因为消费者不了解新产品是什么和能做什么。

创建图式和形象对公司同样重要,因为这样做能让消费者了解该公司所生产的一般产品类型。例如,佐治亚州的 AFLAC 是一家提供医疗和意外附加险的公司。直到该公司通过在广告中使用了鸭子作为吉祥物来表现该公司的具体个性后,消费者才对该公司有了更多的了解。在一年内,AFLAC 在美国人中的品牌识别率上升到 90%,它在美国的销量也急剧上升。[21]

有时,通过品牌延伸、许可协议和品牌联盟的方式也可以创建图式、形象和个性。

- 品牌延伸是指将一个已具有良好形象的产品品牌名称,如奥利奥饼干,用于其他类别中的某个产品,例如奥利奥糖果(Oreo Candy Bites),属于糖果类别的一种产品。
- 许可是指企业将使用品牌名称的权利卖给另一个公司用于其产品上。例如克莱斯勒将其 Jeep 品牌许可给婴儿小推车、服装、手推车、行李箱以及其他产品。[22]
- 品牌联盟是指两个品牌名称同时出现在一个产品上,例如哈根达斯百利爱尔兰冰淇淋(参见图表 4.5)

图表 4.5 品牌联盟
哈根达斯和百利爱尔兰的品牌联盟(又被称为联合品牌化策略)。

  品牌延伸、许可协议和品牌联盟所带来的一个后果就是,消费者将原有品牌图式中的联想和正面情感转移到新品牌中,从而建立起新品牌的形象。[23]如果消费者认为Jeep汽车粗犷和可靠,那么他们会推断Jeep手推车同样粗犷和可靠。如果消费者之前喜欢某个品牌,这种喜爱感会影响他们对之后的品牌延伸的评价。[24]但是,对于企业想要转移到品牌延伸中的联想,企业必须小心谨慎。宣传品牌延伸的属性会导致消费者对属性的关注,而非对品牌的关注,因此品牌延伸就可能没那么大的吸引力了。[25]

  当产品与父品牌或家族品牌中的一些品牌在某些方面较为匹配,或者当消费者非常喜欢父品牌时,消费者往往会更加喜爱品牌延伸。[26]品牌延伸与父品牌或家族品牌之间的匹配可以建立在相似的属性或利益、用途或目标之上。[27]尽管不同文化中的消费者对品牌延伸与父品牌或家族品牌之间的匹配程度有不同的知觉,但当他们感知到两者之间更匹配时,他们往往会更喜欢品牌延伸。[28]有时,消费者需要花费精力才能知道品牌延伸与父品牌或家族品牌之间的联系。因此,为了理解品牌延伸与父品牌之间的匹配程度,消费者对品牌延伸的评估会受到消费者的MAO的影响,即他们的动机、能力和机会的影响(这些概念在第2章讨论过)。[29]消费者对品牌延伸的评估还会受到消费者心情好坏以及他们加工品牌信息的涉入程度的影响。[30]

  品牌延伸的一个问题就是它会造成品牌图式的不统一,还有可能会淡化品牌形象。[31]如果Jeep这一品牌名出现在太多不同的产品上——手推车、服装、行李箱——消费者可能就弄不清楚Jeep到底是做什么的。但另一方面,尽管某些品牌已经用于很多不同的产品,消费者也能很好地接受品牌延伸。这种情况的出现是因为,消费者可能会发现在这些产品类别中,至少有一种产品的某些属性或利益会使得品牌延伸看起来像是个好产品。[32]

尽管现有品牌会影响消费者对品牌延伸的知觉,但品牌延伸的营销信息有时也会影响消费者对现有品牌的知觉。[33]例如,如果消费者对Jeep行李箱的印象很差,这种负面情感也会影响他或她对Jeep汽车的印象。由于存在上述的这些问题,营销人员需要考虑使用这些策略的长期效果。[34]

从更根本的层面上讲,创建与提供物有关的联想有助于对该提供物进行定位,从而使消费者能够理解它是什么和与谁竞争。例如,由纽曼有机农场(Newman's Own Organics)生产的零食与有机成分和健康食品店有关,这种联想使其与那些在连锁超市中出售的零食(例如菲力多零食)相区别开来。

发展现有图式、形象和个性

尽管有时营销人员需要创建新图式,但同时他们必须发展或阐释现有图式——也就是往某一现有图式中添加信息,从而能让消费者对其有更多的了解。[35]随着时间的推移,与图式一致的广告将会有助于建立和强化长期品牌图式。[36]有三种方式可以用来发展图式:

1. 利用多品牌延伸。尽管力槌(Arm&Hammer)这一品牌原先只用于小苏打,但该品牌延伸到了粗沙粒、地毯清洁剂、冰箱除臭剂等产品类别,从而强化了其除臭的品牌形象。

2. 将产品与赞助合适的体育赛事联系起来。这种做法能强化和发展现有图式和品牌个性。[37]

3. 强调额外的特征和利益。Nalgene宣传其可多次使用水瓶的轻盈、防漏、时髦和环保特征,从而发展了该品牌的图式。[38]

改变图式、形象和个性

有时,消费者的图式、形象和品牌个性中的联想可能需要改变。当品牌或产品形象陈腐、过时或有负面联想时,营销人员就需要想办法添加新的和正面的联想。禧玛诺美国(Shimano Amercia)是一家生产自行车零部件的企业。该公司将自行车的形象从高科技和高机械化的形象转变成有趣和易于骑行的形象。禧玛诺的新款山地自行车能够自动换挡,因此骑车者不必担心换挡的问题了,而且这种自行车看起来跟普通的两个轮子的自行车没什么两样,任何人都会骑。结果,这种新款自行车不仅销量得到了恢复,而且还吸引来了新的购买者。[39]

保护品牌形象

品牌形象会受到威胁,例如与某些特定产品相关的一些污染或健康问题的报道。圣约瑟夫(St. Joseph)阿司匹林原先是一家制造低剂量的儿童用阿司匹林的公司,当医生发现儿童为了治疗病毒感染吃了这种药后会产生致命的雷依氏综合征之后,其品牌形象就受到了威胁。该公司保留了圣约瑟夫的品牌,但是其目标市场改为那些希望降低中风和心脏病风险而服用低剂量阿司匹林的成年人。为了利用现在的成年人在他们儿时对圣约瑟夫阿司匹林所形成的正面联想,该公司重新采用了老式包装设计。[40]

公司应对危机的方式会影响其品牌形象,但是研究表明,消费者先前的期望同样起着重要作用。如果公司的顾客在危机发生前对品牌形成了牢固的和正面的形象,那么形象破坏对公司的影响要小于对那些顾客期望更低的公司的影响。因此,品牌形象较弱的公司在危机后需要更积极地扶持它们的品牌。[41]有趣的是,拥有"诚实"品牌个性的企业在危机后却很难重建牢固的顾客关系,因为消费者对品牌知觉的基础遭到了破坏。相反,拥有"刺激"品牌个性的企业在危机后可能可以更快地重建顾客关系,因为消费者对这些品牌的这种非常规体验并不会感到太吃惊。[42]最后,分销活动也会影响品牌形象:因商店某品牌产品价格上涨而感到不快的消费者对该商店的其他品牌也会有负面的感觉。[43]

脚　本

图式代表着我们对事物或事情的知识。[44]**脚本**(script)是一类特殊的图式,它代表着我们进行某种活动所涉及的一系列知识。例如,你可能

> **脚本**:一类特殊的图式,代表着进行某种活动所涉及的一系列知识。

有关于如何把从商店购买的玫瑰花插到花瓶中的脚本:打开玻璃纸包装,拿把剪刀,往花瓶里灌水,往玫瑰花上洒水,修剪枝叶,然后将其插入花瓶。这种知识能帮你方便和快速地完成任务。但是如果你第一次做某件事情,例如装配一件宜家家居,由于没有脚本,你完成任务就需要更长的时间了。

营销启示

脚本有助于营销人员理解消费者如何购买和使用提供物。接着,营销人员利用这种知识来制定营销决策,从而改进其产品或服务。营销人员也会执行作为消费者脚本的一部分的任务。在另外一些情况下,营销人员可能希望消费者将使用某个品牌作为其脚本化活动的一部分,例如将免提设备作为消费者使用手机脚本的一部分。互动式广告和购物以及手机订购产品和服务正在改变着消费者执行脚本化活动(例如加工广告和购买商品和服务)的方式。例如 Hallmark.com 向消费者提供电子邮件提醒服务,提醒消费者即将来临的生日、周年纪念日或其他需要邮寄贺卡的重要场合。

知识结构

尽管图式和脚本反映了我们所了解的知识内容,但是如果我们不能以某种方式组织和安排这些知识,我们的生活仍将是一片混乱。幸运的是,正如下面的小节中所表明的那样,

我们很善于对知识进行组合和对信息进行分类。

范畴及范畴结构

我们可以按照**分类范畴**（taxonomic categories）来将对象（objects）进行组织。[45] 分类范畴是对象的有序类别系统中明确界定的部分，相似的对象会处于同一范畴中。例如，尽管我们有关于可口可乐的图式、百事可乐的图式、健怡可乐的图式等等，但这些图式都可以归于软饮料这一范畴中。此外，我们还会使用子范畴来对特定的品牌进行归类，并将这些品牌与其他品牌区别开来。因此，我们可能会有一个健怡软饮料的子范畴，还有另外一个与之不同的非健怡软饮料子范畴。而软饮料又属于饮料这一更大范畴，在饮料范畴中还包括有咖啡、茶、果汁和瓶装水，如图表4.6所示。

> **分类范畴**：根据其相互之间的相似性被分到一个有序且通常有等级的图式中的一组事物。

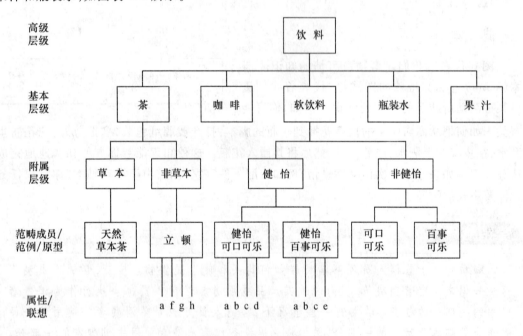

图表4.6 分类范畴结构

我们可以将对象按有序、层级结构化范畴的方式进行组织，将相似的对象放在同一范畴中。例如草本和非草本茶都属于茶这一基本范畴。茶、咖啡和软饮料都属于饮料这一范畴。每个品牌下面的字母表示该品牌的各种属性。两个品牌若有相同的字母则表明它们有相同的属性。例如，图中的三个品牌都有属性"a"（例如咖啡因），而健怡可乐和立顿都有属性"b"（例如人工甜味剂）。

层级结构和原型性

在同一分类范畴中的对象都共享相似的特征，这些特征不同于其他范畴中的对象所共享的特征。因此某一范畴成员，例如健怡可乐，会与它所在的健怡可乐范畴中的其他成员有许多相同的联想，但是与其他范畴中的成员几乎没有相同的联想。在图表4.6中，健怡可口可乐有联想a到d，健怡百事可乐与之有很多相同的联想，但又不完全相同（联想a到c

以及 e）。立顿茶有联想 a 以及 f 到 h；因此立顿茶与健怡可口可乐几乎没有相同的联想。

即使范畴成员共同享有相似的特征，但并不是每个成员都会被人们认为是同样好的范畴成员。例如，你可能会认为知更鸟要比火烈鸟更能代表"鸟类"这一范畴。类似的，你可能会认为可口可乐要比 Sierra Mist 更能代表软饮料。这种范畴成员对某一范畴代表性程度上的差异就反映出了**层级结构**（graded structure）的原则。[46]

> **层级结构**：指范畴成员在代表某一范畴程度上存在差异。

作为消费者，在某一范畴中，你可以根据你所认为的范畴成员在多大程度上能代表其所属范畴而对它们进行排序。**范畴原型**（prototype）是被人们认为是最有代表性的范畴成员。因此，知更鸟就是鸟类的原型，iPod 就是数字音乐播放器的原型。图表 4.7 中是通常被认为是其所处产品范畴中原型的品牌。

> **原型**：某一认知（心理）范畴中的最佳范例。

图表 4.7　原型品牌

产品范畴	原型品牌
儿童游乐园	迪士尼
洗衣粉	汰渍
数字音乐播放器	iPod
手机	诺基亚
牙膏	佳洁士
电器	索尼
花生酱	四季宝（Skippy）
金枪鱼	斯达克斯
汤	金宝
大腊肠	奥斯卡梅尔（Oscar Mayer）
调味番茄酱	亨氏
漂白剂	高乐士
贺卡	贺曼
摩托车	哈雷-戴维森
葡萄果冻	味奇（Welch's）
凝胶状点心	吉露（Jell-O）
汉堡包	麦当劳
儿童香波	强生
工具	百得（Black & Decker）
冷冻麦片	凯洛格
纸巾	舒洁（Kleenex）
对乙酰氨基酚	泰诺
尼龙搭扣	维可牢（Velcro）
在线零售商	亚马逊

被视为产品范畴最佳代表的品牌被称为"原型品牌"。原型品牌往往与该范畴中的其他品牌有许多共同的特征，人们经常会碰到该品牌，并将其看作是该产品范畴中的首创品牌。

影响原型性的因素有哪些？

有一些因素会影响消费者是否将某事物看作是某范畴的原型。[47]第一个因素是共享的联想：原型与其所属范畴中的其他成员所共享的联想最多，而与其他范畴中的成员所共享的联想最少。薯片是一种典型的零食，因为它与许多零食有共同的联想（味道好、脆脆的、咸咸的、手抓食品、碳水化合物和脂肪含量高），与晚餐食品之类的其他范畴所共享的联想很少。

影响原型性的第二个因素是某对象作为范畴成员被提及的频率。亚马逊在线是一家典型的互联网零售商，因为消费者在上网或搜索书籍的在线来源时经常会提到它。某一范畴中的第一品牌或"先锋"品牌——例如亚马逊——也可能是原型品牌，因为它为之后的品牌设定了比较的标准。[48]

营销启示

原型是消费者用以对新品牌进行归类的主要对照点。因此，通过将品牌定位成与原型相似或与原型不同，新品牌就能建立自己的形象。

- 当企业的目标是迎合广泛的消费者细分群体时，将品牌定位成与品类原型相似就比较适合。由于原型是对该产品范畴的最好界定，并受人喜爱，如果新品牌的定位与其相似，那么新品牌就能吸引同样（大的）消费者细分群体，因为消费者会对与原型相似的产品有积极的反应。[49]比较式广告可能是令某一品牌看起来与原型品牌相似的一种有用方式。如果某个挑战品牌（如巴诺，barnesandnoble.com）进入市场，并直接将其与亚马逊进行对比，那么该挑战品牌可能会被人们认为与原型品牌十分相似。[50]

- 将品牌定位成与原型品牌不同是对品牌进行差异化的一种很好的方式。例如，丰田汽车的目标群体是美国20多岁的消费者，该公司将赛恩 xB（Scion xB）定位成比畅销的本田思域（Honda Civic）有更多的独特风格。[51]如果该品牌能够与其他品牌（尤其是与原型品牌）相区别，并且差异点能给消费者提供可信服的购买理由，那么这种策略就会有效。这种策略也适用于迎合那些有特殊需要的消费者。与原型品牌定位不同的策略可以与定价策略相配合，因为消费者不是仅仅将该品牌产品的价格与原型品牌产品的价格进行对比，而且通常还会将其与该范畴中其他品牌产品的价格进行对比，从而来判断该产品价格是高还是低。[52]

关联联想

层级结构反映了人们组织知识的一种方式，另一种方式是根据范畴成员的联想是否相关或一致。例如，消费者可能会认为甜腻的蛋糕热量

> **关联联想**：与某一图式有关的两个或更多联想之间相互一致的程度。

高，或者认为在全国做广告的品牌要比仅在地方做广告的品牌产品质量高。对于汽车而言，消费者可能会认为汽车越大，油耗也越大。这些属性在消费者的心目中有关联，但是对于某个品牌而言，这种关联却不一定是事实。因此，有关**关联联想**（correlated associations）

的知识会显著地影响消费者对新品牌的推断,也会影响营销人员为克服消费者错误推断所需要采取的沟通方式。

在消费者形成图式或面对模糊信息时,他们会错误地认为如果某个范畴中的某个产品有某种属性,那么在该范畴中的其他产品也有相似的属性。[53]为了理解这种错觉相关(illusory correlation),让我们来看一下这个例子:一些吸烟者错误地认为"干净的"无烟香烟要比一般的香烟更安全,他们也会错误地相信低毒素和天然香烟会更安全。[54]利用这些错觉相关的广告会引发伦理问题,这一点将在第18章探讨。此外,公司需要重视影响它们营销活动的不精确性,就像你将在本章有关现代公司的案例中看到的那样。

消费者还会使用先存知识来估计两件事同时发生的可能性。例如,你会相信一旦汽车遇上红灯停下来,你就能过马路了。尽管这两件事情经常会一起发生,但是这种情况也并不总会成立,就像我们看到的交通事故那样。研究表明,先前的期望会影响判断的准确性。[55]如果你经常坐飞机,你会了解到通常机场外会有的士在候客。因此,当你到达哥斯达黎加当地的某个机场时,你可能会非常吃惊和不高兴,因为那里没有的士能载你到酒店。

等级结构

分类范畴结构化的最后一种方式是等级化。正如图表4.6所示,分类范畴可以按等级结构分为基本层级、附属层级和高级层级。最广泛的范畴层级是**高级层级**(superordinate level),该层级中的对象共享一些联想,但是仍有许多差异。健怡可口可乐和斐济瓶装水都在饮料范畴中,两者虽然有一些共享的联想,但是仍有许多差异。

高级层级:最广泛的范畴组织层级,该层级中的对象共享一些联想,但是仍有许多差异。

对象之间更细致的区分体现在**基本层级**(basic level)中。饮料可以由茶、咖啡和软饮料等范畴更好地体现。茶范畴中的对象之间要比它们与咖啡范畴中的对象之间有更多的共同点。**附属层级**(subordinate level)是区分最细致的层级。例如,软饮料可以分成健怡软饮料和非健怡软饮料。在这里,健怡软饮料范畴中的成员之间要比它们与非健怡软饮料范畴中的成员之间有更多的共同点。消费者可以十分灵活地组织范畴中的信息;对于饮料而言,可以将软饮料分为健怡型或非健怡型、可乐型或者非可乐型、含咖啡因型或者不含咖啡因型。

基本层级:高级范畴之下的范畴层级,该层级中对象之间有更细致的区分。

附属层级:基本层级之下的范畴层级,该层级中对象之间的区分最细致。

从高级层级到基本层级再到附属层级,消费者会用不断增多的联想来描述层级中的对象。他们可能会使用"可以饮用的"和"全天都要使用的"之类的联想来描述所有处于饮料范畴中的成员。但是,他们会用其他一些联想——"碳酸类、冷的、按半打出售的"——来描述软饮料范畴中的成员,还会用"低热量"和"人工甜味剂"等更多的联想来描述健怡饮料这一附属层级中的成员。

营销启示

理解消费者的等级范畴结构有助于营销人员识别竞争者。它还能作为营销人员分析和影响消费者对产品属性和原型产品知觉的一种工具。[56] 尽管消费者通常会在基本层级或附属层级中的品牌之间进行选择,但有时他们也会在同属高级范畴的品牌间进行选择。如果你正在考虑是要订购比萨还是买微波炉爆米花,那么你就是在对零食这一高级层级范畴中的两个不同的基本层级范畴中的产品进行选择。你可以根据那些能将这些品牌归到同一高级层级范畴中的更高等级的属性(便利性、价格、味道)来对这两个范畴中的品牌进行对比。尽管比萨餐厅通常不会将爆米花品牌看作是其竞争对手,但是在这个例子中却正是如此。

- 建立竞争性定位。通过了解消费者的高级范畴结构,营销人员能够获得他们竞争对手的概况,并据此来建立恰当的竞争性定位;他们还可以确定出要强调哪种属性才能使消费者对其产品进行正确的分类。例如,如果将无酒精啤酒定位成啤酒的一个附属范畴,那么这种啤酒的广告不仅需要强调啤酒的中心特征(非常棒的啤酒味),而且还要宣传这种产品所在附属范畴中的联想(不含酒精)。

- 设计零售商店和网站。基本、附属和高级范畴层级对于消费者搜索信息以及零售商店和网站设计业具有重要意义(参见图表4.8)。通常,食品零售商店将分类范畴相似的货物码放在一起,同一基本层级和附属层级范畴中的商品同样也摆在一起。因此,多数食品商店都有奶制品(高级层级)区,在该区域中有牛奶、酸奶、奶酪等(基本层

图表 4.8　等级结构的例子

当商店中的产品的排列方式与我们心理范畴(例如,"乳制品"过道中有"牛奶"、"奶酪"和"冰淇淋")相对应时,我们能更方便地找到想要的东西。

> 级)产品。在每个区域中,又有像低脂、无脂和全脂牛奶之类的附属范畴的产品。零售网站也根据范畴(例如照相机或书籍)来对产品分类。按照与消费者知识结构相一致的方式来排列产品能帮助消费者更快地找到产品。这也是为什么 White Wave 公司在销售丝滑豆浆(Silk soymilk)时要用奶制品纸盒包装,并把这种产品放在商店的冷藏奶制品区域中。[57]

目标衍生范畴

除了创建分类范畴外,消费者还会按照**目标衍生范畴**(goal-derived categories)来对先存知识进行组织。目标衍生范畴包括那些因服务于同一目标而被消费者视为彼此相似的事物,即使这些事物分别属于不同的分类范畴。[58]例如,在坐飞机旅行时,你会将飞行时看的电影、毛毯、花生看作属于同一范畴,因为它们均属于"能让航空旅行更愉快"这一目标衍生范畴。由于消费者会有许多目标,因此他们也会有许多目标衍生范畴。例如,如果你在减肥,你可能会形成一个"在减肥期间可以吃的食物"这样一个范畴。

> **目标衍生范畴:**由于服务于相同目标而被视为属于同一范畴的事物。

消费者经常会碰到某些特定目标,因此,他们牢牢地建立起了这些目标的范畴。例如,如果你经常参加聚会,"为聚会而买的东西"这样一个目标衍生范畴可能会包括一组内容相当稳定的产品。相反,对于你不常碰到的目标,你可能会根据情况而创建相关的范畴。但是,范畴结构是十分灵活的:同一对象可以既属于某一目标衍生范畴也属于某一分类范畴。因此,健怡可口可乐属于饮料、软饮料、健怡可乐这一分类范畴,还可以属于下列目标衍生范畴:午餐喝的东西、野炊时要带的东西、看球赛时喝的东西。

像分类范畴那样,目标衍生范畴也展现出了分层结构。如果某些成员能最佳地实现该范畴的目标,那么消费者会认为这些成员要比其他成员更能代表该范畴。例如,莴苣的脂肪和热量比饼干的更低,因此与饼干相比,莴苣更能代表在减肥时所吃的食物。由于目标衍生范畴展现出了层级结构,因此消费者同样可以识别出目标衍生范畴中的原型。如同分类范畴那样,某事物作为范畴成员出现的频率会影响该事物的原型性。我们更倾向于将莴苣看作是减肥食品的原型,我们也可能会认为莴苣要比其他不经常吃的食品——如大头菜——更具有原型性,尽管像大头菜这样的食品同样适合在减肥时吃。

解释水平理论

我们对事物如何思考或理解也会因我们思虑(或解释)事物的水平而变化。根据解释水平理论,我们对某一产品或某一行动的思虑可以是高水平的解释或者是低水平的解释。[59]高水平解释意味着我们根据事物的抽象特征来考虑事物。例如,像"学习"这种活动,我们可以抽象地将其看作(高水平的解释)"提高我的教育水平"或具体地将其看作(低水平的解释)"确保我在营销学考试中拿到 A"。为卧室买张桌子的这种想法可以抽象地解释为"让我们的房间看起来更漂亮"或具体地解释为"在我看电视时能有个地方放咖啡"。

要注意的是,抽象解释适合于高级目标衍生范畴,而具体解释则适合于较低的附属目标衍生范畴。对于抽象的、高水平的概念(construct),我们往往不会去思考情境。在"学习"这个例子中,我们只是考虑要提高我们的教育水平,而不是要在具体的营销学考试中得到A,这种想法并没有对情境进行考虑。抽象的、高水平的解释与我们的总体目标相关,而具体的、低水平的解释则通常不会。

我们既可以根据高水平的解释也可以根据低水平的解释来做出选择。但是,我们倾向于用哪种解释取决于我们所做的决策是要立即执行还是要在将来执行。[60]当我们做出一个需要立即执行的选择时,我们往往会根据低水平的解释来做出选择。例如,如果我们正在决定下周春假是去卡布圣卢卡斯还是去马萨特兰时,我们更可能会去考虑该决策中的具体细节(例如,坐飞机去要多少钱?)以及我们现在这么做是否可行(我有足够的钱吗?)。相反,当我们在做出未来才会发生的决策时(例如下一年春假时我是该去卡布圣卢卡斯还是去马萨特兰?),我们会使用高水平解释(我需要多放松?)并会对向往性(我能从中获得多少乐趣)的关注多于可行性。

我们在不同时候会关注决策的不同方面,这一点能够解释当我们准备要去执行之前所做的某个决定时,会诧异为什么当时我们会那么想(例如,我现在有这么多的功课要在学校完成,为什么以前我会做出回家过春假的决定?)。[61]此外,在我们做出关于未来决策的时点上呈现一组品牌能让我们关注于更具体、低水平的解释。这意味着消费者认为他们未来将会喜欢的品牌实际上是他们已获得的品牌。[62]

营销启示

将提供物定位成与某一目标相关是一种重要的营销目标。例如,在日本,雀巢的奇巧(Kit Kat)品牌就被翻译成了"只要我努力,我就会成功"。因此,奇巧糖果棒就被定位成"学校考试前能带来好运的食物"。[63]沃尔玛对所有的商品和服务进行打折——包括汽油在内——从而维持其在"省钱"这一目标衍生范畴中的原型定位。

在进行商店设计时,超市也会运用目标衍生范畴结构。许多商店将婴儿用的瓶子、尿布、婴儿食品、果汁等放在同一过道中,尽管这些产品分类范畴各不相同(尿布通常被看作与纸巾类似、婴儿果汁通常与更大一些年龄的儿童用果汁类似,婴儿食品与其他食品类似)。但是这些产品都属于"照顾婴儿所需要的东西"这一目标衍生范畴。因此,父母们能很方便地找到他们所需要的东西,并决定要购买哪个品牌。类似的,网站也可以根据消费者心目中的目标衍生范畴来进行设计;旅游站点可以允许消费者根据他们不同的旅游目标有效率地搜索他们需要的,例如游猎、游艇度假等。这些网站不仅可以增加航空旅行选择,而且还可以增加酒店和租车等选择,因为所有这些都属于"愉快的旅行"这一目标衍生范畴。

消费者的知识为什么会有差异

造成消费者知识结构差异的因素包括消费者所处的文化环境以及他们的受教育水平。

文　化

消费者所处的文化环境会以多种方式影响他们的知识：

- 对概念的不同联想。不同文化中的消费者对同一概念的联想会不同。[64] 在欧洲，飞利浦这个品牌是与家用电器联系在一起的，而在美国市场，与飞利浦联系最紧密的却是照明灯泡，该公司同样也生产这种产品。[65]

- 不同的范畴成员。尽管消费者会有相似的目标衍生范畴，例如"早餐吃的东西"，但不同的文化群体对于什么事物属于该范畴却有相当大的差异。在美国，该范畴成员包括麦片、百吉饼、水果和鸡蛋；在日本，该范畴成员包括鱼、米饭和泡菜（参见图表 4.9）

图表 4.9　目标衍生范畴的文化差异
我们对于什么事物应属于"早餐吃的东西"这一目标衍生范畴会因文化的不同而不同。

- 不同的范畴原型。不同文化中的范畴原型和成员也会有所不同，这就要求公司根据不同的文化给予品牌不同的定位。喜力啤酒在荷兰就像百威啤酒在美国那样——经常会见到并且有原型性。但是美国对喜力啤酒的联想却是与进口的、昂贵的、高档的啤酒等这些概念相关，因此，这些联想使得喜力啤酒进入了一个附属范畴中。由于在这两个市场中的啤酒品牌有不同的竞争对手，因此相同的定位策略不可能在这两个国家都适用。

- 不同的相关联想。文化还会影响联想是否相关以及它们之间相关的方向。例如，像好市多和沃尔玛这样的美国大型商店往往会比小商店的产品价格低，因为大型商店通常都是廉价商店。但是在印度和斯里兰卡，大型商店的产品价格往往会更高，从而弥补高的成本。
- 不同的目标衍生范畴。不同文化中的消费者会有不同的目标衍生范畴。例如,买性感的衣服这一目标就不大可能适用于有严格宗教价值观的地区。

专　长

由于消费者掌握的先存知识有多有少,消费者在加工信息的能力上会存在差异。专家是指那些有良好完备先存知识的人,部分是因为他们对某一事物或某项任务十分熟悉并有丰富的经验。专家的知识与新手的知识存在以下几个方面的不同。[66] 首先,专家的总体范畴结构要比非专家的总体范畴结构更为完整,在某一范畴中也有更多的关于某一概念的联想,他们了解某一范畴中的联想是否相关。其次,他们了解不同的使用场合用哪个品牌更适合,通过产品子范畴来管理此类信息,与非专家相比,他们也不大可能有动机去了解新产品。[67] 专家拥有更多的附属层级范畴,因此可以更好地对品牌进行区分。例如,汽车专家拥有更多的汽车附属范畴,如老式汽车和敞篷车等。值得注意的是,消费者有时会对自己的知识过于自信,认为他们了解的知识要比他们实际掌握的知识更多。[68]

另外一个重要方面是,当专家接触到营销信息后,他们会对该产品形成期望,并据此来评估他们对产品的实际体验。如果产品不能达到他们的期望,那么与非专家消费者相比,专家消费者会感知到他们对产品的体验与他们看到的营销信息所形成的期望之间的更大差异。[69] 此外,认为自己是专家的人搜索信息和制定决策的方式往往不同于那些不认为自己是专家的人,因此,这种情况将会影响到公司如何向这两个群体销售产品。

利用知识来理解

消费者简单地留意和感知刺激并不会影响他们的决策。个体消费者还需要根据他们的先存知识对他们所感知到的对象进行解释或赋予其意义。

分　类

该过程的第一步是消费者对某一对象进行分类。分类是指消费者利用他们的先存知识对新事物进行标记、鉴别和归类。消费者可能会将 MacBook 分类为一种电脑、将 eBay 分类为拍卖商品的站点、将"今夜娱乐"(Entertainment Tonight)分类为了解名人信息的一种渠道。一旦我们对某一对象进行了分类,我们就知道了它是什么,像什么,与什么相似。我们的分类方式对营销人员有多种启示,因为分类会影响我们对提供物评价的赞许程度、我们会将它与什么进行比较、我们对它有什么期望、我们是否会选择它以及我们对它的满意程度。例如,研究表明,接触到品牌延伸的消费者能够更快地准确识别出父品牌。考虑到消费者在购物时接触到营销刺激的时间非常短暂,这种更快的分类将能为营销人员带来优势。[70]

消费者并不总是能正确对提供物进行分类。例如,日本女性起初错误地将《好管家》杂志分类为女佣所看的杂志。[71] 天伯伦(Timberland)通过其广告口号"越来越好",使消费者将其品牌归入"能令世界变得更美好的品牌"这一目标衍生范畴中。天伯伦的一条广告上布满了种子,上面写着"播种",从而来表现该公司对环保的关注。[72] 如果消费者遇到的产品或服务提供商与范畴的刻板印象不匹配(例如一位男性手工艺品顾问),他们会更仔细地考察该提供商的信息。如果他们将该提供商归到这一范畴中,他们就会推断该提供商拥有该范畴的典型特征和属性。[73]

一旦消费者对提供物进行了分类,他们可能就无法对它进行重新分类。加利福尼亚州梅干管理委员会(California Dried Plum Board)将"梅干"(Prunes)的名字改为了"干梅子"(dried plums)。"不幸的是,我们目标女性消费者的刻板印象认为这是对他们父母有益的一种食品,而不是一种倡导积极生活方式的女性所食用的美丽、营养食品,"该公司的执行总裁这样说。行业研究表明,35—50岁的女性更喜欢干梅子这一名字,现在的挑战是要鼓励消费者对该产品重新分类。[74]

营销启示

分类是一种基本的心理过程,它对营销人员有着深远影响,包括以下几个方面:

- **推断**。如果我们将某一产品看作是某一范畴的成员,我们会推断该产品具有该范畴的典型特征或属性。例如,我们可能会推断手机不能照出精美的相片——这种推断并不一定总是对的。因此,新产品的营销人员应当帮助消费者重新对产品分类,正面影响消费者对该产品的知觉,例如在商店的摄影部而非电器部销售手机。[75]

- **精细化**。分类会影响我们对事物的思考程度。对于那些我们难以分类的信息,我们往往有更大的动机去思考和加工。我们有更大的动机去观看不同于一般广告的广告,我们有更大的动机去思考与该范畴中其他产品看起来不同的产品。[76] 看到一辆有副翼和赛车条纹的本田雅阁可能会促使我们进行精细化加工,因为这些特征代表着一种综合了运动汽车和小型经济汽车的汽车范畴。

- **评估**。分类会先给我们对对象的感觉,即我们对对象的情感。一旦我们将某事物分类到某一范畴中,我们就会简单地提取出我们对该范畴的评估,并使用这种评估来评价该对象。[77] 例如,如果我们憎恨律师并看到了一则律师广告,我们可能会使用我们对该范畴的情感,并同样会憎恨这则广告。类似的,如果我们对巧克力棒有积极情感,我们会提取这种情感并用它来评估该范畴中的新品牌。

- **考虑和选择**。我们是否会和如何对提供物进行分类将影响我们是否考虑购买它。如果我们将一台新型电话/传真/打印一体机分类为电话,当我们要买电话时,我们就会考虑这台一体机。如果我们将这个一体机分类为打印机的话,那么当我们要买电话的时候,我们就不会考虑它了。

- **满意**。分类对消费者期望和满意有重要意义。[78] 如果将某事物看作是皮肤保湿霜,我们会期望它与多数保湿霜一样好,如果该事物不是这样的话,我们就可能会不满。

理 解

分类反映的是识别某个实体的过程,而理解则是从中抽象出更高级意义的过程。营销人员非常关注理解的两个方面。第一个方面是**客观理解**(objective comprehension)——消费者从信息中所获得的意义是否与该条信息实际宣称的相一致。第二个方面是**主观理解**(subjective comprehension),即消费者赋予信息的不同意义或额外意义,无论这些意义是有意还是无意赋予的。[79]

> **客观理解**:接收者理解发送者想要沟通的信息的准确程度。
>
> **主观理解**:反映我们的理解是什么,无论这种理解是否准确。

客观理解和主观理解

客观理解反映的是我们是否准确了解了发送者想要沟通的信息。有趣的是,由于信息呈现的方式(语言)和发送者与接收者先存知识之间的差异,许多人会对营销信息产生误解。主观理解反映我们的理解是什么,无论这种理解是否准确。像价格和广告这样的营销组合要素能够强烈地影响我们对营销信息的看法。你可能会推断某品牌的健齿口香糖的增白功效与增白牙膏一样好,因为该产品包装设计上的白色火花,广告模特的牙齿很白,包装上有"美白"等字样。但是该产品却不一定有强大的美白功效,包装上的文字实际上也并不是这样说的。消费者做出的这种推断和某些沟通方式引起了重要的公共政策意义。

误 解

尽管像广告和包装这样的营销沟通非常容易理解,但消费者研究却表明要让消费者客观地理解有时对营销人员来说是一个巨大的挑战。**误解**(miscomprehension)是指消费者对信息所包含意义的接收不准确。一些研究发现在所有人口细分群体中,消费者对电视和杂志广告的误解惊人地高。电视广告的客观理解率大约只有70%,而印刷广告只有65%。此外,对于直白信息和隐含信息的误解率大致相当,对于节目、社论材料和广告的误解率也大致相当。[80]

> **误解**:对信息理解的不准确。

除了会误解广告信息外,消费者有时还会错误理解产品描述和使用说明。当研究表明消费者不能理解 AFLAC 的保险提供物后,该公司最近对其广告做出了改变。尽管在 AFLAC 的广告中仍使用了鸭子,但是其广告强调的却是该公司保险所带来的利益,例如采用"当我受伤而且丢了工作,AFLAC 帮助我支付我的医疗保险不能支付的部分"之类的信息。[81]

MAO 的影响

当消费者没有太大动机也很少有机会加工营销信息,当营销信息比较复杂或仅显示了短短几秒的时间,或者当消费者只看了一两次这条信息时,消费者可能不会理解这条信息。[82]对于专家型消费者而言,如果营销人员能通过营销信息促销创新度很高的产品,使专家型消费者能在多个范畴中建立起联结并利用他们的先存知识,那么专家型消费者就能更好地理解这类产品的信息。[83]至于能力,一项研究表明,尽管消费者想要在包装上看到营养成分(意味着消费者加工这种信息的动机很高),但是多数人看了之后却理解不了。[84]然而,理解力会随着专业知识和能力的提高而提高,这也是为什么成年人比儿童能更好地理解信息的细微之处。[85]

文化的影响

消费者生活所处的文化环境也会对理解和误解有影响(参见图表4.10)。低情境文化,如北美和北欧,通常会将沟通中的文字和含义从其所出现的情境中分离出来。在这些文化中的消费者更看重说的是什么,而非信息的周围视觉或环境背景。但是在高情境文化中(例如在亚洲许多地方),信息含义多数是含蓄表达出来的,并通过视觉来沟通,而不会直白地用话语表达出来。信息发送者的特征(例如社会阶层、价值观和年龄)同样对信息的解释有着重要影响。[86]

图表 4.10　高情境文化中视觉的重要性

在高情境文化中,信息的含义多数是含蓄表达出来的,并通过视觉来沟通,而不会直白地用话语表达出来。

由于消费者对信息的内容和情境的注意存在文化差异,因此,我们可以预期不同文化中的消费者可能会对同一条信息有不同的理解。例如,当密歇根的大男孩(Big boy)在泰国繁忙的街道上开办第一家餐厅时,一些当地顾客误以为其大男孩雕像是一个宗教肖像。[87]语言上的差异进一步加大了误解的可能性;事实上,营销人员如果不使用当地文化中顾客所用的语言,那么他们将会遭受被误解的风险。例如,在印度,许多人会混淆北印度语和英语,以至于广告主会在其广告信息中同时使用这两种语言。因此,百事可乐在印度的广告是,"Yeh Dil Maange More"(The heart wants more),可口可乐的标语是"Life ho to aisi"(Life should be like this)。[88]

文化还会影响消费者赋予词语的含义。[89]例如,在英国,billion 是指万亿,而在美国却是指十亿。类似的,在英国,称一部电影是"a bomb"说的是这部电影很成功,而在美国,却意味着失败。一家美国航空公司在巴西推销其"约会休闲室";但是,在巴西,这句话的含义却是"做爱的地方"。

改进客观理解

幸运的是,消费者研究人员提供了改进客观理解的一些方法。[90] 一种方法是使用简单的信息。另一种方法是重复信息——用相同沟通方式多次重复同一信息,并在不同场合重复这条信息。用不同形式呈现信息(例如在电视商业广告中同时采用视觉和文字呈现形式)可以帮助消费者形成准确的心智(mental)画面。[91] 研究表明,消费者接触营销刺激越多,他们越能更好地加工有关品牌的信息,并形成更有利的品牌态度。[92] 感知和加工信息的容易程度被称为**知觉流畅性**(perceptual fluency)。

> **知觉流畅性**:加工信息的容易程度。

主观理解

主观理解是指消费者从沟通中所获得的意义,无论这些意义是否是营销人员想要传达的意义。[93] 公共政策制定者通常十分关心这一点,因为消费者对广告的理解可能不同于广告客观上所想要表达的意义。不久前,肯德基的一则广告引起了联邦贸易委员会的关注,这则广告被认为具有误导性。这则广告说,两块肯德基炸鸡胸的脂肪含量比一块汉堡王皇堡(whopper)三明治的脂肪含量还要少。尽管两块肯德基炸鸡胸要比一块皇堡的总脂肪和饱和脂肪含量少,但是联邦贸易委员会注意到,两块肯德基炸鸡的反式脂肪和胆固醇的含量却是皇堡的三倍。"为了消费者能有更健康的选择,我们必须确保公司能诚实地宣传其产品。"联邦贸易委员会的负责人说。[94]

一些研究人员用不同的理解层次来描述主观理解。其中,层次代表着更多的思考和精细化。[95] 例如,假设一名消费者看到了一台直立式洗衣机的广告,她可能会推断这台洗衣机要想有效工作得需要高效洗衣粉。对这台洗衣机进一步思考,她可能会认为普通的洗衣粉无法完全被漂洗干净,这意味着她必须重新洗一遍衣服,而这种做法会抵消了高效能洗衣机的部分效益。她可能会进一步想到,由于这台洗衣机十分高效而且用水量少,她要交的水费将会很低(如果她使用了正确的洗衣粉),这样,她就能省下钱来去度假了。

营销启示

就像分类那样,主观理解涉及信息的内容与消费者的知识之间的交互(interaction)。因此,如果营销人员能以与消费者先存知识一致的方式来设计和安排营销信息,那么他们就能影响消费者对信息的主观知觉。有时,如果消费者对新产品知之甚少,通过将新产品与那些能提供相似效益的事物进行类比,营销人员就能有效地与消费者沟通信息。例如,如果营销人员想要传达某品牌的鞋子不仅防水性能好,而且又柔软和轻便,那么他就可以把新产品类比成鸭子。[96]

营销人员需要成功地设计广告,从而能让消费者对提供物形成"正确的"推断。但是,有时营销人员会(有意或无意地)制造出未能准确描述产品或服务特征并引起误解的推断。[97] 这种营销人员故意制造虚假推断的情况会引起重要的伦理和法律问题,我们将在第18章讨论。

消费者推断

营销组合的具体要素可以与消费者的先存知识一起影响消费者对提供物做出正确或不正确的推断。下面的章节将介绍品牌名称和符号、产品特性和包装、价格、分销和促销如何影响消费者对产品的推断。

品牌名称和品牌符号

消费者可以根据他们从品牌符号中所做出的推断来形成对营销沟通的主观理解。品食乐(Pillsbury)公司的面粉宝宝销量逐年减少,因为该公司的营销人员担心消费者推断因为吃了品食乐的产品而变胖。即使是品牌中所使用的字体也会引起推断。[98]

品牌名称可以引起主观理解和推断。例如,同时包含文字和数字的品牌名称,例如宝马的X6,往往与精密和复杂技术相关。此外,在对品牌延伸进行评估时,消费者往往也会推断与父品牌相关的某些特征会延伸到子品牌。[99]另外,外国品牌名称会引起基于文化范畴和刻板印象的推断。哈根达斯是一个德国名字,该名字用于冰淇淋时会引起美好联想,即使这种冰淇淋是在布朗克斯区生产的。因此,营销人员在翻译品牌名称时不仅要考虑语言因素,而且要考虑这种文化中的消费者如何加工不同类型的品牌名称。[100]

描述性的名称也能引发推断。像迷惑香水(Obsession)和Speedo泳装这样的品牌名称会引起特定品牌效用的推断。[101]那些销售产品的质量难以鉴定的公司可以通过提供担保、通过可信赖零售商销售或与另外一个声誉良好的品牌形成联盟来确保其产品质量。在这些情况下,消费者可能会推断如果这种产品质量不好,那么其联盟品牌将会丧失声誉或损失其未来利润。[102]

基于误导性名称和标签的推断　尽管一些品牌名称能准确描述出产品属性和效用特征,但有些品牌却被称为误导性品牌,因为它们会引起关于产品效用的错误推断。例如,消费者可能会推断"清淡"橄榄油的热量很低,而实际上它只是颜色浅而已。[103]这种混淆促成了标签法的制定,从而确保产品名称和成分能对提供物进行准确描述。美国农业部颁布的标准化使用"有机"这一词语的条例。该词仅限于用于至少三年未接触过除草剂、杀虫剂或化肥的农产品或者未使用抗生素和激素的牲畜。[104]

基于不适当或相似名称的推断　一些品牌名会导致对产品的不适当推断。一家汽油公司起初使用了新品牌名"Enteron",但随后了解到"entron"是个真正的单词,其意思是"消化道"(即肠子),这与汽油的意思相差甚远。[105]网络营销人员面临的挑战是,找到一个能表明他们所做的事情又能与众不同的名称。"奇怪的知名品牌名称——有很多这样的名称:英特尔、雅虎——能引起消费者的共鸣,并能唤起消费者对这些产品和服务提供商的想象,"一位营销专家这样说,"普通的域名则缺乏这样的独特联想。"[106]

有时,品牌或公司的名称会十分相似,因此消费者不可避免地会推断这些品牌之间十分相似,或者它们是由同一家公司所生产的。通常,这种情况会引起法律纠纷,公司之间会相互争夺原始品牌名称的使用权。例如,在美国烹饪学院(Culinary Institute of America)起诉American Culinary Institute 商标侵权和不正当竞争后,后者采用了新的企业名称和商标。[107]

产品特性和包装

消费者也可以根据他们对产品的推断和产品的包装方式,对产品进行主观理解。

基于产品属性的推断 如果消费者了解到某个产品范畴中两个属性往往是相互关联的,这将导致消费者推断如果某个品牌具有一种属性,那么也意味着它还有另外一种属性。因此,消费者可能会推断维修记录低的产品会有较长的保修期。[108]消费者还会根据包装大小做出推断,看到大包装、多件装产品的消费者可能会利用其先前关于价格和包装大小的知识,推断大包装的产品同样是不错的选择。[109]

消费者会根据食物产品的营养成分信息对食物味道进行推断,这种推断会影响他们的购买和消费决策。一些研究表明,与不提供产品营养成分信息相比,提供产品的营养成分更可能会使消费者认为这种产品更加健康。但是,他们同样会推断,更健康的产品可能味道不如不太健康的产品。[110]此外,消费者会推断那些有不同寻常风味或颜色名称的产品要好于普通味道或颜色名称的产品。[111]

当两家公司出于营销目的形成品牌联盟时,即使在广告中仅全面介绍了其中一个品牌,消费者也往往会推断这两个品牌的属性十分相似。[112]当消费者搜索信息以确定产品是否能给他们带来特定的效益时,如果他们接触到不相关的属性,那么这将会导致他们推断这种产品不一定能达到他们想要的效果。[113]在高度竞争的类别中,产品之间的差异很小,消费者可能会推断,尽管主导品牌在看得到的属性方面做得很好,但是它仍会在一些看不到的属性方面有劣势。[114]

基于来源国的推断 有关产品来源国的知识会影响消费者对该产品的看法(参见图表4.11)。[115]就像我们会根据人们的出生地而形成刻板印象那样,我们也会根据产地对产品

图表 4.11　基于来源国的推断
我们会根据产品的名称以及产品的生产国来推断产品的特征或质量。

形成刻板印象。研究表明,发展中国家的消费者会推断国外品牌的产品质量更高。[116]对那些由产品质量上有很高声誉的国家所生产的产品,消费者会有更积极的反应。

但是,如果由于政治或社会政策因素而导致消费者不喜欢某个国家,他们对该国产品的反应会更为消极。[117]在一项研究中,日本消费者推断日本制造的产品质量要高于美国制造的产品,即使是在日本产品并不好于美国产品的时候仍然如此。这种对本国来源的偏好能够解释为什么花王在其主导的日本尿布市场与美国品牌竞争时,该公司的营销活动要强调花王源自日本。[118]图表4.12显示出了日本消费者的购买决策受到日本作为来源国这一因素影响时三种最重要的积极产品属性。当消费者没有加工品牌信息的动机或者他们的加工目标引导其注意力集中于原始信息时,消费者更可能根据品牌的来源国来对它做出推断。[119]

图表 4.12　日本制造

选择时主要考虑是否是日本制造的6大产品	主要特性	次要特性	第三特性
1. 家用电器	效能	耐用性、坚固	服务和维修
2. 烹饪食品	安全	效用(好味道、口味)	方便使用
3. 加工食品,例如糖	安全	效用(好味道、口味)	相对便宜、熟悉性
4. 汽车	服务和维修	效用	耐用性、坚固
5. 医疗产品	安全	效用	服务和维修
6. 个人电脑	服务和维修	效用	耐用性、坚固

日本制造产品的优点或好处,"日本制造"对购买选择有影响的6大产品类别。

资料来源:From Hitami Taira, "More Japanese People 'Want Made in Japan,'" *Japan Close-Up*, December 2004, p.31. Reprinted with permission of PHP Institute, Inc.

基于包装设计的推断　包装特征同样能引起推断。如果某品牌的包装看起来十分像该范畴原型品牌的包装,尽管消费者会对该品牌做出推断,但是他们对这一模仿品牌的反应并不一定都是消极的。[120]同时,包装能表明品牌的独特性。

为了将艾恩锡蒂(Iron City)啤酒与进口大瓶装的啤酒区别开来,匹兹堡酿酒公司(Pittsburgh Brewing)将这种啤酒包装在12盎司的细长铝瓶中,并在瓶子的前面用粗体字印上了其品牌名称。此外,这种铝瓶采用内嵌式拉环(而非外掀式拉环),而且与玻璃瓶或塑料瓶相比,这种铝瓶能更快地被冷却。[121]

有时,一些包装会设计成看起来像知名品牌。沃克(Walker)是英国的一家饼干制造商,该公司曾抱怨乐购的Temptations点心(在乐购连锁超市销售)的包装太像沃克的Sensations点心。尽管事情很快平息了,但是行业杂志《杂货店》发现它们的包装颜色几乎相同(只是乐购的颜色所代表的口味与沃克的不一样),两个包装图像也很相似,例如土豆置于前景,乡村风光置于背景。[122]

基于色彩的推断　我们的先存知识中已经储存了色彩的范畴:绿色的东西包括薄荷、青草、绿叶等范畴成员,该范畴的联想有清新、新的、有机、和平和有春天气息的。由于这种基于范畴的知识,消费者会推断采用绿色牙膏或绿色牙膏包装的品牌是新鲜的、有薄荷味的和健康的。当了解到颜色能引起推断后,一些公司开始从法律上保护它们品牌的颜色,以阻止其他公司在它们的产品上使用这种颜色。这种策略也减少了消费者错误地对产品分类或对仿制品做出错误推断的可能性。例如欧文斯-康宁公司为其粉色家庭绝缘产品申请了商标保护。[123]

由于范畴内容会因文化不同而不同,色彩的意义以及消费者根据色彩所做的推断也会不同。[124]例如,西方消费者认为白色象征着纯洁和干净,而在亚洲国家白色则意味着死亡。绿色在穆斯林国家很受欢迎,但是在西南亚却会引起负面感受。黑色在日本、印度和欧洲是一种负面的色彩,而在中东感受却是正面的。因此,当在其他文化中开展营销活动时,营销人员必须要考虑这些文化差异。

价　格

有时,消费者会根据产品或服务的价格对其做出推断。例如,基于范畴的知识表明,价格和质量是相关的,因此消费者会推断高价产品也是高质量产品。[125]当消费者相信各品牌在质量上有差异时,当他们选择低质量产品会有风险时,当他们在购买前无法获得产品质量信息时,消费者通常会做出价格—质量推断。[126]当消费者以价格作为推断质量的捷径时,他们也许会高估价格和质量之间的关系。[127]但是,消费者并不经常做出价格—质量推断。[128]此外,当消费者购买一件产品时收到另一件作为赠品的产品,他们会推断这件赠品的质量更低,因此当单独出售该赠品时,他们愿意支付的钱会更少。[129]

零售氛围和陈列

关于零售设计、陈列、布局、分销和服务的基于范畴的知识同样会影响消费者的推断。例如,当你进入一家仓储式的商店(如好市多),你所做出的推断很可能不同于你进入一家高档、以服务为导向的商店(如诺德斯特姆)时所做的推断。研究表明,具有审美愉悦感的零售氛围会导致消费者对社交性产品(例如礼物)做出正面的质量推断,但对于家庭性产品(例如家庭用品)则不会如此。[130]消费者还会根据产品在商店的陈列方式来对品牌做出推断。此外,陈列情境会导致消费者减少对他们先存知识的依赖,而是更多地依赖于外部线索——这意味着商店不合适的零售陈列决策可能会削弱品牌的定位。[131]图表4.13表明,灯光和标志是消费者认为对他们店内行为有最大影响力的氛围要素。

氛围是零售商建立、解释和改变其商店形象的一种主要工具。当时尚企业川久保玲(Comme des Garcons)在柏林、巴塞罗那和其他欧洲城市开设商店时,它故意选择传统购物街区之外的地点。由于没有任何建筑师的加工,装修十分简约,因此每家商店都非常显眼,就像该公司想要陈列其前卫服装所需的前卫城市背景那样。[132]

广告和销售

广告和销售显然会影响消费者对提供物的推断。在人员销售中,消费者可以根据肢体语言进行推断。在广告中,如果女性触碰男性的手的时间在一秒以上,我们就会相信他们俩正处于浪漫关系中。如果销售人员与消费者握手时无力,那么消费者就会推断这个销售人员对他的这笔生意不感兴趣。在亚洲文化中,非语言沟通尤其重要。[133]例如在日本,口语"是"可能意味着"否";讲话者的肢体语言能告诉你他的真正意图。[134]此外,如果消费者觉得销售人员只是想要说服他们,而不是向他们介绍产品的情况——尤其是通过使用硬推销或高压推销技术——在这种情况下消费者更不可能购买产品。[135]

不同的文化对物理空间或者说对人们之间的距离的解释也会不同。与西方人相比,亚洲人与人之间会留出更多的空间,只愿意有限的身体接触。习惯于较小空间和更多接触的

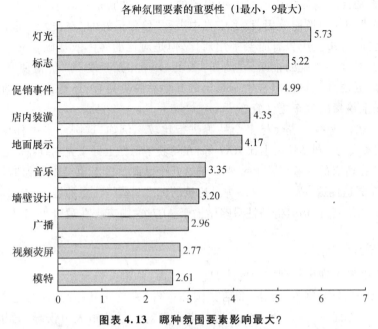

图表 4.13　哪种氛围要素影响最大？
消费者感知到某些氛围要素会影响他们的购买行为。

美国销售人员可能会给亚洲消费者留下强迫和接触过近的印象。但是，与美国消费者相比，拉丁美洲的消费者更适应人与人之间近的身体距离，并推断认为保持更远身体距离的美国销售人员态度冷淡。[136]

图　画

广告主经常运用图画来引发消费者的推断。研究表明，当消费者有充足的机会去加工图画的意义时，使用图画能更有效地引发消费者的推断。[137]在广告中不采用图画或文字能激发谦逊、诚实和有素养等消费者推断。[138]

语　言

就像品牌名称或形容词之类的具体词会影响消费者的推断那样，单词组成语句的方式也会影响消费者的主观理解。[139]图表 4.14 中这则虚构的广告的措辞结构会导致下列（可能是不正确的）推断：

标题：体验豪华和运动的极限。这就是星火（Starfire）AD7 汽车。
正文：汽车世界中最严格的测试证明，没有任何其他品牌能比星火 AD7 更出色。它在内饰舒适性方面超过了保时捷，刹车性能超过了 RX，比克尔维特驾驶得更平稳，而且价格便宜。
结束语：星火 AD7。给你最好的。

图表 4.14　一条虚构的汽车广告
信息的措辞方式会影响我们的推断。你认为这则广告在说什么？它表达出了你认为它想表达的吗？这种措辞如何影响你理解的内容？

- **并列的祈使句。**该标题包含有两个相连的句子（并列）。消费者可能会认为这条标语的意思是"星火 AD7 能带给你最好的豪华感和运动性能，"虽然这条广告实际上并未做此声明。

- 暗示优越性。通常能从该广告中得到的另一个推断是其暗示的优越性。如果所有汽车品牌都提供相同的性能效用,那么广告中声称"给你最好的"在技术上也许是可能的。
- 不完整的对比。广告有时会采用对比,但是对比的客体或基础要么不完整,要么含糊不清,这就会导致不正确的推断。[140]例如,图表 4.14 中所声称的"价格便宜"并没有表明星火 AD7 比谁更便宜。它比广告中所列出的其他品牌更便宜,还是比去年的款式更便宜,抑或是比市场上最贵的汽车更便宜?
- 多重比较。一些广告会与多个品牌进行比较。例如,这则广告声称星火 AD7 在舒适性上比保时捷好,在刹车性能上比 RX7 好,在驾驶平稳性上好于克尔维特。但是,消费者可能会推断 AD7 在所有的这些属性上都要好于这几个品牌。读者也会推断保时捷的内部舒适性最好,因为在舒适性这一属性上该品牌是比较的标准。值得注意的是,如果保时捷的舒适性没有 RX7 和克尔维特好,但其舒适性只略微输于 AD7,这则广告在逻辑上仍是成立的。

伦理问题

这些推断引发了许多伦理方面的问题。一方面,营销人员显然不仅有能力利用营销组合要素(例如品牌名称、视觉、价格、商店氛围和广告)来美化其品牌,而且还能够用来误导消费者。而另一方面,一些人会认为是消费者自己愿意被营销人员误导,营销人员不应为消费者的不准确推断和误解负责。在这一问题上你的看法是什么呢?请参见第 18 章对营销的潜在负面效应的进一步探讨。

总　　结

我们通过将环境中的事物与我们的先存知识相联系来了解它。知识内容是图式和脚本中相互联系的有关某一对象或某一活动的一组联想。理解消费者知识的内容十分重要,因为营销人员经常需要创造新知识——建立品牌形象或个性、创建品牌延伸或对品牌进行定位——同时也会需要发展消费者的现有知识或通过再定位改变他们的知识。

我们的知识可以以范畴的方式进行组织和安排。某一范畴中的对象与同一范畴中的其他对象更为相似,而与其他范畴中的对象更为不同。同一范畴中的对象会表现出层级结构,这意味着有些对象要比其他对象更能代表该范畴。原型是最好的范例。知识可以以等级方式组织起来,相似的对象构成了范畴的基本、附属和高级层级,同一范畴中的对象有相互关联的联想。分类在解释水平理论中起着重要作用,消费者对事物进行思考的抽象程度和他们面临选择的即时程度会影响人们的行为。人们也可以根据相似的目标对事物进行分类。文化系统和专长技能水平都会影响消费者的知识。

先存知识与来自外部环境的信息一起会影响我们如何对事物进行分类以及我们如何理解事物。分类对于我们对产品的想法、感觉、期望、选择和满意都有着深远的影响。看待理解的一种方式是询问消费者是否准确理解了信息,这一概念被称为客观理解。注意和加工信息的动机、能力或机会如果十分有限,通常会影响理解。主观理解是指消费者认为自己对信息的了解和理解,它通常不会与信息所陈述的相一致。由于消费者根据营销要素形成推断,因此他们可能不会对信息有准确的理解。不道德的营销人员会利用消费者的推断倾向并故意误导消费者,这种做法会引发伦理和法律问题。

1. 什么是图式？如何描述图式中的联想？
2. 品牌延伸、许可和品牌联盟与图式、品牌形象和品牌个性之间有何关系？
3. 什么是范畴原型？有哪些因素会影响原型性？
4. "消费者根据衍生目标范畴组织知识"是什么意思？
5. 文化和专业知识如何影响消费者的知识基础？
6. 客观理解和主观理解及误解的区别是什么？
7. 请举例说明公司如何利用营销组合和消费者的先存知识来影响消费者对产品的推断。

消费者行为案例　　现代公司加速新形象营销

现代(Hyundai)公司开展了一项投资为1.5亿美元的广告活动,并推出了一款旨在与德国顶级品牌和日本豪华品牌相竞争的高端小轿车,以此来加速建立现代的新品牌形象。在20世纪80年代末,当这家韩国汽车公司首次进入美国市场时,它通过其汽车和沟通活动,创建了经济型汽车的品牌形象。这种低价形象使得现代汽车在美国的销量在20世纪90年代及之后的时间里不断增长。到2008年,该公司每年在美国市场能销售约500 000辆汽车,其低价的伊兰特和雅坤特汽车需求量仍十分巨大。

如今,现代的长期目标是要将其吸引力扩大到低价细分市场之外,以那些想要并愿意买更好汽车的美国购买者为目标市场。该公司投资了5.4亿美元用于设计、开发和制造新型的后轮驱动劳恩斯(Genesis)轿车。该车的工程师和设计者首先研究了卡迪拉克、雷克萨斯、梅德赛斯和宝马等豪华轿车,然后就着手"生产一辆令消费者叫好的汽车",现代的一位主管这样说。该公司与博世(Bosch)和哈曼贝克(Harman Becker)等供应商签订合同来生产重要汽车部件(如引擎控制和音响系统),这些供应商都是为许多欧洲豪华汽车品牌提供零部件的供应商。结果,现代公司声称劳恩斯拥有时尚的设计、强劲的V8引擎、配备齐全的仪表盘、音乐发烧友级的音响系统,而其价格要远低于其他可比的竞争品牌的汽车。

但是,向高端提升仍是一项巨大挑战,因为美国消费者仍然认为现代是个低价品牌。"现代并没有什么产品问题;但它存在品牌问题,"现代汽车美国的营销副总裁说,"除非能给人们充足的理由让他们转变看法,否则他们将会坚持他们对品牌的认识而不会转变看法"。

为了重新塑造品牌,现代聘请了古德白-希尔福斯坦合伙广告公司(Goodby, Silverstein&Partners)开展了一项多媒体宣传活动,该活动重点放在能表明汽车质量和可靠性的属性上。这项活动向消费者提出了像"难道一辆汽车上的气囊数量不应该比汽车上的杯垫数量更多吗?"(现代汽车正是如此)之类的问题,并做出像"5年担保能说明一辆汽车很好,10年担保能说明一家汽车公司很好"(因为现代的汽车是10年担保)之类的声明。所有的广告都以邀请消费者"考虑一下吧"和请消费者登录现代的 think-aboutit.com 网站获取更多信息来结尾。

作为活动的一部分,现代购买了两个超级碗杯商业广告时段来向最广泛的可能受众介绍劳恩斯轿车。在一则广告中,当劳恩斯驾驶于山路上并沿一条测试跑道急速上升时,演员杰夫·布里奇斯在一旁告诉观众:"我们十分确信梅德赛斯、宝马和雷克萨斯将不会太喜欢它。"

杰夫·古德白是创建这项活动的广告公司的领导,他解释说这些信息"强调的是劳恩斯的质量和可靠性"而非强调其价格优势。"主要是因为该车在过去三四年间有了大幅改进,如果你不考虑该车,你就不能发现其最好之处,"他说,"因此,我们想要做的就是让人们看一看事实,想一想,并让他们下定决心购买。"

现代能通过将负面联想变为正面联想来改变其品牌形象吗?这种鼓励消费者仔细考虑该品牌并将该品牌归为与更高档竞争对手属于同一范畴的做法能改变消费者对劳恩斯的推断并让消费者考虑购买该品牌吗?劳恩斯在美国稳定的销量和现代公司所有其他款式汽车的销量增加将会是这项活动有效的最终衡量标准。[141]

案例问题

1. 在劳恩斯的广告中,现代公司为什么大声宣称"我们十分确信梅德赛斯、宝马和雷克萨斯将不会太喜欢它"?
2. 现代公司在多大程度上使用了来源国去影响消费者对劳恩斯的推断。
3. 在知识和理解方面,高档劳恩斯轿车的推出有多大可能会影响消费者对低价现代车型的想法?

第 5 章

基于高努力的态度

学习目标

学完本章后,你将能够:
1. 讨论营销人员如何应用各种认知模型来理解并影响基于高努力思考过程的消费者态度。
2. 阐述利用沟通和信息来正面影响消费者态度的一些方法。
3. 解释公司为什么以及如何通过影响消费者的情感来改变他们的态度。

导言:让所有人激动的世界杯

尽管世界杯足球赛只有32支决赛队伍,但是在世界各地,它都能点燃人们的激情,其电视转播收视率超过了奥运会。在英属哥伦比亚的益普索-里德(Ipsos-Reid)公司所调查的34个国家中,有24个国家最喜欢的电视体育节目是足球。因此我们毫不惊奇地看到,许多公司希望它们能和这项高度受欢迎的运动沾点边。

阿迪达斯继续在延续着它与世界杯35年之久的关系,它同意成为2010年和2014年世界杯的赞助商。该公司也是国际足球联合会FIFA2010年至2014年间所有赛事的赞助商,包括男子世界杯、女子世界杯和世界青年锦标赛。世界杯的赞助商能在所有的20个比赛场地拥有两个现场广告牌,此外还有在网络上和其他地方获得展露的机会。索尼是世界杯的另一个赞助商,它希望能使其高科技电器产品与众人期盼这项赛事所带来的刺激建立起联系。[1]

这种运动赛事赞助展现出的几个重要方面都直接源于我们前面几章所涉及的概念。消费者可能对阿迪达斯和索尼之类的公司形成了特定的信念,这些信念形成的基础是他们对这些公司的心理联想(例如,这些公司的产品是什么样子的)。这些信念会影响消费者的态度(他们是否喜欢某种类型的运动用品或电器产品)和行为(他们是否愿意多花些时间寻找这种产品)。最后,态度的形成可以基于提供物的功能特征(例如耐用材料)或情感特征(对世界杯赞助商有好感)。在本章中,我们所重点讨论的问题是,像阿迪达斯和索尼这样的公司如何基于新信念和联想,让消费者形成对它们品牌的正面态度,从而影响消费者的购买决策。

态度是什么？

态度（attitude）是表达我们对某一事物、问题、人或行动的好恶程度的一种总体评价。[2] 态度是习得的，而且往往也非常持久。我们的态度也反映出我们根据与某事物相关的联想而对其形成的总体评价。这也正是为什么我们会对品牌、产品类别、广告、人员、商店、活动等产生态度。

> **态度**：对某一事物、问题、人员或行动的相对全面和持久的评价。

态度的重要性

态度之所以重要是因为它能：(1) 引导我们的想法（**认知性功能**，cognitive function），(2) 影响我们的感觉（**情感性功能**，affective function），(3) 影响我们的行为（**意动性功能**，connative function）。我们会根据我们的态度来决定看什么广告、跟谁谈话、到哪里购物和到哪里吃饭。类似的，态度还会影响我们获取、消费和处置提供物的行为。因此，营销人员需要改变消费者的态度，从而影响消费者的决策制定和改变消费者的行为。

> **认知性功能**：态度如何影响我们的想法。
> **情感性功能**：态度如何影响我们的感觉。
> **意动性功能**：态度如何影响我们的行为。

态度的特征

态度可以用五个方面的特征来描述：赞许性、态度可达性、态度信心、态度持久性和态度抵抗性。**赞许性**（favorability）是指我们喜欢或不喜欢某个态度对象的程度。**态度可达性**（attitude accessibility）是指态度能从记忆中提取出来的容易程度。[3] 如果你昨天晚上看了一场电影，你可能会相当容易地记得你对这场电影的态度，就像你可以很容易地记得你对重要的事物、事件或活动（如买第一辆车）的态度那样。

> **赞许性**：我们喜欢或不喜欢某个态度对象的程度。
> **态度可达性**：态度能从记忆中提取出来的容易程度。

我们还可以用强度或**态度信心**（attitude confidence）来描述态度。在一些情况下，我们的态度非常强烈而且信心十足，但在另一些情况下，我们却可能对此不太确定。态度还会在**持久性**（persistence）上有差异。我们有信心的态度可能会持续相当长的时间，但是其他的态度可能持续时间较短。此外，我们可以根据之后发生态度改变的**抵抗性**（resistance）来描述态度。[4] 当消费者不忠诚于某个品牌或对某产品知之甚少时，他们很容易会改变态度。但是，如果消费者忠于品牌或认为他们自己是这一产品类别中的专家，他们的态度就难以改变。

> **态度信心**：我们持有态度的强烈程度。
> **态度持久性**：我们态度持续的时间长度。
> **态度抵抗性**：改变态度的困难程度。

最后，当我们对品牌的某一方面有强烈的正面评价而对其他方面有强烈的负面评价时，我们也可以用**矛盾性**（ambivalence）来描述态度。有趣的是，当我们的态度模棱两可时，他人的观点

> **矛盾性**：我们对品牌的评价是混杂的（既有正面也有负面的评价）。

往往会对我们影响更大,甚至是当我们认为那个人对产品或产品类别并不是十分了解时。因此,当你在购物时假如你能找到一堆买和不买某个产品的理由,如果你的朋友鼓动你购买的话,你将更可能受其影响而购买。[5]

态度的形成和改变

当营销人员理解了态度是如何形成的,他们就能更好地创造或影响消费者对新提供物或新行为的态度。这种理解也有助于营销人员制定策略来改变消费者对现有产品或现有行为的态度。图表 5.1 中总结了本章及下一章中所探讨的态度形成和改变过程的一般方式。

		态度形成的基础	
		认知(思考)	情感(感觉/情绪)
消费者对信息的精细化(仔细思考)程度[基于他们的动机、能力和机会(MAO)]	高努力中心路径加工(第5章)	• 直接体验或想象的体验 • 基于类比和类别的推理 • 基于价值观的态度 • 基于社会认同的态度产生 • 分析式态度形成	• 情绪加工 • 情感反应 • 对广告的态度
	低努力外周路径加工(第6章)	• 简单信念 • 无意识影响 • 环境	• 单纯展露效应 • 经典条件反射 • 对广告的态度 • 情绪

图表 5.1 态度形成和改变的一般方式

消费者态度形成有四种基本方式,这取决于精细化程度的高低和是认知式加工还是情感式加工。本章考察在消费者付出努力较高时态度形成和改变的方式。

态度的基础

如图表 5.1 所示,态度形成的第一种方式认为态度是以认知(思考)或信念为基础的。[6] 这就意味着,态度的形成可以基于我们对从外部来源(例如广告、销售人员、互联网或一位值得信任的朋友)接收的信息所产生的想法,或者基于我们从记忆中所回想起的信息。一项研究表明,广告信息中宣传有关产品功能的信息——例如,某种产品特征有什么用——能够激发人们对该产品的思考,并产生积极的产品态度。[7]

第二种方式表明,态度以情绪为基础。我们对某个提供物的赞许态度有时仅仅是因为我们觉得它很好或很不错。类似的,我们可以通过观察或替代性地体验他人使用某一提供物的情绪而形成态度。例如,如果你看到某人在玩滑板并感到很开心,你会相信如果你玩滑板的话,你同样也会很开心。事实上,研究表明,产品的享乐部分(与产品使用体验有关)和效用方面(与产品功能有关)都能影响消费者对产品类别和个别品牌的态度。[8]

消费者努力在态度形成和改变中的作用

消费者进行思考或精细化的程度同样会影响态度形成和改变的过程。正如在第 2 章中所讨论的那样，消费者有时有较高的动机、能力和机会（MAO）去加工信息和制定决策。当 MAO 较高时，消费者更可能在形成或改变态度和制定决策时付出大量努力或涉入度非常高。一些学者使用**中心路径加工**（central-route processing）来表示需要付出努力思考信息的态度形成和改变过程。[9]之所以称之为中心加工，是因为消费者是通过仔细和认真分析信息中所包含的真正价值和中心议题来形成态度。这种深度的和努力式的加工结果是，消费者形成了强烈的、可达性高和信心十足的态度，而且具有持久性。

> **中心路径加工**：高努力的态度形成和改变过程。

但是，当 MAO 较低时，消费者的态度是以对信息的肤浅或表面分析为基础的，而非以仔细分析其真正价值为基础。由于这些态度往往是以信息中的外周或表面线索为基础，因此用**外周路径加工**（peripheral-route processing）一词来表示消费者投入精力有限（或低精细化）的态度形成或改变。

> **外周路径加工**：低努力的态度形成和改变过程。

本章考察的是高努力（也就是高 MAO）情况下消费者态度形成和改变的几种方式。下一章将考察低努力情况下消费者如何形成和改变态度。由于在消费者加工信息的 MAO 较高的情况下，态度往往可达性好、持久性强、难以改变且消费者充满信心，因此本章大部分内容主要考察的是有哪些因素会影响消费者态度的赞许性。

如图表 5.2 所示，当消费者愿意付出大量努力加工信息时，营销人员可以通过以下两种方式来影响消费者的态度（1）认知方式——影响消费者对提供物的想法或信念，（2）情感方式——影响消费者与提供物有关的情绪体验。此外，营销人员可通过说服性沟通的来源特征、信息的类型或上述因素的某种组合来影响消费者的态度。当态度形成后，它们会对消费者的意向和实际行为产生有力的影响。

态度的认知基础

研究人员已经提出了各种理论来解释在消费者付出大量努力加工信息和制定决策时，各种想法与态度的关系。在这一节中，我们将考察五种认知模型：（1）直接或想象的体验，（2）基于类比或类别的推理，（3）基于价值观的态度，（4）基于社会认同的态度产生，（5）态度形成的分析过程，包括像理性行为理论和计划行为理论等期望价值模型。

直接或想象的体验

仔细思考对某项产品或服务的真实体验（甚至是想象这种体验会是什么样子）能帮助消费者形成积极或消极的态度。当你在试驾新车后或在看完电影预告片后，你很可能会形成态度，甚至是当你想象驾驶那辆车或看那场电影会有什么样的感觉之后，你同样可能形

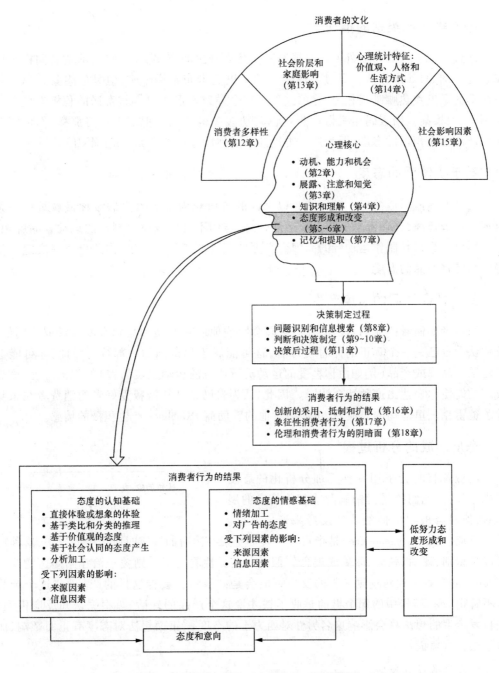

图表 5.2 本章概览：态度形成和改变，高消费者努力

在经过前两个阶段（展露、注意和知觉以及知识和理解）后，消费者会形成或改变他们的态度。本章考察的是消费者如何以认知和情感为基础形成高努力式的态度。本章还将考察营销人员如何通过来源因素和信息因素来影响态度。

成态度。如果你仔细思考购买和使用某个品牌笔记本电脑所获得的好处，你会产生对这个笔记本电脑品牌的赞许态度。[10]

基于类比或类别的推理

通过考虑某产品与另外的产品或某一产品类别之间有多大相似性，消费者同样可以形成态度。例如，如果你从未喝过一瓶冷冻的星巴克卡布奇诺咖啡，但是你想象它也许与你喜欢喝的星巴克热咖啡很相似，你的这种推理会导致你形成对卡布奇诺的积极态度。再举个例子，如果某款新数码相机做广告宣称其功能多得就像一把瑞士军刀那样，你可能会对这个产品形成积极的态度，因为这一类别涉及了你所喜欢的产品（瑞士军刀）。[11]

基于价值观的态度

态度产生或形成的另一种方式是以个人的价值观为基础的。[12]假设你最看重的一条价值观是保护环境，当你考虑要买双新运动鞋时，与用不可回收材料制作的运动鞋品牌相比，你对用可回收材料制作运动鞋的品牌会有更加积极的态度。这里，你的价值观决定了你对特定品牌或产品的态度。

基于社会认同的态度产生

消费者如何看待他们自己的社会认同会影响他们对产品和品牌态度的形成。例如，假设你认为自己是一个真正的体育爱好者，这可能属于你认同的一部分。因此，你可能会形成对某一品牌或产品（例如由你喜爱的运动员所代言的运动服装品牌）的积极态度，该品牌或产品能使你表达出这种社会认同。[13]因此，认为自己是狂热滑板爱好者的消费者在亲身观看了德雷克·里迪乌的表演后，可能会对他的赞助商 DC Shoes 产生积极的情感。

态度形成的分析过程

消费者有时会采用一种更加分析化的态度形成过程，当他们接受营销刺激或其他信息的展露后，他们会根据他们的认知反应来形成态度。

> **认知反应**：我们对某一沟通做出反应所产生的想法。

认知反应（cognitive response）是指当一个人接受某一沟通的展露时所产生的想法，这种反应可以是识别、评估、联想、印象或观念。[14]假设一名男性看到了一则关于治疗阳痿药物西力士（Cialis）的广告。他对这则广告的反应可能会是："我就需要像这样的产品"，"这个产品根本不管用"或"广告中的那个男的是收了钱才说这个产品的好话"。根据认知反应模型，这些自发产生的想法将会影响这名男性对西力士的态度。[15]正面想法对态度有正面影响，而负面想法会有负面影响。

对沟通的认知反应

根据认知反应模型，消费者会投入大量精力对信息做出反应——其投入大到足以产生反驳论点、支持论点和来源贬抑。

- **反驳论点**（counterarguments，CAs）是不赞同信息的想法。在前面那个男性看到西力士广告的例子中，"这个产品根本不管用"或"这种产品不能治我的病"就属于此类想法。

> **反驳论点**：不赞同信息的想法。

- **支持论点**(support arguments,SAs)是赞同信息的想法。这名男性可能会认为"听起来不错"或"我就需要像这样的产品"。

> **支持论点**:赞同信息的想法。
> **来源贬抑**:贬低或攻击信息来源的想法。

- **来源贬抑**(source derogations,SDs)是贬低或攻击信息来源的想法。看到西力士的广告后,这名男子可能会想"这个男的在说谎"或"广告中的那个男的是收了钱才说这个产品的好话"。

特别是,反驳论点和来源贬抑会导致不利的初始态度或抗拒态度。像"这个产品根本不管用"或"广告中的那个男的是收了钱才说这个产品的好话"这样的想法有可能导致消费者对西力士的负面态度。消费者并不是盲目接受和跟从说服性信息中的建议,相反,他们会利用对营销人员的目标或策略的了解来有效应对或抵制这条信息。[16]事实上,消费者的确会想到营销人员如何试图影响消费者行为,接着,这些想法会让消费者对营销活动做出反驳论点或支持论点的反应。[17]此外,支持论点("听起来不错")会导致对提供物的正面态度。

研究表明,当消费者抵制说服并且也意识到他们在抵制说服时,这种意识会强化他们的初始态度。在高精细化情境中,当消费者碰到与他们自己的态度不一致的说服性信息时,他们将会产生反驳论点,这种论点能强化他们的初始态度——除非这条信息是来源于专家。[18]

营销启示

营销人员不光希望消费者接触并理解他们的市场信息,他们还希望消费者能对此有正面反应而非负面反应。那些产生反驳论点或来源贬抑的消费者将会对提供物有较弱的态度,甚至是负面的态度。为了应对这种反应,营销人员应当在广告投放到媒体上播出前测试消费者对沟通的认知反应。通过让消费者在观看广告时自言自语,或者在他们看完后记录下他们的想法,营销人员就能对这些反应进行分类,识别出问题,并对信息进行强化。

当信息内容与消费者已有的信念不一致时,消费者往往会产生较多的反驳论点和较少的支持论点。因此,一条支持控制枪支使用的信息将会在全国枪支协会成员中产生很多的反驳论点。这种**信念差距**(belief discrepancy)之所以会导致更多的反驳论点,是因为消费者希望能保持他们现有的信念结构,并通过反驳信息的论点来做到这一点。[19]当信息较为微弱无力时,消费者同样会产生较多的反驳论点和较少的支持论点。例如,宣传有多种色彩的吉列一次性剃须刀就不能为购买它的人们提供一个令人信服的原因。在这种情况下,消费者会贬抑信息来源(吉列)或产生反驳论点("谁关心颜色?")。[20]

> **信念差距**:信息与消费者的信念不同。

当消费者沉浸于某个电视节目,而商业广告出现于该电视节目中时,消费者会想到较多的支持论点和较少的反驳论点。电视节目能干扰消费者产生反驳论点,提高了信息的说服效果。[21]另外一种减少反驳论点的方法是采用"打断再重构"技术。以一种奇怪但却微妙的方式("4美元一天——每天只需400分")打断消费者对沟通的认知加工,从而为随后对信息进行重构(例如用"这是一笔难以置信的交易"这样的话语)来达成更有效的说服扫清了障碍。[22] 最后,当消费者处于好心情时,他们会对沟通做出更积极的反应:他们通常希望能保持这种心情,因此,他们会抵制反驳观点。[23]

期望—价值模型

期望—价值模型(expectancy-value models)这一分析过程能够解释消费者如何基于他们对某个事物或行动所拥有的信念和知识,以及他们对这些特定信念的评估,而形成和改变态度。[24] 根据该模型,你可能会喜欢一辆大众车,因为你相信它非常可靠、价格合理又时尚——你认为有这些特征的车是一部好车。

> **期望—价值模型**:一个被广为采用的模型,用于解释态度的形成和改变。

期望—价值模型以**理性行为理论**(theory of reasoned action, TORA)而闻名,它能描绘出态度为什么、何时以及如何预测消费者行为,尤其是在美国。[25] 如图表5.3所示,该模型认为**行为**(behavior, B)取决于一个人的**行为意向**(behavior intention, BI),而行为意向又由在这种情况下这个人**对行动的态度**(attitude toward the act, A_{act})和**主观规范**(subjective norm, SN)所决定。与多数期望价值模型相一致,A_{act}是由消费者对从事该行为带来后果的信念(b_i)和消费者对这些后果的评估(e_i)所决定。主观规范是由消费者的规范信念(NB_i)——或者说消费者认为他人希望他或她做什么——以及消费者对他人的遵从动机(MC_j)所决定。

> **理性行为模型**(TORA):解释态度为什么、何时和如何预测行为的一个模型。
> **行为**(B):我们所做的事情。
> **行为意向**(BI):我们打算要做的事情。
> **对行动的态度**(A_{act}):我们对做某事的感觉。
> **主观规范**(SN):其他人对我们做某事的感觉。

值得注意的是,TORA模型考虑到了社会环境中的其他人如何影响消费者的行为。在一些情况下,来自他人的**规范影响**(normative influence)对人们的行为有很大的影响。同样,正如在TORA模型中那样,根据态度来预测行为意向要比预测实际行为容易得多,因为有许多情境因素都会导致消费者不会从事某一意向行为。[26] 例如,你可能想要买一辆大众车,但是你没有买,因为你钱不够。

> **规范影响**:其他人如何通过社会压力影响我们的行为。

TORA模型假设态度具有可达性,因为只有消费者能提取态度,态度才能指导行为。对态度有信心和态度的矛盾性小同样能提高态度和行为之间的关联。[27] 此外,作为TORA延伸的**计划行为理论**(theory of planned behavior)通过考察消费者的感知行为控制来预测消费者在没有完全控制能力情况下的行为。[28] 例如,当老年消费者看到广告宣传降压药对健康的好处后,如果他们形成了对这种改变的积极态度和意向,并感知到他们对这种消费行为有一定的控制能力,他们就更可能购买和服用这种药物。

> **计划行为理论**:TORA模型的延伸,它根据消费者对行为的感知控制来预测行为。

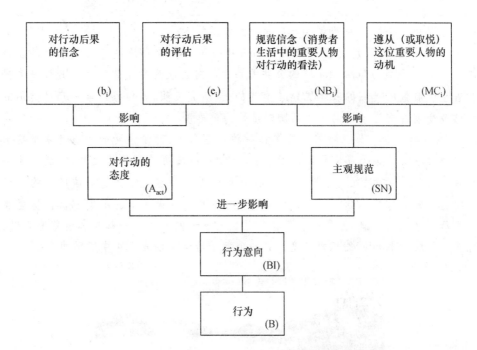

图表 5.3　理性行为理论
TORA 是一种期望价值模型,该模型提出了信念如何影响态度和规范进而影响行为。

营销启示

营销人员不仅需要理解消费者有什么样的态度,而且还要理解消费者为什么会有这种态度以及如何改变这种态度。例如,TORA 就可以用于分析消费者喜欢或不喜欢某个提供物的原因,他们是会支持还是抵制某种行为,以及其他哪些人也会有影响力因而也应当将他们作为目标。

在营销人员如何改变消费者态度、意向和(营销人员所希望的)行为方面,通过采用以下几种主要策略,这些模型也能为营销人员提供有用的指导:

1. 改变信念。一种可能的策略是改变与消费者获取某种提供物的后果相关联的信念强度。营销人员可以尝试强化有关提供物的正面、重要后果的信念或弱化关于提供物负面后果的信念。尽管在消费者愿意思考信息时营销人员通常会采用这种策略,但是如果消费者之前的信念很强,发生这样的改变并不容易。例如,通用汽车的土星牌汽车是小型、美国制造、价格合理的小汽车的代表。但是由于未能及时更新其款式,因而该品牌失去了许多光彩。为了改变消费者的信念,通用汽车推出了一款新车,并在广告中强调该车的款式和美国制造的诉求点:"购买它不是因为是美国制造,而是因它令人吃惊。"[29]

2. 改变评估。改变态度的另一种方式是改变消费者对后果的评估。当消费者有更多积极或较少消极的信念时,他们会有更为积极的态度。美国化学委员会是一家工业团体,该团体正利用广告来改变消费者对化学的态度。"当普通人想到化学时,(他或她)想到的是风险和危险,而不是利益,"Nova Chemical 公司的负责人评论道,"我们有必要消除这种差异。"一场名为"essential2"的公共关系活动向公众解释了化学制品是许多能提高消费者生活质量的产品的基本成分。[30]有趣的是,研究表明,宣传推广某一产品类别的活动能够改变消费者评估该品类中品牌时属性的重要性。[31]

3. 增加新信念。第三种策略是增加一种新信念,从而使消费者的态度变得更加积极。当消费者认为某个品牌要比其竞争者更低档、质量更差或价格更高时,这种策略尤其有效。[32]要注意的是,在复杂性低的产品上增加新属性有可能促进对该产品的积极信念和更为积极的态度。[33]例如,尽管亚马逊在线的 Kindle 无线电子书阅览器价格要高于其竞争产品索尼阅览器,但是当消费者发现 Kindle 还能收发电子邮件和浏览博客时,他们可能会形成对 Kindle 的积极态度。另一个例子请参见图表 5.4 中所示的广告。

图表 5.4 亚利桑那州的有水的沙漠

多数人都认为亚利桑那州是一个干燥的沙漠。这则广告增加了一个新信念,即亚利桑那州也有有水的区域。

4. 鼓励基于想象的体验而形成态度。营销人员可以通过有生动语言、丰富画面或指示说明的广告来沟通信息,从而鼓励消费者去想象这种体验。只要消费者擅长想象,并且关注积极方面而非消极方面,这样做就能够产生积极的品牌态度。[34]例如,Blendtec

公司在 YouTube 上发布了多个名为"能搅拌这个吗?"的视频,表明该公司的搅拌机连 iPods 和手机都能搅碎。这些视频能帮助消费者想象出该公司的搅拌机将能很好地"搅拌出玛格丽特酒并能除掉大块的冰",Blendtec 的营销总裁这样说。[35]

5. 以规范信念为目标。另一种策略是用规范信念作为影响行为的方式来展开沟通。北伊利诺伊大学成功地利用规范信念活动减少了学生酗酒的行为,该校告诉学生多数学生在聚会上喝酒不超过 5 杯。[36] 相反,安全套广告并没能有效提升其销量,因为这些广告没有强调规范信念(如果你不使用安全套,别人会怎么看你)。[37] 但是,规范信念的重要性却存在文化差异。在那些强调群体价值高于个体价值的国家(例如日本以及其他亚洲国家),规范信念诉求的作用更为明显。[38]

如何影响基于认知的态度

如图表 5.2 所示,信息来源和信息都会影响消费者态度的赞许程度。下面我们将考察在高加工努力的情况下,营销沟通如何才能影响消费者基于认知的态度。

沟通来源

在对信息进行广泛加工的消费者中,那些以认知为基础形成态度的消费者有可能受到可信信息的影响。这就意味着营销信息必须可靠,以产生支持论点、限制反驳论点和来源贬抑并提高信念强度。包括来源可靠性和公司声誉在内的一些因素能提高信息的可靠性。

来源可靠性

在许多营销信息中,信息是由代言人发布的,通常代言人可以是一位名人、演员、公司代表或真实的消费者。在销售情境中,销售人员就是公司和提供物的代言人。这些来源的**可靠性**(credibility)和公司的可靠性都会影响消费者的态度。[39] 研究表明,与高来源可靠性的情况相比,当来源可靠性较低时,消费者往往会更仔细地评估产品信息。[40]

> **可靠性**:来源在多大程度上值得信赖、有专业性和有地位。

当具有下列三个特征中的一个或多个特征时,来源会被认为是可靠的:可信赖性、专业性和地位。首先,人们更可能相信一个受人信赖的人而非一个不受人信赖的人。由于消费者往往认为其他消费者的意见要比来自官方的说辞偏见更少,因此他们会考察在 BizRate.com 以及其他消费者产品评论网站上发布的产品评论贴。[41]

其次,消费者更可能接受来自知识渊博的人或专家关于某个话题的信息,而非对这一话题完全不了解的人所提供的信息。展现出丰富产品知识的销售人员要比一无所知的销售人员更可靠,这也是为什么许多企业在它们的广告中以它们的首席执行官或创立者作为代言人。在拉丁美洲,尤其是在委内瑞拉和墨西哥,由名人或受人尊敬的人代言广告是一种非常有效的方法。例如百事公司在一些西班牙语的广告中邀请了拉丁流行歌星夏奇拉出演。[42]

研究表明,当消费者初始态度比较消极时,当信息与消费者的初始信念差异很大时,当信息十分复杂或难以理解时,当产品和代言人之间的"匹配性"很好时(就像儿童滑板玩家德雷克·里迪乌所代言的鞋类产品DC Shoes那样),可靠的来源对消费者接受信息有相当大的影响。[43]此外,通过影响消费者对他们关于广告信息想法的信心,来源可靠性还能影响消费者的态度。[44]

但是,当消费者很有坚定地坚持他们现有的态度(因此即使是可靠的来源也不能让他们信服)以及当他们有很强的能力能从信息中得出他们自己的结论(他们有许多与产品相关的知识、尤其是这种知识是来源于直接经验)时,可靠来源的影响作用会很小。[45]同样,当来源(例如一位名人)代言多种产品时,消费者也不大可能相信来源是可靠的。[46]最后,信任是代言人可靠性的一个重要因素,就像盖可公司的壁虎或品食乐公司的面粉宝宝的情况那样。特别是,如果消费者对品牌不甚了解,消费者对代言人的信任将会带来有利的品牌态度。[47]

营销启示

罗伯特·德尼罗和乔治·福尔曼都是成功的代言人,因为消费者认为他们非常诚实和正直。[48]类似的,有"诚实相"的销售人员会被消费者认为是可靠的信息来源。普通人同样可以被认为是可靠的代言人。像家得宝(Home Depot)和沃尔玛这样的公司在广告活动中使用自己的员工,因为用员工能增加真实性,并且在许多情况下,员工与其目标市场的消费者也很相似。[49]此外,拉丁美洲的消费者往往会对真实人物出演的广告给予积极的评估。[50]

像佩顿·曼宁、安迪·罗迪克和塞丽娜·威廉姆斯等体育人物,他们由于技能,成为运动品和运动设备以及其他产品的成功专家来源。[51]另外,专家来源非常受欢迎,这是广告有效的另一个原因。有趣的是,一项调查表明,女性代言人通常要比男性代言人更受欢迎和值得信赖。[52]但是,如果名人代言人陷入麻烦或放弃代言的话,公司或产品会有失去部分可靠性的风险。例如,当橄榄球明星迈克尔·维克承认了非法斗狗的指控后,耐克公司终止了他的代言合同。[53]

但是,在某些情况下,低可靠性来源也可能会有效。特别是,如果一个低可靠性来源反驳他或她自身的利益,这会导致积极的态度改变。[54]例如,政治广告经常用反对党的成员来赞成其竞争对手的候选人。此外,低可信度来源的影响实际上会随时间而增大(假设该信息是条有力的信息)。这种**睡眠者效应**(sleeper effect)的出现是因为消费者对信息来源的记忆要比他们对信息本身的记忆消退得更快。[55]因此,消费者可能会记住了信息,但忘记了信息的来源。

> **睡眠者效应**:消费者忘掉信息来源的速度要比他们忘掉信息的速度更快。

公司声誉

当营销沟通不采用真人时,消费者会根据传递信息的公司声誉来判断可靠性。[56]人们更可能相信那些在产品质量、公平对待消费者或在可信赖性方面有良好声誉的公司所发布的信息,并因此而改变他们的态度。在网上,公司可以通过赞助相关网站来提升公司声誉并引发积极反应;高度针对某个站点受众的旗帜广告也能引发受众对公司的积极态度。[57]更具体来说,品牌的感知可信赖性要比品牌的专业性对消费者的思考和行为有更大的影响。[58]

营销启示

了解到公司声誉能够影响消费者知觉和可靠性,许多公司投入了大量的时间和金钱,通过广告来建立公司的正面形象。正如图表5.5所示,公司的环保记录会影响购买者的态度和行为。许多公司使用广告和公共关系来传播它们对环保事业的投入。例如,能源企业BP公司花费了数百万美元开展了一项名为"超越石油"的形象建立广告活动,以此展现该公司在环保方面所做的活动。[59]

图表5.5 是环境友好型公司吗?

好公司
尽管西部人士有"有地球意识的"良好声誉,但实际上东北部人士对环境友好型公司的印象更深刻。

美国人中认为下列因素影响他们购买产品决策的百分比

	性别		地区			
	男性	女性	东北	中部	南部	西部
不危害环境	76%	84%	86%	81%	78%	80%
公司因采用环境友好型做法而闻名	65%	75%	78%	71%	68%	67%
公司因善待工人而闻名	62%	69%	67%	63%	69%	60%
销售收入的一部分捐给了慈善事业	46%	62%	53%	58%	56%	50%

公司对环境的友好性在消费者决策制定中的重要性会随他们的性别和地区而变化。

资料来源:Reprinted with permission from the October 2003 issue of *American Demographics*. Copyright Crain Communications, Inc. 2003。

信 息

正如当消费者加工努力高时他们会对来源是否可靠进行评估那样,消费者还会对信息本身是否可靠进行评估。有三种因素会影响信息的可靠性:论证的质量,单面信息还是双面信息,是否是比较式信息。

论证的质量

影响信息是否可靠的一个最重要因素是该信息是否采用了强论证。[60] **强论证**(strong arguments)能以令人信服的方式展现出某个提供物最好的特征和主要的优点。信息也可以展现某些支持性的研究或认可,例如《好管家》奖章或《消费者文摘》的最佳购买提名(参见图表5.6)。当消费者对于如何做就能避免不愉快的购物经历进行思考后,再向消费者展露强论证,则这种信息会更有说服力。[61]此外,当消费者关注使用产品的过程而非使用产品的结果时,强论证对行为意向有更大的影响,尤其是对于

> **强论证**(strong arguments):以令人信服的方式展现出某个提供物最好的特征和主要的优点。

低或中等涉入度的产品。[62]对高认知需要的消费者而言,广告信息中采用强论证和隐性结论相结合的方式将会导致更有利的品牌态度和购买意向。[63]此外,当消费者投入足够的认知资源对信息加工时,包含强论证的信息对他们的说服力会更大。[64]

图表 5.6 论证质量:好管家奖章
如果某家公司宣称其产品或服务受到了像《好管家》这样的独立机构的奖励或认可,那么该公司的广告会变得更可信、更能使消费者信服。

商业资讯广告——持续 30 到 60 分钟的电视广告信息——能给予公司足够的时间来详细介绍复杂型、先进技术型或创新型商品和服务。包括尼康和哈门那(Humana Healthcare)公司在内的许多公司都成功地通过商业资讯广告来展现强论证并销售产品。互联网广告能使公司用令人信服的信息作为复杂广告信息的一种补充,并对消费者产生正面影响。[65]

> **营销启示**
>
> 如果信息较弱，消费者可能不会认为信息为他们提供了一个可靠的购买理由。要让人们购买某个品牌的床垫，仅说说该床垫用装饰面料制作并不会令人信服。但是，并不是所有信息都得关注产品或服务的实质特征。当品牌间很相似且竞争者都强调相同的重要属性时，在影响消费者的态度方面，不太重要的属性实际上会起到十分重要的作用。[66] 此外，信息应当与消费者对加工该信息所愿意投入的精力相匹配。太复杂或太简单的信息都不可能有说服力。[67]

单面信息和双面信息

许多营销信息只呈现正面信息。这种信息被称为**单面信息**（one-sided messages）。但是在一些情况下，既包含产品的正面信息也包含负面信息的**双面信息**（two-sided message）可能更有

> **单面信息**：指呈现积极信息的营销信息。
> **双面信息**：既呈现正面信息也呈现负面信息的营销信息。

效。例如，巴克利公司的止咳糖浆采用双面广告信息在全北美进行销售，例如"味道不好，但是管用"以及"难以下咽，但却有效"。[68] 像强论证一样，双面信息能使得信息更可靠（也就是，增加了信念强度）并减少反驳，从而影响消费者的态度。当消费者在广告中看到负面信息时，他们可能会推断这家公司很诚实，这种信念提高了来源可靠性。[69] 通过向消费者提供对提供物感兴趣的理由，这种广告能促使消费者增加新信念。要注意的是，双面信息的说服效果部分取决于如何呈现负面信息以及负面和正面属性之间的相互作用。[70]

> **营销启示**
>
> 双面信息在以下情况中特别有效：(1) 当消费者开始时反对提供物（他们已经有负面的信念），(2) 当他们接受来自竞争对手的强反面信息展露。[71] 双面信息更容易被智商高的消费者所接受，他们喜欢中立的、无偏的信息。哈迪（Hardee）连锁餐厅在一项宣传活动中在承认顾客抱怨的同时推出了其新产品厚汉堡。其宣传活动的口号"这就是为什么你最不想去买汉堡的地方变成了你的首选"，是一个将负面态度转为正面态度的直接诉求。[72] 但是，使用双面信息的广告并不总是对营销人员最为有利。通常，只有当负面信息属于一个不十分重要的属性时，双面信息对品牌态度的正面影响才会出现。

比较式信息

比较式信息（comparative messages）能表明某一提供物要好于竞争对手的提供物。比较式信息有两种类型。[73] 最常见的一种是间接比较式信

> **比较式信息**：直接与竞争对手进行比较的信息。

息，即在信息中将提供物与那些没有名字的竞争者的提供物进行对比（例如"其他领导品

牌"或"某品牌")。这种策略能改善消费者对某一拥有中等市场份额的品牌相对于其他拥有中等市场份额的品牌的知觉(但不能改变其相对于市场领导品牌的知觉)。[74]但营销人员需要记住的是,比较式广告的效果存在着文化差异。[75]韩国的文化价值观十分看重和谐,比较式广告显然违背了这种价值观,因而很少使用,但是这种技术在美国却被经常使用。

直接比较式广告是指广告主在某一属性或利益上明确指明并攻击竞争者。当提供物在某一特征上要好于竞争对手的提供物时,营销人员通常会使用这种方法。例如,苹果公司在广告中将其易于使用的电脑操作系统与使用微软操作系统的电脑进行比较。[76]销售人员经常采用这种技术来使消费者相信他们的产品要好于竞争对手。比较式广告也用于政治选举中,它能比负面政治广告产生更多的反驳论点和更少的来源贬抑。这种结果的出现可能是由于这两类信息激发了不同的信息加工风格。[77]但是,与接触正面政治广告信息的消费者相比,接触负面政治信息的消费者认为这些信息对于他们制定决策没有太大用处,并会对政治广告活动产生更加负面的态度。[78]

总的来说,直接比较式广告在产生注意和品牌知晓以及正面提高信息加工、态度、意向和行为方面较为有效(参见图表5.7)。[79]但是,正如前面所提到的,这种信息并没有高可靠性。对那些试图从流行品牌那里抢夺市场的新品牌或低市场份额的品牌来说,这种信息尤其有效。[80]通过强调与其他品牌的不同或优于其他品牌之处,新品牌或低市场份额品牌的广告能够提升消费者的态度,从而给予消费者一个购买它的可靠理由。事实上,强调差异化的比较式广告能够刺激消费者注意到竞争品牌之间的不同。[81]比较两个品牌不同之处的信息能引发更多的精细化加工,特别是对于低认知需要的消费者而言。[82]

当比较式信息含有使其更可信的其他元素时——例如可靠的来源或客观性或经过验证的声明(强论证)[83]——或者宣传的是该产品品类中的重要属性或效用时[84],比较式信息尤其有效。然而,与非比较式广告或直接比较式广告相比,间接表明品牌优于所有品牌的广告信息对于在整个市场中对该品牌进行定位更为有效。[85]同样,如果消费者起初通过一则非比较式广告接收信息,当他们之后再接触一则比较式广告时,他们对其评估修正的幅度要大于当他们之后接触另一则非比较式广告时。[86]以负面方式提及竞争对手的比较式广告会被认为是不大可信和有偏见的;与无负面竞争性参照的比较式广告相比,这种广告会导致消费者更多的反驳论点和更少的支持论点。[87]

在制作比较式广告时,营销人员还应当考虑消费者的目标。进取聚焦型消费者的目标是使其利得和正面结果最大化,因而更可能对品牌X产品优于品牌Y这样的声明做出反应;防守聚焦性消费者的目标是使损失和风险最小化,因而更可能质疑这种优越性声明,而对品牌X产品与品牌Y相似或相同这样的声明做出反应。[88]值得注意的是,正面表述的比较式信息(品牌X产品性能优于品牌Y)对进取聚焦型消费者更有效,而负面表述的信息(品牌Y产品比品牌X的问题更多)对防守聚焦型消费者更为有效。[89]正面表述的比较式信息能导致更多的认知加工,并促使消费者思考其他品牌信息——如果额外信息能够支持正面论点的话,这将会激发消费者的购买意向。[90]

图表 5.7 比较式广告
一种强论证类型是直接与竞争者进行比较。在这则比较式广告中,Baby Orajel 为说明该品牌要好于其他三个品牌提供了一个强有力的原因。

营销启示

　　直接比较式信息最好用于消费者有高 MAO 去加工信息之时。当 MAO 高时,消费者会付出更多的努力去加工信息,并不大可能混淆做广告的品牌和其竞争品牌。[91]此外,当消费者采用分析式加工时,比较式广告要比非比较式广告更有说服力;当消费者采用表象加工时,非比较式广告更有说服力。[92]赛百味三明治连锁店使用比较式信息劝说消费者"买我们的三明治,不买他们的汉堡包",这条信息能帮助消费者根据营养成分之类的产品属性在快餐产品类别中做出选择。[93]但是要记住的是,比较式广告无法改变消费者对品牌的负面第一印象。[94]

　　比较式广告中的任何信息都应当是有事实依据且经得起检验的;否则,竞争对手可能会考虑采取法律行动。尽管在美国和拉丁美洲比较式广告被广泛使用,但是在其他一些国家这种做法则是非法的,在欧盟国家,这种做法则受到了严格限制。[95]一些消费者不喜欢比较式广告。例如日本的消费者更乐于接受软性推销而非比较式广告。[96]最后,只有当公司产品的改进功能是该产品的非典型性功能时,将公司的新型改进产品与该公司原有的产品进行比较的信息才会有效。[97]

态度的情感(情绪)基础

在早期,多数有关高MAO和高加工努力条件下消费者态度的研究主要关注的是态度形成的认知模型。但如今,研究人员意识到消费者可能会投入大量心智精力以情绪为基础来加工信息。情绪反应独立于认知结构,它可以作为形成赞许的、持久的和抵制改变的态度的一种有效方式。[98]这一节我们将考察在高MAO和高加工努力的情况下,营销人员何时和如何通过消费者的感受来改变态度。

当消费者对某一事物或决策的**情感涉入**(affective involvement)很高时,他们对刺激会体验到相当强烈的情绪反应或投入。投入(engagement)

> **情感涉入**:对某个提供物或活动投入情绪和增强感受。

是指消费者与某个产品或广告的情绪联结程度。[99]投入程度高意味着强烈的感情将能影响态度。在这种情况下,消费者的感受会作为一种信息来源,消费者将会根据这些感受对刺激进行评估。[100]

当情绪与提供物匹配或被视为与提供物相关时,情绪更可能影响态度改变。[101]例如,与不在恋爱状态的人相比,处于恋爱中的人会对昂贵的香水有更为积极的态度。当消费者看到他人在使用某个提供物时体验到强烈的情绪,或者当情境因素阻碍消费者形成认知性态度时,消费者的感受也会是一个重要因素。[102]因此,在时间十分紧迫的情况下,消费者可能只会回忆起先前的情绪体验而不是形成认知性态度。

在营销情境下,一些特定因素能激活记忆中与强烈情绪关联的体验或情节。[103]例如,如果你正好看到你刚买回来汽车的广告,你也许会体验到快乐和激动这样的积极情绪。如果你是个爱狗人士,你可能会对一则出现伶俐小狗的信息体验到情感涉入。因此,几十年来印刷广告中经常出现小狗就不足为奇。[104]

态度还可以通过调节性匹配这种说服的情绪路径而形成。在第2章中我们识别了消费者的两种目标类型——进取和防守聚焦型目标。具有进取聚焦目标的消费者有动机以追求积极结果的方式来行动,他们关注的是希望、愿望和成就。相反,具有防守聚焦目标的消费者有动机以避免消极结果的方式来行动,他们关注的是责任、安全和避免风险。

研究表明,消费者对产品的态度取决于消费者的目标与实现该目标的可用策略之间的匹配程度。例如,对于一名进取聚焦型消费者而言,一则表现驾车乐趣的广告(即广告与其进取型目标相匹配)要比一则强调汽车安全性的广告更有说服力。事实上,强调汽车安全性的广告对于防守聚焦型目标的消费者更有说服力。为什么?当人们的调节性目标与能帮助他们实现目标的可用策略之间相匹配时,人们会感觉良好。这种感觉会使他们对态度的评估更有信心,并更可能认为他们的态度或选择是有价值的。[105]

当消费者对信息产生情感涉入时,他们倾向于从总体水平上而不是分析式地对信息进行加

> **情感反应**:消费者对信息产生感受和形象。

工。[106]这一过程涉及形象或感受的产生,即**情感反应**(affective responses, ARs),[107]而非认知反应。事实上,情感反应通常要比认知反应对消费者使用产品的态度的影响更大。[108]当广告能建立"高峰情绪体验"时,情感反应尤其重

图表 5.8　广告中的人类最好的朋友
宠物主人对他们的爱犬有着深厚的情感。因此,一幅伶俐小狗的画面能激发这种强烈的情感。

要。[109]消费者或者回忆起某种情绪体验,或者感同身受于与情绪相关的情境或体验。[110]这些感受将会影响他们随后的态度。关注希望和愿望目标的消费者往往会依靠他们对广告的情感反应。而关注责任和义务的消费者往往会更多地依靠信息内容。[111]

文化差异也会影响**情感诉求**(emotional appeals)的效果。一项研究发现,激发关注自我的反应(例如骄傲和快乐)的信息在群体导向的文化中会产生更有利的态度,而移情性(empathetic)信息在个体主义的文化中会产生更有利的态度。[112]出现这种明显区别的原因在于这种诉求的新奇性和独特性提高了消费者加工和思考信息的动机。

> **情感诉求**:设计用于引发情绪反应的信息。

有时,负面情绪对态度改变会有正面效应。在一项研究中,当个体接受一则反虐待儿童的公益广告展露时,起初广告会引发他们的负面情绪(悲伤、愤怒、恐惧),但随后却导致了同情的感受,而这种反应导致了人们做出提供帮助的决定。[113]此外,通过使强烈的负面情绪最小化,消费者可以避免做出与这种情绪相关的决策。[114]

要注意的是,认知仍会决定消费者体验到的感受对他们的态度的影响程度。对那些直接影响他们态度的感受,消费者必须从认知上将这些感受与提供物联系起来。[115]为了说明这一点,假设现在你看到一则银行广告,广告中表现的是一位父亲抱着他的孩子的温馨画面,你可能会体验到即时的情绪反应（温暖和高兴）。但是，只有当你有意识地将这种感受与这家银行联系起来（"这家银行令我感觉良好"或"我喜欢这家银行，因为它关心他人"）时，这种感受才会影响你对这家银行的态度。同样，与产品的轻度使用者相比，采用情感诉求的广告信息更可能有效提高品牌名称在重度使用者中的可达性。[116]

营销启示

营销人员可以尝试通过影响情绪来影响消费者的态度。特别是，营销人员要确保在特定的情境中，消费者能体验到正面的情绪。例如，汽车销售人员可能会试图采用一切令顾客高兴的办法，从而能让顾客形成对经销商和汽车的积极态度。建立积极情绪的重要性也能解释为什么航空公司、金融机构和其他服务提供商非常注重服务的友好性。西南航空公司赢得了友好服务顾客的声誉，该公司的总裁说："我们要让顾客融化在友善、关怀和关爱中。"[117]

营销沟通能引发消费者的强烈情绪，尽管通常引发这些情绪的能力十分有限——与激发高水平的情绪相比，广告更擅长于建立低水平的情绪。你可以想象一下表现人们在麦当劳餐厅享用美食的商业广告会如何引发受众的好心情。但是，在产品或服务的情感涉入较高的情境中，营销人员也许有能力创造出改变态度所必需的形象或感受。这种结果最可能出现在那些存在着强烈的寻求快乐和象征性动机的产品类别中，即感受或象征性意义非常重要的类别中。例如，梅德赛斯就放弃了告知型广告，转向了情感诉求型广告。

如何影响基于情感的态度

在高 MAO 和努力以及基于情感（情绪）的态度的情况下，营销人员可以用图表 5.1 中所示的几种策略来改变消费者的态度。就像基于认知的态度那样，营销人员也可以通过来源特征和信息两个方面影响消费者的情绪，从而改变消费者的态度。

来源

感知吸引力（attractiveness）是影响高努力下基于情绪的态度的一个重要来源特征。有关来源吸引力的研究表明，当消费者具有高 MAO 和努力时，如果有吸引力的来源适合于该提供物类别（例如，豪华汽车、时尚、化妆品和美容产品），这种来源往往会引起赞许性的态度。[118] 这种效应被称为**匹配性假设**（match-up hypothesis）（来源应当与提供物匹配）。相关而且有吸引力的来源可能会让人们认为广告信息更丰富和更令人喜爱，或者能影响消费者认为其产品是好产品的信念，从而强化了态度。有吸引力但不相关的来源会干扰消费者对信息特点的把握。[119]

> **吸引力**：一种来源特征。如果我们认为来源具有外表吸引力、惹人喜爱、令人熟悉或与我们自己相似，这种来源特征就能引发积极的态度。
>
> **匹配性假设**：认为来源必须适合于产品/服务的一种观点。

图表 5.9　吸引力的重要性
广告经常用迷人的模特激发消费者对广告和产品的积极感受。Scandia Down 的这则广告就是一个很好的例子。

美国运通公司采用了许多有吸引力和有专业性的来源向消费者传播其信用卡的利益。在最近的一项名为"你是信用卡会员吗?"的宣传活动中,奥运会滑雪板冠军肖恩·怀特用他所获得的美国运通卡奖励积分订购飞往滑雪胜地的机票。他告诉观众:"我需要能在我希望的时间到达我想要去的地方。"[120] 研究表明,与有吸引力的来源相比,匹配性假设对有专业性的来源更有效力,这也正是为什么怀特所代言的 Burton 滑雪板服装会尤其有效。[121]

吸引力和态度改变之间的关系同样适用于销售场合。消费者认为外表有吸引力的销售人员有更高的销售技巧,他们也更可能听从这些销售人员。[122] 顾客往往也会受到与他们相似的销售人员的吸引,并购买他们的产品。[123]

> **营销启示**
>
> 尽管吸引力通常是指外表特征上的吸引力,如果来源(在外表或观点上)与消费者相似、受消费者喜爱或熟悉,这种来源同样具有吸引力。[124]消费者是如此喜爱(也如此熟悉)篮球明星姚明,因此姚明如今代言了许多产品,包括锐步运动鞋、维萨信用卡、可口可乐饮料。姚明的名声也使他在中国成为十分有价值的代言人,在中国,他代言了中国联通的广告。[125]

信 息

就像营销人员可以利用来源特征来了解和影响情感加工那样,他们也可以利用信息特征来影响消费者。情感诉求和恐惧诉求是两种尤其重要的信息特征。

情感诉求

营销人员有时尝试采用能引发诸如爱、渴望、高兴、希望、刺激、勇敢、恐惧、愤怒、害羞或排斥等情绪的诉求来影响消费者的态度。即使是无意通过幽默或广告信息的其他方面而引起了消费者的厌恶感,这种厌恶感也是导致消费者对品牌或公司负面态度和负面购买意向的一种强烈情绪。[126]积极情绪能令提供物对消费者产生吸引力,而消极情绪则会引起消费者对如果不使用提供物将会发生状况的焦虑。

在信息中,营销人员还可以呈现能表达积极情绪的场景,希望消费者能感同身受地体验到这种情绪。在这种情况下,营销人员可以引导消费者想象如果使用了该产品,他们会感觉非常好或变得更好看。例如,治疗阳痿的药物"万艾可"的一则广告表现的是一对翩翩起舞的夫妇。[127]类似的,麦当劳的快乐餐强调了围绕这一产品所产生的情绪。"对父母而言,快乐餐意味着快乐的记忆;对孩子而言,快乐餐意味着乐趣、好玩的玩具,"麦当劳的一位主管说,"这两方面的共同点是'特殊的时刻',因此我们有了'快乐时光快乐餐'的口号。"[128]当消费者被一则广告的温暖和积极的感觉所吸引时,他们对广告会更有情绪,他们对广告的态度也更积极,尤其是当这则广告信息能引发强烈的情感时。[129]然而,建立在相互冲突情绪(如快乐和悲伤)基础上的情感诉求会导致不能接受这种矛盾性的消费者产生不利的态度。[130]

但是,情感诉求可能会限制消费者加工与产品相关信息的数量。[131]这种结果出现的原因在于,消费者可能会更多地思考对产品的感受而不是产品的特征,这样会抑制消费者对产品及其利益的认知。因此,当情绪唤起与产品消费或使用相关时,情感诉求可能会更有效,这常见于享乐或象征性动机很重要的情境中。沃尔沃将其部分宣传活动的重点从强调安全性转到了强调"驾驶乐趣和刺激"——同样还增加了"享受生活"的宣传口号——因为该品牌已经建立起牢固的品牌形象(安全和笨重)。[132]研究表明,当所广告的产品已经上市一段时间后,情感诉求能更有效地影响消费者的行为。与之相比,专家来源和强论证式的广告对于刚上市的产品更有效。[133]

营销启示

通常,营销人员试图通过音乐、情绪画面、视觉、性别和有吸引力的来源等技术来唤起情绪。在印度,Airtel 无线电话服务公司的一则商业广告通过展现父子之间的一个特别时刻来寻求与消费者建立起情感上的联系。[134]在英国,Vicks 止咳糖浆的商业广告没有使用医学术语,而是采用了强调舒适、关怀和健康等情绪的画面和对话。[135]但是,除非信息与消费者个人有关,否则要想激发消费者的情绪是很困难的。[136]

恐惧诉求

恐惧诉求(fear appeals)试图通过强调从事或不从事某项行为的后果来引发恐惧或焦虑。通过唤起这种恐惧,营销人员希望激励消费者对信息进行思考,并表现出期望的行为。[137]但是恐惧是一种有效的诉求吗?早期的研究发现恐惧诉求没有效果,因为消费者的知觉防御会帮助他们过滤或忽视掉这种信息(由于这种信息的威胁性质所造成)。[138]这类研究说明了为什么香烟包装上和广告中卫生局长的警示多半无效。[139]但是,最近的研究表明在某些情况下恐惧诉求会起作用。例如,能引起内疚、后悔或质疑的恐惧诉求能激发行为,因为它们影响了消费者做或不做某事时所体验到的自我责任感,例如擦防晒油来防止癌症。[140]

> **恐惧诉求**:强调消极后果的信息。

恐惧管理理论(terror management theory, TMT)为恐惧诉求的使用提供了更深刻的见解。根据该理论,我们除了有自我保护的内在冲动,还形成了应对人总有一死这种恐惧的价值观和信念的世界观。为了避免被焦虑吓到,我们会通过更牢固地捍卫我们的世界观来对那些强调死亡威胁的信息做出反应。因此,采用致命后果的高恐惧诉求不会管用,因为人们对这种威胁做了过多的仔细思考,以至于他们无法加工该信息中所建议的行为改变。因此,恐惧诉求的性质——具体来说就是恐惧诉求中死亡的显著性——会影响消费者的情绪、精细化加工和态度。[141]

> **恐惧管理理论**:一种有关我们如何通过捍卫我们的价值和信念的世界观来应对死亡威胁的理论。

营销启示

恐惧诉求何时有效?首先,该诉求必须提供一种能减少消费者恐惧的直接行动。其次,恐惧水平应当适度。[142]如果恐惧程度过高(就像早先的研究那样),消费者的知觉防御将会占上风,因此信息将不会对消费者产生影响。再次,如果涉入程度较高,那么可以采用较低的恐惧水平,因为消费者加工信息的动机较高。[143]像人格、产品试用、社会经济地位等因素同样对恐惧诉求的效果有影响。[144]最后,提供信息的来源应当可靠;否则,消费者会产生反驳论点和来源贬抑,从而不会完全相信这条信息。

图表 5.10　恐惧诉求

广告可以采用恐惧诉求来激励消费者采取行动。这则广告试图唤起父母对儿童滥用处方药后果的恐惧。

对广告的态度

尽管大多数研究都关注消费者对品牌的态度,一些证据表明,消费者**对广告的态度**(attitude toward the ad, A_{ad}),即消费者对宣传品牌的广告的态度,会影响消费者对品牌的态度和行为。[145] 换句话说,如果我们看到了并且喜欢一则广告,我们对广告的喜欢会延伸到品牌,从而我们会有更积极的品牌态度。许多 A_{ad} 的研究是在低努力加工的情境下开展的。但是,研究人员发现当消费者加工信息付出的努力相当大时,A_{ad} 同样有影响力。在这种情况下,研究人员已经发现了导致积极 A_{ad} 的三种主要因素。[146]

> **对广告的态度**(A_{ad}):消费者是否喜欢某则广告。

第一，信息丰富的广告往往更受人喜爱并能产生积极反应。[147]接着，这些对广告的反应将会对品牌态度产生积极影响，这一因素被称为**功利性维度**（utilitarian dimension）（或**功能性维度**，functional dimension）。例如，消费者通常会喜欢互联网上的促销，因为他们认为网上的促销信息要比其他媒体中的促销信息更丰富。另一方面，消费者对信息不丰富的广告可能会有消极态度。例如，消费者开始对那些被视为"揭发隐私"和没有提供多少有关候选人有用信息的政治广告持负面态度。[148]

> **功利性（功能性）维度**：广告能提供信息。

第二，如果广告能引起积极感受或情绪（**享乐性维度**，hedonic dimension），消费者会喜欢这则广告。[149]我们往往会喜欢那些让我们感觉良好或能勾起我们积极体验回忆的广告。这种积极态度能转移给品牌并使我们对该品牌（b_i）有更积极的信念。[150]营销人员也采用各种手段令在线广告变得幽默和有趣。例如，福特公司最近就推出了一系列名为"遇上幸运儿"的8分钟广告网络短片，表现的是10个拥有水星（Mercury）牌轿车的古怪人物的生活（通常品牌出现在背景中）。这一互联网宣传活动针对的是年轻购买者，尤其是女性，并辅以这些虚构人物的在线日记，邀请消费者对该活动产生更多地涉入和认知，从而使得消费者对水星品牌有更积极的看法。结果：在该宣传活动进行过程中，水星的各类网站的访问人数和信息请求量都增加了。[151]

> **享乐性维度**：广告能引起积极或消极感受。

第三，消费者会因有趣而喜欢一则广告。也就是说，广告激发了消费者的好奇心并引起了他们的关注。当消费者投入大量精力并全面分析一则信息时，我们就可以认为这则广告是有趣的并产生了积极的 A_{ad}。这一因素有助于解释青少年服装零售商太平洋夏装（Pacific Sunwear）公司通过不断变换的促销形式来提升在线销量所取得的成功，该零售商的促销方式包括免费音乐下载、名人访谈、"赢得你的愿望"（win your wish list）竞赛。"我们将我们的网站看作是与顾客进行沟通的地方，"该公司的电子商务总裁这样说，"它不单是购物的地方。"通过让消费者不断重访其网站，该公司提高了品牌知名度，使消费者形成了对太平洋夏装的积极态度，并提高了销售量。[152]

态度何时能预测行为？

营销人员不仅关心态度是如何形成和改变的，而且还想知道态度是否能预测行为、何时能预测行为以及为什么能预测行为。TORA 模型能够预测哪些因素会影响消费者的行为意向，因此最可能向营销人员提供这些问题的答案。但是，正如前面所提到的，我们并不总是能够预测我们实际上要做的事情，因此，营销人员还需要考虑哪些因素会影响态度与行为之间的关系。下面是影响消费者的态度是否将影响他或她的行为的一些因素：

- 涉入/精细化的程度。当消费者的认知涉入程度较高和消费者对形成态度的信息进行仔细思考时，态度更有可能预测行为。[153]当情感涉入高时，态度往往也会更强烈和持久，因此也更能预测消费者的行为。因此，对于高情感性问题（例如持有枪支或流产），态度往往更稳定并能预测行为。如果消费者面对品牌的不一致性，例如在一项属性上好于竞争对手而在另一项属性上比竞争对手差，消费者会怎么办？在这种情况下，如果消费者不通过精细化来解决这种不一致，态度和行为之间的关系将会被削弱。[154]

- **知识和经验**。当消费者对态度对象非常了解或有经验时，态度更可能非常强烈且能预测行为。[155]例如，在有关电脑决策的问题上，与新手相比，专家的态度更可能是建立在详细和整合信息的基础上，因而这种态度会更强烈并与行为联系得更紧密。

- **分析理由**。研究表明，在测量完消费者的态度后紧接着测量消费者行为的情况下，让消费者分析他们品牌偏好的原因能够增强态度和行为之间的联系。营销人员在制定支持新产品投放的消费者研究计划时需要考虑这一点。[156]

- **态度的可达性**。如果态度是可获得的或"就在心头"，那么态度与行为的关系会更密切。[157]相反，如果态度不容易被想起，态度对行为就不会有影响。直接经验（产品使用）通常能够提高对体验（品尝或触碰）属性的态度可达性，而广告能提高对搜寻属性（例如价格、成分）的态度可达性，尤其是在多次重复的情况下。[158]同样，消费者在被问到他们对某个产品类别中的某一产品的购买意向时，他们更可能选择那些他们持有正面的态度和可达性好的品牌；消费者对产品类别进行研究也能使得他们对该产品类别中的品牌的态度有更高的可达性，从而态度能够改变行为。[159]

- **对态度的信心**。正如前面所提到的，我们在有些时候要比其他时候对我们的评价更有把握。因此，影响态度和行为的关系的另外一个因素是对态度的信心。当态度是根据大量信息或可信赖信息而形成的时，消费者对态度的信心往往会更强。当我们有信心时，我们的态度更可能预测我们的行为。[160]毫无疑问，强烈的态度要比微弱的态度对消费者的品牌考虑和选择有更大的影响。[161]

- **态度的具体性**。当态度要预测的行为十分具体时，态度往往能很好地预测行为。[162]因此，如果我们想要预测人们是否会参加跳伞课程，与测量他们对跳伞课程的具体态度相比，测量他们对跳伞的总体看法不大可能预测他们的行为。

- **态度行为关系的时间跨度**。当消费者接受一则广告信息的展露，但是并没有实际试用产品时，他们的态度信心会随时间而下降。因此，营销人员应当对他们的广告制定定期计划，通过信息重复来重新激活消费者的态度和态度信心。另一方面，即使基于广告的态度不会随时间减弱，但基于试用的态度却可能随时间而减弱。因此，营销人员应当利用沟通来强化试用体验的效果，从而重新激活态度。[163]

- **情绪性依附**。消费者对某一品牌的情绪性依附越强——他们感到与该品牌联系或连接得越紧密——他们就越可能在今后重复购买该品牌。事实上，这样的消费者愿意为他们所承诺和忠诚的品牌支付溢价，即使是该品牌会遇到召回这样的产品危机。[164]同样，对品牌有情绪性依附的消费者更可能会被有关该品牌的负面信息所唤起，从而激发他们产生更多的反驳论点来反驳这一负面信息。[165]

- **情境因素**。干预性情境因素会组织行为的执行，因此会削弱态度-行为关系。[166]你可能会对保时捷持有非常积极的态度，但是你不会买一辆保时捷，因为你可能买不起。另一种情况下，如果你准备买一辆保时捷，但经销商那里没有存货，你的这种态度也不会导致你的购买行为。在其他一些情况下，使用情境可以改变态度。例如，你对不同红酒的态度可能会取决于你是为自己还是为朋友买红酒。

- **规范因素**。根据TORA模型，规范因素可能会影响态度—行为关系。例如，你想去学习芭蕾舞，但是你可能不会去，因为你觉得朋友会取笑你的这种做法。尽管你的态度是积极的,而且这种态度应当会导致你去跳芭蕾,但是你遵从规范信念的动机却更高。

• 人格因素。最后,特定的人格类型要比其他人格类型更可能展示出强烈的态度—行为关系。喜欢对行动仔细思考的个体会表现出更强的态度—行为关系,因为他们的态度基于高精细化思考。[167]同样,顺从自己内在性情的人(称为低自我监控者)更可能在跨情境中展现出相似的行为模式,因此有更一致的态度—行为关系。[168]相反,那些追随他人看法和行为的人们(称为高自我监控者)尝试改变行为来适应不同的情境。因此,高自我监控者对啤酒的选择可能会取决于情境,而低自我监控者无论是在哪种环境下,都会选择相同的啤酒。

总 结

当消费者有高 MAO 去从事行为或加工信息时,消费者往往会投入相当多的努力来形成他们的态度和对信息进行加工。态度是对某一提供物、问题、活动、人或事件相对整体性和持久性的评估。态度可以用赞许性、态度可达性、态度信心、持久性和抵抗性来描述。消费者对情境的思考和感受可以通过说服的认知路径或情感路径来影响他们的态度。

有 5 种类型的认知模型能表明在高消费者努力情境下思考与态度的关系:(1) 直接或想象的体验,(2) 基于类比或类别的推理,(3) 基于价值观的态度,(4) 基于社会认同的态度产生,(5) 态度形成的分析过程,包括如理性行为理论和计划行为理论在内的期望—价值模型。在认知反应模型中,消费者付出大量努力对信息做出些响应——付出的努力足以产生反驳论点、支持论点和来源贬抑。在精细化加工的条件下,如果信息来自于可靠的来源或是一条强论证,(在特定情况下)呈现正面和负面信息,或涉及直接比较(如果该品牌不是市场的领导品牌),那么这种信息将会有效。

当消费者情感涉入到某一沟通中,或当信息涉及情感诉求时,消费者会体验到情绪。在上面两种情况中,消费者对沟通进行加工所产生的积极或消极感受能决定态度。当态度以情感为基础时,令人喜爱或迷人的来源会对情感性态度改变有正面影响。如果情感诉求与提供物相关,它会对沟通加工产生影响。恐惧诉求,一种能引发情绪的信息,可以部分地被恐惧管理理论所解释。如果广告信息丰富或与正面感受相关,那么消费者对广告的态度(A_{ad})会影响态度改变过程,从而 A_{ad} 会影响品牌信念和态度。

最后,在下列情况下态度能更好地预测消费者的行为:(1) 涉入度高,(2) 知识丰富,(3) 分析原因,(4) 态度可以获得,(5) 对态度有信心,(6) 态度很具体,(7) 态度—行为关系不会随时间减弱,(8) 高情绪性依附,(9) 无情境因素,(10) 规范因素不起作用,(11) 有某些类型的人格。

复习和讨论问题

1. 态度是什么?态度的三种功能是什么?
2. 期望—价值理论如何解释态度形成?
3. 可靠性在影响基于认知的消费者态度方面的作用是什么?
4. 对产品呈现双面信息的优点和缺点是什么?

5. 请比较情感诉求和恐惧诉求。这两种诉求为什么会有效？哪种诉求对你所感兴趣的产品最有效？

6. 当消费者付出大量努力对信息加工时，有哪三种因素会导致对广告的积极态度（A_{ad}）？营销人员如何利用这些因素来设计广告信息？

消费者行为案例　盖可公司证明自己能为消费者带来节省和服务

盖可是位列国营农场（State Farm）、奥尔斯泰特（Allstate）和前进（Progressive）保险公司之后的美国第四大汽车保险公司，然而该公司每年5亿美元的营销沟通预算却是该行业目前最多的。盖可最大限度地利用这笔预算，在各种媒体上投放各种信息来影响消费者对其保险产品的态度，包括汽车、摩托车、房车和度假车的保险。在汽车保险这样一个产品类别中，消费者若不经过仔细思考一般不会经常转换品牌，盖可的沟通活动告诉车主要考虑什么，并激发了他们积极的品牌态度。

该公司的信息采用了强调节省和服务的强论证，从而让消费者思考汽车保险的成本。该公司的一些比较式信息表现的是一名消费者从竞争对手的保险公司转到盖可公司之后能够节省多少钱，这种信息增强了其产品的可信程度。关于这一主题的另一个版本是，盖可公司的许多比较式广告都在告诉消费者"15分钟就能让你节省15%"。这种信息鼓励消费者去想象如果他们是盖可的顾客，他们能省多少钱。这种信息也能使消费者确信将保险转到盖可公司是十分迅速和简单的事情。

盖可公司的每则广告不仅提到其品牌名称，而且还提供了免费电话或该公司的网址（或两者都提供）——号召消费者进一步行动并获取免费报价，了解更多的具体政策条款，或很方便地通过一次上网或一个电话与客服联系，无论是在白天还是夜晚。有关盖可公司高度顾客满意度和品牌忠诚的信息也十分可靠，因为这些信息是来源于其网站上的专家来源：密歇根大学美国顾客满意指数以及Brand Keys顾客忠诚指数。

为了支持在摩托车保险上的快速扩张，盖可公司最近为摩托车爱好者建立了社交网站MyGreatRides.com。其想法是为摩托车主提供一个在线论坛，让他们在论坛上发布赛事预告，相互交换对喜爱的摩托车品牌的观点，展示他们高超的骑术。尽管在网站上根本找不到盖可这一品牌，但该公司将这个网站看作是一项投资，用它来了解消费者对与他们摩托车有关的一切事情（包括保险）的想法和感受。"如果我们能更多地了解摩托骑手的需要和他们希望得到的服务，有助于我们掌握当前顾客和潜在顾客，"盖可公司的摩托车保险产品的总裁这样说。

盖可的企业社区公民计划通过积极参与地方慈善事业和组织来培养积极的消费者态度。盖可公司不仅向美国各地的非盈利组织捐钱，而且该公司的员工还自愿参与慈善事业，如慈善之家住房建设项目、泰克斯摩托车车主大会资金筹集活动以及老大哥/老大姐的活动。"安全带海报竞赛"是盖可公司发起的众多汽车安全活动之一。这项活动邀请学龄儿童提交提醒驾驶员系安全带重要性的海报作品。像这种当地投入能使盖可的公司名称与能够触动消费者的有价值的慈善事业联系起来。

尽管面对着越来越激烈的竞争,盖可公司营销汽车和摩托车保险的方式却仍十分有效。该公司目前有 700 多万个顾客,根据 J. D. Power&Associates 公司的研究,在大型保险公司中,该公司享有很高的品牌知名度和最高的新顾客获得率。让我们对盖可公司是否能够通过接触全美各地的汽车和摩托车驾驶员而占据更高的市场份额拭目以待吧。

案例问题

1. 盖可公司有没有用营销沟通来改变消费者态度,改变消费者评估,增加新信念,鼓励消费者在想象体验的基础上形成态度,以及利用规范信念?请你解释你的回答。
2. 在盖可的营销沟通活动中,来源可靠性起着什么样的作用?
3. 你赞同盖可公司不在 MyGreatRides.com 网站上显示公司品牌的做法吗?你认为这一决策有多大可能影响网站访问者对盖可公司的态度?

第6章

基于低努力的态度

学习目标

学完本章后,你将能够:
1. 概括当消费者加工努力较低时,营销人员在尝试改变消费者态度方面所面临的问题。
2. 解释在低努力情况下有关态度和行为的无意识影响。
3. 探讨消费者如何基于低加工努力形成信念,并解释营销人员如何能影响这些信念。
4. 阐述在低认知努力的情况下,消费者如何通过情感反应形成态度。

导言:那些有趣、古怪、性感的啤酒广告

电脑屏幕和电视屏幕是啤酒广告的主要战场,这些广告希望能赢得消费者的笑容,让消费者思考,或仅仅是为了吸引消费者的注意。很多啤酒广告在短短几秒钟通过幽默、古怪、性感或(有些时候通过)效用来与受众建立联系。

例如,市场领导者安海希-布什(Anheuser-Busch)因其伶俐和幽默的百威和百威淡啤酒广告而闻名,以至于一些超级碗杯的观众谈论该公司最新的广告跟他们谈论橄榄球比赛一样多。超级碗杯的商业广告发布于该公司的产品网站上,用于吸引每年的 70 万名观众。如今,通过在博客和 YouTube 之类的视频网站上进行传播,该公司的广告每年能吸引数千万的观众。

性感也是啤酒广告的一个主要诉求点。当了解到在温暖的天气中啤酒的消费量会上升后,康盛(Coors)利用曲线动人的女性展开暑期宣传活动,希望年轻的消费者会喜欢性感的女性,对康盛感觉良好,并购买更多的康盛啤酒。进口品牌如贝克(Beck's)也采用性感广告。贝克广告的重点历来放在该品牌的德国酿造传统上。当该公司转为展现衣着单薄的女性配上沙哑画外音的黑白广告后,贝克啤酒销量大增。"你在啤酒广告中一直会看到有漂亮的女性,除非这种做法不再与目标受众相关,"贝克的一位主管这样说,"我们的目标是更好的品位而非粗俗。"[1]

安海希-布什、康盛以及贝克所使用的不同方法向我们展示了在消费者很少投入精力

加工信息的情况下，营销人员如何影响消费者的态度。由于消费者往往不会积极地加工有关啤酒的信息或不会情感性地积极涉入到此类信息中，营销人员必须使用其他技术来促使消费者对他们的品牌做出积极评估，提高消费者需要的情境意识，并刺激购买和消费。本章将讨论在消费者很少付出努力加工信息的情况下，营销人员如何利用诸如性感、幽默、有吸引力的来源和情绪等方式来影响态度。

说服的高努力路径和低努力路径

当消费者不愿意或者不能够付出很多努力或情绪资源对某个营销沟通背后的中心观点进行加工时，我们称之为低努力情境。在这种情境下，消费者不大可能思考产品对他们的意义，也不会对广告中的人物产生移情或产生反对或支持品牌信息的论点。当加工努力较低时，消费者只是被动地接受信息，通常不会形成强烈的信念或可获得的、持久的、有抵抗力的和有信心的态度。事实上，在低加工努力情况下形成的态度甚至有可能不会存于记忆中，使得消费者每次接受信息展露时都可能形成新的态度。[2]因此，营销人员制定策略时必须考虑到低水平加工的这些影响。

一种可采用的策略是创造与众不同的沟通。如果信息采用**说服的外周路径**（peripheral route to persuasion）而不是将重点放在关键的信息论点上，那么信息将会更为有效。[3]当消费者的态度不是建立在对信息的深思熟虑或他们对品牌移情能力的基础上，而是建立在信息的其他易于加工的方面（例如信息来源或视觉图像）基础

> **说服的外周路径**：不用关键信息论点，而用信息的其他方面来影响态度。
> **外周线索**：信息中易于加工的方面，例如音乐、有吸引力的来源或画面、幽默。

上，即建立在**外周线索**（peripheral cues）的基础上时，这种加工就是外周加工。特别是，如果像视觉这样的外周线索与提供物相关，那么消费者的态度就可能会持续很长的时间。[4]

正如在高加工努力时有说服的认知路径和情感路径那样，消费者也可以以认知和情感方式形成低努力情况下的态度。营销人员可以设计其广告来提高产生有利的消费者想法（认知基础）或感受（情感基础）的可能性。图表 6.1 提供了一个框架供我们思考消费者行为的外周基础，其中包括态度形成和改变的无意识影响。

营销人员需要理解消费者在低努力情况下如何形成态度，在多数情况下，消费者加工营销沟通的 MAO 十分有限。想一想你每天所接收到的无数个广告信息吧。有多少广告真正引起了你的注意并刺激你去思考你对广告产品的感受？当你打开电视时，你会因为你对商业广告中的产品不关心而在播放广告时换台吗？这些行为给营销人员提出了挑战。

低消费者努力下态度的无意识影响

最近的研究表明，低努力情况下的许多加工都发生于意识知觉之外。这意味着消费者基于认知和情感形成态度，但是却并没有意识到认知和情感基础对他们的影响。例如，一位在商店中浏览的消费者可能无意识地受到购物环境的各种影响。[5]有两种无意识影响引起了研究人员的特别关注，它们分别是基于简短观察的薄片判断和肢体反馈线索。

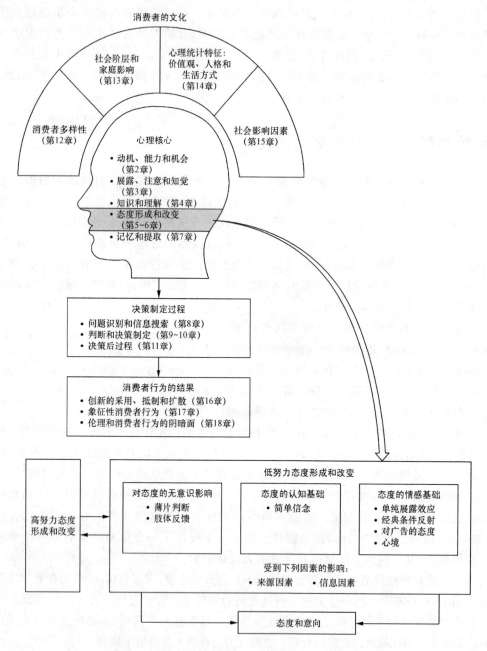

图表 6.1 本章概览：态度形成和改变，低消费者努力

在低努力的情况下，态度可以是无意识地形成的，也可以是建立在认知和情感基础上形成的，尽管这种情况下基于认知和情感形成的态度与高努力情况下的会有所不同。低努力式的认知包括简单信念，低努力式的情感包括单纯展露、经典条件反射、广告态度以及心境。营销人员还可以通过来源、信息和情境因素在认知上和情感上影响消费者的态度。

薄片判断

薄片判断(thin-slice judgements)是消费者在简短观察之后做出的评估,尽管消费者只接受到最小的信息输入。研究表明,消费者通过薄片判断能够形成令人惊奇的准确印象,即使他们并不是有意这么做的。[6]例如,通过很少的观察或与销售人员进行简短的互动后,消费者就可能无意识地形成对这位销售人员的评价(与这种效应相同的是,学生在简短观察后就能判断出教授的教课水平)。这种评价会影响消费者的购买决策和满意程度。然而,信息、知识或分析如果过剩的话会阻碍这种直觉评估。[7]

> **薄片判断**:在十分简短的观察之后做出的评估。

肢体反馈

即使消费者不会有意识地监视他们自己的身体反应,在某些情况下,肢体反馈也会影响消费者的态度和行为。研究表明,如果诱导消费者点头,那么消费者会对正面评价的品牌有更积极的评估;如果诱导消费者摇头,消费者会有更消极的评估。但是,消费者必须要了解他们所体验到的肢体反馈的含义,从而能影响他们的行为。如果消费者并不知道点头意味着同意,这种反馈线索就不会对他们的态度或行为产生影响。[8]

营销启示

营销人员可以尝试提高消费者的薄片判断和诱导积极的肢体反馈,尽管消费者不会意识到这些影响的存在。一些娱乐网站如iTunes会邀请消费者聆听音乐片段或观看电影片段,希望这种简短接触有助于消费者对这些片段形成正面印象,并最终促使他们购买。许多营销人员都运用了肢体反馈理论,使得产品包装变得足够有趣和吸引人,从而引起消费者的关注和购买。同样,营销人员应当让消费者在观看广告文案时能从上至下(之后再从下至上)阅读,从而让消费能在观看的时候点头"同意"。如果消费者已经对产品有了正面知觉的话,这种肢体运动就能影响消费者购买产品。但是,由于无意识影响与有意识影响之间有复杂的相互作用,因而营销中无意识影响的运用十分微妙。[9]

低消费者努力下态度的认知基础

第5章解释了消费者的信念是如何构成了态度的重要认知基础。在低加工努力的情况下,由于消费者没有对信息进行深加工,因此他们会基于一些简单且不太强烈的信念来形成态度。有趣的是,由于这些信念不太强烈,与高加工努力的情况相比,营销人员实际上更有可能成功地改变这些信念。

与高努力的消费者态度相比,低努力的消费者态度对攻击的抵制更少,因为低努力的人们会"放松警惕",且不会抵制信息或形成反驳论点。因此,想要改变消费者对某产品的错误信念的企业如果直接驳斥或反驳某个产品,就更有可能获得成功。[10]此外,强调产品的使用过程的广告更有可能让消费者考虑去购买该产品,从而开启了用强信息主张来说服消费者的大门。[11]

在低加工努力的情况下,消费者会根据简单关联形成**简单推断**(simple inferences)从而形成简单信念。例如,消费者可能会推断某个香槟品牌十分高雅,因为该品牌总是和其他高雅的东西一起出现,例如装饰得富丽堂皇的房间或穿晚礼服的女性。如果消费者认为某个广告与某一产品或服务类别的原型广告很相似,那么他们会相信该提供物就像原型品牌一样,并会对它形成与原型品牌一样的态度。[12]消费者的推断信念也可以来自于消费者对产品的品牌名称、来源国、价格或色彩的表面化分析。

> **简单推断**:根据外周线索形成的信念。

此外,消费者还会根据对代言人的归因和解释来形成简单信念。[13]如果消费者认为代言人代言是为了赚钱,他们将不会相信这条广告信息。如果消费者认为代言人真正在乎其代言的提供物,则代言广告会更可信。例如,篮球明星史蒂芬·马布里不仅以他的名字代言 Steve&Barry 在零售连锁店以 14.98 美元销售的 Starbury 运动鞋,而且他还在比赛中穿该品牌的鞋子(参见图表 6.2)。Steve&Barry 的 CEO 解释说:"我们想要证明这些运动鞋质量非常好,就连 NBA 球星都适合穿。"[14]

图表 6.2　史蒂芬·马布里穿着 Starbury 的运动鞋

史蒂芬·马布里(图中的人)在比赛中穿着 Starbury 的运动鞋,表明他十分在乎该品牌。

最后，消费者可以通过形成**启发式**（heuristics）或简单的经验法则来辅助做出判断，这些启发很容易激活，且不需要费多大精力去思考。[15]例如，消费者可以利用"知名品牌一定是好品牌"这样一条启发来推断广告越多的品牌产品质量也越好。[16]**频率启发**（frequency heuristic）是一种特殊的启发类型，它是指消费者根据支持论点的数量来形成信念。[17]他们可能会想："我有10个理由喜欢它，因此它一定是好的。"研究同样表明，当消费者重复听到同一条信息后，他们可能会对产品产生更强的信念，这种情况被称为**真相效应**（truth effect）。[18]消费者用对信息的熟悉程度而非对信息的思考和评价来判断信息的准确性（"这个听起来很熟，因此它肯定是真的"）。

> **启发式**：用于做出判断的简单经验法则。
> **频率启发**：仅根据支持论点的数量或重复的数量形成的信念。
> **真相效应**：消费者仅仅因为某条陈述重复了多次而相信它。

如何影响认知性态度

营销人员在尝试影响认知性态度时需要考虑多种因素。一方面是消费者信念强度和重要性。另一方面是消费者在加工信息时基于推断、归因和启发形成有利信念的可能性。在设计沟通来克服这些阻碍时，营销人员必须考虑沟通的三个重要特征：来源、信息和传递信息的情境。

信息来源

在低加工努力的情况下，来源特征对消费者的信念有着重要影响。可靠的来源可以作为做出简化判断的外周线索，例如"专家观点是可信的"或"由专家代言的产品肯定很好。"[19]需要注意的是，来源的专业性在这里是用作判断信息可靠性的一种简单线索，加工信息只需很少的认知努力，这一点不同于高努力时的情况。营销人员还可以请一位代言产品不多的代言人，从而提高消费者相信代言产品的机会。

信 息

在低消费者加工努力的情况下，信息本身就能以多种方式影响态度。

类别一致和图式一致信息

沟通的许多要素都会影响消费者对信息的推断。例如，消费者会根据品牌名称推断某品牌具有某些特征（"健康汤料肯定对我的健康有益"）。如前面所讨论过的，消费者也会根据价格来推断质量，或者根据颜色推断属性，例如蓝色代表冷酷。因此，在设计针对低努力消费者的广告时，营销人员十分关注消费者对易于加工的视觉和言语信息的直接联想。这些联想可能与消费者的记忆中的类别信息和图式信息相一致。

多信息论点

频率启发也会影响消费者对信息的信念。作为一种简化的法则，消费者实际上并不会加工所有的信息，而是根据支持论点的数量形成信念。例如，Russell Stover用三条信息论点,促使糖果爱好者对其 Net Carb 糖果形成信念:这种糖果的碳水化合物很低,全巧克力口味,以及"它值得叫做 Russell Stover"。要注意的是,消费者记住这些信息论点的容易程度会影响低努力态度的形成。只要消费者能回忆起其中的一些论点,消费者对所广告品牌的偏好就能得到提高。[20]

简单信息

在低加工情况下,简单的信息更可能有效,因为消费者不会去加工大量信息。营销人员经常希望能传递为什么某个品牌会更好的信息,尤其是当某个差异点能将该品牌与竞争者区分开来时。因此,营销人员不应采用详细信息,因为这样会使低加工努力的消费者感到信息过量,而是应当采用只包含一到两个关键点的简单信息(参见图表6.3)。当 Glad 为其 ForceFlex 垃圾袋做广告时,其广告的文字和图画只强调了很简单的一点:当塞满后,这个袋子有弹性且不会破裂。如果以便利性为卖点销售食品的话,营销人员应当通过真实的、直接的主张,将重点放在某个重要的功能效用上,例如"15 分钟就好"。[21]

图表 6.3　简单信息

在低努力的情况下,消费者不会去加工很多信息。在这些情况下,广告需要提供简单信息,就像这则宣传罗德岱堡(Ft. Lauderdale)网站的广告。

涉入信息

营销人员有时希望提高消费者对信息的情境涉入,从而确保消费者接收到了信息。一种常见的策略是提高消费者进行**自我参照**(self-referencing)的程度,或者说将信息与消费者的自我形象体验联系起来。[22]自我参照策略可以有效用于建立积极态度和意向,尤其是在适度运用该策略以及消费者的涉入度不会太低的时候。[23]

> **自我参照**:将信息与个体的自我体验或自我形象联系起来。

在人员销售情境中记住并叫出消费者的名字同样会增加购买行为。[24]如果某个品牌在消费者认为重要的或认为在自我描述的人格维度上表现十分丰富,那么消费者就会对该品牌有更积极的态度。[25]生产高性能运动鞋的 New Balance 公司并不使用名人代言人,而是将重点放在消费者所喜爱的运动中能尽全力发挥的激情上,有许多消费者都认同这一维度。[26]含有主流文化线索的主流广告会激发子文化成员以及主流文化成员中的自我参照,并导致积极的广告态度。但是,如果广告中包含的是子文化线索而非主流文化线索,那么这则广告只会在子文化成员中形成积极的广告态度。[27]

营销启示

营销人员可以通过以下方式增加自我参照:(1) 直接指示消费者运用自我参照("想一想你上一次美餐一顿是在什么时候……"),(2) 在广告中使用"你",(3) 采用反问句("难道你不想让你的衣服也这么干净?"),[28](4) 显示消费者能够容易联系起来的视觉情境。但是,如果反问句引起了特别的关注,消费者会去想为什么会这么问,从而使他们的加工努力转到了信息风格而非信息内容上。[29]

悬疑广告(mystery ad)(也被称为"等待揭晓"广告)直到结尾才说出品牌名字,这是唤起消费者的好奇心和涉入的另一种方式。一些电影在正式上映前利用悬疑广告来引起观众的兴趣。悬疑广告能有效产生基于范畴的加工,并能有效在消费者记忆中存储品牌联想。[30]

> **悬疑广告**:一种直到结尾才说出品牌名称的广告。

营销人员还可以采用其他方式来增加消费者的情境涉入程度和加工努力程度。在线营销人员可以采用虚拟人物来引发更高的激励程度,并使消费者涉入到网站体验中。[31]香味刮刮卡(scratch-and-sniff)的印刷广告通常能提高消费者的加工努力程度,因为许多消费者无法抵抗尝试新鲜事物。同样,邀请消费者在线模拟体验产品使用的方式比只采用在线广告信息的方式更能够提高消费者的涉入程度和广告的效果。[32]这也是为什么乐高(Lego)的网站设置了互动游戏,邀请玩家用虚拟的乐高积木来创建虚拟动物和城市——这些活动能展示产品的功能和引发玩积木的乐趣。[33]在图表6.4中,安永公司通过挑战消费者对图像的不同看法,从而引起消费者对其信息的注意。

图表 6.4 增加积极的加工
这则广告试图通过挑战消费者对图像的不同看法来吸引消费者对信息的注意。

信息的情境和重复

尽管来源和信息因素会影响消费者的态度,信息传递所处的情境也会影响消费者信念的强度和突显性(显著性)。特别是,公司可以使用信息重复来帮助消费者获得重要的产品特性或利益的基本知识,从而提高消费者信念的强度和显著性。消费者并不会积极地加工这种信息;相反,不断的重复是通过不费力气的或**偶发性学习**(incidental learning)而提高了记忆。例如,你可能对牛奶的益处抱有强烈的信念,因为你不断重复接触到长期运作的"Got Milk"牛奶胡子广告活动。[34]

> **偶发性学习**:由于重复而非由于意识加工而发生的学习。

第一,重复会提高品牌知名度,使消费者更熟悉品牌名称,[35]更容易在商店中认出该品牌,提高消费者记住该品牌的可能性并在做出购买决策时更好地加工该品牌[36]。第二,可以提高消费者对该品牌的信心。[37]第三,就像你看到的那样,重复能使主张变得更可信(真相效应)——如果广告间隔播出一段时间,这种效应会更强。[38]第四,在相似电视节目情境中播出的商业广告(例如,幽默广告在喜剧节目中播出)更受欢迎,也能被低加工努力的消费者更好地理解。[39]类似的,与广告、杂志情境不匹配的情况相比,如果广告与其所刊出的杂志情境相匹配,那么这则广告会引发更积极的感受,而且也更容易被记住。[40]

低消费者努力下态度的情感基础

基于外周线索所形成的低水平信念并不是低努力消费者形成品牌态度的唯一途径。消费者还会基于他们对这些易于加工的外周线索的情感或情绪反应来形成态度。这些低努力情感过程可能是单纯展露效应、经典条件反射、对广告的态度、消费者的心境。

单纯展露效应

根据**单纯展露效应**(mere exposure effect),我们往往会更喜欢熟悉的对象而非不熟悉的对象。[41]因此,随着我们对某一提供物越来越熟悉,

> **单纯展露效应**:由熟悉而导致消费者喜欢某一对象。

例如一件新款式衣服,我们对它的态度也会发生改变,无论我们是否对该提供物进行过深入的认知分析。单纯展露效应可以解释为什么20世纪30年代的30大品牌如今多数仍排在前30位。这种效应也揭示了音乐产品为何不断地在广播和音乐电视中播放。通过反复展露,消费者会逐渐熟悉音乐并开始喜欢它。

由于多数单纯展露效应的证据仅出现于严格受控的实验室研究中,一些专家质疑这种效应是否能推广到真实世界中。[42]重复展露同样有可能减少了消费者对刺激的不确定性或提高了消费者对其进行加工的机会,[43]正是这些因素(而非单纯的熟悉)影响了消费者的态度。但是研究表明,在产品绩效特征相当且消费者进行品牌选择时加工努力程度很低的情况下,单纯展露能使一个不知名品牌与其他不知名品牌相竞争。[44]同样,如果消费者因先前接触过某一刺激信息而能够轻松对其进行加工,他们会误以为他们之所以能够轻松进行加工是因为喜爱、真实或可接受性。[45]

营销启示

如果单纯展露效应有效的话,营销人员就可以让消费者重复接触某个新产品或服务的信息,从而增加消费者对新产品或服务的喜爱。研究表明,在低消费者 MAO 的情况下,营销人员需要设计出创造性的方法来增加消费者对产品和信息的展露,例如运用适当的媒体、媒体中适当的位置、最优的货架陈列和赠送样品等。

与单纯展露效应相一致,一些小公司着手开展广告活动来培养和维持品牌名称熟悉性。例如,如今马萨诸塞州的法律允许汽车保险商之间展开竞争,像阿贝拉(Arbella)保险公司这样的本土企业正在开展广告活动来支持它们的品牌和它们的独立保险代理人,如图表 6.5 所示。"我们从我们的代理人那里听说,这样的活动有助于他们获得一个公认的品牌、一个人们了解并对其有积极态度的公司名称,"阿贝拉保险公司的主席、总裁和首席执行官约翰·多诺休这样说。[46]

图表 6.5 阿贝拉的广告活动

公司需要努力建立品牌名称的知名度。阿贝拉保险公司正试图通过像本图中这样的广告来做到这一点。

一些公司出钱使公司标志出现于体育赛事中，它们知道，随着赛车一圈一圈地来回跑或运动员在赛场上来回奔跑，它们的公司标志会得到重复展露。但是，重复展露建立的熟悉和喜爱只能到达一定水平，[47]超出该水平后，消费者通常会感到**疲劳**（wearout），即他们开始对刺激感到厌倦，此时他们对品牌的态度反而可能变得消极。[48]事实上，一旦说服性广告有效到达目标消费者后，疲劳会导致说服效果的下降。[49]但是，当消费者熟悉品牌时，疲劳的出现会滞后。[50]同样，如果采用理性论点来宣传成熟产品类别中的知名品牌，其效果将会不如采用情感策略的效果，因为消费者之间已经多次接触其产品信息了。[51]然而，在低加工努力的情况下，消费者重复接受产品特性信息的展露并不会对品牌评估有负面影响。[52]

> **疲劳**：对刺激厌倦。

营销人员可以通过对同一提供物采用同一信息或采用该信息的另一种说法等各种不同的表现方式来克服疲劳效应；这也正是为什么许多广告主会制作一系列广告而不是单一一支广告。[53]其目标是以多种不同方式表达同一种信息，例如卡夫食品滚动播出5条简短的、有趣的烤奶酪三明治商业广告，以此来宣传卡夫Singles奶酪片。[54]单纯展露效应可能不是重复影响品牌态度的唯一原因。当重复能令消费者有更多机会对品牌的特定方面以及对该品牌与其品类中其他品牌的关系进行加工时，品牌态度也能得到改进。[55]

经典条件反射

经典条件反射（classical conditioning）是在不引发大量加工努力的情况下影响消费者态度的一种方式。经典条件反射源于20世纪初俄国科学家伊万·巴普洛夫的研究。通常，饥饿的狗一看到食物就会自动分泌唾液。巴普洛夫发现他可以让饥饿的狗一听到钟声就自动分泌唾液。他是如何做到这一点的呢？

> **经典条件反射**：通过将某一刺激反复与能自动引发反应的刺激配对，从而导致该刺激能引发相应的反应。

巴普洛夫指出，食物是一种无条件刺激（UCS），对食物的唾液反应是一种无条件反应（UCR）（参见图表6.6）。无条件刺激是指自动引起不由自主反应的刺激。在这种情况下，当狗看到肉时就会自动分泌唾液。相反，条件刺激（CS）是指本身不会引起不由自主反应的刺激。除非是巴普洛夫在给食物的同时摇铃铛，否则单独摇铃铛不会使狗分泌唾液。反复令条件刺激（铃声）和非条件刺激（肉）配对出现，就会形成不由自主的无条件反应（分泌唾液）。狗会在食物和铃铛之间建立起密切联系，最终，只摇铃铛也会使狗分泌唾液。由于现在只要出现条件刺激就能引发反应，因而这种反应被称为条件反应（CR）（猫听到开罐头的声音就会跑过来也是一种相同的现象）。

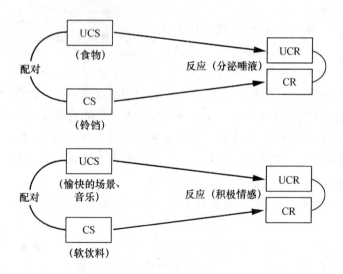

图表 6.6 经典条件反射

这张图描述了经典条件反射的基本过程。无条件刺激（UCS）（例如食物或愉快的场景），会自动引发无条件反应（UCR）（例如分泌唾液或积极情感）。通过将 UCS 与条件刺激（CS）（例如铃铛或软饮料）反复配对，CS 就能有条件地引发相同的反应，即条件反应（CS）（例如分泌唾液或积极情感）。你能举出会出现这一过程的其他例子吗？

营销启示

经典条件反射理论有时被用于解释营销沟通的效果。但是在这种情况下，无条件反应并不是像分泌唾液这样的生理反应，而是像情绪这样的心理反应。某些无条件刺激（例如快乐的场景或顺口溜）能自动引发无条件情绪反应（如高兴）。通过令这些无条件刺激与条件刺激（例如品牌名称）反复配对出现，营销人员就能使人们对条件刺激（即品牌名称本身）有相同的情绪反应（现在成为条件反应）。类似的，如果健康倡导团体令香烟之类的产品与那些能自动引发消极情绪反应的刺激（例如污黄的牙齿）重复同时出现，消费者就会对香烟形成条件性负面情绪反应。

在证明条件反射的一项早期消费者研究中，试验者观看一组蓝色或米黄色的钢笔，同时配有一分钟的一段令人愉快或令人不快的音乐。79% 听到令人愉快音乐的试验者选择了他们在听这种音乐时所看到的钢笔。而只有 30% 的听到令人不愉快音乐的试验者选择了他们在听这种音乐时所看到的钢笔。[56] 尽管这些发现有多种解释（试验者也许只是按实验人员的希望做事，或者音乐令消费者有了更好的心境），[57] 但最近一些更严格的研究发现了支持条件反射解释的证据。例如，通过使用非条件刺激，如星球大战的音乐和令人愉快的图画，实验人员能够影响消费者对几何图形、可乐和牙膏等条件刺激的态度。[58] 研究还表明，经典条件反射所形成的态度可能是相当持久的。[59]

这些研究表明，条件反射更可能出现于下列情况中：

- 条件刺激—非条件刺激的结合相对新颖或不为人知。这也是为什么营销人员经常使用独特的视觉效果,例如风景优美的图画、令人兴奋的场景或令人愉悦的事物,来作为创造积极感受的无条件刺激。
- 条件刺激先于无条件刺激出现(前向条件反射)。当无条件刺激出现在先(后向条件反射)或与条件刺激同时出现(并发条件反射)时,条件反射会更弱。
- 条件刺激总是与无条件刺激配对出现。
- 消费者意识到条件刺激和非条件刺激之间的联系。
- 条件刺激和非条件刺激之间存在逻辑匹配,例如高尔夫球手泰格·伍兹和其代言多年的运动品牌耐克。[60]

有趣的是,第一个条件也会给营销人员带来问题,因为无条件刺激通常是名人、知名的音乐或视觉图像,而消费者对他们已经有了许多联想。这一发现说明,采用高曝光度的名人也许并不是一种创建经典条件反射效应的有效策略。其他研究表明,营销人员可以使用高度熟悉的刺激(如流行音乐或名人)来克服这一问题,因为这些刺激能在多种场合引发强烈感受。一些营销人员并不在乎名人代言多个品牌。泰格·伍兹代言了许多品牌,但最近佳得乐(Gatorade)还是与他签署了运动饮料代言合同。[61]

对广告的态度

消费者对广告的态度(A_{ad})是理解低努力情况下态度的情感基础的另一个有用概念。有时,消费者非常喜欢一则广告,他们会将这种对广告的积极感受转移到品牌上。[62]因此,你可能很喜欢百事,因为它的软饮料广告非常幽默,或者你会喜欢AT&T的产品,因为该公司的无绳电话广告非常有趣。

一项研究发现,消费者对品牌的信念和知识并不能完全解释品牌态度,A_{ad}是另外一个重要解释因素——如果广告受人喜爱,消费者对广告中的品牌也会有更积极的评估。[63]此外,在印度、希腊、丹麦、新西兰和美国的研究表明,A_{ad}法则具有全球适用性。[64]广告研究基金会(Advertising Research Foundation)的一项研究表明,消费者对广告的态度是衡量广告效果的最佳指标。[65]

双中介假设(dual-mediation hypothesis)是对消费者对广告的喜爱与品牌态度之间关系的一种更为复杂的解释(参见图表6.7)。[66]该假设认

> **双中介假设**:对广告的态度如何影响品牌态度的解释。

为,消费者会由于他们认为广告可信或他们对广告感觉良好而形成对广告的有利态度。因此,双中介假设提出A_{ad}可以通过可信性或喜爱而影响品牌态度(A_b)。这些反应进而会正面影响消费者的购买意向(I_b)。

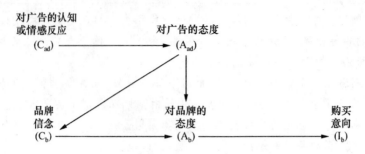

图表 6.7　双中介假设

该假设解释了对广告的态度(A_{ad})如何影响对品牌的态度(A_b)和购买意向(I_b)。当你看一则广告时,你对这则广告会有认知(这则广告中有关于品牌的信息)和情感(广告带给你良好感觉)反应(C_{ad})。这些反应可以导致你喜欢这则广告(A_{ad}),你的这种反应能让你更能接受品牌信念(C_b),并导致更正面的品牌态度(A_b);或者将你的良好感觉转移给品牌(我喜欢这则广告,因而我喜欢这个品牌)。两种过程都能导致购买意向的提高。

营销启示

广告态度理论的一个明显启示是,通过提供令人愉悦的广告,营销人员也可以令品牌态度变得更为积极。因此,通过使用像幽默、音乐、令人愉悦的图画以及性(我们将很快会对所有这些方法进行更详细的探讨)等方法,营销人员能够引起消费者对广告的积极态度。例如,宝洁公司采用戏剧性广告和情绪性广告来强化与家用产品(如洗衣粉)顾客的关系。[67]

此外,广告态度对品牌态度的效果也取决于消费者是否已经对品牌形成了强烈的态度。对于知名品牌而言,消费者已经形成对这些品牌的态度,因此他们不会仅仅因为喜欢这些品牌的广告而对这些品牌喜欢得更多一些。但是,对新品牌或不知名品牌而言,消费者对广告的喜爱会影响他们对品牌的喜爱。[68]研究还表明,广告态度对品牌态度的效应会随时间而消逝。[69]随着对广告的记忆消逝,对广告和品牌的喜爱会越来越弱。

心　境

情感性态度也会受到消费者心境的影响。刺激会引起积极或消极心境;进而这种心境会影响消费者对刚好要评估的任何其他刺激的反应。因此,如果我们处于好心境,我们更可能会说喜欢某物,而如果我们处于坏心境,我们就更可能会说讨厌某物。因此心境会使态度偏向与心境一致的方向。要注意的是,心境不同于经典条件反射,因为心境并不需要两个刺激之间的重复关联,且会影响消费者对任何对象的评估,而不仅仅是对引起其心境的刺激进行评估。

一项研究表明,对某品牌有好感的消费者如果心情好的话,往往会忽略有关该品牌的负面信息和竞争对手的信息。[70]另一项研究发现,尽管在品牌延伸中如果某产品与父产品不太相似,消费者往往不会太喜欢这种品牌延伸,但是对于与父产品适度相似的品牌延伸而言,处于好心境的消费者要比处于坏心境的消费者更可能喜欢这一品牌延伸。[71]好心境可以作为一种资源来提高消费者加工的精细化程度、帮助消费者创造性地思考和观察品牌之间的关系。在低MAO的情况下,不仅仅是总体的好或坏心境会影响态度,具体的情绪也会影响态度,只要这种情绪与消费者的目标相一致。[72]此外,处于好心境的消费者在评估产品时往往会给予正面信息更大的权重,而处于坏心境的消费者会给予负面信息更大的权重。[73]

考察照明如何影响情绪的研究人员发现,店内的灯光越亮,购物者就会越仔细地检查和处置商品。[74]但是明亮的灯光不会增加消费者购物所花费的时间或他们购买的数量。色彩是另一种影响因素。暖色调颜色,如红色、橙色和黄色,往往会令人激动和兴奋,而冷色调颜色,如蓝色、绿色和紫色,往往会让人感到平静。[75]销售人员的心境也会影响消费者。如果处于坏心境的消费者与一位看起来很高兴的销售人员互动,那么消费者有可能会感觉更糟,并降低他们对所售产品的判断(除非决策十分重要,从而消费者有动机摆脱坏心境的影响)。[76]

如果消费者因某品牌的广告或该广告所插播的节目而获得好心境,消费者会更喜欢该品牌。研究已经考察了广告引起的各种情绪和心境以及这些因素影响消费者的广告和品牌态度的各种方式。[77]一项研究识别出了三大类的情感反应:(1) SEVA(活跃、得意、活力和激活),当沟通令消费者处于欢乐或高兴的心境时会出现这些情感反应;(2) 去活感受,包括平静、放松、安静或愉悦的反应;(3) 社会情感,是指温暖、温柔和关怀的感受。[78]另一项研究发现广告引发的温暖和幽默感对品牌态度有直接的和积极的影响。[79]因此,当好奇纸尿裤广告表现出婴儿与父母之间的温柔一刻时,这种感受也会导致消费者对品牌的积极感受。

营销启示

假定心境可以影响消费者行为的话,那么零售商可以利用实体环境以及商店员工的行为来使消费者获得好心情。暖色调颜色更可能吸引顾客进入店内,但是也会带来紧张感,而冷色调颜色更令人放松,但却不能吸引顾客。[80]因此,当目的是刺激快速的购买或行动时,使用暖色调比较合适,这也解释了为什么折扣商店塔吉特和好市多以红色为基调颜色。暖色调颜色也适用于健身俱乐部、运动场馆和快餐店,这些地方都希望能保持高活力。

如果目的是让消费者冷静或花时间仔细思考,那么使用冷色调就比较适合。销售贵重商品的商店颜色基调就是很好的说明。苹果的现代化商店以白色、黑色以及灰色进行装饰,从而向数百万的购物者提供干净、整洁的环境来展示其高科技产品。[81]

如何影响情感性态度

当消费者加工努力较低并且根据感受形成态度时,影响认知推断的三个因素——沟通来源、信息和情境——同样会影响情感性态度。这些因素同样是基于低努力过程,例如单纯接触、经典条件反射、对广告的态度以及心境。

沟通来源

在低努力的情况下,有两种因素对决定沟通来源是否会引发有利情感反应起到主要作用:外在吸引力和可爱性。这两种因素能够解释为什么营销人员喜欢用名人做广告,如图表 6.8 所示。

图表 6.8 沟通来源的影响

公司利用当红影星或名人来引发消费者对广告和产品的正面感受。丹尼卡·帕特里克为新秀丽(Samsonite)所做的这个广告就是一个很好的例子。

有吸引力的来源

许多广告使用有吸引力的模特、发言人或名人,这反映出了人们认为美丽有助于销售——尤其是在与美容相关的行业中。研究结果一般都支持这种观念。当消费者加工广告信息的动机较低时,有吸引力的来源能增加消费者品牌态度的赞许性,无论信息的论点是强还是弱。[82]消费者同样认为有吸引力的模特做的广告要比无吸引力的模特做的广告更有魅力、更引人注意、令人印象深刻和更有趣。这些评价会影响消费者对这些模特所代言产品的态度。[83]

此外,吸引力也有益于广告主的可信度和增加实际购买。[84]男模特和女模特均会具有这种效应(模特对异性消费者的吸引力最强),在直邮广告、售点陈列和人员销售互动中也发现了这种效应。[85]种族也是一个重要的因素。[86]一项研究表明,强烈认同非裔美国文化的非裔美国消费者对非裔美国模特所做的广告反应更积极。在人员销售中,来源的吸引力也会起作用。在一项研究中,与没有吸引力的销售人员相比,当有吸引力的销售人员试图说服消费者购买时,消费者会有更积极的态度和更强烈的购买意向。[87]

值得注意的是,在高情感涉入的情境中,有吸引力的来源会直接影响基于品牌的态度,因为这种来源与产品(香水、时尚、女性内衣)直接相关,从而成为信息的中心部分。在低加工努力的情境下,来源可靠性作为外周线索,用于提高情境涉入度和引发对广告的积极态度。

令人喜爱的来源

来源的可爱性会影响情感性态度。[88]例如,日本化妆品公司资生堂发现安吉丽娜·乔莉是口红产品令人喜爱的和有吸引力的代言人。[89]如果品牌使用令人喜爱的名人做代言人,消费者也会对该品牌有更赞许的态度。[90]令人喜爱的来源可以作为无条件刺激,能够影响消费者对广告和品牌评估的积极心境,并让消费者对代言产品有更积极的感受。有时,来源并没有外在吸引力,但是却有消费者喜爱的特性和个性。我们往往会喜欢长相普通的人,因为这些人与我们自己更相似,我们与他们之间更有联系。此外,残障人士也是西尔斯等公司有吸引力的、令人喜爱的代言人,因为营销人员希望表现人类的多样化,也因为消费者钦佩有勇气的人们。[91]

名人来源

外在吸引力和喜爱性能够解释为什么名人和知名的卡通人物都是最被广泛使用的来源。名人的出现实际上增加了消费者喜欢广告(A_{ad})的可能性。当名人与提供物有关联时(匹配性假设),名人来源将会特别有效。[92]例如篮球明星勒布朗·詹姆斯与耐克运动鞋签订了价值9 000万美元的代言合同。[93]运动员对青少年来说是尤其有影响力的代言人:体育明星能够激发对品牌的讨论,并能培养品牌忠诚。[94]

有些时候,长期性的代言角色需要更新形象,以保持其对现代人的吸引力。这正是为什么乔治亚太平洋公司纸巾广告中所出现的Brwany man如今有了全新的形象,有了新头发颜色、新发型和新服装。[95]即使与广告产品没有直接关系,代言角色也能够增加信任;进而,信任又会影响品牌态度。[96]对于享乐性服务(如餐馆)的广告,代言角色可能最为有效。[97]

非营利组织也会使用名人来吸引注意和影响态度。妮可·基德曼以及其他名人为联合国儿童基金会(UNICEF)的代言"价值连城",该基金会的负责人这样说:"当名人讲话时,人们就会倾听,再也没有比他们更好的发言人了。"[98]采用名人代言也会有一定风险,因为代言人可能会生病、违法或碰到其他一些对代言品牌不利的问题。然而研究表明,如果消费者认为名人本身对问题没有责任(如生病),公司实际上可以因该代言人而提高其声誉。[99]

信 息

就像来源能影响消费者的感受和心境一样,信息的特征也能产生影响。这些信息特征包括令人愉快的图画、音乐、幽默、性、情绪性内容和信息情境。

令人愉快的图画

营销人员经常使用令人愉悦的图画来影响消费者的信息加工。视觉刺激可以作为一种条件刺激,影响消费者的心境,或能令广告更为有趣而使消费者喜欢这则广告。研究通常支持这种观点,即当消费者对令人愉悦的图画进行外周加工时,这些令人愉悦的图画除了对消费者的产品信念有影响外,还能够影响广告态度和品牌态度。[100]例如,一幅日落的图画能够影响消费者对软饮料的选择。[101]许多广告主在电视广告和在线广告中使用了类似电影中所看到的具有震撼效果的特技。互联网广告的重要目标在于要看起来很酷,这样能够引发消费者对广告的积极感受。[102]

音 乐

许多公司经常使用音乐作为沟通工具,包括通用汽车公司和维多利亚的秘密公司(这两家公司各自用鲍勃·迪伦的音乐来宣传卡迪拉克轿车和女装)。[103]此外,对音乐的使用已经超出了传统意义上的"广告歌曲"。有时,音乐广告十分流行并推动了专辑的销售,例如当"眩晕"单曲在 iPod 的电视商业广告中播出后,U2 乐队的专辑《如何拆除原子弹》销量大增。[104]

如果你了解到音乐已被证明能激发各种正面效应,那么音乐在营销中的广泛使用也就不足为奇了。[105]首先,音乐可以作为一种有效的条件刺激用于经典条件反射策略中。英特尔、NBC 以及其他品牌使用音乐"标签"作为提取线索并增加品牌认同。其次,音乐能使消费者处于积极心境,并能导致积极态度的形成。再次,音乐可以有效激发积极感受,如快乐、平静、激动和感伤。最后,广告中的背景音乐能激发消费者对体验或境遇的情绪记忆。[106]如果广告中的歌曲令你想起了高中的美好时光或过去的男朋友或女朋友,与这些记忆相关的情绪可能会转移到广告、品牌、商店或其他态度对象上。一些研究发现,音乐对购买意向有积极影响。[107]

音乐是否能引发积极情感反应取决于音乐的结构。图表6.9给出了几种音乐特征以及它们能够引发的情绪反应。在不同文化中,音乐风格的使用和音乐所传达的产品意义会有相当大的差异。[108]因此,营销人员必须仔细选择能与他们所希望的情感反应相匹配的音乐。

图表6.9 引起各种情绪表达的音乐特征

音乐要素	情绪表达							
	严肃	悲伤	感伤	宁静	幽默	快乐	激动	庄严	恐惧
调式	大调	小调	小调	大调	大调	大调	大调	大调	小调
节拍	慢	慢	慢	慢	快	快	快	中	慢
音高	低	低	中	中	高	高	中	中	低
节奏	稳定	稳定	流动	流动	流动	流动	不平稳	稳定	不平稳
和弦	和谐	不和谐	和谐	和谐	和谐	和谐	不和谐	不和谐	和谐
音量	中	柔和	柔和	柔和	中	中	高	高	变化

研究已经表明了音乐的各个方面对感受的具体影响。正如上表所示,调式、节拍、音高、节奏、和弦和音量都会影响个体对严肃、悲伤、感伤、宁静、幽默、快乐、激动、庄严或恐惧的感受。

资料来源:Gordon C. Bruner, "Music, Mood, and Marketing," *Journal of Marketing*, October 1990, p. 100. Reprinted by permission。

幽 默

广告可以以多种方式运用幽默,包括双关、轻描淡写、笑话、滑稽的情境、讽刺和反讽。幽默在电视广告中很常见:在所有商业广告中有 24% 到 42% 的广告都有幽默元素。[109]尽管幽默在其他媒体中的使用不像在电视媒体中这么多,但也十分广泛,尤其是在广播中。[110]幽默作为普遍使用的信息传递工具并不奇怪,因为它能增加消费者对广告和品牌的喜爱程度。[111]

对于低涉入度的提供物而言,消费者对广告的积极感受十分重要,因此在这种情况下更适合在广告中采用幽默。[112]只有广告中的幽默能与提供物密切相关,其广告效果才会最为有效。否则,消费者将只注意到了幽默而忽视了所广告的品牌。[113]事实上,如果广告非常幽默,且与广告信息相关,消费者对广告的回想率将会更高。[114]希望寻找乐趣和机制的消费者会对幽默广告有更积极的态度——对幽默内容较少的广告会形成不太赞许的态度。[115]消费者对电视广告的反应方式也会影响他们对广告信息的评估。一项研究表明中,当电视广告在令人惊讶后能引起人们的幽默反应时,消费者会认为这则广告更幽默。[116]

营销启示

幽默往往在电视和广播上的效果最好,因为这些媒体要比其他媒体更富表现力。[117]联合利华公司运用玩笑式广告取得了很好的效果,将其 Axe 塑造成了大品牌的男性个人护理产品,并促使其竞争对手宝洁公司对其 Old Spice 品牌也开始采用幽默广告。[118]但是,幽默对一些受众要比另一些受众更有效。尤其是年轻的和受教育程度较高的男性,他们往往会更积极地响应幽默广告——显然这是因为有关攻击和性方面的幽默广告要多于其他类型的幽默广告,而男性又比女性更喜欢这类广告。[119]同样,对于认知需要较低或者对广告品牌有积极态度的消费者而言,幽默广告也更为有效。[120]

最后,幽默适用于全球范围。一项研究考察了德国、泰国、韩国和美国的幽默广告,发现这四个国家的多数幽默广告都有着相同的基本结构——预期的/可能的事件与未预期的/不可能的事件的对比。[121]但是,韩国和泰国的广告倾向于强调与群体行为和不平等地位关系有关的幽默,而另外两个国家的广告关注的则是与地位平等的个体有关的幽默。在所有这四个国家中,幽默更可能用于营销愉悦导向型的产品。此外,并非所有国家都是在低涉入度产品中使用幽默的比例要高于在高涉入度产品中使用幽默。例如,德国和泰国的广告在两类产品中使用幽默的情况大致相当,英国企业要比美国企业更多地使用幽默广告。[122]

性

性作为一种沟通方法主要有两种形式:性暗示和性裸露。性暗示是指描述或暗示性主题或浪漫。SSL 国际公司是世界上最大的安全套制造商,该公司将其诉求点从恐惧诉求转为性暗示。该公司杜蕾斯品牌的广播广告采用了男女之间的调情玩笑,而其互联网旗帜广告也主要依靠影射。[123]全裸或部分裸露是性的另一种运用,这种技术经常用于香水行业中。[124]图表6.10是使用这一技术的一则德国广告。有趣的是,研究表明,消费者偏好于中度的挑逗,这种广告甚至可以宣传与性有关的社会活动(匹配性假设)。[125]

图表6.10　广告中的裸露

有时广告中会出现裸体或衣着暴露的模特,以引起消费者的注意或引发消费和对产品或服务的情绪。这幅图是来自德国的一则矿泉水广告,该广告声称其产品为"最精致状态的水"。广告中的裸体模特吸引了消费者的注意,并强调了另一要点:这种水有利于提高健康状况。

尽管多年来具有性色彩的广告比例一直保持不变,但是性诉求的类型却在发生变化。从1964年到1984年,在美国,性的使用变得越来越直白和明显。[126]随着20世纪80年代末美国变得更加保守,广告中的性色彩开始减弱,变得更值得玩味和微妙——更具暗示性而非直截了当。[127]最近,公众的反应和管制的审查促使一些广告主减少了对性参照和性形象的使用。[128]

营销启示

研究表明,信息中性主题的效果主要表现在几个方面:性信息能吸引消费者的注意[129]并激发情绪反应,如唤起、激动甚至贪欲,进而影响消费者的心境和他们对广告和品牌的态度。[130]联合利华公司的一则有趣广告表现的是一位性感女性逼近使用Axe体用喷雾香水的男性,这则广告的效果就非常好。[131]

但是,对一些消费者而言,性信息会导致消极感受,例如尴尬、厌恶或不安,每种感受都有消极影响。女性消费者尤其讨厌有性感女模特的广告。[132]女性一般也更不喜欢裸体,但是对性暗示却有更积极的反应。[133]男性购买含有性内容广告的产品的可能性要比女性大得多。然而在一项研究中,有61%的受访者声称他们不大可能去购买以性形象做广告的产品。在这一研究中,53%的受访者更愿意在广告中看到爱的形象而非性的形象。[134]

一项调查表明,84%的女性和72%的男性认为电视广告中出现的性内容过多。[135]另一项调查表明,49%的受访者称他们曾因电视中有性内容的广告而在朋友或家人面前感到尴尬,47%的人表示,如果他们认为广告有所冒犯,他们将不会购买该产品。[136]这对于营销人员的教训是,他们需要谨慎使用性主题,要避免低俗、男性主义和冒犯。

消费者对性广告会有积极反应还是消极反应通常取决于性内容是否适合于产品/服务。一项研究发现,用诱人的模特销售精油非常有吸引力,但是用裸体模特代言扳手却并不会有什么吸引力。[137]因此,性主题适用于香水、古龙水、防晒霜和内衣等产品,但是不适用于工具、电脑和家庭清洁器。

最后,不同文化中的消费者对性信息的反应不同。在一些社会中,例如在欧洲,人们的性态度比较开放,因而性在广告中的使用要比在其他国家更为广泛。在其他地区(例如在穆斯林和亚洲国家),人们的性态度比较保守,因此性的使用受到很多限制。在美国,广告中出现亲密关系和接吻十分常见,而在许多亚洲国家,这样做被认为非常不合适,甚至会被认为是一种冒犯。[138]有一则有关乳腺癌的公益广告表现的是男性被身穿太阳裙的迷人女性所吸引,广告的画外音是"只要女性能像男人一样重视自己的胸部"。对于这则广告,不同国家的消费者的反应也不同。日本消费者能够欣赏这种幽默,而法国消费者不喜欢这种性色彩和对这一严肃问题的轻浮态度。[139]

情绪性内容

对于认知性态度,营销人员可以设计其沟通方式来适应或提高消费者现有的MAO和加工努力水平。对于情感性态度也是如此,此时情绪性涉入信息会起到相应的作用。

其中一类特殊的情绪性信息被称为**转换型广告**(transformational advertising)。[140]转换型广告的目的是将消费者对产品的使用体验与一组独特的心理特征联系起来。这类广告将产品的使用描绘成更温暖的、更令人激动的、更愉悦的和更丰富的体验,从而增加了消费者的情绪性涉入,这与只寻求展示事实的信息型广告的做法正好相反。例如,可口可乐就运用转换型广告来传达"可口可乐是日常生活中的快乐、活力的快乐、放松和与朋友分享,"该公司的首席营销官这样说。该公司"生活的可乐一面"(Coke Side of Life)广告以印有其商标的可乐瓶来强化"可口可乐就是可乐瓶内和瓶外的快乐"这一观念。[141]

> **转换型广告**:旨在提高消费者对产品或服务的情绪性涉入的广告。

戏剧性(dramas)同样可以增加信息中的情感性涉入。一则戏剧性信息含有有关产品或服务的人物、情节和故事。[142]这种类型的信息旨在提高消费者的情感性涉入,并通过同情和移情来影响消费者的积极态度。[143]联合利华公司在《欲望都市》连续剧重播时通过一系列名为"吻痕"的2分钟长的戏剧广告来宣传其夏士莲护发产品,该系列的戏剧性广告表现的是一位年轻女性如何工作、约会和生活,包括如何护理她的头发。电视收视率表明,《欲望都市》的观众在插播商业广告期间不会换台,而是继续收看"吻痕"。[144]

> **戏剧性广告**:有人物、情节和故事的广告。

信息情境

广告所播出的节目或刊出广告的文章情境会影响消费者对信息的评估。首先,消费者对在快乐的电视节目中插播的广告的评估要高于在悲伤节目中插播的广告,尤其是当这些广告是情绪性广告的时候。[145] 类似地,我们对节目的喜爱程度会影响我们对广告和品牌的感受。[146] 对这种反应的一种解释是,节目会以一种与我们心境一致的方式影响我们对信息的加工。根据兴奋迁移假设理论,另一种解释是,我们会将我们对电视节目的感受错误地归因于广告。[147]

需要提醒的一点是:电视节目有可能太过于令人兴奋,从而会分散观众对广告的注意。有一项有趣的研究对比了消费者对超级碗杯中播出的广告的反应,与输球或没有参加比赛的城市相比,赢球城市的消费者对广告的反应受到了抑制。[148] 另一项研究表明,在暴力节目中插播广告会抑制加工和广告回想。[149]

总　结

在消费者的动机、能力和机会较低以及消费者加工信息、制定决策或从事行为的努力水平很低时,营销人员可以用多种技术来改变消费者的态度。消费者经常会无意识地形成态度,他们并不会意识到他们是如何做到这一点的和为什么会这样做。薄片判断和肢体反馈是低努力情况下的两种无意识影响。当低 MAO 消费者基于认知加工形成态度时,信息会影响消费者的信念,这种影响可以通过简单推断、归因和启发而形成。营销人员还可以影响消费者态度形成所基于的信念的显著性、强度和有利性。来源可靠性、与提供物类别一致的信息、信息论点的数量、简单的论点以及重复等因素都会影响信念。根据单纯展露效应,在低 MAO 的情况下,消费者越熟悉某一提供物,他们就会越喜欢它。经典条件反射理论预测,当提供物(条件刺激)与某一能引起消费者积极情绪反应(无条件反应)的刺激(无条件刺激)重复匹配出现时,消费者对提供物的态度(条件刺激)就能得到提高。在无条件刺激十分新颖、消费者意识到条件刺激和无条件刺激之间的联系相匹配、条件刺激先于无条件刺激时,这种经典条件反应最可能出现。如果消费者喜欢一则广告,这种积极感受可以传递给品牌。消费者的心境以及他们按与心境一致的方向评估提供物的倾向也会影响他们的态度。

最后,在消费者的动机、能力、机会和努力较低的情况下,营销人员可以利用营销沟通来引发基于情感加工的赞许性态度。来源的特征(吸引力、可爱性)、信息(有吸引力的图画、令人愉快的音乐、幽默、性、情绪性涉入信息)以及情境(重复、节目或文章情境)都会影响情感性态度。

1. 在低努力的情况下,无意识影响如何对消费者的态度和行为产生影响?
2. 在低努力的情况下,来源、信息、情境和重复如何影响消费者的认知性态度?
3. 什么是单纯展露效应? 为什么这种效应对消费者的情感反应很重要?
4. 在低加工努力的情况下,如何将经典条件反射运用于消费者态度?

5. 请解释双中介假设。它对影响消费者态度有何启示?
6. 在低努力的情况下,有哪些特征会影响消费者的情感反应?
7. 广告信息中出现名人的利弊有哪些?

消费者行为案例　纯数字技术公司

　　纯数字技术公司(Pure Digital Technologies)并不是摄像机的发明者,但是该公司却用 Flip 摄像机变革了该行业。这家公司起初生产的是小型的、一次性的数码照相机和摄像机。久而久之,该公司从顾客那里了解到他们想要"一台有趣、易于使用的永久性、拍摄—分享型的摄像机"。了解到这一市场机会后,纯数字科技公司从改变对摄像机的态度着手,创造了一种便宜的、小巧的、轻便的基础型摄像机,该摄像机去掉了无关紧要的设计和令初次使用者感到困惑的特性。

　　为了确保 Flip 摄像机能随时录像,设计人员为该摄像机配备了可录制长达 60 分钟的数字存储器。用户不用插入或更换存储卡,只需要打开 Flip 摄像机就能看到究竟还能录多长时间。对于"点触—拍摄"操作,设计者设计了一个大的红色按钮来开始或停止录制。Flip 摄像机还包含有视频编辑软件以及一条 flip-out USB 连接线,从而可以很方便地将视频上传到电脑上。视频可以从电脑上通过电子邮件发给他人,或者发布在 YouTube 和 MySpace 之类的网站上。用户还可以将 Flip 连上电视,进行快速而方便地家庭视频放映。

　　当消费者看到他们的亲戚和朋友在派对和家庭聚会上使用 Flip 时,他们开始意识到这是一种新型摄像机。口碑是引起那些不喜欢复杂摄像机的人们注意的另一种方式。便于使用且只有口袋大小的 Flip 令人感到震撼,并吸引了初次购买和那些不喜欢既复杂又昂贵的传统摄像机的人。事实上,纯数字技术公司 Flip 问世的头两年就销售了 200 万台。

　　尽管面临着来自像索尼和松下等全球巨头公司的激烈竞争,该公司通过推出一系列新款机型,成功在北美和欧洲市场大卖,所有的机型都设计用于解决消费者对摄像机难以操作的担忧。Flip 小巧的机身代表着简洁,其柔和的线条与数字音乐播放器之类人们所熟知的高科技产品相类似。如今,纯数字技术公司已经将分销范围扩展到其他国家,该公司正在设计更新的 Flip 机型,这些机型必将符合其品牌的根本理念,不仅易于操作,而且功能强大。

案例问题

　　1. Flip 的营销活动是如何运用单纯展露效应的?
　　2. Flip 的物理属性如何有助于形成积极的薄片判断?
　　3. 利用本章所学的概念,解释为什么公司决定不采用纯数字技术作为其摄像机的品牌名称。

第 7 章

记忆和提取

学习目标

学完本章后,你将能够:

1. 区分感官记忆、短期记忆和长期记忆,并讨论为什么营销人员要意识到这些类型的记忆。
2. 理解强化记忆的过程如何帮助营销人员制订更有效的战略计划。
3. 解释什么是提取,提取的原理是什么,营销人员如何影响提取。

导言:往事重现:怀旧营销

企业家莫莉·罗宾斯向一些父母推销儿童服装,这些父母的共同之处在于,每当他们回忆起 20 世纪 60 年代所流行的意大利木偶 Topo 的时候,他们就会感到开心。通过激活过去记忆来促销有几十年历史的品牌和产品的策略被称为怀旧营销,如今这种策略能帮助小型企业以及跨国巨头提升它们的销售和利润。罗宾斯的企业销售的服装上印有曾在拉美所有地区广为人知的品牌形象,包括鼹鼠吉吉和德拉-罗萨(De La Rosa)糖果。"这些都是我年轻时在墨西哥所用过的产品,(它们)能引起我甜蜜的回忆,"她说。在销售服装时使用这些形象"并不仅仅是因其品牌,而是因其能带给你的回忆。"摩文思(Mervyns)和其他大型商店都在销售这种服装,其目标市场主要是拉丁美洲的消费者,但是这种复古的图案吸引了更广泛的人群。

另外一些营销人员正使用老品牌、符号、形象、标志、口号或广告歌,通过怀旧来为其产品创造积极态度。像海鸡(Chicken of the Sea)和金宝汤这样的食品公司重新使用原来的广告歌来引起消费者的回忆。怀旧营销在其他国家也十分常见。出于对东、西德分裂时期的怀念,一些德国人正在抢购那些能让他们想起过去日子的食品、衣服以及其他产品。类似的,那些怀念苏联时期的二三十岁的俄罗斯人正购买有镰刀和锤子设计特征的时尚产品。[1]

是什么推动了怀旧营销的流行?在当今快节奏、信息密集的年代,消费者感到其周围充满了新鲜和陌生的事物,这种情况导致他们更愿意接受他们所熟悉的产品、歌曲和形象。向消费者提供他们熟悉的提供物还可以增加品牌知名度和品牌知识,因为消费者对这些提供物已经有了个人记忆。这些记忆中有很多都代表着更快乐和更安宁的年代。看到一则老广告、听到一个老品牌名或听到一首老广告歌的几个音符,都会让消费者想起过去美好时光,并对广告和广告品牌产生积极的态度。[2]所有这些概念都将在本章讨论。

什么是记忆?

消费者记忆(consumer memory)是关于产品、服务、购物历程和消费经历的巨大个人知识仓库。从本质上讲,记忆反映了我们先前的知识。**提取**(retrieval)是指记起或取出我们存于记忆中的事物的过程。

> **消费者记忆**:有关产品、服务、购物和消费体验的个人知识仓库。
> **提取**:记起或取出我们存于记忆中的事物的过程。

我们都会存储或记忆事物、体验和评估。特别是,我们会记住我们在过去曾使用过的品牌、产品、服务和公司;我们付了多少钱;这些产品或服务的特征;我们如何、在哪里、在何时、为什么购买和使用它们(体验)[3];我们喜不喜欢它们(评估)。我们会存储和记忆我们处置过的旧产品,例如我们卖掉的爱车。我们还会有对特殊场合的记忆,例如,我们和朋友一起为庆祝生日而观看的一场音乐会。我们存储和提起的信息是从多个来源——营销沟通、媒体、口碑和个人经验——学习而来的。

我们已在前三章讨论了记忆和提取的某些方面。第4章提到存储于记忆中的信息会影响我们是否和如何对事物进行解释和分类。第5章和第6章表明,态度是记忆的一部分——它们代表着我们所存储的对事物的总体评估。此外,我们能够并且经常会在做决策时回想我们的态度。正如我们将在后面几章中所看到的那样,记忆同样会影响决策制定。你也许会决定购买某一体育赛事的季票,因为你能清晰地想起之前你与朋友一起看比赛的时光是多么的美好。另外,你可能会在某一时刻接收到某个提供物的信息,并在另一个时刻使用该信息来做出购买、使用和处置决策。

记忆的类型有哪些?

然而,记忆所代表的并不仅仅是我们在第4章中所讨论的先前的知识。图表7.1显示了三种类型的记忆:感官记忆(声像和图像记忆),短期记忆(表象和话语加工),以及长期记忆(自传和语义记忆)。让我们分别来看一下每种类型记忆的含义。

感官记忆

假设在一次晚宴聚会上,你正在与邻座的人交谈,你无意间听到其他客人正在谈论你想要去看的一部新电影。由于你不想显得没有礼貌,因此你会尽量注意你的晚宴伙伴,但是你又很想听到其他人关于电影的谈话。尽管你不能同时听到这两个谈话,但是你却可以将另外一个谈话中只言片语短时期地存储于记忆中。因此,你可以一边聆听晚宴伙伴的讲话,一边在听到"令人惊叹"这个词的时候将注意力转到另外一个谈话上。再举个例子,假设你正在电视机前做作业。你的室友走进来说"这个广告很不错!"尽管你之前并没有在听

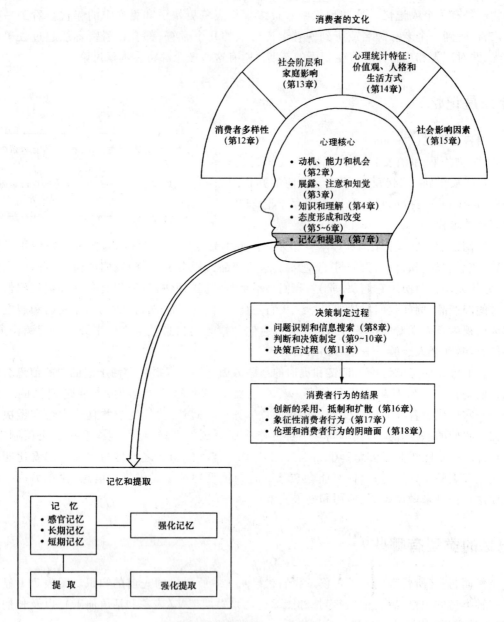

图表 7.1 本章概览：记忆和提取

研究已经识别出了三种类型的记忆：感官记忆、短期记忆（STM）和长期记忆（LTM）。信息一旦进入记忆，就可以被提取（识别和回忆）。本章将展示有哪些因素影响信息从 STM 转到 LTM 以及有哪些因素影响从记忆中提取信息的可能性。

这个广告，当你的室友这样说之后，你会意识到你听到了"可口可乐"这个词。你意识到此时可口可乐的广告，因此你会说："是的，我也喜欢这个广告。"

在感官体验产生之时临时性地存储这些体验的能力被称为**感官记忆**（sensory memory）。感官记忆使用了被称为"感官存储"的短期存储区域。感官记忆是自动形成的，如果我们迅速将注意力转向感官存储，我们就能解释其中的内容。

> **感官记忆**：在记忆中临时性地存储的感官体验。
> **声像记忆**：对我们所听到的事物十分简短的记忆。
> **图像记忆**：对我们所看到的事物十分简短的记忆。

感官记忆可以存储来自于任何感觉的信息，但是**声像记忆**（echoic memory）——对我们所听到的事物的记忆——和**图像记忆**（iconic memory）——对我们所看到的事物的记忆是两种研究最多的感官记忆。[4]上述可口可乐的例子展现的是声像记忆。下面是另外一个例子：你也许会发现，若有人问了你一个问题，而你并没有真正在听他讲话，你会说："你刚才说什么？"而实际上你却在"回放"那个人刚才在说什么。当你开车驶过一个广告牌并迅速瞥了一眼，只有在你开过了这个广告牌后你才意识到它是苹果蜜蜂（Applebee）的广告牌，这种情况下就是图像记忆在起作用。

感官记忆中的信息是以其实际的感觉形式存储起来的。换句话说，我们以声音的形式存储"令人惊叹"这个词，确切地以这个词而不是以它的同义词来存储。感官记忆中的信息保存时间也很短，通常持续 1/4 秒到几秒不等。[5]如果信息是相关的，我们将会有动机去进一步对其进行加工，该信息会进入所谓的短期记忆。但是，如果我们没有对这条信息进行分析，这条信息就会丢失。

短期记忆

短期记忆（short-term memory，STM）是我们对所接收信息进行"编码"和解释的记忆部分。[6]在第 4 章中所讨论的了解和理解过程就发生于短期记忆区。当你在阅读本书时，你就是在用短期记忆来理解书中的内容。当你看电视商

> **短期记忆（STM）**：用已有知识对所接收信息进行编码或解释的记忆区域。

业广告或在商店中做决策时，你也会用到短期记忆。短期记忆十分重要，因为多数信息加工都是在短期记忆区发生的。当我们受到其他信息的干扰时，短期记忆会受损。[7]

表象和话语加工

短期记忆中的信息可以以若干形式中的一种呈现出来。当我们考虑某个事物——例如，一个苹果——时，我们会使用**话语加工**（dicursive

> **话语加工**：用词语对信息进行的加工。
> **表象加工**：以感官形式对信息的加工。

processing），用"苹果"这个单词来代表它。或者，我们可以用一幅苹果的视觉画面或用苹果的气味、触觉、咬苹果的感觉、苹果的味觉来代表。用苹果的视觉、听觉、味觉、触觉或嗅觉来代表苹果就用到**表象加工**（imagery processing）。[8]与话语加工不同的是，表象加工中的事物与其所代表的事物之间有密切的相似处。[9]因此，如果要你想象一个苹果或一辆汽车，表象加工能确保你保留它们的相对大小。

我们可以对词语或形象所再现的信息进行精加工或深入思考。[10]在低 MAO 的情况下，短期记忆可能是由对事物的简单再现而组成，例如，滑雪者这一单词或一幅滑雪者的画面。但是，在高 MAO 的情况下，消费者可以使用精细化表象加工来解决空想、幻想和视觉化的

问题,或者使用精细化的话语加工区思考即将发生的事情或找到当前问题的解决方案。例如,如果你正考虑去滑雪度假,你可能会详细地幻想你在度假酒店的火炉旁悠闲享受、饮用热苹果汁、体会疲惫的滋味以及享受朋友的陪伴。你还可以用话语加工来比较各个旅游地的价格和属性。

短期记忆的特征

短期记忆有两个有趣的特征:

- 短期记忆是有限的。在任何时候,我们只能在短期记忆中存储少量的事情。例如,如果你现在必须要到商店购买两样东西——薯条和热狗——你可能能记住要买什么。但是假如你要买9样东西:薯条、热狗、咖啡、饼干、烘焙苏打、塑料袋、牙膏、意大利面酱和狗粮。除非你列一个购物清单,否则你很可能会忘掉一样或几样东西。
- 短期记忆的保持时间很短。短期记忆中的信息保持的时间非常短,除非该信息能转到长期记忆。除非我们主动去记忆信息,否则该信息就会丢失。这种现象可以解释为什么我们有时会在知道了某人的名字短短两分钟后就会忘记。

营销启示

短期记忆,尤其是表象加工,对营销人员有四个重要启示:

1. 表象加工会影响产品喜爱和选择。例如,我们对度假的选择,在很大程度上会受到我们对度假过程的想象的影响。我们会因某些产品(例如小说或音乐)所带给我们的想象而认为其有价值。[11]事实上,如果消费者陷入对产品使用的幻想或与广告所模拟的情境相似的体验,他们就会倾向于对广告和广告的产品有积极的态度。[12]因此,一件产品刺激人们多感官想象的能力会影响我们对该产品的喜爱程度。

2. 表象可以刺激过去经历的记忆。我们会重视那些能帮助我们重温过去消费体验的事物。因此,你也许会保留一份体育赛事或门票的存根,因为它所激起的表象能让你重新体验该赛事。再举一个例子,微软公司最近发布了一款新型、高清版Pac-Man视频游戏,该产品会激起一些消费者对玩老款Pac-Man游戏的记忆(参见图表7.2)。[13]

图表7.2 激起过去经历的回忆

新款的Pac-Man视频游戏可能会激起对玩老款Pac-Man游戏的经历的回忆。

3. 表象可以影响我们加工信息的数量。增加更多的信息,例如提供属性列表,会由于信息过量而损害话语加工。但是,增加信息却有助于表象加工,因为更多的信息能帮我们形成更生动的形象。例如Bluenile.com通过让消费者对所售珠宝图片进行放大来激发表象,[14]这种策略能帮助消费者更好地想象出拥有这个珠宝或用这个珠宝送礼时的情形。

4. 表象可以影响我们对产品或消费体验的满意程度。我们会对产品或消费者体验形成详细的印象或幻想(坐上一辆新车后我们会感觉多么好,或度假会令我们身心放松),然后却发现实际情况并不像我们所想象的那样。如果现实与我们的想象不一致,我们会感到不满。意识到这种可能性后,一些营销人员开始帮助消费者建立起现实的表象。例如,在宣伟公司(Sherwin-Williams)的网站上,消费者可以在虚拟的家里涂染房间,从而他们能够在购买涂料之前看到产品的效果。

长期记忆

长期记忆(long-term memory,LTM)是指信息被永久存储以备日后使用的记忆部分。在认知心理学方面的研究识别出了两种主要的长期记忆类型:自传记忆和语义。[15]

> **长期记忆**:信息被存储以备日后使用的记忆部分;永久性存储的知识。

自传记忆

自传记忆(autobiographical memory),或**情景记忆**(episodic memory)是指我们所拥有的有关我们自己和我们的过去的知识。[16]它包括过去的经历以及与这些经历相关的情绪和感觉。这些记忆主要是感官方面的,尽管包括声音、气味、味道和触觉,但主要还是视觉形象。我们会有与产品获取有关的自传记忆,例如寻找某个产品的购物之旅,或者该产品在我们个人历史中所起的作用。[17]我们会有关于消费和处置的自传记忆,例如参加某个音乐会,或扔掉一件用旧了但仍喜爱的产品。

> **自传或情景记忆**:我们所拥有的关于我们自己和我们个人经历的知识。

由于每个个体都有各自独特的经历,自传记忆往往是非常个人化的和差异化的记忆。如果让你回想你在考驾照时的路考情况,你也许已将那天发生的一系列事情存在长期记忆中:你开的是什么车、行车路线是什么,你紧张不紧张,你的教练告诉你要做什么,以及你通过(或没通过!)考试后发生了什么。

语义记忆

我们在记忆中存储的许多事情都与具体经历无关。例如,我们对"可乐"的概念有记忆。我们知道可乐是液体,装在罐子或瓶子里,有气泡,是褐色的,甜的。这种知识对于所有可乐都成立。它并不是与特定的可乐品牌有关。这种与具体情景相分离的关于事物的知识被称为**语义记忆**(semantic memory)。例如,关于数字

> **语义记忆**:关于某个实体的一般知识,它与具体的情景相分离。

的语义记忆会影响我们对价格的知觉,因此会影响我们的购买意向。[18]

营销启示

我们在认知范畴中所存储的多数知识都属于语义记忆。因此,先前所给出的关于范畴中所存储记忆的营销启示(参见第4章)同样也与语义记忆有关。但是,自传记忆对营销人员同样重要。

影响决策制定

每个消费者都存储了大量的与消费有关的记忆,这些记忆能影响消费者对产品和服务的评估。例如,如果你在某个餐馆吃饭,发现在你的食物中有根头发,对这一经历的记忆会导致你不再去那里吃饭。而积极的体验会有相反的效果。在选择餐馆就餐时,你也许会回想起上次一家餐馆的食物很好吃或服务很好——这种记忆显然会影响你做出再次光顾那个餐馆的决策。我们还有关于在购物时支付的记忆,[19]这种记忆会影响我们的未来选择,我们不会购买我们认为上次买贵的产品。

促进移情和认同

自传回忆会对广告中的人物或情景的认同产生影响。例如,如果赫蒂(Hefty)的广告能让消费者去思考他们自己的垃圾袋裂开的情景,消费者将能更好地将表现劣质垃圾袋裂开和赫蒂垃圾袋仍能保持完好的广告联系起来。图表7.3同样也会促进认同。

提示或保存自传记忆

如本章开头的例子所表明的那样,消费者珍视一些产品,是因为这些产品能引起怀旧的感受——对过去的喜爱——从而促进了自传记忆。[20]消费者通常会认为保存毕业、孩子出生等记忆对他们十分重要。生产数码相机和照片打印机这些产品的整个行业都是为了满足消费者对记录这些自传记忆的需求。纪念册行业生产能帮助消费者保存记忆的产品,该行业的营业额已达到26亿美元。[21]许多文化中的消费者都希望能保留自传记忆,[22]从一个国家迁到另一个国家的消费者有时会在他们的房间中树立神龛,以提醒自己他们隶属的文化。在整个世界上,消费者都会高度看重那些能让他们想起朋友、家庭和生活中的重要事件的物品。

重新解释记忆

研究表明,广告甚至会影响自传记忆,例如影响消费者如何回忆对所广告产品的过去经历。[23]一项研究让消费者品尝好味道和坏味道的橘汁,接着让消费者观看介绍该产品好味道的广告。那些看了广告的消费者对所品尝坏味道橘汁的回忆要好于该果汁的实际味道带来的回忆。[24]

图表 7.3　促进认同
希望有一片绿色草坪的消费者会认同这则广告中所呈现的情景。

如何强化记忆

由于在记住某一事物前我们必须能注意到该事物,因而影响注意的许多因素(见第3章)同样会影响记忆。还有一些过程也会影响记忆,包括组块、演练、再循环和精加工。[25]这些过程会影响短期记忆或能增加信息转入长期记忆的可能性——这对于营销人员来说有重要意义。

组　块

传统上,研究人员认为在任何时刻个体在短期记忆中可以加工的信息"组块"数量为3—7个。之后的研究表明,该数目更接近于3—4个。[26] **组块**(chunk)是被作为一个单位进行加工的一组项目。例如,通常电话号码可以分为三个组块:区号、交换机号以及4位号码。

> **组块**:被作为一个单元进行加工的一组项目。

演　练

尽管组块能减少信息从短期记忆中丢失的可能性,演练同样会对信息转到长期记忆产生影响。**演练**(rehearsal)是指我们积极地和有意识地与我们想要记住的材料进行互动。我们可以默默地重复该材料或积极地思考信息及其含义,就像我们备考时所做的那样。在营销情境中,只有在消费者有动机加工和记住信息时,演练才有可能出现。如果你有动机寻找与健康相关的食物成分,你就会仔细研究而且不会忘掉这些成分。

> **演练**:积极回顾并尝试记住材料的过程。

再循环

通过**再循环**(recirculation)的过程,信息也可以转到长期记忆。就像水在同一条管道中反复流动这样的再循环一样,当你重复碰到某一信息时,该信息也会在你的短期记忆中再循环。与演练不同的是,在再循环中,我们不是积极地去尝试记住信息,我们之所以记住了信息是因为这条信息在我们的大脑中反复经过了许多遍。例如,你可能会记住你妈妈所买的蛋黄酱的品牌,因为你经常会看到这个品牌。需要注意的是,与在同一时刻反复重复信息相比,在不同时刻重复信息能导致更好的品牌回想。[27]在图表7.4中,再循环就会起作用。

> **再循环**:在不进行积极演练的情况下,通过简单重复而记住信息的过程。

精加工

最后,如果信息被深度加工或**精加工**(elaboration),它就能转到长期记忆。[28]我们可以通过死记硬背或演练记住信息,但是这种加工形式并不总会有效。如果你为了考试要记住某些材料,你可能会发现在两三天内你会忘掉一大半所记住的东西。当我们试着将信息与先前的知识和过去的经历联系起来时,我们就能建立起更持久的记忆。例如,如果你看到一则新产品的广告,你也许会对这条广告信息进行精加工,想象如果你在日常生活中使用这种产品会是怎样的情形。结果,你能更深地记住该品牌以及广告中的品牌信息。

> **精加工**:通过对信息深度加工而将信息转到长期记忆。

图表 7.4 再循环

我们能记住 Jif 花生酱仅仅是因为我们先前看到它的次数太多了。Jif 的其他形象进一步加强了这种再循环过程。

营销启示

营销人员可以运用组块、演练、再循环和精加工来帮助消费者记住他们的品牌、沟通或提供物。

组 块

通过将小块信息组块成大块的信息，营销人员可以增加消费者将信息保留在短期记忆和将信息转到长期记忆的可能性。例如，首字母缩写可以将多条信息减少成为一个组块。KFC 和 H&M 之类的品牌名称就是组块在营销情境中运用的例子。类似的，营销人员可以用单词代替数字（800-GO-U-HAUL）来帮助消费者记住电话号码。广告可以将不同的信息片段总结或组块成为单一的属性或利益。一则探讨食品的热量、脂肪含量、钠含量、糖分的广告可以将这些信息组块成一条有关产品健康性的结论。

演 练

在动机低的情况下，营销人员可以使用诸如广告歌、声音和口号来保持演练。安德玛（Under Armour）是一家运动服装制造商，它的一则广告表现的是男式钉鞋所发出的咔咔声,其广告口号是"咔咔:我知道你听到我们来的声音了。"[29]有时这些方法的效果十分好,以至于你可能会整天哼着同一首广告歌。但是演练并不总是有利于营销人员。一项研究发现,那些通过记下价格(例如在偿付支票或将支付的价格输入财务管理软件时)而重演先前购买产品所支付价格的消费者更不可能会购买该产品。[30]对价格的记忆可能会突出消费者为了获得该产品所必须要付出的代价。

再循环

再循环是营销中的一个重要原则,因为它能解释为什么营销沟通的重复会影响记忆,尤其是在低涉入的情况下。[31]营销人员可以制作不同的广告来重复相同的基本信息,从而强化再循环的效应。例如,尽管具体的广告内容不断在变化,但是你总能在多种场合接触到同一信息:"雪弗莱,一场美国革命",因此,这样的口号更令人难忘。

再循环还能够解释为什么经常重复品牌名称的沟通(或者是在一条广告中,或者在不同的沟通中)能产生更好的品牌名称记忆。当得知青春期前的孩子喜欢一遍一遍地玩视频游戏后,Burton 滑雪板的营销主管称,该企业的滑雪板和装备出现于索尼视频游戏中的目的只有一个:"重复、重复、再重复"。[32]研究表明,通过在高涉入度媒体(如电视商业广告)和低涉入度的媒体(如广告牌)中交替信息的方式安排间隔性展露的做法十分有效。[33]但是,当某一品牌所重复广告的产品主张与其竞争对手所重复宣传的主张相似时,这种重复实际上不会强化消费者的记忆,而是使消费者感到困惑。[34]

精加工

前几章中所介绍的一些策略可以提高消费者对信息进行精加工的可能性。例如,意外的或新奇的刺激能够引起注意并诱导精加工。[35]盖可公司用壁虎作为保险代言人这种不同寻常的做法意在让消费者思考两者之间的联系(参见图表 7.5)。同样,一项广告公司研究表明,对电视节目特别关注和思考的消费者更可能记住其中的商业广告。[36]老年人对营销信息的精加工能力较低,也许是因为他们的短期记忆较为有限。儿童的精加工程度较低是因为他们的知识较少,因而深入地思考广告信息对他们而言较为困难。[37]精加工还可以解释为什么广告中适度的幽默能提高对产品主张的编码和提取,而高度的幽默会阻碍对广告主张的精加工。[38]

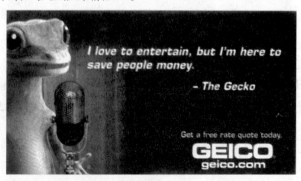

图表 7.5 提高精加工的策略
盖可公司用壁虎作为保险代言人这种不同寻常的做法意在让消费者思考两者之间的联系。

什么是提取

在第4章中你了解到，知识可以以范畴组织，知识还与联想有联系。这些范畴和联想同样与记忆和提取有关。

长期记忆的组织

记忆研究人员将长期记忆（或先存知识）看作一系列的**语义网络**（semantic networks）或**联想网络**（associative networks）。图表7.6是一位消费者对"度假"这一范畴的记忆（或先存知识），特别是对圣莫里茨滑雪度假这一滑雪度假范畴成员的联想。这一范畴又属于"豪华度假"这一更高阶的范畴。圣莫里茨度假的概念与一系列的联结有关（在前几章中称为联想和信念），这些联结是如何形成的？它们是基于个人经历或消费者曾听到或看到的信息而习得或记住的。有些联结是自传记忆，其他一些是语义记忆。与"圣莫里茨滑雪度假"这一概念相关的一组联想或联结被称为语义（或联想）网络。

> **语义或联想网络**：记忆中的一组联想，它们与某一概念有关。

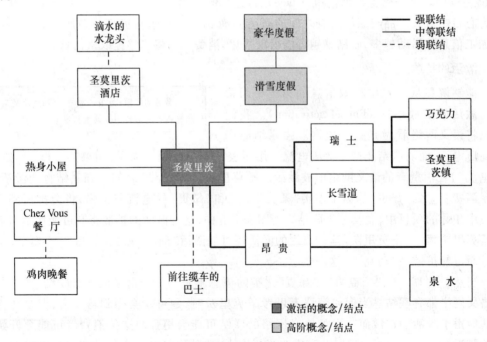

图表7.6 语义（或联想）网络
语义网络是由联结所联系起来的一组概念。当某一概念被激活后，其他的概念可以通过联结而激活。由强联结所联系起来的概念要比那些由弱联结所联系起来的概念更有可能相互激活。

注意在图表7.6中，语义网络中联结的强度会有所不同。由粗线所表示的强联结牢牢存储于记忆中。而由虚线表示的其他联结在记忆中的强度较弱。一些联结之所以是强联结，是因为该联结经过了组块化、演练、再循环和深入的精加工。其他之所以是弱联结是因为消费者不常碰到这些联结、很长时间没有接触该联结或对该联结的加工十分有限。这个语义网络代表着在这个消费者记忆中"圣莫里茨滑雪度假"是什么。

语义网络

我们的记忆中有大量的信息,但是在任何时候都只能提取或获取其中的一部分。[39]我们都曾经历过试图想起某件事情但却总想不起来。有两种语义网络因素会影响我们的记忆:痕迹的强度和激活的扩散。[40]

痕迹的强度

影响语义网络的第一个因素是联结或联想的强度,即**痕迹强度**(trace strength)。信息与范畴的联结越强,信息越**可达**(accessible),也越容易从记忆中提取。如果你拥有关于宝马与其口号的强联想,你更可能记住宝马是一台"终极驾驶机器"。营销人员经常设法来强化我们的记忆联结。例如,当研究揭示出美国的消费者认为家族企业所生产的产品值得信任后,强生公司就在其广告和包装上添加了一条标语"家族公司"。这样做也帮助佳丽(Glade)、雷达(Raid)和稳洁(Windex)等制造商强化了消费者心目中对其产品与家族所有之间的联想。[41]营销人员从事再循环或鼓励消费者演练或精加工信息的活动越多,联结就越可能得以强化,消费者也将能够提取该信息。

> **痕迹的强度**:某一联想或联结与记忆中的某一概念联系的强弱程度。
> **可达性**:某一联想或联结从记忆中可提取的程度。

激活的扩散

能够解释从记忆中提取信息的第二个因素称为**激活的扩散**(spreading of activation)。我们可以将语义网络看做是一种电网。强联结能产生高压电流,而弱联结能产生低压电流。用图表7.6中的例子来说,如果某一概念(如"圣莫里茨")在消费者的语义网络中被激活,"圣莫里茨"与"昂贵"之间的强联结将会激活,或者令消费者想到"昂贵"。由于连接"圣莫里茨"和"昂贵"的电流非常强,将会扩展到语义网络中相邻的项目中,尤其是强联结。在图表7.6中,这种激活的扩散将有可能使消费者想起圣莫里茨镇。"圣莫里茨"这一概念的激活还可能激活"瑞士"和"长雪道"。"瑞士"的激活进而可能扩散到"巧克力"这一概念。

> **激活的扩散**:对某一概念或联想的提取能扩散到对相邻概念或联想的提取的过程。

当然,像"瑞士"、"巧克力"、"昂贵"之类的概念不止与一个语义网络有联结,而是与多个语义网络都有联结。当促使消费者思考圣莫里茨时,她可能会想到巧克力,但是巧克力与其他由于激活的扩散而引发的语义网络的联结可能会更强。这位消费者可能会开始回想她最近在一家高迪瓦(Godiva)商店购买巧克力,这种回忆可能会让她想起在那里碰到的一位朋友,进而又会提醒她应当给她的朋友写信联系。激活的扩散能够解释随着激活从一个语义网络扩散到另一个语义网络,为什么有时我们会有看似随机的想法。

MAO能影响激活的扩散。在加工信息的动机和机会较高的情况下,激活的联结的数量也会很多。相反,如果动机和机会较低,只有最密切和最强的联结才可能被激活。个体对某一概念的联结越多,就越有能力加工更详细的语义网络和提出任意数量的联想。[42]

由于强联结提升了某个项目从记忆中提取的可达性,因此它们对于营销人员来说十分重要。但是弱联结并不是不重要,激活可以扩散到语义网络中的每个联结,尽管该激活可能不足以导致消费者记起某个项目。某个项目被激活,但又不足以从记忆中提取出来的情况被称为**受启动**(primed)。即给予该项目一次启动。例如假设这名消费者正试图想起她是如何到达圣莫里茨的缆车的,"巴士"这一联结在她的记忆中并不强。激活"圣莫里茨"也许会启动"巴士"的概念,但是这种激活太弱以至于消费者可能不会想起巴士。如果她之后开车经过一所学校,"学校"这一概念的激活可能会提示"巴士",而这种激活足以令她想起她是乘巴士到达圣莫里茨的滑雪缆车的。

> **启动**:记忆中结点的激活,通常并不伴随意识知晓。

提取失败

痕迹的强度和激活的扩散有助于解释遗忘——从记忆中提取信息的失败。遗忘是无法改变的事实。你可能会忘记去保养你的车,或忘记你正在煮鸡蛋(直到鸡蛋破了)。提取失败显然会影响消费者的购买、消费和处置行为。

衰 退

在一些情况下,我们会因痕迹强度减弱而遗忘;也就是说,记忆联结会随时间而**衰退**(decay),通常是因为这些联结长久不用。因此,我们往往会忘记儿时的事情,因为这些事情发生在很久以前。当我们通过再循环而重复接触信息,或当我们经常从记忆中提取该信息时,衰退就会减弱。有时,我们了解到的信息细节或属性会衰退。[43]例如,我们也许已经听到了关于一部新电影的许多细节,例如电影情节是什么,由谁出演等。但是之后我们只能记得对这部电影的总体印象("我听说这部电影不错")。

> **衰退**:随时间推移记忆结点或联结的减弱。

消费者会遗忘属性这一事实能够解释一些有趣的营销现象。例如,消费者对他们听到过的关于品牌很好或很差的评论会有同等强度的记忆。他们会忘掉关于品牌的信息,他们所能记住的是该品牌出现在新闻中。遗忘还能解释第5章中所讨论的睡眠者效应,即随着时间推移,消费者会对一则坏广告表现出更积极的态度。研究人员相信随着时间推移,消费者会忘记一则广告的缺乏可信性,只会记住该广告曾提到过该品牌。实质上,对来源的记忆要比对信息的记忆衰退得更快。[44]

干 扰

激活的扩散和痕迹强度解释了遗忘的第二个原因:干扰。[45]**干扰**(Interference)出现于当语义网络结合得如此紧密,以至于我们无法记得哪个特性属于哪个品牌或概念。假设你正在看一则宣传汽车安全性的汽车广告,如果你的记忆中拥有关于类似汽车的大量信息,你可能会混淆哪个属性与哪个车有联系。此外,当消费者看到相似的广告时,这种相似性会干扰品牌回想。[46]竞争广告同样会影响干扰。当某一现有品牌宣传一个新属性时,消费者对该品牌原有属性的知识会干扰对新属性信息的提取。然而在有竞争性广告时,消费者能压制原有属

> **干扰**:由于语义网络结合的过于紧密,以至于我们无法记得哪个特性属于哪个品牌或概念。

性信息,并有效提取新属性信息,这种技能能发挥该品牌的优势。[47]

干扰也会影响不同文化中的营销活动。例如,一项研究考察了干扰对双语消费者的影响,发现第二语言信息的提取不如第一语言。因此,为了减少干扰,营销人员应当同时适用视觉和文本线索,使之相互强化。这种策略能帮助消费者加工第二语言信息,从而改善提取。[48]

此外,干扰还表现在当某一概念激活的频率过高而导致我们无法激活其他不同概念之时。假设你正尽力回想你在购物单上列出的10件商品。你很有可能会很轻易地回想起一些商品,而费点劲又能回想起另外几件商品,但是剩下的你可能无法记起。这种情况的出现是因为在你设法记起遗漏掉的商品时,你同时仍在记着你先前回想起的那些商品,而这种记忆会干扰你激活遗漏掉商品的能力。[49]重复激活你已经记住项目的记忆轨迹阻碍了其他项目的激活。

首因和近因效应

衰退和干扰可以用于解释**首因和近因效应**(primacy and recency effects)——我们首先碰到或最后碰到的事物通常最容易回忆起来。你有

> **首因和近因效应**:首先碰到或最后碰到的事物能更好地被记忆的倾向。

可能记住电视商业广告插播期间播出的第一个广告,因为此时没有其他广告信息对该广告形成干扰,这种情况就是首因效应的一个例子。如果你对这条信息进行演练,该信息也不大可能衰退。首因效应解释了为什么在你准备考试时,你往往能更好地记住首先复习的内容。

你更可能会记住你今天早餐所吃的东西,不大可能记住你一周前吃了什么,因为今天早晨的信息尚未衰退,且很少有信息会干扰该信息的提取,这种情况就是近因效应的一个例子。考虑到首因效应和近因效应,许多广告主相信广告投放的位置最好是在一段商业广告插播时间或一本杂志的最前面或最后面。一些研究支持了将广告投放在最前面的重要性,但放在最后面的情况并没有得到有力的证据。[50]

提取错误

我们的记忆并不总会精确和完整;我们的记忆有可能会被扭曲和混淆。你也许记得是你的朋友告诉你那部新电影不错的,而实际上却是你的邻居告诉你的。记忆也具有选择性,这意味着我们只会提取部分信息,通常这部分信息要么是非常正面的信息,要么是非常负面的信息。当你在预想一次度假时,你可能会记起你上次度假所发生的愉快事情而不是令你不快的事情。最后,记忆会被扭曲。如果你有过不好的产品体验,之后你可能会回忆起实际上并未发生的不良体验。也许你会回忆起餐馆中的一位女服务员对你服务态度不好,将你的咖啡重重放在桌上。尽管这一"记忆"与"不好的女服务员"的形象相一致,但也许事实上这种情况根本没发生过。[51]与产品的虚拟互动会导致更多的虚假记忆,因为这种互动能产生栩栩如生的形象,消费者日后会相信这种互动曾真实的出现过。[52]

提取的类型

消费者可以通过两种提取系统来提取信息:外显记忆和内隐记忆。

外显记忆

外显记忆(explicit memory)是通过积极记住先前情节而获得的记忆。在这种情况下,你会有意识地设法想起先前所发生过的事情。例如,你会利用外显记忆来回忆起你最近到 In-N-Out 快餐店点了什么东西。消费者可以通过识别和回想从外显记忆中提取信息。

> **外显记忆**:通过积极记住先前情节而获得的记忆。

- **识别**(recognition)是指我们能认出我们之前所看到过的东西,例如品牌识别(我们记得以前曾见过这个品牌)和广告识别(我们记得以前曾看到过这个广告)。品牌识别对店内决策尤其重要,因为它有助于我们认出我们想要购买的品牌或确定该品牌所在的位置。品牌或包装上的标志对于提高品牌识别尤其有效。你可能想不起你上次买的香波品牌,但是当你在商店货架上看到该品牌时,你却能一眼就认出来。

> **识别**:确定是否在先前遇到过某一刺激的过程。

- **回想**(recall)涉及记忆中更广泛的联结激活,例如当我们看到百事的陈列并利用回想来提取关于百事的知识,以此作为决策制定的输入信息。自由回想是指我们在没有任何帮助的情况下从记忆中提取信息,例如回想我们昨天晚上吃了什么。提示回想是指尽管问的是相同问题(昨天晚餐吃了什么?),但却需要提示(是素菜吗?)。

> **回想**:从记忆中提取信息的能力。

内隐记忆

有时,我们会无意识地回忆起某事,这种现象被称为**内隐记忆**(implicit memory)。假设你以高速在公路上驾驶,你经过一个广告牌,上面印有"Caterpillar"(拖拉机)。随后,有人问你是否记得曾看到过一个广告牌,如果看到过的话,上面写的是什么。你并不记得曾看到广告牌,更别提看到上面写的是什么,你对此并无外显记忆。但是如果问你,你能想到的以 cat-开头的第一个单词是什么,你可能会回答说是"caterpillar"。你可能会在没有意识到你曾看到过广告牌的情况下对广告牌的某些事物进行编码。

> **内隐记忆**:不是在有意识尝试记住某事的情况下而形成的记忆。

你如何对你无法外显记住的事情有内隐记忆呢?你对 Caterpillar 名称的短暂接触激活或启动了记忆中的"caterpillar"这个单词。这种激活水平不足以强到你能有意识地提取这个名字;但是,当问你以 cat-开头的单词时,这种激活就会令你想到 caterpillar。

营销启示

对营销人员而言,提取显然是一个重要的概念。

作为沟通目标的提取

一些营销沟通旨在提高消费者对品牌名称、产品属性或品牌效用的回想。[53] 其他一些沟通旨在消费者对品牌名称、标志或品牌符号、包装、广告、广告人物、品牌效用等方面的识别。现有行业中新进入竞争者尤其会尽力去提高消费者对它们品牌名称的记忆。安德玛(Under Armour)因其男性运动服装而闻名,如今正向女性目标市场扩展,该公司用广告中的独特声音——"Boom Boom Tap"——来帮助消费者提取。[54]

提取影响消费者选择

一项研究发现,日本消费者对某一银行的使用率会随着他们对这家银行名称识别率的下降而下降。[55] 让消费者识别或回想具体的主张或口号同样十分重要。此外,知道和记住这一信息能作为消费者态度的一种有用输入,当消费者在不同品牌之间进行选择时,就可能会使用这种信息。

但是令人印象最为深刻的广告不一定是最有效的广告。你可能会由于一条广告特别差劲而记住它,而不是因为它能引起你购买所广告品牌的欲望而记住它。令人印象深刻的广告也并不一定能有效达成其他目标,例如使信息与具体品牌相联结这一目标。在一项研究中,观看超级碗杯以及其中插播的商业广告的消费者错误地将一家电信企业的广告口号看作是多达13家其他企业的广告口号。[56] 并不是所有的营销人员都对回想感兴趣。例如,尽管消费者并不总是能够回想起产品的实际价格,但是他们却能确定该价格是否是个合理的价格。[57]

与广告效果有关的识别和回想

为了测试广告和品牌名称的效果,营销人员需要制定正确的识别、回想和内隐记忆的衡量方法。[58] 图表7.7展示的就是这种研究。例如,如果你正在考虑今天中午到哪里吃饭,你所考虑的餐馆列表可能取决于你能从记忆中回想的餐馆。在这样的情况下,营销人员应当利用信息策略鼓励消费者对品牌和产品进行思考,这种过程能提高消费者在做出选择时的回想。[59]

图表7.7　回想研究

排名	品牌	广告描述
1	奥利奥	小男孩和父亲通过视频聊天一起吃饼干和牛奶;晚安,小伙伴;早安,爸爸
2	里斯	花生酱鸡蛋——花生酱瓶和巧克力兔宝宝;一团烟生成了花生酱鸡蛋
3	星期五餐厅(TGI Friday's)	终极食谱对决菜单——费里伙计介绍菜肴,这些菜肴是受饮食电视网络的终极食谱对决大赛节目所启发的
4	伯灵顿外套工厂(Burlington Coat Factory)	复活节降价——复活节中的家庭;男孩服装上的巨大节省;有最多的女孩服装
5	美国电话电报(AT&T)	一个人在酒吧投篮;嗨,我是Chuck电话;Chuck无法应答,因为他是个傻瓜;NCAA四强决赛门票

该表显示的是2008年2月25日至3月23日之间回想最多的新广告。

资料来源:ⓒ 2004—2008 IAG Research, http://www.iagr.net/data_total_market.jsp。

> 内隐记忆对营销人员同样重要。尽管广告公司通常用广告回想和识别来测量消费者的外显记忆,但内隐记忆的概念表明,即使消费者并没有认出或回忆起广告信息,他们也会对广告中的信息有所记忆。因此,广告主可以尝试采用内隐记忆测量来衡量其广告是否影响了消费者的记忆。
>
> **消费者细分和记忆**
>
> 尽管提取是营销人员的一个重要目标,但并不是所有的消费者都有同样良好的记忆。特别是,老年消费者在识别和记住品牌名称和广告主张方面会有困难。

如何强化提取

鉴于提取的重要性,营销人员需要理解如何才能提高消费者记住具体品牌信息的可能性。除非某一事物先前已存于记忆中,否则他们不可能识别或回想出该事物;组块、演练以及相似的一些因素能够提高某一项目存储和用于提取的可能性。还有另外4个因素——其中一些与痕迹的强度和激活的扩散有关——同样也会影响提取:(1)刺激本身,(2)与刺激相关的联结,(3)加工刺激的方式,(4)消费者的特征。

刺激的特征

提取受到刺激(信息或信息媒介)的显著性(突出性)的影响。它还受到该刺激与该范畴中原型成员的相似度、是否使用了冗余线索以及用于传递信息的媒介的影响。

显著性

如果某事物因在其环境中明亮、大、复杂、移动、突出而从较大的背景中显露出来,那么该事物就具有显著性(参见图表7.8)。[60]如果你看到了一个十分长的商业广告或一则多页广告,那么相对于其周围较短的商业广告或单页广告,它就显得较为显著。在广告中,看起来复杂的图形相对于简单的背景就会比较显著,动态互联网广告要比静态广告更显著。同样,能为消费者评估所促销产品与竞争产品提供具体准则的广告或说明也能提高这些属性的显著性。根据这些显著属性,消费者能更容易地对信息进行编码和提取。[61]

刺激的显著性会在多个方面影响提取。显著的物体往往会吸引注意,将消费者注意力从不显著的物体那里吸引过来。由于其突出性,显著的刺激还会引起更多的精加工,从而形成更强的记忆痕迹。[62]这种现象可以解释为什么一些研究会发现消费者往往对长商业广告的记忆要好于短商业广告,对大印刷广告的记忆要好于小印刷广告。[63]

原型性

我们对产品类别中的原型品牌或先锋品牌会有更好的识别和回想(有关原型性的讨论请参见第4章)。由于原型品牌经常会被演练和再循环,因此原型品牌的记忆痕迹会比较强。这些品牌同样有可能与记忆中的许多其他概念有联结,从而激活的可能性会更高。我们往往能记住这些品牌可以解释为什么这些品牌如此成功,也可以解释为什么许多公司努力要使自己成为品类领导者。[64]例如,可口可乐通过营销使其成为许多国家的市场领导者。

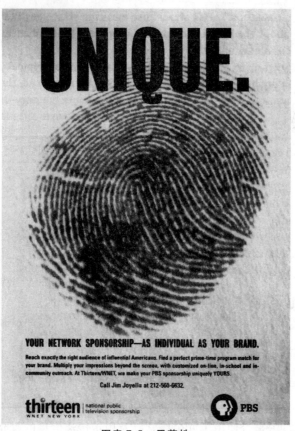

图表 7.8　显著性

在这则广告中,手印和 UNIQUE 这个单词十分显著。

由于运用了店内促销以及其他技术,其芬沙(Femsa)分公司极大提高了在墨西哥的销售额。那里的消费者人均可口可乐的消费量超过了任何其他国家的消费者——每年 3 200 盎司——使该品牌成为软饮料的原型。[65]

冗余线索

当信息项目自然地一起出现时,记忆会得到强化。因此,当广告中的品牌名称、广告主张和图画都在传递同一信息时,我们能更好地记忆广告中的这些要素。通过将两个互补品(例如家乐氏和纯果乐橘汁)放在一起做广告,并解释它们为什么会自然地在一起,营销人员也可以提高消费者和对品牌的记忆。[66]有关赞助事件的研究表明,当品牌具有原型性——由于其在市场中的突出性——以及当事件与品牌的核心意义相关时,赞助事件能够提升记忆。即便事件与赞助商之间没有明显的联系,如果公司能够解释(为消费者详细解释)为什么这种赞助有意义,消费者对赞助的回想也会得到改善。[67]此外,当代言人与产品相关时(正如图表 7.9 中模特佩特拉·尼姆科娃代言兰沛琪那样),由于代言人和产品类别之间的冗余性,消费者的回想也会得到提高。[68]

图表 7.9　冗余线索

当信息项目自然地一起出现时,记忆会得到强化。

在何种媒介中对刺激进行加工

广告主往往想知道某些媒体是否比其他媒体能更有效地提升消费者的记忆,研究人员仍在探索这一领域的问题。当前,广告主想知道在互联网上花钱做广告是否值得。一些研究表明,消费者往往不会观看或记住互联网广告,但其他研究表明,在建立品牌记忆方面,互联网广告与传统媒体广告的效果一样好,甚至会更有效。[69]

与刺激相关的联结

提取会受到记忆中与刺激相关的联结的影响。联想网络的概念可以解释帮助提取的一种相关方式——提供提取线索。**提取线索**（retrieval cue）是指能促进记忆激活的刺激。[70]

提取线索：能促进记忆激活的刺激。

例如，如果你想要记住梅西百货（Macy）的大甩卖活动，你可以在你的桌上留个便条，上面写上"Macy's"。这张便条就是一个提取线索，在你日后看到这个纸条时，你就会想起那个大甩卖活动。

提取线索可以由外部或内部产生。在内部，一种想法可以提示另一种想法，例如"今天是12月8号。天哪，今天是我妈妈的生日！"外部刺激，如自动售货机、网站旗帜广告或店内陈列也可以作为提取线索——"哦，这里有我曾听说过的那种新糖果棒。"这些相同的提取线索可以用于激活存储在自传记忆中的形象。如果你看到你最喜爱的冰淇淋的广告，这种线索可能会激活你对这种冰淇淋的积极感受以及你对这种冰淇淋的过去体验的记忆。我们做某件事情的图画或视频可以作为刺激我们记忆的强有力的提取线索。[71]但是，有效的提取线索存在文化差异。一项研究发现对于英语广告而言，声音是一种更有效的提取线索，而对于中文广告而言，视觉是一种更为有效的提取线索。[72]

品牌名称作为提取线索

品牌名称是最重要的提取线索之一。[73]如果我们看到如松下、凯洛格和锐步等品牌名称，我们就能够从记忆中提取出关于这些品牌以及其他相关品牌的信息。特别是，在之前的信息中提到某品牌名称可能会强化该品牌与消费者对该信息内容评估之间的记忆联想，这种效应会对提取产生影响。[74]然而品牌名称作为提取线索对品牌识别的影响不同于其对品牌回想的影响。[75]对于不熟悉的品牌而言，当该品牌的名称与产品功能非常匹配时就会有提取优势，而当熟悉品牌的名称有不同寻常的拼写方式时，该品牌会具有提取优势。[76]与品牌名称有密切联系的形象也可以作为提取线索。[77]

如果营销人员想要消费者在商店货架上认出品牌，那么使用消费者大量接触的高频词汇就会十分重要，例如，Coast或Crest。相反，如果目标是让消费者回想品牌及其联想，那么能引发丰富想象（Passion or Old El Paso）、新奇或出乎意料的（Ruby Tuesday's or Toilet Duck），或能表明提供物及其利益的（Minute Rice or PowerBook）品牌名称就会更为重要。

其他提取线索

除了品牌名称外，标志和包装也能作为提取线索。女孩打伞的图画可能会提示消费者想起如图表7.10中的莫顿（Morton）调味品产品。品类名称是另一种类型的提取线索。因此，遇到"汽车"、"饼干"或"电脑"等产品类别会提示消费者记忆中属于这些品类的具体品牌名称。此外，字体的视觉属性可以作为广告产品利益的提取线索。这种反应能解释为什么像温迪（Wendy's）这样的快餐公司要在品牌名称中使用独特的和立即可辨认出来的字母。[78]

图表 7.10 作为提取线索的包装

有时,包装上的信息可以帮助消费者回忆起他们在广告中所看到的东西。女孩打伞(即使天在下雨,莫顿的盐仍在往外漏)就被用作莫顿所有调味品产品的提取线索。

营销启示

提取线索对消费者购买决策有重要启示。在商店中真正做决策时,消费者经常只能记起很少的广告内容。[79]这种情况的发生是因为消费者看到或听到广告的情境与他们的购物环境非常不一样。解决这一问题的一种方法是将广告中的某一线索放到品牌的包装上或放到店内陈列架上,从而激活记忆中与广告相关的联结。[80]因此,有些包装上会标有"如您在电视上看到的那样"。另一种策略是将来自广告的知名线索放在包装上,例如 Snuggle 织物柔化剂上的熊或强生浴室清洁剂上的"清洁泡泡"。

提取线索对营销人员也有重要启示。这些线索会影响消费者对广告的记忆。[81]一些研究表明,最有效的提取线索应与广告中实际使用的线索相一致。因此,如果一则广告使用了一幅苹果的图片,那么苹果图片而非苹果这个单词才是最有效的提取线索。如果广告使用了某个单词,那么这个单词而不是能代表这个单词的图片才是最有效的提取线索。其他研究表明音乐是广告内容的有效提取线索,它会影响消费者对广告中的图画的记忆。

一些研究人员设计了一些特性来帮助消费者产生他们自己的线索提取。例如,贺曼贺卡网站(Hallmark.com)为注册用户提供提醒服务,并列出消费者想要记住的人和时间(通过发送贺卡或以其他方式)。该网站会在每个生日、纪念日或其他值得关注的日子发送电子邮件提醒。这种服务不仅可以作为提取线索,而且还能帮助搜索和决策制定——这些问题将在下一部分讨论。

刺激在短期记忆中的加工方式

影响提取的另一个因素是信息在短期记忆中的加工方式。一项一致的发现是通过表象加工的信息要比话语加工的信息能被更好地记忆。

> **双编码**：用两种形式再现一种刺激，例如记忆中的图案或单词。

例如，研究表明如果老年消费者能对广告中的事物形成心理图像，例如广告的主张，那么老年消费者对广告信息的记忆将会得到提高。想象显然在记忆中创造了更多数量的联想，进而增强了提取。[82] 出现这种现象的原因可能是表象加工的事物被作为图画和词汇进行加工。这种**双编码**（dual coding）能提供更多的记忆中的联想联结，因而提高了该项目被提取的可能性。但是，以语言编码的信息只会按一种方式加工——话语方式——因此只有一种提取路径。

然而表象加工并不需要由图画引起。在你阅读小说时，你经常能产生关于故事及其任务的栩栩如生的形象。按照这种方式，语言信息同样有产生表象的特性。通过图画、高想象力的单词或想象性指示而引发的表象会导致双编码。[83] 营销人员经常会用知名电视广告的录音来作为广播广告，双编码就是他们这种做法的一个原因。消费者不仅进行语言信息的编码，而且还进行相关的视觉编码，这两者会相互促进彼此的提取。

在印刷广告中，消费者对先前广告呈现的记忆的提取能力能强化这条信息的记忆痕迹。但是，如果信息两次出现的间隔时间较长且广告形式和内容又有变化，就会减少消费者在看到后一次广告呈现时提取前一次广告呈现的可能性。[84]

消费者特征影响提取

最后，消费者的心境和专长性会影响提取。

心　境

心境对企图的影响效果十分有趣。[85] 首先，好心境一般能提高我们对刺激的回想。其次，我们更可能回想起与我们心境一致的信息。换句话说，如果我们处于好心境，我们更可能回忆起积极信息。相反，如果我们处于坏心境，我们将会回想起更多的负面信息。从营销的视角来看，如果广告能正向影响消费者的心境，当消费者感觉良好时，他们回想起相关信息的可能性会更高。

一些原因能够解释这些心境效应。一种是消费者对某一概念的感受与记忆中的概念有联系。因此，你对迪士尼世界的记忆可能与享乐的感受有关。如果你处于一种寻找乐趣的心境，"乐趣"这一概念就会被激活，这一激活会扩散到"迪士尼世界"这一概念。[86] 研究同样还表明，与不积极的心境相比，当心境积极时，人们会更详细地加工信息。更详细的加工会导致更高程度的精加工和更高的回想水平。[87] 此外，心境还会影响精加工和演练，这两个过程都会提升记忆。因此，处于积极心境中的消费者更可能愿意了解品牌名称并进行品牌演练活动。[88]

专业性

第4章提到过，与新手相比，专家记忆中的范畴结构更复杂，有大量的高层次和低层次范畴,每个范畴也更详细。因此,专家的联想网络比新手的联想网络更为错综复杂。这种复杂的联系和激活的扩散能解释为什么专家能比新手回想起更多的品牌,品牌属性和效用。[89]

总　结

记忆由三种类型的记忆存储组成。感官记忆(图像记忆和声像记忆)涉及对接受信息的十分简短的分析。短期记忆是指积极的工作记忆,包括图像加工和话语加工。长期记忆是指永久性的记忆存储,包括自传记忆和语义记忆。如果消费者不对信息进行深入加工的话,那么该信息将会从感官记忆和短期记忆中丢失。

长期记忆是一组概念的语义网络,概念与概念间由联想或联结联系在一起。尽管长期记忆反映了我们所存储的信息,但记忆中的信息并不具有同等的可达性,这表明记忆和提取是两种不同的现象。为了提高信息存储于长期记忆中的可能性并减少已存储信息丢失的可能性,营销人员可以利用组块、演练、再循环和精加工来强化记忆。

提取是指回忆起存储于记忆中的信息的过程。当记忆中的概念被激活时,信息就会变得可得,因而消费者就能从记忆中提取信息。激活的扩散同样可以激活概念。即使激活不足以大到可以提取信息,它也可能足以启动记忆中的概念,从而在其他线索出现时,使该概念能更容易地被提取。人们会由于提取失败(由于衰退、干扰、首因效应和近因效应)或提取了不准确的信息而遗忘。

提取任务有两种类型:一类是外显记忆任务,即我们是否能回忆起先前所遭遇的事情;一类是内隐记忆任务,即对无意识记忆的事情的记忆。由于回想和识别对于提取的重要性,它们均被作为营销沟通的目标,影响消费者选择,并具有重要的战略意义。有助于识别和回想的因素包括信息的特征(显著性、原型性、冗余性)、信息的联结(提取线索)、信息的加工方式(尤其在表象加工的模式中)以及消费者特征(心境、专业性)。

复 习 和 讨 论 问 题

1. 感官记忆、短期记忆和长期记忆之间有何关系?
2. 有哪些技术可以提高长期记忆中的信息存储?
3. 为什么在语义网络或联想网络中有强联结和弱联结?
4. 提取失败和错误如何影响消费者记忆?
5. 识别与回想有何不同?
6. 什么是内隐记忆?它如何影响消费者提取品牌名称的能力?
7. 心境和专业性如何影响记忆的提取?

消费者行为案例　记住苹果

　　由于源源不断地推出既拥有用户友好技术又有优美设计的创新产品，苹果公司（Apple）正逐年扩大其在消费电子市场中的份额。当 iPod 在市场中大卖后，苹果品牌在大众中的知名度和声望也急剧上升——这种上升也使苹果其他产品的销量大增。

　　苹果公司的历史却并不平坦。苹果这一品牌名称十分有趣、独特并好记，因为它不同于其他严肃和法人化的品牌。该公司最初的名字是苹果电脑（几年后改为了苹果），这一名字有助于强化"苹果"与电脑这一概念之间看似古怪的联结。苹果公司的麦金塔电脑（Macintosh）总是那么惹人注意，因为它是那么地与众不同，即使是新手也会使用其软件，像其他苹果产品一样，麦金塔及其包装上也有公司的标志——一个被咬掉一口的苹果。

　　接着苹果公司推出了 iPod。数字音乐设备并不是苹果公司发明的，但该公司却以 2001 年面世的 iPod 将这种设备的便捷性和风格提高到了一个新的档次。在音乐广告的支持下，这种有白色耳机套的播放器迅速成为许多消费者的选择。新推出的款式，如 iPod Nano 和 iPod Touch 延续了增加新特性和更新风格的传统，从而令现有顾客和新购买者都无法抵挡这种产品的诱惑。如今，苹果 iPod 每年能赚取 80 亿美元，其 iTunes 在线商店也能赚得数百万美元，在该商店，消费者可以购买音乐、电影、电视节目以及其他可下载的娱乐产品。

　　接着 iPhone 问世了，这是一款综合了手机、iPod 和无线互联网/电子邮件应用的产品，拥有色彩艳丽的大型单指操作触摸屏以及多种配件，如众所周知的 iPod 白色耳机套。2007 年，苹果公司通过广泛的公共宣传和介绍性广告来宣扬这种光滑手机的小巧和时尚外观，许多购买者为了买到首部 iPhone 而排队数天。几个月后，苹果公司开始了第二轮的广告攻势，鼓励非 iPhone 用户转为 iPhone 用户。这次广告活动并不是仅仅将关注点放在其产品上，而且还展示了顾客谈论他们如何使用 iPhone。

　　iPhone 迅速取得了成功：在产品问世的头 6 个月，苹果公司卖出了 400 万台 iPhone，随着降价，销量还在持续上升。但是在这 6 个月中有些事情的发生却是苹果公司没有预料到的。随着如此多的购买者浏览苹果商店来搜索 iPhone 和 iPod，该公司也开始售出了更多的麦金塔电脑。尽管苹果公司在全球个人电脑市场商店的份额仍低于 5 个百分点，但随着麦金塔的增长势头，这一份额仍有上升的空间。

　　从那时起，苹果公司就扩大了分销范围，并增加了所有媒体中的广告，以充分利用其品牌的高知名度和流行度。其中一项活动，名字仅为"Get a Mac"，该活动目标群体是非苹果电脑用户，苹果公司通过幽默商业广告向这些用户展示麦金塔比其竞争产品更好用的特性。该活动也在英国和日本运行，选用当地的演员和为每种文化定制的内容。与任何苹果广告一样，这些麦金塔的广告都以苹果的标志为结束画面。

　　随着苹果公司不断深入进军个人电脑、手机、数字音乐播放器以及其他电子产品的全球市场，苹果公司的销售收入和利润正在不断上升。在不同产品类别中建立需求的关键就在于帮助消费者记住苹果。[90]

案例问题

1. 运用痕迹强度和激活扩散的概念,解释为什么苹果品牌令人难忘。苹果公司是如何强化记忆痕迹的?为什么这样做对公司的长期成功十分重要?

2. iPod 的原型性对苹果品牌有何影响?

3. 苹果公司为什么要在推出 iPhone 后更新广告?利用你所学的记忆和提取的知识对其进行解释。

第 3 部分

决策制定过程

第 8 章　问题识别和信息搜索
第 9 章　基于高努力的判断和决策制定
第 10 章　基于低努力的判断和决策制定
第 11 章　决策后过程

第 3 部分考察了消费者决策制定过程中的各个步骤。第 8 章探讨了该过程的第一步——问题识别和信息搜索。消费者必须首先意识到他们遇到了问题,然后才会开始制定决策来解决该问题。接着,他们必须为制定决策而收集信息。

就像态度改变那样,决策制定也受到了消费者付出努力高低的影响。第 9 章考察了消费者高努力情况下的决策制定过程,并探讨了营销人员如何影响这种广泛决策过程。第 10 章关注的是消费者低努力情况下的决策制定过程,并讨论了营销人员如何影响这类决策过程。第 11 章考察了消费者对他们的决策是否满意,以及他们如何从选择和消费产品和服务中进行学习。

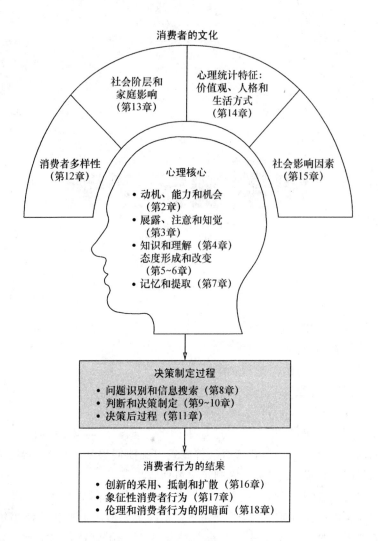

第 8 章

问题识别和信息搜索

学习目标

学完本章后,你将能够:

1. 阐述消费者如何认识到某个消费问题,并表明为什么营销人员必须理解这一部分的购买决策过程。

2. 讨论消费者通过进行内部搜索解决消费问题的过程,并指出营销人员影响内部搜索的一些方式。

3. 解释消费者为什么和如何运用外部搜索解决消费问题。

4. 识别营销人员试图影响这类搜索时将要面临的机遇和挑战。

导言:产品好不好? 看看评论就知道

如今,每年有30 000多种新产品上市,消费者如何才能做到不用走遍这个星球上的每个商店,就能找到适合自己的产品,并详细了解每件产品和缩小选择范围呢? 无数的消费者选择的是查看互联网上关于商品的评论和排名。由美国汽车协会(AAA)和《消费者报告》主办的权威网站上的专业商品评论和排名为消费者提供了客观的信息。但是对于消费者来说,诸如 Shopping.com、PriceGrabber.com 以及 Retrovo.com 等在线购物代理网站中提供的包含详细产品信息、买家向导以及价格对比等信息的买家评论,显然具有更大的吸引力。

在网上,参与评论的消费者通过打分或者评定星级等方式对产品进行排名,同时他们还为产品添加诸如"很好用啊"或"不值得买"等评论。为了帮助潜在的购买者确定哪些评论较可信,在多数网站上,其他消费者还会对某一评论进行评价。Retrovo.com 在为电子产品评分时运用了一个稍微不同的方法,它通过分析某一产品的所有在线专家以及消费者反馈,之后给出一个总体评级(好、一般、不好或不确定)。而一些零售网站,如亚马逊、巴斯体育用品店(Bass Pro Shops)、百思买等,则鼓励买家对产品进行或好或坏的评论,并且所有人都能看到这些评论。[1]

作为影响消费者购买决策过程前期阶段的一种要素,在线评论正发挥着越来越大的作用。假设普通的消费者林赛在旅途中发现自己的相机出了问题,她无奈地意识到自己需要买一台新的相机(问题识别过程,如图表8.1所示)。一回到家,林赛立刻开始回想自己记忆中知道的关于相机的品牌和功能信息(内部信息搜索过程)。然而,在发现自己的信

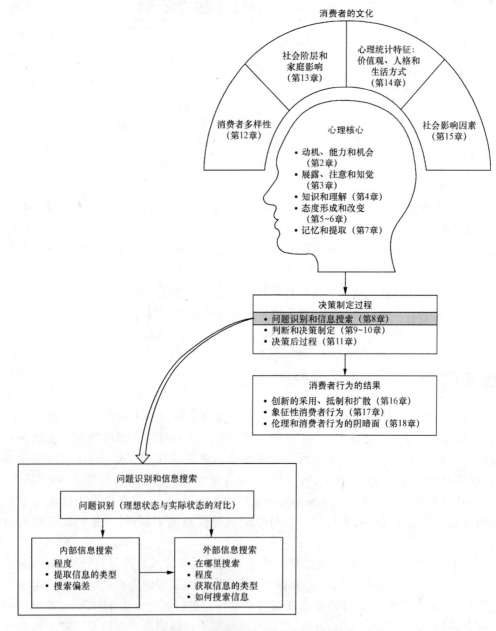

图表8.1 本章概览:问题识别和信息搜索

购买决策过程的第一步涉及问题识别(消费者意识到一个需要解决的消费问题)。接着,消费者从内部记忆或者外部来源(如专家、杂志或广告)搜索解决问题的信息。本章将要讨论消费者会搜索多少信息、搜索什么信息和搜索时要经历的过程。

息已经过时了之后,她开始查阅相关杂志上的广告和文章,并在网上查看关于相机的评论(外部信息搜索过程)。如本例所示,有时问题识别、内部信息搜索、外部信息搜索是相继发生的;但有时,这些过程可能同时发生或以其他顺序发生。不论这些过程以怎样的顺序发生,这三个阶段对于解释购买决策制定的基本过程是非常有用的。

问题识别

一般而言,消费决策过程始于消费者意识到自己有了一个亟待解决的消费问题("我要一台相机"或"我要买几件衣服")。**问题识别**(problem recognition)是指消费者感知到的理想与实际状态的差异。这是购买决策过程中的重要阶段,因为它能激励消费者采取行动。

> **问题识别**:察觉到的理想状态和实际状态之间的区别。

理想状态(ideal state)是指消费者想要达到的状态("拥有一台很好的照相机"或"穿光鲜亮丽的衣服")。而**实际状态**(actual state)是指消费者感知到的当前所处的真实状态。如果消费者感知到理想状态和实际状态之间存在差距("我的相机过时了"或"衣服太老土了"),问题识别便会发生。图表8.2显示了营销人员如何对比理想和实际状态。理想状态和实际状态之间的差距越大,消费的动机、能力和机会水平就越高,消费者就越有可能采取行动。如果消费者没有意识到消费问题,他们的消费动机就会很低。

> **理想状态**:我们想要的状态。
> **实际状态**:我们所处的状态。

问题识别不仅和消费和处置有关,还和获取有关。消费者可以识别诸如晚餐吃什么、穿什么衣服,或是否需要替换掉一台老旧的设备等问题。利洁时家化公司(Reckitt Benckiser)在深入研究问题识别过程时发现,消费者会扔掉洗褪色的深色衣物,于是,该公司推出了不会使深色衣物褪色的物莱牌深色衣物洗涤剂(Woolite Dark Laundry)。[2]由于问题识别阶段对许多种类的购买决策过程有促进作用,理解是什么导致理想状态和实际状态之间的差距就非常重要了。

理想状态:我们想要的状态

我们理想状态的想法从何而来?有时我们依靠一些简单的期望,这些期望通常是基于我们过去的经历,与日常消费和处置以及产品或服务是如何满足我们的需要有关。例如,我们会考虑穿上某件衣服会是什么效果,我们的家应该保持干净,去某地旅游度假会是何等的愉快,哪些旧产品可以留着等等。理想状态还可以发挥建立未来的目标和渴望的功能。例如,许多消费者希望拥有一辆可以彰显社会地位的车(雷克萨斯、梅赛德斯、保时捷)或者加入一个可以赢得他人尊敬和认可的俱乐部。

期望和渴望通常都是由我们个人的动机——我们想象中自己应成为什么样——以及我们的文化所激发。有些社会要比其他社会更加物质化,因此这些社会文化中的人们对商品和服务的渴望会高于其他社会。与此类似,社会阶层也会产生影响:许多消费者希望得到同阶层人们的认可或提升他们的社会地位,这促使他们会有更高的理想状态。参照群体

图表 8.2 理想状态与实际状态

这则广告是问题识别以及理想与实际状态之间差异的很好例证。实际状态是躁动的(像旋风)。理想状态是平静的,喝一杯美妙的 Taster's Choice 咖啡就可以达到。

也起着重要作用,因为我们想要被他人接受,也因为参照群体引导着我们的行为。

最后,个人环境的重大变化,如获得升职或生育子女,可以促使一个新的理想状态形成。当你毕业找到工作后,你可能会形成对于住在哪里,穿什么衣服,开什么车等方面的新理想状态。例如,在越南,新富裕起来的人们,对于购买诸如古琦(Gucci)和路易·威登(Louis Vuitton)等世界知名奢侈品牌的兴趣在不断增加。[3]

实际状态:我们所处的状态

正如我们对理想状态的知觉一样,我们对实际状态的知觉也受到多种因素的影响。通常是一些物理因素,如东西用完了,产品发生故障(移动电话坏了)或过时了(数字音乐播放器容量不足)以及突然需要的服务(需要找牙医补牙)。需要也起着非常重要的作用。如果你饿了或口渴了,或者朋友们嘲笑你的着装,你可能会无法接受你的实际状态了。最后,外部刺激可以突然改变你对实际状态的知觉。例如,如果有人告诉你下周日是母亲节,你突然意识到你还没有准备贺卡和礼物,或者当你打开衣橱,发现你的衣橱实在是太满了。

图表 8.3　一个理想状态

在高档商店购物的消费者们有这样一个理想状态,就是拥有一个既时尚又可多次使用的购物袋。Lord&Taylor 这样的商店就通过提供这种购物袋满足了消费者们的理想状态。

营销启示

市场营销可以帮助消费者进入问题识别状态,并激发他们开始购买决策过程,引导他们获取、消费以及处置产品或服务。一般来说,营销人员通过两种技术尝试激发消费者的问题识别状态。第一,他们会尝试创建一个新的理想状态。30 年前,人们很少关心运动鞋的性能和样式。如今,我们每天被强调着运动鞋能让你跑得更快、跳得更高并且看上去更酷的营销信息轰炸——这就是一个新的理想状态。

第二,营销人员可以尝试引起人们对实际状态的不满。就如萨克斯第五大道(Saks Fifth Avenue)公司对于消费者不满于普通购物袋的心理培养一样。在萨克斯第五大道公司用它们设计得前卫又环保、可循环利用的购物袋装物品的时候,它正在促使消费者将免费的购物袋视作自己是否时尚和具有环保意识的标志。如今,Lord&Taylor 公司以及其他竞争者也在售出商品的同时,发放精心设计的购物袋用于放置商品[4]。

不论是制造一个新的理想状态还是引起对实际状态的不满,只要营销人员将自己定位于解决消费者问题,消费者就更有可能选择他们。例如,英国食品连锁店来一客(Pret A Manger)之所以获得成功,是因为它们解决了办公室工作人士普遍面临的需要快捷、健康又实惠的食品作为午饭的问题——正如它们的法语名字一样,它们提供新鲜、即食的外卖。[5]

内部搜索:从记忆中搜索信息

问题识别过程被激发之后,消费者通常会开始购买决策过程以解决问题。一般情况下,下一步将会是**内部搜索**(internal search)。如第 7 章

> **内部搜索:** 回想储存于记忆中的信息的过程。

所述，基本上所有的购买决策都包含有不同形式的记忆加工。消费者记忆中储存了多种信息、感受和以往的体验，在制定决策时，消费者就会回想这些信息。

由于消费者加工信息的容量或者说是能力有限，且记忆的痕迹会随时间消退，当进行内部搜索时，消费者可能只能回忆起一小部分储存的信息。研究人员正在调查：(1) 搜索的范围，(2) 搜索的性质，(3) 消费者回忆信息、感受和体验，并将这些信息用于决策的过程。

内部搜索的程度有多大？

内部搜索的程度变化非常大，小到对某个品牌名称的回想，大到从记忆中更广泛地搜索相关信息、感受和体验。通常，研究人员知道消费者投入内部搜索的努力取决于他们加工信息的 MAO。因此，当消费者的涉入感、感知风险或认知需要较高时，他们会尝试回想更多信息。另外，只有当信息是储存在消费者的记忆里时，他们才会进行积极的内部搜索。消费者具有越多的知识和体验，内部搜索的能力就越强。最后，只有当消费者有机会时，他们才能从记忆中回想信息。时间压力或分心都会限制内部搜索。

图表 8.4　创造对实际状态的不满

米勒冰爽啤酒（Miller Chill）的这则广告创造了消费者对实际状态的不满（被寒冬禁锢住），并表明使用该产品能达到理想状态（感觉好的状态）。

从内部搜索提取何种信息？

许多关于消费者进行消费判断和决策制定时内部搜索所扮演角色的研究都将重点放在内部搜索出的内容上。研究人员发现消费者有四种主要类型信息回想的:(1) 品牌,(2) 属性,(3) 评估,(4) 体验。[6]

品牌的回想

在问题识别被激发时,消费者能从记忆中所回想的品牌集合成为了内部搜索的一个重要方面,它对决策制定有非常大的影响。在任何情况

> **考虑集或激活集**:做决定时首先回想起的品牌的集合。

下,消费者都不会想起所有的可用品牌,而是往往会回想起由 2—8 个品牌所组成的品牌子集,该品牌子集被称为**考虑集**或**激活集**(consideration or evoked set)。[7]例如购买瓶装水的消费者可能会考虑巴黎水(Perrier)或波兰春天(Poland Spring),而不会想起所有的品牌。然而,随着越来越多的品牌出现,消费者的选择也越来越多。光雀巢公司一家就有超过 50 个瓶装水的品牌(包括巴黎水和波兰春天),于是对于考虑集的争夺也愈演愈烈。[8]

一般而言,考虑集中的品牌都是容易想起的品牌或好记的品牌。例如,就算坐火车出行可能更快更便宜,但是一些美国人出行时还是会选择坐飞机,因为他们没有考虑到坐火车的可能性。相反,在印度,航空公司还要运用营销手段来鼓励人们在进行长距离旅行时选择飞机而不是火车或大巴。[9]考虑集通常不会太大,因为消费者记忆品牌信息的能力会随着考虑集的增大而降低。然而,就算消费者没有回想起整个品牌集,记忆中储存的信息仍然能帮助问题识别过程。例如,储存的信息可以帮助消费者区分黄页中的服务或货架上的品牌。这就是为什么雀巢公司要用电视广告让 Aero 牌巧克力深入英国消费者的心。雀巢的广告公司的一位执行人员说:"在市场上有五六十种巧克力品牌可供(消费者)选择的情况下,我们的核心目标就是让 Aero 品牌进入消费者的考虑集。"[10]

研究表明,考虑集在大小、稳定性、多样性以及偏好分散性(对不同品牌或产品的偏好等同性)等方面各有不同。在相对熟悉的场合或地方,如在常去的电影院里买小吃,消费者的考虑集相对更不稳定,数量更多,变化也较大。在这种情况下,消费者往往对考虑集中的一两个品牌有更强的偏好。这种现象说明,企业应该加强其产品和消费者熟悉的场合或情况之间的联系——例如看电影时的小吃——从而提高产品作为考虑集中的一员而被消费者从记忆中提取出来的可能性。[11]

研究表明,回想起来的品牌被选中的可能性更大。[12]然而,消费者想起品牌并不能保证该品牌一定会进入消费者的考虑集,因为消费者可以想起很多品牌,然后会排除掉不想要的品牌。同时,通过影响消费者回想起什么品牌的简单操纵,消费者的选择就会改变,尽管这种操纵并不会改变消费者的产品偏好。因此,如果消费者无法回想起一些品牌来组成考虑集,该集合就会倾向于由外部因素决定,如货架上可得的产品或是销售人员的建议。[13]

研究人员已考察了下列几个因素,这些因素可以在消费者进行内部搜索时提高品牌被回想并被选入考虑集的可能性:

- **原型性**。当消费者进行内部搜索时,那些与原型品牌更接近或与其他范畴成员更相

似的品牌更容易被回想起,从而与该范畴中其他不太典型的品牌相比,这些品牌要更可能会进入考虑集。[14]例如,牛魔王(Armor All)公司创建了汽车美容保养产品的市场,这使得它不仅在美国市场,而且在墨西哥、加拿大、德国、日本和澳大利亚的市场中成为主导品牌。[15]当开始对这类产品的问题进行识别时,该品牌要比其他品牌更容易进入考虑集。

- **品牌知名度**。在进行内部搜索时,知名品牌更容易被想起,因为它们的记忆联结更强。因此,企业需要持续重复营销沟通活动,以保持高品牌知名度和强联想。在亚洲文化中,高含义图片和文字的广告对于提升品牌名称回想非常有效。[16]就算在低加工努力的低MAO情况下,偶发的广告展露也会增加品牌进入考虑集的可能性。[17]这就解释了为什么索尼、麦当劳、可口可乐等拥有高熟悉度的国际品牌更容易进入消费者的考虑集。品牌熟悉度可以帮助消费者识别应当注意商店中的哪些品牌,并能减少对品牌的误认。[18]

- **目标和使用情况**。正如第5章所讨论的,消费者记忆中拥有目标衍生和具体用途范畴,例如带到沙滩的饮料,这些范畴的激活将决定在内部搜索时会回想起哪些品牌。[19]因此,营销人员可以把产品与特定的目标和用途状况联系起来。例如,西联汇款(Western Union)——以其安全快捷的汇款服务而闻名——想要给移民们留下它可以帮助他们给家人寄钱的积极品牌形象。它们的广告语"寄出的不只是金钱"同时强调了目标和用途这两方面。[20]

- **品牌偏好**。与激起负面态度的品牌相比,如果消费者对品牌具有正面态度,那么该品牌更容易被回想起,也更可能会进入消费者的考虑集。[21]这种倾向强调了建立正面品牌态度的重要性。例如,联合利华公司的多芬(Dove)品牌,其香皂自1955年上市以来一直强调保湿的概念。它通过真实女性所做的真美广告来培养消费者对该品牌的正面态度。[22]

- **提取线索**。营销人员可以通过强化品牌与提取线索之间的联系来增加品牌进入考虑集的机会,例如麦当劳的金色拱门和塔吉特超市的红白牛眼。包装是一个重要的提取线索。这正式为什么李施德林(Listerine)采用曲线、易抓握的瓶装包装,而可口可乐的沙漏型瓶装一直不变的原因。[23]

属性的回想

由于各种原因,在进行内部搜索时,我们只能回忆起储存在记忆里的一小部分信息。由于记忆会随时间消退,通常我们无法想起有关产品或服务的具体事实。因此,我们所回想起的属性信息一般不是原来的详细细节,而是汇总的或简化过的信息。正如我们不会记得一辆车的具体百公里油耗和确切的油价,而是更可能记得这辆车油耗很低或将车加满油并不是很贵。

然而,消费者进行内部搜索时有时也会回想起一些细节,这些回想起的属性信息对消费者的品牌选择影响很大。[24]因此,研究人员十分感兴趣在信息搜索和决策制定过程中,有哪些因素会影响属性信息的回忆。以下是研究人员识别出的主要变量:

- **可达性或可获性**。最易获得或最可接触——有最强关联性——的信息最有可能被回忆起并进入决策阶段。[25]更容易被回想起来的信息一般也是容易获得的。[26]在某些情况下,提醒消费者信息提取的容易程度就可以影响他们的判断。[27]通过重复将注意力引向沟通中的信息,或者通过提高信息的相关性,营销人员就可以提高信息的可达性。[28]

- **可诊断性**。**诊断性信息**(Diagnostic Information)能帮助我们区分不同的事物。如果所有的电脑都是一个价格,那么当消费者做决定时,价格就不是一个有用的、诊断性信息。反之,如果价格不同,消费者可以通过价格进行区分,那么价格就是诊断性信息。[29]如果某条信息既可获得又有诊断性,那么它对购买决策的影响就非常大。[30]然而,如果一条信息只可获得而不具诊断性,它被回想起的机会就很低了。

> **诊断性信息**:帮助我们区别事物的信息。

研究发现,负面信息往往比正面或中性信息的诊断性更高,因为负面信息往往更独特。[31]由于大多数品牌都与正面属性相联系,因此负面信息能让消费者更容易地对它们进行区分。不幸的是,在决策制定过程中,消费者往往更看重负面信息,这意味着在消费者进行选择时,有负面信息的品牌更有可能被拒绝。因此,营销人员应该避免让他们的产品与负面信息相联系,制定双面信息活动来反驳负面信息,或干脆尽量不让消费者注意负面属性。另外,营销人员可以识别出对于特定产品或服务类别而言,哪些信息具有诊断性,然后找出自己的产品在这一种或几种属性上具有的竞争优势。丰田公司的低能耗高环保的普锐斯(Prius)汽车就是这么做的。[32]

- **显著性**。研究清楚地表明,即使消费者加工信息的机会不高,他们也能回想起**显著的属性**(salient attributes)。[33]例如,对于爱好数字音乐播放器的消费者来说,苹果公司 iPod 数字音乐播放器的独特环形控制面板和白色的耳机就是显著属性。另外,对于很多消费者来说,价格也是一个显著的属性。要注意的是,消费者对某个属性的显著性并不总是具有强烈的信念。[34]因此,音响系统的营销人员可以提供信息使音质这一属性更显著,从而增强消费者对该产品高音质属性的回想,进而促进消费者选择他们的品牌。[35]通过在营销信息中重复强调某种属性,营销人员也可以提高产品的显著性及其对决策的影响。[36]例如,最近一项研究表明,如今制酒企业开始宣传喝红酒对身体有益,如红酒饮用者的心脏病发病率更低。[37]

> **显著的属性**:容易想起或重要的属性。

然而,高显著性的属性不一定具有诊断性。例如,你要买一块手表,"报时"功能就具有高显著性,但它不具诊断性。信息要能被回想起来并进入考虑集,它必须具有**属性决定性**(attribute determinance),即信息要既有显著性又有诊断性。[38] Glad Product 公司的 ForceFlex 系列的垃圾袋不仅可伸缩,而且很牢固,采用印有独特钻石形状的塑料制成,从而强化了其优势属性的显著性和可诊断性。[39]

> **属性决定性**:既显著又可用于诊断的属性。

- **生动性**。生动的信息是指具体的文字、图片或想象的情景(如想象你在一个热带海滩上)或口碑沟通的信息。例如,一幅手持信用卡大小的 iPod Nano 数字音乐播放器的图片就是一则生动的信息(参见图表 8.5)。生动的信息比不生动的信息更容易让人回想起,但只有当消费者对其没有产生先入为主(尤其是负面)的评估时,生动的信息才能影响判断和决策制定。[40]而且,只有当加工信息所需努力与消费者愿意付出的努力相当时,生动性才能影响态度。[41]否则,生动与不生动的信息就没有什么区别。

图表 8.5　属性的回忆
iPod Nano 有四个十分独特或生动的特征：体积小、环形控制面板、鲜艳的色彩以及白色耳机套。

- **目标**。消费者的目标决定了哪种属性会被回想起。例如，如果你去度假的目标之一是节省的话，你考虑适当目的地时，就会考虑价格。营销人员要找到影响消费者选择过程的重要的目标，然后根据这些目标对他们的提供物进行定位，例如提供一个经济度假套餐。

评估的回想

由于我们对于具体细节的记忆随着时间快速消退，我们会发现总体评估或态度（就是喜不喜欢）比具体的属性信息更容易记忆。另外，我们的评估往往会形成对品牌的强联想联结。这种倾向也正是为什么对营销人员而言，鼓励消费者对其品牌或提供物（无论提供物是产品、服务、人还是地点）的积极态度都十分重要。例如，"独特的新加坡"这则广告中表现的是游客谈论他们多么喜欢新加坡。新加坡还向在新加坡拍摄电影和电视节目的公司提供财务奖励，其目标是"建立新加坡更高的知名度，并在竞争激烈的旅游市场中赢得口碑"。[42]

在接触相关信息时积极评估品牌的消费者也更可能回想起其评估。例如，如果你想买一台电脑而你突然看到一个品牌的广告，看过广告后你就会决定你是否喜欢这个品牌。这种活动被称为**联机处理**（online processing）。[43] 之后，你更有可能只回想起这个评估，而不是想起这个评估的具体信息。然而，很多情况下，消费者看到一则广告时并没有品牌选择的目标。这种情况下，他们不会形成评估，于是就更容易回想起具体的属性信息，这里我们假设消费者的涉入度很高且对信息进行了加工。[44] 此外，

> **联机处理**：消费者们看到某品牌广告之后积极的评估。

如果家族品牌中的品牌之间共享许多属性,那么消费者更可能使用联机处理来评估这一家族品牌。[45]

体验的回忆

内部搜索可以涉及自传记忆的体验回想,这些回想以具体的图像和相关的效果形式出现(参见图表8.6)。[46]如语义记忆中的信息一样,生动、显著、经常的体验更容易被回想起。例如,如果你对某个产品或服务有着极好或极坏的体验,日后你有可能回想起这些生动的体验。此外,如果你一直对该产品或服务有好的体验,它就很容易被想起。例如,如今很多保龄球馆用大声的音乐和闪烁的灯光效果吸引年轻保龄球爱好者,营造出有趣、刺激、难忘的体验。[47]研究表明,尽管广告可以影响消费者回忆产品体验的准确性,但不一定会对产品评估产生影响。[48]

图表8.6 体验的回忆

广告有时试图唤起积极的记忆和体验。潘多拉(Pandora)的这则广告试图唤起消费者关于母女之间的美好回忆。

营销启示

营销人员显然希望消费者回想起关于特定产品的积极的体验。营销人员经常故意将他们的产品与常见的积极体验或形象联系起来,以加强消费者的回想。保诚保险(Prudential)和索尼公司就是众多选择在大峡谷(The Grand Canyon)拍摄广告的公司之一,因为这里是"典型的令人窒息的美景",并且它们希望消费者将这些美景与它们的品牌联系起来形成记忆。[49]

内部搜索总是准确的吗?

除了影响我们回忆的因素之外,我们还会有能改变内部搜索性质的加工偏差。这些搜索偏差有时会导致对引起非最优判断或决策信息的回想。有三个方面的偏差对营销有重要启示:确认性偏差、抑制和心境。

确认性偏差

确认性偏差(confirmation bias)是我们更可能回想起能强化或确认我们总体信念的信息而非与之矛盾的信息的一种倾向,从而会使我们做出比真实情况更加积极的判断或决策。这种现象与选择性知觉——我们只看见我们想看见的——的概念有关,它的产生是因为我们希望保持自己观点的一致性。当我们进行内部搜索时,我们会回想起自己喜欢的品牌或曾经试用过的品牌的信息,而不大可能回想起我们不喜欢的或是被我们拒绝的品牌。而且,当确认性偏差发挥作用时,我们会只回想自己喜欢品牌的优点,忽略其缺点。这种反应可能是个问题,因为正如前面提到的,负面信息往往更具有诊断性。

> **确认性偏差**:我们更可能回想起能强化或确认我们总体信念的信息而非与之矛盾的信息的一种倾向,从而会使我们做出比真实情况更加积极的判断或决策。

不过,有时我们也会回忆起矛盾的证据。事实上,由于我们在首次碰到中等程度的矛盾信息时,我们会有意识地思考并理解这种信息,因此,我们会回想起这种信息。[50] 然而,大多数情况下,消费者都只愿意回想起能强化其总体信念的信息。

抑制

另一种内部搜索偏差与消费者有限的信息加工能力有关。[51] 这里,任何可以影响对某种属性回想的变量(可达性、生动性、显著性等)都会导致对其他诊断性属性回想的**抑制**(inhibition)。[52] 例如,买房子时,消费者也许会回想价格、几个洗手间、面积等信息,但他同时有可能忽略其他同样重要的信息。抑制会导致有偏差的判断和决策,因为消费者可能虽然记得但仍会忽略掉重要和有用的信息。

> **抑制**:回想起一种属性会抑制对其他属性的回想。

心境

第 7 章中提到过,消费者最可能回想出与他们心境一致的信息、感受和体验。[53] 了解了这一点的广告主就明白,利用幽默或具有吸引力的视觉冲击来让消费者处于好心情可以促进消费者回想起积极的属性信息。

> **营销启示**
>
> 从营销视角来看,确认性偏差确实导致了一个问题,就是若消费者进行内部搜索时只注重你竞争对手的积极信息时怎么办。营销人员唯一的办法就是通过对比性广告让消费者将注意力投向竞争者的缺点。例如苹果公司将自己人性化的操作系统与微软为 PC 设计的操作系统进行对比的广告就是这么做的。[54] 通过有说服力的、诚信的方式提供对比信息,营销人员可以克服确认性偏差带来的不利影响。
>
> 有两个原因使抑制成为内部搜索的重要方面。第一,消费者可能无法回想起品牌的核心属性,因为他们回想起了其他更容易回想起的属性。如果没被回想起的属性是该品牌与众不同的关键(具有诊断性)属性,那么在营销策略中,公司就要突出这些属性。第二,营销人员也可以将消费者注意力转移到其他更生动、更易获得的属性上,从而削弱自己的缺点/竞争者的优点的影响力。例如,Cervana 鹿肉广告强调其可口、鲜嫩并且低脂的属性,减弱了消费者对鹿肉有异味这一属性的注意。[55]

外部搜索:从环境中搜索信息

有时,消费者的购买决策可能完全基于从记忆中回想起的信息。但有时,回想的信息也许会丢失,或者呈现出不确定性。于是消费者开始进行对外部来源(如经销商、好友或亲戚、杂志、宣传册、书籍等公共来源,广告、互联网和产品包装)的**外部搜索**(external search)。消费者运用外部搜索来获得额外的信息,如哪些品牌是可获得的,以及考虑集中品牌的属性和优点。

> **外部搜索**:从外部来源(如杂志、经销商或广告)中搜索信息的过程。

外部搜索分为两种:购前搜索和持续性搜索。**购前搜索**(prepurchase search)是问题识别所激发的一种反应。举一个例子:想购买汽车或卡车的消费者可以通过咨询经销商、访问 edmunds.com 或其他网站、查询质量排名、与朋友交流以及阅读《消费者报告》杂志等方式获取信息。[56] **持续性搜索**(ongoing search)是持续规律发生的搜索,即使是在未激发问题识别的情况下。[57] 有的消费者可能经常阅读汽车杂志、浏览汽车网站或去参观车展,因为他对汽车的兴趣度很高。图表 8.7 对这两类搜索进行了对比。

> **购前搜索**:为辅助特定获取决策而进行的信息搜索。
> **持续性搜索**:一种不论消费者是否做决策,都会规律出现的搜索。

研究人员发现了外部搜索过程的五个关键方面:(1)信息来源;(2)外部搜索范围;(3)外部搜索内容;(4)搜索类别;(5)搜索的过程或顺序。

图表 8.7　信息搜索的类别

	购前搜索	持续性搜索
决定因素	• 购买的涉入度 • 营销环境 • 情境因素	• 购买的涉入度 • 市场环境 • 情境因素
动机	为了做出更好的决策	• 为未来建立信息库 • 体验乐趣和快乐
结果	• 产品和市场知识的增加 • 更好的决策 • 对购买结果更为满意	• 产品和市场知识的增加导致 　—未来购买效率 　—个人影响 • 冲动性购买增加 • 搜索满意的增加、其他结果

消费者可以进行两种主要类型的外部搜索。购前搜索因问题识别而出现,其目标是做出更好的购买决策。持续性搜索源于持续的涉入,并反复发生(无论有无问题识别)。此时消费者进行搜索只因为他们可以从中获得乐趣(他们喜欢浏览)。

我们从哪里搜索信息?

不论购前搜索还是持续性搜索,消费者都可以通过五种主要的外部来源获得信息:[58]

• **零售商搜索**。打电话或前往商店向经销商咨询,包括查看包装信息和品牌宣传册;尤其是,消费者认为去聚集在一起的商店更加节省时间。[59]

• **媒体搜索**。从广告、网上广告、生产商网站以及其他营销沟通中获取信息。

• **人际搜索**。通过面对面沟通、电话、互联网及其他方式从朋友、亲人、邻居、同事或者其他消费者处得到建议。

• **独立搜索**。与独立的信息来源联系,如书籍、非品牌赞助网站(如 shopping.com)、政府印发的宣传册或杂志等。

• **体验搜索**。使用产品试样或产品/服务试用(如试驾)或在线体验试用产品。

传统上,零售商和媒体搜索以及之后的体验搜索是最常见的搜索形式。当消费者的涉入度较高或知识较少时,这些搜索会增加。[60] 这一发现对营销人员非常重要,因为这些来源是他们能直接掌握的。其他一些研究表明,消费者在做购买决策之前会浏览至少两种信息来源(如互联网和目录)。[61] 因此营销人员和零售商要确保其品牌在不同来源上信息的一致性。[62]

品牌知识越少,消费者进行人际搜索的程度也越高。显然,当消费者对品牌了解有限时,他们便有了向其他人寻求意见的动机。此外,当消费者相信他们购买或消费的商品(通常是享乐性或象征性产品或服务,如时尚、音乐和家具等产品或服务)会被他人评论时,他们往往会进行人际搜索。[63]

对于享乐性产品和服务来说,体验搜索也很重要。由于感官刺激的重要性,消费者希望对提供物有直观的"感受",所以他们会在买之前试穿衣服或试听音乐。契普多墨西哥餐厅(Chipotle Mexican Grill)公司在开新店时非常倚重免费的试尝品。当它在纽约市开一家分店时,它花费了 35 000 美元向 6 000 人免费发放墨西哥卷饼。公司一位市场总监解释说花费是值得的,因为"基本上对食品的所有反馈都是正面的"。[64]

文化特征对外部搜索来说也很重要。研究表明,来自亚文化群体和文化未同化群体(独立于周围文化的自成一体的文化群体)的消费者往往会进行更广泛的外部来源搜索。而认同环境文化的亚文化群体成员更可能通过媒体广告寻找信息。因此,对这些消费者群体,营销人员应该创造足够量的广告传达信息。[65]虽然随着空闲时间越多,独立搜索发生得也越多,但是总体而言在这类搜索上花费的时间通常非常少。

互联网来源

只要有键盘,消费者就可以利用互联网搜索海量的在线信息,获得做出购买决策和购买所需的详细信息。事实上,消费者可以在网上从以上提到的所有五种来源获得信息(参见图表8.8)。有时消费者搜索特定的信息,但有时他们只是随意浏览。[66]一项研究表明,女性及老年消费者浏览网页时间更长。[67]网速、用户控制和双向交流是影响在线搜索的网页互动性的关键要素。[68]有趣的是,如果网站颜色有让人放松的效果,那么消费者从该网站下载时会感觉速度更快一些。[69]

图表 8.8　运用互联网搜索信息
当今市场上,许多消费者(如这些伦敦的购物者)通过互联网接触到了无法估量的信息量。

一般来说,对企业网站有愉悦体验的消费者对其网站和品牌会有正面态度。[70]如果消费者在采用"虚拟向导"——一种动画人物——来传递信息的网站搜索和购物时,他们会表现出更高的满意度和购买意向。[71]网络广告对于吸引现有顾客再次购买尤其有效。调查表明,网络广告的数量、网站点击量和网页浏览量对重复购买都有积极的作用。[72]

除了在像谷歌这样的网站上进行关键词搜索之外,消费者也可以利用如 shopping.com 之类的购物代理网站根据价格、零售来源以及其他属性进行搜索。然而,消费者不可能总是准确地评估购物代理网站的推荐是否适合于特定的购买情境。因此,消费者可能因为上了不好的购物代理网站而购买了本不该购买的商品。[73]当消费者看到陌生产品的评论时,他们会以自己所熟悉产品的评论的准确性作为参照物来评估这些评论的准确度。[74]总之,研究消费者的购买模式将帮助购物代理网站提高推荐的准确性。[75]然而,就算消费者数次浏览该网站,网站还提供了有效的工具帮助他们做出更好决策,他们也不一定会购买。[76]

信息过量

如今消费者接触到的海量信息完全达到了过量的程度。根据信息的结构不同,过量的信息将导致决策质量的下降。[77]因此一些搜索网站运用更有效的技术将最常见、最受欢迎的搜索结果优先显示出来。[78]优先显示"最佳"结果的有序列表实际上会激励消费者继续探索非最优选择,从而导致非最优购买决策。而如果消费者在搜索时不断发现更好的选择,这样会让消费者产生更积极的品牌评估,并能激励他们搜索更好的选择。[79]

诸如 about.com 这类的搜索网站拥有主题专家,他们会根据特定的标准来选择最重要的信息,并缩小选择集的范围。购物代理网站根据价格或消费者挑选的其他属性来对结果进行排序。虽然一些零售商试图阻碍购物代理网站,认为单纯的价格比较太过简单,但是越来越多的企业开始在主流购物代理网站上投放链接和广告,以求进入消费者的选择集。[80]

模 拟

技术和图像技术的进步极大地提高了在线体验的乐趣。网络开发人员现在完全可以开发出结合特效和互动效果的网站(包括声音、视频、图像放大、全景视野、流媒体以及 3D 立体效果)来模拟零售体验和试用产品。[81]创建虚拟产品体验对消费者的产品知识和品牌态度有积极作用,从而降低感知风险并提高购买意向。[82]Realtor.com 是一家房地产网站,它对其销售的 300 万套住房提供虚拟漫游,帮助消费者模拟真实到访的效果。[83]

在线社区

具有一般兴趣或对某个产品或服务有兴趣的消费者通常会利用网站、文字聊天或其他工具到互联网上分享观点。[84]研究表明,产品推荐和使用建议是受关注最多的互动内容。[85]通常这种信息对消费者的购买决策过程非常有影响力,因为它不为营销人员所控,因而被人们认为可信度更高。亚马逊在线的 CEO 杰夫·贝佐斯深知此理,因此他并不尝试阻止消费者发布产品的负面评论。贝佐斯将自己的网站视为"邻居帮助邻居制定购买决策"的在线社区,即使公司可能因此会损失一些销售额。[86]

越来越多的零售商和生产商开始跟踪消费者的网上信息搜索情况和购买模式,以提供额外的帮助和推荐。例如,奈飞(Netflix)鼓励从其网站上租借或下载电影的消费者给电影评分,从而以此为依据向消费者推荐他们可能感兴趣的其他电影。此外,每部电影还有来自 Netflix 社区消费者的总评分。这些评分就是该公司为消费者的考虑集中增加电影并为消费者的购买决策提供更多信息的一种方式。

营销启示

如今,消费者越来越频繁地进行网上购物,购买额和购买品种也比以前多了很多。然而,如果消费者不能判断一件商品(例如沙发)的品质好坏,或者消费者感到单件商品(如食品杂货)的运送费用过高时,营销人员就会遭遇失败(例如倒闭的家具零售商 living.com 和食品零售商 Webvan.com)。[87] 促进对产品甚至是便宜产品的广泛搜索能显著提高销售额,例如亚马逊在线推出的"书内搜索功能"(能让消费者读到每本书的每一页内容)。[88] 当购买房子或其他大件商品时,许多消费者会在网上搜索信息然后在实际中进行交易,尽管也有小部分人会在没有个人体验的情况下点击网站或用电话完成交易。[89]

有些消费者由于缺乏体验信息,因而认为在网上选择产品有风险,直到他们成功完成了此次在线交易。[90] 有时候消费者搜索后会由于结账需要付出的时间和精力而放弃已经放进购物车中的产品,而有些人由于不到最后的确认付款界面就看不到运费和税款而放弃购买。[91] 于是 RugSale.com(一家地毯的在线零售商)就通过减少完成一次在线交易所需的页面数来降低购物车中商品的放弃率。它的主页上明显标明购买和退货免运费,所以消费者在点击购买前就能了解该政策。[92]

为了了解何种在线技术对网站和产品最有效,营销人员运用适当的测量方式来追踪消费者的搜索和购买行为。例如,像 Rugsale.com 这样的网络零售商跟踪调查有多少潜在用户在购买前放弃了购物车中的商品;某网络广告商跟踪调查看到一则网络广告后会真正点击查看的消费者比例。[93] 图表 8.9 显示了消费者在线活动的一些测量方法。注意,对特定的地区营销人员要制定有针对性的战略,因为对美国消费者有效的活动对其他地方的消费者不一定有效。例如,中国消费者很少用信用卡在线购买,因此在线零售网站需要能够使用网上银行系统和其他可信的在线支付方式来进行付费。[94]

图表 8.9　在线消费者活动的统计方法

测量	目的
广告印象	跟踪接触某条网络广告的消费者数量,从而确定沟通机会。
独特访问者	测量特定时间内访问网站的消费者人数,以确定信息展露程度。
点击率	跟踪接触某条网络广告后实际点击查看更多信息的消费者人数,以确定广告效果。
重复访问比例	跟踪在特定时期内先前已访问过网站的用户数量,以确定消费者忠诚度。
访问频率	跟踪特定时间内访问者访问网站的频率,以确定消费者忠诚度。
最高进入页	跟踪令访问者进入网站最多的页面,以确定信息和广告的效果。
最高退出页	跟踪令访问者离开网站最多的页面,以确定信息和广告的效果以及互动性反应。
访问者路径	跟踪消费者浏览网站的方式(按照浏览页面的顺序),以确定信息和广告的效果以及互动性反应。

测 量	目 的
转化率	跟踪真正购买产品的访问者数量,以确定广告的有效性。
购物车放弃率	跟踪将物品放入购物车但并没有完成购买程序的访问者数量,以确定广告和互动的效果。
鼠标移动	识别鼠标点击网页和广告的地点和停留在一点上的时间,以确定兴趣和互动性。

营销人员对消费者在线搜索的方式非常感兴趣。以上介绍了一些常用的测量和评价的方法。

资料来源:Michael Totty, "So Much Information..." *Wall Street Journal*, December 9, 2002, p. R4; Subodh Bhat, Michael Bevans, and Sanjit Sengupta, "Measuring Users' Web Activity to Evaluate and Enhance Advertising Effectiveness," *Journal of Advertising*, Fall 2002, pp. 97—106.

外部搜索的程度有多大?

许多关于外部搜索的研究关注消费者做出消费判断和决策之前需要多少信息。其中一项重要发现是,即使要购买的东西被认为很重要,搜索活动的程度通常也是很有限的。[95] 随着消费者网上购物活动的增加,由于从网上搜索信息十分便捷,搜索活动也会增加。然而,信息搜索量变化很大,可以从搜索一两条的简单信息,一直到基于很多来源的大量信息。为了解释这种差异,研究人员提出了一些与加工信息的动机、能力和机会相关的因果因素。

加工信息的动机

随着加工信息动机的提高,外部搜索通常也会范围更广。有六个因素可以提高外部搜索的动机:(1) 涉入度和感知风险,(2) 搜索导致的感知成本和利益,(3) 考虑集的性质,(4) 相对品牌不确定性,(5) 对搜索的态度,(6) 新信息的差异程度。

- **涉入度和感知风险。** 要理解涉入度和外部搜索的联系,请回忆第2章中对情境性涉入(对特定情境的反应)和持续性涉入(持续的反应)的区分。高情境性涉入通常会导致更多的购前搜索,[96] 而持续性涉入不论问题识别是否存在都会持续下去。[97] 因此,对汽车有持续性涉入的消费者更可能去阅读汽车杂志,参观车展,访问汽车网站,或以其他方式了解汽车信息。

由于感知风险是涉入度的一个主要决定因素,因此消费者决策所面临的风险越大,他们进行外部搜索的活动也越多。感知风险的一个重要组成部分是对行为后果的不确定性,消费者将外部搜索看做是减少这种不确定性的一种方法。[98] 与对品牌的某一具体属性不确定的情况相比,消费者在不确定该选择哪个品牌时更容易进行搜索。消费者对服务的搜索也会高于对产品的搜索,因为服务是无形的,因而不确定性会更高。[99] 最后,如果后果很严重,例如那些具有高财务风险或社会风险的行为,消费者会有更高的搜索动机。这种情况解释了为什么消费者对高价产品和服务会进行更广泛的搜索。

- **感知成本和利益。** 当感觉到搜索利益超过搜索成本时,外部搜索活动也会更多。[100] 在这种情况下,消费者搜索的效用包括降低不确定性,增大他们做出更好决策的可能性,获得更好的价值以及享受购买过程。外部搜索的成本包括时间、精力、不便利性和金钱(包括去商场和经销商处的费用)。这些因素都会导致消费者心理和生理上的紧张。一般而言,除非消费者觉得搜索成本大于效用,否则消费者会倾向于继续搜索。对降低搜索成本的渴望解释了为什么如今许多超市中会出售如家电和家具之类的非传统商品,从而使超市成为"可以购买到任何东西的地方"。[101]正如前面所提到的,不断发现更好选择的消费者会持续搜索。[102]就算如此,消费者往往也会使其初始搜索投资最小化,在做出决策之后推迟未来搜索,并低估转换到另一种提供物的未来成本(包括搜索和使用成本)。[103]

- **考虑集的性质**。如果考虑集包括一些吸引人的选择,消费者会进行外部搜索来帮助做出选择。与之相反,只有一两个选择的考虑集降低了搜索信息的需要。
- **相对品牌不确定性**。当消费者不确定哪个品牌最好时,他们会有更高的外部搜索动机。[104]
- **对搜索的态度**。有些消费者喜欢搜索信息并且搜索范围广泛。[105]这些消费者一般对于搜索的价值和收益抱有积极的信念。特别是,广泛搜索行为与"匆忙做出重要购买决策总会后悔的"这个想法紧密相关。[106]另外一些消费者很少搜索只是因为他们讨厌搜索。

研究人员区分出两类网络搜索者。[107]有经验的搜索者是最热衷于互联网,也是使用互联网最多的用户,而中度或轻度用户仅仅视互联网为一种信息来源,而不是一种获得乐趣的来源。为了吸引后面这类消费者,一些公司运用有趣或高参与性的游戏鼓励他们进行搜索。[108]

- **新信息的差异程度**。不论何时,当消费者接触到新环境中的事物时,他们将会尝试用他们已有的知识对其进行分类。如果这个新事物不适合任何已存在的类别,消费者会进行信息搜索以解决这种不一致,特别是在这种信息具有中等程度的不一致性且消费者对这类产品了解有限时。[109]消费者会拒绝高度不一致的信息。[110]营销人员可以通过介绍他们品牌与其他品牌的适度区别来利用这一倾向。例如,美诺(Miele)真空吸尘器的广告中展示了"减少肺部损害"的宣传语,这个属性一般与真空吸尘器不会联系在一起(适度的不一致性),所以这会让消费者进行搜索,然后发现这个品牌有控制污染和过敏物的过滤装置。[111]

同样的过程也适用于对新产品的信息搜索。如果一个新产品与现有产品类别有适度的区别或不一致,消费者就会产生解决这种矛盾的动机。[112]特别是,消费者对最显著属性的探索程度要高于其他属性。从营销的视角来看,这种行为告诉我们,将新产品定位成与现有品牌有适度差异将会导致消费者搜集更多的信息,从而影响他们的决策制定过程。例如,可刻录的DVD播放器与单纯播放的DVD播放器就是如此。这种适度的差异可能刺激消费者搜索更多相关的产品信息,并最后影响他们的购买决策。

加工信息的能力

外部搜索也深受消费者加工信息能力的影响。研究人员发现了三种影响外部信息搜索的变量:(1)消费者知识;(2)认知能力;(3)人口统计因素。

- **消费者知识**。常识告诉我们,专业的消费者搜索得更少是因为他们记忆中已经有了很多复杂的知识储备。然而,有关这方面的研究结果却是复杂的。[113]部分问题出在如何定义知识上。一些研究测量的是主观知识,即与他人的知识相比消费者对自己知识的主观感觉。客观知识是指可用正式知识测试测量出的储存在记忆中的实际信息。研究人员已发现信息搜索与客观知识有关,尽管主观或客观知识与信息搜索都或多或少有关。一项研究发现,主观知识既影响消费者从哪里搜索信息,也影响他们选择的质量。[114]

具体而言,一些研究发现,知识和搜索之间呈倒 U 形的关系。[115]中等知识量的消费者搜索得最多,因为他们往往搜索的动机更高。他们至少拥有一些基本的知识,这将有助于他们解释新信息。而专家消费者由于记忆中的知识存储更多,因而搜索得更少,同时他们也知道怎样将搜索目标放在最相关和最具诊断性的信息上,忽略无关的信息——除非是涉及对新产品的搜索。由于专家消费者有完备的记忆结构,他们在学习和获得新产品知识上有更多的优势。[116]

- 认知能力。有更高基本认知能力(如智商高或有很高的综合复杂信息能力)的消费者,不仅比了解很少或不了解知识的消费者更容易获得更多的信息,而且他们能用更复杂的方式加工信息。[117]

- 人口统计因素。研究人员不断调查是否某类消费者会比其他人搜索得更多,他们发现了一些一致的模式。例如,受过高等教育的消费群体比低教育程度消费群体搜索得更多。这种情况的出现是因为受过高等教育的消费群体至少有中等的知识量,而且他们比低教育程度的消费群体更容易接近信息源。

加工信息的机会

在广泛搜索之前,除了拥有搜索信息的动机和能力外,消费者还要有加工信息的机会。一些可能影响搜索过程的情境因素包括:(1)信息量;(2)信息形式;(3)可用时间;(4)可选产品的数量。

- 信息量。在任何决策情境下,消费者可获信息的数量变化很大,这取决于市场上的品牌数量,每个品牌可获得的属性信息,零售商或经销商数量以及其他信息来源(如杂志和知识渊博的朋友)的数量。一般来说,可用信息量越多,消费者搜索也越多,这说明互联网可以产生更多的外部搜索。然而如果信息被限制或不可获得,消费者就很难进行广泛的外部搜索。

- 信息形式。信息呈现的形式对搜索过程也有很强的影响。有时,信息可以通过多种渠道获得,但消费者要付出相当大的努力去收集。例如,买保险时,消费者不得不联系不同的公司或机构了解每个政策。与之相比,信息以减少消费者努力的方式呈现可以促进信息搜集和使用,特别是当消费者处于决策状态时。[118]例如,为了提高营养信息的使用,研究人员提供了一种便于消费者搜索信息的组合表格(参见图表 8.10),从而提供信息加工机会。[119]一项相关研究发现,当高营养的好处十分明确时,消费者会增加他们对营养信息的使用。[120]另外,如果关于某个事物的信息在视觉上简单且有序,消费者会进行更多的闲暇式的探险搜索。[121]

- 可用时间。没有时间限制的消费者有更多搜索的机会。然而,如果有时间压力,消费者会严格地限制他们的搜索行为。[122]同时,随着时间压力的增大,消费者会减少从不同来源搜索信息的时间。[123]时间压力也是消费者在网上搜索和购物的主要原因之一。一项研究表明,当再次因搜索原因访问某个网站时,消费者花费总时间的减少是因为他们浏览的页面数减少,而不是因为他们看每个页面的时间减少。[124]

- 可选产品的数量。研究人员发现,当消费者面临在多个产品中选择时,相比于决定

Nutrition Facts		
Serving Size 3/4 Cup (27g)		
Amount Per Serving	Cereal	With 1/2 Cup Skim Milk
Calories	90	130
Calories from Fat	10	10
	% Daily Value	
Total Fat 1g*	**2%**	**2%**
Saturated Fat 0g	**0%**	**0%**
Trans Fat 0g	**0%**	**0%**
Cholesterol 0mg	**0%**	**0%**
Sodium 190mg	**8%**	**11%**
Potassium 85mg	**2%**	**8%**
Total Carbohydrate 23g	**8%**	**10%**
Dietary Fiber 5g	**20%**	**20%**
Sugars 5g		
Protein 2g		
Vitamin A	0%	4%
Vitamin C	10%	15%
Calcium	0%	15%
Iron	2%	2%

图表 8.10 信息形式

公共政策制定人员试图让营养标签更容易被消费者看懂并用于改善信息形式。在这个表中,你认为理解营养信息有多大难度?

是否购买和使用哪一个产品而言,他们会进行搜索形式较少但范围更广的搜索。[125]

营销启示

消费者搜索外部信息的范围对营销战略有很重要的启示。如果许多消费者对某种产品或服务进行广泛的搜索,营销人员可以通过让信息可获得度高、接触容易、搜索成本低、消费者精力消耗少来促进这一搜索过程。为了做到这一点,营销人员可以考虑重新设计他们的产品包装、网页、广告以及其他促销材料来增加信息,从而改变消费者的态度和购买行为。让我们来看一下 Bankrate 公司是如何改进它的网站的。该公司追踪信用卡和按揭利率并发表个人理财文章,它仔细分析了消费者用来搜索金融信息的关键词。通过在页面和标题中加入如"按揭利率"这样的关键词,这家公司提高了其在搜索结果中的网站排名。[126]图表 8.11 展示了一家公司如何用信息亭提高节育信息的可获得度。

公司还应当提高有关显著和可诊断属性的信息,尤其是当品牌有独特的优势时。否则,如果消费者得不到他们想要的信息,他们可能会将该品牌从考虑集中除去。新手消费者特别容易被视觉暗示,将注意力放在到突出特定属性的图片及颜色上,这一因素会影响他们的外部搜索并最终影响他们的品牌选择。[127]

图表 8.11 使信息容易获得
该信息亭能让女性朋友轻松了解到节育信息。

此外,营销人员可以根据搜索活动对产品或服务进行市场细分。例如,一项研究细分出了六种不同的买车人。[128]另一项研究发现,在网上搜索购车信息的大多是年轻人,他们受过更好的教育,比不用互联网的人进行更多的搜索,并且如果他们无法使用互联网的话,他们会更广泛的搜索信息。[129]在高科技市场,年长的消费者往往会使用提供简单信息的渠道搜索信息,而高教育程度的消费者往往会使用各种各样的渠道。[130]确定哪种搜索活动适用于哪种产品将有助于营销人员满足目标消费者的信息需要。例如,对于低搜索度的消费者,将重点放在找到一个好的目标上,而对高教育程度的消费者则需要大量的注意力和信息来抵消之前低程度的信心和满意度。营销人员可以精心挑选出最显著和最可诊断的信息提供给低搜索者。

营销人员可通过提供高度可达的信息来尝试激发外部搜索。例如巴诺公司设立了店内信息亭,在那里消费者可以搜索特定的书籍,看看有多少本存量剩余,找到它们的位置以及下订单购买商品。[131]另一个例子是,拥有可上网手机的消费者可以通过登录迪欧办公的网站,输入当地的邮政编码,并单击商店的电话号码来联系当地的迪欧办公零售商店。[132]这些额外搜索的机会可以让低搜索消费者接触到信息,从而改变他们的态度以及购买决策。营销人员还可以为消费者提供搜索奖励。例如,Gap.com 发布了只能在盖普商店里使用的在线优惠券之后,这家连锁店内挤满了手持优惠券来挑选商品的顾客。[133]

在外部搜索获得何种信息?

研究人员对于消费者外部搜索获得何种信息很感兴趣,因为这些信息可以对消费者的判断和决策制定有重要影响。在搜索外部来源时,消费者通常获得关于品牌、价格及其他属性的信息。

- 品牌名称是最频繁获得的信息种类,因为它是记忆中其他信息组织的中心节点。[134]因此,当我们知道品牌名字之后,我们可以立刻激活其他相关的信息点。例如,我们一听到奥尔斯泰特(Allstate)这个品牌名字,我们就会回想出关于它的先存知识和联想。
- 价格通常也是消费者的关注点,因为它具有诊断性并可以推断出产品质量和价值等其他属性。[135]一项研究发现,当某个产品类别的质量和价格没有直接联系时,运用在线质量智能搜索代理来搜索要购买商品的消费者,实际上对价格会更加敏感。[136]当然,价格搜索可能没我们想的那么重要(因为总体搜索范围不大),即使价格变化程度增加并且成本上升,它的重要性也不会增加。[137]价格的重要性也取决于文化。例如,与其他国家相比,尽管传统上日本消费者不喜欢打折店,但是现在许多人都开始涌向优衣库(Uniqlo)这样的折扣店购买打折品。[138]

其他属性

在搜索完品牌和价格之后,消费者还会搜索额外信息,这取决于这类产品或服务的哪些属性显著并具诊断性。消费者更容易接触与他们目标有关的信息。例如,如果选择一次度假的主要目的是获得最大程度的刺激,消费者会搜索某个目的地可参与的活动、夜生活和访问者等信息。当消费者从一种购买目标转为另一种购买目标时,例如从追求速度型轿车转为追求经济型轿车,消费者对第二项任务进行的搜索会更加有效,因为他们可以将从第一项搜索中搜到的知识转移过来。[139]

外部搜索总是准确的吗?

消费者进行外部搜索时的偏差和进行内部搜索时几乎一样多。特别是,消费者倾向于搜索能证明自己已有信念而不是推翻自己已有信念的外部信息。在一项研究中,具有强价格质量信念的消费者往往会对高价品牌进行更多的搜索。[140]不幸的是,确认性偏差会导致消费者抵制重要信息,从而导致非最优决策结果。因此,如果出现了一个低价高质量品牌,这些消费者可能永远不会获取关于它的信息,更不会选择购买它。

如何进行外部搜索?

外部搜索按照一系列有序步骤进行,从而对消费者决策提供有价值的见解。这些步骤包括向导（或对产品陈列的概览）；评估（或关键属性的对比选择）；以及确认（或确认选择）。[141]研究人员还特别考察了评价过程中信息获得的顺序，因为他们认为早期获得的信息在决策过程中比后期获得的信息更重要。[142]例如，一旦某种品牌在搜索过程中呈现出领导地位，后续信息的获取和评估将会出现对该品牌有利的偏向。[143]

搜索的阶段

消费者在搜索过程的不同阶段会接触到不同的来源，并使用不同的决策准则。在早期，大众传播媒介和营销相关来源更有影响力，而在实际决策中，人际来源将会更为关键。[144]在搜索的早期，消费者更有可能接触到显著的、可诊断的和与目标相关的信息。然而，如果他们能够回忆起显著的、诊断性的信息，他们将不再需要从外部搜索这些信息。因此，消费者将首先搜索会引起更大程度不确定性或不利的属性信息。[145]

在搜索的早期，消费者使用更为简单的标准筛选选项，然后在之后的搜索中运用更为详尽的决策规则。在搜索的早期，品牌排名的高低对于消费者在后期过程中选择它的可能性也许没有什么影响。[146]因为消费者往往首先会搜索具有高感知吸引力的品牌，对于营销人员来说促进消费者对品牌的积极态度十分重要。新接触某一产品或服务类别的消费者会从低风险、知名品牌的信息开始搜索，转而搜索较不知名的品牌，此后会巩固信息，形成对效用最大化品牌的偏好。[147]

根据品牌或属性进行搜索

有两种主要的搜索过程分别是：（1）**根据品牌搜索**（searching by brand），消费者在转向下一个品牌前会掌握前一个品牌所有所需要的信息；（2）**根据属性搜索**（searching by attribute），消费者同时对不用品牌的某个属性进行比较，例如价格。[148]消费者通常喜欢根据属性进行信息加工，因为这样更为容易。

> **根据品牌搜索**：收集完一个品牌的信息再收集下一个品牌的信息。
>
> **根据属性搜索**：根据属性对品牌进行比较，每次比较一种属性。

消费者对于记忆中信息储存的方以及呈现形式十分敏感。[149]如果信息是根据品牌来组织的，例如在所有信息都呈现在包装上的大多数商店，消费者将根据品牌来加工信息。特别是，专家倾向于根据品牌来加工信息，因为他们有更多基于品牌的知识。消费者习惯于根据品牌来加工信息的事实也许会导致偏差，即使在信息是根据属性来组织的时候也是如此。[150]此外，不同的搜索策略会影响消费者的决策。[151]根据品牌来加工信息的消费者在搜索过程结束前一直保持高度的不确定性，而根据属性来加工信息的消费者则在搜索过程中逐步减少不确定性。

尽管如此，知识水平低的消费者会充分利用根据属性来加工信息的机会，例如通过阅读《消费者报告》中的信息或者其他能够简化搜索的方式。一项研究发现，在杂货店中展示营养信息列表会受到消费者的欢迎。《消费者报告》中的评比图表能用简明形式提供各类产品的最好品牌和最佳购买信息，这种信息也是一种广受欢迎的来源。正如先前所指出的，搜索引擎和购物代理也通过属性，尤其是价格，而简化了消费者的搜索。

营销启示

营销人员必须通过广告、包装、手册、网站或销售人员来强调具体的信息,从而使消费者能够更容易找到并且更迅速接触到这些信息。要记住,消费者不太可能选择一个在经常接触的属性上表现不佳的品牌。因此,销售人员应该确保他们所提供的产品在大量使用的属性上性能良好,包括价格在内。当营销人员向消费者保证匹配他们所能找到的最低价格时,在搜索成本较低时(当消费者寻找最低价格时)这种策略会激发更积极的搜索,但在搜索成本较高时(并且消费者感知到这个策略表明了低价)消费者的搜索积极性则不会很高。[152] 最后,企业可以向谷歌这样的搜索网站付费,从而使消费者在进行关键词搜索时其品牌信息会展现在显眼的位置。

总 结

本章讨论了消费者判断和决策制定过程中的三个初始阶段。第一阶段是问题识别,是指理想状态和实际状态的感知差异。当这两种状态间出现差距时,消费者有动机通过进行决策制定来解决这种差异。

内部搜索是从记忆中回忆信息、体验和感受。内部搜索的程度会随着动机、能力和机会的增加而提高。一般来说,某个提供物显著的、可诊断的、生动的和与目标相关的方面最有可能被回忆起来。内部搜索存在几种偏差:确认性偏差,即能强化我们总体信念的信息会被记住;抑制,即对某些信息的回忆会抑制对其他属性的回忆;心境,指我们回忆起与心境一致信息的倾向。

当消费者需要更多的信息或者对回忆起的信息不确定时,他们会进行外部搜索,通过购前搜索(对问题识别的反应)或者持续性搜索(无论是否有问题识别存在)从外部来源中获取信息。在外部搜索中,消费者可以通过零售商、媒体、他人、独立来源和产品体验来获取信息。零售商和媒体类型的搜索最多,但在消费者知识水平较低和标准化因素增加时,人际来源的重要性则增大。

消费者在他们拥有更高的积极性和有更多的机会去加工信息时会进行更广泛的搜索。情境因素会影响消费者加工信息的机会。在外部搜索中品牌名称和价格是最容易获得的属性。消费者往往也会在外部搜索中展现出确认性偏差。他们往往会接触到更显著和更具有诊断性的信息。最后,消费者倾向于要么根据品牌,要么根据属性对信息进行加工。属性搜索更简单也更受欢迎,但通常信息的组织形式并不能促进这种加工方式。

复习和讨论问题

1. 理想状态和实际状态的差异如何影响消费者的行为?
2. 影响品牌是否出现在考虑集中的因素有哪些?为什么企业会希望其品牌出现在考虑集中?

3. 在内部搜索和外部搜索中确认性偏差的表现是什么？

4. 在外部搜索中消费者可以从哪6个主要来源中获取信息？

5. 涉入度、感知风险、感知成本和效用以及考虑集如何影响消费者外部搜索的动机？

6. 在什么情况下消费者更有可能根据品牌而不是属性来进行外部搜索？营销人员会希望消费者采取哪种搜索过程？为什么？

消费者行为案例 使用手机进行价格和产品比较

敬告所有顾客：要更快更简单地比较产品和价格，你只需拿起手机在任何时间任何地点搜索信息。手机也可用于了解本地的哪家商店有某件产品的存货，了解最新销售信息，知悉未来零售促销和折扣信息。简而言之，通过手机搜索信息可以帮助消费者更好地了解和评估他们的选择，增加他们的产品和市场知识，缩小他们的考虑集，并且令他们因自己做出明智决策而感觉良好。

例如 Frucall 的使用者可以通过手机用三种方式来比价格。第一，他们可以使用免费热线，输入一种产品的 UPC 码、品牌或样品编号，然后听 Frucall 的系统念出这个产品的网上零售商能提供的最佳价格。使用 Frucall 的第二种方式是通过短信发送数字 UPC 码到 Frucall，然后 Frucall 会回复包含该商品网上价格的比较信息。第三种方式是使用可上网手机在 Frucall 网站上搜索价格比较信息。

此外，Frucall 的用户还可以查询产品排名和零售商排名，保留搜索结果以供日后核实，请求商品到货通知，或者按键立即购买。此外，诸如根据类别和价格的建议、其他使用者的最近产品搜索列表、愿望清单和产品推荐等都增加了 Frucall 作为购前信息来源的价值。

无论消费者是否已经在商店或者只是在考虑要去购物，他们都能通过使用手机或者网络在 NearbyNow 上进行搜索，从而了解某种产品是否能在当地商店买到。有200家购物中心的商店已经将其产品清单开放给 NearbyNow 的搜索引擎，因此，消费者可以确认附近购物中心的商店中是否有特定尺寸或者颜色的产品，查询不同商店中产品的价格，甚至订购某些产品而在几天后再取走。

NearbyNow 的用户可以用手机多做一点搜索及购前计划，从而不必去购物中心一家店又一家店地逛来寻找商品却一无所获，或者是买了商品后发现另外一家商店价格更低。他们能确切地知道该逛哪家店，店里有什么存货，购物前每家店的产品定价；他们也可以申请他们所在地区的零售商的特殊供给。这些服务对于那些喜欢亲自购物而非网购的消费者，或者对于那些很急且无法等待网上零售商运送商品的消费者特别有帮助。

喜欢讨价还价的消费者在 Cellfire 可以找到更多的优惠和选择。成百上千的美国商店或者餐馆，例如好莱坞影像、达美乐比萨、哈迪、Supercuts 和星期五餐厅会提供优惠给 Cellfire 的用户，一些大型营销商也是如此，如宝洁、金佰利克拉克和通用磨坊。在注册后,用户只需简单地浏览优惠商品,去一家指定商店或餐馆,点击他们想要兑换的Cellfire优惠券,并且把手机屏幕拿给营业员或者柜台出纳员看。这样,对价格敏感的消费者知道他们可以通过在收银台拿出手机受到很好的待遇——而无需剪刀。[153]

案例问题

1. 为什么信息过量会对使用Frucall搜索某一产品信息的消费者带来问题?你如何建议Frucall来避免这样的问题?

2. 即使零售商知道消费者会了解到他们想要的商品不在其商店出售,为什么它们仍同意向NearbyNow的用户公开自己的库存信息?

3. 谁更有可能使用Cellfire的服务?为什么?你的回答应该考虑消费者加工信息的动机、能力和机会。

第9章

基于高努力的判断和决策制定

学习目标

学完本章后,你将能够:
1. 区分判断和决策制定,并说明为什么这两个过程对于营销人员都很重要。
2. 解释认知决策制定模型和情感决策制定模型有什么不同,为什么营销人员对两种模型都很感兴趣。
3. 识别在高努力情境下消费者所面对的决策类型,并且讨论营销人员如何尝试影响这些决策。
4. 概述消费者特征、决策特征和他人对高努力决策的影响方式。

导言:为汽车在泰国的高销量而竞争

泰国,几乎对于每个主要汽车制造商来说,都是一块充满机会和竞争的土地,尽管该国的汽车拥有量还比不上发达国家。在泰国,汽车与消费者的比例是1:12,远低于世界平均水平1:4和美国平均水平1:2.5。然而,泰国人对于汽车极为热情,将其列为生活必需品中的第五位,仅次于食物、住房、医药和服装。事实上,泰国是世界第二大皮卡市场,其销量仅次于美国。

福特、大众、奔驰、丰田、本田、铃木、尼桑和其他汽车制造商通过更多地了解消费者如何做决策,以期在泰国获得更高的汽车销量。例如,许多消费者对美国产的吉普车有良好的印象,但只有富裕的泰国人才能买得起进口车,并且其中许多人不是自己驾驶。同样,这类汽车的后座也不是为了那些整日在车上打电话谈生意,而其司机却在坑坑洼洼的路上驾车的车主所准备的。因此,舒适、地位和品牌形象也许可以解释为什么梅赛德斯奔驰在泰国的豪华车市场占有巨大份额。此外,为环境而忧虑的泰国消费者,对于比传统汽车油耗更低且更为环保的新型汽车越来越感兴趣。[1]

泰国消费者购买轿车和卡车的方式表明了了解消费者做出判断的类型(例如外国进口的汽车质量较好)和对消费者决策影响最大的判断准则(舒适、价格、他人对于购车的看法和说法等)的重要性。营销人员还必须了解消费者正考虑购买的品牌,因为那些品牌是他们的竞争对手。此外,营销人员必须理解影响消费者决策的情绪和感受(例如轿车会使你感到愉快)。本章将考察高努力判断和决策(参见图表9.1),在消费者做出这类判断和决策时,他们加工与决策相关信息的动机、能力和机会都处于较高水平。通过仔细分析进入判断和决策的因素,营销人员可以获取有价值的见解,从而帮助他们向消费者开发和销售提供物。

高努力的判断过程

回想你上一次去餐厅时的情景。当你在看菜单时,你可能在点菜前考虑一下某个菜式的好坏,这时你就是在做出**判断**(judgments)。判断是对事件发生可能性的估计或预测。判断是决策过程的一个重要输入因素,但它和**决策制定**(decision making)不同,决策制定为在选项和活动之间做出选择。

> **判断**:对事件发生可能性的估计或预测。
> **决策制定**:在选项和活动之间做出选择。

在消费者情境中,判断是指对产品和服务拥有某些特征的可能性或者是否能按特定方式运行的评估或估计。[2] 判断不需要消费者做出决策。因此,如果你看到了一家新意大利餐馆的广告,你可以根据你是否喜欢它、它和其他意大利餐厅有什么不同或者它有多贵来形成判断。这些判断可以作为你是否在这家餐馆吃饭这一决策的重要影响因素,但这并不要求你做出是否去那里吃饭的选择。

判断和决策涉及的过程也不同。[3] 例如,一项研究表明,消费者在判断和决策时对属性的搜索采取了不同的顺序。[4] 另一项研究发现,消费者的品牌熟悉度对他们能回忆起的信息量有益还是有害,取决于他们是对品牌做判断还是做决策。[5] 鉴于消费者信息加工中判断的重要性,营销人员需要理解关于可能性和好或坏的判断。

可能性和好/坏的判断

判断的一种类型是**可能性估计**(estimation of likelihood),是指我们对于某事发生概率的预测。

> **可能性估计**:判断某事发生的可能性。

可能性估计出现在许多消费者情境中。例如,当我们购买一件商品或服务时,我们可能会尝试去估计它损坏的可能性、他人喜欢它的可能性和它能满足我们的可能性。当我们看广告时,我们会估计它的真实性。

好/坏的判断(judgments of goodness/badness)反映了我们对提供物特性的合意性评估。

> **好/坏的判断**:对某事合意性的评估。

如果你打算旅行,你可能判断欧洲现在是否过冷,或者昂贵的欧洲之旅是好还是不好。第6章的高努力态度一节讨论了对好或坏的判断。研究表明,消费者会将产品属性或与产品相关的服务与判断相结合,从而形成对产品或者服务的评估或态度。好/坏判断不仅受到产品属性的影响,还受到我们感受的影响。特别是,消费者倾向于更快地形成好坏判断且会持续更久,这在一定程度上取决于他们情感性反应的强度和方向。[6]

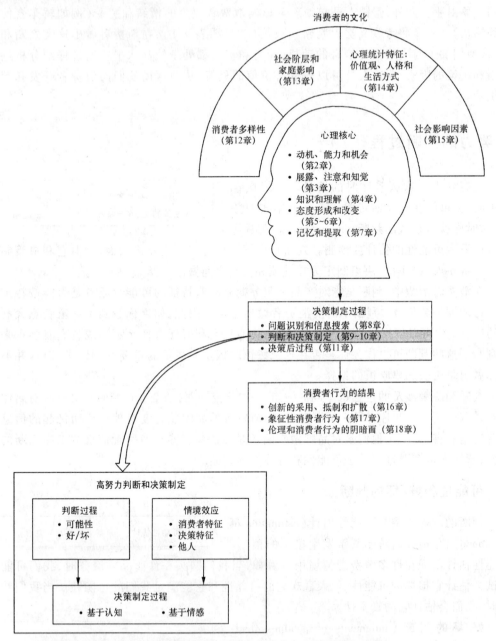

图表9.1 本章概览:基于高消费者努力的判断和政策

在问题识别和搜索之后,消费者会进行某种形式的判断或决策制定,它们在努力程度上会有所不同(从高到低)。本章探讨高努力消费者的判断和决策制定过程。判断是对某事发生可能性或好坏的估计。它们为决策制定提供依据,可以是以认知为基础,也可以是以情感为基础。情境因素也会影响这些过程。

锚定和调整

当做出可能性和好坏的判断时,消费者通常会采用**锚定和调整**过程(anchoring and adjustment process)。[7]他们首先根据初始值对判断进行锚定,然后再根据新的信息来对评估进行调整或"更新"。初始值可以是记忆中容易获得的信息或情感反应,也可能是在外部环境中最先接触到的属性信息。[8]消费者的价值观和规范影响也是初始值的重要决定因素。

> **锚定和调整**:从初始值开始,并用其他信息对初始值进行调整。

例如,星巴克咖啡在日本具有良好的品牌形象——一项研究表明,它在日本餐饮品牌中排名第一。[9]这一因素促使一家日本本土连锁餐饮企业命名其咖啡品牌为"西雅图咖啡",希望借此形成一个积极的初始锚定,并鼓励消费者认为其和星巴克是相似的商店。来自广告或经验的其他信息也许会对这一初始值进行向上或向下修正,但是由于星巴克的积极形象,这一判断更可能是积极的。如果之前对星巴克的评估是消极的,则此锚定可能会导致消极的判断。因此,同样的锚定可能会带来不同的判断,这取决于人们感知锚定的方式。

意象(imagery),或者说视觉化在可能性和好坏判断中也起着重要作用。消费者可以尝试为某一事件建立意象,例如他们在一款新车的驾驶席上进行体验,以此来估计可能性或进行好坏判断。事件的视觉化实际上可以增加发生的可能性,因为当消费者想象他们自己使用这件产品时会产生正面偏差。[10]意象可能令消费者高估他们对产品和服务的满意程度。[11]意象还可能令消费者关注生动的属性,并在形成判断时赋予这些属性更大的权重。[12]

> **意象**:想象某一事件,从而做出判断。

判断过程中的偏差

判断并不是总是客观的。偏差和其他因素可能使消费者的决策质量下降[13]并在多个方面影响消费者的判断:

- **确认性偏差**。如果消费者容易陷入确认性偏差(见第8章),他们将更多地关注那些能确认他们本已相信的判断,并对自己的判断更有信心。他们可能会忽略与其判断相悖的信息。当然,在形成判断时过于看重肯定信息和过于看轻对立信息会降低消费者搜索更多信息的倾向,因为他们认为自己知道关于这个产品的几乎所有信息。[14]因此,确认性偏差可能导致消费者做出非最优化的选择。

- **自我正向偏差**。消费者会对自己或他人在遇到糟糕情况时的受伤程度做出判断(例如感染艾滋病,遇到交通事故)。有趣的是,调查发现消费者在对坏事发生的可能性做判断时会存在自我正向偏差。这表示他们往往相信坏事发生在他人身上的可能性比发生在自己身上大。这意味着他们可能不会处理那些暗示他们可能遭遇风险的信息。[15]这对一些想要提醒消费者一些糟糕情况实际上可能发生的营销人员(例如医疗保健,保险业务员)来说是个坏消息。

- **负向偏差**。由于负向偏差,消费者在形成判断时对负面信息给予超过正面信息的权重。在形成一些对于自己很重要的事情的看法,或想要做出尽可能准确的判断(例如进入哪所大学)时,消费者似乎会更看重负面信息。但在对某品牌有一定忠诚度时,消费者不会

图表 9.2 判断的锚定

这只因不能舔盘子而闷闷不乐的小狗所带来的小幽默试图让消费者产生愉快的情绪。营销人员希望由此消费者也能积极评估高汉(Gorham)瓷器。

陷入负向偏差。例如，如果你喜爱你所在的学校，你不太可能会去思考(或者甚至可能不太看重)你所听到的任何负面信息。[16]

- 心境和偏差。心境可以在多个方面导致消费者的判断偏差。[17]首先，心境可以作为判断的初始锚定。如果你在买 CD 时心情很好，你可能会对你听到的任何新歌做出积极回应。其次，心境可以通过减少消费者对于负面信息的搜索和注意，从而造成判断偏差。这一现象的原因可能是消费者想要保持一个好的心境，而注意负面信息则无法达到这一目的。再次，心境可以通过使消费者对于其做出的判断过于自信而造成判断偏差。[18]

- 以前的品牌评估。当消费者基于过去的经验判断一个品牌的好坏时，他们可能不会去获悉(并认为其重要)影响产品实际质量的品牌属性信息。[19]事实上，消费者所喜爱的品牌名称"阻碍"了消费者去了解能影响其判断的、揭露产品质量的属性信息。

营销启示

营销人员可以做一些事情来确认在消费者锚定调整决策时,他们的品牌能作为积极的锚定点。首先,他们可以令消费者的注意力集中于那些能让品牌成为其类别中最佳品牌的属性。例如,苹果公司的 iPod 产品将消费者的注意力集中于时尚的设计,成功地使其成为数字音乐播放设备的锚定点。营销人员还可以影响消费者在调整中所使用的其他产品。[20]例如,对于关心个人安全的美国富人,与内敛的宾利 GT 豪华微型跑车相比,价值 35 万美元、外形庞大的梅赛德斯迈巴赫则显得过于招摇。因此,营销人员可以通过让消费者以宾利为锚定点进而关注迈巴赫(相对于其他品牌),来引导对宾利更有利的选择,也许这个过程可以解释为什么梅赛德斯只能每年销售几百辆迈巴赫,而宾利微型跑车每年却可以卖出几千辆。[21]

当消费者接触品牌延伸时,现有的品牌名称和它的正面联想充当了判断新产品的正面锚定点。产品的原产国也可以作为锚定点并影响随后的判断。[22]例如,中国国内品牌必须增加强有力的营销活动,因为许多消费者喜欢同一产品的西方版本,即以西方产品作为锚定点。因此,本土软饮料制造商不得不与知名美国品牌(例如可口可乐和百事可乐)进行竞争。[23]

营销人员也可以在多个方面影响消费者对好坏的判断。首先,令消费者感觉良好(例如,通过操纵消费者情绪,或者在给予他们信息前带给他们积极的感受)将使他更为积极地评估产品。[24]其次,营销人员可以请消费者想象一件产品或服务的属性或效用,从而影响好坏的判断。当消费者想象某种比萨有多好吃时,该比萨会被认为比其他比萨更美味。若消费者想象可能会有油脂浮在比萨上,消费者会认为这种比萨更难吃。

最后,营销人员可以影响消费者对于事物可能性(例如可能性估计)的知觉。研究表明,如果令消费者思考家庭联系,那么消费者更可能会冒财务风险,因为他们认为即使遭受损失的家庭可以对他们进行帮助。然而,由于负面结果可能对消费者家庭造成影响,所以消费者在考虑到家庭联系时可能不会冒社会风险。[25]营销人员也可以尝试减少消费者的自我正向判断。一项有关消费者自我正向偏差的研究表明,当消费者被告知和他们类似的人也感染上艾滋,以及当他们被迫考虑他们所进行的可能导致感染艾滋的行为时,消费者感染艾滋的可能性会降低。[26]列举大量(相对于很少)会使消费者遭遇严重结果的风险行为(例如感染艾滋)也能降低他或她的自我正向偏差。[27]

高努力决策和高努力决策制定过程

获取、使用和处置都涉及某种消费者决策,即使该项决策并不用做出任何选择,这种情况发生在存在大量不确定性时。[28]在某些情况下,消费者首先做出买还是不买的决策,然后专注于选择决策。[29]进而,选择决策会涉及其他决策,例如有关考虑什么产品,什么因素对于选择很重要,实际做出什么选择,现在做决策还是推迟做决策,(e)在没有可比备择物时怎么做出选择。在本章,我们将考虑以上各种决策(参见图表9.3)。若消费者加工信息的动机、能力和机会与决策的相关度高,消费者将付出大量努力来制定这些决策。

图表9.3　高努力情况下消费者面对的决策类型

- 决定考虑哪些品牌
    - 考虑集
- 决定哪些标准对选择很重要
    - 目标
    - 时间
    - 框架
- 决定选择什么提供物
    - 基于思考的决策
        - 品牌
        - 产品属性
        - 利得和损失
    - 基于感受的模型
        - 评估和感受
        - 情感性预测
- 决定是否现在做出决策
    - 决策延迟
- 当备择物不可比时进行决策

在高努力情况下,消费者经常面对各种不同的决策类型。该图表展示了一些主要的决策类型。

决定考虑哪些品牌

如今消费者比以前面对更多的选择。[30] 由于有这么多的选择,消费者发现他们首先要决定品牌是否进入了**失当集**(inept set)(他们难以接受的品牌)、**惰性集**(inert set)(他们缺乏兴趣的品牌)和**考虑集**(consideration set)(他们想要选择的品牌;见第8章)。[31]

> **失当集**:在做决策时难以接受的可选品牌。
> **惰性集**:消费者缺乏兴趣的可选品牌。
> **考虑集**:在做选择时最容易想起的被评估品牌子集。

考虑集对营销人员来说十分重要,因为它影响消费者将选择哪些产品,因而营销人员可以了解他们在与谁竞争。如果考虑集包含容易比较的品牌,决策将会变得更简单。[32] 尽管如此,某个品牌在考虑集内并不意味着它将得到消费者很多的注意。[33] 但如果它能得到很多注意,消费者更有可能选择它,并且愿意支付比其他选择更多的价钱。[34] 如果消费者关注了某一品牌,相比于同类最佳品牌的平均水平,他们倾向于更正面地评价这一品牌。[35]

消费者对考虑集中某一品牌的评估取决于与其相比较的其他品牌。如果一个品牌比其他品牌更具吸引力或者更有优势,那么做出决策就

> **吸引力效应**:当一个较次的品牌加进考虑集中时会增加较好品牌的吸引力。

不需太花精力。然而,改变考虑集中的品牌会对消费者的决策产生重要影响,即使他们在偏好上并没有发生改变。[36] 例如,当一个较次的品牌加进考虑集中时,一个好的品牌也许会看上去更好。这种**吸引力效应**(attraction effect)的发生,是由于较次的品牌能增加较好品牌的吸引力,从而使决策变得更加简单。[37]

营销启示

最重要的启示是,对于企业来说,让其品牌进入消费者的考虑集十分重要;否则,品牌被选中的机会很小。企业在营销沟通中需要对品牌名称和信息进行重复,从而保证其品牌是消费者心目中的首选。另一种获得优势的方法是通过与较次品牌比较而不是和相等或较强竞争对手比较(参见图表9.4),这样做可以使吸引力效应最大化,从而得到更为积极的品牌评估。此外,为了提高高利润产品的销量,营销人员可以推出一个比其价格更高的产品。[38]因此,为了提高179美元微波炉的销量,松下推出了一款稍大一点且定价为199美元的微波炉。高价产品的销量可能不会很好,但它却能使低价产品看上去很划算。

图表 9.4 考虑集
有时高价选择会让一个低价选择看上去很划算,正如这些相机的情况一样。

决定哪些标准对选择很重要

在消费者从考虑集的众多品牌中选出一件特定提供物之前,他们需要决定哪些标准和选择相关,以及对于他们的选择,每个标准重要性有多大。不同决策标准的相关性和重要性又取决于消费者的目标、决策的时机以及决策的框定和呈现形式。

目 标

目标显然会影响驱动消费者做出决策的标准。例如,你要选择吃薯条零食还是胡萝卜条零食,如果你的目标是吃"节食食物"而不是"吃让我感觉良好的东西",你将关注不同的属性。你为自己买啤酒时所使用的标准可能与你为派对买啤酒时使用的标准不同。你可能为派对买较便宜的啤酒,因为你需要很大的数量,但你可能也会对形象关注更多。

如果目标是做出决策,相比于拥有独特负面属性和共同正面属性的产品,消费者可能会更喜欢拥有独特正面属性和共同负面属性的产品。[39]如果目标是选择的灵活性,消费者将挑选出较大的选择组合;如果目标是为了简化选择,消费者将选出较小的选择组合。[40]如果消费者的目标是为了影响他人,那么与没有这一目标的消费者相比,他们选择品牌时更可能是以不同的标准。[41]

此外,消费者的目标在决策过程中可能会改变。例如,在你去一家商店前,你可能对你想要买的东西不太确定——但一旦到了商店,你的目标可能会变得十分确定和具体。[42]消费者的目标是防守聚焦型还是进取聚焦型也会影响他们的决策。进取聚焦型消费者的目标是使效用最大化和获得积极结果,他们更看重他们是否有足够的技巧和能力来使产品达到既定的目标,而不太看产品本身的效果。防守聚焦型消费者更厌恶风险,他们更看重产品功效而不是他们自己使用产品的技巧和能力。[43]

时　机

决策的时机也会影响我们做决策的标准。正如你在第4章所了解的,解释水平理论与我们如何对提供物进行思考(或解释)有关。我们是否使用高水平(抽象)或低水平(具体)的解释,取决于我们的决策是现在就买或做什么,还是我们未来可能会买或会做什么。[44]如果决策是与我们立即要买或做什么有关(例如马上去哪家餐馆),我们的选择往往会基于低**解释水平**——特定的、具体要素,例如餐馆离家有多近、在那里吃饭的费用是多少和谁将一起来吃饭。对于我们预期今后要做的决策,情况正好相反:我们的标准往往会变得更一般和抽象(例如哪家餐馆能带来最佳就餐体验)。如果决策结果在很久以后才能实现,消费者会更多地考虑决策的享乐方面(它将使我感觉多好)而不是理性方面(我真能吃得起吗?)。[45]

框　架

任务被界定或呈现的方式被称为**决策框架**(decision framing),它可以影响标准对我们选择的重要性。例如,购置汽车的框架可以是买一辆

> **决策框架**:决策过程中的初始参照点或锚定点。

我能承担得起的经济型汽车或买一辆使我朋友印象深刻的车。显然,这两个情况中将用到不同的标准。由于框架是作为决策过程中的初始锚定点,因此随后的所有信息都是根据该框架来考虑的。

早期对框架效应的研究考察了人们在赌博中愿意承担的风险。结果表明,当选择被框定为避免损失而不是获得利得时,人们更愿意承担风险。[46]其他研究发现,在消费者心情较好时,框定成损失的信息更易被接受,而在消费者心情不佳时,框定成利得的信息则更易被接受。[47]利得和损失的框架也适用于买和卖:如果对于同样的积极结果,买方对不损失钱感觉更好,而卖方对获得利得感觉更好。但对于同样的负面结果,买方对损失感觉更糟,而卖方对没有利得也感觉更糟。[48]

决策也可以根据问题在外部环境中的结构来进行框定,例如牛肉显示的是含75%瘦肉还是含25%肥肉。[49]对时间范围的框定也可以影响决策。如将健康风险框定成每天发生,那么消费者对健康风险的感知将更为即时和具体;如果框定为每年发生,那么消费者将认为健康风险并不会立即发生或更为抽象。[50]在另外一项研究中,使用低价作为初始参照点的购买者要比以中、高价作为参照点的购买者更不愿意承担风险。[51]同样的,如果营销人员将产品成本框定为一系列小笔开支(一天几便士)而不是一次性的大笔开支时,消费者的反应会更加积极。[52]此外,与在有更低价格的其他可选产品存在的情境相比,如果在有更高价格的

其他可选产品存在的情境下对产品框定,该产品会被认为更便宜。[53]

决策是正面框定(产品有多好?)还是负面框定(产品有多糟?)会对评估造成不同影响。[54]在低精细化的情况下,如果某品牌有对其竞争品牌进行负面框定的主张,消费者更有可能选择该品牌,但高精细化会导致消费者认为这种策略是不公平的。[55]

启动某些属性,例如可靠性和创造性,可以显著改变消费者关于两种可比的选择物(例如不同品牌的相机)和两种不可比的选择物(例如电脑和相机)的判断。[56]这一启动导致消费者的加工更多地关注于具体的属性而不是抽象的标准。启动与政治问题(例如,减少有毒废物)相关的享乐性或象征性属性而不是功能性属性(不再争论),可以提高大众对产品或社会项目的支付意愿。[57]与令消费者回答有关不喜欢某产品的问题(即负面框架)的情况相比,如果令消费者回答关于喜欢某产品的问题(即正面框架),他们的回答更迅速。[58]

营销启示

目标、决策时机和框架对于定位和市场细分有很重要的启示。首先,营销人员可以将一件产品定位成与消费者目标相关范畴或使用范畴相一致。那样的话,营销人员可以影响消费者对决策的框定方式,而消费者将更有可能考虑这一品牌和重要的相关信息(参见图表9.5)。例如,SMART是作为一款能在城市间行驶并停靠于欧洲小街上的

图表 9.5　目标相关的营销

有时广告试图通过与消费者的个人目标相关联来刺激消费,例如减肥。这则瘦奶牛广告阐明了这种策略。

汽车而进行销售。其次,营销人员可以识别出具有相似目标相关范畴或者使用范畴的消费者的大细分市场,并向他们进行销售。因此,SK-ll Air Touch 喷雾粉底销售给那些希望她们的脸颊看上去无暇的女性。[59]

另一种营销策略是框定或重新框定决策。例如,由于选择的目标市场是新近移民,西联国际汇款公司(Western Union)重新对它的货币兑换业务进行了框定,强调了汇款是与仍在家乡的家庭成员的情感联络,而不是仅关注办理的速度或花费。[60]当销售促进活动被框定为利得而非损失时,这种销售促进活动通常更为成功——与得到折扣相比,消费者更喜欢免费得到某物。消费者决策还可以根据商店中产品的位置而框定,这种策略会影响消费者的比较。例如,将红酒放在美食旁边可以将消费者的决策框定成一种更广泛的决策,如计划来一顿美味的浪漫的用餐,而非仅仅是来一瓶红酒。

决定选择什么品牌:基于思考的决策

研究人员提出了多种决策制定模型,每一种模型都可以准确描述消费者如何做出高努力决策。由于消费者的机会主义和适应性,消费者不会在每次做决策时都遵循固定的流程。[61]相反,他们会根据情况选择某个模型或者使用各个模型的不同部分,他们可能运用一条或多条规则,有时这仅仅是因为他们想有一点改变。[62]此外,消费者所做的选择可能和其他选择有关。例如,做一个决策(买一台电脑)可以导致另一个决策(买一台打印机)。[63]

认知决策制定模型(cognitive decision-making models)描述了消费者如何系统地使用所有属性信息来做出决策。研究人员也认识到,消费者可能会根据感受或情绪做决策,即采用**情感决策模型**(affective decision-making models)。[64]

> **认知决策模型**:消费者综合各种属性信息来做出决策的过程。
> **情感决策模型**:消费者根据其感受和情绪做出决策的过程。

因此,当决策的性质是认知型或者更偏向于情感型时,营销人员需要了解消费者是如何做出选择的。

决策制定类型会因文化的不同而不同。[65]例如,一些北美人倾向于分析,依靠事实性信息,进而搜索解决问题的方法。与之相比,在亚洲文化中,特别是在日本,有时逻辑没有感觉重要。类似的,许多沙特阿拉伯人在决策中更加依靠直觉,讨厌基于实证推理的说服。俄罗斯人可能会把价值观看得比事实更重,而德国人倾向于更理论化和进行推理。在北美和欧洲文化中,决策通常是由能掌控自我命运的个体所做出。在亚洲文化中,群体是最重要的,个体的行动被看做是随机产生或由其他事件引起的,而非由个体自己控制发生的。

认知模型是指消费者以理性、系统方式综合有关属性的信息,从而达成决策的过程。有两种认知模型,它们分别是补偿性或非补偿性模型和品牌或属性模型(参见图表9.6)

	补偿性	非补偿性
根据品牌加工	多属性模型	联合模型 分离模型
根据属性加工	加法差异模型	词典模型 逐方面排除模型

图表 9.6　认知选择模型的类型

认知决策制定模型可以根据两个维度进行划分：(1) 是一次加工一个品牌还是一次加工一种属性 (2) 它们是补偿性的（差的属性可以由好的补偿）还是非补偿性的（差的属性导致品牌被排除掉）

在**补偿性模型**（compensatory model）中，消费者会评估考虑集中各个品牌在每个属性上的优势（也就是说，他们就优势和劣势做出判断），并且权衡这些属性对决策的重要性。拥有最高分数（品牌所有属性的优势与其重要性乘积之和）的品牌就是消费者要选择的品牌。这是一种心理成本收益分析，其中一种属性的负面评估可以用其他属性的正面特性来补偿（补偿的名字由此而来）。更进一步地说，对于一些美国消费者，中国产品的一个负面属性是它们不是美国产的。然而，如果中国产品在其他被认为重要的标准上评价很高（例如价格），这一负面评估可以被克服。

> **补偿性模型**：一种负面特性可以用正面特性补偿的心理成本收益分析模型。

在**非补偿性模型**（noncompensatory model）中，消费者使用负面信息去评估品牌，进而迅速从考虑集中排除掉那些在任何一个或多个在重要属性上不够好的产品。[66] 这种模型被称为非补偿性，是因为对某品牌在某个重要属性的负面评估就能导致该品牌被排除掉，正如一些美国人拒绝一个产品是因为它是国外产的一样。非补偿性模型相比于补偿性模型所需的认知努力更少，因为消费者会为每个属性设定了**临界水平**（cutoff levels），并拒绝任何低于这一水平的品牌。因此，如果在消费者考虑集中的品牌在吸引力上十分相似，他们必须花费更多的精力来做决策，并可能用到补偿性模型。[67]

> **非补偿性模型**：负面信息会导致选择物遭到拒绝的简单决策模型。
> **临界水平**：对每种属性来说，品牌根据非补偿性模型而被拒绝的临界点。

营销启示

由于不同的模型可以导致不同的选择，营销人员有时可能希望改变消费者的决策过程。例如，如果大部分消费者使用补偿性模型，使之转变为非补偿性模型可能会带来优势，特别是如果竞争者的产品有重大缺点时。通过说服消费者不要接受一个低水平的重要属性——该属性是不可补偿的——营销人员可以促使一些消费者拒绝考虑竞争对手的产品。例如 Steve&Barry 的 14.98 美元的 Starbury 运动鞋以篮球明星史蒂芬·马布里命名。看到马布里在大型比赛时穿这种鞋子会促使一些消费者由于 Starbury 运动鞋而拒绝其他更高价的运动鞋。[68]

当消费者运用非补偿性策略拒绝一个品牌时，营销人员可以通过表明用其他属性来对负面属性进行补偿，尝试让他们转而使用补偿性的策略。举例说明，为高价、优质品牌所做的广告通常会强调为什么其所提供的产品值得付出更高的价钱，从而消费者不会仅仅因为价格而拒绝其产品。

基于品牌的决策

在做决策时,消费者可以每次评估一个品牌。因此,正在买笔记本的消费者可能会搜集关于苹果电脑的信息,并且在转向另一个品牌之前对它做出判断。由于环境因素——广告、经销商等等——经常按品牌来组织和安排,因而这种**品牌加工**(brand processing)经常会发生。

> **品牌加工**:每次评估一个品牌。

许多研究都建立在基于品牌的补偿性模型上,这种模型也被称为**多属性期望价值模型**(multiattribute expectancy-value models)。[69] 我们在第5章已经讨论过一种多属性模型,即理性行为理论(TORA)。要注意的是,在考虑多属性时,消费者往往会对符合其目标的属性赋予更大的权重。[70] 当消费者需要在属性间进行权衡时,多属性模型不仅耗费认知精力,而且还耗费情绪精力。[71] 例如,如果消费者在情绪上对价格和质量很难取舍的话,消费者可能会以选择质量最好的那个提供物作为应对方式。[72] 一些消费者会避免在相互冲突的属性间进行权衡。[73]

> **多属性期望价值模型**:一种基于品牌的补偿性模型。

如果使用**联合模型**(conjunctive model),消费者会对每个属性建立最小临界值,以此表明他们愿意接受的最低价值的绝对值。[74] 例如,一位消费者可能希望对短期度假的支出每月不超过20美元,从而拒绝任何成本更高的选择。因此,嘉年华游轮航班向消费者提供分期付款服务,三天总价值299美元的船票可以每月支付14美元,分两年付清。"有些人仍认为游轮太过昂贵,"嘉年华的一位主管说,"这样做有助于我们克服此类障碍。"[75] 由于临界值代表着最低信念强度水平,因此,联合模型的原理是尽快排除掉不适合的选择物(或者说去除掉不好的),消费者可以通过赋予负面信息更大权重来做到这一点。

> **联合模型**:设定最小临界值标准以拒绝"不好的"选择物的一种非补偿性模型。

分离模型(disjunctive model)和联合模型类似,只是在两个方面不同。首先,消费者建立可接受的临界标准,也就是挑出合格的(例如找出"好的")。所以尽管20美元是消费者能够接受的度假费用的最高限额,但14美元是更容易接受的选择。其次,消费者根据几种最重要的属性而非所有的属性来进行评估,且更看重正面信息。利用以上介绍,看你是否能从图表9.7的品牌集中选出品牌,请首先使用多属性决策模型,然后使用联合决策模型,最后是分离决策模型。注意消费者可能使用这些决策模型中的一种。如果考虑集很大,他们可能使用联合模型或者分离模型来剔除不适合的选择物,然后用多属性模型从剩下的部分中做最终选择。[76]

> **分离模型**:设定发现"好"选择物的可接受临界值的一种非补偿性模型。

根据从记忆中提取的信息或外部搜索产生的信息来评估品牌的好坏(5 = 在此属性上非常好;1 = 在此属性上非常不好)。						根据需要、价值观和目标对该属性进行重要性加权(分数越高意味着越重要:权重总和为100)

评估标准	A	B	C	D	E	重要性
花费	5	3	4	4	2	35
面积	3	4	5	4	3	25
地点	5	5	5	2	5	20
景观	1	3	1	4	1	15
有游泳池	3	3	4	3	5	5

公寓选择基于:
1. 补偿性模型(评估标准×重要性) _____
2. 联合模型(设置最小临界值为2) _____
3. 分离模型(设置可接受临界值为3) _____
4. 词典模型(按重要性比较评估标准) _____
5. 逐方面排除模型(设置可接受临界值为3) _____

图表9.7 你会选择哪套公寓?

想象你在考察5套公寓(A、B、C、D和E),并且试着决定租哪套。你可以决定看哪些属性(花费是最重要的属性,其次是面积,再次是地点)。在参观完每套公寓后,你在每种属性上给每套公寓排名。如果你使用如上决策规则,你会租哪套公寓?要注意不同的决策会导致不同的选择。

营销启示

基于品牌的补偿性模型有助于营销人员了解消费者可能选择或拒绝的选择物,以及消费者对于与产品相关的结果或属性的信念。如果消费者并不十分确信某一决策的正面结果或属性,营销人员应当通过营销来强调这些结果或属性,从而强化消费者的信念(参见图表9.8)。在印度出售的小型、无配饰的塔塔Nano小轿车是全世界最低价的车。塔塔宣传Nano的油耗低和能承载四个人的特点,从而弥补了车子尺寸小以及没有空调、动力刹车和其他便利设施的缺陷。[77]

营销人员可以通过改变产品并且向消费者说明其改进之处来处理缺陷。然而,当企业做出改变去消除竞争劣势时,它们可能使消费者远离竞争性产品,但也可能减少自身产品的差异性。因此,营销人员应该考虑到改进的长期影响。[78]

决策模型还可以帮助营销人员更好地计划营销沟通,特别是比较式广告。研究显示,对品牌无忠诚度的消费者会赋予负面信息更大的权重,因为他们认为这种信息更具有诊断性。[79]例如,美国家得宝公司与美国劳氏公司以及其他宣传优质服务和产品选择的竞争者进行竞争。为了抵消对消费者服务中的负面知觉,家得宝公司雇用了管道工和电子专家在店内工作,并改成夜间进货,从而使员工可以将注意力放在消费者身上。[80]

图表9.8 宣传补偿性属性

有时营销人员试图通过强调正面属性来克服负面属性的影响(一种补偿性过程)。这里,牛肉(蛋白质)这种正面属性得以强调是为了克服其负面健康形象的影响。

基于产品属性的决策

前面的讨论介绍了消费者在首先根据品牌来加工信息时会如何进行选择。这里,我们来讨论**属性加工**(attribute processing),这种情况发生在消费者每次比较不同品牌的同一属性时,例如在价格上比较每个品牌。尽管大多数消费者更喜欢属性加工,因为这比进行品牌加工更加简单,但是他们不是总能找到有助于进行属性加工的可用信息。这种情况解释了为什么购物代理越来越受欢迎。一项研究发现,如果某一属性进入购物代理的推荐列表中,那么该属性的显著性会提高。[81]

> **属性加工**:一次根据一个属性来比较品牌。

在**加法差异模型**(addictive difference model)中,消费者每次按属性对两个品牌进行比较。[82] 消费者评估两个品牌在每项属性上的差异,然后综合形成总体偏好。这一过程中会发生属性间的权衡,例如某一属性上的正面差异可以抵消另一属性上的负面差异。

> **加法差异模型**:一种按属性比较品牌的补偿性模型,每次比较两个品牌。

词典模型(lexicographic model)是指消费者根据重要性排列属性,从最重要的属性开始,每次比较一种属性。如果一项选择占优,消费者就

> **词典模型**:一种按属性来比较品牌的非补偿性模型,按属性重要性每次比较一种属性。

会选择这一项。如果出现胜负不分的情况,消费者会继续进行第二重要的属性比较,直到最后剩下一个选择。不分胜负是指两个选择物之间的差异低于最小可觉差:例如一个品牌定价 2.77 美元,而另一个定价 2.79 美元,就属于在价格上不分胜负。

逐方面排除模型(elimination-by-aspects model)类似于词典模型,但引入了可接受的临界值这一概念。[83] 这一模型不像词典模型那样严格,它可

> **逐方面排除模型**:和词典模型类似,但加入可接受的临界值的概念。

以考虑更多的属性。消费者首先根据重要性对属性进行排序,然后在最重要的属性上对选择物进行比较,那些低于临界值的选择物被排除掉,消费者反复进行这样的过程,直到最后只剩下一个选择物。请你再次使用图表 9.7 中的信息,想象一下如果你使用这一节中的各个模型,你又会选择哪个品牌。

营销启示

加法差异模型有助于营销人员决定哪些属性或结果在品牌间展现出最大的差异,他们可以运用这一知识来改进品牌和更好地对品牌进行定位。如果品牌在某一属性上的表现低于某一主要竞争对手,公司就需要加强消费者对该产品优势的信念。另一方面,如果品牌在某一重要属性上明显好于竞争对手,营销人员应当根据这一优势对提供物定位,从而加强消费者的信念。例如,南非快餐店非洲客(African Hut)极受欢迎,是因为它在一项重要属性上与所有的其他竞争者相区别:在店内提供传统的本地餐饮,例如玉米粥和牛肚。[84]

如果许多消费者使用词典模型,并且品牌在最重要属性上较弱,公司就需要改进这个属性以利于自己的产品被选择。同样,营销人员可以尝试改变属性重要性的排序,从而使品牌的主要优势成为最重要的属性。

识别消费者的临界水平对于营销人员非常有用。如果某一提供物低于许多消费者设定的任何一项临界水平,它通常会遭到拒绝。这意味着营销人员必须设法改变消费者对这些属性的信念。例如,许多中国消费者考虑购买 SUV,因为它既能载货又比较安全,但他们同时对价格也比较在意。因此,中兴汽车(ZXAuto)和其他本地品牌生产出外形与日本或美国 SUV 相似的产品,但价格却低于外国产的车。[85] 营销人员也可以通过影响属性的框定(例如是被框定为正面还是负面)来影响品牌的选择。消费者也许不会喜欢选择一个框定为有 25% 肥肉的品牌,但会更喜欢框定为含有 75% 瘦肉的品牌。尽管两个品牌含有同样多的肥肉,但一个框定为正面(瘦);另一个框定为负面(肥)[86]。

基于利得和损失的决策

前面的讨论介绍了消费者运用于决策的两种不同模型。然而,研究显示消费者的决策还取决

> **禀赋效应**:因所有权而增加了产品的价值。

于消费者的动机是寻求利得还是避免损失。根据前景理论,尽管两种结果的数量大小一样,但是消费者会更看重损失而不是利得。[87] 例如,当请人们对一件待交换产品定价时,卖家出售的

价格一般会比消费者愿意支出的(以获得该产品)价格更高(因为卖家面临着失去产品)。这被称为**禀赋效应**(endowment effect),因为产品所有权增加了与该产品相关的价值(和损失)。

类似的,消费者对价格上涨的反应比对价格下跌的反应更大,并且也会更不愿意将产品升级到高价的产品。因此,当某一决策涉及损失而非利得时,消费者会避免做一个更大程度的选择,当选择包括和获益相关的损失时,消费者更可能避免做出决策。这种效应已经在各类产品和服务中得到证实,包括酒、彩票、篮球票和比萨配料。

此外,消费者的进取和防守聚焦型目标会影响这一过程。例如,防守聚焦型的消费者倾向于保持现状而不是做出会导致改变的决策,因为他们想避免损失。与之相比,如果进取聚焦型消费者认为改变现状能帮助他们达到成长和发展的目标,他们会更愿意尝试新产品。[88]

营销启示

前景理论有很多重要的营销启示。首先,当决策涉及损失时,消费者会更厌恶风险和不愿意购买产品。因此,营销人员必须努力减少风险和潜在损失。这种情况是制造商和零售商会提供诸如"全额退款保证"或者"12个月试用无效退款"以及产品担保的一个重要原因(参见图表9.9)。其次,消费者对提价或高价产品的负面反应要大于他们对同等降价的正面反应。因此,营销人员需要仔细考虑价格的上涨量(上涨越多,负面反应越大)。再次,前景理论表明,如果可能的话,营销人员应该尝试将上涨框定为获益而不是损失(即消费者可能从更高价产品中获益更多)。

图表9.9 减小风险
有时营销人员试图通过提供保障来减小消费者购买产品的风险,例如 Aussie 的这则广告。

决定选择什么品牌:基于感受的高努力决策

正如消费者可以基于思考做出高努力决策,他们也能基于感受做出高努力决策。对于**情感性决策制定**(affective decision making),消费者做出一项决策是因为这样选择让他们感觉好,而不是因为他们对提供物做出了详细、系统的评估。或者他们决定的所选感觉上很适合,而不会考虑他们先前的认知加工。[89]基于感受做决策的消费者可能会比那些基于产品属性做决策的消费者更加满意。[90]此外,情绪也有助于基于思考的决策,因为情感可以帮助消费者组织他们的想法,从而更快地进行判断。[91]

> **情感性决策制定**:基于感受和情绪的决策。

我们在第6章看到,品牌可以与积极情绪建立联想,例如爱、快乐和骄傲,也可以与消极情绪建立联想,例如内疚、憎恨、焦虑、愤怒、悲伤、羞愧和贪婪。这些情绪的回忆可能在决策过程中起着重要作用,特别是当消费者认为它们与产品与服务相关时。[92]这种情感性加工往往是建立在体验的基础上。[93]换句话说,消费者的选择是建立在对过去经历和相关感受回忆的基础上。当消费者在所记忆的品牌中进行选择时,他们必须更努力地加工信息,因此他们的感受占有相当大的分量。与之相比,当他们根据广告中或其他外部刺激的信息对品牌进行选择时,他们可以更多地关注提供物的属性而更少关注他们的感受。[94]

消费者的感受对于享乐性、象征性或美学性属性尤为重要。[95]感受也会影响我们消费什么和消费多长时间。[96]我们往往会更经常或更持久地购买让我们感觉更好的提供物,而不会购买那些没有这些效果的产品。要注意的是消费者有时买一个产品,例如珠宝,仅仅是为了让自己感觉更好。在其他的情况中,他们会出于消极感受做出选择,例如出于内疚或羞愧而购买一种产品。

评估和感受

正如你在第2章所看到的,评估理论已经被很多研究人员探讨过了,它解释了我们的情感是如何受到我们考虑或"评估"情境的方式的影响。[97]该理论也解释了特定的情感(包括那些先前决策所带来的)如何和为什么可以影响未来决策和选择。例如在新环境中,害怕的人往往会比愤怒的人看到更多的风险。在涉及物品处置的情境中,厌恶的人往往将这种行为当作摆脱现有物品的机会,而悲伤的人则会将其视为改变当前状况的机会。[98]甚至是一种想要物品不在货架上的情绪反应,也可以影响消费者在同一环境中对之后购买的感觉和评价。[99]

情感性预测和选择

消费者对于他们未来感受的预测——**情感性预测**(affective forecasting)——可以影响他们今天所做的选择。例如,某人想利用洗碗机来使其减轻家务劳动强度,她就可能会去买一个。再如你春季假期中决定去墨西哥而不是科罗拉多州,可能是因为你认为墨西哥之旅可

> **情感性预测**:对你未来感觉如何的预测。

以让你感到更放松。正如图表9.10所显示的,我们可以预测:(1)我们认为我们决策后感觉如何,(2)这种感觉的强度如何,(3)这种感觉将会持续多久。这些预测的任何一个方面都会影响我们是否去墨西哥度假的决策。需要记住的是,情感性预测并不总是精确的,然而,我们也需要记住我们可能会弄错上述的任何一种预测。[100]因此,在我们旅游结束后,我们可能会感到紧张而不是轻松;可能感到轻微放松,而不是完全放松;我们的假后放松感觉可能只会持续到我们到家后,而不是持续一周感到放松(并且看到我们不得不做成堆的工作)。

图表9.10　情感性预测

我的感觉如何?	我的感受大小?	这种感觉能会有多久?
• 效果(好或差) • 感受的性质(特定的情绪,例如高兴、后悔、罪恶和羞愧)	• 强度	• 持续时间

情感性预测发生于消费者试图预测他们在未来消费情况中将如何感觉之时。具体而言,人们试图预测他们的感觉将会是什么,这些感觉有多么强烈,以及这些感觉将持续多久。

尽管对于决策后快乐(或者放松,正如在前面例子中所见到的那样)程度的预期可以影响消费者所做的决策,对做出错误决策的预期后悔情绪也可以影响消费者所做的决策。例如,如果消费者参与拍卖,并且预料自己会对另一个出价人胜出的结果感到后悔,他们便会比之前的出价更高来获得竞标物品。[101]类似的,如果消费者预期自己若没买商品会因发现现在的销售价格要好于未来的销售价格而感到后悔,他们就更可能现在就购买减价商品。[102]

意　象

意象(imagery)在情绪性决策中起着十分重要的作用。[103]消费者可以尝试想象他们正在消费产品或服务,并将他们所体验的任何情绪投入决策制定中(参见图表9.11)。在选择度假时,你可以想象你在每个目的地中可能感受到的兴奋感。如果这些想象是快乐的(或不快乐的),它便能在你的决策过程中施加正面(或负面)影响。意象还能激发消费者对某些产品的期待和向往。[104]邀请消费者通过在线展示与产品互动能引发消费者对产品使用的生动的心理想象,并提高了购买意向。[105]

增加信息实际上可以使意象加工过程变得更加容易,因为更多的信息意味着更容易形成准确的形象(不过在认知加工过程中会导致信息过量)。例如,某广告要求消费者想象他们使用产品后感觉会多好,消费者在看过这则广告后,更有可能做出正面的反应,并且更加喜欢这个产品。[106]此外,意象也会促进基于品牌的处理,因为形象是围绕品牌而不是属性建立起来的。同时,通过鼓励消费者想象或创造新形象,而不是靠从记忆中回想,公司将能够创造出更具原创性的产品设计。[107]

图表 9.11 通过广告激发意象

广告有时试图诱导消费者想象他们正处于一个特定的情境中。当他们这样做时,消费者可能会体验到与情境相关的感觉和情绪。这则扬基蜡烛(Yankee Candle)广告可以激励在美丽的秋天森林中的积极感觉。

营销启示

营销人员可以运用各种广告、销售和促销技术来增加提供物的情绪体验和有关提供物的意象。在酒店、餐馆或商店中优质服务或愉快气氛可以给消费者创造积极的感觉,从而影响其未来的选择。这便是为什么丽思卡尔顿酒店(Ritz-Carlton hotel)会花大量时间和金钱,对其3 500名员工进行培训,以传递模范式的服务,从而使每位顾客感到受到特别对待。[108]

耐克一直在使用意象来帮助消费者对所热爱的运动感到刺激和满意。它的"想做就做"的广告活动极好地激励了各个年龄段和能力水平的运动员。同样,它的"变成传奇"的广告活动将年轻人对成为当今超级明星(如德瑞克·基特)的渴望与新款高性能乔丹运动鞋的发行联系了起来。[109]

其他的高努力决策

除决定哪些品牌包含在考虑集中、决定什么对选择很重要和决定选择哪些提供物之外,处于高努力情况下的消费者还面临两个重要决策。第一,他们应该延迟做决策还是现在就做决策?第二,当备择物不可比时他们怎么做决策?

决策延迟

如果消费者感到决策风险过大,或这项决策涉及不愉快的任务,他们可能会推迟决策。[110] 推迟决策的另一个原因是消费者对如何得到产品信息感到不确定。[111] 决策延迟会影响消费者对拥有相似属性品牌的评估,无论这些属性是正面还是负面。具体而言,延迟似乎会使共享的属性更容易被回想起,因而对消费者所考虑的品牌评估会有更大的影响。[112]

营销启示

营销人员应该鼓励消费者立即决定购买吗?许多促销手段,包括优惠券和折扣,仅对于行动迅速的消费者可行。另一方面,如果消费者推迟决策,营销人员可以拥有更多时间来提供补充信息,从而提高其品牌被选中的机会。苹果公司很好地运用了这一策略,在其产品上柜前几个月就对苹果手机进行大肆宣传。当苹果手机正式上市时,许多消费者便愿意等待好几个小时,仅仅是为了成为买到苹果手机的第一批人。[113]

无法进行比较时的决策

消费者有时需要在无法直接进行比较的选择物中做出选择。例如,你可能正在准备下个周末的娱乐活动,正在决定是去看电影、在一家不错的餐馆就餐、租碟片或参加派对。每种选择物具有不同的属性,因而很难进行比较。

在做出这样的**非可比性决策**(noncomparable decisions)时,消费者要么采取基于备择物的策略,要么采取基于属性的策略。[114] 采用**基于备择物的策略**(alternative-based strategy)(也被称为自上而下的加工),消费者会对每个选择物做出整体评估——可能运用补偿性战略或情感性战略——然后据此做出决策。例如,你正在决定周末的娱乐活动,你可以分开评估每个选择物的利弊,然后选择你最喜欢的那项活动。

采用**基于属性的战略**(attribute-based strategy)时,为了使比较更为容易,消费者会形成能让他们比较各选择物的抽象再现(图表9.12)。在这种自下而上的加工中,选择物是构建或建立起来的。例如,为了对不同娱乐方式进行更为直接的比较,你可以为其建立起抽象的属性,例如"有趣"或"令约会印象深刻"。由于

> **非可比性决策**:对来自不同类别的产品或服务做出决策的过程。
>
> **基于备择物的策略**:基于整体评估做出非可比性决策。

> **基于属性的策略**:通过形成可比的抽象再现来做出非可比性决策。

图表 9.12 采用基于属性的策略进行非可比性选择
有时消费者很难做出非可比性选择,例如从不同旅游目的地中进行选择,因此他们会使用"有趣"或"好看"等抽象属性。

抽象简化了决策制定过程,消费者往往会采用这种方法,即使是在选择物容易比较时也是如此。[115]

注意,这两种战略都可以运用于不同的环境中。当选择物之间难以直接比较时,消费者倾向于使用基于备择物的策略,因为他们更难以将属性抽象化。[116]基于备择物的策略还适用于目标明确的消费者,因为他们可以很容易地回想起不同的选择物及其结果。如果你的目标是在约会时制造乐趣,你可以立刻回忆起一系列选择物,如看电影或外出就餐等。你可能会选择评估值最高的选择物。另一方面,当消费者缺乏明确的目标时,他们倾向于使用基于属性的加工。

要记住,价格是经常会进行直接比较的属性之一。消费者通常会用价格来筛选考虑集中的选择物,而不是直接使用价格在不可比的选择物中进行比较。因此,在从娱乐选择物中进行选择时,你可以以费用来产生一组价格合理的选择物,然后再用基于备择物或基于属性的策略做出最后决策。

营销启示

鉴于消费者达成非可比性决策的方式，营销人员应该在更大范围内关注每个产品或品牌的竞争，并了解这些产品或品牌如何形成了特定的竞争者。例如，当消费者决定去哪里旅游时，他们的选择可能会反映出不同目的地（例如城市或沙滩）、不同活动（例如去博物馆还是去冲浪）之间的竞争。因此，营销人员要识别消费者在进行非可比性评估时所用到的抽象属性。例如，强调像"有趣"这样的属性可以使消费者更容易地比较产品。同样，有关目的地（例如苏格兰）的沟通可以以多种属性为特色（高尔夫教程、鱼塘、历史性地标），并表明参观这些目的地如何符合"有趣"的属性。[117]在消费者无法直接比较不同选择物的属性时，定价也是使品牌进入考虑集的一种重要营销策略。因此，旅游营销人员经常使用标价促销来吸引消费者的注意，并且鼓励他们去进行基于目标或者单个属性的进一步比较。

什么会影响高努力决策？

正如你所看到的，消费者在做决策时可以使用许多不同的策略。然而，做一个特定决策时所运用的最好策略取决于消费者和决策的性质。[118]本章最后一节将考察消费者、他们所处的情境、他们所属的群体的特征如何影响他们的决策。

消费者特征

和消费者相关的特征——例如他们的专业性、心情、对极端的厌恶、时间压力和认知经历——都可以影响他们所做的决策。

专业性

消费者如果有更丰富的消费词汇，这意味着他们可以清楚地表达他们为什么喜欢或不喜欢品牌，那么他们更可能了解自己的偏好和决策。例如，对红酒很在行的消费者可以了解他或她喜欢滑润的、干的还是柔和的酒，而新手则可能不知道如何表达这些偏好。[119]拥有这种"消费词汇"的消费者在决策时可以使用更多的属性和信息。专家消费者拥有更多的基于品牌的先存经验和知识，因此他们更倾向于使用基于品牌的决策策略。[120]这些消费者知道怎样鉴别相关信息和忽略不相关信息。对于复杂的信息，消费者可以更多地关注品牌效应且更少地关注属性，从而简化加工任务，当他们面对的一个以上的复杂选择任务时尤其如此。[121]

心境

与那些心情不是很好的消费者相比，如果消费者有适度的好心情，他们会更加愿意加工信息，并愿意花更多时间做决策。[122]当消费者处于好心情时，他们会更多地关注考虑集中的品牌，并对每个品牌考虑更多的属性，这种加工会导致更极端（正面或负面）的评估。[123]另一项研究表明，处于高唤起心情状态中的消费者——例如感到很兴奋或很悲伤——往往对信息的加工不充分。回想也会受到影响：心情不好的消费者更可能准确地回想起营销信息的内容，这一因素也会影响他们决策时所考虑的属性。[124]

心情还会影响消费者如何评价产品及其属性。[125]一项研究发现，当消费者的心情受到音乐的潜意识影响时，心情好的消费者会比心情不好的消费者对音响系统的评价要更高。[126]有趣的是，消费者会有意控制情绪以提高自己的决策。[127]最后，心情好的消费者更愿意尝试新的产品，因为他们认为遭遇损失的可能性更小。[128]

时间压力

随着时间压力的增加，消费者最初会尝试更快速地处理与选择相关的信息。[129]如果这样做不管用，他们将根据更少的属性来做决策，并且对负面信息赋予更大的权重，采用非可比性决策策略来淘汰不够好的备择物。时间压力是消费者无法做出购买意向的主要原因之一，它可以减少购物时间以及冲动购买的数量。[130]时间压力也能影响消费者推迟做出选择。[131]此外，消费者是以当前还是以未来为导向，会导致消费者对不同产品有不同的选择。[132]以当前为导向的消费者想要改进其当前的福利，偏好于可以帮助他们达成这一点的产品，例如轻松的假期和娱乐性书籍。以未来为导向的消费者希望能使自己得到发展，因而选择增加阅历的度假和书籍。

对极端的厌恶

消费者往往会表现出**对极端的厌恶**（extremeness aversion），即在某一特定属性上表现极端的选择物要比那些表现居中的选择物缺乏吸引力。这种倾向可以解释为什么人们经常认为适中价格的产品比那些要么很贵要么很便宜的产品更具吸引力。例如，零售商威廉斯-索诺马（Williams-Sonoma）以275美元销售一款面包机后，又销售了一款比其定价高50%的面包机。推出这种更贵的面包机使得第一款面包机的销量翻番。[133]

> **对极端的厌恶**：在一些属性上表现极端的选择要比那些在这些属性上表现居中的选择缺乏吸引力。

当消费者看到某一备择物的各个属性得分大致相当（既非十分相近，亦非相差很大），消费者会将这一备择物看做是折中的选择，即使该选择并不是所有选择的中点。[134]根据**折中效应**（compromise effect），当一个品牌被看做是中间选择或折中选择而不是极端选择时，它将会赢得市场份额。[135]同样，与各属性得分不均等的品牌相比，消费者更喜欢各个属性在特定标准上得分均等的品牌，这种现象被称为**属性均衡**（attribute balancing）。[136]

> **折中效应**：品牌因其是居中的选择而赢得市场份额。
>
> **属性平衡**：人们选择某一品牌，是因为它在某些属性上得分均等而非差异很大。

元认知经验

影响消费者决策制定过程的最后一组消费者特征与**元认知经验**（metacognitive experiences）有关。这些特征是基于我们决策加工经验的因素，例如回想起记忆中信息的容易程度和形成想法的容易程度，以及加工新信息的容易程度。[137]通过对提取的容易程度、推断和偏差的影响，元认知经验对决策的影响超出了正常的

> **元认知经验**：在超出决策内容之外，信息如何被加工。

知识。因此,不仅仅是信息的内容会影响决策;信息的加工方式同样非常重要。

一项研究表明,能够很容易地加工品牌名称的愉快经历可以导致消费者对该品牌的赞许态度。然而,在一些消费者能更容易加工品牌信息的情况中——例如在广告中看到对产品效用的主张——他们对品牌赞许态度可能会更低,因为他们可能会将轻松加工归因于信息的说服力而不是品牌自身的吸引力。其他研究发现,如果某一声明用易读的颜色标注,或者语句押韵时,个体更可能相信该声明。[138] 简而言之,元认知经验对选择的影响与刺激和消费者特征(如情绪)相一致。[139]

决策特征

除消费者特征以外,决策特征也可以影响消费者如何做出选择。两种需要特别注意的决策特征是作为决策基础的信息的可获得性,以及琐碎属性的呈现。

信息的可获得性

信息的数量、质量和形式会影响消费者所使用的决策制定策略。当消费者拥有更多信息时,决策变得更为复杂,消费者必须使用更详细的决策制定策略,例如多属性选择策略。更多信息只会在一定程度上导致更好的选择;一旦超过限度,消费者将会陷入信息过量。[140] 例如,法律要求制药企业在广告中提供详细的配方信息,并披露药物的副作用,然而如此之多的信息反而会使消费者无所适从。

如果所提供的信息有用且与我们的决策标准相关,决策制定不会那么费力,因而我们可以做出更好的决策。[141] 实质上,我们可以非常快地缩小考虑集,因为我们可以仅关注那些对决策最重要的属性。因此,营销人员最好关注于提供相关的信息,而不是提供更多的信息。如果所提供的信息没用或者如果有些信息缺失,我们将需要推断产品在该属性上的表现如何,也许通过正在考虑的品牌的其他属性来对此进行推断。[142]

如果可用的信息模棱两可,消费者更有可能坚持他们当前的品牌,而不会冒险购买新竞争品牌,即使该品牌会更好一些。[143] 与文字信息相比,消费者对数字属性信息的比较更快、也更容易。[144] 例如,为了帮助家长挑选视频游戏,一些制造商开发了表明其游戏中性和暴力程度的数字评价系统。最后,决策有时会受到消费者在先前选择中所接触的有关属性的信息的影响。[145]

信息形式

信息的形式——信息在外部环境中组织或呈现的方式——也可以影响消费者所使用的决策策略。如果是按品牌来组织信息,消费者可能会采用基于品牌的决策制定策略,例如补偿性、联合或分离模型。如果是按属性或矩阵形式来组织信息,消费者可以采用属性加工策略。例如,一项研究发现,以口味而不是品牌来陈列酸奶会鼓励更多的基于属性加工的比较性购物。[146] 有时,消费者甚至会将信息重新组合为一种更有用的形式,尤其是矩阵的形式。一项研究表明,当电子产品按款式(不同企业的相似产品放在一起)而不是按品牌组织时,消费者更不可能选择最便宜的产品。[147] 因此,拥有高价产品的公司会想要按款式来陈列,提供低价产品的公司会想要按品牌进行陈列。

以叙事形式来展现品牌信息也能影响消费者的选择。当研究者向消费者呈现叙事形式的度假信息时,消费者会采用整体加工对信息进行排序和评估。叙事性结构与消费者在日常生活中获得信息的方式相类似,因此加工起来会更简单。在对叙事进行加工时,消费者不会考虑个别的特性,这意味着负面信息的影响更小。[148]

琐碎属性

消费者有时通过研究琐碎属性来完成决策。例如,如果消费者认为考虑集中的三个品牌差不多,但其中一个品牌具有一项琐碎属性,那么消费者更有可能去选择有琐碎属性的这个品牌(认为这种属性的存在肯定是有用的)。然而,如果考虑集中的三个品牌中有两个都有特定的琐碎属性,消费者更有可能去选择没有琐碎属性的那一个(认为这种属性是不必要的)。在这两种情况中,琐碎属性是用于完善决策并使决策合理化。[149]

群体情境

最后,消费者的决策会受到群体存在的影响,例如一群人出去吃饭,每个成员决定要点什么菜。当每个成员依次做决策时,他或她试图平衡两组目标:(1)个体单独行动而达成的目标(个体目标),(2)依靠个体和群体而达成的目标(个体—群体目标)。[150]由于消费者可能不得不选择不同的备择物才能分别满足两组目标,因而在群体环境中,消费者并不总能同时实现两组目标。

在群体中,消费者面对三种类型的个人—群体目标,如图表9.13所示:

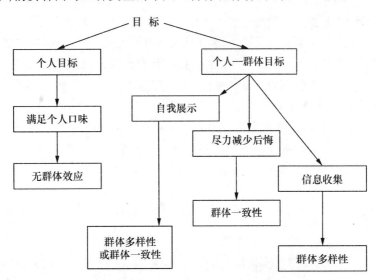

图表9.13 影响消费者决策制定的目标类别

注意:如果决策过程中存在信息性社会影响,这种情况会导致群体寻求一致或多样性。

在群体决策的情境下,消费者并不总能同时实现个人目标或个人—群体目标。试图实现个人—群体目标的努力可能会导致群体的多样性或群体的一致性,而追求个人目标则能让消费者通过决策来满足他或她的口味。

- **自我展示**。消费者通过在群体情境下的决策来传达某种形象。当消费者想要使用独特的选择作为积极自我展示的线索或表达个性时,结果将导致群体层面的多样性。然而消费者通常更关心社会规范,因此会做出相似的选择以融入群体,从而导致群体层面的一致性。

- 尽力减少后悔。厌恶风险和希望尽力减少后悔的消费者将倾向于做出与群体中他人相似的选择,从而导致群体层面的一致性。做这样的选择可以让群体成员避免当他人的选择可能比自己更好时所带来的失望。
- 信息收集。消费者可以与群体成员间互动,从而能更多了解每个人所做的不同选择。当消费者重视信息收集时,无论群体成员共享选择还是简单分享各自的反应,结果都将是群体中选择数量的多样化。然而,如果与信息收集相比,群体成员更关心自我展示或对损失的厌恶,他们可能做出相似的选择,从而导致群体的一致。

在群体情境中进行决策时,我们试图在这三种个人—群体目标与个人目标间做出平衡。在多数群体情境下,结果都将是群体的一致,即使个体成员可能最终对结果感到不满意。

营销启示

通过了解消费者特征如何影响高努力决策,营销人员可以制定出一些有趣的策略。一种技巧是用同样的价格同时卖新款、改进款和旧款产品,这是一种可以使新产品看上去更好的策略。此外,营销人员需要考虑他们广告和包装上的信息,因为不相关信息有时可以影响消费者决策——即使是在更多相关信息呈现时也是如此。[151]

在适当时机提供适量信息是全世界营销人员面临的挑战。一项研究表明,罗马尼亚和土耳其的消费者在判断品质和做出决策方面陷入困惑,因为"可选择的东西太多了"。[152]营销人员应当提供少数关键的信息,而不是越多越好。当然,信息太少也会妨碍决策,导致低质量决策和低满意度。

最后,营销人员可以运用沟通令个人—群体目标在群体情境下有更高的优先权,从而导致有利于广告品牌的决策一致性更高。例如,啤酒营销人员经常播放表现群体成员只喜欢某一品牌的广告,这样可以增加社会规范和鼓励消费者在社交场合订购这一品牌。

总 结

判断涉及对事件发生的可能性形成(并不一定总是客观的)评估或估计,而决策是指在对行动的选择物和过程进行选择。对可能性的判断和对好坏的判断是判断的两种类型,这两种类型的判断都可以通过运用想象、锚定和调整过程来回想过去的判断来进行。

一旦消费者意识到某个问题,他们可能会运用认知性决策制定模型(以理性的、系统的方式进行决策)或情感性决策制定模型(根据他们的感受或情绪进行决策)来解决该问题。在高努力情境中,消费者还将面临其他一些决策:考虑哪些品牌(建立考虑集),什么对选择很重要(选择如何受到目标、决策时间和决策框架的影响),选择什么提供物,是否要现在就做出决策,以及当备择物不可比时怎么办。

在基于思考的提供物决策中,消费者可以运用补偿性或非补偿性模型,按品牌或按属性进行加工,并考虑利得与损失。而基于感受的产品决策则可能依靠评估和感受、情感性预测以及意象。最后,有三种情境因素会影响决策过程,分别是:(1)消费者特征,(2)决策特征,(3)群体的存在。

1. 消费者判断与消费者决策制定有何区别?
2. 什么是锚定和调整过程?它如何影响消费者判断?
3. 消费者如何运用补偿性和非补偿性决策制定模型?
4. 解释消费者是如何运用其目标、决策时机和框架来判定对某一特定选择而言,哪些准则更重要。
5. 为什么营销人员必须了解对消费者而言属性加工比品牌加工更简单?
6. 评估和感受以及情感性预测是如何影响消费者决策制定?
7. 有哪三种情境要素会影响消费者决策制定?

消费者行为案例　闪光的创意:在线营销钻石

10年前,专家们认为消费者会愿意在网上购买书籍或音乐,但不会愿意在看不见摸不着实物的情况下从网上购买像订婚戒指这样的贵重物品。如今,蓝色尼罗河(Blue Nile)公司证明这些专家错了。1999年成立的这家公司,如今已经成为全球最大的互联网钻石珠宝零售商,其年营业额超过了3亿美元。

蓝色尼罗河起步于"在线钻石"(Internet Diamonds),一个由西雅图机场附近一家小珠宝商店运营的网站。马克·沃东是一名商业顾问,在挑选订婚戒指时碰巧登上了这个网站并阅读了该网站所有者关于购买钻石的小建议。在逛过了大珠宝商店后,沃东喜欢上了"在线钻石"网站的低价格和详细的信息。他点击购买了一枚戒指,并在几星期后拜访了网站所有者之后,整体买下了这个在线业务。

沃东为该网站重新起了个名字,"蓝色尼罗河"(www.bluenile.com),改善了网站外观,增加了网站功能,加上了一个免费咨询和订购电话,并在网站页面上加入了更多详细介绍如何鉴定钻石质量的信息。他还增加了一个虚拟设计区域,在这里访问者可以自由组合上千种不同钻石和基座来制作他们自己梦想中(也是他们预算之内)的钻戒、耳环和项链。而很重要的一点沃东并没有做出改变,就是他提供比传统珠宝店低得多的折扣价格。尽管经营订婚钻戒占了"蓝色尼罗河"业务的三分之二还要多,但是沃东还是把业务扩展到了宝石和珍珠业。他还将公司国际化,如今面向25个国家的消费者展开业务。

作为一项纯在线商务,蓝色尼罗河不需要黄金地段的旺铺和美妙的装潢来获得成功。它需要的只是一个方便用户的网站页面,教会消费者购买好珠宝的好方法,并保证他们可以只轻点几下鼠标就完成如此大额的购买交易。这就是蓝色尼罗河为每笔交易提供退款保证以及免费送货服务的原因。对于极为贵重的物品,如刚刚售出不久的12.5克拉的钻石,他们会使用武装押运车送货[153]。

案例问题

1. 蓝色尼罗河公司如何影响消费者对购买可能性的评估和对好坏的判断?
2. 该公司为何要提供可供消费者自由组合钻石和戒指基座的虚拟设计功能?
3. 联系本章的概念,阐述马克·沃东将公司名字从"在线钻石"改为"蓝色尼罗河"的原因。

第10章

基于低努力的判断和决策制定

学习目标

学完本章后,你将能够:

1. 识别消费者可以用于做出简单判断的启发式类型。
2. 解释为什么营销人员需要了解低努力情况下的无意识和有意识决策制定过程。
3. 说明如何用效果层级和操作性条件反射来解释消费者的低努力决策制定。
4. 讨论消费者如何运用绩效策略、习惯、品牌忠诚、价格相关策略以及规范性影响做出基于思考的低努力决策。
5. 描述消费者如何运用作为简化策略的感受、品牌熟悉度、多样化寻求以及冲动购买做出基于情感的低努力决策。

导言:琼斯汽水的品牌忠诚

琼斯汽水(Jones Soda)的忠实顾客究竟是喜欢它独特的口味,还是被它离经叛道的品牌形象所吸引?事实上,这两点对于将琼斯打造成为一个价值5 600万美元的饮料帝国都功不可没。压榨柠檬、圣诞树等独特口味以及它略显放肆的运动型饮料品牌Whoop Ass(打屁股)都将琼斯与其他大的可乐公司区分开来。琼斯的另一个差异化策略是将顾客的摄影作品放到自己的瓶身标签上。没被选中的照片也会被发布到琼斯汽水的多媒体网站上。在网站上,顾客们不仅可以选出自己喜欢的照片,还可以玩游戏,购买品牌滑雪板。他们甚至还能在网站上获得由琼斯赞助的诸如滑雪、冲浪和其他极限运动的运动员的相关信息。

琼斯品牌离经叛道的形象同样来源于它的分销策略。开始的时候,琼斯汽水只能在一些通常不卖软饮料的地方(滑板店、文身店、音乐商店等)买到。后来,琼斯的零售网延伸到了巴诺书店和潘娜拉(Panera)面包店。最终,琼斯汽水开始在包括主流超市在内的超过15 000家商店内销售。琼斯还会时常推出一些诸如火鸡、肉汤之类的新奇汽水口味。因此,当那些琼斯的忠诚顾客想尝尝鲜时,有多种多样的口味、瓶身标签以及五花八门的销售地点供他们选择。[1]

消费者对于琼斯汽水的各种反应展示了本章所讨论的一些因素。当消费者加工信息的动机、能力、机会较低时（例如我们在购买软饮料一类的日常用品时），他们的判断和决策过程不同于高MAO（如购买奢侈品时）的情况，消费者投入的精力也更少。消费者可以通过重复购买自己喜欢的品牌来简化决策。他们同样可以依赖自己对熟知的品牌或者瓶身包装（在本例中是那些贴有消费者摄影作品的瓶子）的感受。有些消费者甚至仅仅是渴望猎奇，例如去寻找新的口味。同时，公司可以通过在网站上或经其他途径向消费者提供游戏、产品和新闻来增加消费者的刺激体验（或情境涉入）。如图表10.1所示，本章将考察低努力判断与决策的性质。本章关注的是消费者用于做出判断与决策的认知和情感上的捷径或启发式，以及在低努力的情况下消费者如何做出无意识和有意识的决策。

低努力的判断过程

第9章表明，在高努力的情况下，消费者的判断（例如对可能性和好坏的估计）在认知上是十分复杂的。与之相比，当MAO较低时，消费者会采用启发式或大数法则、估计等手段去简化认知过程，从而减少判断所所需的努力。[2] 有两种主要的启发式分别为代表性启发式和易得性启发式。

代表性启发式

消费者做出简单估计或判断的一种方式是与类别原型或范例进行对比。这种类别化过程被称为**代表性启发式**（representativeness heuristics）。[3] 例如，如果你想知道某种新漱口水的质量是否好，你可能会将它与漱口水的原型品牌（如李施德林）进行对比。假如你发现新漱口水与原型品牌相似，你会认为这一新漱口水的质量也不错。这也就解释了为什么很多商店的自有品牌与该产品类别中的领导品牌包装很相似。零售商们希望外观上的相似能够给消费者造成自有品牌同样质量好的印象。

> **代表性启发式**：简单地通过将刺激与范畴原型或范例进行对比来做出判断。

像其他的判断捷径一样，代表性启发式也可能会造成判断上的偏差。例如，将麦当劳看做是汉堡餐馆原型的消费者可能会认为麦当劳里全是垃圾食品，或者那里做的色拉不地道。为了克服这些有偏差的判断，麦当劳在菜单中加入了用高质量果蔬制作的色拉、百味卷以及甜品。[4]

易得性启发式

判断还会受到某一事件的哪个例子更容易出现在脑海中的影响，这种判断上的捷径被称为**易得性启发式**（availability heuristics）。[5] 消费者可能回忆起更容易想起或更生动的事件，这种倾向会影响他们的判断，即使他们并没有意识到这种影响。[6] 例如，假想你在几年前买了一台不断出毛病的DVD播放机。时至今日，当你看到那个DVD品牌时，你对当时的懊恼和失望仍记忆犹新。哪怕如今该品牌产品的质量已经不错了，你过去的经验仍然让你怀疑其产品的质量。口碑沟通是另一种能导致运用易得性启发式的可达信息。如果你的朋友告诉你说她所买的某一品牌的DVD播放机有质量问题，这

> **易得性启发式**：根据更容易回忆起的事物来做判断。

第10章 基于低努力的判断和决策制定

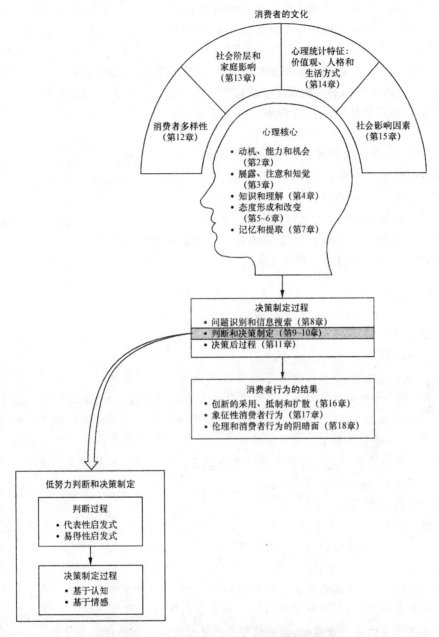

图表 10.1　本章概览：判断与决策：低消费者努力

在低努力加工的情况下，消费者往往会运用启发式或其他简化判断或决策的方法。基于认知的启发式（如：基于绩效的策略、习惯、价格相关策略、品牌忠诚和规范性影响）和基于情感的启发式（如：情感相关策略、多样性寻求和冲动）都会用于制定策。

种信息可能会影响你对该品牌质量的估计，即使她的这种经历只是一个孤立事件。

这些判断出现偏差是因为我们往往会忽视**基率信息**(base-rate information)——事件发生的

> **基率信息**：平均而言某一事件的真实发生率。

真正频率——而去相信一些更为生动或更易得到的信息。一项研究表明,在判断冰箱故障率的情境中就存在着上述效应。[7]一组实验对象得到的是由消费者所叙述的案例,而另一组得到的则是关于电器故障率的实际统计数据。与阅读统计资料的被测试者相比,阅读过去案例的被测试者估计的冰箱故障率要高出30%。另一项研究表明,人们可以同时运用基率信息和案例信息,但他们的判断取决于信息的结构。[8]当案例所提供的信息更具体时,人们会减少对于基率信息的依靠。我们并不经常使用基率信息的另一个原因是——它们常常难以得到。

另一种偏差是**小数定律**(law of small numbers),即人们常常会认为从小样本获得的信息能够代表更大的总体。[9]例如,如果朋友告诉我们说某个乐队的 CD 很好听或某家餐厅的菜很难吃,我们就会相信这些话,尽管这些信息可能与大多数人的感受相悖。事实上,小数定律是口碑沟通如此有影响力的另一个原因。我们往往认为亲戚朋友们的观点能更好地反映大多数人的看法,而实际上并非如此。

> **小数定律**:从少数人得到的信息能够反映更大总体的信息的一种期望。

营销启示

代表性启发式和易得性启发式对于营销人员来说都很重要。

代表性启发式

这种启发式表明,公司应该将自己的产品定位成与消费者心目中有正面联想的原型相一致。然而,当这一捷径导致消费者产生负面的判断偏差时,营销人员必须采取措施来克服这种偏差。在 20 世纪 60 年代,消费者将日本的电子产品视为典型的劣质产品。于是,日本的公司花了多年时间来生产并推广高质量的产品以克服该偏差。韩国的公司直到现在才得以走出这种偏差带来的困境。[10]这种情况也解释了三星电子致力于打造一个高质量、高品位品牌的原因。[11]

易得性启发式

营销人员有时需要利用由易得性启发式导致的偏差,有时又需要克服它们。在利用偏差时,他们可以通过营销沟通来向消费者提供生动且正面的与产品相关的体验,或者请消费者想象这些场景。这两种策略都可以使消费者高估上述事件发生的概率。同时,营销人员还可以尝试创造正面的口碑沟通。例如,有的电视网络公司提供"微件",一种画中画式的浏览器,消费者可以用它来在他们的博客或社交网络页面上发布他们所喜爱电视节目的片段或角色,这种做法能让他们的朋友谈论该电视节目。[12]

营销人员也可以通过向消费者提供关于整体样本的基率信息来克服易得性启发式。生动而且具体的信息(例如:消费者对本产品的购买量是对手的一倍)可以减少消费者判断时的偏差。互联网是提供基率信息的良好媒介。例如,喜欢在亚马逊网站上买书或是音乐专辑的消费者可以在网页上看到总评分并阅读其他读者撰写的书评。易得性启发式在彩票和抽奖中也是个常见问题。尽管赢得奖金的机会出奇的小,但购买者总习惯于高估自己中奖的几率,这是因为媒体常常生动地宣扬幸运者获奖时的场面。因而管制人员要求营销人员必须明确公布获奖几率,以此来克服这种偏差。

低努力的决策制定过程

与消费者在生活当中遇到的其他决策（职业、婚姻等）相比，多数低努力的判断和决策对于消费者来说并不太重要。显然，职业和家庭决策比买什么品牌的牙膏或花生酱要重要得多。因此，消费者通常不愿意在这些日常琐碎的决策中投入太多精力。[13]那么在这些低精细化情境中，消费者是如何做出决策的呢？研究人员认为，在这种情况下的，有的决策是消费者有意识做出的，有时则是无意识做出的——但不论是哪种情况，消费者都只付出了很少的努力。

无意识的低努力决策制定

在有些低努力的情况下，消费者甚至不会意识到他们为何或如何做某事。这些无意识的选择会受到环境刺激因素（如百货商店里的香味）的强烈影响。[14]正如某位专家所说："除气味刺激以外，人们总是先思而后行。但是对于气味，你的大脑在思考之前早已做出了回应。"[15]诸如品牌标识、特殊的地点、社会情境、他人在场等环境刺激也能在消费者无意识的情况下引发选择和行为。[16]

一些研究人员认为，某些选择代表着目标相关的行为（例如，购买快餐），即使消费者是不经思考、几乎自动化地追求该目标。[17]另一些研究人员指出，尽管目前我们对于无意识决策的认识还很有限，但其作用不可忽视。甚至在一些消费者有明显意识的行为中，无意识决策也扮演着重要的角色。[18]为了解释消费者为何以及如何使用无意识决策，人们仍需进行更多的研究。

有意识的低努力决策制定

在第九章中我们讨论过高努力决策制定的问题。你了解到消费者对于各种选择都有自己的信念，这些信念结合起来形成了对于某件事的态度，进而导致了有意识的行为或选择。换言之，消费者遵循了一个先思考、再感受、最后采取行动的过程。这一过程被称为效果层级。然而，研究发现，**传统的效果层级**（traditional hierarchy of effects）并不适用于所有的决策情形。[19]

> **传统的效果层级**：决策时所遵循的先思考、再感受、最终行动的步骤。

为了解决上述问题，研究人员提出了以先思考，再行动，最后感受为顺序的**低努力情况下的效果层级**（hierarchy of effects for low-effort situations）。[20]消费者在决策过程之初有的只是一些低水平的信念，这些信念建立在品牌熟悉和知识的基础上，来自于消费者重复接触广告、店内展露或先前的使用经验。在消费者的态度形成之前，这些信念成为决策和行动的基础。做出决策之后和使用产品之时，消费者会对品牌进行评估，他们可能会也可能不会形成态度，这取决于他们对品牌有多么喜欢或多么满意。

> **低努力情况下的效果层级**：以思考—行动—感受为顺序。

一些研究人员对这种低涉入层级中的信念—行为联结提出了质疑,他们认为有时消费者仅仅是基于感受而不是思考做出决策的。[21]例如,你可能会出于积极的感觉而非信念或知识而选择了某一口味的口香糖或者某一 DVD。这里,层级顺序变成了感受、行动和思考。显然,这种情况的确会发生,它表明消费者既可以用认知的方式加工信息,也可以使用情感的方式(许多低精细化情境中的一种影响因素)来加工信息。

在低消费者努力的情况下使用简化策略

低努力购买代表了消费者日常生活中所做的大多数决策类型(参见图表 10.2)。一项店内洗衣液购买情况研究表明,消费者做出选择所用时间平均仅为 8.5 秒。[22]一项关于咖啡和纸巾的研究发现消费者的决策积极程度很低,对于那些经常购买且品牌偏好强烈的消费者而言,这种情况尤为明显。[23]一些研究考察了不同产品类别中的消费者决策过程,甚至开始怀疑根本就不存在任何形式的购买过程。[24]其他研究表明,当你处于低动机、能力的状态时,你会委托朋友或其他人做出购买决策。当然,决策的结果取决于其他人对你的了解程度。[25]

图表 10.2 低努力下的购买
购买杂货就是一个低努力、低加工动机的过程,因而,多数消费者不愿在杂货店中花上太多时间。

在低动机和低加工机会的情况下,营销信息的框定方式将会影响消费者的反应。例如,在低 MAO 的情况下,负面框定的营销信息要比正面框定的信息更有效。[26]研究还发现,那些认知需要低的消费者更容易受到负面框定信息的影响。[27]当一个决策框定成在一大类产品中除去一些不合意的品种时,消费者会比在一个基础模式上添加需要的品种时购买更多的产品并支付更高的总价。[28]

在低努力的情况下的确可能会出现决策制定过程,只不过此时的决策更为简单、更省事,并且与高 MAO 时的决策有着质的区别。还有两个因素会影响低 MAO 决策过程。首先,此时的目标不再像高精细化决策的情形中那样要求找到最优的品牌(最优化)。最优化将会花费消费者过多的精力,以至于消费者通常不会也不愿意那么做。相反,消费者更愿意**寻找满意答案**(satisfice),即找到一个足够满足自身需要的品牌。在这种情况下,费力找到最好的品牌可能会得不偿失。[29]

> **寻找满意答案**:寻找一个能够满足你需要的品牌,尽管这个品牌不一定是让你感觉最好的。

其次,多数低精细化决策都是经常且重复地做出的决策。消费者可以依赖过去消费中所得到的信息以及对满意程度的判断来做出现在的决定。想想你去购买牙膏、早餐麦片和洗发露时的情形吧。你已通过使用、广告、和朋友交谈等方式获得了这些产品的信息。因而,当你购买这些东西时,你仅仅只用回忆起你以前的决策,并根据它们做出新的决策即可。你不必每次都在商店中重新搜集信息。

在这种日常重复进行的购买情形中,消费者可以采用一种叫作**选择策略**(choice tactics)的决策启发式来快捷、省力地做出决策。[30]消费者可以用这种方法来简化决策过程,而不用详细地比较各种品牌。我们之前提到的关于洗衣液购买的研究就支持这一观点。[31]当消费者被问及如何做出决策时,他们提到了如下几大类策略:价格策略(它最便宜或它在促销期)、情感策略(我喜欢这个品牌)、绩效策略(它比其他品牌产品的洗衣效果好)和规范策略(我妈妈买它)。其他研究还发现了习惯策略(我上次买的这个品牌)、品牌忠诚策略(我买同一个品牌的产品因为我对这个品牌有强烈的偏好)和多样化寻求策略(我想试试新的产品)。在新加坡、德国、泰国、美国进行的研究都得出了类似的结论。[32]

> **选择策略**:用于制定低努力决策的经验法则。

消费者可以对产品或服务的每次重复购买和低精细化决策制定一种选择策略。单单观察消费者的某一次决策过程,我们所能了解到的东西甚少。因为对于当前的决策来说,所有的先前购买都为之提供了参考信息。所以,要想完全了解消费者的决策过程,我们必须观察一系列的决策和消费过程。因此,低努力决策制定在本质上是具有动态性的。

营销启示

为了更有效地进行营销工作,企业需要了解消费者在低努力情况下的无意识和有意识决策制定。

无意识决策制定

由于环境中的刺激因素可以强烈地影响无意识的选择,很多商店和餐馆都会用空气中的香味来提醒消费者某些产品和某些情景的存在。例如,索尼风格店(Sony style stores)就用橙、香草、雪松的混合香味给女性购物者带来宾至如归的感觉。[33]营销人员还可采用音乐、布置陈列以及其他感官线索来影响消费者。

有意识决策制定

通过频繁地做广告,公司可以帮助消费者建立起对该品牌以及品牌诉求的基本认识。基于这种熟悉感,下次购物时消费者就可以不费力地从该类产品中选出该品牌的产品。除此之外,公司还可以通过特别促销或是强调该产品的特殊价值(如很多公司通过买一送一的活动来鼓动消费者囤积产品)来迎合消费者所采用的价格策略。正如你在本章开篇的案例中所看到的一样,那些受消费者信赖的品牌所推出的新口味产品对于那些追求多样性的消费者来说是一个有力的刺激。

对选择策略的学习

为了了解低精细化的决策制定,营销人员需要弄清消费者是如何学习应用这些选择策略的。源于心理学中行为主义传统的某些概念对于理解消费者的学习方式是至关重要的。**操作性条件反射**(operant conditioning)的观点认为,人们当前的行为是之前的行动以及这些行动所引起的强化或惩罚的函数。[34] 例如,你成长的过程中,父母会因为你成绩好而给你奖励,或是因为你修剪了草坪而给你零花钱。由此你意识到了什么是好的行为,并且由于你之前受过奖励,你很可能会在将来重复这些行为。

> **操作性条件反射**:行为是过去行动所导致的强化和惩罚的函数。

强　化

强化通常来自于当消费者的需求被充分满足时所产生的满足感。这种强化提高了我们再次购买相同品牌的几率。例如,当你购买了液态汰渍洗衣粉(Liquid Tide)并对它强效的去污能力留下了深刻印象时,你的购买过程就得到了强化,你会更可能在下一次继续购买该品牌的产品。一项研究发现,对某一品牌的过去经历是目前为止所发现的对品牌选择影响最大的因素。它比品牌的质量、价格以及知名度都更为重要。[35] 其他研究发现,消费者从产品试用中所得到的信息比从广告中得来的信息影响力更大。[36] 在产品试用中所产生的思考和情感体验对于消费者做评价的影响格外重要。[37] 使用常客奖励形式的强化也比较有效。一项研究表明,在越来越接近奖励时,消费者会加快自己的购买频率。[38]

值得注意的是,消费者常常无法区分产品或服务中不同品牌的差别。[39] 因此,当没有哪一个品牌的产品明显优于其他品牌时,消费者通常不会对某一品牌形成强烈的积极态度。然而,只要消费者没有觉得不满意,他们的选择策略就会得到强化。假设你买的是最便宜的那个品牌的纸巾,如果该纸巾还能勉强满足你的需要,你将来很有可能会继续购买最便宜的纸巾,不过下次你可能会换一个新品牌。因此,强化既有可能是针对某一品牌的,也有可能是针对某种选择策略的。

惩　罚

消费者也有可能会对某一产品或某种服务产生负面体验,因此会形成对其的负面评价,并不再继续购买。用操作性条件反射中的术语来讲,这种经历叫做惩罚。小时候,当你表现不好时,你的父母便会惩罚你,以确保你不再犯同样的错误。对于消费者来说,当某个品牌的产品满足不了我们的需求并让我们不满意时,惩罚也就发生了。因此,下次我们绝不会再去购买同样的品牌的产品。惩罚还会让消费者在下次购买时重新评价自己原来所使用的选择策略。例如,你买了最便宜的垃圾袋,可是当你倒垃圾时它却破了,那么你在下次购物时可能会采用新的策略(买最贵的或你最熟悉的品牌的垃圾袋)或改进你的策略(购买最便宜的全国性品牌)。

重复购买

如果随时间推移同样的行为得到了不断的强化或惩罚,消费者就会从中学习。我们在图表10.3中总结了这一过程。当我们购买普通的、需要重复购买的产品时这一过程就会发生。因此,我们学会并逐渐掌握一系列能在不同决策情境中给人带来满意结果的选择策略。决策模型在传统上忽略了消费在决策过程中起到的关键作用,而将更多的注意力放在了决策前发生的过程上。但是显然,产品在消费过程中所发生的一切对于消费者今后的获取、使用、处置决策有着重要的影响。换言之,消费者对某一品牌所形成的正面或负面评价或者他们的策略,对于未来决策而言都是重要的信息输入。

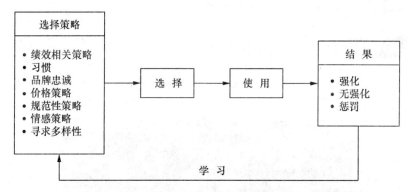

图表 10.3　学习过程

上图告诉我们,决策所带来的结果可以帮助消费者学习在给定的情形下应当使用哪一种选择策略。当消费者采用了7种基本选择策略做出决策后,他们将产品带回家使用。在消费过程中,他们会对品牌做出评价,这可能会导致三种基本的结果:强化(满意带来的积极态度并重复购买),无强化(导致策略上的强化,但这种强化不针对某一品牌),或者是惩罚(导致负面的态度,消费者不会重复购买并且会重新审视原来的策略)。

基于产品的选择策略

对于不同的产品类别,我们常常会使用不同的选择策略。[40]例如,我们可能会对亨氏番茄酱保持品牌忠诚,但却总是购买最便宜的垃圾袋。我们所学到的关于某一类产品的策略取决于该类中有哪些品牌以及我们对这些品牌的了解。广告的数量、价格的变化、品牌数量以及品牌间的相似程度同样会影响我们所使用的策略。[41]有意思的是,在我们前面提及的新加坡的研究中发现:跨文化(如美国和新加坡)消费者对同一产品所使用的策略比起同一文化内消费者对于不同产品所使用的策略的相似度要高。[42]一般而言,我们的经验会告诉我们对什么样的产品采用怎样的策略,在将来的购买活动中我们会利用这些策略来减少我们决策所花费的精力。

低努力情况下基于思考的决策制定

消费者所学习的用于制定低精细化决策的每种策略对于营销人员都非常重要。就像高精细化决策一样,这些决策同样可以被分为两大类:基于思考的决策和基于感受的决策。

本节中我们将探讨基于思考的决策,它们包括:绩效相关策略、习惯、品牌忠诚、价格相关策略和规范性影响。

以绩效作为简化策略

当消费过程的结果带来正强化时,消费者很可能会使用**绩效相关策略**(performance-related tactics)来做决策。这些策略既可以代表对于整体的评估(如某产品效果最好),也可能是关于产品的某一属性或效用的评价(如洗衣洗得干净,味道好,服务快等)。满意是一种关键因素,满意的顾客会对某品牌或服务形成正面的评估,并因此而重复购买。

> **绩效相关策略**:基于某一品牌的效用、特征或者评估的一种策略。

营销启示

营销策略的一个主要目标就是通过提供高质量的产品或服务来提高消费者的满意度(参见图表10.4)。只有这样,品牌才能赢得持续的购买和忠实的用户。例如,星巴克

图表 10.4　强调产品的质量
有时营销人员可以向消费者提供关于其产品功能的简单差异点,从而影响消费者对品牌绩效的期望。图中邦迪(Band-Aid)创可贴就让消费者形成了邦迪耐用且防水的印象。

在最近就对其美国境内的7 000多家门店进行了3个小时的歇业培训,希望通过这种方式来确保连锁店的咖啡师采用一致的方法调制咖啡。其员工还在产品的呈递和与顾客沟通的技巧等方面接受了训练。[43]

广告对于影响消费者的绩效评价至关重要,它可以增加消费者对于正强化的期望并提升其满意度,同时还能减少由于不愉快的消费经历所带来的负面影响。[44]由于我们总是看见我们所希望看见的,并据此形成我们对事物的期望,因此营销人员应该选择那些消费者认为重要的产品特征或效用,并以此与竞争品牌差异化,从而让消费者确信购买本产品将是明智之举。例如,吉列(Gillette)的维纳斯的拥抱(Venus Embrace)刮毛刀拥有五片刀片和润滑条周边的包围条,从而能给消费者带来顺滑体贴的刮毛体验。吉列的这些特征将它与女性刮毛刀市场上的竞争对手舒适四驱(Schick Quattro)公司区分开来,因为该公司的产品上只有四片刀片。[45]

免费样品、价格折扣、优惠券或赠品(礼品或免费商品)之类的促销手段常常被用来激励消费者去试用某项产品或服务。营销人员希望满意的消费者会在促销结束之后继续购买他们的产品。然而,只有在这些产品的表现令消费者满意并得到了强化的时候,这些策略才会奏效。这些策略难以克服由于质量问题或其他原因而导致消费者的不满。例如,斯纳波(Snapple)饮料公司在日本市场就遭遇了失败,大幅度的促销仍无力回天,因为日本的消费者讨厌Snapple饮料浑浊的外观和瓶中的漂浮物。[46]另一个值得注意的地方是,当消费者不是某一类别中的行家,而该行业并不以促销而出名,同时该品牌在过去很少促销时,消费者可能会将价格上的优惠与劣质的产品等同起来。[47]

以习惯作为简化策略

人类是具有**习惯**(habit)的生物。我们一旦找到了做某件事的顺手方法,我们往往会不假思索地重复使用这种方法。例如,我们每天早晨做着同样的事,走同样的路线去上班或上学,在同一家商店里买东西。我们之所以这么做,是因为这种做法让我们的生活变得简单且易于掌控了。

> **习惯**:反复做同样的事。

有时消费者的获取、使用和处置的决策也是基于习惯的。习惯是最简单、最省力的消费者的决策手段之一,它有以下两点特征:(1)很少或者根本不用进行信息搜集;(2)很少或者不用对其他选择进行评估。然而,习惯并不要求消费者对某一提供物产生强烈的偏好,相反,它仅仅只与重复性的行为和经常性的购买有关。[48]基于习惯的决策还能减少风险。[49]因为消费者在过去已经多次购买过某品牌,所以他们知道该品牌能够满足他们的需求。研究也支持了习惯在低价、经常性购买的产品选择中所发挥的作用。然而,消费者下次购买的时间间隔越长,他们购买所习惯购买品牌产品的可能性就越小。[50]

营销启示

对于希望培养消费者重复购买行为和向重复购买(包括本品牌和竞争对手品牌)的消费者出售产品的营销人员来说,基于习惯的决策有几点重要的意义。

培养重复购买行为

让消费者重复购买或使用某一产品对于营销人员来说有着重要的意义,因为重复购买就意味着利润。营销人员可以采用一种叫做**塑造**(shaping)的操作性条件反射技术,来使消费者在经过一系列的步骤后最终产生令公司满意的反应,即购买。[51]公司通常采用促销来塑造重复购买。首先公司会提供免费的样品以鼓励消费者尝试,同时还会提供高价值的优惠券来引诱消费者进行购买试用(参见图表10.5所展示的泰国公司所提供的产品小样)。接下来,公司会提供给消费者一系列低价值的优惠券以吸引后续的重复购买。公司希望当促销结束后,消费者会出于习惯的原因而继续购买该产品。

> **塑造**:让消费者经历事先设置好的一系列步骤,以最终达到公司的目的。

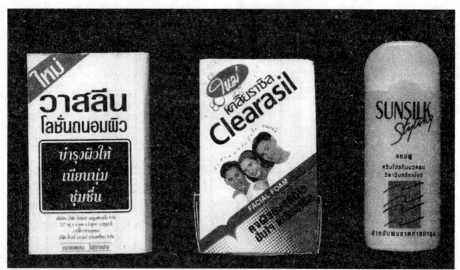

图表10.5 免费样品

图中有三个泰国的护肤品小样。在泰国,赠送样品是一种经常使用的营销手段。很多样品都是由购物中心来派发的。你接到过什么类型的产品小样呢?

向其他品牌的重复购买者营销

打破消费者的购买习惯并将他们引向自己的品牌是营销的另一个主要目标。由于习惯性的购买者并没有强烈的品牌偏好,因而他们比品牌忠诚的顾客要好对付得多。例如,一家叫做自然饮食(Eat Natural)的欧洲公司生产了一种可供全天作零食用的麦片。公司的管理人员说:"我们知道人们会在早餐时吃麦片,在11点当做零食吃,或者在午餐时和三明治一起吃。"因此,自然饮食公司将自己的麦片和其他健康零食(而不是早餐谷类)摆放在了一起,以此来吸引那些原本会购买米糕或其他类似产品的顾客。[52]

用来吸引消费者进行品牌转换的促销策略包括价格折扣、优惠券、免费小样和用来吸引消费者使用新产品的附赠礼品。为了将使用其他洗碗产品的消费者吸引到自己的产品上来，宝洁公司曾在超市的结账台处派发过优惠券。购买 Electrasol Tabs（一种洗衣产品）的消费者会得到一张可免费领取一盒宝洁 Cascade Power Tabs（一种洗衣产品）的优惠券。[53] 一旦旧的习惯被打破，消费者将会持续购买新的品牌（在本例中是宝洁的 Cascade 品牌）。这可能是因为消费者喜欢上了新的品牌，也可能是因为他们形成了新的习惯。

营销人员还可以通过提供拥有现有产品所不具备的新颖和独特效用来打破消费者的习惯。营销人员需要在广告上大力宣传这些不同于其他产品的优点，以此将信息传达给消费者。例如，当温蒂公司（Wendy's）发现了消费者希望在汉堡中吃到更多培根后，他们推出了一款名为培根多（Baconator）的汉堡（两块汉堡肉饼之上加有六片培根和两块奶酪）。该产品的命名和广告均突出了汉堡中培根多的特点。[54]

最后，分销政策对于习惯性购买也十分重要。一般而言，某一品牌所占用的货架空间越大，它就越可能受到消费者的关注。产品摆放的位置足以吸引习惯性购买者的注意，并诱使他们去购买原来没有买过的产品。走廊尽头的陈列可以使产品销量上升 100% 至 400% 之多。[55] 在一项研究中，引人注目的陈列方式使得冷冻快餐的销量上涨了 245%，使洗衣液的销量上涨了 207%，同时盐渍小吃的销量也上涨了 172%。[56] 另一项研究发现，在店内促销与 POP 展架结合之后，某感冒止咳糖浆的销量上升了 35% 之多。[57] 因此，营销人员常常会尝试设计一些别出心裁的陈列，如我们在图表 10.6 中所看到的明星产品展示。

 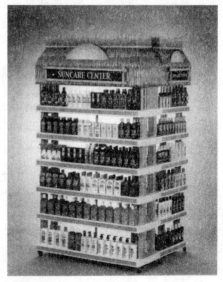

图表 10.6　明星产品展示

通过设计引人注目的陈列，营销人员希望在零售过程中吸引消费者的注意，并改变他们的购买习惯。消费者之所以可能改变他们的购买习惯是因为他们对于通常购买的产品并没有特殊的偏好。你能想起在最近有什么陈列产品吸引了你的眼球么？

> **向本品牌的习惯性购买者营销**
>
> 营销人员不希望自己品牌的重复购买者改变他们的习惯。由于习惯性购买者容易受到其他竞争者促销手段的影响,因此营销人员必须想出对策来防止消费者转向其他品牌。这也就解释了为什么某一航空公司的降价会招致其竞争者的竞相压价。
>
> 分销和存货控制也是一种用于防止习惯性消费者转换品牌的重要策略。由于对通常购买的产品没有强烈的偏好,当常用品牌断货时,消费者宁愿打破惯常的习惯去购买新的品牌,也不愿换一家店继续购买原来的品牌。在一项调查中,63%的消费者表示,当他们惯常购买的杂货和罐装食品缺货时,他们会转而购买其他的品牌。[58] 广泛的分销可以保证习惯性消费者不会被迫购买其他品牌的产品,这也就是琼斯汽水在超市网络中建立分销的原因。最后,广告可以防止习惯性消费者转而购买其他品牌。通过不时地提醒消费者购买本品牌的理由并让自己的品牌在消费者心中处于"至高无上"的地位,营销人员可以防止消费者转而购买其他品牌。

以品牌忠诚作为简化策略

当消费者做出有意识的评估,认为某一品牌能比其他品牌更好地满足自身需求,并因此决定反复购买该品牌产品时,**品牌忠诚**(Brand loyalty)现象也就发生了。[59] 从本质上来说,品牌忠诚来源于绩效相关策略中非常强的正强化。当消费者对于某一提供物(如某品牌的理财软件)熟练使用后,品牌忠诚就会形成。如果消费者转而使用另一品牌的软件,他们将面临学习曲线,于是在认知锁定(cognitive lock-in)的作用下,消费者会产生品牌忠诚。[60]

> **品牌忠诚**:因强烈偏好而重复购买同一品牌。

注意,品牌忠诚和习惯性购买的差别就在于消费者对于某一品牌的承诺(commitment)程度不同。随着时间的流逝,消费者的这种评估越强烈,品牌忠诚的程度也就越高。如果你购买了亨氏番茄酱,并认为它比起其他品牌更黏稠也更美味,那么你会再次购买亨氏。如果这一过程被不断地强化,最终你将对亨氏形成强烈的品牌忠诚。消费者也可能是**多品牌忠诚**(multibrand loyal)的,即他们会对两个或两个以上的品牌产生承诺,并重复购买。[61] 例如,如果你喜欢并且只购买可口可乐和雪碧两种饮料,那么你对于软饮料就是多品牌忠诚。

> **多品牌忠诚**:因为强烈的偏好而反复购买两种及两种以上品牌。

由于每次购物时只需要简单地购买同一品牌的产品,而不用加工信息,因此品牌忠诚策略会导致低努力决策制定。然而,由于品牌忠诚的消费者对于某一品牌或服务有强烈的承诺,不论消费者对于该产品或服务类别的涉入度是高是低,他们对于该品牌的涉入度都相对较高。因此,虽然番茄酱通常被认为是一种低涉入度的产品,品牌忠诚的消费者可能会对亨氏表现出高的涉入度。

营销启示

品牌忠诚的消费者为公司获利打下了坚实的基础。通过识别出这些消费者的特征,营销人员可以设法强化他们对于品牌的忠诚程度。不幸的是,营销人员难以建立起一个对于所有产品类别都适用的消费者档案。[62] 事实上,品牌忠诚是针对某一具体产品类别而言的;对于番茄酱品牌忠诚的客户可能不会对花生酱产生忠诚。这就意味着营销人员必须对每个类别的产品进行品牌忠诚的评估。

识别品牌忠诚的消费者

营销人员可以通过关注消费者的购买模式来识别出品牌忠诚的消费者。表现出特定的购买次序(如连续三到四次购买同一品牌)或购买比例(如十次中有七到八次都购买了同一品牌的产品)的消费者通常被认为是品牌忠诚的。[63] 问题在于,品牌忠诚要求消费者同时具备重复购买和对该品牌有强烈偏好这两个因素,而上述方法只衡量了重复购买一方面,因而无法将品牌忠诚和习惯性购买区分开来。要想准确地识别品牌忠诚的消费者,营销人员必须同时考虑重复购买和品牌偏好两方面因素。在一项研究中,如果仅以重复购买来衡量,那么70%以上的消费者都被认为是品牌忠诚的。然而,如果将品牌偏好的因素加上去,该比例将降到50%以下。[64]

有了扫描数据和消费者在线购买的信息,营销人员现在拥有了关于消费者购买模式的大量信息。他们可以利用这些数据来分析优惠券或价格变动对于消费者购买的影响。然而,希望研究品牌忠诚的公司需要同时考虑购买模式和偏好。

建立品牌忠诚

公司常常希望建立消费者的品牌忠诚,因为它们知道这些顾客有强烈的品牌承诺,比其他的消费者更能抵御来自其竞争品牌的诱惑。然而,在美国广泛使用的价格策略已经逐渐破坏了消费者的品牌忠诚,这使得大多数人在购买时只关注价格。因此,营销人员现在正致力于通过非价格促销的方式来培养消费者的品牌忠诚(注意,在欧洲,公司较少使用价格促销,消费者品牌忠诚的情况也比较稳定)。[65]

通过产品质量建立品牌忠诚

一个显而易见而又十分重要的建立品牌忠诚的方法就是向消费者提供高质量的产品以满足他们的需要(参见图表10.7)。消费者也会对那些质量好且定价合理的品牌产生品牌忠诚。这也就解释了为什么很多公司都对旗下的主流品牌采取了降价措施。[66]

通过促销建立品牌忠诚

很多公司通过诸如优惠券、赠品之类的促销方式来培养顾客的品牌忠诚。在常客计划中,重复购买产品或服务的消费者可以赢得积分来兑换免费的旅行或其他奖励,因此这种方法有助于建立消费者的品牌忠诚。在制定奖励和相关要求时,营销人员必须小心谨慎。为了建立关于本品牌的积极联想,公司所提供的奖励必须与本品牌有所关联。然而,如果奖励价值太高,反而会导致消费者出现买椟还珠的心理。[67] 同时,当消费者发现他们在积分上面占有优势时,他们对品牌忠诚活动的评价会更高。[68] 此外,当消费者必须做出额外努力才能获得忠诚积分时,他们会倾向于选择奢侈的奖励(尤其是当他们对奢侈消费感到愧疚时)。[69]

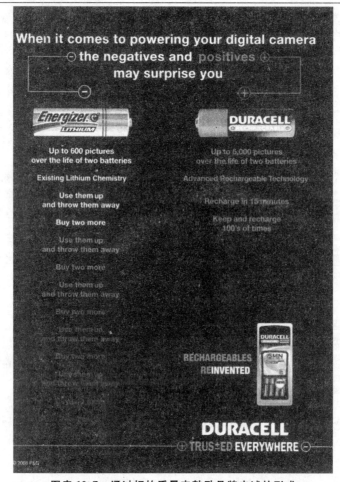

图表 10.7　通过好的质量来鼓励品牌忠诚的形成

提供高质量的产品是建立品牌忠诚的关键手段。金霸王(Duracell)电池在这则广告中就强调了这一点。

向其他品牌的忠诚客户营销

营销人员希望能够吸引竞争品牌的忠诚客户转向自己的品牌。然而,由于这些顾客对他们原来购买的品牌有强烈的承诺,将这些顾客吸引到自己的品牌是十分困难的。因此,如果你的品牌相比竞争对手没有绝对的优势或者差异,你最好还是避免向那些品牌忠诚的消费者营销,你可以转向那些不具有品牌忠诚的消费者或者习惯性购买的消费者。在你有绝对优势的情况下,产品的绝对优势足以吸引对其他品牌忠诚的消费者转换品牌。例如,赛百味公司通过增加其三明治的品种和健康原料成功地吸引了消费者。一位高管说道:"用你的数学知识算算吧,我们所提供的蔬菜和调味酱的组合搭配多达 1 400 万种!"[70]

以价格作为简化策略

当消费者难以察觉出品牌之间的差别,并且对考虑集中的品牌涉入程度较低时,他们最有可能采用**价格相关策略**(price-related tactics),例如

> **价格相关策略**:一种基于价格的简化决策启发式。

他们可能会购买最便宜的品牌,购买促销品牌或者使用优惠券。一项研究表明,10名顾客中有9人在购物时都考虑过省钱的策略(如图表10.8所示)。[71]尽管在很多决策中,价格是一个至关重要的因素,但消费者往往不记得具体的价格信息,甚至对于他们刚刚选择的品牌也是如此。[72]由于商店已经为消费者提供了价格信息,所以消费者没有动机去记住价格信息。值得注意的是,那些害怕多花钱的顾客往往会更加关注价格,而那些注重利得的顾客会同时关注品牌特征和价格。[73]

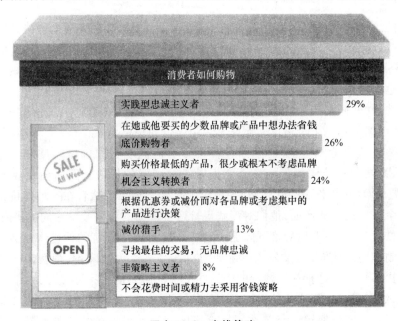

图表10.8 省钱策略

消费者在购物过程中可以使用不同种类的省钱策略。你使用的是哪种类型的呢?

营销启示

有时,营销人员会误以为消费者总是想买到最便宜的产品。尽管这一假设有时是成立的,但更为确切的表述应当是,消费者对于某

> **可接受区间**:消费决策中所能接受的价格范围。

一类产品的合理价格范围形成了一个**可接受区间**(zone of acceptance)。[74]只要品牌的价格落入这个区间,消费者就会考虑它;但如果品牌的价格高于或者低于区间的边界值,消费者就会拒绝该品牌。例如,消费者起初不愿购买抹布一类的产品,因为它们比纸巾和清洁液要贵。但后来随着营销人员开始宣传抹布的除菌功能和使用的便利,消费者也开始购买抹布一类的产品了,尽管有的顾客仍将价格作为主要的选择标准。[75]

> 消费者可能会认为那些低价的产品有质量问题,因而拒绝购买它们。如,一条只售9.99美元的设计师品牌牛仔裤就可能会引起消费者的怀疑。正如我们在前面所提及的,消费者可能会用价格来作为判断质量的标准(价格越高,质量越好)。另外一个影响因素是框定方式:在低动机和低加工机会的情况下,消费者会对反面框定而非正面框定的信息做出更多的反应。[76] 零售商还需要注意,消费者往往会将店内设计(布局和气氛)看做是价格线索,因而在他们心中,高档的商店出售高价是合情合理的。[77] 最后,销售成本高的商店宣传低价时,所产生的收入可能还不足以弥补消费者反应所带来的服务成本。[78]

价格感知

消费者的感知对于运用价格相关策略至关重要。注意,只有当两个价格之间的差异大于或等于最小可觉差时,消费者才会感知到这两个价格之间有所不同。因此,如果一个牙膏售价1.95美元,而另一个牙膏卖1.99美元的话,消费者很可能会对这么小的差异视而不见。消费者也有可能会将品牌的价格同内部参考价格进行对比,所谓的内部参考价格取决于过去购买的价格、同类产品的价格以及其他因素(有时包括相同产品的价格)。[79] 通常的情况是,消费者考虑的是一个价格区间而非某一个固定的价格点。[80]

同样需要注意的是,消费者的感知过程会影响他们对不同价格的反应。研究一致表明,消费者认为以奇数结尾的价格显著低于以偶数结尾的价格。因而消费者会认为售价15.99美元的DVD比售价16.00美元的DVD更便宜。[81] 如果消费者在一堆售价适中的产品中发现了一个售价高昂的产品,他们对那些售价适中产品的价格接受区间也将跟着调高。[82]

比起价格上升,消费者对价格下降更为敏感。[83] 降价对于销售的促进作用会大于涨价对于销售的抑制作用。此外,如果公司不定期地对产品进行大幅降价,消费者会认为该产品的平均价格比那些经常进行小幅减价的产品的平均价格要低。[84] 一项研究表明,当企业进行限时促销时,消费者会认为这样的促销更有价值,但这仅限于加工动机低的情况。[85]

公司如何对它们的促销进行描述同样会影响到消费者对于价格的感知。一项研究发现,在商店内,将"促销价"与"原价"对比是促销的好方法;而在家庭中,将自己的售价与竞争对手的价格做比较更为有效。[86] 此外,用外币购买产品(如当我们旅行时)会影响我们对价格的感知和消费行为。当外币被表示成本币的倍数时(如40印度卢比=1美元),消费者会比外币表示成本币的分数时(如0.4巴林第纳尔=1美元)花费更多的钱。[87] 最后,当消费者是通过个人来源(如推销员口中)而不是从非个人来源(如商店的标识)获悉涨价的信息时,他们会认为这样的涨价有失公平。[88]

促销偏好消费者

营销人员对于找出**促销偏好消费者**(deal-prone consumers)充满了兴趣,因为这一细分市场适用于更直接的价格相关策略。然而相关研究却没能得出一致的结论。一项研究发现那些有促销偏好的消费者比起没有这种偏好的消费者,往往收入更低,年龄更大且教育程度更低。而其他研究却发现,由于高收入的消费者有更好的

> **促销偏好消费者**:更易受价格影响的消费者。

获悉价格信息的途径,所以他们能更好地利用促销。[89]造成这一问题的部分原因是,不同消费者对于不同形式的促销反应不同:有的人更喜欢优惠券,有些人则对降价和返现更为敏感。[90]

营销启示

营销人员可以使用诸如优惠券、减价、返现或买二送一等定价技术来吸引消费者,只要这种优惠大于或等于最小可觉差并位于可接受区间中。

促销

从沃尔玛、好市多以及其他超市之间进行的激烈价格战中,我们不难看出促销的重要性。为了与那些和全国性品牌同样优质却有着低廉价格的商店自有品牌进行竞争,很多(全国性)品牌都采取了降价的措施。尽管很多消费者喜欢网上购物所带来的低廉价格,一些公司却不愿意吸引那些喜欢使用比价网站(price-comparison site)的消费者。来自英国的约翰路易斯直邮目录公司(John Lewis Direct)的营销主管透露说:"从那些比价网站上吸引来的顾客基本上都是无利可图的,因为他们不会反复购买。他们只是到处寻找最便宜的产品,丝毫没有忠诚。"[91]

价值的重要性

消费者希望获得更高的价值,即购买物美价廉的品牌(参见图表10.9)。汉堡王、麦

图表 10.9 用价格策略简化决策

有时,公司会在广告中突出其产品的物美价廉。在图中展示的广告里,汉堡王强调了仅花 1 美元就可以买到汉堡王脆鸡三明治。

当劳、塔可钟这类的快餐连锁店因而也就推出了超值套餐,以满足消费者的这种心理。低价不一定就代表实惠,消费者如果相信某提供物给他们带来了重大的好处,他们愿意为此出高价。[92]例如,欧洲的消费者就愿意为事先量好剂量的洗衣片所带来的便利而支付更多的钱。威斯克(Wisk)、汰渍等知名品牌就提供这样的产品。[93]向消费者传达价值而不用降价的一种方法就是向消费者提供一种特殊的利益,并让消费者坚信为了这个利益多花钱是值得的。例如,高露洁就成功地揣测出了消费者的心理。它们认为消费者愿意为含有除菌成分的高露洁全效牙膏支付更高的价格。[94]

特殊定价

如果营销人员总是使用价格促销,消费者会将促销价格当作是正常价格,因而只有在品牌促销时,他们才会购买。这当然会导致公司利润的下滑。这种情形在诸如 Arby's 之类的快餐连锁店身上就发生过。过多的价格促销还会损害品牌忠诚,因为消费者可能会变成以促销为导向并经常转换品牌。因此,有选择地、有间断地使用价格促销的效果最好。在美国,很多产品类别中都出现了消费者品牌忠诚度降低的情况,因而不少企业都开始通过广告和免费试用的方法来着手进行品牌建设。[95]

不同国家所使用的价格促销手段同样有所区别。优惠券对于美国人而言是家常便饭:将近50%的零售商派发优惠券,消费者们通过使用优惠券,每年省下了30亿美元。[96] RedPlum.com 之类的在线优惠券提供网站每年可以吸引多达2 000万人次的访问。[97]英国和意大利的公司则倾向于提供少量但是价值更高的优惠券。[98]并不是所有的地方都接受优惠券;荷兰和瑞士的零售商就不接收优惠券,俄罗斯和希腊由于缺乏相关基础设施,因而无法使用优惠券。

价格意识不是一成不变的

相比起繁荣时期,在经济不景气时消费者对于价格会更加敏感。尽管日本人曾经对打折和优惠券不屑一顾,但在经济停滞时期,提供这些优惠措施的商店仍受到了热烈的欢迎。[99]随着沃尔玛等大型折扣零售商在华拓展业务,中国消费者变得对价格更加敏感了。[100]

以规范性影响作为简化策略

有时,他人会影响消费者的低精细化决策制定。大一新生可能会买他母亲在家使用的那个品牌的洗衣液;大二的学生可能会去买她的朋友喜欢的品牌的衣服。我们之所以会使用**规范性选择策略**(normative choice tactics)是因为:(1)直接影响,即他人试图影响我们;(2)间接观察,我们通过观察别人来指导自己的行为;(3)间接影响,我们关心其他人对我们的看法。规范性策略对于那些缺乏经验、对产品知之甚少的消费者尤其普遍。由于在网上,消费者可以便捷地相互交流,在线交流会增加规范性影响的重要性。

> **规范性选择策略**:基于他人观点的低精细化决策制定。

> **营销启示**
>
> 如果在某个产品或服务类别中规范性策略格外重要,营销人员可以在广告中强调这一点。这方面的一个典型事例是乐之(Ritz)的饼干广告,在其中,该公司突出了当你用乐之饼干来款待聚会上的客人时的欢乐场景。消费者常常会购买昂贵的进口产品来显摆自己。营销人员同样可以利用我们将在第 15 章讲到的口碑沟通。

低努力情况下基于感受的决策制定

最后一类的低努力策略更多涉及的是基于感受而非认知的决策,包括情感策略、寻求多样化和冲动性购买。

以感受作为简化策略

有时,消费者会因为个人的喜好而选择某一品牌或某项服务,尽管他们自己也说不上来为什

> **情感**:低水平的感受。

么。这些行为依赖于基本的、低水平的感受,我们称其为**情感**(affect)。情感与诸如绩效相关策略等基于认知的策略的主要区别在于:首先,它不一定来源于对需要满足的有意识认知;其次,它常常在程度上要弱于态度。如果你喜欢的某个人在微笑,你可能会受他感染而开心地笑,进而可能会正面地影响你对产品的判断。[101]

当提供物属于享乐性(而不是功能性的),并且其他因素(如:绩效评估、价格、习惯、规范性影响等)不起作用时,情感因素最有可能在决策过程中发挥作用。如果你是因为亨氏番茄酱最好地满足了你的需要而购买它,或者你通常只买最便宜的纸巾,这些情况下,情感因素就不大可能影响你的决策。但是当这些因素在低努力的情形下都不起作用时,情感因素便成为主角。

情感相关策略(affect-related tactics)使用的是一种基于范畴的加工。[102] 换句话说,在做出决策时,我们将品牌与我们所回忆起的总体性情感评估联系在一起,这一过程被称为**情感性推荐**(affect referral),或者称为"我对它的感觉如何?"

> **情感相关策略**:基于感受的策略。
>
> **情感性推荐**:一种简单的情感策略类型,消费者通过回忆对某产品或服务时的感觉而做出决策。

的启发式。[103] 例如,当我们听到星巴克这个名字时,我们可能会产生一种快乐的感觉。基于这种感觉而非我们对于星巴克的详细评估,我们会决定去那里买咖啡。一项研究要求消费者在一个健康的甜点和一份没那么有利于健康的巧克力蛋糕之间做出选择。当消费者只有很少的思考机会时,他们选择了蛋糕,因为蛋糕能给他们带来最多的积极情感。而当他们有更多时间进行思考时,他们则选择了较为健康的甜点。这表明情感性推荐在低加工努力的情况下更为重要。[104] 另一项研究表明,消费者对促销的正面感受不仅会转移给那些促销产品,还会转移给不相关的产品。[105]

当消费者遇到一个新品牌时,他们同样可以将它与该类产品中的其他品牌进行对比。

只要新品牌与原来的品牌足够相似,对于这类产品的情感就会被转移到新品牌上,并会影响我们的决策。[106]另一方面,如果新品牌与原来的品牌不相似,消费者就会转为采用逐个加工的方式,用我们第9章所提到的方法来逐一评价该品牌的特性。[107]例如,李施德林的美白速溶牙线能够美白牙齿而且能在几分钟内溶解掉,但它却没有很多消费者讨厌的刺激性气味。因为该款产品不论是在品名、特色还是在味道上都与传统的李施德林漱口水不同,消费者会完全根据新产品自身的特点来做出判断(而不必受到以前印象的影响)。[108]

品牌熟悉

情感还可能来自**品牌熟悉**(brand familiarity)(通过单纯展露效应)。一项研究发现,在蒙眼测试中,具有稳定的品牌偏好的啤酒消费者无法通过味道将自己喜欢的品牌与其他品牌区分开来。[109]但是,一旦消费者知道了啤酒的品牌情况,他们认为自己喜欢的那个品牌的味道比其他品牌好得多。另一项研究表明,对于没有经验的花生酱购买者而言,"买最熟悉的品牌"是他们的优势策略。在研究中,哪怕最熟悉的那个品牌的质量低于其他不熟悉的品牌,消费者仍会义无反顾地选择他们熟悉的品牌。[110]还有一项研究发现,与高精细化的情况相比,品牌的名称在低精细化的情况下是一种更为重要的启发式线索。[111]

> **品牌熟悉**:能很容易地识别出知名品牌。

上述实验结果在新加坡同样得到了证实,这表明品牌熟悉效应可能是一种跨文化的现象。[112]可口可乐之所以能成为一个家喻户晓的品牌,在某种程度上依赖于其始终如一的、显眼的营销方式。[113]但是,诸如疯狂可乐(Crazy Cola)的一些地方性品牌通过猛烈的促销方式在当地取得了品牌熟悉度,并在销量上超过了可口可乐等国际品牌,这种情况在西伯利亚和其他地区都发生过。

很多公司现在正致力于进行**联合品牌化**(co-branding),两个公司将形成伙伴关系从而凭借共同努力以及两者的知名度获益(参见图表10.10)。[114]凯洛格公司有时会把旗下的两个品牌放在一个产品上,例如它的 Eggo 福乐圈麦

> **联合品牌化**:两个品牌形成伙伴关系,双方相互获益的一种安排。

图表 10.10 联合品牌化

有时公司会通过在广告中一起展示两个不同品牌来进行联合品牌化。图中展示了一幅同时宣传索尼和禾林图书(Harlequin books)的广告。

片,就是一种用麦片制成的华夫饼。[115] 酒类生产商则利用联合品牌化,将自己的品牌放在食品上,以此绕过广告管制,如星期五餐厅(TGI Friday's)中的 Jack Daniel 烤肉。[116]

营销启示

由于情感因素对消费者的决策起到很大作用,营销人员可以通过制造和维持顾客的品牌熟悉,建立基于产品类别的联想,展示能够使消费者对品牌产生正面情感的广告等手段来利用感情因素。在其他条件相同的情况下,通过创造对于本品牌的正面感情,营销人员可以提高消费者选择他们的品牌的概率。

> **统一性**:当产品的各个视觉部分能够很好地搭配在一起时。
> **典型性**:当一个产品是该类产品的原型时。

情感因素在决定对于营销刺激的审美反应上起着关键的作用,尤其是当视觉特征是判断的唯一标准时。例如,在黄页广告中,消费者更有可能去考虑那些做彩色广告的公司,更有可能给那些有着突出产品特质颜色的广告公司打电话。[117] 一项研究表明,在产品设计上的两个关键因素可以使消费者对产品产生更加积极的情感反应。[118] 其一是**统一性**(unity),指产品设计中的各个视觉要素能以有意义的方式联系在一起。其二则是**原型性**(prototypicality),指该品牌的产品是该类产品的典型。

具有正面跨文化情感的品牌可以在国际市场上进行营销。美国的国家形象给许多在中国市场上营销的美国企业带来了好处;例如,肯德基控制了中国的快餐业。[119] 类似的,人们对于意大利料理的钟爱帮助百得阿姨(Barilla)占领了美国 25% 的意面市场。[120] 那些享乐性的提供物(讲究格调和品位)对于情感性联想的依赖尤其之大。

基于多样性寻求需要的决策制定

低努力情况下的另一种常见的消费者选择策略是尝试不同的事物,这一现象又被称为**多样性寻求**(variety seeking)(参见图表 10.11)。

> **多样性寻求**:尝试新鲜事物。

一个通常购买强生婴儿洗发露的顾客可能会在某天突然心血来潮,去购买潘婷的洗发露,但之后她又继续购买婴儿洗发露了。多样性寻求通常因为消费者的满足和厌倦这两大原因而产生。[121] 如果你每晚吃同样的食物或是反复听一张 CD,那么满足就可能会产生,从而促使你去尝试一些不同的东西。反复发生的消费决策可能会变得单调,消费者因而可能单纯为了改变而改变,尽管他们也许能从原来的选择中得到更多直接的快乐。[122] 消费者在公共场合下寻求多样性的另一个原因是,这样做他们可以获得别人的更高评价。[123] 同时,认为寻求多样性比坚持购买同样的产品的成本更低的消费者也会加入到多样性寻求的行列中来。[124]

然而,并不是在每一类产品中都有多样性寻求的现象发生。当产品涉入度低、品牌间差异小、产品的享乐性多于功能性时,多样性寻求就有可能发生。[125] 当消费者对于产品的某个感官特性(如气味、口味、触感、视觉外观等)产生厌倦时,多样性寻求更可能会发生。[126] 因此,营销人员可以通过在同一类产品中提供更多选择来减少消费者的厌倦情绪。[127]

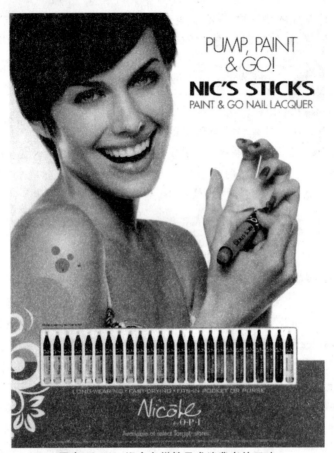

图表10.11 迎合多样性寻求消费者的口味
有时消费者需要换换口味。因此,诸如欧派(OPI)之类的公司给消费者提供了多种多样的选择。

当消费者所感受到的唤起水平低于**最佳刺激水平**(optimal stimulation level,OSL)——理想的内部刺激水平——时,消费者就会有动机去缓解自己的厌倦情绪。[128]反复的购买会导致内部刺激水平下降到 OSL 以下,而购买不同的产品则可以帮助我们的内部刺激水平恢复到 OSL。除此之外,某些消费者需要更多的刺激,他们对于厌倦的容忍度比其他消费者要低。这些**感觉寻求者**(sensation seeker)更有可能进行多样性寻求并且会首先尝试那些新潮的产品,因此他们是新产品的理想市场群体。[129]

值得注意的是,购买不同的产品只是寻求刺激的一种途径。消费者还可以通过**替代性探索**(vicarious exploration)来满足他们对于多样性的需求。[130]替代性探索是指,消费者通过阅读、与人交谈或是将自己置身于购物环境的刺激中来搜集产品信息的过程。例如,很多人逛商店只是为了四处看看而并不购买,他们以此来加强刺激感。

> **最佳刺激水平**:对于消费者最适宜的唤起水平。
>
> **感觉寻求者**:主动寻求多样性的人。
>
> **替代性探索**:为寻求刺激而搜集信息。

营销启示

营销人员需要意识到消费者对于多样性的需求,并正确地满足这些需求。琼斯汽水就通过经常性地提供新口味和新包装来满足顾客的这一心理。营销人员还可以通过鼓励消费者"给生活一点刺激"去尝试新事物,来诱使寻求多样性的消费者转向新的品牌。Stevens Point 酿酒厂就为消费者提供一打装的啤酒,共6种口味,每样两瓶。[131]然而,过分的多样化对于消费者不一定有吸引力。注意,简单地改变产品的分类方式(如改变商品在货架上的摆放方式)就足以增加消费者对于多样性的感知,由此促进更高的消费。上述研究发现对于食品零售商尤其适用。[132]

冲动购买

另一种常见的带有强烈的感情色彩的决策过程是**冲动购买**(impulse purchase),它指的是消费者突然购买原来没打算买的产品。冲动购买有如下四点特征:(1) 具有一种"一定要马上买这个产品"的强烈或迫切的感情;(2) 对于购买可能导致的负面结果的忽视;(3) 愉快和刺激的感觉;(4) "控制"和"放纵"之间的心理斗争。[133]与强调个人独立和享乐的西方消费者相比,亚洲的消费者进行的冲动购买更少,因为他们的文化强调相互依存和情感控制。[134]冲动购买和消费(尤其是当它与未被满足的享乐欲望相联系时)常常会被一些消费者所接触的外界因素触发。这些因素包括:店内陈列、网络广告,设有购物热线的电视广告等。[135]

> **冲动购买**:因强烈的情感而导致的计划之外的购买。

一些研究表明,冲动购买是消费者自我控制失败的结果。[136](完美的)自我控制绝非易事。这也就解释了为什么消费者可能会在某一方面遵循严格的自我控制——如,不在节食期间吃甜食——却在其他方面难以控制自己,进而进行冲动购买。[137]要求消费者做出一系列的决策可能会进一步消耗他们的自控力。[138]然而,尽管有时消费者进行的是有意识加工,他们仍然难以控制自己的消费冲动。[139]

研究人员估计27%—62%左右的消费行为事实上是冲动购买的结果。[140]然而,我们需要将冲动购买与不完全计划下的购买区分开来。有时,消费者已经决定购买某一类产品了,只不过他们受店内陈设的影响而决定所要购买的具体品牌。如果我们将这一因素考虑在内,冲动购买的实际比例将会比前面所提到的数字低。[141]容易进行冲动购买的程度因人而异;有些消费者极易冲动购买,有些则不会。[142]冲动购买的倾向程度可能与消费者的其他特质有关,如他们的占有欲、对物质生活的崇尚、对刺激的追求以及对娱乐性购物的喜爱等。[143]然而,如果冲动性购买的成本太高,或者存在规范性压力(如在场的其他人对购买持反对意见),消费者就可能不会过于放纵自己的购买冲动了。[144]最后,同辈人的存在可能会刺激消费者的购买冲动,而家庭成员存在则会起到相反的作用。[145]

营销启示

很多公司通过安排产品陈列来尽可能地增加冲动购买。卡片商店通常会把最常见的卡片,如贺卡,放在商店的最后面。这样一来,消费者要想找到自己要买的卡片就不得不经过其他高利润率的、可能引发冲动购买的产品。正如我们前面所提到的,与眼部等高的或者引人注目的陈列(包括摆在走道尽头的陈列和闪烁的灯光)可以大幅增加产品的销量,当然,大部分的贡献来自于冲动购买。[146]此外,包装设计也可以增加冲动购买,因此NXT公司的刮胡膏和剃须后护理产品被放置在了灯光闪烁的展架上,以此来吸引消费者。[147]

然而在经济萧条时,人们的冲动购买也会随之减少。例如,在日本,长时间的经济衰退使得人们只购买他们真正需要的产品,营销人员因此不得不将一些产品重新定位为必需品而非冲动购买的对象。[148]另一方面,一些美国的消费者即使是在囊中羞涩的情况下也仍要炫耀一番,购买星巴克咖啡之类的高价品牌。[149]

总 结

本章考察了在低动机、能力和机会——进而低精细化——的情况下,消费者判断和决策的性质。在这些情况下,消费者通常用简化的启发式或决策规则做出判断。在使用代表性启发式时,消费者的判断是基于与范畴原型进行的对比。在使用易得性启发式时,他们的判断是基于信息的可得性。

有时,低努力的决策是消费者无意识地做出的;有时,则是有意识地做出的。无意识的决策可能受到环境因素的强烈影响。有意识的低努力决策遵循的效果层级为思考—行动—感受;而在高努力决策中,这一顺序变为思考—感受—行动。在低努力的情况下,为了简化,消费者们不求最好,只求满意。在重复购买的情况下,消费者会采用类似于操作性条件反射的选择策略。基于认知的选择策略包括绩效、习惯、品牌忠诚、价格和规范性影响;基于情感的选择策略包括情感性推荐、品牌熟悉、多样性寻求和冲动购买。

1. 基率信息和小数定律是如何引起基于易得性启发判断的偏差的?
2. 高努力和低努力效果层级之间有哪些异同之处?
3. 哪些操作性条件反射概念适用于消费者学习?
4. 为什么质量对于基于认知的决策制定至关重要?
5. 什么是品牌忠诚?它在低努力决策制定中发挥什么作用?
6. 价格和价值感知如何影响消费者在低努力决策制定?
7. 在什么情况下,情感因素更有可能影响低努力决策制定?

8. 如果说习惯是一种简化策略，为什么消费者有时还会寻求多样性呢？

消费者行为案例 试一下，你会喜欢上它——免费样品

  提供免费样品已经成为很多公司青睐的营销策略，不论是星巴克、斯图·伦纳德（Stew Leonard's）、Viva还是维他命水（Vitamin Water），都使用了这一策略。为了使其影响超出那些浓咖啡及类似饮料的爱好者，星巴克最近在美国的7 100家门店里提供了Pike Place焙炒咖啡的8盎司免费试尝品。在同一周，一些麦当劳门店在星巴克的发源地西雅图也开始提供免费咖啡赠饮。它们提供了浓咖啡和拿铁咖啡，以此来吸引那些追求高品质咖啡的客户。这只是麦当劳通过提供免费样品来鼓励消费者试尝新产品的一个例子。事实上，当麦当劳推出了新款高级焙炒咖啡的免费样品时，所有连锁店的销量共上升了15%。

  很多快餐餐馆发现免费样品在先试后买的促销活动中格外奏效。温蒂汉堡（Wendy's）曾举办过一个全国性的免费汉堡之旅活动。它们通过在特殊的日子派发免费汉堡及汉堡券来吸引顾客。"让消费者谈论我们的汉堡是一回事，让他们真正去品尝汉堡又是另一回事了。"温蒂公司的管理人员说道。不久之前，必胜客举办了"免费比萨日"的活动，以此来吸引人们试尝改良配方的手工比萨。在春季的第一天，唐恩都乐（Dunkin' Donuts）在全国范围内免费发放了300万杯冰镇咖啡，以此来宣告冰镇咖啡饮季的到来。

  来自康涅狄格州诺沃克的斯图·伦纳德杂货连锁店在它旗下的四家店铺中常年提供免费样品：在商店入口处提供辣子鸡丁或蛤肉杂烩；在农产品部提供的鲜榨橙汁；在糕点部提供的免费曲奇饼干。"由于需要投入大量的人力，这是一种花费昂贵的广告形式。可无论如何，这是一桩好买卖。我们特色产品的销量通常会因此增长两到三倍。"公司的CEO说道。他还透露说，在我们这里试用过某些产品的客户下次来这里时还会接着购买。

  美国金佰利纸业通过试用的方式来让消费者感受它们的Viva纸巾的柔软和耐用。可是，如何将单张的纸巾发到消费者手中呢？公司的广告商建议将纸巾夹在诸如*Every Day with Rachel Ray*和《读者文摘》的杂志中，这样读者就可以自己取出纸巾进行试用了。同时，金佰利还在超市收银台处发放Viva纸巾的优惠券。这些营销策略使得Viva纸巾的市场占有率大幅提升并位居纸巾市场第二，仅落后于Bounty纸巾。

  商店和杂志并不是消费者唯一可以体验到样品试用的地方。到佛罗里达海滩度春假的大学生们成为了那些试图建立或强化品牌关系的公司的首要目标。有些样品会在酒店登记处随房间的钥匙一同发放。其他样品会在比赛和一些体验活动中出现。例如，参加"沙堆城堡破坏大赛"的学生可以挖出埋在沙中的维他命水。参加露得清（Neutrogena）祛痘营的学生可以试用它的祛痘泡沫洁面乳，同时可以通过注册来获得试用装

大礼包,此外营员还能获得免费的按摩。营销人员同时还利用这些与学生接触的机会来研究学生群体的好恶、购物习惯、品牌偏好。厂商希望通过深入研究来使它们在来年春假进行的免费样品试用活动更加有效。[150]

案例问题

1. 为什么免费样品是一个影响低努力决策的良好营销工具?
2. 用选择策略来解释如果顾客不喜欢 Pike Place 咖啡样品,那么星巴克会面临怎样的风险?
3. 为什么金佰利公司在超市发放优惠券的同时还要在杂志中附送 Viva 纸巾的样品?
4. 在那些拿到了试用样品的度春假学生的购物决策中,规范性影响起着怎样的作用?

第 11 章

决策后过程

学习目标

学完本章后,你将能够:
1. 区分消费者在获取、消费或处置后可能会体验到的失调和后悔。
2. 解释消费者如何从经验中学习,以及为什么营销人员需要理解决策后过程。
3. 讨论消费者如何判断对他们的获取、消费或处置决策是否满意。
4. 介绍消费者是如何处置事物,以及为什么对于有意义的物品而言这一过程更加复杂,什么会影响消费者的回收行为。

导言:好市多里的"淘金热"

谁会为了能够在朴实无华的仓储店里购物而付费?好市多超市的5 200万顾客就很乐意这么做,这些顾客对好市多十分满意且忠诚,他们中有90%的人会年复一年地续约会员服务。事实上,由于越来越多的消费者对好市多540家商店及网站上所提供的优惠商品(品牌食品、图书、电子产品、汽油及其他商品和服务)产生了兴趣,好市多的会员还在不断增多之中。优惠的价格自然是最大的吸引,难得的钻戒和名牌牛仔裤的促销机会同样是消费者们所乐意抓住的。

好市多的成功还来自它慷慨的退货制度。不论何时,不论什么商品,好市多一律接受消费者的退货。甚至如果消费者不满意,连会员费都可以退还。但电视、相机、电脑和iPod之类的电子产品是仅有的例外,购买这些产品只能在90天内退货。研究发现,大多数的电子产品退货是由于消费者不明白如何使用。为此,好市多向消费者提供了免费的技术支持和两年质保,以此来显示它们全心全意让消费者满意的诚意。[1]

好市多的例子中涉及了本章所要讨论的几个关键话题。首先,它强调了顾客满意作为商业成功基础的重要性。其次,它告诉了我们,顾客满意如何取决于良好的绩效、积极感受的创建以及对于公平性的感知(公平买卖)。再次,它向我们揭示了消费者是如何通过直接的经历来了解产品的(如在好市多或使用其网站购物)。最后,它向我们展示了公司是如何用质量保证、技术支持以及慷慨的退货政策等手段来应对顾客的不满的。所有上述提到的现象都是在消费者做出决策之后发生的。本章将研究图表11.1所示的4个决策后过程,它们分别是:失调和后悔,消费者学习,满意/不满意,处置。所有这些对于营销人员都有着重要的意义。

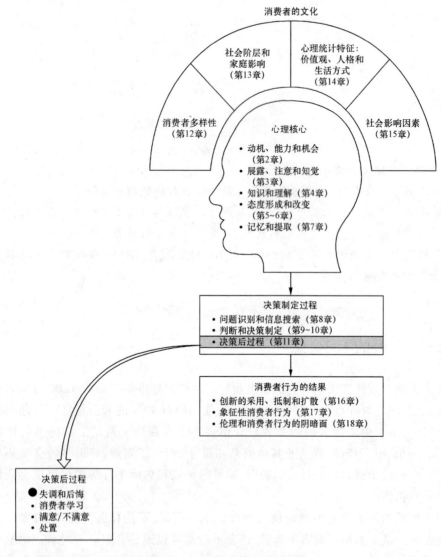

图表 11.1　本章概览:决策后过程

决策并没有在消费者做出选择或购买后停止。消费者在购买后还可能会感受到失调(对是否做出正确的决策而感到焦虑)或后悔;通过使用来了解提供物;对其体验到满意或不满意;并最终对其进行处置。

决策后的失调与后悔

消费者对于他们的获取、消费和处置决策并不总是充满信心。在接下来的章节中你将了解到,消费者有时会对他们是否做出了正确决策而感到不确定,甚至是后悔。

失 调

当你做出了获取、消费或处置的决定后,你有时会对自己选择的正确与否感到不确定。你可能会怀疑你是否应该购买另一件衬衫或裙子,

> **决策后失调**:对是否做出了正确决定的焦虑感。

或者你是否应该穿另一套衣服去参加派对,再或者是把旧的泰迪熊扔掉还是留着。当多个选择物都对你有吸引力,且决策至关重要时,**决策后失调**(post-decision dissonance)就很有可能会发生了。[2]

决策后失调会影响消费者的行为,因为消费者希望减少由它带来的焦虑情绪,尤其是在高 MAO 的时候。通过专家或者杂志等来源搜索关于产品的额外信息是减少决策后失调的一种途径。这种搜索行为具有高度的选择性,它旨在让消费者认为他们所选的选择物吸引力更高,而他们所放弃的选择物吸引力更低,从而缓解失调感。

后 悔

当消费者在自己选择的和被自己放弃的选择物间感觉到了令人不愉快的对比时,**决策后后悔**(post-decision regret)就会发生。例如,如果你

> **决策后后悔**:一种认为自己实际上应该购买另一选择物的感觉。

在买车前考虑过三款车,结果你发现自己买的车的二手车售价在三款车中最低,那么你就可能会后悔,并且希望当初自己买的是别的车。事实上,研究发现,即使你没有得到未被选的选择物的相关信息,你仍有可能会感到后悔,尤其是当你的决策无法反悔、你的选择给你带来了负面影响或你的现状发生了改变时。图表 11.2 中利宝互助保险(Liberty Mutual)的广告就以"后悔"为主题。

此外,尽管如果消费者没能抓住限时抢购的机会,他们会在短时间内后悔,但随着时间的流逝他们会不再后悔。[3]有些消费者会通过自我控制来避免内疚,他们因此不会选择那些享乐性的、昂贵但充满刺激的度假旅行。但过后,他们会后悔没能活在当下。[4]

再者,假设消费者对他们当前的购买结果不满意并决定转向了其他的选择,那么他们会对新选择产生后悔么?即使新的选择还没原来的好,他们也不会太后悔,因为他们相信自己关于转换选择的决策是正确的。[5]消费者还可以通过关注如何避免在将来重蹈覆辙来调节自己的购后后悔。[6]最后,通过把一项大的决策拆分成诸多小的决策能够减小决策的难度,同时还能减少人们对总体决策产生后悔的倾向。[7]

图表 11.2　基于后悔感的广告

有时,广告会刻意激起消费者心中的后悔情绪。例如,利宝互助保险就在广告中宣传:如果没有选择利宝来陪伴自己度过最困难的时期,那将是消费者一生中最大的遗憾。

营销启示

通过帮助消费者摆脱决策后失调和后悔,营销人员可以减少消费者对产品的负面情绪。例如,宝马的顾客会收到宝马的杂志以及通过 E-mail 发送的宝马简讯。这其中都充满着那些能使消费者对他们的座驾感觉良好的信息。这些支持性的信息减少了消费者的失调和后悔,增进了消费者对于宝马品牌的好感。消费者还可以通过从广告中获取支持性的信息来减少失调和后悔。

从消费者体验中学习[*]

在之前的几章中,我们介绍了消费者如何通过信息搜集、接触营销沟通和观察他人等过程来获取知识。从实践的视角来看,我们通常会想到上述类型的消费者学习,因为这些

---

[*] 本节中一些内容在很大程度上取材于文献:Stephen J. Hoch and John Deighton,"Managing What Consumers Learn from Experience", *Journal of Marketing*, April 1989, pp. 1—20。

过程在很大程度上是由公司直接控制的,公司可以通过营销沟通来提供信息。然而,公司的这些努力通常是具有局限性的,因为它们的可信度较低。[8]消费者们会认为这些信息是为了说服自己购买那些商品,因而他们通常对营销主张持怀疑态度。

比起上面提到的获取知识的方式,消费者在获取、消费、处置的过程中的体验对于他们知识的获取同样重要,甚至还更重要。首先,在这样的情况下,消费者往往有更高的学习动机。事实上,对事件的切身体验比光听别人讲要有趣得多,消费者的涉入度也更高,并且消费者在其中对事件有更多的控制。单纯地调查各种购买选择也是一种学习体验。然而,如果在决策过程中消费者对各个选择都难以割舍,那么决策之后他们可能会觉得不舒服——因为选择其中一个意味着放弃其他。[9]

其次,从体验中得来的信息比从其他渠道获得的信息更加生动,因而也更容易记住。[10]然而,从体验学习中获得的信息并不总是准确无误的,它们有时可能会出现偏差甚至是错误。[11]如果说关于产品属性的某些信息必须通过品尝、触摸或闻来获得,那么产品试用往往比广告或口碑宣传要管用,前者对消费者未来行为的影响更大。[12]例如,广告上也许会说某种产品有多么美味,但实际品尝无疑会让你的印象更深。另一方面,对于搜寻或信息属性(如价格、成分),反复接触广告所带来的效果近似于直接体验。因此,通过广告可以让消费者对于产品的那些特征持有强烈信念。[13]

从消费者体验中学习的一个模型

消费者可以通过**假设检验**(hypothesis testing)的过程来从体验中学习。根据过去的经验或其他信息来源(如口碑或广告),消费者会对某项产品/服务、某个消费体验或者处置某件东西产生一个预期或假设,并开始着手去验证这一假设。这样的假设十分重要,因为没有它们,消费者将难以搜集他们所需要掌握的证据。研究人员认为,消费者在假设检验中要经历四个基本阶段:(1)**形成假设**(hypothesis generation),(2)接触证据,(3)证据处理,(4)证据和以前信念的整合(参见图表11.3)。接下来的例子将对这四个步骤进行讲解。

假设一位消费者看到了史蒂夫·卡瑞尔的新电影的广告。她同时还想到了史蒂夫之前拍的电影,例如《糊涂侦探》。基于所有这些信息,她对新电影的质量形成了假设(这部电影一定很棒)。接下来她会通过**接触证据**(去看电影)来证

> **假设检验**:通过实际体验来检验原先的预期。
> **形成假设**:形成对某产品或服务的预期。

> **接触证据**:切身体验某项产品或服务。
> **证据处理**:对自己所体验到的信息进行加工处理。
> **证据整合**:将新信息和原有知识进行整合。

实或者推翻原来的假设。在看的过程中,她会对这部电影是否真的不错进行评价,这个步骤被称为**证据处理**。看完电影后,这位消费者会将已有的知识或信念与得到的证据进行整合。如果她真的喜欢这部电影,她的假设会得到证实,她可能会从中学到"史蒂夫·卡瑞尔的电影从来不会让人失望"。然而,如果她不喜欢这部新电影,她将会知道"卡瑞尔的电影并不总是那么精彩,下次一定要仔细一些"。

消费者可以针对消费者行为的每个方面提出假设:获取(在eBay上购物会很有趣)、消费(听音乐会会很不错)或处置(处理掉旧的课本很容易)。当消费者使用购物代理或者是

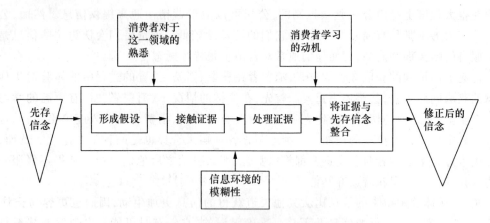

图表 11.3　从体验中学习的一个模型

通过切身的体验,消费者可以获得很多关于产品或服务的信息。这一学习过程从消费者的先存信念开始(如"史蒂夫·卡瑞尔的电影很棒")。在看了史蒂夫·卡瑞尔新电影的广告后,消费者会形成假设(如"我打赌这个电影也很不错"),接着消费者会接触证据(去看电影),然后会处理证据(判断电影究竟是好是坏),再接着消费者会将该证据与之前的信念进行整合(将现在的评价与过去对于史蒂夫电影的感受结合起来)。假如新电影不怎么好,消费者就会修正他/她的观点为"并不是史蒂夫·卡瑞尔出演的所有电影都很精彩"。这整个过程会受到消费者熟悉度、加工动机以及信息模糊性的影响。

对诸如 Amazon.com 之类的零售网站推荐的产品做出反应时,从体验中学习对于营销人员就十分重要了。通过从反复的假设检验中得来的反馈,代理商或网站可以了解到消费者的喜好,从而向他们展示更合适的商品。[14]

消费者对于品牌个性的假设和体验同样会影响他们的学习。如果一个一向以"真诚"的品牌个性著称的企业遭遇了危机,它将很难重建良好的顾客关系,因为消费者对于品牌的基本知觉已经被破坏了。然而,如果一个品牌的个性是"给人带来刺激的",那么在危机后要想重建顾客关系对于它则容易得多,因为消费者对这样一个品牌所发生的意外并不感到特别惊讶。[15]

影响从体验中学习的因素有哪些?

有四个因素会影响消费者从体验中的学习,它们分别是:(1) 动机,(2) 先前的熟悉度或能力,(3) 信息环境的模糊性或缺少机会,(4) 加工偏差。

动机

当消费者有加工信息的动机时,他们会形成一系列的假设,并寻找证据去推翻或者证实它们,在这种情况下,他们会主动地从体验中学习。一些消费者告诉美国家庭购物网(QVC.com)说她们无法从照片中了解钱包的实际大小,于是,公司立即发布了不同身高的女性拿着钱包的照片。这种信息让消费者对网站上的钱包产品有了更好的了解,事实上,那些看过照片的顾客比没看照片的顾客更有可能去购买钱包。[16]注意,当动机较低时,消费者可能会形成较少的假设或者根本就不会形成假设,也不大可能去学习,除非学习过程中包括更简单的经典条件反射或操作性条件反射(见第 6 章和第 10 章)。不过,即使是低动机的情况下,营销人员还是可以想办法促进消费者的学习,这部分内容将在本章的后面部分讲到。

先存知识或能力

消费者的先存知识或能力会影响到他们从体验中学习的程度。当知识水平较高时,消费者会有明确的信念和期望,因而也就不大可能产生新的假设。同样,专家不会像那些中等知识水平的人那样努力地搜集信息。[17]这些因素都抑制了消费者的学习。[18]相比之下,低知识水平的消费者会缺乏形成假设来引导学习过程的技能。没有引导性的假设,消费者将难以搜集证据和进行学习。因此,中等知识水平的消费者最有可能会形成假设并从体验中学习。有趣的是,专家在新产品和服务的学习上具有优势,因为他们有更广泛的知识基础。[19]

信息环境的模糊或缺少机会

有些情形没有给消费者提供机会让他们从体验中学习,这意味着消费者可能缺乏足够的信息去证实或推翻假设。[20]像这样的**信息的模糊**（ambiguity of information）之所以会发生,是因为很多提供物在质量上是相似的,因而消费者无法从使用经历中得到太多的信息。此外,在信息不明确的情况下做出初始选择可能会影响到消费者对于决策的确定感,如果实际的经历没能提供有用的信息,还将会进一步导致消费者对所选产品的属性产生持续性偏好。[21]

> **信息的模糊**:缺乏足够信息来证实或推翻某一假设的情形。

模糊的信息会强烈地影响消费者从体验中学习的能力。当消费者难以判断产品的质量(如啤酒、机油的质量)时,他们往往用从广告或口碑交流中得到的信息来支持自己的假设。由于消费者无法用从使用体验中得到的信息来推翻自己的假设,他们会认为产品与他们先前的期望是一致的。[22]因此,许多年来,消费者相信李施德林(Listerine)漱口水能预防感冒,因为他们无法从使用的经历中找出反驳这一说法的证据。显然,在这种情形下,营销人员占有不公平的优势,这也就解释了为什么虚假广告成为一个热门话题。

另一方面,当证据明确,且产品的好坏易于区分时,消费者会根据实际的使用体验来确定自己的观点,这种情况下,消费者可以从体验中学到很多。明确的信息更容易记忆,且对将来的决策有更多的影响。[23]当证据模糊时,不论是专家还是新手,他们的判断都会受到来源国(例如,知道某件商品在日本生产)的强烈影响。但是,当信息明确时,专家会忽略掉这种信息,并根据实际质量来做出评估。[24]

加工偏差

确认性偏差和过度自信会给学习过程带来严重阻碍,尤其是当证据模糊的时候。[25]具体而言,这些偏差会让消费者回避负面的和高度可诊断性的信息,因此阻碍了学习。例如,一个盲目信任日本产品质量的消费者可能会忽视反面的证据,因而从这些产品中学不到任何东西。负面信息对于学习过程至关重要,因为它让消费者能够更全面地看待事情,从而更准确地对假设进行检验。研究也表明,否定性证据的获得对于消费者的学习有着强烈且快速的影响。[26]

营销启示

模糊信息以及加工偏差常常会阻碍消费者对于产品或服务的学习。这些偏差对于营销人员而言有着重要的战略意义,具体的情况取决于提供物的市场地位。[27]

领头者战略

在产品、服务或业务上居于市场领导者地位或拥有较大的市场份额的企业被称为**领头者**(top dog)。消费者在学习上的局限对于领头企业是有利的,因为消费者只会简单地确认现有的信念和期望,尤其在低学习动机的情况下。而当学习动机较高时,消费者可能会去寻找对领头企业不利的信息,进而发生品牌转换。为了避免上述情况的发生,领头企业可以向消费者提供支持他们先前对品牌评估的具体理由。或者领头企业还可以鼓励消费者不去获取新信息,这被称为"**证据接触屏蔽**"。此外,如果关于领头者的信息是明确的,营销人员可以采用一种叫作"**体验的解释**"的手段来向消费者强调为什么该品牌是令人满意的,同时鼓励消费者的使用。麦当劳的广告语"我就喜欢"就是一个很好的例子。

> **领头者**:市场领导者或有着较大市场份额的品牌。

弱者战略

弱者(underdogs,指市场占有率低的品牌)希望消费者接受新的信息,因为这样可能会导致消费者转换品牌。当消费者缺乏学习动机时,弱者可以通过将自己与市场领导者对比的方式来促使消费者学习(如通过并排的产品展示,网上提供资料等来对比)。要想战胜消费者的过度自信和确认性偏差,弱者需要强大且独特的优势(参见图表11.4)。

> **弱者**:市场份额低的品牌。

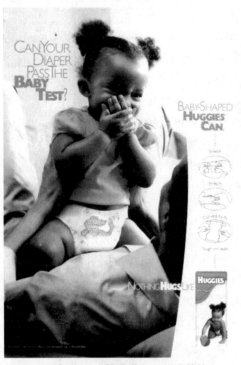

图表11.4　鼓励学习以促进转换

有时,营销人员可以通过鼓励消费者的学习来诱使消费者转向自己的品牌。好奇纸尿裤在广告中提供了一个尿裤测试,以此让消费者了解更多关于品牌质量的信息。

营销人员还可以通过广告来创建期望,同时用促销的方式鼓励消费者的实际体验。如果证据是模糊的,消费者的期望就不大可能被推翻。为了给旗下的智力墨尔乐红葡萄酒营造良好的期望,Walnut Crest 公司在美国开展了"百万美元品酒大奖"的活动。同时,公司还安排了餐厅让消费者同高价的红酒进行对比品尝。[28]最后,当学习动机较低且证据明确时,鼓励消费者进行产品试用有着重要的意义,因为这种证据会给消费者带来积极的学习体验(参见图表 11.5)。

图表 11.5 鼓励试用
有些广告鼓励消费者去试用产品或服务(如通过优惠券或促销)。因为这样的试用会给消费者带来积极的学习体验。例如本广告就希望消费者通过 Cheap Tickets 来为外出旅行订票。

消费者如何做出满意或不满意的判断

当消费者做出了获取、消费或处置决定后,他们可以评估他们决策所带来的结果。如果评估是正面的——他们感到自己的需求或目标得到了满足——他们将感到**满意**(satisfaction)。因此,你可能会对购买的新 DVD 播放机、理发、某次购物经历、某个推销员或是某个零售商店感到满意。[29] 如果消费者对结果的评估是负面的,他们会感到**不满意**(dissatisfaction)。你会因为不喜欢某部电影、对某个推销员感到不快,或是后悔丢掉了某件东西而感到不满。不满的情绪会与诸如忍受、沮丧、难过、后悔、焦躁、气愤这一类(负面)情绪相关。[30]

> **满意**:消费者做出正面评估或对他们的决定感到开心时产生的感受。
> **不满意**:消费者做出负面评估或对他们的决定感到不开心时产生的感受。

大多数关于满意或不满意的研究主要关注的是那些消费者能够对其功利维度(即该产品或服务的表现如何,是好还是坏)和享乐维度(即产品给人的感觉如何,是幸福、激动、喜悦、伤心、后悔还是气愤)进行评估的产品或服务。[31] 在判断满意程度时,消费者会将现实的状况与他们理想中的情形进行对比。[32] 消费者涉入度、消费者特征和时间同样会影响满意度。[33] 涉入度高的消费者往往会在购买结束后立即表达出更高程度的满意,这可能是因为他们进行了更广泛的评估而造成的。然而,他们的满意会随着时间而减少。相反,低涉入度的消费者在一开始会表现出较低程度的满意,但随着使用时间变长,他们的满意会提高。

营销启示

消费者的满意对于商业成功至关重要,因为满意的消费者愿意出更高的价格,特别是当他们进行重复购买时。[34] 他们也更可能成为该产品的忠实顾客,始终保持品牌忠诚。[35] 同时,他们还会向其他的人讲述自己的购买经历,因而增加了其他消费者购买该产品的概率。[36] 吸引新的顾客比向现有的顾客营销花费更大,这表明留住那些满意的顾客在节约成本方面是更有效率的。[37] 当某类产品对于消费者很重要时,满意的消费者将会更频繁地购买,特别是当购买起来很方便的时候。[38] 同时,当消费者购买某类产品时,他们会在那些让他们感到满意的品牌上花更多的钱。[39] 例如,迪士尼估计,一名主题公园的忠实顾客的长期价值达到了 5 万美元之多。[40] 因此,有些研究将消费者的满意与公司的盈利联系在了一起。

不难想象,很多公司正在积极地监测消费者的满意情况。例如,位于佛罗里达圣克劳德的假日雪佛莱(Holiday Chevrolet)经销店就会在顾客买车或是接受服务的一天之后通过电话调查的方式来了解顾客的满意程度。[41] 美国消费者满意指数(ACSI)就展示了消费者对各种行业及企业的满意情况(参见图 11.6)。营销人员在处理消费者的质疑和疑虑时同样要做到让他们满意,这是因为:其一,那些提出质疑的消费者往往是忠实的顾客;其二,这些消费者可以通过口碑沟通来影响其他人。[42]

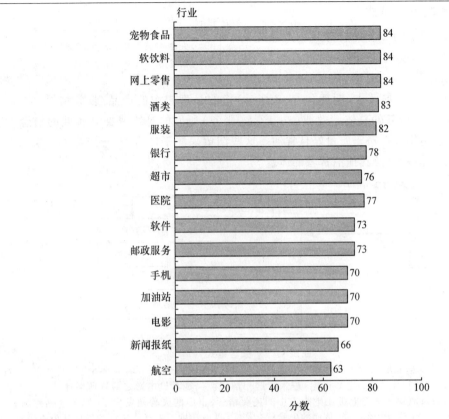

图表 11.6　美国消费者满意指数

注：图中得分越高表示消费者满意度越高

美国消费者满意指数（ACSI）显示了消费者对于各种行业的产品或服务的满意度。上图列举了几个行业作例子。

最后，营销人员还需要找出导致消费者不满意的根源，因为这有可能会导致负面的口碑效应、抱怨、低销售量及利润。如果一家百货商店每月流失 167 位顾客，那么它每年就将在销售额上损失 240 万美元（利润上损失 28 万美元）。[43] 一项研究指出：消费者需要 12 次正面的经历才能抵消一次负面的经历；吸引一位新顾客的成本是维持原有顾客成本的 5 倍。[44]

基于思考的满意/不满意

如同消费者会做出基于思考或感受的决策一样，他们同样会基于思考或感受做出满意/不满意的判断。基于思考做出的满意/不满意的判断与以下几点因素有关：(1) 提供物的实际绩效是支持了还是推翻了消费者的期望或看法，(2) 消费者关于因果关系和责任的看法，(3) 消费者对于公平和平等的看法。

期望和绩效:失验范式

如图表 11.7 所示,当我们对某一产品先前的期望与它的实际绩效(见图中的粗箭头)产生了差异(正向或负向)的时候,**失验**(disconfirmation)也就产生了。[45] 在本例中,**期望**(expectations)指的是理想中的产品/服务结果,它包括"在消费前对产品/服务的总体绩效或……产品(服务)所属的等级或拥有属性的信念"。[46] 例如,你可能会期望日本轿车质量好且省油。这些期望来源于广告、对于产品的研究、之前对于类似产品的体验以及其他消费者的体验。[47]

> **失验**:期望与实际绩效之间存在差异。
> **期望**:对一项产品或服务绩效的信念。

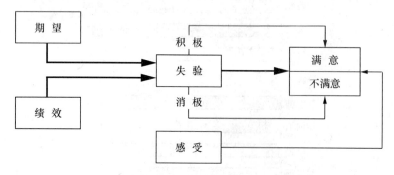

图表 11.7　失验范式

这里,失验范式向我们展示了满意和不满意的发生过程。用史蒂夫·卡瑞尔的新电影来举例,消费者带着期望(史蒂夫·卡瑞尔的电影很棒)进入了这一情境。当她看过电影之后她便会评估这部电影(绩效评估)。如果她发现这部电影比她想象中的还要精彩,正面的失验便发生了,她将会感到满意。如果电影没有她所料想的那么精彩,负面的失验就会产生,进而让她不满意。注意,期望(认为电影有趣的可能性)、绩效评价(电影是不是真的精彩)和感受(观影过程中的积极或消极情绪)同样会影响到消费者的满意/不满意(与失验无关)。

我们用**绩效**(performance)来衡量我们所期望的结果是否被实现了。绩效评价既可以是客观的(基于实际的绩效,这种情况下不同消费者的评价基本相同),也可以是主观的(基于个人的感觉,此时不同消费者的感觉可能不同)。例如对于一辆车而言,客观的绩效评价是指车的运行状况以及车的油耗如何,而主观的绩效评价则表述的是这辆车有多么时髦或是这辆车给我的感觉有多么好。超出预期的绩效会带来正面的失验,进而使人满意。如果绩效与期望的表现相同,此时只会发生简单确认,这同样会让消费者满意。相比之下,如果绩效比人们的期望要差,负面的失验将会发生,这将导致人们的不满。

> **绩效**:对于一项产品/服务是否满足了消费者需要的衡量。

消费者对于服务的评估同样会受到失验的影响。[48] 这种情况下,消费者会对服务的价格、质量以及一些无形的因素如服务设施和人员的特征等形成期望。[49] 诸如亚马逊之类的网上商店避免消费者不满的方法之一就是向消费者提供大量的信息,如做出声明,告诉顾客要想在圣诞节前收到货物的最迟订购日期。[50] 研究还发现,如果消费者参加了某项服务,并想达成诸如减肥之类的目标,那么当他们顺利地按照指导操作且最终实现目标时他们会更加满意。[51]

尽管失验范式与学习过程有很多相似之处,但是满意和不满意的判断是基于正式的评估而产生的,而学习过程则不一定如此。同样,对满意的判断不一定要局限于具体的交易,它是可以随外界变化而变化的——事实上,它不仅会受到家庭成员之类的社会因素的影响,还会受到人们对于自己生活的满意感的影响。[52]一个拥有很多选择的消费者在做出了正确的决定后通常会感到更满意,他们还会因此而表扬自己(但如果他们的选择带来的结果不尽如人意,他们则会感到不满,他们会因为做错了决定而责备自己)。[53]

有趣的是,有很多选择的消费者在一开始会对自己所选中的产品表现得充满信心,但随着时间的流逝,他们的乐观也会逐渐消失。[54]当消费者预期要评估某一提供物时,他们通常会对消费过程中的负面信息更加关注,因此会对质量和满意度给出不太有利的评估——除非他们在一开始时期望值就比较低。[55]同时,那些购买了打折商品的消费者会认为,如果他们付的是全价的话,他们将在消费过程中得到更多的好处。[56]即使产品的价格与质量之间没有关系,消费者对价格—质量的信念也将会影响他们对产品绩效的体验。[57]

如图表11.7所示,绩效、期望和感受可以不通过失验而影响满意(如细箭头所示)。[58]为了彻底了解为什么会发生满意和不满意,我们需要综合和单独考虑这些因素。仅产品绩效好这一事实就可以不受期望影响而对满意产生正面的影响。[59]同样,仅仅是产品或服务的不好绩效就足以导致不满意。[60]例如,如果你买了一个不大好用的数码音乐播放器,你将会感到不满意,即使你之前没有对播放器提出过任何期望,你仍会这么感觉。感受如何影响满意和不满意将在本章后面的部分介绍。

营销启示

> 根据失验范式,好的绩效将会带来期望和满意的实现。由营销人员创造的关于产品绩效的期望同样可以影响满意/不满意。提高消费者对于产品表现的期望将会提高他们对于产品绩效的评价。[61]当必胜客刚在中国市场营业时,比萨对于大多数中国消费者还很陌生。公司因此在餐桌上摆上了宣传卡,告诉消费者比萨是一种用天然食材制成的健康食品,公司以这种方式创造了正面期望。[62]但另一方面,这样做也为潜在的负面失验和不满意情绪埋下了隐患。当消费者的期望过高而营销人员无法兑现承诺时,上述情况就有可能会发生。
>
> 向消费者提供好的保证或担保可以创造正面期望,进而导致满意。[63]例如,位于佛罗里达恩格尔伍德的Pinemoor West高尔夫球场就通过向高尔夫球手保证他们可以在四个半小时内打完一局来进行差异化。球场的员工会提供高尔夫球车并帮助顾客装高尔夫球包,以此来节省顾客的时间和精力。[64]

因果关系和责任:归因理论

归因理论(attribution theory)研究了个体如何思考和解释结果和行为发生的原因。[65]在营销情境中,当产品或服务未能满足消费者的需求时,他们将会从以下三个因素来寻求解释。

> **归因理论**:关于个体如何对事件解释的一种理论。

- 稳定性:事件的原因是暂时的还是持久的?

- **焦点**：问题是消费者造成的还是营销人员造成的？
- **可控性**：事件是处于消费者还是营销人员的控制之下？

当问题的原因是持久的，错处在营销人员身上，且消费者无法控制时，消费者更有可能会感到不满。假设你在新车的挡风玻璃上发现了一条裂缝。如果你认为这只是一个意外或巧合，不在营销人员的控制范围之内（也许在开车时，石头砸中了你的挡风玻璃），或者这是你自己的过错，你也许不会对此感到不满。另一方面，如果你发现很多消费者都遇到了同样的问题——问题是持久性的，与公司有关的——那么你很有可能会不满。

归因理论同样适用于服务。例如，旅行社的顾客如果发现问题是永久性的且在旅行社的控制范围之内，他们将感到不满。[66]在一项关于机场旅客滞留的研究中，归因理论解释了为什么有的人会选择抱怨，而有的人会选择再次乘坐该航班。如果消费者认为航班延误是永久性的并且是在航空公司的控制范围内的，他们将更有可能选择抱怨，而不大可能再次乘坐同一航班。[67]当消费者有权选择是否参加某项服务时，他们至少会将部分负面结果归因于自己，同时也会将很大一部分正面结果归因于自己的参与。[68]对服务满意与否同样取决于消费者是否认为公司应对结果负责，以及原因是稳定的还是不稳定的。[69]最后，当公司付出了额外的努力来为消费者服务时，哪怕是最终结果不尽如人意，消费者仍会感到更加满意。[70]

营销启示

归因理论可以为营销人员处理潜在的或已经存在的消费者不满意提供指导。如果导致不满的原因是持久性的、与营销人员相关的且在营销人员控制范围之内，公司必须着手解决这些问题或者对消费者进行补偿。在银行业中，很多银行都在推广增值业务，如理财顾问、股票报价、账单代付等，以此试图获得消费者满意。[71]

公正与平等：公平理论

公平理论（equity theory）关注的是个体间交易的性质以及人们对于这些交易的认识。在营销学中，这一理论用于研究买方与卖方（或者一个更一般的组织）间的交易。[72]根据公平理论，消费者会对他们在某一个具体交易中的投入和所得形成知觉，并将这一知觉与他们对销售员、经销商或者公司的投入与所得的知觉进行比较。例如，买车时，消费者的投入包括信息搜集、决策制定花费的精力、心理上的焦虑和金钱。他们的所得则是一辆称心如意的车。销售者的投入可能包括合格的产品、销售努力以及融资计划；销售者的所得则是一个合理的利润。

> **公平理论**：研究个体间交易公平性的一种理论，有助于理解消费者满意和不满意。

要出现公平，买方必须感到**交换公平**（fairness in the exchange）。因此，如果消费者用公平的价格买下了一辆称心如意的车，他们就会认为交换是公平的。如果消费者认为自己占到了便宜的话，他们的满意程度将会更高。[73]如果消费者认为交易不公平，如销售员没有给予他们足够的重视，他们将会感到不满。要出现公

> **交换公平**：在交换中，人们感觉到他们的投入与他们的所得相等。

平,消费者必须发现卖方也得到了公平的对待。然而,对公平的感受更倾向于是以自我为中心,也就是说,比起购买方自己的投入和销售者的所得,消费者更关心自己的所得和销售者的投入。[74]

此外,研究表明,当消费者判断他们在某项服务上的支出是否公平合理时,他们常常会问自己"考虑到我所付的钱,我对这项服务的利用充分吗?"如果在开始时消费者对于服务有较高的期望,或者是服务的绩效超过了消费者常规的期望,消费者将会认为这项服务更加公平。当感受到价格/使用更加公平时,消费者将会更满意。[75]同样地,对于公平的感知会随着时间而改变。例如,当车的质保期限接近时,车主会对那些他们认为本可以被修复的属性感到格外的不满;反过来说,这些属性与消费者对于产品质量的满意程度高度相关。[76]

公平理论是对失验范式的一种补充,因为公平理论提出了不满意可能发生的另一种方式。换句话说,公平理论和失验范式可能同时发生作用。但是,尽管失验范式关注于期望和绩效,公平理论研究的则是决定是非的更为一般的人际关系准则。此外公平理论还考虑了买方和卖方的结果。

营销启示

只要消费者认为,他们的投入和所得相比于销售方而言是合理的,他们就感到满意。无论是对提供物本身,还是在消费者与员工互动解决问题时,都会有这种反应。换句话说,那些认为自己在抱怨过程中受到了公平待遇的消费者会更满意,进而更有可能会重复购买,同时更有可能传播正面的口碑。[77]但是,如果有不公平现象的存在,消费者就会感到不满意。

尽管消费者对于公平的知觉往往会偏向他们自己,营销人员仍要想方设法为消费者提供公平交换。营销人员有时可以直接影响消费者对于公平的知觉,销售员—顾客之间的互动就是一个很好的例子。销售员必须想尽一切办法来保证他们的投入与顾客的投入相当。他们会通过倾听顾客的想法、回答顾客的问题、尽可能地给顾客提供优惠等方法来达到这一点。

促销同样可以增进消费者对于公平交换的感知。向消费者提供更低的价格或是免费的礼品可以让消费者觉得他们从交换中得到了更多。此外,公司还要通过在合理的价格下提供优质产品来保证消费者满意。塔吉特就通过提供价格合理的名牌家具用品来赢得忠诚顾客的满意。

基于感受的满意/不满意

消费者还可以根据感受来判断满意与不满意,具体来说有两方面:(1)体验到的情绪(和应对这些情绪);(2)对情绪的错误预测。

体验到的情绪和应对

我们所体验到的积极和消极**决策后感受**（post-decision feelings）可以帮助我们解释消费者对满意和不满意的判断（与失验范式无关，如图表 11.7 所示）。[78] 如果我们在使用一项产品或服务的过程中感觉好（或坏），那么我们就更有可能会感到满意（或不满意），这与我们的期望以及对绩效的评价是无关的。那些开心并感到满足的消费者是最有可能感到满意的，其次是那些经历了令人愉悦的、惊喜的消费者。事实上，全世界大多数消费者从他们的购物体验中得到的都是乐趣和满意。一项研究表明，90% 的耐用品购买都伴随有积极的感受。[79] 那些感到气愤或不安的消费者最有可能会觉得不满意，尤其是那些经历了不愉快的意外的消费者。[80] 服务人员所表露出的感受同样会影响消费者的满意程度。当服务人员表现出较为真诚的积极情绪时，消费者会对服务遭遇感到更为满意。[81]

> **决策后感受**：使用产品或服务时所体验到的积极或消极情绪。

那些对购买、消费或处置的决策感到不满意的消费者需要想办法来应对不满意所带来的压力感。[82] 至于消费者如何应对，则与他们对压力的感觉有关。他们是感到威胁还是挑战，他们是否认为自己有足够的动机、能力和机会去处理问题，这些都会影响到消费者的应对。例如，一个消费者遇到了产品的技术故障，那么他可能会去阅读说明书（积极应对）、去找一位懂行的朋友寻求帮助（寻求工具性支持）或者否认问题的存在（参见图表 11.8）。

积极应对	寻求表达性支持	逃 避
行动应对 • 我努力想解决问题的方法 • 我尝试制订出行动计划 **理性思考** • 在行动之前我先分析了问题 • 我尝试控制我的情绪 **积极思考** • 我试着看到事情好的一面	**情绪发泄** • 我花时间来表达情感 • 我试图了解自身的感受 **工具性支持** • 我询问有相关经验的朋友，看他们如何处理相关问题 • 我向懂行的人进行咨询 **情绪性支持** • 我寻求他人的安慰 • 我依靠他人来使自己感觉良好	**回 避** • 我避免去想它 • 我尝试做其他事情而不去想它 **否认** • 我否认该事件的发生 • 我拒绝相信问题已经发生

图表 11.8　应对因消费问题而导致的不满意
消费者处理不满意的问题有三种方法：积极应对、寻求表达性支持和逃避。

消费者对于满意的评价往往与具体的消费情境有关——消费者对这次的经历也许会感到满意，但下次就不一定了。因此，满意与消费者态度的区别就在于，态度往往比较持久，且不取决于具体的情况。[83] 此外，研究还表明，最初的感受对于满意度的影响会较大，而这种影响会随着时间而逐渐减小。相反，思考对满意度的影响会随着时间而加强。[84] 注意，决策后评价与决策前评价是不同的，因为消费者在使用产品后，消费者进行判断的属性和临界水平都与使用前不同了。[85] 例如，当你尝过了一个速冻比萨后，你可能会发现它的味道没你想象的那么好。

对情绪的错误预测

决策后的感受会影响人们对于满意的判断，我们想象中某个产品能给自己带来的感受和实际上这个产品带给我们的感受之间的差异同样能够影响我们对于满意的判断，这一现象被称为**情感性预测**（affective forecasting）。换句话说，如果某个产品的绩效没有达到我们的预期，我们会感到很不满意；同时，如果某个产品所带给我们的感受比我们预想的要糟糕时，我们同样会感到不满。事实上，这一现象是十分普遍的，因为大多数人都是糟糕的预言家，他们常常会错误估计一个决策、经历或结果可能会给他们带来的感受。[86]

> **情感性预测**：人们尝试预测一个产品会给自己带来怎样的感受。

营销启示

营销人员必须确保消费者对试用、购买和使用他们的提供物有尽可能积极的感受。有些营销人员通过促销的方式来提高消费者的积极感受。如图表 11.9 所示，St. Paul Saint 是一家小职业棒球联盟球队，该球队通过在中场给小球迷讲故事并提供亲笔签名来为球队促销，进而提高球迷对他们的好感。[87] 商业和非营利性的机构可以通过沟通以及其他活动来加深消费者/捐赠者对组织的涉入和认同感，进而与之建立良好的关系。[88]

图表 11.9　提升和应对过程

名为 St. Paul Saint 的小职业棒球联盟球队采用了很多办法来让它们的粉丝或顾客感到满意。例如，给小孩子讲故事，并提供球员的亲笔签名。

> 了解到不满意的消费者常会感到压力，公司可以建立反馈制度或者向消费者提供专家援助，从而帮助消费者应对。例如，苹果专卖店里的天才吧（Genius Bar）就为顾客提供了这样的服务。里面的专家会热心地接受消费者的抱怨和询问，同时他们还会对消费者提出的疑问进行专业的解答。

对不满意的反应

营销人员必须理解消费者对于不满意的反应的性质，否则这可能会导致各种令人沮丧的结果。具体而言，不满意的消费者可能会决定：(1) 不采取行动；(2) 不再继续购买该产品或服务；(3) 向公司或第三方抱怨并可能会退回产品；(4) 进行负面的口碑沟通。[89] 消费者研究人员对后两种反应特别感兴趣。

抱　怨

令人惊奇的是，大多数不满意的消费者都不会抱怨。[90] 然而，哪怕只有小部分消费者进行了抱怨，这都表明出现了应当给予重视的营销问题了。不满意的消费者可以向制造商、零售商、监管部门或媒体抱怨。有时，消费者也会诉诸法律或政府机构以获得正式的赔偿。因此，营销人员应当关注什么情况下消费者会抱怨以及哪些消费者往往会抱怨。

当消费者的动机、能力以及机会都比较高时，他们更有可能会抱怨。同时随着不满意程度的增加，抱怨的情况也会增加。[91] 用公平理论来解释，交换越不公平，消费者越有采取行动的动机。[92] 然而，单凭不满意的严重程度这一项因素还难以解释消费者的抱怨行为。具体来说，当消费者发现抱怨费时费力且他们不大可能从中获益，或是产品或服务无关紧要时，消费者将不大可能会采取行动。[93]

消费者不满意的责任归于他人（尤其是企业和社会）的程度越高，他们抱怨的动机和可能性也越大。[94] 因此，当消费者觉得自己与问题无关时，也就是说当他们感到问题是持久性的，是由营销人员引起的，且在公司掌控范围之内的时候，他们更有可能会抱怨。[95] 如果不满意感过于强烈，消费者有时会对公司实施"报复"行动，他们有可能会寻求次优的选择，例如转向一个更为昂贵的竞争性产品。[96]

你也许会认为那些更有进取心、更自信的消费者比起其他人更有可能会抱怨[97]，或者那些对抱怨有更多知识和经验的消费者比其他人更有可能会抱怨。目前，还没有证据来支持上述两种说法，不过确有研究表明经验会增加消费者抱怨的可能性。当消费者有时间并有正式的沟通渠道时，他们更有可能会抱怨。

研究表明有四种不同类型的抱怨者。[98] 被动者最不可能抱怨。发言者则很可能会直接向零售商或服务提供商抱怨。愤怒者是指气愤的消费者，他们往往会参与负面的口碑宣传，停止惠顾，并向供应商抱怨，但他们通常不会向第三方（如媒体和政府等）抱怨。积极分子常常会积极参与到各种类型的抱怨中来，包括向第三方抱怨。如今，通过博客和网站，积极分子可以向成千上万的消费者发表他们的负面评论。[99]

营销启示

尽管大多数消费者都不会抱怨,但给予抱怨的消费者积极的回应仍是营销人员最好的选择。快速回应是其中的关键:一项调查表明,57%的受访者表示,网站回复电子邮件的速度会影响未来他们对购物网站的选择。[100]然而不幸的是,最近一项调查显示,45%的大公司都没有告知消费者他们在用 E-mail 提出抱怨和质询后多长时间才能得到回复。[101]显而易见,如果公司能给出迅速的回应,消费者将感到更满意且更有可能会再次购买,特别是当其中涉及退款或公平的换货/退货政策时。

如果公司能正确对待不满意的消费者,那么这些消费者在将来甚至可能会对该品牌更加忠诚。例如,一位消费者建立了一个抱怨网站来公布自己在使用索尼的电子产品时所遇到的问题,如果公司成功地解决了他的问题,他很有可能会将抱怨网站改造成一个索尼的热心支持者网站。[102]然而,如果消费者多次遇到问题,那么即使公司能够迅速地解决这些问题,消费者的满意度和再次购买的意愿仍会下降。事实上,消费者会认为第二次的问题比第一次更为严重,并形成"公司应当负责"的思维定势。[103]因此,公司不仅需要找到一个能高效且迅速处理消费者问题的机制,同时还要注意改进产品/服务,避免类似的问题再次发生。

商品及服务的质量保证可以带来正面的失验效应,即给消费者比他们预期的还要好的回应,这样可以在解决消费者抱怨的同时给他们带来满意。[104]同时,公司常常会鼓励消费者进行抱怨,因为那些感到不满但又不抱怨的消费者更有可能会停止购买。[105]但是,如果公司对于抱怨的回应过于积极,也就是说急于取悦消费者,那么消费者可能会更愿意抱怨,哪怕他们的抱怨并不正当。因为消费者发现通过抱怨他们更有可能会得到补偿。[106]尽管如此,通过鼓励消费者进行正当的抱怨并积极处理这些顾客问题,公司将能留住那些有价值的消费者。

对服务补救的反应

如果消费者感到不满,营销人员必须想方设法地补救,以此避免生意的流失。消费者对服务补救努力的反应取决于他们的期望。[107]如果尽管发生了一点小问题,消费者仍想保持与公司之间的良好关系,那么公司应当真诚地道歉,并保证将来类似的问题不会再次出现。如果消费者比较激进并有较强的控制欲,公司则应当认真对待他们的抱怨,向他们提供选择,并让他们觉得一切都在自己的掌控之中。当消费者希望得到合理反映成本和利益的价格时,公司应当给予他们折扣或其他补偿,以此来部分恢复消费者的满意水平。

营销启示

研究表明,消费者期望公司能够用不同的服务补救来解决不同的问题。[108] 例如,如果问题出在公司对消费者的服务不用心上,那么立即改正服务态度并向消费者道歉就可以减少他们的不满并重新恢复他们的满意水平。如果消费者认为问题是永久性的,是由公司造成的并且在公司的控制之内,而事实上却并非如此,那么营销人员就需要纠正消费者的错觉。解决上述问题的最好方法就是对问题进行合理的分析和解释(尤其是当过错不在公司身上时)或者给予消费者礼品、退款等作为补偿。[109]

负面口碑反应

当消费者对某项产品或服务感到不满时,他们常常会将自己的经历告诉他人,以此来缓解自己的沮丧心情或者是劝诫他人不要购买或不要与该公司做生意。当问题很严重、消费者对公司的回应不满意以及消费者认为公司应当对问题负全责时,**负面口碑沟通**(negative word-of mouth communication)就会发生。[110] 负面口碑对公司可能是个大麻烦,因为这些负面信息常常是生动而具有说服力的(因而也就容易被人记住),且其他顾客在做决策时很大程度上会受到口碑信息的影响。[111] 这些负面口碑信息甚至会使得其他消费者停止(甚至是永远停止)与该公司打交道。当消费者诉诸博客或诸如 PlanetFeedback.com 之类的网站时,负面口碑信息甚至可以传到世界各地。[112] 这些网站对于公司而言是潜在的威胁,因为全球的消费者都可以接触到这些网站,且上面的信息可能是有失公平、无理取闹或是不合情理的。[113]

> **负面口碑沟通**:消费者向其他消费者传播关于某一产品或服务的负面信息的行为。

营销启示

营销人员应当积极响应负面口碑信息。他们应当努力发现问题的根源,并通过补偿或沟通的方式来改正或消除问题。赫兹租车公司(Hertz)在美国想要收取 2.5 美元的预订费,但这一举动遭到了一大批消费者的抵制。公司原本想用这项收费来抵补更高的成本,但因为成百上千的消费者进行了游行并在互联网的留言板上提出了批评,公司最终还是决定取消这项收费。[114]

消费者满意就足够了么?

尽管消费者满意对于任何一家公司都至关重要,有些人仍对是否仅凭消费者满意就可以维持消费者忠诚提出了质疑。有证据指出,流失到竞争对手处的消费者当中有 65% ~ 85% 表示他们对先前使用的产品或服务感到满意或者非常满意。[115] 当消费者没有感到强烈的满意时,他们更有可能会流失。[116] 其他研究表明,消费者的满意度与重复购买之间的相关性很低。[117]因此,消费者需要极度的满足或是更强有力的理由才会保持对于某一品牌或公司的忠诚。[118]此外,消费者的忠诚还取决于产品是否有足够的优势,消费者是否认可和喜欢这种优势,以及产品是否能融入一个公司所能够维持的人际网络中。[119]

对于任何营销人员而言,他们的首要目标都是**顾客保留**(customer retention),即令消费者满意,以此来和他们建立长期关系。顾客保留策略试图通过密切关注消费者互动的各个方面(尤其是售后服务)来建立顾客承诺和忠诚。图表11.10向你展示了这一策略的一个例子。从长期来看,顾客保留策略有助于强化与消费者的关系并提高销量。[120]具体而言,增加的利润来源于重复购买、降低的成本以及消费者向其他人的推荐。[121]顾客关系管理系统可以让公司了解更多关于顾客的信息,从而使营销人员更好地服务、满足并留住消费者。[122]

> **顾客保留**:通过建立长期关系来保留顾客。

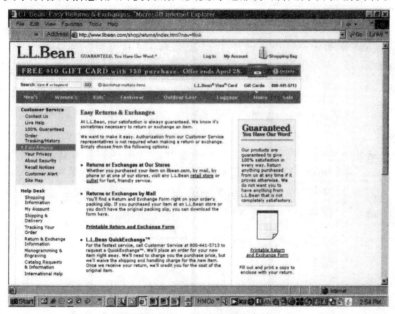

图表11.10 鼓励满意和忠诚

提供强大的保证是增加消费者的满意和忠诚的方法之一。如图所示,L. L. Bean 提供的保证就是一个很好的例证。

营销启示

由于获得新顾客会带来高成本,而重复购买可以带来高利润,公司应当采用如下的一些措施来保留顾客。[123]

● 关心消费者。2/3 的顾客流失都是因为顾客认为企业对他们的关心不够。因此,一点点的关怀可以派上大用场。一位顾客就极力地赞扬了星巴克对他的关注:"他们真诚地对你微笑并记住你的名字。他们待你如朋友一般。我认为其他的公司应当向他们学习。"[124]

- **经常与顾客联系。** 公司可以同消费者进行联系以确保他们在使用过程中没有问题,同时还可以在特殊的日子(如生日)向消费者致以问候。新西兰奥克兰第五号餐厅的老板每周都会通过电子邮件向顾客发送时事周刊,同时她还会打电话询问顾客的用餐情况。她认为"这些事花费不大,但他们却让顾客觉得受到了重视"。[125]
- **建立信任关系。** 向消费者提供专业知识和优质的产品/服务。广告网站克雷格列表(Craigslist)就采用了这种方法,每月能吸引三千万人到它们的 450 个城市分类网站上张贴或查阅有关求职、租房以及其他商品的分类广告。网站的创始人克雷格·纽马克说:"我只是想提供像其他优秀公司那样的顾客服务。"他还补充道:"如果你给人们提供了一个可以相互信任且平等对待每一个人的环境,大多数情况下,人们都会回报这种信任。"[126]
- **监测服务的提供过程。** 当消费者需要产品服务和维修时,公司应当尽自己所能给予消费者回应,并表达对他们的关心。在宾夕法尼亚州黎巴嫩市,很多顾客都为洗车排队而苦恼。神奇先生洗车店(Mr. Magic Car Wash)的店主看到这一情况后在店内设置了两条车道。自动洗车车道为那些需要常规服务的顾客提供服务,并采用充值卡付费。全面服务车道则可以为消费者提供附加的服务。洗车店的这一改变增加了消费者的满意度和忠诚度。[127]
- **付出额外的努力。** 那些为了消费者的满意而付出额外努力的公司更有可能与顾客之间建立长久的关系。例如,戴尔公司就在中国设立了一个服务中心,以向本地顾客提供技术支持。"我们会在最短的时间内维修顾客的系统并让它重新运行。"该公司的副总裁说道。[128]

处 置

从最基本的含义上讲,处置指的是不假思索地抛弃掉无意义或无用的物件。然而研究表明,处置的过程比我们所想象的要丰富和细致得多。[129]我们往往将所有物看做是实体的东西,但是事实上所有物可以被赋予更广泛的定义,即看做是一切能自我延伸的东西,包括自己的身体、他人、宠物、地点、服务、时间段和事件等。例如,你可以结束一段感情、给朋友出点子、捐献器官、放弃不健康的生活方式、用尽闲暇时间或者取消你在好市多的会员资格。因此,对于处置的研究涉及上述所有类型的所有物。

当一件所有物在当前不再具有使用价值时,消费者有很多种选择(参见图表 11.11)。[130]注意,处置可能是暂时的(如出借或出租)或自然而然的(如丢失或销毁物品)。[131]在本书中,我们将主要关注那些永久性的、自愿性的处置行为。

图表11.11 处置时的选择

自愿性处置的分类			
方法	个人方面	人际方面	社会方面
赠送：通常是送给能够使用它的人	必然需要其他人成为接受者	捐赠人体器官；将衣服捐给穷人；将孩子送给他人收养；给朋友出主意	给新居民提供土地；将多余的食物捐给穷人；向盟国提供军事顾问
交易或交换	皮肤移植；用睡觉时间来工作；用工作时间购物	汽车转手；股票交易；以物易物；与同事交换想法；更换男女朋友；旧货交换会	用坦克换石油；用富余的水换高尔夫球场
循环：转化为其他东西	将谷仓的横梁改做墙壁嵌板；将碎布缝成被子；在感恩节后吃火鸡三明治	报纸循环利用；铝罐的循环利用；制造商将废品进行再利用	污水循环利用；将贫民窟改造成模范社区；将战后废墟改造成国家纪念地
出售：变为金钱	必然需要其他人成为买方；卖淫；出售艺术作品；出售想法	商业；卖血；出售理想以实现政治目标	出售小麦；出售武器；出售土地
用尽：消费就等于处置	吃掉食物；用尽车里的燃料；发射弹药；耗尽时间；燃烧木材	令员工花费时间和精力；花别人的钱；烧邻居的气	使用天然染料和电力；使用某个国家的生产力；在战争中使用士兵
丢弃：以能为社会所接受的方式处置	将东西丢进垃圾堆；冲厕所；进行垃圾处理；放弃某个想法	社区大扫除；离婚；结束一段感情；辞职或退休	将垃圾倒入海洋；填埋核废料
抛弃：以不能为社会所接受的方式处置	将车辆处置在路边；抛弃道德准则；抛弃健康、快乐的生活方式	抛弃孩子和家庭；将宠物抛弃在门口；抛弃他人的信任	抛弃越南；抛弃伊朗王；将旧卫星抛弃在宇宙中；抛弃穷人
销毁：有意破坏实体形态	撕毁私人信件；自杀；烧毁房屋；撕毁老照片	摧毁建筑物；谋杀；安乐死；火葬；流产；纵火	发动战争；种族屠杀；处决囚犯；进行革命；焚毁旗帜

处置往往意味着将东西丢掉；然而还有很多其他的方法来处理东西（如捐赠、交易、循环利用）。除此之外，处置过程可能涉及一个人（个人方面）、两个及两个以上的人（人际方面）或广义上的社会（社会方面）。

资料来源：Melissa Martin Young and Melanie Wallendorf, "Ashes to Ashes, Dust to Dust: Conceptualizing Consumer Disposition of Possessions," in Proceedings, Marketing Educators' Conference (Chicago, American Marketing Association, 1989), pp.33—39。

消费者在处置行为的背后常常会有合乎逻辑的动机。[132]例如，人们常常通过卖东西来赚钱。与之相比，人们也可以不是为了减免税收而选择捐赠物品，或者出于对其他人的关心或者是怕东西浪费了而将自己的东西无偿地送给别人。具体的情况以及与产品相关的因素同样也会影响到消费者对于处置的选择。[133]例如，当人们的时间有限或储藏空间有限时，他们可能会通过直接丢掉、送人或是抛弃等方式来处置所有物（参见图表11.12）。然而，当处理价值高昂的物品时，人们往往会选择将其出售或是赠与某个和自己关系特殊的人，而不是简单地一丢了之。总而言之，对于不同类型的物品，人们有不同的处置的方式。

图表 11.12 处置的过程
消费者有很多方式来处置不想要的物品。庭院旧货出售就是一种比较流行的方式。

一项研究考察了消费者对于不合意礼物的处理方式。[134]它们可以被横向地循环(交换、出售或赠与其他人)、销毁或是退还。销毁礼物是报复送礼者的一种方式,但更多的情况下这只是一种幻想而非实际行为。零售商应当注意,将礼物退还给商店对于消费者来说可能是一种负面的情绪体验。处置的行为可能会包括不止一个人,如消费者们将旧衣服赠送给别人、出售二手车或是参加社区大扫除。处置行为还可能会具有集体或社会性质,如污水的循环利用。[135]

处置有意义的物品

尽管处置常常意味着简单地处理掉不合意的、无意义的或是用完的物品,但如果是要处置一些重要的物品,这一过程则会变得复杂得多。所有物有时是对自我的重要体现,并被赋予了象征意义。[136]所有物界定了我们的身份,记载着我们的个人历史。[137]在这些情况下,处置包括了两个过程:实体上的分离和情绪上的分离。

我们通常意义上的处置是就**实体上的分离**(physical detachment)而言的,即在实体上将物件转移给别人或转移到另一个地方的过程。然而,

> **实体上的分离**:在物理上处置掉一件物品。
> **情绪上的分离**:在情感上处置掉一件物品。

情绪上的分离(emotional detachment)却更为细致、长久且令人痛苦。通常情况下,人们在实体分离很长一段时间后仍然会保持与所有物在情绪上的依附。例如,一个人可能要花几年

的时间才能下定决心出售珍贵的房屋或汽车。将孩子或宠物送人领养是另一个难以在情绪上分离的例子,这样做有时会导致痛苦和悲哀。事实上,收集狂甚至对处理掉没有什么价值的所有物都感到难受,于是他们会任物品堆满地下室、衣橱和车库。即使一些物品可以在折旧后用来抵价换取新的物品,消费者仍会因为情绪上的不舍而赋予原来的物品以更高的价值,这样一来就使得处置和购买的决策变得更加复杂了。[138]

处置的过程在人们发生角色变迁的时期(如青春期、毕业、结婚)显得格外重要。[139]在这些情形下,消费者需要处置掉那些象征着旧角色的事物。例如,结婚时,很多人会放弃掉象征着旧恋情的物品,如照片、珠宝、礼物等。在离婚时,对共有财产的处置也是个关键的过程。这样的处置有两种不同的类型:解脱型,其目的是为了让自己从先前的婚姻中解脱出来;坚持型,坚持对财产的所有权,以期能够破镜重圆。[140]消费者同样会指明他们去世后的财产分配。这包括将有价值的物品赠与重要家属、其他人、慈善团体和学校一类的社会组织,以及通过遗嘱来分配货币性财产。

营销启示

出于以下几点原因,营销人员需要了解处置的过程。第一,处置决策通常会影响到之后的购买决策。例如,某人因为旧冰箱坏了而决定买新冰箱,那么他可能会觉得以前那个牌子的冰箱不够耐用,因而在今后不会考虑该品牌。通过了解消费者抛弃原来品牌的原因(尤其是当出现问题时),营销人员将有机会在将来对产品或服务进行改善。

第二,营销人员一直对消费者在二手市场上交易、出售或捐赠物品的方式很感兴趣。二手商品零售商、网站、跳蚤市场、车库旧货甩卖、报纸上和网站上的分类广告都为消费者处置或购买二手物品提供了方便。跳蚤市场十分流行,这不仅仅是因为它为消费者提供了一种新的处置和购买旧货的方法,还因为它们能够带来享乐性体验。[141]消费者十分享受寻觅商品和讨价还价的过程、节日般的气氛(犹如中世纪的集市)以及社交的机会。在 eBay 和克雷格列表网站上购物的顾客也能感受到类似的乐趣。

第三,对产品的处置有时对整个社会造成重大的影响。例如,如果我们可以通过交易和转卖来使产品的生命得到延长,那么污染和资源的消耗就可能减少。

第四,通过考察广泛的处置模式,营销人员可以对营销知识有更深入的了解。例如,一项研究对家庭垃圾进行考察,以此来发现食品消费的群体差异性。[142]研究人员发现,区域因素是引起消费模式差异的最主要原因,其次则是文化地位的影响。例如,美国西南部的人对豆子的消费较多,因为当地流行墨西哥食品。

循环利用

保护自然资源已经迫在眉睫,因而,对人们处置行为的研究可以为循环利用项目的开发提供有用的见解(参见图表11.13)。为此,许多研究人员对循环利用的相关因素产生了兴趣。[143]例如,研究表明消费者对循环利用的态度会影响到他们进行废物利用和循环性购买的行为。[144]进行循环利用的动机、能力和机会,是了解消费者循环利用行为的最有用的变量指标。

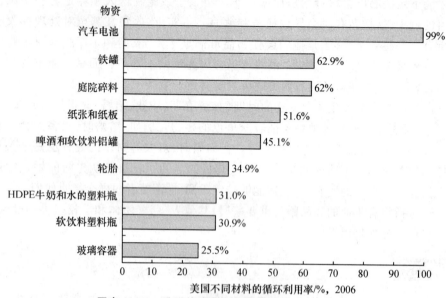

图表 11.13 美国的消费者都循环利用些什么东西？
到目前为止，汽车电池是美国消费者最普遍循环利用的东西。
资料来源：U. S. Environmental Protection Agency, www.epa.gov/epaoswer/non-hw/muncpl/facts.htm。

循环利用的动机

当消费者发现从循环中得到的利益大于成本时，他们才更有可能会进行循环利用。这里所提到的利益和成本包括了金钱、时间和精力。[145]循环利用所带来的当前利益或目标包括：避免进行垃圾填埋，减少废物，重复使用材料和保护环境。更高层次的目标则包括：增进健康、预防疾病，维持生命的延续以及为子孙后代做准备。[146]上述种种利益可能会随细分市场的不同而不同。例如，对于暴力犯罪严重的社区而言，保护环境就显得没那么重要了。[147]同时，如果消费者发现他们的努力能够带来影响，他们将更有动力进行废物的循环利用。[148]在一个清洁、方便的地点进行废物回收同样可以增进消费者的积极性。

循环利用的能力

知道如何循环使用废物的消费者比起那些缺乏相关知识的人更有可能去进行循环利用。[149]在德国进行的一项研究表明，相关知识的缺乏会导致不正确的处置方式，进而导致循环利用的减少。[150]消费者还需要了解到循环利用给环境带来的好处，而且他们应当将其作为日常生活的一部分。

循环利用的机会

如果可循环材料的分离、储存、移动对于消费者而言过于困难或不方便，那么他们就不大可能会进行循环利用。在德国，一项有彩色标志、带有轮子的大型塑料容器来回收废物的环保项目大获成功。此外，消费者还需要改变原有的废物处理的习惯而建立新的习惯。向消费者提供易于使用的回收容器是大有帮助的。同时，那些购买软饮料（或其他商品）一边工作一边饮用的消费者回收瓶瓶罐罐的机会更少。[151]

营销启示

营销人员可以通过提高消费者的 MAO 来促使他们进行循环利用。像竞赛之类的特殊激励就能提高动机。营销人员通过与消费者就不进行循环利用的负面后果进行沟通对提高消费者的动机尤为有效。[152] 唯一的缺点在于，上述方法必须定期重复开展，因为它们的效果往往是暂时性的。

营销人员还可以通过传授废物利用的技术来增强消费者进行循环使用的能力。他们可以通过社区或街区领袖、传单、社区服务公告等与消费者息息相关且又容易记住的方式来与消费者沟通。同时，向消费者提供冰箱贴也可以提醒他们去进行循环利用。[153] 提供分类容器可以让可循环材料被方便地分离出来，还可以与倒垃圾同时进行，这样一来便增加了消费者循环利用的机会。向消费者提供易于回收的产品同样有助于增加他们循环利用的机会。最后，在生产过程中就考虑到产品和包装的环保性（并突出这样做的好处），可以帮助营销人员吸引那些热爱环保却又嫌循环利用麻烦的消费者。

总 结

消费者有时候会出现决策后失调，这是一种在决策做出之后产生的焦虑和不确定的感受。有时，当他们将选中的商品与未选中的商品进行对比时，他们还会感到后悔。这些后悔的感觉会直接影响消费者在将来购买同一产品的决策。消费者可以通过假设检验来从体验中学习。所谓的假设检验是指，消费者通过实际参与对产品的获取、消费和处置来证实或否定他们对于产品的期望。这一过程会受到消费者的动机、先前的知识（熟悉程度）、信息的模糊性以及偏差（包括确认性偏差和过度自信）的影响。

满意既是一种主观感受，同时也是一种对决策是否满足了需要或目标的客观评价。当消费者产生了消极情绪，并认定他们的目标或需要没有被满足时，他们将会感到不满意。基于思考的对满意/不满意的判断与以下几方面因素有关：(1) 消费者关于某一产品/服务的看法或期望是被其实际绩效所证实还是否定了（失验范式）；(2) 消费者对于因果关系及责任的看法（归因理论）；(3) 对于公正与平等的看法（公平理论）。消费者同样可以根据感情因素来对满意/不满意做出判断，特别是：(1) 体验到的情绪（和应对这些情绪）；(2) 对情绪的错误预测。

消费者可以通过抱怨、对服务补救做出反应、进行负面的口碑宣传等方式来表达自己的不满。最后，消费者还可以通过各种方式来处置产品。这一点对于制定营销策略和理解消费者行为都有重要的意义。循环利用是处置的一种方式，它取决于消费者采取行动的动机、能力和机会。

复习和讨论问题

1. 决策后失调与决策后后悔有什么区别？这两者对消费者有怎样的影响？

2. 请描述消费者是如何通过从体验中学习来获得关于产品或服务的信息。
3. 消费者的期望和产品/服务的实际绩效对失验有怎样的影响?
4. 请给出归因理论和公平理论的定义,并解释它们与不满意之间的关系。
5. 为什么说消费者的抱怨对于营销人员至关重要,营销人员应当怎样处理抱怨问题?
6. 体验到的情绪及对情绪的错误预测对消费者的满意或不满意有怎样的影响?
7. 消费者处置东西的方式有哪八种?
8. 为什么营销人员需要同时考虑消费者处置过程中实体上的分离和情绪上的分离?

消费者行为案例　服务补救让捷蓝越飞越高

　　捷蓝航空公司(Jetblue)深知每一趟航班都是它们取悦顾客同时赢得或者强化顾客忠诚的一次机会。以美国肯尼迪国际机场为基地的捷蓝航空公司于2000年将其第一架喷气式飞机送入了天空,现在公司的航班已经覆盖了美国的许多城市,同时还开设了飞往加勒比度假区的航线。捷蓝航空公司以低廉的票价和友善的服务著称,同时它们还向消费者提供了其他很多低成本航空公司所无法提供的东西。机内为每位乘客设有宽敞舒适的真皮坐椅、卫星电视和卫星广播,同时捷蓝航空公司还在所有的航班上向消费者提供来自唐恩都乐的咖啡。

　　基于以上事实,顾客给予捷蓝航空公司好评实在是不足为奇——忠诚的顾客在多项调查中都将其排在榜首;只要有可能这些顾客就会选择捷蓝航空公司的航班。捷蓝航空公司一直都在不遗余力地宣传公司所获得的殊荣,同时它还不断地向消费者提供卓越的旅行体验以提高消费者的期望。通过履行自己对服务的承诺,捷蓝航空公司的年收入已接近30亿美元。

　　但如果满心期待着轻松旅行的顾客发现自己被迫睡在了机场,或是被困在了停在原地的飞机里,捷蓝航空公司又将如何应对呢?2007年的情人节,这样的噩梦就发生了。当时冰雹袭击了纽约,但由于相信天气会很快好转,飞机届时也能起飞,捷蓝航空公司让顾客登上了九架客机,并在封闭机舱后让飞机驶入了跑道。但由于冰雹的持续,捷蓝航空公司只好让飞机继续停在跑道上。冰雹持续着,机内"弹尽粮绝",洗手间也越来越脏,但在这种情况下飞机还是在跑道上停留了9个小时之久。最终捷蓝航空公司不得不将飞机开回总站,并让愤怒的旅客们下了飞机。

　　当天,捷蓝航空公司取消了250多次航班,同时还导致成千上万名旅客滞留在了肯尼迪国际机场。第二天情况并没有好转,因为公司无法在短时间内组织足够多的飞机来解决滞留在纽约的旅客。同时,由于飞机都被调度到了纽约,其他航线也无法正常运转。这对于捷蓝航空公司来说实在是进退两难,并且将公司的全部飞行计划都打乱了。风暴后的两天,公司不得不暂停了对11个城市的服务,并取消了23%的航班,同时将原来滞留的旅客送往目的地。在5天内,捷蓝航空公司总计取消了超过1 000次航班,同时还惹得顾客们又生气又沮丧。

然而,尽管这场捷蓝航空公司的服务噩梦已出现在了全国各大报纸的头条上,公司的高层仍在不遗余力地解决问题。他们一方面要防止问题再次发生,另一方面还要平息顾客的怒火。公司的CEO发誓"这场事故一定会使公司焕然一新","这将会给公司带来高昂的花销,但为了使消费者重拾信心,这是值得的。"仅数日之内,公司就宣布了顾客人权条例。除了为被延误的消费者提供退款或代金券外,公司还保证若飞机起飞前停留超过5个小时,一律让顾客下机。

捷蓝航空公司总计花费了4 000万美元向受风暴影响的顾客提供退款或代金券。然而,恢复受损的公司形象才是当务之急。风暴后仅一周,《商业周刊》就将捷蓝航空公司从2007年度"顾客服务冠军"的名单中移除了,在此之前,捷蓝航空公司在该榜单上排名第四。为了化解危机,捷蓝航空公司不断地宣传它的顾客人权条例,增加了消费者服务代表的数量,训练员工更有效地应对航班延误,同时还为了让每一位顾客称心如意而加倍努力。这些服务补救措施没有白费:捷蓝航空公司的收入不断增长,且在2008年《商业周刊》的"顾客服务冠军"的排行中获得了第七名的好成绩。[154]

案例问题

1. 你认为捷蓝航空公司应当通过宣传其卓越的服务来提高消费者的期望值吗?请用实验范式的知识来支持你的观点。

2. 顾客人权条例的迅速出台对于那些持有捷蓝航空公司机票以备将来出行的顾客的决策后感受有什么影响?

3. 哪些受风暴影响的捷蓝航空公司的顾客更有可能会感到失调还是后悔呢?为什么?

4. 相比起案例中提到的方法,捷蓝航空公司有没有什么可以做得更好的地方从而使顾客更加满意呢?

第4部分

消费者的文化

第 12 章　消费者多样性
第 13 章　社会阶层和家庭的影响
第 14 章　心理统计特征：价值观、人格和生活方式
第 15 章　消费者行为的社会影响因素

  第四部分反映了消费者行为的宏观视角，它考察了消费者文化的不同方面如何影响消费行为。第 12 章主要关注消费者多样性，尤其是年龄、性别、性取向以及地区、种族和宗教对消费者行为的影响作用。第 13 章探讨了不同文化中的社会阶层是如何确定的，以及社会阶层如何影响消费者决策和行为。这一章还考察了不同的家庭类型，以及家庭成员如何影响获取和消费决策。

  多样性、社会阶层与家庭会共同影响我们的价值观、人格和生活方式，这些话题将在第 14 章讨论。此外，正如第 15 章所揭示的，我们的行为和决策会被特定的人、群体（例如朋友、同事、俱乐部成员）和各种媒体所影响。以上所有这些因素都影响着消费者行为，因此对营销人员有很多启示。

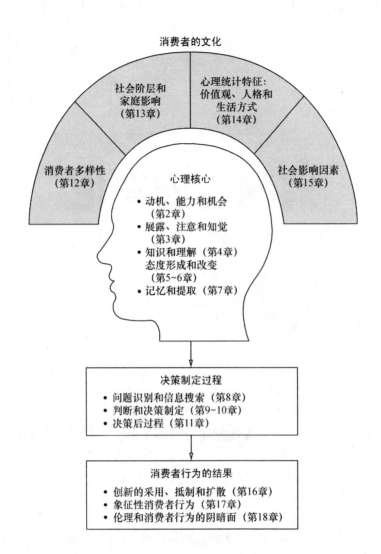

第12章 消费者多样性

学习目标

学完本章后,你将能够:

1. 解释消费者的年龄如何影响获取、消费和处置的行为,以及为什么营销人员应当在制定营销活动计划时考虑年龄的影响。

2. 描述性别和性取向分别如何影响消费者行为,公司如何通过理解这两方面的影响创造出更有效的营销。

3. 讨论地区、种族和宗教信仰如何影响消费者行为,以及营销人员在选取特定群体为目标市场时,为什么必须考虑这些影响。

导言:通过"成人礼"来把握消费者

像迪士尼乐园(the Disneyland Resort)、皇家加勒比游轮(Royal Caribbean Cruises)、贺曼公司(Hallmark)这些企业正在通过成人礼(quinceanera,西班牙裔女孩15岁时的传统的成人礼)来接触消费者。虽然家族已经移民到美国已经几代人,很多西班牙裔的美国人仍然继续着他们把年满15岁的女孩子宣告为成人的传统(先在天主教堂然后还会有一个为家庭和朋友举办的派对)。

在美国,尤其是在那些居住着大量西班牙裔美国人的地区,营销和成人礼有关的产品和服务已经成为了一项价值400万的美国产业。成立于2005年的杂志 *Quince Girl* 上有文章和广告来帮助女孩和家长们来策划这个特殊的庆典。例如,加利福尼亚的迪士尼乐园每个月都会如期举办三次盛大的成人礼,标价在7 500美元以上。皇家加勒比游轮与旅行社合作专门制定推出了每次派对可以容纳多达1 200人的游轮。莫泰公司(Mattel)销售一种特殊的成人礼芭比娃娃,同时贺曼公司销售成人礼贺卡。然而,尽管有不少西班牙裔青少年渴盼自己的成人礼到来,可是相当一部分人已经习惯美国的风俗(例如开一个"甜蜜16岁"派对或拥有一辆属于自己的车)而不是在15岁时开派对庆祝自己的成人礼。[1]

这个例子就表明了影响消费者行为的一些多样性因素,也就是我们将会在本章中逐一讨论的问题(参见图表12.1)。首先,消费者的年龄和性别会影响购买:青少年的成人礼将会引发许多购买和各式各样的消费。其次,消费者居住的地区(不论是美国还是世界各地)都可以影响他们的行为。最后,由于不同的群体或个人不同的传统、风俗和偏好,他们有着独特的民族和宗教模式,消费者行为也会因此有不同改变。例如,来自墨西哥的家庭所偏好的成人礼蛋糕和来自智利或者尼加拉瓜的家庭有所不同。显然,为了制定和执行高效的营销策略,企业需要深刻认识这些多样性因素是如何影响消费者的。

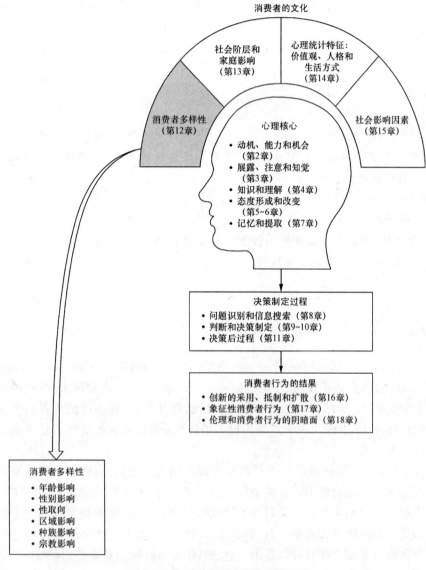

图表12.1 本章概览:消费者多样性

本章探讨消费者的多样性(例如年龄、性别、性取向、生活地区、种族群体和宗教)如何影响消费者的行为。

年龄如何影响消费者行为

营销人员经常根据年龄对消费者进行细分。这其中的基本逻辑是同一年龄的人群有着相似的生活经历,因而他们会有共同的需要、体验、标志和回忆,从而会导致他们形成相似的消费模式。[2]无论是哪个国家,年龄群体都会不断地经历从出生、成长、成熟到死亡的转变。本章节首先介绍了美国年龄趋势的概况,接着考察营销人员所针对的4种主要年龄群体:(1)青少年和Y世代,也被称为"新千年一代";(2)X世代;(3)婴儿潮一代;(4)老年人。

美国的年龄趋势

美国消费者的年龄中位数在1980年时是30岁,现在是36.4岁,这反映出40岁到60岁人口数量的急剧膨胀。全美人口的75%是由18岁以上的成年人组成的(参见图表12.2)。得益于更完备的医疗保障和更健康的生活方式,人们的寿命延长了,这也就是为什么老年市场已经成为一个对营销人员很有吸引力的目标市场。20~34岁的成年人数目(其中包括X世代和Y世代)以前一直都在减少,但是目前这一趋势已经开始有所转变,这为营销人员在家庭形成的决定性时期建立和维持品牌忠诚创造了新的机会。[3]

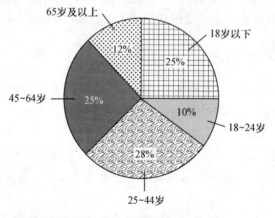

图表 12.2 美国人口按年龄的分布
18岁以下的消费者达到美国总人口的25%,相比之下,65岁以上人口只占总人口的12%。

青少年和Y世代

从你自身的经验中就可以得知,这一细分群体对家庭购买有着巨大的影响,他们享有很高的经济独立性。由于双职工家庭和单亲家庭数目众多,青少年经常独自购物,他们比之前的几代人负责更多的决策问题。[4]他们往往会更多地在周末购物,女性购物要多于男性。[5]朋友是他们主要的产品信息来源,同时社交也是青少年喜欢购物的重要原因。许多青少年和 Y 世代都通过短信、即时信息、博客、社会网络和在线评论来讨论品牌。[6]由于他们是在循环利用的环境中成长起来的,因此这一细分群体中的很多人会在购买前对该产品对环境的影响有所考虑。

虽然营销人员必须注意不要忽视本地文化对青少年消费者的影响,但是一个共同的青少年文化正在全球流行开来。[7]一项有关 44 个国家青少年的研究显示了来自不同国家间六个独特的细分人群一些共同的特征和态度。[8]"激动冷酷派"的人群包括来自美国、德国和其他国家的青少年,他们往往有着中层阶级和上层阶层的背景,追寻快乐,自由消费。"听天由命派"包括来自丹麦、韩国和其他国家的青少年,他们疏离社会并对未来和物质的期望较低。志向远大的"拯救世界者"来自匈牙利、委内瑞拉和其他一些国家,他们以利他主义和好成绩为特点。泰国、中国和其他一些地区的雄心壮志的"默默的成就者"遵守社会准则。尼日利亚、墨西哥、美国和其他国家中的"自力更生者"是以家庭为导向的追求成就者,他们对未来充满希望和梦想。最后,"中流砥柱者"是越南、印度尼西亚和其他一些国家中社会感很强的青少年,他们追求美好的家庭生活,并且固守传统的价值观。

十几岁的青少年消费者以及出生于 1979—1994 年之间的消费者都属于 **Y 世代**(Generation Y)。Y 世代是媒体和技术能手,他们能够通过运

Y 世代:婴儿潮一代的后代所引起的小型的人口大增长。

用电脑、互联网、手机、DVD 机和其他许多高科技产品进行交流、玩电子游戏、做作业和购物。[9]例如,在年龄低于 24 岁的美国消费者手机市场中,每年的规模都达到 160 亿美元;很多 20 出头的年轻人甚至没有固定电话,只有手机。[10]在美国,每年都有大约 400 万的消费者年满 21 岁,这使得他们可以消费之前受限制的成人消费品(例如酒类)。[11]

营销启示

在 2015 年之前,美国青少年的数目将达到 3 000 万(参见图表 12.3)。[12]他们的个人购买力大约会达到 1 080 亿美元,这还不包括他们在家庭购买中所占的 470 多亿美元。[13]在世界各地,部分由于娱乐产业,部分由于互联网,青少年形成了相似的品味、态度和对音乐、电影、服装和电子游戏的共同偏好。虽然如此,营销人员在确定本地的消费者品味和行为前仍要进行研究,因为不同地区的青少年始终存在一些不同之处。[14]

品牌忠诚

青少年时期之所以很重要,是因为许多商品或服务的初次购买都发生在这个时期,而此时期建立的品牌忠诚有可能会延续到成年时期。例如,50% 的女性青少年在 15 岁前就已经形成了化妆品的品牌忠诚。[15]麦当劳在北京夏季奥运会来临之前,就通过一个叫做"遗失的戒指"(The Lost Ring)的网上多人游戏,来巩固它在青少年和 20 多岁的年轻人中的品牌忠诚。"我们的目标就是增强我们和全球青少年文化的联系。"该公司全球首席营销官解释说。[16]

定 位

一些营销人员将自己的产品定位为帮助应对诸如建立认同、叛逆和被同龄人接受等青春期压力。在英国和亚洲,由于青少年相比他们的父母更有可能使用信用卡服务

和网上购物,信用卡和借记卡公司专门针对16岁以下的青少年制定营销策略。[17]正如你所了解的那样,青少年也可以成为引领潮流者,尤其是在时尚和音乐的领域;这正是可口可乐和百事可乐这样的公司不断调查青少年需求的原因。[18]不过,青少年的口味变化莫测,红极一时的产品和商店很可能因为过度曝光而失去它们的独特之处。[19]

广告信息

有效的广告通常包括与青少年有关的标志、话题和语言。流行歌手和体育明星频频出现在广告当中,是因为音乐和体育是世界上所有青少年的共同语言。不过,青少年往往对公然想要影响他们的企图十分警觉。[20]因此,信息应该采用建议而不是说教的方式来传达。此外,由于录像和电脑的科技成长环境,如今的青少年在加工信息的速度上比年长的消费者更快。[21]因此,相比繁琐冗长的解释,他们更喜欢简洁、生动的语言。例如,一个反吸烟的公益广告中的用语是标志性语言:"烟草:引起肿瘤、黄牙、经常性口臭。"[22]然而,使用俚语有时候是有风险的,因为等广告播出时,这样的用语也许已经不再流行了,这样的产品或者服务也会显得不那么"酷"。同时,我们还要注意到,相比广告,很多的青少年更在意产品的价格。

图表12.3 以青少年(或Y世代)为目标

这款为本田思域汽车做的广告通过凸显"Panic at the Disco"乐队(该乐队在青少年中很流行)来吸引Y世代。

媒体

营销人员可以通过某些电视网络、电视节目、杂志、电台和网络来针对青少年做出决策。[23] 体育相关产品的营销人员可以通过体育杂志、电视转播和滑雪滑板与其他运动的网站来触及青少年。[24] 然而,青少年通常不会忠诚于某一特定网站,除非它有特色。这种倾向解释了为什么耐克和 Alloy 公司要在网站上发布新视频和增加互动功能来吸引青少年的回访。[25]

其他营销活动

有些营销人员通过娱乐和特殊事件来接触青少年。Heeling 体育用品公司生产一种带有可回缩轮子的运动鞋(一种旱冰鞋),并且请青少年产品宣传大使在娱乐公园、购物中心、溜冰场和大学校园里表演。它同时还在 Youtube 网站上为自己的产品发布视频宣传。[26] 另外,为了让他们的产品进军青少年和 Y 世代消费者购物的场所,营销人员也在重新思索如何制定他们的产品分销策略。例如,维亚康姆公司(Viacom's Simon Spotlight Entertainment)选择通过服装连锁店 Urban Outfitters 来销售青少年图书。[27]

X 世代

X 世代(Generation X)由出生于 1965 年至 1976 年的人组成。在这个有 4 900 万人的多样性群体中,一些刚满 30 岁或 30 多岁的人仍在应对 X 世代的苦恼,而另一些年长的成员则已经建立了稳固的事业,构建了家庭并购买了房产。[28] 虽然如此,X 世代中那些认为自己可能没有能力比得上或超过自己父辈成就的人不太抱有幻想,因此不会像其他年龄群体那样物质主义化。实际上,X 世代拥有房产的比例与 10 年前的 30~40 岁的消费者相比更低。[29] 可是,他们更趋向于在更尖端的科技上取得成就,并尝试平衡工作和个人生活的矛盾。

> **X 世代**:出生于 1965—1976 年的人。

一些 X 世代是婴儿潮一代的子女,为了省钱,他们在大学毕业后回到家里居住或是到 30 岁左右才搬出去自立门户。[30] 相比其他那些需要支付家庭开支的 X 世代,得益于父母支付了许多基本生活费用,婴儿潮一代的子女通常拥有更多的可支配收入用于娱乐消费,也更可能购买新车和新电器。婴儿潮一代的子女要安顿下来所面临的压力比之前的几代人都小,而且常常推迟结婚。这一趋向导致他们与父母的关系更亲密,将父母看作是朋友或室友。婴儿潮一代的子女也会影响家庭决策,例如重新装修或扩建房屋,这些都为建筑公司、家具制造商和其他营销人员创造了机会。[31]

营销启示

美国 X 世代所代表的市场总额将超过 1 200 亿美元。这一群体会在购买前进行研究,并且倾向于根据个人的需要和品位来定制提供物。[32] 这一群体是音乐、电影、旅游、啤酒和酒类、快餐、服装、运动鞋和化妆品的重要细分市场。[33] X 世代同时也是电子用品、在线服务和其他高科技提供物的重要目标市场。

广告信息

由于在电视的环境中长大，X 世代往往厌恶那些赤裸裸的营销手段。[34] 他们有时会很反感那些包含夸大说明、陈词滥调和不受欢迎产品（例如香烟和酒类）的广告，还有包含直接的性内容和政治、宗教或社会性的信息。然而，X 世代对他们认为比较高明或与其价值观、态度和兴趣相一致的广告有积极的反应。例如，丰田轿车公司针对这一群体在电视广告中使用嘻哈和重金属音乐（参见图表 12.4）。[35]

图表 12.4　针对 X 世代的广告
这则为吉他英雄 3 手机游戏（Guitar Hero III Mobile）制作的广告对 X 世代的人具有吸引力。

媒　体

尽管这一群体看电视比其他群体少，营销人员仍可通过传播媒介（如流行音乐或另类音乐广播电台、网络和有线电视）来接触 X 世代。[36] 音乐出版物中的广告以及演唱会、体育赛事和流行度假景区中的广告信息也很有效。正因为如此，激浪公司（Mountain Dew）和其他一些公司赞助极限体育赛事和团队，来接触有特殊兴趣的 X 世代群体。[37] 为了触及那些经常使用网络的消费者，营销人员正在越来越多地使用互联网。[38] 美国国家农场保险公司（State Farm）在 X 世代访问量颇高的 Rollingstone.com 和其他网站上设置了快速弹出式广告来促销其汽车保险。[39]

婴儿潮一代

出生于 1946 年至 1964 年的 7 800 万**婴儿潮**（baby boomers）一代是美国人口中数目最庞大的群体。由于他们庞大的数量，其中许多人也正处于收入顶峰时期，婴儿潮一代拥有强大的购买力，是一个有影响力的消费者群体。尽管婴儿潮一代是一个多样化的群体，他们仍然在 20 世纪 60 年代和 70 年代的成长过程中有着许多共同经历。婴儿潮一代十分重视个人主义，希望可以按自己选择的时间和地点做他们想做的事。[40] 大多数的婴儿潮一代都是看着电视长大的，随着成长，他们看电视的时间也越长。同时，与其他群体相比，他们还会花费更多的时间在网上冲浪。[41]

> **婴儿潮一代**：出生于 1946—1964 年的人。

一些研究人员根据 5 年一个阶段（1946—1951，1951—1956 等），将婴儿潮一代划分为 5 个子群体。另一些人建议将该群体分为 3 个子群体，分别是婴儿潮前期（1946—1950）、婴儿潮核心期（1951—1959）和婴儿潮后期（1960—1964）。这些子群体的消费者拥有共同的生活经历，相比其他子群体可能拥有更多共同的特性。[42] 如果这是真的，最年长和最年轻的群体之间会表现出最大的差异（尤其是现在最年长的群体已经成为老年人）。研究表明，像全球的青少年一样，全球的婴儿潮一代也拥有某些共同的生活态度和价值观（参见图表 12.5）。例如，大多数英国的婴儿潮一代觉得现今的生活比 50 年前要紧张得多，这一观点也同时被墨西哥、法国、中国香港的婴儿潮一代所认同。[43]

图表 12.5　针对婴儿一代的广告

营销人员通常试图吸引婴儿潮一代的关注，因为他们是掌握重要经济力量的一个群体。这则保罗·米歇尔的广告就是一个很好的例子。

营销启示

由于婴儿潮一代具有如此强大的购买力，他们已经成为包括轿车、住房、旅游、娱乐、休闲和房车等许多产品和服务的目标市场。[44]哈雷·戴维森公司（Harley Davidson）为这一消费群体生产超重型摩托车（定价17 000美元或以上），因而从中获利。[45]由于婴儿潮一代需要在为退休做准备的同时负担子女的大学教育费用，他们也成为金融服务业十分重要的客户。[46]感到时间压力的婴儿潮一代同样也喜欢快餐，不过其中许多人也从潘娜拉（Panera）或其他连锁餐馆中购买更健康（与汉堡和炸鸡相比）、更多样化的食品。[47]

一些公司专门针对婴儿潮一代的需要开发特殊的产品和服务。例如，服装生产厂家为了满足身材变化的中年人的需求，设计出了大号和不同款式的牛仔裤。[48]Chico's服装连锁店通过为婴儿潮一代的女性提供宽松休闲款式的服装而将自己的连锁店扩展到450多家。[49]个人护理产品、纤体产品和服务、整容手术和其他相类似的产品和服务对婴儿潮一代中对衰老很在意的人群特别有吸引力。[50]例如，保洁公司成功地为婴儿潮一代的女性推出了抗衰老的玉兰油面霜和洁面乳。[51]

老年人

由于女性比男性寿命长，所以在**银发市场**（gray market）中女性的数目要多于男性。[52]由于个体的信息加工技能会随着年龄增长而下降，因而老年人不大可能搜索信息，也很难记住产品信息或做一些复杂的决策。[53]因此，他们往往会采用更简单的、更图式化的加工方式。[54]此外，记忆力的衰退使一些老年人更容易受到"真相效应"（相信经常被重复的信息就是真实的信息，见第6章）的影响。[55]因此，在做决策的时候，他们可能需要一些帮助和教育。[56]

> **银发市场**：年龄在65岁以上的个体。

营销启示

对于与健康相关的产品和服务以及退休社区（尤其在一些气候温和的州），老年人代表了一个极为重要并在不断增长的市场。[57]一般来说，老年人的品牌忠诚度更高，由于长期的经验他们对于品牌的了解更充分，并且不会在购买前进行广泛的信息搜索，对新品牌和不熟悉品牌的动机和认知能力均较低。[58]

营销沟通

营销人员可以通过利用和婴儿潮一代兴趣相似的媒体来接触他们，其中包括怀旧的摇滚音乐电台和电视节目、特殊活动的出版物和电视节目、有关生活方式的事件（例如家庭秀和体育赛事）。[59]老年朋友们认为使用积极老年形象模特的广告比使用年轻模特的广告更可信。[60]然而，由于美国崇尚年轻的文化，老年人很少会出现在广告片中——或不太可能以正面形象出现——不过，随着时间推移，这种情况正在发生改变。[61]因此，广告片中的老年人要以积极和对社会有贡献的形象出现（参见图表12.6），广告信息也要集中表现一些很关键的特质。同样，老年消费者喜欢并且可以更好地回想起那些不包含消极信息的广告，很可能是由于他们想要避免和衰老有关的负面结果。[62]

图表 12.6　以老年人为目标市场

如今的老年人认为自己要比前几代人更年轻。这则广告就是靠强调这一点来吸引老年人的注意。

专门的销售技术和促销

零售商可以对其店面进行设计，例如宽敞明亮的过道和停车场，从而为婴儿潮一代和老年人提供更适合年长者的购物环境。[63] 由于老年人注重服务，因此Chico's零售连锁店提供个性化服务。[64] 很多产品和服务的营销人员为年长的消费者提供折扣，以此来吸引和保持这一细分市场中的顾客。[65] 然而，由于很多通过电话营销寻求社会互动的老年人不能很好地识别诈骗信息，因此他们很需要消费者教育和保护来避免被各种商业骗局所侵害（正如在线章节所讨论的一样）。[66]

性别和性取向如何影响消费者行为

很显然,男性和女性的不同表现在特质、态度和各种活动等方面,这些都影响着消费者行为。以下章节讨论了消费者研究中所关注的几个重要话题,因为全面讨论男性和女性的差别超出了本书的讨论范围。请记住,这一部分讨论的只是总体倾向,但总体倾向会受到个体差异相当大的影响。

性别角色

在大多数的文化中,人们期望男性和女性依照性别角色规范行动,个体在幼儿时期就习得了这种规范。直到最近,西方社会中的男性的形象仍被人认为是强壮、自信和不受感情控制的。他们是家庭生计的主要承担者,并且受到征服、自信和自我效能等**个体性目标**(agentic goals)的引导。[67]相反,女性更多地被**集体性目标**(communal goals)所引导,强调构建友好关系并和他人和谐相处,被认为更为顺从、情绪化并以家庭为导向。

> **个体性目标**:强调控制、自信、自我效能、力量和非情绪化的目标。
> **集体性目标**:强调归属和培养与他人的和谐关系、顺从、情绪化和以家庭为导向的目标。

大多数情况下,男性往往更具竞争性、独立、外在动机并且愿意承担风险。[68]为了展示行动派的男子气概,男性会表现出竞争性过强的养家行为或采用反叛的方式(包括企业家式的养家行为)。[69]相反,女性往往表现出合作、相互依赖、内在动机并且厌恶风险的特征。然而,随着时间发展,男女的性别角色也在不断发生变化。尤其是,越来越多的美国女性为了事业的发展而推迟婚姻和生育。这种趋势不仅使女性的生活质量更高,也改变了女性的态度,尤其是在独立性方面。[70]越来越多的女性独自度假,并且拒绝接受代表顺从、顾家和性压抑的女性传统形象。

即使在那些非常保守和男性主导的国家,女性的传统角色也在发生改变。例如,在包办婚姻仍然常见的印度,由于很多女性成就了自己的事业(尤其是在高科技方面),开始追求独立性,女性关于事业、婚姻和家庭的态度随之发生急剧的变化。[71]然而,性别角色和恰当的行为可能会随着文化的不同而有所不同。例如,在美国,男性之间对于相互拥抱感觉很不自在,尽管这是在欧洲和拉丁社会被普遍接受的打招呼方式。广告中的性别角色也会引起不同的反应:例如在捷克共和国,如果在广告中将女模特的角色表现得高于男模特,那么女性对这种广告的反应不会太好。[72]

性别和性取向

性别(gender)是指男性或女性的生理状态,而**性取向**(sexual orientation)反映了一个人对于某些行为的偏好。具有男子气概的人(不论是男性还是女性)往往会表现出男性化的特质,而具有女性气息的人往往会表现出女性的性格特点。另外,某些个体会兼有男女两性,既具有男性气质,也具有女性气质。性取向之所以

> **性别**:作为男性或女性的生理状态。
> **性取向**:人们对某些行为的偏好。

很重要,是因为它会影响消费者的偏好和行为。例如,更具男子气概的女性更偏好表现非传统女性形象的广告。[73]

越来越多的营销人员通过利用性取向来向同性恋人群提供一系列的产品和服务(参见图表12.7)。采用这种战略的部分原因是因为美国同性家庭数目的大幅度增长。根据人口调查局的数据,美国有超过60.1万个同性家庭(其中包括30.4万个男同性恋家庭和29.7万的女同性恋家庭),主要集中在一些大都市,如洛杉矶和纽约。[74]尽管男同性恋和女同性恋消费者比异性恋消费者更不喜欢也不信任广告信息,但是他们很可能对包含性取向特征的广告有所回应,例如,防治艾滋病的红丝带还有"反映他们的生活和文化"的广告。[75]他们对表现出对同性恋友好的营销活动反应积极(同时对反对同性恋的营销活动有很明显的厌恶)。[76]例如,题为"快来费城,保持你原本的样子,来这里尽享男同性恋之夜吧!"的宣传费城旅游业的广告就深受男同性恋的欢迎。[77]

图表12.7 以男同性恋和女同性恋消费者为目标市场

越来越多的公司开始以男同性恋和女同性恋消费者为目标市场。这则西南航空的广告就是一个很好的例子。

购买和消费行为的差异

尽管性别角色在变化,但是男性和女性的消费行为仍存在一些差别。女性可能更全面、细致考察信息,并根据产品属性做出广泛型决策(与高 MAO 决策制定相类似),而男性是选择性的信息加工者,其加工多采用总结性主题和简洁的启发式(与低 MAO 决策制定相类似)。[78] 男性往往对个人相关的信息更为敏感(与个体性目标相一致),而女性则同时注意个人和他人相关的信息(与集体性目标相一致)。[79]

男性很可能在解决某些问题时喜欢使用某半侧大脑(右侧大脑加工视觉信息,左侧大脑加工语言信息),而女性在解决大部分问题时喜欢同时使用双侧大脑。男性对在消费过程中所体验的积极情感更为敏感,例如热情和强壮的感觉,而女性则表现得对消极情感更为敏感,例如感到害怕和紧张。[80] 此外,男性和女性在赋予产品和服务象征意义上有所差异。[81] 女性更可能对于时尚产品有共享的品牌原型,而男性对汽车形象的认识更一致。

通常,美国女性视购物为一种充满乐趣和刺激的活动,一种获得社交互动的方法,而男性则把购物仅仅看作一种获取商品的方式、一种家务杂事,尤其是当持有传统的性别角色原型时。这些模式也同样适用于其他国家,例如土耳其和荷兰。最后,男性和女性也会表现出不同的饮食模式。女性更可能会进行**补偿性饮食**(compensatory eating),把饮食用于应对沮丧或补偿不足(例如缺乏与社会的联系)。[82]

> **补偿性饮食**:通过饮食来补偿消沉的心情或与社会缺乏接触感。

营销启示

很显然,许多产品(例如男性服装和女性保健产品)与性别的特殊需要相一致。另外,某些提供物可能会被认为更适合某一种性别。领带或枪会被认为更男性化,而食品加工器或是护手霜则会被认为更女性化。然而,随着性别角色不断变化,一些产品正在变得不那么单一性别化。例如,超过 12% 的哈雷摩托车消费者是女性,为了吸引更多的女性消费者,这家公司还向她们提供新型、低车身自行车和特殊骑车保护。[83] 同时,妮维雅公司正在成功地向男性消费者营销护肤品。[84]

针对某一特定性别的营销

营销人员通常会以某一性别为目标市场。在俄罗斯,Damskaya 伏特加公司向 24 岁至 45 岁的女性目标消费者推出了一款以优雅的薰衣草颜色瓶子包装的伏特加酒,并使用了"咱们女孩间的秘密"这样的广告。[85] 劳氏公司重新装修了自己在美国的零售商店,使用了更明亮的照明设施和信息更丰富的橱窗陈列来吸引女性 DIY 消费者。"女性是信息的收集者,她们希望商店能够激发灵感。"一位经理解释说。[86]

研究表明,男性和女性对于情绪性广告的反应不同。[87] 与之前的性别角色变化相一致的是,广告中的男性越来越多地表现出感性和关怀他人,而女性则越来越多地出现在一些重要的、专业的场合。一项关于杂志广告的调查在日本也发现了相同的趋势。[88] 但是,传统的性别角色并没有消失:在中国,尽管女性开始表现得越来越自信和独立,男性现在仍然对那些"强势或加强控制感"的营销表示青睐,一位广告公司的经理如是说。[89]

> 研究表明,在那些针对男性宣传像香水(作为礼物而购买)这样的与性别相关的产品广告中,使用男性代言人效果更好。与之相比,针对女性给自己购买使用的香水广告,使用女性代言人效果更好[90]。
>
> **媒体模式**
>
> 在媒体模式中仍旧存在一些性别差异。营销人员可以通过某些电视节目,尤其是体育赛事、杂志(例如《体育画报》、《时尚先生》)和汽车或摩托车类的出版物,来接触男性消费者。为了接触马来西亚女性健身爱好者,耐克公司赞助了一些展示跆拳道、攀岩和其他运动的特殊活动。[91]女性比男性更可能观看肥皂剧和家庭购物电视网络,这就解释了为什么女性个人护理产品经常在这些媒体上做广告。[92]一些公司专门为性别相关的产品或某一性别的受众建立了网站,例如 NikeWomen.com。

区域因素如何影响消费者行为

由于人们往往在同一地区生活和工作,某一地区的居民会形成与其他地区的居民不同的行为模式。例如,新英格兰的消费者可能会喜爱龙虾和滑雪,得克萨斯州的消费者可能会偏好烧烤和牛仔表演。本章节主要探讨在美国和世界其他多个地区,人们的居住区域是如何影响消费者行为的。

美国国内地区

尽管我们可以谈论总体美国文化,但美国是一个幅员辽阔的国家,由于不同的种族和文化历史,各地区发展表现出了独特的认同。例如,加利福尼亚州和西南地区最早属于墨西哥的一部分,因而体现出墨西哥的特征;西南地区也具有美国土著和边疆风俗。从新英格兰到佐治亚州的东海岸线地区反映出这里曾经是三个英国殖民地的历史。由于西部和西北大开发,这一地区的人们表现出自由自在的性格特点。在最南部的路易斯安那州到佛罗里达州地区,人们在保持一定农业文化特征的同时,还具有美国南北战争时期留下来的联盟反叛精神。最后,中西部地区以农场和农业而闻名。

以上这些陈述是对绝大部分情况的概括。尽管每个地区也有多得难以逐一提及的独特影响和变化,但是区域差异确实能影响消费模式。移民模式,例如大量的墨西哥裔消费者移民到加利福尼亚州和得克萨斯州,也会增加某些地区的种族影响。[93]例如,由于墨西哥文化的强烈影响,西南地区的消费者偏好辣味的食品或菜肴,如玉米粉圆饼和萨尔萨辣酱(参见图表12.8)。有趣的是,一些得克萨斯的墨西哥食品(包括辣味乳酪玉米片和香辣热狗)竟然是先在美国发明,然后才在墨西哥流行开来的。[94]

由于同一地区的消费者在价值观和生活方式上存在着相当大的差异,研究者尝试着以消费者具体的特征为基础,找出一种描述消费者的方式,这种技术叫做集群。

集群(clustering)技术以"物以类聚、人以群分"的原则为基础。[95]这一观点认为:居住在同一

> **集群:** 采用统计技术,根据共同特征来对消费者进行分群。

图表 12.8　区域影响

有时,强区域影响可以传播到其他地区。例如,薯片和萨尔萨辣酱是西南地区的墨西哥餐馆最受欢迎的开胃菜。因此,这些餐馆不仅在美国其他地区,甚至在全世界都很受欢迎。

社区的消费者往往会购买相同类型的汽车、住房、电器和其他产品或服务。[96] 来自益百利(Experian)公司的 Mosaic 系统和来自 Claritas 的 PRIZM NE 系统可以根据消费者在人口统计和消费特征上的相似性,将地区和社区进行更精确的集群。这些系统可以根据收入、受教育程度、年龄、家庭类型、城市化程度、态度的相似性和对产品或服务的偏好(包括所拥有汽车的型号和喜爱的电台)来定义一个集群。

例如,PRIZE NE 系统定义了 66 个美国消费者集群,以下就是其中的几个例子:[97]

- 上层中坚者。这个群体由 45 岁以上的富裕夫妇组成,他们生活在郊区,受教育程度至少为大学本科。
- 城市成就者。这个群体由 35 岁以下、拥有中低收入水平、居住在城市的单身消费者组成,他们的受教育程度为高中或者大学。
- 儿童王国。这个群体由 45 岁以下、居住在郊区的中低收入家庭组成,这类家庭的受教育程度为高中。
- 流动的蓝领。这个群体由 35 岁以下、居住在小城市的低收入者所组成,他们拥有高中教育水平。

营销启示

营销人员可以通过开发某种服务或沟通来吸引美国不同地区的消费者。麦当劳在明尼苏达州销售腊肠,在加利福尼亚州销售墨西哥面卷饼,在缅因州销售龙虾三明治。[98]得克萨斯州的许多营销人员在其广告中表现西部特征,而在东海岸地区播出的广告中则更多地采用城市主题。同时,许多的产品本身就代表了各地区的特色,例如佛罗里达的橘子汁,夏威夷的澳洲坚果,缅因的龙虾,得克萨斯的牛肉等。服务于当地的小公司迎合该地区特点而建立消费者忠诚。例如,尽管菲力多公司(Frito-Lay)的乐事薯片在全美的销量要比其他竞争对手的销售总和还多,但是宾夕法尼亚州最畅销的是Utz薯片,而在芝加哥Jays薯片最受欢迎。[99]

营销人员可以使用消费者集群方法来发现新顾客、了解他们的喜好、开发新产品、购买广告、选择零售点以及选择针对性媒体。[100]甘尼特(Gannett)报业连锁成功地采用PRIZE NE系统,提高了直邮订阅促销的反应水平。[101]零售商可以利用消费者集群来确定最可能购买某种产品的消费者所在地区。Petco宠物用品公司利用消费者集群精确地定位出自有房屋水平高的社区,因为"租住者一般不会养宠物",一位负责人解释说。[102]消费者集群技术在世界上其他国家也有所应用。益百利公司的Mosaic全球系统将消费者分为一些拥有共同生活方式的群体,这样,全球营销人员就可以在世界各地找出具有相同特征的消费者。[103]

世界上的其他区域

很显然,消费者所在的地区会影响消费模式;正如我们已经知道的,跨文化差异存在于消费者行为的各个方面。例如,可口可乐的最大销售市场是北美,其次是拉丁美洲和欧盟国家,而消费量最低的是亚洲、中东和非洲。一些国家和某些产品有着紧密的联系(例如德国的啤酒和日本的寿司),而另一些产品则在某些地区被禁止。穆斯林国家禁止饮酒和吸烟,而由于宗教信仰的限制,以色列禁食猪肉,印度禁食牛肉。

文化影响同样改变着诸如耐心这样的行为。例如,西方国家的消费者,相比较于东方国家,往往缺乏耐心并且更注重即时消费。[104]从更广泛的意义上来说,文化的差异会影响消费者思考方式和行为方式。这些差异可以表现在以下三个主要方面:

- 个人主义与集体主义:来自注重个人主义国家(许多西方国家)的消费者更多地强调自己作为独立个体而不是群体的一部分。来自注重集体主义国家(许多东方国家)的消费者更重视与他人的联系而不是自己的个性。[105]营销人员将这一区别应用于描绘不同文化消费者的广告中,例如描绘成强烈的个人主义或是描绘成集体的一分子。
- 水平导向与垂直导向:来自水平导向文化的消费者更看重平等,相反来自垂直导向文化的消费者更看重等级。[106]这种差异对能象征地位的产品的营销人员很重要,因为这些产品会吸引受垂直导向影响的消费者的注意。
- 阳性与阴性:来自阳性文化(例如美国)的消费者往往更具进取精神并且很注重个

人发展;与之相比,来自阴性文化(例如丹麦)的消费者往往更关注社会关系。[107]因此,与阴性文化的国家相比,有挑战意味的广告在阳性文化的国家更可能引起共鸣。

某种文化对处于该种文化中的消费者的影响并不完全相同。其影响程度取决于每个消费者如何加工信息以及他们做决策时所依赖的个人知识水平。[108]

营销启示

营销人员应当理解消费者行为的全球差异,从而在必要时修改营销策略来吸引某个地区或国家的消费者。例如,退款保证会给予美国消费者信心,但是拉丁美洲的消费者并不相信这一套,因为他们从不指望能够要回他们付出的钱。使用著名的产品代言人或成为某体育赛事官方产品的策略在委内瑞拉和墨西哥的效果要好于在美国的效果。

许多公司为了适应全球消费者的差异而调整营销策略。[109]为了吸引日本的消费者,迪欧办公(Office Depot)不得不缩小它如仓库般的大店面并且减少货架上陈列的商品,因为日本的商店一般面积较小。[110]宝洁公司在俚语和方言各不相同的德语地区中为帮宝适纸尿裤开发了不同版本的电视广告。不留意重要的跨文化差异可能会使公司陷入尴尬境地,并导致产品的失败。在德国,Vicks不得不改名为Wicks,因为前者是性交一词的俚语。最后,营销人员应当铭记,正如在美国一样,来自同一国家不同地区的消费者会存在不同的消费者行为(参见图表12.9的例子)。例如,北京和上海的消费者偏好不同的食物,在中国2 000座城市中都存在这种普遍的差异。[111]

图表 12.9　区域营销
麦当劳调整自己的促销战略以适应全世界不同地区的差异。这款 Hello Kitty 毛绒玩具在亚洲地区(例如中国香港)十分流行。

种族如何影响消费者行为

种族是影响消费者行为的另一个主要因素。需要强调的是,本章节所讨论的对于种族群体的概括仅仅是广泛的群体倾向,很可能并不适用于某个个体消费者。针对任何消费者群体营销时都需要仔细研究来摒弃成见和确定具体的特征,使用恰当的战略和战术来定义行为模式。

许多年来,很多不同文化背景的人移民到美国。悠久的移民历史不仅创造出一种独特的国家文化,同时在这个大社会中还形成了一些亚文化或**种族群体**(ethnic group)。这些种族群体的成员拥有共同的传统、信念、宗教和经历,从而使他们和社会其他群体区别开。较大一些的群体包括西班牙裔、非裔、亚裔、意大利裔、爱尔兰裔、犹太裔、斯堪的纳维亚裔和波兰裔亚文化。

> **种族群体**:拥有相似传统和价值观的亚文化。

这些群体被文化纽带联系在一起,进而强烈地影响着消费者行为。此外,通过**文化适应**(acculturation)的过程,亚文化群成员必须学习适应所在地的文化。在文化适应过程中,消费者通过社会互动、模仿他人的行为、某些行为的强化或奖励来掌握知识、技能和行为。[112] 文化适应受到家庭、朋友和机构(例如媒体、工作地点和学校)的强烈影响,并与传统习俗结合在一起,形成独特的消费者文化。同时,主流文化中喜欢学习新文化并认为文化多样性很重要的成员有时会采用某亚文化的种族导向产品。[113] 种族主义则起到相反的作用,促使种族主义消费者避免使用和某种族群体有关的产品。[114]

> **文化适应**:学习如何调整以适应新的文化。

美国内部的种族群体

大多数美国消费者(通常是指英裔美国人)的祖先可以追溯到一个或多个欧洲国家。然而,移民和人口趋势正在美国内部引起更大的差异。在2010年之前,美国人口中三个最大的种族群体为西班牙裔美国人(占总人口的15.5%)、非裔美国人(13.1%)和亚裔美国人(4.6%)。[115] 至2030年前,大约一半的美国年轻人将会不是英裔美国人,而主要是西班牙裔美国人(参见图表12.10)。[116]

很显然,美国的人口趋势对营销人员有诸多启示。总体而言,这三个美国主要的亚文化群体很快将会掌握4万亿美元的购买力,因为这些群体正继续以超过美国总体人口增长的速度在壮大。[117] 因此,许多公司针对某些种族群体制定恰当的营销策略。然而,营销人员不仅局限于关注某一群体。他们可以同时以几个文化群体为目标。

可以同时吸引多个文化群体的**多文化营销**(multicultural marketing)策略十分受欢迎。Soft-Sheen-Carson公司起初专注于为非裔美国消费者制造护发产品,现在它已通过多文化营销拓宽了自己的市场。"由于我们拥有一个多样化文化,"该公司主席说,"我们的广告就应该反映出我们所处的多样化文化。"[118] 这种策略同时需要长期投入和在事前关于种族群体的考虑,而不是事后再思考。[119]

> **多文化营销**:用于同时吸引各种文化群体的营销策略。

图表12.10　18岁以下美国消费者的种族构成

我们组成了世界

在年轻人市场中，各个种族的儿童和青少年正在迅速增长。

18岁以下	2001年	2010年	2020年	2030年	%变化（2001—2030）
年轻人总人口	71.0	72.5	77.6	83.4	+18%
西班牙裔	11.3(16%)	13.7(16%)	17.2(22%)	21.0(25%)	+85%
非西班牙裔白人	45.2(64%)	42.7(59%)	42.4(55%)	42.3(51%)	-6%
非西班牙裔黑人	10.7(15%)	11.3(16%)	12.2(16%)	13.2(16%)	+24%
亚裔/太平洋岛国	3.2(5%)	4.0(6%)	5.0(7%)	6.1(7%)	+94%
其他非西班牙裔	0.7(1%)	0.7(1%)	0.8(1%)	0.9(1%)	+27%

单位：百万人　　%为占年轻人总人口的百分比　　由于四舍五入，相加结果不一定为100

在不久的将来，美国的非英裔青少年人口将会继续以比英裔青少年人口快很多的速度增长。至2030年，18岁以下的非英裔年轻人总数将会大约占到美国青少年总人口数的一半。

资料来源：U.S. Census Bureau；calculations by American Demographics。

西班牙裔美国消费者

西班牙裔美国人代表了现今美国最大、最多样化、增长速度最快的种族群体之一，该群体总人口超过4 200万，年龄中位数为27岁，远低于美国的总体36.4岁。[120]该亚文化可以分为4个主要群体：墨西哥裔美国人（58.5%），主要居住于西南地区和加利福尼亚州；波多黎各人（9.6%），集中于纽约；美国人（8.6%），集中于中部和南部；古巴裔美国人（3.5%），主要居住在南佛罗里达州。[121]

我们还可以根据西班牙裔人对于当地文化的适应程度将他们分为几个子群体：(1) 完全适应群体，他们主要使用英语，并且同化程度很高；(2) 双重文化群体，他们既可以讲英语又可以讲西班牙语；(3) 传统型群体，他们主要使用西班牙语。[122]由于80%的西班牙裔人在本种族内部通婚，所以文化适应的速度很缓慢，一般情况下要经历四代人。然而，一些西班牙裔美国人拒绝被同化，并要求保持本种族身份。[123]

不仅消费者文化适应程度会影响消费模式，**种族认同强度**(intensity of ethnic identification)也会产生影响。[124]和本种族群体紧密联系、与主流文化适应程度低的消费者更可能表现出该种族群体的消费模式。对西班牙裔的强烈认同会导致更具丈夫主导的决策（将在第13章做详细探讨）。[125]此外，这些强烈认同者更可能被广播广告、广告牌、家庭成员和同事所影响，并且相比较弱认同者更不可能使用优惠券。[126]

> **种族认同强度**：人们对他们的种族群体的认同程度。

营销启示

西班牙裔美国人拥有的总购买力超过8 000亿美元。[127]营销人员正利用多种多样的营销活动为这个群体提供服务，以下为几个例子：

产品开发

营销人员正通过开发专门为西班牙裔美国人服务的提供物来建立顾客忠诚。菲力多公司（Frito-Lay）为西班牙裔群体推出了口味更劲的多力多滋（Doritos）零食。在一年内,该产品年销售业绩超过1 000万美元。[128]位于加利福尼亚州的Newhall Laboratories公司专门为西班牙裔美国消费者开发了水果味的护发用品。[129]

媒体目标

由于西班牙裔美国人往往集中于某些地区并使用共同的语言,因而他们中很多人会受西班牙语媒体(包括电视、广播、出版物、广告牌和网站)的影响。因此,当米勒啤酒(Miller Brewing)希望针对西班牙裔美国人促销啤酒时,它与西班牙语电视网络Univision合作,赞助足球世界杯赛事和拳击节目。[130]西班牙语体育广播网(ESPN Deportes)直播体育赛事节目来吸引西班牙裔美国市场中更具体的子群体,例如墨西哥足球赛事和多米尼加棒球比赛。[131]

广告信息

更多的营销人员针对西班牙裔美国人开发广告,其中包括宝洁公司、美国电话电报公司和丰田公司。[132]在这个群体中,广告尤为重要,因为许多西班牙裔人偏好享有声望或全国性广告的品牌(参见图表12.11)。当恒适集团(Hanes)针对芝加哥和圣安东尼奥的西班牙裔消费者开始广告宣传时,它的女式连裤袜销量提高了8个百分点。[133]

图表12.11　西班牙裔美国消费者

一些营销人员以某具体的亚文化群体为目标。这则雀巢果珍的广告就是面向西班牙裔消费者的。

西班牙裔美国人往往对使用本种族代言人的广告反应积极,因为他们认为这样的代言人更可信,从而对所广告品牌持有更积极的态度。[134] 这种策略在种族特点更显著的地区(即该群体是少数民族)效果最好。[135] 以种族特点为诉求点的广告可以激发"种族自我意识",并使该目标群体产生更多有利反应。[136] 专门为西班牙裔美国人或其他种族群体开发广告的营销人员应该注意,虽然全部的种族群体也可能会接触到这些广告,但是由于他们对广告中的暗示不熟悉,他们可能和目标群体的反应不太一样。[137] 同时,一些广告主尝试根据某群体占总人口中的比例来投放涉及种族的广告。[138]

营销人员为西班牙裔人开发广告时也可以运用**调节理论**(accommodation theory)。该理论预测,为了和某一群体沟通而付出的努力越多(例如,运用角色模型和当地语言),该群体成员的感受越好,反应越积极。同时,西班牙语广告强化了公司对西班牙语社区的关心以及希望与之沟通的信息,使消费者对该品牌和公司产生积极感受。[139]

> **调节理论**:为了和某个种族群体沟通而付出的努力越多,得到的反应就越积极。

然而,只采用西班牙语信息会导致负面的广告知觉。许多面向西班牙裔美国人的广告都使用英语,因为这些消费者通常是使用双语或高度文化适应者。更高效的策略也许是同时使用英语和西班牙语,安海斯-布什(Anheuser-Busch)在策划面向西班牙裔美国人的电视广告时就使用了这一策略。[140] 当一则广告面向同时有英语和西班牙语使用者的西班牙裔群体时,大部分信息使用西班牙语而其中某一个单词使用英语的广告要比主要使用英语的广告更具说服力。请注意,如果广告使用混合语言的方法不正确,消费者可能不太喜欢这种语言转换的信息。[141]

分 销

许多营销人员正在为西班牙裔美国消费者调整分销策略。洛杉矶的 La Curacao 和得克萨斯的 Carnival 食品杂货店是两个主要的面向西班牙裔美国消费者的零售商。[142] 基于这一亚文化群体对家庭的重视,塔吉特(Target)零售连锁商在西班牙裔美国人口较多的地区将儿童服装摆放在商店的前部。[143]

非裔美国消费者

超过 3 900 万非裔美国人居住在美国,他们的年龄中位数为 30 岁(美国总人口的年龄中位数为 36.4 岁)。[144] 非裔美国人代表了一个巨大且多样化的群体,该群体包含许多不同收入水平、教育程度、职业和区域的细分群体。在非裔美国人家庭中,大约有 30% 的家庭年收入在 5 万美元及以上,46% 的家庭拥有自己的住房,并且与人口平均水平相比,该群体有更多由女性负担的单亲家庭。大约一半以上的非裔美国消费者居住在南部,并且多数居住在城区。大约 15% 的非裔美国人拥有大学学历,而美国总人口的平均水平为 24%。[145]

正如所有亚文化群体一样,非裔美国消费者在与总体人口有相似之处的同时,在某些方面也有不同之处。例如,非裔美国人更强调,人们应当按照自己想要的方式生活、装扮和展现真我风采。[146]同时,他们也没有融入主流文化的强烈愿望。[147]然而,随收入水平的提高,他们渴望保留文化认同的愿望愈加强烈。非裔美国人消费模式的一个决定性因素是风格、自我形象和优雅。消费模式同时也和被认可和显示地位的强烈愿望相关联。根据研究,非裔美国人经常购买名牌服饰来展现自己。[148]

营销启示

非裔美国消费者拥有的总购买力超过8 000亿美元。[149]他们对于针对他们的提供物和沟通反应很积极,不太可能相信或购买不做广告的品牌。[150]

产品开发

许多营销人员主要关注于满足非裔美国市场的独特需求的产品。例如,SoftSheen-Carson和非洲骄傲(African Pride)公司为该市场开发了护发品牌。[151]现在,为更广泛的美国人口制造产品的营销人员也开始分支出来为黑人消费者设计产品,例如,服装制造商正根据非裔美国女性身材设计更讨人喜欢的款式。

媒体目标

非裔美国人比英裔美国人花更多时间看电视并对广告有更积极的态度。[152]研究表明,与低种族认同感者相比,非裔美国人中高种族认同感者对面向种族目标的媒体广告反应更积极。[153]实际上,82.3%的非裔美国消费者从面向他们出版的杂志上搜索信息。[154]因此,林肯导航员(Lincoln Navigator)SUV在《黑人企业》(*Black Enterprise*)、*Ebony*和其他拥有大量读者的杂志中做广告,从而向非裔美国消费者展开营销。[155]电视网络公司如黑人娱乐电视台(Black Entertainment Television)和网站如BET.com也是面向该群体的媒体。[156]

广告信息

美国最大的一些广告主,包括通用汽车、宝洁公司和强生公司,正在专门为这一细分群体投资开发广告。[157]正如之前所述,当广告的信息来自于目标群体的同一种族时,像非裔美国人之类的亚文化群体会对广告有更强的认同感和更积极的评价。[158]此外,营销人员在策划信息沟通时必须考虑非裔美国人的独特价值观和期望,尤其是这一细分群体很在意他们在广告中的形象。[159]

营销人员还必须意识到广告中的非裔美国模特和演员对目标市场之外的消费者的影响。康盛公司(Coors)的种族营销主管表示,公司专门化的广告不仅仅提高了非裔美国消费者的销量,同时全美的啤酒销量都因此得到了提高,"因为非裔美国消费者在城市市场对总市场的流行趋势有很大影响"。[160]另一方面,一项研究表明,一些英裔消费者对出现非裔美国人形象而不是英裔形象的广告不太赞赏,也不太可能购买该产品。[161]当英裔消费者对非英裔人群存有偏见时,这一问题更严重。然而,研究同时发现,年轻的英裔消费者对于非英裔演员更具包容性,也许随着时间推移这一问题将得以解决。[162]

图表12.12 针对非裔美国消费者的营销
一些广告信息针对非裔美国消费者,如这则黑人企业的广告。

分 销

营销人员也可以通过调整分销战略来吸引非裔美国消费者。在非裔美国人占总人口超过20%的地区,J.C.佩尼百货公司成立了"真正非洲精品店",销售服装、手提包、帽子和其他女士配饰,这些商品全部是从非洲进口。

亚裔美国消费者

为数120万的亚裔美国人是全美第三大和人口增长速度最快的亚文化群体,他们的年龄中位数为33.2岁。[163]他们主要集中在加利福尼亚州、纽约市和郊区、夏威夷,在那里超过65%的人口为亚裔。在其他地区,亚裔人口的增长速度也很快,包括芝加哥和华盛顿特区。[164]亚裔美国人社区由来自29个以上的国家(从印第安次大陆到太平洋)的人组成,他们有各自的价值观和风俗习惯。其中六个最大的群体包括来自中国、菲律宾、印度、韩国、越南和日本的移民。[165]鉴于这种巨大的多样化,营销人员应该研究他们希望作为目标市场的具体子细分市场。

大多数亚洲文化的共同特点是对于家庭、传统和合作的重视。[166]这些消费者经常购物并享受和朋友一起购物。虽然他们对廉价商品反应积极,他们也喜欢名牌并愿意为高质量产品付高价。同时,亚裔美国人常常向朋友和亲人推荐产品和服务。[167]例如,西雅图的Consolidated餐厅用日语通过主流广播电台做了为期两周的宣传活动。"我们知道这一地区有很多使用双语的日本人群,他们会相互交流推荐,"这项宣传活动的营销人员解释说。[168]与普通消费者相比,亚裔美国消费者在购买前上网查询价格和商品的可能性要高一倍。[169]与总人口的平均水平相比,该群体的消费者更倾向于储蓄、拥有较高教育水平、较强的电脑操作能力,并且从事专业性和管理性职业的比例较高。[170]超过一半的人居住在种族融合的市郊,而不是种族聚居地区(例如中国城),大多数只需要两、三代便可以实现较高程度的同化。

营销启示

由于亚裔美国人是一个快速增长的群体,他们的年购买力接近4 500亿美元,这一亚文化群体吸引了很多营销人员的关注。[171]造成这一关注的另一原因是亚裔美国人人均年收入大约为5.5万美元,大大超过全美4.3万美元的平均水平。此外,22%的亚裔家庭的年收入在10万美元及以上,而全美家庭中拥有此收入水平的家庭为14%。[172]

产品和服务开发

营销人员正不断为亚裔美国群体开发更多的提供物。[173]

为了接待每天从波士顿和纽约来到康涅狄格州莫汉根赌场的大量亚裔美国人,该赌场新增了一个以46桌亚洲游戏(如掷骰子)和类似中国香港自动贩卖机样式的食品亭为特色的游戏区。[174]然而,为了避免失策,营销人员仍需谨慎:某公司错误地销售四只装的高尔夫球,而不是传统的三支装。他们不了解由于4的发音在中文和日语中都和"死"谐音,所以4是不吉利的。

媒体目标

为了触及这个多样化的群体,营销人员通常使用母语的报纸、杂志、广播节目和有线电视、电台和网络。福特公司就使用了这项策略,分别用普通话、韩语和广东话刊登广告,并使用广东话、普通话和越南语在电视上播放广告。[175]嘉信理财集团(Charles Schwab)建有中文版的经济网站,全球性的汇丰银行(HSBC)赞助了汉语足球世界杯网站(参见图表12.13)。[176]

广告信息

用亚裔美国人的母语制作的广告信息通常比使用英语表达的广告更高效。尽管这一亚文化群体内部存在着多样化语言,但针对某亚文化群体的消费者都集中于某一地区的情况,营销人员的这种努力还是值得的。例如,西雅图的丰田公司经销商在国际频道上播出普通话、广东话、塔加拉族语、越南语和韩语版本的广告。[177]为了宣传篮球,NBA利用姚明和其他来自中国的篮球明星的知名度,在美国的6座城市的中文报纸上刊登广告。[178]亚裔美国人通常会对关注传统、家庭和合作的广告以及有亚洲模特出现的广告有所反应。[179]

图表 12.13　亚裔美国消费者

一些媒体正以亚裔美国消费者为目标。图为福特公司的中文版官方网站。

促销和分销

将促销和标志与某一亚裔美国群体的语言、兴趣或生活方式联系起来会取得很大成功。例如,西雅图的太平洋购物中心(Pacific Place)通过提供同时印有英文和日文的特殊优惠券来吸引日本裔美国消费者。自从波士顿红袜棒球队(Boston Red Sox)签下日本棒球明星松坂大辅(Daisuke Matsuzaka)之后,一些餐厅和业务公司就打出日文标语来吸引日本裔美国球迷来芬威公园(Fenway Park)。[180]

世界上的种族群体

亚文化群体在很多国家都存在。尽管逐一讨论世界上众多种族群体超出了本书的范围,以下还是列出了一些例子来表明接触某一国家中特定群体的重要性、挑战和机遇。

在加拿大,使用法语的亚文化群体拥有独特的动机和购买习惯。[181] 相比加拿大其他人口,法国裔加拿大人在传统或原味烹饪时会消费更多的原料,饮用更多的软饮料、啤酒、红酒和即饮饮料;同时消费更少的冷鲜蔬菜、减肥饮品和烈酒。爱国主义和种族荣耀在这一群体中十分强烈,麦当劳、肯德基和其他企业已经成功地将这些特征结合在营销策略中。[182]

苏联是一个多样化的国家,拥有 100 多个不同的种族并使用 50 多种语言。苏联的解体产生出一些有着强大种族核心的国家,其中包括俄罗斯、波罗的海国家(立陶宛、爱沙尼亚和拉脱维亚)、白俄罗斯和乌克兰。

在泰国,超过 80% 的人口是泰国本族人,但一些相当大的种族亚文化群体仍然繁荣发展。其中最大的、占总人口 10% 的是华裔（参见图表 12.14），而且该细分群体对泰国文化有着很深远的影响。[183] 泰国的华裔消费者表现出了强大的经济实力，因为他们拥有大量的企业；他们的影响力还表现在艺术、宗教和食品方面。泰国其他规模较小一些的种族群体包括老挝裔、印度裔和缅甸裔。

图表 12.14　世界上的种族群体

种族亚文化群体存在于世界上很多国家，包括泰国，在那里 10% 的人口是华裔。

印度拥有多样化的种族人口，在该国有 80 多种语言和 120 种以上的方言。一些村民只要离家超过 30 英里就会出现不能理解当地语言的问题。百盛国际餐饮集团（Yum Brands）旗下的肯德基和必胜客在印度某些城市中根据当地消费者口味来调整美国式菜品，使用当地原材料和香料来吸引每一个细分群体，取得了很好的效果。[184]

宗教的影响

亚文化群体的最后一种类型是以宗教信仰为基础的。宗教信仰以行为准则和行为指南的方式为人们提供了一套结构化的信仰和价值观。它同时还提供了将人们联合在一起的纽带，并使某一群体与另一群体区别开来。根据研究，大多数的美国人不是新教徒就是天主教徒。相比之下，只有很少一部分美国人自认为是犹太教、摩门教、穆斯林或其他宗教的追随者。[185]

除了存在个人差异的影响，一些宗教信仰或传统也会影响消费者行为。例如，基督教徒不太可能赊账消费、购买全国性品牌、听摇滚演唱会或看电影。[186] 宗教还会阻碍某些产品或服务的消费。例如，摩门教徒禁止饮酒、禁烟和咖啡因，包括可乐。传统的犹太教徒不吃猪肉或贝类，并且所有消费的肉类和家禽类都要符合犹太教戒律。穆斯林教徒不能吃猪肉或饮酒。天主教消费者可能会选择在大斋期的周五禁止吃肉。

很显然,宗教亚文化群体在世界许多地方都存在。在印度大多数人都信仰印度教,但是大规模的穆斯林教徒、天主教徒和锡克教徒表现出不同的消费模式。由于占主导地位的印度教徒是素食主义者,印度的食品和化妆品制造商在产品中必须使用植物油而不是动物油和起酥油。锡克教教规禁止牛肉和烟草的买卖,这些产品在锡克教教徒居住区销售量很低。最后,绿色对于穆斯林教徒有重要意义,所以面向这个群体的产品包装多使用绿色。

营销启示

营销人员可以根据宗教归属来对市场进行细分,传达针对性信息和促销,或用某些特别的媒体来传递这些信息。他们可以通过宗教广播电台、有线电视、网络和电视节目(覆盖数以百万的美国消费者)来接触基督教徒。一些营销人员通过沙龙交流联盟的基督教音乐广播电台、出版物和网站来接触基督教徒。[187] 此外,营销人员可以在众多与特定宗教归属相关的出版物上做广告。

营销策略应该表现出对目标群体的信仰和风俗的理解和尊重,这种策略会建立起积极的消费者口碑。沃尔玛在邻近底特律的一家超级购物中心(销售食品和其他适用于这一地区许多穆斯林消费者的产品)开张前与当地的伊斯兰教领导磋商了两年。这家新卖场的大多数工作人员至少会讲两种语言,所以他们可以帮助不同背景的顾客。沃尔玛甚至还邀请贺曼公司(Hallmark)专门为穆斯林消费者制作贺卡。[188]

营销人员还可以通过类似"国王之家"(位于亚利桑那州的斯科茨代尔市)的宗教用品专卖店来分销产品。越来越多的宗教组织正建立礼品屋、小吃店甚至健身中心,为合适的产品和服务提供分销机会。[189] 一些营销人员在营销策略中使用宗教主题,例如在宗教节日时销售特别产品或包装。然而,另一些营销人员尽量避免明显的宗教产品或信息。例如,热点青少年连锁店(Hot Topic)拒绝销售带有宗教象征的服饰。"我们不能接受对我们商店还不了解的消费者路过我们的橱窗陈列时被他或她所看到的东西冒犯",该连锁店的总经理解释说。[190]

总　结

消费者多样性的六个主要方面对消费者行为有重要影响,它们分别是:年龄、性别、性取向、地域差异、种族差异和宗教差异。年龄是一种重要因素,因为同一年龄段的消费者拥有相似的生活经历、需要、象征和记忆,这些都会导致形成相似的消费模式。青少年和20岁左右的Y世代消费者有着强大的消费能力,并且影响着家庭购买。X世代消费者出生于1965—1976年间。婴儿潮一代,出生于1946—1964年间,是美国最大的年龄群。老年人是50岁以上的群体。

性别差异同样影响着消费行为,其中包括正在改变的性别角色的影响。男性和女性在消费者特质、信息加工方式、决策制定风格和消费模式方面都不相同。此外,更多的营销人员利用性取向针对男、女同性恋提供各种产品和服务。

消费模式在美国和世界上的不同地区有所不同,因此一些营销人员需要针对不同地区调整他们的营销策略。消费者集群技术能根据相似的人口统计特征和消费特质,而不仅仅是地理位置,来帮助营销人员描述不同地区的消费者。美国最大的三个种族群体是非裔美国人、西班牙裔美国人和亚裔美国人。许多营销人员正采用多文化营销方式尝试同时吸引多个亚文化群体。最后,宗教价值观和风俗传统会影响消费者行为,并成为一些营销策略的基础。

复习和讨论问题

1. 哪些类型的美国消费者属于X世代、Y世代和婴儿潮一代?
2. 性别和性取向的区别是什么?为什么这一区别对于营销人员很重要?
3. 什么是消费者集群?为什么营销人员要使用它?
4. 美国人口中三个主要的亚文化群体是什么?
5. 文化适应和种族认同强度如何影响消费者行为?
6. 定义调节理论,并解释它对于以西班牙裔美国人为目标群体的营销人员的重要性。
7. 为什么公司会采用多文化营销而不是仅仅针对某一个亚文化群体?
8. 当营销人员以美国内部和其他国家的消费者为目标市场时,为什么需要考虑区域的影响?
9. 列举宗教在哪些方面影响消费者行为。

消费者行为案例　罐装汤可以打入新市场吗?

当位于新泽西的金宝汤公司(Campbell Soup)第一次尝试在中国营销它的汤产品时,消费者就是不买账。当时是1990年左右,金宝汤的营销人员意识到在这个人口众多的国家存在巨大的商机。中国人人均每年要喝241份汤,即总共3 200亿份。与之相比,美国消费者每年只能消费140亿份汤。

和以往一样,金宝汤公司的绝大部分产品销量都来自美国市场,在那里汤产业已经很成熟并达到饱和了。当家乡市场的销量增长缓慢时,该公司把目光转向了人数众多并且越来越富裕的中国消费者市场。然而,在没有研究当地购买和消费模式,并考察是否需要做出必要调整前,金宝汤公司就决定将它现有的浓缩汤产品先出口到中国。自此,一罐罐的汤产品就一直停留在商店货架上,销售情况令人担忧,最终,该公司撤离了中国市场。

金宝汤公司决定再次进军中国市场向消费者推销它的产品时已是2007年,该公司的营销人员在产品引进之前几个月就做了很多调查。该公司调查员奔走在中国不同的地区了解消费者在家如何做汤,并询问他们的食品消费习惯和偏好。他们了解到,中国的大部分消费者总是从头至尾自己一步步地烹饪汤食。尽管消费者通过添加味精来增加自制汤的味道,这种添加剂会引起头痛和其他健康问题。中国消费者知道"味精对他们的身体不好,并且他们正在寻找一种替代品。"金宝汤公司国际分销的负责人如是说。基于这些调查,金宝汤公司没有在自己的肉汤产品中添加味精。

作为调查的一部分,金宝汤公司提供给上海的女性消费者不同的肉汤和样品食谱来查看她们的反应。不是所有人都使用了食谱,一位女性认为这种肉汤会是一种水和油的极好的替代品。调查员们总结出:中国消费者很可能将金宝汤产品主要当作炖肉、烧菜和做面条时的锅底料,而不是当作一道汤品。他们同时判断,正如其他国家的消费者一样,中国消费者也会对节省时间的半成品肉汤很感兴趣。

金宝汤公司的产品研发专家以史云生品牌为名,为中国市场煮制出了两种全天然、低脂肪的肉汤。一种是研究表明的中国消费者会偏爱的口味极浓的清鸡汤。一种是由鸡肉、猪肉和火腿煮制,包含更多肉块的汤品。为了向消费者介绍这些新产品,金宝汤公司的营销人员在主要城市派送了超过1000万个样品加食谱传单。了解到手机在中国使用很广泛,他们还开发出促销短信来建立史云生品牌,鼓励消费者试用和购买。

根据调查结果,金宝汤公司的营销人员决定以两个步骤来分销新产品。第一步,他们策划在大型超市销售这种肉汤,同时赞助店内展示活动向消费者介绍这种灌装汤是做汤和烧菜很好的原料。当史云生这个品牌和形象更加深入人心后,第二步就是在小杂货商店分销这种肉汤。

金宝汤公司再次进军中国市场进展得很顺利,同时该公司也扩张到了俄罗斯,并在那里研制推出了几种符合当地消费者习惯的汤品,此外,该公司还使用样品派送和优惠券鼓励消费者试用和购买。今天,金宝汤公司通过在120个国家的销售每年创收70亿美元。为了向未来的消费者营销产品,金宝汤公司需要做些什么呢?[191]

案例问题

1. 对于汤类产品,你自己国家和中国的消费者行为之间有哪些差异?
2. 你同意金宝汤公司关于营销它的新汤品的两步分销策略吗?请解释你的答案。
3. 对于金宝汤公司来说,性别、年龄和区域对中国消费者购买和使用汤会有何影响?
4. 现在金宝汤公司在中国使用短信为史云生品牌做广告,它应在俄罗斯使用相同的促销手段吗?

第13章

社会阶层和家庭的影响

学习目标

学完本章后,你将能够:

1. 定义社会阶层,识别社会阶层地位的主要决定因素。
2. 解释社会阶层如何影响消费者行为,以及营销人员为什么在制定策略和战术时必须考虑这些因素。
3. 说明在许多国家中随着时间推移改变社会阶层的三个关键因素。
4. 介绍不同类型的家庭,解释家庭生命周期和其他因素如何影响家庭结构。
5. 概述家庭成员在获取和消费决策中的角色,说明公司应如何利用对这些角色的知识更有效地进行营销。

导言:向印度日益增长的中层阶层进行营销

印度中层阶层消费者人口在1亿以上,从对于汽车、手机、空中旅行及许多其他商品和服务的需求而言,这些消费者代表着一个利润丰厚并且高速扩张的巨大市场。20世纪90年代,印度的汽车销售占世界汽车销售的比例不到1%。如今,由于中层阶层的购买力,印度占据全球汽车销售的2.4%,本土公司如塔塔汽车公司与现代、本田等全球企业争夺市场份额。塔塔公司的Nano牌汽车是世界上最便宜的汽车,对于一些家庭来说,塔塔汽车是一种经济的交通方式,否则他们就得把孩子放在摩托车把手上或者乘坐公共汽车出行。

手机是另一个高销量的领域:超过2.11亿的人已经拥有手机,随着收入的增加以及家庭成员想要通过手机保持联系,手机的销量仍在高速增长中。随着越来越多的印度消费者到城市中找工作以及到国外工作和娱乐,对航空旅行的需求也有明显增长。这种发展使得提供全面服务的本地航空公司(如捷特航空)要同本地折扣公司(如翠鸟航空)以及国际竞争对手(如新加坡航空公司)相竞争。正如捷特航空的创立人所说:"很多印度人有足够的钱,当他们飞国际航线时他们想要获得高质量的服务——不低于新加坡(航空)和国泰航空(太平洋航空)的标准"。[1]

这个例子阐明了社会阶层和家庭如何影响消费者行为(参见图表13.1)。社会阶层的概念意味着一些人拥有比他人更多的权力、财富和机会,这种情况对消费者如何购物和购买何物产生影响。印度的中层阶层消费者包括大学毕业生、企业和政府管理人员、零售商和农场主,他们的职业和持续增加的收入使得他们能够购买和使用比以前更多更好的产品和服务。另一个需要考虑的因素是家庭成员对购买昂贵物品的影响,如购买汽车(即买一辆Nano汽车而不是一辆摩托车或乘公交车)和制定旅游计划。在你阅读本章时,请记住我们对社会阶层和家庭的概括只是一种广泛的群体趋势,不一定适用于个体消费者。

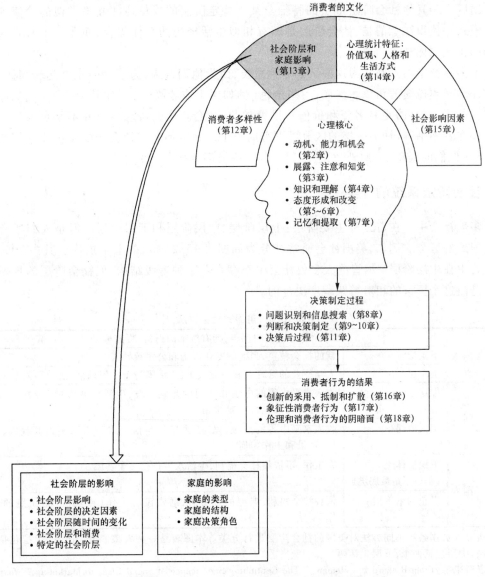

图表 13.1　本章概览:社会阶层和家庭的影响

本章研究了社会阶层和家庭对消费者行为的影响。第一部分讨论了社会阶层的决定因素(例如职业、教育、收入),社会阶层在长期中的改变,社会阶层怎样影响消费。随后讨论了家庭对消费者行为的影响,包括家庭的各种类型、家庭结构的变化趋势、各家庭成员在获取和使用提供物中所起到的决策角色。

社会阶层

绝大多数社会中都有一个**社会阶层等级**(social class hierarchy),它赋予某些阶层的人更高的地位。这些社会阶层成员的行为和生活方式都表现出区别于其他社会阶层成员的特征。某一特定阶层的成员往往共享类似的价值观和行为模式。值得注意的是,社会阶层是拥有相似生活经历的个体集合,而非一个有着强烈认同的正式群体。[2]

> **社会阶层等级**:将社会成员按照社会地位从高到低进行分组。

很多社会中的人都认为这些区别非常重要,因为他们认为,为了社会正常运转,每个人都有一个必须扮演的角色。然而,一些角色(例如医生或者高管)要比其他角色(例如停车场收费员或看门人)更具名望和价值。尽管如此,社会阶层的概念本身并不是负面的。即使是存在着不平等,社会阶层的区分可以有助于个体确定他们在社会中的角色或他们期望的角色(他们的渴望)。此外,社会阶层的各个等级都对社会有重要贡献。

社会阶层系统的分类

多数社会中存在着三种主要阶层:上层阶层、中层阶层和下层阶层。但是人们通常做出更细致的区分。例如,美国社会通常被分为如图表13.2所示的七个层次。其中70%的人口集中在中层阶层。[3]尽管绝大多数社会中都存在着某种等级结构,但社会阶层的规模和构成是由这个国家的相对繁荣程度决定的。[4]

图表13.2 美国的社会阶层

上层美国人	上上层	"资本S社会"的世界,拥有继承的财富、贵族称号
	下上层	新的社会精英,当前的专业人士和公司领导人
	上中层	大学毕业的管理者和专业人士,生活围绕个人俱乐部、活动和艺术
中层美国人	中层阶层	收入水平中等的白领和他们的蓝领朋友,生活在城市中"较好的"地区,努力尝试"合适的"事情
	工人阶层	收入水平中等的蓝领,以"工人阶层生活方式"生活,不论其收入、学校、背景和工作如何
下层美国人	下层群体(但还不是最底层)	有工作,不依赖社会福利,生活水平仅仅高于贫困
	真正的下下层	依赖社会福利,典型的贫穷者,通常没有工作(或从事"最肮脏的工作")

研究人员用各种不同方法对美国的社会阶层进行分类。本图表是一种典型的分类方法,上层包括三个阶层,中层包括两个,下层包括两个。

资料来源:From Richard P. Coleman, "The Continuing Significance of Social Class to Marketing," *Journal of Consumer Research*, December 1983, p.277. 经 The University of Chicago Press 同意引用。

与美国相比,日本和北欧国家甚至拥有更大和更具主导地位的中层阶层,而上层阶层和下层阶层群体却要小得多。这意味着这两个国家中人民的平等程度高于其他社会。日本的等级结构体现出政府为试图消除社会阶层并融合来自各个不同阶层的人群而做出的不懈努力。[5] 然而,极具竞争性和选拔性的日本教育体系依然限制了人们取得企业高管或政府管理人员等更高社会地位的机会。在拉美和印度这样的发展中地区,大多数人口集中在下层阶层(参见图表13.3)。

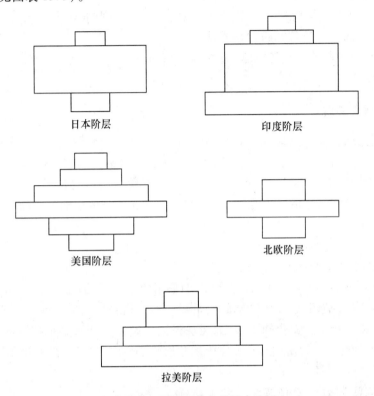

图表13.3　不同文化中的社会阶层

社会阶层的相对规模和结构随着文化的不同而变化。例如,日本和北欧国家中层阶层人数居多,上层阶层和下层阶层人数较少。印度和拉丁美洲国家下层阶层人口占较大比例。美国不仅中层阶层人数很多,而且上层阶层和下层阶层人数也较多。

资料来源:Adapted from Edward W. Cundiff and Marye T. Hilger, *Marketing in the International Environment* (Englewood Cliffs, N.J.:Prentice-Hall, 1988) and Marieke K. de Mooij and Warren Keegan, *Advertising Worldwide* (Englewood Cliffs, N.J.: Prentice-Hall, 1991), p.96.

有趣的是,与其他社会阶层相比,多数社会中的上层阶层之间更加相似,因为上层往往更具大都市化和国际化导向。[6] 下层阶层最容易受到文化约束,因而在生活方式、衣着和饮食习惯方面与其他阶层的差异最大。中层阶层则最有可能借鉴其他文化,因为这种做法代表着实现向上层社会流动的一种手段。

即使某一特定阶层的成员可能共享类似的价值观,他们保持这些价值观的方式却有所不同。例如,美国中等阶层的代表有:配偶没有工作的低层经理,双方都在办公室工作的夫妇,单身的销售人员,拥有大学学位、抚养两个子女的单亲家长或者保龄球馆的业主。以上所有人都在为更好的生活而奋斗(这是一种重要的中等阶层价值观),但实现的方式却不同。

最后,一个特定的社会阶层可能具有不同的经济基础。具体来说,收入高于他们所在阶层平均数 20%～30% 的家庭被称为是**强势家庭**（overprivileged），因为他们具有购买本阶层基本品以外产品的能力。[7] **阶层平均水平家庭**（class average）的收入水平与该阶层平均数持平，他们能够负担与他们的社会地位相符的消费品，如房屋、汽车以及相应的服装。**弱势家庭**（underprivileged）的收入低于平均数，他们在达到阶层要求上有困难。

> **强势家庭**：收入高于阶层平均数的家庭。
> **阶层平均水平家庭**：收入与阶层平均数持平的家庭。
> **弱势家庭**：收入低于阶层平均数的家庭。

社会阶层影响

社会阶层的结构非常重要，因为它们强烈地影响规范和价值观，从而影响行为。假设社会阶层中的成员时常（正式和非正式地）往来，人们更容易受到来自同一社会阶层成员的影响，而非其他阶层成员的影响。值得注意的是，社会阶层的影响并不是一件文化紧身衣；它仅仅反映了拥有相似生活经历的消费者可能会展现出相似的生活方式和行为。[8]

某一阶层消费者的规范和行为也会影响其他阶层的消费者。一个被广泛引用的阶层影响理论是**滴漏效应**（trickle-down effect），它认为较低阶层模仿源自上层的时尚。例如，上层人士采用的服装风格往往会在其他阶层流行开来。滴漏效应产生的原因是较低阶层的成员渴望通过模仿较高阶层来提升自己的社会地位。如果他们缺乏相应的文化知识，从而无法做出正确判断什么是可接受的，他们也会受到高层的影响。[9] 例如，中层阶层常常依靠上层阶层给予他们在音乐、艺术和文学这些文化事务上的指导。

> **滴漏效应**：从上层阶层中开始的时尚随后为较低阶层所模仿。

然而，近来滴漏效应的普遍性受到了质疑。在一些情况下也会发生**地位漂移**（status float）的现象，即时尚从下层或中层向上传播。文身就是这样一种从下层向上传播至高层的现象。牛仔裤也是如此，它最初于 20 世纪 50 年代至 60 年代在美国下层和中层年轻人中流行开来，因为它象征着对权威的反抗。[10] 最终牛仔裤受到了上层社会中同样想要反抗父母的年轻人的欢迎，成为风靡全球的时尚产品。

> **地位漂移**：由中低阶层开始的时尚向上传播。

如何确定社会阶层

为了研究社会阶层对消费者行为的影响，我们需要将消费者划分为不同的社会阶层。不幸的是，这是一项复杂的任务，多年来社会阶层的确切决定因素一直备受争论。

收入与社会阶层

很多人认为拥有的金钱越多，社会地位越高。然而，你可能会感到惊讶，出于一些原因，收入与社会阶层的联系并不强。[11] 首先，收入水平通常会使社会阶层重合，特别是在中层和下层中。比如，美国许多蓝领工人的收入比某些白领更高，但他们却并不因此拥有更高的社会地位。其次，收入随着年龄的增长而显著增加，但年长的工人并不会自动获得更高的社会地位。最后，在许多国家，越来越多双职工家庭的收入高于平均水平，他们却不能得到社会地位的提升。因此，尽管收入是与社会阶层相关的因素之一，其他因素同样起着重要作用。

一些研究人员主张,收入水平能比社会阶层更好地预测消费者行为。而更普遍的观点认为,二者对于解释不同情况下的消费行为都十分重要。[12]在预测生活方式和价值观而不涉及大额消费时(例如购置服装或家具),社会阶层是一个更好的预测指标。例如,中层和下层的消费者对家具风格偏好不同,即使两个阶层的消费者收入相近,但中等阶层的消费者更倾向于在家居装饰上消费。另一方面,收入水平更有助于解释与阶层象征无关的提供物的消费(例如船)。在解释既包括地位象征又涉及大笔开支的行为(例如买房或买车)时,社会阶层和收入都是必须考虑的。

尽管收入不能解释社会阶层,社会阶层却常常可以解释人们是如何支配收入的。例如,上层消费者进行投资的可能性更大,而下层消费者依赖银行储蓄的可能性更大。社会阶层帮助我们理解消费者行为,而社会地位是由收入以及其他众多因素决定的。

职业和教育

阶层地位的最重要决定因素是职业,特别是在西方文化中。具体来说,一些职业,尤其是需要更高教育、技能或者训练水平的职业,被认为要比其他职业地位更高(参见图表13.4)。此外,相同职业的成员往往有相似的收入水平、生活方式、知识结构和价值观。研究人员通过调查消费者如何谋生来轻易判断出人们的职业。接着,他们对答案进行编排,并与公布的职业声望量表进行比较,例如广泛使用的社会经济指数(SEI)或Nam and Powers量表。[13]

图表13.4　澳大利亚部分职业的地位水平

职　业	得　分	职　业	得　分
议员	96	图书管理员	53
医生	94	牧场主	49
牙医	89	酒店经理	38
信息技术经理	75	发型师	31
土木工程师	74	汽车修理工	30
人力资源经理	70	消防员	29
销售和营销经理	66	厨师	27
学校教师	65	工具制造者	25
社会工作者	60	水管工	24
会计师	58	看门人	17
记者	57	卡车司机	12
警官	54	服务生	10

人们开发了各种不同指数来划分不同职业的地位水平。本图表展现了一些职业的地位得分,采用的是为澳大利亚设计的一种指数。你认为造成一些职业社会地位高,其他职业社会地位低的主要因素是什么?

资料来源:Adapted from Julie McMillan and F. L. Jones, "The ANU3_2 Scale: A Revised Occupational Status Scale for Australia," *Journal of Sociology*, March 2000, Appendix on pp. 69—80.

需要注意的是,同一职业的地位感知在不同文化中是不同的。例如,与美国的情况相比,教授在德国、日本、中国、泰国和尼日利亚的地位更高,因为这些国家更加重视教育。工程师在发展中国家往往要比在发达国家拥有更高的地位,因为他们对于将技术应用到社会中起着重要作用。

教育也有极其重要的作用，因为它是职业因而也是社会阶层的决定因素之一。事实上，教育程度被认为是消费者收入潜力和消费模式最可靠的决定因素。[14]一家之主拥有大学学位（或者受过更高教育）的普通美国家庭的收入中位数是71 400美元，是高中水平家庭收入中位数的两倍。受教育水平高的消费者不仅收入更多，他们的阅读和旅行也更多，身体更健康，并且比其他人群更容易接受新的提供物。[15]大学学位对取得更高地位的职业尤其重要。超过66%的拥有学士学位或者更高学历的人从事着管理职业或专业职业，而只接受过部分大学教育的人群中仅有22%获得了这些职业。

社会阶层的其他指标

诸如居住地区、财产、家庭背景和社会交往等因素也是社会阶层的重要指标。我们所居住的社区和我们所拥有的财产数量和类型是表明

> **继承地位**：出生时继承自父母的地位。
> **获得的地位**：后来靠自身成就取得的地位。

我们阶层地位的可见标志。从家庭背景方面来说，研究人员划分了**继承地位**（inherited status），即一出生从父母那里取得的地位，和**获得的地位**（earned status），即在之后的人生中由个人成就所取得的地位。[16]继承地位是价值观习得和向上和向下流动性的初始锚定点。正如前面提到的，同一阶层的成员间经常往来，因而交际也能帮我们识别我们的社会地位。

社会阶层的这些决定因素随着国家不同而不同。例如，在罗马尼亚这个前社会主义国家，如今金钱和财产是最显著的社会地位决定因素，而在过去则是在党内的地位。[17]在阿拉伯地区，地位主要由社会交往和家庭地位决定，这两者都被认为远比金钱更重要。[18]

社会阶层指数

在决定社会阶层等级时，所有上述因素都应该予以考虑，社会学家开发了一些指数来完成这一任务。像地位特性指数和社会地位指数等旧方法被批评为过时和不适用于双职工家庭。[19]因此，研究人员现在使用更新的指数，如**计算机化**

> **计算机化地位指数**：一种通过教育、职业、居住地和收入来决定社会阶层的现代指数。
> **地位结晶化**：消费者在收入、教育、职业等社会阶层指示上表现出一致结果。

地位指数（Computerized Status Index，CSI）。这种指数会对消费者的教育、职业、居住区域以及收入进行评估。

当消费者在不同维度间表现出一致时，社会阶层就很容易确定，即**地位结晶化**（status crystallization）。然而，有时个体在某些因素上得分较低，而在另一些因素上得分较高。因此，一个来自市中心的新医生可能在职业、收入、社区和家庭背景方面表现得不一致。在这种情况下，消费者可能由于不知道自己的确切地位而感到压力和焦虑。[20]营销人员也很难将这样的消费者准确地划入某一个社会阶层中。

社会阶层如何随时间变化

社会阶层结构并非是一种静态、一成不变的系统。在许多国家中，三种造成社会阶层结构演变的关键力量是：(1) 向上流动性，(2) 向下流动性，(3) 社会阶层碎化。

向上流动性

在很多文化中,消费者能够通过**向上流动性**(upward mobility)来提高自己的社会地位,通常是利用教育或职业成就(参见图表13.5)。换句话说,下层阶层或中层阶层的成员能够利用教育机会,尤其是大学教育,来获得更高地位的职业。一位经济学家在谈起下层消费者向上流动的机会时说道:"教育是通向中层阶层的最有效门票。"[21] 在美国,超过三分之一的蓝领家庭子女是大学毕业生,因而拥有30%的机会提升职业地位。[22] 然而,近几十年来,来自贫困家庭的美国大学毕业生比例持续低于5%,反映出了大学学费难以支付,以及在大学中下层和中层阶层之间鸿沟难以缩小的事实。[23]

向上流动性:提升个人地位水平。

图表 13.5 社会阶层流动

有时广告会展示向上流动性的标志。这则关于 showhouse 的广告就是一个很好的例子。

显而易见的是,向上流动性并没有保证。较低阶层,尤其是少数民族,依然受到经济和文化资源的短缺和教育机会少的限制,从统计数据看,相比上层,他们更难获得高地位的职业。[24] 来自较高地位家庭的个体保持其地位的可能性是下层获得更高地位可能性的两倍。

即使取得了向上流动性,因为成长过程中习得的所处阶层的行为模式已经根深蒂固,个体的行为依然会受到之前所在阶层的显著影响。[25]

不同文化中的向上流动性程度也不尽相同。通常,西方国家提供了最多的向上提升机会,尽管在加拿大和美国,某段时期内向上流动的机会实际上会减少。[26]在前社会主义国家,旧的党派和政府官僚构成了新的上层阶层,因为他们拥有在现代环境中发展所需的技能和经济知识。[27]在阿拉伯国家,由于石油收入和西方大学教育的普及,上层和中层阶层人数正在快速激增。[28]在许多发展中国家,由于国际贸易带来了更多买得起的商品,双职工家庭获得了更高的收入,以及为了支持经济发展,像经理和会计师这样的专业人士的需求量越来越大,因而中层阶层的规模正在迅速扩大。[29]

向下流动性

向下流动性(downward mobility),或者说向下层阶层移动,在一些工业化社会中呈现出日益增长的趋势。过去20年中,由于工作转至海外,或者技术被淘汰,以及公司降薪或裁员等因素,

> **向下流动性**:失去个人的社会地位。
> **地位恐慌**:子女无法达到其父母的社会地位水平。

数百万的美国家庭向下滑落。[30]尽管很多家长都希望能给自己的子女提供更好的生活和更高的地位,但是一些孩子却难以达到他们父母的地位,这种现象被称为**地位恐慌**(status panic)的标签。[31]与此同时,由于不断增长的物质欲望,更多的上层和中层阶层家庭难以维持其所在阶层的生活方式。当股票市场的波动侵蚀了资产的价值时,即便是拥有巨额退休资产组合的家庭也会感到明显的压力。反过来,这也会影响他们当前的消费行为和退休后的消费模式。[32]

向下流动性引发了失望和幻想破灭。在这种情况下,为了供养家庭、应对经济萧条以及维持尊严,人们必须不断地努力。有时,消费和购买行为能保护个人的自我价值。比如,消费者可能因为购买一辆新卡车或其他物品而自我感觉良好。[33]由于日本的中层阶层习惯于通过购买奢侈品来表达地位,即使全国经济持续困难,很多人仍然挥金如土。[34]另一方面,向下流动的家庭必然是在财产上有所缩减的,比如值钱的汽车或房屋,如果消费者选择减少在非重要物品方面的支出,可能引发消费水平下降。

社会阶层碎化

有意思的是,旧的社会阶层区别开始破裂,这种现象被称作**社会阶层碎化**(social class fragmentation),它源于多种因素。[35]首先,向上和向下流动性都模糊了阶层分界。其次,大众传媒的普及,尤其是电视和网络,正在向全世界的消费者展示各种阶层和文化的价值观与规范,导致一些人将这些群体的特征融入自己的行为中。社会阶层碎化的第三个原因在于传播技术的进步促进了跨阶层互动,比如互联网用户在线聊天时会忽略社会阶层。这些因素带来了许多具有独特价值观和行为模式的社会阶层子群体的出现。如今,美国有从市郊精英(超级富裕家庭)到困苦人群(贫困的单亲家庭)在内的几十个阶层。[36]其他国家也有类似的趋势。图表13.6展示了德国的一些传统和新兴的阶层。

> **社会阶层碎化**:阶层区别的消失。

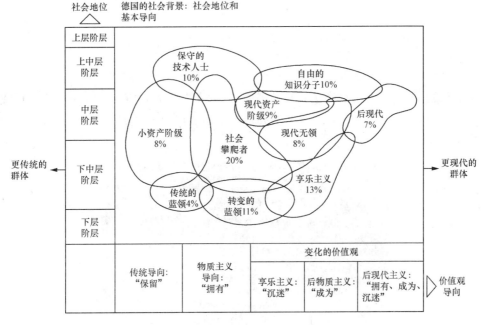

1. 保守的技术人士背景
2. 小资产阶级背景
3. 传统的蓝领背景
4. 转变的蓝领背景
5. 社会攀爬者背景
6. 现代资产阶级背景
7. 自由的知识分子背景
8. 现代无领背景
9. 享乐主义背景
10. 后现代背景

图表13.6　德国的社会阶层

这张图表对德国社会的社会阶层结构进行了详细描述。这10个群体从两个维度表现了其特征：社会地位（由下层到上中层阶层）和价值观导向（由传统到十分现代化的价值观）。

社会阶层如何影响消费？

社会阶层常常被视作是消费者的获取、消费和处置行为的原因和动机。这一部分将考察三个主要话题：（1）炫耀性消费和地位象征，（2）补偿性消费，（3）金钱的意义。

炫耀性消费和地位象征

炫耀性消费（conspicuous consumption）通常与社会阶层相关，它通过将注意转到消费上来弥补缺陷或自尊不足。[37]炫耀性消费品对其拥有者十分重要，因为它们能够向他人表明身份。[38]只有在这些物品可被他人看见时才能传递出这种信息。研究表明，独特性和从众心理都会影响炫耀性消费。[39]另一种解释来自恐惧管理理论，认为这样的物质主义有助于缓解消费者对于无可避免的死亡的焦虑。[40]

> **炫耀性消费**：为了表现个人地位而购买和展示一些商品和服务。

炫耀性消费在大多数社会阶层中都可以看到。[41]各种层次的个体都会与他人攀比——购买和展示本阶层中受尊敬成员所拥有的物品。在阿拉伯世界，新兴的上层富豪加入了购买私人飞机等炫耀性消费品的行列。炫耀性消费的竞赛也出现在前社会主义国家,在这些地方,如果某人赶不上他人,就会被认为是"圈中的耻辱"。[42]

除此之外,消费者们可能会进行**炫耀性浪费**(conspicuous waste)。例如,富人可能购买自己永远不住的房屋、没人弹奏的钢琴以及无人驾驶的汽车。[43]然而,一些消费者脱离了炫耀性消费,转向了"体验促进物"或其他能让他们感到与众不同的物品。[44]例如,很多满足了自身物质财富欲望的消费者正在用高价换取不同凡响的体验,如冒险之旅。[45]

> **炫耀性浪费**:购买明显不会使用的产品和服务。

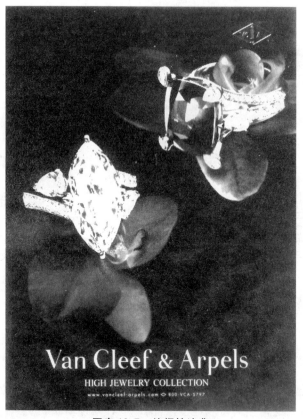

图表 13.7　炫耀性消费

有时消费者购买那些向他人传达地位或精英信号的产品。这可能就是购买类似梵克雅宝(VanCleef&Arpels)这类昂贵珠宝的一个原因。

地位象征和判断他人

与炫耀性消费高度相关的一种观念是,人们经常根据所拥有的财产来判断他人的地位。也就是说,产品和服务成为判断其所有者社会等级的**地位象征**(status symbols)。[46]拥有名贵手表或者汽车的人很可能被视作上层阶层人士。在超级富豪中间,一艘装配了直升机的私人定制游艇或者迷你潜水艇成为一项必要的地位

> **地位象征**:能向他人表明某人社会阶层地位的产品或服务。

象征。⁴⁷在泰国,乘坐昂贵的游轮能体现身份;同样,在日本,拥有假山庭院或高尔夫俱乐部会员身份代表着地位。在巴西,在类似汉堡王这样的快餐店用餐则是下中层消费者的地位象征。⁴⁸

消费者会追求既能反映他们目前所处阶层又能表达阶层渴望的商品,这种情况可以解释一些获取和消费行为。比如,中层阶层的消费者往往希望拥有一套位于备受尊崇社区的良好住房,以便得到他人正面的判断。通过购买本阶层成员通常无力支付的商品,消费者能够提升对自我价值的感知。对同龄人所取得的成功的描述也会激起消费者对奢华地位象征的渴望。⁴⁹"即便是相对便宜的奢侈品(如 6 美元的潘娜拉三明治或最便宜的奔驰汽车)也能令较不富裕的消费者感到更高阶层的品质、品味和期望,"波士顿咨询集团的专家指出,"即使在经济动荡时期,某些奢侈品仍然卖得很好,因为它们通常满足了一种强烈的情感需要。"⁵⁰有意思的是,地位象征有时会朝相反方向转移,这种现象被称为**滑稽模仿式陈列**(parody display)。⁵¹例如,巴西的上层和中层阶层以跳卡波耶拉舞(capoeria)为时尚——一种传统上流行于下层阶层成员间的兼具舞蹈与武术特征的舞蹈。⁵²此外,如果某种地位象征被人们广泛拥有,它们会失去自身的地位内涵,成为**欺骗性象征**(fraudulent symbols)。比如,由于奢侈品牌常常被大众市场上的廉价品仿冒,Coach 和其他品牌用更微妙的标志对产品进行了重新设计。新产品拥有毋庸置疑的高品质但是不再高喊"Coach,Coach,Coach"的口号,Coach 的一位设计者评说道⁵³。

> **滑稽模仿式陈列**:始于较低社会阶层并向上层阶层传播的地位象征。
> **欺骗性象征**:被过多采用以致失去其地位的象征。

补偿性消费

补偿性消费(compensatory consumption)行为也与社会阶层相关,它是通过关注消费来补偿不足或尊重缺失的一种手段。⁵⁴一位受挫或面临困难,特别是在职业发展和地位等级方面受挫或面临困难的消费者,可能会通过购买理想地位的象征物(如汽车、房屋或高级时装)来弥补成功的缺失。这些购买有助于恢复失去的自尊。

> **补偿性消费**:通过购买产品或服务来抵消生活中挫折和困难的一种消费者行为。

传统上,补偿性消费特指工人阶层的购买模式,他们可能透支自己的未来收入以购买房屋、汽车和其他地位象征。然而,近些年来很多美国中层或上中阶层的消费者也表现出补偿性消费行为。这些消费者中一些人没有达到他们父母的事业成就和财产水平,在某种程度上,这归咎于日益增长的职业竞争、公司裁减和经济不景气。为了抵消失落感,很多消费者通过补偿性消费来寻求满足。⁵⁵了解这种趋势后,一些公司创立了比已有奢侈品更便宜的新商品。例如,蒂凡尼(Tiffany)开设了针对中层阶层消费者的分店,与此同时通过原有的蒂凡尼商店销售更多的高档珠宝。⁵⁶

金钱的意义

金钱是与社会阶层有关的一个重要概念。在最基础的层次上,经济学家将金钱定义为一种交换媒介或是支付标准。根据这种观点,金钱满足了功能性或实用性的目的,使得人们能够购买日常生活所需的用品。然而,金钱也常常象征着安全、权力、爱以及自由。

消费者早在童年时期就开始学习金钱的意义。家长们很容易发现,通过以金钱为基础的奖励与惩罚以及是否购买某些物品,他们就能够控制自己的孩子。[57]儿童了解到如果他们表现良好、取得高分、做家务,家长会给他们买东西。这种早期的认知后来会带入成年生活,此时金钱被视作购买东西的一种手段,购买的这些东西不仅能带来欢乐和满足,而且还能带来地位和声望。在一些社会中,这种信念可能导致对金钱无法满足的欲望和追求,而媒体对成功人士以及诸如"人人都能成功,我也不例外"这类信念的大量报道加重了这种风气。这种信条正是彩票在某些阶层中大受追捧的原因(参见图表13.8)。

图表13.8 政府彩票的营销

政府彩票在特定阶层中广受欢迎,因为"人人都有可能,我也不例外"。这一信念展现了金钱的重要性。

营销人员必须懂得金钱和它代表的意义,以便了解消费模式。金钱令消费者购买能表明社会阶层地位的物品。获得更多金钱也被视为提升社会阶层地位的一种方式。然而,信用卡和借记卡使用的持续增长说明金钱并不一定需要涉及实体形态的现金。即使是在肯尼亚这样长期以现金支付的国家,越来越多的消费者有了使用信用卡的资格,从而他们能够即刻购物而延迟付款。[58]越来越多国家的购物者开通了能使他们轻松网上购物的电子钱包。在荷兰,消费者可以申请 MiniTix 电子钱包,随后只要点击就能将购物款项自动转给网上零售商。[59]

当然,不同的消费者对待金钱的方式也不同。一些人会花钱购买现在所需,然而另一些人会自我克制来进行储蓄。一项研究表明,乐于消费的人比勤于储蓄的人更健康、更快乐,后者倾向于对财务状况、个人成长、朋友和职业更加不满。[60]但是长期持续过度消费的人可能会深陷债务甚至不得不宣告破产。

金钱的两面性

金钱可以看作是努力工作的奖励,并可以用于购买所需物品、提高生活质量以及令人有能力帮助他人和整个社会。另一方面,对金钱的追求可能导致贪婪、欺骗和潜在的有害行为,如赌博、卖淫和贩卖毒品(见第 18 章)。追求金钱还可能带来如焦虑、绝望、愤怒和无助等消极情绪。[61] 尽管人们通常尊敬富裕的人,但他们也常常鄙视富人对金钱的过度欲求,这种反应意味着富人有时会感到与其他人格格不入。[62] 除此以外,不与他人共享财富的人可能被看作是自私和贪婪的。有趣的是,年收入低于 25 000 美元家庭的消费者向慈善机构捐献大约 4% 的收入,而年收入 100 000 美元甚至更高家庭的消费者捐献给慈善机构的收入比例低于 3%。[63]

金钱与幸福

认为金钱能够买到幸福的普遍信念(尤其在西方国家)是完全不正确的。一些人取得了巨额财富后,金钱会变得毫无意义,人们也不再高度渴望金钱。此外,富人能够雇得起他人来处理一些自己曾乐在其中——比如园艺和自己动手(DIY)——的事物。当然,金钱无法买到爱、健康、真正的友谊和孩子,还有许多别的东西。因此,对金钱的持续追求可能最终并不能实现很多人以为金钱可以实现的梦想。

> **营销启示**
>
> 利用人们对向上流动性可见标志物的渴望,公司能够有效营销某些商品。并非人人都支付得起 7.25 万美元的镶满宝石的手机,但是对于俄罗斯和中国的新兴富人来说,6 500 美元的低端样品就可以象征地位。[64] 雷朋集团(Luxottica)提供 1 000 美元一幅的定制太阳镜,其定位在于想要佩戴富裕标志的上层消费者。[65] 在中上层家庭中,起步价 2.5 万美元的家用电梯正成为广受欢迎的地位象征。[66]
>
> 在许多国家,信用卡和借记卡的使用正在迅速增长,这种现象既带来了机会也带来了挑战。例如,在俄罗斯,现在年平均消费已经达到了 4 000 美元。[67] 信用卡债务的增长不仅发生在美国,还发生在澳大利亚、加拿大、英国以及其他地区。然而,信用卡的过度透支也在上述国家导致了更高的消费者破产率,继而引发了道德和公共政策问题。

特定社会阶层的消费模式

前面的部分从总体上考察了社会阶层如何影响获取和消费行为。本节将扩展讨论普遍规律下特定社会阶层的消费模式。尽管阶层特征日渐模糊,但为了方便研究,我们的讨论将重点关注:(1) 上层阶层,(2) 中层阶层,(3) 工人阶层,(4) 无家可归者。请记住这些是大致的分类,营销人员必须进行更深入的研究,以识别出具有特定消费模式的消费者子群体。

上层阶层

绝大多数社会中的**上层阶层**(upper class)是由多种群体组成的,包括贵族、新社会精英(或暴发户)以及上中层(专业)人士。在美国,上层阶

> **上层阶层**:贵族、新社会精英和中上层人士。

层通常是指"老钱"消费者——其祖先在一个世纪前就获得了财富与权力,依靠遗产生活的人。他们占美国社会的1%。这些消费者比其他阶层更倾向于储蓄和投资。[68]然而,他们中很多人很看重价格。[69]在购买节日礼物时,只有49%的人会前往高档商店,其他人则在类似梅西百货这样的中等商店或折扣店购物。[70]与其他阶层相比,上层消费者更有可能研究他们购买的产品,并且将产品特征而非价格作为质量指标。

尽管规模不大,但上层阶层却具有多样性,其成员共享一系列与消费行为相关的共同价值观和生活方式。这些消费者往往认为自己有智慧、关注政治、有社会意识,因而他们会更多地观看戏剧、投资艺术品、旅行以及投入时间和金钱到慈善事业和市民议题上。[71]自我表达也至关重要,因而他们会购买高级的名牌产品来展示良好的品味。销售高端汽车(例如价值32万美元的幻影系列)的劳斯莱斯(Rolls-Royce)公司宣称它们的消费者的平均净资产超过3 000万美元。[72]

图表13.9 以上层阶层消费者为目标
一些广告用奢侈品向上层阶层消费者宣传,如这则广告中的马洛(Marlow)游艇。

暴发户是在自己有生之年获得了大笔财富和地位的上层消费者。这一群体喜欢收集财富和权力的象征物,如家具、艺术品、汽车、高档珠宝或者内部装饰奢华的飞机。[73]绝大多数的百万富翁不再像传统意义上的大亨那样住在庄严的豪宅中。全美三分之一资产过百万家庭的主导者年龄在39岁及以下。[74]美国百万富翁大多已婚,平均年龄54岁,有三个子女,拥有920万美元的家庭平均净资产值。[75]超过110万个美国家庭的净资产大于500万

美元。[76]

中层阶层

美国的**中层阶层**（middle class）主要由白领工人组成，其中许多人上过大学（一些人未能取得学位）。中层阶层的价值观和消费模式十分多样化，然而很多人在特定行为上向上层寻求指导，例如用餐礼仪、穿着（对那些渴望向上流动的人尤为重要）以及诸如高尔夫球和网球等休闲活动。这种趋势延伸到了看戏剧、度假和有助于自我提升的成人教育课程。中层阶层的消费者相信他们能够控制自己的前途并看到机会。[77]中层阶层的价值观也决定了中层阶层消费者消费的产品及品牌。例如，相比下层消费者，中层阶层消费者订购有线电视的比例更高。[78]

> **中层阶层**：主要是白领工人。

在其他国家也可以看到相似的中层阶层行为模式。例如，墨西哥的中层阶层与美国的中层阶层有很多相似之处——在汽车、服装、度假和家庭用品上花费大量可支配收入。然而，墨西哥的下中层阶层家庭的平均收入（大约14 400美元）却低于美国的下层阶层。[79]在俄罗斯，中层阶层由500万消费者组成，他们的月平均收入是500美元。该群体大约85%的成员拥有汽车，许多人偏爱西方品牌的快餐店。[80]事实上，在许多发展中国家，中层阶层正在迅速成长，特别是在印度、中国、印度尼西亚和韩国。[81]

工人阶层

工人阶层（working class）主要以蓝领工人为代表。"戴着安全帽的中年男人"这一工人阶层的刻板形象正在发生改变，因为该阶层正变得更加年轻，更具种族多样性，有了更多女性成员，一定程度上受教育程度更高并且更不依赖老板。[82]工人阶层消费者在很多领域都严重依赖家庭成员的经济和社会支持，包括就业机会和建议——尤其是重大购买决定和困难时期的帮助。[83]因此，与其他阶层相比，工人阶层在社会、心理以及地理方面有更多的本地化倾向。例如，工人阶层的男性明显表现出对本地球队、当地新闻以及在本地休假的偏好。同时，工人阶层也强烈抵制性别角色的变化，抵制购买非国产汽车，也不愿放弃大动力、象征男子气概的汽车和卡车。

> **工人阶层**：主要是蓝领工人。

工人阶层消费者更愿意消费而非储蓄。然而，当他们进行储蓄时，很多人选择存款账户而非投资以寻求财务稳定。[84]此外，工人阶层消费者更容易根据价格判断产品质量（价格越高质量越好），也更有可能在大型卖场或折扣店购物，在购买时对产品信息掌握较少。[85]而且，他们可能表现出明显区别于其他阶层消费者的产品偏好。例如，在收入低于2.5万美元的美国成年人中只有15%的人饮酒，这一比例低于高收入群体（52%）及中等收入群体（28%）。[86]

无家可归者

在社会阶层最底层的是**无家可归者**（homeless），他们没有住处，流落街头或临时住在废旧

> **无家可归者**：在地位等级最底层的人。

汽车、房屋中。[87]在一些国家,无家可归者占据了社会中很大一部分。美国官方数据统计约有75万无家可归者,然而其他估计认为这一人数达到700万。[88]这一数量持续增长的群体主要包括吸毒者和酗酒者、精神病患者、女性支撑的家庭以及曾经遭遇金融挫折的人。无家可归者不一定失业:根据在奥斯汀和得克萨斯进行的调查,在6 000多名无家可归者中,51%的受访人有工作,但其收入不足以负担起一个固定住所。[89]

无家可归者的最重要特征是他们为生存而挣扎。因为收入较低或没有收入,他们难以购买诸如食品和医疗这样的生活必需品。[90]他们并非孤立无助,只是更愿意成为"一个有资源、有决心并且有能力的群体,积极主动面对消费者环境中的资源短缺"。[91]他们倾向于保护自己的自尊,防止自己成为依赖社会福利的人,或者住在收容所以及救世军这样的机构,他们接受自己的街头身份,讲述自己过去或未来成就的故事。[92]

无家可归者的一项非常重要的生存活动就是收废品,即找出他人丢弃的可用或部分可用的物品。当往返于不同地区来寻找所需物品时,很多人时常改变他们收废品的模式以避免被发现,从而形成了移动或者流浪群体。尽管贫困,大多数无家可归的消费者拥有一些之前的财产,他们会最大程度地利用这些物品,只有在完全无法继续使用时才会丢弃。

营销启示

社会阶层是划分市场的有效方式,因此能够影响产品和服务的开发、信息、媒体选择以及渠道选择。

产品或服务开发

社会阶层的动机和价值观能够决定消费者渴望什么提供物。例如,为了满足对名望和奢华的追求,许多上层消费者选择高端汽车、进口葡萄酒、高档餐厅、高级时装、异国风情游或者豪华旅行。另一方面,工人阶层想得到物美价廉的商品,因此许多商品应运而生。这样的例子包括家庭汽车旅馆、自助餐厅以及经济型汽车或二手车。墨西哥电器集团(Elektra)的823家连锁店允许通过信贷购买电视、家用电器甚至汽车,以此来吸引工人阶层消费者。[93]

有时,营销人员为不同阶层开发不同的生产线。宝洁公司开发了一条高端帮宝适婴儿纸尿裤的产品线,名为"婴儿成长系列"。它以中层和上层消费者为目标,以其创新特征而非价格来营销。[94]此外,营销人员研发能够刺激消费者对向上流动性渴望的产品。例如,设计师迈克尔·科尔斯提供了基于高档产品设计的中等价位服装,他将之称为"激动人心的共用设计产品"。[95]

信 息

通过深入了解某一特定群体的独特性,广告主可以向这一社会阶层进行有效营销。当面向上层时,广告主可以暗示这一群体是少数的精英阶层(参见图表13.10)。[96]其他面向上层的信息可能集中在这样的主题上——"辛勤工作的奖励"、"你成功了"或者"犒劳自己吧,这是你应得的"。广告主可以将特定的提供物宣传为令人羡慕的地位象征。捷豹(Jaguar)将其XJ8汽车宣传成富裕消费者的渴望,因为它是"美丽与智慧"的化身。而面向工人阶层的信息可能更具本地化的倾向,关注家庭、朋友以及打猎或观看

图表 13.10　地位象征广告
对上层消费者来说，劳力士手表是一个强有力的地位象征。

体育赛事这样的休闲活动。此外，这些信息还可以将阶层的典型成员作为主角。例如，图表 13.11 中的广告就表现了对工人阶层的吸引。

媒体报道

不同阶层对媒体的偏好不同。广告主通过特定的杂志和报纸来对上层人士尤其是暴发户进行营销，例如《罗博报道》(*Robb Report*)、《现代奢侈》(*Modern Luxury*)、《福布斯生活·女总裁》(*ForbesLife Executive Woman*)。[97] 很多上层消费者观看公共电视和文化节目，由于他们拥有更高的收入和教育水平，因而更容易成为网上购物者。[98] 相比其他阶层，下层消费者在看电视上花费的时间远远多于看杂志和报纸。中层阶层消费者非常特殊，特别是那些没有接受完整大学教育的人，他们倾向于花同等的时间看电视和读杂志。

图表 13.11　工人阶层诉求

这则广告迎合了工人阶层的价值观和产品偏好（如拥有一辆大型交通工具，能够拖车并且拥有"巨大而多汁"的芝士汉堡）。

渠道选择

面向上层消费者的营销人员可以通过销售排他性商品和提供私人服务的方式来进行营销。[99]例如，位于洛杉矶罗迪欧大道（Rodeo Drive）的高端服装店 Bijan 只进行预约销售，它出售价格在 1 000 美元男式丝绸领带这样的豪华时装。[100]当消费者想要在"正确的"商店购物，特别是在他们能被别人看到时，炫耀性消费就能够发挥作用。[101]即便是大众销售商也会销售具有虚荣吸引力的产品。塔吉特销售外形与昂贵商品非常相似的廉价时装和家庭用品。[102]类似 Dollar Tree 这样的一元店则用物美价廉的商品吸引工人阶层消费者。

注意事项

由于一些原因，营销人员在把社会阶层作为划分依据时会遇到一些困难。正如前面所提到的，由于一系列因素，社会阶层难以准确划分。例如，职业和收入可能对阶层有相反的影响。同时,阶层内部的多样性使得营销人员可以利用阶层来较好地预测广泛行为模式,比如炫耀性消费产品层次的选择,但在品牌选择等特定因素上却并非如此。最后,由于社会阶层碎化,传统的阶层特征可能由于太过宽泛而难以发挥作用。因此,营销人员正在使用技术来划分市场和更准确地选择消费对象,例如数据库营销、互联网、直邮和其他工具。

家庭怎样影响消费者行为

一些研究人员认为,由于家庭要比个人制定更多的获取、消费和处置决策,因此家庭本身就是最重要的消费者行为分析单位。这一部分定义了狭义的家庭和广义的家庭,考察了不同类型的家庭,描述了家庭生命周期,并考察了家庭如何影响决策与消费。

家庭类型

狭义家庭(family),通常定义为由于婚姻、血缘或收养关系而生活在一起的一群个体。最典型的单元是**核心家庭**(nuclear family),由父亲、母亲和子女组成。而**大家庭**(extended family)包括核心家庭及其相关亲属,如祖父母、叔叔、阿姨和表兄妹。将近400万的美国家庭是三代或多代同堂。[103]在美国,我们通常用核心家庭来定义狭义家庭,然而在许多国家,这一单位是指大家庭。尽管家庭在世界各地都非常重要,但一些国家和文化会表现出更为强烈的家庭导向。例如在中国和日本,家庭是焦点所在,绝大多数人对家庭有很强的责任感。[104]

> **核心家庭**:父亲、母亲和子女。
> **大家庭**:核心家庭及其相关亲属,如祖父母、叔叔、阿姨和表兄妹。

广义家庭(household)是一个更宽泛的概念,包括独居的人或者一群住在一起的个体,即使他们彼此间没有亲属关系。这一概念包括了同居情侣、同性恋伴侣以及互为室友的单身者。由于广义家庭的数量正在以每年135万的速度持续增长,营销人员和研究人员开始更多地考虑广义家庭概念而非狭义家庭概念。[105]

> **广义家庭**:独居的人或者住在一起的人,无论他们彼此间有没有亲属关系。

传统的美国家庭形象是赚钱养家的父亲、赋闲在家的母亲和两个不满18岁的孩子。如今,由于晚婚、同居、离婚、双职工、啃老族、寿命延长以及出生率降低等因素,非传统家庭的数目正在急剧增加。[106]事实上,一人家庭的数量如今超过了有子女家庭的数量。[107]与此同时,由女性支撑的单亲家庭的增长速度是双亲家庭的三倍。[108]请注意,29%的美国家庭由没有子女的已婚夫妇组成(包括有意选择不生育的和子女已经离家的家庭)。[109]图表13.12显示了美国家庭的结构和数量的改变。

图表 13.12　家庭类型的变化

	2000		2010		2000—2010
	数　量	百分比	数　量	百分比	变化百分比
全部家庭	**110 140**	**100.0%**	**117 696**	**100.0%**	**6.9%**
狭义家庭	**77 705**	**70.6**	**80 193**	**68.1**	**3.2**
已婚夫妇	60 969	55.4	61 266	52.1	0.5
子女小于18岁	24 286	22.1	23 433	19.9	−3.5
子女大于18岁	5 318	4.8	6 884	5.8	29.4
无子女	31 365	28.5	30 950	26.3	−1.3
单身父亲	1 523	1.4	1 660	1.4	9.0
单身母亲	7 473	6.8	7 779	6.6	4.1
其他家庭	7 741	7.0	9 488	8.1	22.6
非家庭	**32 434**	**29.4**	**37 505**	**31.9**	**18.0**
独居男性	10 898	9.9	12 577	10.7	15.4
独居女性	16 278	14.8	18 578	15.8	14.1
其他非家庭	5 258	4.8	6 347	5.4	20.7

注意：家庭数目以千为单位,2000年和2010年的百分比是该类家庭占所有家庭的百分比,2000—2010年变化百分比是指数量变化。由于四舍五入,百分比总和可能不为100%。

美国家庭的组成正在发生变化,特别是非传统家庭(独居者、无子女夫妇、离异家庭)的部分正在增加。

家庭生命周期

家庭差异进一步表现在**家庭生命周期**(family life cycle)的阶段上。如图表13.13所示,家庭可以根据家长的年龄、现有家长的人数、在家子女的年龄和数目等来划分类型。[110]家庭可能包括一个或多个单身者、无子女夫妇和子女已经成人离家的夫妇。死亡和离婚这样的变化可以改变家庭结构,比如会导致单亲家庭的出现,如图表13.13中的箭头所示。

> **家庭生命周期**：家庭生命的不同阶段,取决于家长的年龄和在家子女的数量。

营销人员必须考虑家庭生命周期中需要的转变及其对消费者行为的影响。通常来说,从单身到结婚,家庭支出会增长并且一直保持较高水平,直到进入老年阶段才会明显下降。[111]而新家长倾向于在健康护理、服装、房屋和食物上花费较多,但是减少在酒类、交通和教育上的支出。单是美国婴儿用品市场的价值就接近90亿美元。[112]随着家庭发展,家长们在房屋、家具、儿童护理和相关的家庭服务上开销越来越大。年轻的空巢家庭则在交通和服装上花费较多。老年单身者和夫妇在家用产品、家庭护理和旅行上开销较大。最后,位于家庭生命周期中期的家庭最容易发生品牌偏好转变,并且更容易受到市场营销的影响。[113]

然而,这些阶段并没有囊括所有的家庭,它明显忽略了同性伴侣和从未结婚的单亲妈妈这两个很重要的细分市场。比如在美国,同性恋代表了大约1 100万到2 300万的消费者,他们相对富裕并且受教育程度较高(见第12章)。[114]此外,有400多万女性是年龄在15~44岁之间、从未结婚的单亲妈妈。[115]最后,正如将在第17章讨论的,超过60%的美国家庭饲养宠物(猫、狗或其他动物)。有时,它们被视为非常特别的家庭成员,因而对家庭消费具有重大影响。[116]

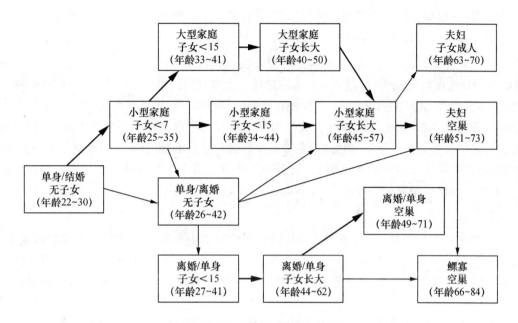

图表13.13　美国的家庭生命周期

这幅图表描述了家庭如何随着家庭生命周期而改变,每一格都代表了家庭生命周期中的一个阶段。每一行和箭头都表现出一种改变(结婚、离婚、死亡、孩子的诞生和离开、衰老)。请注意,本图中表现了多种可能性(离婚、单亲家长、无子女夫妇以及终身未婚)。您的家庭目前处在哪个阶段?

资料来源:Rex Y. Du and Wagner A. Kamakura, "Household Life Cycles and Lifestyles in the United States," *Journal of Marketing Research*, February 2006, Figure 1, p. 126。

家庭结构的变化趋势

有五项主要因素正在改变家庭的基本结构和特征。它们分别是:(1)晚婚,(2)同居,(3)双职工,(4)离婚,(5)小型家庭。

晚　婚

在很多西方社会,越来越多的个人晚婚或者不结婚。现在,美国男性初次结婚的年龄中位数是27岁,女性则为25岁。[117]因此,27%的美国家庭(2 700万人,女性多于男性)由独居者构成。[118]晚婚的原因包括优先考虑事业,婚前同居行为被更广泛地接受,或者肩负大学贷款的消费者想要先还清债务。

对营销人员而言,晚婚的趋势非常重要。因为独居者表现出非常独特的消费模式。与已婚者相比,单身男性在酒、新车、服装和教育上花费更多。同样,单身女性往往会花更多钱消费新车、鞋子、娱乐、糖果和住宅(住在一个安全的区域)。[119]单身者往往拥有更多可自由支配的收入,因此比同一社会阶层和收入水平的夫妇消费更多。[120]单身者在餐厅消费更多,常外出就餐。[121]

通过推迟结婚,夫妇通常发现他们能有更好的财务状况,因而有更多的钱支付房屋和家具、婴儿服饰以及家政服务。子女年龄不到6岁而自身超过35岁的父母比年轻父母在住房、家具、儿童护理、交通和食品上花费更多。并且当夫妇推迟结婚后,他们也就推迟了生孩子的时间,因而导致了避孕药的使用增长,并提高了生双胞胎和三胞胎的几率。[122]

同 居

随着社会规范的变化,越来越多的消费者决定与没有婚姻关系的异性同居。在美国500万个异性同居家庭中,超过一半从未结过婚。大多数同居者(38%)的年龄在25~34岁之间,还有20%在35~44岁之间。[123]除此以外,还有60万美国家庭是由同性伴侣组成。[124]与已婚夫妇相比,同居的个体更具有自我导向性。很多人将财产视为个人的而非共同的,因为担心同居关系无法继续。[125]然而,很多未婚伴侣会共同分担费用,因为一般两人都有工作。所以,他们通常比相似年龄的已婚夫妇(其中一方无工作)有更多可自由支配的收入。因此,未婚伴侣比已婚夫妇在娱乐、交通和度假上消费更多。

双职工家庭

两种主要类型的双职工家庭分别是:(1) 女性寻求个人职业发展和个人成就的家庭;(2) 女性出于财务必要性而工作并且认为其工作只是一个"活计"的家庭。[126]后一组家庭中的女性在外观和行为上更像是传统的家庭妇女,然而前一组家庭中的女性则更加现代和进步。

双职工家庭对消费者行为有一些重要影响。首先,拥有两份工作增加了可支配的收入。[127]与其他家庭相比,双职工家庭在子女护理、外出就餐和各种服务上的支出更多(如图表13.14所示)。妻子们对家庭财务做出了贡献,这使她们能够在家庭的获取和消费决策(如度假、汽车、房屋和其他商品)中产生影响。[128]其次,工作和家庭的负担不断增加,或者说是角色过载(role overload),导致她们用于烹饪、家政、购物和其他活动的时间减少。由于此类家庭中的女性购物时间受到限制,她们更可能对品牌忠诚、会冲动性购物以及使用目录购物和在线购物。

最后,越来越多的丈夫们承担起了家庭责任,如购物、烹饪以及在家中照顾孩子(比例不大但是在持续增加)。[129]因此,越来越多的广告锁定了这些分担家庭烹饪责任的男性。然而在亚洲,这样的广告可能同时激起男性和女性的负面回应。因为在当地,即使越来越多的男性开始承担家务,性别角色的看法依然非常传统。

离 婚

在美国,40%以上的婚姻以离婚告终。[130]尽管近年来这种趋势有所下降,但是每年依然有很多夫妇离婚,这些分离对消费者行为具有重要影响。[131]离婚意味着一项重大变迁,消费者需要执行一系列至关重要的任务,例如丢弃旧财产、组建新家庭以及创立新的消费模式。[132]离婚可能导致生活方式的重大改变,而购买商品和服务有助于形成新身份和缓解转型压力。例如,一位刚刚离婚的消费者可能会购买新汽车、房屋、家具或服装,还可能换新发型或加入单身俱乐部,以便换取新形象或者让自我感觉更好。

离婚也会对家庭结构造成影响。如果没有子女,新离婚夫妇可能会采用很多前面提到的单身者的获取和消费模式。然而,这些新的单身者通常年龄更大,如果他们继续工作,则会有更多的可支配收入用于住宅、交通和服装购买上。此外,如果有子女的话,离婚会导致单亲家庭的出现。在美国,约有1/3的家庭是单亲家庭,其中大多数是由女性支撑的。然而,单亲父亲的比例也在持续增长。[133]由于单亲家长既要赚钱又要抚养子女,于是便捷产品

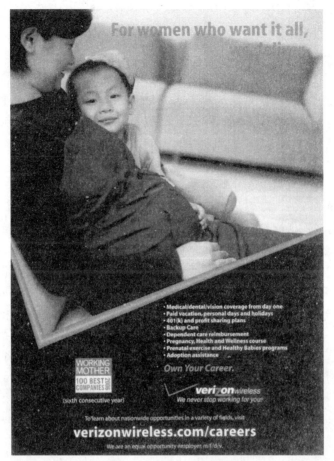

图表 13.14 向双职工家庭营销

如今,营销人员意识到有许多双职工家庭,因而以这些家庭为营销目标。威瑞森无线(Verizon Wireless)的这则广告就属此例。

如包装食品和快餐就成为他们的必需品。[134]与双亲家庭相比,单亲家庭的平均收入更低,在各种商品上的支出更少,而且大多数是租房者而非房屋拥有者。

最后,带子女的离婚者再婚的比例越来越高,产生了许多**再婚家庭**。[135]人口统计学家估计,超过 1/3 的美国家庭属于这种类型。在 2/3 的再婚家庭中,孩子们与自己的生母生活在一起。与完整的家庭相比,许多单亲家庭收入和教育水平比较低,人员也更加年轻。由于潜在的压力和情感冲突,这样的家庭中有半数会以离婚告终。和其他家庭一样,再婚家庭也有非常独特的消费需要,比如往返于两边家庭的孩子需要两套服装、牙刷和玩具。[136]

小型家庭

在许多国家,家庭的平均规模变得越来越小。在美国,由于双职工、财务负担以及对人口过多的忧虑——一些夫妇认为生育两个以上的孩子是对社会的不负责任——等因素,战后婴儿潮和 X 世代夫妇的子女较少。如今美国家庭的平均规模是 3.14 人。[137]更小的家庭规模意味着有更多的可支配收入用于娱乐项目、度假、教育和玩具消费上。小型家庭在每个孩子的身上支出更多。没有子女的已婚夫妇是增长速度最快的家庭类型之一,他们拥有比其他家庭更多的可支配收入。与有子女的夫妇相比,无子女夫妇在食物、餐厅、娱乐、饮品、服装和宠物上支出更多。[138]

营销启示

> 　　提供便利性的产品和服务可以专门向双职工家庭和离异家庭进行营销。由于越来越多的双职工家庭丈夫和单身或离异男性购买杂货和其他物品,零售商也越来越多地以男性为营销目标。[139]双职工家庭的妻子对昂贵物品的决策有更大的影响力,所以贵重产品和服务的营销人员必须同时吸引妻子和丈夫。非传统家庭也日益受到关注,贺曼公司开发了一种针对再婚家庭和同居关系的贺卡。[140]
>
> 　　对很多营销人员来说,单身男性和女性是具有吸引力的目标。乔氏超市连锁店(Trader Joe's)的一些商店指定了专门的"单身之夜",建立了浪漫的巧克力和酒品主题展,以供前来购物的消费者互相交流。[141]
>
> 　　营销人员还向同性伴侣进行营销。他们举办类似同性恋大游行这样的活动以及在许多杂志、特别网页以及精心挑选的社区公告板上发布广告,例如 *Out and The Advocate* 杂志,还有越来越多的电视广告描述同性伴侣。[142]追随着福特、斯巴鲁和其他汽车品牌的步伐,凯迪拉克也开始向同性恋消费者推销它的汽车。[143]然而,在公开向同性恋消费者进行营销时,一些营销人员成为反对同性恋的保守团体和宗教领袖的眼中钉。[144]以同性伴侣为对象的营销人员必须懂得这些消费者如何做出决定,比如与由妻子或丈夫主导的传统家庭相比,女性同性伴侣的购物决策表现得更具平等性。[145]

家庭成员扮演的角色

　　家庭的一个重要方面在于,获取和消费行为中参与者不止一人。这一部分将讨论家庭消费者行为中的各种要素,其中特别强调了**家庭决策角色**(household decision roles)和家庭成员如何影响决策过程。

> **家庭决策角色**:不同成员在家庭决策中扮演的角色。

　　多人家庭在购买和消费一项产品或服务时,其成员可能具有不同的任务或角色:

- 守门者(Gatekeeper),收集和控制与决策相关的重要信息的成员
- 影响者(Influencer),试图表达观点和影响决策的成员
- 决策者(Decider),事实上决定选择何种产品或服务的个人或多人
- 购买者(Buyer),亲自购买产品或服务的成员
- 使用者(User),使用产品的成员

　　每一个角色都可以由不同的家庭成员或由一个人、几个人或者是整个家庭来扮演。例如,在决定要租借或者下载哪部电影的时候,父母可能做出最终决定,但是孩子们也可以直接(通过表达他们的偏好)或间接(父母记得孩子的偏好)地发挥作用。一位家长负责获取电影,但是整个家庭都会观看。家长们常常是孩子们所消费产品的决策者和购买者,比如

服装、食物、玩具和电影。类似的，超过70%的男性内衣和香水是由他们的妻子或女朋友购买的。图表13.15根据决策制定者和使用者将家庭购买分成了9个类别。

		购买决策者		
		一个成员	部分成员	所有成员
消费者	一个成员	1	2 网球拍	3
	部分成员	4 爆米花	5	6
	所有成员	7	8	9 冰箱

图表 13.15　决策者和使用者

例如：

1. 妈妈要买一个新网球拍，爸爸会对妈妈的购买行为提出建议。因此，部分成员是决策者，一个成员是消费者：第2格。
2. 妈妈去杂货店给孩子们买爆米花，但她自己不会吃。因此，一个成员是决策者，部分成员是消费者：第4格。
3. 爸爸、妈妈和孩子们去百货商店购买冰箱，所有成员都既是决策者也是消费者：第9格。

家庭购买决策可能是由一个人、几个人或者家庭所有成员做出。所购买的产品和服务可能被一个人、几个人或者所有成员享用。以上是由这两种因素交叉产生的三种结果的例子。你能想出符合其他六种情况的事例吗？

家庭决策角色可以是工具性的，也就是说它们影响购买决策，比如何时购买以及购买多少。角色也可以是表达性的，意味着它们能表明家庭准则，比如风格和颜色的选择。[146]传统上，丈夫扮演**工具性角色**（instrumental roles），妻子扮演**表达性角色**（expressive roles）。但是性别角色的变化正在改变这种模式。

> **工具性角色**：影响购买决定的角色。
> **表达性角色**：表明家庭准则的角色。

在购买原因、由谁做出决策、购买哪件物品、由谁使用产品或服务等方面，不同家庭角色之间经常会发生冲突。[147]例如，由于所有的家庭成员都增加了对电脑的使用，因而在谁使用电脑和使用多长时间上常常发生冲突。[148]在"绿色"消费（比如食用绿色食品和节约水与能源）上也有可能发生分歧。[149]总的来说，家庭通过相互说服、讨价还价和家庭制度来化解冲突。而相互说服是最常用的方法。[150]然而请注意，解决过程通常不是系统性的和理性的，其中每一个家庭成员都做出一系列小决定以达成一致解决方案。[151]而且，很多家庭会避免面对面冲突。

营销人员应该认识到，在一些情况下，家庭决策更加频繁，尤其是在感到决策风险较高、决策非常重要、决策时间充裕并且家庭成员年轻的情况下，更容易做出共同决策。此外，家庭成员能够在许多方面相互影响，如品牌偏好和忠诚度、信息收集模式、媒体依赖和价格敏感度。[152]

配偶的角色

丈夫和妻子在制定决策时扮演不同的角色，他们的影响由提供物本身和他们的关系决定。关于对夫妻影响的考察，一项在比利时完成的里程碑式的研究（随后在美国重复进行了研究）表明了四种主要的决策类型。[153]

- **丈夫主导决策**（husband-dominant decision）是指主要由男性户主进行的决策，比如购买割草机和五金器具。
- **妻子主导决策**（wife-dominant decision）是指主要由女性户主进行的决策，比如购买儿童服装、女性服装、杂货和清洁用品。
- **自主决策**（autonomic decision）是丈夫或妻子都可能做出的决策，但非共同商议的结果，比如购买男式服装、行李箱、玩具和游戏、运动装备和相机。
- **共同决策**（syncretic decision）是由夫妻双方共同做出的决策，比如度假、购买冰箱、彩电、起居室家具、理财服务和家庭轿车。

> **丈夫主导决策**：主要由男性户主进行的决策。
> **妻子主导决策**：主要由女性户主进行的决策。
> **自主决策**：丈夫或妻子都可能做出的决策，但不是共同商议的结果。
> **共同决策**：丈夫和妻子共同做出的决策。

随着配偶越来越多地参与到最终决策中，决策过程逐渐偏向共同决策而远离其他三种决策，尤其是重大决策。然而这些角色结构只是一般规律，实际的影响还取决于众多因素。首先，当配偶一方带来更多的经济资源或对决策的参与程度更高的时候，他或她会拥有更大的影响力。[154]其次，人口统计因素（例如家庭总收入、职业、教育）也与夫妻间的影响程度有关。[155]综合来看，这些因素会让配偶一方在决策制定中感受到权力。感受到的权力程度越高，配偶产生的影响也越大。

当家庭拥有强烈的性别角色导向时，一些特定的角色被刻板地认为是属于男性或女性的，因而相比其他家庭，这些家庭更多的决策是由丈夫主导的。[156]例如，墨西哥裔美国家庭倾向于传统导向和丈夫主导决策。然而，如上文所提到的，性别角色变化正在影响夫妻间的决策。在泰国，将近半数接受调查的丈夫说，他们决定家庭的食物并且进行食物采购。而这在传统上被认为是妻子的工作。[157]在美国，共同决策在英裔家庭中最为普遍；在日裔美国家庭中，丈夫主导更为普遍；而在非裔家庭中，妻子主导更为常见。

研究人员发现，尽管美国、法国和荷兰表现出比委内瑞拉和加蓬更高的共同决策水平（在这两国，自主决策更为普遍），但在绝大多数国家中都有上述四种配偶决策模式的例证。[158]人们也对配偶决策的其他方面进行了研究。例如，通过**讨价还价**（bargaining）或者**让步**（concession）的过程，夫妻能够做出经过相互妥协的一致决定。[159]通常夫妻们不会遵守一个正式的、系统性的决策过程，相反，他们经常使用非正式过程，而且他们对彼此的知识和决策策略知之甚少。[160]妻子和丈夫一般都不擅长预测对方的影响力和偏好，尽管他们都能够从之前的决策结果中学习，并随着时间做出相应的调整。[161]

> **讨价还价**：公平地交换彼此的偏好。
> **让步**：在某些方面做出退让以满足其他方面的需求。

孩子们的角色

通过试图影响父母的获取、使用和处置行为，孩子们在家庭决策中扮演着重要的角色。最常见的方法是不停地哭闹直到父母妥协为止。研究发现，这类尝试的成功与否取决于商品的类型、父母的性格特点、孩子的年龄以及决策过程所处的阶段。[162]孩子们更有可能在与他们相关的产品上运用这种影响力，例如燕麦、曲奇饼、零食、汽车、度假以及新的电脑产品。至于服装和玩具,孩子们常常使用"别人都有"这样的论据,因为家长们不想被认为是吝啬的,所以他们常常会妥协。[163]

有趣的是,孩子们经常高估了自己在大多数决策上的影响力。[164]当父母们参与决策制定过程的程度较高,或者父母比较传统或保守时,孩子们的影响就会较小。另一方面,工人阶层和单亲家长更有可能妥协,因为他们面临更多的时间压力。[165]当家长对孩子看电视进行更多限制时,他们较少会退让。但是随着家长与孩子们看电视时间增多,孩子们试图影响家长的情况也会增加。

另外一项重要的发现是,孩子年龄越大他们的影响力也越大。[166]产生这种情况的一个原因是,年幼的孩子较少参与决策过程,因而家长们更可能拒绝年幼孩子的请求。因此,青少年相信他们在家庭重大事项的决策上有更大的影响力。年长的孩子们通常拥有自己的收入,而这给予他们更多的权力。[167]然而,即使家庭拥有两个或更多子女,在购买和消费新产品时,家长依然有最大的影响力。[168]

一项研究调查了青少年试图影响家长决策的策略,包括讨价还价(进行交易)、说服(试图以他们的喜好来决策)、情感诉求(通过情感策略来获得他们想要的)和请求(直接要求)。[169]反过来,家长不仅可以对孩子们使用同样的策略,并且可以使用专业性(知识)、正当性(权力)和指示性(家长权威)策略。

家庭类型决定了子女影响的性质:

- 权威型家庭强调服从。
- 忽视型家庭控制很少。
- 民主型家庭鼓励自我表达。
- 宠溺型家庭毫无约束。

在宠溺型和忽视型家庭中,孩子们可能有更直接的决策控制力。在民主型和宠溺型家庭中,孩子们更能影响决策。[170]在决策过程的不同阶段,孩子们的影响力也有差别。其影响在决策过程的早期阶段最为显著(问题提出和信息收集),并在评估和选择阶段明显下降。[171]

营销启示

营销人员需要认识到家庭决策角色的存在,而且它们可能由不同的家庭成员扮演。因此,只迎合家庭决策者的策略未免太狭隘和低效。如果营销人员只以孩子作为营销对象,例如玩具和燕麦早餐,那么他们就忽视了父母经常是产品的影响者、决策者和购买者这一事实。因此,营销人员必须确定出在购买决策中,哪些家庭成员参与了,并且要迎合所有参与的成员。例如,东京的克萨尼亚主题公园(Kidzania theme park)是为2岁到15岁的孩子设计的,而它的营销对象是想给孩子不同职业体验的父母。在该主题公园中,孩子们可以扮演许多不同的职业,从牙科医生到电气工程师。[172]

在美国,越来越多儿童上网收发邮件、浏览网页、玩游戏。[173]这一发展为知名品牌和新生品牌创造了同样的机会。比如,组织儿童游戏和活动的迪士尼企鹅俱乐部(Disney's Club Penguin)有70万的年轻会员,他们的父母为此每月花费6美元。[174]向孩子们营销容易引起道德和法律问题,因此,13岁以下的儿童网站必须遵守《儿童在线隐私权保护法》(Children's Online Privacy Protection Act),并且需要在收集孩子的信息之前获得家长的许可。

总　结

　　社会中的个体可以按地位水平进行划分(上层、中层和下层),他们共同组成了社会阶层等级。阶层间差异明显,这是因为某一特定阶层的成员拥有相同的生活经历,共享类似的价值观和行为模式,尽管各群体内部也会有些许不同。个体更容易被同一阶层的其他成员影响,因为他们经常相互交往。不过,由于滴漏效应(较低阶层模仿较高阶层)和地位漂移(时尚从下层向上层传播)的存在,不同阶层间也会互相影响。

　　社会阶层有许多决定因素,其中最重要的是职业和教育。研究人员使用许多指数来确定社会阶层等级,例如计算机化地位指数。三种造成社会阶层结构演变的关键力量是向上流动性、向下流动性和社会阶层碎化。社会阶层对消费者行为的影响主要有三个方面:(1)炫耀性消费,获取和展示地位象征提供物,以表明社会地位;(2)补偿性消费,尝试通过从事超出普通水平的消费来弥补某种不足;(3)金钱的意义。

　　广义的家庭包括狭义的家庭、单身者和住在一起但无亲属关系的人。非传统家庭比例持续增长有以下因素:(1)晚婚,(2)同居,(3)双职工,(4)离婚,(5)小型家庭。家庭在购买和消费模式上具有巨大影响。在决策过程中,家庭成员可能扮演不同角色(守门者、影响者、决策者、购买者、使用者)。此外,丈夫和妻子在决策过程中的影响不同,这取决于情况是丈夫主导型、妻子主导型、自主决策型还是共同决策型。孩子们可以通过对父母们提出请求来影响决策过程,这种影响的性质部分取决于他们的家庭是权威型、忽视型、民主型还是宠溺型。总体来说,孩子的年龄越大,其影响力越大。

1. 什么是社会阶层等级?
2. 社会阶层的决定因素是什么?
3. 为什么会发生阶层碎化现象?
4. 为什么消费者会有炫耀性消费和炫耀性浪费的现象?
5. 滑稽模仿式陈列和地位象征的区别是什么?
6. 在什么情况下会发生补偿性消费?
7. 为什么企业要为不同的社会阶层提供不同的提供物?
8. 核心家庭、大家庭和广义家庭的定义是什么?
9. 改变家庭的基本结构和特征的五种重要因素是什么?
10. 在购买和消费行为中,家庭成员会扮演哪五种角色?

消费者行为案例　向母亲们营销

一个家庭需要什么,使用什么,购买什么?在搜集有子女家庭的购买和消费偏好及模式过程中,越来越多的营销人员逐渐了解了母亲的角色。一些公司开始关注母亲对产品的评价和她们在育儿网站或博客中提出的问题。营销人员希望能了解家庭中的母亲们,因为她们掌握了很多信息,这些信息涉及家庭购买、博客上的提问。同时,越来越多的营销人员提出,面向母亲的社交网站中应该建立相应的版块,来调查一些特定问题和获得产品后的评价和反馈。

例如,麦当劳成立了全球妈妈咨询小组,让她们在菜单和餐厅中提供建议。这家连锁店的全球营销负责人说:"妈妈们对我们的业务很重要。我们打算从全球妈妈咨询小组获取信息,以便在我们全球的餐厅中为家庭提供最佳的体验。"肯德基的妈妈咨询委员会也有类似的作用,是为了对产品和服务进行促销宣传。为了寻找未来家庭的趋势,肯德基的营销人员还在妈妈们用餐结束后询问她们一些问题,例如如何缓解日常压力和承担家庭的责任。

宝洁公司也是一个积极寻求母亲们想法的公司。该公司希望了解母亲们的需要和兴趣,特别是28~45岁或者子女在19岁以下的母亲。宝洁公司网站(Vocalpoint)招募了60多万名符合以上条件的妈妈们。她们加入后,会收到宝洁公司的样品,并且告诉公司她们对产品的想法,然后定期进行小组讨论和调查研究。网站还给妈妈们发送邮件周报,告诉她们网站的最新内容并提出特定问题,例如她们希望如何以及何时去表达她们的意见。另外,该网站还邀请妈妈们参加宝洁产品的宣传活动,例如Febreze空气清新器和Dawn洗涤剂。不仅宝洁公司在了解母亲们,而且母亲们也了解了宝洁公司的产品并宣传她们喜欢和使用的产品。

由于了解到母亲们对家庭购买的影响,各个公司经常邀请她们参加宣传活动。例如,汉堡王在英国幽默的广告宣传活动——母亲战士——对母亲们让孩子们好好吃饭的"战役"开了个小小的玩笑。该活动推出了迷你安格斯汉堡(Mini-Angus Burger),并将它作为了孩子们菜单上的新选择。强生公司作为一家制造个人护理用品的公司,也直接向母亲们做广告。在北京夏季奥运会期间,它在中国播出了一则商业广告,展现了乒乓球运动员邓亚萍和她母亲间的亲密关系。在这则广告片片尾说道:"强生,为妈妈的爱喝彩。"你还看到过多少其他广告是以母亲为营销对象的呢?

案例问题

1. 母亲们在家庭决定过程中扮演怎样的角色?这个角色会随情况不同而变化吗?
2. 你是否同意宝洁公司让母亲们宣传它的产品?请说明理由。
3. 强生公司播放的广告强调了女儿和母亲之间的爱,目的是什么?
4. 你是否认为其他家庭成员也会关注或回应以母亲为对象的营销信息?为什么?

第14章

心理统计特征:价值观、人格和生活方式

学习目标

学完本章后,你将能够:

1. 定义价值观和价值观体系,并表明如何描述它们。
2. 识别一些体现西方文化特征的价值观,概述影响价值观的主要因素,并描述如何测量价值观。
3. 探讨与消费者行为模式关系最密切的人格特征,并从营销视角说明为什么这些特点很重要。
4. 解释活动、兴趣和意见如何能代表生活方式,并描述在营销中如何综合价值观、人格和生活方式变量使用心理统计特征。

导言:奢华的诱惑与返璞归真

随着消费者购买和使用商品和服务来表达什么对于他们来说是重要的、他们是谁、他们如何生活,奢华的诱惑与返璞归真这两个截然相反的趋势正在全世界流行开来。富有的消费者购买高端产品(例如标价14 000美元的手提包)来炫耀他们在经济上的成功,他们是路易·威登、古奇(Gucci)这类奢侈品牌的主要消费者,而且这类品牌最大的市场在北美之外。同时,或许是为了比阔,或许是为了培养某个兴趣或爱好,越来越多的消费者通过购买"可负担的奢侈品"来奖赏自己,例如一个标价300美元的Coach钱包或标价9 600美元的必发达牌(BeefEater)烧烤架。

尽管存在奢华的诱惑,但是某些消费者正在放弃品牌消费并决定回归朴实。其中一些消费者对平日所见到的过于重视物质的现象很反感,一些消费者则是对自然资源的浪费表示担忧,另一些消费者渴望摆脱品牌的束缚,还有一些消费者仅仅是为了省钱。因此,由零售商——例如来爱德(Rite Aid)——所营销的自有品牌商品的销量一直在增长(并提高了商店的利润率)。返璞归真同时也意味着在折扣店(如沃尔玛和好市多)以更低的价格购买品牌产品。即使是因环境保护原因而改变消费习惯的消费者也可以通过他们的决定来表达自己的意愿。例如,自然环保的普锐斯(Prius)汽车很有特色,以至于没有人会错把它当

作一辆普通的汽车[1]。

这种双重趋势表明了价值观、人格和生活方式对消费者行为的影响,这些问题都将在本章中讨论。价值观决定人们认为购买或拥有哪些产品是正确的(例如,他们是更关注积累财产还是更关注保护环境)。如果某个消费者倾向节俭,他或她将会更重视以同样的价格得到最多的价值(因而自有品牌十分受欢迎)。热爱户外烹饪的人可能会将高档的烧烤架视为其生活方式的一种必需品。

价值观、人格和生活方式构成了**心理统计特征**(psychographics,即根据心理和行为的特征对消费者做出的描述)的基本组成部分(参见图表14.1)。传统上,心理统计特征可以衡量消费者的生活方式,但是考虑到具体产品(使用模式、态度和情绪),当代的应用同时也包含了消费者的心理结构、价值观、人格和行为。与人口统计变量(例如种族、社会阶层、年龄、性别和宗教)相比,营销人员可以利用心理统计特征来获取对于消费者行为更详细的解读。

> **心理统计特征**:根据消费者的心理和行为特征,对他们做出的描述。

价值观

价值观(values)是指关于特定的行为或结果是好是坏的持久信念。[2]例如,你可能认为身体健康、保证家人的安全、拥有自尊和自由是好的。由于价值观是一种持久信念,因而在不同的情境和不同的时间,你的价值观能作为指导你行为的标准。因此,一般情况下你珍惜环境的程度,会决定着你处理垃圾、回收利用和购买再生材料制作的产品的行为。价值观如此根深蒂固,以至于人们经常没有意识到它的存在,并很难描述它。

> **价值观**:关于对或错的持久信念。

我们价值观的总和以及它们的相对重要性构成了我们的**价值观体系**(value system)。我们在特定情境下的行为方式通常受到某种价值观

> **价值观体系**:我们价值观的总和以及它们的相对重要性。

(与其他价值观相比)重要程度的影响。[3]例如,你在星期六是和家人一起放松还是去锻炼身体,这取决于你对家庭和健康的重视程度。当你做某件与你的某一价值观相符合但与另一同等重要的价值观相悖的事情时,你会感到价值观冲突。下面这个例子就表现出了这种冲突:认为方便性与环境保护同等重要的父母会在为孩子购买纸尿裤时感到价值观冲突。面对这种决策的消费者考虑的不仅是某种产品的即时消费效果,而且还会考虑这一产品对社会的总体影响,包括考虑制造商的行为(例如,对环境的行为)。[4]

由于价值观是儿童最先学习的事物之一,价值观体系通常在10岁之前便已经形成。正如你将在第15章将了解到的,人们通过社会化的过程形成价值观,即源于接触参照群体和其他影响来源。[5]因此,你重视教育的原因很可能是由于你的父母上过大学,而且你父母和你的老师都鼓励你形成这一价值观。由于价值观是由人们通过与不同情境和文化中的其他人接触而形成的,因此同一群体中的个体经常拥有相似的价值观。

文化适应是个体学习有关新文化的价值观和行为的过程(见第12章)。例如,移民到美国后必须学习新的价值观,以适应美国的生活。如果消费者认为某种新文化有吸引力或

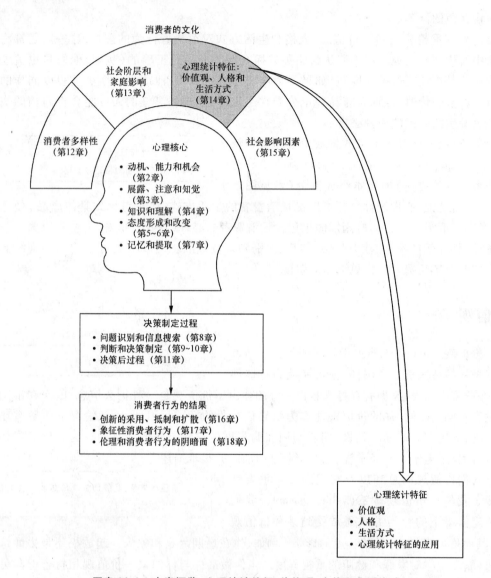

图表 14.1 本章概览：心理统计特征：价值观、人格和生活方式

上一章展现了某些文化群体（区域、种族、社会阶层等等）的成员身份会影响群体行为。本章从个体层面上考察这些文化的影响效应——价值观（固有的信念）、人格（消费者特质）和生活方式（表明价值观和人格的行为模式）。每种因素对于了解消费者行为都很有帮助，此外，营销人员经常将他们结合起来，以得到关于消费者的心理统计特征的总体简要描述。

与他们自身的文化很相似，他们就更可能采纳这一文化的价值观。同时，当新文化中的人们很有凝聚力，使用很多语言或非语言信号来表达他们的价值观，并对他们所持有的价值观表示骄傲时，文化适应也会更快。[6]

如何描述价值观

不同的价值观在具体事物上存在差异。最广泛意义上的价值观是**总体价值观**（global

values),它代表个人价值观体系中最核心的部分。这些最持久、最强烈奉行和抽象的价值观适用于许多情境。例如,由于美国政治哲学大部分是建立在自由理念的基础上,因此这种价值观渗透于我们生活中的方方面面。我们信奉言论自由、行动自由、穿着自由以及居住自由。

概括总体价值观特征的多种方式之一如图表14.2所示。这种方式将总体价值观分为7大类:成熟、安全、亲社会行为(为他人做好事)、适度从众、享乐、成就以及自我定向。请注意,相似的类别在图表中离得很近。因此,成就和自我定向反映作为个体的人的相似导向,而亲社会行为和适度从众则反映出有关个人应该如何与他人相处的价值观。

在这7种类别中,有两种类型的**总体价值观**:终极价值观和工具性价值观。**终极价值观**(terminal value,以星号为标记)是个体高度渴望的最终状态,而**工具性价值观**(instrumental value,以加号为标记)是为了实现这些高度渴望的最终状态所需要的价值观。例如,在亲社会类别中的两种终极价值观为平等和救助。而工具性价值

> **总体价值观**:在大多数情形中,人们所持有的最持久、最强烈奉行和抽象的价值观。
>
> **终极价值观**:高度渴望的最终状态,例如社会认可与满足。
>
> **工具性价值观**:为了实现高度渴望的最终状态而需要的价值观,例如雄心抱负与愉悦心境。

观,如爱、宽恕、帮助、诚信和信仰,可以帮助人们实现这些终极价值观。[7]同时请注意,在图表14.2中,价值观倾向于两极分化:高度重视某一组终极价值观的消费者,对图中与之相反的另一套终极价值观则不是很重视。这种情况意味着,看重安全、成熟和亲社会导向的个体不会很看重与之相反的享乐价值观。那些强调自我定向和成就的消费者会不太重视亲社会行为和适度从众。

总体价值观与**特定领域价值观**(domain-specific values)有所不同,后者只与某一特定范围的活动有关,例如宗教、家庭或消费。物质主义是

> **特定领域价值观**:只能在某一特定范围的活动中运用的价值观。

一种特定领域价值观,因为它与我们看待获取某物质产品的方式有关。尽管有所不同,总体价值观可能会与特定领域价值观相关,因为特定领域价值观(如健康)可以成为一个或多个总体价值观(如内在和谐或自尊)的工具性价值观。

体现西方文化特征的价值观

鉴于价值观对行为有重要影响,营销人员需要了解一些体现西方社会消费特点的价值观。其中包括物质主义、住宅、工作与娱乐、个人主义、家庭和孩子、健康、享乐主义、年轻、真实性、环境、技术。

物质主义

在西方文化中有一种越来越流行的价值观,即**物质主义**(materialism)。[8]在物质社会中,人们

> **物质主义**:重视金钱和物质产品。

根据他们在生活中已获得或尚未获得所渴望的所有物来衡量他们的满足感。物质主义的个体往往看重汽车、珠宝和游艇。与之相比,象征性物品,例如母亲的结婚礼服、家庭纪念物和照片,对那些非物质主义者更重要。[9]物质主义消费者相信,如果他们拥有更宽敞的住宅、更豪华的汽车或更昂贵的服装,他们会更幸福——如果家庭或生活变故致使他们的经

济状况恶化,这种信念将会导致压力。[10]

物质主义和图表14.2中的一些终极价值观有关。例如,所有物可以成为实现社会认可这一高阶(higher-order)价值观的工具。即,如果人们根据他们所获得的所有物或拥有舒适生活的成就来评判自我价值的话,物质主义将会反映出人们对成就的高度重视。根据**恐惧管理理论**(terror management theory),物质主义部分源于消费者有动力通过获取和拥有财物而获得自尊和地位,以此来缓解因不可避免死亡而导致的焦虑。[11]另一方面,群居团体和某些宗教戒规的成员选择了拒绝物质财产的生活方式。[12]越来越多的人已经改变了他们首要考虑的事,拒绝物质主义,少挣钱少花销而使其生活变得更简单。研究表明,以物质主义的个人为导向与以家庭为导向的群体之间的价值观冲突与幸福感的降低有关,该发现有助于解释远离物质主义倾向的原因。[13]

> **恐惧管理理论**:解释个体在面对不可避免的死亡时如何处理焦虑的一种理论。

图表14.2 总体价值观与价值观范畴

图表中将总体价值观分为7个主要范畴的分类方案。一些价值观是以个人为导向的(例如,自我导向、成就);另一些则更集体化或有团队倾向(例如,亲社会行为、适度从众)。请注意,相互靠近的范畴是相似的;相互远离的则不太相同。终极价值观(高度渴望的最终状态)由星号(*)加以标志;工具性价值观由加号(+)加以标志。

尽管如此,正如日本、中国和其他许多国家的消费者一样,美国消费者也普遍具有物质主义倾向。[14]在物质主义的社会中,消费者愿意接受有助于获取商品的营销策略,例如电话或网上订购、特价、便利的分销以及与成就和地位相关的获取物信息(例如,劳力士手表的广告)。消费者还想要保护自己的所有物,这就为免于丢失、遭窃或毁坏的服务(比如保险公司和保安公司)创造了机会。

住　宅

许多消费者十分重视住宅,并尽可能地将它建造得更具吸引力和更舒适(参见图表14.3)。目前,69%的美国公民拥有属于自己的住宅,同时他们待在家里的时间要比过去更长。由于外面的世界变得越来越复杂、令人疲惫和感到危险,消费者经常将自己的家当做一个世外桃源,但是他们同时也希望得到和他人接触的机会。[15]住宅就是一个"指挥中心",一个在家庭成员进入外面世界之前协调各种活动和联合资源的地方。例如,超过7 000万的美国人在他们的家庭电脑上使用网上银行来控制家庭财务。[16]宜家公司举办了一个十分感人的全球广告活动,该广告反映出人们对于家的强烈情感。"它表明了让心回归家庭的承诺,并充当我们对未来的宣言。"宜家的一位营销管理人员这样说。[17]

图表14.3　对住宅的重视

消费者越来越重视住宅,并花费更多的时间在家里。因此,一些公司越来越多地据此价值观吸引消费者注意。这则为劳氏公司(Lowe's)的家居装饰产品制作的广告就是一个很好的例子。

工作与娱乐

不是所有文化中的所有人都拥有同样的工作与娱乐价值观。在美国,现在的消费者的工作时间比以往任何时候都要长,工作强度也更大,这部分是由于公司裁员和对生产率的强调。实际上,事业心强的消费者在度假时,他们当中大约有一半通过手机、邮件和传真与工作伙伴保持常规联系。[18]然而,消费者越来越多地将工作视为实现其他价值(例如,舒适的生活方式、家庭的安全和实现生活目标)的工具性功能。因此,与一个世纪以前相比,如今的美国人重视工作、延迟休闲和享乐的想法减弱了。

随着人们工作的时间变得更长,他们对休闲会像对金钱一样重视,因此他们就会为可以让他们拥有更多空闲时间的服务买单。例如,网上食品杂货零售商新鲜直达(FreshDirect)服务于纽约市消费者,从而创建了一个价值2 000万美元的业务,因为相比去超级市场,这些消费者有更多有意思的事情要做。[19]许多消费者在休闲时间都希望能彻底与工作隔离,这一目标使得近些年远距离度假景点和温泉浴场越来越流行。[20]

个人主义

长久以来,美国文化尤其重视个人主义。传统的"坚定的个人主义者"消费者价值观重视独立和自立,认为个人的需要和权力比群体的需要和权力更重要。[21]男性产品(例如打猎装备)的营销人员经常使用广告形象和语言,将拥有和使用这些产品与表达坚定的个人主义这一价值观联系起来。尽管美国个人主义中边疆开拓的观念根深蒂固,但一些消费者担心暴力和过度的个人主义会导致其他可能的负面结果。

即使在普遍遵循个人主义的社会中,仍然存在非自我中心型消费者,他们更喜欢相互依赖和重视社会关系。相反,自我中心型消费者往往更强调个人自由和自信。这两种不同类型消费者的行为表现出很大的差异。自我中心型的美国消费者对体育和冒险、经济满足感、赌博以及品牌意识更感兴趣。非自我中心型的消费者对健康意识、群体社交、阅读以及膳食烹饪更感兴趣。[22]

家庭和孩子

在人们有关家庭和孩子的价值观方面,不同的文化也有所不同。例如,欧洲和亚洲的父母比美国的父母往往更重视教育。在亚洲的中层阶层家庭中,孩子的教育问题是排在食物之后第二重要的事。尽管如此,美国消费者仍然是十分重视孩子的(参见图表14.4)。当他们更换了工作或得到了升迁时,一些家长选择往返于两座城市或州之间工作而不是搬家,而在周一至周五,他们通过邮件和其他方式与爱人和孩子保持联系。[23]

通常情况下,美国家长相当愿意接受和孩子相关的产品。沃尔特迪士尼(Walt Disney)向小女孩营销公主服装、各种饰品、电影和主题公园体验而获得了价值40亿美元的业务。[24]个性化的产品需求量非常大,例如溺爱孩子的父母和祖父母们会抢购印有婴儿名字和出生日期的冈德(Gund)泰迪熊,或装饰有每个家庭成员名字的幼儿套头衫——包括 Fido 和 Kitty 猫。[25]营销人员针对儿童营销各种麦片、果汁、甜点、软饮料以及其他零食产品,更不用提玩具、游戏和其他娱乐产品。

健康

由于自尊(他们的形象)和对于长寿和生存的担忧,许多美国消费者高度重视健康。关于健康的价值观反映在低脂肪、低卡路里、低碳水化合物、低盐、低糖或低胆固醇的食物以及具有特殊营养益处的食品的流行。佳得乐(Gatorade)饮料的营销对象是喜爱健身或进行运动的人群,因为该产品可以给身体重新补充水分和电解质。[26]由于人们对关于杀虫剂、添加剂和食物所带来的疾病以及污染物越来越担忧,因而人们对有机和素食食物的需求提高了。亨氏集团(Heinz)仅仅是众多开发有机食品(例如番茄酱)的公司之一(参见图表14.5)。[27]只销售纯天然和有机食品杂货的全食超市(Whole Foods Market)的年收益现在已

第14章 心理统计特征：价值观、人格和生活方式 389

图表14.4　重视教育
这则广告的目的是吸引注重孩子的阅读和教育问题的消费者。

经达到60亿美元。[28]在欧洲，对健康的担忧导致许多消费者通常会抵制转基因食品。[29]

对健康的重视也为低卡路里和低脂肪食品、健身俱乐部和瘦身产品辅助铺垫了道路。例如纳贝斯克公司（Nabisco）和其他公司成功地向想控制食物分量大小的消费者营销100卡的零食包装，威奇托的蓝狗面包公司（Wichita's Blue Dog Bakery）为宠物狗提供100卡的零食包。[30]像《健康》、《跑步者世界》这类的杂志同样表明了健康价值观的重要性。CVS连锁药店、沃尔玛以及其他零售商设立了提供基本医疗服务（例如治疗耳部感染以及提供流感疫苗）的店内便利诊所。[31]西方国家中反对吸烟的活动、公共场所的禁烟以及烟草和烈酒的警示标志都和健康价值观相一致。

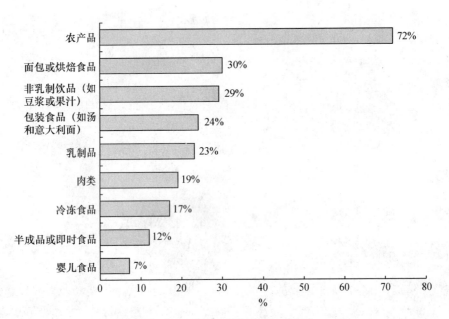

图表 14.5 最流行的有机食品类别
消费者越来越多地购买有机食品。这些就是最流行的有机食品类别。

然而,价值观和行为会有所不同。尽管许多美国人常常谈论健康食谱,相比欧洲国家 17% 的肥胖人口,美国仍有 33% 的肥胖成年人。[32] 由于人们对肥胖流行病争议的盛行,一些营销人员由于提供过大分量或包装的食物而受到指责,而其他公司则由于在食用产品中所加入(或未去除掉)的原料而受到批评(关于此话题更详细的内容请见第 18 章)。批评促使快餐行业在它们的网站和外带食品上发布了营养信息,并增加了更健康的套餐项目。例如,麦当劳增加了欢乐套餐的选择,如美国的苹果泥、法国的酸奶、澳大利亚的葡萄干以及英国的葡萄。[33] 同时,像大码服装这样的提供物也得到了蓬勃发展。[34]

享乐主义

越来越多地消费者以享乐主义作为处事原则,即追求乐趣、寻找那些让他们感到快乐的产

> **享乐主义**:追求愉悦的原则。

品、服务或体验,例如豪华轿车、家庭娱乐中心以及刺激的度假景区。道拉斯维加斯(Tao Las Vegas)是一家高档餐厅,拥有高雅的格调,随处走动的音乐家以及像神户牛排这样的美食,该餐厅的这种享乐主义诉求每年吸引了 60 万顾客惠顾,并带来 5 500 万美元的年收益。[35] 享乐主义导致了一些与健康价值观相矛盾的有趣饮食模式,例如,一方面是哈根达斯(第一个超级昂贵的冰激凌品牌)的成功,另一方面是健康选择公司(Healthy Choice)低脂肪食物(价值 7 亿美元的品牌)的成功。[36] 此外,尽管消费者对健康担忧,但他们不会转而选择低脂肪、低卡路里的食物,除非它们味道很好。实际上,一项研究表明,消费者的潜在直觉认为,健康的食物味道不好。[37] 因此,Splenda 无卡路里代糖在 6 年内便占有了美国 51% 的糖类替代品市场份额,其原因是消费者觉得相比其他竞争品牌,该公司产品的味道与真正的糖类更相似。[38]

年轻

与其他文化相比,美国人一直都很看重年轻,这一点可以由各种对抗或减少衰老迹象的提供物(例如抗皱霜、染发剂和植发手术)来证明。男性和女性整容手术是增长最快的医疗特色服务之一。在拉丁美洲也有很明显的年轻导向,在那里消费者每年在化妆品上的花费达 16 亿美元;在中国,消费者每年在化妆品上的花费超过 200 亿美元(主要是国外品牌)。[39] 营销沟通也表明了营销人员对年轻的重视。例如,可口可乐公司推出特别的广告以及一家手机可以登录的网站,向全世界的青少年促销它们的雪碧碳酸饮料。"作为很早就使用科技的人群,青少年代表着雪碧品牌最大也最重要的消费者群体。"雪碧的全球品牌主管这样说。[40]

真实性

人们普遍看重真实的东西,不论是原件(例如乔治·华盛顿曾经拥有的原版家具,如今在他位于佛农山的家中展览)或一件高度仿真的仿制品(在博物馆被展览或标价出售的乔治·华盛顿的高仿家具)。[41] 廉价的名牌仿制品或伪造品通常被认为很不值钱。消费者对他们认为"真实"的品牌有很强的依恋感——会放弃甚至诋毁不再"真实"的品牌。[42] 某项服务或体验也会因为它的真实性而被认为有价值。例如,一些消费者会觉得在一家本地的小咖啡店喝一杯浓咖啡,要比去到星巴克(拥有全球同样的店面外观和一致的店内品牌形象)有着更为真实的体验。

环境

环境保护已经成为美国和欧洲消费者的意识中一个很重要的价值观(参见图表 14.6),他们对于节约自然资源、防止污染以及支持环保产品、服务和活动很有兴趣。一项研究表明,87% 的美国消费者表示,相比于更好的橱柜或其他物质享受,他们更愿意选择具有节能特色的产品。[43] 丰田普锐斯轿车仅仅是越来越多通过更环保以及低油耗的特点来吸引消费者的公司之一。[44] 在具有环境保护意识的消费者当中,90% 的人购买带有可回收部件或使用可再生包装材料的产品。许多人还从提供环境友好产品或为环境保护事业做出贡献的公司购买产品。[45] 企业可以通过环境保护价值观的许多方面盈利。例如,ReCellular 公司每天回收 10 吨的废旧手机,使它们免于被送到垃圾掩埋厂。[46]

技术

许多文化中的消费者都着迷于技术进步的产品。美国、日本以及其他国家的消费者比以往任何时候都更加相信电脑、手机、数码相机和互联网将会提高他们的生活质量。例如纳米产品就正在兴起(如不会出现剥落的油画,轻便但十分结实的网球球拍)。[47] 科技的进步如此之快,我们很难跟得上它的脚步,这导致了人们对于简单性(或至少是如何管理复杂性)的重新看重。该趋势可以由诸如《返璞归真》(*Real Simple*)这类杂志的兴起所体现,该杂志告诉读者如何在生活中化繁为简。所以自动化产品一直十分流行,因为这些产品的特性可以帮助消费者更恰当地使用这些产品。[48] 例如,许多手机设计了语音激活功能,这样消费者就可以在不按键的情况下拨打电话。因此,消费者完全以技术如何使生活更加便捷而不是以技术本身为标准来衡量其价值,这使得技术更像是工具性价值观而不是终极价值观。

图表 14.6 珍视环境

关心环境是一种越来越重要的价值观趋势。例如可持续林业倡议（Sustainable Forestry Initiative，SFI）这类的组织正在为该项事业做出努力。

价值观变化的原因

由于社会以及社会上的组织在不断地发展，价值观体系也在改变。除了已经讨论过的关键趋势之外，美国的价值观正朝着生活上更随意、行为举止更考究、性别角色的转变以及渴望变得更现代化的方向发展。[49] 尽管在 100 年前，美国与西欧有着许多差异，但是现在两种文化（在某种程度上也包括日本）在价值观方面越来越相似，不过差异仍然存在。这种价值观一致性的提高，部分原因是由于全球沟通的增加所导致。例如，西欧人认为美国的消费模式很有吸引力。富有的日本消费者开始更注重个人偏好、平衡的生活以及体验，而不太重视传统期望、工作和财物。[50]

价值观的影响因素

价值观在不同群体的消费者之间有何差异？这一部分将考察文化、种族、社会阶层以及年龄对我们价值观的影响。

文化和价值观

不同国家的人体验着不同的文化经历，这就导致了价值观存在跨文化差异。一项研究表明，巴西人最重要的三个价值观分别为真正的友谊、成熟的爱情以及幸福，而美国消费者的则是家庭安全、世界和平以及自由。[51] 中国的消费者最重要的价值观是保护个人所获得的最珍贵的东西、对他人有同情心、拥有自控能力以及对快乐、行动和沉思进行整合。一项关于德国、法国以及英国女性的研究显示，"拥有固定的家庭事务规划"的价值观对于德国女

性来说是最重要的,而英国女性将它排在第10位,法国女性则将它排在第23位。⁵²

在一项经典研究中,吉尔特·霍夫斯泰德发现文化会围绕着四个主要的价值观维度而变化。⁵³

- 个人主义与集体主义:某种文化关注个人而非集体的程度。
- 不确定性规避:某种文化喜欢结构化情境胜于非结构化情境的程度。
- 阳性与阴性:某种文化强调阳性价值观(如霍夫斯泰德所定义的自信、成功以及竞争力等)胜于强调阴性价值观(如生活质量、良好个人关系以及体贴他人)的程度。
- 权力距离:某社会中的成员在地位上的平等程度。

所有的文化都可以根据这四个维度进行分类。了解某一特定文化在这四个维度上的位置,可以为我们提供有关跨文化差异的深刻见解。例如,研究表明,在权力距离和不确定性规避程度较低、阴性价值观和个人主义较强烈的国家中,餐厅中给小费的情况越不可能出现。⁵⁴另一项研究显示,在集体主义国家,例如泰国和韩国,幽默广告主题更可能关注于群体;而在高权力距离的国家,如美国和德国,这种广告更可能关注不平等地位关系。⁵⁵最后,研究指出,美国男性通过日常消费来维持他们对自己作为实干家的看法,这是高度阳性文化中的一种价值观。⁵⁶

种族认同感与价值观

一个文化大家庭内部的种族群体和其他种族亚文化的价值观可能会有所不同。正如第12章所指出的,西班牙裔美国人十分重视家庭;类似的,非裔美国人和亚裔美国人则非常珍视大家庭。⁵⁷不同国家的消费者可能会有不同的种族价值观。例如,中国的消费者往往具有传统的儒家价值观,即对家中年长者十分尊敬。了解到这一点,雀巢通过迎合对年迈父母的尊重和责任感而向人们宣传奶制膳食营养补充品。⁵⁸

社会阶层与价值观

正如第13章已讨论的,不同的社会阶层拥有特定的价值观,这些价值观会反过来会影响他们的购买和消费模式。由于东欧和其他国家推行市场经济,全球中层阶层的数目正显著地增长,同时中层阶层的物质主义价值观、希望政府对他们的生活控制更少以及拥有更多获取信息的渠道的愿望也越来越强烈。上层社会消费者看重回报社会,该特质解释了他们在社会、文化以及市政慈善方面十分活跃的原因。这些消费者同时重视自我表现,这一点反映在他们的住所、衣着、轿车以及其他形式的消费上。⁵⁹

年龄与价值观

同一代人通常拥有相似的价值观,这些价值观与其他年龄段的成员有所不同。例如,相比享乐主义而言,你的祖父母们可能认为安全更重要,这不是因为他们年纪较大,而是因为他们成长于大萧条时期,并在孩童时期就经受过经济困难。此外,那个时代的许多人认为,享乐主义的活动是轻佻、愚蠢和不可接受的。成长于20世纪60年代(一个政治动荡、自我放纵以及反叛的时期)的婴儿潮一代重视享乐主义、道德、自我定向和成就。⁶⁰请注意,有时要分辨我们随着年龄增长所形成的价值观和从所处时代所学到的价值观是十分困难的。尽管如此,由于年龄和不同群体造成的差异确实存在,它们也影响着我们作为消费者的行为。

营销启示

营销人员需要了解消费者价值观如何影响消费模式、市场细分、新产品开发、广告开发策略以及伦理。

消费模式

消费者通常用与他们的价值观相符合的方式购买、使用以及处置产品。[61] 因此,如果营销人员了解消费者的价值观,他们就可以掌握更多有关消费者喜好的信息。例如,那些重视与他人融洽关系的消费者与对此不太重视的消费者相比,更可能购买礼物并赠送卡片。[62] 当英国超市连锁店乐购研究其消费者价值观时,发现消费者具有如此强烈的环境忧虑,以至于它采取了一项为每一件它所销售的产品标注碳足迹的计划。[63] 然而,营销人员有时会以种族优越的视角看待市场,他们假定其他文化中的消费者拥有和他们相似的价值观。金宝汤公司的汤类产品在南美市场的失败,是因为在当地一位母亲的行为是由她对家庭奉献多少来评判的,而为家人提供罐装汤食就好像表示不够关心她的家人,所以不愿亲自做汤。

市场细分

营销人员可以识别出某个具有一套与其他消费者群体不同价值观的消费者群体,这一过程被称为**价值观细分**(value segmentation)。

> **价值观细分:** 根据共同的价值观对消费者进行分组。

即使是像铅笔这类十分基础的市场也可以通过这个方法细分。每年销售20亿支铅笔的辉柏嘉公司(Faber Castell)为不同的价值观细分群体提供产品,其中包括重视质量、创造性、环境、地位和格调的消费者。[64] 营销人员也可以利用价值观来了解在某一细分中的消费者可能很看重的产品特性,以及这一特性促使他们选择某一品牌而不是其他品牌的原因(参见图表14.7)。当购买服装时,重视地位的个体会选择昂贵、奢华的特性,强调跟随潮流的个体会选择时髦的服装,追求特立独行的个体可能会选择新潮或非主流款式的衣着。

新产品开发

价值观也可以影响消费者对新产品和不同产品的反应。新产品与消费者的重要价值观越一致,它成功的可能性就越大。例如,味道好、可用微波炉烧煮、低脂肪和低卡路里的冷冻主菜在某种程度上取得了成功,是因为这些优点与多种价值观相一致,例如享乐主义、时间、便利、健康和技术的价值观。节省时间的设备,例如碧洁先生(Mr. Clean MagicReach)的清洁工具采用的是利用空闲时光消遣的价值观;该产品被宣传为是"要回你的星期六早晨"的好方法。[65]

广告开发策略

考察目标细分群体的价值观概况可以帮助营销人员设计出更具吸引力的广告。[66] 广告创意和消费者的价值观越一致,消费者越可能涉入到该信息中,并发现该信息与其自身有关。例如,推销联合利华旗下多芬品牌(Dove)的"寻找真美活动"在赢得了奖项的同时,也赢得了消费者的认可,因为这些信息反映了目标受众关于美丽的价值观和真实

图表 14.7 价值观的反映
多芬公司"寻找真美活动"和电影《进化》的广告赢得了奖项以及许多多芬的顾客,因为该信息反映了价值观,并与消费者产生了共鸣。

性。[67]很显然,营销人员必须将产品的特性和优势与消费者的价值观联系起来,因为这些价值观代表了消费者渴望实现的终极价值观,即在他们消费此产品的行为背后的主要驱动力。同时,营销人员必须避免与文化价值观有冲突的信息。例如,一则广告遭到了泰国的消费者群体的抗议,这则广告的画面为:希特勒食用一种较差品牌的炸薯片,在食用了该品牌的炸薯片后变成了一个好人。[68]

伦理考虑

消费者通过价值观来衡量他人的行为是否适当,包括营销人员的行为。例如,看重道德的消费者会反对香烟、限制级成人影片等产品,反对卖淫嫖娼、赌博和明显的性广告。消费者同时会评价营销人员行为的公平性、伦理性和得体性。[69]正如第18章将阐释的,营销人员应当意识到,消费者对于与他们公平性价值观相悖的实践会抵制、抗议以及投诉。

如何测量价值观

为了根据价值观对市场进行细分,营销人员需要一些识别消费者价值观、测量这些价值观的重要性以及分析价值观变化和趋势的方法。不幸的是,价值观往往很难测量。其中的一个原因是,人们不经常思考自己的价值观,因此要清楚表达什么对他们是真正重要的十分困难。另一个原因是,人们在做关于价值观的调查问卷时,可能会感到社会压力,为了给研究人员留下好印象而以某种方式回答价值观问卷。因此,营销人员通常使用非介入式或间接的方法来评估价值观。

从文化背景中推断价值观

测量价值观介入程度最少的方式为根据文化背景进行推断。广告经常被用来当作价值观的指示器。[70]研究考察了1900年至1980年间美国的平面广告所描绘的价值观，发现实用性、家庭、现代性、节俭、智慧以及独特性是最频繁出现的价值观。研究人员也可以通过广告来发现跨文化差异以及追踪价值观趋势。一项研究表明：由于中国内地、中国台湾以及中国香港的经济发展水平不同并且拥有不同的政治意识形态，这些地区的广告反映出了不同的价值观。[71]当时，中国内地的广告关注于实用性主题以及承诺美好生活，中国香港的广告则强调享乐主义以及更轻松的生活，中国台湾的广告重点介于这两者之间。现在，随着中国内地经济的巨大改变，当地的广告趋势已经从实用性主题转向产品多样性和产品保障主题。

仅仅通过看产品名称，营销人员也可以推断出价值观。产品名称反映了在美国常见的价值观，诸如物质主义（君悦大酒店）、享乐主义（CK的迷惑香水）、时间（快熟米饭）、科技（微软）以及便利（奶油发泡枪）。

价值观也体现在杂志（例如《金钱》）、书籍、电影、电视节目、人们公认的英雄形象和流行歌曲的名称上。例如，许多人担心暴力歌词是一种价值观堕落的迹象。

对于将文化背景作为价值观标志的一项指责认为，研究人员永远不了解文化到底是反映价值观还是创造价值观。鉴于这个问题，研究人员引进了其他方法来测量价值观。

手段—目的链分析

营销人员可以利用**手段—目的链分析**（means-end chain analysis）了解消费者更注重产品的哪些属性，并以此来推断消费者价值观。有

> **手段—目的链分析**：帮助我们理解价值观如何与产品和服务属性相联系的一种技术。

了这些信息，研究人员就可以回过头来揭开驱动消费者做出决定的价值观。[72]其中一种方法是，通过价值观梯度法来决定对于消费者较为重要的、与产品属性相关的基本价值观。[73]假设某消费者喜爱淡啤酒，因为它比普通啤酒含卡路里更低。如果研究人员询问他为什么喝较低卡路里的啤酒很重要时，消费者的回答也许是"我希望自己健康"。如果继续问其原因，消费者或许会回答"因为我希望自我感觉更好"。这个例子由图表14.8的第一行所阐明。

请注意，手段—目的链存在几个潜在的等级。首先，消费者提到的某种重要属性后面跟随着该属性所提供的具体利益。然后，消费者会表明，该利益之所以重要，是因为它可以实现某种工具性价值观。这一完整过程之所以被称为手段—目的链，是因为该属性提供了实现某种渴望的终极状态或终极价值观（在该案例中，即自尊）的方法。

请看图表14.8，你还会发现，第一，某一特定的属性可以与十分不同的价值观相关联。例如，与一些消费者看重淡啤酒的健康利益相比，一些消费者青睐淡啤酒是因为他们在一个能导致更强归属感的情境中饮用该啤酒。第二，相同的价值观可能会与非常不同的产品和属性相关联。因此，与淡啤酒和米饭相关联的属性可能对归属感这一价值观有同等的吸引力。第三，某一特定属性可能与多种利益或价值观相联系，也就是说，某一消费者喜爱淡啤酒，不仅因为它让人健康还因为它可以促进归属感。

图表14.8 手段-目的链示例

终极价值观	产品	属性	利益	工具性价值观（驱动力）
淡啤酒（1）	低卡路里	我不会长胖	使我更健康	自我感觉良好（自尊）
淡啤酒（2）	低卡路里 口味棒 清淡口味	更少腹胀 使人愉快/令人放松 令人精神焕发	美好时光/有趣 友谊 共享	归属感
米饭	蒸煮袋包装	便利 不用打扫碗碟	节省时间	享受更多与家人在一起的时间（归属感）

根据手段—目的链分析，产品和服务的属性（例如低卡路里）会带来反映工具性价值观（帮助我更健康）和终极价值观（我自我感觉良好）的利益（我不会长胖）。这种分析有助于营销人员识别重要的价值观以及与之相关的属性。你能建立起一个关于牙膏或除臭剂的手段—目的链吗？

资料来源：Adapted from Jonathan Gutman, "A Means-End China Model Based on Consumer Categorization Processes," *Journal of Marketing*, Spring 1982, pp. 60—72; Thomas J. Reynolds and John P. Rochan, "Means-End Based Advertising Research: Copy Testing Is Not Strategy Assessment," *Journal of Business Research*, March 1991, pp. 131—142。

营销人员可以通过手段—目的链分析来识别与某种价值观相一致的产品属性。[74] 不久前，消费者普遍认为赛车很昂贵并且不舒适，同时拥有它们会被贴上"傲慢自大、不负责任"的标签。因此，为了与现今的价值观更一致，汽车制造商开始提供定位成适合"社交型人士"而且舒适度更高的汽车。[75] 手段—目的链模型在制定广告策略方面也十分有效。由于了解了消费者认为哪些属性重要，以及哪些价值观与这些属性相关，广告人员可以设计出迎合这些价值观并强调相关属性的广告。请注意，广告没有必要明显地将某一属性与某一动机相联系，但是它可以让消费者在潜意识里做出这种联系（参见图表14.9）。

最后，营销人员可以利用手段—目的链对全球市场进行细分，并根据某一具体的属性和相关的价值观来吸引消费者。[76] 例如，为了营销酸奶，公司可以识别出某一重视健康的细分群体，并通过关注于诸如低脂肪之类的产品属性来赢得消费者。同时它们还可以确定第二个重视愉快享受的细分群体，并通过添加水果成分之类的属性来赢得这一细分市场。

价值观问卷

营销人员可以通过调查问卷直接评估价值观。一些类型的问卷调查，比如物质价值观量表（material values scale），仅关注于消费者行为的特定方面。[77] 其他问卷则覆盖了一系列的价值观。这些问卷中最著名的问卷之一就是**罗基奇价值观调查**（Rokeach Value Survey, RVS）。该问卷面向消费者询问了他们对于图表14.2中列出的19项工具性价值观和18项终极价值观的重视程度。该调查问卷是标准化的，每个人都要回答同一套题目，这一程序的目的是为了帮助研究人员识别出对于某一特定消费者群体最重要的价值观，考察价值观是否随着时间而变化，并了解不同消费者群体间的价值观是否不同。该问卷的一个不足之处是，其所测量的某些价值观与消费者关联性较弱，例如救助、宽恕和顺从。因此，一些研究人员建议使用一份只包含与消费者背景最相关的价值观的更为简化的RVS问卷。[78]

> **罗基奇价值观调查（RVS）**：测量工具性价值观和终极价值观的一项调查。

图表 14.9　美国航空公司"我们知道您为什么坐飞机"活动

有时营销人员会尝试强调那些消费者行为背后的强大价值观。这则为美国航空公司"我们知道您为什么坐飞机"的活动的广告就识别出了影响消费者选择航空公司的关键价值观之一。

其他研究人员主张使用**价值观列表**（List of Values，LOV）。该问卷呈现给消费者 9 种最主要的价值观，并要求消费者选择两个自认为最重

> **价值观列表（LOV）**：测量消费者行为中的 9 种主要价值观的一项调查。

要的价值观或者按照其重要性对所有 9 种价值观进行排序。这 9 种价值观分别为：（1）自尊；（2）和他人良好的关系；（3）成就感；（4）自我实现；（5）生活中的乐趣及愉悦；（6）刺激；（7）归属感；（8）受尊敬；（9）安全。[79] 前 6 种为内部价值观，因为它们源于个人；其他的则为外部价值观。同时，这些价值观可以根据它们是否可以通过人际关系（和他人良好的关系、归属感）、个人因素（自尊、受尊重、自我实现）、或非个人因素（成就感、安全和刺激）来实现而描述。

在一项研究中，LOV 问卷预测了消费者关于描述他们自我报告的消费特征（例如，我是个花钱者，不是个存钱者）、他们实际的消费行为（他们看电影或看新闻，阅读某杂志、进行诸如网球之类的某种运动的频率）、他们的市场信念（"我认为消费者的活动导致了价格的上升"）的反应。与 RVS 相比较，LOV 能更好地预测消费者行为，它也更为简短、更容易实施。最后，LOV 对于识别拥有相似价值观体系的消费者细分十分有效。[80]

人　格

尽管拥有相似背景的个人往往持有相似的价值观，但是即使拥有一样的价值观，人们

也不会总是做出同样的行为,记住这一点很重要。在听促销员的宣传时,某一消费者也许会很认真地表示自己觉得该产品很有趣,但是现在还没准备下决心购买。另一名消费者可能会表现得更果断,在促销人员讲话的中途打断他,并表明不论产品怎样自己都没有兴趣。因此,在人格或者对某种特定情形的反应方式方面,消费者会呈现出差异。

人格(personality)由独特的行为模式、倾向、品质或个人气质所构成,它使个人与其他个体区别开来,并且会导致对环境刺激的一致反应。这些模式是我们与生俱来或者后天培养的内在特征。人格的概念有助于我们理解为什么在不同的情形下人们的举止行为不同。

> **人格**:决定个人在各种情形下何种举止表现的内在特征。

人格的研究方法

社会科学提供了各种各样的研究人格的方法。这一部分将考察研究人员所使用的5种方法:心理分析方法、特质理论、现象学方法、社会—心理理论以及行为方法。

心理分析方法

根据心理分析方法,人格由内心一系列动态的、无意识的内在斗争所产生。[81] 著名的心理分析学专家西格蒙德·弗洛伊德提出,我们在形成自己的人格前要经历几个发展阶段。在第一阶段是口唇期,婴儿完全依赖其他人来满足自己的需要,并通过吮吸、进食和咬的过程得到满足。在肛门期,儿童面对的是如厕训练的问题。然后是生殖器期,青少年开始意识到他们的生殖器官,同时必须处理对异性父母的欲望。

弗洛伊德认为,不能成功地解决任何一个时期的矛盾都会影响到个体的人格。例如,婴儿时期没有得到足够口唇刺激的个体会在成人时期通过口唇刺激的活动暴露出该危机,如嚼口香糖、吸烟、暴食或不相信他人的动机(包括营销人员的动机)。在肛门期如厕训练过于严格的个体可能会痴迷于控制,并且过于有秩序、固执己见或者吝啬,导致其整理衣橱和记录、列单子、过分节俭或收集的行为。这些个体还可能忙于大量信息的研究以及做决定时的深思熟虑。另一方面,肛门期的如厕训练过于松散的个体则可能会变为生活凌乱的、无秩序的成人。

尽管后来弗洛伊德的一些理论遭到诸多研究人员的质疑,但是关键点在于潜意识会影响行为。因此,一些广告公司开展了研究来深入探究消费者的心灵和揭开他们购买某一特定产品的潜意识原因。[82] 这类研究发现了潜藏在深处的对牛奶的渴望,乳品加工业便将这一发现使用在其"喝牛奶了吗?"的广告活动中。

特质理论

特质理论主义者提出,人格是由描述和区分个体的特征所组成的。[83] 例如,人们可以被描述为好斗、随和、安静、情绪化、害羞或者固执。心理学家卡尔·荣格开创了最基本的特质理论体系之一,并且提出可以根据人们内向性和外向性的程度对个体进行归类。[84] 内向型的人害羞、偏爱独处并在他人面前感觉到焦虑。他们倾向于避免社会交际渠道,并且不太可能从他人处得到新产品信息。同时,他们更少受到社会压力的激发,并且更可能做一些让自己高兴的事情。相反,外向型的人性格开朗、爱好交际并且是典型的遵从传统者。

社会心理学的研究发现,有5种主要的人格特质往往可以解释人格中的多数方差(大五模型):随和性、责任性、情绪稳定性、开放性和外向性。[85]最近的研究也发现,当将稳定性的特质(或行为的一致性)与内向性或外向性维度相结合时,就可以用作展示各种人格类型的基础(参见图表14.10)。例如,可信赖的人倾向于在内向性和稳定性方面水平高。相反,被动的人是内向的,但他既不十分稳定也不太可靠。关于这一体系的一个有趣特征是,由这两方面识别的人格类型与许多世纪之前古希腊医学家希波克拉底所定义的四种性格气质相符合——例如,黏液质型的个体是内向的和稳定的;胆汁质型的个体则是内向的和不稳定的。

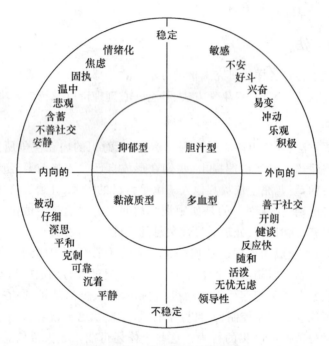

图表14.10　人格类型的特质概念

消费者可以根据是否具有内向型或外向型人格特质而进行分类。这些特质会引出关于各种人格类型的认同(例如,情绪化、平和、活泼以及好斗)。有趣的是,这些特质可以归为四个主要类别,并且与许多世纪之前古希腊医学家希波克拉底所定义的基本性格气质相一致。根据这一体系,你的人格属于哪一类呢?

现象学方法

现象学方法提出,人格在很大程度上是由于个人对生活事件的解释所形成的。[86]例如,根据这种方法,抑郁症是由个人解释关键事件的方式和这一解释的性质所引起的,而不是由内在冲突或者特质所导致的。

现象学方法的一个关键概念就是**控制点**(locus of control),即人们关于某件事情发生的原因的解释。[87]具有内在控制点属性的个体更多地将事件结果的好与坏归因于自己,因此他们可能会责备自己,或认为是由于自己的不小心而

> **控制点**:人们如何解释事情发生的原因(内在以及外在)。

导致某一产品出现故障。具有外部控制点的个体则将责任归因于其他人、事件或者地点，而不是归因于他们自己。因此，他们可能会将产品故障归咎于制造缺陷或劣质的包装。

控制点对消费者在某一消费经历中对满意的知觉有很大的影响，并能决定该消费者的感觉。举例说明，因为产品故障而责备自己的消费者会感到惭愧，相反，那些将产品问题的责任推到外部因素上的消费者则会感到愤怒和恼火。此外，某人的生活主题或目标（即我们日常生活中所关心的）会极大地影响消费者从广告中所汲取的含义。[88]因此，更关心家庭的个人与某个更关心其自身的消费者对广告的解释可能会有所不同。

社会—心理理论

有关人格的另一组理论关注的是社会性而不是生理性的解释，该理论提出个体在社会环境下做出行动以满足他们自己的需要。例如，研究人员卡伦·霍妮认为，行为的特征可以表现在三个主要的导向上。[89]顺从型个体依赖他人，并且谦逊、容易信任他人，同时与某个群体相连接。进取型个体需要权力、远离他人，并且外向、果断、自信以及意志坚决。孤立型个体自立且自给自足，但是通常多疑并且内向。这三个导向可以通过CAD量表来测量。[90]一项研究发现，自信和进取明显地与营销机构的互动方式有关。[91]尤其是，高度自信和进取的人更可能认为投诉行为是可以接受的并且很乐意这样做。

在社会—心理理论中，研究人员在状态导向型消费者（更可能依赖于主观规范来指引自己的行为）和行动导向型消费者（他们的行为更多地以自己的态度为基础）之间做出了区分。[92]消费者对将自己与他人比较的信息（社会比较信息）的关注度也有所不同。与该因素水平较低的个体相比，该因素水平较高的个体对规范性压力更为敏感。

行为方法

与其他关于人格的诠释不同，行为方法提出，人格差异是个体在过去受到奖赏或惩罚的函数。根据行为方法，如果个体在过去得到过相关的正强化，那么他们就更可能拥有某种特质或者从事某种类似行为。他们不太可能保持某种曾令他们受到过惩罚的性格特点或行为。[93]因此，由于家长、监护人以及其他人奖励外向型行为而惩罚内向型行为，某一个人可能会具有外向型人格。同样，某消费者偏爱颜色鲜艳的衣着可能是由于他或她之前穿着类似衣服时得到了正强化。请注意，这些关于人格的行为方法涉及第10章所探讨的操作性条件反射的原理。

判断人格特征是否影响消费者行为

许多与消费者人格有关的研究都遵循特质方法，并且致力于识别出能够解释消费者购买、使用和处置行为差异的具体人格特质。尽管诸多研究都尝试着找出人格与消费者行为之间的联系，但是人格却并不总能很好地预测消费者行为。[94]其中一个重要的问题是，研究人员制定了许多用于临床环境下诊断人格紊乱的特质衡量工具，因此这些工具并不适用于识别与消费行为有关的特质。

尽管一些研究存在着问题，但其他研究人员认为，在消费者背景下开发出更可靠的特质测量工具将会揭示出其中的关系。[95]例如，研究人员开发了一个消费者自信量表体系来考察这一特质如何影响消费者对高价产品的选择。[96]同时，与某些类型消费者行为相比，人格与另一些类型的消费者行为之间的联系可能会更加牢固。例如,尽管人格可能在帮助理解品牌选择方面不尽如人意,但是它可以帮助营销人员理解哪些个体更容易说服(特别是对于某个广告而言),或者更多地进行信息搜索处理的原因。图表 14.11 中的广告就具有人格诉求。

图表 14.11　人格与广告诉求

广告信息通常是为吸引某种人格而设计的。这则广告的目标人群是那些更具冒险意识人格的消费者。

营销人员也可能发现,与某些产品或服务类型相比,人格更有助于寻找另一些产品或服务的目标市场。尤其是,当我们关于产品或服务的选择包含主观或享乐主义的特性(例如外表、气质以及审美观)时,这种选择就可能在某种程度上和人格有关。一个很好的例子就是贺卡的挑选,它体现了个人信息,因而是送卡者的人格延伸。最后,与其他类型的特质相比,某种类型的人格特质可能与消费者行为的联系更加紧密。正如以下所描述的,这些类型的人格特质包括最优刺激水平、教条主义、独特性需要、创造性、认知需要、对影响的敏感性、节俭、自我监控行为、国民性以及竞争性。

最优刺激水平

一些活动具有某种形式的生理唤醒的潜力。例如,当你在高速公路上急速飞驰、坐过山车、看惊悚电影或进入某个新的、不熟悉的环境时,你

> **最优刺激水平(OSL)**:人们所偏好的刺激水平,通常为适度的水平。

会感到更加强烈的唤醒。生理刺激、情绪激发或新颖的事物都具有引发唤醒的潜力。然而,高度刺激性的活动并不总是可取的。根据**最优刺激水平理论**(optimal stimulation level, OSL),与唤醒过度或者丝毫不具唤醒的事物相比,人们更偏好于适度的唤醒。[97]例如,与一家提供单调乏味食物的餐厅或者一家提供过于异常食物的餐厅相比,你会偏好于提供具有适度想象力菜品的餐厅。

尽管人们通常偏好适度水平的刺激,但是个体对于唤醒的适度以及最优程度的标准存在差异。具有低最优水平标准的个人倾向于唤醒性较弱的活动,因为他们想要避免超出自己所能承受的范围。相反,具有高最优水平标准的个体更可能追求非常令人兴奋、新奇、复杂且与众不同的活动。对刺激具有高需求的消费者可能会享受诸如跳伞、赌博以及漂流这类活动。[98]他们也更可能是具有创造力的个体。

具有不同刺激需要的个体在进入市场的方式上也存在差异。具有高最优刺激水平需要的人往往会作为第一批购买新产品、搜索新产品信息并会寻求多样化(购买不同的产品)的消费者。[99]他们对自己所接触的广告十分好奇,但是同时也容易对它们感到厌倦。这一类型的消费者更可能购买与高风险有关的产品、享受在拥有许多店铺和商品的购物中心购物,并且喜欢与现有消费实践背离的提供物。

教条主义

消费者在思维的开放或者封闭程度上存在着差异。**教条主义**(Dogmatism)指的是某一个体

> **教条主义**:抵制改变和新观念的倾向。

抵制改变和新观念的倾向。相对而言,教条主义或思维封闭的消费者对新产品、新促销和新广告更为抵制。例如,一项研究发现,尼日利亚的消费者关于新产品的接受程度取决于该消费者教条主义的程度。这一研究同时发现,穆斯林比基督教徒更教条主义。[100]

独特性需要

通过商品以及服务的购买、使用和处置来追求新奇性的消费者显示出他们的**独特性需要**(need for uniqueness,NFU)[101]。独特性需要涉及

> **独特性需要(NFU)**:通过产品和服务的购买、使用和处置所体现的对新奇性的渴望。

三个行为方面:创意选择不从众(消费者的选择反映了能够被他人所认可的社会独特性),非流行选择不从众(不考虑可能存在的社会反对,为确立独特性而选择与主流不相符的产品和品牌),以及对相似性的避免(为避免规范模式而重建独特性,对平庸的所有物不感兴趣)。在一项研究中,当具有高度独特性需要的消费者被要求解释做出非常规决定选择的

原因时,他们表示清楚自己的选择和原因是超规范的。[102]因此,具有高度独特性需要的消费者会回避著名的全球性大品牌,而青睐本地的小品牌。[103]同时,他们还可能会丢弃过于流行的衣服,转而偏爱新出现的时尚潮流;追求手工艺的或个性化的物品,并且根据自己的规则喜好定制产品。

创造性

在消费者行为范畴内,创造性意味着"以新颖和实用的方式对传统消费实践的背离"。[104]例如,当面对某个日常生活中的问题(缺少某种做晚饭的原料)时,具有高度创造性的消费者会找出一种替代品。这种解决方式可以使消费者以既新颖又不失实用性的方式完成某个活动。这种创造性还可以强化消费者的情绪。[105]卡夫食品公司的网站通过提供展现不同烹饪手法的视频来鼓励这种创造性,帮助消费者搜索可以使用手边原料的食谱,并邀请消费者分享关于晚餐菜单、休闲食品的想法。

认知需要

乐于广泛地思考诸如产品、属性以及利益这类事情的消费者具有高度的**认知需要**(need for cognition,NFC)。[106]那些认知需要低的消费者不

> **认知需要(NFC)**:描述人们喜欢思考的程度的一种特质。

喜欢思考,喜欢走捷径或者依靠自己的直觉。不同认知需要的消费者对产品兴趣、信息搜索以及对不同广告活动的反应也不同。特别是,具有高度认知需要的消费者喜爱带有需要认真思考的学习过程以及需要熟练掌握的产品和体验,例如国际象棋、教育性游戏以及类似《冒险》的电视节目。他们从搜寻和发现产品特色的过程中得到满足,并且对于包含关于产品或服务细节、时间长、技术复杂的广告反应积极。与其他消费者相比,他们也可能更仔细地核查信息,考虑该信息的可信度以及价值。[107]另一方面,具有低认知需要水平的消费者对使用有吸引力的模特、幽默或其他线索的简短信息反应更为积极。这些个体往往不进行深思熟虑就做出决定。

对影响的敏感度

消费者在对说服意图的敏感性方面也有所差异,尤其是那些面对面的说服。一些消费者更渴望提高自己在别人心中的形象,并且因此愿意接受他人的影响或引导。[108]对社会和信息加工信心较低的消费者要比高度自信的消费者更易受到广告的影响。

节 俭

节俭是指消费者在短期购买中采取自律方法,并且在产品和服务的使用中精打细算以实现长期目标的程度(参见图表14.12)。例如,高度节俭的消费者会在工作餐时间食用自带午餐(而不是购买外卖或在餐厅就餐)。这些消费者的物质主义程度不高,对他人的影响不太敏感,对价格以及价值更为关注。[109]有时,政府或者公司会积极地鼓励节俭来保护稀缺资源,如电力。[110]日本杂志《辣椒》(Hot Pepper)通过折扣优惠券和关于省钱的文章来吸引节俭的消费者。"当这本杂志四年前刚刚创立的时候,有人问:'什么是优惠券?'或者说'折扣没什么重要性'。"一位《辣椒》杂志执行官这样说。而现如今,参与其中的商店和餐厅的生意越来越红火,同时《辣椒》杂志通过赢得节俭消费者的关注而变得十分具有竞争力。[111]

图表 14.12　以节俭为广告诉求

一些消费者具有节俭的价值观,尤其是在经济困难时期。一些广告则强调这一价值观,例如本田汽车的这则广告。

自我监控行为

个体在依照他人寻找行为规范的程度上存在差异。高度自我监控者对他人作为行为引导者的影响通常比较敏感,而低自我监控者更多地由自己的喜好和渴望所引导,受规范期望的影响较少。[112]高或低水平的自我监控者对广告诉求的响应也存在着差异。高水平自我监控者对形象导向的广告反应更大,并且愿意尝试或者出高价购买和使用与高自我监控相一致的形象广告产品。相反,低自我监控者通常对质量做出声明的广告反应更积极,同时更加愿意尝试和为这类产品出高价。

国民性

人格特质有时可以用于形成对某个国家人民的刻板印象,即**国民性**(national character)。这些特征仅代表对某一国家的一个非常广泛的概括;很显然,个体之间的差异是非常多样化的。举例说明,法国人以及意大利人通常是多情而且浪漫的,而英国人则更为保守;与英国、俄罗斯或意大利人相比,德国人、法国人和美国人更自信。与"自由散漫"的法国、意大

> **国民性**:某个国家所具有的人格。

利和美国消费者相比,德国、英国以及俄罗斯消费者更具纪律性。[113]

与具有谨慎、自律和保守的刻板印象的加拿大人相比,美国消费者更冲动、更具风险导向和自信。研究人员已经描述出在对成就的需求、内向性和外向性的水平、对人性的观念以及灵活性方面,国与国之间有何种差异。[114]营销人员必须考虑国民性间的差异会如何影响消费者对广告以及其他类型沟通的反应。例如,耐克公司不得不撤回一则内容为穿着武术服装的篮球巨星勒布朗·詹姆斯与卡通人物作战的广告,因为中国政府提出这则广告冒犯了国家的尊严。[115]

竞争性

竞争性的人格特质与超越他人的渴望有关,一般表现为在对物质产品的炫耀性消费上(例如电子设备)。它还影响消费者是以直接方式(例如通过体育比赛或赌博)还是间接方式(观看某场体育赛事)来满足胜过他人的愿望。[116]希望吸引竞争性消费者的营销人员经常在信息中强调消费者能作为第一批尝试或购买某种新产品或服务的机会。

营销启示

由于某些人格特质可能与消费行为有关,营销人员可以制定出能够吸引各种人格类型的产品、服务以及信息沟通。例如,对于顺从或高度自我监控的消费者,广告应该关注于他人的认可;相反,如果想要吸引高最优刺激水平的消费者或具有强烈独特性需要的消费者,则广告和促销应当主要关注于尝试新鲜的、与众不同的事物。例如,著名运动鞋杂志 *Sole Collector* 和网站 niketalk.com(不是由耐克公司主办的,而是由运动鞋爱好者主办的网站)经常刊载手工修饰的运动鞋以及其他独一无二的运动鞋广告,以此来针对高独特性需要的消费者。[117]为了赢得具有高刺激需要、竞争性强并精通网络的消费者,MTV电视网络创建出一系列变化无穷的在线游戏和拥有竞赛、体验和产品品牌植入(如百事)的虚拟世界。[118]

生活方式

生活方式与消费者的价值观与人格密切相关。尽管价值观与人格展现的是人们的内在状态或性格特点,但**生活方式**(lifestyles)则是外在表现或实际的行为模式。它们由消费者的**活动、兴趣和意见**(activities, interests, and opinions, AIOs)表现出来,如图表 14.13 所示。人们在业余时间做什么通常是他们生活方式的很好的指示器。某一消费者可能喜欢户外运动,如滑雪,然而另一消费者可能更偏爱上网冲浪。政治观念、意识形态同样可以影响获取、消费和处置的决策。[119]

> **生活方式**:人们行为的模式。
> **活动、兴趣和意见(AIOs)**:生活方式的三个组成部分。

图表 14.13　活动、兴趣和观念

活　动	兴　趣	意　见	人口统计特征
工作	家庭	自身	年龄
爱好	住所	社会问题	教育
社会活动	工作	政治	收入
度假	社区	商务	职业
娱乐	消遣	教育	家庭规模
俱乐部成员	时尚	经济	居住地
社区	食物	产品	地理
购物	媒体	文化	城市规模
体育	成就	未来	生命周期的阶段

生活方式由消费者的活动、兴趣和意见所体现。这里是关于每个类别中的一些主要例子。请注意，相比消费者的人口统计特征（最后一栏）而言，这些生活方式提供了关于消费者更详细的描述。

资料来源：Joseph T. Plumer, "The Concept and Application of Life Style Segmentation," *Journal of Marketing*, January 1974, pp. 33—37。经授权引用。

实际上，从事不同活动和拥有不同观念及兴趣的消费者，对营销人员来说代表着截然不同的生活方式细分市场。例如，某一生活方式细分市场由生性喜爱怀旧或追求旧事物的人组成。[120]很显然，这一细分群体是老电影、旧书和古董的目标市场。再举另一个例子，参与极限运动赛事（例如雪上摩托）的消费者是销售相关装备的公司的目标市场。[121]

生活方式的研究可以帮助营销人员了解如何使产品符合消费者的一般行为模式。例如，与烹饪有关的生活方式包括快速烹饪（使用节省时间的技术或器具来准备饭菜）和投资式烹饪（一次制作许多菜品或大量食物，并储备起来）。[122]

最后，不同国家的消费者可能会有不同的生活方式。例如，与美国女性相比，日本女性更以家庭为核心、对价格不太敏感和不太可能开车。[123]由于这些偏好，日本女性比美国女性会花费更多的时间在家准备饭菜，并且愿意为能够提高饭菜质量的产品付高价。俄罗斯消费者中流行的生活方式包括去电影院和戏院以及参与体育运动，例如足球、冰球和花样滑冰。[124]

营销启示

消费者的生活方式对市场细分、沟通和新产品创意具有重要的启示。

市场细分

营销人员可以利用生活方式来识别特定提供物的消费者细分市场。例如，为了赢得生活方式较忙碌的葡萄酒爱好者，弗朗西斯·福德·科波拉的酒庄推出了一种一人份并搭配上一支方便的吸管的罐装含气葡萄酒。[125]诸如日间看护中心和家政清洁这类服务，其既能节省时间又能提供便利的双重利益尤其能吸引双职工家庭、职业女性和其他生活十分忙碌的消费者。[126]另一方面，享受诸如园艺这类慢节奏活动的消费者则是本地园艺中心以及家得宝（Home Depot）以及其他零售业巨头的营销人员眼中最有利可图的目标市场。[127]

生活方式细分还具有重要的跨文化启示。一项关于12个欧洲国家的研究使用人口统计特征、活动、媒体行为、政治取向和情绪,识别出了6种欧洲式生活方式细分:传统主义者(占总人口的18%)、家庭第一主义者(14%)、理性主义者(23%)、享乐主义者(17%)、奋斗者(15%)以及引领潮流者(13%)。[128] 最后,营销人员经常通过观察生活方式的变化来识别新机会。在密苏里州,五三银行(Fifth Third Bank)所有支行均延长营业时间,即便是在周六和周日,这样做的目的是为了让时间紧迫的消费者可以亲自处理交易。"应该让消费者获得家庭资产贷款就像购买一双鞋一样容易,"这家银行的行长这样说。[129]

信息沟通

营销人员可以通过设计广告信息以及促销活动来吸引某生活方式群体,在其所渴望的生活方式情境中展现产品。[130] 使用互联网是与多种生活方式细分群体沟通的一种针对性方式,尤其是那些最经常上网的群体。这就是为什么JoneSoda.com 与 MyCoke.com 以及其他网站定期地在网上发布新内容,例如音乐和游戏,从而使年轻来访者不断地回访其网站。

最后,媒体的使用模式可能和生活方式有关。[131] 例如,阅读杂志、报纸的消费者通常受教育程度较高、从事有威望的工作和参与社区以及政治事务。有趣的是,喜欢上网冲浪的消费者同时往往也是看电视很多的人。[132] 一项全国范围的调查发现了表面上看起来并不相关的生活方式和媒体使用之间的联系,例如钓鱼爱好者往往喜欢聆听基督摇滚音乐并阅读《南方生活》杂志。[133]

新产品创意

通常情况下,营销人员可以通过发现某个生活方式细分未被满足的需要来开发新产品和服务创意。例如,贝尔多利公司(Bertolli)意识到生活方式忙碌的夫妇几乎没什么时间购物和做饭,但是他们同时又渴望在家享受餐厅般品质的食物。为了满足这一需求,该公司开发了"两个人的大餐"产品,即一系列速冻主菜搭配流行的小吃,例如波托贝洛蘑菇。其包装上的展现是主菜旁放着一杯葡萄酒,以此来强化这种定位。[134]

心理统计特征:价值观、人格和生活方式的综合

在本章开篇我们就看到了如今的心理统计特征研究综合了价值观、人格和生活方式变量。为了阐述这一关键点,本章最后一部分给出了市场营销学中一些心理统计特征运用的简短描述。

VALS

VALS是最广为人知的一种心理统计特征工具,之前称为**价值观和生活方式调查**(Values and Lifestyle Survey),该调查是由SRI商业智能咨询公司开展的。VALS分析了美国消费者的行为,

> **价值观与生活方式调查(VALS):** 测量人口统计特征、价值观、态度和生活方式变量的一种心理统计特征工具。

并根据两种因素进行细分。第一种因素是资源,其中包括收入、受教育程度、自信、健康、购买欲、智力和精力水平。第二个因素为主要的动机。理想驱动型消费者受智力方面的引导,而不是受感觉或他人意见的引导。成就驱动型消费者将自己的看法植根于他人意见和行为的基础上,并且力求得到他们的赞同。自我表达驱动型消费者渴望社会或身体的行动、变化、活力以及个人挑战。[135]

通过将资源和动机变量结合起来,VALS 识别出了 8 种消费者细分(参见图表 14.14)。在资源等级体系的最底端是生存者(Survivor),他们的收入水平最低。他们的关注点在于如何生存,因此无法用主要动机来对他们进行描述。信仰者(Believer)十分保守并受到理想驱动,他们有点资源,由于他们不会轻易改变,因而他们偏好于熟悉的、已有的产品和品牌。另外一组受到理想驱动的群体是思考者(Thinkers),他们成熟并接受过高水平教育,在决定购买之前,他们会进行积极的信息搜索。思考者拥有更多的资源并且在消费实践中以价值为导向。

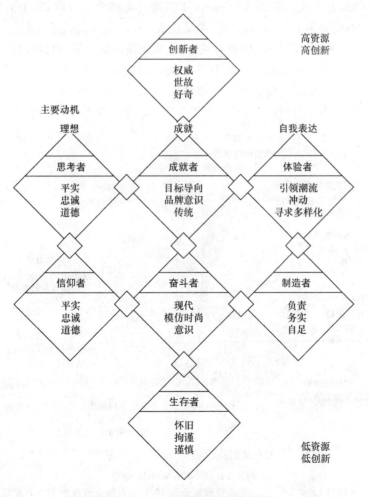

图表 14.14 VALS 的美国消费者细分

VALS 根据两个维度将消费者分类为 8 个主要的细分。这两个维度为:资源,即受教育程度、收入、智力等等;主要的动机,即理想、成就、自我表达。这些均在此图表中有所描述。你属于其中的哪一群体?

以成就为导向的两个细分为奋斗者（Striver）（可自由支配收入有限，但仍努力奋斗想要赶超成功人士）和成就者（Achiver）（拥有更多的资源，关注自己的工作和家庭，并且偏爱地位象征的产品）。在自我表达细分中，制造者（Maker）重视自给自足，购买基本产品，关注于家庭、工作以及建设性的活动。体验者（Experiencer）比制造者拥有更多的资源，保持活跃、追求刺激性和新奇性，在社交和娱乐活动方面有所消费。创新者（Innovator）拥有最丰富的资源基础，他们具有高度的自信、高收入和高受教育水平，因此在某种程度上，他们可以在三种主要动机方面满足自己。这些消费者会接受新产品和新科技，同时他们会选择可以反映他们个人风格的高档提供物。

其他适用的心理统计学研究

尽管 VALS 可能是最著名并且使用最为广泛的心理统计特征工具，但是还有其他各种各样不断发展的调查方式。例如，LifeMatrix 工具通过考察个人价值观、生活方式和生命阶段，将消费者市场细分为 10 个基本类别（参见图表 14.15）。例如，活力配偶（Dynamic Duos 占全美人口的 11%）为已婚人士，事业有成，对未来充满乐观。尽管这些消费者只是偶尔听广播，但是他们是重度互联网使用者和狂热的报纸阅读者，同时他们有时间和金钱去旅行和追求兴趣爱好。[136] 从全球的角度进行思考，用于开发 LifeMatrix 的一些要素也被用于该公司 30 个国家的研究中，以便更好地了解在其他国家驱使消费者行为的因素。[137]

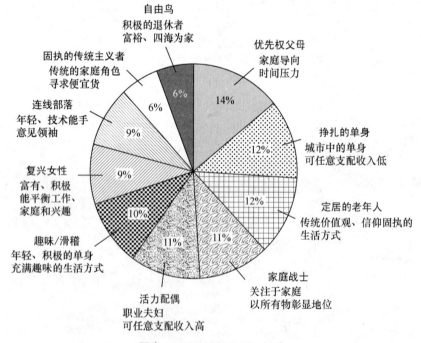

图表 14.15　LifeMatrix 细分

NOP World 公司的 LifeMatrix 工具将消费者划分为 10 个基本的价值观和生活方式细分。

另一项工具,杨克洛维奇公司(Yankelovich)的 MindBase,包括 8 大细分和 24 个子细分的心理统计特征细分体系,以便更精确地选择目标市场。[138] 根据态度、生命阶段数据、性别、年龄以及其他的输入数据,MindBase 测定出每个细分群体如何行为以及做出这样行为的原因,然后根据营销目的对这些信息进行解释。例如,MindBase 中属于"我正在全力以赴"细分的消费者的座右铭是"时间就是生命",因为他们极度忙碌,因此,这个细分群体更重视便利、控制和简化。

一些研究人员质疑心理统计特征技术是否全面地掌握了消费者生活方式中的所有变化。一位研究人员在不依靠前面这些研究所测量的特质的情况下,识别出了一些与 VALS 框架结构不相符合的消费模式。这些消费模式包括权威美学(涉及关于艺术和文化的传统、西方看法和品味),养育型母亲(消费以家庭和照料孩子为中心)以及杰弗逊式美国(涉及田园风格的美国风格和传统)。[139] 另一个研究人员警示说细分会随着社会变化、经济变化、技术变化和竞争变化而发生转变。[140]

营销启示

如 VALS、LifeMatrix、MindBase 以及其他心理统计特征应用有助于市场细分、新产品创意和广告。现代汽车公司就使用了 LifeMatrix 数据对汽车市场进行细分,识别出最有可能购买该公司品牌汽车的消费者,选择出能赢得这些消费者的最有效媒体,并且开发出能吸引这些消费者的"价值观和兴趣"的广告信息。[141] 能量棒公司(PowerBar)的开发部经理克里斯·鲍尔(Chris Bole)发现了一个销售"接电部落玩偶"的新商机,即在药店的个人仪表整理专区展示其产品。他说道:"这将会是'产品如何与生活方式相融合'的一个绝佳例子。"[142] 康盛啤酒公司(Coors)通过使用心理统计特征,在波士顿针对不同的啤酒引用细分,使用不同结局的有线电视广告,在不同促销事件中使用不同的提供物。[143]

总　结

消费者通过社会化和文化适应的过程来形成价值观——关于重要事物的持久信念。我们的价值观存在于一个有组织的价值观体系中,在该体系中,有些价值观被认为比其他的价值观更重要。终极价值观是渴望的终极状态,它在多种情境下对行为有指导作用。而工具性价值观有助于人们实现那些渴望的终极状态。特定领域价值观与特定领域内的活动相关。

西方文化倾向于高度重视物质主义、住宅、工作与娱乐、个人主义、家庭和孩子、健康、享乐主义、年轻、真实性、环境和技术。营销人员运用以价值观为基础的细分来识别细分群体,即在一个较大市场内拥有一套与其他群体不相同的价值观的群体。识别以价值观为基础的细分的三种方法为:以群体的文化背景为基础推断价值观、使用手段—目的链分析以及使用类似于罗基奇价值观调查和价值观列表的调查问卷。

人格由独特的行为模式、倾向和个人气质所构成，它使个体与他人区别开来。研究人格的方法包括：(1) 心理分析方法，该方法认为人格是为了完成发展的关键阶段而进行的无意识内在斗争的结果；(2) 特质理论，该理论尝试定义一系列能够描述和区分个体人格的特征；(3) 现象学方法，该方法提出人格受到个体对生活事件解释的影响；(4) 社会—心理理论，该理论关注于个体在社会情境下做出行为的方式；(5) 行为方法，该方法将人格看做是对过去所受的奖励和惩罚而做出的行为反应。营销人员对研究生活方式也很感兴趣，生活方式是行为的模式，或者说是活动、兴趣和意见，生活方式能为了解消费者行为提供更深刻的见解。最后，一些市场研究人员使用涉及价值观、人格和生活方式的心理统计特征技术来推断消费者行为。

复习和讨论问题

1. 解释总体价值观、终极价值观、工具性价值观与特定领域价值观之间的区别。
2. 国家文化间的差异表现在哪 4 个主要价值观维度？
3. 营销人员如何使用手段—目的链分析、罗基奇价值观调查以及价值观列表？
4. 控制点如何影响人格？
5. 消费者生活方式的三个主要组成部分是什么？
6. 定义心理统计特征，并探讨它的用途和潜在的局限性。

消费者行为案例　从巴黎到皮奥利亚，麦当劳走向高档之路

一份巨无霸、薯条和……一杯卡布奇诺？最近，从巴黎到皮奥利亚的消费者在走进当地一家麦当劳餐厅时，他们可以点一餐由本地新鲜的种植产品制作的美食，并且能品尝更高雅的饮品。当然，这一快餐连锁店最著名的汉堡仍然是吸引消费者的王牌，但是这里不仅仅是食物有所变化。这些餐厅看起来也更奢华，其中一些餐厅还设有时髦的咖啡吧台以及款式高雅的扶手椅，这些陈设让消费者感到舒适，使他们可以慢慢品味手中的拿铁咖啡。

麦当劳向高档餐厅看齐的计划开始于欧洲，该地区的销售利润占该公司总利润的40%。然而，仅仅10年之前，麦当劳在欧洲的销量并不尽如人意，因为当地的消费者认为麦当劳的食物不健康，并且对该餐厅单调乏味的装潢嗤之以鼻。实际上，向高档餐厅转变的行动开始于法国，法国人因对食物的挑剔而闻名于世。"为了让麦当劳和巨无霸在崇尚慢食的法国生存，我们感觉到我们必须在店面空间和橱窗柜台上花费更多的精力。"德尼斯·亨勒奎因回忆道。后来德尼斯负责掌管法国的麦当劳公司，现在他是麦当劳的欧洲总裁。

首先,亨勒奎因和他的团队为了迎合当地的口味而调整了菜单,引进了沙拉、甜点以及以法国供货商提供的新鲜水果和蔬菜制作而成的思慕雪。同时,他们在麦当劳的三明治上使用了新花样,这其中包括夹有法国干酪的芝士汉堡以及叫作 Croque McDo 的三明治(里面夹有热腾腾的火腿和干酪),实际上这是麦当劳公司模仿法国流行的"香脆先生"三明治的一款产品。为了加强消费者关于麦当劳正在做出改变的印象,该公司邀请消费者参观餐厅的厨房操作间,甚至与它的供货商进行会面。

下一步就是赋予在法国的麦当劳餐厅一个更符合潮流、更高端的外观以搭配其更高档的菜单,并且邀请消费者进店品尝快餐食物。亨勒奎因在巴黎建立了一个设计工作室,用来设计9种不同的餐厅装潢方案,这其中包括具有造型优美而又简约的线条以及淡雅的情调的内部装饰;或者色彩丰富并带有展示新鲜采摘的农产品的巨幅照片的内部装潢。在新的内部装潢中,设计人员将麦当劳惯用的醒目的大红色换成鲜艳的勃艮第红葡萄酒的颜色,为了制造一种更微妙精巧的氛围,还采用了柔和的霓虹灯灯光。

法国的消费者注意到了这些变化:换有新菜单以及新装潢的麦当劳餐厅的销量大约增长了5%。因此,麦当劳总公司开始为其在其他欧洲国家的连锁餐厅更换菜单以及改进装潢设计,这一举动促使麦当劳在欧洲的销量增长了15%。现在,麦当劳在里斯本的消费者可以为自己的午餐或者晚餐点一道汤,而伦敦的消费者可以舒舒服服地仰坐在皮椅子里,同时享受无线互联网。受到生活方式转变的影响,麦当劳同时也在大规模地涉足咖啡文化。在德国,星巴克尚未形成气候,麦当劳餐厅内部的麦咖啡(McCafé)咖啡馆在市场上占主导地位。

麦当劳也将其走向高档餐厅的行动带到了美国,在这里,麦当劳的1 000家麦咖啡为消费者提供卡布奇诺咖啡、冰咖啡以及调味茶,并且吸引了许多本来会光顾附近的星巴克专营店的消费者。他们的菜单中既包括传统美味,又不断添加了新的选择(例如沙拉以及拉法卷),从而为麦当劳的顾客带来了前所未有的多重选择。现在,某些在美国的麦当劳餐厅还增加了一些便利设施,例如大屏幕电视以及壁炉,同时还提供无线网络,这一切都使消费者更加放松以及享受用餐过程(如果他们有时间的话)。"我们真的想要确保我们是消费者最终的选择,"麦当劳的首席运营官指出。他同时表示这个目标意味着为消费者提供"便利和舒适的坐椅以及好的地段,同时还提供最有价值和最适宜的产品和服务。"[144]

案例问题

1. 麦当劳为了变得更高档而做出的改变如何适应了消费者生活方式的变化?
2. 麦当劳所做出的改变可能反映了哪些价值观?
3. 当麦当劳打算为未来的菜单以及餐厅做出变化时,你认为该公司的营销人员应该尤其注意哪些方面的人格?

第15章 消费者行为的社会影响因素

学习目标

学完本章后,你将能够:

1. 解释社会影响的来源在以下四个主要方面的差异:通过大众媒体传播还是个人传播,通过营销人员传播还是他人传播。
2. 讨论为何营销人员需要格外注意意见领袖的影响。
3. 概述参照群体的类型和特点,并且说明它们如何影响消费者行为。
4. 区分规范性影响和信息性影响,并讨论营销人员如何利用这些知识来更有效的开展营销。

导言:通过口碑扩大销售

通过人际口碑扩大销售额已成为一项大生意。

口碑经纪公司(BZZAgent)、Tremor(隶属宝洁公司)以及其他专业公司正在征募志愿消费者(没有报酬)来宣传某种品牌或产品。口碑经纪公司的40万名"代理人"非常享受第一时间了解最新资讯的感觉;与Tremor公司的23万名青少年志愿者一样,他们能够选择宣传的对象、宣传的内容(好或不好)以及宣传的方式(通过电子邮件、博客、私人谈话等等)。

当飞利浦公司想要进行一场全国性的宣传活动来提高其电动牙刷的销量时,它会聘请口碑经纪公司来进行口碑营销。它们将电动牙刷样品分发到亚特兰大的500名口碑经纪公司的参与者手中,以便于他们亲身体验,然后将他们的意见传播给亲朋好友和其他人。由于参与者在讨论产品时会分发优惠券,因而口碑经纪公司能够追踪口碑营销的销售额。这样的测试大获成功,以至于飞利浦公司将该活动扩大到3万名参与者,随后甚至达到4.5万名。[1]

有时人们提供的信息形成了**社会影响**(social influences),从而对消费者造成重大影响。一些人传达出的信息相当可信,还有一些人能够广泛地传播营销信息。当群体成员之间联系频

> **社会影响**:来自个人、群体以及大众媒体的信息,由此带来的隐性或显性压力,并会对个人行为造成的影响。

繁,并且有许多交流信息和观点的机会时——例如口碑经纪公司的志愿者传播口碑的行为,社会影响的作用也会非常显著。一些人因为他们的权力和专业知识而具有影响力,这使得其他人想要模仿他们的想法、行为和言论。群体不仅能影响人们的认知,而且还能影响他们的行为,包括符合社会规范的行为、不符合社会规范的行为甚至是自我破坏性行为(如使用违禁药物)。因此,营销人员需要了解哪些社会实体创造影响、影响的内容以及这些影响作用于消费者后会产生怎样的后果。图表15.1概括了能够作用于消费者的社会影响。

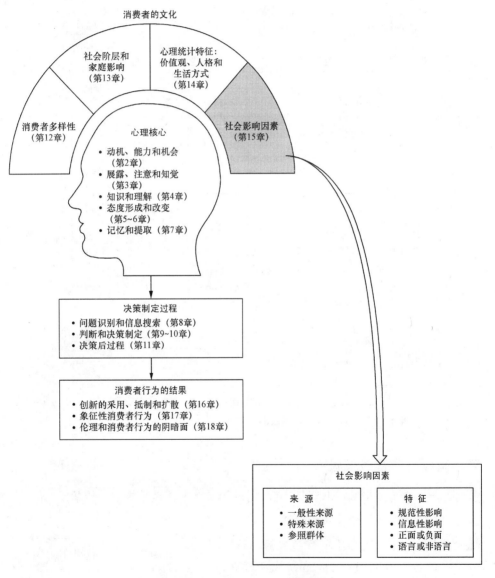

图表15.1　本章概览:社会影响因素

本章描述了社会影响的众多来源(一般来源、特殊来源和参照群体)以及它们如何施加影响(通过规范性影响和信息性影响;通过提供正面或负面信息;通过提供语言或非语言信息)。

影响来源

人们了解产品的来源包括广告宣传、互联网、样品、优惠券、他人与自身经验等。本章开篇所描述的现象——口碑营销——是通过第三方影响(如 Tremor 公司和口碑经纪公司)来增强早期营销努力的效果。[2] 但是,哪些来源影响最大?为什么?图表 15.2 对这些问题做出了部分回答。

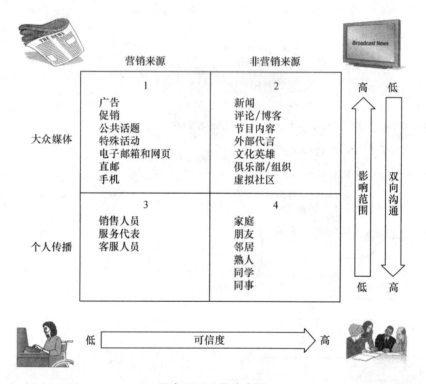

图表 15.2　影响来源

社会影响包括营销和非营销来源,有通过大众媒体或者个人传播两种途径。非市场来源往往更加可靠。大众媒体能够触及很多人但不能实现双向交流。

营销来源与非营销来源

影响可能来自营销来源或非营销来源,还可能来自大众媒体或个人传播。

通过大众媒体传播的营销来源

通过大众媒体来实现影响的**营销来源**(marketing sources)包括广告宣传、促销和特殊事件(参见图表 15.2 第 1 格)。梅西百货(Macy's)和塔

> **营销来源**:通过营销机构传播的影响,例如广告和人员销售。

吉特连锁超市通过在电视和报纸上进行专门的促销来影响消费者的购买行为。公司常常利用特殊事件和媒体报道来引起消费者对新提供物的注意。微软公司对光晕 3 游戏(Microsoft's

Halo3)进行了大量广告宣传,促使100万名消费者在其正式发布前数月进行预定。到正式发布的日子,成千上万名消费者在商店门口大排长龙,以便于能在第一时间拿到游戏。[3]

通过个人传播的营销来源

营销来源还可以通过个人传播信息(参见图表15.2第2格)。通过个人传播来实现影响的营销来源包括销售人员、服务代表和客户服务人员,他们在零售店、消费者的住宅或办公室通过打电话、发邮件或在线聊天等方式传递信息。一些情况下,消费者会回应营销代表(如销售人员),例如他们通过利用代表人员的知识和帮助来促进个人目标实现。然而,当消费者为过度的劝说感到烦心时,他们会采用一些技巧来避开不必要的关心。[4]注意,像开篇例子中应用的一些口碑营销策略模糊了营销来源与非营销来源之间的界限,口碑代理人并非销售人员或领薪酬的营销代表,他们志愿代表营销人员传播信息。

通过大众媒体传播的非营销来源

如图表15.2第3格所示,那些不为营销公司工作的来源(**非营销来源**,nonmarketing sources)也能通过大众媒体传播信息来发挥影响。

> **非营销来源:** 由营销组织之外的实体传播的影响,如朋友、家庭、媒体。

消费者行为可能受到与新产品、电影、餐厅、产品污染、产品事故、产品滥用和误用有关的新闻的影响。想要购买新车的消费者可能从电视报道、网页、博客以及其他不受营销人员控制的媒体处了解到产品召回情况和质量问题。[5]有些人可能受到虚拟社区(通过在线互动来达到个人或群体目标的消费者群体)中的信息和观点的影响。[6]某些媒体来源影响力尤为显著。例如,很多消费者会根据影评人的推荐来选择电影,根据餐厅评论来做出用餐决定,根据《消费者报告》进行购物,根据全美汽车协会排名来选择汽车。名人也会对消费者的获取、使用和处置决定造成影响。

通过个人传播的非营销来源

最后,消费者行为还会受到个人传播的非营销来源影响(参见图表15.2第4格)。[7]影响来源包括:观察他人行为或**口碑**(word of mouth)影响、亲朋好友、邻居、熟人甚至陌生人口头传递

> **口碑:** 通过人们口头传递信息造成的影响。

的商品信息。比如,根据消费者电子产品协会的调查,64%的成年人通过与朋友、家人和同事的交谈来了解新的电子产品;65%的人在打算购买一件电子产品时会询问这些人的意见。[8]

一般性来源之间的差异

图表15.2中所显示的来源在影响范围、双向沟通能力和可信度方面有所区别。反过来,这些特点决定了每种来源对消费者的影响力。

影响范围

对营销人员来说,大众媒体来源非常重要,因为它们能够将信息传达给众多的消费者。一则插播在全美超级碗杯橄榄球赛中30秒的电视广告能够接触9 000多万人。如今,卫星电视广播、互联网、手机和其他技术手段正在传播着营销信息、产品资讯和名人动态。随着电视节目观众人数的持续增加,媒体的影响范围也在急剧扩大。

双向沟通能力

通过个人传播的影响来源非常有价值,因为它们带来了一种双向的信息流通。例如,一名汽车销售人员可能比汽车广告更具影响力,因为销售人员可以根据购买者的信息需要来提供信息、对消费者的反对意见做出解释、重申复杂或者重要的观点、询问消费者并回答其问题。与大众媒体传播的信息相比,个人谈话通常更加随意,目的性较弱。在谈话中,人们较少能预期到谈话的内容,因此不太可能特意避免与自身参照框不一致的信息。来自个人来源的信息可能比来自大众传媒的更生动,因为个人的讲述某种程度上显得更加可信,而这正是增加说服力的一个因素。[9]

可信度

个人来源与大众媒体来源在影响范围和双向沟通能力上有所差别。与之相反的是,营销来源与非营销来源的差异则表现在可信度上。人们往往认为营销来源传播的信息不可信、更具偏见和受人操纵。相反,非营销来源似乎更加可靠,因为我们相信它们不会给我们的获取、消费或处置决策带来个人风险。我们可能更相信《消费者报告》上关于汽车的文章,而非汽车销售人员(参见图表 15.3)。因为非营销来源更加可靠,所以它们比营销来源更能影响消费者决策。[10]大卫·伯格是纽约时报的一位科技专栏作家,他告诉消费者在购买数码相机前要查看一下 dcresource.com(由一位摄影发烧友维护)这样的独立网站。[11]

图表 15.3　用非营销来源提高可信度

类似《消费者报告》这样的非营销来源对消费者的购买决策有重大影响,因为它们被认为非常可信。

个人来源和大众媒体来源在可信度上有差异。我们更倾向于相信与自身关系亲密的人士提供的信息,某种程度上是因为他们与我们的相似性(如价值观和偏好)使得他们的意见更可信。[12]一些人被认为比其他人更加可信,因为他们是专家或者他们的观点不带偏见。例如,在高尔夫球的装备问题上,泰格·伍兹是可靠的信息来源。类似地,一些媒体因其谨慎获取可靠信息,并以此为基础发表观点,因而具有更高的可信度:消费者可能相信《时代周刊》而不是《国家调查者》(*National Enquirer*)。

营销启示

营销人员可以在可信度、影响范围和双向沟通能力的这些差异的基础上,用多种途径影响消费者行为。

使用非营销来源提高可信度

如果可能的话,营销人员应该尝试非营销来源来展示他们的产品(参见图表15.4)。产品试用和口碑推荐可能具有相当大的影响,特别是在个人谈话中。[13]同样,媒体对消费趋势和行为决策有巨大的影响力,并且能改变人们的感觉。例如,《青少年》(Teen Magazine)杂志携手美国癌症协会传播嘲笑吸烟行为的故事。一位发言人指出:"我们有能力引导这些青少年,告诉他们什么品牌正流行……我们需要利用这种能力来让大家相信,不吸烟行为非常酷。"[14]

图表15.4 名人作为意见领袖
非营销来源能够产生重大影响,因为这些来源通常被认为更加客观和公正。

由于在一些杂志中,广告看起来很像正文,还有一些文章中提到了广告主的名称,因而消费难以判断出媒体中的信息来自营销来源还是非营销来源。另一方面,当消费者访问 Allrecipes.com 网站时(卡夫等品牌赞助了部分内容),他们认为该网站是用于交换家庭菜谱和烹饪诀窍的非营销来源。[15]对营销人员来说,与一个基于消费者共同兴趣(比如烹饪)而成立的虚拟社区建立联系是接近目标群体的一种可靠、有效的方式。[16]

使用个人来源加强双向沟通

当我们使用个人信息来源时,营销行为可能更加有效。家庭购物聚会的主持人被视作是可靠的销售代表,因为"人们想从自己熟悉和喜欢的人那里购买",Tastefully Simple 公司的负责人说道,该公司也通过这样的聚会来销售美食。[17]一些公司鼓励经理和员工撰写博客——一种表达个人观点和想法的非正式网络日记。沃尔玛的一些消费者在博客上评论自己喜欢和不喜欢的产品,因为正如一位官员所说:"这样做是在真实的对话中展现了真实的性格。"[18]

> **使用混合来源强化影响**
>
> 由于营销来源与非营销来源的影响不同,因此,营销人员使用互补性影响来源对消费者产生的效果最为显著。例如,维生素的营销人员发现:尽管过去好口碑维持了公司的业绩,但市场竞争迫使公司必须通过广告来接触更多的受众。类似的,由于来自非银行服务机构的竞争,口碑推荐在鼓励消费者尝试或延续与某家银行的关系方面的效果正在减弱。[19] 为了鼓励推荐,一些公司在消费者向他人推荐本公司时会提供奖励折扣或奖品。[20]

意见领袖

意见领袖(opinion leader)是一种特殊的社会影响来源,他们充当了大众传媒与个人或群体意见、行为之间的中间人。意见领袖要拥有

> **意见领袖**:充当大众媒体与个人或群体观点、行为中间人的个体。

特定的地位、专长或一手知识,这使得他们成为中肯、可靠信息的重要来源,尤其在特定的领域或产品类别中。因此,塞维娜·威廉姆斯是运动服装的意见领袖,但在电脑方面却并非如此。在印度的乡村地区,村长在电视、手机和许多别的物品上充当了意见领袖。卡卡尔——旁遮普省一座小镇的村长说:"如果我告诉村民们我喜欢某个品牌,他们都会去购买。"[21]

意见领袖被人们认为是社会影响的非营销来源,这种认知增加了意见领袖的可信度。他们

> **信息守门员**:控制信息流动的来源。

不一定是知名人士;他们可能是朋友和熟人或者专业人士如医生、牙医或者律师(给患者或客户提出建议)。对于某些提供物,影评人、餐厅评论家和《消费者报告》可能是意见领袖,而对于另一些提供物,意见领袖可能是名人和模特。意见领袖属于**信息守门员**(Gatekeeper)这一大类中的一分子,这些人有特殊的影响和权力,可以决定产品或信息能否在市场上传播。

研究人员发现了意见领袖的若干特征。[22] 意见领袖通常非常了解产品,大量使用大众媒体,并且往往会购买他们首次见到的新产品。他们也非常自信、善于交际且乐于分享产品信息。他们可能因为对特定产品的内在兴趣和喜爱而成为意见领袖。换言之,他们会持续地涉入到某一产品类别中。[23] 意见领袖可能喜欢拥有信息并与他人分享的这种权力,或者,他们可能为了帮助他人而传播信息。[24]

意见领袖之所以具有影响力,是因为无论他们的观点是否被采纳,他们都没有个人风险。因此,他们的观点被看做是没有偏见并且可信的。由于他们的产品知识和经验,他们在获取、使用和处置选择上也被视作有见识的。这些特征解释了为什么数码相机购买者重视大卫·伯格这位《纽约时报》科技专栏作家的意见,以及为什么相机营销人员希望伯格评论他们的产品。然而,他们充当信息中间人并不是意味着信息只从意见领袖流向消费者。事实上,意见领袖常常从消费者、生产者和销售者处寻求信息。[25]

意见领袖是特定类别的产品或服务的重要影响来源,然而研究人员也定义了另外一种特殊的影响来源——**市场专家**(market maven),他们掌握了关于市场总体情况的大量信息。[26] 市场专家似乎了解所有最佳产品、促销信息和最佳商店。

> **市场专家**:其他人希望通过其获取市场总体信息的个体。

营销启示

营销人员采用若干策略来影响意见领袖。

以意见领袖为目标

考虑到意见领袖的潜在影响力和他们既是市场信息寻求者也是提供者这一事实,一项明显的策略就是直接识别并以意见领袖为目标。[27] 例如,由于埃斯特·布舍尔是康涅狄格州的10家读书俱乐部的领导,因此出版商会给她发送新书,并且组织一些作家与布舍尔及其俱乐部成员见面。[28]

利用意见领袖进行营销宣传

尽管通过营销来源传播时,意见领袖的影响受到限制,但他们的专长和联想依旧能够对产品有利。作为一种替代办法,营销人员可以使用模拟的意见领袖。例如,由于大型电视网络不允许专业医务人员或演员扮演成这样的角色代言产品,取而代之,曼塔定(Mentadent)牙膏使用了牙医的妻子或丈夫以及子女的形象,因为他们与真正专家间的亲属关系可能会赋予他们一定的可信度(参见图表15.4)。[29]

让消费者咨询意见领袖

营销人员可以建议消费者联系一位学识渊博的意见领袖。很多处方药在广告中建议消费者咨询医生(意见领袖)服药方式和产品药效。在英国,一则宣传 NiQuitin CQ Lozenges(一种尼古丁的治疗替代品)的广告,向想戒烟的消费者推荐了产品的药剂师。一个月以后,药剂师对该产品的推荐使销量增加了5%到20%——在某些地区销量增长高达34%。[30]

作为影响来源的参照群体

社会影响不仅来自意见领袖这样的个体,还可能来自一些特定群体。参照群体指的是这样一群人,人们通过与他们进行比较来形成自己的态度、知识和行为。

参照群体的类型

消费者可能会与三种类型的参照群体相关联:渴望型参照群体、关联型参照群体和隔离型参照群体。**渴望型参照群体**(aspirational reference groups)是我们敬佩并且希望加入的群体,但目前还不是其中一员。例如,弟弟希望像哥哥和其他大男孩一样。美国的一项研究表明,年龄在18~34岁之间的消费者通常崇拜名

> **渴望型参照群体**:消费者敬佩并且希望加入的群体。

人的财产、特征或生活方式。[31]由于教育行业在韩国受到高度尊重,因此教师常常成为学生的渴望型参照群体。

关联型参照群体(associative reference groups)是我们实际所处的群体,例如朋友圈子、大家庭、工作组、俱乐部或者学校群体。性别、种族、地域以及年龄群也是关联型参照群体(参见图表15.5)。甚至是那些自认思维独立的消费者,对于与关联型参照群体相关的产品也会做出良好回应。[32]

> **关联型参照群体**:我们实际所处的群体。

图表 15.5　高中生的参照群体

- 精英(Elites):在同龄人中地位较高,善于交际,学习成绩优异
- 运动员(Athletes):在同龄人中地位较高、善于交际,但是学习上不太上进
- 问题少年(Deviants):在同龄人中地位中等、交际一般,不关心学业。他们有反抗学校的倾向
- 书虫(Academics):非常关心学业,在同龄人中地位中等,相对来说比较不善交际
- 其他(Others):在同龄人中地位相对较低,学业较差且不善交际

研究人员发现不论在哪所高中,学生都可能归纳到以下五个类别中:精英、运动员、问题少年、书虫和其他。你处在哪一类别?你们学校的学生如何称呼你们的群体?你的学校中还存在"别的"群体吗?

资料来源:Steve Sussman, Pallav Pokhrel, Richard D. Ashmore, and B. Bradford Brown, "Adolescent Peer Group Identification and Characteristics: A Review of the Literature," *Addictive Behaviors*, August 207, pp. 1620—1627。

关联型参照群体可能会围绕某个品牌形成,如哈雷车主俱乐部(HOG)——由对哈雷·戴维森狂热爱好者组成的群体(参见图表15.6)。**品牌社区**(brand community)由一群专门的消费者组成,他们对某一个特定品牌有一套结构化的关系,是该品牌的忠实客户,一直使用其产品。[33]品牌社区的成员不仅反复购买该品牌产品,而且非常忠诚,与其他消费者分享他们的信息和热情,并影响其他成员保持对品牌的忠诚。[34]有趣的是,即使该品牌产品停止销售,这样的社区也可能一直延续。[35]

> **品牌社区**:由一群专门的消费者组成,他们对某一个特定品牌有一套结构化的关系,是该品牌的忠实客户,一直使用其产品。

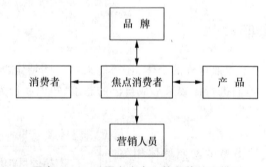

图表 15.6　以顾客为中心的品牌社区模型

身为品牌社区成员的消费者会考虑品牌名称(如哈雷·戴维森)、产品类别(如摩托车)、其他使用该品牌的消费者(如HOG成员)以及制造和推广这些品牌的营销人员。

资料来源:James H. McAlexander, John W. Schouten and Harold Koenig(2002)."Building Brand Community", *Journal of Marketing*, 66(1), 38—54。

隔离型参照群体（dissociative reference groups）是我们不赞同并且不愿模仿其态度、价值观和行为的消费群体。提倡暴力的帮匪说唱乐团（Gangsta rap）就是一个人们希望远离的隔离型参照群体。在一些阿拉伯国家，美国公民是宗教群体的隔离型参照群体。对于许多美国人和德国人来说，新纳粹分子是隔离型参照群体。研究表明，在美国，一些人认为乡村音乐歌迷是隔离型参照群体，即使这些消费者私底下可能也喜欢乡村音乐。[36] 请注意，隔离型参照群体的影响力部分取决于这种产品是公开（public）消费还是个人消费品。[37]

> **隔离型参照群体**：我们不想去效仿的群体。

营销启示

不同参照群体的影响对营销人员来说有重要启示。

将产品与渴望型参照群体相联系

通过了解目标消费者的渴望型参照群体，营销人员能将他们的产品与该群体联系起来，并且聘用能表现这一联系的代言人。由于名人对某些人来说属于渴望型参照群体，许多公司会请名人代言产品，例如诺基亚公司聘请了饶舌歌手来向他们的歌迷推销手机。[38]

准确地表现关联型参照群体

通过反映关联型参照群体的服装、发型、佩饰和一般行为方式，营销人员也能够识别并且在广告中恰当地再现目标消费者。[39] 例如，为了销售滑雪板和登山装备这类产品，许多运动品牌营销人员进行了以真实的滑板运动员和登山运动员为主角的促销活动。[40]

帮助建立品牌社区

哈雷·戴维森建立了很多品牌社区，某种程度上是通过哈雷车主俱乐部的网页和它的全球 100 万名会员实现的。[41] 另外一个例子是波士顿红袜棒球队（Boston Red Sox baseball），它的网站是 Kid Nation 和 Red Sox Nation 品牌社区的基地，在全球拥有 3.5 万名会员。[42]

避免使用隔离型参照群体

只要时机合适，公司就应该在营销活动中避免使用隔离型参照群体。麦当劳公司决定在中东地区的促销活动中，避免使用麦当劳叔叔的形象，因为它了解穆斯林不会把一个色彩缤纷的滑稽小丑当作偶像。[43] 与此类似，一些营销人员放弃了某些明星代言人，因为他们有犯罪行为或者其他可能会冒犯目标消费者的行为。

参照群体的特征

参照群体可以根据接触程度、正式程度、成员间的相似程度、群体吸引力群体密度、认同程度以及成员间相互联系的强度来进行描述。

接触程度

不同的参照群体在接触程度上也有所不同。我们与某些参照群体有着直接和频繁的联系,如我们的朋友和家庭圈;而与另外一些参照群体则接触较少,如帮匪说唱者。与我们接触最多的群体会对我们造成最大的影响。[44] 面对面进行互动的群体被称为**主要参照群体**(primary reference group),例如家庭成员、同事和老师。相反,即使没有直接接触也能影响我们的群体被称为**次要参照群体**(secondary reference group)。我们可能是互联网聊天室或者音乐俱乐部的成员。即使我们与群体中一些成员仅仅通过订阅杂志这种非个人联系渠道进行互动,他们的行为和价值观依然能影响我们的行为。

> **主要参照群体**:与我们有直接面对面互动的群体。
>
> **次要参照群体**:与我们没有直接联系的群体。

正式程度

参照群体也随着正式程度不同而变化,像联谊会、运动队、俱乐部和班级都是非常正式的结构,为其成员制定了详细的标准和行为准则。例如你必须满足一些要求(被录取、完成预科)才能注册某些特定的大学课程。一旦注册,你必须遵守特定的规则,如按时上课和记笔记。其他的群体则机动性更强、组织性和结构性更弱。例如,你的朋友圈并不是一个正式的结构,很有可能没有任何严格规则。类似的,一个由当地居民组成的非正式群体可能只是一个邻里守望(neighborhood watch group)的群体。参加了同一个聚会或者在同一艘游轮上度假的人们也可以构成一个非正式群体。

趋同性:成员间的相似程度

群体在**趋同性**(homophily)——群体间相似程度——方面也有所差异。当群体趋同性较强时,参照群体的影响有可能更显著,因为相似的人倾向于用同样的方式看待事情、更频繁地互动并且建立紧密的社会联系。[45] 群体成员有更多的机会交换信息,也有可能接受彼此的信息。由于信息的发送者和接受者非常相似,因此他们分享的信息会被认为是可信的。

> **趋同性**:社会系统成员间的总体相似程度。

群体吸引力

某个群体的吸引力能够影响消费者与该群体的一致程度。[46] 当消费者认为一个群体非常具有吸引力时,他们想要符合群体规范的动机会更强烈,甚至对于一些非法消费行为也是如此。这种情况表明,降低药物滥用者的吸引力可以帮助美国儿童和青少年抵制违法活动。

群体密度

在高密度群体中,群体成员相互熟识。例如,每个周末都进行聚会的大家庭就构成了一个紧密的社会网络。相反,大型大学中的校园网络的密度较小,因而其成员间互动、共享信息和相互影响的机会较少。在韩国,网络密度会随着地域而变化。乡村地区可能有较高密度,因为家庭之间世代相交。而首尔的1 000万名市民很可能互不相识,因此网络密度较低。

认同程度

群体中个人的特征导致了群体的差异，其中一个重要特征就是消费者对群体的认同程度。人们是某一群体的成员，并不意味着会将它作为一个参照群体。即使是西班牙裔美国人或者是老年人，他们也不一定会将类似的个人看做是一个参照群体。[47]群体对个人行为的影响力受个人对该群体的认同程度的限制。一项研究发现，当观看体育赛事的消费者强烈认同某支球队时，他们更有可能购买其赞助商的产品，并且认为这是一种群体规范。[48]而且，那些关注消费者对某一群体（如宗教和种族）的认同程度并且进行与之相关的营销刺激更有可能获得积极回应。[49]

联系强度

另一项用于描述群体中个体关系的特征是**联系强度**（tie-strength）。[50]紧密的联系意味着两人之间有亲密的关系，并且频繁进行个人互动。不紧密的联系则意味着人们之间通常比较疏远，不够亲密，相互接触非常有限。图表15.7描述了这些概念。

> **联系强度**：人们之间的亲近、密切的关系。

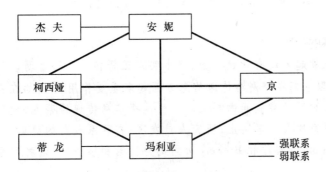

图表 15.7 联系强度和社会影响

粗线表示了安妮与学校里的三位朋友有亲密的联系：玛利亚、京和柯西娅。细线则表明安妮与在健康俱乐部认识的杰夫联系较弱。另一条细线则表明，玛利亚与她的远房表哥蒂龙关系较为疏远。如果你是营销人员，你会对网络中哪些成员进行营销？为什么？

营销启示

参照群体的特征对营销人员有着重要启示。

理解信息传输

相似性、接触程度、联系强度和网络密度能够显著影响信息在群体中能否传输、传输程度和传输速度。在高密度网络中，消费者接触频繁并且具有紧密的联系强度。因此，关于获取、使用和处置一件提供物的信息有可能很快得到传播。对营销人员来说，在某个市场中迅速传播信息的最佳方式就是瞄准具有紧密联系和接触频繁的高密度网络成员。

将正式参照群体作为潜在目标

正式参照群体可以向营销人员提供清晰的营销目标。例如,母亲反对酒后驾车组织(Mothers Against Drunk Driving)可以以当地的教师家长联合会、学校董事会等正式群体为目标。为了激起人们前往香港迪士尼乐园的兴趣,迪士尼公司瞄准了中国的7000万名共青团员,组织了讲故事节目和卡通人物参观活动。[51]

以趋同的消费者为目标

营销人员可能使用趋同性概念来营销他们的产品。如果你在 Amazon.com 上找到了一本喜欢的书,推荐系统会推荐其他你可能喜欢的书,这是以其他购买了这本书的消费者的购物记录为基础的。其原理就是,你可能与和你相似的消费者有共同的阅读偏好。

以网络为目标

对营销人员来说,有时以网络本身为营销对象是合理的。例如威瑞森(Verizon)无线公司提供一种可供家庭成员分享的按月计费的手机套餐。健康俱乐部向消费者提供折扣,也是以其交际网络为对象。营销人员也通过鼓励消费者"告诉你的朋友"来增加客户量。

理解弱联系的优势

尽管弱联系看起来没有营销潜力,但事实却正好相反。因为弱联系常常充当连接群体的桥梁,所以它们在跨网络传递信息方面起着重要作用。[52]例如在图表 15.7 中,玛利亚是她的朋友和远房亲戚间的桥梁。一旦她将信息传递给蒂龙,他可以将这条信息传递至其他有联系的人。事实上,研究人员发现,在联系较弱的群体中,口碑传递更加有效。在 Rock Bottom 餐厅和 Brewery 公司的热门营销项目中,这种现象带来了更高的销量。[53]

营销人员能够使用弱联系来辨别新的营销网络。例如,直销组织特百惠(Tupperware)和慈善组织(如全美癌症协会)以个体消费者为销售或募捐的代表,并且利用他们的人际网络来影响其他人。[54]个人不仅能够接触到与他们有紧密联系的消费者,还能影响联系较少的消费者。美国女童军团(Girl Scouts)向朋友、亲人、邻居、家长、同事和在杂货铺购物的人们销售点心,这种情况被称为**嵌入式市场**(Embedded markets),由于买者和卖者间的社会关系改变了市场的运作方式,因而与卖者的社会关系可能影响你对他营销努力的反应。[55]与一个完全陌生的女孩相比,你更有可能购买邻居家女儿的女童军团饼干,因为你希望和邻居保持良好的关系。

> **嵌入式市场**:买者和卖者的社会关系改变了市场运作方式的市场。

参照群体影响消费者社会化

参照群体影响消费者行为的一条重要途径是社会化,即个人在某一既定领域中获得技能、知识、价值观和态度的过程。**消费者社会化**

> **消费者社会化**:我们学习成为消费者的过程。

(consumer socialization)是我们变成消费者的过程,在这一过程中,我们会了解金钱的价值,合理安排开支与结余,并学习何时、何地、怎样购买和使用产品。[56]通过社会化,消费者学习了消费价值观并且获取了消费的知识和技能。[57]消费者社会化可以通过多种途径实现,下面我们将具体讨论。

人际作为社会化中介

像家庭和朋友这样的参照群体充当了重要的社会化中介。例如,父母向孩子们灌输节约的价值观,他们可以采用直接告诉他们节约的重要性、让他们观察自己的节约行为或奖励他们的节约举动等方法。一项研究表明,对于年幼的孩子,直接教育是灌输节约技巧最有效的方式;而对于年长的孩子,观察学习则最为有效。

代际影响(信息、信念和资源从一代传递到下一代)对消费者购买、使用某类产品或品牌偏好有明显作用(参见图表15.8)。[58]研究表明,儿童到12岁的时候就已经将品牌名称作为消费的线索了。[59]注意,家长风格和社会化模式随着文化不同而变化。[60]在澳大利亚和美国的个人主义文化中(见第14章),很多家长相对宽容,孩子们较早地形成了消费技巧。与之相反,在类似印度的集体主义文化中,家长们更加严格所以孩子们理解广告内容的年龄较晚。

图表 15.8 代际影响

儿童、父母和祖父母可以相互影响对方的消费决策。

此外,通过影响其子女接触的产品类型、电视节目和广告以及控制子女想购买的产品,家长们可以影响社会化。一些观察家担心,这些社会化中介的过度曝光会鼓励孩子们将购买商品作为通向快乐、成功和成就的途径。[61]一些家长非常担心子女看到具有暴力和色情暗示的节目或产品,因此积极地干预子女看什么节目、玩什么游戏。[62]甚至祖父母也扮演了重要的社会化角色。这一因素解释了为什么美国毒品控制协会通过广告鼓励祖父母和他们的孙子女讨论毒品。祖父母由于和孙辈之间情感控制较少,使得他们成为比父母更好的信息来源。[63]

社会化中介作为参照群体的影响效果随着时间而发生变化。家长对子女有重大的影响，但随着子女长大、与同龄人的互动增加，这种影响逐渐减弱。[64]类似的，与现在相比，你高中时期的朋友可能对你的价值观、态度和行为有更大影响。由于我们一生中与很多群体进行交往，因此社会化是一种终生的过程。

媒体和市场作为社会化中介

电视节目、电影、视频、音乐、游戏、互联网和广告都可以充当社会化中介。在广告中，男孩有时被表现为比女孩更有学识、更上进、更积极、更有行动力。这些性别角色原型会影响孩子们形成男孩和女孩的观念。[65]消费者产品也可能作为社会化中介，我们童年时期的玩具可能影响我们成为什么样的人和理解人们对我们有什么样的期待。[66]家长们可能给男孩购买运动装备、军事玩具和玩具车，给女孩购买娃娃、小洋房和家庭主题玩具。[67]这些现象的发生某种程度上是因为家长鼓励孩子们玩性别适宜的玩具，而不鼓励跨性别的兴趣，尤其是对于男孩。[68]然而，随着孩子的成长，他们越来越质疑媒体和市场作为社会化中介的影响，其中青年人对广告尤为怀疑。[69]

规范性影响

目前，你已经了解了各种影响来源——一般来源、特殊来源和群体来源。这些来源会造成两种影响：规范性影响和信息性影响（参见图表15.9）。假设你和未来的雇主吃晚餐时，得知对方是一个素食主义者。于是为了留下一个好印象，你点餐就可能不会选择牛肉，即使你非常喜爱牛肉。

影响的来源	施加影响
影响的来源 • 营销性来源或非营销性来源 • 通过个人传播或者大众媒体传播 • 影响范围，双向沟通能力，可信度差异 **特殊影响来源** • 意见领袖 • 市场专家 **群体作为影响来源** • 渴望型 • 关联型 • 隔离型 • 群体在接触程度、正式程度、成员间趋同程度、群体吸引力、群体密度、认同程度以及成员间相互联系强度上的差异	**规范性影响** • 会影响品牌选择的一致性、从众、顺从或抵制等 **信息性影响** • 受产品、消费者和影响者的特征的影响

图表15.9 影响来源和影响类型

营销性来源或非营销性来源、特殊影响来源和某些群体可以通过规范性影响或信息性影响来对消费者行为产生影响。

规范性影响，是鼓励人们遵从他人期望的社会压力，就如在上述例子中你所感觉到的那样。[70]

> **规范**：确立适当行为的集体决策。

第 5 章中讨论了规范性影响是如何影响意向和消费决策的。**规范性影响**（normative influence）这一术语起源于**规范**（norms）。规范是指社会群体所确立的行为标准。例如,我们都有关于哪些品牌和商店最时尚的规范,也有防止偷窃和冲动性购买的规范。[71] 道德也能对人们的是非观产生规范性影响,并且能强烈地影响人们的态度,例如人们如何看待吸烟。[72]

规范性影响意味着,如果消费者不遵守规范,他们将会受到制裁、惩罚或嘲笑。[73] 它同时还意味着,如果消费者行为符合规范,他们将会得到奖励。例如面试时,老板会根据你的行为举止来判断是否给你一份工作。如果某个女中学生不符合着装规范,她会受到其他同学的不平等对待。[74]

规范性影响如何影响消费者行为

规范性影响能对消费者行为产生一些重要影响。

品牌选择的一致性和从众

规范性影响导致了**品牌选择一致性**（brand-choice congruence）,这使消费者倾向于购买群体中其他人购买过的产品。如果将你的衣服、发

> **品牌选择一致性**：作为群体成员购买同一品牌产品。

型、音乐和汽车与你的朋友相比,你会发现你们的选择非常相似。[75] 他人在场影响共享刺激（例如一起去看电影）的乐趣并影响一致性。[76] 亲戚、朋友和社交网络的其他人也会对你产生影响,例如影响你购买礼物时选择产品和服务的类型。[77] 仅仅只是复述与他人一起购买某一品牌的经历,就能影响消费者对该产品及其特点的看法和感受。[78]

规范性影响可能还会造成**从众**（conformity）,即某一个人表现出与所在群体行为一致的倾向。

> **从众**：按照期望方式而行动的倾向。

从众和品牌一致性可能相互关联,例如购买与群体中其他人一样的品牌,就是从众的一种表现,[79] 即便品牌选择一致性并不是表现从众的唯一方式。你可能从事群体希望你从事的活动来表现从众,例如参加入会仪式或者像群体中其他人一样行动。你在聚会上的表现可能取决于你是和父母还是和朋友在一起。在两种情况下,你都要按照一套恰当的行为规范来体现出从众。一项研究表明,通过社会和品牌联系而建立的规范也会影响消费者行为。[80]

从众的压力可能会很大。[81] 一项关于未成年饮酒和毒品消费的群体压力调查表明,学生们担心如果自己拒绝与群体行为保持一致,他人会对其产生负面的看法。其他研究也表明,群体中从众的人越多,从众倾向也越强。然而,人们对身份的思考（例如我是一名环境学家）非常强烈,它能抵制从众的压力。[82] 与美国消费者相比,日本消费者更具有群体导向性,也更有可能表现出群体期望的从众行为。

顺从和抵制

顺从（compliance）是规范性影响的另一效果,它意味着做人们要求你做的事情。如果你受

> **顺从**：按群体和社会影响者的要求行事。

邀请而填写了一份营销调查问卷或者购买了家庭聚会上销售的产品,你就表现出了顺从。顺从子女的家长会为其购买食物或玩具,并且许可孩子要求的活动（如聚会）。在虚拟社区中,成员可能不会轻易顺从群体的期望,因为会员都是匿名的并且可以随时注销。[83]

当我们认为自己的自由受到威胁时,会发生逆反效应,我们会进行**抵制**(reactance),也就是做与个人或群体期望相反的事情。例如,如果销售人员给予我们过多压力,你可能会通过拒绝他所推销的一切产品来进行抵制。⁸⁴在品牌社区中也可能发生抵制。当一名成员在特定仪式或角色中感到压力过大时,其今后参加社区或购买品牌的欲望就会下降。⁸⁵

> **抵制**:做与个人或群体希望相反的事情。

社会关系理论

根据社会关系理论,消费者进行社会互动的标准包括:(1)他们与群体成员间关系的权利和义务;(2)群体成员间相互行动的平衡;(3)相对地位和权威;(4)在不同事物和活动上的价值取向。进而,这些关系和不成文的规定会对消费者行为造成规范性影响。⁸⁶例如,消费者会认为那些需要在道德上付出高昂代价的事情是不能进行交易的,例如爱情、朋友、家庭甚至是选票。建立在文化和历史因素上的禁忌同样适用于买卖和交易。⁸⁷

哪些因素影响规范性影响的强度

规范性影响的强度取决于产品、消费者和消费者所在群体的特征。

产品特征

参照群体可以影响两种类型的决策:(1)是否买某一特定类别的产品;(2)买什么品牌。然而,参照群体能否影响产品和品牌决策,还取决于该产品是公开消费还是个人消费品,以及它是必需品还是奢侈品。⁸⁸如图表15.10所示,床垫和热水器被认为是个人消费必需品,而数码相机和DVD播放器则是公开消费的奢侈品。该图表反映了对参照群体如何影响这些决策的预测。

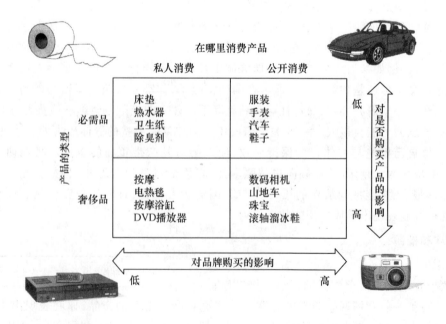

图表15.10 参照群体对公开消费产品和私人消费产品的影响

只有当产品是奢侈品(不是必需品)时,参照群体才会影响消费的产品类别。只有当产品公开消费(不是个人消费)时,参照群体才会影响消费的品牌。给出一些你自己的例子来说明这个模型。

一种预测是：由于我们必须购买必需品，因而在我们购买这些产品时，参照群体的影响可能微乎其微。然而，在我们购买奢侈品时，参照群体可能发挥较大作用，例如你的朋友们可能不会影响你是否购买卫生纸，因为这是你无论如何都要购买的必需品，但是他们可能会影响你是否购买一个苹果播放器，因为奢侈品传递地位信息，而地位又是群体成员所看重的东西。此外，奢侈品可以传递你的特殊兴趣和价值观，从而表现出你是谁以及你与什么样的人交际。

另一个预测是，公开消费产品（如汽车）给予他人观察我们所购买品牌的机会（是悍马还是普锐斯）。与之相反，很少有人会看到我们购买床垫的品牌，因为这是个人消费品。不同的品牌形象向人们传递不同信息，所以参照群体有可能在我们公开购买产品的品牌上造成重大影响，但个人消费品并非如此。此外，公开消费品提供了制裁的机会，而个人消费品难以形成规范和制裁。因此，参照群体会影响奢侈品而非必需品的产品类别选择，影响公开消费品而非个人消费品的品牌选择。[89]

规范性影响还受到产品对群体的重要性的影响。[90]一些产品能代表群体成员的身份。一件大学运动队的队服暗示了队员身份，并且在区分团队成员地位上发挥重要作用。产品对群体越重要，购买这一产品的规范性影响越大。最后，某一产品是否令人感到尴尬也会影响在公开场合中进行的购买和消费行为。[91]

消费者特征

某些消费者的人格使他们更容易受到他人的影响。[92]例如，竞争性的特质会影响炫耀性消费行为。[93]因此，在高端的Dixie Chopper乘坐式割草机的广告中会问消费者："你想要炫耀吗？这台割草机会让你受到众人的羡慕！"[94]一些研究人员开发了"人际影响易感性"量表，其中包括图表15.11中显示的前6条项目。容易受到他人影响的消费者会试图通过购买他人可能赞成的物品来提高个人形象。这些消费者也愿意在购买产品和品牌上与他人的期望保持一致。

图表15.11 测量人际影响易感性和对社会比较信息的关注

表明人际影响易感性的项目
1. 我很少购买最新款式产品，除非我确定我的朋友们都赞成。
2. 如果别人能够看到我使用某一产品，我会购买他们期望我买的品牌。
3. 我经常通过购买相同品牌和产品的方式来获得他人的认同。
4. 为了确保我购买正确的产品和品牌，我经常观察他人购买和使用什么。
5. 如果我对某一产品缺乏经验，我常常会询问朋友。
6. 在购买前，我经常从朋友或家人那里获取产品信息。

表明对社会比较信息的关注的项目
1. 我觉得如果群体中每一个人都表现出同样的行为，那这一定是合适的。
2. 我主动避免那些已经过时的衣服。
3. 在聚会中，我通常努力表现得很合群。
4. 当我在社交场合不知所措时，我会观察他人的行为举止。
5. 我常常关注他人的穿着。
6. 与我所交往的人表现出最轻微的不赞成目光也足以使我改变决定。

个体在是否易受他人影响和关注他人方面存在差异。根据你对以上问题的回答。你能对自己做出什么结论？这些问题对营销人员有何启示？

此外，被称为"对社会比较信息的关注"（ATSCI）的人格特征也与规范性影响有关。图表15.11列出了ATSCI量表中的一些项目。在这一人格特征上，得分较高的人非常注意他人的行为并以此来指导自己的行为。例如，研究表明，在经济上成功或拥有完美体形的人面前，人们会感到自尊心受到打击。[95]当消费者容易接受规范性影响时，他们往往对明确表示能够帮助他们避免社会指责的产品有更积极的回应。[96]

联系强度也会影响规范性影响的程度。当联系紧密时，个体可能想要维持自己与他人的关系，所以他们具有与群体规范和意愿保持一致的动机。[97]规范性影响还受到消费者对群体认同程度的影响。[98]当群体（比如家庭或者亚文化）成员不认同群体的态度、行为或价值观时，规范性影响会减弱。

群体特征

最后，群体特征也能够影响规范性影响的程度。群体的特征之一就是它能进行奖励和惩罚，这被称作奖励权或**强制权**（coercive power）。[99]

> **强制权**：群体所拥有的进行奖励和惩罚的能力大小。

具体来说，你的朋友可能在你的服装选择上比你的邻居有更多影响力，因为朋友具有更大的强制权。也就是说，如果他们认为你的服装不合适或者过时了，他们能够直接说出。群体凝聚力和群体相似性也会影响规范性影响的程度。[100]团结的群体或成员彼此相似的群体会经常性地沟通和互动。因此，他们有更多机会来传递规范性影响以及实施奖励和惩罚。研究表明，如果公司能够唤起消费者对他们自身文化认同的注意，那么他们对于某个特定群体成员的身份意识就能够影响他们以群体规范为基础的决策。[101]当群体规模较大或者群体成员是专家时，规范性影响更为显著。[102]例如，你更倾向于购买由专家而非普通熟人推荐的红酒。

营销启示

营销人员可以基于规范性影响及其强度的影响因素而采取一系列行动。

展示使用/不使用产品的奖惩

通过广告说明使用和不使用产品的奖惩，营销人员可以创造规范性影响。例如啤酒和酒类的广告有时会表现朋友赞成购买或消费某一特定品牌。

创造群体行为规范

营销组织可以建立引导消费者行为的群体规范。那些遵守规范（减轻体重）的慧俪轻体（Weight Watchers）成员会受到表扬。由于规范性影响对公开消费行为的影响更大，因此另一项策略就是使私人行为公开化。小组讨论饮食习惯就是慧俪轻体俱乐部采用的一种使私人信息公开化的方式。

创造从众压力

营销人员也可以尝试创造从众。例如，他们可以积极地将产品与某一群体联系起来，从而使他们的产品成为群体成员身份的会员徽章。他们可以通过在广告中表现演员对某一产品的类似态度来刺激从众，正如一些禁烟广告中描绘的不吸烟的青少年形象那样。[103]通过宣传其他人的一致性也可以强化从众，这种情况发生在特百惠聚会和Telethons这样的慈善募捐群体中。

使用顺从的技巧

登门槛技巧（foot-in-the-door technique）是指营销人员先让消费者同意一件小事，随后同意较大的事情，最后同意更大的事情，以逐步获得目标消费者的顺从。例如，销售人员可能首先询问消费者的姓名，然后询问他如何看待某一产品。在顺从这些要求之后，消费者更有可能顺从营销人员的最终要求——购买其产品。[104]

> **登门槛技巧**：通过逐步加大请求帮助的程度，来诱导顺从的技巧。

留面子技巧（door-in-the-face technique）是指营销人员首先向消费者提出一个很大并且难以接受的请求，然后提出更小、更合理的请求。例如，销售人员可以询问消费者是否想要购买500美元的珠宝，当消费者拒绝时，他可能再询问是否愿意购买25美元的特价耳环。[105]因为消费者感到销售人员已经从原先巨大的要求转向一个小请求，所以他可能会觉得有义务答应这个小请求作为回报。

> **留面子技巧**：首先向他人提出巨大且难以接受的请求，随后转向更小、更合理的请求来迫使他人顺从的技巧。

第三种策略是**"哪怕一分钱也行"技巧**（even-a-penny-will-help technique）。[106]营销人员向消费者提出了一个非常微小的请求，甚至都算不上是一个帮助。为慈善机构募捐的营销人员可以暗示"哪怕一分钱也可以帮助那些身处不幸的人"。电话推销人员告诉潜在客户"即使只给我一分钟也可以"。因为拒绝这些请求会显得非常小气，消费者通常会顺从，事实上，他们往往会根据情况给出适当的数量。

> **"哪怕一分钱也行"技巧**：通过向他人提出微小到可以忽略不计的要求来诱导顺从的技巧。

请消费者预测自身行为

仅仅要求消费者预测在某件事情上采取的行为也会增加他们实际照做的可能性。[107]例如，产品中包括了可回收部件的营销人员可以令消费者预测他们在支持环境保护方面的行为——购买或使用可回收材料制成的产品。[108]这会提醒消费者他们还没有达到支持环境保护的标准，从而导致购买行为以实现消费者的自我预测。

提供选择自由

因为人们常常在自由受到威胁时表现出抵制，营销人员需要确保消费者相信自己有选择的自由。例如，销售人员可以向消费者展示一系列的DVD播放机，并介绍每一款的优点。在这种情况下，消费者会在是否购买或者购买哪一款方面感到具有更大的控制力。

使用与目标消费者相似的专家服务提供者

一些研究表明，当服务提供者和消费者态度相似，并且专家阐明了消费者角色时，消费者更有可能顺从服务提供者的要求（并且对结果更加满意）。[109]

信息性影响

除了规范性影响,参照群体和其他影响来源还可以运用**信息性影响**(Informational influence)——提供信息来帮助一个人做出决策。[110] 例如,网上的旅游讨论群体可以施加信息性影响,向有旅游意向的消费者提供旅游小提示。朋友可以通过告诉你哪部电影正在本地剧院上映来施加信息性影响,而媒体则可以通过报导某种食物可能危害健康来施加信息性影响。

> **信息性影响**:影响来源仅通过提供信息而对消费者产生影响的程度。

信息性影响如何影响消费者行为

信息性影响能够决定消费者投入到信息搜索与决策中的时间和精力。如果你可以通过朋友方便地获取信息,你可能就不愿意去花费大量的时间进行信息搜索与决策。当你想买一部新手机时,一个朋友告诉你他刚买的某品牌手机是最好的,你可能也会去买一部和他同样品牌的。

影响信息性影响强度的因素

信息性影响的强弱取决于产品、消费者和影响者以及群体的特征。

产品特征

当消费者购买家用电器等大型商品时,由于这些产品使用复杂,他们很容易受到信息性影响。[111] 当消费者急需要购买一件产品时,他们也容易受到信息性影响。[112] 当消费者需要进行整容手术时,他们容易受到信息性影响,因为该手术有巨大的经济和安全风险。此外,当消费者不能区分品牌之间的差异时,他们也容易受到信息性影响。[113]

消费者和影响者的特征

消费者和影响者的特征都与信息性影响的强度有关。当传递信息的影响者是专业人士,尤其是消费者缺乏专业知识或产品经验很少时,信息性影响的作用更大。[114] 例如,由于对家庭购房缺乏知识和信心,首次购房者会仔细考虑房地产代理商等专家传达的信息。个人因素(例如消费者对参照群体的信任和对社会比较信息的关注)也会影响消费者对产品的看法。[115]

与规范性影响一样,信息性影响也受到联系强度的影响。强联系的消费者间互动更加频繁,这为他们提供更多的机会了解产品及其评价。需要注意的是,信息性影响可能会影响个体之间的联系。例如,当人们形成了一个信息分享的群体时,他们在这个过程中可能会成为朋友。[116]

最后,文化也会影响信息性影响的程度。研究表明,美国消费者比韩国消费者更容易受到信息密集广告的影响。而韩国文化更侧重于遵守,韩国消费者比美国消费者更容易受到规范性影响。[117]

群体特征

群体的凝聚力也会影响信息性影响的程度。具体来说,有凝聚力的群体成员有更多的机会和动机来分享信息。

营销启示

营销人员对信息性影响的应用有以下几个方面：

用专家建立信息性影响

由于信息来源的专业性和可信度会影响信息性影响，营销人员应该为产品建立具有专业性和可靠性的来源，例如索康尼（Saucony）让体育明星代言其广告（参见图表15.12）。

图表15.12　来自专家的信息性影响

运动员往往是体育产品的最佳代言人，因为可以发挥他们在这类产品中专业性影响。

为信息性影响创造情境

营销人员应该努力创造一个信息性影响的情境。一种方法就是，去举办或赞助与产品相关的特殊活动，让消费者可以在这里相互谈论公司的产品。另一种方法是，在产品或公司的网站上建立博客或者聊天室。万豪国际集团（Marriott International）的网站邀请公众在其 CEO 的博客或播客上发表意见。[118]

信息性影响和规范性影响共同作用

当同时使用信息性影响和规范性影响时，营销策略最为成功。研究表明，当不受任何影响时，只有2%的消费者进行消费；只受到信息性影响和规范性影响其中一种时，有4%～8%的消费者进行消费；而同时受到二者影响时，这一比例上升到22%。[119] 此外，由于来源的相似性同时增加了信息性和规范性影响，广告主可以通过使用与目标受众相似的来源进行营销。使用基于网络的推荐系统是另一种同时进行信息性影响和规范性影响方法。[120]

信息的描述性维度

在消费者行为的情境中,信息可以用效价和形态两个维度来描述。

效价:信息是正面还是负面?

效价(valence)可以描述信息是正面还是负面的。这一点非常重要,因为研究人员发现正面和负面信息对消费者有截然不同的影响。[121]

> **效价**:关于某事物的信息是好(正面效价)还是坏(负面效价)。

一半以上不满意的消费者会进行负面口碑活动,有不愉快经历的消费者讲述自己经历的次数比有愉快购物经历的消费者多三倍。[122]此外,与不在网上看评论的消费者相比,喜欢发表评论的消费者对负面信息的反应更大,这可能是因为发布者想让人们认为他们的标准很高。[123]

研究人员假设人们对负面信息的关注度要比对正面信息的关注度高。[124]负面信息具有诊断性,也就是说,负面信息更重要是因为它能将不同的产品区分开。一般情况下,我们听到关于提供物的信息都是正面的,所以负面信息可能更加引人关注,因为这些信息更令人惊奇。[125]负面信息也能促使消费者把问题归于提供物本身,而不是某个使用者。[126]因此,如果你听说一个朋友在某家新开的餐厅用餐后生病了,你更可能会把问题归咎于食物,而不是你的朋友。

形态:信息来自语言渠道还是非语言渠道?

用来描述影响的另一个维度是信息传递的形态——信息是通过语言传播还是非语言传播?尽管群体行为规范可以通过语言线性传播,但是消费者也能从观察中推断出规范。例如,一个消费者可能看到其他人使用某品牌的开罐器很费力,或听到其他人讨论对该产品的感觉,从而推断出该品牌不好。

口碑的普遍和有说服力的影响

营销人员对口碑特别感兴趣,因为口碑可以影响消费者的行为。你的邻居可能会推荐某个发型师,或者你会经常听别人说下周诺德斯特姆(Nordstrom)有大降价。[127]或者你会听了朋友的推荐去看一部新电影。事实上,口碑在电影发布之前以及在电影发布第一周对消费者的影响最大。[128]超过40%的消费者在选择医生、律师或者汽车修理工之前会寻求他们亲朋好友的建议,尽管男性和女性寻求建议的对象以及频繁程度会有所不同。[129]另外,研究人员还发现正面口碑要比负面口碑更常见。[130]

口碑不但是普遍的,而且它比文字信息更有说服力。[131]一项研究表明,口碑是食物和家庭用品购买的主要影响来源。口碑宣传的有效性是印刷媒体的7倍,广播媒体的2倍,销售人员的4倍。[132]网上论坛、博客、网站和电子邮件能够扩大口碑的影响,因为消费者仅通过鼠标点击就能评价产品的好坏。有150多万消费者是活跃博客的博主,而阅读博客的人则更多。[133]此外,许多公司都关注博客和网站对它们产品的评价。例如,大众公司的公关经理说:

"我们把博客当作公司的情报中心和我们可以发表意见的场所。"[134]

病毒式营销（viral marketing）可以将品牌或产品的信息快速传播到人群中。它的可信度高、影响力大，因为它不是一种营销人员来源，而是通过个人传递信息。美国女童军团是一家非营利性组织，它曾经使用病毒式营销来销售点心。例如，它将点心广告投放到 YouTube 以及其他网站中，以便访客能偶然发现并与其他人分享。年度销售时，它还在 MySpace 上建立了个人页面，个人资料填的是薄荷糖和其他的小点心。[135]

> **病毒式营销**：将品牌或产品的信息快速传播到人群中。

营销启示

口碑能够对消费者的产品知觉和提供物的市场绩效产生巨大的影响。一些小型企业或个人（例如发型设计师、钢琴教师和幼儿园）没有钱做广告，完全依靠口碑推荐。医生、牙医和律师对口碑的依赖性更强，因为他们担心大量的广告会损坏自己的专业形象。此外，还有许多行业（如娱乐）的成功也归功于良好的口碑。

预防和应对负面口碑

营销人员必须采取行动以防止负面口碑的出现，即使出现了也应立即纠正。[136]与忽视消费者投诉的公司相比，重视投诉然后以提供免费商品或其他方式作为回应的公司更加成功，并且能有效减少负面口碑的产生。例如，动物园受到那些担心动物受到虐待的激进分子的强烈指责。因此，当某天洛杉矶动物园营业前，一只鳄鱼逃了出来时，园方并没有隐瞒这个消息，而是在媒体公开提醒："它是个很聪明、健康的鳄鱼。"[137]在发生重大危机事件时，公司必须采取明确的措施以恢复消费者的信心（参见图表15.13）。[138]

图表15.13 恢复公共信任

应 做	不应做
● 速度非常重要 "如果你没有问题的解决方法，最好告诉你的客户你正在努力。"Rowan & Blewitt 的总裁 Rich Blewitt 说。	● 隐瞒事实 "试图隐藏明显的错误行为不但损坏了公司的信誉，而且将难以扭转局势。"Kamber Group 的总裁 Victor Kamber 说。
● 将消费者的利益放在首位 一个公司必须"首先帮助危机中的人们，最后考虑自己公司的利益"。全球通讯基础设施集团（GCI）的经理 Larry Kramer 说。	● 只关注公司运营的日常细节 必须将危机看做首要问题。"不要让员工都只关注日常细节了，而要专门派一批人处理危机。"康联公司（CMG Associates Inc.）负责人 Mark Braverman 说。
● 将眼光放长远 泰诺公司（Tylenol）的大规模召回事件表明，在短期内牺牲产品的形象能够体现出公司长远的责任感。	● 忘记公众的知觉远比事实更重要 "可能你没有做错事，但是消费者却不这么认为，他们只相信自己的观点。"Lexicon Communications 公司的总裁 Steven Fink 说。

当公司遇到危机时，专业危机管理人员推荐公司采取以上"应做"一栏中的措施。

树立良好的口碑

除了创造优质的产品,[139]营销人员还应该通过以意见领袖为目标、运用贸易展览、会议、网络和公共活动来树立良好的口碑。例如,松下、索尼以及其他公司精心举办展览,使其产品能在消费电子展中引起消费者和媒体的注意。该展览每年一月份在拉斯维加斯举行,有14万消费者参与。[140]

处理谣言和丑闻

谣言是负面口碑的一种特殊形式。[141]丑闻也能引发负面口碑,甚至影响一个公司的竞争对手。[142]公司应该了解线上和线下消费者对品牌和产品的评价,[143]随时准备处理谣言和丑闻。[144]

- **什么都不做。** 通常公司宁愿什么也不做,因为营销人员辟谣可能会让更多消费者知道这一谣言。然而,这种策略也可能适得其反。当耐克公司被指责其亚洲工厂的工人工资低和工作环境恶劣时,它没有积极全力地回应,结果导致自己形象受损。此后,公司以各种方式做出回应,包括将劳工标准放在它的网站链接中,并切断与未达到标准的供应商的关系。[145]

- **局部回应。** 有些公司局部地做出回应,将谣言进行逐个处理。宝洁公司的月亮老人商标被谣传为邪恶的形象,但宝洁公司只向那些拨打过宝洁热线的消费者做出解释。在这样的情况下,公司应该及时向员工简要通报并交待如何向消费者解释。

- **谨慎行事。** 公司也许想要谨慎地回应一些谣言。例如,当有谣言说石油公司为了赚钱而故意造成石油短缺时,公司可以举办公共宣传活动来强调它们对社会责任的关注。尽管该活动并没有提到那个谣言,但是活动的主题明显与谣言的内容相反。

- **全力回应。** 有时,公司会在所有的媒体上做出回应。它们发布广告来面对和反驳谣言,在新闻发布会上批驳谣言,利用媒体采访传达事实真相,并聘请可靠的意见领袖以帮助消除谣言。当有谣言说阿拉斯加的食物公司Interbake Foods停止出售Sailor Boy Pilot面包时,公司的区域业务经理前往安克雷奇辟谣。他在《安克雷奇每日新闻》中澄清,这个面包的生产转移到了另外一家新工厂,并且他还在当地的好市多派发食物样品,收集消费者的反馈。[146]

追踪口碑信息

无论口碑是正面(如推荐)还是负面(如谣言)的,公司都应努力找出它的来源。营销人员可以向消费者询问信息的来源,并继续追根溯源。[147]营销人员还可以向消费者询问信息的具体细节来追踪信息的变化,并找到使信息发生变化的重要来源。然后,公司可以感谢或奖励传播正面口碑的消费者。

总　结

消费者受到许多信息来源的影响,有些来自营销来源或非营销来源,有些来自大众媒体,有些来自个人传播来源。消费者通常认为非营销来源比营销来源更可信。个人传播的影响范围较小,但是双向沟通能力较强。营销人员可以多接触作为影响来源的意见领袖,因为他们是某一产品类别上的专家。

参照群体是人们用于与自身对比的人群。分为渴望型、关联型和隔离型参照群体。我们可以根据接触程度、正式程度、趋同程度、群体吸引力、群体密度、认同程度和联系强度来对其进行描述。参照群体起着很重要的社会化作用,影响消费者的关键行动、价值观和行为。

影响来源会施加规范性影响和信息性影响。规范性影响对公开消费、奢侈品和被视作群体成员标志的产品影响很大,对关注社会比较信息的个人的影响也很大。社会关系理论认为,与群体成员之间关系的默示规则(unspoken rule)也会施加规范性影响。与群体的强联系和认同会提高消费者受到规范性影响的可能性。最后,当群体具有凝聚力、成员间具有相似性或者群体有能力进行奖惩时,规范性影响会更大。

信息性影响在个体向他人提供信息时发挥作用。当消费者购买复杂的、有风险的或具有独特性的产品时,他们很容易受到信息性影响。影响者的专业性越高,消费者越可能听从,信息性影响也越大。当群体凝聚力高时,信息性影响也越大。社会影响在效价和形态上有差异。负面信息比正面信息更容易被广泛地传播,它对消费者决策制定的影响也越大。营销人员尤其对正面口碑和负面口碑传播感兴趣。

1. 在是否是营销人员主导和传播方式方面,各种影响来源有何不同?
2. 为什么有时公司会以意见领袖为目标来引起营销关注?
3. 参照群体可以分为哪三种? 如何描述这些参照群体?
4. 消费者对规范性影响有哪些反应?
5. 营销人员可以使用哪三种策略来鼓励消费者顺从?
6. 请区别信息的效价和形态。
7. 为什么口碑对营销人员非常重要?

消费者行为案例　点击! 这就是病毒式营销

无论营销预算有多少,越来越多的公司和非营利组织都开始使用病毒式营销,例如发送网络视频和电子明信片。有时,营销人员只是简单地在网上发布视频和其他信息,让消费者自己"发现",然后传播给他们的朋友。在其他情况下,营销人员通过病毒式营销广告来寻找其最可能的消费者。无论哪种方式,信息都会变得更加可信,因为消费者是直接从其他途径而非营销人员那里获得信息。

例如，在非营利领域，联合国儿童基金会（the United Nations Children's Fund）有自己的 YouTube 频道，并定期上传新影片，以提供有关儿童问题的信息并鼓励捐款。另一个例子是，英国癌症研究所（Cancer Research UK）采用病毒式营销，以提高人们对乳腺癌的认识、解释该组织的使命并募捐。该活动在互联网上进行了大量宣传，包括发布 YouTube 视频和在 Facebook 上宣传。

许多公司使用病毒式营销，以个人方式与消费者保持联系。加拿大皇家宠物食品公司（Royal Canin Canada）主要销售高档、特殊的猫食和狗食，它在 YouTube 上发布了一系列视频，每个视频介绍了一种不同的产品。访问公司网站的消费者可以了解更多宠物护理信息，并可以订阅能够自定义的邮件期刊。

即使是预算很多的全美超级碗杯橄榄球赛广告主，在重大比赛前后也会使用大量的病毒式营销。有些广告主向 YouTube 上传预览视频，其他广告主于赛中或赛后在不同的网站发布商业广告。Edmunds.com 是一个著名的汽车网站，它为奥迪（Audi）、现代、丰田（Toyota）和其他汽车制造商提供广告，并邀请访客参与讨论。因此，有些广告每年获得的观众数量比全美超级橄榄球赛的 100 万名广告观众还要多。[148]

案例问题

1. 消费者社会化行为对病毒式营销的成功有何影响？
2. 在消费者行为的社会影响方面，全美超级碗杯橄榄球赛前发布网络商业广告有什么好处？
3. 你认为规范性影响是否对病毒式营销有影响？请说明理由。

第 5 部分

消费者行为的结果和相关问题

第 16 章　创新的采用、抵制和扩散
第 17 章　象征性消费者行为
第 18 章　伦理、社会责任与消费者行为和营销的阴暗面

　　第 5 部分考察了与第 2、3、4 部分所讨论的许多影响和过程有关的结果和问题。第 16 章以决策制定和群体过程为话题，探讨了消费者如何采用创新提供物，以及他们的采用决策如何影响新提供物在市场中的传播（扩散）。这一章还考察了有哪些因素会影响消费者对创新的抵制、消费者对创新的采用和提供物在市场中的扩散。

　　第 17 章探讨了象征性消费者行为这一非常有意思的话题。商品和服务都可能对消费者产生深刻感受和重要意义，象征性意义受到与获取、消费和处置相关的仪式的影响。此外，提供物的意义可以通过送礼而传递。

　　第 18 章考察了消费者行为和营销的阴暗面，包括一些负面的获取行为后果（例如冲动性购买）和与消费者行为有关的重要伦理问题（例如营销投入是否促成了肥胖症）。在这最后一章中还探讨了营销中一些重要的社会责任问题。

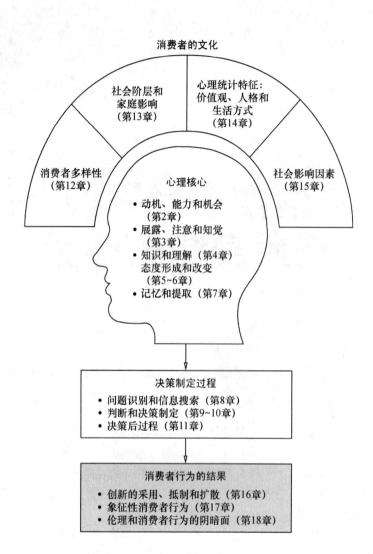

第16章 创新的采用、抵制和扩散

学习目标

学完本章后,你将能够:

1. 描述如何根据类型、利益和广度来对创新进行分类。
2. 解释消费者如何采用一项创新,为什么他们会抵制创新,以及为什么营销人员必须理解采用决策的时机。
3. 界定扩散,并讨论扩散曲线与产品生命周期的关系。
4. 概述影响采用、抵制和扩散的主要因素,说明营销人员如何利用对这些因素的了解来更有效地营销。

导言:创新的口味

饥饿的消费者看到菜单上的新产品会有何反应?潘娜拉面包公司(Panera Bread)和麦当劳公司总在面对这一挑战。潘娜拉面包公司每8周就会在菜单中增加一道新菜,以提升销量并满足那些寻求多样化的忠实顾客。在不久前,当潘娜拉面包公司的产品开发主管创造了一份新沙拉时,他注意到越来越多的消费者对全麦食品十分感兴趣,而且还品尝过一些餐厅的厨师所使用的不常见原料。在综合了这些趋势后,他创造了一种含有小麦麦粒和麦尔柠檬汁的烤鲑鱼沙拉,这道菜在30家潘娜拉店中测试时得到了好评。如今,这道沙拉印在了潘娜拉面包公司所有1 000家店的菜单上。该连锁店正在测试用于建立起早餐和晚餐业务的菜单创新。

自从麦当劳的烹饪创新总裁首次推出"拿上就走"的墨西哥煎玉米卷/墨西哥酥饼(一种混合了鸡肉和溶化乳酪的食品)之后,麦当劳就一直以开车的顾客为目标市场。由于"tacadilla"的消费者测试结果不太好,因此主厨对它进行了改进,用面饼包裹鸡肉条、田园沙拉酱、奶酪丝和生菜。这种快餐卷(Snack Wrap)的市场测试十分成功,因而在6个月内就投放到全美市场中——与通常推出一道新食物所需要的18个月到24个月相比,其进入市场的速度十分迅速。它已成为麦当劳推出的最成功的新产品。[1]

连锁餐馆开发和营销新菜单食品的方式体现出了一些影响消费者对创新提供物做出

决策的因素,这也是本章所探讨的主题(参见图表16.1)。首先,本章阐述了创新的不同类型,创新可以是在新颖度和利益上存在差异。例如,快餐卷对于麦当劳是一种新产品,它显然不同于该连锁店的普通汉堡等食物,并能提供方便这一利益。接着,我们考察了有哪些因素会影响消费者抵制新产品(就像对麦当劳的 tacadilla 那样)或采用新产品(就像潘娜拉的烤鲑鱼沙拉那样)。本章最后一部分考察了影响新产品在市场中传播或扩散速度的因素。

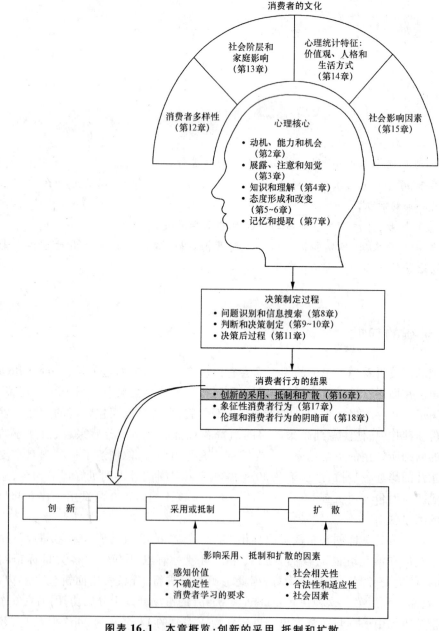

图表16.1　本章概览:创新的采用、抵制和扩散

消费者可以决定采用(例如购买)或抵制采用新提供物(一项创新)。扩散反映的是一项创新在市场中以多快的速度传播。采用、抵制和扩散受到创新的类型、广度、特征和推出创新所在的社会体系的影响。

创　新

开发新产品的能力对公司的销售和未来的成长十分关键。在上市的头一年卖出1 000万台iPhone手机不仅提升了苹果公司的利润,而且还让苹果公司在一个它从未进入过的利润丰厚的产品类别中成为一位众人敬畏的竞争对手。[2]创新对雀巢公司的未来是如此重要,以至于该公司的高层管理团队每个月都要接收到正在开发中的10件最有希望产品的报告。[3]鉴于新产品对公司销售和利润的重要性,理解新产品及其取得成功的驱动因素对营销人员十分重要。

创新的定义

一件新产品,或一项**创新**(innovation),是指一件新上市的提供物。更规范地说,创新是被某一细分市场中的消费者认为是新的并对现有消费模式有影响的产品、服务、属性或观念。[4]例如,麦当劳的快餐卷对于开车的顾客来说就是一件新产品。像电影下载和保险诈骗鉴定这样的服务就属于创新,观念也是如此。例如,社会营销人员积极说服消费者接受安全性行为和反对恃强凌弱这样的观念。

> **创新**:被某一细分市场中的消费者认为是新的并对现有消费模式有影响的提供物。

只要消费者认为产品、服务、属性、包装和观念是新的,那么它们就属于创新,无论它们是否真的是新的。当保法止(Propecia)作为减少男性脱发的药物推出市场时,很少有消费者意识到它实际上与作为治疗前列腺问题的波斯卡(Proscar)是同一种药物。[5]另外,尽管产品可以作为新产品进行销售,但如果消费者不认为产品能提供任何独特的利益,这种产品也不会取得成功。[6]

营销人员还会根据细分市场来定义创新。由于日本的家庭厨房面积小和其根深蒂固的传统观念,自动洗碗机在日本被看做是一项创新,该国只有7%的家庭拥有洗碗机。[7]第三世界国家的消费者可能会认为某些器具或电器是全新的产品,而对于美国和其他西方国家的消费者来说,这些产品几乎都被视为必需品。

创新会带来获取、消费和处置模式的改变,由于高速互联网的接入,越来越多的消费者在网上购物而非光顾商店。[8]微波炉改变了我们的烹饪方式,电子邮件改变了我们的沟通方式,数码照相机和相机电话改变了我们照相和与他们分享相片的模式。对循环利用的日益关注带来了诸如可回收和可再利用包装的创新。最后,在线拍卖网站,例如eBay,为消费者处置不想要的东西提供了一种创新的方式。

营销人员可以根据三种方式对创新进行分类:(1)创新的类型,(2)创新提供的利益类型,(3)创新的广度。

创新的新颖程度

描述创新的一种方式就是根据它们对我们消费模式的改变程度。[9]

- **连续型创新**(continuous innovation)对现有消费模式的影响有限;其使用方式与之前的产

> **连续型创新**:对现有消费模式影响有限的一种创新。

品大致相同。麦当劳的快餐卷就属于连续型创新。它采用不同的原料,口味与其他卷有所不同,但是我们吃快餐卷的方式与吃其他卷的方式并没有什么不同。多数新产品都属于连续型创新。

- **动态连续型创新**(dynamically continuous innovation)对消费实践有显著的影响。这些创新通常采用了一项新技术。数码照相机在其上市时就是一种动态连续型创新,因为它改变了消费者观看、存储和打印照片的方式。这种相机对胶卷和胶卷冲印服务的销售产生了巨大的影响。如今每年销售的胶卷不到2亿卷,与1999年的8亿卷相比有着剧烈的下滑;由于需求降低,Stop&Stop以及其他一些零售商已经完全终止了提供照片冲印服务。[10]

> **动态连续型创新**:对消费实践有显著影响的创新,通常会涉及新技术。

- **不连续型创新**(discontinuous innovation)是指我们从未听说过的新产品。[11] 飞机和互联网服务曾经就是不连续型创新,它们极大地改变了消费者行为。与动态连续型创新一样,不连续型创新通常会产生大量的周边产品和相关创新。例如,在微波炉问世后,营销人员开始提供微波烹饪专用的盘子、温度计、食物和食谱。

> **不连续型创新**:我们从前未听说过的新产品。

基于这三大创新类型——连续型、动态连续型和不连续型——我们可以根据创新的新颖程度对创新进行更具体的划分(参见图表16.2)。不连续型创新的新颖程度最高,要求的行为改变也最多,而连续型创新的新颖程度最低,要求的行为改变也最少。

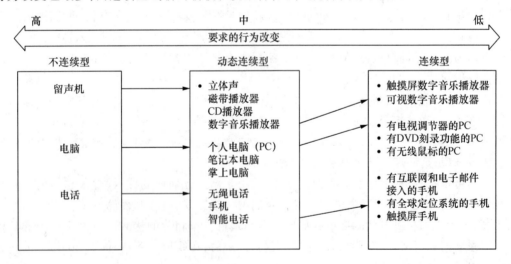

图表16.2　创新连续体

不同的创新在需要消费者做出行为改变的程度方面存在着差异。不连续型创新(全新问世的产品)需要消费模式发生相当大的改变,而连续型创新(通常是现有产品的扩展)只需要很少的改变。

根据提供的利益对创新进行分类

除了新颖程度外，创新还可以根据其所提供的利益类型进行划分。一些新产品、服务、属性或观念属于**功能型创新**（functional innovations），因为它们提供了比现有替代品更好的功能绩效利益。例如，混合动力汽车要比汽油动力汽车的油耗更低，这种功能绩效利益不仅能节省消费者的油费，而且同时也减少了污染。功能型创新通常要依靠能令该产品好于现有替代品的新技术。

> **功能型创新**：能提供与现有替代品不同的或比现有替代品更好的功能利益的新产品、服务、属性或观念。

美学型或享乐型创新（aesthetic or hedonic innovations）是指迎合我们的审美、寻求愉悦或感官需要的新产品、服务或观念。[12] 新舞蹈或运动形式、新音乐类型、新服装风格和新食品类型都属于美学型或享乐型创新。

> **美学型或享乐型创新**：迎合我们的审美、寻求愉悦或感官需要的创新。

象征型创新（symbolic innovations）是指具有新社会意义的产品、服务、属性或观念。在一些情况下，象征型创新就是由某一特定群体的消费者专用的新提供物。因此，使用该创新能表达出关于消费者群体成员身份的意义。能表现某一特定民族、年龄或性别群体成员身份的新服装风格可以被看做是象征型创新。

> **象征型创新**：具有新社会意义的产品、服务、属性或观念。

在一些情况下，"新"是指产品的意义而非产品本身。例如，尽管安全套已经问世许久，如今其意义更多的在于防止艾滋病的传播而非预防怀孕。耳饰曾经是女性所佩戴的，如今同样成为男性的时尚。最后，文身曾是男子气概的象征，现在已经具有广泛的吸引力并在不同消费群体中有着不同的意义。许多新产品还会表现出多种创新类型。营养棒是设计用于提供蛋白质和维生素的功能利益，同时还能提供好味道的享乐利益。图表16.3中是另外一个例子。

根据广度对创新进行分类

最后，创新可以根据其广度，或者说根据某一产品新的范围和不同用途进行分类。例如，烘焙苏打的生命周期很长，部分是由于其创新广度；它可用作烘焙原料、牙齿抛光剂、低碳除臭剂和冰箱除臭剂。特氟龙（Teflon）一开始是用于防止食物黏在锅底，如今用于烤箱手套和其他厨房设备中。它还用于男士服装上，防止液体泼溅弄脏衣服。[13]

采用或抵制

由于新提供物的成功对于公司是如此的重要，因而营销人员需要理解消费者或家庭是如何选择购买或采用一项创新的。营销人员会有兴趣了解消费者是否会考虑**采用**（adoption）创新或他们是否会选择抵制购买创新。营销人员还想要知道消费者如何采用产品，他们如何决定是否要购买创新产品。最后，营销人员也会有兴趣了解消费者何时会购买创新与其他

> **采用**：个体消费者或家庭购买一项创新。

图表 16.3　混合创新类型
创新可以包括功能、享乐或象征属性的组合,如本图表所示。

消费者何时购买创新之间的关系。

消费者是否会采用创新

只有消费者不抵制创新时才会出现采用。抵制创新的消费者即使是在面临压力的情况下也不会选择购买创新。[14] 消费者有时抵制创新是因为创新过于简单,或者是因为继续使用他们更熟悉的产品或服务似乎会更好。如果消费者认为新产品会涉及某些风险的话,那么他们的**抵制**(resistance)程度也会很高。例如,过去 20 年间,由于技术标准之间的不兼容所导致的竞争影响了像 DVD 播放器这类产品的采用。[15] 图表 16.4 表明,消费者经常会一致抵制新技术,直到他们认为新产品所带来的正面影响能超过其负面影响。[16] 研究同样表明,变化需要和认知需要较低的消费者更可能抵制创新,而变化需要和认知需要较高的消费者不大可能抵制创新。[17]

> **抵制**:不打算购买创新,即使是在面临压力的情况下也不购买。

需要注意的是,抵制和采用是两个独立的概念。个体可能不经过采用就抵制某项创新。如果个体采用了一项产品,他或她可能已经克服了之前所存在的对购买的任何抵触。营销人员必须理解消费者是否、为什么以及何时会抵制创新——如果抵制程度高的话,产品将会遭遇失败。通常,营销人员可以使用一些策略来减少消费者对创新的抵制。正如本章后面将要探讨的那样,创新的特征、消费者所在的社会体系以及营销策略都会影响消费者对创新的抵制。

第16章 创新的采用、抵制和扩散

图表 16.4 技术产品的 8 个主要悖论

悖论	描述
控制/混乱	技术有助于管制和秩序,技术也能导致剧变或无序
自由/奴役	技术有助于独立或减少限制,技术也能导致依赖或更多的限制
新/过时	新技术为用户提供最新开发的科学知识的利益,但当新技术上市时,也是它们已经或即将过时之时
胜任/不胜任	技术有助于人们获得智能或效率感,但技术也能导致无知或无能感
效率/无效率	技术有助于减少某些活动的投入和所花费的时间,但技术也能导致某些活动的投入和花费时间的增加
满足/创造需要	技术有助于满足需要或欲望,技术也能导致培养出或意识到先前未能实现的需要或欲望
融合/隔离	技术有助于人类的融合,技术也会导致人类的隔离
参与/退缩	技术有助于人们参与、融入或活动,技术也能导致分离、扰乱和消极

消费者有时会对技术有复杂的反应,因为技术会带来表中所示的一些悖论。当这些悖论的消极一面突出时,消费者可能会抵制创新。

资料来源:From David Glen Mick and Susan Fornier, "Paradoxes of Technology: Consumer Cognizance, Emotions, and Coping Strategies," *Journal of Consumer Research* 25, September 1998, p.126. Reprinted with permission of The University of Chicago Press。

消费者如何采用创新

消费者是否会选择采用或抵制一项创新,部分取决于他们是进取聚焦型还是防守聚焦型的消费者。防守聚焦型消费者优先考虑的是安全和保护,他们更可能由于新提供物具有感知风险和不确定性而抵制新产品。[18] 进取型消费者优先考虑的是进步和成长,他们更可能会采用新提供物,至少在风险不高时会如此。[19]

消费者采用创新的方式会因采用决策是高努力还是低努力决策而发生变化。**高努力效应等级**(high-effort hierarchy of effects)如图表 16.5

> **高努力效应等级**:在投入相当多决策制定努力的基础上购买一项创新。

的上半部分,它对应着前面章节中所介绍的高努力信息搜索、态度形成、判断和选择过程。这里,消费者会意识到一项创新,对其进行思考,收集相关信息,并根据这种信息形成态度。如果消费者持赞许态度,那么他或她会试用该产品。如果试用体验良好,该消费者可能会决定采用这一新产品。

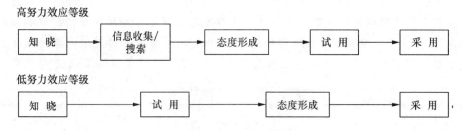

图表 16.5 采用决策过程

在决定采用一项创新之前,我们所投入的努力程度会存在差异。在一些情况下,我们会投入相当大的努力(例如,对提供物进行广泛的信息搜索和评估)。另外一些情况下,采用过程只涉及有限的努力。在这些情况下,我们首先采用创新,然后再确定我们是否喜欢这项创新。

消费者的动机、能力和机会决定了是否会出现高努力采用过程。高努力采用过程通常发生在消费者认为创新会引起心理、社会、经济、财务或安全风险之时。例如,消费者可能会认为穿某种新风格的衣服具有社会风险,因此他们会等其他人先去购买这种衣服。在早期,消费者会仔细思考购买 DVD 播放器的好处,因为将所有录像带都换成 DVD 的成本很高。

对于非连续型创新(与连续型创新相比),消费者更可能会经历高努力决策制定过程,因为他们对这种创新知之甚少,因而需要去了解它。在理解和欣赏不连续型创新的好处之前,消费者需要更多的信息。[20] 同样,当决策涉及许多人的时候,例如家庭决策或组织决策,人们也会使用高努力采用过程。[21]

当新产品涉及的风险较低(连续型创新的情况可能会如此)以及当购买过程涉及的人较少时,决策制定会跟随**低努力效应等级**(low-effort hierarchy of effects),即图表 16.5 中的下半部分。这里,在试用产品前,消费者只投入很少的决策制定努力来思考和研究该产品,接着他们会根据试用情况形成态度。如果他们持有积极的态度,他们可能会采用该创新。在低努力效应等级中,从知晓创新到试用或采用创新之间经历的时间可能会很短。

> **低努力效应等级**:在付出有限决策制定努力的基础上购买一项创新。

营销启示

> 理解消费者的采用决策是基于高努力采用过程还是低努力采用过程对营销人员有重要启示。例如,如果采用涉及低努力,营销人员需要竭尽全力鼓励消费者试用。由于试用和购买之间的时间很短,因此试用对于鼓励消费者购买产品十分有效。当咪咪乐猫粮公司推出 Wet Pouches 猫粮时,该公司在纽约开设了一家咪咪乐咖啡店,邀请消费者带些样品回家,或者把他们的猫带来品尝各种不同口味的猫粮。这家咖啡店取得了巨大成功:公司在 12 天就送出了 14 000 份样品。[22]
>
> 对于高努力采用过程,营销人员需要竭尽全力减少采用创新的感知风险。例如,多数消费者都抵制采用赛格威电动车(Segway Human Transporter),这种产品是一种自平衡的踏板车,其最高时速为每小时 13 英里,每次充电可行驶 15 英里。一些抵制是由于其高价格(3 000 美元及以上),一些是由于消费者对学习驾驶的担忧,还有一些是由于戴头盔规定的不明确所造成的。尽管该产品推出时经媒体宣传后许多消费者都知道该产品,但是很少有人看到或试驾赛格威电动车。然而,媒体对赛格威电动车可用于旅游或其他目的的宣传给予了消费者更多的信息。该公司还向每位购买者进行免费的培训,播放讲解踏板车安全性的录像,并赠送一本详细的使用说明手册。[23]

消费者何时采用创新

消费者采用创新的时机存在差异。图表 16.6 中所示的框架根据消费者采用决策的时间识别出了 5 个采用者群体。[24] 前 2.5% 的市场采用者被称为创新者。之后 13.5% 的采用者称为早期采用者。随后的34%被称为早期大众。再后面的34%被称为晚期大众。最后16%购买产品的人被称为落后者。

采用者群体的特征

采用者群体往往会展示出不同的特征，如图表16.6所示。例如，研究表明，创新者是技术的爱好者，希望成为高科技新产品的第一批用户，即使是这些产品还存在一些问题和缺陷。[25] 数字媒体中心——连接或囊括PC、TV、立体声以及其他高科技家庭娱乐中心组成产品在内的新设备——的制造商最初就以创新者为目标市场。[26]

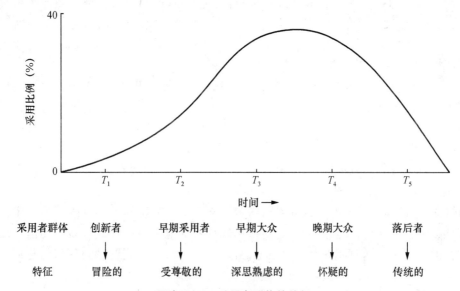

图表16.6 采用者群体的特征

研究人员识别出了在采用创新方面相互区别的5种消费者群体。创新者是市场中首先采用创新的消费者，而落后者是最后采用的消费者。每群采用者都具有一定的特征。

早期采用者是产品类别中的有远见者。他们欣赏技术上创新的产品并不是因为其技术上的特性，而是因为其创造做事方式的革命性突破的能力。一家研究公司发现，大约16%的美国家庭是技术领先型家庭——早期采用者。这些家庭希望得到更快捷、更新颖和更先进的产品，从而帮助他们的工作和家庭生活变得更有效率和有趣。尽管他们也知道，新产品推出不久后，其他一些产品将会更便宜，也会比当前市场中的创新产品更便于使用，但是他们并不愿意为将来的产品而等待。技术领先型家庭往往比较年轻、受教育程度更高，也比一般美国家庭有更多的子女。[27]

早期大众是一群实用主义者，他们追求那些在现有技术上进行增量和可预测改进的创新产品。由于他们不喜欢冒险，他们十分关心创新产品的制造商是谁，该公司的声誉如何。他们有兴趣了解创新产品与他们当前的生活方式和当前拥有的产品的匹配程度，他们还关心创新产品的可靠性。他们是价格敏感型的消费者，当有竞争者进入市场时，他们会感到十分开心，因为这样他们就可以比较产品的特性，并确认产品的最终实用性。

晚期大众的消费者更为保守，他们对进步十分警惕，依赖传统。他们经常对高科技产品感到恐惧，他们购买高科技产品的目的只是为了不落伍。他们喜欢购买将所有功能都组合到单一、便于使用的包装中的预装配产品。落后者是采用最慢的群体,通常疑心很重。尽管落后者抵制创新,但营销人员仍能通过理解为什么这一群体会怀疑创新而获得深刻见解。例如,为什么有些人不用个人电脑(PC)而用其他方式来储存、分析和沟通信息?他们担心非印刷形式存档的数据会丢失或放错地方吗?他们担心信息安全或担心他们永远学不会正确使用电脑吗?了解这些问题的答案能帮助企业更有效地向该群体营销产品。这些答案还能帮助公司开发出解决消费者恐惧的创新扩展设备。

采用者群体分类的应用

采用者群体的一个重要启示是,一项创新要想在市场中扩散,它就必须能吸引每一个群体。不幸的是,许多可能有用的创新并没有成功地吸引大众市场,因为这些创新的营销方式并没有注意到采用者群体的特征。一些短命的产品,例如苹果 Newtown 手写输入电脑和 Flooz 在线购买信用系统等,都落得这样的下场。[28]

一些研究人员对这种采用者群体的 5 种类别分类方案提出批评,因为这种方案假设这些类别出现于所有类型的创新中。批评者认为,不同的创新可能会有更多或更少的分类。[29] 同样,认为采用者类别中的消费者数量服从钟形曲线这一假设也可能不正确。例如,除了图表 16.6 中所示的采用者比例所形成的钟形曲线之外,某些产品会将前 1% 的采用者作为创新者,之后的 60% 作为早期采用者,再后的 30% 作为早期大众,随后的 5% 作为晚期大众,而最后的 4% 作为落后者。

事实上,一些研究人员并不认同将创新者定义为新产品刚问世后就购买的一定比例的人。这些研究人员认为,创新者应该是那些尽管从未从他人那里听说过新产品但仍决定购买新产品的人。[30] 通常这样的消费者的确会在新产品上市后不久就会购买,但是他们做出这样的决策是根据他们自己的感觉,而不是根据他人的意见。

其他研究表明,考察使用率和使用的多样性能帮助营销人员理解创新是如何在市场中扩散。[31] 例如,图表 16.7 中的使用—扩散模型识别了家庭科技(如 PC)的具体用户类型:高度使用者(创新产品对他们有多种用途,使用率很高)、专业化用户(高使用率但使用的多样性较低)、非专业化用户(使用的多样化较高,但是使用率较低)以及有限用户(使用的多样化较低,使用率也较低)。

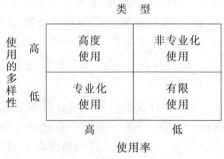

图表 16.7　家庭科技创新的使用—扩散模式

营销启示

无论营销人员是否接受 5 种类别采用者分类方案，出于以下几个原因，他们都承认率先购买新产品的消费者非常重要。首先，由于创新者不依赖他人意见而采用新产品，他们更可能接受有关新产品的信息，包括来自于营销人员的信息。其次，由于对创新产品的体验，他们还可能与其他人沟通信息，从而对他人的采用决策施加规范影响和信息影响（见第 15 章）。由于这些原因，许多研究人员希望能更好地了解谁是创新者，以及如何通过营销沟通和恰当的媒体来接触创新者。

人口统计变量

第 12 章和第 13 章中所介绍的一些人口统计变量与创新者有关。[32] 例如，创新者往往比其他消费者更年轻、更富有以及受教育程度更高；落后者年龄更大、收入更少、教育程度更低以及职业地位也更低。宗教有时也与创新采用有关。例如，门诺教的消费者不会采用许多创新产品，包括汽车、电器和电话。

这些人口统计变量与创新性之间的关系有一定依据。首先，教育程度高的人往往是媒体的高度使用者，因此往往要比教育程度低的人更早地了解到新产品。其次，高收入消费者能买得起创新产品，他们采用新事物所感知到的财务风险也更低。像文化的起源这样的人口统计变量也与创新性有关。例如，韩国和日本的消费者被认为是新科技的创新者，这一事实能够解释为什么韩、日成为高科技创新产品（例如通过宽带互联网传递的服务）的问世地点。[33]

社会影响

创新者与第 15 章中所探讨的社会影响因素也有联系。[34] 他们往往拥有超出其群体的巨大社会影响力，他们往往也是意见领袖。尽管这一发现并没有出现于所有的研究中，创新者由于他们的观点被非采用者分享和注重而拥有影响力，这一点也是合理的。

人 格

一些人格特征同样与创新的采用有关。[35] 例如，创新者的刺激需求很高，是内部导向型的消费者，没有其他消费者那般教条。但是，人格特质和创新性之间的关系并不强烈。[36] 创新者在制定决策时也会比其他消费者计划和思考得更少。[37]

一些研究人员认为不应当测量（作为人格特质的）"内在创新性"，更好的方式应当是在具体的消费领域中考察消费者的创新意愿。例如，另类音乐的创新者可能会对一些语句有更积极的反应，如"通常，我是我的朋友圈中几个率先下载另类摇滚 CD 专辑的人"或"我要比其他人更早得知新另类摇滚节目的名字"。但是，在时尚领域的创新者对这些语句却不会有相似的反应。[38]

文化价值观

创新的采用与文化的来源以及与文化相连的价值观也有联系。一项在 11 个欧洲国家所做的研究发现，创新性与崇尚个人主义而非集体主义、强调自持而非支持、重视对变化的开放性而非保守主义的文化有关。[39]

媒体涉入

其他研究表明,创新者对媒体的使用频率很高,并广泛依赖外部信息。[40]他们往往认为自己是积极的搜寻者和信息的传播者。[41]这一发现是有道理的,因为要想影响其他人的采用决策,创新者不仅要能获得信息,而且也要愿意传播信息。

使用

最后,创新者可能是产品类别中的高度使用者。[42]经常喝软饮料的消费者可能是新软饮料的创新者,因为他们经常会购买,因而更有可能注意到这些新产品。此外,也许是由于其经常使用和高媒体涉入度,创新者通常也是产品类别中的专家。

扩散

随着市场中采用创新的消费者数量不断增加,创新就在市场中进行传播或扩散开来。尽管采用反映的是个体行为,但**扩散**(diffusion)反映的是市场中消费者的群体行为。更具体地说,扩散反映的是在某一时点上采用一项创新的人口比例。例如,在美国、阿根廷、智利、南非和许多欧洲国家,手机的使用率超过了3/4的人口(参见图表16.8)。[43]

> **扩散**:在某一时点上采用一项创新的人口比例。

由于营销人员对他们的提供物在市场中成功的扩散十分感兴趣,他们希望理解两个重要的扩散问题:提供物如何在市场中扩散以及扩散的速度有多快。

提供物如何在市场中扩散

一种考察提供物如何在市场中扩散的方式就是考察随时间变化的采用模式。从营销人员的视角来看,如果在新提供物刚一上市每个人就都采用了该提供物,那么事情会变得非常简单。但是,这种情况十分罕见;事实上,有几种扩散模式已被识别出来。

S 形扩散曲线

一些创新展现出了 **S 形扩散曲线**(S-shaped diffusion curve),如图表 16.9(a)所示。[44]根据这一模式,开始时,产品的采用十分缓慢;在图中的时点 1 和时点 2 之间,整个市场中只有相对较少比例的人采用了该产品。但是,经过一段时期后,采用率急剧上升,许多消费者在相对短的一段时期内采用了该产品。在时点 2 和时点 3 之间,采用该产品的消费者数量急剧上升。接着,采用率以递减的方式增长,扩散曲线也逐渐变得平缓。

> **S 形扩散曲线**:以缓慢的初期增长和随后的快速扩散为特征的一种扩散曲线。

例如,微波炉在刚上市时扩散十分缓慢。随着消费者对微波炉越来越了解,营销人员也推出了与微波烹饪相配套的更多的产品(食谱、小吃、炊具等),微波炉的采用率开始急剧上升。如今,人们已经广泛接受了微波炉,许多消费者无论在家中或办公室都有一台微波炉。

图表 16.8　手机的扩散

手机在非洲要比在世界上其他地区扩散得更快,这刺激更多的制造商和服务提供商进入像博茨瓦纳这样的市场。

指数扩散曲线

另一种类型的扩散曲线是**指数扩散曲线**（exponential diffusion curve），如图表 16.9（b）所示。[45] 与 S 形曲线不同的是,指数扩散曲线开始时的扩散速度更快,当产品一上市,市场中很大比例的人群就采用了该产品。但是,随着时期的推移,采用率的增长开始趋缓。

> **指数扩散曲线**:以快速初期增长为特征的一种扩散曲线。

影响扩散曲线形状的因素

许多因素会影响扩散曲线的最终形状。通常,如果创新具有某些社会、心理、经济、绩效或生理风险的话,营销人员会预计出现 S 形扩散曲线。在这种情况下,消费者希能在采用创新前等待一段时间,看看其他人如何使用该产品,对它有何反应。如果消费者不能确信新产品能在市场上存活很久,或者不清楚使用新产品是否有高转换成本,扩散的初期也

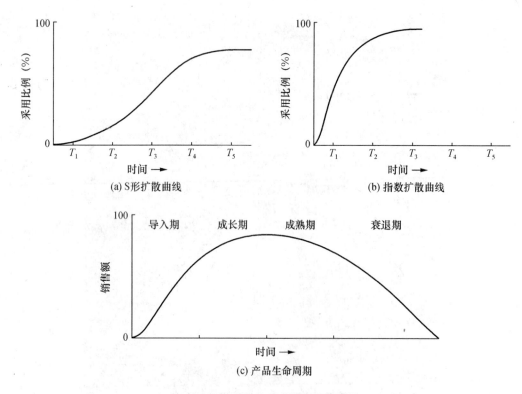

图表16.9　扩散和产品生命周期曲线

有几种扩散模式已被识别出来。(a)对于S形扩散曲线来说,初期扩散缓慢,之后迅速增长,随之又趋于平缓。(b)对于指数扩散曲线来说,许多人会迅速采用创新。(c)产品生命周期曲线描绘了随时间推移某一提供物销售额(而非累积扩散)的变化。

会十分缓慢。电脑和CD播放器的扩散就遵循S形曲线。当消费者相距较远,无法与他人讨论创新产品或无法分享相同的信念时,S形扩散模式也会出现。

相反,当创新很少涉及风险,转换成本很低,消费者有相似的信念和价值观,或人们经常谈论产品并通过社会系统快速传播知识时,产品的扩散会十分迅速,并遵循指数扩散曲线模式。需要注意的是,这些曲线反映的只是市场中消费者的产品采用率,而不是时间期限。换句话说,S形或指数曲线能反映1年或30年期间所出现的扩散情况。此外,这些曲线可以反映功能型、象征型或享乐型创新的扩散。

扩散与产品生命周期有何关系

如图表16.9(c)所示,**产品生命周期**(product life cycle)的概念指出,产品起初会经历导入期,随后会经历快速增长期,此时更多的竞争者进入市场,更多的消费者开始采用产品。随着竞争的激烈,弱小的竞争者被淘汰,产品销售进入平稳阶段。但是,在某一时点,消费者采用率开始下降,产品销售开始衰退。

> **产品生命周期**:认为产品经历导入期、成长期、成熟期和衰退期的一种观念。

产品扩散与产品生命周期是相互联系又相互区别的两个概念。扩散关注的是采用产品的市场比例;当市场中100%的人购买了产品时,扩散就会结束。另一方面,产品生命周期与随时间推移的产品销售额有关。此外,扩散曲线通常是累计曲线,也就是说,随时间推移扩散曲线会持续增加且至少保持在同一水平上。但是,随着消费者决定今后不再购买,产品生命周期曲线会呈现下降趋势。例如,当拨盘式电话这种创新扩散到整个市场后,它被另一种创新——按键式电话所取代,新创新占据了主导地位,这种老式电话的销售额最终下降。

营销启示

理解产品生命周期的营销人员可以尝试——也许可以通过寻找产品的新用途——阻止产品的衰退。例如,自尼龙在20世纪40年代问世后,这种产品有多种多样的用途——作为衣服、绳索、钓鱼线的原料等,因而它有很长的生命周期。蓝德麦克纳利(Rand McNally)将其产品详细地图印在地图集中、打包到软件中并可以用手机上网进行下载,从而延长了该产品的生命周期。[46]营销人员对产品新用途开发得越多或产品使用创新性越高,他们也越能延长产品的生命周期。

营销人员还可以尝试分析其提供物可能的生命周期模式。正如扩散曲线各不相同那样,不同产品生命周期曲线也会各不相同。**时髦**(fad)是一种产品生命周期很短的成功创新。神奇宝贝卡(Pokemon card)、踏板车和某些减肥产品就属于时髦产品。当红牛这样的功能饮料成为时髦产品时,百事、可口可乐以及其他公司也开始推出功能饮料以利用消费者的这种兴趣。[47]一些时髦产品会在其首次问世后再次流行起来。呼啦圈早在40多年前就开始流行,如今它作为一种保持身材苗条的产品又再度流行起来。[48]

时髦:一种产品生命周期很短的成功创新。

时尚(fashion)或潮流是一种生命周期更长且有可能周期性重复的成功创新。例如,某些艺术风格,如装饰派艺术风格就会经历时尚周期,某些服装风格,如大口袋裤和厚底鞋等,

时尚:一种生命周期更长且有可能周期性重复的成功创新。

经典:一种具有很长生命周期的成功创新。

也是如此。一些食物,例如泰式或墨西哥食品会经历时尚周期,某些消费行为(例如自然哺乳和人工哺乳)也是如此。波利尼西亚式餐厅曾在20世纪50年代十分流行,随后几十年却退出了时尚舞台。如今,它们又重新回到了纽约市、达拉斯以及其他一些城市,这些地方都新开张了名为"tiki"的餐馆(参见图表16.10)。[49]相反,**经典**(classic)是一种具有很长生命周期的成功创新。牛仔裤是美国的经典产品,摇滚乐、可口可乐和汉堡同样也是美国的经典产品。

尽管时髦、时尚和经典最常用于美学型或享乐型创新,它们也可以用来描述功能型或符号型创新,因为这些创新的生命周期同样有多种多样的形式。

图表 16.10　Tiki 潮流

像图中这样的波利尼西亚式的餐厅正重新成为时尚。

采用、抵制和扩散的影响因素

当了解到创新在市场上的扩散可以很快也可以很慢,以及新产品的成功取决于市场中有多少人会采用该产品之后,营销管理人员就需要理解影响采用、抵制和扩散的因素。以下将介绍包括创新的特征以及创新所在的社会体系的一些影响因素。

创新的特征

影响采用、抵制和扩散的创新特征包括感知价值、利益和成本。

感知价值

如果创新能提供比现有替代品更多的利益或更低的成本,那么消费者就会感知到这项创新的价值。产品的感知价值越高,该产品越容易被采用。

感知利益

一项创新对消费者的价值受到消费者感知该创新的**相对优势**(relative advantage)的影响,即受到该创新提供的利益高于现有产品的程度的影响。如果新产品能够帮助消费者避免风险、满足需要、解决问题或实现目标——这些都是影响消费者采用决策的准则——那么它就能提供相对优势。事实上,研究表明,产品优势是预测新产品成功的重要因素之一(参见图表 16.11)。[50]需要注意的是,相对优势是指产品能为消费者做的事情,而不是产品本身。因此,像丰田普锐斯这样的混合动力汽车的相对优势不在于它们的特性,而在于其拥有者

> **相对优势**:创新提供的利益高于现有产品。

能够节省油费和保护环境。

图表 16.11　相对优势

拥有明显相对优势的创新往往会被迅速地采用。

但是,如果消费者没有感知到新产品的产品优势,或者认为这种优势并不重要,那么这种创新将会面临抵制。金宝汤业就曾面临这种情况,该公司"即食汤"(Soup at hand)的一位高级品牌经理这样说:"我们推出的塑料袋包装的汤,已经在市场上销售了3年,但是消费者从来没能理解这种塑料包装与罐头包装相比有何区别。"[51]

如果消费者能在不同情境下使用产品,那么消费者会认为产品利益更有价值。**使用创新性**(use innovativeness)是指以新方式或创造性方式

> **使用创新性**:发现与产品最初用途不同的新用途。

使用产品,就像消费者会使用烘焙苏打来为猫便盆除臭的一样。[52]事实上,顾客的使用创新性让力槌(Arm&Hammer)推出了一款新的猫便除臭产品。

感知成本

产品价值的另一个方面是其感知成本。购买成本越高,抵制也越强,因而扩散也越缓慢。例如像普锐斯这样的油电混合动力汽车,它比普通汽车的初始成本更高。尽管在开始

时较高的感知成本会减缓扩散速度,但是这种汽车的相对优势随着油价的蹿升而显露出来,从而导致对低油耗汽车的更高需求。相反,随着制造效率提高带来成本和价格的下降,DVD 播放器的扩散速度加快了许多。[53] 转换成本——从现有产品转换到新产品的成本——也会是个问题。因此,当收藏了大量 PlayStaion 游戏的消费者考虑是否购买一台 Nintendo Wii 时必定会十分看重转换成本。

营销启示

如果消费者并不认为一项创新具有相对优势,营销人员就需要通过对该创新进行物理上的重新设计或再造来增加相对优势。

沟通和演示相对优势

公司必须告知不了解产品或其相对优势的消费者。当亚马逊推出其 Kindle 无线阅读设备时,该公司在其网站上发布视频来演示该产品是如何工作的。当这种阅读器投放市场后数月,亚马逊在其主页上增加了链接到这些视频和更多产品信息的地址。[54] 沟通创新优势的另一种方式是通过高度可靠和可见的意见领袖。为了做到这一点,亚马逊将 Kindle 的样品寄送给了《纽约时报》和其他一些主流媒体的有影响力的评论人。

利用价格促销降低感知成本

如果消费者认为产品太贵,公司可以利用特殊的价格导向促销方法来降低感知成本,例如减价、折让或现金返还等。FluMist 是一种喷鼻式流感疫苗,通过提供 25 美元的邮寄折扣来提高采用率,减少该产品与流感针相比的感知成本。[55] 营销人员还可以提供保证和担保,从而使产品看起来不那么贵。另外,营销人员可以寻找更便宜的方式生产产品,并以降低价格的方式让利于消费者,这种策略曾被电子表的营销人员所使用。

为转换提供激励

如果消费者不采用创新是由于他们认为转换成本较高,那么营销人员可以为转换提供激励。这种情况解释了为什么剃须刀公司经常免费赠送剃须刀柄,从而鼓励消费者转用新一代的刀片。公司还可以通过广告来告知消费者不进行转换的成本。最后,营销人员可以令其创新成为行业标准,例如,通过高质量、便于使用或低价格而成为占统治地位的替代品。

不确定性

除了创新的特征外,创新的不确定性也会影响其采用、抵制和扩散。有些方面的不确定性会尤其重要,例如什么将会成为行业标准的疑问。当索尼首次推出配有蓝光 DVD 的 PlayStaion3 游戏平台时,曾经引起了关于究竟是蓝光 DVD 还是 HD DVD 将会成为 DVD 新行业标准的争论。PlayStaions 的销售一直滞后于计划,直到蓝光赢得了产业标准后才得以改观。[56]

另一方面是对要求消费者做出重大行为改变的产品相对优势的不确定性。[57] 消费者通常对不连续型创新（与连续型创新相比）的有用性感到更不确定。[58] 令人感到吃惊的是，对于结合了新界面和新功能的高科技产品，给消费者提供更多的信息反而会增加消费者对产品优势的不确定性。这种现象的发生是因为消费者对新界面十分关注，在加工信息时会推断采用该产品后可能的负面结果。[59]

第三个方面的不确定性是产品生命周期的长度。与时尚或经典产品相比，消费者更可能抵制购买时髦产品。例如，如果你认为细高跟鞋的款式很快会过时，你可能会放弃花80美元购买这样一双细高跟鞋。对生命周期长度的关心在服装和高科技市场中十分常见，在这些市场中产品经常会改变或改进。

营销启示

当消费者由于担心提供物生命周期短而抵制创新时，营销人员可以展示该产品有良好的适应性，因而很有可能具有较长的生命周期。例如，数字视频摄像机的营销人员可以展示其产品可以升级，能与先进系统连接，或者有其他可以延长生命周期的用途，从而能继续向消费者传递价值，这样可以打消消费者对该产品会迅速过时的担忧。

对消费者学习的要求

影响采用、抵制和扩散的第三个特征是对消费者学习的要求——或为了有效使用创新产品，消费者需要做些什么。这种学习要求涉及兼容性、可试用性和复杂性。

兼容性

消费者经常会由于创新与他们的需要、价值观、规范和行为不相容而抵制创新。[60] 创新与消费者的价值观、规范和行为越**兼容**（compatible），他们越不会抵制，产品也更容易扩散。高乐士消毒擦布（Clorox Disinfecting Wipes）是一款新产品，它与人们传统的清洁厨房和浴室的习惯相一致，而且还能提供便利性这一相对优势。[61] 另一方面，Ziploc Tabletops "半抛弃型"盘子与消费者使用完一次性盘子就丢弃的行为不兼容。这种盘子要比通常的一次性盘子更耐用，但是其价格却相当于低档的普通盘子。结果，强生公司在该产品上市不到两年的时间里就取消了该产品。[62] 图表16.12是兼容性的另外一个例子。

> **兼容性**：创新与消费者需要、价值观、规范和行为相一致的程度。

创新与消费者价值观、目标和行为的不兼容会引起一些潜在的严重后果。与之特别相关的一个案例是营销人员试图鼓励拉美、非洲和亚洲的发展中国家的母亲使用奶瓶哺乳。制造商的广告中表现的是母亲与漂亮的、胖胖的、健康的婴儿在一起的画面。广告文案是"给你的孩子爱和Lactogen"（Lactogen是一种婴儿配方奶粉）。广告中所呈现的现代场景吸引了高收入、高教育水平的消费者，也吸引了那些希望像受过良好教育的人士那样生活的农民家庭。不幸的是，多数摩纳哥民家庭都买不起这种昂贵的奶粉，因此他们用水稀释奶粉，从而导致婴儿营养不良。此外，他们对于给奶嘴和奶瓶消毒等的方法也不了解，结果导

图表 16.12　兼容性
当产品与消费者的规范、价值观和行为兼容时,该产品能在市场上更快地扩散。

致细菌滋生,婴儿生病。因此创新与消费者行为之间的不兼容导致了难以预料的问题。[63]

可试用性

对消费者学习要求的第二个方面是创新的**可试用性**(trialability),即产品在被采用前能够有限试用的程度。像微波炉食品这样的产品在几分钟内就能进行测试和品尝。但是,对于激光眼科手术之类的创新事实上不具备可试用性。由于试用能让消费者评估产品的相对优势和潜在风险,容易试用的产品往往要比那些不容易试用的产品在市场中扩散得更快。

> **可试用性**:产品在被采用前能够有限试用的程度。

可试用性通常对于创新者和早期采用者十分重要,因为他们很少有其他的能够判断创新价值的方式。对于晚期采用者来说,试用不太重要,因为他们知道有许多人已经采用了这种创新,因而能了解其效果。[64]

复杂性

复杂性(complexity)是与采用和扩散有关的最后一种学习要求。当消费者认为他们理解或使用某一新产品很困难时,扩散可能就会比较

> **复杂性**:理解或使用创新的复杂和困难程度。

慢。有多重性能的产品可能看似有用,但是这么多种性能也会导致消费者认为这种产品过于复杂。[65]事实上,消费者对具有新属性的复杂产品的评估会更低,因为他们担心需要花时间去了解这些新特性。[66]这种知觉给营销人员造成了问题,因为消费者往往会低估他们处理复杂性的能力。[67]数码摄影起初的扩散非常缓慢,因为消费者认为将数码影像从照相机中传送到电脑中、用软件处理影像并打印高质量照片等做法十分复杂。[68]其他一些产品,例如DVR播放器则扩散得更快,部分是由于这些产品便于使用。

营销启示

营销人员可以用一些策略来减少消费者对新产品的抵制。

提高兼容性或降低复杂性

营销人员可以对创新进行重新定位,使之看上去与消费者的需要和价值观更一致。当金宝汤放弃了味道的定位并重新定位于营养和低热量后,它又大受欢迎。[69]但是,有时候公司必须重新设计提供物,以克服不兼容性并减少复杂性。例如,照片共享网站Flickr上有全世界用户所贡献的20亿张以上的图片。为了便于消费者找到特定类型的图片,Flickr增加了一个特性,允许消费者按地点和按搜索关键词进行浏览。该网站还提供了一个虚拟的"how to"站点导航并强调了其主页上用途的重要利益。[70]

告知兼容性

公司可以利用促销来表明它们的创新实际上与消费者的需要、价值观、规范或行为十分兼容。例如,一些发展中国家的消费者并不采用现代医学和技术来防治疾病。像世界卫生组织这样的机构解决这种问题的一种方式就是通过开展教育课程来展示疫苗的价值和治疗痢疾的方法。[71]广告也可以用于表明即使一种新提供物需要采用新行为,但是它仍然会更便于使用,或者要比现有替代品有更多的利益。

采用变革代理人

提高感知兼容性的另一种方式是采用变革代理人,如意见领袖。在农机、医疗和电脑到等多变的领域中,营销人员将新产品瞄准那些有影响力且高度受人尊重的人,让这些人了解新产品的好处,并通过他们传播产品的正面口碑。[72]

与产品系统匹配

一些营销人员通过对创新进行设计,使之与现有产品相匹配来解决不兼容的问题。宝洁公司的 Mr. Clean AutoDry 汽车清洁喷头设计得可以钩在任何花园水龙带上,从而使得该产品更简单、更便于消费者使用。宝洁的发言人评论道,产品的扩散率"超出了我们最大的想象"。[73]

使创新成为行业标准

有时,营销人员可以同管理者合作,强制要求采用创新。例如,烟雾探测器、安全带和无铅汽油都是由政府强制要求使用的创新。制造商正推出更多的混合动力汽车,因为美国州政府要求强制执行零排放以保证对空气的净化。[74]

利用促销提高可试用性

公司可以通过各种促销刺激使用。例如,免费样品可以鼓励抵制创新的消费者进行试用。当 NutraSweet 刚上市时,其制造商通过向数百万的消费者发放免费的含有 NutraSweet 的口香糖来促销。该公司之所以选择这种方式,是因为 NutraSweet 作为食品成分的口感要好于其作为单独产品的口感。

展示产品的兼容性和简单易用性

(在路演中或由销售人员执行的)现场展示以及在广告和在线视频中的展示能够表明产品易于使用且与消费者的需要、价值观和行为相兼容。当 Blendtec 在 YouTube 上发布视频展示其搅拌机是多么的坚固耐用、搅拌迅速及方便使用后,该公司的搅拌机销量增加了 500%。[75]

模拟试用

有时,公司需要模拟试用而非让消费者真正试用产品。在本杰明·莫尔(Benjamin Moore)艺术涂料的网站上,消费者可以使用"个人色彩查看器"来预览不同颜色的涂料涂在不同房间墙上的效果。

社会相关性

影响采用、抵制和扩散的第四个主要因素是创新的**社会相关性**(social relevance),尤其是其可观察性和社会价值。可观察性是指消费者可以看到他人使用创新的程度。一般而言,消费者越能看到其他人使用创新,他们也越可能采用这种创新。[76]例如,当肩背高尔夫球棒的人看到他人使用一种设计用于分散高尔夫球背包重量的肩带后,这种产品得到了消费者的接受。[77]另一方面,一种声称能测量体重的新秤不大可能有很好的可观察性,因为很少有人愿意当众称自己的体重(或希望别人了解其体重!)。[78]因此,扩散也会受到产品公开性和私密性的影响,正如第 15 章中所介绍的那样。

> **社会相关性**:一项创新可被观察到的程度或让他人认为该创新具有社会标记的程度。

社会价值反映了产品具有的社会标记的程度,这意味着产品被视为具有社会赞许性和合适性,因而会引起模仿、加速扩散。一项研究发现农场采用某些农业创新是因为这些创新比较昂贵,因而具有社会声望价值。这些研究还发现越早采用创新,该创新就越具有声望价值。[79]消费者有时会根据他们对使用者的社会声望的推断而采用美学型创新,例如新时尚、发型和汽车。

尽管社会价值会提高扩散,但基于声望形象的扩散实际上会缩短其生命周期,因为一旦该产品被大众所采用,它就不再具有声望价值。例如,设计师牛仔裤(designer jean)曾与声望和独特性相联系,但当市场中的每个人都开始穿这种牛仔裤时,这种产品就失去了声望价值。[80]

营销启示

运用第3章所介绍的提高注意和知觉的技术,可观察性可以通过独特性包装、风格和颜色或独特促销得到提升。[81]将产品与知名人士建立关联("佳得乐泰格"与高尔夫球星泰格·伍兹建立关联),或者通过广告来表现消费者使用这种产品将会获得社会性奖励也能提高可观察性。创新的社会相关性可以通过广告得到提高——尤其是将产品使用与潜在社会认可联系起来的广告。最后,营销人员可以将产品与某些社会实体、事件或价值相联系,从而提升社会价值。例如,让一种新饮料成为奥林匹克代表团的官方饮品将会增加其社会价值。

合法性和适应性

合法性和适应性也会影响采用、抵制和扩散,尤其是对于象征型和美学型创新。[82] **合法性**(legitimacy)是指创新在多大程度上遵循该类别中合适做法的原则。过于激进的创新或没有合法前身的创新会缺乏合法性。例如,摇滚乐和之后的说唱起初被认为是离经叛道的,因而扩散十分缓慢。相反,像 k. d. lang 这样的艺术家,其取得成功的部分原因就在于他们将两种合法的音乐风格(乡村和摇滚)融合成一种新音乐风格的能力。

> **合法性**:创新在多大程度上遵循该类别中合适做法的原则。

适应性(adaptability)是指创新与现有产品或风格相匹配的潜力,它是影响采用和扩散的另一个因素(参见图表 16.13)。[83] 例如,某些时尚或家具具有高度适应性,因为它可以与其他各种时尚或家具潮流都相适合。一些功能型产品(例如手机)具有高度适应性,因为它们具有多种功能。

> **适应性**:创新在多大程度上能培养新风格。

营销启示

通过向消费者展示创新是如何问世的,或者以消费者认可的方式展开营销活动,营销人员可以提高创新的合法性。菲力多公司(Frito-Lay)在向西班牙裔美国人营销拉丁风味的朵来多(Doritos)和乐事薯条时就是这样做的。采用比较缓慢,因为目标消费者"寻找的是原味的,并没有在这些品牌中找到",菲多利的首席营销官这样说。相反,该企业开始从墨西哥进口它的 Sabritones 酸辣面点,刚开始只在墨西哥裔美国人社区销售,但是由于消费者的狂热采用,很快在其他商店中也有这种的产品销售。[84]

相反,如果消费者认为产品缺乏适应性,营销人员可以表明该创新的用途已经超出了其原始功能。例如,曼越橘酱的制造商邀请消费者思考除了在感恩节晚餐作为调味品使用外,这种产品还会有什么其他的用途。[85]

图表16.13 产品适应性

如果创新能适应消费者的生活方式，这种创新会更为成功。

社会体系的特征

创新之所以扩散得有快有慢，部分是由于产品的特征，部分是由于创新所在的社会体系的特征。目标市场中人们的类型以及该社会体系中人与人之间的关系都会影响人们对创新的接受。

- **现代性**。采用、抵制和扩散受到社会体系的**现代性**（modernity）的影响。现代性是指社会体系中的消费者在多大程度上对变化持有积极

> **现代性**：社会体系中的消费者在多大程度上对变化持有积极态度。

态度。现代性的体系中的消费者重视科学、技术和教育，在商品生产和劳动力技术上以技术为导向。[86] 社会体系的现代性越高，消费者也越容易接受新产品。

- **趋同性**。趋同性，或者说是社会体系中成员之间的总体相似性，会影响对创新的接受。当市场中的消费者在教育、价值观、需要、收入以及其他方面高度相似时，创新的扩散一般会更快。[87] 因为首先，人们的背景越相似，他们越可能有相似的需要、价值观和偏好。其次，相似的人们之间更可能相互交流并传播信息。再次，相似的人们往往会相互模仿。同样，趋同性越高，规范影响的作用可能也越大，从而增加了采用创新的压力，加速了采用和扩散过程。

- **物理距离**。当社会体系中的成员之间较为分散时，扩散往往会更慢。在日本的一些

营销人员发现,日本的高中女生很会引领潮流。毫无疑问,这种能力是由于女孩之间的物理和情绪接近性以及她们愿意谈论所见到和使用过的新产品而造成的。[88] 类似的,当消费者之间彼此相互隔离时,创新的扩散会更慢。[89]

- 意见领袖。正如第15章所提到的,具有可靠性的人(例如专家或意见领袖)对创新采用有相当大的影响力,因为他们会向他人传播正面或负面产品信息。[90] 有一项研究分析了某一韩国村庄里女性有关家庭计划活动的信息扩散情况,发现意见领袖是她们十分重要的信息来源。不仅意见领袖所传播的信息重要,而且他们也成为该村庄里各小党派之间的联系桥梁。[91]

营销启示

营销投入可以通过影响社会体系而影响采用、抵制和扩散。例如,如果目标市场中的成员彼此之间非常不同,公司可能需要使用针对性沟通策略,表明产品与顾客的独特需要、价值观或准则具有相关性,公司还需要专业化(针对目标市场)的媒体向这些消费者传播信息。

公司还可以识别出那些没有采用创新的消费者。研究表明,非采用者可以分为三类:(1)被动消费者,他们试用过产品,但却不大可能向他人提供相关的产品信息;(2)主动拒绝者,他们试用过产品,但可能向他人传播产品的负面口碑信息;(3)潜在采用者,他们还没有试用过产品,但有可能受到主动拒绝者、主动接受者或营销人员的影响。不同的采用者和非采用者群体适用于不同的营销策略。[92] 例如,如果潜在采用者没听说过某项创新,广告可以令人们注意该创新并鼓励他们采用。但是,要想吸引主动拒绝者,则可能必须要进行产品改进。

由于营销活动能够通过影响创新和社会体系而对扩散产生影响,因此营销投入越多,创新在市场中的扩散速度也就越快。[93] 正如第15章所提到的,一项创新的媒体覆盖(例如iPhone)通常要比公司自己的沟通活动更可靠。以意见领袖和网络而非以消费者为目标同样可以激发正面口碑,在路演或在线视频中的产品展示也可以做到这一点。营销人员可以采取一些措施跟踪口碑、产生正面口碑、抵消负面口碑。

创新的后果

尽管创新经常会提供先前产品所没有的相对优势,但创新也并不总是有利于社会。有一项研究考察了铁斧在澳大利亚丛林中的一个土著居民部落中的扩散情况。[94] 在这项创新引入该部落之前,石斧是该部落的主要工具。只有男人才会使用石斧,石斧是作为一种礼物奖赏给他们,或作为付出劳动的报酬。石斧被认为是男子汉气概和尊重的象征。但是,传教士将铁斧带到了这个社会体系中,并把它分发给男人、女人和儿童。这种分发方法扰乱了该部落成员之间的性别和年龄角色,因此影响到了这一社会体系。

创新还可能会有负面的社会经济后果。例如,一项研究考察了照影扫描机在医疗社区的扩散,并发现了两种重要的社会后果。首先,这项创新往往是在富裕的市场中扩散,而在贫穷落后的农村地区却无法享受这项技术。其次,这项创新费用昂贵,被人们认为会推高医疗费用。[95] 考虑到这些无法预料的社会和经济后果,作为消费者我们应当谨慎,避免对所有创新抱有一致赞成的偏见。

总　结

　　创新是指某一细分市场中的消费者认为是新的产品、服务、观念或属性。创新可以分为功能型、象征型或享乐型创新,创新在要求人们行为的改变程度上存在差异。产品创新的程度可以从连续型创新一直到不连续型创新。创新可以表现为时髦、时尚或经典,因此创新可以展现出较短、中等或较长的生命周期。通过扩大创新的广度以及鼓励消费者发现产品的创新用途,营销人员可以做到延长产品的生命周期。

　　营销人员对于创新可采用的策略包括减少消费者对创新的抵制、促进消费者对创新的采用以及影响创新在市场中的扩散。当创新涉及风险时,高努力或低努力效应等级过程会发生。一些个体被称为创新者,他们是最先采用新产品的那批消费者,他们的决策不依赖于其他人。公司可以以创新者为目标市场,因为他们对产品的采用会通过口碑或社会示范而影响到其他消费者的采用决策。

　　采用、抵制和扩散受到创新的特征和创新所在的社会体系的影响。当消费者认为创新对他们有价值时,例如能提供相对优势、价格低或转换成本低时,克服对创新的抵制最容易。当创新对学习的要求很少或与消费者的现有需要、价值观和行为相兼容,易于试用,易于使用,低风险时,消费者对创新的抵制程度会更低。如果创新被认为具有高社会相关性、高合法性和适应性,那么与这些因素都较低的情况相比,创新所遭遇的抵制也会更少。创新所在的社会体系的特征同样会影响采用、抵制和扩散。社会网络的密度越大、社会体系中的消费者的趋同性越强,采用者也越可能向非采用者传播信息,进而影响到非采用者采用产品的可能性。但是,创新的扩散有可能会导致一些负面的社会和经济后果。

1. 如何根据新颖程度和利益类型对创新进行描述?新颖程度如何影响消费者的行为改变?
2. 采用和扩散之间的区别是什么?抵制与采用之间的关系是什么?
3. 在什么情况下消费者在采用创新时会遵循高努力效应等级?
4. 如何根据消费者相对于其他消费者采用创新的时间来对他们进行分类?
5. 产品生命周期是什么?它与产品扩散有何不同?
6. 对消费者的学习要求和社会相关性如何影响抵制、采用和扩散?
7. 有哪些社会体系特征会影响市场对创新的接受程度?

消费者行为案例　紧凑型荧光灯：即将走近你的生活

在一个拥有40亿照明插座的国度里,平均每家一个电灯泡都会产生巨大的影响。如果美国家庭用一只紧凑型荧光灯(compact fluorescent lamp, CFL)更换一只普通的白炽灯,节省下的能量将足以照亮300万个家庭。单就这一改变对环境的影响就相当于800 000辆汽车停驶和阻止了450磅的温室气体排放到空气中。换个灯泡,拯救星球,减少能源成本——看似是一种双赢的局面。

然而,自从CFL发明到现在30多年来,这种灯泡的普及却十分缓慢。同时,商业化已经1个多世纪的白炽灯仍占到美国所有灯泡销量的90%以上。为什么CFL仍未普及开来?

- **高价格**。CFL没有大卖的一个重要原因在于每个CFL灯泡的价格相当于5到7个白炽灯泡。CFL的寿命最高可达白炽灯的12倍,只要换上几个这样的灯泡,家庭每月的电费支出就会有显著下降。但是,其初始花费却阻止了许多人更换这种灯泡。

- **与原来的灯泡并不一样**。第二个原因是,CFL在某些环境下并不像白炽灯那样有效,例如用在装有调光器的设备或者是探照灯上。由于这两类灯泡不能完全相互替换,因而要求消费者不得不做些研究或试验,以确定在什么时候他们可以或不可以用CFL替换白炽灯。因此,多数消费者仍旧用他们知道的灯泡,买他们先前用过的同样型号的灯泡。

- **仍旧太新潮**。直到最近,一些CFL才摆上了商店的货架上,寥寥几个CFL必须要同货架上众多的白炽灯相竞争。CFL也很少做广告。尽管这种灯泡也在做公共宣传,但并非所有人都了解CFL的低能耗以及从白炽灯转到CFL的长期成本利益。

- **处置问题**。由于CFL含有汞,因此它们不能像普通灯泡那样直接扔掉,而是必须作为危险废品进行处理。希尔维尼亚(Sylvania)向顾客提供特殊的包装,让他们将用坏的CFL丢给联邦快递或当地的邮局来进行回收。但是,即使消费者了解到了CFL的好处,他们也许也不知道如何安全地处置这些灯泡。

如今,在零售商、制造商、公共事业公司和政府机构不断的推广宣传下,CFL已经逐渐盛行起来。沃尔玛正大力开展CFL的营销活动,在广告和网上对其进行宣传,鼓励沃尔玛的1亿顾客每人至少买一个新灯泡。沃尔玛甚至将CFL列入了环境友好型产品的返校购物清单中,并发布于Facebook上向"青少年绿色爱好者"宣传。像加利福尼亚州的太平洋燃气和电力公司(Pacific Gas&Electric)这样的公共事业公司免费发放CFL或低价提供CFL,以此鼓励消费者至少去试用灯泡。

一些大型的灯泡制造商,如通用电气、飞利浦和希尔维尼亚等公司通过印在包装上的信息以及广告和媒体访谈之类的营销沟通活动来告知消费者有关CFL的知识。随着新政府标准出台呼吁在今后10年内要逐步淘汰普通白炽灯,制造商也正在试验节能照明替代品,例如地热白炽灯、新型卤光灯、发光二极管(LED)灯泡。很快全美国的照明插座上将会用上CFL和其他新型灯泡。[96]

案例问题

1. 你认为CFL是不连续型创新、动态连续型创新还是连续型创新？这一创新水平如何解释为什么CFL在市场中的扩散十分缓慢？

2. 采用CFL的决策是遵循高努力还是低努力效应等级？对于制造或零售CFL的营销人员有何启示？

3. CFL的创新特征和对消费者的学习要求如何影响消费者对CFL的采用和抵制？

第 17 章 象征性消费者行为

学习目标

学完本章后,你将能够:

1. 讨论产品、特殊所有物和消费者活动是如何获得象征性意义,这种意义又是如何在消费者之间传递的。
2. 说明营销人员如何影响象征性意义。
3. 区分神圣物和世俗物,并讨论为什么这一区分对于营销策略很重要。
4. 理解赠送礼物的过程,介绍营销人员如何利用对这一过程的了解来更有效地进行营销。

导言:溺爱宠物 = 大生意

美国人对他们宠物的爱有多深?深到每年有 410 亿美元花费到与宠物有关的商品、服务、体验和活动上——其花费超过了美国消费者每年在看电影、玩电子游戏和购买音乐上花费的总和。超过 60% 的美国家庭在养宠物,无论他们的宠物是猫、狗、鱼、鸟、兔子、沙鼠、蜥蜴、小马驹,还是其他类型的动物。宠物通常被看做是家庭成员,或者被看做是其主人的代表,主人会给它们起名字,用特殊的衣服给它们装扮,给它们买圣诞礼物,往它们身上洒香水,给它们照相或录像,寄给它们贺卡或以它们的名义寄出贺卡,带它们去度假、给它们做按摩理疗,甚至为它们买健康保险。

养宠物给各种各样的业务带来了盈利的机会。消费者会为他们因上班将宠物独自留在家中或由于外出旅行寄宿宠物而感到难过或内疚,因此他们正在寻找宠物日托服务、宠物友好宾馆和豪华寄宿设施,如由全球最大的宠物产品零售商 PetSmart 所提供的配有电视的专用套房。特别的宠物需要特别的食物,这种情况能够解释为什么像宝洁和雀巢这样的企业每年要花费 3 亿美元为各种各样的宠物食品做广告,并投入数百万美元研究新膳食和包装。如果宠物生病了,许多主人都愿意敞开钱包为其提供特殊的治疗、医护和药品。[1]

宠物可以具有象征性意义,这正是本章的重点。本章第一节考察了产品或消费体验中象征性意义的形成、象征性消费者的功能以及象征性消费如何影响我们的自我概念。接下来的一节解释了为什么一些产品要比其他产品更具有意义。一些产品非常特殊——甚至是神圣的——需要消费事件（consumption practice）保持这些产品的特殊性。最后一节讨论了意义如何通过赠送礼物而从一个人传递到另一个人（参见图表17.1）。对象征性意义如何影响消费者行为的了解有助于营销人员开发和识别目标市场、创建能满足需要的提供物以及制订合适的沟通方案。

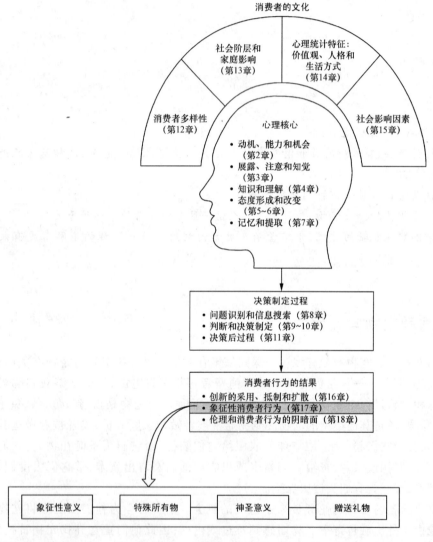

图表17.1　本章概览：记忆和提取

产品和消费活动可以象征着我们自己和我们与他人的关系。在本章中，我们将考察产品和消费活动如何承载和传达意义。我们还会讨论某些所有物和消费活动如何承载特殊意义甚至神圣意义。最后，我们将讨论赠送如何象征着我们对礼物接收人的感受。

象征性意义的来源和功能

要想理解为什么有些消费者要溺爱他们的宠物，我们需要知道与这些宠物有关的意义和相关的提供物来源于哪里，这些提供物和活动履行了什么样的功能。正如图表17.2所示，这种意义既可以源于我们的文化，也可以源于我们自己。

图表17.2　消费符号的来源和功能

消费者以各种意义使用产品，从而获得一系列功能。这些功能综合起来能够帮助消费者界定自我概念。

源于文化的意义

与产品有关的意义部分来自于我们的文化（参见图表17.3）。[2] 人类学家提出，我们拥有对诸如时间（工作时间和休闲时间）、空间（家里、办公室、安全或不安全的地方）以及场合（欢乐和悲哀的事件）的**文化范畴**（cultural categories）。我们还拥有能反映人们特征的文化范畴，例如性别、年龄、社会阶层和种族范畴。

> **文化范畴**：对事物的自然分组，这种分组能反映出我们的文化。

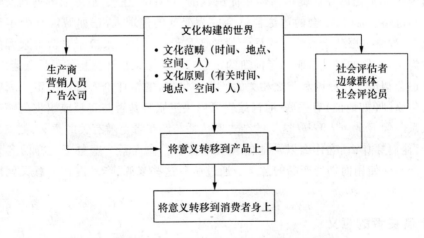

图表17.3　意义从文化到产品再到消费者的转移

出现于文化层面上的意义（例如年轻）可以与产品建立起联系（例如Burton滑雪板）。营销人员和非营销人员（例如意见领袖、媒体）在这一联系过程中都具有重要作用。与产品相关的意义进而被转移给使用产品的消费者。

文化范畴中暗含着**文化原则**(cultural principles)——能够明确说明如何思考和评估我们文化中各个方面的观念或价值观。例如,与"工作时间"有关的文化原则规定这种时间为结构化、组织化和精确化的时间。而与"休闲时间"相关的文化原则却有很大区别。文化原则赋予了产品意义。这就解释了为何我们在工作时间所穿的服装要比休闲时间所穿的服装更加结构化和组织化。此外,我们对不同的场合也拥有文化范畴,包括欢乐的(活力、积极和精力充沛的)场合以及悲伤的(阴暗、寂静和消极的)场合。我们所认为的适宜于不同场合的服装就反映了这些性质。

> **文化原则**:明确说明如何组织、感知和评估我们文化中各个方面的观念或价值观。

我们还拥有与社会地位、性别、年龄和种族相关的文化原则。例如,"女性"这一范畴在传统上与优雅、古怪、有表现力、多变等概念有关。而"男性"这一范畴在传统上与遵守纪律、可靠、认真等概念有关。营销人员要让产品和消费者使用产品的方式与这些原则相一致。因此,女性的服装向来都比男性的服装更优雅、古怪、富有表现力和多变。图表17.3表明,通过将产品特征与文化原则和范畴相匹配,我们就会将与文化原则相关的意义转移给产品。例如,我们会将某些服装看做"女式服装"或"工作服",这是因为我们将其与相应的文化原则和范畴关联了起来。

图表17.3还表明,许多代理人会在这种关联和匹配过程中发挥作用。首先,产品设计者和制造商推出能反映文化原则的产品。例如,哈雷戴维森的摩托车具有"男子气概"的特征。这种文化原则与提供物之间的匹配能够解释为什么当马术竞赛体现出自由、独立和竞争这些与美国西部相关的性质时,美国的消费者会认为这种马术竞赛更真实。[3]营销人员也可以将其提供物与特定文化范畴或神话关联起来,从而赋予提供物意义。因此,哈雷戴维森开发出了能表达什么才是真正的"摩托车骑士"的服装、配件和信息。[4]

意义同样可以来自于非营销来源。一些人会作为意见领袖,他们塑造、升华和重塑文化原则以及与之有联系的产品和属性(参见第15章)。例如,主演了《欲望都市》的明星莎拉·杰西卡·帕克出席商店促销活动来促销她的"Lovely"香水,她可以影响到女性认为是性感的产品范畴。[5]有时,社会的边缘群体会成为变革的代理人,正如城区青少年身穿破碎的、充满街头智慧的服装会影响主流设计师的产品设计那样。[6]来源于非营销来源的意义有时可以成为主流,例如耐克就聘用了前纽约市涂鸦艺术家来设计独特的限量版运动鞋。[7]

记者也会塑造文化原则和与之相关的产品。例如,餐馆评论人可以决定一家餐厅是否与某些文化原则(如地位)有关联,时尚编辑可以决定服装是否与年轻或嬉皮范畴或是其他范畴有联系。像 *Runner's World* 这样的杂志能传播与跑步者范畴有关的意义,例如跑步者是什么样子,他们穿什么、吃什么以及他们喜欢做什么。像麦莉·塞鲁士这样的名人也能通过他们对产品的使用而创造产品的意义。通过所有这些来源,产品内在的意义就能传递给消费者。

源于消费者的意义

除了来源于文化的产品象征性意义外,消费者还可以建立他们自己的与产品关联的意义。但是,无论意义是源于文化还是源于消费者,消费符号都能表现出作为群体成员或作为独特个体的消费者的某些方面。将上述两个方面相结合,就会形成下面将要介绍的符号的标记功能、角色获取功能、联系功能和表达功能。

标记功能

源于文化的意义使我们能够用产品来象征我们在各种社会群体中的成员身份——我们称之为**标记功能**(emblematic function)。连衣裙与女性有关,硬白领与牧师有关。我们所听的音乐象征着我们的年龄,我们所开的汽车象征着我们的社会地位。我们会有意或无意地用品牌和产品来象征我们所属的群体(或者我们希望属于的群体)。[8]同时,看到我们使用这些产品的人会对我们以及我们所归属的群体进行分类和推断(参见第4章)。仅仅通过观察一下他或她的所有物,我们就能够说出该人属于"冲浪者"、"兄弟会成员"或"富家子弟"等社会类别。[9]特别是,提供物可以作为地域、种族或社会阶层的标记。

> **标记功能:**用产品来象征我们在社会群体中的成员身份。

地域标记

产品可以象征着地域认同。例如,色彩鲜亮、宽松的服装象征着对美国阳光充足地区(如加利福尼亚、亚利桑那和夏威夷)的认同。Roots所制造的户外服装象征着如加拿大之类的地方。[10]即使产品是在其他地域被人使用,该产品也能够象征着对该地区的地域认同。

种族标记

产品和消费活动可以象征着对特定文化或亚文化的认同。非裔美国人有时会穿上非洲的服饰以象征对非洲文化的认同。在印度,锡克教人会穿上"5k"作为他们种族和宗教归属的象征:kesh(蓄发)、kada(手镯)、kangha(插头梳)、kacha(短衬裤)和kirpan(匕首)。一些消费者会使用其他文化或亚文化的种族标记来使自己与众不同。

消费者还会使用食物来表达其种族身份。例如,烤鸡、墨西哥魔力鸡和清蒸黄鱼分别代表着美国人、墨西哥人和中国人的身份。麦片是美国海地移民的种族标记。[11]此外,我们还可以通过吃食物的方式和时机来表达种族认同。对于一餐的所有菜一起上还是一个一个上,不同的文化有不同的做法。[12]美国家庭通常在晚上7点以前吃晚饭,而在西班牙和意大利,晚饭的时间却会很晚。

社会阶层标记

产品还可以象征社会阶层。在中国,地位的标记包括彩色电视、白兰地(对于老年消费者而言)和高档进口红酒(对于年轻消费者而言)。[13]在富裕的美国消费者中,社会阶层的象征包括直升飞机、后院高尔夫球场、私人飞机和豪宅。[14]上上层成员的文化原则包括文雅、克制和纪律等特征。这一阶层的产品和消费活动也反映了这些特征。

不同的社会阶层在消费仪式中使用不同的符号。例如,美国高社会阶层和低社会阶层在多个方面都存在着巨大差异:节假日穿什么样的衣服、对礼节的重视程度、在正式家庭晚餐中所吃的菜肴类型,甚至是吃食物的方式也不同。为了对抗这种社会阶层的标记功能,越来越多的美国学校(不论是公立还是私立学校)要求学生穿校服。这一政策的目的在于抑制帮派活动,消除社会阶层标记,减少学生的合群焦虑,并鼓励学生对学校社区的认同。[15]

性别标记

食物、服装、珠宝和酒精饮料只是与性别身份有关的一小部分产品类别。一项关于法国消费者的研究发现,肉类食品等食物被看做是"男性"食物,而芹菜等食物被看做是"女性"食物。吃食物的方式同样能反映出性别合适性:在一些文化中,切成大块的牛排或肉和大口大口地咀嚼被认为更符合男性的特征。[16] 其他研究人员发现了食物偏好的性别差异,例如,男孩喜欢粗颗粒的花生酱,而女孩则喜欢细颗粒的花生酱。这些偏好可能与源于文化的男性联想(粗犷)和女性联想(细腻)有关。[17]

大型、粗壮、马力大的汽车(如皮卡汽车)通常与男性特征有关,因而这类汽车主要是卖给男性。例如,当丰田汽车对其 Tundra 皮卡汽车进行重新设计后,该公司通过赞助低音钓鱼竞赛、家畜展览会以及其他能吸引男性的事件来投放这种新皮卡汽车。该公司还在男性购物者聚集地举办试驾活动,例如在体育用品连锁店巴斯专卖店(Bass Pro Shops)。[18]

参照群体标记

哈雷戴维森的商品就是能作为参照群体成员标记产品的好例子(参见图表 17.4)。哈雷的消费者采用"outlaw"符号的原因就在于这样做能让他们看起来像反文化意识形态和具有独立性的参照群体成员。通常,当消费者所认同的自我概念方面(例如极度独立的自我形象)被激活时,消费者会更喜欢其参照群体标记(例如印有哈雷标志的 T 恤)。[19] 大学队服、特殊的帽子、特别的色彩或有帮派印记的珠宝也可以代表参照群体成员身份。相反,消费者会避开使用某些产品,以免他们被认为是某个参照群体的成员——从而象征着他们属于另一个参照群体。在汽车行业中,对高油耗的 SUV 汽车的强烈反对正在驱使一些消费者购买油耗低的混合动力汽车。因此,这些车主通过购买环境友好型产品而成为关心环保的消费者参照群体成员。[20]

图表 17.4 参照群体标记
牛仔裤、黑靴子、黑皮夹克只是与"摩托车骑士"相联系的一些参照群体标记。

除了产品,有时仪式也能指示和确认群体成员身份。例如,参加毕业典礼这样的仪式能强化我们的"大学毕业生"群体成员身份。其他仪式可以作为我们成为某一群体成员的公开证实。在上上层阶层中,成年舞会是正式向社交界介绍年满16岁女孩的仪式。[21]

营销启示

在为产品建立标记功能方面,营销人员可以起到四种作用。

符号开发

营销人员可以将产品及其属性与某个文化范畴和原则联系起来。当丰田公司为其重新设计的Tundra皮卡汽车建立象征性联想时,它以意见领袖为目标消费者,该公司将这群消费者命名为"真正的卡车司机",他们在建筑工地和牧场之类的崎岖不平的地方工作,因为"他们是品味的制造者,是有影响力的人",丰田的主管这样解释。[22]有时,营销人员确保产品属性与文化原则有着合适的联系。例如,米勒公司将米勒淡啤酒(Miller Lite)中的淡(lite)定位成"不胀肚、低糖"——这种属性很适合男性——而不是用"diet",因为这个单词会使得啤酒更加女性化。[23]

符号沟通

公司可以使用广告来赋予产品意义,例如利用广告中的环境(幻想还是自然、内部还是外部、农村还是城市)以及其他一些细节,如时间和广告中的人物——他们的性别、年龄、种族、职业、服装、身体姿势等。[24]每种广告元素都强化与产品相关的意义。这就说明了为什么丰田Tundra的广告要表现其皮卡汽车的强劲动力和该卡车战胜恶劣条件的性能,例如能载动非常重的货物。[25]

符号强化

企业可以设计营销组合的其他要素来强化象征性形象。[26]例如,公司可以使用各种定价、分销和产品策略来维持产品的地位形象。公司可以给产品定高价,通过高端商店销售,或者使用某些只与目标细分市场相符合的特性。但是,如果这些营销组合要素互相冲突,则可能会损害产品的象征性形象。

符号去除

一些营销人员通过帮助消费者去除掉他们不再认同的群体的符号而赢得生意。例如,文身去除服务的市场正在不断增长。消费者希望去除文身的原因在于他们是其早年生活的标记,或者是其已经退出的参照群体的标记,这些标记会阻碍他们建立新的个人身份。[27]

角色获取功能

提供物除了能作为群体成员身份的标记外,它还能够帮助我们更适应新角色,这种功能被称为**角色获取功能**(role acquisition function)(参见图表17.2)。

> **角色获取功能**:产品用于帮助我们对新角色感到更适应的象征。

角色获取的阶段

消费者在生活中要扮演许多角色,这些角色也总是在不断变换。你现在扮演的角色可能是学生、儿子或女儿、兄弟或姐妹以及工人等。在你人生中的某个时段(也许刚好是现在),你可能会获得丈夫或妻子、伯父或伯母、父亲或母亲、祖父或祖母、退休人员、丧偶者等角色。

在从一个角色转变到另一个角色时,人们通常要经历三个阶段。[28] 第一个阶段是与过去的角色分离的阶段。这经常会意味着处置与原先角色相关的产品,就像在从婴儿转变为儿童时常常会放弃使用安全毯一样。消费者在经历关系破裂时期时,可能会放弃、丢弃或毁坏那些能让他们想起过去伴侣的产品以象征关系的结束。[29] 第二个阶段是从一个角色到另一个角色的转变阶段,这可能会伴随对新身份的尝试。在这一转变阶段,消费者可能会愿意接受先前拒绝的新提供物或风格。消费者可能会通过整容手术、减肥、新发型、烙印、身体穿孔或文身来构建新身份。最后是整合阶段,在这一阶段,消费者接受新的角色及与之有关的身份。

角色转变中符号和仪式的使用

图表17.5展示了在我们获取新角色时我们如何和为什么会使用符号和仪式。我们经常会对新角色感到不自在,因为我们对该角色没有经验,也不知道如何去扮演该角色。人们的一个普遍的反应是使用在刻板印象中与该角色相关的产品。例如,对自己的工作前景没有信心的MBA学员要比其他学员更可能使用通常与商人角色相关的符号。[30] 我们经常通过使用一组产品来象征我们对某一新角色的接受。使用产品的正确组合非常重要,因为如果不这样做,我们就无法引起他人的恰当反应。想象一下当你身着商务服装却穿着白色运动鞋,别人会对你有何反应吧。

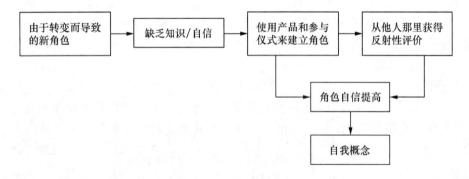

图表17.5　角色获取模型

当我们初次进入一种新角色时(例如为人父母),我们可能会缺乏角色信心。结果,我们会参加一些通常与该角色相关的活动(例如给婴儿洗澡)和购买某些与该角色相关的产品(例如婴儿车)。这些活动和产品,以及他人对我们行为的反应方式,会提高我们的角色自信。

仪式是角色转变的一个重要部分。例如,在美国有许多仪式代表着从单身到结婚状态的转变——订婚宴会、女性告别单身聚会、男性告别单身聚会、预演晚餐、婚礼、婚宴和蜜月旅行——每种仪式都有与之相关的产品。[31] 婚礼仪式本身包括出席者的服装、鲜花、婚礼服、乐师、摄影师等。不同文化中的葬礼仪式会涉及一些象征性消费活动,例如提供或消费特殊的事物、购买鲜花和贺卡、展示对逝者和逝者亲人有意义的照片和贵重物品。[32]

仪式经常会涉及其他人,他们的参与有助于确认角色的转变。如图表17.5所示,我们通过使用符号和参与仪式而从参与者那里获得我们

> **反射性评价**:来自他人的一种反馈,这种反馈能告诉我们是否正确地履行了角色义务。

是否正确地履行该角色义务的反馈。这种反馈被称为反射性评价,它能帮助我们对角色更有信心,从而确认我们的新状态。例如,刚毕业的MBA学生如果能得到商务人士的认可,就会对其商务人士的角色感到更有信心。下一部分关注的是婚姻角色的转变以及作为这一转变过程象征的产品。

婚姻的转变

在从单身到结婚的状态转变过程中,产品通常是一个重要的组成部分。作为与先前阶段的一种分离,夫妻双方必须决定他们各自的所有物中有哪些需要处置,哪些需要搬进他们的新家。通常他们会丢掉前任男朋友或女朋友送的礼物以及那些象征着先前单身状态的产品。作为整合阶段的一部分,新婚夫妻会购买在文化上适宜于结婚角色的新产品,以及购买那些能帮助他们创造共同历史的新产品。显然,不同的文化会有不同的婚姻仪式。例如,在印度教文化中,婆婆会在婚礼后将房门钥匙交给新娘,这象征着婆婆将管家的权力交给新娘。

在结婚到离婚状态的转变中也会有类似的过程。在这种情况下,双方各自取回属于自己的东西,并分割他们的共同财产。他们也会故意扔掉能让他们想起对方的财物。正如一些研究人员所提到的,"放弃前配偶的符号……是一种心理上所必需的结束关系过程"。[33]一些人会毁掉一些财物,这种行为可能会起到几种作用——象征性地表示婚姻的结束、惩罚前配偶以及消灭象征这段婚姻的财物。

由于婚姻的结束,人们可能会发现他们很难继续拥有一些象征性功能。例如,一方可能不再拥有能表现其社会地位的炫耀性消费产品。因此,失去房屋或汽车(社会声望的两种重要象征)的人会感到身份的丧失。另外,在这种角色转变过程中,人们可能会购买能象征他们这种新单身状态的产品,就像一些人会在此时购买跑车那样。

文化的转变

当消费者移入一种文化时,他们也可能会改变角色。在这一过程中,他们通常会放弃或处置掉旧习俗和符号,并采用新习俗和符号。研究表明,移民到美国的墨西哥人会面临不同的、甚至有时是困难的经历。[34]这些经历包括居住在狭小密集的房子里,商店中的产品种类过多难以选择,或者是要面对不熟悉的货币。另一项研究表明移民到美国的印度人需要获得新的地位符号,而在印度他们则不需要这种地位符号,因为在那里,世袭阶层和家族就能体现其社会阶层。[35]

移居国外的人在融入新文化时经常会碰到令其沮丧和感到可怕的障碍。为了减少这种障碍,他们会参与当地的事件和仪式,适应当地的消费习惯,更具有品牌意识,尽管他们会保留一些原有的文化,如食物、语言、录像、照片或珠宝。[36]人们是否会放弃象征着原有角色的财物,取决于他们对这种角色持续时间的预期。对印度移民的研究表明,消费者保持代表其来源地文化的财物是因为他们仍旧认为某天会重返印度生活。

社会地位的转变

新富裕起来的个体,或"暴发户"使用财物——通常是摆阔的财物——来表明他们获得的地位并验证自己的角色。这种行为与图表17.5所示的符号和角色转变模型相一致,这说明了来自他人的反射性评价对于表现成功的角色绩效的重要性。正如一位作者所说:"消费者满意是源于他人对购买者购买产品或服务所体现的财富的反应,而非来自于所购买产品或服务的正面属性。"[37]

营销启示

营销人员可以以几种方式来运用他们对消费者角色转变的了解。

角色转变和目标消费者

角色转变中的消费者对许多企业来说都是重要的目标市场(参见图表17.6)。正如宝洁的全球营销执行官所说:"新婚夫妇在某种意义上来说是终极消费者。"[38] 由于许多订婚夫妇很快就会购买与结婚、蜜月旅行和新房有关的提供物,因此许多企业以他们为目标市场。戴比尔斯珠宝贸易公司的一项活动以女性为目标受众,向她们宣传戴在不同手上的珠宝分别象征着婚姻状态或自我表达等含义。其口号是"左手代表'我们',右手代表'我'"。[39]

图表 17.6　角色转变
获得新角色的消费者经常依靠产品来帮助他们对其角色地位感到舒适。

作为建立库存方法的角色转变

由于产品处置是角色分离的一个重要方面,二手产品的营销人员可以通过向正在进行角色转变的人进行营销而获得存货。例如,二手货商店可以以即将毕业的大学生为目标市场,因为在这一角色转变过程中,许多大学生希望处理掉与学生时代相关的一些用品,如家具和服装。类似的,在消费者处理过时或由于角色转变而淘汰的产品时,像 eBay 这样的在线拍卖网站也可以从中获利。

角色转变和产品促销

营销人员可以将其产品宣传成获得新角色的一种工具。例如,营销人员将从浴室设备到股票的所有东西都作为结婚礼物。布鲁明戴尔(Bloomingdale)等许多零售商以同性婚姻的伴侣为目标市场,在哈德瓦(Ace Hardcare)和大都会艺术博物馆(Metropolitan Museum of Art)都开设了结婚礼物订购点。[40]婴儿礼物订购的市场价值达到了2.4亿美元,帮助初为人父母的消费者获得与这种新角色相关的重要产品。[41]

销售产品集合(constellations)

营销人员可以强调角色转变过程中一组产品的重要性。[42]经营产品集合的企业如 TheKnot.com 和 WeddingChannel.com 之类的网站,它们提供婚礼服装、摄影师、花商、租车公司、餐饮公司以及其他相关产品的一站式购买服务。公司可以在广告中向消费者表明如果他们使用了与某一特定角色有关的一组正确的产品集合,他们将会从他人那里获得积极的反射性评价。

管理仪式

营销人员还可以帮助消费者规划和实施角色转变中的仪式,例如殡仪馆为葬礼所提供的服务。

联系功能

尽管具有标记或角色转变功能的产品意义来自于文化,但产品意义还可以来自于消费者所属的群体(请回顾图表17.2)。[43]具有**联系功能**

> **联系功能**:将产品用作联系我们与重要的人、事件或经历的符号。

(connectedness function)的产品或消费活动可以表明我们在某个群体中的成员身份,或者象征着我们与重要的人、事件或经历之间的联系(参见图表17.7)。例如,你十分喜欢一幅画或一顶帽子,因为它是一个好朋友送给你的礼物。传家宝和家谱能将人们与他们的先辈联系起来;家庭照片将他们与后代联系起来。人们还会收藏音乐会节目单、票根以及其他纪念品,以此作为对特殊的人、事件和地点的怀念。[44]

其他产品和行动也能象征着联系。例如,中国消费者在餐厅使用大圆桌来象征着团圆和群体的联系;中国的新年庆祝活动强调家庭联系。在穆斯林的节日里,每个人都从一个共同的盘子中分享食物,要求使用单独盘子会被认为是无礼的举动。像美国庆祝感恩节之类的仪式同样象征着联系。家庭成员通过参加感恩节聚会来表明他们的家庭责任感——即使他们需要跋山涉水才能赶赴聚会。此外,像美国和英国这样的文化会在圣诞节仪式期

图表 17.7　培养联系的仪式
在消费仪式中,产品经常起着重要作用,例如那些将人们联系在一起的产品。

间看重家庭的联系。在其他文化中,例如在阿拉斯加的爱斯基摩村庄中,圣诞仪式则主要是一种社区活动。[45]

每个家庭都会保持自己的传统来培养家庭联系。家庭成员通常会强烈抵制偏离这些传统的行为(例如尝试新的感恩节火鸡填料)。许多家庭通过翻看老照片和录像或讲述家庭故事来培养家庭联系。其他家庭会代代相传作为家庭联系象征的珍贵事物,每一代的拥有者都作为这些特殊财物的守护者。[46]这种联系感不仅会强化社会关系,而且会引起我们的怀旧之情。

表达功能

作为符号,产品具有表达我们独特性的潜力。[47]这种**表达功能**(expressiveness function)反映的是我们有多么独特,而不是反映我们与他人之间的关系。研究表明,东欧年轻人喜欢西欧的产品是因为这些提供物可以用于创建独特的外表,从而使他们与他人相区别。[48]我们可以通过服装、家庭装饰品、艺术、休闲活动和食物等提供物来表现我们的独特性。我们也许会发现某些产品类别(例如发型或音乐)尤其适合于表明个体的独特性。[49]一些消费者使用身体穿刺、烙印和文身来体现他们的个性和进行自我表达。[50]

> **表达功能**:产品作为表明我们独特性——我们与他人有多么不同——的象征。

营销启示

联系和表达功能具有多种营销启示。例如,营销人员可以将消费者与某些人、地点或事件联系起来,从而引起消费者的怀旧之情(见第7章)。玩具和游戏、电影以及音乐的营销人员已经成功地使消费者将这些产品与他们生活中的特殊时光联系起来。[51]太平洋自行车公司(Pacific Cycle)利用家庭联系,向市场提供爸爸和妈妈儿时所喜欢的复古风格,从而成功地使Schwinn Sting-Ray自行车受到欢迎。"这为父母们提供了一个很好的机会,能让他们的孩子骑与他们儿时相似的自行车而获得与他们相似的体验。"品牌和创意主管克里斯滕·拉姆伯这样说。此外,营销人员还可以表明他们的产品能提高独特性。例如太平洋自行车公司联合橘郡重型机车厂(Orange County Chopers),向消费者提供能定制Sting-Ray自行车的配件。"这种方式为父亲与儿子、甚至是女儿提供了一种共同的爱好,让他们一起来装扮一辆自行车,就像父亲装扮他的汽车那样。"拉姆伯这样说。[52]

多重功能

一件产品可能会具有我们刚才所讨论过的多种功能。来自新娘祖父母、作为结婚礼物所赠送的水晶红酒高脚杯会具有标记功能,因为这种酒杯价格很高,能彰显社会地位。这种酒杯还具有获取功能,能帮助新婚夫妇内化他们的新婚角色。由于这件礼物是来自于祖父母的,因此该礼物还有联系功能——象征着新婚夫妇与祖父母之间的特殊关系。最后,如果这对夫妇个人很喜欢这种酒杯,那么这件礼物还会象征着这对新婚夫妇的个人艺术品位,因此起到了表达功能。我们并不是总能意识到产品的象征性功能。当我们在经历角色转变时,例如毕业和结婚,我们可能会期望收到某些类型的礼物,但是我们可能不会意识到这些产品能帮助我们适应新角色。最后,我们可能会十分喜欢所收到的某件礼物,但却可能不会意识到我们之所以会这么喜欢,是因为它能让我们想起送礼的人。

符号和自我概念

产品和消费仪式的象征性功能十分重要,因为它们有助于界定和维持我们的自我概念,以及对我们是谁的心理观念。[53]社会认同理论提出,我们会根据品牌与我们个体身份的一致性来评估品牌。[54]根据该理论,我们的自我概念可以分解成多个单独的身份,即所谓的**实际身份图式**(actual identity schema),包括学生、工人、女儿等。这些身份受到、或者至少是部分受到我们所履行角色的影响。有些身份会尤其显著,或是我们自我概念的核心部分。我们的实际身份会受到**理想身份图式**(ideal identity schema)——关于理想状态下我们所追求的身份应当是什么样的一组观念——的影响。

> **实际身份图式**:一组能反映我们的自我概念的多重、显著身份。
> **理想身份图式**:关于理想状态下身份应当是什么样的一组观念。

我们的实际和理想身份图式会影响我们使用何种产品和从事何种消费活动,即使对于那些反对现代文化过度商业化的消费者也是如此(参见第18章来更多地了解营销的阴暗面)。[55]我们的实际身份会影响我们将何种符号(例如家庭照片或个人马克杯)带到我们的工作场所来反映自我。[56]

我们的所有物有助于塑造我们的身份,这一事实可以解释在自然灾难中损失财物的人或在某些机构(如军队、疗养院或监狱)中的人为什么会感到身份的丧失。[57]事实上,财物的损失可以引发一种类似于自己喜爱的人死去所导致的悲伤感。一些机构(例如军队和监狱)会故意剥夺个体的财物来去除他们的原有身份。[58]另一方面,数百万的消费者有个人网站、博客和其他在线空间,他们在这些地方用文字、图片、声音、链接和其他元素来构建和反映数字化的身份、塑造他们的自我概念并与其网络好友共享。[59]

营销启示

营销人员需要考虑源于前面所介绍概念的一些启示。

营销和消费者自我概念的发展

营销人员可以在建立和保持个体的自我概念方面发挥作用。尽管产品有助于界定我们是谁,我们同样会通过选择与自我概念有一致形象的产品来维持我们的自我概念。例如,Karastan 的一则广告邀请女性通过使用该品牌的毛毯来表明她们在家中的时尚感,并"发表你自己的声明"。"当她们处于这种状态时,她们就是身着盛装的女主角。"Karastan 广告公司的主管这样评论。[60]

产品与自我概念的匹配

营销人员应当了解他们的产品在多大程度上与目标消费者的身份相匹配,并且要尝试建立起品牌形象与消费者的实际或理想身份之间的匹配。产品形象与消费者的自我形象越相近,消费者就越喜欢该产品。[61]在日本,日产公司销售卡哇伊(可爱)版的 Pino 微型车,该车的目标顾客是认为自己可爱且平易近人的年轻女性。[62]

产品与多重自我概念的匹配

由于自我形象具有多重性,营销人员还必须确定产品与目标顾客身份的某一方面相一致是否会与另一方面不一致。例如,一名刚成为父亲的消费者可能会对一次性纸尿布有消极的反应,因为尽管这种产品与其刚当上爸爸的身份相符合,但是却与环保意识的自我身份不相符。

广告与自我概念的匹配

最后,广告应当迎合与目标细分市场的性别和文化相符的身份概念。[63]因此,一些针对女性的广告可以强调相互依赖,而一些针对男性的广告可以强调自主。类似的,针对中国消费者的广告可以强调群体目标和成就等适合中国文化的主题,而针对美国消费者的广告可以强调个人目标和成就等适合美国文化的主题。

特殊所有物和品牌

我们可能会感觉到对某些所有物(例如一位家庭成员织的毛毯)和某些品牌(例如一台苹果 iPod)的情感性依附,因为我们把它们看作是我们自己的一部分。[64]但是,一些产品在我们心目中会占据特殊的、重要的地位,无论这些产品是否与我们的自我概念有关(参见图表17.8)。[65] 例如,一名消费者可能会将他的割草机看作是件特殊的所有物,因为这台割草机很好用,而另一位消费者可能会认为她的滑雪板很特殊,因为这幅滑雪板给她带来了很多的欢乐,但是这两位消费者都不会认为这两样产品与他们的自我概念有关。[66] 这一部分将考察是什么使品牌和产品具有特殊性。

图表17.8　特殊的所有物
像收集硬币这样的产品对某些消费者来说会成为特殊的所有物。

特殊品牌

若消费者在某些方面感到对某一品牌有情感性依附,那么该品牌对该消费者就具有特殊性。随着这种情感联系不断加强,消费者会有可能不断购买这一特殊品牌。因此,该品牌可以收取价格溢价,甚至是在经历过像产品召回之类的危机后也能保持顾客忠诚。[67]

特殊所有物的类型

尽管几乎任何的所有物都可以具有特殊性,但研究人员发现特殊所有物通常可以分为下列几种：宠物、承载记忆的事物、成就符号和收藏品。[68]

宠　物

如本章开篇案例所示，美国消费者往往会认为他们的宠物很特别。如今，有 7 100 万个美国家庭养宠物，像 PetSmart 和 Petco 之类的零售商正见证对精美宠物食品和其他高档产品日益高涨的需求。[69] Petco 的 CEO 说："人们不断将他们对自己的感觉和他们对自己生活的希望投射到他们的宠物身上，高档宠物食品的流行很好地反映出了人们对更好饮食的兴趣。"[70] 并不是所有的文化都将宠物看作是特殊所有物。例如，在中东地区，人们不会把猫和狗作为宠物，而在韩国，狗主人通常用剩饭而不是狗粮喂他们的宠物狗。

承载记忆的事物

一些产品具有特殊意义是因为它们激起了我们对特殊的人、地点或经历的记忆或情感。[71] 这种例子包括传家宝、古董、纪念品以及特殊的人所赠送的礼物。你可能会珍视一张票根——其实它只不过是一张纸而已——因为它会让你想起曾听过你所喜爱乐队的音乐会。这种所有物对老年人具有治疗作用，因为它们能够令老年人想起其他人和快乐的时光。一些研究人员曾报道过一位消费者由于离婚而不得不卖掉爱车，但却保存了该车的车牌，以纪念这件特殊的所有物。许多消费者认为照片具有特殊意义，因为照片能让他们想起特殊的人，他们把照片供奉在写字台上、壁炉架上或钢琴上。[72] 象征着联系的所有物显然具有成为特殊物品的潜力。

成就符号

人们同样会把具有成就象征意义的所有物看作是特殊的所有物。一名研究 19 世纪魔门教徒向犹他州迁移的研究人员发现，人们通常会携带能够证明自己能力的所有物。例如，男性会携带工具，而女性会携带缝纫机以及其他既有实用功能又能象征家庭成就的东西。[73] 如今，成就的符号包括大学文凭、运动会奖品、表彰牌匾，甚至是炫耀性消费品，例如劳力士手表或保时捷汽车。

收藏品

许多人将收藏品视为特殊所有物。常见的收藏品包括汽车模型、体育纪念品、贝壳、矿石、硬币和儿时的用品（例如棒球卡和洋娃娃）。[74] 一些不常见的收藏品包括火花塞和下水管道。像布雷德福交易所（Bradford Exchange）、富兰克林造币厂（Franklin Mint）、GovMint.com 和丹伯里造币厂（Danbury Mint）这样的企业向消费者提供收藏品，但是稀缺性能令某些物品更具特殊性：一名收藏者出价 100 万购买罗得岛州一个火车站顶上的火车头形状的风向标。[75]

收藏者经常会将其收藏品看作是自我的延伸——有时是象征着他们的职业、家庭传统或外表的某些方面。研究人员已经研究了收藏古董产品包装的杂货店老板、收藏怀表的工程师、收藏毛绒兔的名字叫 Bunny 的女性、收藏有刻字图案银制餐具的富有女性。[76] 对于一些人来说，收藏品代表了他们幻想的自我形象。例如，收藏棒球卡的男性可能在心中保留着成为棒球运动员的幻想。就像其他拥有特殊所有物的人一样，收藏者往往认为他们要比任何其他人更好地照看了这些收藏品。[77]

特殊所有物的特征

特殊所有物有几个特征。[78]首先,即使要出售的话,消费者也不会按市价出售这些所有物,而在购买特殊所有物时却又很少考虑价格。例如,我们可能不会以任何价格出售我们的宠物或者是由我们的祖母亲手做的被子。收藏者愿意付出非常高的价格获得十分稀有的物品,例如稀有的钱币。

其次,特殊所有物(例如我们家里的狗)很少或根本没有替代品。尽管保险赔付的钱足够支付大火烧毁的家具,但是买回来的新家具却不再是那件代代相传的传家宝。事实上,由于特殊所有物与消费者生活中的特殊事件或人相联系,因而消费者会认为特殊所有物是无可替代的。[79]再次,即使特殊所有物已经完全不具备功能价值了,人们也不会抛弃它们。儿童经常不愿意丢弃安全毯和毛绒动物玩具,并会一直保留着这些喜爱的东西,直到它们几乎变成一堆破烂。你的父母是不是仍保存着你小时候的成绩单和你为他们画的画?

特殊所有物并不一定是以其最初目的而使用的。一些购买了欧托滋(Altoids)"Curiously Strong"薄荷糖的人会留下罐子,用它来保管小件特殊所有物。[80]一些消费者认为如果按最初目的使用有价值的所有物,那么这个所有物将会丧失其珍贵的价值。一项研究中描述了一名收集胡桃夹子的女性,但是她从来不用这些夹子去夹胡桃。[81]

最后,消费者经常将特殊所有物拟人化。一些人会为每件收藏品起名字,给他们的房子起名字,或用男性或女性代名词来称呼他们的汽车或船只。也许更值得注意的是,我们会将这些所有物看作是我们的伙伴,对它们充满情感和依恋,失去它们会让我们悲痛欲绝。[82]

为什么有些产品是特殊的

所有物因几种原因而具有特殊意义,包括它们的象征性价值、改变心情的性能和工具性重要性。图表17.9列出了具体的原因。

- **象征性价值**。所有物之所以特殊,部分是因为它们具有本章前面所提到的标记、角色获取、联系和表达功能。例如,我们可能会珍视艺术品、传家宝和珠宝,因为它们能表达我们的风格,或者因为它们是礼物,将我们与特殊的人联系起来。[83]因此,消费者非常不愿意放弃具有象征性意义的所有物,因为这是从某位至爱的家人或亲密的朋友那里得来的。[84]

- **改变心情的性能**。所有物之所以特殊,还因为它们具有改变心情的性能。例如,奖品、牌匾、收藏品、文凭能够带来自豪、快乐和高兴等感觉。[85]宠物能够带来舒适感。一项研究中的一位消费者将她的冰箱看作特殊所有物,因为制作零食总能让她高兴起来。其他消费者将音乐播放器和音乐作为最喜爱的所有物,因为它们能让消费者处于好心情。[86]

- **工具性重要性**。所有物还可以因其十分有用而变得特殊。一位消费者认为她的手机或电脑很特殊,因为她每天总是在用手机或电脑来完成工作,这种情况就属于所有物的工具性价值。

图表 17.9　一些所有物特殊的原因

选择一个你认为特殊的所有物,请用 7 点量表(1 = 完全不像我;7 = 非常像我)来回答下列问题
该所有物对我十分重要是因为它……

象征性价值	象征着个人历史	代表着人际关系 让我想起特殊事件或地点 是我个人历史的记录
	代表着成就	需要付出很大精力去获取或维持 让我想起自己的技能、成就或目标 让我想起我与某个特别人士的关系 让我想起我的家庭或我所属的一群人 代表着我的家庭的传统或历史
	促进人际关系	能让我与他人一起度过时间或一起参与活动
	展示地位	具有社会声望价值 给予我社会地位 让别人看好我
	自我表达	能让我表达自己 能表达我独特的、与他人不同的方面
改变心情的性能	带来快乐	带来快乐、娱乐或放松 能改善我的心情 带来舒适或情绪保障
	精神性的	能让我与牧师或更高神灵有精神联系
	与外表有关的	外表漂亮或迷人 能改善我的外表或外观
功利性价值	功利性的	能让我的日常生活或工作更有效率 有实用性 让我自由或独立
	财务方面	有金钱上的价值

选择一个你认为特殊的所有物。它对于你十分特殊很有可能因为她具有象征性价值、改变心情的能力和/或实用价值。

资料来源:Adaptd from Marsha Richens, "Valuing Things: The Public and Private Meanings of Posessions," *Journal of Consumer Research* 21, December 1994, pp.504—521。

影响特殊性的消费者特征

社会阶层、性别和年龄是能够影响我们每个人认为哪些是特殊事物的一些背景特征。

- **社会阶层。**一项研究考察了英国不同社会阶层的人赋予其所有物的意义。商务阶层人士关心象征着他们的个人历史和自我发展的所有物。失业者关心具有功利价值的所有物。[87]此外,向往更高社会阶层的消费者会使用特别的所有物来将他们自己与该阶层联系起来,即使是错误地使用这种产品来支持他们属于这一更高阶层的自我形象。[88]
- **性别。**对于男性而言,特殊的产品是那些能象征活动和物质成就的产品以及那些具有功利和功能性能的产品。而另一方面,女性通常看重身份符号和象征她们与他人关系的产品。[89]一项针对尼日尔和美国消费者的研究发现,女性的特殊所有物是那些能象征她们孩子的成就或象征与他人之间的联系的产品。对于美国女性而言,这些所有物包括传家宝和

照片;对尼日尔的女性而言,这些所有物包括挂毯、珠宝以及其他代代相传的物品。[90]男性选择的是具有物质舒适性的物品和能显示其对环境的掌控力的所有物。男性更可能收藏汽车、图书和体育用品,女性更可能收藏珠宝、碟子和银器。[91]图表17.10中显示的是不同年龄和性别的人们所认为的特殊所有物。

- 年龄。尽管在所有年龄阶段个体都有特殊所有物,但是他们对特殊的看法却在随着年龄而变化。图表17.10表明,毛绒动物玩具对于儿童很重要,青少年很看重音乐和汽车,随着消费者进入成人和老年阶段,照片的重要性会越来越大。

图表17.10　不同年龄和性别的消费者经常提到的特殊所有物

年　龄	男　性	女　性
童年中期	体育用品* 毛绒动物玩具 儿童玩具 小用具 枕头、毯子	毛绒动物玩具* 娃娃 音乐 珠宝 图书
青少年	音乐 体育用品 汽车 小用具 服装	珠宝 毛绒动物玩具 音乐 服装 汽车 小用具
成年早期	汽车 音乐 照片 珠宝 大事记 艺术品	珠宝 照片 汽车 枕头、毯子 毛绒动物玩具
成年中期	照片 珠宝 图书 体育用品 汽车 小用具	盘子、银器 珠宝 艺术品 照片 大事记 家具
成年晚期	小用具 照片 汽车 艺术品 体育用品	珠宝 盘子、银器 照片 宗教物品 家具

*按所有物被提及的次数由高到低排列。

资料来源:Adapted with permission from N. Laura Kamptner, "Personal Possessions and Their Meanings: A Life-Span Perspective," in ed. Floyd W. Rudmin, *To Have Possessions: A Handbook on Ownership and Property*, Special Issue, *Journal of Social Behavior and Personality* 6, no.6, 1991, p.215。

我们认为有特殊意义的所有物会因文化范畴(例如年龄和性别)而存在差异。女孩所认为的特殊所有物与男孩的不同,老年人与年轻人的也不同。你能想出几个其他文化范畴(例如社会阶层)的例子吗?

与特殊所有物一起使用的仪式

我们经常会参加一些仪式,以创造、激发或强化特殊所有物的意义。这些仪式可以发生在消费的获取、使用或处置阶段。

在获取阶段,**占有仪式**(possession rituals)能让消费者宣布对新商品的个人所有。[92] 例如,当你买了新牛仔裤之后,你可能会改变其长度,剪到膝盖处,或增加些装饰。你可能会用一些带有个人标记的东西来装饰新车,例如个性化牌照、特殊的香味、座套等。当你搬进新房时,你会挂幅画、买窗帘和摆放家具。

> **占有仪式**:当我们刚获得一件产品时所从事的仪式,帮助我们宣布对新商品的个人所有。

对前人所拥有商品的占有仪式包括消除前一位所有者的痕迹。[93] 例如,当你买了新房后,你会进行一次彻底的大扫除,撕掉旧壁纸,除掉个人标记(如信箱上的名字)。当然,人们并不是总能彻底消除掉原来的痕迹,例如在中国,消费者经常建新房是因为他们感到老房子被前所有人"污染"了。

在消费阶段,消费者可能会从事**修饰仪式**(grooming ritual),使特殊产品表现出或保持其最佳状态。[94] 一些消费者会花数小时清洗他们的汽车和给汽车打蜡,或者在客人到来之前打扫房间。有时,修饰仪式会延伸到你自己身上,就像你在参加特殊事件时会花很多时间打扮自己那样。

> **修饰仪式**:让特殊产品表现出或维持其最佳状态的仪式。

最后,当提供物失去其象征性意义后,消费者会从事**剥离仪式**(divestment rituals)——消除所有的个人痕迹。[95] 例如,许多人在扔掉他们订阅的杂志之前会撕掉上面的地址标签,或者在卖掉或捐献电脑之前删除里面的个人文件。我们甚至会逐步地除去某个提供物,将它从卧室搬到地下室,最后再将它卖掉或扔掉。

> **剥离仪式**:在处置阶段所进行的仪式,用于去除产品中的所有个人痕迹。

对特殊所有物的处置

人们会出于各种原因并以各种方式处置特殊所有物。研究表明,年老的消费者会在经历危机、住进养老院、临近死亡时做出处置决策——尽管一些人只会通过遗嘱形式在死后移交特殊所有物。有时,消费者希望将物品送给亲戚可以引起回忆、表达爱意或实现象征性的不朽;而另外一些时候,消费者会寻求控制处置决策和处置时机。年老的消费者通常会考虑哪个接收者能最好地欣赏特殊物品的意义,会继续使用或照料这件特殊物品,或者谁能继承家族的传统,或者简单地送给第一个向他要这件物品的人。[96]

神圣意义

尽管有很多所有物会被认为是特殊的，但是有些所有物十分特殊并被看作是神圣的。**神圣物**(sacred entities)是指被认为是与众不同、受人敬畏、崇拜和受到极大尊敬的人、物和地方。我们会认为这些神圣物十分令人感动，如果它们受

> **神圣物**：被认为是与众不同、受人敬畏、崇拜和受到极大尊敬的人、物和地方。
>
> **世俗物**：普通的事物，因而没有特殊的力量。

到不敬，我们会感到愤怒和反感。与之相比，**世俗物**(profane things)是那些普通的事物，因而没有特殊的力量。世俗物与神圣物的区别之处在于，它们经常用于世俗的目的。[97]

电影明星、流行歌星、历史人物（例如约翰·F.肯尼迪和马丁·路德·金）以及宗教领袖（例如教皇、佛祖和甘地）被许多人认为是神圣的。名人的神圣地位表现在大量游人拜访名人墓地（例如戴安娜王妃）、访问在世或已故名人的家乡（例如猫王的家乡Graceland）。日本和美国的棒球迷认为西雅图水手队的强击手铃木一朗是神圣的。铃木一朗使用的装备十分流行，日本记者会报道他的每一场比赛，球迷会从很远的地方赶来看他的比赛。[98]

传家宝和祖先照片具有神圣地位的一个原因在于我们将祖先视为英雄。类似的现象还可以解释为什么我们会将与著名政治家（例如乔治·华盛顿和温斯顿·丘吉尔）有关的物品看作神圣物。尽管与我们所处的时代不同，但是这些英雄可以塑造国家形象。消费者会参观与这些英雄人物有关的地方以示敬意。[99]

许多消费者把国旗、爱国歌曲、艺术品、收藏品、祖传秘方和圣经等物品以及博物馆、阿拉莫、泰姬陵和中国的长城等地方（参见图表17.11）视为神圣的。这些神圣的物品或地点会引发强烈的情绪，有时看到它们就会让人流泪或哽咽。除了神圣的人、物和地点外，我们也会认为某些时间和事件、宗教节日、结婚、诞生、死亡和餐前祷告是神圣的。神圣物包括一些能让它们与普通物相区别的神秘性和神话。[100]例如，教皇几乎被视为上帝。一些传奇人物，如吉姆·莫里森、艾维斯·普利斯雷、玛丽琳·门罗和约翰·F.肯尼迪，也具有神秘性。此外，神圣物具有超越时间、地点和空间的品质。当你来到阿拉莫时，你会感觉到你仿佛回到了那场历史性战斗发生之时。

神圣物还具有强烈的趋/避特征，并能创造出一种无与伦比的权力感和魔力。例如，对于你所欣赏的英雄，你既想靠近，却又想远离。碰到神圣物会使人们产生某些感情，例如狂喜或感到自己渺小或谦卑。例如，与马丁·路德·金这样取得巨大成就的英雄人物相比，一些人感到自己一事无成。在越战纪念碑的面前，有些人会感到卑微。此外，神圣物品能够创造出强烈的依附感，例如要照顾和保护神圣物品的感觉。神圣物品往往会涉及我们的举止要求，例如正确和错误对待美国国旗的方式。

神圣性可以通过稀缺性和独特性而得到保持。[101]例如，特殊艺术品的神圣地位来源于它们的独特性以及维持它们独特性的高价格。神圣物如果没有得到应有的尊重或者由于商业化而失去了其神圣地位的话，神圣物也可能变成世俗物。我们会对神圣的人或神圣物品的世俗化感到愤怒和厌恶。在一项研究中，一些《星际迷航》的粉丝说由于该连续剧的过度商业化，他们几乎无法忍受继续观看这部电视剧。[102]

图表 17.11　神圣的人、物和地方

一些人（如猫王）、地点（如 Graceland）是如此特殊，从而获得了神圣地位。

营销启示

营销人员需要意识到人、物、地点和事件的神圣意义。

创造和维持神圣性

有时营销人员会为物品或人物创建神圣性。例如，著名电影明星的推广人员可以通过创造或强化该明星的神秘性和神话使他具有独特性、宣传他对人们强大的情感影响力来提高该明星的神圣地位。营销人员还可以设法帮助维持神圣性——例如保持收藏品、精美艺术品和稀有珠宝的高价格。

避免神圣事物的世俗化

没有经验的营销人员有时会因商业化而使神圣物品世俗化。一些消费者认为猫王就因其用具的商业化而世俗化了。在具有神圣性质的某些宗教场所外销售无关紧要的宗教物品同样可能会使这些地方世俗化。

神圣活动和仪式中的产品涉入

在一些情况下，营销人员会销售被视为神圣事件的延续和进行的工具性产品。像贺曼贺卡之类的营销人员通过销售与宗教仪式事件相关的产品（例如圣诞树上的装饰、缎带、包装纸和贺卡）而从神圣仪式（如圣诞节庆）中获利。

通过赠送礼物的象征性意义传递

本章已经表明了消费者是如何对具有象征性意义的产品、时间、活动、地点和人进行投资。有些意义能提高产品的特殊性或神圣地位，有些意义可以作为发展或维持消费者自我概念的手段。象征性消费的另一个重要方面涉及意义如何通过作为礼物的实体产品（例如衣服）或经历（例如某个餐厅的礼品卡）而在个体之间进行转移。[103]

赠送礼物的时机

有些赠送礼物的场合和时间是由文化决定。在美国,这些场合包括情人节、母亲节和父亲节。[104]韩国人会为婴儿出生满百日庆祝,而中国家庭则会举办婴儿满月庆。韩国人还会在新年向老年人和家人赠送礼物。全世界各种文化中的消费者还会庆祝各种赠送礼物的节日,例如圣诞节、光明节和宽扎节。[105]

一些赠送礼物的场合是由文化指定的,但赠送礼物的时间却由个人决定。[106]这些场合通常为前面所讨论过的转变时期:纪念日、毕业、出生、结婚、新娘和婴儿洗礼、退休派对以及一些宗教转变时期,如洗礼、初领圣体和成年礼。还有一些赠送礼物的场合是特地进行的,例如出于和解意图、庆祝婴儿出生、看望病人或感谢某人对我们的帮助而送礼。

赠送礼物的三个阶段

赠送礼物包括三个阶段,如图表17.12所示。在**酝酿阶段**(gestation stage),我们会考虑送什么东西。**赠送阶段**(presentation stage)是指实际赠送礼物的阶段。最后,在**重构阶段**(reformulation stage),我们会根据赠送礼物的经历重新对关系进行评估。

> **酝酿阶段**:赠送礼物的第一个阶段,在该阶段,我们考虑要送什么东西。
> **赠送阶段**:赠送礼物的第二个阶段,是实际赠送礼物的阶段。
> **重构阶段**:赠送礼物的最后一个阶段,在该阶段,我们会根据赠送礼物的经历重新对关系进行评估。

图表17.12 赠送礼物过程的一个模型

赠送礼物的过程可以分为三个阶段:(1)酝酿阶段,在这一阶段我们会考虑和购买礼物;(2)赠送阶段,在这一阶段我们会真正送出礼物;(3)重构阶段,在这一阶段我们根据送礼经历的性质重新评估我们的关系。在每个阶段我们都可以识别出影响赠送礼物过程的一些因素。

酝酿阶段

赠送礼物之前的酝酿阶段涉及送礼的动机和情感、礼物的性质和意义、礼物的价值和挑选礼物所花费的时间。

送礼的动机和情感 在酝酿阶段,我们会形成赠送礼物的动机。[107]一方面,人们可能出于利他的原因而赠送礼物——为了帮助或表达对收礼人的关爱。例如亲戚可能会送给新婚夫妇一大笔钱来帮助他们开始婚姻生活。我们送礼的原因也可能并不明确,因为我们能从送礼的行为中获得积极情绪所带来的快乐。我们还可能出于工具性原因而送礼,希望收礼人能给予回报,例如学生送给老师小礼物,希望老师能给个高分。消费者也可能纯粹出于义务而送礼,因为他们觉得某些场合或关系要求这样做。事实上,我们有时对收到礼物的感觉并不好,因为我们会感到有义务去回礼。

有时,我们送礼是因为我们想要减少内疚感或不愉快。例如,在离婚时,感觉对关系破裂有责任的一方往往会给予另一方更多的财产,这被称为补偿性赠送。[108]有时人们会反对送礼,例如,如果你受邀参加你不喜欢的人的婚礼,你可能会送给这对夫妻你认为不够好的东西。有时送礼人会对送礼感到焦虑。[109]他们可能会觉得,应当送最好的礼物或担心他们缺乏时间或金钱来找到合适的礼物。

礼物的合适性和意义 礼物的合适性取决于送礼的情境以及送礼人和收礼人之间的关系。例如员工不会送给老板内裤,因为这种东西过于私人化。类似的,好朋友结婚时,你不会只送一件象征性的结婚礼物,因为你们的关系决定了你要送更有价值的东西。尽管象征性的礼物不适于十分明确的送礼场合,但却非常适于收礼人并没有期望能收到礼物的场合。自发性地送礼,即使只是很小的礼物,也能表达爱意和关怀。[110]因此,当你身边的重要人士给你买了件小礼物时,你会非常感动。象征性礼物对于与我们关系不太密切的收礼人尤其重要。给我们不经常见的人送节日贺卡或生日贺卡是一种非常合适和受欢迎的做法。[111]

礼物还可以象征着对收礼人的特殊意义。[112]例如,礼物可以代表着我们所认为的对收礼人有价值的东西,例如,对新郎新娘的家庭生活或其他期望。订婚戒指象征着对承诺和未来忠诚的期望,就像送给退休人士高尔夫球杆象征着对未来休闲生活的期望一样。礼物还可以象征着自我,例如送礼人送出一件自己制作的工艺品或其他自己制作的东西。

礼物的价值 礼物的价值是挑选礼物过程中的一个重要因素。你可能会花大价钱买母亲节礼物,因为你希望你的妈妈知道你有多爱她。消费者的文化会影响消费者对礼物价值的决策。例如,在日本,如果他们收到礼物的价值大于他们送出礼物的价值,他们会感到没面子。[113]有趣的是,消费者认为他们给别人买的礼物的价值(经济方面的价值)要大于他们收到别人送的礼物的价值。但是,如果送礼人和收礼人的关系很密切,收礼人会认为收到的礼物有更高的经济价值。[114]

挑选礼物所花费的时间 挑选礼物所花费的时间象征着送礼人与收礼人之间关系的性质和密切程度。男性和女性在挑选礼物所花费的时间和投入的精力方面存在差异。女性要比男性更愿意花时间和精力购买节日礼物。[115]女性也似乎更愿意花时间选购完美的礼物,而男性更可能购买"将就"的礼物。[116]

赠送阶段

赠送阶段是指实际的礼物交换阶段。在这一阶段,送礼过程的仪式或礼节变得非常重要。[117]

礼节 在赠送阶段,送礼人决定是否要对礼物进行包装,如果要包装的话,应当如何包装。用合适的精美包装纸包装礼物有助于使得大众化的产品去除掉商品气息或显得更私人化。[118]但是,礼物包装的重要性取决于场合的正式性和自发性。例如,意外的礼物,如老板送给助手或者妻子送给丈夫的惊喜礼物,不用那么正式的包装,甚至最好不要包装。

时机和惊喜 赠送礼物的时机和带来惊喜的可能性十分重要。例如,尽管我们知道送礼是圣诞节仪式的一部分,包装好的礼物甚至会放在树下十分显眼的地方——有时甚至会提前几天就放在那里——但里面的礼物带给我们的惊喜仍是一个重要的因素。让收礼人猜礼物是什么也会增加其打开礼物时的激动感。尽管惊喜是仪式中的一个有价值的部分,但并不总是能够达到惊喜目的。一项研究发现,一些丈夫会在圣诞节前购买妻子提前选定好的礼物。在这种情况下,赠送礼物只是一件让丈夫完成"采购代理"的工作。[119]

注意收礼人 对收礼人的注意是赠送阶段的一个重要方面。例如,参加新娘送礼派对的宾客会仔细观察新娘打开礼物的情形。

收礼人的反应 送礼人希望看到的收礼人的反应也很重要,如果你花费了很多时间和精力挑选完美的礼物,而收礼人只是迅速打开包装,没说一句话就转到下一件礼物,你可能会感到受到了伤害。正如前面所提到的,如果你不确定收礼人是否会喜欢你的礼物,那么在赠送阶段你将会感到焦虑不安。[120]

重构阶段

重构阶段是赠送礼物过程的第三个也是最后一个阶段。在这一阶段,送礼人和收礼人会根据送礼的过程重新评估他们之间的关系。

关系 礼物会在多个方面影响送礼人和收礼人之间的关系,如图表 17.13 所示。礼物可以维持、加强或削弱送礼人与收礼人之间的关系。一项研究发现礼物可以通过传递联系、结合和承诺感而强化关系。礼物还可以验证关系,确认现有的承诺感。研究表明,处于浪漫关系的两个人中如果有一方送给另一方礼物来公开宣布他们的关系,那么这段关系可能会持续更久。不好的一面是,如果送的礼物不合适,或者送礼人并没有花费心思选礼物,或收礼人对收到的礼物不感兴趣,就会削弱关系,让收礼人感觉他们之间的关系缺乏结合和联系。[121]

互惠 重构阶段对于收礼人在下一次赠送礼物的场合如何和是否回报有影响。如果你在某一场合送给某人一件精美的礼物,你通常会期望收礼人会在下一次送礼场合给予回报。另一方面,如果你送出的礼物削弱了你和收礼人之间的关系,收礼人在下一次送礼场合可能就不会送你太好的礼物,甚至根本不会送你礼物。

图表 17.13 赠送礼物对关系的可能影响

对关系的影响	描述	体验主题
加强	接受礼物改进了送礼人和收礼人之间的关系质量。联系、结合、承诺或共享的意义等感受得到强化	表现
验证	接受礼物验证了送礼人和收礼人之间的积极关系质量。联系或共享意义的感受得到了验证	移情 坚持 确认性告别 认可
无影响	送礼对关系质量知觉影响很小	多余 "错误" 施舍 过分
负面确认	接受礼物确认了送礼人和收礼人之间现在的负面关系质量。联系、结合或共享意义感受的缺乏得到了验证	缺席 控制
削弱	接受礼物损害了送礼人和收礼人之间的关系质量。礼物成为关系缺乏联系、结合或共享意义的新证据或强化了这种感受,但是关系仍然保持	负担 无礼
破裂	接受礼物严重伤害了送礼人和收礼人的关系质量,从而导致关系解体	威胁 非确认性告别

礼物对关系可以有多种不同的影响——从关系加强到关系破裂。

资料来源:Julie A. Ruth, Cele C. Otnes, and Frédéric F. Brunel, "Gift Receipt and the Reformulation of Interpersonal Relationships," *Journal of Consumer Research* 24, March 1999, p.389. Reprinted by permission of The University of Chicago Press。

有些送礼的场合收礼人是不需要回报的。[122]例如,你送给病人或遭遇不幸(例如房屋失火)的人的礼物不希望他们给予回报。但是,如果有人意外地送你一张圣诞卡,你通常会感到内疚并想立刻也给他回送一张。财力有限的人(儿童和学生)以及地位较低的人(例如老板的秘书)会被认为可以免于向地位高的人送礼。因此,父母送给孩子礼物不会希望孩子回送他们礼物。女性通常也被认为在回送约会礼物方面的义务更少,也许是因为文化的影响导致人们认为一般男性的经济条件更好。[123]对回报的预期也取决于文化以及送礼人和收礼人之间的关系。例如,在中国内地和中国香港,人们通常会在某些节日和其他重要场合相互送礼,但是家庭成员和关系密切的朋友之间并不需要回报,因为他们不需要通过送礼来建立关系。[124]

营销启示

企业可以运用赠送礼物的几个方面来更有效地向消费者营销。

将产品和服务作为礼物进行促销

许多营销人员将其产品宣传为适合作为礼物,通常一些送礼场合就是他们主要的业务机会。例如贺卡行业销售最好的时机是圣诞节、光明节和宽扎节,这些时机买卖和寄送的贺卡达到 22 亿张。[125] 在一些情况下,不常见的礼物也被宣传成适合于各种送礼场合。例如,从搅拌机、内衣到股票和电动工具都可以被宣传为适合于母亲节的礼物。贷款公司现在还提供婚嫁柜台,送礼人可以直接帮助新婚夫妇付房屋定金或还抵押贷款。一些零售店因其"礼品店"而出名。在这些地方,商店所提供礼物赠送的服务以及销售人员挑选出具有特殊意义礼物的能力尤其重要。

技术和礼物购买

技术导致了赠送礼物过程发生重大变化。在线商店要比以前更快捷方便,许多零售站点邀请顾客发布"想要的礼物列表",列出他们希望在假日、婚礼和其他场合收到的礼物。另一个影响消费者和零售商的重大变化是礼品卡的使用不断增多,如今其规模已经达到了 260 亿美元。[126] 当零售商了解到圣诞节收到礼品卡的消费者经常会在节后去购物后,这些商家就为节后购物者提供了新的全价产品以及有折扣的季节性商品。这一策略提高了企业的利润,因为当收礼人拿着礼品卡来时,他们的花费往往会更随意。[127]

传统礼物的其他选择

了解到消费者已经厌倦了围绕像圣诞节之类的赠送礼物场合的形式上的送礼,一些慈善机构邀请消费者将礼物送给真正需要的人。例如,非营利组织 Heifer 国际的假日产品目录邀请消费者购买礼物"动物"(例如鹅或蜜蜂)来帮助世界上的贫困家庭实现自给自足。出于类似的原因,旅游也被宣传成假日礼物。由于越来越多的双职工家庭越来越富裕,时间越来越少,与相爱的人相隔越来越远,因而产生了到世界各地的旅游胜地旅游和家庭团聚的趋势。[128]

总　结

一些所有物具有象征性意义。消费者有意或无意地使用某些产品作为他们所属的各种社会类别的标记。当人们经历角色转变,作为与有意义的人、地点和时间进行联系的符号,作为个体性和独特性的符号时,产品和仪式就具有象征性重要意义。产品和仪式的象征性用途影响消费者的自我概念。

消费者认为有些所有物和品牌十分特殊、不可替代和不可更换。这些东西可能购买时的价格不高,即使这些东西已没有功能价值,消费者也很少会丢弃这些东西;他们甚至不会使用这些东西本来的功能。我们会赋予这些所有物人格,这些所有物的呈现会让我们体验到强烈的情感;当它们有可能或真的损失时,我们会感到恐惧和难过。在一定程度上来说,所有物之所以特殊是因为它们能作为标记、促进角色转变、将我们与他人联系起来或表达我们的独特风格。它们之所以特殊是因为它们能表明个人掌控力或成就或者能改善情绪。像社会阶层、性别和年龄等背景特征都会影响人们对什么是特殊物品的看法。

一些事物（所有物、人、地点、物品、时间和事件）因十分特殊而被人们认为是神圣物。神圣物品超越了时空的限制，具有强烈的趋/避力和巨大的魔力。消费者关心和保护这些所有物，经常会涉及一些特殊仪式来对待这些所有物。但是，神圣物品会因商业化、不恰当的使用或剥离模式而变得世俗化或平庸化。

赠送礼物是将产品从一个人转移到另一个人的过程，它可以分为三个阶段：酝酿、赠送和重构阶段。送礼的场合通常是由文化规定的，但是送礼的时机各不相同。赠送礼物的前两个阶段的实施情况会影响送礼人和收礼人之间的长期关系。

复习和讨论问题

1. 请比较产品的标记功能与角色转变功能；同样请比较产品的联系功能与表达功能。
2. 什么是反射性评价？它对角色获取有何影响？
3. 理想身份图式与个人的实际身份图式有何关系？
4. 所有物具有特殊意义的三个主要原因是什么？
5. 为什么消费者会从事占有、修饰和剥离仪式？
6. 什么是神圣物？它们如何会世俗化？
7. 描述赠送礼物的三个阶段，解释赠送礼物如何影响送礼人和收礼人之间的关系。

消费者行为案例　在网上买特殊的东西

eBay是世界上最大的收藏品拍卖网站，在该网站拍卖的东西如1923年最初的好莱坞标志、1979年麦当劳的快乐餐玩具、1897年的夏威夷明信片、2004年布莱特妮·斯皮尔斯吃的口香糖。该网站每年为600亿美元的商品和服务的交易提供便利，从日常用品到十分特别的东西，令成百上千的人们竞价购买；稀有的快乐餐玩具售价达200美元；1897年的夏威夷明信片（只是任意一天网站上所列出的160 000张明信片中的一张）售价达1 085美元，布莱特妮的口香糖的售价更是高达15 000美元。

是什么使得这些东西如此特殊？快乐餐的玩具可能会引起成年人对儿时去麦当劳的怀旧。明信片能让消费者拥有对过去经历的证明或对有个人意义的地方的纪念物，如消费者的家乡或蜜月度假地。而拥有布莱特妮所嚼的口香糖能令购买者与知名人士有直接的联系，尽管这种联系很微弱。

eBay的研究表明，那些不是真心为了收藏的消费者这样做的原因，部分是因为他们能从使用这些特殊物品中感到快乐。认为自己是收藏家的消费者往往要比其他人对收藏品的购买更频繁，花钱也更多。一些人是出于家庭传统而寻找特定的、具有意义的物品，而另外一些人购买的是能代表他们的兴趣和渴望的东西。有些东西在eBay上拍卖时,即使是那些不经常收藏的消费者也会去浏览 eBay 的网站,例如曾经有 60 000 人参加了为期一周的为儿童慈善捐款的迪士尼纪念物拍卖。一位消费者以 37 500 美元赢得了在迪士尼乐园鬼屋景点中的一块假墓碑上刻上自己的名字和一句有趣的话的权利。迪士尼的一位发言人说,迪士尼已经成为许多人儿时体验的一部分,这次拍卖就给他们提供了一次大规模的儿时体验的机会。

其他在线拍卖活动同样能满足消费者对获得特殊东西的渴望。当圣路易红雀队拆除老布许体育场时,该球队拍卖了坐椅、砖、球员休息处的设备、电话、沐浴设施、锦旗、运动员的储物箱,甚至球队经理的俱乐部办公桌。当右外野手拉里·沃克在其储物箱上签名后,连同一个垃圾箱、电话和其他一些东西以 11 553 美元卖出。总计有 17 000 多名球迷对老布许体育场的 50 000 件产品进行竞标。"人们需要这种东西。它并不是什么精美的或好看的东西。但它对人们有意义。"该球队的一位官员这样说。

价格并不总是人们主要关心的问题。怀念某段历史或所钟爱体育场的坐椅的消费者愿意付出任何东西来获得这种特殊的物品。竞标人有时会如此的兴奋,以至于他们实际的花费要远超过他们预计的支出。当然,像 eBay 这样的拍卖网站经常向消费者提供以固定价格立即购买东西的机会,这种方法避免了参与拍卖的延迟和不确定性。但是对于拍卖的爱好者而言,参与在线拍卖增加了乐趣和悬疑性——中标者因此可以向他人讲述他是如何获得这件特别东西的传奇故事。[129]

案例问题

1. 购买老布许体育场座位的消费者是否通常会发现这个东西所具有的文化意义或标记意义?为什么?

2. 消费者出高价获得将自己的名字刻在迪士尼乐园鬼屋上的权利,原因是因为这样做具有象征性价值、改变心情的性质、还是工具性价值?

3. 在何种情况下,当有人把一件从 eBay 上拍卖的东西作为礼物赠送给收礼人时,他/她是否会乐意告诉收礼人这件东西的价格?

第18章

伦理、社会责任与消费者行为和营销的阴暗面

学习目标

学完本章后,你将能够:
1. 比较成瘾性、强迫性和冲动性购买,并讨论它们对营销人员的意义。
2. 解释为什么营销人员需要了解消费者盗窃、黑市和未成年饮酒、吸烟等异常行为。
3. 讨论营销人员所面临的一些重要的伦理问题以及公司应当如何对待这些问题。
4. 描述与环境意识有关的消费者行为以及如今营销人员保护环境的方法。
5. 说明消费者个人和群体如何抵制营销实践。

导言:儿童食品广告在缩减

在美国、加拿大和欧洲,许多营销人员正在缩减儿童食品广告。汉堡王、亚当斯吉百利、金宝汤、查克芝士、可口可乐、通用磨坊、好时、凯洛格、卡夫、玛氏、麦当劳、雀巢、百事以及联合利华等越来越多的公司同意限制向儿童做广告的内容和方式。出于对日益严重的儿童肥胖症的关注,公共利益研究会的科学中心、无商业化童年运动以及儿童食品运动等群体已经敦促食品营销人员改变他们对12岁以下儿童的目标市场选择和沟通方式。

食品营销人员对此做出的反应是推出了低脂肪、少糖分的儿童食品,并改变了他们的信息和媒体策略。例如通用磨坊公司只在健康零食上使用吸引儿童的代言人,并为儿童推出了海绵宝宝冷冻蔬菜产品线。对于未能达到低脂少糖营养成分标准的品牌,凯洛格已经停止了它们针对儿童的印刷、广播和在线广告。许多食品营销人员投入了一半以上的儿童广告预算,用于宣传适合于12岁以下受众的健康饮食选择和积极生活方式。为了确保儿童食品广告继续缩减,商业改进局的儿童食品和饮料广告提议也将一直关注营销人员在这方面的进展。[1]

正如上面这个例子所示,消费者和消费者群体有时会对某些营销实践提出质疑,并试图迫使其做出改变。诸如广告是否导致了肥胖之类的伦理问题代表着市场营销的部分阴

暗面。本章讨论的其他问题代表着消费者行为的阴暗面：源于不可控来源的（强迫性购买、强迫性赌博以及烟瘾和酒瘾）以及非法的（消费者盗窃、未成年饮酒和吸烟以及黑市交易）异常行为。本章还会探讨环境意识行为和节约行为，这些问题是社会责任中的重要问题。最后，本章将介绍消费者个人和群体抵制营销活动或迫使营销人员采取某些措施的一些方式。图表18.1中对这些问题进行了总结。

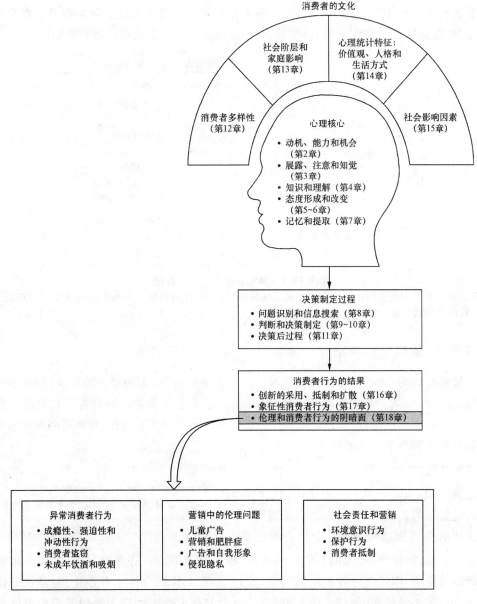

图表 18.1　本章概览：伦理、社会责任与消费者行为和营销的阴暗面

本章所涉及的话题包括：(1) 异常的消费者行为，如成瘾性行为和盗窃，(2) 伦理问题，如儿童广告，(3) 营销和社会责任，如环境意识行为。

异常的消费者行为

本书大部分内容关注的是普通消费者在日常消费情景中的行为。但是，有时也会存在被人们认为是异常的消费者行为，这种行为或者是意外的行为，或者是社会成员所不认可的行为。这类行为对于消费者或社会可能是有问题的行为。正如图表18.2所示，一些异常的消费者行为发生于产品的获取阶段，一些发生于产品的消费阶段。异常的消费者行为包括成瘾性、强迫性和冲动性行为；消费者盗窃；黑市交易以及未成年饮酒和吸烟。

	消费者行为过程的阶段	
为什么异常？	异常的获取行为	异常的使用行为
生理/心理异常	强迫性购买	成瘾性行为 • 吸烟 • 吸毒 • 酗酒 强迫性行为 • 强迫性赌博 • 暴饮暴食
不合法行为	消费者盗窃、黑市	未成年饮酒 未成年吸烟 吸毒

图表 18.2　异常消费者行为的框架

异常消费者行为的原因可能涉及生理或心理异常，或者涉及不合法的行为。这些异常行为可以发生在提供物的获取或使用阶段。

成瘾性、强迫性和冲动性行为

在成瘾性行为（因心理依赖性而采取行动）、强迫性行为（无法停止做某事）和冲动性行为（不经思考的行为——因冲动而行动）之间做出区分十分重要。消费者在获取或消费产品时可能会表现出这些行为，如果消费者不努力去做到自我控制，就会导致有问题的后果。[2] 下一部分将分别考察这几种行为。

成瘾性行为

上瘾（addiction）通常是指由于药物依赖性而导致的过量行为。成瘾的消费者会感到对某产品或活动的强烈依恋和依赖。[3] 个体会对很多商

> **上瘾**：通常是由于药物依赖性而导致的过量行为。

品和服务上瘾，包括香烟、毒品、酒精、互联网、视频游戏等。在许多情况下，上瘾是指重复对某产品的使用，即使是一种危险的消费行为。尽管上瘾的个体想要停止，但是他们认为他们无法控制这种行为（无法自拔）。通常个体会对他们的上瘾行为感到羞愧或内疚并试图隐藏这种行为。一些上瘾的消费者发现参加 Alcoholics Anonymous 和 Smoke Enders 这样的计划十分有效。

成瘾性行为不仅会对上瘾者造成伤害，而且还会对他们周围的人造成伤害。例如，吸

烟是美国的头号可预防死因,也是造成癌症、心血管疾病和慢性阻塞性肺病的主要原因。此外,吸烟者比非吸烟者占用了更多的医疗福利、请更多的病假以及造成更多的工作事故和伤害。事实上,每年由于吸烟导致工作生产率下降所造成的损失超过了900亿美元。[4] 尽管如今只有20%的美国人口吸烟,[5] 但多数最容易受吸烟之害的人都了解吸烟的害处。

强迫性行为

强迫性消费(compulsive consumption)是一种无法克制的进行不理性消费行为的冲动。例如,消费者用两个星期的工资去赌马就是一种不理性的行为,但强迫性的赌徒仍会这么干。类似的,一次性吃两打甜甜圈并不理性,但是暴饮暴食者就会这么做。有些个体具有强迫性购买行为,他们购买了许多并不需要有时甚至是负担不起的东西;他们因购买而非拥有而获得满意(参见图表18.3中的a部分)。[6] 研究表明,有2%到16%的美国成人有过这种不可控的购买冲动。[7]

> **强迫性消费**:一种无法克制的进行不理性消费行为的冲动。

强迫性购买具有强烈的情绪成分,包括从非常消极到非常积极的情绪。[8] 强迫性购买者如果哪天不购买的话会感到焦虑;因此,强迫性购买可能是紧张或焦虑的一种反映。在商店中,强迫性购买者会因商店氛围的刺激而感到强烈的情绪唤起。购买能带来即时的情绪上升和失控感(参见图表18.3的b部分)。这种反应随后会伴随有懊悔、内疚、羞愧和沮丧感。

人们为什么要强迫性购买?一方面,强迫性购买者往往自尊感较低。事实上,消费者从强迫性购物中体验到情绪的上升主要是来自于他们在购买时所获得的注意和社会赞许。销售人员可能给他们提供相当多的关注——作为一个溺爱的帮助者——并告诉消费者他们穿上某件衣服是多么好看。消费者也会觉得他们的购买是在取悦销售人员和公司。这种关注和取悦对方的感觉可能会引起强迫性消费者自尊感的临时性提高,并强化其购买行为(参见图表18.3的c部分)。

有一种被称为幻想导向的人格特质与强迫性购买有关。购买活动使得强迫性购买者感觉自己更重要。此外,强迫性购买者往往有些脱离社会。由于消费者会感到他们与多次卖给他们东西的销售人员就像好朋友一样,因此他们的疏远感会更少一些。家庭因素也十分重要:强迫性购买者更可能来自于那些有强迫性或成瘾性消费行为(包括像暴饮暴食之类的饮食紊乱)的家庭中。

强迫性购买的财务、情绪和人际后果可能是破坏性的。这些消费者过于依赖信用卡、他们的信用卡负债很高,往往每月只偿还最低还款额。他们也更可能开支票买东西,即使他们知道无力支付这些支票。强迫性购买者更可能向别人借钱来还账(参见图表18.3的d部分)。[9] 最后,如图表18.3的e部分所示,强迫性购买者的开销习惯会伤害孩子、配偶和朋友等所有亲近的人。

图表 18.3　强迫性购买者的引述

强迫性购买的情绪方面

a. "我无法告诉你我买了什么，在哪里买的。我好像是无意识地就买了。"

"我真的认为这样做很浪费。这不是我想要的，但有时我就会买下来，并想，嗯，又一件运动衫。"

b. "但这就像让我心动的感觉。我迫不及待地想要进去看看有什么。这种感觉十分强烈。在商店中，我看到灯光、人流、听到圣诞音乐。我开始呼吸急促，双手冒汗，突然我摸到了运动衫，这种感觉就像是在引诱我。如果上面有特价标记，我就会买下。你永远不会知道你何时会穿。我以每件 10 美元一口气买了 10 件。"

"这就像你喝醉了一样，变得如此陶醉；……我以高价买下来。这就像你有一种急不可待的感觉。"

强迫性购买的影响因素

c. "我所获得的关注令人难以置信。她非常友好地在一旁等待，确保这件东西适合我，如果不适合的话，他们会帮我做这做那。我猜我喜欢这种感觉。我不知道我将如何付款。从不知道。"

"我从来不只买一件，要买就至少买两件。现在仍是这样……这是一种取悦他人的行为。我从小就学会取悦周围的人，因为你得到的任何东西都是为了取悦他人……因此我认为我是为了取悦这家商店。"

强迫性购买的财务和情绪后果

d. "我总是要在发薪水前借钱。在发薪水前我的钱总是不够花。发薪水那天我要还掉所有的账单，但是过后我很快就会忘掉，我得借钱吃饭，我总是不断地哭，每个人都说'做个预算吧'。说实在的，这就像告诉酒鬼不要去酒铺一样。要做到这一点并不容易。"

e. "我丈夫说他受不了了，"他说："我要离开你。我们离婚。就这样了。这是你的问题，你自作自受。"

"在世上我没有一个能倾心交谈之人。我不喝酒、不吸烟、不吸毒。但我无法停下来，我无法控制。我说过我不能再这样下去了……我丈夫恨我。我的孩子也恨我。我毁掉了一切。我羞愧得只想去死。"

　　强迫性购买是一种情绪性涉入体验。消费者从事强迫性购买可能为了刺激、获取关注或取悦某人。但是这种情绪上升会伴随有严重的财务和消极情绪后果。

资料来源：Thomas O'Guinn and Ronald Faber, "Compulsive Buying: A Phenomenological Perspective," *Journal of Consumer Research*, September 1989, pp.147—157. © 1989 University of Chicago. All rights reserved.

图表 18.4 是包括许多方面内容的临床诊断性测试。[10]

1. 请表明你对下列语句的赞同程度。请在你最认同之处画 √

	完全同意	同意	无所谓	不同意	完全不同意
a. 在快发工资时，只要我手上有余钱，我就会全花掉。	___	___	___	___	___

2. 请表明你做下列事情的频率，请在合适的位置上画 √

	很频繁	频繁	有时	很少	从不
a. 觉得如果他人知道我的消费习惯一定会被吓到。	___	___	___	___	___
b. 买即使我买不起也要买的东西。	___	___	___	___	___
c. 在我明知银行里的钱不够的情况下还要开出支票。	___	___	___	___	___
d. 为自己买东西让自己开心。	___	___	___	___	___
e. 如果哪天不购物会感到焦虑和不安。	___	___	___	___	___
f. 信用卡只还最低还款额。	___	___	___	___	___

计算得分公式 = $-9.69 + (Q1a \times 0.33) + (Q2a \times 0.34) + (Q2b \times 0.50) + (Q2c \times 0.47) + (Q2d \times 0.33) + (Q2e \times 0.38) + (Q2f \times 0.31)$。

如果得分 ≤ -1.34，则该被测试者可被视为强迫性购买者。

图表 18.4　强迫性购买的临床诊断测试

你是否有强迫性购买倾向？请用这一诊断测试来判断。

与强迫性消费相关的另一个问题是强迫性赌博,这一问题困扰着约600万到900万左右的美国人。在一项研究中,85%的年龄在18岁到24岁之间的受访者承认他们曾经参与过赌博,5%的人承认他们有嗜赌问题。[11]几乎有1/3的高中生承认他们经常参与赌博。[12]这些消费者更可能来自有成瘾性行为问题的家庭,他们也更可能做出冲动性行为,更可能将物质水平视为成功的标准。[13]科学人员已经证实强迫性赌博与酒精、烟草和非法毒品的消费有直接的联系。[14]

通常强迫性赌博行为会有一系列的发展阶段。有时(但不总是如此),消费者开始会体验到"赢了一大笔"的愉悦感。[15]接着,赌博行为变得更鲁莽,输钱也越来越多,赌博成了个体生活的中心。强迫性赌徒会承诺戒赌,但他们做不到。在不断高涨的赌债和强迫性赌博欲望的推动下,许多赌徒开始从事犯罪活动,例如挪用公款。最后,赌徒发现他或她已经坠入了赌博的深渊中。

冲动性行为

冲动性购买和冲动性饮食是与获取和消费有关的两种冲动性行为。**冲动**(impulse)是一种突然的强烈行动欲望,就像你依着自己的情绪而不是理性和非情绪化地去做某事那样。[16]一些消费者似乎具有冲动性人格,他们会始终如一地冲动性购买。[17]但是,其他消费者在多数情况下都十分理性,而在一些十分容易做的事情面前(例如购买和饮食)或在特别诱人的情况下,他们却会做出冲动性行为。你可能会冲动地购买一本杂志或一块蛋糕,仅仅因为它摆在你面前而且看起来不错[18]或者因为你看到别人也买了一个。[19]有趣的是,如果你冲动性地购买了第一件东西,你更可能会冲动性地购买第二件东西,也许这是因为前一次购买形成了一种冲动购买的思维。[20]

> **冲动**:一种突然的强烈行动欲望。

冲动性行为同样受到消费者是防守还是进取聚焦型的影响。当冲动性饮食者接触到具有快乐吸引力的食物时,例如巧克力,他们会立刻形成进取聚焦。这样能导致冲动性饮食者在做出购买食物的决策时更关注消费的积极方面(例如品尝美味)而非潜在的风险(例如变胖)。[21]

营销启示

营销活动是否促进了成瘾性、强迫性和冲动性行为?

有些人认为营销活动促成了这些行为。例如,在美国,香烟的宣传力度非常大,而香烟中的尼古丁会令人上瘾。公共政策制定者显然认为营销人员推动了这种成瘾性消费。一些国家禁止做烟草广告,并要求在香烟包装上印上警示标签,这些做法都在影响着营销活动。

行业和营销活动同样会助长像强迫性赌博之类的行为。[22]赌博是一个快速增长中的价值9 000亿美元的行业,在美国多州赌博都是合法的,赌博也盛行于许多印第安人的居住地。[23]由于看到赌博能带来更高的收入,一些州花费数百万美元宣传它们的博彩方案(参见图表18.5)。新加坡最近对赌场解禁以促进旅游和提高就业。[24]在线赌博行

图表 18.5　赌博的形式

赌场和博彩是常见的赌博形式。

业的价值已高达 120 亿美元——尽管美国公民在网上赌博仍是非法的。[25]虽然相关研究仍非常少,但是引诱性销售、吸引人的展示、溺爱的销售人员和容易获得的信贷等很可能促成了强迫性购买。

减少成瘾性和强迫性消费的营销活动

一些营销活动旨在减少成瘾性和冲动性消费。例如,有些州和赌场开设了热线来帮助强迫性赌徒。许多赌场都张贴标语并散发传单,告知人们赌博问题的求助机构。然而,一些人仍担心赌博产业的增长会导致更多的消费者成为强迫性赌徒或导致赌徒有更多参与赌博的机会。

促进冲动性行为的营销活动

人们还会指责营销人员鼓励消费者从事冲动性购买或消费行为。事实上,在杂货店中,有些商品(例如糖果和杂志)被称为"冲动性商品",它们就摆在收银台旁边,消费者根本不需要有意去找这些东西。其他一些营销活动会令产品或环境变得十分诱人,从而导致消费者只关注于他们对这些产品的渴望,而不考虑他们是否真正需要这些产品。

消费者盗窃

强迫性购买反映的是不可控的购买欲望,而消费者盗窃反映的是偷东西的欲望。

消费者盗窃的普遍性

对美国零售商来说,商店行窃现象非常普遍和严重,每年因此而损失的商品价值高达 416 亿美元。[26]美国平均每家商店失窃财物达 855 美元(英国是 312 美元)。[27]消费者盗窃对零售商和非零售商都是个问题。[28] 汽车保险诈骗、酒店盗窃;信用卡诈骗;有限电视服务盗窃;盗版音乐、电影和软件;优惠券欺诈;欺诈性退货;调换和更改价格标签等都是公司需要防范的消费者盗窃行为。[29] 如今许多消费者尤其关注的一个问题是身份盗窃(参见图表18.6)。[30] 在线拍卖诈骗(消费者从其他消费者处偷盗)是投诉最多的在线犯罪行为。[31]

图表 18.6　身份盗窃

有些新产品能够防止身份盗窃。

影响盗窃的因素

尽管你可能认为消费者盗窃与经济原因有关,但一些人口统计变量也与盗窃有关。某些消费者盗窃形式与特定的人口统计群组有关:商店行窃行为常见于青少年,信用卡诈骗常见于受过良好教育的消费者。但是,所有年龄段的消费者都可能会从事盗窃行为。例如,约有 2/3 的公众承认曾有过商店盗窃行为,15% 的人承认有过隐瞒收入来逃税的行为。[32]

如图表 18.7 所示,有两大心理因素可以解释盗窃:(1) 盗窃的诱惑,(2) 对盗窃行为合理化的能力。如该图表所示,这些因素依次受到产品、购买环境和消费者这三方面因素的影响。

盗窃的诱惑　当消费者想要得到他们无法合法购买到的产品时就会产生盗窃的诱惑。

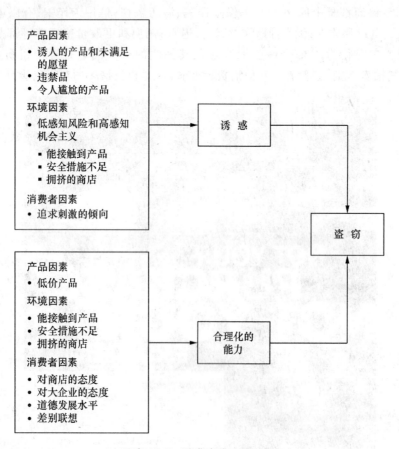

图表 18.7　消费者盗窃的动机

消费者盗窃是因为他们受到盗窃的诱惑和在某种程度上能够对其行为合理化。与产品、环境和消费者相关的各种因素都会影响诱惑感和合理化能力。

有些盗窃欲望是受到实际需要的驱使,例如母亲偷婴儿配方奶粉来喂养她的孩子。其他欲望则反映出了人们的贪欲,就像上层阶层的消费者偷钱或珠宝之类的昂贵物品。一些研究人员认为,营销人员推动了物质主义倾向,并创造了对新产品和服务的无休止的欲望。[33] 对于那些在正常渠道购买会令消费者尴尬的产品(例如安全套),或者消费者无法合法购买的产品(例如未成年消费者偷酒),消费者也会有盗窃的欲望。[34]

图表 18.7 表明,环境因素同样会影响盗窃的欲望。当消费者认为他们盗窃后能脱身或值得去盗窃时,他们的盗窃欲望会更高。因此,消费者会评估盗窃和被抓的感知风险,也会考虑拥有一件或使用一样他们买不起的产品或服务的利益。[35] 许多环境因素对商店行窃的感知风险有影响。[36] 商店的嘈杂和拥挤、很少或没有安全措施、宽松的退货政策、销售人员很少、商店存在死角或缝隙、使用容易调换的价格标签,都会导致消费者认为他们的盗窃将不会被发现。同样,许多种消费者盗窃(包括调换价格标签和商店行窃)都与寻求刺激有关。[37] 认为偷来的东西能轻易通过在线拍卖站点卖掉也是一种原因。[38]

盗窃的合理化　如图表 18.7 所示,消费者之所以盗窃,还因为他们能在某种程度上使其盗窃行为合理化,认为他们的行为有正当理由或受到外部原因的驱使。例如,消费者认为偷一些很便宜的东西(例如在杂货店中从一串葡萄上偷一颗葡萄)根本算不上偷,因为这些物品的价值基本上可以忽略为零。一些消费者认为,营销人员公开展示商品、没有保安在场或者是使用容易调换的价格标签是在"请他们去偷"。在拥挤的商店中消费者可能会由于等待服务的时间太长而变得非常不耐烦,因此他们就拿着商品直接走出商店,认为他们的盗窃行为只是对长时间等待服务给他们所带来不便的一种补偿。[39]

当社会影响鼓励盗窃时,消费者也可能把盗窃行为合理化,正如有人用盗窃来证明自己的胆量那样。[40]有趣的是,研究人员发现,没有什么证据能表明青少年的商店盗窃行为主要是为了证明胆量。[41]"每个人都这么做"是另一种合理化理由。在一项研究中,有11%的受访者认为在线下载音乐或拷贝软件而不付费是错误的,但他们认为如果"每个人都这么做",他们也会同样照做。[42]

当商店的公共形象不好时,消费者也最有可能将偷盗行为合理化。如果消费者认为商店不友好、咄咄逼人或有些不公平,他们会将盗窃看作是对该零售商的一种报复。类似的,消费者会偷大企业的产品,因为他们认为这些企业能够承担这些损失。一些消费者之所以去偷是因为他们觉得与零售商的心理距离很远——也就是说,他们认为他们是同一个巨大的、无名的企业而非与某个商店的所有者打交道。[43]

道德发展水平较低的消费者不会认为盗窃是错误的。一项研究发现,通常商店行窃者往往也是违反规则者。有人推测我们社会的总体道德发展水平正在发生变化,因此越来越少的人认为盗窃是不对的。一些证据表明,仅仅通过观察到同辈在商店行窃就会使成年人的道德约束能力下降。因此,社会化会影响道德发展,进而影响消费者盗窃行为。[44]

营销启示

对营销人员来说,盗窃显然是个普遍且代价高的问题。

提高对减少盗窃设备的使用

企业每年在反盗窃设备的使用和改善保安系统上花费数十亿美元,试图以此来预防或减少盗窃(参见图表18.8)。一些公司利用闭路电视和高级计算机软件来跟踪可疑行为。例如零售商Brookstone使用特殊的软件来确定哪些产品最容易被盗,从而可以通过重新安排陈列方式和结账流程来减少损失。[45]

补偿盗窃成本

盗窃对消费者有害,因为零售商必须提高价格以负担损失的货物和设备、弥补盗窃保险的费用、弥补高昂的保安系统成本。[46]此外,由于企业试验更新和更好的保安系统,盗窃也增加了研发成本,这一原因同样导致更高的价格。

降低服务顾客的能力

保安系统和流程会妨碍零售商服务顾客的能力。例如,零售商不得不将商品保管在玻璃陈列柜、带锁的柜子等中。这种安全措施增加了消费者的搜索成本,使得消费者浏览商品以及销售人员为顾客服务变得更困难和更浪费时间。

图表 18.8　减少盗窃的设备

像店内的镜子、摄像机、防盗窃标签和录像之类的设备能让潜在的盗窃者了解到他们有可能被抓,从而降低了盗窃的动机。

黑　市

盗窃是消费者拒绝为能够获得的产品付钱的情况,而**黑市**(black markets)是消费者为不容易获得的产品支付(通常是十分昂贵的)价钱的

> **黑市**:一种非法市场,在其中消费者为不容易获得的产品通常支付十分昂贵的价钱。

情况。这些市场之所以被称为"黑"市是因为销售者通常都未经授权,也就是说,买卖过程通常是非法的。像糖、盐、毛毯、火柴和电池等商品的黑市是为了满足功能性需要;毒品、娱乐和性服务的黑市是为了满足体验性需要;而手表和珠宝等黑市则是为了满足象征性需要。

一些物品虽然合法但却因供应不足而在黑市上出售。例如,有些消费者大量购买受欢迎的体育赛事和音乐会的门票,并以十分高的价格转售。普林斯顿大学和其他大学正严厉打击毕业典礼门票的黑市交易。[47]在美国,最近一些年汽车安全气囊和古巴雪茄的黑市交易也很盛行。[48]一些黑市交易的是基本的消费品,例如囚犯用金钱和香烟来交换食物、书籍和衣服。[49]

将一些产品和服务卖给消费者是非法的,例如用于制造炸弹的原料,这些产品和服务也在黑市中销售。[50]毒品黑市也十分普遍。治疗男性性功能障碍的万艾可药物就有着巨大的全球黑市——假万艾可的交易也十分繁荣。[51]假冒产品,如假古琦鞋也通过黑市销售。[52]烟草税较高的州中的消费者有时会利用黑市渠道购买从烟草税低的州走私过来的香烟。[53]

营销启示

营销人员正采取各种措施打击黑市,尤其是黑市的在线交易。例如世界摔跤娱乐(World Wrestling Entertainment,WWE)的一名律师搜索拍卖假冒WWE DVD的卖主,并起诉他。[54]在线药店无法阻止那些不道德的站点出售假冒的或成分不足的万艾可以及其他药物。但是,通过展示来自全国药学委员会(National Association of Boards of Pharmacy)的认证印章、CVS以及其他药店可以让消费者确信它们只出售真药。[55]

未成年饮酒和吸烟

正如前面所提到的,上瘾地喝酒和吸烟是一种异常的消费行为。未成年人非法使用这些产品是另一种异常的消费者行为。[56]半数以上的初中生和高中生曾喝过酒,他们首次饮酒的平均年龄低于16周岁。[57]约有1/3的高中生和几乎45%的大学生曾有过"酗酒"行为(一次喝酒5杯以上)。有400万儿童是饮酒者或酗酒者,每年因过量饮酒而死亡的未成年人达4 500人。[58]每年有100万年轻消费者开始吸烟,90%都是青少年。几乎有12%的高中生和28%的大学生开始吸烟。[59]在那些对烟草广告很少有禁令的国家中,这些数字会更高。

未成年饮酒和吸烟对个体和社会都会造成不良后果。[60]过度饮酒会引发校园暴力、校园财产损失、学业不合格、青少年交通事故、青年人自杀以及校园欺辱致死事件。由于现在大学必须对校园饮酒事故承担责任,饮酒成为导致学费上涨的一个因素,因为学校必须支付相应的保险费。由饮酒所导致的事故同样也导致年轻消费者需要交高昂的汽车保险费用。

吸烟同样有害,它会导致许多严重的健康问题,例如肺癌和心脏疾病。此外,不吸烟者也会受到二手烟的危害。正如前面所提到的那样,烟草制品同样会使年轻消费者更易有成瘾性消费的问题。此外,青少年吸烟者与成年吸烟者的戒烟难度相同。[61]正如未成年饮酒那样,公众利益集团和政府机构正在积极宣传吸烟的负面健康后果(参见图表18.9)。

图表 18.9　宣传吸烟的健康后果

在任何年龄吸烟都会导致严重的健康后果,包括阳痿、肺癌和心脏病。公众利益集团和政府组织有时会呼吁对这些负面健康后果的关注。

营销启示

许多营销问题与未成年饮酒和吸烟有关。

产品可获得性

批评者认为,未成年消费者购买酒和香烟太过容易,因为他们在买这些产品时,并没有人要他们出示年龄证明。

广告接触

其他人认为,年轻人看了太多这些产品的广告,而这些广告都在宣传这些产品及使用这些产品的人是多么富有魅力。[62]年轻人看了太多的酒类广告和非电视烟草广告,[63]这种情况导致有人建议公司应当限制年轻人接触到这些产品的广告。[64]尽管烟草行业同意不向儿童进行营销,一些烟草品牌仍继续在青少年也会阅读的成年人出版物中做广告。许多广告将饮酒描绘成社交频繁和美丽人士所从事的一种积极的和恰当的行为。有证据表明,年轻消费者看酒类广告越多,他们对这些产品了解也越多,他们也更可能去饮酒。[65]

类似地，多数青少年吸烟者选择的都是做广告最多的品牌——这进一步表明广告是导致吸烟行为的一个原因。通常，接触香烟广告最多的青少年往往也是吸烟最多的青少年，而做广告最多的品牌吸引的青少年比例也往往高于成年人比例。特别是，人们发现用真人或模特做广告的烟草和酒类广告能直接产生对该广告、品牌和产品类别的更积极的态度。[66]随着企业寻找办法避开广告禁令，这种广告展露会更多。[67]例如，在禁止烟草广告的一些国家，有些广告主采用赞助和受许可商品继续向公众宣传。[68]

但是，另外一些人认为这些产品的广告对儿童的影响很小；同辈影响、父母吸烟以及自尊感等是另外一些更重要的决定因素。然而，鉴于烟草具有成瘾性，法律也禁止未成年人购买香烟，美国政府禁止了香烟电视商业广告。加拿大不仅仅禁止香烟的电视广告，而且还几乎禁止了所有其他形式的香烟广告。

以年轻人为目标

重要的是，烟草和酒类制造商是否以年轻人为目标，在广告中表现年轻人认为与之相关的形象。[69]许多烟草广告表现反权威的自由，这是一个吸引年轻消费者的主题。展现饮酒时从事冒险行为的广告同样受到了批评。

一些管制者和批评者声称烟草广告主通过使用虚构的和卡通人物来吸引年轻消费者，尽管公司对此进行了辩解。[70]一位广告主认为使用这些人物对儿童的影响很小，声称尽管大都会人寿保险公司使用了史努比做广告，但是儿童并未因此而要求买保险。[71]酒类行业的企业强调它们并未以年轻消费者为目标，而是投入巨资宣传合理饮酒。安海斯-布什在过去10年中花费了1亿多美元来宣传合理饮酒（图表18.10）。[72]

主流媒体和广告中的不合适信息

还有一个问题是，主流广告主和娱乐提供物可能会发出有关香烟和酒的不合适信息。酒类行业的自律委员会实施了负责执业守则，处理有关酒类广告的投诉，尤其是对明显使用性诉求进行品牌销售活动的做法。[73]同时，像菲利普·莫里斯这样的烟草营销人员请求电影制片者不要在电影中使用香烟品牌或品牌图像。[74]此外，研究表明在G、PG和PG-13等级电影中看到过抽烟镜头的儿童中，有1/3的儿童开始抽烟。[75]

警示标签和广告

法律要求香烟和酒类营销人员必须在产品包装上和广告中提出警示。[76]有些州会要求更多的警示。亚利桑那州要求酒类企业张贴海报警示怀孕期间饮酒的风险。但是，长期以来，这些警示标签和海报并没有有效改变年轻消费者的行为。[77]也许其中一个原因在于消费者的知觉防御使得他们忽略掉了此类信息。即便是酒类营销人员给出"不要酒后驾车"这样的信息，消费者也可能不会在意，因为这种信息是企业赞助的。[78]

卫生局局长呼吁在产品标签上要有更明显的健康警示。如今，制造商会在产品上列出酒精含量，从而消费者可以清楚地知道饮料的酒精浓度。一些研究人员也在试验更能引人注意的警示。一项研究发现，如果先让高中生看一部反对吸烟的广告，然后再看一群年轻人吸烟的电影，那么这则广告会有助于高中生将吸烟重新界定为一种不良行为。[79]另一项研究发现，如果未成年人对反对吸烟广告有积极的反应，他们就更可能降低吸烟意向。[80]

图表 18.10 酒精产品的健康警告
公司和公众利益集团都在宣传毒品和酒精消费的负面后果。

营销中的伦理问题

营销会导致其他异常获取或消费行为的负面社会后果吗?这里我们将考察四个重要的伦理问题:儿童广告、有关营销和肥胖症的问题、广告和自我形象以及隐私问题。

营销人员应该向儿童做广告吗?

儿童广告引起了相当多的争议,争议的焦点在于广告对这些年轻、易感消费者的影响。最近一项研究发现,有 90% 的儿童到 2 岁时会经常看录像或电视。[81] 随着孩子们渐渐长大,他们的卧室中也会有电视,因而他们很容易就会看到电视广告。[82] 各个电视台会在某个时间段集中播放儿童节目,这也方便了营销人员以儿童为目标受众,花巨资向这一细分市场宣传玩具以及其他相关产品。[83]

儿童广告的一个问题在于,7 岁以下的儿童很难区分什么是广告什么是电视节目。[84] 即使儿童达到了能够区分广告和节目的年龄段,他们也可能不了解广告的目的是为了向他们销售东西。[85] 因此,幼儿并不具备成年人所拥有的怀疑能力,也更可能会相信他们所看到的广告。但要注意的是,儿童对信息性意图("广告告诉你的事情")的理解要比对说服性意图的理解能力更强。[86]

同样,广告信息利用儿童对感官满足、玩耍和依附的强烈需要,影响他们更多地选择物质型的产品而非社会导向型的产品(参见图表 18.11)。[87]批评者认为,广告导致了儿童变得物质主义化、行为冲动化和希望立即得到满足。

图表 18.11　营销人员应该向儿童做广告吗?
针对儿童的广告因其引起了物质主义倾向和导致儿童的即时满足(以及其他问题)而备受批评。

不幸的是,许多父母并不与他们的孩子一起看电视并告诉孩子关于广告的事情。结果,儿童变得极易受影响,他们的态度和行为也受到了广告的影响。广告展露通常促使儿童向父母提出购买产品(特别是玩具)的要求,导致家庭冲突和孩子失望。此外,儿童接触到的一些广告展露还会(通常是负面地)影响儿童对成年人的印象。[88]另一个争议的焦点在于做广告的产品类型。直到最近,许多广告还针对儿童促销含糖食品,如糖果和甜麦片;批评者认为这些广告促成了不良的饮食习惯。公司以多种方式对这一问题做出反应,正如本章开篇例子中所展现的那样。

许多以儿童为目标的网站中都有某种形式的广告,这一现象也引起了人们的关注。[89]尽管父母可以使用软件阻止儿童浏览某些网站,但儿童可能并不理解为什么要避免泄露个人资料和电子邮件地址。因此,互联网引发了对家庭隐私的关注,也引发了对儿童区别网上广告和非广告内容的能力的关注。

营销启示

> 鉴于与儿童广告相关的问题,美国联邦贸易委员会和联邦通讯委员会都建议在儿童节目中,电视台应对节目内容和广告进行区分。它们建议在广告前和广告结束后加入提示信息——例如在商业广告插播前提示"广告之后继续",广告插播结束后提示"现在继续(节目名称)"——来帮助儿童区分广告和节目。[90]联邦通讯委员会还要求电视台和有线运营商在平日将儿童广告的时间限制在每小时 12 分钟以内,周日限制在每小时 10.5 分钟以内。[91]

联邦贸易委员会还鼓励采用公益广告来教育儿童养成正确的营养习惯。由于公益广告出现的频率往往不够高,而且仅向儿童提供基本的营养信息不足以培养良好的饮食习惯,因此这种做法的效果十分有限。其他做法试图在学校对孩子进行营养教育,希望儿童能够影响他们父母的营养意识。像红龙虾餐馆(Red Lobster)这样的公司向学校提供营养信息(在本例中为海鲜的营养信息)。

广告行业也制定了儿童广告指南,由商业改进局的分支机构"儿童广告评审中心"(Children's Advertising Review Unit, CARU)执行;但是,似乎并不是所有的广告主都遵守这一指南。[92] 该指南鼓励发布真实的和准确的广告,要认识到儿童的认知能力有限,避免因宣传而导致儿童对产品的不现实期望。

营销活动促成了肥胖症吗?

一些批评者认为,营销导致了科学人员所说的世界性肥胖症。[93] 世界卫生组织认为,垃圾食品广告与儿童肥胖症之间的关系得到了足够的证据支持,政府应当阻止促成年轻人不健康饮食的营销活动。[94] 公众利益集团的科学中心(一家倡导团体)呼吁,如果年龄低于18岁的消费者占某个电视节目受众的25%及以上时,应当禁止在该电视节目中播出垃圾食品广告。[95] 正如开篇例子中所说的那样,营销人员对这一关注的反应是改变他们的产品和广告。

研究人员正在调查可能导致过度饮食和肥胖症的各种问题。例如,消费者是否对吃"低脂"零食更不会感到内疚从而会过度饮食?营销人员可以通过显著标出饮食量来克服这一问题。[96] 消费者会精确评估他们每餐所消耗的热量成分吗?事实上,他们往往会低估热量成分,这种情况可以解释为什么一些立法者和健康倡导者希望餐馆要标出它们所提供食物的营养信息。[97] 另一个问题是消费者往往会认为不健康食品的味道要比健康食品更好、更可口。为了解决这一问题,食品营销人员可以改变食品配方,使食品更健康而且味道更好,正如我们在开篇例子中所展示的那样。[98]

营销启示

越来越多的公司和媒体正在使用营销来鼓励健康行为。芝麻街的甜点怪物(Sesame Street's Cookie Monster)告诉儿童,饼干只是一种"零食"。[99] 食品制造商也同样强调健康食品的好味道并提供营养成分信息。联合利华 Promise 牌麦淇淋(margarine)的广告广泛强调该产品由"心脏病专家和美食家推荐",并给出了每份食品的脂肪含量。[100] 一些食品营销人员同样也重新更新了其品牌的网站,减少这些网站对儿童的吸引力。例如,凯洛格就从其麦片网站上除去了游戏。[101]

广告会影响自我形象吗？

广告一直因其描绘人们和他们生活的理想形象而备受指责。例如，很少有人住在像家庭用品广告里所描绘的房子中，也很少有人能享受到像贺曼贺卡和皇家加勒比（Royal Caribbean）所描绘的理想度假方式。广告创造出人们应当的理想生活形象。如果我们不能达到这种理想形象，我们会感到不满。这一部分将考虑有关广告和自我形象的两个问题：（1）广告是否导致消费者对其外表感到不满？（2）广告是否使消费者变得更物质主义化？

理想的身体形象

广告中的许多男性模特都身材匀称、肌肉发达而且英俊，广告中的女性模特大多年轻、苗条而且非常漂亮。由于这些广告反映了理想男性和女性的社会观念，他们所表现出的特质实际上是许多男性和女性永远都无法达到的。一个尤其突出的问题是，男性和女性都会拿他们自己的身体与那些苗条的模特进行对比。事实上，一项研究发现，有11%的男性说他们愿意用5年的寿命来换取他们希望达到的个人减肥目标——这一数据与对女性的统计数据非常接近。[102]

在许多国家，尤其是那些西化的国家中，男性和女性都以瘦为美。不幸的是，这种价值观容易走极端，会导致厌食和易饿之类的饮食紊乱，这些病症困扰着约1亿名美国女性和100万美国男性。在日本，受这些病症困扰的男性和女性数量也在急剧增长。[103]另一方面，约有2500万美国人有暴饮暴食的问题。[104]但是那些广告是否促成了具有饮食紊乱倾向的消费者的病症？对十分苗条模特的认同是否导致人们对自己的身体和外表的不满？[105]有证据表明，对上述问题的回答是肯定的。

社会比较理论（social comparison theory）提出，个体有一种将自己与别人进行比较的动力。[106]与该理论相一致，研究表明，年轻女性的确会拿自己与广告中的模特进行比较，这种比较会影响自尊。[107]因为，如果消费者没有达到比较对象的标准，他们会感到不足。这种比较会让消费者感觉受到威胁，因此他们会对自己的行为撒谎，从而来保护他们的自尊。[108]

> **社会比较理论**：提出个体有一种将自己与别人进行比较的动力的一种理论。

图表18.12列举了一项研究：当看到杂志中漂亮模特所做的广告后女性消费者的陈述。有趣的是，有研究还发现，消费者看过漂亮模特所做广告之后，会对普通长相的女性吸引力评价更低。根据这些研究，一个潜在的强烈结论是广告会引起人们对自己外表的满意度的负面影响。[109]需要注意的是，如果广告中的模特太瘦了，那么这种比较不会给消费者带来不良感受。[110]

图表18.12　女性对广告中的理想外形想象的反应？

一般性对比	"天哪！我希望自己能有那样的肌肤。"（对一则化妆品广告的书面评论） "有些广告会让我看到后说：'哇！我很想变成那样。'" "在高中，你会认为只要你努力，你也会变成那样。到了大学，你会意识到'还是忘了这样的想法吧。'"

(续 表)

广告引发的对比	"当我看广告时,我总是盯着胸部。如果她胸部平平,我就会很喜欢。因为,你知道,我也是这样的。" "我的臀部过大。我经常看臀部。我想我十分嫉妒。" "当我看一个模特时,我会看她的胳膊。因为我的胳膊很不好看。"
看广告后引起的负面自我感受	"你看过这些广告后,你会感到你很差,再怎么做也变不成那种样子。" "如果你意识到你应当像那样——我是说——我根本不可能像那样,你会感到很沮丧。" "我曾经每天翻杂志看广告中的模特,希望我能像她们一样。我曾经每天跑步,且真的以为我可以像她们一样。我记得,我甚至特别选出了一个模特,并把她从广告中剪出来。我非常着迷。最后我才发现这是不现实的。但是我有时仍会看广告并会想:'嗯,也许我可以。'" "有时广告中的模特会让你感到有些沮丧。" "她们让我变得自我挑剔。"(参与者看了泳装广告中的模特)

　　一项研究发现,女性看到广告中美丽苗条的模特后,会拿自己或自己身体的某部分与模特做对比。在一些情况下,广告会使消费者感觉自己很糟糕。

　　资料来源:Marsha L. Richins, "Social Comparison and the Idealized Images of Advertising," *Journal of Consumer Research*, June 1991, pp.71—83. ⓒ 1991 University of Chicago. All rights reserved.

营销启示

　　幸运的是,一些公司对此类信息的效果变得越来越敏感。在时尚行业中,对形体丰满的模特的需求正在上升——也许是因为消费者对时尚产品和广告中不同类型女性的需求。[111]同样,在线零售商允许消费者在家中购买和试穿衣服。[112]尽管有些女性会由于她们与广告中的模特比较而感到不开心,但其他人却不会有不良感受,而且会讨厌展现这种不现实的女性形象的广告主。[113]作为多芬"真美"运动的一部分,多芬 Firming 润肤露广告中展现的是曲线美的女性,而非超级瘦的女性;该运动获得了消费者和营销专家的积极关注。[114]但是,由于一些女性仍愿意使用有风险的产品来达成理想的身体形象,营销人员必须要透露这种风险(例如某种药品的风险),从而使消费者可以评估任何的潜在负面后果。

物质主义

　　一直以来广告因其物质主义价值观和让消费者对他们的生活感到不满而备受指责。[115]例如,随着广告内容对物质主义的描绘越来越多,美国人变得越来越物质主义。其他国家的消费者也变得越来越物质主义,这种趋势与他们购买美国产品和看美国广告相吻合。研究表明,看电视多的消费者以及认为商业广告很现实的消费者往往要比看电视少的消费者的物质主义倾向更强。[116]电视节目经常表现要什么就有什么的人物,这种情况会导致人们的现实观发生偏差或扭曲。

　　家庭的影响十分强烈:父母的物质主义倾向较强,他们孩子的物质主义倾向也比其他孩子要高。[117]追求物质主义的青少年购物会更多,存钱会更少,也更易对营销活动做出响应。[118]随着营销和媒体对品牌的强调越来越多,许多儿童在读一年级以前就能了解200多个品牌。[119]我们的社会对物质主义的关注同样会促进儿童的物质主义价值观的形成。[120]

社会比较理论预测,如果广告和媒体表现个体拥有很多的物质所有物,消费者可能将对照广告来判断他们个人成就。认为自己没有比较对象富裕的消费者可能会对他们的生活更为不满意。一些证据支持了这种观点。大量看广告的消费者往往会高估普通消费者的富裕程度。[121]这种误解建立了关于普通消费者财富的错误参照框架。此外,物质主义的消费者会过度注意他人的所有物,并根据这些人的所有物来对这些人做出推断。[122]

由于多数人都不可能达到广告中所描绘的物质化的"好生活",因此消费者可能会因此而产生不满足。一些政府不愿意播放美国广告,担心这种广告会引发超出该国生产力的或者人们购买能力的产品需求狂潮。[123]尽管尚未证明广告就是引起物质主义和不满足的原因,但是其中的联系却值得更多的研究和关注。

营销活动是否侵犯了消费者的隐私?

包括零售商、银行、信用情况报告机构、互联网企业、电话公司和保险公司在内的许多组织都会收集和交换消费者的信息,这些信息一般来自产品登记卡、信贷申请、产品活动监控、销售交易数据以及其他技术。最近,由于互联网提供了大量收集有关消费者详细信息的机会,隐私问题引起了人们更多的关注。[124]

消费者非常关心营销人员所掌握的关于他们的信息数量和信息类型。[125]研究表明,消费者认为企业收集了过多的个人资料;这些消费者担心他们个人隐私会被泄露。[126]在另一项研究中,61%的受访者不使用金融网站,因为他们对网站处理他们个人数据的方式表示担忧。[127]他们还担心身份被盗,尤其是随后所涉及的社保号码和信用卡号码被盗。[128]例如,当东京迪士尼乐园约12.1万名年票持有者的个人信息泄露后,许多人收到了假冒产品的电话或电子邮件。[129]

消费者还会抱怨说,尽管信用卡公司、出版商和目录公司(以及其他公司)将他们的信息卖给其他公司,但消费者自己却没有得到任何报酬。此外,消费者还必须花时间甄别出那些购买他们名字和联系信息的公司所寄来的邮件或电子邮件信息。

消费者的担忧程度和透露个人信息的意愿会因营销人员所希望收集的信息类型而变化。[130]然而,尽管消费者经常会提出隐私问题,但许多人仍愿意提供他们的私密信息。[131]研究表明,当消费者同意公司收集他们的个人信息时,公司可以向消费者提供更多的保障和消费者所能获得的好处(例如定制化的产品或服务)。[132]许多网站发布隐私政策,解释它们收集的消费者数据的类型和作用,消费者如何去查看这些数据,以及如何保护这些数据——尽管这些声明通常都不提供详细的解释。[133]

营销启示

为什么消费者如此担心营销人员对他们个人信息的使用?

恐怖的故事损害了所有的营销人员

一些无良营销人员利用营销技术欺诈消费者,例如一些公司利用电话营销欺诈老年消费者的生活积蓄。这些故事引起了广泛的媒体关注并且玷污了所有营销人员的形象。消费者还具有普遍的隐私缺乏感,例如担心由于他们的健康状况被泄露给雇主而丢掉了工作。

了解收集的信息如何帮助消费者

消费者需要了解他们被收集的信息是如何被使用的,他们能从中获得什么好处。例如,目录公司收集消费者的家庭特征、风格偏好和尺码等详细信息,以便能够制定定制化的目录。这种做法可以:(1) 避免浪费,因为营销人员能够更精确地选择目标消费者,(2) 使产品更符合消费者的需要,(3) 降低成本,这种节省可以让利给消费者。

法律和自律

消费者在拒绝不必要的营销活动方面拥有越来越多的权力。超过1.45亿的美国消费者将其电话号码列入了联邦贸易委员会的不准打电话列表中。[134] 美国消费者还可以写信给直接营销协会或登录该协会的网站(ww.the-dma.org),要求不要将他们的名字卖给其他公司。

隐私保护的市场

对隐私的关注同样为营销人员开辟了开发保护消费者隐私新产品的市场(参见图表18.13)。随着隐私问题日益严峻,消费者会对这些服务越来越感兴趣。[135]

图表 18.13　隐私保护
一些新产品试图减少消费者对保护他们隐私的担忧。

营销中的社会责任问题

消费者和公司越来越关心产品和营销活动所带来的环境后果。在这一方面,有两个社会责任问题得到了特别的关注,它们是鼓励环境意识行为和如何鼓励节约行为。另一个重要问题是消费者如何抵制令人反感的营销活动。

环境意识行为

营销人员会直接或间接地参与到培养环境意识行为和强调对全球变暖问题关注的活动中。汽车公司、供应商以及石油公司都必须遵守政府的要求,例如使用无铅汽油和遵守严格的排放标准来减少对环境的污染。这些努力有时会增加营销成本,但却获得了新的盈利机会。

另一个担忧是我们环境中不断增加的垃圾数量。如今,许多产品(例如德国的兰诺织物软化剂、Jergen 润肤液和 Windex 清洁剂)都装在可重复充填的容器中出售。[136]罗马尼亚等国的消费者使用可重复充填式瓶子来装红酒、啤酒、矿泉水、油和牛奶,从而减少了浪费。在消费者和零售商的推动下,许多公司减少了产品的包装,或使用更为环保的产品包装。[137]像 www.catalogchoice.org 之类的网站能让消费者有权不接收不想要的目录,因此节约了纸张。使用环保产品的趋势正在增长,为销售环境友好型家庭清洁产品的第七代(Seventh Generation)等公司开辟了道路。[138]诺基亚的"再生"手机使用百分之百的回收部件,这是该公司推进绿色产品的最新进展。[139]

有关回收的研究表明,对回收重要性的具体信念和对回收的一般态度直接影响消费者是否会从事回收行为以及他们是否会认为回收行为给他们带来不便。[140]另一方面,当消费者感知到他们的行为将会起作用——被称为感知消费者有效性——时,环境意识行为最有可能发生。[141]

节约行为

环境保护的第二个重要方面是**节约行为**(conservation behavior)。随着垃圾处理和自然资源开采的问题不断迅速升级,节约的需要变得尤

> **节约行为**:为了保护环境而限制使用稀缺的自然资源。

其重要。公司已经发现垃圾是未得到正确使用的资源,并正在寻找使产品更为耐用和再利用的创新方法。特别是,消费者研究人员对两类节约行为非常感兴趣:消费者何时会有节约行为,如何激励消费者从事更加环境友好型的行为?

消费者何时会有节约行为?

当消费者接受自己对污染问题的责任时,他们最可能会采取节约行为。[142]例如,认识到由于所有消费者(包括他们自己在内)的消费活动而导致能源短缺的消费者更可能认识到个人责任并采取相应的行动。但是,消费者通常不会认为自己对所有环境问题负有责任,因此没有动机去采取相应的行动。因此,为了保证节约计划取得成功,信息必须具有与消费者的个人相关性。例如,为了让消费者调低调温器来节约能源,信息应当强调消费者每

年以及长期来看将能节约多少能源和资金。当节约行为不受阻碍时,这种行为也更可能发生。[143]

荷兰的一项研究指出了使用社会规范来影响消费者环保行为的重要性。这项研究发现消费者一般会感到他们要比其他家庭从事环保行为的动机更高,但做这种行为的能力却更低。[144]此外,他们认为能力是最大的决定因素,他们的行为也受到他人的影响。

可以激励消费者变得对环境友好吗?

许多组织和机构正试图激励消费者变得对环境更友好。广告有时会鼓励消费者使用节约资源的产品或包装,或者从事节约行为。另一种方式是利用沟通、家庭稽核和电器标签来告诉消费者如何变得对环境友好。[145]另一种可能的方法是对消费者的节约行为提供奖励。例如向消费者提供免费的淋浴喷头可以显著增加能源节约计划的参与程度。与强制性策略(如高额征税)相比,消费者更喜欢奖励(如税收抵免)。此外,设定目标和提供反馈也可以帮助消费者减少能源使用量。

营销启示

> 由于政府和企业的营销努力,消费者逐渐意识到节约行为和机会。环境保护署通过包装上的标签和制造商的广告来宣传能源之星计划,帮助消费者选择节约能源的电器和电脑。在美国、澳大利亚、欧洲和其他国家,白炽灯之类的高能耗产品的分阶段淘汰使消费者有时间了解像节能灯之类的节约能源替代品。[146]同时,营销人员可以通过像绿色印章(Green Seal)这样的独立团体对其产品进行认证来吸引具有节约意识的消费者,这样做能让消费者确信公司的产品达到了一定的节约和效率标准。[147]像可口可乐等公司正在设计营销运动来向公众宣传它们为保护环境所做的努力。[148]

消费者如何抵制营销活动?

如果消费者受到某些营销活动打扰,他们可以抵制这些营销活动,尝试单独抵制,或者通过倡导团体和联合抵制来做出改变。[149]如果消费者对某种营销活动感到不满意或不高兴,他们可以选择今后不再惠顾该营销商、向该营销商抱怨或传播负面口碑。这些单独的消费者抵制策略十分有效。

群体抵制策略要比无组织的个体抵制策略更有影响力。一些有正式组织的倡导团体通过告知公众它们认为不恰当的商业做法来进行抵制(参见图表18.14)。[150]例如商业化研究中心(The Center for the Study of Commercialism)通过发布信息并使用游说来阻止在校园做广告等营销活动。*Adbusters*是一本由加拿大媒体基金会(Cnanda's Media Foundation)出版的杂志,该杂志提醒消费者过度的商业化。[151]明尼苏达州的青少年组成了"Target Market"倡导团体,用于阻止未成年吸烟。[152]

联合抵制(boycott)是一种有组织的活动,它是指消费者不去购买营销政策或做法不公平或不正义的公司的商品或服务。联合抵制是消费

> **联合抵制:**一种有组织的活动,指消费者不去购买营销政策或做法不公平或不正义的公司的商品或服务。

图表 18.14　倡导广告

像美国反活体解剖协会这样的倡导团体试图引起公众对在社会、政治和道德方面不合适的商业行为的关注。

者让公司为其有异议行为负责的一种方式。因此，许多消费者愿意采取行动来对公司产生影响。而且，那些容易受到参照群体的规范影响的消费者更有可能参加联合抵制。最后，参加联合抵制的消费者可能会寻求在减少内疚感后希望提升或维持他们的自尊。[153]

有组织的联合抵制能获得公共宣传，而且比同样数目的消费者单独抵制有更大的影响力。[154]例如，耐克公司曾由于其生产运动鞋和运动衣的海外工厂的恶劣工作条件而遭到联合抵制。作为回应，耐克重新审查了工厂的情况，请非营利性的公平劳动协会（Fair Labor Association）来检查这些工厂，并取消了那些不能保证有合格工作条件的供应商。[155]

有时，联合抵制会直接抵制公司的活动而非其产品。美国家庭协会联合抵制福特公司，因为该公司的慈善捐款捐给了支持同性婚姻的群体，而且公司将广告投放于同性恋导向的媒体上。这次联合抵制持续了两年，福特遭受了很多与此次抵制无关的巨大损失，最终福特削减了广告预算，并停止了向许多群体的捐赠，包括美国家庭协会所反对的那些群体。[156]联合抵制取得成功的主要标志并不在于它所引起的财务后果，而是在于它改变了冒犯性的政策，让企业对它们未来的活动计划更加负责并迫使从事类似活动的其他企业做出改变。

总　结

异常消费者行为包括不合法和心理上/生理上的不正常行为。异常的获取行为包括强迫性购买、消费者盗窃和黑市交易；异常的消费行为包括成瘾性和强迫性消费以及未成年饮酒和吸烟。这些行为相当常见,尽管某些行为(如黑市交易)能提供某些消费者利益,多数行为对消费者及其所在的社会群体有相当大的负面影响。

批评家质疑营销活动是否会影响这些行为,对这些行为的影响程度有多大。人们指责广告促成了肥胖症、鼓吹理想化的身体形象、引起了物质主义价值观并侵犯了消费者隐私。作为回应,许多公司开始采用一些策略来减少公众的批评并让营销活动能给人们留下好印象。营销人员同样也对节约和环境友好等社会责任有兴趣。消费者通过个人抵制、倡导团体的支持和参与联合抵制来表达他们对不想要的、有争议的、有异议的或非伦理的营销活动的反对。

1. 什么是强迫性购买?为什么它是一种有问题的行为?
2. 诱惑和合理化对消费者盗窃有何影响?
3. 成瘾性行为与强迫性行为和冲动性行为有何区别?
4. 什么是社会比较理论?如何将它运用到广告中?
5. 有哪些因素会影响具有环境意识的消费者行为?
6. 消费者如何抵制他们认为不想要或非伦理的营销活动?

消费者行为案例　你的个人数据是私人数据吗?安全吗?

每当你使用信用卡或借记卡(在网上、在商店、通过邮寄或电话)买东西时,你此次的购买行为就会被记录并存储在零售商的数据库中(以及银行的数据库中)。对你购买模式的分析能帮助公司开发出更合适的产品和更有针对性的沟通。但是,越来越多的消费者担心这些数据库中的姓名和银行卡号可能会通过电子化方式或者由于笔记本电脑或电脑光盘的被盗而失窃。黑客攻击进入零售商 TJ Maxx 的母公司并偷走了4 500万信用卡和贷记卡卡号就属于这种情况。由于这次失窃,数百万的消费者要求银行销毁这些银行卡并办理新卡。

每年,数百万的美国消费者会遭受身份盗窃,他们的信用卡或其他资料被盗,并被用于欺诈性购物。政府估计,每年因身份盗窃而损失的商品、服务和基金约为500亿美元。鉴于如此多的公司和政府机构收集和存储了如此多的数据,数据的安全成了一个相当重要的问题。有时,消费者会因接到貌似合法实则非法的电子邮件、信件或电话而被骗走信息。

即使在你浏览互联网时,一些站点也会收集你的个人信息,甚至是在你不知情的情况下。许多站点都会在你的电脑硬盘上存有 cookie 文件——一种小型数据文件,以此来跟踪你在每个站点的活动,确定你看过哪些网页和产品,了解你在网上逗留了多久以及你点击了哪些链接。这种跟踪的好处在于,这些网站通过了解你在找哪些产品或看哪些产品,从而对你的在线体验进行定制化。同时,你的在线行为还可能被一些软件跟踪,这些软件能够根据你所访问的网站来决定你将会看到什么样的广告。这种情况引起了隐私保护人士的担忧,他们希望企业清楚地解释在跟踪什么,并能在跟踪前征得消费者的同意。数字民主中心以及其他群体正在推动联邦政府推出"不准跟踪"列表——类似于"不准打电话"列表——使消费者可以选择不被在线跟踪。

尽管许多站点都发布了隐私政策来解释它们的数据收集做法,消费者却并不总会注意这些政策或能了解这些数据的用途。例如,谷歌对这一担忧的解决方法是将其政策改为消费者的搜索行为保留18个月后会被删除。消费者也可以查看他们存储的谷歌搜索数据,修改个人资料,他们还可以选择删除所有搜索数据。

但是,有时公司会采取与它们的隐私政策不一致的行动。例如,制药公司礼来(Eli Lilly)因无意地泄露了登记接收其 Prozac.com 网站信息者的姓名而违反了它的政策。结果,联邦贸易委员会要求礼来公司建立一套系统来保护今后20年的顾客数据,并每年要汇报其安全情况。

由于用户在社会网络站点 Facebook 发布各种个人观点、照片和视频等,该网站也面临着隐私问题。不久前,该网站推出了一种广告特性,这种特性能将用户的行动(例如在某个在线游戏上得了高分或买了一张电影票)显示在该用户的页面和商业站点上。由于用户和隐私保护人士的强烈抗议,Facebook 将这种新特性改成仅当用户指明允许发布时才能将这些行动显示出来。

案例问题

1. 你会建议 TJ Maxx 采取什么行动来消除购物者对它们的信用卡和借记卡未来安全性的担忧?

2. 从营销人员的角度来看,如果"不准跟踪"列表阻止你收集处于该列表中的消费者的数据,遵守这种规定的利弊有哪些?

3. 如果你是 Facebook 的营销工作人员,你如何解决隐私保护人士所提出的这些问题?

注　释

Chapter 1

1. Kenji Hall, "Japan: Google's Real-Life Lab," *BusinessWeek*, February 25, 2008, pp. 55–58; Ian Rowley, "Testing What's Hot in the Cradle of Cool," *BusinessWeek*, May 7, 2007, p. 46.
2. Jacob Jacoby, "Consumer Psychology: An Octennium," in ed. Paul Mussen and Mark Rosenzweig, *Annual Review of Psychology* (Palo Alto, Calif.: Annual Reviews, 1976), pp. 331–358. With permission from the *Annual Review of Psychology*, vol. 27, © 1976, by Annual Reviews.
3. Pauline Maclaran and Stephen Brown, "The Center Cannot Hold: Consuming the Utopian Marketplace," *Journal of Consumer Research* 32, no. 2, 2005, pp. 311–323; Dawn R. Deeter-Schmelz and Jane L. Sojka, "Wrestling with American Values: An Exploratory Investigation of World Wrestling Entertainment as a Product-Based Subculture," *Journal of Consumer Behaviour* 4, no. 2, 2004, pp. 132–143; Stuart Elliott, "Crossing the Street Is Anything But Pedestrian," *New York Times*, May 25, 2004, www.nytimes.com.
4. See, for example, C. A. Russell, A. T. Norman, and S. E. Heckler, "The Consumption of Television Programming: Development and Validation of the Connectedness Scale," *Journal of Consumer Research*, June 2004, pp. 150–161; S. P. Mantel and J. J. Kellaris, "Cognitive Determinants of Consumers' Time Perceptions: The Impact of Resources Required and Available," *Journal of Consumer Research*, March 2003, pp. 531–538; and J. Cotte, S. Ratneshwar, and D. G. Mick, "The Times of Their Lives: Phenomenological and Metaphorical Characteristics of Consumer Lifestyles," *Journal of Consumer Research*, September 2004, pp. 333–345.
5. Joachim Vosgerau, Klaus Wertenbroch, and Ziv Carmon, "Indeterminancy and Live Television," *Journal of Consumer Research* 32, no. 4, 2006, pp. 487–495.
6. Erica Mina Okada and Stephen J. Hoch, "Spending Time Versus Spending Money," *Journal of Consumer Research* 31, no. 2, 2004, pp. 313–323.
7. Morris B. Holbrook, "What Is Consumer Research?" *Journal of Consumer Research*, June 1987, pp. 128–132; Russell W. Belk, "Manifesto for a Consumer Behavior of Consumer Behavior," *Scientific Method in Marketing*, 1984, AMA Winter Educators' Conference, St. Petersburg, FL.
8. Robyn A. LeBoeuf, "Discount Rates for Time Versus Dates: The Sensitivity of Discounting to Time-Interval Description," *Journal of Marketing Research*, February 2006, pp. 59–72.
9. Baba Shiv, Ziv Carmon, and Dan Ariely, "Placebo Effects of Marketing Actions: Consumers May Get What They Pay For," *Journal of Marketing Research*, November 2005, pp. 383–393.
10. Jonathan Arndt, "Role of Product-Related Conversations in the Diffusion of a New Product," *Journal of Marketing Research*, August 1967, pp. 291–295; Vijay Mahajan, Eitan Muller, and Frank M. Bass, "New Product Diffusion Models in Marketing: A Review and Directions," *Journal of Marketing*, January 1990, pp. 1–27.
11. Jacob Jacoby, Carol K. Berning, and Thomas F. Dietworst, "What About Disposition?" *Journal of Marketing*, April 1977, pp. 22–28.
12. Easwar S. Iyer and Rajiv K. Kashyap, "Consumer Recycling: Role of Incentives, Information, and Social Class," *Journal of Consumer Behaviour* 6, no. 1, 2007, pp. 32–47.
13. Nigel F. Maynard, "Waste Not," *Building Products*, July-August 2004, pp. 45+.
14. See Peter Francese, "A New Era of Cold Hard Cash," *American Demographics*, June 2004, pp. 40–41.
15. Joydeep Srivastava and Priya Raghubir, "Debiasing Using Decomposition: The Case of Memory-Based Credit Card Expense Estimates," *Journal of Consumer Psychology* 12, no. 3 (2002), pp. 253–264.
16. "Average Annual Expenditures of All Consumer Units and Percent Changes," U.S. Department of Labor, U.S. Bureau of Labor Statistics, *Consumer Expenditure Survey 2003–2005*, February 2007, Table A.
17. Mathis Chazanov, "Body Language," *Los Angeles Times: Westside News*, April 30, 1995, pp. 10–15.
18. Kristine R. Ehrich and Julie R. Irwin, "Willful Ignorance in the Request for Product Attribute Information," *Journal of Marketing Research*, August 2005, pp. 266–277; Markus Giesler, "Consumer Gift Systems," *Journal of Consumer Research* 33, no. 2, 2006, pp. 283–290.
19. Michael Basnjak, Dirk Obermeier, and Tracy L. Tuten, "Predicting and Explaining the Propensity to Bid in Online Auctions: A Comparison of Two Action-Theoretical Methods," *Journal of Consumer Behaviour* 5, no. 2, 2006, pp. 102–116; Barbara B. Stern and Maria Royne Stafford, "Individual and Social Determinants of Winning Bids in Online Auctions," *Journal of Consumer Behaviour* 5, no. 1, 2006, pp. 43–55; Charles M. Brooks, Patrick J. Kaufmann, and Donald R. Lichtenstein, "Travel Configuration on Consumer Trip-Chained Store Choice," *Journal of Consumer Research* 31, no. 2, 2004, pp. 241–248.
20. Matthew J. Bernthal, David Crockett, and Randall L. Rose, "Credit Cards as Lifestyle Facilitators," *Journal of Consumer Research* 32, no. 1, 2005, pp. 130–145; "President of eBay's PayPal Reportedly Sees No E-commerce Slowdown," *MarketWatch*, March 17, 2008, www.marketwatch.com.
21. See, for example, Valerie S. Folkes, Ingrid M. Martin, and Kamal Gupta, "When to Say When: Effects of Supply on Usage," *Journal of Consumer Research*, December 1993, pp. 467–477.

22. Pui-Wing Tam, "Entreaty to Camera-Phone Photographers: Please Print," *Wall Street Journal*, December 28, 2004, pp. B1, B3.
23. Mark A. Le Turck and Gerald M. Goldhaben, "Effectiveness of Product Warning Labels: Effects of Consumer Information Processing Objectives," *Journal of Public Affairs*, Summer 1989, pp. 111–125.
24. Russell W. Belk, "Collecting as Luxury Consumption: Effects on Individuals and Households," *Journal of Economic Psychology*, September 1995, pp. 477–490.
25. Jacoby, Berning, and Dietworst, "What About Disposition?"
26. June Cotte, S. Ratneshwar, and David Glen Mick, "The Times of Their Lives: Phenomenological and Metaphorical Characteristics of Consumer Timestyles," *Journal of Consumer Research* 31, no. 2, 2004, pp. 333–345.
27. Michael Arndt, "McDonald's 24/7," *BusinessWeek*, February 5, 2007, pp. 64+.
28. Rongrong Zhou and Dilip Soman, "Looking Back: Exploring the Psychology of Queuing and the Effect of the Number of People Behind," *Journal of Consumer Research*, March 2003, pp. 517–530.
29. Stephen M. Nowlis, Naomi Mandel, and Deborah Brown McCabe, "The Effect of a Delay Between Choice and Consumption on Consumption Enjoyment," *Journal of Consumer Research*, December 2004, pp. 502–210.
30. Erica Mina Okada, "Trade-ins, Mental Accounting, and Product Replacement Decisions," *Journal of Consumer Research* 27, March 2001, pp. 433–446.
31. John Fetto, "Supershoppers," *American Demographics*, May 2003, p. 17.
32. Ylan Q. Mui, "Paging Through the Holidays," *Washington Post*, December 1, 2007, p. D1.
33. Kuan-Pin Chiang and Ruby Roy Dholakia, "Factors Driving Consumer Intention to Shop Online: An Empirical Investigation," *Journal of Consumer Psychology* 13, no. 1, 2003, pp. 177–183; David Whelan, "A Tale of Two Consumers," *American Demographics*, September 1, 2001, pp. 54–57.
34. Jonathan Birchall, "How to Cut in the Middleman," *Financial Times*, March 12, 2008, p. 12.
35. Rebecca Buckman and David Pringle, "Cellphones Help with Disaster Relief," *Wall Street Journal*, January 3, 2005, p. B5; Hassan Fattah, "America Untethered," *American Demographics*, March 2003, pp. 34–41; Hassan Fattah and Pamela Paul, "Gaming Gets Serious," *American Demographics*, May 2002, pp. 39–43.
36. Linda L. Price, Eric J. Arnould, and Carolyn Folkman Curasi, "Older Consumers' Disposition of Special Possessions," *Journal of Consumer Research*, September 2000, pp. 179–201.
37. Harriet Blake, "Don't Toss It, Freecycle It," *Boston Globe*, March 5, 2008, *www.boston.com*.
38. Morris B. Holbrook and Meryl P. Gardner, "How Motivation Moderates the Effects of Emotion on the Duration of Consumption," *Journal of Business Research*, July 1998, pp. 241–252.
39. Rasul Bailay, "A Hindu Festival Attracts the Faithful and U.S. Marketers," *Wall Street Journal*, February 12, 2001, p. A18.
40. Pierre Chandon and Brian Wansink, "When Are Stockpiled Products Consumed Faster?" *Journal of Marketing Research*, August 2002, pp. 321–335.
41. Joseph C. Nunes, "A Cognitive Model of People's Usage Estimations," *Journal of Marketing Research* 38, November 2000, pp. 397–409.
42. Kathleen D. Vohs and Ronald J. Faber, "Spent Resources: Self-Regulatory Resource Availability Affects Impulse Buying," *Journal of Consumer Research* 33, no. 4, 2007, pp. 537–548; Suresh Ramanathan and Geeta Menon, "Time-Varying Effects of Chronic Hedonic Goals on Impulsive Behavior," *Journal of Marketing Research*, November 2006, pp. 628–641; Fritz Strack, Lioba Werth, and Roland Deutsch, "Reflective and Impulsive Determinants of Consumer Behavior," *Journal of Consumer Psychology* 16, no. 3, 2006, pp. 205–216; Xueming Luo, "How Does Shopping with Others Influence Impulsive Purchasing?" *Journal of Consumer Psychology* 15, no. 4, 2005, pp. 288–294; Rosellina Ferraro, Baba Shiv, and James R. Bettman, "Let Us Eat and Drink, for Tomorrow We Shall Die: Effects of Mortality Salience and Self-Esteem on Self-Regulation in Consumer Choice," *Journal of Consumer Research* 32, no. 1, 2005, pp. 65–75; Anirban Mukhopadhyay and Gita Venkataramani Johar, "Where There Is a Will, Is There a Way? Effects of Lay Theories of Self-Control on Setting and Keeping Resolutions," *Journal of Consumer Research* 31, no. 4, 2005, pp. 779–786.
43. Allison R. Johnson and David W. Stewart, "A Re-Appraisal of the Role of Emotion in Consumer Behavior: Traditional and Contemporary Approaches," in ed. Naresh Malhotra, *Review of Marketing Research*, vol. 1, 2004, pp. 1–33; R. P. Bagozzi, M. Gopinath, and P. U. Nyer, "The Role of Emotions in Marketing," *Journal of the Academy of Marketing Science* 27, no. 2, 1999, pp. 184–206.
44. Deborah J. MacInnis and Gustavo deMello, "The Concept of Hope and its Relevance to Product Evaluation and Choice," *Journal of Marketing*, January 2005, pp. 1–14; Gustavo DeMello, Deborah J. MacInnis, and David W. Stewart, "Threats to Hope: Effects on Reasoning About Product Information," *Journal of Consumer Research* 34, no. 2, 2007, pp. 153–161.
45. Kirsten Passyn and Mita Sujan, "Self-Accountability Emotions and Fear Appeals: Motivating Behavior," *Journal of Consumer Research* 32, March 2006, pp. 583–589; O. Shehryar and D. Hunt, "A Terror Management Perspective on the Persuasiveness of Fear Appeals," *Journal of Consumer Psychology*, 15, no. 4, 2005, pp. 275–287.
46. Eric A. Greenleaf, "Reserves, Regret, and Rejoicing in Open English Auctions," *Journal of Consumer Research* 31, no. 2, 2004, pp. 264–273; Marcel Zeelenberg and Rik Pieters, "A Theory of Regret Regulation 1.0," *Journal of Consumer Psychology* 17, no. 1, 2007, pp. 3–18; Ran

Kivetz and Anat Keinan, "Repenting Hyperopia: An Analysis of Self-Control Regrets," *Journal of Consumer Research* 33, no. 2, 2006, pp. 273–282; Lisa J. Abendroth and Kristin Diehl, "Now or Never: Effects of Limited Purchase Opportunities on Patterns of Regret over Time, "*Journal of Consumer Research* 33, no. 3, 2006, pp. 342–351.

47. Darren W. Dahl, Heather Honea, and Rajesh V. Manchanda, "The Three Rs of Interpersonal Consumer Guilt: Relationship, Reciprocity, Reparation," *Journal of Consumer Psychology* 15, no. 4, 2005, pp. 307–315; Brian Wansink and Pierre Chandon, "Can 'Low-Fat' Nutrition Labels Lead to Obesity?" *Journal of Marketing Research*, November 2006, pp, 605–617.

48. Darren Dahl, Rajesh V. Manchanda, and Jennifer J. Argo, "Embarrassment in Consumer Purchase: The Roles of Social Presence and Purchase Familiarity," *Journal of Consumer Research*, December 2001, pp. 473–483.

49. Georgios A. Bakamitsos, "A Cue Alone or a Probe to Think: The Dual Role of Affect in Product Evaluations," *Journal of Consumer Research*, December 2006, pp. 403–412; Eduardo Andrade, "Behavioral Consequences of Affect: Combining Evaluative and Regulatory Mechanisms," *Journal of Consumer Research*, December 2005, pp. 355–362; Harper A. Roehm and Michelle L. Roehm, "Revisiting the Effect of Positive Mood on Variety Seeking," *Journal of Consumer Research*, September 2005, pp. 330–336.

50. Aaron C. Ahuvia, "Beyond the Extended Self: Loved Objects and Consumers' Identity Narratives," *Journal of Consumer Research* 32, June 2005, pp. 171–184.

51. Joel B. Cohen and Eduardo B. Andrade, "Affective Intuition and Task-Contingent Affect Regulation," *Journal of Consumer Research* 31, no. 2, 2004, pp. 358–367; Nitika G. Barg, Brian Wansink, and J. Jeffrey Inman, "The Influence of Incidental Affect on Consumers' Food Intake," *Journal of Marketing*, January 2007, pp. 194–206.

52. Thorsten Hennig-Thurau, Markus Groth, and Michael Paul, "Are All Smiles Created Equal? How Emotional Contagion and Emotional Labor Affect Service Relationships," *Journal of Marketing*, July 2006, pp. 58–73.

53. Adam Duhachek and Dawn Iacobucci, "Consumer Personality and Coping: Testing Rival Theories of Process," *Journal of Consumer Psychology* 15, no. 1, 2005, pp. 52–63; Adam Duhachek, "Coping: A Multidimensional, Hierarchical Framework of Responses to Stressful Consumption Episodes," *Journal of Consumer Research* 32, no. 1, 2005, pp. 41–53.

54. Sheena Leek and Suchart Chanasawatkit, "Consumer Confusion in the Thai Mobile Phone Market," *Journal of Consumer Behavior* 5, no. 6, 2006, pp. 518–532.

55. Teresa M. Pavia and Marlys J. Mason, "The Reflexive Relationship Between Consumer Behavior and Adaptive Coping," *Journal of Consumer Research* 31, no. 2, 2004, pp. 441–454.

56. Linda L. Price, Eric Arnould, and Carolyn Folkman Curasi, "Older Consumers' Dispositions of Special Possessions," *Journal of Consumer Research*, September 2000, pp. 179–201.

57. Natalie Ross Adkins and Julie L. Ozanne, "The Low Literate Consumer," *Journal of Consumer Research* 32, no. 1, 2005, pp. 93–105.

58. John G. Lynch and G. Zauberman, "Construing Consumer Decision Making," *Journal of Consumer Psychology* 17, no. 2, 2007, pp. 107–112.

59. John A. Bargh, "Losing Consciousness: Automatic Influences on Consumer Judgment, Behavior, and Motivation," *Journal of Consumer Research*, September 2002, pp. 280–285; Stewart Shapiro, "When an Ad's Influence Is Beyond Our Conscious Control: Perceptual and Conceptual Fluency Effects Caused by Incidental Ad Exposure," *Journal of Consumer Research*, June 1999, pp. 16–36; Ap Dijksterhuis, Pamela K. Smith, Rick B. Van Baaren, and Daniel H. J. Wigboldus, "The Unconscious Consumer: Effects of Environment on Consumer Behavior," *Journal of Consumer Psychology* 15, no. 3, 2005, pp. 193–202.

60. Deborah J. MacInnis, Vanessa M. Patrick, and C. Whan Park, "Not as Happy as I Thought I'd Be? Affective Misforecasting and Product Evaluations," *Journal of Consumer Research*, March 2007, pp. 479–490; Deborah J. MacInnis, Vanessa M. Patrick, and C. Whan Park, "Looking Through the Crystal Ball: Affective Forecasting and Misforecasting in Consumer Behavior," *Review of Marketing Research* 2, 2006, pp. 43–80.

61. Vohs and Faber, "Spent Resources: Self-Regulatory Resource Availability Affects Impulse Buying."

62. Lisa Guernsey, "A Site to Bring Parents Up to Speed on Video Games," *New York Times*, January 31, 2008, p. C8; Colin Moynihan, "Council Finds Unfit Games Sold to Youths," *New York Times*, December 19, 2004, p. 53; "Groups Assail 'Most Violent' Video Games, Industry Rating System," *Los Angeles Times*, November 24, 2004, p. A34.

63. "News Analysis: Tobacco's Last Stand?" *Marketing*, October 27, 2004, p. 15.

64. Douglas Bowman, Carrie M. Heilman, and P. B. Seetharaman, "Determinants of Product-Use Compliance Behavior," *Journal of Marketing Research*, August 2004, pp. 324–338.

65. Dipankar Chakravarti, "Voices Unheard: The Psychology of Consumption in Poverty and Development," *Journal of Consumer Psychology* 16, no. 4, 2006, pp. 363–376.

66. James R. Bettman, *An Information Processing Theory of Consumer Choice* (Reading, Mass.: Addison-Wesley, 1979).

67. Michael Marriott, "Gadget Designers Take Aim at Women, and Not Just by Adding Pink," *New York Times*, June 7, 2007, p. C7.

68. Lisa Sanders, "Major Marketers Get Wise to the Power of Assigning Personas," *Advertising Age*, April 9, 2007, p. 36; Lorri Freifeld, "Focus on Retail: Best Buy Connects with Customers," *Training*, August 1, 2007, n.p.; Matthew Boyle, "Best Buy's Giant Gamble," *Fortune*, March 29, 2006, *www.cnnmoney.com*; Brad Anderson, "Minding the Store: Analyzing Customers,

Best Buy Decides Not All Are Welcome," *Wall Street Journal*, November 8, 2004, p. A13; Laura Heller, "The Sound a Big Kid Makes," *DSN Retailing Today*, January 2006, p. 12.
69. Dale Buss, "Can Harley Ride the New Wave?" *Brandweek*, October 25, 2004, p. 203.
70. Robert D. Jewell and H. Rao Unnava, "Exploring Differences in Attitudes Between Light and Heavy Brand Users," *Journal of Consumer Psychology* 14, vol. 1–2, 2004, pp. 75–80.
71. Mike Beirne, "Virgin Mobile Goes After 'Phone Poets,'" *Brandweek*, March 24, 2008, www.brandweek.com; Todd Wasserman, "Virgin Mobile's New Call Placed to Teens' Parents," *Brandweek*, December 13, 2004, p. 14.
72. See Claudiu V. Dimofte and Richard F. Yalch, "Consumer Response to Polysemous Brand Slogans," *Journal of Consumer Research* 33, no. 4, 2007, pp. 515–522.
73. See Alexander Chernev, "Jack of All Trades or Master of One? Product Differentiation and Compensatory Reasoning in Consumer Choice," *Journal of Consumer Research* 33, no. 4, 2007, pp. 430–444.
74. Mark Rechtin, "Online Assembly Line Allows Built-to-Order Scions, Delivered Fast," *Automotive News*, February 4, 2008, www.autonews.com; Phil Patton, "Mad Scionists: Young, Hip, and a Bit Less Square," *New York Times*, June 17, 2007, p. AU-2.
75. Ellen Byron, "Ad Campaign and Sharper Styles Help Gold Shed Its Frumpy Image," *Wall Street Journal*, December 24, 2004, pp. A7, A9.
76. Stuart Elliott, "And the Winning Flavor Is . . ." *New York Times*, September 20, 2007, p. C3.
77. Rob Walker, "Risky Business," *New York Times Magazine*, November 28, 2004, p. 68.
78. Joe Keohane, "Fat Profits," *Conde Nast Portfolio*, February 2008, pp. 90+.
79. Robert McNatt, "Hey, It's Green—It Must Be Healthy," *BusinessWeek*, July 13, 1998, p. 6.
80. Michael Fielding, "A Clean Slate," *Marketing News*, May 1, 2007, p. 9.
81. Charlotte Clarke, "Language Classes," *Marketing Week*, July 24, 1997, pp. 35–39.
82. Asim Ansari and Carl Mela, "E-Customization," *Journal of Marketing Research*, May 2003, pp. 131–145.
83. Carolyn J. Simmons and Karen L. Becker-Olsen, "Achieving Marketing Objectives Through Social Sponsorships," *Journal of Marketing*, October 2006, pp. 154–169.
84. Brendan I. Koerner, "Frozen Stroganoff in Just 10 Hours," *New York Times*, August 1, 2004, sec. 3, p. 2.
85. Jeff Borden, "Good Cheer," *Marketing News*, March 15, 2008, pp. 24+.
86. Laurence Ashworth, Peter R. Darke, and Mark Schaller, "No One Wants to Look Cheap: Trade-offs Between Social Disincentives and the Economic and Psychological Incentives to Redeem Coupons," *Journal of Consumer Psychology* 15, no. 4, 2005, pp. 295–306.
87. "Del Monte Squeezes Out More Sales," *Incentive Today*, November–December 2004, p. 8.
88. Sucharita Chandran and Vicki G. Morwitz, "The Price of 'Free'-dom: Consumer Sensitivity to Promotions with Negative Contextual Influences," *Journal of Consumer Research* 33, no. 3, 2006, pp. 384–392; Priya Raghubir, "Free Gift with Purchase: Promoting or Discounting the Brand?" *Journal of Consumer Psychology* 14, no. 1/2, pp. 181–186; Luc Wathieu, A. V. Muthukrishnan, and Bart J. Bronnenberg, "The Asymmetric Effect of Discount Retraction on Subsequent Choice," *Journal of Consumer Research* 31, no. 3, 2004, pp. 652–657.
89. Stephanie Dellande, Mary C. Gilly, and John L. Graham, "Gaining Compliance and Losing Weight: The Role of the Service Provider in Health Care Services," *Journal of Marketing* 68, July 2004, pp. 78–91; Sean Dwyer, Orlando Richard, and C. David Shepherd, "An Exploratory Study of Gender and Age Matching in the Salesperson–Prospective Customer Dyad: Testing Similarity-Performance Predictions," *Journal of Personal Selling and Sales Management*, Fall 1998, pp. 55–69.
90. Thomas E. DeCarlo, "The Effects of Sales Message and Suspicion of Ulterior Motives on Salesperson Evaluation," *Journal of Consumer Psychology* 15, no. 3, 2005, pp. 238–249.
91. Thomas Manoj and Vicki Morwitz, "Penny Wise and Pound Foolish: The Left-Digit Effect in Price Cognition," *Journal of Consumer Research* 32, no. 1, 2005, pp. 54–64; Robert M. Schindler and Patrick N. Kirby, "Patterns of Rightmost Digits Used in Advertising Prices: Implications for Nine-Ending Effects," *Journal of Consumer Research*, September 1997, pp. 192–201.
92. Jacob Jacoby, Jerry Olson, and Rafael Haddock, "Price, Brand Name, and Product Composition Characteristics as Determinants of Perceived Quality," *Journal of Applied Psychology*, December 1971, pp. 470–479; Kent B. Monroe, "The Influence of Price Differences and Brand Familiarity on Brand Preferences," *Journal of Consumer Research*, June 1976, pp. 42–49.
93. Devon DelVecchio, H. Shanker Krishnan, and Daniel C. Smith, "Cents or Percent? The Effects of Promotion Framing on Price Expectations and Choice," *Journal of Marketing*, July 2007, pp. 158–170. For more on pricing effects associated with regular and discount prices, see Keith S. Coulter and Robin A. Coulter, "Distortion of Price Discount Perceptions: The Right Digit Effect," *Journal of Consumer Research*, August 2007, pp. 162–173.
94. Laura Bird, "Catalogs Cut Shipping, Handling Fees to Inspire Early Christmas Shopping," *Wall Street Journal*, October 24, 1995, pp. B1, B11.
95. Daniel J. Howard and Roger A. Kerin, "Broadening the Scope of Reference Price Advertising Research: A Field Study of Consumer Shopping Involvement," *Journal of Marketing*, October 2006, pp. 185–204; Tridib Mazumdar, S. P. Raj, and Indrajit Sinha, "Reference Price Research: Review and Propositions," *Journal of Marketing*, October 2005, pp. 84–102; Ziv Carmon and Dan Ariely, "Focusing on the Forgone: How Value Can Appear So Different to Buyers and Sellers," *Journal of Consumer

Research 27, December 2000, pp. 360–370; Tridib Mazumdar and Purushottam Papatla, "An Investigation of Reference Price Segments," *Journal of Marketing Research* 37, May 2000, pp. 246–258.
96. Dilip Soman and John T. Gourville, "Transaction Decoupling: How Price Bundling Affects the Decision to Consume," *Journal of Marketing Research* 38, February 2001, pp. 30–44.
97. Joseph C. Nunes and Peter Boatwright, "Incidental Prices and Their Effect on Willingness to Pay," *Journal of Consumer Research*, November 2004, pp. 457–466.
98. Dhananjay Nayakankuppam and Himanshu Mishra, "The Endowment Effect: Rose-Tinted and Dark-Tinted Glasses," *Journal of Consumer Research* 32, no. 3, 2005, pp. 390–395.
99. Martha Brannigan, "Sailing on Sale: Travelers Ride a Wave of Discounts on Cruise Ships," *Wall Street Journal*, July 17, 2000, pp. B1, B4.
100. Steven Gray and Amy Merrick, "Latte Letdown: Starbucks Set to Raise Prices," *Wall Street Journal*, September 2, 2004, pp. B1, B5.
101. Ronald E. Milliman, "The Influence of Background Music on the Behavior of Restaurant Patrons," *Journal of Consumer Research*, September 1986, pp. 286–289; Richard Yalch and Eric Spannenberg, "Effects of Store Music on Shopping Behavior," *Journal of Services Marketing*, Winter 1990, pp. 31–39; Joseph A. Bellizi, Ayn E. Crowley, and Ronald W. Hasty, "The Effects of Color in Store Design," *Journal of Retailing*, Spring 1983, pp. 21–45.
102. Velitchka D. Kaltcheva and Barton A. Weitz, "When Should a Retailer Create an Exciting Store Environment?" *Journal of Marketing*, January 2006, pp. 107–118.
103. Risto Moisio and Eric J. Arnould, "Framework in Marketing: Drama Structure, Drama Interaction, and Drama Content in Shopping Experiences," *Journal of Consumer Behavior* 4, no. 4, 2005, pp. 246–256; Robert V. Kozinets, John F. Sherry, Diana Storm, Adam Duhachek, Krittinee Nuttavuthisit, and Benét DeBerry-Spence, "Ludic Agency and Retail Spectacle," *Journal of Consumer Research* 31, no. 3, 2004, pp. 658–672.
104. Timothy C. Barmann, "Apple Polishes Its Store Layout, Design," *Providence Journal*, April 23, 2004, *www.projo.com*.
105. "Swatch Group Sales Up 18 Percent," *National Jeweler*, January 18, 2008, n.p.; Jennifer Fishbein, "An Uptick for Swatch on Tiffany Deal," *BusinessWeek Online*, December 7, 2007, www.businessweek.com; Ed Taylor, "Luxe Lines Drive Swatch Gains," *Wall Street Journal*, August 25, 2004, p. B3; Lorna Strickland, "Time Trials," *Duty-Free International*, October 15, 2004, pp. 190+; Barbara Green, "Watch Retailers Gear Up for Graduation," *National Jeweler*, March 16, 2004, p. 10.

Enrichment

1. Steve Hamm and Kenji Hall, "Perfect: The Quest to Design the Ultimate Portable PC," *BusinessWeek*, February 25, 2008, pp. 42–48; "Lenovo Ranks First in China's PC Market," *China Business News*, January 24, 2008, n.p.; "Lenovo's 'Idea' Brand to Reach China in February," *China Business News*, January 4, 2008, n.p.; Steve Hamm, "Lenovo Thinks Beyond the ThinkPad," *BusinessWeek Online*, January 4, 2008, *www.businessweek.com*; "ZIBA Designs Search for the Soul of the Chinese Consumer," *BusinessWeek Innovation*, September 2006, pp. 6–10.
2. Louise Witt, "Inside Intent," *American Demographics*, March 2004, pp. 35–39.
3. Christopher T. Heun, "Procter & Gamble Readies Market-Research Push," *Information Week*, October 15, 2001, p. 26.
4. Witt, "Inside Intent."
5. Randy Garner, "Post-It Note Persuasion: A Sticky Influence," *Journal of Consumer Psychology* 15, no. 2, 2005, pp. 230–237.
6. Stuart Elliott, "For Marketing, the Most Valuable Player Might Be YouTube," *New York Times*, February 5, 2008, p. C3.
7. "Getting Close to the Customer," *Knowledge@ Wharton*, May 5, 2004, *http://knowledge.wharton.upenn.edu*.
8. Melanie Scarborough, "Customers as Advisers: One Florida Bank Established Community Boards to Give Guidance to Its Staff," *Community Banker*, January 2008, p. 20.
9. Jean Halliday, "Volvo Ads Inspired By . . . Valets," *Advertising Age*, September 17, 2007, *www.adage.com*.
10. Chad Rubel, "Two Research Techniques Probe Shoppers' Minds," *Marketing News*, July 29, 1996, p. 16.
11. Ronald B. Lieber and Joyce E. Davis, "Storytelling: A New Way to Get Close to Your Customer," *Fortune*, February 3, 1997, pp. 102–108.
12. Sandra Yin, "Marketing Tools: The Power of Images," *American Demographics*, November 2001, pp. 32–33.
13. Deborah D. Heisley and Sidney J. Levy, "Autodriving: A Photoelicitation Technique," *Journal of Consumer Research*, December 1991, pp. 257–272.
14. Robin A. Coulter, Gerald Zaltman, and Keith S. Coulter, "Interpreting Consumer Perceptions of Advertising: An Application of the Zaltman Metaphor Elicitation Technique," *Journal of Advertising* 30, Winter 2001, pp. 1–21; Morris B. Holbrook, "Collective Stereographic Photo Essays: An Integrated Approach to Probing Consumption Experiences in Depth," *International Journal of Research in Marketing*, July 1998, pp. 201–221.
15. "How Sweet It Is," *American Demographics*, March 2000, p. S18.
16. Christine Bittar, "Up in Arms," *Brandweek*, June 18, 2001, pp. 17–18.
17. Faith Keenan, "Dear Diary, I Had Jell-O Today," *BusinessWeek*, April 10, 2001, *www.businessweek.com/technology/icontent/apr2001/tc20010410_958.htm*.
18. Julie Schlosser, "Scanning for Dollars," *Fortune*, January 10, 2005, p. 60.
19. Kortney Stringer, "Dallas Is Hurdle, Testing Ground for Players in Restaurant Game," *Wall Street Journal*, January 3, 2005, p. B4.

20. Roy C. Anderson and Eric N. Hansen, "The Impact of Environmental Certification on Preferences for Wood Furniture: A Conjoint Analysis Approach," *Forest Products Journal*, March 2004, pp. 42–50.
21. Ellen Byron, "A Virtual View of the Store Aisle," *Wall Street Journal*, October 3, 2007, p. B1.
22. Robyn Weisman, "Web Trackers: The Spies in Your Computer," *NewsFactor Network*, November 8, 2001, www.newsfactor.com/perl/story/14662.html.
23. Patrick Thibodeau, "Senate Panel Spars over Internet Privacy," *ComputerWorld*, July 13, 2001, www.cnn.com/2001/TECH/industry/07/13/privacy.legislation.idg.
24. Alison Stein Wellner, "Watch Me Now," *American Demographics*, October 2002, pp. S1–S4.
25. Jack Neff, "IRI Snares Campbell Soup Market-Research Account," *Advertising Age*, April 26, 2004, p. 8.
26. Emily Steel, "The New Focus Groups: Online Networks," *Wall Street Journal*, January 14, 2008, p. B6.
27. Jennifer Lach, "Data Mining Digs In," *American Demographics*, July 1999, pp. 38–45.
28. Steve Lohr, "Reaping Results: Data-Mining Goes Mainstream," *New York Times*, May 20, 2007, p. BU-3; Constance L. Hays, "What They Know About You," *New York Times*, November 14, 2004, sec. 3, pp. 1, 9.
29. Janet Logan, "Most E-mail Marketing Never Gets Read," *East Bay Business Times*, October 22, 2001, eastbay.bcentral.com/eastbay/stories/2001/10/22/smallb4.html.
30. "Frederick's Retention E-Mail Program," *Internet Week*, June 30, 2004, n.p.
31. Caterina Sismeiro and Randolph E. Bucklin, "Modeling Purchase Behavior at an E-Commerce Web Site: A Task-Completion Approach," *Journal of Marketing Research*, August 2004, pp. 306–323.
32. Carolyn Yoon, Angela H. Gutchess, Fred Feinberg, and Thad A. Polk, "A Functional Magnetic Resonance Imaging Study of Neural Dissociations Between Brand and Person Judgments," *Journal of Consumer Research* 33, no. 1, 2006, pp. 31–40; Colin F. Camerer, George F. Loewenstein, and Drazen Prelec, "Neuroeconomics: How Neuroscience Can Inform Economics," *Journal of Economic Literature*, March 2005, pp. 9–64.
33. Amber Haq, "This Is Your Brain on Advertising," *BusinessWeek Online*, October 8, 2007, www.businessweek.com.
34. Laurel Wentz, "Best Buy's First Hispanic Ads Target Family Elders," *AdAge.com*, August 2, 2004, www.adage.com.
35. Brooks Barnes, "TV Drama: For Nielsen, Fixing Old Ratings System Causes New Static," *Wall Street Journal*, September 16, 2004, p. A1.
36. Rebecca Dana, "Fox Scores Super Bowl Record: 97 Million Viewers," *Wall Street Journal*, February 5, 2008, p. B3.
37. Nick Wingfield, "Nielsen Tracker May Benefit Videogames as an Ad Medium," *Wall Street Journal*, July 26, 2007, p. B2.
38. Christopher Lawton, "We Are All Marketers Now," *Wall Street Journal*, August 1, 2007, p. D9.
39. www.arfsite.org, January 1, 2003.
40. Jacob Jacoby and George J. Szybillo, "Consumer Research in FTC Versus Kraft (1991): "A Case of Heads We Win, Tails You Lose," *Journal of Public Policy and Marketing*, Spring 1995, pp. 1–14; David W. Stewart, "Deception, Materiality, and Survey Research: Some Lessons from Kraft," *Journal of Public Policy and Marketing*, Spring 1995, pp. 15–28.
41. Chris Pullig, Carolyn J. Simmons, and Richard G. Netemeyer, "Brand Dilution: When Do New Brands Hurt Existing Brands?" *Journal of Marketing*, April 2006, pp. 52–66.
42. Joe Mandese, "Observers Rock Research," *Television Week*, March 1, 2004, p. 35.
43. Marlise Simons, "In the Netherlands, Eat, Drink, and Be Monitored," *New York Times*, November 26, 2007, p. A4.
44. John F. Gaski and Michael J. Etzel, "National Aggregate Consumer Sentiment Toward Marketing: A Thirty-Year Retrospective and Analysis," *Journal of Consumer Research* 31, no. 4, 2005, pp. 859–867.
45. Kenneth C. Schneider and Cynthia K. Holm, "Deceptive Practices in Marketing Research: The Consumer's Viewpoint," *California Management Review*, Spring 1982, pp. 89–97.
46. "Office Max Brings Back Elf Viral Campaign," *Promo*, December 11, 2007, www.promomagazine.com; "Bob Thacker, Senior VP–Marketing and Advertising, OfficeMax," *Advertising Age*, September 17, 2007, p. S-4; Reena Jana, "The Revenge of the Generic," *BusinessWeek Online*, December 27, 2006, www.businessweek.com; Kenneth Chang, "Enlisting Science's Lessons to Entice More Shoppers to Spend More," *New York Times*, September 19, 2006, p. F3.

Chapter 2

1. Mark Rechtin, "Which Brand Is Stronger—Scion or Prius?" *Automotive News*, January 21, 2008, p. 24B; Bernard Simon, "Prius Overtakes Explorer in the US," *Financial Times*, January 11, 2008, p. 13; Keith Naughton, "A Case of Prius Envy," *Newsweek*, September 3, 2007, p. 40; Steve Miller, "Supply of Priuses Rebounds, So Toyota Creates Demand," *Brandweek*, April 30, 2007, p. 18; Mark Rechtin, "Spiffs Help Lift Mainstream Sales of Prius," *Automotive News*, April 9, 2007, p. 49.
2. C. Whan Park and Banwari Mittal, "A Theory of Involvement in Consumer Behavior: Problems and Issues," in ed. J. N. Sheth, *Research in Consumer Behavior* (Greenwich, Conn.: JAI Press, 1979), pp. 201–231; Deborah J. MacInnis, Christine Moorman, and Bernard J. Jaworski, "Enhancing and Measuring Consumers' Motivation, Opportunity, and Ability to Process Brand Information from Ads," *Journal of Marketing*, October 1991, pp. 32–53.
3. Deborah J. MacInnis and Bernard J. Jaworski, "Information Processing from Advertisements: Toward an Integrative Framework," *Journal of Marketing*, 53, October 1989, pp. 1–23; Scott B. MacKenzie and Richard A. Spreng, "How Does Motivation Moderate the Impact of

Central and Peripheral Processing on Brand Attitudes and Intentions?" *Journal of Consumer Research*, March 1992, pp. 519–529; Richard E. Petty and John T. Cacioppo, *Communication and Persuasion* (New York: Springer-Verlag, 1986); Anthony Greenwald and Clark Leavitt, "Audience Involvement in Advertising: Four Levels," *Journal of Consumer Research* 11, June 1984, pp. 581–592; Ronald C. Goodstein, "Category-Based Applications and Extensions in Advertising: Motivating More Extensive Ad Processing," *Journal of Consumer Research*, June 1993, pp. 87–99; Ellen Garbarino and Julie A. Edell, "Cognitive Effort, Affect, and Choice," *Journal of Consumer Research*, September 1997, pp. 147–158.

4. Wayne D. Hoyer, "An Examination of Consumer Decision Making for a Common Repeat Purchase Product," *Journal of Consumer Research*, December 1984, pp. 822–829.

5. Kurt A. Carlson, Margaret G. Meloy, and J. Edward Russo, "Leader-Driven Primacy: Using Attribute Order to Affect Consumer Choice," *Journal of Consumer Research* 32, no. 4, 2006, pp. 513–518; Nidhi Agrawal and Durairaj Maheswaran, "Motivated Reasoning in Outcome-Bias Effects," *Journal of Consumer Research* 31, no. 4, 2005, pp. 798–805; Getta Menon, Lauren G. Block, and Suresh Ramanathan, "We're at as Much Risk as We're Led to Believe: The Effect of Message Cues on Judgments of Health Risk," *Journal of Consumer Research*, March 2002, pp. 533–549; Shailendra Jain and Durairai Maheswaran, "Motivated Reasoning: A Depth-of-Processing Perspective," *Journal of Consumer Research*, 2000, 26, no. 4, pp. 358–371; Ziva Kunda, "The Case for Motivated Reasoning," *Psychological Bulletin*, 1990, pp. 480–498.

6. Lisa E. Bolton, Joel B. Cohen, and Paul N. Bloom, "Does Marketing Products as Remedies Create 'Get Out of Jail Free Cards'?" *Journal of Consumer Research* 33, no. 1, 2006, pp. 71–81.

7. Ying-Ching Lin, Chien-Huang Lin, and Priya Raghubir, "Avoiding Anxiety, Being in Denial, or Simply Stroking Self-Esteem: Why Self-Positivity?" *Journal of Consumer Psychology*, 13, no. 4, 2003, pp. 464–477.

8. Gustavo de Mello, Deborah J. MacInnis, and David W. Stewart, "Threats to Hope: Effects on Reasoning About Product Information," *Journal of Consumer Research*, August 2007, pp. 153–161; Deborah J. MacInnis and Gustavo de Mello, "The Concept of Hope and Its Relevance to Product Evaluation and Choice," *Journal of Marketing*, January 2005, pp. 1–14.

9. Richard L. Celsi and Jerry C. Olson, "The Role of Involvement in Attention and Comprehension Processes," *Journal of Consumer Research*, September 1988, pp. 210–224.

10. Marsha L. Richins, Peter H. Bloch, and Edward F. McQuarrie, "How Enduring and Situational Involvement Combine to Create Involvement Responses," *Journal of Consumer Psychology*, September 1992, pp. 143–154; Peter H. Bloch and Marsha L. Richins, "A Theoretical Model for the Study of Product Importance Perceptions," *Journal of Marketing*, Summer 1983, pp. 69–81; Celsi and Olson, "The Role of Involvement in Attention and Comprehension Processes"; Andrew A. Mitchell, "The Dimensions of Advertising Involvement," in ed. Kent Monroe, *Advances in Consumer Research* 8 (Ann Arbor, Mich.: Association for Consumer Research, 1981), pp. 25–30; Marsha L. Richins and Peter H. Bloch, "After the New Wears Off: The Temporal Context of Product Involvement," *Journal of Consumer Research*, September 1986, pp. 280–285.

11. Michael J. Houston and Michael L. Rothschild, "Conceptual and Methodological Perspectives on Involvement," in ed. S. Jain, *Research Frontiers in Marketing: Dialogues and Directions* (Chicago: American Marketing Association, 1978), pp. 184–187; Richins and Bloch, "After the New Wears Off"; Gilles Laurent and Jean-Noel Kapferer, "Measuring Consumer Involvement Profiles," *Journal of Marketing Research*, February 1985, pp. 41–53.

12. C. Whan Park and S. Mark Young, "Consumer Response to Television Commercials: The Impact of Involvement and Background Music on Brand Attitude Formation," *Journal of Marketing Research*, February 1986, pp. 11–24.

13. Judith Lynne Zaichkowsky, "Measuring the Involvement Construct," *Journal of Consumer Research*, December 1985, pp. 341–352; Laurent and Kapferer, "Measuring Consumer Involvement Profiles."

14. Nina Michaelidou and Sally Dibb, "Product Involvement: An Application in Clothing," *Journal of Consumer Behaviour* 5, no. 5, 2006, pp. 442–453.

15. Jennifer Aaker, Susan Fournier, and S. Adam Brasel, "When Good Brands Do Bad," *Journal of Consumer Research*, June 2004, pp. 1–16; Matthew Thomson, Deborah J. MacInnis, and C. W. Park, "The Ties that Bind: Measuring the Strength of Consumers' Emotional Attachments to Brands," *Journal of Consumer Psychology* 15, no. 1, 2005, pp. 77–91.

16. J. Craig Andrews, Syed H. Akhter, Srinivas Durvasula, and Darrel D. Muehling, "The Effect of Advertising Distinctiveness and Message Content Involvement on Cognitive and Affective Responses to Advertising," *Journal of Current Issues and Research in Advertising*, Spring 1992, pp. 45–58; Laura M. Bucholz and Robert E. Smith, "The Role of Consumer Involvement in Determining Cognitive Response to Broadcast Advertising," *Journal of Advertising*, March 1991, pp. 4–17; Darrel D. Muehling, Russell N. Laczniak, and Jeffrey J. Stoltman, "The Moderating Effects of Ad Message Involvement: A Reassessment," *Journal of Advertising*, June 1991, pp. 29–38; Scott B. MacKenzie and Richard J. Lutz, "An Empirical Examination of the Structural Antecedents of Attitude Toward the Ad in an Advertising Pretesting Context," *Journal of Marketing*, April 1989, pp. 48–65.

17. Barbara Mueller, "Standardization vs. Specialization: An Examination of Westernization in Japanese Advertising," *Journal of Advertising Research*, January–February 1992, pp. 15–24.

18. "Arizona Teenager Wins 'American Idol,'" *New York Times*, May 24, 2007, p. A23.
19. Ann E. Schlosser, "Computers as Situational Cues: Implications for Consumers Product Cognitions and Attitudes," *Journal of Consumer Psychology* 13, no. 1&2, 2003, pp. 103–112. Charla Mathwick and Edward Rigdon, "Play, Flow, and the Online Search Experinece," *Journal of Consumer Research* 31, no. 2, 2004, pp. 324–332.
20. Houston and Rothschild, "Conceptual and Methodological Perspectives in Involvement"; Peter H. Bloch, Daniel Sherrell, and Nancy Ridgway, "Consumer Search: An Extended Framework," *Journal of Consumer Research*, June 1986, pp. 119–126; Peter H. Bloch, Nancy M. Ridgway, and Scott A. Dawson, "The Shopping Mall as Consumer Habitat," *Journal of Retailing*, Spring 1994, pp. 23–42; Richard L. Celsi, Randall L. Rose, and Thomas W. Leigh, "An Exploration of High-Risk Leisure Consumption Through Skydiving," *Journal of Consumer Research*, June 1993, pp. 1–23; Eric J. Arnould and Linda L. Price, "River Magic: Extraordinary Experience and the Extended Service Encounter," *Journal of Consumer Research*, June 1993, pp. 24–45; Morris B. Holbrook and Elizabeth C. Hirschman, "The Experiential Aspects of Consumption: Consumer Fantasies, Feelings, and Fun," *Journal of Consumer Research*, September 1982, pp. 132–140; Elizabeth C. Hirschman and Morris B. Holbrook, "Experience Seeking: Emerging Concepts, Methods, and Propositions," *Journal of Marketing*, Summer 1982, pp. 92–101; Morris B. Holbrook, Robert W. Chestnut, Terence A. Oliva, and Eric A. Greenleaf, "Play as a Consumption Experience: The Roles of Emotions, Performance, and Personality in the Enjoyment of Games," *Journal of Consumer Research*, September 1984, pp. 728–739.
21. Yinlong Zhang and Vikas Mittal, "Decision Difficulty: Effects of Procedural and Outcome Accountability," *Journal of Consumer Research* 32, no. 3, 2005, pp. 465–472.
22. Celsi and Olson, "The Role of Involvement in Attention and Comprehension Processes"; Greenwald and Leavitt, "Audience Involvement in Advertising"; Laurent and Kapferer, "Measuring Consumer Involvement Profiles"; Zaichkowsky, "Measuring the Involvement Construct"; Michael L. Rothschild, "Perspectives on Involvement: Current Problems and Future Directions," in ed. Tom Kinnear, *Advances in Consumer Research* 11 (Ann Arbor, Mich.: Association for Consumer Research, 1984), pp. 216–217; Andrew A. Mitchell, "Involvement: A Potentially Important Mediator of Consumer Behavior," in ed. William L. Wilkie, *Advances in Consumer Research*, vol. 6 (Ann Arbor, Mich.: Association for Consumer Research, 1979), pp. 191–196; Petty and Cacioppo, *Communication and Persuasion*.
23. Tiffany Barnett White, "Consumer Disclosure and Disclosure Avoidance: A Motivational Framework," *Journal of Consumer Psychology* 14, no. 1&2, 2004, pp. 41–51.
24. Banwari Mittal, "I, Me, and Mine: How Products Become Consumers' Extended Selves," *Journal of Consumer Behaviour* 5, no. 6, 2006, pp. 550–562.
25. Americus Reed II, "Activating the Self-Importance of Consumer Selves: Exploring Identity Salience Effects on Judgments," *Journal of Consumer Research* 31, no. 2, 2004, pp. 286–295.
26. Lorna Stevens, Pauline Maclaran, and Stephen Brown, "Red Time Is Me Time," *Journal of Advertising*, Spring 2003, pp. 35–45.
27. Randall L. Rose and Stacy L. Wood, "Paradox and the Consumption of Authenticity Through Reality Television," *Journal of Consumer Research* 32, no. 2, 2005, pp. 284–296.
28. C. Miguel Brendl, Arthur B. Markman, and Claude Messner, "The Devaluation Effect: Activating a Need Devalues Unrelated Objects," *Journal of Consumer Research*, March 2003, pp. 463–473.
29. Abraham H. Maslow, *Motivation and Personality*, 2nd ed. (New York: Harper & Row, 1970).
30. C. Whan Park, Bernard J. Jaworski, and Deborah J. MacInnis, "Strategic Brand Concept–Image Management," *Journal of Marketing*, October 1986, pp. 135–145.
31. Martha Visser, "Entrée New," *American Demographics*, December 2003–January 2004, pp. 20–23.
32. Judy Harris and Michael Lynn, "The Manifestations and Measurement of the Desire to Be a Unique Consumer," Proceedings of the 1994 AMA Winter Educators' Conference, Chicago; Kelly Tepper, "Need for Uniqueness: An Individual Difference Factor Affecting Nonconformity in Consumer Responses," Proceedings of the 1994 AMA Winter Educators' Conference, Chicago. Kelly Tepper Tian, William O. Bearden, and Gary L. Hunter, "Consumers' Need For Uniqueness: Scale Development and Validation," *Journal of Consumer Research* 28, June 2001, pp. 50–66.
33. Russell W. Belk, Güliz Ger, and Soren Askegaard, "The Fire of Desire: A Multisited Inquiry into Consumer Passion," *Journal of Consumer Research*, December 2003, pp. 632–351.
34. Benjamin Spillman, "Shiny New Shoppes at Palazzo," *Las Vegas Review-Journal*, January 18, 2008, http://www.lvrj.com/business/13890922.html.
35. John T. Cacioppo and Richard E. Petty, "The Need for Cognition," *Journal of Personality and Social Psychology*, February 1982, pp. 116–131; Douglas M. Stayman and Frank R. Kardes, "Spontaneous Inference Processes in Advertising: Effects of Need for Cognition and Self-Monitoring on Inference Generation and Utilization," *Journal of Consumer Psychology* 1, no. 2, 1992, pp. 125–142; John T. Cacioppo, Richard Petty, and Katherine Morris, "Effects of Need for Cognition on Message Evaluation, Recall, and Persuasion," *Journal of Personality and Social Psychology*, October 1993, pp. 805–818.
36. P. S. Raju, "Optimum Stimulation Level: Its Relationship to Personality, Demographics, and Exploratory Behavior," *Journal of Consumer Research*, December 1980, pp. 272–282; Jan-Benedict E. M. Steenkamp and Hans Baumgartner, "The Role of Optimum Stimulation Level in Exploratory Consumer Behavior," *Journal of Consumer Research*, December 1992, pp. 434–448.

37. Stuart Elliott, "Study Tries To Help Retailers Understand What Drives the Shopping Habits of Women," *New York Times*, January 17, 2001, p. C6.
38. Robert Roth, *International Marketing Communications* (Chicago: Crain Books, 1982), p. 5.
39. H. Murray, *Thematic Apperception Test Manual* (Cambridge, Mass.: Harvard University Press, 1943); Harold Kassarjian, "Projective Methods," in ed. Robert Ferber, *Handbook of Marketing Research* (New York: McGraw-Hill, 1974), pp. 85–100; Ernest Dichter, *Packaging the Sixth Sense: A Guide to Identifying Consumer Motivation* (Boston: Cahners Books, 1975); Dennis Rook, "Researching Consumer Fantasy," in ed. Elizabeth C. Hirschman, *Research in Consumer Behavior*, vol. 3 (Greenwich, Conn.: JAI Press, 1990), pp. 247–270; David Mick, M. De Moss, and Ronald Faber, "A Projective Study of Motivations and Meanings of Self-Gifts: Implications for Retail Management," *Journal of Retailing*, Summer 1992, pp. 122–144; Mary Ann McGrath, John F. Sherry, and Sidney J. Levy, "Giving Voice to the Gift: The Use of Projective Techniques to Recover Lost Meanings," *Journal of Consumer Psychology* 2, no. 2, 1993, pp. 171–191.
40. Harold H. Kassarjian and Joel B. Cohen, "Cognitive Dissonance and Consumer Behavior: Reaction to the Surgeon General's Report on Smoking and Health," *California Management Review*, Fall 1965, pp. 55–65; see also Kenneth E. Runyon and David W. Stewart, *Consumer Behavior*, 3rd ed. (Columbus, Ohio: Merrill, 1987).
41. Sharon Shavitt, Suzanne Swan, Tina M. Lowrey, and Michaela Wanke, "The Interaction of Endorser Attractiveness and Involvement in Persuasion Depends on the Goal That Guides Message Processing," *Journal of Consumer Psychology* 3, no. 2, 1994, pp. 137–162; Robert Lawson, "Consumer Decision Making Within a Goal-Driven Framework," *Psychology and Marketing*, August 1997, pp. 427–449; Ingrid W. Martin and David W. Stewart, "The Differential Impact of Goal Congruency on Attitudes, Intentions, and the Transfer of Brand Equity," *Journal of Marketing Research*, November 2001, pp. 471–484.
42. Richard P. Bagozzi and Utpal Dholakia, "Goal Setting and Goal Striving in Consumer Behavior," *Journal of Marketing* 63, 1999, pp. 19–32.
43. Dilip Soman and Amar Cheema, "When Goals Are Counterproductive: The Effects of Violation of a Behavioral Goal on Subsequent Performance," *Journal of Consumer Research*, June 2004, pp. 52–62.
44. Ayelet Fishbach and Ravi Dhar, "Goals as Excuses or Guides: The Liberating Effect of Perceived Goal Progress on Choice," *Journal of Consumer Research* 32, no. 3, 2005, pp. 370–377;
45. Joseph C. Nunes and Xavier Drèze, "The Endowed Progress Effect: How Artificial Advancement Increases Effort," *Journal of Consumer Research* 32, no. 4, 2006, pp. 504–512.
46. Richard P. Bagozzi and Utpal Dholakia, "Goal Setting and Goal Striving in Consumer Behavior," *Journal of Marketing* 63, 1999, pp. 19–32.
47. Rui (Juliet) Zhu and Joan Meyers-Levy, "Exploring the Cognitive Mechanism that Underlies Regulatory Focus Effects," *Journal of Consumer Research* 34, no. 1, 2007, pp. 89–98; Jing Wang and Angela Y. Lee, "The Role of Regulatory Focus in Preference Construction," *Journal of Marketing Research*, February 2006, pp. 28–38; Utpal M. Dholakia, Mahesh Gopinath, Richard P. Bagozzi, and Rajan Nataraajan, "The Role of Regulatory Focus in the Experience and Self-Control of Desire for Temptations," *Journal of Consumer Psychology* 16, no. 2, 2006, pp. 163–175; Jens Förster, E. Tory Higgins, and Lorraine Chen Idson, "Approach and Avoidance Strength During Goal Attainment: Regulatory Focus and the 'Goal Looms Larger' Effect," *Journal of Personality and Social Psychology*, November 1998, pp. 1115–1131.
48. Eduardo B. Andrade, "Behavioral Consequences of Affect: Combining Evaluative and Regulatory Mechanisms," *Journal of Consumer Research* 32, no. 2, 2005, pp. 355–362.
49. Nathan Novemsky and Ravi Dhar, "Goal Fulfillment and Goal Targets in Sequential Choice," *Journal of Consumer Research* 32, no. 3, 2005, pp. 396–404.
50. Anirban Mukhopadhyay and Gita Venkataramani Johar, "Where There Is a Will, Is There a Way? Effects of Lay Theories of Self-Control on Setting and Keeping Resolutions," *Journal of Consumer Research* 31, no. 4, 2005, pp. 779–786.
51. Allison R. Johnson and David W. Stewart, "A Reappraisal of the Role of Emotion in Consumer Behavior: Traditional and Contemporary Approaches," in ed. Naresh K. Malhotra, *Review of Marketing Research*, (London: M.E. Sharpe, 2005), pp. 3–34.
52. Seunghee Han, Jennifer S. Lerner, and Dacher Keltner, "Feelings and Consumer Decision Making: The Appraisal-Tendency Framework," *Journal of Consumer Psychology* 17, no. 3, 2007, pp. 158–168.
53. Tiffany Barnett White, "Consumer Disclosure and Disclosure Avoidance: A Motivational Framework," *Journal of Consumer Psychology* 14, no. 1&2, 2004, pp. 41–51.
54. Jane L. Levere, "Public Service Ads Are Seeking Young Blood," *New York Times*, July 20, 2004, www.nytimes.com.
55. Jennifer Edson Escalas, "Narrative Processing: Building Consumer Connections to Brands," *Journal of Consumer Psychology* 14, no. 1/2, 2004, pp. 168–180.
56. Nidhi Agrawal and Durairaj Maheswaran, "The Effects of Self-Construal and Commitment on Persuasion," *Journal of Consumer Research* 31, no. 4, 2005, pp. 841–849; S. Christian Wheeler, Richard E. Petty, and George Y. Bizer, "Self-Schema Matching and Attitude Change: Situational and Dispositional Determinants of Message Elaboration," *Journal of Consumer Research* 31, no. 4, 2005, pp. 787–797.
57. Sara Schaefer Munoz, "'Whole Grain': Food Labels' New Darling?" *Wall Street Journal*, January 12, 2005, pp. B1, B4.
58. Jonathan Welsh, "Checkered-Flag Past Helps Ferrari Unload a Fleet of Used Cars," *Wall Street Journal*, January 11, 2005, pp. A1, A10.

59. Eric Wilson, "Goes Well with Eggnog," *New York Times*, December 21, 2006, p. G12; Rob Walker, "Quack Addicts," *New York Times Magazine*, October 10, 2004, p. 30.
60. Kim Painter, "Grasping at Strands," *USA Today*, March 19, 2007, p. 4D.
61. Ravi Dhar and Itamar Simonson, "Making Complementary Choices in Consumption Episodes: Highlighting Versus Balancing," *Journal of Marketing Research* 36, February 1999, pp. 29–44.
62. "Subway Launches Program to Help Consumers Keep Diet Resolutions," *Nation's Restaurant News*, January 2, 2006, p. 18.
63. Park, Jaworski, and MacInnis, "Strategic Brand Concept–Image Management." *Journal of Marketing*, 50, October, pp. 135–145
64. Alexander Chernev, "Goal Orientation and Consumer Preference for the Status Quo," *Journal of Consumer Research* 31, no. 3, 2004, pp. 557–565.
65. Raymond A. Bauer, "Consumer Behavior as Risk Taking," in ed. Robert S. Hancock, *Dynamic Marketing for a Changing World* (Chicago: American Marketing Association, 1960), pp. 389–398; Grahame R. Dowling, "Perceived Risk: The Concept and Its Measurement," *Psychology and Marketing*, Fall 1986, pp. 193–210; Lawrence X. Tarpey and J. Paul Peter, "A Comparative Analysis of Three Consumer Decision Strategies," *Journal of Consumer Research*, June 1975, pp. 29–37.
66. James R. Bettman, "Perceived Risk and Its Components: A Model and Empirical Test," *Journal of Marketing Research*, May 1973, pp. 184–190.
67. Dana L. Alden, Douglas M. Stayman, and Wayne D. Hoyer, "The Evaluation Strategies of American and Thai Consumers: A Cross Cultural Comparison," *Psychology and Marketing*, March–April 1994, pp. 145–161; Ugur Yavas, Bronislaw J. Verhage, and Robert T. Green, "Global Consumer Segmentation Versus Local Market Orientation: Empirical Findings," *Management International Review*, July 1992, pp. 265–272.
68. Vincent W. Mitchell and Michael Greatorex, "Consumer Purchasing in Foreign Countries: A Perceived Risk Analysis," *International Journal of Advertising* 9, no. 4, 1990, pp. 295–307.
69. Anonymous, "Marketing Briefs," *Marketing News*, March 1995, p. 11.
70. Jacob Jacoby and Leon Kaplan, "The Components of Perceived Risk," in ed. M. Venkatesan, *Advances in Consumer Research*, vol. 3 (Chicago: Association for Consumer Research, 1972), pp. 382–383; Tarpey and Peter, "A Comparative Analysis of Three Consumer Decision Strategies."
71. Jean Halliday, "GM Ads Assure Used Car Buyer," *Advertising Age*, June 11, 2001, p. 10.
72. Vanitha Swaminathan, "The Impact of Recommendation Agents on Consumer Evaluation and Choice," *Journal of Consumer Psychology* 13, no. 1&2, 2003, pp. 93–102.
73. Michael Tsiros and Carrie M. Heilman, "The Effect of Expiration Dates and Perceived Risk on Purchasing Behavior in Grocery Store Perishable Categories," *Journal of Marketing*, April 2005, pp. 114–129.
74. Cornelia Pechmann, Guangzhi Zhao, Marvin E. Goldberg, and Ellen Thomas Reibling, "What to Convey in Antismoking Advertisements for Adolescents," *Journal of Marketing*, April 2003, pp. 1–18.
75. Craig J. Thompson, "Consumer Risk Perceptions in a Community of Reflexive Doubt," *Journal of Consumer Research* 32, no. 2, 2005, pp. 235–248.
76. "Campaign Summary: Flu 2006/07 Post-campaign Evaluation," Scottish Government Publications, July 2007, http://www.scotland.gov.uk/Publications/2007/07/31095955/1.
77. Priya Raghubir and Geeta Menon, "AIDS and Me, Never the Twain Shall Meet: The Effects of Information Accessibility on Judgments of Risk and Advertising Effectiveness," *Journal of Consumer Research*, June 1998, pp. 52–63.
78. Shailendra Pratap Jain and Durairaj Maheswaran, "Motivated Reasoning: A Depth-of-Processing Perspective," *Journal of Consumer Research* 26, March 2000, pp. 358–371; Joan Meyers-Levy and Alice Tybout, "Schema-Congruity as a Basis for Product Evaluation," *Journal of Consumer Research*, June 1989, pp. 39–54.
79. MacInnis and Jaworski, "Information Processing from Advertisements." *Journal of Marketing*, 53, October 1989, pp. 1–23.
80. Joseph W. Alba and J. Wesley Hutchinson, "Dimensions of Consumer Expertise," *Journal of Consumer Research*, March 1987, pp. 411–454. For an excellent overview of measures of consumer knowledge or expertise, see Andrew A. Mitchell and Peter A. Dacin, "The Assessment of Alternative Measures of Consumer Expertise," *Journal of Consumer Research*, December 1996, pp. 219–239.
81. Eric J. Johnson and J. Edward Russo, "Product Familiarity and Learning New Information," *Journal of Consumer Research*, June 1984, pp. 542–550; Merrie Brucks, "The Effects of Product Class Knowledge on Information Search Behavior," *Journal of Consumer Research*, June 1985, pp. 1–16; Alba and Hutchinson, "Dimensions of Consumer Expertise." *Journal of Consumer Research*, March 1987, pp. 411–454.
82. Oscar Suris, "New Data Help Car Lessees Shop Smarter," *Wall Street Journal*, July 11, 1995, pp. 1, B12.
83. Durairaj Maheswaran and Brian Sternthal, "The Effects of Knowledge, Motivation, and Type of Message on Ad Processing and Product Judgments," *Journal of Consumer Research*, June 1990, pp. 66–73.
84. Jennifer Gregan-Paxton and Deborah Roedder John, "Consumer Learning by Analogy: A Model of Internal Knowledge Transfer," *Journal of Consumer Research*, December 1997, pp. 266–284.
85. Michelle L. Roehm and Brian Sternthal, "The Moderating Effect of Knowledge and Resources on the Persuasive Impact of Analogies," *Journal of Consumer Research*, September 2001, pp. 257.

86. Michael K. Hui, Xiande Zhao, Xiucheng Fan, and Kevin Au, "When Does the Service Process Matter? A Test of Two Competing Theories," *Journal of Consumer Research* 31, no. 2, 2004, pp. 465–475.
87. Richard Yalch and Rebecca Elmore-Yalch, "The Effect of Numbers on the Route to Persuasion," *Journal of Consumer Research*, June 1984, pp. 522–527.
88. Noel Capon and Roger Davis, "Basic Cognitive Ability Measures as Predictors of Consumer Information Processing Strategies, *Journal of Consumer Research*, June 1984, pp. 551–564.
89. Nicole H. Lurie and Charlotte H. Mason, "Visual Representation: Implications for Decision Making," *Journal of Marketing*, January 2007, pp. 160–177.
90. Joe Goldeen, "Spanish-Language Web Site Aims to Educate California Latinos on Health Care," *The Record (Stockton, CA)*, April 6, 2004, www.recordnet.com.
91. Jennifer Gregan-Paxton and Deborah Roedder John, "Are Young Children Adaptive Decision Makers? A Study of Age Differences in Information Search Behavior," *Journal of Consumer Research*, March 1995, pp. 567–580.
92. Catherine A. Cole and Gary J. Gaeth, "Cognitive and Age-Related Differences in the Ability to Use Nutrition Information in a Complex Environment," *Journal of Marketing Research*, May 1990, pp. 175–184.
93. Elizabeth Olson, "Catching the Bouquet, in a Dress You Bought Online," *New York Times*, September 2, 2007, p. B-7.
94. Cynthia Crossen, "'Merry Christmas to Moi' Shoppers Say," *Wall Street Journal*, December 11, 1997, pp. B1, B14.
95. June Fletcher and Sarah Collins, "The Lazy Gardener," *Wall Street Journal*, June 6, 2001, pp. W1, W16.
96. Peter Wright, "The Time Harassed Consumer: Time Pressures, Distraction, and the Use of Evidence," *Journal of Applied Psychology*, October 1974, pp. 555–561.
97. Rajneesh Suri and Kent B. Monroe, "The Effects of Time Constraints on Consumers' Judgments of Prices and Products," *Journal of Consumer Research*, June 2003, pp. 92–104.
98. C. Page Moreau and Darren W. Dahl, "Designing the Solution: The Impact of Constraints on Consumers' Creativity," *Journal of Consumer Research* 32, no. 1, 2005, pp. 13–22.
99. Danny L. Moore, Douglas Hausknecht, and Kanchana Thamodaran, "Time Compression, Response Opportunity, and Persuasion," *Journal of Consumer Research*, June 1986, pp. 85–99; Priscilla LaBarbera and James MacLaughlin, "Time Compressed Speech in Radio Advertising," *Journal of Marketing*, January 1979, pp. 30–36; Shelly Chaiken and Alice Eagly, "Communication Modality as a Determinant of Message Persuasiveness and Message Comprehensibility," *Journal of Personality and Social Psychology*, March 1976, pp. 605–614; Herbert Krugman, "The Impact of Television Advertising: Learning Without Involvement," *Public Opinion Quarterly*, Fall 1965, pp. 349–356; Patricia A. Stout and Benedicta Burda, "Zipped Commercials: Are They Effective?" *Journal of Advertising*, Fall 1989, pp. 23–32.
100. Park and Young, "Consumer Response to Television Commercials"; Deborah J. MacInnis and C. Whan Park, "The Differential Role of Characteristics of Music on High- and Low-Involvement Consumers' Processing of Ads," *Journal of Consumer Research*, September 1991, pp. 161–173; Shelly Chaiken and Alice Eagly, "Communication Modality as a Determinant of Persuasion: The Role of Communicator Salience," *Journal of Personality and Social Psychology*, August 1983, pp. 605–614.
101. Kenneth Lord and Robert Burnkrant, "Attention Versus Distraction: The Interactive Effect of Program Involvement and Attentional Devices on Commercial Processing," *Journal of Advertising*, March 1993, pp. 47–61; Kenneth R. Lord and Robert E. Burnkrant, "Television Program Effects on Commercial Processing," in ed. Michael J. Houston, *Advances in Consumer Research* 15 (Provo, Utah: Association for Consumer Research, 1988), pp. 213–218; Gary Soldow and Victor Principe, "Response to Commercials as a Function of Program Context," *Journal of Advertising Research*, February–March 1981, pp. 59–65.
102. Baba Shiv and Stephen M. Nowlis, "The Effect of Distractions While Tasting a Food Sample: The Interplay of Informational and Affective Components in Subsequent Choice," *Journal of Consumer Research*, December 2004, pp. 599–608.
103. Rajeev Batra and Michael L. Ray, "Situational Effects of Advertising Repetitions: The Moderating Influence of Motivation, Ability, and Opportunity to Respond," *Journal of Consumer Research*, March 1986, pp. 432–435; Carl Obermiller, "Varieties of Mere Exposure: The Effects of Processing Style and Repetition on Affective Response," *Journal of Consumer Research*, June 1985, pp. 17–30; Arno Rethans, John L. Swazy, and Lawrence J. Marks, "The Effects of Television Commercial Repetition, Receiver Knowledge, and Commercial Length: A Test of the Two-Factor Model," *Journal of Marketing Research*, February 1986, pp. 50–61; Sharmistha Law and Scott A. Hawkins, "Advertising Repetition and Consumer Beliefs: The Role of Source Memory," in ed. William Wells, *Measuring Advertising Effectiveness* (Mahwah, N.J.: Lawrence Erlbaum Associates, 1997), pp. 67–75; Giles D'Sousa and Ram C. Rao, "Can Repeating an Advertisement More Frequently Than the Competition Affect Brand Preference in a Mature Market?" *Journal of Marketing* 59, no. 2, 1995, pp. 32–43.
104. Margaret C. Campbell and Kevin Lane Keller, "Brand Familiarity and Advertising Repetition Effects," *Journal of Consumer Research*, September 2003, pp. 292–304.
105. Dan Ariely, "Controlling the Information Flow: Effects on Consumers' Decision Making and Preferences," *Journal of Consumer Research* 27, September 2000, pp. 233–248.
106. Ibid.
107. Fred Vogelstein, "Can Schwab Get Its Mojo Back?" *Fortune*, September 17, 2001, pp. 93–97.

108. Linda Daily, "Umpqua Bank Debuts Innovation Lab," *Community Banker*, January 2008, p. 11; Renee Kimmel, "Bank Aids Early Entrepreneurs," *Brandweek*, July 23, 2007, p. 38; Karen Krebsbach, "Is Umpqua Cool? Maybe. Quirky? Yup. Successful? No Question About It," *U.S. Banker*, June 2007, p. 24; Bill Breen, "The Mind Reader," *Fast Company*, October 2006, pp. 71–72; Rob Walker, "Branching Out: Umpqua Bank," *New York Times Magazine*, September 24, 2006, p. 21.

Chapter 3

1. Adapted from Gillespie/Jeannet/Hennessey, *Global Marketing*, 2nd edition (Boston: Houghton Mifflin Company, 2007), p. 478. Based on Duane D. Stanford, "Anheuser-Busch InBev Plans to Cut 1,400 Jobs in U.S.," *Bloomberg News*, December 8, 2008, www.bloomberg.com; Andrea Welsh, "Brewers in Brazil May Water Down Their Sales Pitch," *Wall Street Journal*, September 24, 2003, p. B4; Dan Bilefsky and Christopher Lawton, "In Europe, Marketing Beer as 'American' May Not Be a Plus," *Wall Street Journal*, July 21, 2004, p. B1; Sarah Ellison, "Bad Beer Ads," *Wall Street Journal Europe*, May 15, 2000.
2. "Visa Rolls with New Multimedia Advertising Campaign," *Wireless News*, September 20, 2007; "'Game of Life' Takes Visa," *San Francisco Chronicle*, March 27, 2007, p. B6; Maria Aspan, "Small and Plastic, with an Upscale Tilt," *New York Times*, February 13, 2007, p. C7; "Visa Will Relaunch Advertising Campaign Aimed at Hispanics," *Cardline*, August 20, 2004, p. D2.
3. Adam Finn, "Print Ad Recognition Readership Scores: An Information Processing Perspective," *Journal of Marketing Research*, May 1988, pp. 168–177.
4. John Battle, "Cashing in at the Register," *Aftermarket Business*, September 1, 1994, pp. 12–13.
5. Laura Petrecca, "Wal-Mart TV Sells Marketers Flexibility," *USA Today*, March 29, 2007, p. 3B; Ann Zimmerman, "Wal-Mart Adds In-Store TV Sets, Lifts Advertising," *Wall Street Journal*, September 22, 2004, p. A20.
6. Douglas A. Blackmon, "New Ad Vehicles: Police Cars, School Buses, Garbage Trucks," *Wall Street Journal*, February 20, 1996, pp. B1, B6; Suzanne Vranica, "Think Graffiti Is All That's Hanging in Subway Tunnels? Look Again," *Wall Street Journal*, April 4, 2001, pp. B1, B6; Leslie Chang, "Online Ads in China Go Offline," *Wall Street Journal*, July 30, 2000, pp. B1, B6.
7. "Panasonic Signs Deal with Road Ads," *Marketing*, January 8, 2004, p. 6.
8. For more about consumer control of e-mail advertising, see Ray Kent and Hege Brandal, "Improving Email Response in a Permission Marketing Context," *International Journal of Market Research*, Winter 2003, pp. 489–504.
9. Steven M. Edwards, Hairong Li, and Joo-Hyun Lee, "Forced Exposure and Psychological Reactance," *Journal of Advertising*, Fall 2002, pp. 83–95.
10. Paul Surgi Speck and Michael T. Elliott, "Predictors of Advertising Avoidance in Print and Broadcast Media," *Journal of Advertising*, Fall 1997, pp. 61–76.
11. Amy L. Webb, "More Consumers Are Ignoring Ads, Survey Shows," *Wall Street Journal Europe*, June 18, 2001, p. 29.
12. Kevin Downey, "Commercial Zapping Doesn't Matter," *Broadcasting & Cable*, September 3, 2007, p. 8.
13. Steve McClellan, "It's Inescapable: DVRs Here to Stay," *Television Week*, November 29, 2004, p. 17.
14. Brian Steinberg, "How to Stop Them from Skipping: TiVo Tells All," *Advertising Age*, July 16, 2007, p. 1; Gina Piccalo, "TiVo Will No Longer Skip Past Advertisers," *Los Angeles Times*, November 17, 2004, p. A1.
15. Dean M. Krugman, Glen T. Cameron, and Candace McKearney White, "Visual Attention to Programming and Commercials: The Use of In-Home Observations," *Journal of Advertising*, Spring 1995, pp. 1–12; S. Siddarth and Amitava Chattopadhyay, "To Zap or Not to Zap: A Study of the Determinants of Channel Switching During Commercials," *Marketing Science* 17, no. 2, 1998, pp. 124–138.
16. Bill Carter, "NBC Is Hoping Short Movies Keep Viewers from Zapping," *New York Times*, August 4, 2003, p. C1.
17. "Kids See, Kids Do? TV Ads and Obesity," *Marketing News*, December 15, 2007, p. 4.
18. Sarah Ellison, "Kraft Limits on Kids' Ads May Cheese Off Rivals," *Wall Street Journal*, January 13, 2005, p. B3; Todd Wasserman, "Curbing Their Appetite," *Brandweek*, December 6, 2004, pp. 24–26; 28; Annie Seeley and Martin Glenn, "Kids and Junk Food: Are Ads to Blame?" *Grocer*, May 15, 2004, p. 30.
19. Burt Helm, "Cutting the Stack of Catalogs, *BusinessWeek*, December 20, 2007, www.businessweek.com.
20. Christopher Conkey, "FTC Wins Order to Shut Down Spam from Adult Web Sites," *Wall Street Journal*, January 12, 2005, p. D2; "FCC Adopts Rules Under the CAN-SPAM Act to Protect Wireless Subscribers," *Computer & Internet Lawyer*, October 2004, p. 39.
21. Allison Enright, "(Third) Screen Tests," *Marketing News*, March 15, 2007, pp. 17–18.
22. Bob Tedeschi, "Reaching More Customers with a Simple Text Message," *New York Times*, July 16, 2007, p. C6.
23. Cynthia H. Cho, "Outdoor Ads, Here's Looking at You," *Wall Street Journal*, July 12, 2004, p. B3; Bradley Johnson, "Cracks in the Foundation," *Advertising Age*, December 8, 2003, pp. 1, 10.
24. "New TiVo Service Monitors Skipping Habits," *MediaWeek*, November 12, 2007, p. 3; Brian Steinberg, "How to Stop Them from Skipping: TiVo Tells All," *Advertising Age*, July 16, 2007, p. 1.
25. Sarah Lacy, "Web Numbers: What's Real?" *BusinessWeek*, October 23, 2007, p. 98; Jessi Hempel, "The Online Numbers Game," *Fortune*, September 3, 2007, p. 18.
26. Rik Pieters, Edward Rosbergen, and Michel Wedel, "Visual Attention to Repeated Print Advertising: A Test of Scanpath Theory," *Journal of Marketing Research* 36, November 1999, pp. 424–438.
27. Rik Pieters and Michel Wedel, "Goal Control of Attention to Advertising: The Yarbus Implication," *Journal of Consumer Research*, August 2007, pp. 224–233.

28. Trebor Banstetter, "American Sues Google over 'Sponsored Links,'" *Fort Worth Star-Telegram*, August 18, 2007, www.dfw.com.
29. Scott B. MacKenzie, "The Role of Attention in Mediating the Effect of Advertising on Attribute Importance," *Journal of Consumer Research*, September 1986, pp. 174–195; Richard E. Petty and Timothy C. Brock, "Thought Disruption and Persuasion: Assessing the Validity of Attitude Change Experiments," in eds. Richard E. Petty, Thomas Ostrom, and Timothy C. Brock, *Cognitive Responses in Persuasion* (Hillsdale, N.J.: Lawrence Erlbaum, 1981), pp. 55–79.
30. Joe Flint, "Disappearing Act: The Amount of TV Screen Devoted to Show Shrinks," *Wall Street Journal*, March 29, 2001, pp. B1, B6.
31. L. Hasher and R. T. Zacks, "Automatic and Effortful Processes in Memory," *Journal of Experimental Psychology: General*, September 1979, pp. 356–388; W. Schneider and R. M. Shiffrin, "Controlled and Automatic Human Information Processing: I. Detection, Search, and Attention," *Psychological Review*, January 1977, pp. 1–66; R. M. Shiffrin and W. Schneider, "Controlled and Automatic Human Information Processing: II. Perceptual Learning, Automatic Attending, and a General Theory," *Psychological Review*, March 1977, pp. 127–190.
32. Chris Janiszewski, "Preconscious Processing Effects: The Independence of Attitude Formation and Conscious Thought," *Journal of Consumer Research*, September 1988, pp. 199–209; Joan Meyers-Levy, "Priming Effects on Product Judgments: A Hemispheric Interpretation," *Journal of Consumer Research*, June 1989, pp. 76–87.
33. Janiszewski, "Preconscious Processing Effects"; Chris Janiszewski, "The Influence of Print Advertisement Organization on Affect Toward a Brand Name," *Journal of Consumer Research*, June 1990, pp. 53–65.
34. Chris Janiszewski, "Preattentive Mere Exposure Effects," *Journal of Consumer Research*, December 1993, pp. 376–392; Janiszewski, "Preconscious Processing Effects"; Janiszewski, "The Influence of Print Advertisement Organization on Affect Toward a Brand Name."
35. Janiszewski, "Preattentive Mere Exposure Effects"; Stewart Shapiro and Deborah J. MacInnis, "Mapping the Relationship Between Preattentive Processing and Attitudes," in eds. John Sherry and Brian Sternthal, *Advances in Consumer Research*, vol. 19 (Provo, Utah: Association for Consumer Research, 1992), pp. 505–513.
36. Stewart Shapiro, "When an Ad's Influence Is Beyond Our Conscious Control: Perceptual and Conceptual Fluency Effects Caused by Incidental Ad Exposure," *Journal of Consumer Research* 26, June 1999, pp. 16–36; Stewart Shapiro, Deborah J. MacInnis, and Susan E. Heckler, "The Effects of Incidental Ad Exposure on the Formation of Consideration Sets," *Journal of Consumer Research*, June 1997, pp. 94–104.
37. Richard L. Celsi and Jerry C. Olson, "The Role of Involvement in Attention and Comprehension Processes," *Journal of Consumer Research*, September 1988, pp. 210–224.
38. Paula Lehman, "Social Networks That Break a Sweat," *BusinessWeek*, February 4, 2008, p. 68.
39. Arch Woodside and J. William Davenport Jr., "The Effect of Salesman Similarity and Expertise on Consumer Purchasing Behavior," *Journal of Marketing Research*, May 1974, pp. 198–202.
40. Robert E. Burnkrant and Daniel J. Howard, "Effects of the Use of Introductory Rhetorical Questions Versus Statements on Information Processing," *Journal of Personality and Social Psychology*, December 1984, pp. 1218–1230.
41. Grant McCracken, "Who Is the Celebrity Endorser? Cultural Foundations of the Endorsement Process," *Journal of Consumer Research*, December 1989, pp. 310–321; Jeffrey Burroughs and Richard A. Feinberg, "Using Response Latency to Assess Spokesperson Effectiveness," *Journal of Consumer Research*, September 1987, pp. 295–299.
42. Martin Lindstrom, "Martin Lindstrom's Weekly Video Reports: Spotlighting Branding Practices from Around the World," *Advertising Age*, June 4, 2007, www.adage.com.
43. Deborah J. MacInnis and C. Whan Park, "The Differential Role of Characteristics of Music on High- and Low-Involvement Consumers' Processing of Ads," *Journal of Consumer Research*, September 1991, pp. 161–173; David W. Stewart and David H. Furse, *Effective Television Advertising: A Study of 1000 Commercials* (Lexington, Mass.: Lexington Books, 1986); James J. Kellaris and Robert J. Kent, "An Exploratory Investigation of Responses Elicited by Music Varying in Tempo, Tonality, and Texture," *Journal of Consumer Psychology*, March 1993, pp. 381–402; James J. Kellaris, Anthony Cox, and Dena Cox, "The Effects of Background Music on Ad Processing Contingency Explanation," *Journal of Consumer Research*, October 1993, pp. 114–126.
44. Chris Gaerig, "With Feist and The Books, Ads Take Aim at New Audience, *The Michigan Daily*, January 15, 2008, www.michigandaily.com; Jamie LaReau, "Music Is Key to Carmakers' Marketing," *Automotive News*, December 20, 2004, p. 22.
45. Brian Sternthal and Samuel Craig, "Humor in Advertising," *Journal of Marketing*, October 1973, pp. 12–18; Thomas Madden and Marc G. Weinberger, "The Effect of Humor on Attention in Magazine Advertising," *Journal of Advertising*, September 1982, pp. 8–14.
46. Martin Lindstrom, "Martin Lindstrom's Weekly Video Reports: Spotlighting Branding Practices from Around the World," *Advertising Age*, June 4, 2007, www.adage.com.
47. Josephine L. C. M. Woltman Elpers, Ashesh Mukherjee, and Wayne D. Hoyer, "Humor in Television Advertising: A Moment-to-Moment Analysis," *Journal of Consumer Research*, December 2004, pp. 592–598.
48. Sherman So, "Unsolicited Messages Still a Novelty in the Mainland," *Asia Africa Intelligence Wire*, November 9, 2004, n.p.
49. Kate Fitzgerald, "In-Stadium Tech Reinvents Ad Game," *Advertising Age*, October 27, 2003, p. S-6.

50. Satya Menon and Dilip Soman, "Managing the Power of Curiosity for Effective Web Strategies," *Journal of Advertising*, Fall 2002, pp. 1–14; Yih Hwai Lee, "Manipulating Ad Message Involvement Through Information Expectancy: Effects on Attitude Evaluation and Confidence," *Journal of Advertising* 29, no. 2, Summer 2000, pp. 29–42; Joan Meyers-Levy and Alice Tybout, "Schema Congruity as a Basis for Product Evaluation," *Journal of Consumer Research*, June 1989, pp. 39–54. Characteristics of Music can also Cause Surprise; see James Kellaris and Ronald Rice (1993), "The Influence of Tempo, Loudness and Gender of Listener on Responses to Music," *Psychology and Marketing* 10, no. 1, pp. 15–29.
51. Dana L. Alden, Ashesh Mukherjee, and Wayne D. Hoyer, "The Effects of Incongruity, Surprise and Positive Moderators on Perceived Humor in Television Advertising," *Journal of Advertising* 29, no. 2, Summer 2000, pp. 1–15; Elpers, Mukherjee, and Hoyer, "Humor in Television Advertising: A Moment-to-Moment Analysis."
52. Anthony Malakian, "Ad Beat: Provident Introduces the Iconoclastic 'Mrs. P,'" *Banking Wire*, November 19, 2007, p. 34.
53. Nigel K. Li Pope, Kevin E. Voges, and Mark R. Brown, "The Effect of Provocation in the Form of Mild Erotica on Attitude to the Ad and Corporate Image," *Journal of Advertising*, Spring 2004, pp. 69–82.
54. Edward F. McQuarrie and David Glen Mick, "Visual Rhetoric in Advertising: Text-Interpretive, Experimental, and Reader-Response Analyses," *Journal of Consumer Research* 26, June 1999, pp. 37–54.
55. Finn, "Print Ad Recognition Readership Scores."
56. Avery M. Abernethy and David N. Laband, "The Impact of Trademarks and Advertisement Size on Yellow Page Call Rates," *Journal of Advertising Research*, March 2004, pp. 119–125.
57. Rik Pieters and Michel Wedel, "Attention Capture and Transfer in Advertising: Brand, Pictorial, and Text-size Effects," *Journal of Marketing*, April 2004, pp. 36–50.
58. Roseanne Harper, "Secondary Produce Displays Boost Sales," *Supermarket News*, November 15, 2004, p. 54.
59. S. Shyam Sundar and Sriram Kalyanaraman, "Arousal, Memory, and Impression-Formation Effects of Animation Speed in Web Advertising," *Journal of Advertising*, Spring 2004, pp. 7–17; Werner Krober-Riel, "Activation Research: Psychobiological Approaches in Consumer Research," *Journal of Consumer Research*, March 1979, pp. 240–250; Morris B. Holbrook and Donald R. Lehmann, "Form vs. Content in Predicting Starch Scores," *Journal of Advertising Research*, August 1980, pp. 53–62.
60. Mackenzie, "The Role of Attention in Mediating the Effect of Advertising on Attribute Importance."
61. Walter Nicholls, "The U.S. Is Turned On to Wine," *Washington Post*, January 2, 2008, www.washingtonpost.com.
62. Karen V. Fernandez and Dennis L. Rosen, "The Effectiveness of Information and Color in Yellow Pages Advertising," *Journal of Advertising* 29, no. 2, Summer 2000, pp. 61–73.
63. Chris Janiszewski, "The Influence of Display Characteristics on Visual Exploratory Search Behavior," *Journal of Consumer Research*, December 1998, pp. 290–301.
64. Edward Rosbergen, Rik Pieters, and Michel Wedel, "Visual Attention to Advertising: A Segment-Level Analysis," *Journal of Consumer Research*, December 1997, pp. 305–314.
65. Jean Halliday, "Auto Shopping Website Vehix to Now Fill Three Screens," *Advertising Age*, July 26, 2007, www.adage.com; Louise Story, "Toyota's Latest Commercial Is Not on TV. Try the Xbox Console," *New York Times*, October 8, 2007, p. C6.
66. Priya Raghubir and Eric A. Greenleaf, "Ratios in Proportion: What Should the Shape of the Package Be?" *Journal of Marketing*, April 2006, pp. 95–107; Priya Raghubir and Aradhna Krishna, "Vital Dimensions in Volume Perception: Can the Eye Fool the Stomach?" *Journal of Marketing Research* 36, August 1999, pp. 313–326; Aradhna Krishna, "Interaction of Senses: The Effect of Vision Versus Touch on the Elongation Bias," *Journal of Consumer Research* 32, no. 4, 2006, pp. 557–566.
67. Valerie Folkes and Shashi Matta, "The Effect of Package Shape on Consumers' Judgments of Product Volume," *Journal of Consumer Research*, September 2004, pp. 390–401.
68. John R. Doyle, Paul A. Bottomley, "Dressed for the Occasion: Font-Product Congruity in the Perception of Logotype," *Journal of Consumer Psychology* 16, no. 2, 2006, pp. 112–123.
69. Peter H. Lindsay and Donald A. Norman, *Human Information Processing: An Introduction to Psychology* (New York: Academic Press, 1973).
70. Ibid.
71. Ibid.
72. Gerald J. Gorn, Amitava Chattopadhyay, and Tracey Yi, "Effects of Color as an Executional Cue: They're in the Shade," *Management Science*, October 1997, pp. 1387–1401.
73. Greg Morago, "Shapely Stuff Makes Waves," *Hartford Courant*, March 23, 2007, p. H1.
74. Cathy Horyn, "A New Year, A New Color. But Are We Blue?" *New York Times*, December 20, 2007, p. G1.
75. Marnell Jameson, "The Palette Patrol," *Los Angeles Times*, June 13, 1997, pp. E1, E8.
76. Lindsay and Norman, *Human Information Processing*.
77. Amitava Chattopadhyay, Darren W. Dahl, Robin J. B. Ritchie, and Kimary N. Shahin, "Hearing Voices: The Impact of Announcer Speech Characteristics on Consumer Response to Broadcast Advertising," *Journal of Consumer Psychology* 13, no. 3, 2003, pp. 198–204.
78. Hannah Booth, "Sound Minds: Brands These Days Need to Sound Good as Well as Look Good," *Design Week*, April 15, 2004, p. 163.
79. Eric Yorkston and Geeta Menon, "A Sound Idea: Phonetic Effects of Brand Names on Consumer Judgments," *Journal of Consumer Research*, June 2004, pp. 43–51.
80. Ronald E. Milliman, "Using Background Music to Affect the Behavior of Supermarket Shoppers," *Journal of Marketing*, Summer 1982, pp. 86–91.

81. Colleen Bazdarich, "In a Buying Mood? Maybe It's the Muzak," *Business 2.0*, March 2002, p. 100.
82. Ronald E. Millman, "The Influence of Background Music on the Behavior of Restaurant Patrons," *Journal of Consumer Research*, September 1986, pp. 286–289; Richard Yalch and Eric Spannenberg, "Effects of Store Music on Shopping Behavior," *Journal of Services Marketing*, Winter 1990, pp. 31–39.
83. Mark I. Alpert and Judy Alpert, "The Effects of Music in Advertising on Mood and Purchase Intentions," Working paper No. 85/86–5–4, Department of Marketing Administration, University of Texas, 1986.
84. Gerald J. Gorn, "The Effects of Music in Advertising on Choice Behavior," *Journal of Marketing*, Winter 1982, pp. 94–101; C. Whan Park and S. Mark Young, "Consumer Response to Television Commercials: The Impact of Involvement and Background Music on Brand Attitude Formation," *Journal of Marketing Research*, February 1986, pp. 11–24; MacInnis and Park, "The Differential Role of Characteristics of Music on High- and Low-Involvement Consumers' Processing of Ads."
85. Kate Fitzgerald, "In-Store Media Ring Cash Register," *Advertising Age*, February 9, 2004, p. 43.
86. "Kellogg's Launches On-Pack Promotion for Nutri-Grain," *Talking Retail*, January 8, 2008, www.talkingretail.com.
87. JoAndrea Hoegg and Joseph W. Alba, "Taste Perception: More (and Less) than Meets the Tongue," *Journal of Consumer Research*, March 2007, pp. 490–498.
88. Jeanne Whalen, "Foul Taste Is Part of the Cure," *Wall Street Journal*, November 5, 2007, p. B4.
89. Trygg Engen, *The Perception of Odors* (New York: Academic Press, 1982); Trygg Engen, "Remembering Odors and Their Names," *American Scientist*, September–October 1987, pp. 497–503.
90. T. Schemper, S. Voss, and W. S. Cain, "Odor Identification in Young and Elderly Persons," *Journal of Gerontology*, December 1981, pp. 446–452; J. C. Stevens and W. S. Cain, "Smelling via the Mouth: Effect of Aging," *Perception and Psychophysics*, September 1986, pp. 142–146.
91. W. S. Cain, "Odor Identification by Males and Females: Prediction vs. Performance," *Chemical Senses*, February 1982, pp. 129–142.
92. Beryl Leiff Benderly, "Aroma," *Health*, December 1988, pp. 62–77.
93. M. S. Kirk-Smith, C. Van Toller, and G. H. Dodd, "Unconscious Odor Conditioning in Human Subjects," *Biological Psychology* 17, 1983, pp. 221–231.
94. Pamela Weentraug, "Sentimental Journeys: Smells Have the Power to Arouse Our Deepest Memories, Our Most Primitive Drives," *Omni*, August 1986, p. 815; Howard Erlichman and Jack N. Halpern, "Affect and Memory: Effects of Pleasant and Unpleasant Odors on Retrieval of Happy and Unhappy Memories," *Journal of Personality and Social Psychology*, May 1988, pp. 769–779; Frank R. Schab, "Odors and the Remembrance of Things Past," *Journal of Experimental Psychology: Learning, Memory and Cognition*, July 1990, pp. 648–655.
95. Theresa Howard, "Who Needs Ads When You've Got Hot Doughnuts Now?" *USA Today*, May 31, 2001, p. B3.
96. Anick Bosmans, "Scents and Sensibility: When Do (In) Congruent Ambient Scents Influence Product Evaluations?" *Journal of Marketing*, July 2006, pp. 32–43.
97. Marty Hair, "Artificial Tree Owners Hunt for Smell of Christmas," *Detroit Free Press*, November 26, 2004, www.freep.com.
98. Maureen Morrin and S. Ratneshwar, "Does It Make Sense to Use Scents to Enhance Brand Memory?" *Journal of Marketing Research*, February 2003, pp. 10–25.
99. Susan Reda, "Dollars and Scents," *Stores*, August 1994, p. 38.
100. Thomas K. Grose, "That Odd Smell May Be Your E-mail," *U.S. News & World Report*, August 6, 2001, p. 33.
101. Karen A. Newman, "Parry and Advance: P&G's Martin Hettich Builds on the Febreze Promise One Move at a Time," *Global Cosmetic Industry*, December 2007, pp. 46+.
102. Maxine Wilkie, "Scent of a Market," *American Demographics*, August 1995, pp. 40–49.
103. Joann Peck and Terry L. Childers, "Individual Differences in Haptic Information Processing," *Journal of Consumer Research*, December 2003, pp. 430–442.
104. Jacob Hornik, "Tactile Stimulation and Consumer Response," *Journal of Consumer Research*, December 1992, pp. 449–458.
105. Sak Onkvisit and John J. Shaw, *International Marketing: Analysis and Strategy* (Columbus, Ohio: Merrill, 1989).
106. Joann Peck and Jennifer Wiggins, "It Just Feels Good: Customers' Affective Response to Touch and Its Influence on Persuasion," *Journal of Marketing*, October 2006, pp. 57–69.
107. Deborah Brown McCabe and Stephen M. Nowlis, "The Effect of Examining Actual Products or Product Descriptions on Consumer Preference," *Journal of Consumer Psychology* 13, no. 4, 2003, pp. 431–439.
108. M. Eastlake Stevens, "REI's X-Treme Sports Retailing," *Colorado Biz*, August 2000, pp. 56–57.
109. Alison Fahey, "Party Hardly," *Brandweek*, October 26, 1992, pp. 24–25.
110. "Selling It: Nips Are Nipped," *Consumer Reports*, December 2007, p. 67.
111. Richard Gibson, "Bigger Burger by McDonald's: A Two Ouncer," *Wall Street Journal*, April 18, 1996, p. B1.
112. Stuart Rogers, "How a Publicity Blitz Created the Myth of Subliminal Advertising," *Public Relations Quarterly*, Winter 1992, pp. 12–18.
113. Martha Rogers and Christine A. Seiler, "The Answer Is No," *Journal of Advertising Research*, March–April 1994, pp. 36–46; W. B. Key, *Subliminal Seduction* (Englewood Cliffs, N.J.: Prentice-Hall, 1973); Matthew Fitzgerald, *Media Sex-ploitation* (Englewood Cliffs, N.J.: Prentice-Hall, 1976); W. B. Key, *The Clamplate Orgy* (Englewood Cliffs, N.J.: Prentice-Hall, 1980); Martha Rogers and Kirk

H. Smith, "Public Perceptions of Subliminal Advertising: Why Practitioners Shouldn't Ignore This Issue," *Journal of Advertising Research*, March–April 1993, pp. 10–19; Michael Lev, "No Hidden Meaning Here: Survey Sees Subliminal Ads," *New York Times*, June 16, 1991, pp. 22, S12.

114. Sharon Beatty and Del I. Hawkins, "Subliminal Stimulation: Some New Data and Interpretation," *Journal of Advertising*, June 1989, pp. 4–9; Myron Gable, Henry T. Wilkens, Lynn Harris, and Richard Feinberg, "An Evaluation of Subliminally Embedded Sexual Stimuli and Graphics," *Journal of Advertising*, March 1987, pp. 26–32; Dennis L. Rosen and Surendra N. Singh, "An Investigation of Subliminal Embed Effect on Multiple Measures of Advertising Effectiveness," *Psychology and Marketing*, March–April 1992, pp. 157–173; J. Steven Kelly, "Subliminal Embeds in Print Advertising: A Challenge to Advertising Ethics," *Journal of Advertising*, September 1979, pp. 20–24; Anthony R. Pratkanis and Anthony G. Greenwald, "Recent Perspectives on Unconscious Processing: Still No Marketing Applications," *Psychology and Marketing*, Winter 1988, pp. 337–353; Joel Saegert, "Why Marketing Should Quit Giving Subliminal Advertising the Benefit of the Doubt," *Psychology and Marketing*, March–April 1987, pp. 157–173.

115. A. J. Marcel, "Conscious and Unconscious Perception: Experiments on Visual Masking and Word Recognition," *Cognitive Psychology*, June 1983, pp. 197–237; A. J. Marcel, "Conscious and Unconscious Perception: An Approach to the Relations Between Phenomenal Experience and Perceptual Processes," *Cognitive Psychology*, September 1983, pp. 238–300.

116. Ronald C. Goodstein and Ajay Kalra, "Incidental Exposure and Affective Reactions to Advertising," Working paper No. 239, School of Management, University of California at Los Angeles, January 1994.

117. Timothy E. Moore, "Subliminal Advertising: What You See Is What You Get," *Journal of Marketing*, Spring 1982, pp. 38–47.

118. David Penn, "Looking for the Emotional Unconscious in Advertising," *International Journal of Market Research* 48, no. 5, 2006, pp. 515–524.

119. Laura A. Peracchio and Joan Meyers-Levy, "How Ambiguous Cropped Objects in Ad Photos Can Affect Product Evaluations," *Journal of Consumer Research*, June 1994, pp. 190–204.

120. Himanshu Mishra, Arul Mishra, and Dhananjay Nayakankuppam, "Money: A Bias for the Whole," *Journal of Consumer Research* 32, no. 4, 2006, pp. 541–549.

121. "Cathay Pacific's Change for Good Programme Collects Millions for UNICEF," *Asia Travel Tips*, January 18, 2008, www.aisatraveltips.com.

122. Daniel Lovering, "Heinz Expands Global Tastes," *Associated Press*, February 4, 2008, www.ohio.com; Carrie Coolidge, "Anticipation: H. J. Heinz," *Forbes*, December 10, 2007, p. 188; Donna Kardos and Matt Andrejczak, "Food: Heinz Net Rises as Sales Offset Costs," *Wall Street Journal*, November 30, 2007, p. C11; Christopher Megerian, "The Prize in the Parking Lot," *BusinessWeek*, September 3, 2007, p. 11; The Sauces and Condiments Aisle Was Shaken Up in March This Year by Heinz," *Grocer*, September 22, 2007, p. 44; "Ketchup Passed as Art," *UPI News Track*, April 6, 2007, www.upi.com/newstrack; Louise Story, "Putting Amateurs in Charge," *New York Times*, May 26, 2007, pp. C1, C9; "Heinz Launches Its Organic Tomato Ketchup," *Marketing*, February 7, 2007, p. 45.

Chapter 4

1. Steven Scheer, "De Beers Sees 'Challenging' 2008 for Diamond Sector," *Reuters*, February 11, 2008, www.reuters.com; Christina Passariello, "European Jewelers Engage in Global Battle for Brides," *Wall Street Journal*, August 3, 2007, p. B1; "De Beers Uses Consumer Site to Push Diamond Quality Standard," *New Media Age*, May 17, 2007, p. 2; "Changing Facets: Diamonds," *The Economist*, February 24, 2007, p. 76.

2. Kevin Lane Keller, "Brand Synthesis: The Multidimensionality of Brand Knowledge," *Journal of Consumer Research*, March 2003, pp. 595–600.

3. Brian T. Ratchford, "The Economics of Consumer Knowledge," *Journal of Consumer Research*, March 2001, pp. 397–411.

4. Lawrence W. Barsalou, *Cognitive Psychology: An Overview for Cognitive Scientists* (Hillsdale, N.J.: Lawrence Erlbaum, 1992); James R. Bettman, "Memory Factors in Consumer Choice: A Review," *Journal of Marketing*, Spring 1979, pp. 37–53; Merrie Brucks and Andrew A. Mitchell, "Knowledge Structures, Production Systems and Decision Strategies," in ed. Kent B. Monroe, *Advances in Consumer Research*, vol. 8 (Ann Arbor, Mich.: Association for Consumer Research, 1982), pp. 750–757.

5. Kevin L. Keller, "Conceptualizing, Measuring, and Managing Customer-Based Brand Equity," *Journal of Marketing*, January 1993, pp. 1–22; Deborah J. MacInnis, Kent Nakamoto, and Gayathri Mani, "Cognitive Associations and Product Category Comparisons: The Role of Knowledge Structure and Context," in eds. John F. Sherry and Brian Sternthal, *Advances in Consumer Research*, vol. 19 (Provo, Utah: Association for Consumer Research, 1992), pp. 260–267.

6. Janet Adamy, "For McDonald's, It's a Wrap," *Wall Street Journal*, January 30, 2007, p. B1.

7. Stephanie Kang, "Regaining Footing: After a Slump, Payless Tries On Fashion for Size," *Wall Street Journal*, February 10, 2007, p. A1.

8. Stijn M. J. Van Osselaer, and Chris Janiszewski, "Two Ways of Learning Brand Associations," *Journal of Consumer Research*, September 2001, pp. 202–223.

9. Vanitha Swaminathan, Karen L. Page, and Zeynep Gurhan-Canli, "'My' Brand or 'Our' Brand: The Effects of Brand Relationship Dimensions and Self-Construal on Brand Evaluations," *Journal of Consumer Research*, August 2007, pp. 248–259.

10. Burleigh B. Gardner and Sidney Levy, "The Product and the Brand," *Harvard Business Review*, March–April 1955,

pp. 33–39; see also David Ogilvy, *Confessions of an Advertising Man* (New York: Atheneum, 1964).

11. Zeynep Gurhan-Canli and Rajeev Batra, "When Corporate Image Affects Product Evaluations: The Moderating Role of Perceived Risk," *Journal of Marketing Research*, May 2004, pp. 197–205.

12. Joseph T. Plummer, "How Personality Makes a Difference," *Journal of Advertising Research*, December 1984–January 1985, pp. 27–31; William D. Wells, Frank J. Andriuli, Fedele J. Goi, and Stuart Seader, "An Adjective Check List for the Study of 'Product Personality,'" *Journal of Applied Psychology*, October 1957, pp. 317–319; Jennifer L. Aaker, "Dimensions of Brand Personality," *Journal of Marketing Research*, August 1997, pp. 347–356.

13. Tim Triplett, "Brand Personality Must Be Managed or It Will Assume a Life of Its Own," *Marketing News*, May 9, 1994, p. 9.

14. Katheryn Kranhold, "Whirlpool Conjures Up Appliance Divas," *Wall Street Journal*, April 27, 2000, p. B14.

15. Rajeev Batra and Pamela Miles Homer, "The Situational Impact of Brand Image Beliefs," *Journal of Consumer Psychology* 14, no. 3, 2004, pp. 318–330.

16. Yongjun Sung and Spencer F. Tinkham, "Brand Personality Structures in the United States and Korea: Common and Culture-Specific Factors," *Journal of Consumer Psychology* 15, no. 4, 2005, pp. 334–350.

17. Gita V. Johar, Jaideep Sengupta, and Jennifer L. Aaker, "Two Roads to Updating Brand Personality Impressions: Trait Versus Evaluative Inferencing," *Journal of Marketing Research*, November 2005, pp. 458–469.

18. See Girish N. Punj and Clayton L. Hillyer, "A Cognitive Model of Customer-Based Brand Equity for Frequently Purchased Products: Conceptual Framework and Empirical Results," *Journal of Consumer Psychology* 14, no. 1&2, 2004, pp. 124–131; Kevin Lane Keller, *Building, Measuring, and Managing Brand Equity*, 2d ed. (Upper Saddle River, N.J.: Prentice-Hall, 2003), p. 60; Roland T. Rust, Valarie Z. Zeithaml, and Katherine N. Lemon, *Driving Customer Equity* (New York: Free Press, 2000), pp. 80–87.

19. Deborah Roedder John, Barbara Loken, Kyeonghui Kim, and Alokparna Basu Monga, "Brand Concept Maps: A Methodology for Identifying Brand Association Networks," *Journal of Marketing Research*, November 2006, pp. 549–563.

20. Lan Nguyen Chaplin and Deborah Roedder John, "The Development of Self-Brand Connections in Children and Adolescents," *Journal of Consumer Research* 32, no. 1, 2005, pp. 119–129.

21. David Gianatasio, "Benefit Plan: Colonial Life Chases Aflac," *Adweek*, February 6, 2008, *www.adweek.com*; Bethany McLean, "Duck and Coverage," *Fortune*, August 13, 2001, pp. 142–143.

22. Peter Valdes-Dapena, "Can That Stroller Run the Rubicon Trail?" *CNN Money*, August 25, 2005, *money.cnn.com*; Gregory L. White, "New Jeep Is Sure to Turn Heads, on the Playground," *Wall Street Journal*, January 9, 2001, pp. B1, B4.

23. Tom Meyvis and Chris Janiszewski, "When Are Broader Brands Stronger Brands? An Accessibility Perspective on the Success of Brand Extensions," *Journal of Consumer Research* 31, no. 2, 2004, pp. 346–357; Sheri Bridges, Kevin Lane Keller, and Sanjay Sood, "Communication Strategies for Brand Extensions: Enhancing Perceived Fit by Establishing Explanatory Links," *Journal of Advertising* 29, no. 4, Winter 2000, pp. 1–11; Elyette Roux and Frederic Lorange, "Brand Extension Research: A Review," in eds. Fred von Raiij and Gary Bamoussy, *European Advances in Consumer Research*, vol. 1 (Provo, Utah: Association for Consumer Research, 1993), pp. 492–500; C. Whan Park, Bernard J. Jaworski, and Deborah J. MacInnis, "Strategic Brand Concept–Image Management," *Journal of Marketing*, October 1986, pp. 135–145; David A. Aaker and Kevin L. Keller, "Consumer Evaluations of Brand Extensions," *Journal of Marketing*, January 1990, pp. 27–41; Bernard Simonin and Julie A. Ruth, "Is a Company Known by the Company It Keeps?: Assessing the Spillover Effects of Brand Alliances on Consumer Brand Attitudes, *Journal of Marketing Research*, February 1998, pp. 30–42; C. Whan Park, Sung Youl Jun, and Allan D. Shocker, "Composite Branding Alliances: An Investigation of Extension and Feedback Effects, *Journal of Marketing Research*, November 1996, pp. 453–466; MacInnis, Nakamoto, and Mani, "Cognitive Associations and Product Category Comparisons," pp. 260–267; David M. Bousch et al., "Affect Generalization to Similar and Dissimilar Brand Extensions," *Psychology and Marketing*, 1987, pp. 225–237; Susan M. Baroniarczyk and Joseph W. Alba, "The Importance of the Brand in Brand Extension," *Journal of Marketing Research*, May 1994, pp. 214–228.

24. Catherine W. Yeung and Robert S. Wyer Jr., "Does Loving a Brand Mean Loving Its Products? The Role of Brand-Elicited Affect in Brand Extension Evaluations," *Journal of Marketing Research*, November 2005, pp. 495–506.

25. Stijn M. J. Van Osselaer and Joseph W. Alba, "Locus of Equity and Brand Extension," *Journal of Consumer Research*, March 2003, pp. 539–550.

26. Huifang Mao and H. Shanker Krishnan, "Effects of Prototype and Exemplar Fit on Brand Extension Evaluations: A Two-Process Contingency Model," *Journal of Consumer Research* 33, no. 1, 2006, pp. 41–49; Franziska Volkner and Henrik Sattler, "Drivers of Brand Extension Success," *Journal of Marketing*, April 2006, pp. 18–34; David Bousch, Shannon Shipp, Barbara Loken, Esra Genturk, Susan Crocket, Ellen Kennedy, Bettie Minshall, Dennis Misurell, Linda Rochford, and John Strobel, "Affect Generalization to Similar and Dissimilar Brand Extensions," *Psychology and Marketing* 4, no. 3, 1987, pp. 225–237; Rainer Greifender, Herbert Bless, and Thorston Kurschmann, "Extending the Brand Image on New Products: The Facilitative Effect of Happy Mood States," *Journal of Consumer Behavior* 6, no. 1, 2007, pp. 19–31.

27. Ingrid Martin and David Stewart, "The Differential Impact of Goal Congruence on Attitudes, Intentions, and the Transfer of Brand Equity," *Journal of Marketing Research*, November 2001, pp. 471–484; Sandra Milberg, C. W. Park, and Robert Lawson, "Evaluation of Brand Extensions: The Differential Impact of Goal Congruence on Attitudes, Intentions, and the Transfer of Brand Equity," *Journal of Consumer Research* 18, no. 2, 1991, pp. 185–193.
28. Alokparna Basu Monga and Deborah Roedder John, "Cultural Differences in Brand Extension Evaluation: The Influence of Analytic Versus Holistic Thinking," *Journal of Consumer Research* 33, no. 4, 2007, pp. 529–536. See also Shailendra Pratap Jain, Kalpesh Kaushik Desai, and Huifang Mao, "The Influence of Chronic and Situational Self-Construal on Categorization," *Journal of Consumer Research* 34, no. 1, 2007, pp. 66–76.
29. Mao and Krishnan, "Effects of Prototype and Exemplar Fit on Brand Extension Evaluations."
30. Michael J. Barone, "The Interactive Effects of Mood and Involvement on Brand Extension Evaluations," *Journal of Consumer Psychology* 15, no. 3, 2005, pp. 263–270.
31. Deborah Roedder John, Barbara Loken, and Christopher Joiner, "The Negative Impact of Extensions: Can Flagship Products Be Diluted?" *Journal of Marketing* 62, January 1998, pp. 19–32.
32. Tom Meyvis and Chris Janiszewski, "When Are Broader Brands Stronger Brands? An Accessibility Perspective on the Success of Brand Extensions," *Journal of Consumer Research*, September 2004, pp. 346–357.
33. Subramanian Balachander and Sanjoy Ghose, "Reciprocal Spillover Effects: A Strategic Benefit of Brand Extensions," *Journal of Marketing*, January 2003, pp. 4–13.
34. Rohini Ahluwalia and Zeynep Gürhan-Canli, "The Effects of Extensions on the Family Brand Name: An Accessibility–Diagnosticity Perspective," *Journal of Consumer Research*, December 2000, pp. 371–381; Zeynep Gürhan-Canli and Durairaj Maheswaran, "The Effects of Extensions on Brand Name Dilution and Enhancement," *Journal of Marketing Research*, November 1998, pp. 464–473; Sandra Milberg, C. Whan Park, and Michael S. McCarthy, "Managing Negative Feedback Effects Associated with Brand Extensions: The Impact of Alternative Branding Strategies," *Journal of Consumer Psychology* 6, no. 2, 1997, pp. 119–140; Barbara Loken and Deborah Roedder-John, "Diluting Brand Beliefs: When Do Brand Extensions Have a Negative Impact?" *Journal of Marketing*, July 1993, pp. 71–84; David A. Aaker, *Managing Brand Equity* (New York: The Free Press, 1991).
35. C. Whan Park, Bernard J. Jaworski, and Deborah J. MacInnis, "Strategic Brand Concept-Image Management."
36. Kathryn A. LaTour and Michael S. LaTour, "Assessing the Long-term Impact of a Consistent Advertising Campaign on Consumer Memory," *Journal of Advertising*, Summer 2004, pp. 49–61.
37. Kevin P. Gwinner and John Eaton, "Building Brand Image Through Event Sponsorship: The Role of Image Transfer," *Journal of Advertising* 28, no. 4, Winter 1999, pp. 47–57.
38. Claudia H. Deutsch, "Two Growing Markets That Start at Your Tap," *New York Times*, November 10, 2007, p. C6.
39. Jay Greene, "Return of the Easy Rider," *BusinessWeek*, September 17, 2007, pp. 78–81.
40. Abbey Klaassen, "St. Joseph: From Babies to Boomers," *Advertising Age*, July 9, 2001, pp. 1, 38.
41. Niraj Dawar and Madan M. Pillutla, "Impact of Product-Harm Crises on Brand Equity: The Moderating Role of Consumer Expectations," *Journal of Marketing Research*, May 2000, pp. 215–226.
42. Jennifer Aaker, Susan Fournier, and S. Adam Brasel, "When Good Brands Do Bad," *Journal of Consumer Research*, June 2004, pp. 1–16.
43. Narayan Janakiraman, Robert J. Meyer, and Andrea C. Morales, "Spillover Effects: How Consumers Respond to Unexpected Changes in Price and Quality," *Journal of Consumer Research* 33, no. 3, 2006, pp. 361–369.
44. Thomas W. Leigh and Arno J. Rethans, "Experiences in Script Elicitation Within Consumer Decision-Making Contexts," in eds. Richard P. Bagozzi and Alice M. Tybout, *Advances in Consumer Research*, vol. 10 (Ann Arbor, Mich.: Association for Consumer Research, 1983), pp. 667–672; Roger C. Shank and Robert P. Abelson, *Scripts, Plans, Goals, and Understanding: An Inquiry into Human Knowledge Structures* (Hillsdale, N.J.: Lawrence Erlbaum, 1977); Ruth Ann Smith and Michael J. Houston, "A Psychometric Assessment of Measures of Scripts in Consumer Memory," *Journal of Consumer Research*, September 1985, pp. 214–224; R. A. Lakshmi-Ratan and Easwar Iyer, "Similarity Analysis of Cognitive Scripts," *Journal of the Academy of Marketing Science*, Summer 1988, pp. 36–43; C. Whan Park, Easwar Iyer, and Daniel C. Smith, "The Effects of Situational Factors on In-Store Grocery Shopping Behavior: The Role of Store Environment and Time Available for Shopping," *Journal of Consumer Research*, March 1989, pp. 422–432.
45. Eleanor Rosch, "Principles of Categorization," in eds. E. Rosch and B. Lloyd, *Cognition and Categorization* (Hillsdale, N.J.: Lawrence Erlbaum, 1978), pp. 119–160; Barsalou, *Cognitive Psychology*.
46. Rosch, "Principles of Categorization"; Barsalou, *Cognitive Psychology*; Madhubalan Viswanathan and Terry L. Childers, "Understanding How Product Attributes Influence Product Categorization: Development and Validation of Fuzzy Set-Based Measures of Gradedness in Product Categories," *Journal of Marketing Research*, February 1999, pp. 75–94.
47. Lawrence Barsalou, "Ideals, Central Tendency, and Frequency of Instantiation as Determinants of Graded Structure in Categories," *Journal of Experimental Psychology: Learning, Memory and Cognition*, October 1985, pp. 629–649; Barbara Loken and James Ward,

"Alternative Approaches to Understanding the Determinants of Typicality," *Journal of Consumer Research*, September 1990, pp. 111–126; James Ward and Barbara Loken, "The Quintessential Snack Food: Measurement of Product Prototypes," in ed. Richard J. Lutz, *Advances in Consumer Research*, vol. 13 (Provo, Utah: Association for Consumer Research, 1986), pp. 126–131; Gregory S. Carpenter and Kent Nakamoto, "Consumer Preference Formation and Pioneering Advantage," *Journal of Marketing Research*, August 1989, pp. 285–298.

48. Hyeong Min Kim, "Evaluations of Moderately Typical Products: The Role of Within- Versus Cross-Manufacturer Comparisons," *Journal of Consumer Psychology* 16, no. 1, 2006, pp. 70–78.

49. Luk Warlop and Joseph W. Alba, "Sincere Flattery: Trade-Dress Imitation and Consumer Choice," *Journal of Consumer Psychology* 14, no. 1/2, 2004, pp. 21–27.

50. Gerald J. Gorn and Charles B. Weinberg, "The Impact of Comparative Advertising on Perception and Attitude: Some Positive Findings," *Journal of Consumer Research*, September 1984, pp. 719–727; Cornelia Pechmann and S. Ratneshwar, "The Use of Comparative Advertising for Brand Positioning: Association Versus Differentiation," *Journal of Consumer Research*, September 1991, pp. 145–160; Rita Snyder, "Comparative Advertising and Brand Evaluation: Toward Developing a Categorization Approach," *Journal of Consumer Psychology* 1, no. 1, 1992, pp. 15–30.

51. Sholnn Remand and Norihiko Shirouzu, "Toyota's Gen Y Gamble," *Wall Street Journal*, July 30, 2003, p. B1.

52. Ronald W. Niedrich, Subhash Sharma, and Douglas H. Wedell, "Reference Price and Price Perceptions: A Comparison of Alternative Models," *Journal of Consumer Research*, December 2001, pp. 339–354.

53. See Amos Tversky and Daniel Kahneman, "Extensional Versus Intuitive Reasoning: The Conjunction Fallacy," *Psychological Review*, October 1983, pp. 293–315.

54. Bob Garfield, "Softly Lit or Blunt, 'Less Toxic' Cigarette Ads Hint at Health," *Advertising Age*, November 12, 2001, p. 58; Gordon Fairclough, "Tobacco Titans Bid for 'Organic' Cigarette Maker," *Wall Street Journal*, December 10, 2001, pp. B1, B4; Suein Hwang, "Smokers May Mistake 'Clean' Cigarette for Safe," *Wall Street Journal*, September 30, 1995, pp. B1, B2.

55. Hans Baumgartner, "On the Utility of Consumers' Theories in Judgments of Covariation," *Journal of Consumer Research*, March 1995, pp. 634–643; James R. Bettman, Deborah Roedder John, and Carol A. Scott, "Covariation Assessment by Consumers," *Journal of Consumer Research*, December 1986, pp. 316–326; Susan M. Broniarczyk and Joseph W. Alba, "Theory Versus Data in Prediction and Correlation Tasks," *Organizational Behavior and Human Decision Processes*, January 1994, pp. 117–139.

56. Barbara Loken, Christopher Joiner, and Joann Peck, "Category Attitude Measures: Exemplars as Inputs," *Journal of Consumer Psychology*, no. 2, 2002, pp. 149–161.

57. Lea Goldman, "A Cry in the Wilderness," *Forbes*, May 15, 2000, p. 322.

58. Barsalou, "*Cognitive Psychology.*"

59. Yaacov Trope, Nira Liberman, and Cheryl Wakslak, "Construal Levels and Psychological Distance: Effects on Representation, Prediction, Evaluation, and Behavior," *Journal of Consumer Psychology* 17, no. 2, 2007, pp. 83–95.

60. John G. Lynch and G. Zauberman, "Construing Consumer Decision Making, *Journal of Consumer Psychology* 17, no. 2, 2007, pp. 107–112.

61. Klaus Fiedler, "Construal Level Theory as an Integrative Framework for Behavioral Decision-Making Research and Consumer Psychology," *Journal of Consumer Psychology* 17, no. 2, 2007, pp. 101–106.

62. Frank R. Kardes, Maria L. Cronley, and John Kim, "Construal-Level Effects on Preference Stability, Preference-Behavior Correspondence, and the Suppression of Competing Brands," *Journal of Consumer Psychology* 16, no. 2, 2006, pp. 135–144.

63. Michael Fitzpatrick, "Japan: Kit Kat Sales Boosted by Lucky Translation," *Just-Food.com*, February 3, 2005, *www.just-food.com*.

64. Eleanor Rosch, "Human Categorization," in ed. N. Warren, *Studies in Cross-Cultural Psychology* (New York: Academic Press, 1977), pp. 1–49; A. D. Pick, "Cognition: Psychological Perspectives," in eds. H. C. Triandis and W. Lonner, *Handbook of Cross-Cultural Psychology* (Boston: Allyn & Bacon, 1980), pp. 117–153; Bernd Schmitt and Shi Zhang, "Language Structure and Categorization: A Study of Classifiers in Consumer Cognition, Judgment and Choice," *Journal of Consumer Research*, September 1998, pp. 108–122.

65. Beth Snyder Bulik, "Philips: We're Not Just Light Bulbs," *Advertising Age*, June 25, 2007, *www.adage.com*.

66. Joseph W. Alba and J. Wesley Hutchinson, "Dimensions of Consumer Expertise," *Journal of Consumer Research*, March 1987, pp. 411–454; Deborah Roedder John and John Whitney Jr., "The Development of Consumer Knowledge in Children: A Cognitive Structure Approach," *Journal of Consumer Research*, March 1986, pp. 406–417; Merrie Brucks, "The Effects of Product Class Knowledge on Information Search Behavior," *Journal of Consumer Research*, June 1985, pp. 1–16; Deborah Roedder John and Mita Sujan, "Age Differences in Product Categorization," *Journal of Consumer Research*, March 1990, pp. 452–460. See also Andrew A. Mitchell and Peter A. Dacin, "The Assessment of Alternative Measures of Consumer Expertise," *Journal of Consumer Research*, December 1996, pp. 219–239; C. Whan Park, David L. Mothersbaugh, and Lawrence Feick, "Consumer Knowledge Assessment," *Journal of Consumer Research*, June 1994, pp. 71–82.

67. Elizabeth Cowley and Andrew A. Mitchell, "The Moderating Effect of Product Knowledge on the Learning and Organization of Product Information," *Journal of Consumer Research*, December 2003, pp. 443–454; Stacy L.

Wood and John G. Lynch Jr., "Prior Knowledge and Complacency in New Product Learning," *Journal of Consumer Research*, December 2002, pp. 416–426.
68. Joseph W. Alba and J. Wesley Hutchinson, "Knowledge Calibration: What Consumers Know and What They Think They Know," *Journal of Consumer Research*, September 2000, pp. 123–156.
69. Chingching Chang, "The Interplay of Product Class Knowledge and Trial Experience in Attitude Formation," *Journal of Advertising*, Spring 2004, pp. 83–92.
70. Maureen Morrin, "The Impact of Brand Extensions on Parent Brand Memory Structures and Retrieval Processes," *Journal of Marketing Research*, November 1999, pp. 517–525.
71. Yumiko Ono, "Will *Good Housekeeping* Translate into Japanese?" *Wall Street Journal*, December 30, 1997, pp. B1, B6.
72. Stuart Elliott, "Timberland's Cause-Related Marketing," *New York Times*, November 16, 2004, www.nytimes.com.
73. Shashi Matta and Valerie S. Folkes, "Inferences About the Brand from Counterstereotypical Service Providers," *Journal of Consumer Research* 32, no. 2, 2005, pp. 196–206.
74. "The Fruit Formerly Known as . . . Prunes to Be Sold as 'Dried Plums' in Bid to Sweeten Image," *Washington Post*, April 15, 2001, p. A4; Lee Gomes, "Korean Knockoffs, Prunes vs. Dried Plums, and Intel's New Hire," *Wall Street Journal*, September 20, 2004, p. B1.
75. C. Page Moreau, Arthur B. Markman, and Donald R. Lehmann, "'What Is It?' Categorization Flexibility and Consumers' Responses to Really New Products," *Journal of Consumer Research*, March 2001, pp. 489–498.
76. Ronald C. Goodstein, "Category-Based Applications and Extensions in Advertising: Motivating More Extensive Ad Processing," *Journal of Consumer Research*, June 1993, pp. 87–99; Mita Sujan, "Consumer Knowledge: Effects on Evaluation Strategies Mediating Consumer Judgments," *Journal of Consumer Research*, June 1985, pp. 31–46.
77. Susan T. Fiske, "Schema Triggered Affect: Applications to Social Perception," in eds. Margaret S. Clark and Susan T Fiske, *Affect and Cognition: The 17th Annual Carnegie Symposium on Cognition* (Hillsdale, N.J.: Lawrence Erlbaum, 1984), pp. 55–78; Susan T. Fiske and Mark A. Pavelchak, "Category-Based vs. Piecemeal-Based Affective Responses: Developments in Schema-Triggered Affect," in eds. Richard M. Sorrentino and E. Tory Higgins, *Handbook of Motivation and Cognition* (New York: Guilford, 1986), pp. 167–203; Joel B. Cohen, "The Role of Affect in Categorization: Toward a Reconsideration of the Concept of Attitude," in ed. Andrew A. Mitchell, *Advances in Consumer Research*, vol. 9 (Ann Arbor, Mich.: Association for Consumer Research, 1982), pp. 94–100.
78. Douglas M. Stayman, Dana L. Alden, and Karen H. Smith, "Some Effects of Schematic Processing on Consumer Expectations and Disconfirmation Judgments," *Journal of Consumer Research*, September 1992, pp. 245–255.
79. David G. Mick, "Levels of Subjective Comprehension in Advertising Processing and Their Relations to Ad Perceptions, Attitudes, and Memory," *Journal of Consumer Research*, March 1992, pp. 411–424.
80. Jacob Jacoby, Wayne D. Hoyer, and David A. Sheluga, *Miscomprehension of Televised Communication* (New York: American Association of Advertising Agencies, 1980); Jacob Jacoby and Wayne D. Hoyer, *The Comprehension and Miscomprehension of Print Communications: An Investigation of Mass Media Magazines* (New York: Advertising Education Foundation, 1987); see also Jacob Jacoby and Wayne D. Hoyer, "The Miscomprehension of Mass-Media Advertising Claims: A Re-Analysis of Benchmark Data," *Journal of Advertising Research*, June–July 1990, pp. 9–17; Jacob Jacoby and Wayne D. Hoyer, "The Comprehension–Miscomprehension of Print Communication: Selected Findings," *Journal of Consumer Research*, March 1989, pp. 434–444; Fliece R. Gates, "Further Comments on the Miscomprehension of Televised Advertisements," *Journal of Advertising*, Winter 1986, pp. 4–10.
81. Suzanne Vranica, "Aflac Partly Muzzles Iconic Duck," *Wall Street Journal*, December 2, 2004, p. B8.
82. Gary J. Gaeth and Timothy B. Heath, "The Cognitive Processing of Misleading Advertising in Young and Old Adults," *Journal of Consumer Research*, June 1987, pp. 43–54; Deborah Roedder and John and Catherine A. Cole, "Age Differences in Information Processing: Understanding Deficits in Young and Elderly Consumers," *Journal of Consumer Research*, December 1986, pp. 297–315; Catherine A. Cole and Michael J. Houston, "Encoding and Media Effects on Consumer Learning Deficiencies in the Elderly," *Journal of Marketing Research*, February 1987, pp. 55–63.
83. Richard L. Celsi and Jerry C. Olson, "The Role of Involvement in Attention and Comprehension Processes," *Journal of Consumer Research*, September 1988, pp. 210–224.
84. Jacob Jacoby, Robert W. Chestnut, and William Silberman, "Consumer Use and Comprehension of Nutrition Information," *Journal of Consumer Research*, September 1977, pp. 119–127.
85. C. Page Moreau, Donald R. Lehmann, and Arthur B. Markman, "Entrenched Knowledge Structures and Consumer Response to New Products," *Journal of Marketing Research*, February 2001, pp. 14–29.
86. Edward T. Hall, *Beyond Culture* (Garden City, N.Y.: Anchor Press/Doubleday, 1976); Sak Onkvisit and John J. Shaw, *International Marketing: Analysis and Strategy* (Columbus, Ohio: Merrill, 1989), pp. 223–224.
87. Robert Frank, "Big Boy's Adventures in Thailand," *Wall Street Journal*, April 12, 2000, pp. B1, B4.
88. Scott Baldauf, "A Hindi-English Jumble, Spoken by 350 Million," *Christian Science Monitor*, November 23, 2004, p. 1.
89. Onkvisit and Shaw, *International Marketing*.

90. Wayne D. Hoyer, Rajendra K. Srivastava, and Jacob Jacoby, "Examining Sources of Advertising Miscomprehension," *Journal of Advertising*, June 1984, pp. 17–26; Julie A. Edell and Richard Staelin, "The Information Processing of Pictures in Print Advertisements," *Journal of Consumer Research*, June 1983, pp. 45–61; Ann Beattie and Andrew A. Mitchell, "The Relationship Between Advertising Recall and Persuasion: An Experimental Investigation," in eds. Linda F. Alwitt and Andrew A. Mitchell, *Psychological Processes and Advertising Effects* (Hillsdale, N.J.: Lawrence Erlbaum, 1985), pp. 129–156.
91. David Luna, "Integrating Ad Information: A Text-Processing Perspective," *Journal of Consumer Psychology* 15, no. 1, pp. 38–51.
92. Angela Y. Lee and Aparna A. Labroo, "The Effect of Conceptual and Perceptual Fluency on Brand Evaluation," *Journal of Marketing Research*, May 2004, pp. 151–165.
93. Mick, "Levels of Subjective Comprehension in Advertising Processing and Their Relations to Perceptions, Attitudes, and Memory"; Deborah J. MacInnis and Bernard J. Jaworski, "Information Processing from Advertisements: Toward an Integrative Framework," *Journal of Marketing*, October 1989, pp. 1–23.
94. Caroline E. Mayer, "KFC Misled Consumers on Health Benefits, FTC Says," *Washington Post*, June 4, 2004, p. E1.
95. Mick, "Levels of Subjective Comprehension in Advertising Processing and Their Relations to Ad Perceptions, Attitudes, and Memory"; David G. Mick and Claus Buhl, "A Meaning-Based Model of Advertising Experiences," *Journal of Consumer Research*, December 1992, pp. 317–338.
96. Jennifer Gregan-Paxton and Deborah Roedder John, "Consumer Learning by Analogy: A Model of Internal Knowledge Transfer," *Journal of Consumer Research*, December 1997, pp. 266–284.
97. Richard D. Johnson and Irwin P. Levin, "More Than Meets the Eye: The Effect of Missing Information on Purchase Evaluations," *Journal of Consumer Research*, September 1985, pp. 169–177; Frank Kardes, "Spontaneous Inference Processes in Advertising: The Effects of Conclusion Omission and Involvement in Persuasion," *Journal of Consumer Research*, September 1988, pp. 225–233; Alba and Hutchinson, "Dimensions of Consumer Expertise."
98. Pamela W. Henderson, Joan L. Giese, and Joseph A. Cote, "Impression Management Using Typeface Design," *Journal of Marketing*, October 2004, pp. 60–72.
99. Michaela Wänke, Herbert Bless, and Norbert Schwarz, "Context Effects in Product Line Extensions: Context Is Not Destiny," *Journal of Consumer Psychology* 7, no. 4, 1998, pp. 299–322.
100. Shi Zhang and Bernd H. Schmitt, "Creating Local Brands in Multilingual International Markets," *Journal of Marketing Research*, August 2001, pp. 313–325.
101. Teresa Pavia and Janeen Arnold Costa, "The Winning Number: Consumer Perceptions of Alpha-Numeric Brand Names," *Journal of Marketing*, July 1993, pp. 85–99; France Leclerc, Bernd H. Schmitt, and Laurette Dube, "Foreign Branding and Its Effects on Product Perceptions and Attitudes," *Journal of Marketing Research*, May 1994, pp. 263–270; Mary Sullivan, "How Brand Names Affect the Demand for Twin Automobiles," *Journal of Marketing Research*, May 1998, pp. 154–165.
102. Akshay R. Rao, Lu Qu, and Robert W. Ruekert, "Signaling Unobservable Product Quality Through a Brand Ally," *Journal of Marketing Research*, May 1999, pp. 258–268.
103. Bonnie B. Reece and Robert H. Ducoffe, "Deception in Brand Names," *Journal of Public Policy and Marketing* 6, 1987, pp. 93–103.
104. Marilyn Chase, "Pretty Soon the Word 'Organic' on Foods Will Mean One Thing," *Wall Street Journal*, August 18, 1997, p. B1.
105. Benjamin A. Holden, "Utilities Pick New, Nonutilitarian Names," *Wall Street Journal*, April 7, 1997, pp. B1, B5.
106. Wendy M. Grossman, "Generic Names Lose Their Luster," *Smart Business*, April 2001, p. 58.
107. "The Culinary Institute of America (CIA) and American Culinary Institute, Inc. (ACI) Have Settled the Lawsuit the CIA Filed in February," *Food Management*, September 2004, p. 22.
108. Susan M. Broniarczyk and Joseph W. Alba, "The Role of Consumers' Intuitions in Inference Making," *Journal of Consumer Research*, December 1994, pp. 393–407.
109. Gary T. Ford and Ruth Ann Smith, "Inferential Beliefs in Consumer Evaluations: An Assessment of Alternative Processing Strategies," *Journal of Consumer Research*, December 1987, pp. 363–371.
110. Rajagopal Raghunathan, Rebecca Walker Naylor, and Wayne D. Hoyer, "The Unhealthy = Tasty Intuition and Its Effects on Taste Inferences, Enjoyment, and Choice of Food Products," *Journal of Marketing*, October 2006, pp. 170–184.
111. Elizabeth G. Miller and Barbara E. Kahn, "Shades of Meaning: The Effect of Color and Flavor Names on Consumer Choice," *Journal of Consumer Research* 32, no. 1, 2005, pp. 86–92.
112. Irwin P. Levin and Aron M. Levin, "Modeling the Role of Brand Alliances in the Assimilation of Product Evaluations," *Journal of Consumer Psychology* 9, no. 1, 2000, pp. 43–52.
113. Tom Meyvis and Chris Janiszewski, "Consumers' Beliefs About Product Benefits: The Effect of Obviously Irrelevant Information," *Journal of Consumer Research*, March 2002, pp. 618–635.
114. Alexander Chernev and Gregory S. Carpenter, "The Role of Market Efficiency Intuitions in Consumer Choice: A Case of Compensatory Inferences," *Journal of Marketing Research*, August 2001, pp. 349–361.
115. Peeter W. J. Verlegh, Jan-Benedict E. M. Steenkamp, and Matthew T. G. Meulenberg, "Country-of-origin Effects in Consumer Processing of Advertising Claims," *International Journal of Research in Marketing*, June

2005, pp. 127–139; Sung-Tai Hong and Robert S. Wyer Jr., "Determinants of Product Evaluation: Effects of Time Interval Between Knowledge of a Product's Country of Origin and Information about Its Specific Attributes," *Journal of Consumer Research*, December 1990, pp. 277–288; Durairaj Maheswaran, "Country of Origin as a Stereotype: Effects of Consumer Expertise and Attribute Strength on Product Evaluations," *Journal of Consumer Research*, September 1994, pp. 354–365; Sung-Tai Hong and Robert S. Wyer Jr., "Effects of Country of Origin and Product-Attribute Information on Product Evaluation: An Information Processing Perspective," *Journal of Consumer Research*, September 1989, pp. 175–187; Johny K. Johansson, Susan P. Douglas, and Ikujiro Nonaka, "Assessing the Impact of Country of Origin on Product Evaluations," *Journal of Marketing Research*, November 1985, pp. 388–396; Maheswaran, "Country of Origin as a Stereotype"; Wai-Kwan Li and Robert S. Wyer Jr., "The Role of Country of Origin in Product Evaluations: Informational and Standard-of-Comparison Effects," *Journal of Consumer Psychology* 2, 1994, pp. 187–212.

116. Rajeev Batra, Venkatram Ramaswamy, Dana L. Alden, Jan-Benedict E. M. Steenkamp, and S. Ramachander, "Effects of Brand Local and Non-local Origin on Consumer Attitudes in Developing Countries," *Journal of Consumer Psychology* 9, no. 2, 2000, pp. 83–95.

117. Sung-Tai Hong and Dong Kyoon Kang, "Country-of-Origin Influences on Product Evaluations: The Impact of Animosity and Perceptions of Industriousness Brutality on Judgments of Typical and Atypical Products," *Journal of Consumer Psychology* 16, no. 3, 2006, pp. 232–239.

118. Zeynep Gürhan-Canli and Durairaj Maheswaran, "Cultural Variations in Country of Origin Effects," *Journal of Marketing Research*, August 2000, pp. 309–317.

119. Zeynep Gürhan-Canli and Durairaj Maheswaran, "Determinants of Country-of-Origin Evaluations," *Journal of Consumer Research*, June 2000, pp. 96–108.

120. Luk Warlop and Joseph W. Alba, "Sincere Flattery: Trade-Dress Imitation and Consumer Choice," *Journal of Consumer Psychology*, 2004, pp. 21–27.

121. Paul Glader and Christopher Lawton, "Beer and Wine Makers Use Fancy Cans to Court New Fans," *Wall Street Journal*, August 24, 2004, pp. B1–B2.

122. Simon Mowbray, "Spot the Difference: Tesco Once Told Suppliers That Its Days of Copying Their Brands Were Over," *Grocer*, September 2004, pp. 363.

123. Maxine S. Lans, "Supreme Court to Rule on Colors as Trademarks," *Marketing News*, January 2, 1995, p. 28.

124. Ayn Crowley, "The Two-Dimensional Impact of Color on Shopping," *Marketing Letters*, 1993, pp. 59–69.

125. Donald Lichtenstein and Scott Burton, "The Relationship Between Perceived and Objective Price-Quality," *Journal of Marketing Research*, November 1989, pp. 429–443; Etian Gerstner, "Do Higher Prices Signal Higher Quality?" *Journal of Marketing Research*, May 1985, pp. 209–215; Kent Monroe and R. Krishnan, "The Effects of Price on Subjective Product Evaluations," in eds. Jacob Jacoby and Jerry C. Olson, *Perceived Quality: How Consumers View Stores and Merchandise* (Lexington, Mass.: D. C. Heath, 1985), pp. 209–232; Susan M. Petroshius and Kent B. Monroe, "Effect of Product-Line Pricing Characteristics on Product Evaluations," *Journal of Consumer Research*, March 1987, pp. 511–519; Akshay R. Rao and Kent B. Monroe, "The Moderating Effect of Prior Knowledge on Cue Utilization in Product Evaluations," *Journal of Consumer Research*, September 1988, pp. 253–264; Cornelia Pechmann and S. Ratneshwar, "Consumer Covariation Judgments: Theory or Data Driven?" *Journal of Consumer Research*, December 1992, pp. 373–386.

126. Thomas T. Nagle and Reed K. Holden, *The Strategy and Tactics of Pricing*, 2nd ed. (Englewood Cliffs, N.J.: Prentice-Hall, 1995), pp. 84–85.

127. Maria L. Cronley, Steven S. Posavac, Tracy Meyer, Frank R. Kardes, and James J. Kellaris, "Selective Hypothesis Testing Perspective on Price–Quality Inference and Inference-Based Choice," *Journal of Consumer Psychology* 15, no. 2, 2005, pp. 159–169.

128. Frank R. Kardes, Maria L. Cronley, James J. Kellaris, and Steven S. Posavac, "The Role of Selective Information Processing in Price–Quality Inference," *Journal of Consumer Research*, September 2004, pp. 368–374.

129. Priya Raghubir, "Free Gift with Purchase: Promoting or Discounting the Brand?" *Journal of Consumer Psychology*, 2004, pp. 181–186.

130. Ann E. Schlosser, "Applying the Functional Theory of Attitudes to Understanding the Influence of Store Atmosphere on Store Inferences," *Journal of Consumer Psychology* 7, no. 4, 1998, pp. 345–369.

131. Lauranne Buchanan, Carolyn J. Simmons, and Barbara A. Bickart, "Brand Equity Dilution: Retailer Display and Context Brand Effects," *Journal of Marketing Research*, August 1999, pp. 345–355.

132. Becky Sunshine, "Temporary Shops Make Lasting Impressions," *Financial Times*, February 18, 2008, *www.lat.com/business;* Amanda Fortini, "Anti-Concept Concept Store," *New York Times Magazine*, December 12, 2004, p. 54.

133. Tsune Shirai, "What Is an 'International' Mind?" *PHP*, June 1980, p. 25.

134. Barbara Mueller, "Standardization vs. Specialization: An Examination of Westernization in Japanese Advertising," *Journal of Advertising Research*, January–February 1992, pp. 15–22.

135. Margaret C. Campbell and Amna Kirmani, "Consumers' Use of Persuasion Knowledge: The Effects of Accessibility and Cognitive Capacity on Perceptions of an Influence Agent," *Journal of Consumer Research*, June 2000, pp. 69–83.

136. Onkvisit and Shaw, *International Marketing*.

137. Laura A. Peracchio and Joan Meyers-Levy, "Using Stylistic Properties of Ad Pictures to Communicate with Consumers," *Journal of Consumer Research* 32, no. 1, 2005, pp. 29–40.

138. John W. Pracejus, G. Douglas Olsen, and Thomas C. O'Guinn, "How Nothing Became Something: White Space, Rhetoric, History, and Meaning," *Journal of Consumer Research* 33, no. 1, 2006, pp. 82–90.

139. Richard J. Harris, Julia C. Pounds, Melissa J. Maiorelle, and Maria Mermis, "The Effect of Type of Claim, Gender, and Buying History on the Drawing of Pragmatic Inferences from Advertising Claims," *Journal of Consumer Psychology* 2, no. 1, 1993, pp. 83–95; Richard J. Harris, R. E. Sturm, M. L. Kalssen, and J. I. Bechtold, "Language in Advertising: A Psycholinguistic Approach," *Current Issues and Research in Advertising* (Ann Arbor: University of Michigan Press, 1986), pp. 1–26; Raymond R. Burke, Wayne S. DeSarbo, Richard L. Oliver, and Thomas S. Robertson, "Deception by Implication: An Experimental Investigation," *Journal of Consumer Research*, March 1988, pp. 483–494.

140. J. Craig Andrews, Scot Burton, and Richard G. Netemeyer, "Are Some Comparative Nutrition Claims Misleading? The Role of Nutrition Knowledge, Ad Claim Type, and Disclosure Conditions," *Journal of Advertising* 29, no. 3 (Fall 2000), pp. 29–42; Terence Shimp, "Do Incomplete Comparisons Mislead?" *Journal of Advertising Research*, December 1978, pp. 21–27; Harris et al., "The Effect of Type of Claim, Gender, and Buying History on the Drawing of Pragmatic Inferences from Advertising Claims"; Gita Johar, "Consumer Involvement and Deception from Implied Advertising Claims," *Journal of Marketing Research*, August 1995, pp. 267–279.

141. Ken Bensinger and Alana Semuels, "A Pivotal Play for Hyundai," *Los Angeles Times*, February 2, 2008, www.latimes.com; Jean Halliday and Brian Steinberg, "Why Hyundai Didn't Forfeit Spots," *Advertising Age*, January 21, 2008, p. 4; Moon Ihlwan, "Hyundai Targets the Lexus Set," *BusinessWeek Online*, December 10, 2007, www.businessweek.com; Stuart Elliott, "A Brand Tries to Invite Thought," *New York Times*, September 7, 2007, p. C7; "Hyundai in £10m 'Quality' Drive to Shed Budget Tag," *Marketing*, January 5, 2005, p. 3.

Chapter 5

1. Adapted from Gillespie/Jeannet/Hennessey, *Global Marketing*, 2nd edition (Boston: Houghton Mifflin Company, 2007), p. 451. Based on Diane Coetzer, "Ready to score: 2010 Soccer World Cup to Boost South African Biz," *Billboard*, May 3, 2008, p. 40; Stephanie Kang, "Adidas Ad Campaign Invokes Chinese Nationalism," *Wall Street Journal*, July 3, 2008, p. B6; Normandy Madden, "GE Jump Starts Olympic Push," *Advertising Age* 76, no. 1 (January 3, 2005), p. 6; "Bud vs. Bit: World Cup Beer Battle Bottled Up," *Amusement Business* 117, no. 1 (January 2005), p. 4; "The World," *Campaign* (UK), January 28, 2005, p. 14; Stefano Hatfield, "It's World's Beautiful Game, Except for Here in the U.S.," *Advertising Age* 73, no. 23 (June 10, 2002), p. 29; and Dana James, "World Cup Scores," *Marketing News*, February 18, 2002, pp. 1, 15, 18.

2. Richard E. Petty, H. Rao Unnava, and Alan J. Strathman, "Theories of Attitude Change," in eds. Thomas S. Robertson and Harold H. Kassarjian, *Handbook of Consumer Behavior* (Englewood Cliffs, N.J.: Prentice-Hall, 1991), pp. 241–280.

3. Ida E. Berger and Andrew A. Mitchell, "The Effect of Advertising on Attitude Accessibility, Attitude Confidence, and the Attitude–Behavior Relationship," *Journal of Consumer Research*, December 1989, pp. 269–279; Joel B. Cohen and Americus Reed II, "A Multiple Pathway Anchoring and Adjustment (MPAA) Model of Attitude Generation and Recruitment," *Journal of Consumer Research* 33, no. 1, 2006, pp. 1–15.

4. Rohini Ahluwalia, "Examination of Psychological Processes Underlying Resistance to Persuasion," *Journal of Consumer Research*, September 2000, pp. 217–232.

5. Joseph R. Priester and Richard E. Petty, "The Gradual Threshold Model of Ambivalence," *Journal of Personality and Social Psychology* 71, 1996, pp. 431–449; Joseph R. Priester, Richard E. Petty, and Kiwan Park, "Whence Univalent Ambivalence? From the Anticipation of Conflicting Reactions," *Journal of Consumer Research* 34, no. 1, 2007, pp. 11–21; Martin R. Zemborain and Gita Venkataramani Johar, "Attitudinal Ambivalence and Openness to Persuasion: A Framework for Interpersonal Influence," *Journal of Consumer Research* 33, no. 4, 2007, pp. 506–514.

6. Martin Fishbein and Icek Ajzen, *Belief, Attitude, Intention, and Behavior: An Introduction to Theory and Research* (Reading, Mass.: Addison-Wesley, 1975).

7. Lizbieta Lepkowska-White, Thomas G. Brashear, and Marc G. Weinberger, "A Test of Ad Appeal Effectiveness in Poland and the United States," *Journal of Advertising*, Fall 2003, pp. 57–67.

8. Kevin E. Voss, Eric R. Spangenburg, and Bianca Grohmann, "Measuring the Hedonic and Utilitarian Dimensions of Consumer Attitude," *Journal of Marketing Research*, August 2003, pp. 310–320.

9. Petty, Unnava, and Strathman, "Theories of Attitude Change"; Richard Petty and John T. Cacioppo, *Communication and Persuasion* (New York: Springer, 1986).

10. Cohen and Reed, "A Multiple Pathway Anchoring and Adjustment (MPAA) Model of Attitude Generation and Recruitment;" F. P. Bone and S. P. Ellen, "The Generation and Consequences of Communication-evoked Imagery," *Journal of Consumer Research*, June 1992, pp. 93–104; Punam Anand Keller and Ann L. McGill (1994), "Differences in the Relative Influence of Product Attributes under Alternative Processing Conditions: Attribute Importance Versus Attribute Ease of Imagability," *Journal of Consumer Psychology* 3, no. 1, pp. 29–49; Pham, Michel Tuan, Joel B. Cohen, John W. Pracejus, and G. David Hughes, "Affect Monitoring and the Primacy of Feelings in Judgment," *Journal of Consumer Research* 28, September 2001, pp. 167–188.

11. Jennifer Gregan-Paxton and Deborah Roedder John, "Consumer Learning by Analogy: A Model of Internal Knowledge Transfer," *Journal of Consumer Research* 24, December 1997, pp. 266–284.

12. Cohen and Reed, "A Multiple Pathway Anchoring and Adjustment (MPAA) Model of Attitude Generation and Recruitment."

13. Americus Reed II, "Activating the Self-Importance of Consumer Selves: Exploring Identity Salience Effects

on Judgments," *Journal of Consumer Research* 31, September 2004, pp. 286–295; Sharon Shavitt and Michelle R. Nelson, "The Social-Identity Function in Person Perception: Communicated Meanings of Product Preferences," in eds. Gregory Maio and James M. Olson, *Why We Evaluate: Functions of Attitudes*, (Mahwah, N.J.: Lawrence Erlbaum, 2000), pp. 37–57.

14. Peter L. Wright, "Message-Evoked Thoughts: Persuasion Research Using Thought Verbalizations," *Journal of Consumer Research*, September 1980, pp. 151–175.

15. Jerry C. Olson, Daniel R. Toy, and Philip A. Dover, "Do Cognitive Responses Mediate the Effects of Advertising Content on Cognitive Structure?" *Journal of Consumer Research*, December 1982, pp. 245–262.

16. Marian Friestad and Peter Wright, "The Persuasion Knowledge Model: How People Cope with Persuasion Attempts," *Journal of Consumer Research*, June 1994, pp. 1–31.

17. Peter Wright, "Marketplace Metacognition and Social Intelligence," *Journal of Consumer Research*, March 2002, pp. 677–682.

18. Zakary L. Tormala and Richard E. Petty, "Source Credibility and Attitude Certainty: A Metacognitive Analysis of Resistance to Persuasion," *Journal of Consumer Psychology* 14, no. 4 (2004), pp. 427–442.

19. Daniel R. Toy, "Monitoring Communication Effects: Cognitive Structure/Cognitive Response Approach," *Journal of Consumer Research*, June 1982, pp. 66–76.

20. Petty, Unnava, and Strathman, "Theories of Attitude Change."

21. Punam Anand and Brian Sternthal, "The Effects of Program Involvement and Ease of Message Counterarguing on Advertising Persuasiveness," *Journal of Consumer Psychology* 1, no. 3, 1992, pp. 225–238; Kenneth R. Lord and Robert E. Burnkrant, "Attention Versus Distraction: The Interactive Effect of Program Involvement and Attentional Devices on Commercial Processing," *Journal of Advertising*, March 1993, pp. 47–60.

22. Bob M. Fennis, Enny H. H. J. Das, and Ad Th. H. Pruyn, "'If You Can't Dazzle Them with Brilliance, Baffle Them with Nonsense': Extending the Impact of the Disrupt-Then-Reframe Technique of Social Influence," *Journal of Consumer Psychology* 14, no. 3 (2004), pp. 280–290; B. P. Davis and E. S. Knowles, "A Disrupt-Then-Reframe Technique of Social Influence," *Journal of Personality and Social Psychology* 76 (1999), pp. 192–199.

23. Deborah J. MacInnis and C. Whan Park, "The Differential Role of Characteristics of Music on High- and Low-Involvement Consumers' Processing of Ads," *Journal of Consumer Research*, September 1991, pp. 161–173; Rajeev Batra and Douglas M. Stayman, "The Role of Mood in Advertising Effectiveness," *Journal of Consumer Research*, September 1990, pp. 203–214.

24. William L. Wilkie and Edgar A. Pessemier, "Issues in Marketing's Use of Multi-Attribute Models," *Journal of Marketing Research*, November 1973, pp. 428–441.

25. Richard P. Bagozzi, Nancy Wong, Shuzo Abe, and Massimo Bergami, "Cultural and Situational Contingencies and the Theory of Reasoned Action: Application to Fast-Food Restaurant Consumption," *Journal of Consumer Psychology* 9, no. 2, 2000, pp. 97–106.

26. Icek Ajzen and Martin Fishbein, "Prediction of Goal-Directed Behavior: Attitudes, Intentions, and Perceived Behavioral Control," *Journal of Experimental Social Psychology*, September 1980, pp. 453–474; Blair H. Sheppard, Jon Hartwick, and Paul R. Warshaw, "The Theory of Reasoned Action: A Meta-Analysis of Past Research with Recommendations for Modifications and Future Research," *Journal of Consumer Research*, December 1988, pp. 325–342.

27. Cohen and Reed, "A Multiple Pathway Anchoring and Adjustment (MPAA) Model of Attitude Generation and Recruitment."

28. Arti Sahni Notani, "Moderators of Perceived Behavioral Control's Predictiveness in the Theory of Planned Behavior: A Meta-Analysis," *Journal of Consumer Psychology* 7, no. 3, 1998, pp. 247–271.

29. Nick Bunkley, "Another Spin for 'Made American,'" *New York Times*, June 14, 2007, p. C5; David Welch, "Will These Rockets Rescue Saturn?" *BusinessWeek*, January 17, 2005, pp. 78–79.

30. Neil Eisberg, "US Companies Are Misunderstood, Says ACC (American Chemistry Council)," *Chemistry and Industry*, October 8, 2007, p. 12; Thaddeus Herrick, "Ads' Aim Is to Fix Bad Chemistry," *Wall Street Journal*, October 8, 2003, p. B6.

31. Amitav Chakravarti and Chris Janiszewski, "The Influence of Generic Advertising on Brand Preferences," *Journal of Consumer Research*, March 2004, pp. 487–502.

32. Stephen M. Nowlis and Itamar Simonson, "The Effect of New Product Features on Brand Choice," *Journal of Marketing Research*, February 1996, pp. 36–46.

33. Ashesh Mukherjee and Wayne D. Hoyer, "The Effect of Novel Attributes on Product Evaluation," *Journal of Consumer Research*, December 2001, pp. 462–472.

34. Petia K. Petrova and Robert B. Cialdini, "Fluency of Consumption Imagery and the Backfire Effects of Imagery Appeals," *Journal of Consumer Research* 32, no. 3 (2005), pp. 442–452; Punam Anand Keller and Ann L. McGill "Differences in the Relative Influence of Product Attributes Under Alternative Processing Conditions: Attribute Importance Versus Attribute Ease of Imagability," *Journal of Consumer Psychology* 3, no. 1 (1994), pp. 29–49; Michel Tuan Pham, "Representativeness, Relevance, and the Use of Feelings in Decision Making," *Journal of Consumer Research* 25, September 1998, pp. 144–159.

35. "YouTube Videos Stir Up New Sales for 'Will It Blend' Maker," *InformationWeek*, September 27, 2007, www.informationweek.com.

36. Mark Frauenfelder, "Social-Norms Marketing," *New York Times Magazine*, December 9, 2001, p. 100.

37. Laura Bird, "Condom Campaign Fails to Increase Sales," *Wall Street Journal*, June 23, 1994, p. B7
38. Barbara Mueller, "Reflections of Culture: An Analysis of Japanese and American Advertising Appeals," *Journal of Advertising Research*, June–July 1987, pp. 51–59.
39. Yong-Soon Kang and Paul M. Herr, "Beauty and the Beholder: Toward an Integrative Model of Communication Source Effects," *Journal of Consumer Research* 33, no. 1, 2006, pp. 123–130; Ronald E. Goldsmith, Barbara A. Lafferty, and Stephen J. Newell, "The Impact of Corporate Credibility and Celebrity Credibility on Consumer Reaction to Advertisements and Brands," *Journal of Advertising* 29, no. 3, Fall 2000, pp. 43–54; also see Brian Sternthal, Ruby R. Dholakia, and Clark Leavitt, "The Persuasive Effect of Source Credibility: A Situational Analysis," *Public Opinion Quarterly*, Fall 1978, pp. 285–314.
40. Joseph R. Priester, "The Influence of Spokesperson Trustworthiness on Message Elaboration, Attitude Strength, and Advertising Effectiveness," *Journal of Consumer Psychology* 13, no. 4, 2003, pp. 408–421.
41. Bob Tedeschi, "For BizRate, a New Identity and a New Site, Shopzilla.com," *New York Times*, November 15, 2004, p. C4; Rob Pegoraro, "Logging On: Comparison Shop Till You Just Must Stop," *Washington Post*, November 14, 2000, p. G16.
42. Ignacio Galceran and Jon Berry, "A New World of Consumers," *American Demographics*, March 1995, p. 263. "Pepsi Signs Multi-Year Pact with Colombian Pop Star," *Brandweek*, June 11, 2001, p. 10.
43. Amna Kirmani and Baba Shiv, "Effects of Source Congruity on Brand Attitudes and Beliefs: The Moderating Role of Issue-Relevant Elaboration," *Journal of Consumer Psychology* 7, no. 1, 1998, pp. 25–48; Matt Higgins, "It's a Kids' World on the Halfpipe," *New York Times*, July 15, 2007, sec. 8, pp. 1, 6.
44. Pablo Briñol, Richard E. Petty, and Zakary L. Tormala, "Self-Validation of Cognitive Responses to Advertisements," *Journal of Consumer Research*, March 2004, pp. 559–573.
45. Chenghuan Wu and David R. Schaffer, "Susceptibility to Persuasive Appeals as a Function of Source Credibility and Prior Experience with the Attitude Object," *Journal of Personality and Social Psychology*, April 1987, pp. 677–688.
46. Carolyn Tripp, Thomas D. Jensen, and Les Carlson, "The Effects of Multiple Endorsements by Celebrities on Consumers' Attitudes and Intentions," *Journal of Consumer Research*, March 1994, pp. 535–547.
47. Judith A. Garretson and Ronald W. Niedrich, "Spokes-Characters: Creating Character Trust and Positive Brand Attitudes," *Journal of Advertising* 33, no. 2, Summer 2004, pp. 25–36.
48. Bob Garfield, "Amex Spots Make Emotional Connections . . . But to What?" *Advertising Age*, January 17, 2005, p. 29; Arlene Weintraub, "Marketing Champ of the World," *BusinessWeek*, December 20, 2004, p. 64.
49. Joan Voight, "Selling Confidence," *Adweek Southwest*, August 20, 2001, p. 9.
50. Ignacio Galceran and Jon Berry, "A New World of Consumers," *American Demographics*, March 1995, pp. 26–33.
51. Joe Nocera, "Buy It and Be Great," *New York Times Magazine Play*, September 2007, p. 34; Greg Johnson, "He Won't Be Sold Short," *Los Angeles Times*, January 30, 2007, p. D1.
52. Kevin Goldman, "Women Endorsers More Credible Than Men, a Survey Suggests," *Wall Street Journal*, October 22, 1995, p. B1.
53. Cathy Yingling, "Beware the Lure of Celebrity Endorsers: Not Worth It," *Advertising Age*, September 24, 2007, p. 19.
54. Sternthal, Dholakia, and Leavitt, "The Persuasive Effect of Source Credibility."
55. Darlene B. Hannah and Brian Sternthal, "Detecting and Explaining the Sleeper Effect," *Journal of Consumer Research*, September 1984, pp. 632–642.
56. Marvin E. Goldberg and Jon Hartwick, "The Effects of Advertiser Reputation and Extremity of Advertising Claim on Advertising Effectiveness," *Journal of Consumer Research*, September 1990, pp. 172–179.
57. Karen L. Becker-Olsen, "And Now, a Word from Our Sponsor," *Journal of Advertising*, Summer 2003, pp. 17–32.
58. Tülin Erdem and Joffre Swait, "Brand Credibility, Brand Consideration, and Choice," *Journal of Consumer Research*, June 2004, pp. 191–198.
59. "BP's Chief to Retire Early After a Series of Problems," *Los Angeles Times*, January 13, 2007, p. C3.
60. Petty, Unnava, and Strathman, "Theories of Attitude Change"; Charles S. Areni and Richard J. Lutz, "The Role of Argument Quality in the Elaboration Likelihood Model," in ed. Michael J. Houston, *Advances in Consumer Research*, vol. 15 (Provo, Utah: Association for Consumer Research, 1987), pp. 197–203.
61. Parthasarathy Krishnamurthy and Anuradha Sivarar-man, "Counterfactual Thinking and Advertising Responses," *Journal of Consumer Research*, March 2002, pp. 650–658.
62. Jennifer Edson Escalas and Mary Frances Luce, "Process Versus Outcome Thought Focus and Advertising," *Journal of Consumer Psychology*, 2003, pp. 246–254; Jennifer Edson Escalas and Mary Frances Luce, "Understanding the Effects of Process-Focused Versus Outcome-Focused Thought in Response to Advertising," *Journal of Consumer Research*, September 2004, pp. 274–285.
63. Brett A. S. Martin, Bodo Lang, and Stephanie Wong, "Conclusion Explicitness in Advertising," *Journal of Advertising*, Winter 2003–2004, pp. 57–65.
64. Keith S. Coulter and Girish N. Punj, "The Effects of Cognitive Resource Requirements, Availability, and Argument Quality on Brand Attitudes," *Journal of Advertising* 33, no. 4, Winter 2004, pp. 53–64.
65. Sally Beatty, "Companies Push for Much Bigger, More Complicated On-Line Ads," *Wall Street Journal*, August 20, 1998, p. B1.

66. Timothy B. Heath, Michael S. McCarthy, and David L. Mothersbaugh, "Spokesperson Fame and Vividness Effects in the Context of Issue-Relevant Thinking: The Moderating Role of Competitive Setting," *Journal of Consumer Research*, March 1994, pp. 520–534.
67. Laura A. Peracchio, "Evaluating Persuasion-Enhancing Techniques from a Resource Matching Perspective," *Journal of Consumer Research*, September 1997, pp. 178–191.
68. Jeanne Whalen, "Foul Taste Is Part of the Cure," *Wall Street Journal*, November 5, 2007, p. B4.
69. See Gerd Bohner, Sabine Einwiller, Hans-Peter Erb, and Frank Siebler, "When Small Means Comfortable: Relations Between Product Attributes in Two-Sided Advertising," *Journal of Consumer Psychology*, 13(4), 2003, pp. 454–463.
70. Martin Eisend, "Two-Sided Advertising: A Meta-Analysis," *International Journal of Research in Marketing* 23, no. 2, June 2006, pp. 187–198.
71. Michael A. Kamins and Henry Assael, "Two-Sided Versus One-Sided Appeals: A Cognitive Perspective on Argumentation, Source Derogation, and the Effect of Disconfirming Trial on Belief Change," *Journal of Marketing Research*, February 1984, pp. 29–39.
72. Stephanie Kang, "Hardee's Fesses Up to Shortcomings," *Wall Street Journal*, June 24, 2003, p. B4.
73. Cornelia Pechmann and David W. Stewart, "The Effects of Comparative Advertising on Attention, Memory, and Purchase Intentions," *Journal of Consumer Research*, September 1990, pp. 180–191.
74. Pechmann and Stewart, "The Effects of Comparative Advertising on Attention, Memory, and Purchase Intentions"; Rita Snyder, "Comparative Advertising and Brand Evaluation: Toward Developing a Categorization Approach," *Journal of Consumer Psychology* 1, no. 1, 1992, pp. 15–30.
75. Yung Kyun Choi and Gordon E. Miracle, "The Effectiveness of Comparative Advertising in Korea and the United States," *Journal of Advertising* 33, no. 4, Winter 2004, pp. 75–87.
76. Matthew Creamer, "Microsoft Plans Blitz to Fend Off Apple," *Advertising Age*, December 3, 2007, www.adage.com.
77. Patrick Meirick, "Cognitive Responses to Negative and Comparative Political Advertising," *Journal of Advertising*, Spring 2002, pp. 49–62.
78. Bruce E. Pinkleton, Nam-Hyun Um, and Erica Weintraub Austin, "An Exploration of the Effects of Negative Political Advertising on Political Decision Making," *Journal of Advertising*, Spring 2002, pp. 13–25.
79. Dhruv Grewal, Sukumar Kavanoor, Edward F. Fern, Carolyn Costley, and James Barnes, "Comparative Versus Noncomparative Advertising: A Meta-Analysis," *Journal of Marketing*, October 1997, pp. 1–15.
80. Pechmann and Stewart, "The Effects of Comparative Advertising on Attention, Memory, and Purchase Intentions."
81. Kenneth C. Manning, Paul W. Miniard, Michael J. Barone, and Randall L. Rose, "Understanding the Mental Representations Created by Comparative Advertising," *Journal of Advertising* 3, no. 2, Summer 2001, pp. 27–39.
82. Joseph R. Priester, John Godek, D. J. Nayankuppum, and Kiwan Park, "Brand Congruity and Comparative Advertising: When and Why Comparative Advertisements Lead to Greater Elaboration," *Journal of Consumer Psychology* 14, no. 1–2, 2004, pp. 115–123.
83. Jerry B. Gotlieb and Dan Sarel, "Comparative Advertising Effectiveness: The Role of Involvement and Source Credibility," *Journal of Advertising* 20, no. 1, 1991, pp. 38–45; Koprowski, "Theories of Negativity."
84. Cornelia Pechmann and S. Ratneshwar, "The Use of Comparative Advertising for Brand Positioning: Association Versus Differentiation," *Journal of Consumer Research*, September 1991, pp. 145–160.
85. Paul W. Miniard, Michael J. Barone, Randall L. Rose, and Kenneth C. Manning, "A Further Assessment of Indirect Comparative Advertising Claims of Superiority Over All Competitors," *Journal of Advertising* 35, no. 4, Winter 2006, pp. 53–64.
86. A. V. Muthukrishnan and S. Ramaswami, "Contextual Effects on the Revision of Evaluative Judgments: An Extension of the Omission-Detection Framework," *Journal of Consumer Research*, June 1999, pp. 70–84.
87. Shailendra Pratap Jain and Steven S. Posavac, "Valenced Comparisons," *Journal of Marketing Research* 41, no. 1, February 2004, pp. 46–58.
88. Shailendra Pratap Jain, Nidhi Agrawal, and Durairaj Maheswaran, "When More May Be Less: The Effects of Regulatory Focus on Responses to Different Comparative Frames," *Journal of Consumer Research* 33, no. 1, 2006, pp. 91–98.
89. Shailendra Pratap Jain, Charles Lindsey, Nidhi Agrawal, and Durairaj Maheswaran, "For Better or For Worse? Valenced Comparative Frames and Regulatory Focus," *Journal of Consumer Research* 34, no. 1, 2007, pp. 57–65.
90. Anne L. Roggeveen, Dhruv Grewal, and Jerry Gotlieb, "Does the Frame of a Comparative Ad Moderate the Effectiveness of Extrinsic Information Cues?" *Journal of Consumer Research* 33, no. 1, 2006, pp. 115–122.
91. Pechmann and Stewart, "The Effects of Comparative Advertising on Attention, Memory, and Purchase Intentions."
92. Debora Viana Thompson and Rebecca W. Hamilton, "The Effects of Information Processing Mode on Consumers' Responses to Comparative Advertising," *Journal of Consumer Research* 32, no. 4, 2006, pp. 530–540.
93. Kate Macarthur, "Why Big Brands Are Getting into the Ring," *Advertising Age*, May 21, 2007, p. 6.
94. A. V. Muthukrishnan and Amitava Chattopadhyay, "Just Give Me Another Chance: The Strategies for Brand Recovery from a Bad First Impression," *Journal of Marketing Research*, May 2007, pp. 334–345.
95. John Tylee, "New 'Honesty' Laws Could Render Many Campaigns Illegal," *Campaign*, March 17, 2000, p. 16.

96. Barbara Mueller, "Reflections of Culture: An Analysis of Japanese and American Advertising Appeals," *Journal of Advertising Research*, June–July 1987, pp. 51–59.
97. Paschalina (Lilia) Ziamou and S. Ratneshwar, "Innovations in Product Functionality: When and Why Are Explicit Comparisons Effective?" *Journal of Marketing*, April 2003, pp. 49–61.
98. H. Onur Bodur, David Brinberg, and Eloïse Coupey, "Belief, Affect, and Attitude: Alternative Models of the Determinants of Attitude," *Journal of Consumer Psychology* 9, no. 1, 2000, pp. 17–28.
99. Stephen D. Rappaport, "Lessons from Online Practice: New Advertising Models," *Journal of Advertising Research*, June 2007, pp. 135–141.
100. Michel Tuan Pham, "Representativeness, Relevance, and the Use of Feelings in Decision Making," *Journal of Consumer Research*, September 1998, pp. 144–159.
101. MacInnis and Park, "The Differential Role of Characteristics of Music on High- and Low-Involvement Consumers' Processing of Ads."
102. Deborah J. MacInnis and Douglas M. Stayman, "Focal and Emotional Integration: Constructs, Measures and Preliminary Evidence," *Journal of Advertising*, December 1993, pp. 51–66; Chris T. Allen, Karen A. Machleit, and Susan Schultz Kleine, "A Comparison of Attitudes and Emotions as Predictors of Behavior at Diverse Levels of Behavioral Experience," *Journal of Consumer Research*, March 1992, pp. 493–504.
103. Deborah J. MacInnis and Bernard J. Jaworski, "Two Routes to Persuasion in Advertising: Review, Critique, and Research Directions," *Review of Marketing* 10, 1990, pp. 1–25.
104. See Nancy Spears and Richard Germain, "1900–2000 in Review: The Shifting Role and Face of Animals in Print Advertisements in the Twentieth Century," *Journal of Advertising*, Fall 2007, pp. 19ff.
105. Tamar Avnet and E. Tory Higgins, "How Regulatory Fit Affects Value in Consumer Choices and Opinions," *Journal of Marketing Research*, February 2006, pp. 1–10; Tamar Avnet and E. Tory Higgins, "Response to Comments on 'How Regulatory Fit Affects Value in Consumer Choices and Opinions,'" *Journal of Marketing Research*, February 2006, pp. 24–27; Jennifer L. Aaker and Angela Y. Lee, "Understanding Regulatory Fit," *Journal of Marketing Research*, February 2006, pp. 15–19; Aparna A. Labroo and Angela Y. Lee, "Between Two Brands: A Goal Fluency Account of Brand Evaluation," *Journal of Marketing Research*, August 2006, pp. 374–385; Junsang Yeo and Jongwon Park, "Effects of Parent-Extension Similarity and Self-Regulatory Focus on Evaluations of Brand Extensions," *Journal of Consumer Psychology* 16, no. 3, 2006, pp. 272–282.
106. C. Whan Park and S. Mark Young, "Consumer Response to Television Commercials: The Impact of Involvement and Background Music on Brand Attitude Formation," *Journal of Marketing Research*, February 1986, pp. 11–24.
107. Rajeev Batra and Michael L. Ray, "Affective Responses Mediating Acceptance of Advertising," *Journal of Consumer Research*, September 1986, pp. 234–249.
108. Jooyoung Kim and Jon D. Morris, "The Power of Affective Response and Cognitive Structure in Product-Trial Attitude Formation," *Journal of Advertising* 36, no. 1, Spring 2007, pp. 95–106.
109. Hans Baumgartner, Mita Sujan, and Dan Padgett, "Patterns of Affective Reactions to Advertisements: The Integration of Moment-to-Moment Responses into Overall Judgments," *Journal of Marketing Research*, May 1997, pp. 219–232.
110. Deborah J. MacInnis and Bernard J. Jaworski, "Information Processing from Advertisements: Toward an Integrative Framework," *Journal of Marketing*, October 1989, pp. 1–23.
111. Michel Tuan Pham and Tamar Avnet, "Ideals and Oughts and the Reliance on Affect Versus Substance in Persuasion," *Journal of Consumer Research*, March 2004, pp. 503–518.
112. Jennifer L. Aaker and Patti Williams, "Empathy Versus Pride: The Influence of Emotional Appeals Across Cultures," *Journal of Consumer Research*, December 1998, pp. 241–261.
113. Richard P. Bagozzi and David J. Moore, "Public Service Announcements: Emotions and Empathy Guide Prosocial Behavior," *Journal of Marketing*, January 1994, pp. 56–57.
114. May Frances Luce, "Choosing to Avoid: Coping with Negatively Emotion-Laden Consumer Decisions," *Journal of Consumer Research*, March 1998, pp. 409–433.
115. Joel B. Cohen and Charles S. Areni, "Affect and Consumer Behavior," in eds. Thomas S. Robertson and Harold H. Kassarjian, *Handbook of Consumer Behavior* (Englewood Cliffs, N.J.: Prentice-Hall, 1991), pp. 188–240.
116. Robert D. Jewell and H. Rao Unnava, "Exploring Differences in Attitudes Between Light and Heavy Brand Users," *Journal of Consumer Psychology* 14, no. 1/2, 2004, pp. 75–80.
117. James Lardner, "Building a Customer-Centric Company," *Business 2.0*, July 10, 2001, pp. 55–59.
118. Petty, Unnava, and Strathman, "Theories of Attitude Change."
119. Harry C. Triandis, *Attitudes and Attitude Change* (New York: Wiley, 1971).
120. Stuart Elliott, "American Express Gets Specific and Asks, 'Are You a Cardmember?'" *New York Times*, April 6, 2007, p. C3.
121. Brian D. Till and Michael Busler, "The Match-Up Hypothesis: Physical Attractiveness, Expertise, and the Role of Fit on Brand Attitude, Purchase Intent, and Brand Beliefs," *Journal of Advertising* 29, no. 3, Fall 2000, pp. 1–13.
122. Peter H. Reingen and Jerome B. Kernan, "Social Perception and Interpersonal Influence: Some Consequences of the Physical Attractiveness Stereotype in a Personal Selling Situation," *Journal of Consumer Psychology* 2, no. 1, 1993, pp. 25–38.

123. Scott Ward and Frederick E. Webster Jr., "Organizational Buying Behavior," in eds. Thomas S. Robertson and Harold H. Kassarjian, *Handbook of Consumer Behavior* (Englewood Cliffs, N.J.: Prentice-Hall, 1991), pp. 419–458.
124. Herbert Simon, Nancy Berkowitz, and John Moyer, "Similarity, Credibility, and Attitude Change," *Psychological Bulletin*, January 1970, pp. 1–16.
125. Mei Fong, "Yao Gives Reebok an Assist in China," *Wall Street Journal*, September 28, 2007, p. B1; Eric Pfanner, "For 2008 Olympics Campaigns, the Starter's Gun Went Off This Month," *New York Times*, August 23, 2007, p. C3; "China Unicom Sells Motorola Z1 Handsets Endorsed by Yao Ming," *China Business News*, April 27, 2006.
126. Terence A. Shimp and Elnora W. Stuart, "The Role of Disgust as an Emotional Mediator of Advertising Effects," *Journal of Advertising*, Spring 2004, pp. 43–53.
127. Sally Goll Beatty, "Just What Goes In a Viagra Ad? Dancing Couples," *Wall Street Journal*, June 17, 1998, pp. B1, B8.
128. Betsy Spethmann, "Value Ads," *Promo*, March 1, 2001, p. 743.
129. Jennifer Edson Escalas, Marian Chapman Moore, and Julie Edell Britton, "Fishing for Feelings? Hooking Viewers Helps!" *Journal of Consumer Psychology* 14, no. 1 and 2, 2004, pp. 105–114.
130. Patti Williams and Jennifer L. Aaker, "Can Mixed Emotions Peacefully Coexist?" *Journal of Consumer Research*, March 2002, pp. 636–649.
131. Batra and Stayman, "The Role of Mood in Advertising Effectiveness."
132. "'Enjoy Life'? Hey, We're Trying!" *Automotive News*, September 10, 2001, p. 4; Kevin Goldman, "Volvo Seeks to Soft-Pedal Safety Image," *Wall Street Journal*, March 16, 1993, p. B7.
133. Rajesh K. Chandy, Gerard J. Tellis, Deborah J. MacInnis, and Pattana Thaivanich, "'What to Say When' Advertising Appeals in Evolving Markets," *Journal of Marketing Research*, November 2001, pp. 399–414.
134. Moinak Mitra, "Emotion 'Ads' More Value than Celebrities," *Economic Times*, October 3, 2007.
135. "Vicks Push Drops Jargon to Refocus on 'Emotion,'" *Marketing*, October 3, 2007, p. 6.
136. Valerie S. Folkes and Tina Kiesler, "Social Cognition: Consumers' Inferences about the Self and Others," in eds. Thomas S. Robertson and Harold H. Kassarjian, *Handbook of Consumer Behavior* (Englewood Cliffs, N.J.: Prentice-Hall, 1991), pp. 281–315.
137. John F. Tanner, James B. Hunt, and David R. Eppright, "The Protection Motivation Model: A Normative Model of Fear Appeals," *Journal of Marketing*, July 1991, pp. 36–45.
138. Michael L. Ray and William L. Wilkie, "Fear: The Potential of an Appeal Neglected by Marketing," *Journal of Marketing*, January 1970, pp. 54–62.
139. Ibid.
140. Kirsten Passyn and Mita Sujan, "Self-Accountability Emotions and Fear Appeals: Motivating Behavior," *Journal of Consumer Research* 32, no. 4 (2006), pp. 583–589.
141. Omar Shehryar and David M. Hunt, "A Terror Management Perspective on the Persuasiveness of Fear Appeals," *Journal of Consumer Psychology* 15, no. 4, 2005, pp. 275–287.
142. Herbert J. Rotfeld, "Fear Appeals and Persuasion: Assumptions and Errors in Advertising Research," in eds. James H. Leigh and Claude R. Martin, *Current Issues and Research in Advertising* (Ann Arbor, Mich.: Graduate School of Business Administration, University of Michigan, 1990), pp. 155–175.
143. John J. Wheatley, "Marketing and the Use of Fear- or Anxiety-Arousing Appeals," *Journal of Marketing*, April 1971, pp. 62–64; Peter L. Wright, "Concrete Action Plans in TV Messages to Increase Reading of Drug Warnings," *Journal of Consumer Research*, December 1979, pp. 256–269.
144. John J. Burette and Richard L. Oliver, "Fear Appeal Effects in the Field: A Segmentation Approach," *Journal of Marketing Research*, May 1979, pp. 181–190.
145. MacInnis and Jaworski, "Two Routes to Persuasion in Advertising."
146. Thomas J. Olney, Morris B. Holbrook, and Rajeev Batra, "Consumer Responses to Advertising: The Effects of Ad Content, Emotions, and Attitude Toward the Ad on Viewing Time," *Journal of Consumer Research*, March 1991, pp. 440–453.
147. Paul W. Miniard, Sunil Bhatla, and Randall L. Rose, "On the Formation and Relationship of Ad and Brand Attitudes: An Experimental and Causal Analysis," *Journal of Marketing Research*, August 1990, pp. 290–303.
148. Sally Goll Beatty, "Executive Fears Effects of Political Ads," *Wall Street Journal*, April 29, 1996, p. B6.
149. Julie A. Edell and Richard E. Staelin, "The Information Processing of Pictures in Print Advertisements," *Journal of Consumer Research*, June 1983, pp. 45–60.
150. Scott B. MacKenzie, Richard J. Lutz, and George E. Belch, "The Role of Attitude Toward the Ad as a Mediator of Advertising Effectiveness: A Test of Competing Explanations," *Journal of Marketing Research*, May 1986, pp. 130–143; Pamela M. Homer, "The Mediating Role of Attitude Toward the Ad: Some Additional Evidence," *Journal of Marketing Research*, February 1990, pp. 78–86.
151. Stuart Elliott, "Mercury, a Division of Ford Motor, Tries an Online Campaign in an Effort to Create a Cooler Image," *New York Times*, December 30, 2004, p. C3.
152. Matthew Haeberle, "More Than Holiday," *Chain Store Age*, November 2004, p. 74.
153. Richard E. Petty, John T. Cacioppo, and David W. Schumann, "Central and Peripheral Routes to Advertising Persuasion," *Journal of Consumer Research*, September 1983, pp. 134–148.

154. Jaideep Sengupta and Gita Venkataramani Johar, "Effects of Inconsistent Attribute Information on the Predictive Value of Product Attitudes: Toward a Resolution of Opposing Perspectives," *Journal of Consumer Research,* June 2002, pp. 39–56.
155. Robert E. Smith and William R. Swinyard, "Attitude-Behavior Consistency: The Impact of Product Trial Versus Advertising," *Journal of Marketing Research* 20, no. 3 (August 1983), pp. 257–267; Russell H. Fazio and Mark P. Zanna, "Direct Experience and Attitude–Behavior Consistency," in ed. Leonard Berkowitz, *Advances in Experimental Social Psychology* (New York: Academic Press, 1981), pp. 162–202.
156. Jaideep Sengupta and Gavan J. Fitzsimons, "The Effects of Analyzing Reasons for Brand Preferences: Disruption or Reinforcement?" *Journal of Marketing Research* 37, August 2000, pp. 318–330.
157. Russell H. Fazio, Martha C. Powell, and Carol J. Williams, "The Role of Attitude Accessibility in the Attitude-to-Behavior Process," *Journal of Consumer Research,* December 1989, pp. 280–288; Berger and Mitchell, "The Effect of Advertising on Attitude Accessibility, Attitude Confidence, and the Attitude–Behavior Relationship."
158. Smith and Swinyard, "Attitude–Behavior Consistency"; Alice A. Wright and John G. Lynch, "Communication Effects of Advertising vs. Direct Experience When Both Search and Experience Attributes Are Present," *Journal of Consumer Research,* March 1995, pp. 708–718.
159. Vicki G. Morwitz and Gavan J. Fitzsimons, "The Mere-Measurement Effect: Why Does Measuring Intention Change Actual Behavior?" *Journal of Consumer Psychology* 14, no. 1/2, 2004, pp. 64–74; Pierre Chandon, Vicki G. Morwitz, and Werner J. Reinartz, "Do Intentions Really Predict Behavior? Self-Generated Validity Effects in Survey Research," *Journal of Marketing* 69, no. 2 (April 2005), pp. 1–14.
160. Berger, "The Nature of Attitude Accessibility and Attitude Confidence."
161. Joseph R. Priester, Dhananhjay Nayakankuppam, Monique A. Fleming, and John Godek, "The A^{2}SC^2 Model: The Influence of Attitudes and Attitude Strength on Consideration and Choice," *Journal of Consumer Research,* March 2004, pp. 574–587.
162. Fishbein and Ajzen, *Belief, Attitude, Intention, and Behavior.*
163. H. Shanker Krishnan and Robert E. Smith, "The Relative Endurance of Attitudes, Confidence, and Attitude–Behavior Consistency: The Role of Information Source and Delay," *Journal of Consumer Psychology* 7, no. 3, 1998, pp. 273–298.
164. Matt Thomson, Deborah J. MacInnis, and C. W. Park, "The Ties that Bind: Measuring the Strength of Consumers' Emotional Attachments to Brands," *Journal of Consumer Psychology* 15, no. 1 (2005), pp. 77–91; C. W. Park and Deborah J. MacInnis, "What's In and What's Out: Questions on the Boundaries of the Attitude Construct," *Journal of Consumer Research* 33, no. 1 (2006), pp. 16–18; C. W. Park, Deborah J. MacInnis, and Joseph Priester, "Brand Attachment as a Strategic Brand Exemplar," forthcoming in ed. Bernd H. Schmitt, *Handbook of Brand and Experience Management;* Rohini Ahluwalia, Robert Burnkrant, and H. Rao Unnava, "Consumer Response to Negative Publicity: The Moderating Role of Commitment," *Journal of Marketing Research* 37, no. 2 (May 2000), pp. 203–214; Michael D. Johnson, Andreas Herrmann, and Frank Huber, "The Evolution of Loyalty Intentions," *Journal of Marketing* 70, April 2006, 122–132; Matthew Thomson, "Human Brands: Investigating Antecedents to Consumers' Strong Attachments to Celebrities," *Journal of Marketing* 70, no. 3 (July 2006), pp. 104–119.
165. Sekar Raju and H. Rao Unnava, "The Role of Arousal in Commitment: An Explanation for the Number of Counterarguments," *Journal of Consumer Research* 33, no. 2 (2006), pp. 173–178.
166. Krishnan and Smith, "The Relative Endurance of Attitudes, Confidence, and Attitude–Behavior Consistency."
167. John T. Cacioppo, Richard E. Petty, Chuan Fang Kao, and Regina Rodriguez, "Central and Peripheral Routes to Persuasion: An Individual Difference Perspective," *Journal of Personality and Social Psychology* 51, 1986, pp. 1032–1043.
168. Mark Snyder and William B. Swan Jr., "When Actions Reflect Attitudes: The Politics of Impression Management," *Journal of Personality and Social Psychology* 34, 1976, pp. 1034–1042.
169. Mya Frazier, "GEICO: Runner-Up," *Advertising Age,* October 15, 2007, p. 50; Mya Frazier, "Geico's $500M Outlay Pays Off," *Advertising Age,* July 9, 2007, p. 8; Frank Ahrens, "Geico Goes Cruising for Motorcyclists in Cyberspace," *Washington Post,* July 2, 2007, p. D1; *www.geico.com.*

Chapter 6

1. Jeremiah McWilliams, "A-B Sees Web as Fertile Ground for Advertising Efforts," *St. Louis Post-Dispatch,* December 19, 2007, *www.stltoday.com;* Suzanne Vranica, "Anheuser-Busch Kicks Edgy Super Bowl Ad to Curb," *Wall Street Journal,* January 26, 2005, p. B3; Eleftheria Parpis, "Truly Tasteless Jokes," *Adweek,* April 26, 2004, p. 28; Christopher Lawton, "Beck's Hopes Sexy, Brainy Ads Get Attention But Not Catcalls," *Wall Street Journal,* March 14, 2003, p. B2.
2. Norbert Schwarz, "Attitude Research: Between Ockham's Razor and the Fundamental Attribution Error," *Journal of Consumer Research* 33, no. 1, 2006, pp. 19–21.
3. Richard E. Petty and John T. Cacioppo, *Attitudes and Persuasion: Classic and Contemporary Approaches* (Dubuque, Iowa: William C. Brown, 1981); Richard E. Petty, John T. Cacioppo, and David Schumann, "Central and Peripheral Routes to Advertising Effectiveness: The Moderating Role of Involvement," *Journal of Consumer Research,* September 1983, pp. 135–146.

4. Jaideep Sengupta, Ronald C. Goodstein, and David S. Boninger, "All Cues Are Not Created Equal: Obtaining Attitude Persistence Under Low Involvement Conditions," *Journal of Consumer Research*, March 1997, pp. 315–361.
5. Ap Dijksterhuis, Pamela K. Smith, Rick B. Van Baaren, and Daniel H. J. Wigboldus, "The Unconscious Consumer: Effects of Environment on Consumer Behavior," *Journal of Consumer Psychology* 15, no. 3, 2005, pp. 193–202.
6. Nalini Ambady, Mary Ann Krabbenhoft, and Daniel Hogan, "The 30-Sec Sale: Using Thin-Slice Judgments to Evaluate Sales Effectiveness," *Journal of Consumer Psychology* 16, no. 1, 2006, pp. 4–13.
7. Frank R. Kardes, "When Should Consumers and Managers Trust Their Intuition?" *Journal of Consumer Psychology* 16, no. 1, 2006, pp. 20–24.
8. Jens Förster, "How Body Feedback Influences Consumers' Evaluation of Products," *Journal of Consumer Psychology* 14, no. 4, 2004, pp. 416–426. See also Ronald S. Friedman and Jens Förster, "The Effects of Approach and Avoidance Motor Actions on the Elements of Creative Insight," *Journal of Personality and Social Psychology* 79, no. 4, 2000, pp. 477–492.
9. Itamar Simonson, "In Defense of Consciousness: The Role of Conscious and Unconscious Inputs in Consumer Choice," *Journal of Consumer Psychology* 15, no. 3, 2005, pp. 211–217.
10. Gita V. Johar and Anne L. Roggeveen, "Changing False Beliefs from Repeated Advertising: The Role of Claim-Refutation Alignment," *Journal of Consumer Psychology* 17, no. 2, 2007, pp. 118–127.
11. Jennifer Edson Escalas and Mary Frances Luce, "Understanding the Effects of Process-Focused Versus Outcome-Focused Thought in Response to Advertising," *Journal of Consumer Research* 13, no. 2, 2004, pp. 274–285.
12. Ronald C. Goodstein, "Category-Based Applications and Extensions in Advertising: Motivating More Extensive Ad Processing," *Journal of Consumer Research*, June 1993, pp. 87–99.
13. Valerie S. Folkes, "Recent Attribution Research in Consumer Behavior: A Review and New Directions," *Journal of Consumer Research*, March 1988, pp. 548–656.
14. Scott Boeck, "Marbury Shoe Line Gaining Steam," *USA Today*, February 7, 2007, p. 7C.
15. Shelly Chaiken, "Heuristic Versus Systematic Information Processing and the Use of Source Versus Message Cues in Persuasion," *Journal of Personality and Social Psychology* 39, 1980, pp. 752–766; see also "The Heuristic Model of Persuasion," in eds. Mark P. Zanna, J. M. Olson, and C. P. Herman, *Social Influence: The Ontario Symposium*, vol. 5 (Hillsdale, N.J.: Lawrence Erlbaum, 1987), pp. 3–49.
16. Amna Kirmani, "Advertising Repetition as a Signal of Quality: If It's Advertised So Much, Something Must Be Wrong," *Journal of Advertising*, Fall 1997, pp. 77–86.
17. Joseph W. Alba and Howard Marmorstein, "The Effects of Frequency Knowledge on Consumer Decision Making," *Journal of Consumer Research*, June 1987, pp. 14–25.
18. Scott A. Hawkins and Stephen J. Hoch, "Low-Involvement Learning: Memory Without Evaluation," *Journal of Consumer Research*, September 1992, pp. 212–225; Lynn Hasher, David Goldstein, and Thomas Toppino, "Frequency and the Conference of Referential Validity," *Journal of Verbal Learning and Verbal Behavior*, February 1977, pp. 107–112.
19. S. Ratneshwar and Shelly Chaiken, "Comprehension's Role in Persuasion: The Case of Its Moderating Effect on the Persuasive Impact of Source Cues," *Journal of Consumer Research*, June 1991, pp. 52–62.
20. Alice M. Tybout, Brian Sternthal, Prashant Malaviya, Georgios A. Bakamitsos, and Se-Bum Park, "Information Accessibility as a Moderator of Judgments: The Role of Content Versus Retrieval Ease," *Journal of Consumer Research* 32, no. 1, 2005, pp. 76–85.
21. Nancy Spears, "On the Use of Time Expressions in Promoting Product Benefits," *Journal of Advertising*, Summer 2003, pp. 33–44.
22. Jennifer Edson Escalas, "Self-Referencing and Persuasion: Narrative Transportation Versus Analytical Elaboration," *Journal of Consumer Research* 33, no. 4, 2007, pp. 421–429.
23. Patricia M. West, Joel Huber, and Kyeong Sam Min, "Altering Experienced Utility: The Impact of Story Writing and Self-Referencing on Preferences," *Journal of Consumer Research* 31, no. 3, 2004, pp. 623–630; Robert E. Burnkrant and H. Rao Unnava, "Effects of Self-Referencing on Persuasion," *Journal of Consumer Research*, June 1995, pp. 17–26; Sharon Shavitt and Timothy C. Brock, "Self-Relevant Responses in Commercial Persuasion," in eds. Jerry C. Olson and Keith Sentis, *Advertising and Consumer Psychology* (New York: Praeger, 1986), pp. 149–171; Kathleen Debevec and Jean B. Romeo, "Self-Referent Processing in Perceptions of Verbal and Visual Commercial Information," *Journal of Consumer Psychology* 1, no. 1, 1992, pp. 83–102; Joan Myers-Levy and Laura A. Peracchio, "Moderators of the Impact of Self-Reference on Persuasion," *Journal of Consumer Research*, March 1996, pp. 408–423.
24. Daniel J. Howard, Charles Gengler, and Ambuj Jain, "What's in a Name? A Complimentary Means of Persuasion," *Journal of Consumer Research*, September 1995, pp. 200–211.
25. Jennifer L. Aaker, "The Malleable Self: The Role of Self-Expression in Persuasion," *Journal of Marketing Research* 36, February 1999, pp. 45–57.
26. Jenn Abelson, "Sneaker Company Taps Chief," *Boston Globe*, April 18, 2007, p. F1.
27. Anne M. Brumbaugh, "Source and Nonsource Cues in Advertising and Their Effects on the Activation of Cultural and Subcultural Knowledge on the Route to Persuasion," *Journal of Consumer Research*, September 2002, pp. 258+.
28. Robert E. Burnkrant and Daniel J. Howard, "Effects of the Use of Introductory Rhetorical Questions Versus

Statements on Information Processing," *Journal of Personality and Social Psychology*, December 1984, pp. 1218–1230; James M. Munch, Gregory W. Boller, and John L. Swazy, "The Effects of Argument Structure and Affective Tagging on Product Attitude Formation," *Journal of Consumer Research*, September 1993, pp. 294–302.
29. Rohini Ahluwalia and Robert E. Burnkrant, "Answering Questions About Questions: A Persuasion Knowledge Perspective for Understanding the Effects of Rhetorical Questions," *Journal of Consumer Research*, June 2004, pp. 26–42.
30. Russell H. Fazio, Paul M. Herr, and Martha C. Powell, "On the Development and Strength of Category-Brand Associations in Memory: The Case of Mystery Ads," *Journal of Consumer Psychology* 1, no. 1, 1992, pp. 1–14.
31. Liz C. Wang, Julie Baker, Judy A. Wagner, and Kirk Wakefield, "Can a Retail Website Be Social?" *Journal of Marketing*, July 2007, pp. 143–157.
32. David A. Griffin and Qimei Chen, "The Influence of Virtual Direct Experience (VDE) on On-Line Ad Message Effectiveness," *Journal of Advertising*, Spring 2004, pp. 55–68.
33. Hiawatha Bray, "'Advergames' Spark Concerns of Kids Being Targeted," *Boston Globe*, July 30, 2004, www.boston.com/globe.
34. Gregory Solman, "2nd Splash for 'Got Milk?' Steroid Parodies," *Adweek*, December 28, 2007, www.adweek.com.
35. Joseph W. Alba, J. Wesley Hutchinson, and John G. Lynch, "Memory and Decision Making," in eds. Thomas S. Robertson and Harold H. Kassarjian, *Handbook of Consumer Behavior* (Englewood Cliffs, N.J.: Prentice-Hall, 1991).
36. Chris Janiszewski and Tom Meyvis, "Effects of Brand Logo Complexity, Repetition, and Spacing on Processing Fluency and Judgment," *Journal of Consumer Research*, June 2001, pp. 18–32; H. Rao Unnava and Robert E. Burnkrant, "Effects of Repeating Varied Ad Executions on Brand Name Memory," *Journal of Marketing Research*, November 1991, pp. 406–416.
37. Ida E. Berger and Andrew A. Mitchell, "The Effect of Attitude Accessibility, Attitude Confidence, and the Attitude–Behavior Relationship," *Journal of Consumer Research*, December 1989, pp. 269–279.
38. Prashant Malaviya and Brian Sternthal, "The Persuasive Impact of Message Spacing," *Journal of Consumer Psychology* 6, no. 3, 1997, pp. 233–256.
39. Patrick De Pelsmacker, Maggie Geuens, and Pascal Anckaert, "Media Context and Advertising Effectiveness: The Role of Context Appreciation and Context/Ad Similarity," *Journal of Advertising*, September 2002, pp. 49–61.
40. Marjolein Moorman, Peter C. Neijens, and Edith G. Smit, "The Effects of Magazine-Induced Psychological Responses and Thematic Congruence on Memory and Attitude Toward the Life in a Real-Life Setting," *Journal of Advertising*, Winter 2002, pp. 27–40.
41. See, for instance, Xiang Fang, Surendra Singh, and Rohini Ahluwalia, "An Examination of Different Explanations for the Mere Exposure Effect," *Journal of Consumer Research* 34, no. 1, 2007, pp. 99–103.
42. Carl Obermiller, "Varieties of Mere Exposure: The Effects of Processing Style and Repetition in Affective Response," *Journal of Consumer Research*, June 1985, pp. 17–30.
43. Arno Rethans, John L. Swazy, and Lawrence J. Marks, "The Effects of Television Commercial Repetition, Receiver Knowledge, and Commercial Length: A Test of a Two Factor Model," *Journal of Marketing Research*, February 1986, pp. 50–61.
44. William E. Baker, "When Can Affective Conditioning and Mere Exposure Directly Influence Brand Choice?" *Journal of Advertising* 28, no. 4, Winter 1999, pp. 31–46.
45. Chris Janiszewski and Tom Meyvis, "Effects of Brand Logo Complexity, Repetition, and Spacing on Processing Fluency and Judgment," *Journal of Consumer Research* 28, June 2001, pp. 18–32.
46. Bruce Mohl, "Humor Not Part of Their Policies; New to Ads, Mass. Insurers Emphasize Safety," *Boston Globe*, October 2, 2007, p. C1.
47. Herbert Krugman, "Why Three Exposures May Be Enough," *Journal of Advertising Research*, December 1972, pp. 11–14.
48. George E. Belch, "The Effects of Television Commercial Repetition on Cognitive Response and Message Acceptance," *Journal of Consumer Research*, June 1982, pp. 56–65.
49. Margaret Henderson Blair, "An Empirical Investigation of Advertising Wearin and Wearout," *Journal of Advertising Research* 40, November 2000, p. 95.
50. Margaret C. Campbell and Kevin Lane Keller, "Brand Familiarity and Advertising Repetition Effects," *Journal of Consumer Research*, September 2003, pp. 292–304.
51. Deborah J. MacInnis, Ambar G. Rao, and Allen M. Weiss, "Assessing When Increased Media Weight of Real-World Advertisements Helps Sales," *Journal of Marketing Research*, November 2002, pp. 391–407.
52. Christie L. Nordhielm, "The Influence of Level of Processing on Advertising Repetition Effects," *Journal of Consumer Research*, December 2002, pp. 371–373.
53. Marian Burke and Julie A. Edell, "Ad Reactions over Time: Capturing Changes in the Real World," *Journal of Consumer Research*, June 1986, pp. 114–118; Curtis P. Haugtvedt, David W. Schumann, Wendy L. Schneier, and Wendy L. Warren, "Advertising Repetition and Variation Strategies: Implications for Understanding Attitude Strength," *Journal of Consumer Research*, June 1994, pp. 176–189.
54. Stuart Elliott, "The Pursuit of Happiness in a Grilled Cheese Sandwich," *New York Times*, October 1, 2007, p. C6.
55. Prashant Malaviya, "The Moderating Influence of Advertising Context on Ad Repetition Effects: The Role of Amount and Type of Elaboration," *Journal of Consumer Research* 34, no. 1, 2007, pp. 32–40.

56. Gerald J. Gorn, "The Effects of Music in Advertising on Choice Behavior: A Classical Conditioning Approach," *Journal of Marketing*, Winter 1982, pp. 94–101.
57. Calvin Bierley, Frances K. McSweeny, and Renee Vannieuwkerk, "Classical Conditioning of Preferences for Stimuli," *Journal of Consumer Research*, December 1985, pp. 316–323; James J. Kellaris and Anthony D. Cox, "The Effects of Background Music in Advertising: A Reassessment," *Journal of Consumer Research*, June 1989, pp. 113–118; Chris T. Allen and Thomas J. Madden, "A Closer Look at Classical Conditioning," *Journal of Consumer Research*, December 1985, pp. 301–315.
58. Bierley, McSweeny, and Vannieuwkerk, "Classical Conditioning of Preferences for Stimuli"; Elnora W. Stuart, Terence A. Shimp, and Randall W. Engle, "Classical Conditioning of Consumer Attitudes: Four Experiments in an Advertising Context," *Journal of Consumer Research*, December 1987, pp. 334–349; Terence A. Shimp, Elnora W. Stuart, and Randall W. Engle, "A Program of Classical Conditioning Experiments Testing Variations in the Conditioned Stimulus and Context," *Journal of Consumer Research*, June 1991, pp. 1–12; Chris T. Allen and Chris A. Janiszewski, "Assessing the Role of Contingency Awareness in Attitudinal Conditioning with Implications for Advertising Research," *Journal of Marketing Research*, February 1989, pp. 30–43.
59. Randi Priluck Grossman and Brian D. Till, "The Persistence of Classically Conditioned Brand Attitudes," *Journal of Advertising*, Spring 1998.
60. Terence A. Shimp, "Neo-Pavlovian Conditioning and Its Implications for Consumer Theory and Research," in eds. Thomas S. Robertson and Harold H. Kassarjian, *Handbook of Consumer Behavior* (Englewood Cliffs, N.J.: Prentice-Hall, 1991), pp. 162–187; Steve DiMeglio, "Tiger Pulls Nike's Latest Drivers from Bag of Tricks," *USA Today*, December 6, 2007, www.usatoday.com.
61. Mike Hughlett, "Tiger Puts New Face on Tie-ins," *Chicago Tribune*, October 17, 2007, www.chicagotribune.com.
62. Aparna A. Labroo and Suresh Ramanathan, "The Influence of Experience and Sequence of Conflicting Emotions on Ad Attitudes," *Journal of Consumer Research* 33, no. 4, 2007, pp. 523–528; Steven P. Brown and Douglas M. Stayman, "Antecedents and Consequences of Attitude Toward the Ad: A Meta-analysis," *Journal of Consumer Research*, June 1993, pp. 34–51; Andrew A. Mitchell and Jerry C. Olson, "Are Product Attributes Beliefs the Only Mediator of Advertising Effects on Brand Attitudes?" *Journal of Marketing Research*, August 1981, pp. 318–322; Terence A. Shimp, "Attitude Toward the Ad as a Mediator of Consumer Brand Choice," *Journal of Advertising* 10, no. 2, 1981, pp. 9–15; Christian M. Derbaix, "The Impact of Affective Reactions on Attitudes Toward the Advertisement and the Brand: A Step Toward Ecological Validity," *Journal of Marketing Research*, November 1995, pp. 470–479.
63. Mitchell and Olson, "Are Product Attributes Beliefs the Only Mediator of Advertising Effects on Brand Attitudes?"
64. Srinivas Durvasula, J. Craig Andrews, Steven Lysonski, and Richard G. Netemeyer, "Assessing the Cross-National Applicability of Consumer Behavior Models: A Model of Attitude Toward Advertising in General," *Journal of Consumer Research*, March 1993, pp. 626–636.
65. Russell I. Haley and Allan L. Baldinger, "The ARF Copy Research Validity Project," *Journal of Advertising Research*, April–May 1991, pp. 11–32.
66. Elizabeth S. Moore and Richard J. Lutz, "Children, Advertising, and Product Experiences: A Multimethod Inquiry," *Journal of Consumer Research* 27, June 2000, pp. 31–48; Scott B. MacKenzie, Richard J. Lutz, and George E. Belch, "The Role of Attitude Toward the Ad as a Mediator of Advertising Effectiveness: A Test of Competing Explanations," *Journal of Marketing Research*, May 1986, pp. 130–143; Pamela M. Homer, "The Mediating Role of Attitude Toward the Ad: Some Additional Evidence," *Journal of Marketing Research*, February 1990, pp. 78–86; Brown and Stayman, "Antecedents and Consequences of Attitude Toward the Ad."
67. Ellen Byron, "How P&G Led Also-Ran To Sweet Smell of Success," *Wall Street Journal*, September 4, 2007, p. B2.
68. Brown and Stayman, "Antecedents and Consequences of Attitude Toward the Ad."
69. Marian Chapman Burke and Julie A. Edell, "Ad Reactions over Time: Capturing Changes in the Real World," *Journal of Consumer Research*, June 1986, pp. 114–118; Amitava Chattopadhyay and Prakash Nedungadi, "Does Attitude Toward the Ad Endure? The Moderating Effects of Attention and Delay," *Journal of Consumer Research*, June 1992, pp. 26–33.
70. Margaret G. Meloy, "Mood Driven Distortion of Product Information," *Journal of Consumer Research* 27, December 2000, pp. 345–359.
71. Michael J. Barone, Paul W. Miniard, and Jean B. Romeo, "The Influence of Positive Mood on Brand Extension Evaluations," *Journal of Consumer Research* 26, March 2000, pp. 386–400.
72. Anick Bosmans and Hans Baumgartner, "Goal-Relevant Emotional Information: When Extraneous Affect Leads to Persuasion and When It Does Not," *Journal of Consumer Research* 32, no. 3 (2005), pp. 424–434.
73. Rashmi Adaval, "Sometimes It Just Feels Right: The Differential Weighting of Affect-Consistent and Affect-Inconsistent Product Information," *Journal of Consumer Research* 28, June 2001, pp. 1–17.
74. Charles S. Areni and David Kim, "The Influence of In-Store Lighting on Consumers' Examination of Merchandise in a Wine Store," *International Journal of Research in Marketing*, March 1994, pp. 117–125.
75. Ayn E. Crowley, "The Two-Dimension Impact of Color on Shopping," *Marketing Letters* 4, no. 1, 1993, pp. 59–69.
76. Nancy M. Puccinelli, "Putting Your Best Face Forward: The Impact of Customer Mood on Salesperson Evaluation," *Journal of Consumer Psychology* 16, no. 2, 2006, pp. 156–162.

77. Julie A. Edell and Marian Chapman Burke, "The Power of Feelings in Understanding Advertising Effects," *Journal of Consumer Research*, December 1987, pp. 421–433; Douglas M. Stayman and David A. Aaker, "Are All Effects of Ad-Induced Feelings Mediated by Aad?" *Journal of Consumer Research*, December 1988, pp. 368–373; Morris B. Holbrook and Rajeev Batra, "Assessing the Role of Emotions as Mediators of Consumer Responses to Advertising," *Journal of Consumer Research*, December 1987, pp. 404–420.
78. Rajeev Batra and Michael L. Ray, "Affective Responses Mediating Acceptance of Advertising," *Journal of Consumer Research*, September 1986, pp. 234–249.
79. David A. Aaker, Douglas M. Stayman, and Michael R. Hagerty, "Warmth in Advertising: Measurement, Impact, and Sequence Effects," *Journal of Consumer Research*, March 1986, pp. 365–381.
80. Joseph A. Bellizzi, Ayn E. Crowley, and Ronald W. Hasty, "The Effects of Color in Store Design," *Journal of Retailing*, Spring 1983, pp. 21–45.
81. Arik Hesseldahl, "Apple Forecasts: Not Just Hype," *BusinessWeek Online*, December 10, 2007, www.businessweek.com.
82. Curt Haugtvedt, Richard E. Petty, John T. Cacioppo, and T. Steidley, "Personality and Ad Effectiveness: Exploring the Utility of Need for Cognition," in ed. Michael J. Houston, *Advances in Consumer Research*, vol. 15 (Provo, Utah: Association for Consumer Research, 1988), pp. 209–212.
83. Susan M. Petroshius and Kenneth E. Crocker, "An Empirical Analysis of Spokesperson Characteristics on Advertisement and Product Evaluations," *Journal of the Academy of Marketing Science*, Summer 1989, pp. 217–225; Lynn R. Kahle and Pamela M. Homer, "Physical Attractiveness of the Celebrity Endorser: A Social Adaptation Perspective," *Journal of Consumer Research*, March 1985, pp. 954–961.
84. Michael A. Kamins, "An Investigation into the 'Match-Up' Hypothesis in Celebrity Advertising: When Beauty May Be Only Skin Deep," *Journal of Advertising* 19, no. 1, 1990, pp. 4–13; Marjorie J. Caballero and Paul J. Solomon, "Effects of Model Attractiveness on Sales Response," *Journal of Advertising* 13, no. 1, 1984, pp. 17–23.
85. Kahle and Homer, "Physical Attractiveness of the Celebrity Endorser"; Kathleen Debevec and Jerome B. Kernan, "More Evidence on the Effects of a Presenter's Physical Attractiveness: Some Cognitive, Affective, and Behavioral Consequences," in ed. Thomas C. Kinnear, *Advances in Consumer Research*, vol. 11 (Provo, Utah: Association for Consumer Research, 1984), pp. 127–132; Caballero and Solomon, "Effects of Model Attractiveness on Sales Response"; Marjorie J. Caballero and William M. Pride, "Selected Effects of Salesperson Sex and Attractiveness in Direct Mail Advertising," *Journal of Marketing*, January 1984, pp. 94–100; Shelly Chaiken, "Communicator Physical Attractiveness and Persuasion," *Journal of Personality and Social Psychology*, August 1979, pp. 1387–1397; Peter H. Reingen and Jerome B. Kernan, "Social Perception and Interpersonal Influence: Some Consequences of the Physical Attractiveness Stereotype in a Personal Selling Situation," *Journal of Consumer Psychology* 2, no. 1, 1993, pp. 25–38.
86. Tommy E. Whittler and Joan Scattone Spira, "Model's Race: A Peripheral Cue in Advertising Messages?" *Journal of Consumer Psychology* 12, no. 4, 2002, pp. 291–301.
87. M. Reinhard, M. Messner, and S. Ludwig Sporer, "Explicit Persuasive Intent and Its Impact on Success at Persuasion—the Determining Roles of Attractiveness and Likeableness," *Journal of Consumer Psychology* 16, no. 3, 2006, pp. 249–259.
88. Yong-Soon Kang and Paul M. Herr, "Beauty and the Beholder: Toward an Integrative Model of Communication Source Effects," *Journal of Consumer Research* 33, no. 1, 2006, pp. 123–130; Richard E. Petty, H. Rao Unnava, and Alan J. Strathman, "Theories of Attitude Change," in eds. Thomas S. Robertson and Harold H. Kassarjian, *Handbook of Consumer Behavior* (Englewood Cliffs, N.J.: Prentice-Hall, 1991), pp. 241–280; Kahle and Homer, "Physical Attractiveness of the Celebrity Endorser."
89. Anthony Faiola, "U.S. Stars Shine Again in Japan Ads," *Washington Post*, January 14, 2007, p. A1.
90. Mark R. Forehand and Andrew Perkins, "Implicit Assimilation and Explicit Contrast: A Set/Reset Model of Response to Celebrity Voice-Overs," *Journal of Consumer Research* 32, no. 3, 2005, pp. 435–441.
91. Joshua Harris Prager, "Disability Can Enable a Modeling Career," *Wall Street Journal*, October 17, 1997, pp. B1, B6.
92. Sengupta, Goodstein, and Boninger, "All Cues Are Not Created Equal."
93. Greg Sandoval, "James's Value Shows in Numbers," *Washington Post*, April 16, 2004, p. D8.
94. Alan J. Bush, Craig A. Martin, and Victoria D. Bush, "Sports Celebrity Influence on the Behavioral Intentions of Generation Y," *Journal of Advertising Research*, March 2004, pp. 108–118.
95. Claire Atkinson, "Brawny Man Now a Metrosexual," *Advertising Age*, February 16, 2004, p. 8.
96. Judith A. Garretson and Ronald W. Niedrich, "Spokes-Characters," *Journal of Advertising*, Summer 2004, pp. 25–36.
97. Marla Royne Stafford, Thomas F. Stafford, and Ellen Day, "A Contingency Approach: The Effects of Spokesperson Type and Service Type on Service Advertising Perceptions," *Journal of Advertising*, Summer 2002, pp. 17–34.
98. Peter Ford and Gloria Goodale, "Why Stars and Charities Need Each Other," *Christian Science Monitor*, January 13, 2005, p. 1.
99. Therese A. Louie and Carl Obermiller, "Consumer Response to a Firm's Endorser (Dis)Association Decisions," *Journal of Advertising*, Winter 2002, pp. 41–52.
100. Mitchell and Olson, "Are Product Attributes Beliefs the Only Mediator of Advertising Effects on Brand Attitudes?"

Andrew A. Mitchell, "The Effect of Verbal and Visual Components of Advertisements on Brand Attitudes and Attitude Toward the Advertisement," *Journal of Consumer Research*, March 1986, pp. 12–24; Paul W. Miniard, Sunil Bhatla, Kenneth R. Lord, Peter R. Dickson, and H. Rao Unnava, "Picture-Based Persuasion Processes and the Moderating Role of Involvement," *Journal of Consumer Research*, June 1991, pp. 92–107.
101. Paul W. Miniard, Deepak Sirdeshmukh, and Daniel E. Innis, "Peripheral Persuasion and Brand Choice," *Journal of Consumer Research*, September 1992, pp. 226–239.
102. Andrea Petersen, "The Quest to Make URL's Look Cool in Ads," *Wall Street Journal*, February 26, 1997, pp. B1, B3.
103. Brian Steinberg, "The Times Are A-Changin' for Musicians and Marketers," *Advertising Age*, October 29, 2007, p. 1.
104. "Mark Sandman, An Instant Classic; a Familiar Sound; a Dead Man's Legacy," *Wall Street Journal*, December 28, 2004, p. D8.
105. Gordon C. Bruner, "Music, Mood, and Marketing," *Journal of Marketing*, October 1990, pp. 94–104; Gorn, "The Effects of Music in Advertising on Choice Behavior"; Judy I. Alpert and Mark I. Alpert, "Background Music as an Influence in Consumer Mood and Advertising Responses," in ed. Thomas K. Srull, *Advances in Consumer Research*, vol. 16 (Provo, Utah: Association for Consumer Research, 1989), pp. 485–491; Meryl Paula Gardner, "Mood States and Consumer Behavior: A Critical Review," *Journal of Consumer Research*, December 1985, pp. 281–300; C. Whan Park and S. Mark Young, "Consumer Response to Television Commercials: The Impact of Involvement and Background Music on Brand Attitude Formation," *Journal of Marketing Research*, February 1986, pp. 11–24.
106. Juliet Rui and Joan Meyers-Levy, "Distinguishing Between the Meanings of Music: When Background Music Affects Product Perceptions," *Journal of Marketing Research*, August 2005, pp. 333–345.
107. Mark Alpert and Judy Alpert, "Background Music as an Influence in Consumer Mood and Advertising Responses," *Advances in Consumer Research* 16, Fall 1989, pp. 485–491; Stout and Leckenby, "Let the Music Play."
108. Noel M. Murray and Sandra B. Murray, "Music and Lyrics in Commercials: A Cross-Cultural Comparison Between Commercials Run in the Dominican Republic and the United States," *Journal of Advertising*, Summer 1996, pp. 51–64.
109. Marc G. Weinberger and Harlan E. Spotts, "Humor in U.S. vs. U.K. TV Advertising," *Journal of Advertising* 18, no. 2, 1989, pp. 39–44; Paul Surgi Speck, "The Humorous Message Taxonomy: A Framework for the Study of Humorous Ads," in eds. James H. Leigh and Claude R. Martin, *Current Research and Issues in Advertising* (Ann Arbor, Mich.: University of Michigan, 1991), pp. 1–44.
110. Thomas J. Madden and Marc G. Weinberger, "Humor in Advertising: A Practitioner View," *Journal of Advertising Research*, August–September 1984, pp. 23–29; Stewart and Furse, *Effective Television Advertising*; Thomas J. Madden and Marc C. Weinberger, "The Effects of Humor on Attention in Magazine Advertising," *Journal of Advertising* 1, no. 3, 1982, pp. 8–14; Marc C. Weinberger and Leland Campbell, "The Use and Impact of Humor in Radio Advertising," *Journal of Advertising Research*, December–January 1991, pp. 44–52.
111. George E. Belch and Michael A. Belch, "An Investigation of the Effects of Repetition on Cognitive and Affective Reactions to Humorous and Serious Television Commercials," in ed. Thomas C. Kinnear, *Advances in Consumer Research*, vol. 11 (Provo, Utah: Association for Consumer Research, 1984), pp. 4–10; Calvin P. Duncan and James E. Nelson, "Effects of Humor in a Radio Advertising Experiment," *Journal of Advertising* 14, no. 2, 1985, pp. 33–40, 64; Betsy D. Gelb and Charles M. Pickett, "Attitude-toward-the-Ad: Links to Humor and to Advertising Effectiveness," *Journal of Advertising* 12, no. 2, 1983, pp. 34–42; Betsy D. Gelb and George M. Zinkhan, "The Effect of Repetition on Humor in a Radio Advertising Study," *Journal of Advertising* 15, no. 2, 1986, pp. 15–20, 34.
112. Harlan E. Spotts, Marc. G. Weinberger, and Amy L. Parsons, "Assessing the Use and Impact of Humor on Advertising Effectiveness: A Contingency Approach," *Journal of Advertising*, Fall 1997, pp. 17–32.
113. Brian Sternthal and Samuel Craig, "Humor in Advertising," *Journal of Marketing* 37, no. 4, 1973, pp. 12–18; Calvin P. Duncan, "Humor in Advertising: A Behavioral Perspective," *Journal of the Academy of Marketing Science* 7, no. 4, 1979, pp. 285–306; Weinberger and Campbell, "The Use and Impact of Humor in Radio Advertising."
114. Thomas W. Cline and James J. Kellaris, "The Influence of Humor Strength and Humor–Message Relatedness on Ad Memorability," *Journal of Advertising*, Spring 2007, pp. 55–67.
115. Thomas W. Cline, Moses B. Altsech, and James J. Kellaris, "When Does Humor Enhance or Inhibit Ad Responses?" *Journal of Advertising*, Fall 2003, pp. 31–45.
116. Josephine L. C. M. Woltman Elpers, Ashesh Mukherjee, and Wayne D. Hoyer, "Humor in Television Advertising: A Moment-to-Moment Analysis," *Journal of Consumer Research*, December 2004, pp. 592–598.
117. Madden and Weinberger, "Humor in Advertising"; Weinberger and Campbell, "The Use and Impact of Humor in Radio Advertising"; Weinberger and Spotts, "Humor in U.S. vs. U.K. TV Advertising."
118. Stuart Elliott, "Old Spice Tries a Dash of Humor to Draw Young Men," *New York Times*, January 8, 2007, p. C6.
119. Madden and Weinberger, "Humor in Advertising"; Thomas W. Whipple and Alice E. Courtney, "How Men and Women Judge Humor: Advertising Guidelines for Action and Research," in eds. James H. Leigh and Claude R. Martin, *Current Research and Issues in Advertising* (Ann Arbor, Mich.: University of Michigan, 1981), pp. 43–56.

120. Yong Zhang, "Responses to Humorous Advertising: The Moderating Effect of Need for Cognition," *Journal of Advertising,* Spring 1996: Amitava Chattopadhyay and Kunal Basu, "Prior Brand Evaluation as a Moderator of the Effects of Humor in Advertising," *Journal of Marketing Research,* November 1989, pp. 466–476.
121. Dana L. Alden, Wayne D. Hoyer, and Chol Lee, "Identifying Global and Culture-Specific Dimensions of Humor in Advertising: A Multi-national Analysis," *Journal of Marketing,* April 1993, pp. 64–75; Dana L. Alden, Wayne D. Hoyer, Chol Lee, and Guntalee We-chasara, "The Use of Humor in Asian and Western Advertising: A Four-Country Comparison," *Journal of Asian-Pacific Business* 1, no. 2, 1995, pp. 3–23.
122. Weinberger and Spotts, "Humor in U.S. vs. U.K. TV Advertising."
123. "Durex Kicks Off Integrated Ad Push for Pleasure Max," *New Media Age,* November 25, 2004, p. 2; Alessandra Galloni, "In New Global Campaign, Durex Maker Uses Humor to Sell Condoms," *Wall Street Journal,* July 27, 2001, p. B1.
124. Yumiko Ono, "Can Racy Ads Help Revitalize Old Fragrances?" *Wall Street Journal,* November 26, 1996, pp. B1, B10.
125. Nigel K., Ll. Pope, Kevin E. Voges, and Mark R. Brown, "The Effect of Provocation in the Form of Mild Erotica on Attitude to the Ad and Corporate Image," *Journal of Advertising,* Spring 2004, pp. 69–82.
126. Lawrence Soley and Gary Kurzbard, "Sex in Advertising: A Comparison of 1964 and 1984 Magazine Advertisements," *Journal of Advertising* 15, no. 3, 1986, pp. 46–54.
127. Cyndee Miller, "We've Been 'Cosbyized,'" *Marketing News,* April 16, 1990, pp. 1–2; Joshua Levine, "Marketing: Fantasy, Not Flesh," *Forbes,* January 22, 1990, pp. 118–120.
128. Vranica, "Anheuser-Busch Kicks Edgy Super Bowl Ad to Curb."
129. Robert S. Baron, "Sexual Content and Advertising Effectiveness: Comments on Belch et al. (1981) and Caccavale et al. (1981)," in ed. Andrew A. Mitchell, *Advances in Consumer Research,* vol. 9 (Ann Arbor, Mich.: Association for Consumer Research, 1982), pp. 428–430.
130. Michael S. LaTour, Robert E. Pitts, and David C. Snook-Luther, "Female Nudity, Arousal, and Ad Response: An Experimental Investigation," *Journal of Advertising* 19, no. 4, 1990, pp. 51–62.
131. Laura Petrecca, "Axe Ads Turn Up the Promise of Sex Appeal," *USA Today,* April 17, 2007, p. 3B.
132. Marilyn Y. Jones, Andrea J. S. Stanaland, and Betsy D. Gelb, "Beefcake and Cheesecake: Insights for Advertisers," *Journal of Advertising,* Summer 1998, pp. 33–52.
133. Rebecca Piirto, "The Romantic Sell," *American Demographics,* August 1989, pp. 38–41.
134. John Fetto, "Where's the Lovin'?" *American Demographics,* February 28, 2001.
135. Miller, "We've Been 'Cosbyized.'"
136. "Poll on Ads: Too Sexy," *Wall Street Journal,* March 8, 1993, p. B5.
137. Robert A. Peterson and Roger A. Kerin, "The Female Role in Advertisements: Some Experimental Evidence," *Journal of Marketing,* October 1977, pp. 59–63.
138. Sak Onkvisit and John J. Shaw, "A View of Marketing and Advertising Practices in Asia and Its Meaning for Marketing Managers," *Journal of Consumer Marketing,* Spring 1985, pp. 5–17.
139. Sarah Ellison, "Sex-Themed Ads Often Don't Travel Well," *Wall Street Journal,* March 31, 2000, p. B7.
140. M. Friestad and Esther Thorson, "Emotion-Eliciting Advertising: Effect on Long-Term Memory and Judgment," in ed. R. J. Lutz, *Advances in Consumer Research,* vol. 13 (Provo, Utah: Association for Consumer Research, 1986), pp. 111–116.
141. Theresa Howard, "Coke Adds Spark to Ad Campaign," *USA Today,* April 3, 2006, p. 3B; Christina Cheddar Berk, "Coke to Debut 'Real' Ad on 'Idol,'" *Wall Street Journal,* January 17, 2005, p. B3; Betsy McKay, "Coke Aims to Revive 'Feel Good' Factor," *Wall Street Journal,* April 20, 2001, p. B8.
142. Barbara B. Stern, "Classical and Vignette Television Advertising Dramas: Structural Models, Formal Analysis, and Consumer Effects," *Journal of Consumer Research,* March 1994, pp. 601–615; William D. Wells, "Lectures and Dramas," in eds. Pat Cafferata and Alice M. Tybout, *Cognitive and Affective Responses to Advertising* (Lexington, Mass.: D. C. Heath, 1988); John Deighton, Daniel Romer, and Josh McQueen, "Using Dramas to Persuade," *Journal of Consumer Research,* December 1989, pp. 335–343.
143. Jennifer Edson Escalas and Barbara B. Stern, "Sympathy and Empathy: Emotional Responses to Advertising Dramas," *Journal of Consumer Research,* March 2003, pp. 566–578.
144. Eleftheria Parpis, "A Bite-Size Series," *Adweek,* November 12, 2007, p. 19; Becky Ebenkamp and Todd Wasserman, "Sunsilk's 'Micro Series' Offers Latest Twist for Soap Operas," *Brandweek,* September 11, 2006, p. 10.
145. Marvin E. Goldberg and Gerald J. Gorn, "Happy and Sad TV Programs: How They Affect Reactions to Commercials," *Journal of Consumer Research,* December 1987, pp. 387–403; John P. Murray Jr. and Peter A. Dacin, "Cognitive Moderators of Negative-Emotion Effects: Implications for Understanding Media Context," *Journal of Consumer Research,* March 1996, pp. 439–447.
146. John P. Murray, John L. Lastovicka, and Surendra Singh, "Feeling and Liking Responses to Television Programs: An Examination of Two Explanations for Media-Context Effects," *Journal of Consumer Research,* March 1992, pp. 441–451.
147. S. N. Singh and Gilbert A. Churchill, "Arousal and Advertising Effectiveness," *Journal of Advertising* 16, no. 1, 1987, pp. 4–10.
148. Mark A. Pavelchak, John H. Antil, and James M. Munch, "The Super Bowl: An Investigation into the Relationship Among Program Context, Emotional Experience, and

Ad Recall," *Journal of Consumer Research,* December 1988, pp. 360–367.
149. Sally Beatty, "Madison Avenue Should Rethink Television Violence, Study Finds," *Wall Street Journal,* December 1, 1998, p. B8.
150. Claudine Beaumont, "The 12 Best Gadgets for Christmas 2008," *The Telegraph (UK),* December 4, 2008, http://www.telegraph.co.uk/scienceandtechnology/technology/3534202/The-12-best-gadgets-for-Christmas-2008.html; Jefferson Graham, "Flip Mino Lets You Pick a Look for Your Video Camera," *USA Today,* October 15, 2008, www.usatoday.com; Reena Jana, "Pure Digital Flips the Script," *BusinessWeek,* April 28, 2008, pp. 76–78; David Pogue, "Camcorder Brings Zen to the Shoot," *New York Times,* March 20, 2008, p. C1; Jefferson Graham, "Fun Flip Wows Camcorder Crowd with Ease of Use, Low Price," *USA Today,* September 12, 2007, p. 5B.

Chapter 7

1. Natasha Singer, "The U.S.S.R. Is Coming Back (At Least on Clothing Racks)," *New York Times,* November 27, 2007, p. A1; Carla Bova, "Latina Clothing Line for Girls in Stores Next Month," *Marin Independent Journal,* June 30, 2007, www.marinij.com; Rachel Brown, "Eyeing Hispanic Market, Palomita Line Seeks to Build on Nostalgia (Licen-Zing)," *WWD,* January 31, 2007, p. 13.; Jamie LaReau, "Mustang Ads Blend Nostalgia, Newness," *Automotive News,* December 6, 2004, p. 24 "Ostalgie: East German Products," *The Economist,* September 13, 2003, p. 57.
2. Darrel D. Muehling and David E. Sprott, "The Power of Reflection: An Empirical Examination of Nostalgia Advertising Effects," *Journal of Advertising,* Fall 2004, pp. 25–36.
3. Loraine Lau-Gesk, "Understanding Consumer Evaluations of Mixed Affective Experiences," *Journal of Consumer Research* 32, no. 1, 2005, pp. 23–28.
4. G. Sperling, "The Information Available in Brief Visual Presentations," *Psychological Monographs,* vol. 74, 1960, pp. 1–25; U. Neisser, *Cognitive Psychology* (New York: Appleton-Century-Crofts, 1967).
5. R. N. Haber, "The Impending Demise of the Icon: A Critique of the Concept of Iconic Storage in Visual Information Processing," *The Behavioral and Brain Sciences,* March 1983, pp. 1–54.
6. William James (1890) as described in Henry C. Ellis and R. Reed Hunt, *Fundamentals of Human Memory and Cognition* (Dubuque, Iowa: William C. Brown, 1989), pp. 65–66.
7. Nader T. Tavassoli and Jin Ki. Han, "Scripted Thought: Processing Korean Hancha and Hangul in a Multimedia Context," *Journal of Consumer Research,* December 2001, pp. 482–493.
8. Deborah J. MacInnis and Linda L. Price, "The Role of Imagery in Information Processing: Review and Extensions," *Journal of Consumer Research,* March 1987, pp. 473–491.
9. Allan Paivio, "Perceptual Comparisons Through the Mind's Eye," *Memory and Cognition,* November 1975, pp. 635–647; Stephen M. Kosslyn, "The Medium and the Message in Mental Imagery: A Theory," *Psychological Review,* January 1981, pp. 46–66; MacInnis and Price, "The Role of Imagery in Information Processing."
10. Morris B. Holbrook and Elizabeth C. Hirschman, "The Experiential Aspects of Consumption: Consumer Fantasies, Feelings, and Fun," *Journal of Consumer Research,* September 1982, pp. 132–140; MacInnis and Price, "The Role of Imagery in Information Processing"; Alan Richardson, "Imagery: Definitions and Types," in ed. Aness Sheikh, *Imagery: Current Theory, Research, and Application* (New York: Wiley, 1983), pp. 3–42.
11. Martin S. Lindauer, "Imagery and the Arts," in ed. Aness Sheikh, *Imagery: Current Theory, Research, and Application* (New York: Wiley, 1983), pp. 468–506.
12. Jennifer Edson Escalas, "Imagine Yourself in the Product," *Journal of Advertising,* Summer 2004, pp. 37–48.
13. Victor Godinez, "Game Review: 'Pac-Man Championship Edition,'" *Dallas Morning News,* June 26, 2007, www.dallasnews.com.
14. Amy Martinez, "Online Seattle Jeweler Sparkles, Traditional Jewelers Bristle," *Seattle Times,* December 22, 2007, www.seattletimes.com.
15. E. Tulving, "Episodic and Semantic Memory," in eds. E. Tulving and W. Donaldson, *Organization and Memory* (New York: Academic Press, 1972), pp. 381–403.
16. Hans Baumgartner, Mita Sujan, and James R. Bettman, "Autobiographical Memories, Affect, and Consumer Information Processing," *Journal of Consumer Psychology* 1, no. 1, 1992, pp. 53–82.
17. See Kathryn A. Braun-LaTour, Michael S. LaTour, and George M. Zinkham, "Using Childhood Memories to Gain Insight into Brand Meaning," *Journal of Marketing,* April 2007, pp. 45–60.
18. Keith S. Coulter and Robin A. Coulter, "Size Does Matter: The Effects of Magnitude Representation Congruency on Price Perceptions and Purchase Likelihood," *Journal of Consumer Psychology* 15, no. 1, 2005, pp. 64–76.
19. Marc Vanhuele, Gilles Laurent, and Xavier Drèze, "Consumers' Immediate Memory for Prices," *Journal of Consumer Research* 33, no. 2, 2006, pp. 163–172.
20. Morris B. Holbrook, "Nostalgia and Consumer Preferences: Some Emerging Patterns of Consumer Tastes," *Journal of Consumer Research,* September 1993, pp. 245–256; Morris B. Holbrook and Robert M. Schindler, "Echoes of the Dear Departed Past: Some Work in Progress on Nostalgia," in eds. Rebecca H. Holman and Michael R. Solomon, *Advances in Consumer Research,* vol. 18 (Provo, Utah: Association for Consumer Research, 1991), pp. 330–333.
21. Kelly Crow, "Wanted: A Few Good Men (with Scissors)," *Wall Street Journal,* April 6, 2007, p. W1.
22. Annamma Joy and Ruby Roy Dholakia, "Remembrances of Things Past: The Meaning of Home and Possessions of Indian Professionals in Canada," in ed. Floyd W. Rudmin, *To Have Possessions: A Handbook on Ownership and Property, Journal of Social Behavior and Personality* [Special Issue], November 1991, pp. 385–402;

Melanie Wallendorf and Eric J. Arnould, "My Favorite Things: A Cross-Cultural Inquiry into Object Attachment, Possessiveness, and Social Linkage," *Journal of Consumer Research*, March 1988, pp. 531–547.

23. Kathryn A. Braun-LaTour, Michael S. LaTour, Jacqueline E. Pickrell, and Elizabeth F. Loftus, "How and When Advertising Can Influence Memory for Consumer Experience," *Journal of Advertising*, Winter 2004, pp. 7–25.

24. Kathryn A. Braun, "Postexperience Advertising Effects on Consumer Memory," *Journal of Consumer Research*, March 1999, pp. 319–334.

25. R. C. Atkinson and R. M. Shiffrin, "Human Memory: A Proposed System and Its Control Processes," in eds. K. W. Spence and J. T. Spence, *The Psychology of Learning and Motivation: Advances in Theory and Research*, vol. 2 (New York: Academic Press, 1968), pp. 89–195.

26. George A. Miller, "The Magical Number Seven, Plus or Minus Two: Some Limits on Our Capacity for Processing Information," *Psychological Review*, March 1956, pp. 81–97; James N. McGregor, "Short-Term Memory Capacity: Limitations or Optimization?" *Psychological Review*, January 1987, pp. 107–108.

27. Noel Hayden, "The Spacing Effect: Enhancing Memory for Repeated Marketing Stimuli," *Journal of Consumer Psychology* 16, no. 3, 2006, pp. 306–320.

28. F. I. M. Craik and R. S. Lockhart, "Levels of Processing: A Framework for Memory Research," *Verbal Learning and Verbal Behavior*, December 1972, pp. 671–684.

29. Ylan Q Mui, "Equipping a New Wave of Female Athletes: Under Armour's Ads Target Nascent Sector," *Washington Post*, August 6, 2007, p. D1.

30. Dilip Soman, "Effects of Payment Mechanism on Spending Behavior: The Role of Rehearsal and Immediacy of Payments," *Journal of Consumer Research* 27, March 2001, pp. 460–474.

31. Alan G. Sawyer, "The Effects of Repetition: Conclusions and Suggestions About Experimental Laboratory Research," in eds. G. David Hughes and Michael L. Ray, *Buyer/Consumer Information Processing* (Chapel Hill, N.C.: University of North Carolina Press, 1974), pp. 190–219; George E. Belch, "The Effects of Television Commercial Repetition on Cognitive Response and Message Acceptance," *Journal of Consumer Research*, June 1982, pp. 56–66; H. Rao Unnava and Robert E. Burnkrant, "Effects of Repeating Varied Ad Executions on Brand Name Memory," *Journal of Marketing Research*, November 1991, pp. 406–416; Murphy S. Sewall and Dan Sarel, "Characteristics of Radio Commercials and Their Recall Effectiveness," *Journal of Marketing*, January 1986, pp. 52–60.

32. Eileen Gunn, "Product Placement Prize: Repetition Factor Makes Videogames Valuable Medium," *Advertising Age*, February 12, 2001, p. S10.

33. Chris Janiszewski, Hayden Noel, and Alan G. Sawyer, "Re-Inquiries: A Meta-Analysis of the Spacing Effect in Verbal Learning: Implications for Research on Advertising Repetition and Consumer Memory," *Journal of Consumer Research*, June 2003, pp. 138–149 ; see also Sara L. Appleton, Robert A. Bjork, and Thomas D. Wickens, "Examining the Spacing Effect in Advertising: Encoding Variability, Retrieval Processes and Their Interaction," *Journal of Consumer Research* 32, no. 2, 2005, pp. 266–276.

34. Sharmistha Law, "Can Repeating a Brand Claim Lead to Memory Confusion? The Effects of Claim Similarity and Concurrent Repetition," *Journal of Marketing Research*, August 2002, pp. 366–378.

35. Susan E. Heckler and Terry L. Childers, "The Role of Expectancy and Relevancy in Memory for Verbal and Visual Information: What Is Incongruency?" *Journal of Consumer Research*, March 1992, pp. 475–492.

36. Sally Beatty, "Ogilvy's TV-Ad Study Stresses 'Holding Power' Instead of Ratings," *Wall Street Journal*, June 4, 1999, p. B2.

37. Catherine A. Cole and Michael J. Houston, "Encoding and Media Effects on Consumer Learning Deficiencies in the Elderly," *Journal of Marketing Research*, February 1987, pp. 55–64; Deborah Roedder John and John C. Whitney Jr., "The Development of Consumer Knowledge in Children: A Cognitive Structure Approach," *Journal of Consumer Research*, March 1986, pp. 406–418.

38. H. Shanker Krishnan, "A Process Analysis of the Effects of Humorous Advertising Executions on Brand Claims Memory," *Journal of Consumer Psychology*, 2003, pp. 230–245.

39. Gabriel Biehal and Dipankar Chakravarti, "Consumers' Use of Memory and External Information in Choice: Macro and Micro Perspectives," *Journal of Consumer Research*, March 1986, pp. 382–405; John G. Lynch, Howard Marmorstein, and Michael F. Weigold, "Choices from Sets Including Remembered Brands: Use of Recalled Attributes and Prior Overall Evaluations," *Journal of Consumer Research*, September 1988, pp. 225–233; Valerie S. Folkes, "The Availability Heuristic and Perceived Risk," *Journal of Consumer Research*, June 1988, pp. 13–23.

40. A. M. Collins and E. F. Loftus, "A Spreading Activation Theory of Semantic Processing," *Psychological Review*, November 1975, pp. 407–428; Lawrence W. Barsalou, *Cognitive Psychology: An Overview for Cognitive Scientists* (Hillsdale, N.J.: Lawrence Erlbaum, 1991); John R. Anderson, *Cognitive Psychology and Its Implications* (New York: W. H. Freeman, 1990); Michael Pham and Gita Venkataramani Johar, "Contingent Processes of Source Identification," *Journal of Consumer Research*, December 1997, pp. 249–265.

41. Jack Neff, "S. C. Johnson Ads to Stress 'Family Owned,'" *Advertising Age*, November 13, 2001, www.adage.com.

42. Joseph W. Alba and J. Wesley Hutchinson, "Dimensions of Consumer Expertise," *Journal of Consumer Research*, March 1987, pp. 411–454.

43. David C. Riccio, Vita C. Rabinowitz, and Shari Axelrod, "Memory: When Less Is More," *American Psychologist*, November 1994, pp. 917–926.

44. Anthony Pratkanis, Anthony G. Greenwald, M. R. Leipe, and M. Hans Baumgartner, "In Search of Reliable Persuasion Effects: III. The Sleeper Effect Is Dead: Long Live the Sleeper Effect," *Journal of Personality and Social Psychology*, February 1988, pp. 203–218.
45. Raymond Burke and Thomas K. Srull, "Competitive Interference and Consumer Memory for Advertisements," *Journal of Consumer Research*, June 1988, pp. 55–68; Kevin Keller, "Memory and Evaluation Effects in Competitive Advertising Environments," *Journal of Consumer Research*, March 1991, pp. 463–476; Rik G. M. Pieters and Tammo H. A. Bijmolt, "Consumer Memory for Television Advertising: A Field Study of Duration, Serial Position and Competition Effects," *Journal of Consumer Research*, March 1997, pp. 362–372; Tom J. Brown and Michael L. Rothschild, "Reassessing the Impact of Television Advertising Clutter," *Journal of Consumer Research*, June 1993, pp. 138–147; Robert J. Kent and Chris T. Allen, "Competitive Interference Effects in Consumer Memory for Advertising: The Role of Brand Familiarity," *Journal of Marketing*, July 1994, pp. 97–105; H. Rao Unnava and Deepak Sirdeshmukh, "Reducing Competitive Ad Interference," *Journal of Marketing Research*, August 1994, pp. 403–411.
46. Anand Kumar and Shanker Krishnan, "Memory Interference in Advertising: A Replication and Extension," *Journal of Consumer Research*, March 2004, pp. 602–61; Anand Kumar, "Interference Effects of Contextual Cues in Advertisements on Memory for Ad Content," *Journal of Consumer Psychology* 9, no. 3, 2000, pp. 155–166.
47. Robert D. Jewell and H. Rao Unnava, "When Competitive Interference Can Be Beneficial," *Journal of Consumer Research*, September 2003, pp. 283–291.
48. David Luna and Laura A. Peracchio, "Moderators of Language Effects in Advertising to Bilinguals: A Psycholinguistic Approach," *Journal of Consumer Research*, September 2001, pp. 28–43.
49. Joseph W. Alba and Amitava Chattopadhyay, "Effects of Context and Part-Category Cues on Recall of Competing Brands," *Journal of Marketing Research*, August 1985, pp. 340–349; Joseph W. Alba and Amitava Chattopadhyay, "Salience Effects in Brand Recall," *Journal of Marketing Research*, November 1986, pp. 363–369; Manoj Hastak and Anusre Mitra, "Facilitating and Inhibiting Effects of Brand Cues on Recall, Consideration Set, and Choice," *Journal of Business Research*, October 1996, pp. 121–126.
50. Burke and Srull, "Competitive Interference and Consumer Memory for Advertising"; Rik Pieters and Tammo H. A. Bijmolt, "Consumer Memory for Television Advertising: A Field Study of Duration, Serial Position, and Competition Effects," *Journal of Consumer Research*, March 1997, pp. 362–372.
51. Elizabeth F. Loftus, "When a Lie Becomes Memory's Truth: Memory and Distortion after Exposure to Misinformation," *Current Directions in Psychological Science*, August 1992, pp. 121–123.
52. Ann E. Schlosser, "Learning Through Virtual Product Experiences: The Role of Imagery on True Versus False Memories," *Journal of Consumer Research* 33, no. 3, 2006, pp. 377–383.
53. Larry Percy and John R. Rossiter, "A Model of Brand Awareness and Brand Attitude in Advertising Strategies," *Psychology and Marketing*, July–August 1992, pp. 263–274.
54. Mui, "Equipping a New Wave of Female Athletes: Under Armour's Ads Target Nascent Sector."
55. John Furniss, "Rating American Banks in Japan: Survey Shows Importance of Image," *International Advertiser*, April 1986, pp. 22–23.
56. Bonnie Tsui, "Bowl Poll: Ads Don't Mean Sales," *Advertising Age*, February 5, 2001, p. 33.
57. Marc Vanhuele and Xavier Drèze, "Measuring the Price Knowledge Shoppers Bring to the Store," *Journal of Marketing*, October 2002, pp. 72–85.
58. H. Shanker Krishnan and Dipankar Chakravarti, "Memory Measures for Pretesting Advertisements: An Integrative Conceptual Framework and a Diagnostic Template," *Journal of Consumer Psychology* 8, no. 1, 1999, pp. 1–37.
59. Angela Y. Lee, "Effects of Implicit Memory on Memory-Based Versus Stimulus-Based Brand Choice," *Journal of Marketing Research*, November 2002, pp. 440–454.
60. Susan T. Fiske and Shelley E. Taylor, *Social Cognition* (New York: McGraw-Hill, 1991).
61. Stewart Shapiro and Mark T. Spence, "Factors Affecting Encoding, Retrieval, and Alignment of Sensory Attributes in a Memory-Based Brand Choice Task," *Journal of Consumer Research*, March 2002, pp. 603–617.
62. Joseph W. Alba, J. Wesley Hutchinson, and John G. Lynch Jr., "Memory and Decision Making," in eds. Thomas S. Robertson and Harold Kassarjian, *Handbook of Consumer Behavior* (Englewood Cliffs, N.J.: Prentice-Hall, 1991), pp. 1–49.
63. Rik G. M. Pieters and Tammo H. A. Bijmolt, "Consumer Memory for Television Advertising: A Field Study of Duration, Serial Position, and Competition Effects," *Journal of Consumer Research*, March 1997, pp. 362–372; David W. Stewart and David H. Furse, *Effective Television Advertising: A Study of 1000 Commercials* (Cambridge, Mass.: Marketing Science Institute, 1986); Pamela Homer, "Ad Size as an Indicator of Perceived Advertising Costs and Effort: The Effects on Memory and Perceptions," *Journal of Advertising*, Winter 1995, pp. 1–12.
64. Frank R. Kardes and Gurumurthy Kalyanaram, "Order of Entry Effects on Consumer Memory and Judgment: An Information Integration Perspective," *Journal of Marketing Research*, August 1992, pp. 343–357; Frank Kardes, Murali Chandrashekaran, and Ronald Dornoff, "Brand Retrieval, Consideration Set Composition, Consumer Choice, and the Pioneering Advantage," *Journal of Consumer Research*, June 1993, pp. 62–75; Frank H. Alpert and Michael A. Kamins, "An Empirical Investigation of Consumer Memory, Attitude, and Perceptions Toward Pioneer and Follower Brands," *Journal of Marketing*, October 1995, pp. 34–44.
65. Claudia Penteado, "Coca-Cola Expects to Grow by 7% in Brazil," *Advertising Age*, May 16, 2001, *www.adage.com*; Hillary Chura and Richard Linnett, "Coca-Cola Readies

Massive Global Campaign," *Advertising Age*, April 2, 2001, *www.adage.com*.
66. Sridar Samu, H. Shankar Krishnan, and Robert E. Smith, "Using Advertising Alliances for New Product Introduction: Interactions Between Product Complementarity and Promotional Strategies," *Journal of Marketing*, January 1999, pp. 57–74.
67. T. Bettina Cornwell, Michael S. Humphreys, Angela M. Maguire, Clinton S. Weeks, and Cassandra L. Tellegen, "Sponsorship-Linked Marketing: The Role of Articulation in Memory," *Journal of Consumer Research* 33, no. 3, 2006, pp. 312–321.
68. Gita Venkatatarmani Johar and Michel Tuan Pham, "Relatedness, Prominence, and Constructive Sponsor Identification," *Journal of Marketing Research* 36, August 1999, pp. 299–312.
69. Rex Briggs and Nigel Hollis, "Advertising on the Web: Is There Response Before Click-Through?" *Journal of Advertising Research*, March–April 1997, pp. 33–45.
70. Michael Pham and Gita Venkataramani Johar, "Contingent Processes of Source Identification," *Journal of Consumer Research*, December 1997, pp. 249–265.
71. Deborah D. Heisley and Sidney J. Levy, "Autodriving: A Photoelicitation Technique," *Journal of Consumer Research*, December 1991, pp. 257–272.
72. Nader T. Tavassoli and Yih Hwai Lee, "The Differential Interaction of Auditory and Visual Advertising Elements with Chinese and English," *Journal of Marketing Research*, November 2003, pp. 468–480.
73. Charles D. Lindsey and H. Shanker Krishnan, "Retrieval Disruption in Collaborative Groups due to Brand Cues," *Journal of Consumer Research* 33, no. 4, 2007, pp. 470–478.
74. William E. Baker, Heather Honea, and Cristel Antonia Russell, "Do Not Wait to Reveal the Brand Name," *Journal of Advertising*, Fall 2004, pp. 77–85.
75. Joan Meyers-Levy, "The Influence of a Brand Name's Association Set Size and Word Frequency on Brand Memory," *Journal of Consumer Research*, September 1989, pp. 197–207; Alba and Hutchinson, "Dimensions of Consumer Expertise."
76. Tina M. Lowrey, L. J. Shrum, and Tony M. Dubitsky, "The Relation Between Brand-Name Linguistic Characteristics and Brand-Name Memory," *Journal of Advertising*, Fall 2003, pp. 7–17.
77. Jaideep Sengupta and Gerald J. Gorn, "Absence Makes the Mind Grow Sharper: Effects of Element Omission on Subsequent Recall," *Journal of Marketing Research*, May 2002, pp. 186–201.
78. Terry L. Childers and Jeffrey Jass, "All Dressed Up with Something to Say: Effects of Typeface Semantic Associations on Brand Perceptions and Consumer Memory," *Journal of Consumer Psychology*, 2002, pp. 93–106.
79. Cathy J. Cobb and Wayne D. Hoyer, "The Influence of Advertising at the Moment of Brand Choice," *Journal of Advertising*, December 1986, pp. 5–27.
80. Keller, "Memory Factors in Advertising," *Journal of Consumer Research*, December 1987, pp. 316–333; J. Wesley Hutchinson and Daniel L. Moore, "Issues Surrounding the Examination of Delay Effects of Advertising," in ed. Thomas C. Kinnear, *Advances in Consumer Research*, vol. 11 (Provo, Utah: Association for Consumer Research, 1984), pp. 650–655.
81. Carolyn Costley, Samar Das, and Merrie Brucks, "Presentation Medium and Spontaneous Imaging Effects on Consumer Memory," *Journal of Consumer Psychology* 6, no. 3, 1997, pp. 211–231; David W. Sewart and Girish N. Punj, "Effects of Using a Nonverbal (Musical) Cue on Recall and Playback of Television Advertising: Implications for Advertising Tracking," *Journal of Business Research*, May 1998, pp. 39–51.
82. Cole and Houston, "Encoding and Media Effects on Consumer Learning Deficiencies in the Elderly"; Sharmistha Law, Scott A. Hawkins, and Fergus I. M. Craik, "Repetition-Induced Belief in the Elderly: Rehabilitating Age-Related Memory Deficits," *Journal of Consumer Research*, September 1998, pp. 91–107.
83. H. Rao Unnava and Robert E. Burnkrant, "An Imagery-Processing View of the Role of Pictures in Print Advertisements," *Journal of Marketing Research*, May 1991, pp. 226–231.
84. Sara L. Appleton-Knapp, Robert A. Bjork, and Thomas D. Wickens, "Examining the Spacing Effect in Advertising: Encoding Variability, Retrieval Processes, and Their Interaction," *Journal of Consumer Research* 32, no. 2, 2005, pp. 266–276.
85. Alice M. Isen, "Some Ways in Which Affect Influences Cognitive Processes: Implications for Advertising and Consumer Behavior," in eds. Alice M. Tybout and P. Cafferata, *Advertising and Consumer Psychology* (Lexington, Mass.: Lexington Books, 1989), pp. 91–117; see also Patricia A. Knowles, Stephen J. Grove, and W. Jeffrey Burroughs, "An Experimental Examination of Mood Effects on Retrieval and Evaluation of Advertisement and Brand Information," *Journal of the Academy of Marketing Science*, Spring 1993, pp. 135–143; Gordon H. Bower, "Mood and Memory," *American Psychologist*, February 1981, pp. 129–148; Gordon H. Bower, Stephen Gilligan, and Kenneth Montiero, "Selectivity of Learning Caused by Affective States," *Journal of Experimental Psychology: General*, December 1981, pp. 451–473; Alice M. Isen, Thomas Shalker, Margaret Clark, and Lynn Karp, "Affect, Accessibility of Material in Memory, and Behavior: A Cognitive Loop?" *Journal of Personality and Social Psychology*, 1978, pp. 1–12.
86. Alice M. Isen, "Toward Understanding the Role of Affect in Cognition," in eds. Robert S. Wyer and Thomas K. Srull, *Handbook of Social Cognition* (Hillsdale, N J.: Lawrence Erlbaum, 1984), pp. 179–236.
87. Alice M. Isen, "Some Ways in Which Affect Influences Cognitive Processes: Implications for Advertising and Consumer Behavior," in eds. Patricia Cafferata and Alice M. Tybout, *Cognitive and Affective Responses to Advertising* (Lexington, Mass.: Lexington Books, 1989), pp. 91–118.
88. Angela Y. Lee and Brian Sternthal, "The Effects of Positive Mood on Memory," *Journal of Consumer Research* 26, September 1999, pp. 115–127.

89. Alba and Hutchinson, "Dimensions of Consumer Expertise."
90. Dan Moren, "Apple's Ad Game," *MacWorld*, February 2008, pp. 32+; Mike Elgan, "Elgan: A New iPhone This Summer?" *ComputerWorld*, January 25, 2008, www.computerworld.com; Saul Hensell, "Can the Touch Revive Apple's iPod Sales?" *New York Times*, January 22, 2008, www.nytimes.com; Troy Wolverton, "Meet Apple's New Star, the Mac Computer," *San Jose Mercury News*, October 26, 2007, www.mercurynews.com; Anastasia Goodstein, "Teen Marketing: Apple's the Master," *BusinessWeek Online*, August 17, 2007, www.businessweek.com.

Chapter 8

1. Cliff Edwards, "A One-Stop Guide to Gadgets," *BusinessWeek*, December 10, 2007, p. 76; Joe Sharkey, "An Inspector Calls, and Hotels Listen," *New York Times*, September 9, 2007, p. BU2; Jessica Mintz, "Stores Lean More on Shopper Reviews," *International Business Times*, December 6, 2006, www.ibtimes.com.
2. Micheline Maynard, "Wrapping a Familiar Name Around a New Product," *New York Times*, May 22, 2004, p. C1.
3. Betsy Lowther, "Vietnam's Changing Retail Landscape," *WWD*, April 25, 2007, p. 10.
4. Michael Barbaro, "Never Mind What's in Them, Bags Are the Fashion," *New York Times*, December 16, 2007, www.nytimes.com.
5. "Pret a Manger: Bread Winners," *Marketing Week*, August 2, 2007, p. 24.
6. Joseph W. Alba, J. Wesley Hutchinson, and John G. Lynch, "Memory and Decision Making," in eds. Thomas C. Roberton and Harold H. Kassarjian, *Handbook of Consumer Behavior* (Englewood Cliffs, N.J.: Prentice-Hall, 1991).
7. John R. Hauser and Birger Wernerfelt, "An Evaluation Cost Model of Consideration Sets," *Journal of Consumer Research*, March 1990, pp. 393–408.
8. Emily Bryson York, "Nestle, Pepsi and Coke Face Their Waterloo," *Advertising Age*, October 8, 2007, p. 1.
9. Heather Timmons, "For India's Airlines, Passengers Are Plentiful but Profits Are Scarce," *New York Times*, May 8, 2007, p. C8; Susan Carey, "Even When It's Quicker to Travel by Train, Many Fly," *Wall Street Journal*, August 29, 1997, pp. B1, B5.
10. Emma Reynolds, "Nestlé Moves Away from Indulgence Angle for Aero Ad," *Marketing*, June 21, 2001, p. 22.
11. Kalpesh Kaushik Desai and Wayne D. Hoyer, "Descriptive Characteristics of Memory-Based Consideration Sets: Influence of Usage Occasion Frequency and Usage Location Familiarity," *Journal of Consumer Research* 27, December 2000, pp. 309–323.
12. Prakash Nedungadi and J. Wesley Hutchinson, "The Prototypicality of Brands: Relationships with Brand Awareness, Preference, and Usage," in eds. Elizabeth C. Hirschman and Morris B. Holbrook, *Advances in Consumer Research*, vol. 12 (Provo, Utah: Association for Consumer Research, 1985), pp. 498–503; Prakash Nedungadi, "Recall and Consumer Consideration Sets: Influencing Choice Without Altering Brand Evaluations," *Journal of Consumer Research*, December 1990, pp. 263–276.
13. Alba, Hutchinson, and Lynch, "Memory and Decision Making."
14. Nedungadi and Hutchinson, "The Prototypicality of Brands"; James Ward and Barbara Loken, "The Quintessential Snack Food: Measurement of Product Prototypes," in ed. Richard J. Lutz, *Advances in Consumer Research*, vol. 13 (Provo, Utah: Association for Consumer Research, 1986), pp. 126–131.
15. "Armor All Wants to Clean Some Son of a Gun's Clock," *Brandweek*, October 18, 1993, pp. 32–33.
16. Siew Meng Leong, Swee Hoon Ang, and Lai Leng Tham, "Increasing Brand Name Recall in Print Advertising Among Asian Consumers," *Journal of Advertising*, Summer 1996, pp. 65–82.
17. Stewart Shapiro, Deborah J. MacInnis, and Susan E. Heckler, "The Effects of Incidental Ad Exposure on the Formation of Consideration Sets," *Journal of Consumer Research*, June 1997, pp. 94–104.
18. Alba, Hutchinson, and Lynch, "Memory and Decision Making."
19. S. Ratneshwar and Allan D. Shocker, "Substitution in Use and the Role of Usage Context in Product Category Structures," *Journal of Marketing Research*, August 1991, pp. 281–295.
20. Jason DeParle, "A Western Union Empire Moves Migrant Cash Home," *New York Times*, November 22, 2007, pp. A1, A20.
21. Nedungadi and Hutchinson, "The Prototypicality of Brands"; Ward and Loken, "The Quintessential Snack Food."
22. Bernd Schmitt, "To Build Truly Global Brands, You've Got to Break the Rules," *Advertising Age*, February 11, 2008, www.adage.com.
23. Louise Story, "Product Packages Now Shout to Grab Your Fickle Attention," *New York Times*, August 10, 2007, pp. A1, A16; Arlene Weintraub, "J&J's New Baby," *BusinessWeek*, June 18, 2007, pp. 48+.
24. Gabriel Biehal and Dipankar Chakravarti, "Consumers' Use of Memory and External Information in Choice: Macro and Micro Perspectives," *Journal of Consumer Research*, March 1986, pp. 382–405.
25. Gabriel Biehal and Dipankar Chakravarti, "Information Accessibility as a Moderator of Consumer Choice," *Journal of Consumer Research*, June 1983, pp. 1–14.
26. Michaela Waenke, Gerd Bohner, and Andreas Jurkowitsch, "There Are Many Reasons to Drive a BMW: Does Imagined Ease of Argument Generation Influence Attitudes?" *Journal of Consumer Research*, September 1997, pp. 170–177.

27. Shai Danziger, Simone Moran, and Vered Rafaely, "The Influence of Ease of Retreival on Judgment as a Function of Attention to Subjective Experience," *Journal of Consumer Psychology* 16, no. 2, 2006, pp. 191–195.
28. Meryl Paula Gardner, "Advertising Effects on Attributes Recalled and Criteria Used for Brand Evaluations," *Journal of Consumer Research*, December 1983, pp. 310–318; Scott B. MacKenzie, "The Role of Attention in Mediating the Effect of Advertising on Attribute Importance," *Journal of Consumer Research*, September 1986, pp. 174–195; Priya Raghubir and Geeta Menon, "AIDS and Me, Never the Twain Shall Meet: The Effects of Information Accessibility on Judgments of Risk and Advertising Effectiveness," *Journal of Consumer Research*, June 1998, pp. 52–63.
29. Fellman and Lynch, "Self-Generated Validity and Other Effects of Measurement"; John G. Lynch, Howard Marmorstein, and Michael F. Weigold, "Choices from Sets Including Remembered Brands: Use of Recalled Attributes and Prior Overall Evaluations," *Journal of Consumer Research*, September 1988, pp. 169–184.
30. Carolyn L. Costley and Merrie Brucks, "Selective Recall and Information Use in Consumer Preferences," *Journal of Consumer Research*, March 1992, pp. 464–474; Geeta Menon, Priya Raghubit, and Norbert Schwarz, "Behavioral Frequency Judgments: An Accessibility–Diagnosticity Framework," *Journal of Consumer Research*, September 1995, pp. 212–228.
31. Paul M. Herr, Frank R. Kardes, and John Kim, "Effects of Word-of-Mouth and Product-Attribute Information on Persuasion: An Accessibility–Diagnosticity Perspective," *Journal of Consumer Research*, March 1991, pp. 454–462.
32. Bernard Simon, "Prius Overtakes Explorer in the US," *Financial Times*, January 11, 2008, p. 13.
33. Walter Kintsch and Tuen A. Van Dyk, "Toward a Model of Text Comprehension and Production," *Psychological Review*, September 1978, pp. 363–394; S. Ratneshwar, David G. Mick, and Gail Reitinger, "Selective Attention in Consumer Information Processing: The Role of Chronically Accessible Attributes," in eds. Marvin E. Goldberg, Gerald Gorn, and Richard W. Pollay, *Advances in Consumer Research*, vol. 17 (Provo, Utah: Association for Consumer Research, 1990), pp. 547–553.
34. Jacob Jacoby, Tracy Troutman, Alfred Kuss, and David Mazursky, "Experience and Expertise in Complex Decision Making," in ed. Richard J. Lutz, *Advances in Consumer Research*, vol. 13 (Provo, Utah: Association for Consumer Research, 1986), pp. 469–475.
35. Stewart Shapiro and Mark T. Spence, "Factors Affecting Encoding, Retrieval, and Alignment of Sensory Attributes in a Memory-Based Brand Choice Task," *Journal of Consumer Research*, March 2002, pp. 603–617.
36. Gardner, "Advertising Effects on Attributes Recalled"; Mackenzie, "The Role of Attention in Mediating the Effect of Advertising."
37. Vanessa O'Connell, "Labels Suggesting the Benefits of Drinking Wine Look Likely," *Wall Street Journal*, October 26, 1998, pp. B1, B3.
38. Mark I. Alpert, "Identification of Determinant Attributes: A Comparison of Methods," *Journal of Marketing Research*, May 1971, pp. 184–191.
39. Brendan I. Koerner, "The Mercedes of Trash Bags," *New York Times*, January 23, 2005, www.nytimes.com.
40. Jolita Kiselius and Brian Sternthal, "Examining the Vividness Controversy: An Availability–Valence Interpretation," *Journal of Consumer Research*, March 1986, pp. 418–431; Herr, Kardes, and Kim, "Effects of Word-of-Mouth and Product-Attribute Information."
41. Punam Anand Keller and Lauren G. Block, "Vividness Effects: A Resource-Matching Perspective," *Journal of Consumer Research*, December 1997, pp. 295–304.
42. Christian Caryl, "Visitors Wanted Now," *Newsweek*, October 15, 2007, p. 14.
43. Reid Hastie and Bernadette Park, "The Relationship Between Memory and Judgment Depends on Whether the Judgment Task Is Memory-Based or On-Line," *Psychological Review*, June 1986, pp. 258–268; Barbara Loken and Ronald Hoverstad, "Relationships Between Information Recall and Subsequent Attitudes: Some Exploratory Findings," *Journal of Consumer Research*, September 1985, pp. 155–168.
44. Biehal and Chakravarti, "Consumers' Use of Memory and External Information in Choice"; Jong-Won Park and Manoj Hastak, "Memory-Based Product Judgments: Effects of Involvement at Encoding and Retrieval," *Journal of Consumer Research*, December 1994, pp. 534–547.
45. Zeynep Gürhan-Canli, "The Effect of Expected Variability of Product Quality and Attribute Uniqueness on Family Brand Evaluations," *Journal of Consumer Research*, June 2003, pp. 105–114.
46. Hans Baumgartner, Mita Sujan, and James R. Bettman, "Autobiographical Memories, Affect, and Consumer Information Processing," *Journal of Consumer Psychology* 1, no. 1, 1992, pp. 53–82.
47. Rodney Ho, "Bowling for Dollars, Alleys Try Updating," *Wall Street Journal*, January 24, 1997, pp. B1, B2.
48. Elizabeth Cowley and Eunika Janus, "Not Necessarily Better, But Certainly Different: A Limit to the Advertising Misinformation Effect on Memory," *Journal of Consumer Research*, June 2004, pp. 229–235.
49. Fara Warner, "The Place to Be This Year," *Brandweek*, November 30, 1992, p. 24.
50. Michael J. Houston, Terry L. Childers, and Susan E. Heckler, "Picture–Word Consistency and the Elaborative Processing of Advertisements," *Journal of Marketing Research*, November 1987, pp. 359–369.
51. Joseph W. Alba and Amitava Chattopadhyay, "Salience Effects in Brand Recall," *Journal of Marketing Research*, November 1986, pp. 363–369; Kiselius and Sternthal, "Examining the Vividness Controversy."

52. Alba and Chattopadhyay, "Salience Effects in Brand Recall"; Kiselius and Sternthal, "Examining the Vividness Controversy."
53. Gordon H. Bower, "Mood and Memory," *American Psychologist*, February 1981, pp. 129–148; Gordon H. Bower, Stephen Gilligan, and Kenneth Montiero, "Selectivity of Learning Caused by Affective States," *Journal of Experimental Psychology: General*, December 1981, pp. 451–473; Alice M. Isen, Thomas Shalker, Margaret Clark, and Lynn Karp, "Affect, Accessibility of Material in Memory, and Behavior: A Cognitive Loop?" *Journal of Personality and Social Psychology*, January 1978, pp. 1–12.
54. Matthew Creamer, "Microsoft Plans Blitz to Fend Off Apple," *Advertising Age*, December 3, 2007, *www.adage.com*.
55. "Game Farmers Brand Deer Meat So It's Less Gamey," *Brandweek*, January 11, 1993, p. 7.
56. Robert L. Simison and Joseph B. White, "Reputation for Poor Quality Still Plagues Detroit," *Wall Street Journal*, May 4, 2000, pp. B1, B4.
57. Peter H. Bloch, Daniel L. Sherrell, and Nancy M. Ridgway, "Consumer Search: An Extended Framework," *Journal of Consumer Research*, June 1986, pp. 119–126.
58. Sharon E. Beatty and Scott M. Smith, "External Search Effort: An Investigation Across Several Product Categories," *Journal of Consumer Research*, June 1987, pp. 83–95.
59. Charles M. Brooks, Patrick J. Kaufmann, and Donald P. Lichtenstein, "Travel Configuration on Consumer Trip-Chained Store Choice," *Journal of Consumer Research* 31, no. 2, 2004, pp. 241–248.
60. Beatty and Smith, "External Search Effort."
61. See Judi Strebel, Tulim Erdem, and Joffre Swait, "Consumer Search in High Technology Markets: Exploring the Use of Traditional Information Channels," *Journal of Consumer Psychology* 14, no. 1–2, 2004, pp. 96–104.
62. Lorraine Mirabella, "As Shoppers Change Ways, Retailers Lag," *Baltimore Sun*, January 21, 2001, p. 1D.
63. David F. Midgley, "Patterns of Interpersonal Information Seeking for the Purchase of a Symbolic Product," *Journal of Marketing Research*, February 1983, pp. 74–83.
64. Michael Arndt, "Burrito Buzz—And So Few Ads," *BusinessWeek*, March 12, 2007, pp. 84–85.
65. Denver D'Rozario and Susan P. Douglas, "Effect of Assimilation on Prepurchase External Information-Search Tendencies," *Journal of Consumer Psychology* 8, no. 2, 1999, pp. 187–209.
66. Niranjan J. Raman, "A Qualitative Investigation of Web-Browsing Behavior," in eds. Merrie Brucks and Deborah J. MacInnis, *Advances in Consumer Research*, vol. 24 (Provo, Utah: Association for Consumer Research, 1997), pp. 511–516.
67. Peter J. Danaher, Guy W. Mullarkey, and Skander Essegaier, "Factors Affecting Web Site Visit Duration: A Cross-Domain Analysis," *Journal of Marketing Research*, May 2006, pp. 182–194.
68. Sally J. McMillan and Jang-Sun Hwang, "Measures of Perceived Interactivity: An Exploration of the Role of Direction of Communication, User Control, and Time in Shaping Perceptions of Interactivity," *Journal of Advertising*, Fall 2002, pp. 29–42; Yuping Liu and L. J. Shrum, "What Is Interactivity and Is It Always Such a Good Thing? Implications of Definition, Person, and Situation for the Influence of Interactivity on Advertising Effectiveness," *Journal of Advertising*, Winter 2002, pp. 53–64.
69. Gerald J. Gorn, Amitava Chattopadhyay, Jaideep Sengupta, and Shashank Tripathi, "Waiting for the Web: How Screen Color Affects Time Perception," *Journal of Marketing Research*, May 2004, pp. 215–225.
70. Charla Mathwick and Edward Rigdon, "Play, Flow, and the Online Search Experience," *Journal of Consumer Research*, September 2004, pp. 324–332.
71. Martin Holzwarth, Chris Janiszewski, and Marcus M. Neumann, "The Influence of Avatars on Online Consumer Shopping Behavior," *Journal of Marketing*, June 2006, pp. 19–36.
72. Puneet Manchanda, Jean-Pierre Dubé, Khim Yong Goh, and Pradeep K. Chintagunta, "The Effect of Banner Advertising on Internet Purchasing," *Journal of Marketing Research*, February 2006, pp. 98–108.
73. Andrew D. Gershoff, Susan M. Broniarczyk, and Patricia M. West, "Recommendation or Evaluation? Task Sensitivity in Information Source Selection," *Journal of Consumer Research*, December 2001, pp. 418–438.
74. Alan D. J. Cooke, Harish Sujan, Mita Sujan, and Barton A. Weitz, "Marketing the Unfamiliar: The Role of Context and Item-Specific Information in Electronic Agent Recommendations," *Journal of Marketing Research*, November 2002, pp. 499+.
75. Dan Ariely, John G. Lynch Jr., and Manuel Aparicio IV, "Learning by Collaborative and Individual-Based Recommendation Agents," *Journal of Consumer Psychology* 14, no. 1–2, 2004, pp. 81–95.
76. Caterina Sismeiro and Randolph E. Bucklin, "Modeling Purchase Behavior at an E-Commerce Web Site: A Task-Completion Approach," *Journal of Marketing Research*, August 2004, pp. 306–323.
77. Nicholas H. Lurie, "Decision Making in Information-Rich Environments: The Role of Information Structure," *Journal of Consumer Research*, March 2004, pp. 473–486.
78. Ross Kerber, "Direct Hit Uses Popularity to Narrow Internet Searches," *Wall Street Journal*, July 2, 1998, p. B4.
79. Kristen Diel, "When Two Rights Make a Wrong: Searching Too Much in Ordered Environments," *Journal of Marketing Research*, August 2005, pp. 313–322; Kristen Diel and Gal Zauberman, "Searching Ordered Sets: Evaluations from Sequences Under Search," *Journal of Consumer Research* 31, no. 4, 2005, pp. 824–832.
80. Michelle Slatalla, "Price-Comparison Sites Do the Legwork," *New York Times*, February 3, 2005, p. G3.

81. Robyn Weisman, "Technologies That Changed 2001," *Newsfactor.com*, January 3, 2002, *www.newsfactor.com/perl/story/?id=15569;* Sally Beatty, "IBM HotMedia Aims to Speed Online Ads," *Wall Street Journal*, October 27, 1998, p. B8.
82. Hairong Li, Terry Daugherty, and Frank Biocca, "Impact of 3-D Advertising on Product Knowledge, Brand Attitude, and Purchase Intention: The Mediating Role of Presence," *Journal of Advertising*, Fall 2002, pp. 43–57.
83. Rebecca Fairley Raney, "Forget Gimmicks: Buyers Want Numbers," *New York Times*, February 11, 2007, sec. 11, p. 1; June Fletcher, "The Home Front: Blind Date with a Bungalow," *Wall Street Journal*, May 7, 2004, p. W14.
84. Eileen Fischer, Julia Bristor, and Brenda Gainer, "Creating or Escaping Community? An Exploratory Study of Internet Consumers' Behaviors," in eds. Kim P. Corfman and John G. Lynch, *Advances in Consumer Research*, vol. 23 (Provo, Utah: Association for Consumer Research, 1996), pp. 178–182; John Buskin, "Tales from the Front," *Wall Street Journal*, December 7, 1998, p. R6.
85. Neil A. Granitz and James C. Ward, "Virtual Community: A Sociocognitive Analysis," in eds. Kim P. Corfman and John G. Lynch, *Advances in Consumer Research*, vol. 23 (Provo, Utah: Association for Consumer Research, 1996), pp. 161–166.
86. Brady, "Cult Brands."
87. Holly Vanscoy, "Life after Living.com," *Smart Business*, February 2001, pp. 68–10; Clare Saliba, "With Webvan Gone, Where Will Online Shoppers Turn?" *E-Commerce Times*, July 10, 2001, *www.ecommercetimes.com/perl/story/11884.html.*
88. John C. Ryan, "Dipping into Books Online," *Christian Science Monitor*, November 13, 2003, p. 12.
89. Fletcher, "The Home Front: Blind Date with a Bungalow."
90. Stacy L. Wood, "Remote Purchase Environments: The Influence of Return Policy Leniency on Two-Stage Decision Process," *Journal of Marketing Research* 38, May 2001, pp. 157–169.
91. Marcelo Prince, "Online Retailers Try to Streamline Checkout Process," *Wall Street Journal*, November 11, 2004, p. D2.
92. Jayne O'Donnell, "Online Shopping: A Blessing and a Curse?" *USA Today*, December 2, 2007, *www.usatoday.com.*
93. Michael Totty, "So Much Information . . .," *Wall Street Journal*, December 9, 2002, p. R4; Subodh Bhat, Michael Bevans, and Sanjit Sengupta, "Measuring Users' Web Activity to Evaluate and Enhance Advertising Effectiveness," *Journal of Advertising*, Fall 2002, pp. 97–106.
94. Bruce Einhorn and Chi-Chu Tschang, "China's E-Tail Awakening," *BusinessWeek*, November 19, 2007, p. 44.
95. Jacob Jacoby, Robert W. Chestnut, Karl Weigl, and William A. Fisher, "Prepurchase Information Acquisition: Description of a Process Methodology, Research Paradigm, and Pilot Investigation," in ed. Beverlee B. Anderson, *Advances in Consumer Research*, vol. 3 (Cincinnati: Association for Consumer Research, 1976), pp. 306–314; Jacob Jacoby, Robert W. Chestnut, and William Silberman, "Consumer Use and Comprehension of Nutrition Information," *Journal of Consumer Research*, September 1977, pp. 119–128.
96. John O. Claxton, Joseph N. Fry, and Bernard Portis, "A Taxonomy of Prepurchase Information Gathering Patterns," *Journal of Consumer Research*, December 1974, pp. 35–42.
97. Bloch, Sherrell, and Ridgway, "Consumer Search."
98. R. A. Bauer, "Consumer Behavior as Risk Taking," in ed. Robert S. Hancock, *Dynamic Marketing for a Changing World* (Chicago: American Marketing Association, 1960), pp. 389–398; Rohit Deshpande and Wayne D. Hoyer, "Consumer Decision Making: Strategies, Cognitive Effort, and Perceived Risk," in *1983 Educators' Conference Proceedings* (Chicago: American Marketing Association, 1983), pp. 88–91.
99. Keith B. Murray, "A Test of Services Marketing Theory: Consumer Information Acquisition Activities," *Journal of Marketing*, January 1991, pp. 10–25; Joel E. Urbany, Peter R. Dickson, and William L. Wilkie, "Buyer Uncertainty and Information Search," *Journal of Consumer Research*, September 1989, pp. 208–215.
100. David J. Furse, Girish N. Punj, and David W. Stewart, "A Typology of Individual Search Strategies Among Purchasers of New Automobiles," *Journal of Consumer Research*, March 1984, pp. 417–431; Narasimhan Srinivasan and Brian T. Ratchford, "An Empirical Test of a Model of External Search for Automobiles," *Journal of Consumer Research*, September 1991, pp. 233–242; Jacob Jacoby, James J. Jaccard, Imran Currim, Alfred Kuss, Asim Ansari, and Tracy Troutman, "Tracing the Impact of Item-by-Item Information Accessing on Uncertainty Reduction," *Journal of Consumer Research*, September 1994, pp. 291–303.
101. Calmetta Y. Coleman, "Selling Jewelry, Dolls, and TVs Next to Corn Flakes," *Wall Street Journal*, November 19, 1997, pp. B1, B8.
102. Diehl and Zauberman, "Searching Ordered Sets."
103. Gal Zauberman, "The Intertemporal Dynamics of Consumer Lock-In," *Journal of Consumer Research*, December 2003, pp. 405–419.
104. Sridhar Moorthy, Brian T. Ratchford, and Debabrata Talukdar, "Consumer Information Search Revisited: Theory and Empirical Analysis," *Journal of Consumer Research*, March 1997, pp. 263–277.
105. Calvin P. Duncan and Richard W. Olshavsky, "External Search: The Role of Consumer Beliefs," *Journal of Marketing Research*, February 1982, pp. 32–43; Girish N. Punj and Richard Staelin, "A Model of Information Search Behavior for New Automobiles," *Journal of Consumer Research*, September 1983, pp. 181–196.
106. Duncan and Olshavsky, "External Search."

107. Kathy Hammond, Gil McWilliam, and Andrea Narholz Diaz, "Fun and Work on the Web: Differences in Attitudes Between Novices and Experienced Users," in eds. Joseph W. Alba and J. Wesley Hutchinson, *Advances in Consumer Research*, vol. 25 (Provo, Utah: Association for Consumer Research, 1998), pp. 372–378.
108. Joan E. Rigdon, "Advertisers Give Surfers Games to Play," *Wall Street Journal*, October 28, 1996, pp. B1, B6.
109. Laura A. Peracchio and Alice M. Tybout, "The Moderating Role of Prior Knowledge in Schema-Based Product Evaluation," *Journal of Consumer Research*, December 1996, pp. 177–192.
110. Joan Meyers-Levy and Alice Tybout, "Schema-Congruity as Basis for Product Evaluation," *Journal of Consumer Research*, June 1989, pp. 39–54.
111. Jonathan Welsh, "Vacuums Make Sweeping Health Claims," *Wall Street Journal*, September 9, 1996, pp. B1, B2.
112. Julie L. Ozanne, Merrie Brucks, and Dhruv Grewal, "A Study of Information Search Behavior During Categorization of New Products," *Journal of Consumer Research*, March 1992, pp. 452–463.
113. Punj and Staelin, "A Model of Consumer Information Search Behavior for New Automobiles"; Kiel and Layton, "Dimensions of Consumer Information Seeking."
114. Christine Moorman, Kristin Diehl, David Brinberg, and Blair Kidwell, "Subjective Knowledge, Search Locations, and Consumer Choice," *Journal of Consumer Research*, December 2004, pp. 673–680.
115. Merrie Brucks, "The Effects of Product Class Knowledge on Information Search Behavior," *Journal of Consumer Research*, June 1985, pp. 1–16; James R. Bettman and C. Whan Park, "Effects of Prior Knowledge and Experience and Phase of the Choice Process on Consumer Decision Processes: A Protocol Analysis," *Journal of Consumer Research*, December 1980, pp. 234–248; Eric J. Johnson and J. Edward Russo, "Product Familiarity and Learning New Information," *Journal of Consumer Research*, June 1984, pp. 542–550; P. S. Raju, Subhas C. Lonial, and W. Glyn Mangold, "Differential Effects of Subjective Knowledge, Objective Knowledge, and Usage Experience on Decision Making; An Exploratory Investigation," *Journal of Consumer Psychology* 4, no. 2, 1995, pp. 153–180; Joseph W. Alba and J. Wesley Hutchinson, "Dimensions of Consumer Expertise," *Journal of Consumer Research*, March 1987, pp. 411–454.
116. Noel Capon and Roger Davis, "Basic Cognitive Ability Measures as Predictors of Consumer Information Processing Strategies," *Journal of Consumer Research*, June 1984, pp. 551–563.
117. For a summary of a number of studies, see Joseph W. Newman, "Consumer External Search: Amount and Determinants," in eds. Arch Woodside, Jagdish Sheth, and Peter Bennett, *Consumer and Industrial Buying Behavior* (New York: North-Holland, 1977), pp. 79–94; Charles M. Schaninger and Donald Sciglimpaglia, "The Influences of Cognitive Personality Traits and Demographics on Consumer Information Acquisition," *Journal of Consumer Research*, September 1981, pp. 208–216.
118. Scott Painton and James W. Gentry, "Another Look at the Impact of Information Presentation Format," *Journal of Consumer Research*, September 1985, pp. 240–244.
119. J. Edward Russo, Richard Staelin, Catherine A. Nolan, Gary J. Russell, and Barbara L. Metcalf, "Nutrition Information in the Supermarket," *Journal of Consumer Research*, June 1986, pp. 48–70.
120. Christine Moorman, "The Effects of Stimulus and Consumer Utilization of Nutrition Information," *Journal of Consumer Research*, December 1990, pp. 362–374.
121. Chris Janiszewski, "The Influence of Display Characteristics on Visual Exploratory Search Behavior," *Journal of Consumer Research*, December 1998, pp. 290–301.
122. William L. Moore and Donald L. Lehman, "Validity of Information Display Boards: An Assessment Using Longitudinal Data," *Journal of Marketing Research*, November 1980, pp. 296–307; C. Whan Park, Easwar S. Iyer, and Daniel C. Smith, "The Effects of Situational Factors on In-Store Grocery Shopping Behavior: The Role of Store Environment and Time Available for Shopping," *Journal of Consumer Research*, March 1989, pp. 422–433.
123. John R. Hauser, Glen L. Urban, and Bruce D. Weinberg, "How Consumers Allocate Their Time When Searching for Information," *Journal of Marketing Research*, November 1993, pp. 452–466.
124. Randolph E. Bucklin and Catarina Sismeiro, "A Model of Web Site Browsing Behavior Estimated on Click-stream Data," *Journal of Marketing Research*, August 2003, pp. 249–267.
125. Alhassan G. Abdul-Muhmin, "Contingent Decision Behavior: Effect of Number of Alternatives to Be Selected on Consumers' Decision Processes," *Journal of Consumer Psychology* 8, no. 1, 1999, pp. 91–111.
126. Laura Lorber, "Raising Your Profile: Beyond the Basics," *Wall Street Journal*, August 27, 2007, p. B4.
127. Naomi Mandel and Eric J. Johnson, "When Web Pages Influence Choice: Effects of Visual Primes on Experts and Novices," *Journal of Consumer Research*, September 2002, pp. 235–245.
128. Furse, Punj, and Stewart, "A Typology of Individual Search Strategies Among Purchasers of New Automobiles."
129. Brian T. Ratchford, Myung-Soo Lee, and Debabrata Talukdar, "The Impact of the Internet on Information Search for Automobiles," *Journal of Marketing Research*, May 2003, pp. 193–209.
130. Judi Strebel, Tülin Erdem, and Joffre Swait, "Consumer Search in High Technology Markets: Exploring the Use of Traditional Information Channels," *Journal of Consumer Psychology*, 2004, pp. 96–104.
131. Nanette Byrnes, "More Clicks at the Bricks," *BusinessWeek*, December 17, 2007, pp. 50–52.
132. "Office Depot," *Chain Store Age*, November 2007, p. 72.

133. Troy Wolverton and Greg Sandoval, "Net Shoppers Wooed by In-Store Deals," *CNET News.com*, December 12, 2001, http://news.cnet.com/news/0-1007-200-8156745.html.
134. Jacob Jacoby, Robert W. Chestnut, and William A. Fisher, "A Behavioral Process Approach to Information Acquisition in Nondurable Purchasing," *Journal of Marketing Research*, November 1978, pp. 532–544.
135. Kent B. Monroe, "The Influence of Price Differences and Brand Familiarity on Brand Preferences," *Journal of Consumer Research*, June 1976, pp. 42–49.
136. Kristin Diehl, Laura J. Kornish, and John G. Lynch Jr., "Smart Agents: When Lower Search Costs for Quality Information Increase Price Sensitivity," *Journal of Consumer Research*, June 2003, pp. 56–71.
137. Dhruv Grewal and Howard Marmorstein, "Market Price Variation, Perceived Price Variation, and Consumers' Price Search Decision for Durable Goods," *Journal of Consumer Research*, December 1994, pp. 453–460.
138. "Japan's Fast Retailing Rebuilds Units by Tapping Uniqlo Strength," *AsiaPulse News*, December 27, 2007, n.p.
139. Cynthia Huffman, "Goal Change, Information Acquisition, and Transfer," *Journal of Consumer Psychology* 5, no. 1, 1996, pp. 1–26.
140. Deborah Roedder John, Carol A. Scott, and James R. Bettman, "Sampling Data for Covariation Assessment," *Journal of Consumer Research*, March 1986, pp. 406–417.
141. J. Edward Russo and France Leclerc, "An Eye-Fixation Analysis of Choice for Consumer Nondurables," *Journal of Consumer Research*, September 1994, pp. 274–290.
142. Jacoby et al., "Prepurchase Information Acquisition."
143. J. Edward Russo, Margaret G. Meloy, and Husted Medvec, "Predecisional Distortion of Product Information," *Journal of Marketing Research*, November 1998, pp. 438–452.
144. Carol A. Berning and Jacob Jacoby, "Patterns of Information Acquisition in New Product Purchases," *Journal of Consumer Research*, September 1974, pp. 18–22.
145. Itamar Simonson, Joel Huber, and John Payne, "The Relationship Between Prior Brand Knowledge and Information Acquisition Order," *Journal of Consumer Research*, March 1988, pp. 566–578.
146. Wendy W. Moe, "An Empirical Two-Stage Choice Model with Varying Decision Rules Applied to Internet Clickstream Data," *Journal of Marketing Research*, November 2006, pp. 680–692; Amitav Chakravarti, Chris Janiszewski, and Gulden Ulkumen, "The Neglect of Prescreening Information," *Journal of Marketing Research*, November 2006, pp. 642–653.
147. Carrie M. Heilman, Douglas Bowman, and Gordon P. Wright, "The Evolution of Brand Preference and Choice Behaviors of Consumers New to a Market," *Journal of Marketing Research* 37, May 2000, pp. 139–155.
148. Jacoby et al., "Prepurchase Information Acquisition"; James R. Bettman, *An Information Processing Theory of Consumer Choice* (Reading, Mass.: Addison-Wesley, 1979).
149. Eric J. Johnson and J. Edward Russo, "Product Familiarity and Learning New Information," *Journal of Consumer Research*, June 1984, pp. 542–550; James R. Bettman and P. Kakkar, "Effects of Information Presentation Format on Consumer Information Acquisition Strategies," *Journal of Consumer Research*, March 1977, pp. 233–240.
150. Raj Sethuraman, Catherine Cole, and Dipak Jain, "Analyzing the Effect of Information Format and Task on Cutoff Search Strategies," *Journal of Consumer Psychology* 3, 1994, pp. 103–136.
151. Jacoby et al., "Tracing the Impact of Item-by-Item Information Accessing on Uncertainty Reduction."
152. Joydeep Srivastava and Nicholas Lurie, "A Consumer Perspective on Price-Matching Refund Policies: Effect on Price Perceptions and Search Behavior," *Journal of Consumer Research*, September 2001, pp. 296–307.
153. Elizabeth Woyke, "Wireless: The Next Killer Mobile App," *Forbes.com*, April 3, 2008, www.forbes.com; Jayne O'Donnell, "Shop by Phone Gets New Meaning," *USA Today*, December 18, 2007, www.usatoday.com; Louise Story, "Brokering a Deal, Carefully, Between Malls and the Web," *New York Times*, October 18, 2007, www.nytimes.com; www.frucall.com; www.nearbynow.com; www.cellfire.com.

Chapter 9

1. "Suzuki Motor/Nissan Motor: Thailand Allows Tax Break for Eco-Car Projects," *Wall Street Journal*, December 10, 2007, www.wsj.com; James Hookway, "Thailand Shows Signs of Economic Revival; Ford–Mazda Plan Reflects Optimism Ahead of Elections," *Wall Street Journal*, October 10, 2007, p. A13; "Thailand's Eco-Drive," *Global Agenda*, June 21, 2007, n.p.; "Mercedes-Benz (Thailand) Sees Slower Growth," *Asia Africa Intelligence Wire*, February 4, 2005, n.p.; Evelyn Iritani, "Road Warriors," *Los Angeles Times*, July 9, 1995, pp. D1, D6.
2. Michael D. Johnson and Christopher P. Puto, "A Review of Consumer Judgment and Choice," in ed. Michael J. Houston, *Review of Marketing* (Chicago: American Marketing Association, 1987), pp. 236–292.
3. Eloise Coupey, Julie R. Irwin, and John W. Payne, "Product Category Familiarity and Preference Construction," *Journal of Consumer Research*, March 1998, pp. 459–468.
4. Itamar Simonson, Joel Huber, and John Payne, "The Relationship Between Prior Brand Knowledge and Information Acquisition Order," *Journal of Consumer Research*, March 1988, pp. 566–578.
5. Eric J. Johnson and J. Edward Russo, "Product Familiarity and Learning New Information," *Journal of Consumer Research*, June 1984, pp. 528–541.
6. Michel Tuan Pham, Joel B. Cohen, John W. Pracejus, and G. David Hughes, "Affect Monitoring and the Primacy of Feelings in Judgment," *Journal of Consumer Research*, September 2001, pp. 167–188.
7. Gita Venkataramani Johar, Kamel Jedidi, and Jacob Jacoby, "A Varying-Parameter Averaging Model of Online Brand Evaluations," *Journal of Consumer Research*, September 1997, pp. 232–247; Daniel Kahneman and Amos

Tversky, "On the Psychology of Prediction," *Psychology Review,* July 1973, pp. 251–275.
8. Joan Meyers-Levy and Alice M. Tybout, "Context Effects at Encoding and Judgment in Consumption Settings: The Role of Cognitive Resources," *Journal of Consumer Research,* June 1997, pp. 1–14.
9. "Starbucks Coffee Company," *Food Engineering and Ingredients,* June 2004, p. 7.
10. John Carroll, "The Effect of Imagining an Event on Expectations for the Event," *Journal of Experimental Social Psychology,* January 1978, pp. 88–96.
11. Deborah J. MacInnis and Linda L. Price, "The Role of Imagery in Information Processing: Review and Extensions," *Journal of Consumer Research,* March 1987, pp. 473–491.
12. Baba Shiv and Joel Huber, "The Impact of Anticipating Satisfaction on Consumer Choice," *Journal of Consumer Research* 27, September 2000, pp. 202–216.
13. Arul Mishra and Dhananjay Nayakankuppam, "Consistency and Validity Issues in Consumer Judgments," *Journal of Consumer Research* 33, no. 3, 2006, pp. 291–303.
14. Calvin P. Duncan and Richard W. Olshavsky, "External Search: The Role of Consumer Beliefs," *Journal of Marketing Research,* February 1982, pp. 32–43.
15. Geeta Menon, Lauren G. Block, and Suresh Ramanathan, "We're at as Much Risk as We Are Led to Believe: Effects of Message Cues on Judgments of Health Risk," *Journal of Consumer Research,* March 2002, pp. 533–549.
16. Rohini Ahluwalia, "Re-Inquiries: How Prevalent Is the Negativity Effect in Consumer Environments?" *Journal of Consumer Research,* September 2002, pp. 270–279; Rohini Ahluwalia, H. Rao Unnava, and Robert E. Burnkrant, "The Moderating Effect of Commitment on the Spillover Effect of Marketing Communications," *Journal of Marketing Research,* November 2001, pp. 458–470.
17. Meryl Paula Gardner, "Mood States and Consumer Behavior: A Critical Review," *Journal of Consumer Research,* December 1985, pp. 281–300.
18. Margaret G. Meloy, J. Edward Russo, and Elizabeth Gelfand, "Monetary Incentives and Mood," *Journal of Marketing Research,* May 2006, pp. 267–275.
19. Stijn M. J. Van Osselaer and Joseph W. Alba, "Consumer Learning and Brand Equity," *Journal of Consumer Research* 27, June 2000, pp. 1–16.
20. Paul M. Herr, "Priming Price: Prior Knowledge and Context Effects," *Journal of Consumer Research,* June 1989, pp. 67–75.
21. Jim Henry, "Bentley Is King of Ultraluxury Sales in America," *Automotive News,* February 4, 2007, p. 78; "Conspicuous Non-consumption," *The Economist,* January 8, 2005, pp. 56–57.
22. Sung-Tai Hong and Robert S. Wyer Jr., "Effects of Country-of-Origin and Product-Attribute Information: An Information Processing Perspective," *Journal of Consumer Research,* September 1989, pp. 175–187.
23. Normandy Madden, "Study: Chinese Youth Aren't Patriotic Purchasers," *Advertising Age,* January 5, 2004, p. 6; Craig S. Smith, "Chinese Government Struggles to Rejuvenate National Brands," *Wall Street Journal,* June 24, 1996, pp. B1, B6.
24. James R. Bettman and Mita Sujan, "Effects of Framing on Evaluation of Comparable and Noncomparable Alternatives by Expert and Novice Consumers," *Journal of Consumer Research,* September 1987, pp. 141–151.
25. Naomi Mandel, "Shifting Selves and Decision Making: The Effects of Self-Construal Priming on Consumer Risk-Taking," *Journal of Consumer Research,* June 2003, pp. 30–40.
26. Raghubir and Menon, "AIDS and Me, Never the Twain Shall Meet."
27. Menon, Block, and Ramanathan, 2002.
28. Ravi Dhar and Itamar Simonson, "The Effect of Forced Choice on Choice," *Journal of Marketing Research,* May 2004, pp. 146–160; Ravi Dhar, "Consumer Preference for a No-Choice Option," *Journal of Consumer Research,* September 1997, pp. 215–231.
29. Ravi Dhar and Stephen M. Nowlis, "To Buy or Not to Buy," *Journal of Marketing Research,* November 2004, pp. 423–432.
30. "The Rise of the Superbrands," *The Economist,* February 5, 2005, pp. 63–65.
31. F. May and R. Homans, "Evoked Set Size and the Level of Information Processing in Product Comprehension and Choice Criteria," in ed. William D. Perrault, *Advances in Consumer Research,* vol. 4 (Chicago: Association for Consumer Research, 1977), pp. 172–175.
32. Amitav Chakravarti and Chris Janiszewski, "The Influence of Macro-Level Motives on Consideration Set Composition in Novel Purchase Situations," *Journal of Consumer Research,* September 2003, pp. 244–258.
33. Frank R. Kardes, David M. Sanbonmatsu, Maria L. Cronley, and David C. Houghton, "Consideration Set Overvaluation: When Impossibly Favorable Ratings of a Set of Brands Are Observed," *Journal of Consumer Psychology,* 2002, pp. 353–361.
34. Steven S. Posavac, David M. Sanbonmatsu, and Edward A. Ho, "The Effects of Selective Consideration of Alternatives on Consumer Choice and Attitude–Decision Consistency," *Journal of Consumer Psychology,* 2002, pp. 203–213.
35. Steven S. Posavac, David M. Sanbonmatsu, Frank R. Kardes, and Gavan J. Fitzsimons, "The Brand Positivity Effect: When Evaluation Confers Preference," *Journal of Consumer Research,* December 2004, pp. 643–651.
36. Ryan Hamilton, Jiewen Hong, and Alexander Chernev, "Perceptual Focus Effects in Choice," *Journal of Consumer Research,* August 2007, pp. 187–199; Itamar Simonson and Amos Tversky, "Choice in Context: Tradeoff Contrast and Extremeness Aversion," *Journal of Marketing Research,* August 1992, pp. 281–295.
37. Jongwon Park and JungKeun Kim, "The Effects of Decoys on Preference Shifts: The Role of Attractiveness and Providing Justification," *Journal of Consumer Psychology* 15,

no. 2, 2005, pp. 94–107; Joel Huber, John W. Payne, and Christopher Puto, "Adding Asymmetrically Dominated Alternatives: Violations of Regularity and the Similarity Hypothesis," *Journal of Consumer Research*, June 1982, pp. 90–98; Srinivasan Ratneshwar, Allan D. Shocker, and David W. Stewart, "Toward Understanding the Attraction Effect: The Implications of Product Stimulus Meaningfulness and Familiarity," *Journal of Consumer Research*, March 1987, pp. 520–533; Sanjay Mishra, U. N. Umesh, and Donald E. Stem, "Antecedents of the Attraction Effect: An Information Processing Approach," *Journal of Marketing Research*, August 1993, pp. 331–349; Yigang Pan, Sue O'Curry, and Robert Pitts, "The Attraction Effect and Political Choice in Two Elections," *Journal of Consumer Psychology* 4, no. 1, 1995, pp. 85–101; Sankar Sen, "Knowledge, Information Mode, and the Attraction Effect," *Journal of Consumer Research*, June 1998, pp. 64–77; Timothy B. Heath and Subimal Chatterjee, "Asymmetric Decoy Effects on Lower-Quality Versus Higher-Quality Brands: Meta-analytic and Experimental Evidence," *Journal of Consumer Research*, December 1995, pp. 268–284; Elizabeth Cowley and John R. Rossiter, "Range Model of Judgments," *Journal of Consumer Psychology* 15, no. 3, 2005, pp. 250–262.
38. Simonson, "Get Closer to Your Consumers by Understanding How They Make Choices."
39. Jim Wang and Robert S. Wyer Jr., "Comparative Judgment Processes: The Effects of Task Objectives and Time Delay on Product Evaluations," *Journal of Consumer Psychology*, 2002, pp. 327–340.
40. Alexander Chernev, "Decision Focus and Consumer Choice Among Assortments," *Journal of Consumer Research* 33, no. 1, 2006, pp. 50–59.
41. Rebecca W. Hamilton, "Why Do People Suggest What They Do Not Want? Using Context Effects to Influence Others' Choices," *Journal of Consumer Research*, March 2003, pp. 492–506.
42. Leonard Lee and Dan Ariely, "Shopping Goals, Goal Concreteness, and Conditional Promotions," *Journal of Consumer Research* 33, no. 1, 2006, pp. 60–70.
43. Punam A. Keller, "Regulatory Focus and Efficacy of Health Messages," *Journal of Consumer Research* 33, no. 1, 2006, pp. 109–114.
44. John G. Lynch and G. Zauberman, "Construing Consumer Decision Making," *Journal of Consumer Psychology* 17, no. 2, 2007, pp. 107–112.
45. Ran Kivetz and Itamar Simonson, "Self-Control for the Righteous: Toward a Theory of Precommitment to Indulgence," *Journal of Consumer Research*, September 2002, pp. 199–217.
46. Daniel Kahneman and Amos Tversky, "Prospect Theory: An Analysis of Decisions Under Risk," *Econometrica*, March 1979, pp. 263–291.
47. Punan Anand Keller, Isaac M. Lipkus, and Barbara K. Rimer, "Affect, Framing, and Persuasion," *Journal of Marketing Research*, February 2003, pp. 54–64.
48. Ashwani Monga and Rui Zhu, "Buyers Versus Sellers: How They Differ in Their Responses to Framed Outcomes," *Journal of Consumer Psychology* 15, no. 4, 2005, pp. 325–333.
49. Levin, "Associative Effects of Information Framing."
50. Sucharita Chandran and Geeta Menon, "When a Day Means More Than a Year: Effects of Temporal Framing on Judgments of Health Risk," *Journal of Consumer Research*, September 2004, pp. 375–389.
51. Christopher P. Puto, W. E. Patton, and Ronald H. King, "Risk Handling Strategies in Industrial Vendor Selection Decisions," *Journal of Marketing*, January 1987, pp. 89–98.
52. John T. Gourville, "Pennies-a-Day: The Effect of Temporal Reframing on Transaction Evaluation," *Journal of Consumer Research*, March 1998, pp. 395–408.
53. Rashmi Adaval and Kent B. Monroe, "Automatic Construct and Use of Contextual Information for Product and Price Evaluations," *Journal of Consumer Research*, March 2002, pp. 572–588.
54. Yaacov Schul and Yoav Ganzach, "The Effects of Accessibility of Standards and Decision Framing on Product Evaluations," *Journal of Consumer Psychology* 4, no. 1, 1995, pp. 61–83.
55. Baba Shiv, Julie A. Edell, and John W. Payne, "Factors Affecting the Impact of Negatively and Positively Framed Ad Messages," *Journal of Consumer Research*, December 1997, pp. 285–294.
56. Bettman and Sujan, "Effects of Framing on Evaluation of Comparable and Noncomparable Alternatives by Expert and Novice Consumers."
57. Donald P. Green and Irene V. Blair, "Framing and Price Elasticity of Private and Public Goods," *Journal of Consumer Psychology* 4, no. 1, 1995, pp. 1–32.
58. Paul M. Herr and Christine M. Page, "Asymmetric Association of Liking and Disliking Judgments: So What's Not to Like?" *Journal of Consumer Research*, March 2004, pp. 588–601.
59. Robert Berner, "Welcome to Procter & Gamble," *BusinessWeek*, February 7, 2005, pp. 76–77.
60. Brian Steinberg, "Western Union to Court Immigrants," *Wall Street Journal*, May 2, 2003, p. B2.
61. Itamar Simonson, "Get Closer to Your Consumers by Understanding How They Make Choices," *California Management Review*, Summer 1993, pp. 68–84; John W. Payne, James R. Bettman, and Eric J. Johnson, "The Adaptive Decision-Maker," in ed. Robin M. Hogarth, *Insights in Decision Making: A Tribute to Hillel Einhorn* (Chicago: University of Chicago Press, 1990).
62. Aimee Drolet, "Inherent Rule Variability in Consumer Choice: Changing Rules for Change's Sake," *Journal of Consumer Research*, December 2002, pp. 293–305. James R. Bettman, Mary Frances Luce, and John W. Payne, "Constructive Consumer Choice Processes," *Journal of Consumer Research*, December 1998, pp. 187–217; James R. Bettman, Mary Frances Luce, and John W.

Payne, "Constructive Consumer Choice Processes," *Journal of Consumer Research*, December 1998, pp. 187–217; Denis A. Lussier and Richard W. Olshavsky, "Task Complexity and Contingent Processing in Brand Choice," *Journal of Consumer Research*, September 1979, pp. 154–165; Eric J. Johnson and Robert J. Meyer, "Compensatory Choice Models of Noncompensatory Processes: The Effect of Varying Context," *Journal of Consumer Research*, June 1984, pp. 542–551.

63. Sanjay Sood, Yuval Rottenstreich, and Lyle Brenner, "On Decisions That Lead to Decisions: Direct and Derived Evaluations of Preference," *Journal of Consumer Research*, June 2004, pp. 17–18.
64. Seymour Epstein, "Integration of the Cognitive and the Psychodynamic Unconscious," *American Psychologist*, August 1994, pp. 709–724.
65. Mariele K. De Mooij and Warren Keegan, *Worldwide Advertising* (London: Prentice-Hall International, 1991).
66. Peter Wright, "Consumer Choice Strategies: Simplifying vs. Optimizing," *Journal of Marketing Research*, February 1975, pp. 60–67; Noreen Klein and Stewart W. Bither, "An Investigation of Utility-Directed Cutoff Selection," *Journal of Consumer Research*, September 1987, pp. 240–256.
67. Simonson, "Get Closer to Your Consumers by Understanding How They Make Choices."
68. Becky Aikman, "Steve & Barry's Gets Boost with Star Power," *Newsday*, March 3, 2008, www.newsday.com.
69. For a review of multiattribute models, see William L. Wilkie and Edgar A. Pessemier, "Issues in Marketing's Use of Multiattribute Models," *Journal of Marketing Research*, November 1983, pp. 428–441; Blair H. Sheppard, Jon Hartwick, and Paul R. Warshaw, "The Theory of Reasoned Action: A Meta-analysis of Past Research with Recommendations for Modifications and Future Research," *Journal of Consumer Research*, December 1988, pp. 325–342.
70. Alexander Chernev, "Goal-Attribute Compatibility in Consumer Choice," *Journal of Consumer Psychology*, 2004, pp. 141–150.
71. Mary Frances Luce, "Choosing to Avoid: Coping with Negatively Emotion-Laden Consumer Decisions," *Journal of Consumer Research*, March 1998, pp. 409–433; Ellen C. Garbarino and Julie A. Edell, "Cognitive Effort, Affect, and Choice," *Journal of Consumer Research*, September 1997, pp. 147–158.
72. Mary Frances Luce, John W. Payne, and James R. Bettman, "Emotional Trade-off Difficulty and Choice," *Journal of Marketing Research* 36, May 1999, pp. 143–159.
73. Aimee Drolet and Mary Frances Luce, "The Rationalizing Effects of Cognitive Load on Emotion-Based Tradeoff Avoidance," *Journal of Consumer Research*, June 2004, pp. 63–77; see also Tiffany Barnett White, "Consumer Trust and Advice Acceptance: The Moderating Roles of Benevolence, Expertise, and Negative Emotions," *Journal of Consumer Psychology* 15, no. 2, 2005, pp. 141–148.
74. David Grether and Louis Wilde, "An Analysis of Conjunctive Choice: Theory and Experiments," *Journal of Consumer Research*, March 1984, pp. 373–385.
75. Evan Perez, "Cruising on Credit: Carnival Introduces Vacation Financing to Get More Aboard," *Wall Street Journal*, April 12, 2001, p. B12.
76. Lussier and Olshavsky, "Task Complexity and Contingent Processing in Brand Choice"; Johnson and Meyer, "Compensatory Choice Models of Noncompensatory Processes."
77. John Hagel and John Seely Brown, "Learning from Tata's Nano," *BusinessWeek*, February 27, 2008, www.businessweek.com.
78. Timothy B. Heath, Gangseog Ryu, Subimal Chatterjee, Michael S. McCarthy, David L. Mothersbaugh, Sandra Milberg, and Gary J. Gaeth, "Asymmetric Competition in Choice and the Leveraging of Competitive Disadvantages," *Journal of Consumer Research* 27, December 2000, pp. 291–308.
79. Rohini Ahluwalia, Robert E. Burnkrant, and H. Rao Unnava, "Consumer Response to Negative Publicity: The Moderating Role of Commitment," *Journal of Marketing Research* 37, May 2000, pp. 203–214.
80. "Home Depot's Quarterly Net Off 27% with 'Challenging' Outlook," *Reuters*, February 26, 2008, www.cnnmoney.com; Chad Terhune, "Home Depot's Home Improvement," *Wall Street Journal*, March 8, 2001, pp. B1, B4.
81. Gerald Häubl and Kyle B. Murray, "Preference Construction and Persistence in Digital Marketplaces: The Role of Electronic Recommendation Agents," *Journal of Consumer Psychology*, 2003, pp. 75–91.
82. Amos Tversky, "Intransitivity of Preferences," *Psychological Review*, January 1969, pp. 31–48.
83. Amos Tversky, "Elimination by Aspects: A Theory of Choice," *Psychological Review*, July 1972, pp. 281–299.
84. Donna Bryson, "Traditional Fare Goes Fast-Food in S. Africa," *Austin American Statesman*, June 4, 1994, p. A16.
85. John Reed, "ZXAuto to Lead Chinese Assault on US Market," *Financial Times*, January 16, 2008, www.ft.com; Joseph B. White, "China's SUV Surge," *Wall Street Journal*, June 10, 2004, pp. B1, B3.
86. Irwin Levin, "Associative Effects of Information Framing," *Bulletin of the Psychonomic Society*, March 1987, pp. 85–86.
87. Nathan Novemsky and Daniel Kahneman, "The Boundaries of Loss Aversion," *Journal of Marketing Research*, May 2005, pp. 119–128; Colin Camerer, "Three Cheers—Psychological, Theoretical, Empirical—for Loss Aversion," *Journal of Marketing Research*, May 2005, pp. 129–133; Dan Ariely, Joel Huber, and Klaus Wertenbroch, "When Do Losses Loom Larger Than Gains?" *Journal of Marketing Research*, May 2005, pp. 134–138.
88. Alexander Chernev, "Goal Orientation and Consumer Preference for the Status Quo," *Journal of Consumer Research* 31, no. 3, 2004, pp. 557–565.

89. Douglas E. Allen, "Toward a Theory of Consumer Choice as Sociohistorically Shaped Practical Experience: The Fits-Like-a-Glove (FLAG) Framework," *Journal of Consumer Research*, March 2002, pp. 515–532.
90. Peter R. Darke, Amitava Chattopadhyay, and Laurence Ashworth, "The Importance and Functional Significance of Affective Cues in Consumer Choice," *Journal of Consumer Research* 33, no. 3, 2006, pp. 322–328; Stephen J. Hoch and George F. Lowenstein, "Time-Inconsistent Preferences and Consumer Self-Control," *Journal of Consumer Research*, March 1991, pp. 492–507.
91. Michel Tuan Pham, "The Logic of Feeling," *Journal of Consumer Psychology* 14, no. 4, 2004, pp. 360–369.
92. Michel Tuan Pham, "Representativeness, Relevance, and the Use of Feelings in Decision Making," *Journal of Consumer Research*, September 1998, pp. 144–159.
93. Epstein, "Integration of the Cognitive and the Psychodynamic Unconscious."
94. Yuval Rottenstreich, Sanjay Sood, and Lyle Brenner, "Feeling and Thinking in Memory-Based Versus Stimulus-Based Choices," *Journal of Consumer Research* 33, no. 4, 2007, pp. 461–469.
95. Pham, "Representativeness, Relevance, and the Use of Feelings in Decision Making"; Morris B. Holbrook and Elizabeth C. Hirschman, "The Experiential Aspects of Consumption: Consumer Fantasies, Feelings, and Fun," *Journal of Consumer Research*, September 1982, pp. 132–140; Erica Mina Okada, "Justification Effects on Consumer Choice of Hedonic and Utilitarian Goods," *Journal of Marketing Research*, February 2005, pp. 43–53,
96. Stacy L. Wood and James R. Bettman, "Predicting Happiness: How Normative Feeling Rules Influence (and Even Reverse) Durability Bias," *Journal of Consumer Psychology* 17, no. 3, 2007, pp. 188–201; Morris B. Holbrook and Meryl P. Gardner, "An Approach to Investigating the Emotional Determinants of Consumption Durations: Why Do People Consume What They Consume for as Long as They Consume It?" *Journal of Consumer Psychology* 2, no. 2, 1993, pp. 123–142.
97. See Jennifer S. Lerner, Seunghee Han, and Dacher Keltner, "Feelings and Consumer Decision Making: Extending the Appraisal-Tendency Framework," *Journal of Consumer Psychology* 17, no. 3, 2007, pp. 184–187; J. Frank Yates, "Emotional Appraisal Tendencies and Carryover: How, Why, and . . . Therefore?" *Journal of Consumer Psychology* 17, no. 3, 2007, pp. 179–183; Baba Shiv, "Emotions, Decisions, and the Brain," *Journal of Consumer Psychology* 17, no. 3, pp. 174–178.
98. Seunghee Han, Jennifer S. Lerner, and Dacher Keltner, "Feelings and Consumer Decision Making: The Appraisal-Tendency Framework," *Journal of Consumer Psychology* 17, no. 3, 2007, pp. 158–168.
99. Lisa A. Cavanaugh, James R. Bettman, Mary Frances Luce, and John W. Payne, "Appraising the Appraisal-Tendency Framework," *Journal of Consumer Psychology* 17, no. 3, 2007, pp. 169–173.
100. Deborah J. MacInnis, Vanessa M. Patrick, and C. Whan Park, "Not as Happy as I Thought I'd Be? Affective Misforecasting and Product Evaluations," *Journal of Consumer Research*, March 2007, pp. 479–490; Deborah J. MacInnis, Vanessa M. Patrick, and C. Whan Park, "Looking Through the Crystal Ball: Affective Forecasting and Misforecasting in Consumer Behavior," *Review of Marketing Research* 2, 2006, pp. 43–80.
101. Eric A. Greenleaf, "Reserves, Regret, and Rejoicing in Open English Auctions," *Journal of Consumer Research* 31, no. 2, 2004, pp. 264–273.
102. I. Simonson, "The Influence of Anticipating Regret and Responsibility on Purchase Decisions," *Journal of Consumer Research* 19, 1992, pp. 105–118.
103. Ann L. McGill and Punam Anand Keller, "Differences in the Relative Influence of Product Attributes under Alternative Processing Conditions: Attribute Importance Versus Ease of Imaginability," *Journal of Consumer Psychology* 3, no. 1, 1994, pp. 29–50; MacInnis and Price, "The Role of Imagery in Information Processing."
104. Russell W. Belk, Güliz Ger, and Søren Askegaard, "The Fire of Desire: A Multisited Inquiry into Consumer Passion," *Journal of Consumer Research*, December 2003, pp. 326+.
105. Ann E. Schlosser, "Experiencing Products in the Virtual World: The Role of Goal and Imagery in Influencing Attitudes Versus Purchase Intentions," *Journal of Consumer Research*, September 2003, pp. 184–198.
106. Jennifer Edson Escalas, "Imagine Yourself in the Product," *Journal of Advertising*, Summer 2004, pp. 37–48.
107. Darren W. Dahl, Amitava Chattopadhyay, and Gerald J. Gorn, "The Use of Visual Mental Imagery in New Product Design," *Journal of Marketing Research* 36, February 1999, pp. 18–28.
108. Carmine Gallo, "Employee Motivation the Ritz-Carlton Way," *BusinessWeek Online,* February 29, 2008, www.businessweek.com.
109. Lewis Lazare, "Nike Remains at Top of Advertising Game," *Chicago Sun-Times*, February 7, 2008, www.suntimes.com.
110. Eric A. Greenleaf and Donald R. Lehmann, "Reasons for Substantial Delay in Consumer Decision Making," *Journal of Consumer Research*, September 1995, pp. 186–199.
111. Greenleaf and Lehmann, "Reasons for Substantial Delay in Consumer Decision Making."
112. Thomas A. Brunner and Michaela Wänke, "The Reduced and Enhanced Impact of Shared Features on Individual Brand Evaluations," *Journal of Consumer Psychology* 16, no. 2, 2006, pp. 101–111.
113. Olga Kharif, "Making the iPhone Mean Business," *BusinessWeek,* July 23, 2007, p. 30.
114. Michael D. Johnson, "Consumer Choice Strategies for Comparing Noncomparable Alternatives," *Journal of Consumer Research*, December 1984, pp. 741–753; Michael D. Johnson, "Comparability and Hierarchical Processing in Multialternative Choice," *Journal of Consumer Research*, December 1988, pp. 303–314.

115. Kim P. Corfman, "Comparability and Comparison Levels Used in Choices Among Consumer Products," *Journal of Marketing Research*, August 1991, pp. 368–374.
116. C. Whan Park and Daniel Smith, "Product-Level Choice: A Top-Down or Bottom-Up Process?" *Journal of Consumer Research*, December 1989, pp. 289–299.
117. "Visit Scotland Targets Golfers with Latest Tourism Campaign," *New Media Age*, January 31, 2008, n.p.
118. Girish N. Punj and David W. Stewart, "An Interaction Framework of Consumer Decision Making," *Journal of Consumer Research*, September 1983, pp. 181–196.
119. Patricia M. West, Christina L. Brown, and Stephen J. Hoch, "Consumption Vocabulary and Preference Formation," *Journal of Consumer Research*, September 1996, pp. 120–135.
120. Johnson and Russo, "Product Familiarity and Learning New Information"; James R. Bettman and C. Whan Park, "Effects of Prior Knowledge and Experience and Phase of the Choice Process on Consumer Decision Processes, A Protocol Analysis," *Journal of Consumer Research*, December 1980, pp. 234–248.
121. Joffre Swait and Wiktor Adamowicz, "The Influence of Task Complexity on Consumer Choice: A Latent Choice Model of Decision Strategy Switching," *Journal of Consumer Research*, June 2001, pp. 135–148.
122. Elaine Sherman and Ruth Belk Smith, "Mood States of Shoppers and Store Image: Promising Interactions and Possible Behavioral Effects," in eds. Paul Anderson and Melanie Wallendorf, *Advances in Consumer Research*, vol. 14 (Provo, Utah: Association for Consumer Research, 1987), pp. 251–254.
123. Rashmi Adaval, "How Good Gets Better and Bad Gets Worse: Understanding the Impact of Affect on Evaluations of Known Brands," *Journal of Consumer Research*, December 2003, pp. 352–367.
124. Stewart Shapiro, Deborah J. MacInnis, and C. Whan Park, "Understanding Program-Induced Mood Effects: Decoupling Arousal from Valence," *Journal of Advertising*, Winter 2002, pp. 15–26.
125. Catherine W. M. Yeung and Robert S. Wyer Jr., "Affect, Appraisal, and Consumer Judgment," *Journal of Consumer Research*, September 2004, pp. 412+.
126. Gerald J. Gorn, Marvin E. Goldberg, and Kunal Basu, "Mood, Awareness, and Product Evaluation," *Journal of Consumer Psychology* 2, no. 3, 1993, pp. 237–256.
127. Joel B. Cohen and Eduardo B. Andrade, "Affective Intuition and Task-Contingent Affect Regulation," *Journal of Consumer Research*, September 2004, pp. 358–367.
128. Alexander Fedorikhin and Catherine A. Cole, "Mood Effects on Attitudes, Perceived Risk, and Choice: Moderators and Mediators," *Journal of Consumer Psychology* 14, no. 1/2, 2004, pp. 2–12.
129. Payne, Bettman, and Johnson, "The Adaptive Decision-Maker."
130. C. Whan Park, Easwar S. Iyer, and Daniel C. Smith, "The Effects of Situational Factors on In-Store Grocery Shopping Behavior: The Role of Store Environment and Time Available for Shopping," *Journal of Consumer Research*, March 1989, pp. 422–433.
131. Ravi Dhar and Stephen M. Nowlis, "The Effect of Time Pressure on Consumer Choice Deferral," *Journal of Consumer Research* 25, March 1999, pp. 369–384.
132. Michelle M. Bergadaa, "The Role of Time in the Action of the Consumer," *Journal of Consumer Research*, December 1990, pp. 289–302.
133. Simonson, "Get Closer to Your Consumers by Understanding How They Make Choices."
134. Alexander Chernev, "Extremeness Aversion and Attribute-Balance Effects in Choice," *Journal of Consumer Research*, September 2004, pp. 249–263.
135. Ran Kivetz, Oded Netzer, and V. Srinivasan, "Alternative Models for Capturing the Compromise Effect," *Journal of Marketing Research*, August 2004, pp. 237–257; Ravi Dhar, Anil Menon, and Bryan Maach, "Toward Extending the Compromise Effect to Complex Buying Contexts," *Journal of Marketing Research*, August 2004, pp. 258–261.
136. Alexander Chernev, "Context Effects Without a Context: Attribute Balance as a Reason for Choice," *Journal of Consumer Research* 32, no. 2, 2005, pp. 213–223.
137. Norbert Schwarz, "Metacognitive Experiences in Consumer Judgment and Decision Making," *Journal of Consumer Psychology* 14, no. 4, 2004, pp. 332–348.
138. Rolf Reber and Norbert Schwarz, "Effects on Perceptual Fluency on Judgments of Truth," *Consciousness and Cognition*, 8, 1999, 338–342; Matthew S. McGlone and Jessica Tofighbakhsh, "Birds of a Feather Flock Conjointly?: Rhyme as Reason in Aphorisms," *Psychological Science* 11, no.1, 2000, 424–428.
139. See Joel Huber, "A Comment on Metacognitive Experiences and Consumer Choices," *Journal of Consumer Psychology* 14, no. 4, 2004, pp. 356–359; Norbert Schwarz, "Metacognitive Experiences: Response to Commentaries," *Journal of Consumer Psychology* 14, no. 4, 2004, pp. 370–373.
140. Jacob Jacoby, "Perspectives on Information Overload," *Journal of Consumer Research*, March 1984, pp. 569–573; Kevin Lane Keller and Richard Staelin, "Effects of Quality and Quantity of Information on Decision Effectiveness," *Journal of Consumer Research*, September 1987, pp. 200–213.
141. Keller and Staelin, "Effects of Quality and Quantity of Information on Decision Effectiveness."
142. Ran Kivetz and Itamar Simonson, "The Effects of Incomplete Information on Consumer Choice," *Journal of Marketing Research* 37, November 2000, pp. 427–448.
143. A. V. Muthukrishnan, "Decision Ambiguity and Incumbent Brand Advantage," *Journal of Consumer Research*, June 1995, pp. 98–109.
144. Madhubalan Viswanathan and Sunder Narayanan, "Comparative Judgments of Numerical and Verbal Attribute Labels," *Journal of Consumer Psychology* 3, no. 1, 1994, pp. 79–100.

145. Joseph R. Priester, Utpal M. Dholakia, and Monique A. Fleming, "When and Why the Background Contrast Effect Emerges: Thought Engenders Meaning by Influencing the Perception of Applicability," *Journal of Consumer Research* 31, no. 3, 2004, pp. 491–501; Joel Huber, John W. Payne, and Christopher Puto, "Adding Asymmetrically Dominated Alternatives: Violations of Regularity and the Similarity Hypothesis," *Journal of Consumer Research*, June 1982, pp. 90–98; Ravi Dhar and Itamar Simonson (1999), "Making Complementary Choices in Consumption Episodes: Highlighting Versus Balancing," *Journal of Marketing Research*, February 1999, pp. 29–44.

146. Itamar Simonson and Russell S. Winer, "The Influence of Purchase Quantity and Display Format on Consumer Preference for Variety," *Journal of Consumer Research*, June 1992, pp. 133–138.

147. Itamar Simonson, Stephen Nowlis, and Katherine Lemon, "The Effect of Local Consideration Sets on Global Choice Between Lower Price and Higher Quality," *Marketing Science*, Fall 1993.

148. Rashmi Adaval and Robert S. Wyer Jr., "The Role of Narratives in Consumer Information Processing," *Journal of Consumer Psychology* 7, no. 3, 1998, pp. 207–245.

149. Christina L. Brown and Gregory S. Carpenter, "Why Is the Trivial Important? A Reasons-Based Account for the Effects of Trivial Attributes on Choice," *Journal of Consumer Research*, March 2000, pp. 372–385.

150. Dan Ariely and Jonathan Levav, "Sequential Choice in Group Settings: Taking the Road Less Traveled and Less Enjoyed," *Journal of Consumer Research* 27, December 2000, pp. 279–290.

151. Stijn M. J. van Osselaer, Joseph W. Alba, and Puneet Manchanda, "Irrelevant Information and Mediated Intertemporal Choice," *Journal of Consumer Psychology* 14, no. 3, 2004, pp. 257–270.

152. Guliz Ger, "Problems of Marketization in Romania and Turkey," in eds. Clifford Schultz, Russell Belk, and Guliz Ger, *Consumption in Marketizing Economies* (Greenwich, Conn.: JAI Press, 1995).

153. Adapted from Pride Hughes Kapoor *Business* 10e, © 2010 Cengage Learning. Sources: "Blue Nile Ratchets Up Financing Program," *National Jeweler Network*, November 11, 2008, www.nationaljewelernetwork.com; Jay Greene, "Blue Nile: A Guy's Best Friend," *BusinessWeek*, June 9, 2008, pp. 38–40; "A Boy's Best Friend," *The Economist*, March 22, 2008, p. 76; Gary Rivlin, "When Buying a Diamond Starts with a Mouse," *New York Times*, January 7, 2007, sec. 3, p. 1; www.bluenile.com.

Chapter 10

1. Minet Schindehutte, "Understanding Market-Driving Behavior: The Role of Entrepreneurship," *Journal of Small Business Management*, January 23, 2008, pp. 46+; Ben Steverman, "Jones Soda: On Ice," *BusinessWeek Online*, December 6, 2007, www.businessweek.com; Christopher C. Williams, "Sales Pressures Could Take the Fizz Out of Jones Soda," *Wall Street Journal*, June 3, 2007, p. A3; Kate Macarthur, "Quirky Jones Soda Steps into Mainstream," *Advertising Age*, March 27, 2006, p. 12.

2. Rohit Deshpande, Wayne D. Hoyer, and Scott Jeffries, "Low Involvement Decision Processes: The Importance of Choice Tactics," in eds. R. F. Bush and S. D. Hunt, *Marketing Theory: Philosophy of Science Perspectives* (Chicago: American Marketing Association, 1982), pp. 155–158; Alan Newell and Herbert A. Simon, *Human Problem Solving* (Englewood Cliffs, N.J.: Prentice-Hall, 1972); Daniel Kahneman and Amos Tversky, "On the Psychology of Prediction," *Psychological Review*, July 1973, pp. 237–251.

3. Daniel Kahneman and Amos Tversky, "Subjective Probability: A Judgment of Representativeness," *Cognitive Psychology*, July 1972, pp. 430–454.

4. Janet Amady, "For McDonald's, It's a Wrap," *Wall Street Journal*, January 30, 2007, p. B.1.

5. Valerie S. Folkes, "The Availability Heuristic and Perceived Risk," *Journal of Consumer Research*, June 1988, pp. 13–23; Johnson and Puto, "A Review of Consumer Judgment and Choice," in ed. Michael J. Houston, *Review of Marketing* (Chicago: American Marketing Association, 1987), pp. 236–292.

6. Geeta Menon and Priya Raghubir, "Ease-of-Retrieval as an Automatic Input in Judgments: A Mere-Accessibility Framework?" *Journal of Consumer Research*, September 2003, pp. 230–243.

7. Peter R. Dickson, "The Impact of Enriching Case and Statistical Information on Consumer Judgments," *Journal of Consumer Research*, March 1982, pp. 398–408.

8. Chezy Ofir and John G. Lynch Jr., "Context Effects on Judgment Under Uncertainty," *Journal of Consumer Research*, September 1984, pp. 668–679.

9. Amos Tversky and Daniel Kahneman, "Belief in the Law of Small Numbers," *Psychological Bulletin*, August 1971, pp. 105–110; Amos Tversky and Daniel Kahneman, "Judgment Under Uncertainty: Heuristics and Biases," *Science*, September 1974, pp.1124–1131.

10. David Welch, David Kiley, and Moon Ihlwan, "My Way or the Highway at Hyundai," *BusinessWeek*, March 17, 2008, pp. 48–51; "The Hyundai Syndrome," *Adweek's Marketing Week*, April 20, 1992, pp. 20–21.

11. "Samsung: As Good As It Gets?" *The Economist*, March 10, 2005; Claudia Deutsch, "To Change Its Image and Attract New Customers, Samsung Electronics Is

Putting on a Show," *New York Times*, September 20, 2004, p. C11.
12. Sam Diaz, "A New Way to Create Buzz," *Washington Post*, August 25, 2007, p. D1
13. Wayne D. Hoyer, "An Examination of Consumer Decision Making for a Common Repeat Purchase Product," *Journal of Consumer Research*, December 1984, pp. 822–829.
14. Ap Dijksterhuis, Pamela K. Smith, Rick B. van Baaren, and Daniel H. J. Wigboldus, "The Unconscious Consumer: Effects of Environment on Consumer Behavior," *Journal of Consumer Psychology* 15, no. 3, 2005, pp. 193–202.
15. James Vlahos, "Scent and Sensibility," *Key (New York Times Real Estate Magazine)*, Fall 2007, pp. 68–73.
16. Tanya L. Chartrand, "The Role of Conscious Awareness in Consumer Behavior," *Journal of Consumer Psychology* 15, no. 3, pp. 203–210.
17. Chris Janiszewski and Stijn M. J. van Osselaer, "Behavior Activation Is Not Enough," *Journal of Consumer Psychology* 15, no. 3, 2005, pp. 218–224.
18. Ap Dijksterhuis and Pamela K. Smith, "What Do We Do Unconsciously? And How?" *Journal of Consumer Psychology* 15, no. 3, 2005, pp. 225–229.
19. Herbert E. Krugman, "The Impact of Television Advertising: Learning Without Involvement," *Public Opinion Quarterly*, Fall 1965, pp. 349–356.
20. Michael L. Ray, *Marketing Communications and the Hierarchy of Effects* (Cambridge, Mass.: Marketing Science Institute, 1973).
21. Robert B. Zajonc, "Feeling and Thinking: Preferences Need No Inferences," *American Psychologist*, February 1980, pp. 151–175; Robert B. Zajonc and Hazel B. Markus, "Affective and Cognitive Factors in Preferences," *Journal of Consumer Research*, September 1982, pp. 122–131.
22. Hoyer, "An Examination of Consumer Decision Making for a Common Repeat Purchase Product."
23. Cathy J. Cobb and Wayne D. Hoyer, "Direct Observation of Search Behavior in the Purchase of Two Nondurable Products," *Psychology and Marketing*, Fall 1983, pp. 161–179.
24. Richard W. Olshavsky and Donald H. Granbois, "Consumer Decision Making: Fact or Fiction?" *Journal of Consumer Research*, September 1979, pp. 93–100.
25. Andrew D. Gershoff and Gita Venkataramani Johar, "Do You Know Me? Consumer Calibration of Friends' Knowledge," *Journal of Consumer Research* 32, no. 4, 2006, pp. 496–503.
26. Baba Shiv, Julie A. Edell Britton, and John W. Payne, "Re-Inquiries: Does Elaboration Increase or Decrease the Effectiveness of Negatively Versus Positively Framed Messages?" *Journal of Consumer Research*, June 2004, pp. 199–208.
27. Yong Zhang and Richard Buda, "Moderating Effects of Need for Cognition on Responses to Positively Versus Negatively Framed Advertising Messages," *Journal of Advertising*, Summer 1999, pp. 1–15.
28. C. Whan Park, Sung Youl Jun, and Deborah J. MacInnis, "Choosing What I Want Versus Rejecting What I Do Not Want: An Application of Decision Framing to Product Option Choice Decisions," *Journal of Marketing Research*, May 2000, pp. 187–202.
29. William E. Baker and Richard J. Lutz, "An Empirical Test of an Updated Relevance–Accessibility Model of Advertising Effectiveness," *Journal of Advertising* 29, no. 1, Spring 2000, pp. 1–13.
30. Deshpande, Hoyer, and Jeffries, "Low Involvement Decision Processes."
31. Hoyer, "An Examination of Consumer Decision Making for a Common Repeat Purchase Product."
32. Siew Meng Leong, "Consumer Decision Making for Common, Repeat-Purchase Products: A Dual Replication," *Journal of Consumer Psychology* 2, no. 2, 1993, pp. 193–208; Dana L. Alden, Wayne D. Hoyer, and Guntalee Wechasara, "Choice Strategies and Involvement, A Cross-Cultural Analysis," in ed. Thomas K. Srull, *Advances in Consumer Research*, vol. 16 (Provo, Utah: Association for Consumer Research, 1989), pp. 119–126.
33. James Vlahos, "Scent and Sensibility," *Key (New York Times Real Estate Magazine)*, Fall 2007, pp. 68–73.
34. Walter A. Nord and J. Paul Peter, "A Behavior Modification Perspective on Marketing," *Journal of Marketing*, Spring 1980, pp. 36–47; Michael Rothschild and William C. Gaidis, "Behavioral Learning Theory: Its Relevance to Marketing and Promotions," *Journal of Marketing*, Spring 1981, pp. 70–78.
35. Holly Heline, "Brand Loyalty Isn't Dead—But You're Not Off the Hook," *Brandweek*, June 7, 1994, p. 14.
36. Robert E. Smith and William R. Swinyard, "Information Response Models: An Integrated Approach," *Journal of Marketing*, Winter 1982, pp. 81–93; Robert E. Smith and William R. Swinyard, "Attitude–Behavior Consistency: The Impact of Product Trial vs. Advertising," *Journal of Marketing Research*, August 1983, pp. 257–267.
37. Deanna S. Kempf and Robert E. Smith, "Consumer Processing of Product Trial and the Influence of Prior Advertising: A Structural Modeling Approach," *Journal of Marketing Research*, August 1998, pp. 325–338.
38. Ran Kivetz, Oleg Urminsky, and Yuhuang Zheng, "The Goal-Gradient Hypothesis Resurrected: Purchase Acceleration, Illusionary Goal Progress, and Customer Retention," *Journal of Marketing Research*, February 2006, pp. 39–58.
39. Michael L. Rothschild and Michael J. Houston, "The Consumer Involvement Matrix: Some Preliminary Findings," in eds. Barnett A. Greenberg and Danny N. Bellenger, *Proceedings of the American Marketing Association Educators' Conference*, Series no. 41, 1977, pp. 95–98.
40. Wayne D. Hoyer, "Variations in Choice Strategies Across Decision Contexts: An Examination of Contingent Factors," in ed. Richard J. Lutz, *Advances in Consumer Research*, vol. 13 (Provo, Utah: Association for Consumer Research, 1986), pp. 32–36.

41. Wayne D. Hoyer and Cathy J. Cobb-Walgren, "Consumer Decision Making Across Product Categories: The Influence of Task Environment," *Psychology and Marketing*, Spring 1988, pp. 45–69.
42. Leong, "Consumer Decision Making for Common, Repeat-Purchase Products."
43. Janet Adamy, "Starbucks Closes Stores To Retrain Baristas," *Wall Street Journal*, February 26, 2008, www.wsj.com.
44. Robert E. Smith, "Integrating Information from Advertising and Trial: Processes and Effects on Consumer Response to Product Information," *Journal of Marketing Research*, May 1993, pp. 204–219.
45. Jenn Abelson, "Were 5 Blades Worth the Wait for Women?" *Boston Globe*, February 22, 2008, p. C1.
46. Norihiko Shirouzu, "Snapple in Japan: How a Splash Dried Up," *Wall Street Journal*, April 15, 1996, pp. B1, B3.
47. Priya Raghubir and Kim Corfman, "When Do Price Promotions Affect Pretrial Brand Evaluations?" *Journal of Marketing Research* 36, May 1999, pp. 211–222.
48. Adwait Khare and J. Jeffrey Inman, "Habitual Behavior in American Eating Patterns: The Role of Meal Occasions," *Journal of Consumer Research* 32, no. 4, 2006, pp. 567–575; Jacob Jacoby and David B. Kyner, "Brand Loyalty vs. Repeat Purchasing Behavior," *Journal of Marketing Research*, February 1973, pp. 1–9.
49. Ted Roselius, "Consumer Rankings of Risk Reduction Methods," *Journal of Marketing*, January 1971, pp. 56–61.
50. P. B. Seetharaman, Andrew Ainslie, and Pradeep K. Chintagunta, "Investigating Household State Dependence Effects Across Categories," *Journal of Marketing Research* 36, November 1999, pp. 488–500.
51. Rothschild and Gaidis, "Behavioral Learning Theory."
52. "No Bar to Expansion," *Grocer*, January 22, 2005, p. 54.
53. Jack Neff, "Coupons Get Clipped," *Advertising Age*, November 5, 2001, pp. 1, 47.
54. Joe Keohane, "Fat Profits," *Condé Naste Portfolio*, February 2008, pp. 90.
55. Gary F. McKinnon, J. Patrick Kelly, and E. Doyle Robinson, "Sales Effects of Point-of-Purchase In-Store Signing," *Journal of Retailing*, Summer 1981, pp. 49–63.
56. Kathleen Deveny, "Displays Pay Off for Grocery Marketers," *Wall Street Journal*, October 15, 1992, pp. B1, B5.
57. "Study Claims Effectiveness of Point-of-Purchase," *Advertising Age*, July 24, 2001, www.adage.com.
58. "Brand Loyalty in the Food Industry," *The Food Institute Report*, November 5, 2001, p. 3.
59. George S. Day, "A Two-Dimensional Concept of Brand Loyalty," *Journal of Advertising Research*, August–September 1969, pp. 29–36; Jacoby and Kyner, "Brand Loyalty vs. Repeat Purchasing Behavior"; Jacob Jacoby and Robert W. Chestnut, *Brand Loyalty: Measurement and Management* (New York: Wiley, 1978).
60. Kyle B. Murray and Gerald Häubl, "Explaining Cognitive Lock-In: The Role of Skill-Based Habits of Use in Consumer Choice," *Journal of Consumer Research* 34, no. 1, 2007, pp. 77–88.
61. Jacob Jacoby, "A Model of Multi-Brand Loyalty," *Journal of Advertising Research*, June–July 1971, p. 26.
62. Ronald E. Frank, William F. Massy, and Thomas L. Lodahl, "Purchasing Behavior and Personal Attributes," *Journal of Advertising Research*, December 1969–January 1970, pp. 15–24.
63. R. M. Cunningham, "Brand Loyalty—What, Where, How Much," *Harvard Business Review*, January–February 1956, pp. 116–128; "Customer Loyalty to Store and Brand," *Harvard Business Review*, November–December 1961, pp. 127–137.
64. Day, "A Two-Dimensional Concept of Brand Loyalty."
65. Marnik G. Dekimpe, Martin Mellens, Jan-Benedict E. M. Steenkamp, and Piet Vanden Abeele, "Erosion and Variability in Brand Loyalty," *Marketing Science Institute Report No. 96–114*, August 1996, pp. 1–25.
66. Heline, "Brand Loyalty Isn't Dead."
67. Michelle L. Roehm, Ellen Bolman Pullins, and Harper A. Roehm Jr., "Designing Loyalty-Building Programs for Packaged Goods Brands," *Journal of Marketing Research*, May 2002, pp. 202–213.
68. Ran Kivetz and Itamar Simonson, "The Idiosyncratic Fit Heuristic: Effort Advantage as a Determinant of Consumer Response to Loyalty Programs," *Journal of Marketing Research*, November 2003, pp. 454–467.
69. Ran Kivetz and Itamar Simonson, "Earning the Right to Indulge: Effort as a Determinant of Customer Preferences Toward Frequency Program Rewards," *Journal of Marketing Research*, May 2002, pp. 155–170.
70. Kenneth Hein, "McD's, Sam Adams in Line with Shifting Loyalty Drivers," *Brandweek*, February 18, 2008, p. 8.
71. Laurie Petersen, "The Strategic Shopper," *Adweek's Marketing Week*, March 30, 1992, pp. 18–20.
72. Peter D. Dickson and Alan G. Sawyer, "Methods to Research Shoppers' Knowledge of Supermarket Prices," in ed. Richard J. Lutz, *Advances in Consumer Research*, vol. 12 (Provo, Utah: Association for Consumer Research, 1986), pp. 584–587.
73. Tulin Erdem, Glenn Mayhew, and Baohung Sun, "Understanding Reference-Price Shoppers: A Within- and Cross-Category Analysis," *Journal of Marketing Research*, November 2001, pp. 445–457.
74. Chris Janiszewski and Donald R. Lichtenstein, "A Range Theory Account of Price Perception," *Journal of Consumer Research* 25, March 1999, pp. 353–368; Kent B. Monroe and Susan M. Petroshius, "Buyers' Perception of Price: An Update of the Evidence," in eds. Harold H. Kassarjian and Thomas S. Robertson, *Perspectives in Consumer Behavior*, 3rd ed. (Dallas: Scott-Foresman, 1981), pp. 43–55.
75. Adrian Atterby, "Household Wipes Market Struggles to Win Over New Customers," *Nonwovens Industry*, February 2008, pp. 26–28.
76. Baba Shiv, Julie A. Edell Britton, and John W. Payne, "Re-Inquiries: Does Elaboration Increase or Decrease the Effectiveness of Negatively Versus Positively Framed Messages?" *Journal of Consumer Research*, June 2004, pp. 199–208.

77. Julie Baker, A. Parasuraman, Dhruv Grewal, and Glenn B. Voss, "The Influence of Multiple Store Environment Cues on Perceived Merchandise Value and Patronage Intentions," *Journal of Marketing*, April 2002, pp. 120–141.
78. Jiwoong Shin, "The Role of Selling Costs in Signaling Price Image," *Journal of Marketing Research*, August 2005, pp. 302–312.
79. Lisa E. Bolton, Luk Warlop, and Joseph W. Alba, "Consumer Perceptions of Price (Un)Fairness," *Journal of Consumer Research*, March 2003, pp. 474+; Joseph C. Nunes and Peter Boatwright, "Incidental Prices and Their Effect on Willingness to Pay," *Journal of Marketing Research*, November 2004, pp. 457–466.
80. Tuo Wang, R. Venkatesh, and Rabikar Chatterjee, "Reservation Price as a Range: An Incentive-Compatible Measurement Approach," *Journal of Marketing Research*, May 2007, pp. 200–213.
81. Mark Stiving and Russell S. Winer, "An Empirical Analysis of Price Endings with Scanner Data," *Journal of Consumer Research*, June 1997, pp. 57–76; Zarrel V. Lambert, "Perceived Prices as Related to Odd and Even Price Endings," *Journal of Retailing*, Fall 1975, pp. 13–22.
82. Aradhna Krishna, Mary Wagner, Carolyn Yoon, and Rashmi Adaval, "Effects of Extreme-Priced Products on Consumer Reservation Prices," *Journal of Consumer Psychology* 16, no. 2, 2006, pp. 176–190.
83. Kent B. Monroe, "The Influence of Price Differences and Brand Familiarity on Brand Preferences," *Journal of Consumer Research*, June 1976, pp. 42–49.
84. Joseph W. Alba, Carl F. Mela, Terence A. Shimp, and Joel E. Urbany, "The Effect of Discount Frequency and Depth on Consumer Price Judgments," *Journal of Consumer Research*, September 1999, pp. 99–114.
85. J. Jeffrey Inman, Anil C. Peter, and Priya Raghubir, "Framing the Deal: The Role of Restrictions in Accentuating Deal Value," *Journal of Consumer Research*, June 1997, pp. 68–79.
86. Dhruv Grewal, Howard Marmorstein, and Arun Sharma, "Communicating Price Information Through Semantic Cues: The Moderating Effects of Situation and Discount Size," *Journal of Consumer Research*, September 1996, pp. 148–155.
87. Priya Raghubir and Joydeep Srivastava, "Effect of Face Value on Product Valuation in Foreign Currencies," *Journal of Consumer Research*, December 2002, pp. 335–347.
88. Margaret C. Campbell, "'Says Who?!' How the Source of Price Information and Affect Influence Perceived Price (Un)fairness," *Journal of Marketing Research*, May 2007, pp. 261–271.
89. *Supermarket Shoppers in a Period of Economic Uncertainty* (New York: Yankelovich, Skelly, & White, 1982), p. 53; Robert Blattberg, Thomas Buesing, Peter Peacock, and Subrata K. Sen, "Who Is the Deal-Prone Consumer?" in ed. H. Keith Hunt, *Advances in Consumer Research*, vol. 5 (Ann Arbor, Mich.: Association for Consumer Research, 1978), pp. 57–62.
90. Donald R. Lichtenstein, Richard G. Netemeyer, and Scot Burton, "Assessing the Domain Specificity of Deal Proneness: A Field Study," *Journal of Consumer Research*, December 1995, pp. 314–326.
91. "Vox Pop: What Does the Future Hold for Price Comparison on the Web?" *Revolution*, May 18, 2004, p. 22.
92. Betsy Spethmann, "Re-Engineering the Price–Value Equation," *Brandweek*, September 20, 1993, pp. 44–47.
93. Christine Bittar, "Tablets, Scents, and Sensibility," *Brandweek*, June 4, 2001, p. S59.
94. Nelson Schwartz, "Colgate Cleans Up," *Fortune*, April 2000, www.adage.com; Tara Parker-Pope, "Colgate Places a Huge Bet on a Germ-Fighter," *Wall Street Journal*, December 29, 1997, pp. B1, B2.
95. Kathleen Deveny, "How Country's Biggest Brands Are Faring at the Supermarket," *Wall Street Journal*, March 24, 1994, p. B1.
96. "Manufacturers Offered More Than $250 Billion in Coupons in 2003 at a Cost of $7 Billion, According to the Promotion Marketing Association," *Incentive*, January 2005, p. 14.
97. Dan Levin, "Shifting Coupons, from Clip and Save to Point and Click," *New York Times*, December 27, 2007, p. C3.
98. "International Coupon Trends," *Direct Marketing*, August 1993, pp. 47–49, 83.
99. William J. Holstein, "Why Wal-Mart Can't Find Happiness in Japan," *Fortune*, August 6, 2007, p. 73.
100. "Wal-Mart Opening More Retail Outlets (China Expansion)," *World Trade*, February 2008, p. 12.
101. Daniel J. Howard and Charles Gengler, "Emotional Contagion Effects on Product Attitudes," *Journal of Consumer Research*, September 2001, pp. 189–201.
102. Susan T. Fiske, "Schema Triggered Affect: Applications to Social Perception," in eds. Margaret S. Clark and Susan T. Fiske, *Affect and Cognition: The 17th Annual Carnegie Symposium on Cognition* (Hillsdale, N.J.: Lawrence Erlbaum, 1982), pp. 55–77; Mita Sujan, James R. Bettman, and Harish Sujan, "Effects of Consumer Expectations on Information Processing and Selling Encounters," *Journal of Marketing Research*, November 1986, pp. 346–353.
103. Peter L. Wright, "An Adaptive Consumer's View of Attitudes and Choice Mechanisms as Viewed by an Equally Adaptive Advertiser," in ed. William D. Wells, *Attitude Research at Bay* (Chicago: American Marketing Association, 1976), pp. 113–131.
104. Baba Shiv and Alexander Fedorikhin, "Heart and Mind in Conflict: The Interplay of Affect and Cognition in Consumer Decision Making," *Journal of Consumer Research* 26, December 1999, pp. 278–292.
105. Rebecca Walker Naylor, Rajagopal Raghunathan, and Suresh Ramanathan, "Promotions Spontaneously Induce a Positive Evaluative Response," *Journal of Consumer Psychology* 16, no. 3, 2006, pp. 295–305.
106. Susan T. Fiske and Mark A. Pavelchak, "Category-Based Versus Piecemeal-Based Affective Responses:

Developments in Schema-Triggered Affect," in eds. R. M. Sorrentino and E. T. Higgins, *The Handbook of Motivation and Cognition: Foundations of Social Behavior* (New York: Guilford, 1986), pp. 167–203; David M. Boush and Barbara Loken, "A Process-Tracing Study of Brand Extension Evaluation," *Journal of Marketing Research*, February 1991, pp. 16–28.
107. Fiske, "Schema Triggered Affect"; Mita Sujan, "Consumer Knowledge: Effects on Evaluation Strategies Mediating Consumer Judgments," *Journal of Consumer Research*, June 1985, pp. 31–46.
108. Claire Atkinson, "Whiten Your Teeth Even While Walking the Dog," *New York Times*, July 27, 2007, p. C5.
109. Ralph I. Allison and Kenneth P. Uhl, "Influence of Beer Brand Identification on Taste Perception," *Journal of Marketing Research*, August 1964, pp. 36–39.
110. Wayne D. Hoyer and Stephen P. Brown, "Effects of Brand Awareness on Choice for a Common, Repeat-Purchase Product," *Journal of Consumer Research*, September 1990, pp. 141–148.
111. Leong, "Consumer Decision Making for Common, Repeat-Purchase Products."
112. M. Carole Macklin, "Preschoolers' Learning of Brand Names from Visual Cues," *Journal of Consumer Research*, December 1996, pp. 251–261.
113. Jim Stafford, "Fame of Brand Names Has Changed with Time," *Daily Oklahoman*, February 2, 2005, www.newsok.com; Richard W. Stevenson, "The Brands with Billion Dollar Names," *New York Times*, October 28, 1988, p. A1.
114. Eric Yang, "Co-brand or Be Damned," *Brandweek*, November 21, 1994, pp. 21–24.
115. "Frozen Breakfast: Kid Power," *Frozen Food Age*, January 2005, p. S6.
116. "T.G.I. Friday's, Based Here, Has Added Two Dishes to Its Jack Daniel's Grill Line," *Nation's Restaurant News Daily NewsFax*, October 18, 2006, n.p.; Laurie Snyder and Elizabeth Jensen, "Liquor Logos Pop Up in Some Surprising Places," *Wall Street Journal*, August 26, 1997, pp. B1, B15.
117. Karen V. Fernandez and Dennis L. Rosen, "The Effectiveness of Information and Color in Yellow Pages Advertising," *Journal of Advertising* 29, no. 2, Summer 2000, pp. 61–73.
118. Robert W. Veryzer and J. Wesley Hutchinson, "The Influence of Unity and Prototypicality on Aesthetic Responses to New Product Designs," *Journal of Consumer Research*, March 1998, pp. 374–394.
119. "McDonald's China Strategy," *Los Angeles Times*, September 17, 2007, p. C4.
120. "Big Portions: Barilla," *The Economist*, June 23, 2007, p. 75.
121. M. Venkatesan, "Cognitive Consistency and Novelty Seeking," in eds. Scott Ward and Thomas S. Robertson, *Consumer Behavior: Theoretical Sources* (Englewood Cliffs, N.J.: Prentice-Hall, 1973), pp. 354–384; Leigh McAlister, "A Dynamic Attribute Satiation Model of Variety Seeking Behavior," *Journal of Consumer Research*, September 1982, pp. 141–150.
122. Rebecca K. Ratner, Barbara E. Kahn, and Daniel Kahneman, "Choosing Less-Preferred Experiences for the Sake of Variety," *Journal of Consumer Research* 26, June 1999, pp. 1–15.
123. Rebecca K. Ratner and Barbara E. Kahn, "The Impact of Private Versus Public Consumption on Variety-Seeking Behavior," *Journal of Consumer Research*, September 2002, pp. 246+.
124. Rosario Vázquez-Carrasco and Gordon R. Foxall, "Positive Versus Negative Switching Barriers: The Influence of Service Consumers' Need for Variety," *Journal of Consumer Behavior* 5, no. 4, 2006, pp. 367–379.
125. Hans C. M. Van Trijp, Wayne D. Hoyer, and J. Jeffrey Inman, "Why Switch? Product Category-Level Explanations for True Variety Seeking," *Journal of Marketing Research*, August 1996, pp. 281–292; Wayne D. Hoyer and Nancy M. Ridgway, "Variety Seeking as an Explanation for Exploratory Purchase Behavior: A Theoretical Model," in ed. Thomas C. Kinnear, *Advances in Consumer Research*, vol. 11 (Ann Arbor, Mich.: Association for Consumer Research, 1984), pp. 114–119.
126. J. Jeffrey Inman, "The Role of Sensory-Specific Satiety in Attribute-Level Variety Seeking," *Journal of Consumer Research* 28, June 2001, pp. 105–120.
127. Saatya Menon and Barbara E. Kahn, "The Impact of Context on Variety Seeking in Product Choices," *Journal of Consumer Research*, December 1995, pp. 285–295.
128. Erich A. Joachimsthaler and John L. Lastovicka, "Optimal Stimulation Level–Exploratory Behavior Models," *Journal of Consumer Research*, December 1984, pp. 830–835.
129. Albert Mehrabian and James Russell, *An Approach to Environmental Psychology* (Cambridge, Mass.: MIT Press, 1974).
130. Linda L. Price and Nancy M. Ridgway, "Use Innovativeness, Vicarious Exploration and Purchase Exploration: Three Facets of Consumer Varied Behavior," in ed. Bruce Walker, *American Marketing Association Educators' Conference Proceedings* (Chicago: American Marketing Association, 1982), pp. 56–60.
131. "Brewing Variety," *Beverage Industry*, November 2004, p. 39.
132. Barbara E. Kahn and Brian Wansink, "The Influence of Assortment Structure on Perceived Variety and Consumption Quantities," *Journal of Consumer Research*, March 2004, pp. 519–533.
133. Fritz Strack, Lioba Werth, and Roland Deutsch, "Reflective and Impulsive Determinants of Consumer Behavior," *Journal of Consumer Psychology* 16, no. 2, 2006, pp. 205–216; Dennis W. Rook, "The Buying Impulse," *Journal of Consumer Research*, September 1987, pp. 189–199; Craig J. Thompson, William B. Locander, and Howard R. Pollio, "The Lived Meaning of Free Choice: Existential–Phenomenological Description of

Everyday Consumer Experiences of Contemporary Married Women," *Journal of Consumer Research*, December 1990, pp. 346–361.

134. Jacqueline J. Kacen and Julie Anne Lee, "The Influence of Culture on Consumer Impulsive Buying Behavior," *Journal of Consumer Psychology* 12, no. 2, 2002, pp. 163–176.

135. See Suresh Ramanathan and Geeta Menon, "Time-Varying Effects of Chronic Hedonic Goals on Impulsive Behavior," *Journal of Marketing Research*, November 2006, pp. 628–641.

136. Roy F. Baumeister, "Yielding to Temptation: Self-Control Failure, Impulsive Behavior, and Consumer Behavior," *Journal of Consumer Research*, March 2002, pp. 670–676.

137. Kathleen D. Vons and Ronald J. Faber, "Spent Resources: Self-Regulatory Resource Availability Affects Impulse Buying," *Journal of Consumer Research* 33, no. 4, 2007, pp. 537–548.

138. Kathleen D. Vohs, "Self-Regulatory Resources Power the Reflective System: Evidence from Five Domains," *Journal of Consumer Psychology* 16, no. 3, 2006, pp. 217–223.

139. Deborah J. MacInnis and Vanessa M. Patrick, "Spotlight on Affect: Affect and Affective Forecasting in Impulse Control," *Journal of Consumer Psychology* 16, no. 3, 2006, pp. 224–231.

140. J. Jeffrey Inman and Russell S. Winer, "Where the Rubber Meets the Road: A Model of In-store Consumer Decision Making," *Marketing Science Institute Report Summary*, December 1998, pp. 98–122; "How We Shop . . . From Mass to Market," *Brandweek*, January 9, 1995, p. 17; Danny Bellenger, D. H. Robertson, and Elizabeth C. Hirschman, "Impulse Buying Varies by Product," *Journal of Advertising Research*, December 1978–January 1979, pp. 15–18.

141. Cathy J. Cobb and Wayne D. Hoyer, "Planned vs. Impulse Purchase Behavior," *Journal of Retailing*, Winter 1986, pp. 384–409.

142. Rook, "The Buying Impulse."

143. Russell W. Belk, "Materialism: Trait Aspects of Living in a Material World," *Journal of Consumer Research*, December 1985, pp. 265–280; P. S. Raju, "Optimum Stimulation Level: Its Relationship to Personality, Demographics, and Exploratory Behavior," *Journal of Consumer Research*, December 1980, pp. 272–282; Danny Bellenger and P. K. Korgaonkar, "Profiling the Recreational Shopper," *Journal of Retailing*, Fall 1980, pp. 77–92.

144. Dennis W. Rook and Robert J. Fisher, "Normative Influences on Impulsive Buying Behavior," *Journal of Consumer Research*, December 1995, pp. 305–313; Radhika Puri, "Measuring and Modifying Consumer Impulsiveness: A Cost–Benefit Accessibility Framework," *Journal of Consumer Psychology* 5, no. 2, 1996, pp. 87–114.

145. Xueming Luo, "How Does Shopping with Others Influence Impulsive Purchasing?" *Journal of Consumer Psychology* 15, no. 4, 2005, pp. 288–294.

146. Inman and Winer, "Where the Rubber Meets the Road."

147. Andrew Adam Newman, "A Package That Lights Up on the Shelf," *New York Times*, March 4, 2008, p. C2.

148. Bussey, "Japan's Wary Shoppers Worry Two Capitals."

149. Patricia O'Connell, "The Middle Class's Urge to Splurge," *BusinessWeek Online*, December 3, 2003, *www.businessweek.com*.

150. Melissa Allison, "Starbucks to Offer Free Cups of New Brew Today," *Seattle Times*, April 8, 2008, *www.seattletimes.com*; Korky Vann, "Buying into Free Samples," *Hartford Courant*, March 6, 2008, p. G1; Kate Macarthur, "Banking on a Free Lunch," *Crain's Chicago Business*, June 25, 2007, p. 14; "Sampling Lets Fast-Food Chains Engage New, Existing Customers," *PR Week (US)*, June 18, 2007, p. 11; Jack Neff, "Viva Viva! K-C Boosts Brand's Marketing," *Advertising Age*, June 11, 2007, p. 4; Libby Copeland, "An Ocean of Promotion: For Spring Breakers, the Selling Never Stops," *Washington Post*, March 28, 2007, p. A1.

Chapter 11

1. Amy Bickers, "Put Costco on Your 'To Buy' List?" *WashingtonPost.com*, March 28, 2008, *www.washingtonpost.com*; Kris Hudson, "Turning Shopping Trips into Treasure Hunts," *Wall Street Journal*, August 27, 2007, p. B1; Kris Hudson, "Costco Seeks to Lift Margins by Tightening Return Policy," *Wall Street Journal*, February 27, 2007, p. B4; *costco.com*.

2. For a review, see William H. Cummings and M. Venkatesan, "Cognitive Dissonance and Consumer Behavior: A Review of the Evidence," *Journal of Marketing Research*, August 1976, pp. 303–308; also see Dieter Frey and Marita Rosch, "Information Seeking After Decisions: The Roles of Novelty of Information and Decision Reversibility," *Personality and Social Psychology Bulletin*, March 1984, pp. 91–98.

3. Michael Tsiros and Vikas Mittal, "Regret: A Model of Its Antecedents and Consequences in Consumer Decision Making," *Journal of Consumer Research* 26, March 2000, pp. 401–417.

4. Lisa J. Abendroth and Kristin Diehl, "Now or Never: Effects of Limited Purchase Opportunities on Patterns of Regret over Time, " *Journal of Consumer Research* 33, no. 3, 2006, pp. 342–351.

5. Ran Kivetz and Anat Keinan, "Repenting Hyperopia: An Analysis of Self-Control Regrets," *Journal of Consumer Research* 33, no. 2, 2006, pp. 273–282.

6. J. Jeffrey Inman and Marcel Zeelenberg, "Regret in Repeat Purchase Versus Switching Decisions: The Attenuating Role of Decision Justifiability," *Journal of Consumer Research*, June 2002, pp. 116–128.

7. Rik Pieters and Marcel Zeelenberg, "A Theory of Regret Regulation 1.0," *Journal of Consumer Psychology* 17, no. 1, 2007, pp. 3–18; J. Jeffrey Inman, "Regret Regulation: Disentangling Self-Reproach from Learning," *Journal of Consumer Psychology* 17, no. 1, 2007, pp. 19–24; Rik Pieters and Marcel Zeelenberg, "A Theory of Regret Regulation 1.1," *Journal of Consumer Psychology* 17, no. 1, 2007, pp. 29–35.

8. Neal J. Roese, Amy Summerville, and Florian Fessel, "Regret and Behavior: Comment on Zeelenberg and

8. Pieters," *Journal of Consumer Psychology* 17, no. 1, 2007, pp. 25–28.
9. Stephen J. Hoch and John Deighton, "Managing What Consumers Learn from Experience," *Journal of Marketing*, April 1989, pp. 1–20.
10. Ziv Carmon, Klaus Wertenbroch, and Marcel Zeelenberg, "Option Attachment: When Deliberating Makes Choosing Feel Like Losing," *Journal of Consumer Research*, June 2003, pp. 15–29.
11. Allan Pavio, *Imagery and Verbal Processes* (New York: Holt, Rinehart, & Winston, 1981).
12. Eric M. Eisenstein and J. Wesley Hutchinson, "Action-Based Learning: Goals and Attention in the Acquisition of Market Knowledge," *Journal of Marketing Research*, May 2006, pp. 244–258.
13. Robert E. Smith and William R. Swinyard, "Information Response Models: An Integrated Approach," *Journal of Marketing*, Winter 1982, pp. 81–93; Deanna S. Kempf and Robert E. Smith, "Consumer Processing of Product Trial and the Influence of Prior Advertising: A Structural Modeling Approach," *Journal of Marketing Research*, August 1998, pp. 325–338.
14. Ida E. Berger and Andrew A. Mitchell, "The Effect of Advertising on Attitude Accessibility, Attitude Confidence, and the Attitude-Behavior Relationship," *Journal of Consumer Research*, December 1989, pp. 269–279; Alice A. Wright and John G. Lynch Jr., "Communication Effects of Advertising vs. Direct Experience When Both Search and Experience Attributes Are Present," *Journal of Consumer Research*, March 1995, pp. 708–718.
15. Patricia M. West, "Predicting Preferences: An Examination of Agent Learning," *Journal of Consumer Research*, June 1996, pp. 68–80.
16. Jennifer Aaker, Susan Fournier, and S. Adam Brasel, "When Good Brands Do Bad," *Journal of Consumer Research*, June 2004, pp. 1–16.
17. Bob Tedeschi, "To Raise Shopper Satisfaction, Web Merchants Turn to Videos," *New York Times*, July 2, 2007, p. C4.
18. Merrie Brucks, "The Effects of Product Class Knowledge on Information Search Behavior," *Journal of Consumer Research*, June 1985, pp. 1–16.
19. Joseph W. Alba and J. Wesley Hutchinson, "Dimensions of Consumer Expertise," *Journal of Consumer Research*, March 1987, pp. 411–454.
20. Eric J. Johnson and J. Edward Russo, "Product Familiarity and Learning New Information," *Journal of Consumer Research*, June 1984, pp. 542–551.
21. Stephen J. Hoch and Young-Won Ha, "Consumer Learning: Advertising and the Ambiguity of Product Experience," *Journal of Consumer Research*, October 1986, pp. 221–233.
22. A. V. Muthukrishnan and Frank R. Kardes, "Persistent Preferences for Product Attributes: The Effects of the Initial Choice Context and Uninformative Experience," *Journal of Consumer Research*, June 2001, pp. 89–104.
23. Paul Herr, Steven J. Sherman, and Russell H. Fazio, "On the Consequences of Priming: Assimilation and Contrast Effects," *Journal of Experimental Social Psychology*, July 1983, pp. 323–340; Hoch and Ha, "Consumer Learning."
24. Reid Hastie, "Causes and Effects of Causal Attributions," *Journal of Personality and Social Psychology*, July 1984, pp. 44–56; Thomas K. Srull, Meryl Lichtenstein, and Myron Rothbart, "Associative Storage and Retrieval Processes in Person Memory," *Journal of Experimental Psychology: General* 11, no. 6, 1985, pp. 316–435.
25. Durairaj Maheswaran, "Country of Origin as a Stereotype: Effects of Consumer Expertise and Attribute Strength on Product Evaluations," *Journal of Consumer Research*, September 1994, pp. 354–365.
26. John Deighton, "The Interaction of Advertising and Evidence," *Journal of Consumer Research*, December 1984, pp. 763–770; Hoch and Ha, "Consumer Learning."
27. Bernard Weiner, "Spontaneous Causal Thinking," *Psychological Bulletin*, January 1985, pp. 74–84.
28. Hoch and Deighton, "Managing What Consumers Learn from Experience."
29. Kenneth Hein, "This Fine Wine Is Worth a Cool Million," *Brandweek*, February 5, 2001, p. 40.
30. Youjae Yi, "A Critical Review of Consumer Satisfaction," *Review of Marketing* (Chicago: American Marketing Association, 1992), pp. 68–123.
31. Richard L. Oliver, "Processing of the Satisfaction Response in Consumption: A Suggested Framework and Research Propositions," *Journal of Consumer Satisfaction, Dissatisfaction, and Complaining Behavior* 2, 1989, pp. 1–16; Haim Mano and Richard L. Oliver, "Assessing the Dimensionality and Structure of the Consumption Experience: Evaluation, Feeling, and Satisfaction, *Journal of Consumer Research*, December 1993, pp. 451–466.
32. Haim Mano and Richard L. Oliver, "Assessing the Dimensionality and Structure of the Consumption Experience: Evaluation, Feeling, and Satisfaction," *Journal of Consumer Research*, December 1993, pp. 451–466.
33. Michael D. Johnson, Eugene W. Anderson, and Claes Fornell, "Rational and Adaptive Performance Expectations in a Customer Satisfaction Framework," *Journal of Consumer Research*, March 1995, pp. 695–707.
34. Marsha L. Richins and Peter H. Bloch, "Post-purchase Satisfaction: Incorporating the Effects of Involvement and Time," *Journal of Business Research*, September 1991, pp. 145–158; Vikas Mittal and Wagner A. Kamakura, "Satisfaction, Repurchase Intent, and Repurchase Behavior: Investigating the Moderating Effect of Customer Characteristics," *Journal of Marketing Research*, February 2001, pp. 131–142.
35. Christian Homburg, Nicole Koschate, and Wayne D. Hoyer, "Do Satisfied Customers Really Pay More? A Study of the Relationship Between Customer Satisfaction and Willingness to Pay," *Journal of Marketing*, April 2005, pp. 84–96.
36. David M. Szymanski and David H. Henard, "Customer Satisfaction: A Meta-Analysis of the Empirical Evidence," *Journal of the Academy of Marketing Science* 29,

no. 1, 2001, pp. 16–35; Anders Gustafsson, Michael D. Johnson, and Inger Roos, "The Effects of Customer Satisfaction, Relationship Commitment Dimensions, and Triggers on Customer Retention," *Journal of Marketing*, October 2005, pp. 210–218.

37. Todd A. Mooradian and James M. Oliver, "'I Can't Get No Satisfaction': The Impact of Personality and Emotion on Postpurchase Processes," *Psychology and Marketing* 14, no. 4, 1997, pp. 379–393; Xueming Luo and Christian Homburg, "Neglected Outcomes of Customer Satisfaction," *Journal of Marketing*, April 2007, pp. 133–149.

38. Gustafsson et al., "The Effects of Customer Satisfaction, Relationship Commitment Dimensions, and Triggers on Customer Retention."

39. Kathleen Seiders, Glenn B. Voss, and Dhruv Grewal, "Do Satisfied Customers Buy More? Examining Moderating Influences in a Retailing Context," *Journal of Marketing*, October 2005, pp. 26–43.

40. Bruce Cooil, Timothy L. Keiningham, and Lerzan Aksoy, "A Longitudinal Analysis of Customer Satisfaction and Share of Wallet: Investigating the Moderating Effect of Customer Characteristics," *Journal of Marketing*, January 2007, pp. 67–83.

41. Tom Edmonds, "Speakers Examine Caring, Loyalty Issues," *Furniture Today*, February 25, 2005, www.furnituretoday.com.

42. Gail Kachadourian, "NADA Promotes 24-hour Surveys," *Automotive News*, January 31, 2005, p. 32.

43. Douglas Bowman and Das Narayandas, "Managing Customer-Initiated Contacts with Manufacturers: The Impact of Share of Category Requirements and Word-of-Mouth Behavior," *Journal of Marketing Research*, August 2001, pp. 281–297.

44. Vavra, "Learning from Your Losses."

45. Klopp and Sterlickhi, "Customer Satisfaction Just Catching On in Europe."

46. Richard L. Oliver, "A Cognitive Model of the Antecedents and Consequences of Satisfaction Decisions," *Journal of Marketing Research*, November 1980, pp. 460–469; Yi, "A Critical Review of Consumer Satisfaction," p. 92; see also Douglas M. Stayman, Dana L. Alden, and Karen H. Smith, "Some Effects of Schematic Processing on Consumer Expectations and Disconfirmation Judgments," *Journal of Consumer Research*, September 1992, pp. 240–255.

47. Yi, "A Critical Review of Consumer Satisfaction," p. 92; see also Stayman, Alden, and Smith, "Some Effects of Schematic Processing on Consumer Expectations and Disconfirmation Judgments," pp. 240–255.

48. Praveen K. Kopalle and Donald R. Lehman, "The Effects of Advertised and Observed Quality on Expectations About New Product Quality," *Journal of Marketing Research*, August 1995, pp. 280–291; Stephen A. LaTour and Nancy C. Peat, "The Role of Situationally-Produced Expectations, Others' Experiences, and Prior Experiences in Determining Satisfaction," in ed. Jerry C. Olson, *Advances in Consumer Research* (Ann Arbor, Mich.: Association for Consumer Research, 1980), pp. 588–592; Ernest R. Cadotte, Robert B. Woodruff, and Roger L. Jenkins, "Expectations and Norms in Models of Consumer Satisfaction," *Journal of Marketing Research*, August 1987, pp. 305–314.

49. Ruth N. Bolton and James H. Drew, "A Multistage Model of Customers' Assessments of Service Quality and Value," *Journal of Consumer Research*, March 1991, pp. 375–384; Michael D. Johnson, Eugene W. Anderson, and Claes Fornell, "Rational and Adaptive Performance Expectations in a Customer Satisfaction Framework," *Journal of Consumer Research*, March 1995, pp. 695–707.

50. Glenn B. Voss, A. Parasuraman, and Dhruv Grewal, "The Roles of Price, Performance, and Expectations in Determining Satisfaction in Service Exchanges," *Journal of Marketing*, October 1998, pp. 46–61; A. Parasuraman, Valerie A. Zeithaml, and Leonard L. Berry, "SERVQUAL: A Multiple-Item Scale for Measuring Consumer Perceptions of Service Quality," *Journal of Retailing*, Spring 1988, pp. 12–36.

51. Bob Tedeschi, "Online Retailers Say They Are Ready to Deliver Goods to Christmas Shoppers Who Waited Until the Last Minute," *New York Times*, December 20, 2004, p. C4.

52. Stephanie Dellande, Mary C. Gilly, and John L. Graham, "Gaining Compliance and Losing Weight: The Role of the Service Provider in Health Care Services," *Journal of Marketing*, July 2004, pp. 78–91.

53. Susan Fournier and David Glen Mick, "Rediscovering Satisfaction," *Journal of Marketing* 63, October 1999, pp. 5–23.

54. Simona Botti and Ann L. McGill, "When Choosing Is Not Deciding: The Effect of Perceived Responsibility on Satisfaction," *Journal of Consumer Research* 33, no. 2, 2006, pp. 211–219.

55. Ashwani Monga and Michael J. Houston, "Fading Optimism in Products: Temporal Changes in Expectations About Performance," *Journal of Marketing Research*, November 2006, pp. 654–663.

56. Chezy Ofir and Itamar Simonson, "In Search of Negative Customer Feedback: The Effect of Expecting to Evaluate on Satisfaction Evaluations," *Journal of Marketing Research* 38, May 2001, pp. 170–182.

57. Baba Shiv, Ziv Carmon, and Dan Ariely, "Placebo Effects of Marketing Actions: Consumers May Get What They Pay For," *Journal of Marketing Research*, November 2005, pp. 383–393.

58. Caglar Irmak, Lauren G. Block, and Gavan J. Fitzsimons, "The Placebo Effect in Marketing: Sometimes You Just Have to Want It to Work," *Journal of Marketing Research*, November 2005, pp. 406–409.

59. David K. Tse and Peter C. Wilson, "Models of Consumer Satisfaction Formation: An Extension," *Journal of Marketing Research*, May 1988, pp. 204–212; Richard L. Oliver, "Cognitive, Affective, and Attribute Bases of the Satisfaction Response," *Journal of Consumer Research*, December 1993, pp. 418–430; Richard L. Oliver and

Wayne S. DeSarbo, "Response Determinants in Satisfaction Judgments," *Journal of Consumer Research*, March 1988, pp. 495–507.

60. Gilbert A. Churchill and Carol Supranant, "An Investigation into the Determinants of Customer Satisfaction," *Journal of Marketing Research*, November 1982, pp. 491–504; Richard L. Oliver and William O. Bearden, "The Role of Involvement in Satisfaction Processes," in eds. Richard P. Bagozzi and Alice M. Tybout, *Advances in Consumer Research*, vol. 10 (Ann Arbor, Mich.: Association for Consumer Research, 1983), pp. 250–255; Paul G. Patterson, "Expectations and Product Performance as Determinants of Satisfaction for a High Involvement Purchase," *Psychology and Marketing*, September–October 1993, pp. 449–465.

61. Robert A. Westbrook and Michael D. Reilly, "Value-Percept Disparity: An Alternative to the Disconfirmation of Expectations Theory of Consumer Satisfaction," in eds. Richard P. Bagozzi and Alice M. Tybout, *Advances in Consumer Research*, vol. 10 (Ann Arbor, Mich.: Association for Consumer Research, 1983), pp. 256–261.

62. Richard W. Olshavsky and John A. Miller, "Consumer Expectations, Product Performance, and Perceived Product Quality," *Journal of Marketing Research*, February 1972, pp. 469–499.

63. Goll, "Pizza Hut Tosses Its Pies into the Ring."

64. Diane Halstead, Cornelia Droge, and M. Bixby Cooper, "Product Warranties and Post-purchase Service," *Journal of Services Marketing* 7, no. 1, 1993, pp. 33–40; Joshua Lyle Wiener, "Are Warranties Accurate Signals of Product Reliability?" *Journal of Consumer Research*, September 1985, pp. 245–250.

65. Gavin Off, "Renovated Englewood, Fla., Golf Course Back in Business," *The Sun (Port Charlotte, Florida)*, November 20, 2004, *www.sun-herald.com*.

66. Bernard Weiner, "Reflections and Reviews: Attributional Thoughts About Consumer Behavior," *Journal of Consumer Research* 27, December 2000, pp. 382–287; Valerie S. Folkes, "Consumer Reactions to Product Failure: An Attributional Approach," *Journal of Consumer Research*, March 1984, pp. 398–409; Valerie S. Folkes, "Recent Attribution Research in Consumer Behavior: A Review and New Directions," *Journal of Consumer Research*, March 1988, pp. 548–565; Richard W. Mizerski, Linda L. Golden, and Jerome B. Kernan, "The Attribution Process in Consumer Decision Making," *Journal of Consumer Research*, September 1979, pp. 123–140.

67. Mary Jo Bitner, "Evaluating Service Encounters: The Effects of Physical Surroundings and Employee Responses," *Journal of Marketing*, April 1990, pp. 69–82.

68. Valerie S. Folkes, Susan Koletsky, and John L. Graham, "A Field Study of Causal Inferences and Consumer Reaction: The View from the Airport," *Journal of Consumer Research*, March 1987, pp. 534–539.

69. Neeli Bendapudi and Robert P. Leone, "Psychological Implications of Customer Participation in Co-Production," *Journal of Marketing*, January 2003, pp. 14–28.

70. Michael Tsiros, Vikas Mittal, and William T. Ross Jr., "The Role of Attributions in Customer Satisfaction: A Reexamination," *Journal of Consumer Research*, September 2004, pp. 476–483.

71. Andrea C. Morales, "Giving Firms an E for Effort: Consumer Responses to High-Effort Firms," *Journal of Consumer Research* 31, no. 4, 2005, pp. 806–812.

72. David L. Margulius, "Going to the A.T.M. for More Than a Fistful of Twenties," *New York Times*, January 17, 2002, p. D7; Eleena de Lisser, "Banks Court Disenchanted Customers," *Wall Street Journal*, August 30, 1993, p. B1.

73. Richard L. Oliver and John E. Swan, "Equity and Disconfirmation Paradigms as Influences on Merchant and Product Satisfaction," *Journal of Consumer Research*, December 1989, pp. 372–383; Elaine G. Walster, G. William Walster, and Ellen Berscheid, *Equity: Theory and Research* (Boston: Allyn & Bacon, 1978).

74. Peter R. Darke and Darren W. Dahl, "Fairness and Discounts: The Subjective Value of a Bargain," *Journal of Consumer Psychology* 13, no. 3, 2003, pp. 328–338.

75. Richard L. Oliver and John L. Swan, "Consumer Perceptions of Interpersonal Equity and Satisfaction in Transactions, A Field Survey Approach," *Journal of Marketing*, April 1989, pp. 21–35.

76. Ruth N. Bolton and Katherine N. Lemon, "A Dynamic Model of Customers' Usage of Services: Usage as an Antecedent and Consequence of Satisfaction," *Journal of Marketing Research* 36, May 1999, pp. 171–186.

77. Rebecca J. Slotegraaf and J. Jeffrey Inman, "Longitudinal Shifts in the Drivers of Satisfaction with Product Quality: The Role of Attribute Resolvability," *Journal of Marketing Research*, August 2004, pp. 269–280.

78. James G. Maxhamm III and Richard G. Netemeyer, "Firms Reap What They Sow: The Effects of Shared Values and Perceived Organizational Justice on Customers' Evaluations of Complaint Handling," *Journal of Marketing*, January 2003, pp. 46–62.

79. Diane M. Phillips and Hans Baumgartner, "The Role of Consumption Emotions in the Satisfaction Response," *Journal of Consumer Psychology* 12, no. 3, 2002, pp. 243–252; Westbrook, "Product/Consumption-Based Affective Responses and Postpurchase Processes"; Robert A. Westbrook and Richard L. Oliver, "The Dimensionality of Consumption Emotion Patterns and Consumer Satisfaction," *Journal of Consumer Research*, June 1991, pp. 84–91; Mano and Oliver, "Assessing the Dimensionality and Structure of the Consumption Experience."

80. Westbrook, "Product/Consumption-Based Affective Responses and Postpurchase Processes."

81. Westbrook and Oliver, "The Dimensionality of Consumption Emotion Patterns."

82. Thorsten Hennig-Thurau, Markus Groth, and Michael Paul, "Are All Smiles Created Equal? How Emotional Contagion and Emotional Labor Affect Service Relationships," *Journal of Marketing*, July 2006, pp. 58–73.

83. Adam Duhachek and Dawn Iacobucci, "Consumer Personality and Coping: Testing Rival Theories of Process,"

Journal of Consumer Psychology 15, no. 1, 2005, pp. 52–63; Adam Duhachek, "Coping: A Multidimensional, Hierarchical Framework of Responses to Stressful Consumption Episodes," *Journal of Consumer Research* 32, June 2005, pp. 41–53.

84. Richard L. Oliver, "Measurement and Evaluation of Satisfaction Processes in Retail Settings," *Journal of Retailing*, Fall 1981, pp. 25–48.
85. Christian Homburg, Nicole Koschate, and Wayne D. Hoyer, "The Role of Cognition and Affect in the Formation of Customer Satisfaction: A Dynamic Perspective," *Journal of Marketing*, July 2006, pp. 21–31; Stacy L. Wood and C. Page Moreau, "Loathing? How Emotion Influences the Evaluation and Early Use of Innovations," *Journal of Marketing*, July 2006, pp. 44–57.
86. Sarah Fisher Gardial, D. Scott Clemons, Robert B. Woodruff, David W. Schumann, and Mary Jane Burns, "Comparing Consumers' Recall of Prepurchase and Postpurchase Evaluation Experiences," *Journal of Consumer Research*, March 1994, pp. 548–560.
87. Vanessa M. Patrick, Deborah J. MacInnis, and C. Whan Park, "Not As Happy As I Thought I'd Be? Affective Misforecasting and Product Evaluations," *Journal of Consumer Research* 33, no. 4, 2007, pp. 479–489; Daniel T. Gilbert, Elizabeth C. Pinel, Timothy D. Wilson, Stephen J. Blumberg, and Thalia P. Wheatley, "Immune Neglect: A Source of Durability Bias in Affective Forecasting," *Journal of Personality and Social Psychology* 75, no. 3, 1998, pp. 617–638; George Loewenstein and David A. Schkade, "Wouldn't It Be Nice? Predicting Future Feelings," in *Well-Being: The Foundations of Hedonic Psychology* eds. N. Schwartz, D. Kahneman, and E. Diener, (New York: Russell Sage Foundation, 1999), pp. 85–105.
88. Susan Greco, "Saints Alive!" *Inc.*, August 2001, pp. 44–45.
89. C. B. Bhattacharya and Sankar Sen, "Consumer-Company Identification: A Framework for Understanding Consumers' Relationships with Companies," *Journal of Marketing*, April 2003, pp. 76–88; Dennis B. Arnett, Steve D. German, and Shelby D. Hunt, "The Identify Salience Model of Relationship Marketing Success: The Case of Nonprofit Marketing," *Journal of Marketing*, April 2003, pp. 89–105.
90. Day, "Modeling Choices Among Alternative Responses to Dissatisfaction"; Marsha L. Richins, "Word-of-Mouth Communication as Negative Information," *Journal of Marketing*, Winter 1983, pp. 68–78.
91. Day, "Modeling Choices Among Alternative Responses to Dissatisfaction"; Arthur Best and Alan R. Andreasen, "Consumer Response to Unsatisfactory Purchases," *Law and Society*, Spring 1977, pp. 701–742.
92. William O. Bearden and Jesse E. Teel, "Selected Determinants of Consumer Satisfaction and Complaint Reports," *Journal of Marketing Research*, February 1983, pp. 21–28.
93. Cathy Goodwin and Ivan Ross, "Consumer Evaluations of Responses to Complaints: What's Fair and Why," *Journal of Services Marketing*, Summer 1990, pp. 53–61.
94. Day, "Modeling Choices Among Alternative Responses to Dissatisfaction"; Jagdip Singh and Roy D. Howell, "Consumer Complaining Behavior: A Review," in eds. H. Keith Hunt and Ralph L. Day, *Consumer Satisfaction, Dissatisfaction, and Complaining Behavior* (Bloomington, Ind.: Indiana University Press, 1985).
95. S. Krishnan and S. A. Valle, "Dissatisfaction Attributions and Consumer Complaint Behavior," in ed. William L. Wilkie, *Advances in Consumer Research* (Miami: Association for Consumer Research, 1979), pp. 445–449.
96. Folkes, "Consumer Reactions to Product Failure."
97. Nada Nasr Bechwati and Maureen Morrin, "Outraged Customers: Getting Even at the Expense of Getting a Good Deal," *Journal of Consumer Psychology* 13, no. 4, 2003, pp. 440–453.
98. Kjell Gronhaug and Gerald R. Zaltman, "Complainers and Noncomplainers Revisited: Another Look at the Data," in ed. Kent B. Monroe, *Advances in Consumer Research* (Ann Arbor, Mich.: Association for Consumer Research, 1981), pp. 159–165.
99. Jagdip Singh, "A Typology of Consumer Dissatisfaction Response Styles," *Journal of Retailing*, Spring 1990, pp. 57–99.
100. Dan Fost, "On the Internet, Everyone Can Hear Your Complaint," *New York Times*, February 25, 2008, p. C6.
101. Tiffany Kary, "Online Retailers Fumble on Customer Care," *CNET News.com*, January 3, 2002, *http://news.com.com/2100-1017-801668.html*.
102. Marlon A. Walker, "Online Service Lags at Big Firms," *Wall Street Journal*, July 1, 2004, p. B4.
103. Lou Hirsh, "Consumer Gripe Sites—Hidden Treasure?" *CRM Daily.com*, January 2, 2002, *www.crmdaily.com/perl/story/?id=15555*.
104. James G. Maxham III and Richard G. Netemeyer, "A Longitudinal Study of Complaining Customers' Evaluations of Multiple Service Failures and Recovery Efforts," *Journal of Marketing*, October 2002, pp. 57–71.
105. Halstead, Droge, and Cooper, "Product Warranties and Post-purchase Service."
106. Claes Fornell and Nicholas M. Didow, "Economic Constraints on Consumer Complaining Behavior," in ed. Jerry C. Olson, *Advances in Consumer Research*, vol. 7 (Ann Arbor, Mich.: Association for Consumer Research, 1980), pp. 318–323; Claes Fornell and Birger Wernerfelt, "Defensive Marketing Strategy by Customer Complaint Management," *Journal of Marketing Research*, November 1987, pp. 337–346.
107. Claes Fornell and Robert A. Westbrook, "The Vicious Cycle of Consumer Complaints," *Journal of Marketing*, Summer 1984, pp. 68–78.
108. Torsten Ringberg, Gaby Odekerken-Schröder, and Glenn L. Christensen, "A Cultural Models Approach to Service Recovery," *Journal of Marketing*, July 2007, pp. 194–214.
109. Amy K. Smith, Ruth N. Bolton, and Janet Wagner, "A Model of Customer Satisfaction with Service Encounters Involving Failure and Recovery," *Journal of Marketing Research* 36, August 1999, pp. 356–372.

110. Bitner, "Evaluating Service Encounters."
111. Richins, "Word-of-Mouth Communication as Negative Information."
112. Yi, "A Critical Review of Consumer Satisfaction"; Johan Arndt, "Word-of-Mouth Advertising and Perceived Risk," in eds. Harold H. Kassarjian and Thomas R. Robertson, *Perspectives in Consumer Behavior* (Glenview, Ill.: Scott-Foresman, 1968).
113. Fost, "On the Internet, Everyone Can Hear Your Complaint."
114. James McNair, "Company Backlash Strikes Gripe Sites," *Cincinnati Enquirer*, February 7, 2005, *www.usatoday.com*.
115. Keith L. Alexander, "Consumers Exercise Their Growing Clout," *Washington Post*, February 22, 2005, p. E1; Keith L. Alexander, "Hertz Kills Fee for Bookings; Car-Rental Firm Cites Complaints," *Washington Post*, February 16, 2005, p. E3.
116. Frederick F. Reichheld, *The Loyalty Effect: The Hidden Force Behind Growth* (Boston: Harvard Business School Press, 1996).
117. Murali Chandrashekaran, Kristin Rotte, Stephen S. Tax, and Rajdeep Grewal, "Satisfaction Strength and Customer Loyalty," *Journal of Marketing Research*, February 2007, pp. 153–163.
118. Priscilla La Barbera and David W. Mazursky, "A Longitudinal Assessment of Consumer Satisfaction/Dissatisfaction: The Dynamic Aspect of Cognitive Processes," *Journal of Marketing Research*, November 1983, pp. 393–404; Ruth Bolton, "A Dynamic Model of the Duration of the Customer's Relationship with a Continuous Service Provider," *Marketing Science* 17, no. 1, 1998, pp. 45–65.
119. Thomas O. Jones and W. Earl Sasser, "Why Customers Defect," *Harvard Business Review*, November–December 1995, pp. 88–99.
120. Richard L. Oliver, "Whence Consumer Loyalty?" *Journal of Marketing* 63, 1999, pp. 33–44.
121. Michael Lewis, "The Influence of Loyalty Programs and Short-Term Promotions on Customer Retention," *Journal of Marketing Research*, August 2004, pp. 281–292.
122. Frederick F. Reichheld and W. Earl Sasser, "Zero Defections: Quality Comes to Services," *Harvard Business Review*, September 1990, pp. 105–111; Eugene Anderson, Claes Fornell, and Donald H. Lehman, "Customer Satisfaction, Market Share, and Profitability: Findings from Sweden," *Journal of Marketing*, July 1994, pp. 53–66; Rajendra K. Srivastava, Tassadduq A. Shervani, and Liam Fahey, "Market-Based Assets and Shareholder Value: A Framework for Analysis," *Journal of Marketing* 62, no. 1, 1998, pp. 2–18.
123. Werner Reinartz, Manfred Krafft, and Wayne D. Hoyer, "The Customer Relationship Management Process: Its Measurement and Impact on Performance," *Journal of Marketing Research*, August 2004, pp. 293–305; Suni Mithas, M. S. Krishnan, and Claes Fornell, "Why Do Customer Relationship Management Applications Affect Customer Satisfaction?" *Journal of Marketing*, October 2005, pp. 201–209.
124. Becky Ebenkamp, "The Complaint Department," *Brandweek*, June 18, 2001, p. 21; Reichheld, *The Loyalty Effect*.
125. Abigail Sullivan Moore, "Cream and Sugar, and the Milk of Human Kindness," *New York Times*, March 28, 2004, sec. 14, p. 5.
126. Vikki Bland, "Keeping the Customer (Satisfied)," *NZ Business*, September 2004, pp. 16–20.
127. Todd R. Weiss, "Craig Newmark," *ComputerWorld*, February 4, 2008, p. 17; Tom Spring, "The Craig Behind Craigslist," *PC World*, November 2004, p. 32; Elizabeth Millard, "Making the List," *Computer User*, November 2004, p. 24; Matt Richtel, "Craig's To-Do List," *New York Times*, September 6, 2004, pp. C1, C3.
128. Corilyn Shropshire, "More Mom and Pop Stores Use New Technology to Boost Customer Satisfaction," *Pittsburgh Post-Gazette*, February 10, 2005, *www.post-gazette.com*.
129. Dan Zehr, "Dell Opening High-Tech Service Center in China," *Austin American-Statesman*, September 8, 2004, pp. B1, C3.
130. Melissa Martin Young and Melanie Wallendorf, "Ashes to Ashes, Dust to Dust: Conceptualizing Consumer Disposition of Possessions," in *Proceedings, Marketing Educators' Conference* (Chicago: American Marketing Association, 1989), pp. 33–39.
131. Young and Wallendorf, "Ashes to Ashes, Dust to Dust: Conceptualizing Consumer Disposition of Possessions;" see also Erica Mina Okada, "Trade-Ins, Mental Accounting, and Product Replacement Decisions," *Journal of Consumer Research*, March 2001, pp. 433–446; Jacob Jacoby, Carol K. Berning, and Thomas F. Dietvorst, "What About Disposition?" *Journal of Marketing*, April 1977, pp. 22–28; Gilbert D. Harrell and Diane M. McConocha, "Personal Factors Related to Consumer Product Disposal," *Journal of Consumer Affairs*, Winter 1992, pp. 397–417.
132. Jacoby, Berning, and Dietvorst, "What About Disposition?"; Young and Wallendorf, "Ashes to Ashes, Dust to Dust."
133. Harrell and McConocha, "Personal Factors Related to Consumer Product Disposal Tendencies."
134. Jacoby, Berning, and Dietvorst, "What About Disposition?"
135. John B. Sherry, Mary Ann McGrath, and Sidney J. Levy, "The Disposition of the Gift and Many Unhappy Returns," *Journal of Retailing*, Spring 1992, pp. 40–65.
136. Young and Wallendorf, "Ashes to Ashes, Dust to Dust."
137. Russell W. Belk, "Possessions and the Extended Self," *Journal of Consumer Research*, September 1988, pp. 139–168.
138. Young and Wallendorf, "Ashes to Ashes, Dust to Dust."
139. Okada, "Trade-Ins, Mental Accounting, and Product Replacement Decisions."
140. Melissa Martin Young, "Disposition of Possessions During Role Transitions," in eds. Rebecca H. Holman and Michael R. Solomon, *Advances in Consumer Research*,

vol. 18 (Provo, Utah: Association for Consumer Research, 1991), pp. 33–39.
141. James H. Alexander, "Divorce, the Disposition of the Relationship, and Everything," in eds. Rebecca H. Holman and Michael R. Solomon, *Advances in Consumer Research*, vol. 18 (Provo, Utah: Association for Consumer Research, 1991), pp. 43–48.
142. Ibid; Russell W. Belk, John F. Sherry, and Melanie Wallendorf, "A Naturalistic Inquiry into Buyer and Seller Behavior at a Swap Meet," *Journal of Consumer Research*, March 1988, pp. 449–470.
143. Michael D. Reilly and Melanie Wallendorf, "A Comparison of Group Differences in Food Consumption Using Household Refuse," *Journal of Consumer Research*, September 1987, pp. 289–294.
144. For a review, see L. J. Shrum, Tina M. Lowrey, and John A. McCarty, "Recycling as a Marketing Problem: A Framework for Strategy Development," *Psychology and Marketing*, July–August 1994, pp. 393–416.
145. Abhijit Biswas, Jane W. Licata, Daryl McKee, Chris Pullig, and Christopher Daughtridge, "The Recycling Cycle: Waste Recycling and Recycling Shopping Behaviors," *Journal of Public Policy and Marketing* 19, Spring 2000, pp. 93–105.
146. Rik G. M. Pieters, "Changing Garbage Disposal Patterns of Consumers: Motivation, Ability, and Performance," *Journal of Public Policy and Marketing*, Fall 1991, pp. 59–76.
147. Richard P. Bagozzi and Pratibha Dabholkar, "Consumer Recycling Goals and Their Effect on Decisions to Recycle," *Psychology and Marketing*, July–August 1994, pp. 313–340.
148. E. Howenstein, "Marketing Segmentation for Recycling," *Environment and Behavior*, March 1993, pp. 86–102.
149. Shrum, Lowrey, and McCarty, "Recycling as a Marketing Problem."
150. Susan E. Heckler, "The Role of Memory in Understanding and Encouraging Recycling Behavior," *Psychology and Marketing*, July–August 1994, pp. 375–392.
151. Pieters, "Changing Garbage Disposal Patterns of Consumers."
152. Susan Warren, "Recycler's Nightmare: Beer in Plastic," *Wall Street Journal*, November 16, 1999, pp. B1, B4.
153. Kenneth R. Lord, "Motivating Recycling Behavior: A Quasi-Experimental Investigation of Message and Source Strategies," *Psychology and Marketing*, July–August 1994, pp. 341–358.
154. Heckler, "The Role of Memory in Understanding and Encouraging Recycling Behavior."
155. Peter Pae, "JetBlue's Expansion Has Rivals Scrambling," *Los Angeles Times*, April 16, 2008, p. A1; "The Customer Service Elite," *BusinessWeek*, February 21, 2008, www.businessweek.com; Jena McGregor, "An Extraordinary Stumble at JetBlue," *BusinessWeek*, March 5, 2007, pp. 58–59; Dan Reed, "JetBlue Tries to Make Up with Fliers," *USA Today*, February 21, 2007, p. 1B; Jeff Bailey, "Chief 'Mortified' by JetBlue Crisis," *New York Times*, February 19, 2007, p. A1.

Chapter 12
1. Chandra Johnson-Greene, "Hispanic Magazine Advertising Up 22 Percent," *Folio*, March 28, 2008, www.foliomag.com; "In Hispanic Ritual, A Place for Faith and Celebration," *New York Times*, January 5, 2008, p. B5; Walter Nicholls, "A Rite of Passage, a Slice of Tradition," *Washington Post*, August 23, 2006, p. F1; Becky Tiernan, "Understanding Quinceañera Can Mean Business," *Daily Oklahoman*, February 20, 2005, www.newsok.com; Deborah Hirsch, "Quinceañera Parties Evolve as Hispanics Assimilate into American Culture," *Orlando Sentinel*, August 25, 2003; Amy Chozick, "Fairy-Tale Fifteenths," *Wall Street Journal*, October 15, 2004, pp. B1, B6.
2. Charles D. Schewe and Geoffrey Meredith, "Segmenting Global Markets by Generational Cohorts: Determining Motivations by Age," *Journal of Consumer Behavior* 4, no. 1, 2004, pp. 51–63.
3. Peter Francese, "Trend Spotting," *American Demographics*, July–August 2002, pp. 50+; Vickery, Greene, Branch, and Nelson, "Marketers Tweak Strategies as Age Groups Realign."
4. Laura Zinn, "Teens: Here Comes the Biggest Wave Yet," *BusinessWeek*, April 11, 1994, pp. 76–86; Lisa Marie Petersen, "I Bought What Was on Sale," *Brandweek*, February 22, 1993, pp. 12–13.
5. Dennis H. Tootelian and Ralph M. Gaedecke, "The Teen Market: An Exploratory Analysis of Income, Spending, and Shopping Patterns," *Journal of Consumer Marketing*, Fall 1994, pp. 35–44; George P. Moschis and Roy L. Moore, "Decision Making Among the Young: A Socialization Perspective," *Journal of Consumer Research*, September 1979, pp. 101–112.
6. Rick Garlick and Kyle Langley, "Reaching Gen Y on Both Sides of the Cash Register," *Retailing Issues Letter*, Center for Retailing Studies at Texas A&M University, vol. 18, no. 2, 2007, pp. 1–2.
7. Dannie Kjeldgaard and Søren Askegaard, "The Globalization of Youth Culture: The Global Youth Segment as Structures of Common Difference," *Journal of Consumer Research* 33, no. 2, 2006, pp. 231–247.
8. "The Six Value Segments of Global Youth," *Brandweek*, May 22, 2000, pp. 38–44.
9. David Murphy, "Connecting with Online Teenagers," *Marketing*, September 27, 2001, pp. 31–32.
10. Noah Rubin Brier, "Coming of Age," *American Demographics*, November 2004, pp. 16–19.
11. Peter Francese, "Ahead of the Next Wave," *American Demographics*, September 2003, pp. 42–43; Robert Guy Matthews, "Spirits Makers Aim to Shake Up Stodgy Brands with Youth Push," *Wall Street Journal*, November 11, 2004, p. B5.

12. "Resident Population Projections by Sex and Age: 2010 to 2050," *U.S. Interim Projections by Age, Sex, Race, and Hispanic Origin*, U.S. Census Bureau, March 2004, www.census.gov.
13. "Teen Clout Grows; Chains React," *MMR*, August 20, 2001, pp. 29.
14. Kerry Capell, "MTV's World," *BusinessWeek*, February 18, 2001, pp. 81–84; Sally Beatty and Carol Hymowitz, "How MTV Stays Tuned In to Teens," *Wall Street Journal*, March 21, 2000, pp. B1, B4.
15. Paula Dwyer, "The Euroteens (and How to Sell to Them)," *BusinessWeek*, April 11, 1994, p. 84.
16. Stephanie Clifford, "An Online Game So Mysterious Its Famous Sponsor Is Hidden," *New York Times*, April 1, 2008, p. C5.
17. Murphy, "Connecting with Online Teenagers"; Fara Warner, "Booming Asia Lures Credit-Card Firms," *Wall Street Journal*, November 24, 1995, p. B10.
18. Beatty and Hymowitz, "How MTV Stays Tuned In to Teens."
19. Maureen Tkacik, "Fast Times for Retail Chain Behind the 'Euro' Shoe Trend," *Wall Street Journal*, November 21, 2002, p. B1.
20. Matthew Grimm, "Irvington, 10533," *Brandweek*, August 17, 1993, pp. 11–13.
21. Helene Cooper, "Once Again, Ads Woo Teens with Slang," *Wall Street Journal*, March 29, 1993, pp. B1, B6; Adrienne Ward Fawcett, "When Using Slang in Advertising: BVC," *Advertising Age*, August 23, 1993, p. S-6.
22. Barbara Martinez, "Antismoking Ads Aim to Gross Out Teens," *Wall Street Journal*, March 21, 1997, pp. B1, B8.
23. Jennie L. Phipps, "Networks Drill Deeper into Teen Market," *Electronic Media*, March 12, 2001, p. 20; Erin White, "Teen Mags for Guys, Not Dolls," *Wall Street Journal*, August 10, 2000, pp. B1, B4; Wendy Bounds, "Teen-Magazine Boom: Beauty, Fashion, Stars, and Sex," *Wall Street Journal*, December 7, 1998, pp. B1, B10.
24. Cristina Merrill, "Keeping Up with Teens," *American Demographics*, October 1999, pp. 27–31.
25. Bob Tedeschi, "Online Retailers Say They Are Ready to Deliver Goods to Christmas Shoppers Who Waited Until the Last Minute," *New York Times*, December 20, 2004, p. C4.
26. Jennifer Gill, "Contagious Commercials," *Inc.*, November 2006, www.inc.com; Leigh Muzslay, "Shoes That Morph from Sneakers to Skates Are Flying out of Stores," *Wall Street Journal*, July 26, 2001, p. B1.
27. Jeffrey A. Trachtenberg, "Targeting Young Adults," *Wall Street Journal*, October 4, 2004, pp. B1, B5.
28. Christina Duff, "It's Sad but True: Good Times Are Bad for Real Slackers," *Wall Street Journal*, August 6, 1998, pp. A1, A5; Carol Angrisani, "X Marks the Spot," *Brandmarketing*, April 2001, pp. 18+.
29. "Farther Along the Axis," *American Demographics*, May 2004, pp. 21+.
30. Pamela Paul, "Echo Boomerang," *American Demographics*, June 2001, pp. 45–49.
31. Debra O'Connor, "Home Stretch: Families Remodel Houses to Accommodate Parents or 'Boomerang' Children," *Pioneer Press*, March 18, 2003, www.twincities.com/mld/pioneerpress.
32. Angrisani, "X Marks the Spot."
33. Cyndee Miller, "X Marks the Lucrative Spot, But Some Advertisers Can't Hit Target," *Marketing News*, August 2, 1993, pp. 1, 14; Pat Sloan, "Xers Brush Off Cosmetics Marketers," *Advertising Age*, September 27, 1993, p. 4.
34. Alfred Schreiber, "Generation X the Next Big Event Target," *Advertising Age*, June 21, 1993, p. S-3; Robert Gustafson, "Marketing to Generation X? Better Practice Safe Sex," *Advertising Age*, March 7, 1994, p. 26.
35. Joseph B. White, "Toyota, Seeking Younger Drivers, Uses Hip Hop, Web, Low Prices," *Wall Street Journal*, September 22, 1999, p. B10.
36. Horst Stipp, "Xers Are Not Created Equal," *Mediaweek*, March 21, 1994, p. 20; Lisa Marie Petersen, "Previews of Coming Attractions," *Brandweek*, March 1993, pp. 22–23.
37. Angrisani, "X Marks the Spot."
38. Laura Koss-Feder, "Want to Catch Gen X? Try Looking on the Web," *Marketing News*, June 8, 1998, p. 20.
39. "Insurance Gets Hip," *American Demographics*, January 1, 2002, p. 48.
40. Cheryl Russell, "The Power of One," *Brandweek*, October 4, 1993, pp. 27–28, 30, 32.
41. Pamela Paul, "Targeting Boomers," *American Demographics*, March 2003, pp. 24+.
42. Alison Stein Wellner, "Generational Divide," *American Demographics*, October 2000, pp. 52–58.
43. Pamela Paul, "Global Generation Gap," *American Demographics*, March 2002, pp. 18–19.
44. "More at Home on the Road," *American Demographics*, June 2003, pp. 26–27.
45. Ken Brown, "After Roaring Through the '90s, Harley's Engine Could Sputter," *Wall Street Journal*, February 12, 2002, www.wsj.com; Joseph Weber, "Harley Investors May Get a Wobbly Ride," *BusinessWeek*, February 11, 2002, p. 65.
46. Peter Francese, "Trend Ticker: Big Spenders," *American Demographics*, September 2001, pp. 30–31; Susan Mitchell, "How Boomers Save," *American Demographics*, September 1994, pp. 22–29; "Baby Boomers Are Top Dinner Consumers," *Frozen Food Age*, February 1994, p. 33.
47. Shirley Leung, "Fast-Food Chains Upgrade Menus, and Profits, with Pricey Sandwiches," *Wall Street Journal*, February 5, 2002, pp. B1–B3.
48. Cyndee Miller, "Jeans Marketers Loosen Up, Adjust to Expanding Market," *Marketing News*, August 31, 1992, pp. 6–7.
49. John Finotti, "Back in Fashion: After a Strong Start and Then a Stumble, Specialty Retailer Chico's FAS Is Riding

the Baby Boomer Wave," *Florida Trend*, January 2002, pp. 16.
50. Michael J. Weiss, "Chasing Youth," *American Demographics*, October 2002, pp. 35+; John Fetto, "Queen for a Day," *American Demographics*, March 2000, pp. 31–32.
51. Michelle Edgar, "Olay Ramping Up Skin Care Offering," *WWD*, May 4, 2007, p. 7; Cris Prystay and Sarah Ellison, "Time for Marketers to Grow Up?" *Wall Street Journal*, February 27, 2003, pp. B1, B4.
52. Carol M. Morgan, "The Psychographic Landscape of 50-Plus," *Brandweek*, July 19, 1993, pp. 28–32; Phil Goodman, "Marketing to Age Groups Is All in the Mind Set," *Marketing News*, December 6, 1993, p. 4.
53. Catherine A. Cole and Gary J. Gaeth, "Cognitive and Age-Related Differences in the Ability to Use Nutritional Information in a Complex Environment," *Journal of Marketing Research*, May 1990, pp. 175–184; Catherine A. Cole and Siva K. Balasubramanian, "Age Differences in Consumers' Search for Information: Public Policy Implications," *Journal of Consumer Research*, June 1993, pp. 157–169; Deborah Roedder John and Catherine A. Cole, "Age Differences in Information Processing: Understanding Deficits in Young and Elderly Consumers," *Journal of Consumer Research*, December 1986, pp. 297–315.
54. Carolyn Yoon, "Age Differences in Consumers' Processing Strategies: An Investigation of Moderating Differences," *Journal of Consumer Research*, December 1997, pp. 329–342.
55. Sharmistha Law, Scott A. Hawkins, and Fergus I. M. Craik, "Repetition-Induced Belief in the Elderly: Rehabilitating Age-Related Memory Deficits," *Journal of Consumer Research*, September 1998, pp. 91–107.
56. Catherine A. Cole and Gary J. Gaeth, "Cognitive and Age-Related Differences in the Ability to Use Nutritional Information in a Complex Environment," *Journal of Marketing Research*, May 1990, pp. 175–184; Cole and Balasubramanian, "Age Differences in Consumers' Search for Information: Public Policy Implications,"; John and Cole, "Age Differences in Information Processing: Understanding Deficits in Young and Elderly Consumers."
57. Michael Moss, "Leon Black Bets Big on the Elderly," *Wall Street Journal*, July 24, 1998, pp. B1, B8.
58. Raphaelle Lambert-Pandraud, Gilles Laurent, and Eric Lapersonne, "Repeat Purchasing of New Automobiles by Older Consumers: Empirical Evidence and Interpretations," *Journal of Marketing*, April 2005, pp. 97–113.
59. Patrick M. Reilly, "What a Long Strange Trip It's Been," *Wall Street Journal*, April 7, 1999, pp. B1, B4.
60. Ronald E. Milliman and Robert C. Erffmeyer, "Improving Advertising Aimed at Seniors," *Journal of Advertising Research*, December 1989–January 1990, pp. 31–36.
61. Robin T. Peterson, "The Depiction of Senior Citizens in Magazine Advertisements: A Content Analysis," *Journal of Business Ethics*, September 1992, pp. 701–706; Anthony C. Ursic, Michael L. Ursic, and Virginia L. Ursic, "A Longitudinal Study of the Use of the Elderly in Magazine Advertising," *Journal of Consumer Research*, June 1986, pp. 131–133; John J. Burnett, "Examining the Media Habits of the Affluent Elderly," *Journal of Advertising Research*, October–November 1991, pp. 33–41.
62. Patti Williams and Aimee Drolet, "Age-Related Differences in Responses to Emotional Advertisements," *Journal of Consumer Research* 32, no. 3, 2005, pp. 343–354.
63. "America's Aging Consumers," *Discount Merchandiser*, September 1993, pp. 16–28; John and Cole, "Age Differences in Information Processing."
64. Amy Merrick, "Gap's Greatest Generation?" *Wall Street Journal*, September 15, 2004, pp. B1, B3.
65. Lisa D. Spiller and Richard A. Hamilton, "Senior Citizen Discount Programs: Which Seniors to Target and Why," *Journal of Consumer Marketing*, Summer 1993, pp. 42–51; Kelly Tepper, "The Role of Labeling Processes in Elderly Consumers' Responses to Age Segmentation Cues," *Journal of Consumer Research*, March 1994, pp. 503–519.
66. Jinkook Lee and Loren V. Geistfeld, "Elderly Consumers' Receptiveness to Telemarketing Fraud," *Journal of Public Policy & Marketing* 18, no. 2, Fall 1999, pp. 208–217; John R. Emshwiller, "Having Lost Thousands to Con Artists, Elderly Widow Tells Cautionary Tale," *Wall Street Journal*, August 9, 1996, pp. B1, B5.
67. Joan Meyers-Levy, "The Influence of Sex Roles on Judgment," *Journal of Consumer Research*, March 1988, pp. 522–530.
68. Charles S. Areni and Pamela Kiecker, "Gender Differences in Motivation: Some Implications for Manipulating Task-Related Involvement," in ed. Janeen Arnold Costa, *Gender and Consumer Behavior* (Salt Lake City, Utah: University of Utah Printing Service, 1993), pp. 30–43; Brenda Giner and Eileen Fischer, "Women and Arts, Men and Sports: Two Phenomena or One?" in ed. Janeen Arnold Costa, *Gender and Consumer Behavior* (Salt Lake City, Utah: University of Utah Printing Service, 1993), p. 149.
69. Douglas B. Holt and Craig J. Thompson, "Man-of-Action Heroes: The Pursuit of Heroic Masculinity in Everyday Consumption," *Journal of Consumer Research*, September 2004, pp. 425–440.
70. Elia Kacapyr, "The Well-Being of American Women," *American Demographics*, August 1998, pp. 30, 32; "Women in the United States: March 2000 (PPL-121)," *U.S. Department of Commerce*, March 2000, www.census.gov/population/www/socdemo/ppl-121.html.
71. Chen May Yee, "High-Tech Lift for India's Women," *Wall Street Journal*, November 1, 2000, pp. B1, B4; Al-ladi Venkatesh, "Gender Identity in the Indian Context, a Socio-Cultural Construction of the Female Consumer," in ed. Costa, *Gender and Consumer Behavior*, pp. 119–129.
72. Timothy M. Smith, Srinath Gopalakrishna, and Paul M. Smith, "Men's and Women's Responses to Sex Role

Portrayals in Advertisements," *Journal of Marketing Research*, March 2004, pp. 61–77.
73. Lynn J. Jaffe and Paul D. Berger, "Impact on Purchase Intent of Sex-Role Identity and Product Positioning," *Psychology and Marketing*, Fall 1988, pp. 259–271.
74. David Whelan, "Do Ask, Do Tell," *American Demographics*, November 2001, p. 41.
75. John Fetto, "In Broad Daylight," *American Demographics*, February 2001, pp. 16–20; Ronald Alsop, "Cracking the Gay Market Code," *Wall Street Journal*, June 29, 1999, p. B1.
76. Steven M. Kates, "The Dynamics of Brand Legitimacy: An Interpretive Study in the Gay Men's Community," *Journal of Consumer Research*, September 2004, pp. 455–464.
77. Stuart Elliott, "A Whole New Meaning for the Phrase 'City of Brotherly Love,'" *New York Times*, June 22, 2004, *www.nytimes.com*.
78. Joan Meyers-Levy and Durairaj Maheswaran, "Exploring Differences in Males' and Females' Processing Strategies," *Journal of Consumer Research*, June 1991, pp. 63–70; William K. Darley and Robert E. Smith, "Gender Differences in Information Processing Strategies: An Empirical Test of the Selectivity Model in Advertising Response," *Journal of Advertising*, Spring 1995, pp. 41–56; Barbara B. Stern, "Feminist Literary Criticism and the Deconstruction of Ads: A Postmodern View of Advertising and Consumer Responses," *Journal of Consumer Research*, March 1993, pp. 556–566.
79. Meyers-Levy, "The Influence of Sex Roles on Judgment"; Joan Meyers-Levy, "Priming Effects on Product Judgments: A Hemispheric Interpretation," *Journal of Consumer Research*, June 1989, pp. 76–86.
80. Laurette Dube and Michael S. Morgan, "Trend Effects and Gender Differences in Retrospective Judgments of Consumption Emotions," *Journal of Consumer Research*, September 1996, pp. 156–162.
81. Richard Elliot, "Gender and the Psychological Meaning of Fashion Brands," in ed. Janeen Arnold Costa, *Gender and Consumer Behavior* (Salt Lake City, Utah: University of Utah Printing Service, 1993), pp. 99–105.
82. Suzanne C. Grunert, "On Gender Differences in Eating Behavior as Compensatory Consumption," in ed. Costa, *Gender and Consumer Behavior*, pp. 74–86.
83. Clifford Krauss, "Women, Hear Them Roar," *New York Times*, July 25, 2007, pp. C1, C9.
84. Linda Bock, "Bye-Bye Barber," *Telegram & Gazette* (Worcester, MA), April 1, 2008, *www.telegram.com*.
85. Michael Schwirtz, "Russian Vodka with a Feminine Kick," *New York Times*, March 30, 2008, p. ST-2.
86. Amy Tsao, "Retooling Home Improvement," *Business-Week*, February 14, 2005, *www.businessweek.com*.
87. Robert J. Fisher and Laurette Dubé, "Gender Differences in Responses to Emotional Advertising: A Social Desirability Perspective," *Journal of Consumer Research* 31, no. 4, 2005, pp. 850–858.
88. John B. Ford, Patricia Kramer, Earl D. Honeycutt Jr., and Susan L. Casey, "Gender Role Portrayals in Japanese Advertising: A Magazine Content Analysis," *Journal of Advertising*, Spring 1998, pp. 113–124.
89. Geoffrey A. Fowler, "Marketers Take Heed: The Macho Chinese Man Is Back," *Wall Street Journal*, December 18, 2002, p. B1.
90. Thomas W. Whipple and Mary K. McManamon, "Implications of Using Male and Female Voices in Commercials: An Exploratory Study," *Journal of Advertising*, Summer 2002, pp. 79–91.
91. "An All-women Fitness Event," *Malaysia Star*, March 20, 2008, *http://thestar.com.my*.
92. Patrick M. Reilly, "Hard-Nosed Allure Wins Readers and Ads," *Wall Street Journal*, August 27, 1992, p. B8; Seema Nayyar, "Net TV Soap Ads: Lever Alone Hit Men," *Brandweek*, July 13, 1992, p. 10.
93. Sandra Yin, "Home and Away," *American Demographics*, March 2004, p. 15.
94. Ignacio Vazquez, "Mexicans Are Buying 'Made in USA' Food," *Marketing News*, August 31, 1998, p. 14.
95. Susan Mitchell, "Birds of a Feather," *American Demographics*, February 1995, pp. 40–48.
96. Michael Weiss, "Parallel Universe," *American Demographics*, October 1999, pp. 58–63.
97. Adapted from Claritas, "PRIZM NE Target Finder Report Ranked by Segment."
98. Greg Johnson, "Beyond Burgers: New McDonald's Menu Makes Run for the Border," *Los Angeles Times*, August 13, 2000, p. C1.
99. Chad Terhune, "Snack Giant's Boats Sting Regional Rivals," *Wall Street Journal*, July 29, 2004, pp. B1–B2.
100. Mitchell, "Birds of a Feather."
101. Ray Schultz, "ZIP + 4 + 2 = ZIP + 6," *Direct* Magazine, February 1, 2007, n.p.
102. Mike Freeman, "Clusters of Customers," *San Diego Union-Tribune*, December 19, 2004, *www.signosandiego.com*.
103. Weiss, "Parallel Universe."
104. Haipeng (Allan) Chen, Sharon Ng, and Akshay R. Rao, "Cultural Differences in Consumer Impatience," *Journal of Marketing Research*, August 2005, pp. 291–301.
105. See Daphna Oyserman, "High Power, Low Power, and Equality: Culture Beyond Individualism and Collectivism," *Journal of Consumer Psychology* 16, no. 4, 2006, pp. 352–356.
106. Sharon Shavitt, Ashok K. Lalwani, Jing Zhang, and Carlos J. Torelli, "The Horizontal/Vertical Dimension in Cross-Cultural Consumer Research," *Journal of Consumer Psychology* 16, no. 4, 2006, pp. 325–342; Joan Meyers-Levy, "Using the Horizontal/Vertical Distinction to Advance Insights into Consumer Psychology," *Journal of Consumer Psychology* 16, no. 4, 2006, pp. 347–351; Jennifer L. Aaker, "Delineating Culture," *Journal of Consumer Psychology* 16, no. 4, 2006, pp. 343–347; Sharon Shavitt, Ashok K. Lalwani, Jing Zhang, and Carlos J. Torelli, "Reflections on the Meaning and Structure of the Horizontal/Vertical Dimension," *Journal of Consumer Psychology* 16, no. 4, 2006, pp. 357–362.

107. Michelle R. Nelson, Frédéric F. Brunel, Magne Supphellen, and Rajesh V. Manchanda, "Effects of Culture, Gender, and Moral Obligations on Responses to Charity Advertising Across Masculine and Feminine Cultures," *Journal of Consumer Psychology* 16, no. 1, 2006, pp. 45–56.
108. Donnel A. Briley and Jennifer L. Aaker, "When Does Culture Matter? Effects of Personal Knowledge on the Correction of Culture-Based Judgments," *Journal of Marketing Research*, August 2006, pp. 395–408.
109. Steven M. Kates and Charlene Goh, "Brand Morphing," *Journal of Advertising*, Spring 2003, pp. 59–68.
110. Yumiko Ono, "U.S. Superstores Find Japanese Are a Hard Sell," *Wall Street Journal*, February 14, 2000, pp. B1, B4.
111. Normandy Madden, "Inside the Asian Colossus," *Advertising Age*, August 16, 2004, www.adage.com.
112. George P. Moschis, *Consumer Socialization* (Lexington, Mass.: D. C. Heath, 1987); Lisa Penaloza, "Atravesando Fronteras/Border Crossings: A Critical Ethnographic Exploration of the Consumer Acculturation of Mexican Immigrants," *Journal of Consumer Research*, June 1994, pp. 32–54.
113. Sonya A. Grier, Anne M. Brumbaugh, and Corliss G. Thornton, "Crossover Dreams: Consumer Responses to Ethnic-Oriented Products," *Journal of Marketing*, April 2006, pp. 35–51.
114. Jean-Francois Ouellet, "Consumer Racism and Its Effects on Domestic Cross-Ethnic Product Purchase: An Empirical Test in the United States, Canada, and France," *Journal of Marketing*, January 2007, pp. 113–128.
115. U.S. Census Bureau, "Projected Population of the United States, by Race and Hispanic Origin: 2000–2050," March 18, 2004, www.census.gov/ipc/www/usinterimproj.
116. Rebecca Gardyn, "Habla English?" *American Demographics*, April 2001, pp. 54–57.
117. Rebecca Gardyn and John Fetto, "Race, Ethnicity, and the Way We Shop," *American Demographics*, February 2003, pp. 30–33; Joan Raymond, "The Multicultural Report," *American Demographics*, November 2001, pp. S3–S6; Rebecca Gardyn, "True Colors," *American Demographics*, April 2001, pp. 14–17.
118. Kimberly Palmer, "Ads for Ethnic Hair Care Show a New Face," *Wall Street Journal*, July 21, 2003, pp. B1, B3.
119. Marlene Rossman, "Inclusive Marketing Shows Sensitivity," *Marketing News*, October 10, 1994, p. 4.
120. "Nation's Population One-Third Minority," *U.S. Census Bureau News*, May 10, 2006, www.census.gov.
121. Pamela Paul, "Hispanic Heterogenity," *Forecast*, June 4, 2001, pp. 1; Geoffrey Paulin, "A Growing Market: Expenditures by Hispanics," *Monthly Labor Review*, March 1998, pp. 3–21.
122. Carrie Goerne, "Go the Extra Mile to Catch Up with Hispanics," *Marketing News*, December 24, 1990, p. 13; Marlene Rossman, *Multicultural Marketing* (New York: American Management Association, 1994).
123. Penaloza, "Atravesando Fronteras/Border Crossings."
124. Humberto Valencia, "Developing an Index to Measure Hispanicness," in eds. Elizabeth C. Hirschman and Morris B. Holbrook, *Advances in Consumer Research*, vol. 12 (Provo, Utah: Association for Consumer Research, 1981), pp. 18–21; Rohit Deshpande, Wayne D. Hoyer, and Naveen Donthu, "The Intensity of Ethnic Affiliation: A Study of the Sociology of Hispanic Consumption," *Journal of Consumer Research*, September 1986, pp. 214–220.
125. Cynthia Webster, "Effects of Hispanic Ethnic Identification on Marital Roles in the Purchase Decision Process," *Journal of Consumer Research*, September 1994, pp. 319–331.
126. Cynthia Webster, "The Effects of Hispanic Subcultural Identification on Information Search Behavior," *Journal of Advertising Research*, September–October 1992, pp. 54–62; Naveen Donthu and Joseph Cherian, "Hispanic Coupon Usage: The Impact of Strong and Weak Ethnic Identification," *Psychology and Marketing*, November–December 1992, pp. 501–510.
127. Dianne Solis, "Latino Buying Power Still Surging: It Will Exceed That of Blacks in 2007, Report Says," *Dallas Morning News*, September 1, 2006, www.dallasnews.com.
128. Hillary Chura, "Sweet Spot," *Advertising Age*, November 12, 2001, pp. 1, 16; Roberta Bernstein, "Food For Thought," *American Demographics*, May 2000, pp. 39–42.
129. Claire Hoffman, "Small Business; Taking a Shine to Hair Care Business," *Los Angeles Times*, September 13, 2006, p. C1.
130. Suzanne Vranica, "Miller Turns Eye Toward Hispanics," *Wall Street Journal*, October 8, 2004, p. B3.
131. "The Best Way to Court Hispanics May Be to Get Granular and Local," *MediaWeek*, March 3, 2008, www.mediaweek.com.
132. "10 Largest Advertisers to the Hispanic Market, 1999 vs. 2000," *Marketing News*, July 2, 2001, p. 17.
133. Jones, "Translating for the Hispanic Market."
134. Rossman, *Multicultural Marketing*.
135. Rohit Deshpande and Douglas M. Stayman, "A Tale of Two Cities: Distinctiveness Theory and Advertising Effectiveness," *Journal of Marketing Research*, February 1994, pp. 57–64.
136. See Claudia V. Dimofte, Mark R. Forehand, and Rohit Deshpandé, "Ad Schema Incongruity as Elicitor of Ethnic Self-Awareness and Differential Advertising Response," *Journal of Advertising*, Winter 2003–2004, pp. 7–17; Mark R. Forehand and Rohit Deshpandé, "What We See Makes Us Who We Are: Priming Ethnic Self-Awareness and Advertising Response," *Journal of Marketing Research*, August 2001, pp. 336–348.
137. Anne M. Brumbaugh, 'Source and Nonsource Cues in Advertising and Their Effects on the Activation of Cultural and Subcultural Knowledge on the Route to Persuasion," *Journal of Consumer Research*, September 2002, pp. 258–269.

138. Robert E. Wilkes and Humberto Valencia, "Hispanics and Blacks in Television Commercials," *Journal of Advertising*, March 1989, pp. 19–25.
139. Scott Koslow, Prem N. Shamdasani, and Ellen E. Touchstone, "Exploring Language Effects in Ethnic Advertising: A Sociolinguistic Perspective," *Journal of Consumer Research*, March 1994, pp. 575–585.
140. Laurel Wentz, "Cultural Cross Over," *Advertising Age*, July 7, 2003, pp. S-4+.
141. David Luna and Laura A. Peracchio, "Advertising to Bilingual Consumers: The Impact of Code-switching on Persuasion," *Journal of Consumer Research* 31, no. 4, 2005, pp. 760–765; David Luna, Dawn Lerman, and Laura A. Peracchio, "Structural Constraints in Code-Switched Advertising," *Journal of Consumer Research* 32, no. 3, 2005, pp. 416–423.
142. Kris Hudson and Ana Campoy, "Hispanics' Hard Times Hit Wal-Mart," *Wall Street Journal*, August 29, 2007, p. A8.
143. "The DNR List: Latino Logistics," *Daily News Record*, August 23, 2004, p. 136.
144. "Nation's Population One-Third Minority."
145. William H. Frey, "Revival," *American Demographics*, October 2003, pp. 27+; "Black Population Surged During '90s: U.S. Census," *Jet*, August 27, 2001, p. 18.
146. "Where Blacks, Whites Diverge," *Brandweek*, May 3, 1993, p. 22.
147. Howard Schlossberg, "Many Marketers Still Consider Blacks 'Dark-Skinned Whites,'" *Marketing News*, January 18, 1993, pp. 1, 13.
148. Alan J. Bush, Rachel Smith, and Craig Martin, "The Influence of Consumer Socialization Variables on Attitude Toward Advertising: A Comparison of African-Americans and Caucasians," *Journal of Advertising* 28, no. 3, Fall 1999, pp. 13–24.
149. Solis, "Latino Buying Power Still Surging: It Will Exceed That of Blacks in 2007, Report Says."
150. Corliss L. Green, "Ethnic Evaluations of Advertising: Interaction Effects of Strength of Ethnic Identification, Media Placement, and Degree of Racial Composition," *Journal of Advertising* 28, no. 1, Spring 1999, pp. 49–64; Pepper Miller and Ronald Miller, "Trends Are Opportunities for Targeting African-Americans," *Marketing News*, January 20, 1992, p. 9.
151. "African-Americans Go Natural," *MMR*, December 17, 2001, p. 43.
152. Alan J. Bush, Rachel Smith, and Craig Martin, "The Influence of Consumer Socialization Variables on Attitude Toward Advertising: A Comparison of African-Americans and Caucasians," *Journal of Advertising* 28, no. 3, Fall 1999, pp. 13–24.
153. Green, "Ethnic Evaluations of Advertising."
154. Jake Holden, "The Ring of Truth," *American Demographics*, October 1998, p. 14.
155. Mary Connelly, "Lincoln Ads Target Blacks; Campaign Features Stories of Success," *Automotive News*, October 30, 2006, p. 6.
156. Mike Shields, "BET Digital Launches New African-American Ad Net," *Mediaweek*, January 14, 2008, p. 8.
157. "10 Largest Advertisers to the African American Market, 2000," *Marketing News*, July 2, 2001, p. 17.
158. Jennifer L. Aaker, Anne M. Brumbaugh, and Sonya A. Grier, "Nontarget Markets and Viewer Distinctiveness: The Impact of Target Marketing on Advertising Attitudes," *Journal of Consumer Psychology* 9, no. 3, 2000, pp. 127–140.
159. Donnel A. Briley, L. J. Shrum, and Robert S. Wyer Jr., "Subjective Impressions of Minority Group Representation in the Media: A Comparison of Majority and Minority Viewers' Judgments and Underlying Processes," *Journal of Consumer Psychology* 17, no. 1, 2007, pp. 36–48; William J. Qualls and David J. Moore, "Stereotyping Effects on Consumers' Evaluation of Advertising: Impact of Racial Difference Between Actors and Viewers," *Psychology and Marketing*, Summer 1990, pp. 135–151.
160. Sonia Alleyne, "The Magic Touch," *Black Enterprise*, June 1, 2004, n.p.
161. Tommy E. Whittler and Joan DiMeo, "Viewers' Reactions to Racial Cues in Advertising Stimuli," *Journal of Advertising Research*, December 1991, pp. 37–46.
162. Tommy E. Whittler, "Viewers' Processing of Source and Message Cues in Advertising Stimuli," *Psychology & Marketing*, July–August 1989, pp. 287–309.
163. "Nation's Population One-Third Minority."
164. "Diversity in America: Asians," *American Demographics*, November 2002, p. S14; William H. Frey, "Micro 165. Melting Pots," *American Demographics* 25, no. 6, 2001, pp. 20–23.
165. "Diversity in America: Asians."
166. Jonathan Burton, "Advertising Targeting Asians," *Far Eastern Economic Review*, January 21, 1993, pp. 40–41.
167. Saul Gitlin, "An Optional Data Base," *Brandweek*, January 5, 1998, p. 16.
168. Bill Kossen, "Japanese-Language Ads Demonstrate Novel Marketing Approach," *Seattle Times*, July 3, 2001, www.seattletimes.com.
169. Rebecca Gardyn and John Fetto, "The Way We Shop," *American Demographics*, February 2003, pp. 31+.
170. "Asian Americans Lead the Way Online," *Min's New Media Report*, December 31, 2001.
171. Rebecca Gardyn and John Fetto, "The Way We Shop," *American Demographics*, February 2003, pp. 31+.
172. U.S. Census Bureau, "Income 2002," *Current Population Survey, 2002*, www.census.gov; "Diversity in America: Asians."
173. Chui Li, "The Asian Market for Personal Products," *Drug & Cosmetic Industry*, November 1992, pp. 32–36; William Dunn, "The Move Toward Ethnic Marketing," *Nation's Business*, July 1992, pp. 39–41; Rossman, *Multicultural Marketing*.
174. Mark Peters, "An Asian Niche at Mohegan Sun," *Hartford Courant*, August 11, 2007, p. E1.

175. Marty Bernstein, "Auto Advertisers Shift Some Attention to Asian-Americans," *Automotive News*, October 13, 2003, p. 4M; Julie Cantwell, "Zero Gives New Life to Big 3 in the West; New Plans Include More Dealer Ad Money and Multicultural Marketing," *Automotive News*, November 12, 2001, p. 35.
176. "HSBC Banks on World Cup Soccer Web Site, in Chinese," *Brandweek*, April 1, 2002, p. 30.
177. Wayne Karrfalt, "Case Study: Cruising to New Customers," *Cable TV: The Multicultural Connection*, n.d., p. S10.
178. "NBA Drops Chinese Insert to Salute Yao, Wang, and Bateer," *People's Daily Online*, October 30, 2003, www.english.people.com.cn.
179. Jonathan Burton, "Advertising Targeting Asians," *Far Eastern Economic Review*, January 21, 1993, pp. 40–41; Brett A. S. Martin, Christina Kwai-Choi Lee, and Yang Feng, "The Influence of Ad Model Ethnicity and Self-Referencing on Attitudes," *Journal of Advertising*, Winter 2004, pp. 27–37.
180. Linda Laban, "Crossing Cultures," *Boston Globe*, April 5, 2007, p. 6.
181. Onkvisit and Shaw, *International Marketing*; Charles M. Schaninger, Jacques C. Bourgeois, and W. Christian Buss, "French-English Canadian Subcultural Consumption Differences," *Journal of Marketing*, Spring 1985, pp. 82–92.
182. Brian Dunn, "Nationalism in Advertising: Dead or Alive?" *Adweek*, November 22, 1993.
183. Hans Hoefer, *Thailand* (Boston: Houghton Mifflin, 1993).
184. Saritha Rai, "India's Boom Spreads to Smaller Cities," *New York Times*, January 4, 2005, p. C5.
185. Pamela Paul, "Religious Identity and Mobility," *American Demographics*, March 2003, pp. 20–21; Pamela Paul, "One Nation, Under God?" *American Demographics*, January 2002, pp. 16–17.
186. Priscilla L. Barbera, "Consumer Behavior and Born-Again Christianity," in eds. Jagdish N. Sheth and Elizabeth C. Hirschman, *Research in Consumer Behavior* (Greenwich, Conn.: JAI Press, 1988), pp. 193–222.
187. "Salem Communications Income Down in 4Q," *Los Angeles Business*, March 4, 2008, www.bizjournals.com; Rodney Ho, "Rappin' and Rockin' for the Lord," *Wall Street Journal*, February 28, 2001, pp. B1, B4.
188. Jennifer Youssef, "New Wal-Mart Draws Crowd," *Detroit News*, March 6, 2008, www.detnews.com.
189. Lisa Miller, "Registers Ring in Sanctuary Stores," *Wall Street Journal*, December 17, 1999, pp. B1, B4; Elizabeth Bernstein, "Holy Frappuccino!" *Wall Street Journal*, August 3, 2001, pp. W1, W8.
190. Stephanie Kang, "Pop Culture Gets Religion," *Wall Street Journal*, May 5, 2004, pp. B1, B2.
191. Julie Jargon, "Can M'm, M'm Good Translate?" *Wall Street Journal*, July 9, 2007, p. A16; "Campbell Soup Aims at China, Russia," *Los Angeles Times*, July 10, 2007, p. C2; "Campbell Soup Entering Russia and China with Customized Products and Promotions," *The Food Institute Report*, July 16, 2007, p. 1.

Chapter 13

1. John Hagel and John Seely Brown, "Learning from Tata's Nano," *BusinessWeek Online*, February 28, 2008, www.businessweek.com; Greg Keenan, "Car Sales 'Epicentre' Shifts to New Ground," *The Globe and Mail*, March 28, 2008, www.theglobeandmail.com; "The In-Betweeners: Economics Focus," *The Economist*, February 2, 2008, p. 88; Diana Farrell and Eric Beinhocker, "The World's Next Big Spenders," *Newsweek International*, May 28, 2007, n.p.; Joe Sharkey, "Indian Airline Makes Its Case as a Premier-Class Contender," *New York Times*, July 31, 2007, p. C8.
2. Pierre Bourdieu, *Language and Symbolic Power* (Cambridge, Mass.: Harvard University Press, 1991).
3. Richard P. Coleman, "The Continuing Significance of Social Class to Marketing," *Journal of Consumer Research*, December 1983, pp. 265–280; Wendell Blanchard, *Thailand, Its People, Its Society, Its Culture* (New Haven, Conn.: HRAF Press, 1990), as cited in Sak Onkvisit and John J. Shaw, *International Marketing: Analysis and Strategy* (Columbus, Ohio: Merrill, 1989), p. 293.
4. Edward W. Cundiff and Marye T. Hilger, *Marketing in the International Environment* (Englewood Cliffs, N.J.: Prentice-Hall, 1988), as cited in Mariele K. DeMooij and Warren Keegan, *Advertising Worldwide* (Englewood Cliffs, N.J.: Prentice-Hall, 1991), p. 96.
5. Onkvisit and Shaw, *International Marketing*.
6. Ernst Dichter, "The World Consumer," *Harvard Business Review*, July–August 1962, pp. 113–123, as cited in Cundiff and Hilger, *Marketing in the International Environment*, p. 135.
7. Richard P. Coleman, "The Significance of Social Stratification in Selling," in ed. Martin L. Bell, *Marketing: A Maturing Discipline* (Chicago: American Marketing Association, 1960), pp. 171–184.
8. Douglas E. Allen and Paul F. Anderson, "Consumption and Social Stratification: Bourdieu's Distinction," in eds. Chris T. Allan and Deborah Roedder John, *Advances in Consumer Research*, vol. 21 (Provo, Utah: Association for Consumer Research, 1994), pp. 70–73.
9. Pierre Bourdieu, *Distinction: A Social Critique of the Judgment of Taste* (Cambridge, Mass.: Harvard University Press, 1984).
10. Michael R. Solomon, "Deep Seated Materialism: The Case of Levi's 501 Jeans," in ed. Richard J. Lutz, *Advances in Consumer Research*, vol. 13 (Provo, Utah: Association for Consumer Research, 1986), pp. 619–622.
11. Coleman, "The Continuing Significance of Social Class to Marketing."
12. See Joan M. Ostrove and Elizabeth R. Cole, "Privileging Class: Toward a Critical Psychology of Social Class in the Context of Education," *Journal of Social Issues*, Winter 2003, pp. 677+; and Charles M. Schaninger, "Social Class

Versus Income Revisited: An Empirical Investigation," *Journal of Marketing Research*, May 1981, pp. 192–208.
13. Gillian Stevens and Joo Hyun Cho, "Socioeconomic Indexes and the New 1980 Census Occupational Classification Scheme," *Social Science Research*, March 1985, pp. 142–168; Charles B. Nam and Mary G. Powers, *The Socioeconomic Approach to Status Measurement* (Houston: Cap and Gown Press, 1983).
14. Diane Crispell, "The Real Middle Americans," *American Demographics*, October 1994, pp. 28–35; Michael Hout, "More Universalism, Less Structural Mobility: The American Occupational Structure in the 1980s," *American Journal of Sociology*, May 1988, pp. 1358–1400.
15. Peter Francese, "The College-Cash Connection," *American Demographics*, March 2002, pp. 42+; Patricia Cohen, "Forget Lonely. Life Is Healthy at the Top," *New York Times*, May 15, 2004, p. B9.
16. William L. Wilkie, *Consumer Behavior*, 2nd ed. (New York: Wiley, 1990).
17. Güliz Ger, Russell W. Belk, and Dana-Nicoleta Lascu, "The Development of Consumer Desire in Marketizing and Developing Economies: The Cases of Romania and Turkey," in eds. Leigh McAlister and Michael L. Rothschild, *Advances in Consumer Research*, vol. 20 (Provo, Utah: Association for Consumer Research, 1992), pp. 102–107.
18. M. R. Haque, "Marketing Opportunities in the Middle East," in ed. V. H. Manek Kirpalani, *International Business Handbook* (New York: Haworth Press, 1990), pp. 375–416.
19. W. Lloyd Warner, Marchia Meeker, and Kenneth Eells, *Social Class in America* (Chicago: Science Research Associates, 1949); August B. Hollingshead and Fredrick C. Redlich, *Social Class and Mental Illness, A Community Study* (New York: Wiley, 1958).
20. Gerhard Lenski, "Status Crystallization: A Non-Vertical Dimension of Social Status," *American Sociological Review*, August 1956, pp. 458–464.
21. Alison Stein Wellner, "The Money in the Middle," *American Demographics*, April 2000, pp. 56–64.
22. Benita Eisler, *Class Act: America's Last Dirty Secret* (New York: Franklin Watts, 1983); David L. Featherman and Robert M. Hauser, *Opportunity and Change* (New York: Academic Press, 1978).
23. See Mary Ellen Slayter, "Succeeding with an Upbringing That's Not Upper Crust," *Washington Post*, May 2, 2004, p. K1; and Aaron Bernstein, "Waking Up from the American Dream," *BusinessWeek*, December 1, 2003, p. 54.
24. Allen and Anderson, "Consumption and Social Stratification."
25. Jake Ryan and Charles Sackrey, *Strangers in Paradise: Academics from the Working Class* (Boston: South End Press, 1984).
26. Mary Janigan, Ruth Atherley, Michelle Harries, Brenda Branswell, and John Demont, "The Wealth Gap: New Studies Show Canada's Rich Really Are Getting Richer—and the Poor Poorer—as the Middle Class Erodes," *Maclean's*, August 28, 2000, pp. 42; Bernstein, "Waking Up from the American Dream."
27. Roger Burbach and Steve Painter, "Restoration in Czechoslovakia," *Monthly Review*, November 1990, pp. 36–49; Rahul Jacob, "The Big Rise," *Fortune*, May 30, 1994, pp. 74–80.
28. Haque, "Marketing Opportunities in the Middle East."
29. Jacob, "The Big Rise."
30. David Wessel, "Barbell Effect: The Future of Jobs," *Wall Street Journal*, April 2, 2004, p. A1; Matt Murray, "Settling for Less," *Wall Street Journal*, August 13, 2003, p. A1; Greg J. Duncan, Martha Hill, and Willard Rogers, "The Changing Fortunes of Young and Old," *American Demographics*, August 1986, pp. 26–33; Katherine S. Newman, *Falling from Grace: The Experience of Downward Mobility in the American Middle Class* (New York: Free Press, 1988); Kenneth Labich, "Class in America," *Fortune*, February 7, 1994, pp. 114–126.
31. Newman, *Falling from Grace*; Eisler, *Class Act*.
32. Michael J. Weiss, "Great Expectations," *American Demographics*, May 2003, pp. 26–35.
33. Scott D. Roberts, "Consumer Responses to Involuntary Job Loss," in eds. Rebecca H. Holman and Michael R. Solomon, *Advances in Consumer Research*, vol. 18 (Provo, Utah: Association for Consumer Research, 1988), pp. 40–42.
34. Deborah Ball, "Despite Downturn, Japanese Are Still Having Fits for Luxury Goods," *Wall Street Journal*, April 24, 2001, pp. B1, B4.
35. Labich, "Class in America."
36. Labich, "Class in America."
37. John Brooks, *Showing Off in America: From Conspicuous Consumption to Parody Display* (Boston: Little, Brown, 1981); for those interested in reading more about the theory of conspicuous consumption, see Thorstein Veblen, *The Theory of the Leisure Class* (New York: Macmillan, 1899).
38. Aron O'Cass and Hmily McEwen, "Exploring Consumer Status and Conspicuous Consumption," *Journal of Consumer Behavior* 4, no. 1, 2004, pp. 25–39.
39. Wilfred Amaldoss and Sanjay Jain, "Pricing of Conspicuous Goods: A Competitive Analysis of Social Effects," *Journal of Marketing Research*, February 2005, pp. 30–42.
40. Jamie Arndt, Sheldon Solomon, Tim Kasser, and Kennon M. Sheldon, "The Urge to Splurge: A Terror Management Account of Materialism and Consumer Behavior," *Journal of Consumer Psychology* 14, no. 3, 2004, pp. 198–212.
41. Christine Page, "A History of Conspicuous Consumption," in eds. Floyd Rudmin and Marsha Richins, *Meaning, Measure, and Morality of Materialism* (Provo, Utah: Association for Consumer Research, 1993), pp. 82–87.
42. Ger, Belk, and Lascu, "The Development of Consumer Desire in Marketizing and Developing Economies."
43. Janeen Arnold Costa and Russell W. Belk, "Nouveaux Riches as Quintessential Americans: Case Studies of Consumption in the Extended Family," in ed. Russell W. Belk, *Advances in Nonprofit Marketing*, vol. 3 (Greenwich, Conn.: JAI Press, 1990), pp. 83–140.

44. Christina Duff, "Indulging in Inconspicuous Consumption," *Wall Street Journal*, April 14, 1997, pp. B1, B4.
45. Peter Francese, "The Exotic Travel Boom," *American Demographics*, June 2002, pp. 48–49.
46. Rebecca H. Holman, "Product Use as Communication: A Fresh Appraisal of a Venerable Topic," in eds. Ben M. Enis and Kenneth J. Roering, *Review of Marketing* (Chicago: American Marketing Association, 1981), pp. 106–119.
47. John Tagliabue, "For the Yachting Class, the Latest Amenity Can Take Flight," *New York Times*, October 2, 2007, pp. C1, C4.
48. J. R. Whitaker Penteado, "Fast Food Franchises Fight for Brazilian Aficionados," *Brandweek*, June 7, 1993, pp. 20–24.
49. Naomi Mandel, Petia K. Petrova, and Robert B. Cialdini, "Images of Success and the Preference for Luxury Brands," *Journal of Consumer Psychology* 16, no. 1, 2006, pp. 57–69.
50. Rebecca Gardyn, "Oh, the Good Life," *American Demographics*, November 2002, pp. 30–35.
51. Brooks, *Showing Off in America*.
52. Stephen Buckley, "Brazil Rediscovers Its Culture; Poor Man's Cocktail, Martial Art Hip Among Middle Class," *Washington Post*, April 15, 2001, p. A16.
53. Teri Agins, "Now, Subliminal Logos," *Wall Street Journal*, July 20, 2001, p. B1.
54. Sigmund Gronmo, "Compensatory Consumer Behavior: Theoretical Perspectives, Empirical Examples and Methodological Challenges," in eds. Paul F. Anderson and Michael J. Ryan, *1984 American Marketing Association Winter Educators' Conference* (Chicago: American Marketing Association, 1984), pp. 184–188.
55. Russell W. Belk, "Yuppies as Arbiters of the Emerging Consumption Style," in ed. Richard J. Lutz, *Advances in Consumer Research*, vol. 13 (Provo, Utah: Association for Consumer Research, 1986), pp. 514–519.
56. Scott Cendrowski, "Extreme Retailing: Midlevel Luxury Brands Flee for the High End or the Low," *Fortune*, March 31, 2008, p. 14; "Tiffany's Boutique Risk; By Breaking Mall Fast, High-End Exclusivity May Gain Touch of Common," *Wall Street Journal*, October 20, 2007, p. B14.
57. Russell W. Belk and Melanie Wallendorf, "The Sacred Meanings of Money," *Journal of Economic Psychology*, March 1990, pp. 35–67.
58. Abraham McLaughlin, "Africans' New Motto: 'Charge It,'" *Christian Science Monitor*, February 14, 2005, p. 6.
59. "Rabobank Deploys Siebel CRM On Demand," *Canadian Corporate News*, November 17, 2004, www.comtextnews.com.
60. C. Rubenstein, "Your Money or Your Life," *Psychology Today* 12, 1980, pp. 47–58.
61. Adrian Furnham and Alan Lewis, *The Economic Mind: The Social Psychology of Economic Behavior* (Brighton, Sussex: Harvester Press, 1986); Belk and Wallendorf, "The Sacred Meanings of Money."
62. H. Goldberg and R. Lewis, *Money Madness: The Psychology of Saving, Spending, Loving, and Hating Money* (London: Springwood, 1979).
63. Rebecca Gardyn, "Generosity and Income," *American Demographics*, December 2002–January 2003, pp. 46–47.
64. Mark Scott, "For Nokia, Excess Is a Vertu," *BusinessWeek Online*, December 24, 2007, www.businessweek.com.
65. "Spectacular Results," *The Economist*, August 18, 2007, p. 55.
66. Bert Archer, "Still Upwardly Mobile," *Toronto Life*, November 2007, p. 95.
67. Ronald J. Mann, "The Plastic Revolution," *Foreign Policy*, March–April 2008, pp. 34–35.
68. C. W. Young, "Bijan Designs a Very Exclusive Image," *Advertising Age*, March 13, 1986, pp. 18, 19, 21, as cited in LaBarbera, "The Nouveaux Riches"; V. Kanti Prasad, "Socioeconomic Product Risk and Patronage Preferences of Retail Shoppers," *Journal of Marketing*, July 1975, pp. 42–47.
69. Mercedes M. Cardona, "Affluent Shoppers Like Their Luxe Goods Cheap," *Advertising Age*, December 1, 2003, p. 6.
70. John Fetto, "Sensible Santas," *American Demographics*, December 2000, pp. 10–11.
71. See "Old Money," *American Demographics*, June 2003, pp. 34–37.
72. Jean Halliday, "Ultra-luxury Car Marketers Roll Out Red Carpet for Buyers," *Advertising Age*, February 2, 2004, p. 6.
73. Daniel McGinn, "Friendly Skies," *Newsweek*, October 1, 2007, p. E8.
74. Kathryn Kranhold, "Marketing to the New Millionaire," *Wall Street Journal*, October 11, 2000, pp. B1, B6.
75. Carole Ann King, "The New Wealthy: Younger, Richer, More Proactive," *National Underwriter Life & Health–Financial Services Edition*, February 12, 2001, p. 4.
76. "U.S. Millionaires Grow at Slowest Rate Since 2003," *Trusts & Estates*, March 13, 2008, n.p.
77. Paul C. Henry, "Social Class, Market Situation, and Consumers' Metaphors of (Dis)Empowerment," *Journal of Consumer Research* 31, no. 4, 2005, pp. 766–778.
78. John Fetto, "I Want My MTV," *American Demographics*, March 2003, p. 8.
79. Elisabeth Malkin, "Mexico's Working Poor Become Homeowners," *New York Times*, December 17, 2004, p. W1.
80. Dave Montgomery, "Ten Years After Russia's Failed Coup, Middle Class Is Small but Growing," *Knight Ridder*, August 11, 2001.
81. Jacob, "The Big Rise."
82. Rebecca Piirto Heath, "The New Working Class," *American Demographics* 20, no. 1, January 1998, pp. 51–55.
83. Coleman, "The Continuing Significance of Social Class to Marketing."
84. Paul C. Henry, "Social Class, Market Situation, and Consumers' Metaphors of (Dis)Empowerment," *Journal of Consumer Research* 31, no. 4, 2005, pp. 766–778.

85. Prasad, "Socioeconomic Product Risk and Patronage Preferences of Retail Shoppers"; Stuart Rich and Subhish Jain, "Social Class and Life Cycle as Predictors of Shopping Behavior," *Journal of Marketing Research,* June–July 1987, pp. 51–59.
86. John Fetto, "Watering Holes," *American Demographics,* June 2003, p. 8.
87. Ronald Paul Hill and Mark Stamey, "The Homeless in America: An Examination of Possessions and Consumption Behaviors," *Journal of Consumer Research,* December 1990, pp. 303–321; Frank Caro, *Estimating the Numbers of Homeless Families* (New York: Community Service Society of New York, 1981).
88. "Federal Report Takes Snapshot of Country's Homeless Population," *The Nation's Health,* May 2007, p. 10; National Coalition for the Homeless, "How Many People Experience Homelessness?" February 1999, *http://nch.ari.net/numbers.html.*
89. Lakshmi Bhargave, "Homeless Help Themselves with 'Advocate,'" *Daily Texan (Austin),* February 16, 2000, pp. 1, 8.
90. Richard B. Freeman and Brian Hall, "Permanent Homelessness in America?" *Population Research and Policy Review* 6, 1987, pp. 3–27.
91. Ronald Paul Hill, "Homeless Women, Special Possessions, and the Meaning of 'Home': An Ethnographic Case Study," *Journal of Consumer Research,* December 1991, pp. 298–310.
92. David A. Snow and Leon Anderson, "Identity Work among the Homeless: The Verbal Construction and Avowal of Personal Identities," *American Journal of Sociology,* May 1987, pp. 1336–1371.
93. Marla Dickerson, "Mexican Retailer, Partner to Build Cars," *Los Angeles Times,* November 23, 2007, p. C1; Peter Katel, "Petro Padillo Longoria: A Retailer Focused on Working-Class Needs," *Time International,* October 15, 2001, p. 49.
94. Jack Neff, "Value Positioning Becomes a Priority," *Advertising Age,* February 23, 2004, pp. 24, 30.
95. Teri Agins, "New Kors Line Stars Luxury Look-Alikes: 'Carpool Couture,'" *Wall Street Journal,* August 20, 2004, pp. B1, B3.
96. Sonya A. Grier and Rohit Deshpandé, "Social Dimensions of Consumer Distinctiveness: The Influence of Social Status on Group Identity and Advertising Persuasion," *Journal of Marketing Research* 38, May 2001, pp. 216–224.
97. David Carr, "For the Rich, Magazines Fat on Ads," *New York Times,* October 1, 2007, p. C1.
98. Kelly Shermach, "Study Identifies Types of Interactive Shoppers," *Marketing News,* September 25, 1995, p. 22; *eMarketer,* February 3, 2000 (online reference).
99. Rich and Jain, "Social Class and Life Cycle as Predictors of Shopping Behavior."
100. Jessica Brinton, "People Like Them," *The Sunday Times,* March 16, 2008, *www.timesonline.co.uk;* Teri Agins and Deborah Ball, "Designer Stores, in Extra Large," *Wall Street Journal,* June 6, 2001, pp. B1, B12.
101. Page, "A History of Conspicuous Consumption."
102. Matthew Grimm, "Target Hits Its Mark," *American Demographics,* November 2002, pp. 42–43.
103. "Multigenerational Households Number 4 Million According to Census 2000," *U.S. Department of Commerce News,* September 7, 2001, *www.census.gov/pressrelease/www/2001/cb01cn182.html.*
104. Sak Onkvisit and John J. Shaw, *International Marketing: Analysis and Strategy* (Columbus, Ohio: Merrill, 1989).
105. Patrick Barta, "Looming Need for Housing a Big Surprise," *Wall Street Journal,* May 15, 2001, pp. B1, B4.
106. "The Future of Households," *American Demographics,* December 1993, pp. 27–40.
107. Steven Bodzin, "Home Alone: Households of Singles Go to First in U.S.," *Los Angeles Times,* August 18, 2005, p. A12.
108. "Nation's Median Age Highest Ever, But 65-and-Over Population's Growth Lags, Census 2000 Shows," *United States Department of Commerce News* (soundbite), May 15, 2001.
109. Pamela Paul, "Childless by Choice," *American Demographics,* November 2001, pp. 45–50.
110. Rex Y. Du and Wagner A. Kamakura, "Household Life Cycles and Lifestyles in the United States," *Journal of Marketing Research,* February 2006, pp. 121–132; Mary C. Gilly and Ben M. Enis, "Recycling the Family Life Cycle," in ed. Andrew A. Mitchell, *Advances in Consumer Research,* vol. 9 (Ann Arbor, Mich.: Association for Consumer Research, 1982), pp. 271–276; William D. Danko and Charles M. Schaninger, "An Empirical Evaluation of the Gilly-Enis Updated Household Life Cycle Model," *Journal of Business Research,* August 1990, pp. 39–57.
111. Robert E. Wilkes, "Household Life-Cycle Stages, Transitions, and Product Expenditures," *Journal of Consumer Research,* June 1995, pp. 27–42.
112. John Fetto, "The Baby Business," *American Demographics,* May 2003, p. 40.
113. Alan R. Andreasen, "Life Status Changes and Changes in Consumer Preferences and Satisfaction," *Journal of Consumer Research,* December 1984, pp. 784–794.
114. Rebecca Gardyn, "A Market Kept in the Closet," *American Demographics,* November 2001, pp. 37–43.
115. "The Mommies, in Numbers," *Brandweek,* November 13, 1993, p. 17; Lee Smith, "The New Wave of Illegitimacy," *Fortune,* April 18, 1994, pp. 81–94.
116. Diane Brady and Christopher Palmeri, "The Pet Economy," *BusinessWeek,* August 6, 2007, pp. 44–54.
117. Peter Francese, "Marriage Drain's Big Cost," *American Demographics,* April 2004, pp. 40–41; Matthew Grimm, "Hitch Switch," *American Demographics,* November 2003, pp. 34–36.
118. James Morrow, "A Place for One," *American Demographics,* November 2003, pp. 25+; "Multigenerational Households Number 4 Million According to Census 2000," U.S. Department of Commerce news release, September 7, 2001.

119. Patricia Braus, "Sex and the Single Spender," *American Demographics*, November 1993, pp. 28–34.
120. Morrow, "A Place for One."
121. Peter Francese, "Well Enough Alone," *American Demographics*, November 2003, pp. 32–33.
122. Barbara Carton, "It's a Niche! Twins, Triplets and Beyond," *Wall Street Journal*, February 2, 1999, pp. B1, B4.
123. Rebecca Gardyn, "Unmarried Bliss," *American Demographics*, December 2000, pp. 56–61.
124. David Whelan, "Do Ask, Do Tell," *American Demographics*, November 2001, p. 41.
125. Clark D. Olson, "Materialism in the Home: The Impact of Artifacts on Dyadic Communication," in eds. Elizabeth C. Hirschman and Morris B. Holbrook, *Advances in Consumer Research*, vol. 12 (Provo, Utah: Association for Consumer Research, 1985), pp. 388–393.
126. Jeanne L. Hafstrom and Marilyn M. Dunsing, "Socioeconomic and Social–Psychological Influences on Reasons Wives Work," *Journal of Consumer Research*, December 1978, pp. 169–175; Rena Bartos, *The Moving Target: What Every Marketer Should Know About Women* (New York: Free Press, 1982).
127. Rose M. Rubin, Bobye J. Riney, and David J. Molina, "Expenditure Pattern Differentials Between One-Earner and Dual-Earner Households: 1972–1973 and 1984," *Journal of Consumer Research*, June 1990, pp. 43–52; Horacio Soberon-Ferrer and Rachel Dardis, "Determinants of Household Expenditures for Services," *Journal of Consumer Research*, March 1991, pp. 385–397; Don Bellante and Ann C. Foster, "Working Wives and Expenditure on Services," *Journal of Consumer Research*, September 1984, pp. 700–707.
128. Suraj Commuri and James W. Gentry, "Resource Allocation in Households with Women as Chief Wage Earner," *Journal of Consumer Research* 32, no. 2, 2005, pp. 185–195.
129. See John Fetto, "Does Father Really Know Best?" *American Demographics*, June 2002, pp. 10–11; Pamela Paul, "Meet the Parents," *American Demographics*, January 2002, pp. 42–43; Linda Thompson and Alexis Walker, "Gender in Families: Women and Men in Marriage, Work, and Parenthood," *Journal of Marriage and the Family*, November 1989, pp. 845–871.
130. Joan Raymond, "The Ex-Files," *American Demographics*, February 2001, pp. 60–64.
131. "Do Us Part," *American Demographics*, September 2002, p. 9.
132. James H. Alexander, John W. Shouten, and Scott D. Roberts, "Consumer Behavior and Divorce," in eds. Janeen Costa and Russell W. Belk, *Research in Consumer Behavior*, vol. 6 (Greenwich, Conn.: JAI Press, 1993), pp. 153–184.
133. Kalpana Srinivasan, "More Single Fathers Raising Kids, Though Moms Far More Common," *Austin (Tex.) American Statesman*, December 11, 1998, p. A23.
134. Raymond, "The Ex-Files."
135. Barbara Rosewicz, "Here Comes the Bride . . . and for the Umpteenth Time," *Wall Street Journal*, September 10, 1996, pp. B1, B10.
136. Jan Larson, "Understanding Stepfamilies," *American Demographics*, July 1992, pp. 36–40.
137. "Profiles of General Demographic Characteristics: 2000 Census of Population and Housing," *United States Department of Commerce News*.
138. Paul, "Childless by Choice."
139. Lyle V. Harris, "Shopping by Male," *Austin (Tex.) American Statesman*, April 27, 1999, pp. E1, E2.
140. Gardyn, "Unmarried Bliss."
141. Jen Christensen, "Grocery Store Provides Dinner (and Maybe a Date)," *Atlanta Journal Constitution*, March 13, 2008, www.ajc.com.
142. Sandra Yin, "Coming Out in Print," *American Demographics*, February 2003, pp. 18+; Ronald Alsop, "Corporate Sponsorships at Gay Pride Parades Alienate Some Activists," *Wall Street Journal*, June 22, 2001, p. B1.
143. Jean Halliday, "Cadillac Takes Tentative Step Toward Targeting Gay Market," *Advertising Age*, February 2, 2004, p. 8.
144. Ronald Alsop, "As Same-Sex Households Grow More Mainstream, Businesses Take Note," *Wall Street Journal*, August 8, 2001, pp. B1, B4.
145. Robert E. Wilkes and Debra A. Laverie, "Purchasing Decisions in Non-Traditional Households: The Case of Lesbian Couples," *Journal of Consumer Behavior* 6, no. 1, 2007, pp. 60–73.
146. Harry L. Davis, "Dimensions of Marital Roles in Consumer Decision Making," *Journal of Marketing Research*, May 1970, pp. 168–177; Conway Lackman and John M. Lanasa, "Family Decision Making Theory: An Overview and Assessment," *Psychology and Marketing*, March–April 1993, pp. 81–93.
147. P. Doyle and P. Hutchinson, "Individual Differences in Family Decision Making," *Journal of the Market Research Society*, October 1973, pp. 193–206; Jagdish N. Sheth, "A Theory of Family Buying Decisions," in ed. J. N. Sheth, *Models of Buyer Behavior* (New York: Harper & Row, 1974), pp. 17–33; Daniel Seymour and Greg Lessne, "Spousal Conflict Arousal: Scale Development," *Journal of Consumer Research*, December 1984, pp. 810–821.
148. Neal Templin, "The PC Wars: Who Gets to Use the Family Computer?" *Wall Street Journal*, October 5, 1996, pp. B1, B2.
149. Alice Gronhoj, "Communication About Consumption: A Family Process Perspective on 'Green' Consumer Practices," *Journal of Consumer Behavior* 5, no. 6, 2006, pp. 491–503.
150. Sheth, "A Theory of Family Buying Decisions"; Michael A. Belch, George E. Belch, and Donald Sciglimpaglia, "Conflict in Family Decision Making: An Exploratory Investigation," in ed. Jerry C. Olson, *Advances in Consumer Research*, vol. 7 (Chicago: Association for Consumer Research, 1980), pp. 475–479.

151. W. Christian Buss and Charles M. Schaninger, "The Influence of Family Decision Processes and Outcomes," in eds. Richard P. Bagozzi and Alice M. Tybout, *Advances in Consumer Research*, vol. 10 (Ann Arbor, Mich.: Association for Consumer Research, 1983), pp. 439–444.
152. Terry L. Childers and Akshay R. Rao, "The Influence of Familial and Peer-Based Reference Groups on Consumer Decisions," *Journal of Consumer Research*, September 1992, pp. 198–211.
153. Harry L. Davis and Benny P. Rigaux, "Perception of Marital Roles in Decision Processes," *Journal of Consumer Research*, June 1974, pp. 5–14; Mandy Putnam and William R. Davidson, *Family Purchasing Behavior: 11 Family Roles by Product Category* (Columbus, Ohio: Management Horizons, Inc., a Division of Price Waterhouse, 1987).
154. Rosann Spiro, "Persuasion in Family Decision Making," *Journal of Consumer Research*, March 1983, pp. 393–402; Alvin Burns and Donald Granbois, "Factors Moderating the Resolution of Preference Conflict," *Journal of Marketing Research*, February 1977, pp. 68–77.
155. Pierre Filiarault and J. R. Brent Ritchie, "Joint Purchasing Decisions: A Comparison of Influence Structure in Family and Couple Decision Making Units," *Journal of Consumer Research*, September 1980, pp. 131–140; Dennis Rosen and Donald Granbois, "Determinants of Role Structure in Financial Management," *Journal of Consumer Research*, September 1983, pp. 253–258; Spiro, "Persuasion in Family Decision Making"; Kim P. Corfman and Donald R. Lehmann, "Models of Cooperative Group Decision-Making and Relative Influence: An Experimental Investigation of Family Purchase Decisions," *Journal of Consumer Research*, June 1987, pp. 1–13.
156. William J. Qualls, "Household Decision Behavior: The Impact of Husbands' and Wives' Sex Role Orientation," *Journal of Consumer Research*, September 1987, pp. 264–279; Giovanna Imperia, Thomas O'Guinn, and Elizabeth MacAdams, "Family Decision Making Role Perceptions Among Mexican-American and Anglo Wives: A Cross-Cultural Comparison," in eds. Elizabeth C. Hirschman and Morris B. Holbrook, *Advances in Consumer Research*, vol. 12 (Provo, Utah: Association for Consumer Research, 1985), pp. 71–74.
157. Michael Flagg, "Asian Marketing," Asian *Wall Street Journal*, March 19, 2001, p. A12.
158. Robert T. Green, Jean-Paul Leonardi, Jean-Louis Chandon, Isabella C. M. Cunningham, Bronis Verhage, and Alain Strazzieri, "Societal Development and Family Purchasing Roles: A Cross-National Study," *Journal of Consumer Research*, March 1983, pp. 436–442; Leonidas C. Leonidou, "Understanding the Russian Consumer," *Marketing and Research Today*, March 1992, pp. 75–83; Sak Onkvisit and John J. Shaw, *International Marketing: Analysis and Strategy* (Columbus, Ohio: Merrill, 1989).
159. Michael B. Menasco and David J. Curry, "Utility and Choice: An Empirical Study of Wife/Husband Decision Making," *Journal of Consumer Research*, June 1989, pp. 87–97; Qualls, "Household Decision Behavior."
160. C. Whan Park, "Joint Decisions in Home Purchasing: A Muddling-Through Process," *Journal of Consumer Research*, September 1982, pp. 151–162; Harry L. Davis, Stephen J. Hoch, and E. K. Easton Ragsdale, "An Anchoring and Adjustment Model of Spousal Predictions," *Journal of Consumer Research*, June 1986, pp. 25–37; Gary M. Munsinger, Jean E. Weber, and Richard W. Hansen, "Joint Home Purchasing by Husbands and Wives," *Journal of Consumer Research*, March 1975, pp. 60–66; Lakshman Krisnamurthi, "The Salience of Relevant Others and Its Effect on Individual and Joint Preferences: An Experimental Investigation," *Journal of Consumer Research*, June 1983, pp. 62–72; Robert F. Krampf, David J. Burns, and Dale M. Rayman, "Consumer Decision Making and the Nature of the Product: A Comparison of Husband and Wife Adoption Process Location," *Psychology and Marketing*, March–April 1993, pp. 95–109.
161. Davy Lerouge and Luk Warlop, "Why It Is So Hard to Predict Our Partner's Product Preferences: The Effect of Target Familiarity on Prediction Accuracy," *Journal of Consumer Research* 33, no. 3, 2006, pp. 393–402; Chenting Su, Edward F. Fern, and Keying Ye, "A Temporal Dynamic Model of Spousal Family Purchase-Decision Behavior," *Journal of Marketing Research*, August 2003, pp. 268–281.
162. Tamara F. Mangleburg, "Children's Influence in Purchase Decisions: A Review and Critique," in eds. Marvin E. Goldberg, Gerald Gorn, and Richard W. Pollay, *Advances in Consumer Research*, vol. 17 (Provo, Utah: Association for Consumer Research, 1990), pp. 813–825; Ellen R. Foxman, Patriya S. Tansuhaj, and Karin M. Ekstrom, "Family Members' Perceptions of Adolescents' Influence in Family Decision Making," *Journal of Consumer Research*, March 1989, pp. 481–490; George Belch, Michael A. Belch, and Gayle Ceresino, "Parental and Teenage Influences in Family Decision Making," *Journal of Business Research*, April 1985, pp. 163–176; Lackman and Lanasa, "Family Decision Making Theory."
163. Selina S. Guber and Jon Berry, "War Stories from the Sandbox: What Kids Say," *Brandweek*, July 5, 1993, pp.26–30; Andre Caron and Scott Ward, "Gift Decisions by Kids and Parents," *Journal of Advertising Research*, August–September 1975, pp. 15–20.
164. Mary Lou Roberts, Lawrence H. Wortzel, and Robert L. Berkeley, "Mothers' Attitudes and Perceptions of Children's Influence and Their Effect on Family Consumption," in ed. Jerry C. Olson, *Advances in Consumer Research*, vol. 8 (Ann Arbor, Mich.: Association for Consumer Research, 1981), pp. 730–735; Ellen Foxman and Patriya Tansuhaj, "Adolescents' and Mothers' Perceptions of Relative Influence in Family Purchase Decisions: Patterns of Agreement and Disagreement,"

in ed. Michael J. Houston, *Advances in Consumer Research*, vol. 15 (Provo, Utah: Association for Consumer Research, 1988), pp. 449–453.
165. Sharon E. Beatty and Salil Talpade, "Adolescent Influence in Family Decision Making: A Replication with Extension," *Journal of Consumer Research*, September 1994, pp. 332–341; Christopher Power, "Getting 'Em While They're Young," *BusinessWeek*, September 9, 1991, pp. 94–95; Scott Ward and Daniel B. Wackman, "Children's Purchase Influence Attempts and Parental Yielding," *Journal of Marketing Research*, November 1972, pp. 316–319.
166. William K. Darley and Jeen-Su Lim, "Family Decision Making in Leisure Time Activities: An Exploratory Analysis of the Impact of Locus of Control, Child Age Influence Factor and Parental Type on Perceived Child Influence," in ed. Richard J. Lutz, *Advances in Consumer Research*, vol. 13 (Ann Arbor, Mich.: Association for Consumer Research, 1986), pp. 370–374; George P. Moschis and Linda G. Mitchell, "Television Advertising and Interpersonal Influences on Teenagers' Participation in Family Consumer Decisions," in ed. Lutz, *Advances in Consumer Research*, vol. 13, pp. 181–186; Beatty and Talpade, "Adolescent Influence in Family Decision Making."
167. Jeff Brazil, "Play Dough," *American Demographics*, December 1999, pp. 57–61.
168. June Cotte and Stacy L. Wood, "Families and Innovative Consumer Behavior: A Triadic Analysis of Sibling and Parental Influence," *Journal of Consumer Research*, June 2004, pp. 78–86.
169. Kay M. Palan and Robert E. Wilkes, "Adolescent–Parent Interaction in Family Decision Making," *Journal of Consumer Research*, September 1997, pp. 159–169.
170. Les Carlson and Sanford Grossbart, "Parental Style and Consumer Socialization of Children," *Journal of Consumer Research*, June 1988, pp. 77–94.
171. Belch, Belch, and Ceresino, "Parental and Teenage Influences in Family Decision Making."
172. Miho Inada, "Playing at Professions," *Wall Street Journal*, February 9, 2007, p. B1.
173. Amanda C. Kooser, "Virtual Playground," *U.S. News & World Report*, April 1, 2008, www.usnews.com.
174. Brooks Barnes, "Web Playgrounds of the Very Young," *New York Times*, December 31, 2007, pp. C1, C3.
175. Claire Cain Miller, "The New Back Fence," *Forbes*, April 7, 2008, p. 66; Gregg Cebrzynski, "McD Turns to Moms for Family Marketing Advice," *Nation's Restaurant News*, May 22, 2006, p. 6; Emily Steel, "The New Focus Groups," *Wall Street Journal*, January 14, 2008, p. B6; www.kfc.com; Gregg Cebrzynski, "KFC Sets Up Moms' Panel to Offer Advice on Family Issues," *Nation's Restaurant News*, September 4, 2006, p. 14; Robert Berner, "I Sold It Through the Grapevine," *BusinessWeek*, May 29, 2006, www.businessweek.com. "Food Companies 'Prey on Parents,'" *Sky News*, December 14, 2008, news.sky.com; Geoffrey A. Fowler, "Athletes' Parents Get Chance to Be Stars," *Wall Street Journal*, July 29, 2008, p. B9.

Chapter 14
1. Rachel Dodes and Christina Passariello, "Luxury Labels Hit in the Pocketbook," *Wall Street Journal*, January 24, 2008, p. B1; Christina Binkley, "The Psychology of the $14,000 Handbag," *Wall Street Journal*, August 9, 2007, p. D8; "Back Down to the Basics—the Affordable Basics," *Retailing Today*, March 17, 2008, p. 32; Mike Vogel, "Four Segments Star Performers," *Chain Drug Review*, November 5, 2007, p. 25; Joseph Rago, "Taste—de Gustibus: Conspicuous Virtue and the Sustainable Sofa," *Wall Street Journal*, March 23, 2007, p. W13.
2. Milton Rokeach, *The Nature of Human Values* (New York: Free Press, 1973), p. 5.
3. Wagner A. Kamakura and Jose Alfonso Mazzon, "Value Segmentation: A Model for the Measurement of Values and Value Systems," *Journal of Consumer Research*, September 1991, pp. 208–218; see also Milton Rokeach and Sandra J. Ball-Rokeach, "Stability and Change in American Value Priorities, 1968–1981," *American Psychologist*, May 1989, pp. 775–784; Milton Rokeach, *Understanding Human Values* (New York: Free Press, 1979); Shalom H. Schwartz and Wolfgang Bilsky, "Toward a Universal Psychological Structure of Human Values," *Journal of Personality and Social Psychology*, September 1987, pp. 550–562.
4. Kim A. Nelson, "Consumer Decision Making and Image Theory: Understanding Value-Laden Decisions," *Journal of Consumer Psychology* 14, no. 1/2, 2004, pp. 28–40.
5. Francesco M. Nicosia and Robert N. Mayer, "Toward a Sociology of Consumption," *Journal of Consumer Research*, September 1976, pp. 65–75; Hugh E. Kramer, "The Value of Higher Education and Its Impact on Value Formation," in eds. Robert E. Pitts and Arch G. Woodside, *Personal Values and Consumer Psychology* (Lexington, Mass.: Lexington Books, 1984), pp. 239–251.
6. Mary Gilly and Lisa Penaloza, "Barriers and Incentives in Consumer Acculturation," in eds. W. Fred van Raaij and Gary J. Bamossy, *European Advances in Consumer Research*, vol. 1 (Provo, Utah: Association for Consumer Research, 1993), pp. 278–286.
7. Rokeach, *The Nature of Human Values*; Schwartz and Bilsky, "Toward a Universal Psychological Structure of Human Values."
8. Russell W. Belk, "Materialism: Trait Aspects of Living in the Material World," *Journal of Consumer Research*, December 1985, pp. 265–280; Russell W. Belk, "Three Scales to Measure Constructs Related to Materialism: Reliability, Validity, and Relationships to Happiness," in ed. Thomas P. Kinnear, *Advances in Consumer Research*, vol. 11 (Provo, Utah: Association for Consumer Research, 1984), pp. 291–297.
9. Marsha L. Richins, "Special Possessions and the Expression of Material Values," *Journal of Consumer Research*, December 1994, pp. 522–533.
10. James A. Roberts, John F. Tanner Jr., and Chris Manolis, "Materialism and the Family Structure–Stress Relation,"

Journal of Consumer Psychology 15, no. 2, 2005, pp. 183–190.

11. Jamie Arndt, Sheldon Solomon, Tim Kasser, and Kennon M. Sheldon, "The Urge to Splurge: A Terror Management Account of Materialism and Consumer Behavior," *Journal of Consumer Psychology* 14, no. 3, 2004, pp. 198–212; Jamie Arndt, Sheldon Solomon, Tim Kasser, and Kennon M. Sheldon, "The Urge to Splurge Revisited: Further Reflections on Applying Terror Management Account to Materialism and Consumer Behavior," *Journal of Consumer Psychology* 14, no. 3, 2004, pp. 225–229; Durairaj Maheswaran and Nidhi Agrawal, "Motivational and Cultural Variations in Mortality Salience Effects: Contemplations on Terror Management Theory and Consumer Behavior," *Journal of Consumer Psychology* 14, no. 3, 2004, pp. 213–218; Aric Rindfleisch and James E. Burroughs, "Terrifying Thoughts, Terrible Materialism? Contemplations on a Terror Management Account of Materialism and Consumer Behavior," *Journal of Consumer Psychology* 14, no. 3, 2004, pp. 219–224.
12. Marsha L. Richins and Scott Dawson, "A Consumer Values Orientation for Materialism and Its Measurement: Scale Development and Validation," *Journal of Consumer Research*, December 1992, pp. 303–316.
13. James E. Burroughs and Aric Rindfleisch, "Materialism and Well-Being: A Conflicting Values Perspective," *Journal of Consumer Research*, December 2002, pp. 348–370.
14. Mary Yoko Brannen, "Cross Cultural Materialism: Commodifying Culture in Japan," in eds. Floyd Rudmin and Marsha Richins, *Meaning, Measure, and Morality of Materialism* (Provo, Utah: The Association for Consumer Research, 1992), pp. 167–180; Dorothy E. Jones, Dorinda Elliott, Edith Terry, Carla A. Robbins, Charles Gaffney, and Bruce Nussbaum, "Capitalism in China," *BusinessWeek*, January 1985, pp. 53–59; see also Tse, Belk, and Zhou, "Becoming a Consumer Society."
15. Meg Dupont, "Cocooning Morphs into Hiving," *Hartford Courant*, October 29, 2004, p. H2.
16. "One Third of Americans Regularly Bank Online," *Information Week*, February 19, 2008, www.informationweek.com.
17. "Ikea Ads Home in on Soul Objective," *Marketing Week*, September 20, 2007, p. 12; Suzanne Vranica, "Ikea to Tug at Heartstrings," *Wall Street Journal*, September 18, 2007, p. B6.
18. John Fetto, "Nowhere to Hide," *American Demographics*, July–August 2002, p. 12.
19. Allison Enright, "FreshDirect: The Internet-Only Grocer," *Marketing News*, September 1, 2007, p. 11; Lisa Fickenscher, "Online Grocer Clicks," *Crain's New York Business*, February 21, 2005, p. 3.
20. Michelle Higgins, "To Plug In or Unplug for the Pedicure," *New York Times*, September 16, 2007, sec. 5, p. 6.
21. Elizabeth C. Hirschman, "Men, Dogs, Guns, and Cars," *Journal of Advertising*, Spring 2003, pp. 9–22.
22. Mohan J. Dutta-Bergman and William D. Wells, "The Values and Lifestyles of Idiocentrics and Allocentrics in an Individualist Culture: A Descriptive Approach," *Journal of Consumer Psychology*, 12 (3), 2002, pp. 232–242.
23. Sue Shellenbarger, "Technology Is Helping 'Commuter Families' to Stay in Touch," *Wall Street Journal*, February 14, 2001, p. B1.
24. Merissa Marr, "Disney Reaches to the Crib to Extend Princess Magic," *Wall Street Journal*, November 19, 2007, p. B1.
25. Hilary Stout, "Monogram This: Personalized Clothes, Toys Are on the Rise," *Wall Street Journal*, March 17, 2005, p. D6.
26. Chad Terhune, "Gatorade Works on Endurance," *Wall Street Journal*, March 21, 2005, p. B6.
27. Jay Krall, "Big-Brand Logos Pop Up in Organic Aisle," *Wall Street Journal*, July 29, 2003, p. B1.
28. Becky Ebenkamp, "Veggie Tales," *Brandweek*, March 24, 2008, pp. 16–17.
29. James Kanter, "Opponents of Genetically Modified Crops Win Victory in France," *International Herald Tribune*, March 19, 2008, www.iht.com.
30. Diane McCartney, "Even Dogs on Diets Can Splurge on These Treats," *The Wichita Eagle*, April 3, 2008, www.kansas.com.
31. Milt Freudenheim, "Wal-Mart Will Expand In-Store Medical Clinics," *New York Times*, February 7, 2008, p. C4.
32. Gregory Lopes, "Study Shows U.S. Outweighs Europe," *Washington Times*, October 2, 2007, p. C8.
33. David Sterrett, "Apple Dippers for Small Fries," *Crain's Chicago Business*, March 10, 2008, p. 1; Paul Kurnit, "The Advertising Diet," *Adweek Online*, December 3, 2007, www.adweek.com.
34. Keiko Morris, "Finding Both Fashion and Fit," *Newsday*, May 28, 2007, n.p.
35. Derek Gale, "High Rolling (Restaurant Sales at the Highest at Las Vegas)," *Restaurants & Institutions*, April 15, 2007, p. 47.
36. "Haagen Dazs: Coming In from the Cold," *Marketing Week*, April 3, 2008, p. 29; "Low-Fat Chance," *Advertising Age*, February 19, 2007, p. 14.
37. Raj Raghunathan, Rebecca Walker-Naylor, and Wayne D. Hoyer, "The 'Unhealthy = Tasty Intuition' and Its Effects on Taste Inferences, Enjoyment, and Choice of Food Products," *Journal of Marketing* 70, no. 4, 2006, pp. 170–184.
38. Renee Schettler, "America's Artificial Sweetheart," *Washington Post*, February 23, 2005, p. F1.
39. Susan Jakes, "From Mao to Maybelline," *Time*, March 8, 2005, p. 22; Diane Solis, "Cost No Object for Mexico's Makeup Junkies," *Wall Street Journal*, June 6, 1994, p. B1.
40. Heather Landi, "Meet Me in the Yard," *Beverage World*, July 15, 2007, p. 8.
41. Kent Grayson and Radan Martinec, "Consumer Perceptions of Iconicity and Indexicality and Their Influence on Assessments of Authentic Market Offerings," *Journal of Consumer Research* 31, no. 2, 2004, pp. 296–312.

42. Craig J. Thompson, Aric Rindfleisch, and Zrsel Zeynep, "Emotional Branding and the Strategic Value of the Doppelganger Brand Image," *Journal of Marketing*, January 2006, pp. 50–64.
43. David J. Lipke, "Green Homes," *American Demographics*, January 2001, pp. 50–55.
44. Sandra Block, "Gas Prices, Taxes Got You Down? Buying a Hybrid Could Provide a Break," *USA Today*, March 11, 2008, p. 3B.
45. Rebecca Gardyn, "Saving the Earth, One Click at a Time," *American Demographics*, January 2001, pp. 30–34.
46. Jon Mooallem, "The Afterlife of Cellphones," *New York Times Magazine*, January 13, 2008, p. 38.
47. Stephen Baker and Adam Aston, "The Business of Nanotech," *BusinessWeek*, February 14, 2005, pp. 64–71.
48. Paul Schweitzer, "The Third Millennium: Riding the Waves of Turbulence," *News Tribune*, December 1993, pp. 5–27.
49. Sak Onkvisit and John J. Shaw, *International Marketing: Analysis and Strategy* (Columbus, Ohio: Merrill, 1989), p. 243.
50. Robert Wilk, "INFOPLAN: The New Rich: A Psychographic Approach to Marketing to the Wealthy Japanese Consumer," ESOMAR Conference, Venice, Italy, June 1990, reported in de Mooij and Keegan, *Advertising Worldwide*, pp. 122–129.
51. K. S. Yang, "Expressed Values of Chinese College Students," in eds. K. S. Yang and Y. Y. Li, *Symposium on the Character of the Chinese: An Interdisciplinary Approach* (Taipei, Taiwan: Institute of Ethnology Academic Sinica, 1972), pp. 257–312; see also Oliver H. M. Yau, *Consumer Behavior in China: Customer Satisfaction and Cultural Values* (New York: Rutledge, 1994).
52. Alfred S. Boote, cited in Rebecca Piirto, *Beyond Mind Games* (Ithaca, N.Y.: American Demographic Books, 1991).
53. Geert Hofstede, "National Cultures in Four Dimensions," *International Studies of Management and Organization*, Spring–Summer 1983, pp. 46–74.
54. Michael Lynn, George M. Zinkhan, and Judy Harris, "Consumer Tipping: A Cross-Country Study," *Journal of Consumer Research*, December 1993, pp. 478–488.
55. Dana L. Alden, Wayne D. Hoyer, and Chol Lee, "Identifying Global and Culture-Specific Dimensions of Humor in Advertising: A Multinational Analysis," *Journal of Marketing*, April 1993, pp. 64–75.
56. Douglas B. Holt and Craig J. Thompson, "Man-of-Action Heroes: The Pursuit of Heroic Masculinity in Everyday Consumption," *Journal of Consumer Research* 31, no. 2, 2004, pp. 425–440.
57. Van R. Wood and Roy Howell, "A Note on Hispanic Values and Subcultural Research: An Alternative View," *Journal of the Academy of Marketing Science*, Winter 1991, pp. 61–67; see also Humberto Valencia, "Hispanic Values and Subcultural Research," *Journal of the Academy of Marketing Science*, Winter 1989, pp. 23–28; Thomas E. Ness and Melvin T. Smith, "Middle-Class Values in Blacks and Whites," in eds. Pitts and Woodside, *Personal Values and Consumer Psychology*, pp. 231–237.
58. "China's Golden Oldies," *The Economist*, February 26, 2005, p. 65.
59. Richard P. Coleman, "The Continuing Significance of Social Class to Marketing," *Journal of Consumer Research*, December 1983, pp. 265–280.
60. William Strauss and Neil Howe, "The Cycle of Generations, *American Demographics*, April 1991, pp. 25–33, 52; see also William Strauss and Neil Howe, *Generations: The History of America's Future, 1584 to 2069* (New York: William Morrow, 1992); Lawrence A. Crosby, James D. Gill, and Robert E. Lee, "Life Status and Age as Predictors of Value Orientation," in eds. Pitts and Woodside, *Personal Values and Consumer Psychology*, pp. 201–218.
61. Sharon Beatty, Lynn R. Kahle, Pamela Homer, and Shekhar Misra, "Alternative Measurement Approaches to Consumer Values: The List of Values and the Rokeach Value Survey," *Psychology and Marketing*, Fall 1985, pp. 181–200.
62. Lynn R. Kahle, *Social Values and Social Change: Adaptation to Life in America* (New York: Praeger, 1983).
63. Heather Green and Kerry Capell, "Carbon Confusions," *BusinessWeek*, March 17, 2008, pp. 52–55.
64. "Face Value: At the Sharp End," *The Economist*, March 3, 2007, p. 73.
65. Brendan I. Koerner, "Mr. Clean and the Future of Mopping," *New York Times*, March 20, 2005, sec. 3, p. 2.
66. Patricia F. Kennedy, Roger J. Best, and Lynn R. Kahle, "An Alternative Method for Measuring Value-Based Segmentation and Advertisement Positioning," in eds. James H. Leigh and Claude R. Martin Jr., *Current Issues and Research in Advertising*, vol. 11 (Ann Arbor, Mich.: Division of Research, School of Business Administration, University of Michigan, 1988), pp. 139–156; Daniel L. Sherrell, Joseph F. Hair Jr., and Robert P. Bush, "The Influence of Personal Values on Measures of Advertising Effectiveness: Interactions with Audience Involvement," in eds. Pitts and Woodside, *Personal Values and Consumer Psychology*, pp. 169–185.
67. Bob Garfield, "Dove's New 'Onslaught' Ad a Triumph," *Advertising Age*, October 8, 2007, www.adage.com.
68. Pichayaporn Utumporn, "Ad with Hitler Brings Outcry in Thailand," *Wall Street Journal*, June 5, 1995, p. C1.
69. Robert E. Pitts, John K. Wong, and D. Joel Whalen, "Consumers' Evaluative Structures in Two Ethical Situations: A Means–End Approach," *Journal of Business Research*, March 1991, pp. 119–130.
70. Russell W. Belk and Richard W. Pollay, "Materialism and Status Appeals in Japanese and U.S. Print Advertising," *International Marketing Review*, Winter 1985, pp. 38–47; see also Russell W. Belk, Wendy J. Bryce, and Richard W. Pollay, "Advertising Themes and Cultural Values: A Comparison of U.S. and Japanese Advertising," in eds. K. C. Mun and T. S. Chan, *Proceedings of the Inaugural Meeting of the Southeast Asia Region*

Academy of International Business (Hong Kong: The Chinese University of Hong Kong, 1985), pp. 11–20.

71. David K. Tse, Russell W. Belk, and Nan Zhou, "Becoming a Consumer Society: A Longitudinal and Cross-Cultural Content Analysis of Print Ads from Hong Kong, the People's Republic of China, and Taiwan," *Journal of Consumer Research*, March 1989, pp. 457–472.

72. For more on means–end chain analysis, see Beth A. Walker and Jerry C. Olson, "Means–End Chains: Connecting Products with Self," *Journal of Business Research*, March 1991, pp. 111–118; Thomas J. Reynolds and John P. Richon, "Means–End Based Advertising Research: Copy Testing Is Not Strategy Assessment," *Journal of Business Research*, March 1991, pp. 131–142; Jonathan Gutman, "Exploring the Nature of Linkages Between Consequences and Values," *Journal of Business Research*, March 1991, pp. 143–148; Thomas J. Reynolds and Jonathan Gutman, "Laddering Theory, Method, Analysis and Interpretation," *Journal of Advertising Research*, February/March 1988, pp. 11–31; Thomas J. Reynolds and Jonathan Gutman, "Laddering: Extending the Repertory Grid Methodology to Construct Attribute–Consequence–Value Hierarchies," in eds. Pitts and Woodside, *Personal Values and Consumer Psychology*, pp. 155–167.

73. Dawn R. Deeter-Schmelz and Jane L. Sojka, "Wrestling with American Values," *Journal of Consumer Behavior* 4, no. 2, 2004, pp. 132–143.

74. Thomas J. Reynolds and J. P. Jolly, "Measuring Personal Values: An Evaluation of Alternative Methods," *Journal of Marketing Research*, November 1980, pp. 531–536; Reynolds and Gutman, "Laddering"; Jonathan Gutman, "A Means–End Model Based on Consumer Categorization Processes," *Journal of Marketing*, Spring 1982, pp. 60–72.

75. T. L. Stanley, "Death of the Sports Car?" *Brandweek*, January 2, 1995, p. 38.

76. Frenkel Ter Hofstede, Jan-Benedict E. M. Steenkamp, and Michel Wedel, "International Market Segmentation Based on Consumer–Product Relations," *Journal of Marketing Research* 36, February 1999, pp. 1–17.

77. Marsha L. Richins, "The Material Values Scale: Measurement Properties and Development of a Short Form," *Journal of Consumer Research*, June 2004, pp. 209–219.

78. J. Michael Munson and Edward F. McQuarrie, "Shortening the Rokeach Value Survey for Use in Consumer Research," in ed. Michael J. Houston, *Advances in Consumer Research*, vol. 15 (Provo, Utah: Association for Consumer Research, 1988), pp. 381–386.

79. Lynn R. Kahle, Sharon Beatty, and Pamela Homer, "Alternative Measurement Approaches to Consumer Values: The List of Values (LOV) and Values and Life Style (VALS)," *Journal of Consumer Research*, December 1986, pp. 405–409; Kahle, *Social Values and Social Change*.

80. Wagner Kamakura and Thomas P. Novak, "Value-System Segmentation: Exploring the Meaning of LOV," *Journal of Consumer Research*, June 1992, pp. 119–132.

81. Sigmund Freud, *Collected Papers*, vols. I–V (New York: Basic Books, 1959); Erik Erickson, *Childhood and Society* (New York: Norton, 1963); Erik Erickson, *Identity: Youth and Crisis* (New York: Norton, 1968).

82. Yumiko Ono, "Marketers Seek the 'Naked' Truth," *Wall Street Journal*, May 30, 1997, pp. B1, B13.

83. Gordon Allport, *Personality: A Psychological Interpretation* (New York: Holt, Rinehart, & Winston, 1937); Raymond B. Cattell, *The Scientific Analysis of Personality* (Baltimore: Penguin, 1965).

84. Carl G. Jung, *Man and His Symbols* (Garden City, N.Y.: Doubleday, 1964); see also Hans J. Eysenck, "Personality, Stress and Disease: An Interactionistic Perspective," *Psychological Inquiry*, vol. 2, 1991, pp. 221–232.

85. For example, see Lara K. Kammrath, Daniel R. Ames, and Abigail R. Scholer, "Keeping Up with Impressions: Inferential Rules for Impression Change Across the Big Five," *Journal of Experimental Social Psychology* 43, 2007, pp. 450–457; William Fleeson, "Situation-Based Contingencies Underlying Trait-Content Manifestation in Behavior," *Journal of Personality* 75, no. 4, 2007, pp. 825–862.

86. Carl R. Rogers, "Some Observations on the Organization of Personality," *American Psychologist*, September 1947, pp. 358–368; George A. Kelly, *The Psychology of Personal Constructs*, vols. 1 and 2 (New York: Norton, 1955).

87. Bernard Weiner, "Attribution in Personality Psychology," in ed. Lawrence A. Pervin, *Handbook of Personality: Theory and Research* (New York: Guilford, 1990), pp. 465–484; Harold H. Kelly, "The Processes of Causal Attribution," *American Psychologist*, February 1973, pp. 107–128.

88. David Glen Mick and Claus Buhl, "A Meaning-Based Model of Advertising Experiences," *Journal of Consumer Research*, December 1992, pp. 317–338.

89. Karen B. Horney, *Our Inner Conflicts* (New York: Norton, 1945).

90. Joel B. Cohen, "An Interpersonal Orientation to the Study of Consumer Behavior," *Journal of Marketing Research*, August 1967, pp. 270–277; Jon P. Noerager, "An Assessment of CAD—A Personality Instrument Developed Specifically for Marketing Research," *Journal of Marketing Research*, February 1979, pp. 53–59.

91. Marsha L. Richins, "An Analysis of Consumer Interaction Styles in the Marketplace," *Journal of Consumer Research*, June 1983, pp. 73–82.

92. Richard P. Bagozzi, Hans Baumgartner, and Youjae Yi, "State Versus Action Orientation and the Theory of Reasoned Action, An Application to Coupon Usage," *Journal of Consumer Research*, March 1992, pp. 505–518; William O. Bearden and Randall L. Rose, "Attention to Social Comparison Information: An Individual Difference Factor Affecting Consumer Conformity," *Journal of Consumer Research*, March 1990, pp. 461–471; Bobby J. Calder and Robert E. Burnkrant, "Interpersonal Influence on Consumer Behavior: An Attribution Theory Approach," *Journal of Consumer Research*, December 1979, pp. 29–38.

93. B. F. Skinner, *About Behaviorism* (New York: Knopf, 1974); B. F. Skinner, *Beyond Freedom and Dignity* (New York: Knopf, 1971).
94. Jacob Jacoby, "Multiple Indicant Approaches for Studying New Product Adopters," *Journal of Applied Psychology*, August 1971, pp. 384–388; Harold H. Kassarjian, "Personality and Consumer Behavior: A Review," *Journal of Marketing Research*, November 1971, pp. 409–418; see also Harold H. Kassarjian, "Personality: The Longest Fad," in ed. William L. Wilkie, *Advances in Consumer Research*, vol. 6 (Ann Arbor, Mich.: Association for Consumer Research, 1979), pp. 122–124.
95. John L. Lastovicka and Erich A. Joachimsthaler, "Improving the Detection of Personality–Behavior Relationships in Consumer Research," *Journal of Consumer Research*, March 1988, pp. 583–587; Kathryn E. A. Villani and Yoram Wind, "On the Usage of 'Modified' Personality Trait Measures in Consumer Research," *Journal of Consumer Research*, December 1975, pp. 223–228.
96. William O. Bearden, David M. Hardesty, and Randall L. Rose, "Consumer Self-Confidence: Refinements in Conceptualization and Measurement," *Journal of Consumer Research* 28, June 2001, pp. 121–134.
97. D. E. Berlyne, *Conflict, Arousal and Curiosity* (New York: McGraw-Hill, 1960); D. E. Berlyne, "Novelty, Complexity, and Hedonic Value," *Perception and Psychophysics*, November 1970, pp. 279–286.
98. Marvin Zuckerman, *Sensation Seeking: Beyond the Optimal Level of Arousal* (Hillsdale, N.J.: Lawrence Erlbaum, 1979); Elizabeth C. Hirschman, "Innovativeness, Novelty Seeking, and Consumer Creativity," *Journal of Consumer Research*, December 1980, pp. 283–295.
99. R. A. Mittelstadt, S. L. Grossbart, W. W. Curtis, and S. P. DeVere, "Optimal Stimulation Level and the Adoption Decision Process," *Journal of Consumer Research*, September 1976, pp. 84–94; P. S. Raju, "Optimum Stimulation Level: Its Relationship to Personality, Demographics, and Exploratory Behavior," *Journal of Consumer Research*, December 1980, pp. 272–282; Jan-Benedict E. M. Steenkamp and Hans Baumgartner, "The Role of Optimum Stimulation Level in Exploratory Consumer Behavior," *Journal of Consumer Research*, December 1992, pp. 434–448; Erich A. Joachimsthaler and John Lastovicka, "Optimal Stimulation Level—Exploratory Behavior Models," *Journal of Consumer Research*, December 1984, pp. 830–835.
100. Leon G. Schiffman, William R. Dillon, and Festus E. Ngumah, "The Influence of Subcultural and Personality Factors on Consumer Acculturation," *Journal of International Business Studies*, Fall 1981, pp. 137–143.
101. Kelly Tepper Tian, William O. Bearden, and Gary L. Hunter, "Consumers' Need for Uniqueness: Scale Development and Validation," *Journal of Consumer Research* 28, June 2001, pp. 50–66.
102. Itamar Simonson and Stephen M. Nowlis, "The Role of Explanations and Need for Uniqueness in Consumer Decision Making: Unconventional Choices Based on Reasons," *Journal of Consumer Research* 27, June 2000, pp. 49–68.
103. Craig J. Thompson and Zeynep Arsel, "The Starbucks Brandscape and Consumers' (Anticorporate) Experiences of Globalization," *Journal of Consumer Research* 31, no. 3, 2004, pp. 631–642.
104. James E. Burroughs and David Glen Mick, "Exploring Antecedents and Consequences of Consumer Creativity in a Problem-Solving Context," *Journal of Consumer Research*, September 2004, pp. 402–411.
105. Ibid., and Alice M. Isen, "Positive Effect," in eds. Tim Dageleisch and Mick Power, *Handbook of Cognition and Emotion*, (New York: Wiley, 1999), pp. 521–539.
106. John T. Cacioppo, Richard E. Petty, and Chuan F. Kao, "The Efficient Assessment of Need for Cognition," *Journal of Personality Assessment*, June 1984, pp. 306–307; Curtis R. Haugtvedt, Richard E. Petty, and John T. Cacioppo, "Need for Cognition and Advertising: Understanding the Role of Personality Variables in Consumer Behavior," *Journal of Consumer Psychology* 1, no. 3, 1992, pp. 239–260; Rajeev Batra and Douglas M. Stayman, "The Role of Mood in Advertising Effectiveness," *Journal of Consumer Research*, September 1990, pp. 203–214; John T. Cacioppo, Richard E. Petty, and K. Morris, "Effects of Need for Cognition on Message Evaluation, Recall and Persuasion," *Journal of Personality and Social Psychology*, October 1983, pp. 805–818.
107. Susan Powell Mantel and Frank R. Kardes, "The Role of Direction of Comparison, Attribute-Based Processing, and Attitude-Based Processing in Consumer Preference," *Journal of Consumer Research* 25, March 1999, pp. 335–352.
108. William O. Bearden, Richard G. Netemeyer, and Jesse H. Teel, "Measurement of Consumer Susceptibility to Interpersonal Influence," *Journal of Consumer Research*, March 1989, pp. 472–480; Peter Wright, "Factors Affecting Cognitive Resistance to Ads," *Journal of Marketing Research*, June 1975, pp. 1–9.
109. John L. Lastovicka, Lance A. Bettencourt, Renée Shaw Hughner, and Ronald J. Kuntze, "Lifestyle of the Tight and Frugal: Theory and Measurement," *Journal of Consumer Research* 26, June 1999, pp. 85–98.
110. Terrence H. Witkowski, "World War II Poster Campaigns," *Journal of Advertising*, Spring 2003, pp. 69–82.
111. "Free Magazines Popping Up All Over Japan," *Japan Close-Up*, March 2005, p. 7.
112. Richard C. Becherer and Lawrence C. Richard, "Self-Monitoring as a Moderating Variable in Consumer Behavior," *Journal of Consumer Research*, December 1978, pp. 159–162; Mark Snyder and Kenneth G. DeBono, "Appeals to Image and Claims about Quality: Understanding the Psychology of Advertising," *Journal of Personality and Social Psychology*, September 1985, pp. 586–597.
113. Dean Peabody, *National Characteristics* (Cambridge, England: Cambridge University Press, 1985); Allan B. Yates, "Americans, Canadians Similar but Vive La Difference," *Direct Marketing*, October 1985, p. 152.

114. Terry Clark, "International Marketing and National Character: A Review and Proposal for an Integrative Theory," *Journal of Marketing*, October 1990, pp. 66–79.
115. Greg Sandoval, "China Bans LeBron James Nike Ad," *Washington Post*, December 7, 2004, p. E2.
116. John C. Mowen, "Exploring the Trait of Competitiveness and its Consumer Behavior Consequences," *Journal of Consumer Psychology* 14, no. 1/2, 2004, pp. 52–63.
117. Rob Walker, "For Kicks," *New York Times Magazine*, March 20, 2005, p. 38.
118. Tom Lowry, "The Game's the Thing at MTV Networks," *BusinessWeek*, February 18, 2008, pp. 51–52.
119. David Crockett, "The Role of Normative Political Ideology in Consumer Behavior," *Journal of Consumer Research* 31, no. 3, 2004, pp. 511–528.
120. Morris B. Holbrook, "Nostalgia and Consumption Preferences: Some Emerging Patterns of Consumer Tastes," *Journal of Consumer Research*, September 1993, pp. 245–256.
121. Sandra Yin, "Going to Extremes," *American Demographics*, June 1, 2001, p. 26.
122. Michelle Moran, "Category Analysis: Small Electrics & Consumer Lifestyles Dictate Trends," *Gourmet Retailer*, June 2001, p. 34. .
123. Onkvisit and Shaw, *International Marketing*, p. 283.
124. Leonidas C. Leonidou, "Understanding the Russian Consumer," *Marketing and Research Today*, March 1992, pp. 75–83.
125. "Sip and Sup: Ideas for Quick Noshing," *Arizona Republic*, April 9, 2008, www.azcentral.com.
126. See Leonard L. Berry, Kathleen Seiders, and Dhruv Grewal, "Understanding Service Convenience," *Journal of Marketing Research*, July 2002, pp. 1–17.
127. Cynthia Crossen, "Marketing Panache, Plant Lore Invigorate Independent Garden Center's Sales," *Wall Street Journal*, May 25, 2004, pp. B1, B4.
128. ACE Brochure 1989, published by RISC, Paris, France; see also de Mooij and Keegan, *Advertising Worldwide*.
129. Jerri Stroud, "'Bankers' Hours' Now Include Evenings and Sundays," *St. Louis Post-Dispatch*, September 4, 2007, n.p.
130. Basil G. Englis and Michael R. Solomon, "To Be and Not to Be: Life Style Imagery, Reference Groups, and the Clustering of America," *Journal of Advertising*, Spring 1995, pp. 13–28.
131. Jacob Hornik and Mary Jane Schlinger, "Allocation of Time to the Mass Media," *Journal of Consumer Research*, March 1981, pp. 343–355.
132. Eben Shapiro, "Web Lovers Love TV, Often Watch Both," *Wall Street Journal*, June 12, 1998, p. B9.
133. Michael J. Weiss, Morris B. Holbrook, and John Habich, "Death of the Arts Snob," *American Demographics*, June 2001, pp. 40–42.
134. Jeff Borden, "High-Quality Ingredients," *Marketing News*, October 1, 2007, pp. 13.
135. SRI Consulting Business Intelligence, *VALS Framework and Segment Descriptions*, www.sricbi.com/VALS/types.shtml.
136. Pamela Paul, "Sell It to the Psyche," *Time*, September 15, 2003, p. A23.
137. Louise Witt, "Inside Intent," *American Demographics*, March 1, 2004.
138. David J. Lipke, "Head Trips," *American Demographics*, October 2000, pp. 38–39; Yankelovich Web site, http://www.yankelovich.com.
139. Douglas B. Holt, "Poststructuralist Lifestyle Analysis: Conceptualizing the Social Patterning of Consumption in Postmodernity," *Journal of Consumer Research*, March 1997, pp. 326–350.
140. Marvin Shoenwald, "Psychographic Segmentation: Used or Abused?" *Brandweek*, January 22, 2001, p. 34.
141. Pamela Paul, "Sell It to the Psyche."
142. Antoinette Alexander, "Tech-Savvy Young Shoppers May Be Untapped Market," *Drug Store News*, June 21, 2004, pp. 973.
143. Joanna Weiss, "'Psychographics' Enters Brave New World of TV Marketing," *Boston Globe*, June 10, 2005, www.boston.com.
144. Vicki Mabrey and Deborah Apton, "From McMuffins to McLattes," *ABC News*, March 31, 2008, www.abcnews.go.com; Dave Carpenter, "Breakfast, Europe a Winning Combo," *Houston Chronicle*, March 11, 2008, p. 3; "Profile: Pierre Woreczek, Man of Many Tastes,'" *Brand Strategy*, March 7, 2008, p. 17; Dagmar Mussey and Laurel Wentz, "Want a Quiet Cup of Coffee in Germany? Head to McDonald's," *Advertising Age*, September 10, 2007, p. 32; Julia Werdigier, "McDonald's, But with Flair," *New York Times*, August 25, 2007, p. C1, C4; Michael Arndt, "Knock Knock, It's Your Big Mac," *BusinessWeek Online*, July 13, 2007, www.businessweek.com.

Chapter 15

1. Douglas Quenqua, "Word of Mouth," *DM News*, February 4, 2008, www.dmnews.com; Leo Benedictus, "Psst! Have You Heard?" *The Guardian*, January 30, 2007, www.guardian.co.uk.
2. Greg Metz Thomas, "Building the Buzz with the Hive in Mind," *Journal of Consumer Behavior* 4, no. 1, 2004, pp. 64–72.
3. Seth Schiesel, "Gamers, on Your Marks: Halo 3 Arrives," *New York Times*, September 24, 2007, p. E1.
4. Amna Kirmani and Margaret C. Campbell, "Goal Seeker and Persuasion Sentry: How Consumer Targets Respond to Interpersonal Marketing Persuasion," *Journal of Consumer Research*, December 2004, pp. 573–582.
5. Robert L. Simison and Joseph B. White, "Reputation for Poor Quality Still Plagues Detroit," *Wall Street Journal*, May 4, 2000, pp. B1, B4.
6. Utpal M. Dholakia, Richard P. Bagozzi, and Lisa Klein Pearo, "A Social Influence Model of Consumer Participation in Network- and Small-Group-Based Virtual Communities," *International Journal of Research in Marketing* 21, 2004, pp. 241–263.
7. See Mehdi Mourali, Michel Larouche, and Frank Pons, "Antecedents of Consumer Relative Preference for

Interpersonal Information Sources in Pre-Purchase Search," *Journal of Consumer Behaviour* 4, no. 5, 2005, pp. 307–318.
8. Rebecca Gardyn, "How Does This Work?" *American Demographics*, December 2002/January 2003, pp. 18–19.
9. Frederick Koenig, *Rumor in the Marketplace: The Social Psychology of Commercial Hearsay* (Dover, Mass.: Auburn House, 1985); Paul M. Herr, Frank R. Kardes, and John Kim, "Effects of Word-of-Mouth and Product-Attribute Information on Persuasion: An Accessibility-Diagnosticity Perspective," *Journal of Consumer Research*, March 1991, pp. 454–462.
10. Paul F. Lazarsfeld, Bernard Berelson, and Hazel Gaudet, *The People's Choice; How the Voter Makes Up His Mind in a Presidential Campaign* (New York: Columbia University Press, 1948); see also Herr, Kardes, and Kim, "Effects of Word-of-Mouth and Product-Attribute Information on Persuasion."
11. David Pogue, "Reconsidering Pixel Envy," *New York Times*, March 24, 2005, *tech.nytimes.com/2005/03/24/technology/circuits/24read.html*.
12. Dale Duhan, Scott Johnson, James Wilcox, and Gilbert Harrell, "Influences on Consumer Use of Word-of-Mouth Recommendation Sources," *Journal of the Academy of Marketing Science* 25, Fall 1997, pp. 283–295.
13. Vicki Clift, "Systematically Solicit Testimonial Letters," *Marketing News*, June 6, 1994, p. 7.
14. Wendy Bounds, "Keeping Teens from Smoking, with Style," *Wall Street Journal*, May 6, 1999, p. B6.
15. Bob Tedeschi, "Readers Are Key Ingredient as Virtual Kitchen Heats Up," *New York Times*, June 25, 2007, p. C6.
16. See Robert V. Kozinets, "E-Tribalized Marketing? The Strategic Implications of Virtual Communities of Consumption," *European Management Journal*, 1999, pp. 252–264.
17. Susan B. Garland, "So Glad You Could Come. Can I Sell You Anything?" *New York Times*, December 19, 2004, sec. 3, p. 7.
18. Michael Barbaro, "Unbound, Wal-Mart Tastemakers Write a Blunt and Unfiltered Blog," *New York Times*, March 3, 2008, pp. C1, C8; David Kirkpatrick and Daniel Roth, "Why There's No Escaping the Blog," *Fortune*, January 10, 2005, p. 44.
19. John W. Milligan, "Choosing Mediums for the Message," *US Banker*, February 1995, pp. 42–45.
20. Gangseog Ryu and Lawrence Feick, "A Penny for Your Thoughts: Referral Reward Programs and Referral Likelihood," *Journal of Marketing*, January 2007, pp. 84–94.
21. Cris Prystay, "Companies Market to India's Have-Littles," *Wall Street Journal*, June 5, 2003, pp. B1, B12.
22. Robert McMillan, "Bill Gates Says Internet Censorship Won't Work," *Computerworld*, February 20, 2008, *www.computerworld.com;* "Wave of Internet Surfers Has Chinese Censors Nervous," *Los Angeles Times*, June 26, 1995, p. D6; Jeffrey A. Trachtenberg, "Time Warner Unit Sets Joint Venture to Market TV Programming in China," *Wall Street Journal*, March 8, 1995, p. B2.
23. Jacob Jacoby and Wayne D. Hoyer, "What If Opinion Leaders Didn't Really Know More: A Question of Nomological Validity," in ed. Kent B. Monroe, *Advances in Consumer Research*, vol. 8 (Chicago: Association for Consumer Research, 1980), pp. 299–302; Robin M. Higie, Lawrence F. Feick, and Linda L. Price, "Types and Amount of Word-of-Mouth Communications about Retailers," *Journal of Retailing*, Fall 1987, pp. 260–277; regarding innovativeness, Terry L. Childers ("Assessment of the Psychometric Properties of an Opinion Leadership Scale," *Journal of Marketing Research*, May 1986, pp. 184–187).
24. Marsha L. Richins and Teri Root-Shafer, "The Role of Involvement and Opinion Leadership in Consumer Word of Mouth: An Implicit Model Made Explicit," in ed. Michael J. Houston, *Advances in Consumer Research*, vol. 15 (Provo, Utah: Association for Consumer Research, 1988), pp. 32–36.
25. Audrey Guskey-Federouch and Robert L. Heckman, "The Good Samaritan in the Marketplace: Motives for Helpful Behavior," Paper presented at the Society for Consumer Psychology Conference, St. Petersburg, Fla., February 1994.
26. Lawrence F. Feick, Linda L. Price, and Robin Higie, "People Who Use People: The Opposite Side of Opinion Leadership," in ed. Richard J. Lutz, *Advances in Consumer Research*, vol. 13 (Provo, Utah: Association for Consumer Research, 1986), pp. 301–305; see also Jagdish N. Sheth, "Word-of-Mouth in Low-Risk Innovations," *Journal of Advertising Research*, June–July 1971, pp. 15–18.
27. Ronald E. Goldsmith, Ronald A. Clark, and Elizabeth Goldsmith, "Extending the Psychological Profile of Market Mavenism," *Journal of Consumer Behavior* 5, no. 5, 2006, pp. 411–419; Lawrence F. Feick and Linda L. Price, "The Market Maven: A Diffuser of Marketplace Information," *Journal of Marketing*, January 1987, pp. 83–97.
28. See, for example, Dorothy Leonard-Barton, "Experts as Negative Opinion Leaders in the Diffusion of a Technological Innovation," *Journal of Consumer Research*, March 1985, pp. 914–926.
29. Joanne Kaufman, "Publishers Seek to Mine Book Circles," *New York Times*, November 19, 2007, p. C5.
30. Laura Bird, "Consumers Smile on Unilever's Mentadent," *Wall Street Journal*, May 31, 1994, p. B9; Joseph R. Mancuso, "Why Not Create Opinion Leaders for New Product Introduction?" *Journal of Marketing*, July 1969, pp. 20–25.
31. "Smoking Cessation: GSK Strikes a Chord with Reality Ads," *Chemist and Druggist*, March 5, 2005, p. 40.
32. Christopher Reynolds, "Up on the Envy Meter," *American Demographics*, June 2004, pp. 6–7.
33. Jennifer Edson Escalas and James R. Bettman, "Self-Construal, Reference Groups, and Brand Meaning," *Journal of Consumer Research* 32, no. 3, 2005, pp. 378–389.
34. Albert M. Muniz Jr. and Thomas C. O'Guinn, "Brand Community," *Journal of Consumer Research* 27, March 2001, pp. 412–432; James H. McAlexander, John W.

Schouten, and Harold F. Koenig, "Building Brand Community," *Journal of Marketing*, January 2002, pp. 38–54.
35. Richard P. Bagozzi and Utpal M. Dholakia, "Antecedents and Purchase Consequences of Customer Participation in Small Group Brand Communities," *International Journal of Research in Marketing* 23, 2006, pp. 45–61.
36. Albert M. Muniz Jr. And Hope Jensen Schau, "Religiosity in the Abandoned Apple Newton Brand Community," *Journal of Consumer Research* 31, no. 4, 2005, pp. 737–747.
37. Jim Patterson, "Branding Campaign Meant to Take Stigma off Country Music," *Associated Press Newswires*, May 1, 2001.
38. Katherine White and Darren W. Dahl, "To Be or Not Be? The Influence of Dissociative Reference Groups on Consumer Preferences," *Journal of Consumer Psychology* 16, no. 4, 2006, pp. 404–414.
39. T. L. Stanley, "Heavies of Hip-Hop Lend Phat to Nokia," *Advertising Age*, December 15, 2003, p. 6.
40. Basil G. Englis and Michael R. Solomon, "To Be and Not to Be: Lifestyle Imagery, Reference Groups, and the Clustering of America," *Journal of Advertising*, March 1995, pp. 13–28.
41. Stefan Fatsis, "'Rad' Sports Give Sponsors Cheap Thrills," *Wall Street Journal*, May 12, 1995, p. B8.
42. Jonathan Fahey, "Love Into Money," *Forbes*, January 7, 2002, pp. 60–65.
43. Paul White, "Red Sox Nation New King of the Road," *USA Today*, August 22, 2007, www.usatoday.com.
44. Todd Nissen, "McDonald's Sees Good Results in Middle East," *ClariNet Electronic News Service*, February 20, 1994.
45. A. Benton Cocanougher and Grady D. Bruce, "Socially Distant Referent Groups and Consumer Aspiration," *Journal of Marketing Research*, August 1971, pp. 379–383.
46. Linda L. Price, Lawrence Feick, and Robin Higie, "Preference Heterogeneity and Coorientation as Determinants of Perceived Informational Influence," *Journal of Business Research*, November 1989, pp. 227–242; Jacqueline J. Brown and Peter Reingen, "Social Ties and Word-of-Mouth Referral Behavior," *Journal of Consumer Research*, December 1987, pp. 350–362; Mary C. Gilly, John L. Graham, Mary Wolfinbarger, and Laura Yale, "A Dyadic Study of Interpersonal Information Search," *Journal of the Academy of Marketing Science* 26, no. 2, pp. 83–100; George Moschis, "Social Comparison and Informal Group Influence," *Journal of Marketing Research*, August 1976, pp. 237–244.
47. Randall L. Rose, William O. Bearden, and Kenneth C. Manning, "Attributions and Conformity in Illicit Consumption: The Mediating Role of Group Attractiveness," *Journal of Public Policy & Marketing* 20, no. 1, Spring 2001, pp. 84–92.
48. Rohit Deshpande, Wayne D. Hoyer, and Naveen Donthu, "The Intensity of Ethnic Affiliation: A Study of the Sociology of Hispanic Consumption," *Journal of Consumer Research*, September 1986, pp. 214–220; Douglas M. Stayman and Rohit Deshpande, "Situational Ethnicity and Consumer Behavior," *Journal of Consumer Research*, December 1989, pp. 361–371.
49. Robert Madrigal, "The Influence of Social Alliances with Sports Teams on Intentions to Purchase Corporate Sponsors' Products," *Journal of Advertising* 29, no. 4, Winter 2000, pp. 13–24.
50. Americus Reed II, "Activating the Self-Importance of Consumer Selves: Exploring Identity Salience Effects on Judgments," *Journal of Consumer Research*, September 2004, pp. 286–295.
51. Jonathan K. Frenzen and Harry L. Davis, "Purchasing Behavior in Embedded Markets," *Journal of Consumer Research*, June 1990, pp. 1–12; see also Mark S. Granovetter, "The Strength of Weak Ties," *American Journal of Sociology*, May 1973, pp. 1360–1380; Brown and Reingen, "Social Ties and Word-of-Mouth Referral Behavior"; Jonathan K. Frenzen and Kent Nakamoto, "Structure, Cooperation, and the Flow of Market Information," *Journal of Consumer Research*, December 1993, pp. 360–375.
52. "Theme Parks: Finally, the Year of the Mouse," *BusinessWeek*, April 4, 2005, p. 16.
53. Reingen and Kernan, "Analysis of Referral Networks in Marketing"; Brown and Reingen, "Social Ties and Word-of-Mouth Referral Behavior"; see also Frenzen and Nakamoto, "Structure, Cooperation, and the Flow of Market Information."
54. Walker, "The Hidden (in Plain Sight) Persuaders."
55. Nicole Woolsey Biggart, *Charismatic Capitalism* (Chicago: University of Chicago Press, 1989); see also Jonathan K. Frenzen and Harry L. Davis, "Purchasing Behavior in Embedded Markets," *Journal of Consumer Research*, June 1990, pp. 1–12.
56. Frenzen and Davis, "Purchasing Behavior in Embedded Markets."
57. Scott Ward, "Consumer Socialization," *Journal of Consumer Research*, September 1974, pp. 1–16; George P. Moschis, "The Role of Family Communication in Consumer Socialization of Children and Adolescents," *Journal of Consumer Research*, March 1985, pp. 898–913; George P. Moschis, *Consumer Socialization: A Life Cycle Perspective* (Lexington, Mass.: Lexington Books, 1987); Scott Ward, "Consumer Socialization," in eds. Harold H. Kassarjian and Thomas S. Robertson, *Perspectives in Consumer Behavior* (Glenview, Ill.: Scott-Foresman, 1980), pp. 380–396; Les Carlson and Sanford Grossbart, "Parental Style and Consumer Socialization of Children," *Journal of Consumer Research*, June 1988, pp. 77–92.
58. Deborah Roedder John, "Consumer Socialization of Children: A Retrospective Look at Twenty-Five Years of Research," *Journal of Consumer Research* 26, December 1999, pp. 183–213.
59. Elizabeth S. Moore, William L. Wilkie, and Richard J. Lutz, "Passing the Torch: Intergenerational Influences as a Source of Brand Equity," *Journal of Marketing*, April 2002, pp. 17–37.

60. Gwen Bachmann Achenreiner and Deborah Roedder John, "The Meaning of Brand Names to Children: A Developmental Investigation," *Journal of Consumer Psychology*, 13 (3), 2003, pp. 205–219.
61. Gregory M. Rose, Vassilis Dalakas, and Fredric Kropp, "Consumer Socialization and Parental Style Across Cultures: Findings from Australia, Greece, and India," *Journal of Consumer Psychology* 13 (4), 2003, pp. 366–376.
62. John, "Consumer Socialization of Children: A Retrospective Look at Twenty-Five Years of Research."
63. Ann Walsh, Russell Laczniak, and Les Carlson, "Mothers' Preferences for Regulating Children's Television," *Journal of Advertising*, Fall 1998, pp. 23–36.
64. Dave Howland, "Ads Recruit Grandparents to Help Keep Kids from Drugs," *Marketing News*, January 18, 1999, p. 6.
65. Moschis, "The Role of Family Communication in Consumer Socialization of Children and Adolescents"; Conway Lackman and John M. Lanasa, "Family Decision Making Theory: An Overview and Assessment," *Psychology and Marketing*, March–April 1993, pp. 81–93; George P. Moschis, *Acquisition of the Consumer Role by Adolescents* (Atlanta: Georgia State University, 1978).
66. Beverly A. Browne, "Gender Stereotypes in Advertising on Children's Television in the 1990s: A Cross-National Analysis," *Journal of Advertising*, Spring 1998, pp. 83–96.
67. See, for example, Greta Fein, David Johnson, Nancy Kosson, Linda Stork, and Lisa Wasserman, "Sex Stereotypes and Preferences in the Toy Choices of 20-Month-Old Boys and Girls," *Developmental Psychology*, July 1975, pp. 527–528; Lenore A. DeLucia, "The Toy Preference Test: A Measure of Sex-Role Identification," *Child Development*, March 1963, pp. 107–117; Judith E. O. Blackmore and Asenath A. LaRue, "Sex-Appropriate Toy Preference and the Ability to Conceptualize Toys as Sex-Role Related," *Developmental Psychology*, May 1979, pp. 339–340; Nancy Eisenberg-Berg, Rita Boothby, and Tom Matson, "Correlates of Preschool Girls' Feminine and Masculine Toy Preferences," *Developmental Psychology*, May 1979, pp. 354–355.
68. Donna Rouner, "Rock Music Use as a Socializing Function," *Popular Music and Society*, Spring 1990, pp. 97–108; Thomas L. Eugene, "Clothing and Counterculture: An Empirical Study," *Adolescence*, Spring 1973, pp. 93–112.
69. Fein et al., "Sex Stereotypes and Preferences in the Toy Choices of 20-Month-Old Boys and Girls"; Eisenberg-Berg, Boothby, and Matson, "Correlates of Preschool Girls' Feminine and Masculine Toy Preferences"; Sheila Fling and Main Manosevitz, "Sex Typing in Nursery School Children's Play," *Developmental Psychology* 7, September 1972, pp. 146–152.
70. Tamara Mangleburg and Terry Bristol, "Socialization and Adolescents' Skepticism Toward Advertising," *Journal of Advertising*, Fall 1998, pp. 11–21.
71. Robert E. Burnkrant and Alain Cousineau, "Informational and Normative Social Influence in Buyer Behavior," *Journal of Consumer Research*, December 1975, pp. 206–215; Morton Deutsch and Harold B. Gerard, "A Study of Normative and Informational Influence upon Individual Judgment," *Journal of Abnormal and Social Psychology*, November 1955, pp. 629–636.
72. Dennis Rook and Robert Fisher, "Normative Influences on Impulsive Buying Behavior," *Journal of Consumer Research*," December 1995, pp. 305–313.
73. Paul Rozin and Leher Singh, "The Moralization of Cigarette Smoking in the United States," *Journal of Consumer Psychology* 8, no. 3, 1999, pp. 321–337.
74. David B. Wooten, "From Labeling Possessions to Possessing Labels: Ridicule and Socialization Among Adolescents," *Journal of Consumer Research* 33, no. 2, 2006, pp. 188–198.
75. Margaret Talbot, "Girls Just Want to Be Mean," *New York Times Magazine*, February 24, 2002, p. 24.
76. Peter Reingen, Brian Foster, Jacqueline Brown, and Stephen B. Seidman, "Brand Congruence in Interpersonal Relations: A Social Network Analysis," *Journal of Consumer Research*, December 1984, pp. 771–783.
77. Rajagopal Raghunathan and Kim Corfman, "Is Happiness Shared Doubled and Sadness Shared Halved? Social Influence on Enjoyment of Hedonic Experiences," *Journal of Marketing Research*, August 2006, pp. 386–394.
78. Tina M. Lowrey, Cele C. Otnes, and Julie A. Ruth, "Social Influences on Dyadic Giving over Time: A Taxonomy from the Giver's Perspective," *Journal of Consumer Research*, March 2004, pp 547–558.
79. Ann E. Schlosser and Sharon Shavitt, "Anticipating Discussion About a Product: Rehearsing What to Say Can Affect Your Judgments," *Journal of Consumer Research*, June 2002, pp. 101–115.
80. James E. Stafford, "Effects of Group Influence on Consumer Brand Preferences," *Journal of Marketing Research*, February 1966, pp. 68–75.
81. Pankaj Aggarwal, "The Effects of Brand Relationship Norms on Consumer Attitudes and Behavior," *Journal of Consumer Research*, June 2004, pp. 87–101.
82. Randall L. Rose, William O. Bearden, and Jesse E. Teel, "An Attributional Analysis of Resistance to Group Pressure Regarding Illicit Drug and Alcohol Consumption," *Journal of Consumer Research*, June 1992, pp. 1–13; see also Bobby J. Calder and Robert E. Burnkrant, "Interpersonal Influences on Consumer Behavior: An Attribution Theory Approach," *Journal of Consumer Research*, June 1977, pp. 29–38, 71; Solomon E. Asch, "Effects of Group Pressure upon the Modification and Distortion of Judgment," in ed. H. Guetzkow, *Groups, Leadership and Men* (Pittsburgh, Pa.: Carnegie Press, 1951); Sak Onkvisit and John J. Shaw, *International Marketing: Analysis and Strategy* (Columbus, Ohio: Merrill, 1989); see also Chin Tiong Tan and John U. Farley, "The Impact of Cultural Patterns on Cognition and Intention in Singapore," *Journal of Consumer Research*, March 1987, pp. 540–544.

83. Lisa E. Bolton and Americus Reed II, "Sticky Priors: The Perseverance of Identity Effects on Judgment," *Journal of Marketing Research*, November 2004, pp. 397–410.
84. Utpal M. Dholakia, Richard P. Bagozzi, and Lisa Klein Pearo, "A Social Influence Model of Consumer Participation in Network- and Small-Group-Based Virtual Communities," *International Journal of Research in Marketing* 21, 2004, pp. 241–263.
85. For a general discussion of reactance behavior, see Mona A. Clee and Robert A. Wicklund, "Consumer Behavior and Psychological Reactance," *Journal of Consumer Research*, March 1980, pp. 389–405.
86. Rene Algesheimer, Utpal M. Dholakia, and Andreas Hermann, "The Social Influence of Brand Community: Evidence from European Car Clubs," *Journal of Marketing*, July 2005, pp. 19–34.
87. A. Peter McGraw and Philip E. Tetlock, "Taboo Trade-Offs, Relational Framing, and the Acceptability of Exchanges," *Journal of Consumer Psychology* 15, no. 1, 2005, pp. 2–15. See also Gita Venkataramani Johar, "The Price of Friendship: When, Why, and How Relational Norms Guide Social Exchange Behavior," *Journal of Consumer Psychology* 15, no. 1, 2005, pp. 22–27; and Barbara E. Kahn, "The Power and Limitations of Social Relational Framing for Understanding Consumer Decision Processes," *Journal of Consumer Psychology* 15, no. 1, 2005, pp. 28–34; and Philip E. Tetlock and A. Peter McGraw, "Theoretically Framing Relational Framing," *Journal of Consumer Psychology* 15, no. 1, 2005, pp. 35–37.
88. Russell W. Belk, "Exchange Taboos from an Interpretive Perspective," *Journal of Consumer Psychology* 15, no. 1, 2005, pp. 16–21.
89. White and Dahl, "To Be or Not Be? The Influence of Dissociative Reference Groups on Consumer Preferences."
90. William O. Bearden and Michael J. Etzel, "Reference Group Influence on Product and Brand Purchase Decisions," *Journal of Consumer Research* 9, no. 2, 1982, pp. 183–194.
91. Robert E. Witt and Grady D. Bruce, "Group Influence and Brand Choice Congruence," *Journal of Marketing Research*, November 1972, pp. 440–443.
92. Jennifer J. Argo, Darren W. Dahl, and Rajesh V. Manchanda, "The Influence of a Mere Social Pressure in a Retail Context," *Journal of Consumer Research* 32, no. 2, 2005, pp. 207–212; Darren W. Dahl, Rajesh V. Manchanda, and Jennifer J. Argo, "Embarrassment in Consumer Purchase: The Roles of Social Presence and Purchase Familiarity," *Journal of Consumer Research*, December 2001, pp. 473–481.
93. Bobby J. Calder and Robert E. Burnkrant, "Interpersonal Influences on Consumer Behavior: An Attribution Theory Approach," *Journal of Consumer Research*, June 1977, pp. 29–38; William O. Bearden, Richard G. Netemeyer, and Jesse E. Teel, "Measurement of Consumer Susceptibility to Interpersonal Influence," *Journal of Consumer Research*, March 1989, pp. 473–481; William O. Bearden and Randall L. Rose, "Attention to Social Comparison Information: An Individual Difference Factor Affecting Conformity," *Journal of Consumer Research*, March 1990, pp. 461–471.
94. John C. Mowen, "Exploring the Trait of Competitiveness and Its Consumer Behavior Consequences," *Journal of Consumer Psychology*, 2004, pp. 52–63.
95. Brendan I. Koerner, "Neighbors, Start Your Lawn Mowers," *New York Times*, October 17, 2004, sec. 3, p. 2.
96. Charles S. Gulas and Kim McKeage, "Extending Social Comparison: An Examination of the Unintended Consequences of Idealized Advertising Imagery," *Journal of Advertising* 29, no. 2, Summer 2000, pp. 17–28.
97. David B. Wooten and Americus Reed II, "Playing It Safe: Susceptibility to Normative Influence and Protective Self-Presentation," *Journal of Consumer Research*, December 2004, pp. 551–556.
98. C. Whan Park and Parker Lessig, "Students and Housewives: Differences in Susceptibility to Reference Group Influence," *Journal of Consumer Research*, September 1977, pp. 102–110.
99. Robert Fisher and Kirk Wakefield, "Factors Leading to Group Identification: A Field Study of Winners and Losers," *Psychology and Marketing*, January 1998, pp. 23–40.
100. John R. French and Bertram Raven, "The Bases of Social Power," in ed. D. Cartwright, *Studies in Social Power* (Ann Arbor, Mich.: Institute for Social Research, 1969), pp. 150–167.
101. Reingen et al., "Brand Congruence in Interpersonal Relations"; Park and Lessig, "Students and Housewives."
102. Donnel A. Briley and Robert S. Wyer Jr., "The Effect of Group Membership Salience on the Avoidance of Negative Outcomes: Implications for Social and Consumer Decisions," *Journal of Consumer Research*, December 2002, pp. 400–415.
103. Dana-Nicoleta Lascu, William O. Bearden, and Randall L. Rose, "Norm Extremity and Interpersonal Influences on Consumer Conformity," *Journal of Business Research*, March 1995, pp. 200–212.
104. Social influence, attitudes toward the ads, and prior trial behavior all affect antismoking beliefs, as discussed in J. Craig Andrews, Richard G. Netemeyer, Scot Burton, D. Paul Moberg, and Ann Christiansen, "Understanding Adolescent Intentions to Smoke: An Examination of Relationships Among Social Influence, Prior Trial Behavior, and Antitobacco Campaign Advertising," *Journal of Marketing*, July 2004, pp. 110–123.
105. J. L. Freeman and S. Fraser, "Compliance Without Pressure: The Foot-in-the-Door Technique," *Journal of Personality and Social Psychology*, August 1966, pp. 195–202.
106. Robert B. Cialdini, J. E. Vincent, S. K. Lewis, J. Caalan, D. Wheeler, and B. L. Darby, "Reciprocal Concessions Procedure for Inducing Compliance: The Door-in-the-Face Effect," *Journal of Personality and Social Psychology*, February 1975, pp. 200–215; John C. Mowen and Robert Cialdini, "On Implementing the Door-in-the-Face

Compliance Strategy in a Marketing Context," *Journal of Marketing Research,* May 1980, pp. 253–258; see also Edward Fern, Kent Monroe, and Ramon Avila, "Effectiveness of Multiple Request Strategies: A Synthesis of Research Results," *Journal of Marketing Research,* May 1986, pp. 144–152.

107. Alice Tybout, Brian Sternthal, and Bobby J. Calder, "Information Availability as a Determinant of Multiple Request Effectiveness," *Journal of Marketing Research,* August 1983, pp. 279–290; John T. Gourville, "Pennies-a-Day: The Effect of Temporal Reframing on Transaction Evaluation," *Journal of Consumer Research,* March 1998, pp. 395–408.

108. Eric R. Spangenberg and David E. Sprott, "Self-Monitoring and Susceptibility to the Influence of Self-Prophecy," *Journal of Consumer Research* 32, no. 4, 2006, pp. 550–556; Eric R. Spangenberg and Anthony G. Greenwald, "Social Influence by Requesting Self-Prophecy," *Journal of Consumer Psychology* 8, no. 1, 1999, pp. 61–89.

109. For more about self-prophecy, see Eric R. Spangenberg, David E. Sprott, Bianca Grohmann, and Ronn J. Smith, "Mass-Communicated Prediction Requests: Practical Application and a Cognitive Dissonance Explanation for Self-Prophecy," *Journal of Marketing,* July 2003, pp. 47–62.

110. Stephanie Dellande, Mary C. Gilly, and John L. Graham, "Gaining Compliance and Losing Weight: The Role of the Service Provider in Health Care Services," *Journal of Marketing,* July 2004, pp. 78–91.

111. Deutsch and Gerard, "A Study of Normative and Informational Influence upon Individual Judgment"; C. Whan Park and Parker Lessig, "Students and Housewives: Differences in Susceptibility to Reference Group Influences" *Journal of Consumer Research* 4, September 1977, 102–110. Dennis L. Rosen and Richard W. Olshavsky, "The Dual Role of Informational Social Influence: Implications for Marketing Management," *Journal of Business Research,* April 1987, pp. 123–144.

112. Jeffrey D. Ford and Elwood A. Ellis, "A Re-examination of Group Influence on Member Brand Preference," *Journal of Marketing Research* 17, no. 1, 1980, pp. 125–133; Linda L. Price and Lawrence F. Feick, "The Role of Interpersonal Sources in External Search: An Informational Perspective," in ed. Thomas Kinnear, *Advances in Consumer Research,* vol. 11 (Ann Arbor, Mich.: Association for Consumer Research, 1984), pp. 250–255.

113. Arch G. Woodside and M. Wayne DeLosier, "Effects of Word-of-Mouth Advertising on Consumer Risk Taking," *Journal of Advertising,* September 1976, pp. 17–26.

114. Henry Assael, *Consumer Behavior and Marketing Action,* 4th ed. (Boston: PWS-Kent, 1992).

115. John R. French and Bertram Raven, "The Bases of Social Power," in ed. D. Cartwright, *Studies in Social Power* (Ann Arbor, Mich.: Institute for Social Research, 1959), pp. 150–167; Dana-Nicoleta Lascu, William Bearden, and Randall Rose, "Norm Extremity and Interpersonal Influences on Consumer Conformity," *Journal of Business Research,* March 1995, pp. 200–212; David B. Wooten and Americus Reed II, "Informational Influence and the Ambiguity of Product Experience: Order Effects on the Weighting of Evidence," *Journal of Consumer Psychology* 7, no. 1, 1998, pp. 79–99.

116. Bearden, Netemeyer, and Teel, "Measurement of Consumer Susceptibility to Interpersonal Influence"; Bearden and Rose, "Attention to Social Comparison Information."

117. Gerald Zaltman and Melanie Wallendorf, *Consumer Behavior: Basic Findings and Management Implications,* 2d ed. (New York: Wiley, 1983); Reingen et al., "Brand Congruence in Interpersonal Relations."

118. Charles R. Taylor, Gordon E. Miracle, and R. Dale Wilson, "The Impact of Information Level on the Effectiveness of U.S. and Korean Television Commercials," *Journal of Advertising,* Spring 1997, pp. 1–18.

119. Jane L. Levere, "Wisdom of the Web," January 29, 2008, p. C8. For more about Web-based chatting, see George M. Zinkhan, Hyokjin Kwak, Michelle Morrison, and Cara Okleshen Peters, "Web-Based Chatting: Consumer Communications in Cyberspace," *Journal of Consumer Psychology* 13 (1&2), 2003, pp. 17–27.

120. Stephen A. LaTour and Ajay Manrai, "Interactive Impact of Informational and Normative Influence on Donations," *Journal of Marketing Research,* August 1989, pp. 327–335.

121. Asim Ansari, Skander Essegaier, and Rajeev Kohli, "Internet Recommendation Systems," *Journal of Marketing Research* 37, August 2000, pp. 363–375.

122. Johan Arndt, "Role of Product-Related Conversations in the Diffusion of a New Product," *Journal of Marketing Research,* August 1967, pp. 291–295.

123. Marsha L. Richins, "Negative Word of Mouth by Dissatisfied Consumers: A Pilot Study," *Journal of Marketing,* January 1983, pp. 68–78.

124. Ann E. Schlosser, "Posting Versus Lurking: Communication in a Multiple Audience Context," *Journal of Consumer Research* 32, no. 2, 2005, pp. 260–265.

125. Herr, Kardes, and Kim, "Effects of Word-of-Mouth and Product-Attribute Information on Persuasion"; Richard W. Mizerski, "An Attribution Explanation of the Disproportionate Influence of Unfavorable Information," *Journal of Consumer Research,* December 1982, pp. 301–310.

126. See Suman Basuroy, Subimal Chatterjee, and S. Abraham Ravid, "How Critical Are Critical Reviews? The Box Office Effects of Film Critics, Star Power, and Budgets," *Journal of Marketing,* October 2003, pp. 103–117.

127. Daniel Laufer, Kate Gillespie, Brad McBride, and Silvia Gonzalez, "The Role of Severity in Consumer Attributions of Blame: Defensive Attributions in Product-Harm Crises in Mexico," *Journal of International Consumer Marketing* 17, no. 2/3, 2005, pp. 33–50.

128. Brown and Reingen, "Social Ties and Word-of-Mouth Referral Behavior"; Arndt, "Role of Product-Related Conversations in the Diffusion of a New Product"; Laura Yale and Mary C. Gilly, "Dyadic Perceptions in Personal

Source Information Search," *Journal of Business Research*, March 1995, pp. 225–238.
129. Yong Liu, "Word of Mouth for Movies: Its Dynamics and Impact on Box Office Revenue," *Journal of Marketing*, July 2006, pp. 74–89.
130. Chip Walker, "Word of Mouth," *American Demographics*, July 1995, pp. 39–46.
131. Robert East, Kathy Hammond, and Malcolm Wright, "The Relative Incidence of Positive and Negative Word of Mouth: A Multi-Category Study," *International Journal of Research in Marketing*, June 2007, pp. 175–184.
132. Herr, Kardes, and Kim, "Effects of Word-of-Mouth and Product-Attribute Information on Persuasion."
133. Elihu Katz and Paul F. Lazarsfeld, *Personal Influence* (Glencoe, Ill.: Free Press, 1955).
134. Beth Snyder Bulik, "Who Blogs? Odds Are Marketers Have No Idea, " *Advertising Age*, June 4, 2007, www.adage.com.
135. Tom A. Peter, "Automakers Put Bloggers in the Driver's Seat," *Christian Science Monitor*, January 17, 2008, p. 15.
136. Joann Klimkiewicz, "Carving Out New Space: Girl Scouts Pitch Cookies on MySpace and Other Social Networks, But Will It Work?" *Hartford Courant*, March 5, 2007, p. D1.
137. A. Coskun and Cheryl J. Frohlich, "Service: The Competitive Edge in Banking," *Journal of Services Marketing*, Winter 1992, pp. 15–23; Jeffrey G. Blodgett, Donald H. Granbois, and Rockney Waters, "The Effects of Perceived Justice on Complainants' Negative Word-of-Mouth Behavior and Repatronage Intentions," *Journal of Retailing*, Winter 1993, pp. 399–429; Karen Maru File, Ben B. Judd, and Russ A. Prince, "Interactive Marketing: The Influence of Participation on Positive Word-of-Mouth Referrals," *Journal of Services Marketing*, Fall 1992, pp. 5–15; Gary L. Clark, Peter F. Kaminski, and David R. Rink, "Consumer Complaints: Advice on How Companies Should Respond Based on an Empirical Study," *Journal of Services Marketing*, Winter 1992, pp. 41–51.
138. Justin Scheck and Ben Worthen, "When Animals Go AWOL, Zoos Try To Tame Bad PR," *Wall Street Journal*, January 5, 2008, p. A1.
139. Kathryn Kranhold and Erin White, "The Perils and Potential Rewards of Crisis Managing for Firestone," *Wall Street Journal*, September 8, 2000, pp. B1, B4.
140. Mara Adelman, "Social Support in the Service Sector: The Antecedents, Processes, and Outcomes of Social Support in an Introductory Service," *Journal of Business Research*, March 1995, pp. 273–283; Jerry D. Rogers, Kenneth E. Clow, and Toby J. Kash, "Increasing Job Satisfaction of Service Personnel," *Journal of Services Marketing*, Winter 1994, pp. 14–27.
141. Abbey Klaassen, "What Happens in Vegas Matters for Marketers," *Advertising Age*, January 7, 2008, p. 6.
142. Michael Kamins, Valerie Folkes, and Lars Perner, "Consumer Responses to Rumors: Good News, Bad News," *Journal of Consumer Psychology* 6, no. 2, 1997, 165–187.
143. Michelle L. Roehm and Alice M. Tybout, "When Will a Brand Scandal Spill Over, and How Should Competitors Respond?" *Journal of Marketing Research*, August 2006, pp. 366–373.
144. Richard Morochove, "Monitor Your Web Reputation," *PC World*, March 3, 2008, www.pcworld.com.
145. Koenig, *Rumor in the Marketplace*; see also Alice M. Tybout, Bobby J. Calder, and Brian Sternthal, "Using Information Processing Theory to Design Marketing Strategies," *Journal of Marketing Research*, February 1981, pp. 73–79.
146. Stephanie Kang, "Nike Warns of Soccer-Ball Shortage; Sporting-Goods Firm Cuts Ties with a Big Supplier, Citing Labor Violations," *Wall Street Journal*, November 21, 2006, p. B5.
147. Beth Bragg, "Alaska Staple Is Safe: Rumors of Pilot Bread's Demise Are False," *Anchorage Daily News*, November 6, 2007, www.adn.com.
148. Reingen and Kernan, "Analysis of Referral Networks in Marketing."
149. Stuart Elliott, "For Marketing, the Most Valuable Player Might Be YouTube," *New York Times*, February 5, 2008, p. C3; "Cancer Research UK Launches Viral Campaign for Breast Cancer Awareness," *Cancer Weekly*, October 21, 2008, p. 433; Deborah L. Vence, "Royal Canin Canada Co., Inc." *Marketing News*, October 1, 2007, p. 10.

Chapter 16
1. Carolyn Walkup, "Panera Readies Price Hike, Menu Revamp to Combat Soft Sales," *Nation's Restaurant News*, November 12, 2007, p. 8; Micheline Maynard, "Wasabi to the People: Big Chains Evolve or Die," *New York Times*, July 11, 2007, pp. F1, F8; Janet Adamy, "For McDonald's, It's a Wrap," *Wall Street Journal*, January 30, 2007, p. B1; Michael Arndt, "Giving Fast Food a Run for Its Money," *BusinessWeek*, April 17, 2006, p. 62.
2. Tom Yager, "Apple iPhone SDK Upends Mobile Market," *Infoworld*, March 12, 2008, www.infoworld.com; Roger O. Crockett and Cliff Edwards, "Making the iPhone Mean Business," *BusinessWeek*, July 23, 2007, p. 30.
3. Deborah Ball, "After Buying Binge, Nestlé Goes on a Diet," *Wall Street Journal*, July 23, 2007, p. 1.
4. Hubert Gatignon and Thomas S. Robertson, "Innovative Decision Processes," in eds. Thomas S. Robertson and Harold H. Kassarjian, *Handbook of Consumer Behavior* (New York: Prentice-Hall, 1991), pp. 316–317; see also Everett M. Rogers, *The Diffusion of Innovations* (New York: Free Press, 1983).
5. Dave McCaughan, "To Win Hearts of Japanese Men, Focus on Their Hair," *Advertising Age*, October 15, 2007, p. 38; Robert Langreth, "From a Prostate Drug Comes a Pill for Baldness," *Wall Street Journal*, March 20, 1997, pp. B1, B4.
6. Characteristics of employees involved in new product development can also affect innovativeness; see, for example, Rajesh Sethi, Daniel C. Smith, and C. Whan Park, "Cross-Functional Product Development Teams,

Creativity, and the Innovativeness of New Consumer Products," *Journal of Marketing Research*, February 2001, pp. 73–85.
7. Yumiko Ono, "Overcoming the Stigma of Dishwashers in Japan," *Wall Street Journal*, May 19, 2000, pp. B1, B4.
8. Sonoo Singh, "Interactive/Ecommerce: Net Lifts High Street Blues," *Marketing Week*, February 28, 2008, n.p.
9. Thomas S. Robertson, "The Process of Innovation and the Diffusion of Innovation," *Journal of Marketing*, January 1967, pp. 14–19; Thomas S. Robertson, *Innovative Behavior and Communication* (New York: Holt, Reinhart, & Winston, 1971).
10. Katie Hafner, "Film Drop-Off Sites Fading Fast as Digital Cameras Dominate," *New York Times*, October 9, 2007, pp. C1, C11.
11. C. Page Moreau, Arthur B. Markman, and Donald R. Lehmann, "'What Is It?' Categorization Flexibility and Consumers' Responses to Really New Products," *Journal of Consumer Research* 27, March 2001, pp. 489–498.
12. Alfred R. Petrosky, "Extending Innovation Characteristic Perception to Diffusion Channel Intermediaries and Aesthetic Products," in eds. Rebecca Holman and Michael Solomon, *Advances in Consumer Research*, vol. 17 (Provo, Utah: Association for Consumer Research, 1991), pp. 627–634.
13. Noah Rothbaum, "Catalog Critic: Oven-Mitt Technology Heats Up," *Wall Street Journal*, August 25, 2006, p. W9C; Wilton Woods, "Dressed to Spill," *Fortune*, October 17, 1995, p. 209.
14. S. Ram, "A Model of Innovation Resistance," in eds. Melanie Wallendorf and Paul Anderson, *Advances in Consumer Research*, vol. 14 (Provo, Utah: Association for Consumer Research, 1987), pp. 208–212; Jagdish N. Sheth, "Psychology of Innovation Resistance: The Less Developed Concept (LDC) in Diffusion Research," in *Research in Marketing* (Greenwich, Conn.: JAI Press, 1981), pp. 273–282.
15. Amitav Chakravarti and Jinhong Xie, "The Impact of Standards Competition on Consumers: Effectiveness of Product Information and Advertising Formats," *Journal of Marketing Research*, May 2006, pp. 224–236.
16. David Glen Mick and Susan Fournier, "Paradoxes of Technology: Consumer Cognizance, Emotions, and Coping Strategies," *Journal of Consumer Research*, September 1998, pp. 123–143.
17. Stacy L. Wood and Joffre Swait, "Psychological Indicators of Innovation Adoption: Cross-Classification Based on Need for Cognition and Need for Change," *Journal of Consumer Psychology*, Vol. 12 (1), 2002, pp. 1–13.
18. Alexander Chernev, "Goal Orientation and Consumer Preference for the Status Quo," *Journal of Consumer Research* 31, no. 3, 2004, pp. 557–565.
19. Michal Herzenstein, Steven S. Posavac, and J. Joško Brakus, "Adoption of New and Really New Products: The Effects of Self-Regulation Systems and Risk Salience," *Journal of Marketing Research*, May 2007, pp. 251–260.
20. C. Page Moreau, Donald R. Lehmann, and Arthur B. Markman, "Entrenched Knowledge Structures and Consumer Response to New Products," *Journal of Marketing Research*, February 2001, pp. 14–29.
21. Glen Urban and Gilbert A. Churchill, "Five Dimensions of the Industrial Adoption Process," *Journal of Marketing Research*, August 1971, pp. 322–327; Charles R. O'Neal, Hans B. Thorelli, and James M. Utterback, "Adoption of Innovation by Industrial Organizations," *Industrial Marketing Management*, March 1973, pp. 235–250; Gerald Zaltman, Robert Duncan, and Jonny Holbek, *Innovations and Organizations* (New York: Wiley, 1973).
22. Eric Newman, "Meow Mix Educates Cat-loving Consumers," *Brandweek*, November 19, 2007, p. 48; Tim Parry, "Teaching Tools," *Promo*, April 1, 2005, n.p.
23. "The Segway, Billed As the Next Big Thing, Is Still Finding Its Place After Hype," *Canadian Press*, February 27, 2008, n.p.; Rachel Metz, "Oft-Scorned Segway Finds Friends Among the Disabled," *New York Times*, October 14, 2004, p. G5.
24. Rogers, *The Diffusion of Innovations*.
25. Geoffrey A. Moore, *Crossing the Chasm* (New York: HarperBusiness, 1991).
26. Adam Lashinsky, "Early Adopters' Paradise," *Fortune*, January 10, 2005, p. 52.
27. Cristina Lourosa, "Understanding the User: Who Are the First Ones Out There Buying the Latest Gadgets?" *Wall Street Journal*, June 15, 1998, p. R17a.
28. Bill Machrone, "The Most Memorable Tech Flops," *PC Magazine*, January 2008, pp. 88–89.
29. Robert A. Peterson, "A Note on Optimal Adopter Category Determination," *Journal of Marketing Research*, August 1973, pp. 325–329; see also William R. Darden and Fred D. Reynolds, "Backward Profiling of Male Innovators," *Journal of Marketing Research*, February 1974, pp. 79–85; Steven A. Baumgarten, "The Innovative Communicator in the Diffusion Process," *Journal of Marketing Research*, February 1975, pp. 12–17a. Schemes based on consumers' involvement in the new-product development process, for example, might be utilized by managers (see Jerry Wind and Vijay Mahajan, "Issues and Opportunities in New Product Development: An Introduction to the Special Issue," *Journal of Marketing Research*, February 1997, pp. 1–12).
30. David F. Midgley and Grahame R. Dowling, "Innovativeness: The Concept and Its Measurement," *Journal of Consumer Research*, March 1978, pp. 229–242; Mary Dee Dickerson and James W. Gentry, "Characteristics of Adopters and Non Adopters of Home Computers," *Journal of Consumer Research*, September 1983, pp. 225–235; see also Vijay Mahajan, Eitan Muller, and Rajendra Srivastava, "Determination of Adopter Categories by Using Innovation Diffusion Models," *Journal of Marketing Research*, February 1990, pp. 37–50; Kenneth C. Manning, William O. Bearden, and Thomas J. Madden, "Consumer Innovativeness and the Adoption

31. Chuan-Fong Shih and Alladi Venkatesh, "Beyond Adoption: Development and Application of a Use-Diffusion Model," *Journal of Marketing*, January 2004, pp. 59–72.
32. See review in Thomas S. Robertson, Joan Zielinski, and Scott Ward, *Consumer Behavior* (Glenview, Ill.: Scott, Foresman, 1984); see also Dickerson and Gentry, "Characteristics of Adopters and Non Adopters of Home Computers"; Duncan G. Labay and Thomas C. Kinnear, "Exploring the Consumer Decision Process in the Adoption of Solar Energy Systems," *Journal of Consumer Research*, December 1981, pp. 271–277; Kenneth Uhl, Roman Andrus, and Lance Poulsen, "How Are Laggards Different? An Empirical Inquiry," *Journal of Marketing Research*, February 1970, pp. 51–54; Rogers, *The Diffusion of Innovations*, pp. 383–384.
33. Moon Ihlwan, "The Mobile Internet's Future Is East," *BusinessWeek Online*, January 29, 2007, www.businessweek.com; Robert A. Guth, "Can Your Cell Phone Shop, Play or Fish?" *Wall Street Journal*, August 3, 2000, p. B1.
34. Rogers, *The Diffusion of Innovations*; see also Mark S. Granovetter, "The Strength of Weak Ties," *American Journal of Sociology*, May 1973, pp. 1360–1380; John A. Czepiel, "Word-of-Mouth Processes in the Diffusion of a Major Technological Innovation," *Journal of Marketing Research*, May 1974, pp. 172–181.
35. Manning, Bearden, and Madden, "Consumer Innovativeness and the Adoption Process"; Jan-Benedict E. M. Steenkamp and Hans Baumgartner, "The Role of Optimum Stimulation Level in Exploratory Consumer Behavior," *Journal of Consumer Research*, December 1992, pp. 434–448; P. S. Raju, "Optimum Stimulation Level: Its Relationship to Personality, Demographics, and Exploratory Behavior," *Journal of Consumer Research*, December 1980, pp. 272–282.
36. Thomas S. Robertson and James H. Myers, "Personality Correlates of Opinion Leadership and Innovative Buying Behavior," *Journal of Marketing Research*, May 1969, pp. 164–167.
37. Gordon R. Foxall and Christopher G. Haskins, "Cognitive Style and Consumer Innovativeness," *Marketing Intelligence and Planning*, January 1986, pp. 26–46; Gordon R. Foxall, "Consumer Innovativeness: Novelty Seeking, Creativity and Cognitive Style," in eds. Elizabeth C. Hirschman and Jagdish N. Sheth, *Research in Consumer Behavior*, vol. 3 (Greenwich, Conn.: JAI Press, 1988), pp. 79–114.
38. Ronald E. Goldsmith and Charles F. Hofacker, "Measuring Consumer Innovativeness," *Journal of the Academy of Marketing Science*, Summer 1991, pp. 209–221.
39. Jan-Benedict E. M. Steenkamp, Frenkel ter Hofstede, and Michael Wedel, "A Cross-National Investigation into the Individual and National Cultural Antecedents of Consumer Innovativeness," *Journal of Marketing*, April 1999, pp. 55–69.
40. Hubert Gatignon and Thomas S. Robertson, "A Propositional Inventory for New Diffusion Research," *Journal of Consumer Research*, March 1985, pp. 849–867; see also John O. Summers, "Media Exposure Patterns of Consumer Innovators," *Journal of Marketing*, January 1972, pp. 43–49.
41. James J. Engel, Robert J. Kegerreis, and Roger D. Blackwell, "Word-of-Mouth Communication by the Innovator," *Journal of Marketing*, July 1969, pp. 15–19.
42. Dickerson and Gentry, "Characteristics of Adopters and Non Adopters of Home Computers"; Robertson, *Innovative Behavior and Communication*; James W. Taylor, "A Striking Characteristic of Innovators," *Journal of Marketing Research*, February 1977, pp. 104–107; see also Gatignon and Robertson, "A Propositional Inventory for New Diffusion Research"; Elizabeth C. Hirschman, "Innovativeness, Novelty Seeking and Consumer Creativity," *Journal of Consumer Research*, December 1980, pp. 283–295; Engel, Kegerreis, and Blackwell, "Word-of-Mouth Communication by the Innovator."
43. Zweli Mokgata, "Vodacom Ready to Ring the Changes," *The Times (South Africa)*, February 26, 2008, n.p.; Reinhardt Krause, "America Movil Accelerating Push Into 3G," *Investor's Business Daily*, February 26, 2008, www.investors.com.
44. Frank M. Bass, "New Product Growth Models for Consumer Durables," *Management Science*, September 1969, pp. 215–227; Wellesley Dodds, "An Application of the Bass Model in Long-Term New Product Forecasting," *Journal of Marketing Research*, August 1973, pp. 308–311; Roger M. Heeler and Thomas P. Hustad, "Problems in Predicting New Product Growth for Consumer Durables," *Management Science*, October 1980, pp. 1007–1020; Douglas Tigart and Behrooz Farivar, "The Bass New Product Growth Model: A Sensitivity Analysis for a High Technology Product," *Journal of Marketing*, Fall 1981, pp. 81–90.
45. William E. Cox Jr., "Product Life Cycles as Marketing Models," *Journal of Business*, October 1967, pp. 375–384; Rolando Polli and Victor Cook, "Validity of the Product Life Cycle," *Journal of Business*, October 1969, pp. 385–400; D. R. Rink and J. E. Swan, "Product Life Cycle Research: A Literature Review," *Journal of Business Research*, September 1979, pp. 219–242; Robertson, *Innovative Behavior and Communication*.
46. Mike Hughlett, "Mapmaker Rand McNally Sets Out on Digital Road," *Chicago Tribune*, June 27, 2007, www.chicagotribune.com.
47. Hillary Chura, "Grabbing Bull by Tail: Pepsi, Snapple Redouble Efforts to Take on Red Bull Energy Drink," *Advertising Age*, June 11, 2001, p. 4.
48. Rayna McInturf, "Crash Course: Fitness Goals Lagging a Bit?" *Los Angeles Times*, February 17, 2005, p. E23.
49. Patricia Leigh Brown, "For Fans of Trader Vic's, an Adventure in Tikiland," *New York Times*, March 5, 2008, www.nytimes.com; Rick Ramseyer, "Tiki Reigns Again," *Restaurant Business*, February 1, 2005, p. 34.

50. David H. Henard and David M. Szymanski, "Why Some New Products Are More Successful Than Others," *Journal of Marketing Research*, August 2001, pp. 362–375.
51. "An Elusive Goal: Identifying New Products that Consumers Actually Want," *Marketing at Wharton*, December 15, 2004, *knowledge.wharton.upenn.edu*.
52. James E. Burroughs and David Glen Mick, "Exploring Antecedents and Consequences of Consumer Creativity in a Problem-Solving Context," *Journal of Consumer Research* 31, no. 2, 2004, pp. 402–411.
53. Elliot Spagat, "At $70 a Pop, Consumers Put Discount DVD Players on Holiday List," *Wall Street Journal*, December 13, 2001, pp. B1, B4.
54. Randall Stross, "Freed from the Page, but a Book Nonetheless," *New York Times*, January 27, 2008, p. BU3.
55. Rich Thomaselli, "Scare Revives FluMist Health," *Advertising Age*, December 15, 2004, pp. 1, 31.
56. Se Young Lee and Jay Alabaster, "Sony's PS3 Gets Boost From Its Blu-ray Drive," *Wall Street Journal*, March 12, 2008, p. D7.
57. Jan-Benedict E. M. Steenkamp and Katrijn Gielens, "Consumer and Market Drivers of the Trial Probability of New Consumer Packaged Goods," *Journal of Consumer Research*, December 2003, pp. 368–384.
58. Steve Hoeffler, "Measuring Preferences for Really New Products," *Journal of Marketing Research*, November 2003, pp. 406–420.
59. Paschalina Ziamou and S. Ratneshwar, "Promoting Consumer Adoption of High-Technology Products: Is More Information Always Better?" *Journal of Consumer Psychology*, Vol. 12 (4), 2002, pp. 341–351.
60. Gatignon and Robertson, "A Propositional Inventory for New Diffusion Research"; Vijay Mahajan, Eitan Muller, and Frank M. Bass, "New Product Diffusion Models in Marketing: A Review and Directions for Research," *Journal of Marketing*, April 1990, pp. 1–27.
61. Greg Jacobson, "Proven Brands Rule," *MMR*, January 14, 2002, p. 29.
62. "10 Problem Products from 2003," *Advertising Age*, December 22, 2003, p. 27.
63. Rogers, *The Diffusion of Innovations*.
64. Rogers, *The Diffusion of Innovations*.
65. Debora Viana Thompson, Rebecca W. Hamilton, and Roland T. Rust, "Feature Fatigue: When Product Capabilities Become Too Much of a Good Thing," *Journal of Marketing Research*, November 2005, pp. 431–442.
66. Ashesh Mukherjee and Wayne D. Hoyer, "The Effect of Novel Attributes on Product Evaluation," *Journal of Consumer Research*, December 2001, pp. 462–472.
67. Katherine A. Burson, "Consumer–Product Skill Matching: The Effects of Difficulty on Relative Self-Assessment and Choice," *Journal of Consumer Research* 34, no. 1, 2007, pp. 104–110.
68. Al Doyle, "Getting the Perfect Picture," *Technology & Learning*, January 2002, pp. 9–11.
69. Jagdish N. Sheth and S. Ram, *Bringing Innovation to Market*, 1987 (New York: Wiley).
70. John Naughton, "How Flickr Developed into a Classic Web 2.0 Success," *The Observer (U.K.)*, March 9, 2008, *www.guardian.co.uk*; "Flickr Adds Location Info to Photos," *PC Magazine Online*, November 19, 2007, *www.pcmag.com*.
71. Sheth and Ram, *Bringing Innovation to Market*.
72. Sheth and Ram, *Bringing Innovation to Market*.
73. "Car Wash Tech," *DSN Retailing Today*, July 19, 2004, p. 15.
74. Kranhold, "Toyota Makes a Bet on New Hybrid Prius."
75. Raymund Flandez, "Lights! Camera! Sales! How to Use Video to Expand Your Business in a YouTube World," *Wall Street Journal*, November 29, 2007, *ww.wsj.com*.
76. Robert J. Fisher and Linda L. Price, "An Investigation into the Social Context of Early Adoption Behavior," *Journal of Consumer Research*, December 1992, pp. 477–486.
77. Sandra D. Atchison, "Lifting the Golf Bag Burden," *BusinessWeek*, July 25, 1994, p. 84.
78. June Fletcher, "New Machines Measure That Holiday Flab at Home," *Wall Street Journal*, December 26, 1997, p. B8.
79. Rogers, *The Diffusion of Innovations*, p. 99.
80. C. Whan Park, Bernard J. Jaworski, and Deborah J. MacInnis, "Strategic Brand Concept–Image Management," *Journal of Marketing*, October 1986, pp. 135–145.
81. Fisher and Price, "An Investigation into the Social Context of Early Adoption Behavior."
82. Petrosky, "Extending Innovation Characteristic Perception to Diffusion Channel Intermediaries and Aesthetic Products."
83. Alfred Petrosky labels this factor *genrefication* and discusses it in the context of aesthetic innovations in "Extending Innovation Characteristic Perception to Diffusion Channel Intermediaries and Aesthetic Products."
84. Diane Brady, "A Thousand and One Noshes," *BusinessWeek*, June 14, 2004, pp. 54–56.
85. Sheth and Ram, *Bringing Innovation to Market*.
86. Everett M. Rogers and F. Floyd. Shoemaker, *Communication of Innovations* (New York: Free Press, 1971); Elizabeth C. Hirschman, "Consumer Modernity, Cognitive Complexity, Creativity and Innovativeness," in ed. Richard P. Bagozzi, *Marketing in the 80s: Changes and Challenges* (Chicago: American Marketing Association, 1980), pp. 152–161.
87. Jaishankar Ganesh, V. Kumar, and Velavan Subramaniam, "Learning Effect in Multinational Diffusion of Consumer Durables: An Exploratory Investigation," *Journal of the Academy of Marketing Science* 25, Summer 1997, pp. 214–228; Gatignon and Robertson, "A Propositional Inventory for New Diffusion Research."
88. Seth Stevenson, "I'd Like to Buy the World a Shelf-Stable Children's Lactic Drink," *New York Times Magazine*,

March 10, 2002, p. 38; John C. Jay, "The Valley of the New," *American Demographics*, March 2000, pp. 58–59; Norihiko Shirouzu, "Japan's High-School Girls Excel in Art of Setting Trends," *Wall Street Journal*, April 24, 1998, pp. B1, B7.

89. Gatignon and Robertson, "A Propositional Inventory for New Diffusion Research"; Lawrence A. Brown, Edward J. Malecki, and Aron N. Spector, "Adopter Categories in a Spatial Context: Alternative Explanations for an Empirical Regularity," *Rural Sociology*, Spring 1976, pp. 99–117a.

90. Dorothy Leonard-Barton, "Experts as Negative Opinion Leaders in the Diffusion of a Technological Innovation," *Journal of Consumer Research*, March 1985, pp. 914–926.

91. Everett Rogers and D. Lawrence Kincaid, *Communication Networks: Toward a New Paradigm for Research* (New York: Free Press, 1981).

92. Rogers and Kincaid, *Communication Networks*.

93. Frank M. Bass, "The Relationship Between Diffusion Curves, Experience Curves, and Demand Elasticities for Consumer Durable Technological Innovations," *Journal of Business*, July 1980, pp. s51–s57; Dan Horskey and Leonard S. Simon, "Advertising and the Diffusion of New Products," *Marketing Science*, Winter 1983, pp. 1–17; Vijay Mahajan and Eitan Muller, "Innovation Diffusion and New Product Growth Models in Marketing," *Journal of Marketing*, Fall 1979, pp. 55–68; Mahajan, Muller, and Bass, "New Product Diffusion Models in Marketing."

94. Lauriston Sharp, "Steel Axes for Stone Age Australians," in ed. Edward H. Spicer, *Human Problems in Technological Change* (New York: Russell Sage Foundation, 1952).

95. H. David Banta, "The Diffusion of the Computer Tomography (CT) Scanner in the United States," *International Journal of Health Services* 10, 1980, pp. 251–269, as reported in Rogers, *The Diffusion of Innovations*, pp. 231–237.

96. Steven Mufson, "Power Switch: The New Energy Law Will Change Light Bulbs, Appliances, and How We Save Electricity in the Home," *Washington Post*, January 20, 2008, p. F1; "Utilities: PG&E Giving Away Energy-Saver Bulbs," *Los Angeles Times*, October 4, 2007, p. C6; Jenn Abelson, "For This Fall, Green Is In: Stores Hope New Products Will Lure Crowds of Eco-Conscious Teens Headed Back to School," *Boston Globe*, August 17, 2007, p. C1; Marc Lifsher and Adrian G. Uribarri, "How Much Savings Does It Take to Change One?" *Los Angeles Times*, February 24, 2007, p. A1; John J. Fialka and Kathryn Kranhold, "Households Would Need New Bulbs to Meet Lighting-Efficiency Rule," *Wall Street Journal*, May 5, 2007, p. A1; J. Fialka and Kathryn Kranhold, "Lights Out for Old Bulbs?" *Wall Street Journal*, September 13, 2007, p. A8.

Chapter 17

1. Phyllis Korkki, "Cost Is No Object When It Comes to Your Pet," *New York Times*, January 13, 2008, p. BU2; Diane Brady and Christopher Palmeri, "The Pet Economy," *BusinessWeek*, August 6, 2007, pp. 44–54; Frederick Kaufman, "They Eat What We Are," *New York Times Magazine*, September 2, 2007, pp. 20+; John Fetto, "In the Doghouse," *American Demographics*, January 2002, p. 7; John Fetto, "Pets Can Drive," *American Demographics*, March 2000, pp. 10–12.

2. Grant McCracken, "Culture and Consumption: A Theoretical Account of the Structure and Movement of the Cultural Meaning of Consumer Goods," *Journal of Consumer Research*, June 1986, pp. 71–84; Grant McCracken, *Culture and Consumption* (Indianapolis, Ind.: Indiana University Press, 1990).

3. Lisa Peñaloza, "Consuming the American West: Animating Cultural Meaning and Memory at a Stock Show and Rodeo," *Journal of Consumer Research*, December 2001, pp. 369–398.

4. See Craig J. Thompson, "Marketplace Mythology and Discourses of Power," *Journal of Consumer Research*, June 2004, pp. 162–175; Elizabeth C. Hirschman, Linda Scott, and William B. Wells, "A Model of Product Discourse: Linking Consumer Practice to Cultural Texts," *Journal of Advertising*, Spring 1998, pp. 33–50; Barbara A. Phillips, "Thinking into It: Consumer Interpretation of Complex Advertising Images," *Journal of Advertising*, Summer 1997, pp. 77–86; Cele Otnes and Linda Scott, "Something Old, Something New: Exploring the Interaction between Ritual and Advertising," *Journal of Advertising*, Spring 1996, pp. 33–50; Jonna Holland and James W. Gentry, "The Impact of Cultural Symbols on Advertising Effectiveness: A Theory of Intercultural Accommodation," in eds. Merrie Brucks and Debbie MacInnis, *Advances in Consumer Research*, vol. 24 (Provo, Utah: Association for Consumer Research, 1997), pp. 483–489.

5. "Sarah Jessica Parker Coming to Town," *Cincinnati Enquirer*, March 5, 2008, www.news.enquirer.com.

6. Ruth La Ferla, "Young Shoppers Chase Up-from-the-Asphalt Niche Designers," *New York Times*, December 21, 2007, pp. G1, G10.

7. Elizabeth Weinstein, "Style & Substance: Graffiti Cleans Up at Retail," *Wall Street Journal*, November 12, 2004, p. B1; Lauren Goldstein, "Urban Wear Goes Suburban," *Fortune*, December 21, 1998, pp. 169–172.

8. Jennifer Edson Escalas and James R. Bettman, "You Are What They Eat: The Influence of Reference Groups on Consumers' Connections to Brands," *Journal of Consumer Psychology* 13, no. 3, 2003, pp. 339–348.

9. For a discussion of how consumers use fashion to both characterize their identity and infer aspects of others' identities, see Craig J. Thompson and Diana L. Haytko, "Speaking of Fashion: Consumers' Use of Fashion Discourses and the Appropriation of Countervailing Cultural Meanings," *Journal of Consumer Research*, June 1997, pp. 15–42.

10. Keith Naughton, "Roots Gets Rad: Trading in Earth Shoes for Hot Berets, the Canadian Firm Plans a U.S. Invasion

After Its Olympic Triumph," *Newsweek*, February 25, 2002, p. 36; Larry M. Greenberg, "Marketing the Great White North, Eh?" *Wall Street Journal*, April 21, 2000, p. B1.

11. Laura R. Oswald, "Culture Swapping: Consumption and the Ethnogenesis of Middle-Class Haitian Immigrants," *Journal of Consumer Research*, March 1999, pp. 303–318.
12. Elisabeth Furst, "The Cultural Significance of Food," in ed. Per Otnes, *The Sociology of Consumption: An Anthology* (Oslo, Norway: Solum Forlag, 1988), pp. 89–100.
13. "Breaching the Grape Wall of China," *BusinessWeek Online*, February 10, 2005, www.businessweek.com; Kathleen Brewer Doran, "Symbolic Consumption in China: The Color Television as a Life Statement," in eds. Merrie Brucks and Debbie MacInnis, *Advances in Consumer Research*, vol. 24 (Provo, Utah: Association for Consumer Research, 1997), pp. 128–131.
14. Amy Cortese, "My Jet Is Bigger Than Your Jet," *BusinessWeek*, August 25, 1997, p. 126.
15. Tina A. Brown, "Kids Uniformly Love the Clothes, Parents Love the Prices," *Hartford Courant*, August 9, 2007, p. B2.
16. Pierre Bourdieu, *Distinction: A Social Critique of the Judgment of Taste* (Cambridge, Mass.: Harvard University Press, 1984); for other research on gender associations with food, see Deborah Heisley, "Gender Symbolism in Food," doctoral dissertation, Northwestern University, 1991.
17. Sidney Levy, "Interpreting Consumer Mythology: A Structural Approach to Consumer Behavior," *Journal of Marketing* 45, no. 3, 1982, pp. 49–62.
18. David Welch, "Why Toyota Is Afraid of Being Number One," *BusinessWeek*, March 5, 2007, pp. 42+.
19. Americus Reed II, "Activating the Self-Importance of Consumer Selves: Exploring Identity Salience Effects on Judgments," *Journal of Consumer Research* 31, no. 2, 2004, pp. 286–295.
20. Jeffrey Ball, "Detroit Worries Some Consumers Are Souring on Big SUVs," *Wall Street Journal*, January 8, 2003, pp. B1, B4.
21. Jennifer Edison Escalas, "The Consumption of Insignificant Rituals: A Look at Debutante Balls," in eds. Leigh McAlister and Michael L. Rothschild, *Advances in Consumer Research*, vol. 20 (Provo, Utah: Association for Consumer Research, 1993), pp. 709–716.
22. Jon Gertner, "From 0 to 60 to World Domination," *New York Times Magazine*, February 18, 2007, pp. 34+.
23. James B. Arndorfer, "Miller Lite: Bob Mikulay," *Advertising Age*, November 1, 2004, p. S12; "Miller Lite," *Beverage Dynamics*, January–February 2002, p. 40.
24. Michael R. Solomon, "Building Up and Breaking Down: The Impact of Cultural Sorting on Symbolic Consumption," in eds. Elizabeth C. Hirschman and Jagdish N. Sheth, *Research in Consumer Behavior* (Greenwich, Conn.: JAI Press, 1988), pp. 325–351; McCracken, "Culture and Consumption"; McCracken, *Culture and Consumption*.
25. Alex Taylor III, "America's Best Car Company," *Fortune*, March 19, 2007, pp. 98+.
26. Solomon, "Building Up and Breaking Down"; James H. Leigh and Terrace G. Gabel, "Symbolic Interactionism: Its Effects on Consumer Behavior and Implications for Marketing Strategy," *Journal of Consumer Marketing*, Winter 1992, pp. 27–39.
27. Myrna L. Armstrong and Donata C. Gabriel, "Motivation for Tattoo Removal," *Archives of Dermatology*, April 1996, pp. 412–416.
28. John W. Schouten, "Personal Rites of Passage and the Reconstruction of Self," in eds. Rebecca H. Holman and Michael R. Solomon, *Advances in Consumer Research*, vol. 18 (Provo, Utah: Association for Consumer Research, 1991), pp. 49–51.
29. Melissa Martin Young, "Dispositions of Possessions During Role Transitions," in eds. Rebecca H. Holman and Michael R. Solomon, *Advances in Consumer Research*, vol. 18 (Provo, Utah: Association for Consumer Research, 1991), pp. 33–39.
30. Robert A. Wicklund and Peter M. Gollwitzer, *Symbolic Self-Completion* (Hillsdale, N.J.: Lawrence Erlbaum, 1982).
31. Diane Ackerman, *A Natural History of Love* (New York: Random House, 1994).
32. See, for example, Samuel K. Bonsu and Russell W. Belk, "Do Not Go Cheaply into That Good Night: Death-Ritual Consumption in Asante, Ghana," *Journal of Consumer Research*, June 2003, pp. 41–55.
33. James H. McAlexander, John W. Schouten, and Scott D. Roberts, "Consumer Behavior and Divorce," in eds. Janeen Arnold Costa and Russell W. Belk, *Research in Consumer Behavior*, vol. 6 (Greenwich, Conn.: JAI Press, 1993), pp. 162; see also Rita Fullerman and Kathleen Debevec, "Till Death Do We Part: Family Dissolution, Transition, and Consumer Behavior," in eds. John F. Sherry and Brian Sternthal, *Advances in Consumer Research*, vol. 19 (Provo, Utah: Association for Consumer Research, 1992), pp. 514–521.
34. Melanie Wallendorf and Michael D. Reilly, "Ethnic Migration, Assimilation, and Consumption," *Journal of Consumer Research*, December 1983, pp. 292–302; Rohit Deshpande, Wayne Hoyer, and Naveen Donthu, "The Intensity of Ethnic Affiliation: A Study of the Sociology of Hispanic Consumption," *Journal of Consumer Research*, September 1986, pp. 214–220; for a discussion of acculturation of Chinese Americans, see Wei-Na Lee, "Acculturation and Advertising Communication Strategies: A Cross-Cultural Study of Chinese Americans," *Psychology and Marketing*, September–October 1993, pp. 381–397; for an interesting study on the immigration of Haitian consumers, see Laura R. Oswald, "Culture Swapping: Consumption and the Ethnogenesis of Middle-Class Haitian Immigrants."
35. Annamma Joy and Ruby Roy Dholakia, "Remembrances of Things Past: The Meaning of Home and Possessions

of Indian Professionals in Canada," in ed. Floyd W. Rudmin, *To Have Possessions: A Handbook of Ownership and Property*, Special Issue, *Journal of Social Behavior and Personality* 6, no. 6, 1991, pp. 385–402; see also Raj Mehta and Russell W. Belk, "Artifacts, Identity, and Transition: Favorite Possessions of Indians and Indian Immigrants to the United States," *Journal of Consumer Research*, March 1991, pp. 398–411.

36. Craig J. Thompson and Siok Kuan Tambyah, "Trying to Be Cosmopolitan," *Journal of Consumer Research* 26, December 1999, pp. 214–241.
37. Priscilla A. LaBarbera, "The Nouveaux Riches: Conspicuous Consumption and the Issue of Self-Fulfillment," in eds. Elizabeth C. Hirschman and Jagdish N. Sheth, *Research in Consumer Behavior* (Greenwich, Conn.: JAI Press, 1988), pp. 181–182.
38. Sarah Ellison and Carlos Tejada, "Mr., Mrs., Meet Mr. Clean," *Wall Street Journal*, January 30, 2003, pp. B1, B3.
39. Blythe Yee, "Ads Remind Women They Have Two Hands," *Wall Street Journal*, August 14, 2003, pp. B1, B5; for an extensive discussion of consumer life transitions and related products, see Paula Mergenhagen, *Targeting Transitions* (Ithaca, N.Y.: American Demographics Books, 1995).
40. Ian Mount, "Alternative Gift Registries," *Wall Street Journal*, March 2, 2004, p. D1; Julie Flaherty, "Freedom to Marry, and to Spend on It," *New York Times*, May 16, 2004, sec. 9, p. 2; Miller, "'Til Death Do They Part."
41. Pamela Paul, "What to Expect When Expecting? A Whole Lot of Loot," *New York Times*, June 24, 2007, p. BU5.
42. Otnes and Scott, "Something Old, Something New."
43. In line with our notion that the meaning of the symbol may derive from the culture instead of from the individual and that symbols may have public or private meaning, see Marsha L. Richins, "Valuing Things: The Public and Private Meaning of Possessions," *Journal of Consumer Research*, December 1994, pp. 504–521.
44. N. Laura Kamptner, "Personal Possessions and Their Meanings: A Life Span Perspective," *Journal of Social Behavior and Personality* 6, no. 6, 1991, pp. 209–228; see also Richins, "Valuing Things."
45. Adam Kuper, "The English Christmas and the Family: Time Out and Alternative Realities," in ed. Daniel Miller, *Unwrapping Christmas* (Oxford, England: Oxford University Press, 1993), pp. 157–175; Barbara Bodenhorn, "Christmas Present: Christmas Public," in ed. Miller, *Unwrapping Christmas*, pp. 193–216.
46. Carolyn Folkman Curasi, Linda L. Price, and Eric J. Arnould, "How Individuals' Cherished Possessions Become Families' Inalienable Wealth," *Journal of Consumer Research*, December 2004, pp. 609–622.
47. Kelly Tepper Tian, William O. Bearden, and Gary L. Hunter, "Consumers' Need for Uniqueness: Scale Development and Validation," *Journal of Consumer Research* 28, June 2001, pp. 50–66; Howard L. Fromkin and C. R. Snyder, "The Search for Uniqueness and Valuation of Scarcity," in eds. Kenneth Gergen, Martin S. Greenberg, and Richard H. Willis, *Social Exchanges: Advances in Theory and Research* (New York: Plenum, 1980), pp. 57–75; Csikszentmihalyi and Rochberg-Halton, *The Meaning of Things*; see also Richins, "Valuing Things."
48. Gabriel Bar-Haim, "The Meaning of Western Commercial Artifacts for Eastern European Youth," *Journal of Contemporary Ethnography*, July 1987, pp. 205–226.
49. Jonah Berger and Chip Heath, "Where Consumers Diverge from Others: Identity Signaling and Product Domains," *Journal of Consumer Research*, August 2007, pp. 121–134.
50. Robert P. Libbon, "Datadog," *American Demographics*, September 2000, p. 26.
51. Stacy Baker and Patricia Kennedy, "Death by Nostalgia," in *Advances in Consumer Research*, vol. 21 (Provo, Utah: Association for Consumer Research, 1994), pp.169–174; Morris B. Holbrook and Robert Schindler, "Echoes of the Dear Departed Past," in *Advances in Consumer Research*, vol. 18 (Provo, Utah: Association for Consumer Research, 1991), pp. 330–333.
52. Stuart Elliott, "A Two-Wheeled Ride Down Memory Lane," *New York Times*, May 4, 2004, *www.nytimes.com*.
53. Vanitha Swaminathan, Karen L. Page, and Zeynep Gürhan-Canli, "'My' Brand or 'Our' Brand: The Effects of Brand Relationship Dimensions and Self-Construal on Brand Evaluations," *Journal of Consumer Research*, August 2007, pp. 2348–259; Matthew Thomson, Deborah J. MacInnis, and C. Whan Park, "The Ties That Bind: Measuring the Strength of Consumers' Emotional Attachments to Brands," *Journal of Consumer Psychology* 15, no. 1, 2005, pp. 77–91; Jennifer Edson Escalas, "Narrative Processing: Building Consumer Connections to Brands," *Journal of Consumer Psychology* 14, no. 1/2, 2004, pp. 168–180; Jennifer Edson Escalas and James R. Bettman, "Self-Construal, Reference Groups, and Brand Meaning," *Journal of Consumer Research* 32, no. 3, 2005, pp. 378–389; Russell W. Belk, "Possessions and the Extended Self," *Journal of Consumer Research*, September 1988, pp. 139–168; A. Dwayne Ball and Lori H. Tasaki, "The Role and Measurement of Attachment in Consumer Behavior," *Journal of Consumer Psychology* 1, no. 2, 1992, pp. 155–172; Robert E. Kleine, Susan Schultz Kleine, and Jerome B. Kernan, "Mundane Consumption and the Self: A Social Identity Perspective," *Journal of Consumer Psychology* 2, no. 3, 1993, pp. 209–235.
54. Kleine, Kleine, and Kernan, "Mundane Consumption and the Self"; see also Sirgy, "Self-Concept and Consumer Behavior"; George M. Zinkhan and J. W. Hong, "Self-Concept and Advertising Effectiveness: A Conceptual Model of Congruence, Conspicuousness, and Response Mode," in eds. Rebecca Holman and Michael Solomon, *Advances in Consumer Research*, vol. 18 (Provo, Utah: Association for Consumer Research, 1991), pp. 348–354.
55. For example, see Robert V. Kozinets, "Utopian Enterprise: Articulating the Meanings of *Star Trek*'s Culture of Consumption," *Journal of Consumer Research*, June

56. Kelly Tian and Russell W. Belk, "Extended Self and Possessions in the Workplace," *Journal of Consumer Research* 32, no. 2, 2005, pp. 297–310.
57. Kleine, Kleine, and Kernan, "Mundane Consumption and the Self."
58. C. R. Snyder and Howard L. Fromkin, *Uniqueness: Human Pursuit of Difference* (New York: Plenum, 1981).
59. Hope Jensen Schau and Mary C. Gilly, "We Are What We Post? Self-Presentation in Personal Web Space," *Journal of Consumer Research*, December 2003, pp. 385–404.
60. Stuart Elliott, "Carpet Spots Feature a Confident and Reflective Andie MacDowell," February 24, 2004, www.nytimes.com.
61. Sirgy, "Self-Concept and Consumer Behavior"; Sirgy, *Social Cognition and Consumer Behavior*.
62. Ian Rowley, "Here, Kid, Take the Wheel," *BusinessWeek*, July 23, 2007, p. 37.
63. Cheng Lu Wang, Terry Bristol, John C. Mowen, and Goutam Chakraborty, "Alternative Modes of Self-Construal: Dimensions of Connectedness–Separateness and Advertising Appeals to the Cultural and Gender-Specific Self," *Journal of Consumer Psychology* 9, no. 2, 2000, pp. 107–115.
64. Matthew Thomson, Deborah J. MacInnis, and C. Whan Park, "The Ties That Bind: Measuring the Strength of Consumers' Emotional Attachments to Brands," *Journal of Consumer Psychology* 15, no. 1, 2005, p. 77–91; Jennifer Edson Escalas, "Narrative Processing: Building Consumer Connections to Brands," *Journal of Consumer Psychology* 14, no. 1/2, 2004, pp. 168–180; Jennifer Edson Escalas and James R. Bettman, "Self-Construal, Reference Groups, and Brand Meaning," *Journal of Consumer Research* 32, no. 3, 2005, pp. 378–389.
65. Richins, "Valuing Things"; Marsha L. Richins, "Special Possessions and the Expression of Material Values," *Journal of Consumer Research*, December 1994, pp. 522–533.
66. Richins, "Valuing Things."
67. Thomson, MacInnis, and Park, "The Ties that Bind: Measuring the Strength of Consumers' Emotional Attachments to Brands; C. W. Park and Deborah J. MacInnis, "What's In and What's Out: Questions on the Boundaries of the Attitude Construct," *Journal of Consumer Research* 33, no. 1, 2006, pp. 16–18; Rohini Ahluwalia, Robert Burnkrant, and H. Rao Unnava, "Consumer Response to Negative Publicity: The Moderating Role of Commitment," *Journal of Marketing Research* 37, no. 2, May 2000, pp. 203–214; Michael D. Johnson, Andreas Herrmann, and Frank Huber, "The Evolution of Loyalty Intentions," *Journal of Marketing* 70, April 2006, 122–132; Matthew Thomson, "Human Brands: Investigating Antecedents to Consumers' Strong Attachments to Celebrities," *Journal of Marketing* 70, no. 3, July 2006, pp. 104–119.
68. Richins, "Valuing Things."
69. Diane Brady and Christopher Palmeri, "The Pet Economy," *BusinessWeek*, August 6, 2007, pp. 44–54; Richard C. Morais, "Dog Days," *Forbes Global*, June 21, 2004, p. 30; Rebecca Gardyn, "VIPs (Very Important Pets)," *American Demographics*, March 2001, pp. 16–18.
70. Morais, "Dog Days"; Fetto, "In the Doghouse."
71. Belk, "Possessions and the Sense of Past"; Susan Schultz Kleine, Robert E. Kleine III, and Chris T. Allen, "How Is a Possession 'Me' or 'Not Me'? Characterizing Types and an Antecedent of Material Possession Attachment," *Journal of Consumer Research*, December 1995, pp. 327–343; McAlexander, Schouten, and Roberts, "Consumer Behavior and Divorce"; Lisa L. Love and Peter S. Sheldon, "Souvenirs: Messengers of Meaning," in eds. Joseph W. Alba and Wesley Hutchinson, *Advances in Consumer Research*, vol. 25 (Provo, Utah: Association for Consumer Research, 1998), pp. 170–175.
72. Belk, "Possessions and the Sense of Past."
73. Russell W. Belk, "Moving Possessions: An Analysis Based on Personal Documents from the 1847–1869 Mormon Migration," *Journal of Consumer Research*, December 1992, pp. 339–361.
74. Russell W. Belk, Melanie Wallendorf, John F. Sherry Jr., and Morris B. Holbrook, "Collecting in a Consumer Culture," in ed. Belk, *Highways and Buyways* (Provo, Utah: Association for Consumer Research), pp.178–215.
75. John Waggoner, "Which Way Does the Wind Blow for Hot Collectibles?" *USA Today*, August 18, 2006, p. 3B.
76. Russell W. Belk, Melanie Wallendorf, John F. Sherry Jr., Morris Holbrook, and Scott Roberts, "Collectors and Collecting," in ed. Michael J. Houston, *Advances in Consumer Research*, vol. 15 (Provo, Utah: Association for Consumer Research, 1988), pp. 548–553.
77. Belk, Wallendorf, Sherry, Holbrook, and Roberts, "Collectors and Collecting."
78. Russell W. Belk, "The Ineluctable Mysteries of Possessions," in ed. Floyd W. Rudmin, *To Have Possessions: A Handbook on Ownership and Property*, Special Issue, *Journal of Social Behavior and Personality* 6, no. 6, 1991, pp. 17–55.
79. Kent Grayson and David Shulman, "Indexicality and the Verification Function of Irreplaceable Possessions: A Semiotic Analysis," *Journal of Consumer Research* 27, June 2000, pp. 17–30.
80. Daniel Terdiman, "Curiously High-Tech Hacks for a Classic Tin," *New York Times*, February 3, 2005, www.nytimes.com.
81. Belk et al., "Collecting in a Consumer Culture."
82. Fournier, "The Development of Intense Consumer–Product Relationships."
83. Csikszentmihalyi and Rochberg-Halton, *The Meaning of Things*; M. Wallendorf, and E. J. Arnould, "My Favorite Things: A Cross-Cultural Inquiry into Object

Attachment, Possessiveness, and Social Linkage," *Journal of Consumer Research*, March 1988, pp. 531–547; Belk, "Moving Possessions."
84. A. Peter McGraw, Philip E. Tetlock, and Orie V. Kristel, "The Limits of Fungibility: Relational Schemata and the Value of Things," *Journal of Consumer Research*, September 2003, pp. 219–228.
85. Csikszentmihalyi and Rochberg-Halton, *The Meaning of Things*.
86. Csikszentmihalyi and Rochberg-Halton, *The Meaning of Things*.
87. Helga Dittmar, "Meaning of Material Possessions as Reflections of Identity: Gender and Social-Material Position in Society," in ed. Rudmin, *To Have Possessions*, pp. 165–186; see also Helga Dittmar, *The Social Psychology of Material Possessions* (New York: St. Martin's, 1992).
88. Jaideep Sengupta, Darren W. Dahl, and Gerald J. Gorn, "Misrepresentation in the Consumer Context," *Journal of Consumer Psychology* 12 (2), 2002, pp. 69–79.
89. Dittmar, "Meaning of Material Possessions as Reflections of Identity"; Kamptner, "Personal Possessions and Their Meanings."
90. Wallendorf and Arnould, "My Favorite Things."
91. Russell W. Belk and Melanie Wallendorf, "Of Mice and Men: Gender Identity in Collecting," in eds. K. Ames and K. Martinez, *The Gender of Material Culture* (Ann Arbor, Mich.: University of Michigan Press), reprinted in ed. Susan M. Pearce, *Objects and Collections* (London: Routledge, 1994), pp. 240–253; Belk et al., "Collectors and Collecting."
92. McCracken, "Culture and Consumption"; McCracken, *Culture and Consumption*.
93. McCracken, "Culture and Consumption"; McCracken, *Culture and Consumption*.
94. McCracken, "Culture and Consumption"; McCracken, *Culture and Consumption*.
95. John L. Lastovicka and Karen V. Fernandez, "Three Paths to Disposition: The Movement of Meaningful Possessions to Strangers," *Journal of Consumer Research* 31, no. 4, 2005, pp. 813–823.
96. Linda L. Price, Eric J. Arnold, and Carolyn Folkman Curasi, "Older Consumers' Disposition of Special Possessions," *Journal of Consumer Research* 27, September 2000, pp. 179–201.
97. Russell W. Belk, Melanie Wallendorf, and John F. Sherry Jr., "The Sacred and the Profane in Consumer Behavior: Theodicy on the Odyssey," *Journal of Consumer Research*, June 1989, pp. 1–38.
98. Maya Kaneko, "Seattle Tries to Extend Appeal to Japanese Visitors Beyond Baseball Superstar," *Kyodo News International*, January 9, 2005, www.kyodonews.com.
99. Belk, "Possessions and the Sense of Past."
100. Belk, Wallendorf, and Sherry, "The Sacred and the Profane in Consumer Behavior."
101. Amitai Etzioni, "The Socio-Economics of Property," in ed. Rudmin, *To Have Possessions, : A Handbook on Ownership and Property*, Special Issue, *Journal of Social Behavior and Personality* 6, no. 6, 1991, pp. 465–468.
102. Robert V. Kozinets, "Utopian Enterprise: Articulating the Meanings of *Star Trek*'s Culture of Consumption," *Journal of Consumer Research* 28, June 2001, pp. 67–88.
103. Jackie Clarke, "Different to 'Dust Collectors'? The Giving and Receiving of Experience Gifts," *Journal of Consumer Behavior* 5, no. 6, 2006, pp. 533–549.
104. See, for example, Leigh Schmidt, "The Commercialization of the Calendar," *Journal of American History*, December 1991, pp. 887–916.
105. For fascinating historical and sociological accounts of Christmas, see Daniel Miller, "A Theory of Christmas," in ed. Miller, *Unwrapping Christmas*, pp. 3–37; Claude Levi-Strauss, "Father Christmas Executed," in ed. Miller, *Unwrapping Christmas*, pp. 38–54; Belk, "Materialism and the Making of the Modern American Christmas"; Barbara Bodenhorn, "Christmas Present: Christmas Public," in ed. Miller, *Unwrapping Christmas*, pp. 193–216; William B. Waits, *The Modern Christmas in America* (New York: New York University Press, 1993); and Stephen Nissenbaum, *The Battle for Christmas* (New York: Vantage Books, 1997).
106. John F. Sherry Jr., "Gift Giving in Anthropological Perspective," *Journal of Consumer Research*, September 1983, pp. 157–168.
107. For a discussion of several of these motives, see Sherry, "Gift Giving in Anthropological Perspective"; for research on gender differences in motives, see Mary Ann McGrath, "Gender Differences in Gift Exchanges: New Directions from Projections," *Psychology and Marketing*, August 1995, pp. 229–234; Cele Otnes, Kyle Zolner, and Tina M. Lowry, "In-Laws and Outlaws: The Impact of Divorce and Remarriage upon Christmas Gift Exchange," in eds. Chris Allen and Debbie Roedder-John, *Advances in Consumer Research*, vol. 21 (Provo, Utah: Association for Consumer Research, 1994), pp. 25–29; Russell W. Belk, "The Perfect Gift," in eds. Cele Otnes and Richard Beltrami, *Gift Giving Behavior: An Interdisciplinary Anthology* (Bowling Green, Ohio: Bowling Green University Popular Press, 1996); for a discussion of the roles played by gift givers (the pleaser, the provider, the compensator, the socializer, and the acknowledger), see Cele Otnes, Tina M. Lowrey, and Young Chan Kim, "Gift Selection for Easy and Difficult Recipients," *Journal of Consumer Research*, September 1993, pp. 229–244; Kleine, Kleine, and Allen, "How Is a Possession 'Me' or 'Not Me'?"
108. McAlexander, Schouten, and Roberts, "Consumer Behavior and Divorce."
109. David B. Wooten, "Qualitative Steps Toward an Expanded Model of Anxiety in Gift-Giving," *Journal of Consumer Research* 27, June 2000, pp. 84–95.
110. Russell W. Belk and Gregory S. Coon, "Gift Giving as Agapic Love: An Alternative to the Exchange Paradigm Based on Dating Experiences," *Journal of Consumer Research*, December 1993, pp. 393–417.

111. Sherry, "Gift Giving in Anthropological Perspective"; Mary Searle-Chatterjee, "Christmas Cards and the Construction of Social Relations in Britain Today," in ed. Miller, *Unwrapping Christmas*, pp. 176–192.
112. Belk and Coon, "Gift Giving as Agapic Love"; see also Sherry, "Gift Giving in Anthropological Perspective."
113. Sak Onkvisit and John J. Shaw, *International Marketing: Analysis and Strategy* (Columbus, Ohio: Merrill, 1989), pp. 241–242.
114. "The Efficiency of Gift Giving: Is It Really Better to Give than to Receive?" *Marketing: Knowledge at Wharton*, December 15, 2004, *knowledge.wharton.upenn.edu*.
115. Sandra Yin, "Give and Take," *American Demographics*, November 2003, pp. 12–13; Eileen Fischer and Stephen J. Arnold, "More Than a Labor of Love: Gender Roles and Christmas Shopping," *Journal of Consumer Research*, December 1990, pp. 333–345.
116. John F. Sherry Jr. and Mary Ann McGrath, "Unpacking the Holiday Presence: A Comparative Ethnography of Two Gift Stores," in ed. Elizabeth C. Hirschman, *Interpretive Consumer Research* (Provo, Utah: Association for Consumer Research, 1989), pp. 148–167.
117. See, for example, Theodore Caplow, "Rule Enforcement Without Visible Means: Christmas Gift Giving in Middletown," *American Journal of Sociology*, March 1984, pp. 1306–1323.
118. James G. Carrier, "The Rituals of Christmas Giving," in ed. Miller, *Unwrapping Christmas*, pp. 55–74.
119. Mary Ann McGrath, "An Ethnography of a Gift Store: Trappings, Wrappings, and Rapture," *Journal of Retailing*, Winter 1989, p. 434.
120. Wooten, "Qualitative Steps Toward an Expanded Model of Anxiety in Gift-Giving."
121. Julie A. Ruth, Cele C. Otnes, and Frederic F. Brunel, "Gift Receipt and the Reformulation of Interpersonal Relationships," *Journal of Consumer Research*, March 1999, pp. 385–402; Ming-Hui Huang and Shihti Yu, "Gifts in a Romantic Relationship: A Survival Analysis," *Journal of Consumer Psychology* 9, no. 3, 2000, pp. 179–188.
122. Belk, "Gift Giving Behavior"; see also Sherry, "Gift Giving in Anthropological Perspective."
123. Belk and Coon, "Gift Giving as Agapic Love."
124. Annamma Joy, "Gift Giving in Hong Kong and the Continuum of Social Ties," *Journal of Consumer Research*, September 2001, pp. 239–256.
125. "Holiday Cards More than 2.2 . . . " *Washington Post*, November 29, 2007, p. H5.
126. Anne D'Innocenzio, "What's in Your Wallet? Empty Gift Cards?" *Chicago Tribune*, March 4, 2008, *www.chicagotribune.com*.
127. Louise Lee, "What's Roiling the Selling Season," *BusinessWeek*, January 10, 2005, p. 38.
128. Susan Carey, "Over the River, Through the Woods, to a Posh Resort We Go," *Wall Street Journal*, November 21, 1997, pp. B1, B4.
129. Amanda Fehd, "Executive Who Steered eBay's Rise to Retire," *Washington Post*, January 24, 2008, p. D2; Matthew Summers-Sparks, "When Old Stadiums Go, Everything Must Go!" *New York Times*, February 16, 2006, p. F4; "Britney's Gum Is Hot eBay Item," *UPI NewsTrack*, September 2, 2004, n.p.; Michele Himmelberg, "Disney Fan Pays $37,400 to Have Name Placed on Haunted Mansion Tombstone," *Orange County Register*, October 23, 2004, *www.ocregister.com*; Daniel P. Finney, "Happy 25 for the Happy Meal!" *St. Louis Post-Dispatch*, June 14, 2004, *www.stltoday.com*; Meredith Schwartz, "The Accidental Collector: eBay Offers Insights into Two Types of Collectors," *Gifts & Decorative Accessories*, June 2004, p. 1003; ebay.com.

Chapter 18

1. Eric Pfanner, "In Britain, A Campaign Against Obesity Is Snarled in Controversy," *New York Times*, February 11, 2008, p. C7; "Leading Food and Beverage Companies Release Commitments on Children's Advertising," *CNW Group*, February 6, 2008, n.p.; "Brands Move to Reduce Advertising to Children," *New Media Age*, January 10, 2008, p. 10; Emily Bryson York, "You Want Apple Fries with That?" *Advertising Age*, September 11, 2007, *www.adage.com*; Paul Kurnit, "Art & Commerce: The Advertising Diet," *Adweek Online*, December 3, 2007, *www.adweek.com*; Karen Robinson-Jacobs, "Chuck E. Cheese's Chain Joins Fight Against Childhood Obesity," *Dallas Morning News*, October 16, 2007, *www.dallasnews.com*; Ira Teinowitz, "More Major Food Marketers Establish Kids-Advertising Limits," *Advertising Age*, July 18, 2007, *www.adage.com*.
2. Kathleen D. Vohs, "Self-Regulatory Resources Power the Reflective System: Evidence from Five Domains," *Journal of Consumer Psychology* 16, no. 3, 2006, pp. 217–223.
3. Elizabeth C. Hirschman, "The Consciousness of Addiction: Toward a General Theory of Compulsive Consumption," *Journal of Consumer Research*, September 1992, pp. 155–179.
4. Ron Panko, "By the Numbers: Smoking's Cost in the United States," *Best's Review*, December 2007, p. 20.
5. "Cigarette Smoking Among Adults—United States, 2006," *Morbidity and Mortality Weekly Report*, Centers for Disease Control and Prevention, November 2, 2007, *www.cdc.gov/mmwr*.
6. Thomas C. O'Guinn and Ronald J. Faber, "Compulsive Buying: A Phenomenological Exploration," *Journal of Consumer Research*, September 1989, pp. 147–157.
7. Lorrin M. Koran, Ronald J. Faber, Elias Aboujaoude, Michael D. Large, and Richard T. Serpe, "Estimated Prevalence of Compulsive Buying Behavior in the United States," *The American Journal of Psychiatry*, October 2006, pp. 1806–1812.
8. Ronald Faber, Gary Christenson, Martina DeZwaan, and James Mitchell, "Two Forms of Compulsive Consumption: Comorbidity of Compulsive Buying and Binge Eating," *Journal of Consumer Research*, December 1995, pp. 296–304; O'Guinn and Faber, "Compulsive Buying"; Ronald J. Faber and Thomas C. O'Guinn, "Compulsive

Consumption and Credit Abuse," *Journal of Consumer Policy*, March 1988, pp. 97–109; Gilles Valence, Alain D'Astous, and Louis Fortier, "Compulsive Buying: Concept and Measurement," *Journal of Consumer Policy*, December 1988, pp. 419–433; Rajan Nataraajan and Brent G. Goff, "Compulsive Buying: Toward a Reconceptualization," in ed. Floyd W. Rudman, *To Have Possessions: A Handbook on Ownership and Property* (Corte Madera, Calif.: Select Press, 1991), pp. 307–328; "Compulsive Shopping Could Be Hereditary," *Marketing News*, September 14, 1998, p. 31; Wayne S. DeSarbo and Elizabeth A. Edwards, "Typologies of Compulsive Buying Behavior: A Constrained Cluster-wise Regression Approach," *Journal of Consumer Psychology* 5, no. 3, 1996, pp. 231–262.

9. Faber and O'Guinn, "Compulsive Consumption and Credit Abuse"; Ronald J. Faber and Thomas C. O'Guinn, "A Clinical Screener for Compulsive Buying," *Journal of Consumer Research*, December 1992, pp. 459–469; O'Guinn and Faber, "Compulsive Buying"; James A. Roberts, "Compulsive Buying Among College Students: An Investigation of Its Antecedents, Consequences, and Implications for Public Policy," *Journal of Consumer Affairs*, Winter 1998, pp. 295–319.

10. Hyokjin Kwak, George M. Zinkhan, and Melvin R. Crask, "Diagnostic Screener for Compulsive Buying: Applications to the USA and South Korea," *Journal of Consumer Affairs*, Summer 2003, pp. 161+.

11. Hannah Karp, "The Senior Trip to the Strip," *Wall Street Journal*, April 8, 2005, p. W4.

12. "Risky Gamble," *Prevention*, May 2006, p. 42.

13. Richard G. Netemeyer, Scot Burton, Leslie K. Cole, Donald A. Williamson, Nancy Zucker, Lisa Bertman, and Gretchen Diefenbach, "Characteristics and Beliefs Associated with Probably Pathological Gambling: A Pilot Study with Implications for the National Gambling Impact and Policy Commission," *Journal of Public Policy and Marketing* 17, no. 2, Fall 1998, pp. 147–160.

14. Laurence Arnold, "Link to Other Addictions Raises New Questions About Gambling," *Associate Press*, June 12, 2001.

15. Jeffrey N. Weatherly, John M. Sauter, and Brent M. King, "The 'Big Win' and Resistance to Extinction When Gambling," *Journal of Psychology*, November 2004, pp. 495+.

16. Dennis Rook, "The Buying Impulse," *Journal of Consumer Research* 14, September 1987, pp. 189–199; S. J. Hoch and G. F. Loewenstein, "Time-inconsistent Preferences and Consumer Self-control," *Journal of Consumer Research* 17 no. 4, 1991, pp. 492–507; Kathleen D. Vohs and Ronald J. Faber, "Spent Resources: Self-Regulatory Resource Availability Affects Impulse Buying," *Journal of Consumer Research* 33, 2007, pp. 537–548; Suresh Ramanathan and Geeta Menon, "Time-Varying Effects of Chronic Hedonic Goals on Impulsive Behavior," *Journal of Marketing Research*, November 2006, pp. 628–641.

17. Dennis W. Rook and Robert J. Fisher, "Normative Influences on Impulsive Buying Behavior," *Journal of Consumer Research* 22, December 1995, pp. 305–315; Sharon E. Beatty and M. Elizabeth Ferrell, "Impulse Buying: Modeling Its Precursors," *Journal of Retailing* 74, no. 2, 1998, pp. 169–191.

18. W. Walter Mischel and O. Ayduk, "Willpower in a Cognitive-Affective Processing System: The Dynamics of Delay of Gratification," in eds. R. F. Baumeister and K. D. Vohs, *Handbook of Self-Regulation: Research, Theory, and Applications* (New York, N.Y.: Guilford Press, 2004), pp. 99–129; Fritz Strack, Lioba Werth, and Roland Deutsch, "Reflective and Impulsive Determinants of Consumer Behavior," *Journal of Consumer Psychology* 16, no. 3, 2006, pp. 205–216; Vohs and Faber, "Spent Resources."

19. Xueming Luo, "How Does Shopping with Others Influence Impulsive Purchasing?" *Journal of Consumer Psychology* 15, no. 4, 2005, pp. 288–294; Ramanathan and Menon, "Time-Varying Effects of Chronic Hedonic Goals on Impulsive Behavior."

20. Ravi Dhar, Joel Huber, and Uzma Khan, "The Shopping Momentum Effect," *Journal of Marketing Research* 44 no. 3, 2007, pp. 370–378.

21. Jaideep Sengupta and Rongrong Zhou, "Understanding Impulsive Eaters' Choice Behaviors: The Motivational Influences of Regulatory Focus," *Journal of Marketing Research*, May 2007, pp. 297–308.

22. Kevin Heubusch, "Taking Chances on Casinos," *American Demographics*, May 1997, pp. 35–40; Tom Gorman, "Indian Casinos in Middle of Battle over Slots," *Los Angeles Times*, May 9, 1995, pp. A3, A24; Max Vanzi, "Gambling Industry Studies the Odds," *Los Angeles Times*, May 9, 1995, pp. A3, A24; James Popkin, "America's Gambling Craze," *US News and World Report*, March 14, 1994, pp. 42–45; Iris Cohen Selinger, "The Big Lottery Gamble," *Advertising Age*, May 10, 1993, pp. 22–26; Tony Horwitz, "In a Bible Belt State, Video Poker Mutates into an Unholy Mess," *Wall Street Journal*, December 2, 1997, pp. A1, A13; Rebecca Quick, "For Sports Fans, The Internet Is a Whole New Ball Game," *Wall Street Journal*, September 3, 1998, p. B9; Stephen Braun, "Lives Lost in a River of Debt," *Los Angeles Times*, June 22, 1997, pp. A1, A14–A15.

23. Dan Seligman, "In Defense of Gambling," *Forbes*, June 23, 2003, p. 86.

24. "World Watch," *Wall Street Journal*, April 19, 2005, p. A18.

25. Matt Viser, "Internet Gambling Is a Target of Patrick Bill; Casino Initiative Makes It Illegal," *Boston Globe*, November 10, 2007, p. A1.

26. Anne D'Innocenzio and Marcus Kabel, "Retail: Crime Eating More Profits," *Houston Chronicle*, June 14, 2007, p. 3.

27. Elizabeth Woyke, "Attention, Shoplifters," *BusinessWeek*, September 11, 2006, p. 46.

28. Julia Angwin, "Credit-Card Scams Bedevil E-Stores," *Wall Street Journal*, September 19, 2000, pp. B1, B4;

Ronald A. Fullerton and Girish Punj, "Choosing to Misbehave: A Structural Model of Aberrant Consumer Behavior," in eds. Leigh McAlister and Michael Rothschild, *Advances in Consumer Research*, vol. 20 (Provo, Utah: Association for Consumer Research, 1993), pp. 570–574; Ronald A. Fullerton and Girish Punj, "The Unintended Consequences of the Culture of Consumption: An Historical-Theoretical Analysis of Consumer Misbehavior," *Consumption, Markets and Culture* 1, no. 4, 1998, pp. 393–423.

29. Joseph C. Nunes, Christopher K. Hsee, and Elke U. Weber, "Why Are People So Prone to Steal Software? The Effect of Cost Structure on Consumer Purchase and Payment Intentions," *Journal of Public Policy and Marketing* 23, Spring 2004, pp. 43–53.

30. Keith B. Anderson, "Who Are the Victims of Identity Theft: The Effect of Demographics," *Journal of Public Policy and Marketing* 25, Fall 2006, pp. 160–171.

31. Cynthia Ramsaran, "ID Theft Hits Paper Harder," *Bank Systems and Technology*, March 2005, p. 14; Robert P. Libbon, "Datadog," *American Demographics*, July 2001, p. 26.

32. David Myron, "What Uncle Sam Doesn't Know," *American Demographics*, November 2004, pp. 10–11; Dena Cox, Anthony P. Cox, and George P. Moschis, "When Consumer Behavior Goes Bad: An Investigation of Adolescent Shoplifting," *Journal of Consumer Research*, September 1990, pp. 149–159; Fullerton and Punj, "The Unintended Consequences of the Culture of Consumption"; George P. Moschis, Dena S. Cox, and James J. Kellaris, "An Exploratory Study of Adolescent Shoplifting Behavior," in eds. Melanie Wallendorf and Paul Anderson, *Advances in Consumer Research*, vol. 14 (Provo, Utah: Association for Consumer Research, 1987), pp. 526–530.

33. Fullerton and Punj, "The Unintended Consequences of the Culture of Consumption."

34. Cox, Cox, and Moschis, "When Consumer Behavior Goes Bad."

35. Paul Bernstein, "Cheating—The New National Pastime?" *Business*, October–December 1985, pp. 24–33; Fullerton and Punj, "Some Unintended Consequences of the Culture of Consumption."

36. Fullerton and Punj, "Choosing to Misbehave"; Donald R. Katz, *The Big Store* (New York: Penguin, 1988).

37. Cox, Cox, and Moschis, "When Consumer Behavior Goes Bad"; Moschis, Cox, and Kellaris, "An Exploratory Study of Adolescent Shoplifting Behavior"; Fullerton and Punj, "Some Unintended Consequences of the Culture of Consumption."

38. Jessica Silver-Greenberg, "Shoplifters Get Smarter," *BusinessWeek*, November 19, 2007, p. 42.

39. Katz, *The Big Store*.

40. Cox, Cox, and Moschis, "When Consumer Behavior Goes Bad"; Moschis, Cox, and Kellaris, "An Exploratory Study of Adolescent Shoplifting Behavior."

41. Anthony D. Cox, Dena Cox, Ronald D. Anderson, and George P. Moschis, "Social Influences on Adolescent Shoplifting—Theory, Evidence, and Implications for the Retail Industry," *Journal of Retailing*, Summer 1993, p. 234.

42. John Fetto, "Penny for Your Thoughts," *American Demographics*, September 2000, pp. 8–9.

43. Chok C. Hiew, "Prevention of Shoplifting: A Community Action Approach," *Canadian Journal of Criminology*, January 1981, pp. 57–68.

44. Cox, Cox, and Moschis, "When Consumer Behavior Goes Bad"; Fullerton and Punj, "The Unintended Consequences of the Culture of Consumption"; Fullerton and Punj, "Choosing to Misbehave"; Cox, Cox, Anderson, and Moschis, "Social Influences on Adolescent Shoplifting."

45. Daniel McGinn, "Shoplifting: The Five-Finger Fix?" *Newsweek*, December 20, 2004, p. 13.

46. "Retailers to Tighten Up Security," *Retail World*, February 22–26, 1999; Charles Goldsmith, "Less Honor, More Case at Europe Minibars," *Wall Street Journal*, March 22, 1996, p. B6; Steve Weinstein, "The Enemy Within," *Progressive Grocer*, May 1994, pp. 175–179.

47. Diana Ransom, "The Black Market in College-Graduation Tickets," *Wall Street Journal*, May 8, 2007, p. D1.

48. Joel Engardio, "L.A. Air Bag Thieves May Be Popping Up in East County," *Los Angeles Times*, July 1, 1998, p. 1; Ann Marie O'Connon, "Where There's Smoke," *Los Angeles Times*, September 7, 1997, p. A3R.

49. Lisa R. Szykman and Ronald P. Hill, "A Consumer-Behavior Investigation of a Prison Economy," in eds. Janeen Costa Arnold and Russell W. Belk, *Research in Consumer Behavior*, vol. 6 (Greenwich, Conn.: JAI Press, 1993), pp. 231–260; David Bevan, Paul Collier, and Jan Willem Gunning, "Black Markets: Illegality, Information, and Rents," *World Development*, December 1989, pp. 1955–1963.

50. "Hey, Anybody Want a Gun?" *The Economist*, May 16, 1998, pp. 47–48; Mark Hosenball and Daniel Klaidman, "A Deadly Mix of Drugs and Firepower," *Newsweek*, April 19, 1999, p. 27.

51. Arik Hesseldahl, "Profiting from Fake Pharma," *BusinessWeek Online*, August 21, 2007, www.businessweek.com; Jonathan Karp, "Awaiting Knockoffs, Indians Buy Black-Market Viagra," *Wall Street Journal*, July 10, 1998, pp. B1, B2; M. B. Sheridan, "Men Around the Globe Lust After Viagra," *Los Angeles Times*, May 26, 1998, p. 1.

52. Ken Bensinger, "Can You Spot the Fake?" *Wall Street Journal*, February 16, 2001, pp. W1, W14.

53. Gordon Fairclough, "Pssst! Wanna Cheap Smoke?" *Wall Street Journal*, December 27, 2002, pp. B1, B4.

54. Maija Palmer, "Cyberspace Fakes Make Brands Truly Worried," *Financial Times*, April 11, 2007, p. 10.

55. Hesseldahl, "Profiting from Fake Pharma."

56. George A. Hacker, "Liquor Advertisements on Television: Just Say No," *Journal of Public Policy and Marketing*, Spring 1998, pp. 139–142; William K. Eaton, "College Binge Drinking Soars, Study Finds," *Los Angeles Times*, June 8, 1994, p. A21; Mike Fuer and Rita Walters, "Mixed Message Hurts Kids: Ban Tobacco, Alcohol Billboards: The Targeting of Children Is Indisputable and Intolerable,"

Los Angeles Times, June 8, 1997, p. M5; Joseph Coleman, "Big Tobacco Still Calls the Shots in Japan," *Marketing News*, August 4, 1997, p. 12.

57. Richard J. Bonnie, "Reducing Underage Drinking: The Role of Law," *Journal of Law, Medicine, and Ethics*, Winter 2004, pp. S38+.
58. "Underage Drinking in the United States: A Status Report, 2004," *Georgetown University Center on Alcohol Marketing and Youth*, February 2005, p. 2; Mindy Sink, "Drinking Deaths Draw Attention to Old Campus Problem," *New York Times*, November 9, 2004, p. A16.
59. "Tobacco Use, Access, and Exposure to Tobacco in Media Among Middle and High School Students, United States, 2004," *Morbidity and Mortality Weekly Report, Centers for Disease Control and Prevention*, April 1, 2005, www.cdc.gov/mmwr.
60. Charles S. Clark, "Underage Drinking," *The CQ Researcher* 2, no. 10, 1992, pp. 219–244; Courtney Leatherman, "College Officials Are Split on Alcohol Policies: Some Seek to End Underage Drinking; Others Try to Encourage 'Responsible Use,'" *Chronicle of Higher Education*, January 31, 1990, pp. A33–A35.
61. Antonia C. Novello, "Alcohol and Tobacco Advertising," *Vital Speeches of the Day*, May 15, 1993, pp. 454–459.
62. Alyssa Bindman, "Children Exposed to Alcohol Ads More Likely to Drink," *The Nation's Health* 37, no. 6, 2007, p. 24; Cornelia Pechmann and Susan J. Knight, "An Experimental Investigation of the Joint Effects of Advertising and Peers on Adolescents' Beliefs and Intentions About Cigarette Consumption," *Journal of Consumer Research*, June 2002, pp. 5–19.
63. Joan Ryan, "Steroids? Alcohol Is the Real Problem," *San Francisco Chronicle*, March 17, 2005, www.sfgate.com; Vanessa O'Connell and Christopher Lawton, "Alcohol TV Ads Ignite Bid to Curb," *Wall Street Journal*, December 18, 2002, p. B2; Associated Press, "Study: Kids Remember Beer Ads," *ClariNet Electronic News Service*, February 11, 1994; Fara Warner, "Cheers! It's Happy Hour in Cyberspace," *Wall Street Journal*, March 15, 1995, pp. B1, B4; Kirk Davidson, "Looking for Abundance of Opposition to TV Liquor Ads," *Marketing News*, January 6, 1997, pp. 4, 30.
64. Nicholas Bakalar, "Ad Limits Seen as Way to Curb Youth Smoking and Drinking," *New York Times*, May 22, 2007, p. F5.
65. Bindman, "Children Exposed to Alcohol Ads More Likely to Drink"; Elizabeth M. Botvin, Gilbert J. Botvin, John L. Michela, Eli Baker, and Anne D. Filazolla, "Adolescent Smoking Behavior and the Recognition of Cigarette Advertisements," *Journal of Applied Social Psychology*, November 1991, pp. 919–932; Botvin et al., "Smoking Behavior of Adolescents Exposed to Cigarette Advertising"; Richard W. Pollay, S. Siddarth, Michael Siegel, Anne Hadix, Robert K. Merritt, Gary A. Giovino, and Michael P. Eriksen, "The Last Straw? Cigarette Advertising and Realized Market Shares Among Youths and Adults, 1979–1993," *Journal of Marketing*, April 1996, pp. 1–16; Joseph DiFranza, John W. Richards, Paul M. Paulman, Nancy Wolf-Gillespie, Christopher Fletcher, Robert D. Jaffe, and David Murray, "RJR Nabisco's Cartoon Camel Promotes Camel Cigarettes to Children," *Journal of the American Medical Association*, December 11, 1991, p. 314.; K. M. Cummings, E. Sciandra, T. F. Pechacek, J. P. Pierce, L. Wallack, S. L. Mills, W. R. Lynn, and S. E. Marcus, "Comparison of the Cigarette Brand Preferences of Adult and Teenaged Smokers—United States, 1989, and 10 U.S. Communities, 1988 and 1990," *Journal of the American Medical Association*, April 8, 1992, p. 189.
66. Kathleen J. Kelly, Michael D. Slater, and David Karan, "Image Advertisements' Influence on Adolescents' Perceptions of the Desirability of Beer and Cigarettes," *Journal of Public Policy and Marketing*, Fall 2002, pp. 295–304.
67. "Alcohol Ads Face Close Scrutiny by Government," *Marketing Week*, November 15, 2007, p. 5.
68. Betsy Spethmann, "Five States Sue RJR," *Promo*, May 2001, p. 22.
69. Richard W. Pollay and Ann M. Lavack, "The Targeting of Youths by Cigarette Marketers: Archival Evidence on Trial," in eds. Leigh McAlister and Michael Rothschild, *Advances in Consumer Research*, vol. 20 (Provo, Utah: Association for Consumer Research, 1993), pp. 266–271.
70. See Kathleen J. Kelly, Michael D. Slater, David Karan, and Liza Hunn, "The Use of Human Models and Cartoon Characters in Magazine Advertisements for Cigarettes, Beer, and Nonalcoholic Beverages," *Journal of Public Policy and Marketing* 19, no. 2, Fall 2000, pp. 189–200.
71. Richard Morgan, "Is Old Joe Taking Too Much Heat?" *Adweek*, March 16, 1992, p. 44.
72. Clark, "Underage Drinking."
73. Stuart Elliott, "Hoping to Show It Can Police Itself, the Liquor Industry Takes the Wraps Off Its Review Board," *New York Times*, March 8, 2005, p. C3.
74. Vanessa O'Connell, "Tobacco Makers Want Cigarettes Cut from Films," *Wall Street Journal*, June 13, 2004, pp. B1, B4.
75. "Smoking in Movies Linked to Kids Lighting Up," *Health Day*, January 8, 2008, www.nlm.nih.gov/medlineplus.
76. Debra L. Scammon, Robert N. Mayer, and Ken R. Smith, "Alcohol Warnings: How Do You Know When You've Had One Too Many?" *Journal of Public Policy and Marketing*, Spring 1991, pp. 214–228; Michael B. Mazis, Louis A. Morris, and John L. Swasy, "An Evaluation of the Alcohol Warning Label: Initial Survey Results," *Journal of Public Policy and Marketing*, Spring 1991, pp. 229–241; Novello, "Alcohol and Tobacco Advertising"; Richard Gibson and Marj Charlier, "Anheuser Leads the Way in Listing Alcohol Levels," *Wall Street Journal*, March 11, 1993, pp. B1, B2; Richard J. Fox, Dean M. Krugman, James E. Fletcher, and Paul M. Fischer, "Adolescents' Attention to Beer and Cigarette Print Ads and Associated Product Warnings," *Journal of Advertising*, Fall 1998, pp. 57–68.

77. David P. MacKinnon, Rhonda M. Williams-Avery, Kathryn L. Wilcox, and Andrea M. Fenaughty, "Effects of the Arizona Alcohol Warning Poster," *Journal of Public Policy and Marketing* 18, no. 1, Spring 1999, pp. 77–88.
78. Lisa R. Szykman, Paul N. Bloom, and Jennifer Blazing, "Does Corporate Sponsorship of a Socially Oriented Message Make a Difference? An Investigation of the Effects of Sponsorship Identity on Responses to an Anti-Drinking and Driving Message," *Journal of Consumer Psychology* 14, no. 1/2, 2004, pp. 13–20.
79. Cornelia Pechmann and Chuan-Fong Shih, "Smoking Scenes in Movies and Antismoking Advertisements Before Movies: Effects on Youth," *Journal of Marketing* 63, July 1999, pp. 1–13.
80. J. Craig Andrews, Richard G. Netemeyer, and Scot Burton, "Understanding Adolescent Intentions to Smoke: An Examination of Relationships Among Social Influence, Prior Trial Behavior, and Antitobacco Campaign Advertising," *Journal of Marketing*, July 2004, pp. 110–123.
81. F. J. Zimmerman et al., *Archives of Pediatric and Adolescent Medicine* 161, no. 5, 2007, pp. 473–479.
82. E. A. Vandewater et al., *Pediatrics*, 119, May 2007, pp. 1006–1015.
83. W. Melody, *Children's Television: The Economics of Exploitation* (New Haven, Conn.: Yale University Press, 1973); Ellen Notar, "Children and TV Commercials: Wave After Wave of Exploitation," *Childhood Education*, Winter 1989, pp. 66–67.
84. Scott Ward, "Consumer Socialization," *Journal of Consumer Research*, September 1974, pp. 1–13; Laurene Krasney Meringoff and Gerald S. Lesser, "Children's Ability to Distinguish Television Commercials from Program Material," in ed. R. P. Adler, *The Effect of Television Advertising on Children* (Lexington, Mass.: Lexington Books, 1980), pp. 29–42; S. Levin, T. Petros, and F. Petrella, "Preschoolers' Awareness of Television Advertising," *Child Development*, August 1982, pp. 933–937.
85. M. Carole Macklin, "Preschoolers' Understanding of the Informational Function of Advertising," *Journal of Consumer Research*, September 1987, pp. 229–239; Merrie Brucks, Gary M. Armstrong, and Marvin E. Goldberg, "Children's Use of Cognitive Defenses Against Television Advertising: A Cognitive Response Approach," *Journal of Consumer Research*, March 1988, pp. 471–482.
86. Mary C. Martin, "Children's Understanding of the Intent of Advertising: A Meta-Analysis," *Journal of Public Policy and Marketing*, Fall 1997, pp. 205–216.
87. Jon Berry, "The New Generation of Kids and Ads," *Adweek's Marketing Week*, April 15, 1991, pp. 25–28; Marvin E. Goldberg and Gerald J. Gorn, "Some Unintended Consequences of TV Advertising to Children," *Journal of Consumer Research*, June 1978, pp. 22–29; Gary M. Armstrong and Merrie Brucks, "Dealing with Children's Advertising: Public Policy Issues and Alternatives," *Journal of Public Policy and Marketing* 7, 1988, pp. 98–113.
88. Gerald J. Gorn and Renee Florsheim, "The Effects of Commercials for Adult Products on Children," *Journal of Consumer Research*, March 1985, pp. 962–967.
89. "For Kids on the Web, It's an Ad, Ad, Ad, Ad World," *BusinessWeek*, August 13, 2001, p. 108.
90. Meringoff and Lesser, "Children's Ability to Distinguish Television Commercials from Program Material."
91. Doug Halonen, "FCC Urged to Monitor Total Hours of Kids TV," *Electronic Media*, September 24, 2002, p. 2; Jon Berry, "Kids' Advocates to TV: 'We've Only Begun to Fight,'" *Adweek's Marketing Week*, April 15, 1991, p. 25.
92. Dale Kunkel and Walter Granz, "Assessing Compliance with Industry Self-Regulation of Television Advertising to Children," *Journal of Applied Communication Research*, May 1993, pp. 148–162.
93. Ron Winslow and Peter Landers, "Obesity: A WorldWide Woe," *Wall Street Journal*, July 1, 2002, pp. B1, B4.
94. Betsy McKay, "The Children's Menu: Do Ads Make Kids Fat?" *Wall Street Journal*, January 27, 2005, pp. B1, B7.
95. Caroline E. Mayer, "Group Takes Aim at Junk-Food Marketing," *Washington Post*, January 7, 2005, p. E3.
96. Brian Wansink and Pierre Chandon, "Can 'Low-Fat' Nutrition Labels Lead to Obesity?" *Journal of Marketing Research*, November 2006, pp. 605–617.
97. Pierre Chandon and Brian Wansink, "Is Obesity Caused by Calorie Underestimation? A Psychophysical Model of Meal Size Estimation," *Journal of Marketing Research*, February 2007, pp. 84–99.
98. Rajagopal Raghunathan, Rebecca Walker Naylor, and Wayne D. Hoyer, "The Unhealthy = Tasty Intuition and Its Effects on Taste Inferences, Enjoyment, and Choice of Food Products," *Journal of Marketing*, October 2006, pp. 170–184.
99. Claudia Kalb and Karen Springen, "Pump Up the Family," *Newsweek*, April 25, 2005, pp. 62+.
100. Promise Advertisement, *Cooking Light*, March 2008, p. 145.
101. "Brands Move to Reduce Advertising to Children."
102. Catherine Fitzpatrick, "How Buff Is Enough? Reality Check Is in the Male," *Milwaukee Journal Sentinel*, June 24, 2001, p. 1-L.
103. Isabel Reynolds, "Japan: Feature—Eating Disorders Plague Young Japanese," *Reuters*, June 20, 2001, www.reuters.com.
104. Laura Landro, "The Informed Patient: Amid Focus on Obesity and Diet, Anorexia, Bulimia Are on the Rise," *Wall Street Journal*, March 30, 2004, p. D1.
105. See also Debra Lynn Stephens, Ronald P. Hill, and Cynthia Hanson, "The Beauty Myth and Female Consumers: The Controversial Role of Advertising," *Journal of Consumer Affairs*, Summer 1994, pp. 137–154.
106. Leon Festinger, "A Theory of Social Comparison Processes," *Human Relations*, May 1954, pp. 117–140.
107. Michael Häfner, "How Dissimilar Others May Still Resemble the Self: Assimilation and Contrast After Social Comparison," *Journal of Consumer Psychology* 14, no. 2, 2004,

pp. 187–196; Mary C. Martin and James W. Gentry, "Stuck in the Model Trap: The Effects of Beautiful Models in Ads on Female Pre-Adolescents and Adolescents," *Journal of Advertising*, Summer 1997, pp. 19–33; Marsha L. Richins, "Social Comparison and the Idealized Images of Advertising," *Journal of Consumer Research*, June 1991, pp. 71–83; Richard W. Pollay, "The Distorted Mirror: Reflections on the Unintended Consequences of Advertising," *Journal of Marketing*, April 1986, pp. 18–36.

108. Jennifer J. Argo, Katherine White, and Darren W. Dahl, "Social Comparison Theory and Deception in the Interpersonal Exchange of Consumption Information," *Journal of Consumer Research* 33, no. 1, 2006, pp. 99–108.

109. Charles S. Gulas and Kim McKeage, "Extending Social Comparison: An Examination of the Unintended Consequences of Idealized Advertising Imagery," *Journal of Advertising* 29, no. 2, Summer 2000, pp. 17–28.

110. Dirk Smeesters and Naomi Mandel, "Positive and Negative Media Image Effects on the Self," *Journal of Consumer Research* 32, no. 4, 2006, pp. 576–582.

111. Calmetta Y. Coleman, "Can't Be Too Thin, but Plus-Size Models Get More Work Now," *Wall Street Journal*, May 3, 1999, pp. A1, A10.

112. José Antonio Rosa, Ellen C. Garbarino, and Alan J. Malter, "Keeping the Body in Mind: The Influence of Body Esteem and Body Boundary Aberration on Consumer Beliefs and Purchase Intentions," *Journal of Consumer Psychology* 16, no. 1, 2006, pp. 79–91.

113. Sally Goll Beatty, "Women's Views of Their Lives Aren't Reflected by Advertisers," *Wall Street Journal*, December 19, 1995, p. B2.

114. Joseph Jaffe, "Marketing's Big Bang Theory: Why So Many Campaigns That Begin with A Sizzle End with A Fizzle," *Adweek Online*, March 3, 2008, www.adweek.com.

115. M. Joseph Sirgy, Dong-Jin Lee, Rustan Kosenko, H. Lee Meadow, Don Rahtz, et al., "Does Television Viewership Play a Role in the Perception of Quality of Life?" *Journal of Advertising*, Spring 1998, pp. 125–143; Pollay, "The Distorted Mirror: Reflections on the Unintended Consequences of Advertising"; Russell W. Belk and Richard W. Pollay, "Images of Ourselves: The Good Life in Twentieth Century Advertising," *Journal of Consumer Research*, March 1985, pp. 887–897; Russell W. Belk, "Materialism: Trait Aspects of Living in a Material World," *Journal of Consumer Research*, December 1985, pp. 265–280; Mary Yoko Brannen, "Cross-Cultural Materialism: Commodifying Culture in Japan," in eds. Floyd Rudmin and Marsha L. Richins, *Meaning, Measure, and Morality of Materialism* (Provo, Utah: Association for Consumer Research, 1992), pp. 167–180; Güliz Ger and Russell W. Belk, "Cross-Cultural Differences in Materialism," *Journal of Economic Psychology*, February 1996, pp. 55–77; Marsha L. Richins, "Media, Materialism, and Human Happiness," in eds. Melanie Wallendorf and Paul Anderson, *Advances in Consumer Research*, vol. 14 (Provo, Utah: Association for Consumer Research, 1986), pp. 352–356; Thomas C. O'Guinn and Ronald J. Faber, "Mass Mediated Consumer Socialization: Non-Utilitarian and Dysfunctional Outcomes," in eds. Melanie Wallendorf and Paul Anderson, *Advances in Consumer Research*, vol. 14 (Provo, Utah: Association for Consumer Research, 1987), pp. 473–477; Ronald J. Faber and Thomas C. O'Guinn, "Expanding the View of Consumer Socialization: A Non-Utilitarian Mass Mediated Perspective," in eds. Elizabeth C. Hirschman and Jagdish N. Sheth, *Research in Consumer Behavior*, vol. 3 (Greenwich, Conn.: JAI Press, 1988), pp. 49–78.

116. Richins, "Media, Materialism, and Human Happiness," in eds. Melanie Wallendorf and Paul Anderson, *Advances in Consumer Research*, vol. 14 (Provo, Utah: Association for Consumer Research, 1987), pp. 352–356.

117. Aaron C. Ahuvia and Nancy Y. Wong, "Personality and Values Based Materialism: Their Relationship and Origins," *Journal of Consumer Psychology* 12, no. 4, 2002, pp. 389–402; Marvin E. Goldberg, Gerald J. Gorn, Laura A. Peracchio, and Gary Bamossy, "Understanding Materialism Among Youth," *Journal of Consumer Psychology* 13, no. 3, 2003, pp. 278–288.

118. Goldberg, Gorn, Peracchio, and Bamossy, "Understanding Materialism Among Youth."

119. Noel C. Paul, "Branded for Life?" *Christian Science Monitor*, April 1, 2002, www.csmonitor.com/2002/0401/p15s02-wmcn.html.

120. Julie B. Schor, *Born to Buy* (New York: Scribner, 2005).

121. Richins, "Media, Materialism, and Human Happiness."

122. See, for example, James M. Hunt, Jerome B. Kernan, and Deborah J. Mitchell, "Materialism as Social Cognition: People, Possessions, and Perception," *Journal of Consumer Psychology* 5, no. 1, 1996, pp. 65–83.

123. Russell W. Belk, "The Third World Consumer Culture," in ed. Jagdish N. Sheth, *Research in Marketing* (Greenwich, Conn.: JAI Press, 1988), pp. 103–127.

124. Eve M. Caudill and Patrick E. Murphy, "Consumer Online Privacy: Legal and Ethical Issues," *Journal of Public Policy and Marketing* 19, no. 1, Spring 2000, pp. 7–19.

125. Ellen Foxman and Paula Kilcoyne, "Information Technology, Marketing Practice, and Consumer Privacy: Ethical Issues," *Journal of Public Policy and Marketing*, Spring 1993, p. 106; Kim Bartel Sheehan and Mariea Grubbs Hoy, "Dimensions of Privacy Concern Among Online Consumers," *Journal of Public Policy and Marketing* 19, no. 1, Spring 2000, pp. 62–73.

126. Carol Krol, "Consumers Reach the Boiling Point Over Privacy Issues," *Advertising Age*, March 29, 1999, p. 22; "Survey Results Show Consumers Want Privacy," *Direct Marketing*, March 1999, p. 10.

127. Michael Moss, "A Web CEO's Elusive Goal: Privacy," *Wall Street Journal*, February 7, 2000, pp. B1, B6.

128. Bob Tedeschi, "Poll Says Identity Theft Concerns Rose After High-Profile Breaches," *New York Times*, March 10, 2005, p. G5.

129. "Personal Data on Over 120,000 Tokyo Disney Resort Customers Leaked," *Japan Today,* March 17, 2005, *www.japantoday.com.*
130. Pamela Paul, "Mixed Signals," *American Demographics,* July 2001, pp. 45–49; Joseph Phelps, Glen Nowak, and Elizabeth Ferrell, "Privacy Concerns and Consumer Willingness to Provide Personal Information," *Journal of Public Policy and Marketing* 19, no. 1, Spring 2000, pp. 27–41.
131. Patricia A. Norberg and Daniel R. Horne, "Privacy Attitudes and Privacy-Related Behavior, *Psychology and Marketing* 24, no. 10, 2007, pp. 829–847.
132. George R. Milne, "Privacy and Ethical Issues in Database/Interactive Marketing and Public Policy: A Research Framework and Overview of the Special Issue," *Journal of Public Policy and Marketing* 19, no. 1, Spring 2000, pp. 1–6.
133. Mary J. Culnan, "Protecting Privacy Online: Is Self-Regulation Working?" *Journal of Public Policy and Marketing* 19, no. 1, Spring 2000, pp. 20–26; Anthony D. Miyazaki and Ana Fernandez, "Internet Privacy and Security: An Examination of Online Retailer Disclosures," *Journal of Public Policy and Marketing* 19, no. 1, Spring 2000, pp. 54–61.
134. "Current Do Not Call Registrations by Consumer State/Territory," U.S. Federal Trade Commission, September 30, 2007, *www.ftc.gov.*
135. Roland T. Rust, P. K. Kannan, and Peng Na, "The Customer Economics of Internet Privacy," *Journal of the Academy of Marketing Science* 30, Fall 2002, pp. 455–464.
136. Seema Nayyar, "Refillable Pouch a Lotions Firsts," *Brandweek,* October 26, 1992, p. 3; Seema Nayyar, "L&F Cleaner Refills Greener," *Brandweek,* September 14, 1992, p. 5; Belk, "Daily Life in Romania."
137. Jack Neff, "Eco-Wal-Mart Costs Marketers Green," *Advertising Age,* October 1, 2007, pp. 3, 42.
138. Jack Neff, "Seventh Generation," *Advertising Age,* November 12, 2007, p. S13.
139. "Nokia Unveils Recycled Handset," *Wall Street Journal,* February 13, 2008, *www.wsj.com.*
140. John A. McCarty and L. J. Shrum, "The Influence of Individualism, Collectivism, and Locus of Control on Environmental Beliefs and Behavior," *Journal of Public Policy and Marketing* 20, no. 1, Spring 2001, pp. 93–104.
141. Pam Scholder Ellen, Joshua Lyle Wiener, and Cathy Cobb-Walgren, "The Role of Perceived Consumer Effectiveness in Motivating Environmentally Conscious Behaviors," *Journal of Public Policy and Marketing,* Fall 1991, pp. 102–117; Thomas C. Kinnear, James R. Taylor, and Sadrudin A. Ahmed, "Ecologically Concerned Consumers: Who Are They?" *Journal of Marketing,* April 1972, pp. 46–57.
142. Russell Belk, John Painter, and Richard Semenik, "Preferred Solutions to the Energy Crisis as a Function of Causal Attributions," *Journal of Consumer Research,* December 1981, pp. 306–312.
143. C. Dennis Anderson and John D. Claxton, "Barriers to Consumer Choice of Energy-Efficient Products," *Journal of Consumer Research,* September 1982, pp. 163–170.
144. Rik Peters, Tammo Bijmo, H. Fred van Raaij, and Mark de Kruijk, "Consumers' Attributions of Proenvironmental Behavior, Motivation, and Ability to Self and Others," *Journal of Public Policy and Marketing,* Fall 1998, pp. 215–225.
145. Ibid; Dennis L. McNeill and William L. Wilkie, "Public Policy and Consumer Information: Impact of the New Energy Labels," *Journal of Consumer Research,* June 1979, pp. 1–11.
146. Daniel Gross, "Edison's Dimming Bulbs," *Newsweek,* October 15, 2007, p. E22.
147. "How Green Is Your Stuff?" *Newsweek,* March 3, 2008, p. 50.
148. Michael Bush, "Sustainability and a Smile," *Advertising Age,* February 25, 2008, pp. 1, 25.
149. N. Craig Smith and Elizabeth Cooper-Martin, "Ethics and Target Marketing: The Role of Product Harm and Consumer Vulnerability," *Journal of Marketing,* July 1997, pp. 1–20; Robert O. Hermann, "The Tactics of Consumer Resistance: Group Action and Marketplace Exit," in eds. Leigh McAlister and Michael Rothschild, *Advances in Consumer Research,* vol. 20 (Provo, Utah: Association for Consumer Research, 1993), pp. 130–134; Lisa Penaloza and Linda L. Price, "Consumer Resistance: A Conceptual Overview," in eds. Leigh McAlister and Michael L. Rothschild, *Advances in Consumer Research,* vol. 20 (Provo, Utah: Association for Consumer Research, 1993), pp. 123–128.
150. Robert V. Kozinets and Jay M. Handelman, "Adversaries of Consumption: Consumer Movements, Activism, and Ideology," *Journal of Consumer Research* 31, no. 3, 2004, pp. 691–704.
151. Richard W. Pollay, "Media Resistance to Consumer Resistance: On the Stonewalling of 'Adbusters' and Advocates," in eds. Leigh McAlister and Michael Rothschild, *Advances in Consumer Research,* vol. 20 (Provo, Utah: Association for Consumer Research, 1993), p. 129.
152. H. J. Cummins, "Judging a Book Cover," *Star-Tribune of the Twin Cities,* January 17, 2001, p. 1E.
153. Jill Gabrielle Klein, N. Craig Smith, and Andrew John, "Why We Boycott: Consumer Motivations for Boycott Participation," *Journal of Marketing Research,* July 2004, pp. 92–109; Sakar Sen, Zeynep Gürhan-Canli, and Vicki Morwitz, "Withholding Consumption: A Social Dilemma Perspective on Consumer Boycotts," *Journal of Consumer Research,* December 2001, pp. 399+.
154. Jonathan Baron, "Consumer Attitudes About Personal and Political Action," *Journal of Consumer Psychology* 8, no. 3, 1999, pp. 261–275.
155. Stephanie Kang, "Just Do It: Nike Gets Revelatory," *Wall Street Journal,* April 13, 2005, p. 11.
156. Ruthie Ackerman, "Anti-Gay Group Ends Ford Boycott," *Forbes,* March 11, 2008, *www.forbes.com.*

157. Grant Gross, "Privacy Advocates: Consumer Education Isn't Enough," *PC World,* April 17, 2008, *www.pcworld.com;* "Consumer Groups Push 'Do Not Track' Registry," *PC Magazine Online,* April 15, 2008, *www.pcmag.com;* Bob Wice, "Who's Mining the Store?" *Best's Review,* August 2007, pp. 93+; Dan Tynan, "Watch Out for Online Ads That Watch You," *PC World,* March 2007, p. 26; Peter O'Connor, "Online Consumer Privacy: An Analysis of Hotel Company Behavior," *Cornell Hotel and Restaurant Administration Quarterly,* May 2007, pp. 183+; Frank Davies, "Report: Internet Privacy Protection Improving," *San Jose Mercury News,* August 8, 2007, *www.mercurynews.com;* David Myron, "Stolen Names, Big Numbers," *American Demographics,* September 2004, p. 363; Cliff Saran, "Eli Lilly Case Raises Privacy Fears," *Computer Weekly,* January 31, 2002, p. 6.

教学支持服务

圣智学习出版集团（Cengage Learning）作为为终身教育提供全方位信息服务的全球知名教育出版集团，为秉承其在全球对教材产品的一贯教学支持服务，将为采用其教材图书的每位老师提供教学辅助资料。任何一位通过Cengage Learning北京代表处注册的老师都可直接下载所有在线提供的、全球最为丰富的教学辅助资料，包括教师用书、PPT、习题库等。

鉴于部分资源仅适用于老师教学使用，烦请索取的老师配合填写如下情况说明表。

教学辅助资料索取证明

兹证明_____大学_____系/院_____学年(学期)开设的____名学生 □主修 □选修的_____课程，采用如下教材作为 □主要教材 或 □参考教材：

书名：_____
作者：_____ □英文影印版 □中文翻译版
出版社：_____
学生类型：□本科1/2年级 □本科3/4年级 □研究生 □MBA □EMBA □在职培训
任课教师姓名：_____
职称/职务：_____
电话：_____
E-mail：_____
通信地址：_____
邮编：_____
对本教材的建议：_____

系/院主任：_____（签字）
（系/院办公室章）
_____年_____月_____日

---

*相关教辅资源事宜敬请联络圣智学习出版集团北京代表处。

北京大学出版社
PEKING UNIVERSITY PRESS

经济与管理图书事业部
北京市海淀区成府路205号 100871
联系人：徐冰 张燕
电　话：010-62750037 / 62767348
传　真：010-62556201
电子邮件：xubingjn@yahoo.com.cn
　　　　　em@pup.cn
网　址：http://www.pup.cn

Cengage Learning Beijing Office
圣智学习出版集团北京代表处
北京市海淀区科学院南路2号融科资讯中心C座南楼1201室
Tel: (8610) 8286 2095 / 96 / 97　Fax: (8610) 8286 2089
E-mail: asia.infochina@cengage.com
www.cengageasia.com